홈페이지 QR

예제 파일 다운로드

❶ 혜지원 홈페이지(www.hyejiwon.co.kr) 접속

❷ 상단 메뉴의 〈자료실〉에서 〈IT〉 클릭

❸ 검색 창에 실무 엑셀 완전 정복1 입력

❹ 페이지 하단의 다운로드 탭에서

파일 다운로드 클릭

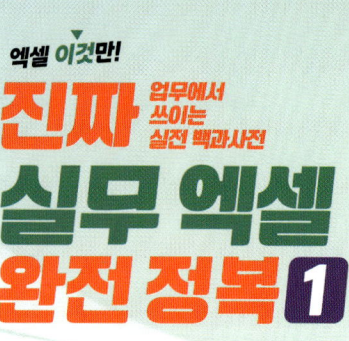

엑셀 이것만!

진짜 업무에서
쓰이는
실전 백과사전

실무 엑셀
완전 정복 **1**

진짜

업무에서
쓰이는
실전 백과사전

실무 엑셀

완전 정복 1

진짜 업무에서 쓰이는 실전 백과사전
실무 엑셀
완전 정복 ❶

초판 인쇄일 2025년 12월 5일
초판 발행일 2025년 12월 15일

지은이 이동훈(튜터 엔진)
발행인 박정모
발행처 도서출판 혜지원
등록번호 제9-295호
주소 경기도 파주시 회동길 445-4(문발동 638) 302호
전화 031)955-9221~5
팩스 031)955-9220
홈페이지 www.hyejiwon.co.kr   인스타그램 @hyejiwonbooks

기획 김태호
진행 박혜지
디자인 김보리
영업마케팅 김준범, 서지영
ISBN 979-11-6764-091-8
정가 27,000원

엑셀 이것만!

진짜 업무에서 쓰이는 실전 백과사전

이동훈 지음

실무 엑셀
완전 정복 **1**

엑셀의 기초 원리 | 파일 탭과 홈 탭 기능 사례 | 체계적인 데이터 관리와 분석 방법 제시

혜지원

머리말

15년간 패션·잡화 MD로 근무하며 기획, 재무, 회계, 소싱, 영업, 마케팅, 온라인, 물류, 무역, 디자인 등 다양한 업무를 경험했습니다. 그 과정에서 늘 중심에 있었던 도구가 바로 엑셀이었습니다. 상품기획표 작성, 판매 및 재고 분석, 손익 관리 등 실무의 거의 모든 단계에서 엑셀은 업무를 정리하고 판단을 내리는 데에 매우 중요한 역할을 해 주었습니다.

이 책은 이러한 실무 경험을 바탕으로, 현장에서 바로 활용할 수 있는 엑셀 학습서를 만들겠다는 목표로 집필되었습니다. 단순히 기능이나 함수를 설명하기 위한 예제가 아니라, 실제 업무에서 마주하게 되는 실무 중심 예제를 통해 엑셀의 원리와 활용법을 자연스럽게 익히도록 구성했습니다.

엑셀을 가장 효율적으로 학습하는 방법은 자신의 업무 프로세스를 정확히 이해한 뒤, 데이터를 분석하고 규칙을 찾아내며, 엑셀을 통해 문제를 해결하는 과정 속에서 응용력을 기르는 것이라고 생각합니다. 엑셀을 실질적인 '업무 해결 도구'로 활용할 수 있도록 구성하였습니다. 그리고 엑셀 리본 탭 메뉴를 세분화하여 각 기능별 핵심기능을 놓치지 않으려 리본 탭 메뉴 순서대로 집필되었습니다.

1권에서는 전체적으로 엑셀의 핵심 구조와 기본 엔진을 이해하고, 자주 사용하는 주요 탭의 기능을 실무 관점에서 다루었습니다. 총 3개의 파트가 있는데, PART 1은 셀, 수식, 참조, 서식 등 엑셀의 기초 원리를 정리하고, PART 2는 파일 탭과 홈 탭에서는 일상 업무에 가장 많이 활용되는 기능들을 실제 사례 중심으로 다루었으며, PART 3은 페이지 레이아웃, 수식, 데이터, 검토 탭을 다루는 효율적이고 체계적인 데이터 관리와 분석 방법을 제시했습니다.

이 책에 '엑셀의 모든 것'을 넣었습니다. 그렇기에 이 책이 단순한 기능 설명서를 넘어, 독자 여러분이 자신의 업무를 주도적으로 분석하고 문제를 해결하는 데 도움이 되기를 바랍니다. 엑셀을 사랑하고, 또 그 가치를 함께 나누고자 하는 마음으로 『진짜 실무 엑셀 완전 정복』 시리즈가 세상에 나오게 되어 매우 기쁩니다. 독자 여러분께도 많은 도움이 되는 책이 되길 바랍니다.

이동훈(튜터 엔진)

목차

실무 예제로 알아보는 엑셀 시작을 위한 기본 엔진 익히기

실무 예제로 알아보는
리본 메뉴 파일 탭 / 홈 탭

PART 2

실무 예제로 알아보는 리본 메뉴
페이지 레이아웃/수식/데이터/
검토/보기탭

PART 3

실무 예제로
알아보는
엑셀 시작을 위한
기본 엔진 익히기

Part 1

빠른 실행 도구 모음에 설정하기

실무 스킬

엑셀 리본 메뉴는 탭과 탭을 클릭했을 때 보여지는 메뉴들로 구성되어 있습니다. 앞으로 살펴보게 될 메뉴를 손쉽게 엑셀 전체 화면상에서 바로 클릭할 수 있도록 설정하는 것이 바로 '빠른 실행 도구 모음' 입니다. '빠른 실행 도구 모음'은 미술에서의 팔레트 역할이라고 생각하면 쉽습니다.

가장 왼쪽을 기준으로 단축키가 순차적으로 숫자로 할당되는데, Alt 키와 순번을 이용해 손쉽게 사용할 수 있어 업무 효율을 높이는 데 좋은 도구가 됩니다.

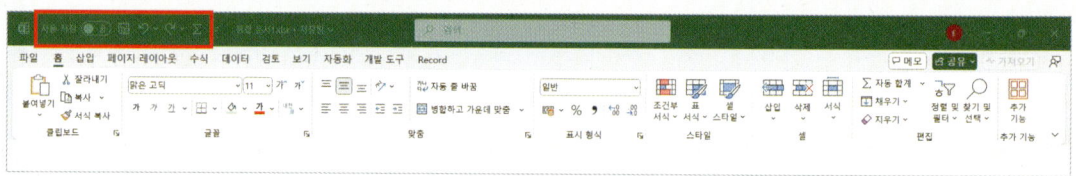

버전에 따라 차이가 있지만 처음 엑셀을 시작하면 기본 세팅값으로 ❶ **자동 저장 켜기/끄기**, ❷ **저장**, ❸ **실행 취소**, ❹ **다시 실행** 순으로 순번이 매겨져 있습니다. 이 순서는 사용자의 필요에 따라 언제든지 바꿀 수 있습니다.

실무 연습 ❶

▶ **자동 합계, 병합하고 가운데 맞춤, 서식 복사 리본 메뉴를 '빠른 실행 도구 모음'에 세팅하기**

01 ❶ [홈] 탭에서 [자동 합계] 리본 메뉴에 마우스 커서를 위치시킵니다. ❷ 마우스 오른쪽 버튼을 클릭합니다.

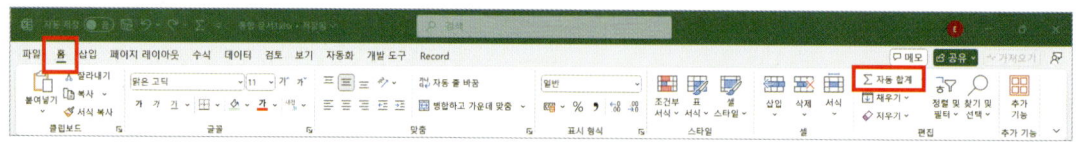

02 [빠른 실행 도구 모음에 추가(A)]를 클릭합니다.

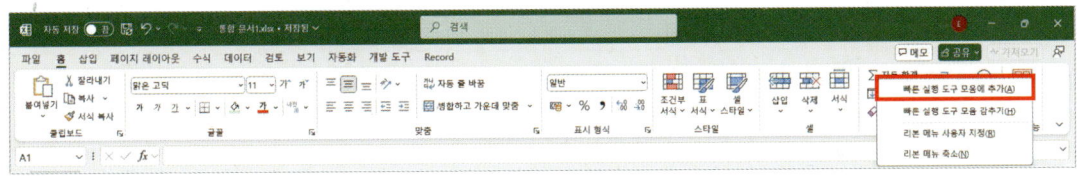

03 Alt 키를 누릅니다. Alt 키를 누르면 기본 메뉴에 할당된 단축키들이 나옵니다. 따로 설정하지 않았다면 5 번에 [자동 합계] 메뉴가 할당되어 있을 것입니다. 확인합니다.

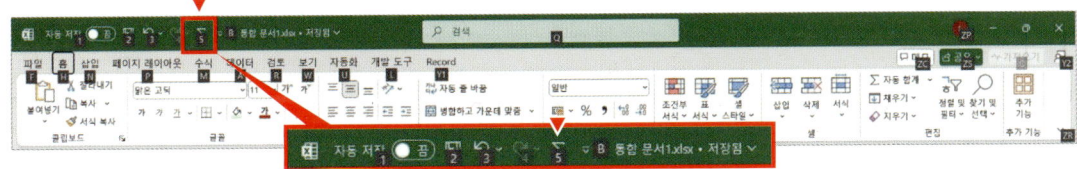

04 [홈] 탭에서 [병합하고 가운데 맞춤] 리본 메뉴에 마우스 커서를 위치시키고 마우스 오른쪽 버튼을 클릭합니다.

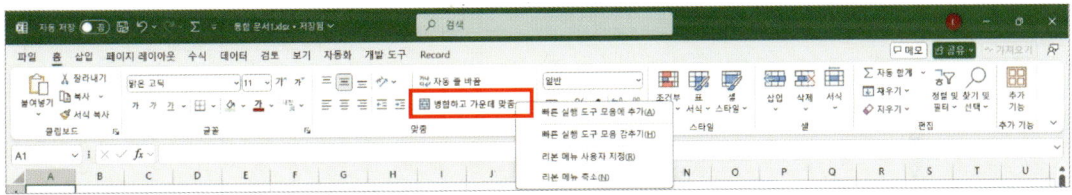

05 [빠른 실행 도구 모음에 추가(A)]를 클릭합니다.

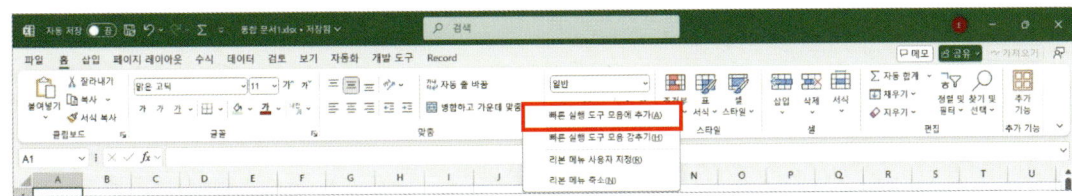

06 Alt 키를 눌러 **6** 번에 할당된 [병합하고 가운데 맞춤] 메뉴를 확인합니다.

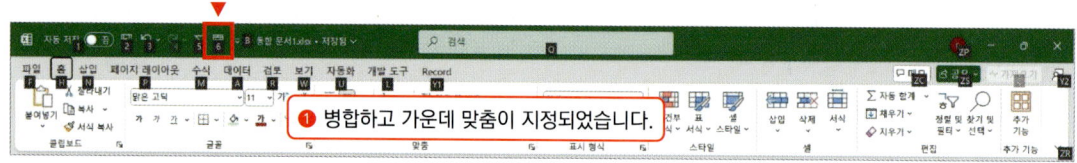

07 마지막으로 [홈] 탭의 [서식 복사] 리본 메뉴에 마우스 커서를 위치시키고 마우스 오른쪽 버튼을 클릭합니다. [빠른 실행 도구 모음에 추가(A)]를 클릭합니다.

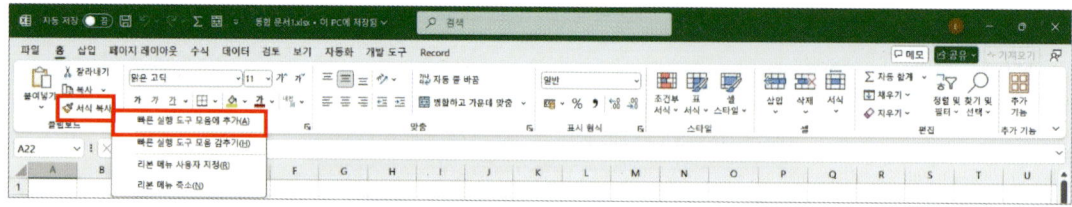

08 Alt 키를 눌러 **7** 번에 할당된 [서식 복사] 메뉴를 확인합니다.

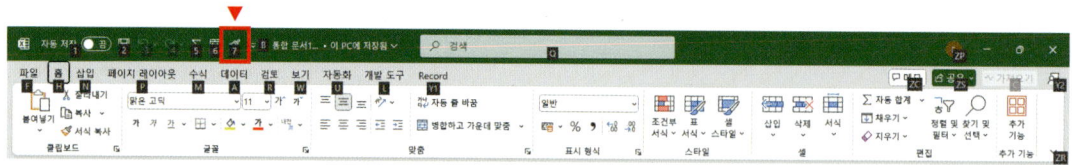

> **TIP** 저장은 Ctrl + S , 실행 취소는 Ctrl + Z , 다시 실행은 Ctrl + Y , 단축키로 많이 사용하고 있습니다. 그러니 해당 메뉴들은 기본 세팅값에서 삭제하고 다른 리본 메뉴를 '빠른 실행 도구 모음'에 배치하여 사용하는 것이 더욱 효과적입니다.

엑셀 엔진 UP! '빠른 실행 도구 모음' 순번 바꾸기

많이 쓰는 단축키는 '빠른 실행 도구 모음' 구간에서 1, 2, 3으로 할당해 놓는 것이 좋습니다. 보통 왼쪽 엄지는 Alt 키를 누르고 있기 때문에, 손목이 꺾이지 않는 상태에서 검지로 순번을 자연스럽게 누르게 되면 손목에 무리도 없고 빠르게 메뉴를 불러내 사용할 수 있습니다.

앞서서 5, 6, 7번에 할당시킨 단축키(자동 합계, 병합하고 가운데 맞춤, 서식 복사)를 1, 2, 3번으로 옮겨 보겠습니다.

01 [파일] 탭에서-[옵션]-[빠른 실행 도구 모음]을 클릭합니다.

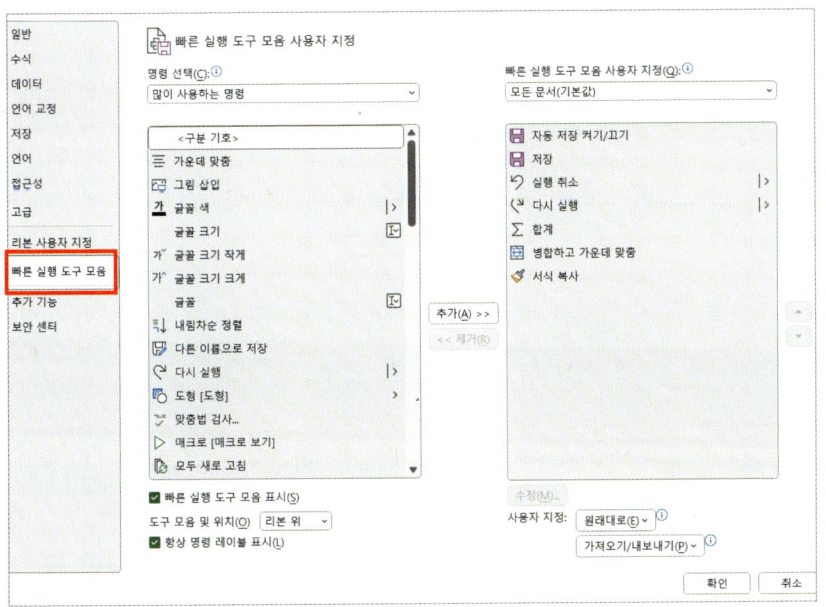

02 ❶ 차례대로 합계, 병합 가운데 맞춤, 서식 복사를 선택해 ❷ 오른쪽 삼각형 아이콘을 여러 차례 클릭해 아래 이미지처럼 배치합니다.

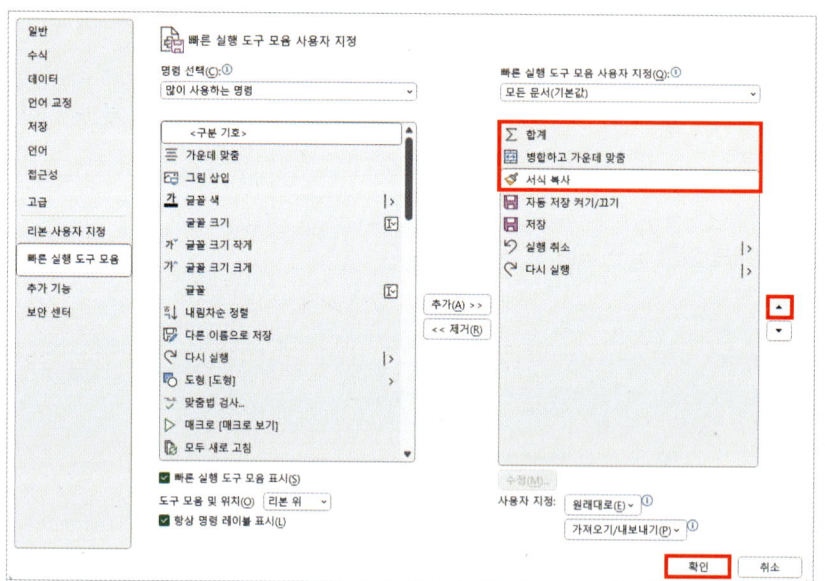

03 엑셀 기본화면으로 돌아가 Alt 키를 누릅니다. 할당된 단축키를 확인합니다.

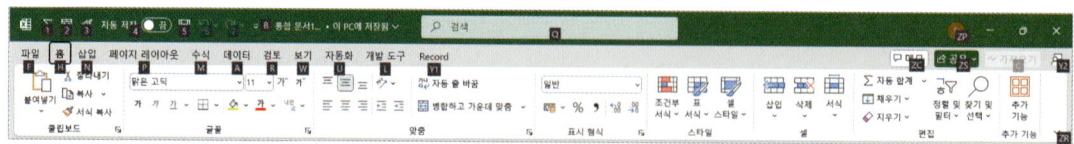

04 이번엔 '빠른 실행 도구 모음'을 초기화해 보겠습니다. ❶ [파일] 탭-[옵션]-[빠른 실행 도구 모음]으로 들어갑니다. ❷ [사용자 지정]에서 [원래대로(E)]를 클릭하고 ❸ [빠른 실행 도구 모음만 다시 설정]을 클릭합니다. ❹ 메시지 상자가 나오면 [예(Y)]를 클릭하고 [확인]을 클릭합니다.

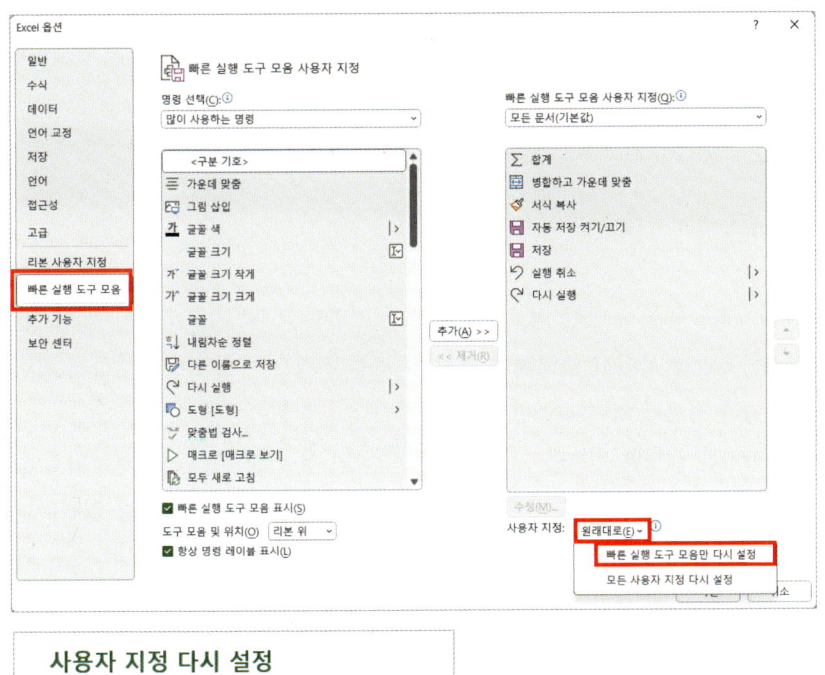

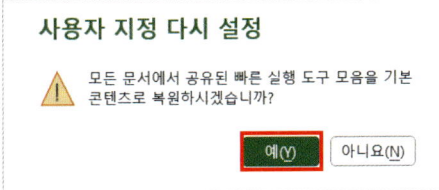

05 엑셀 기본화면으로 돌아갑니다. 초기화된 빠른 실행 도구 모음을 확인합니다.

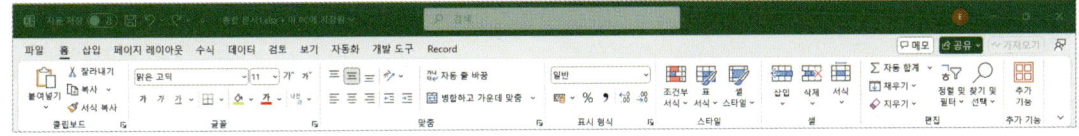

CHAPTER 02
숫자 0을 포함해 셀 안에서 모든 텍스트 출력하는 방법

📄 **예제 파일** PART1_2 숫자 0을 포함, 셀 안에서 모든 텍스트 출력하는 방법 익히기

📋 실무 스킬

엑셀에서는 숫자, 문자, 공백, 기호 등을 포함한 정보를 텍스트라고 합니다. 함수나 수식에 텍스트를 포함하려면 텍스트를 큰따옴표("") 안에 묶어서 출력해야 합니다. 그렇지 않으면 오류가 발생하게 됩니다. 이렇듯 엑셀에서는 규칙에 따라 정보를 입력해야 합니다.

예를 들어, 숫자 010으로 시작하는 핸드폰 번호를 기호 없이 입력하면 첫 번째 자리 0이 생략되게 됩니다. 이유는 엑셀에서 0으로 시작하는 숫자는 없기 때문입니다. 또한 =과 같은 등호도 그냥 입력하면 수식으로 받아들여, 원하는 텍스트를 입력할 수 없습니다. 하지만 핸드폰 번호나 주민번호, ID코드 등 숫자 자체를 텍스트로 인식해 사용해야 될 때가 있습니다. 이때 정보 단위를 텍스트로 바꿔주는 기능이 작은따옴표(') 입니다.

한 가지 예를 들어 보겠습니다.

🔍 실무 연습 ❶

01 010으로 시작하는 핸드폰 번호를 타이핑하겠습니다. 그러기 위해서는 ❶ 0 앞에 작은따옴표(')를 먼저 입력하고 ❷ 나머지 핸드폰 번호를 입력합니다.

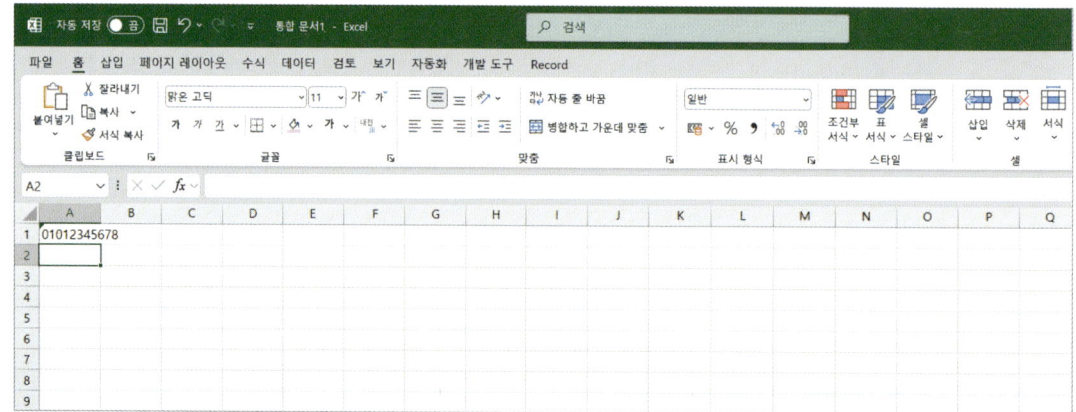

02 0으로 시작하는 숫자 앞에 녹색 삼각형이 생긴 것을 확인할 수 있습니다. 동시에 셀 포인터 오른쪽에는 주황색 삼각형 메뉴를 확인할 수 있습니다. 이 주황색 삼각형을 클릭하면 메뉴창을 볼 수 있는데, 첫 번째 메뉴를 통해 작은따옴표(')를 통해 입력된 [텍스트 형식으로 저장된 숫자]라는 메시지를 확인할 수 있습니다. 보이는 메뉴 중에서 ❶ [숫자로 변환(C)]을 선택하면, 맨 앞 숫자 0이 사라진 핸드폰 번호로 다시 출력됩니다. 맨 앞 숫자 0 앞에 녹색 삼각형만 없애고 싶을 때는 메뉴창에 있는 ❷ [오류 무시(I)]를 선택하면 녹색 삼각형만 사라지고 텍스트 형태 정보만 남게 됩니다.

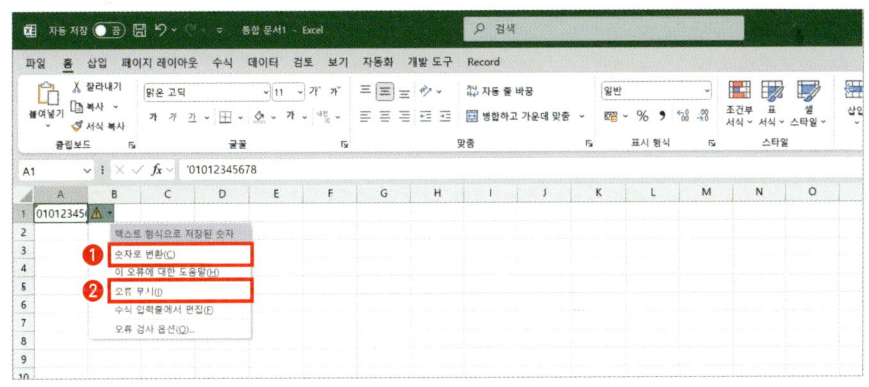

03 = 으로 시작하는 문구 입력하는 방법도 동일합니다. 작은따옴표(')를 입력하고 '=이라는 등호는 계산할 때 필요합니다' 문구를 입력한 후 [Enter] 키를 누릅니다.

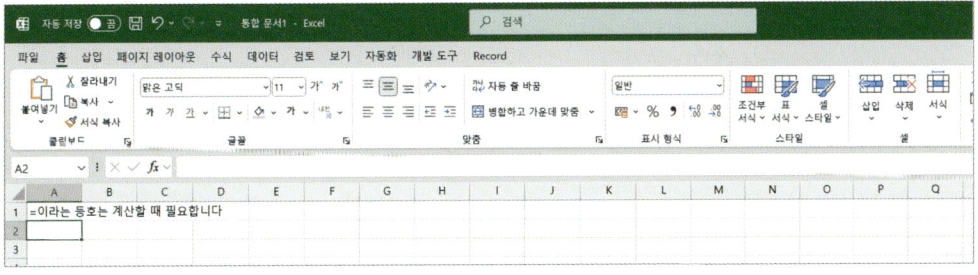

04 이때 시트에서는 작은따옴표(')가 보이지 않지만 '수식입력줄'을 확인해 보면 작은따옴표(')가 포함된 문구를 볼 수가 있습니다.

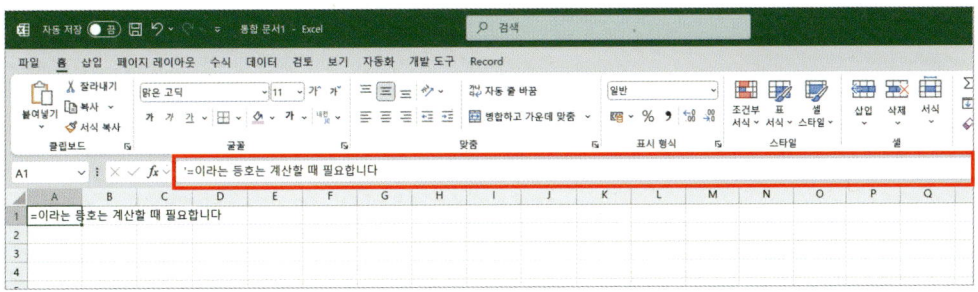

엑셀에서 작은따옴표(')가 숫자 앞에 사용된 경우에는 녹색 삼각형을 출력하고, 일반 문자 앞에 사용된 경우에는 생략됩니다. 하지만 외부 데이터를 출력하는 과정에서 일반 문구 앞에도 녹색 삼각형이 출력되는 경우가 있습니다. 이런 경우는 직접 작은따옴표(')를 입력해 만든 문구가 아니라 외부에서 데이터를 가져온 경우입니다.

또한 다른 시트를 참조해서 값을 출력할 때도 작은따옴표(')로 시트 이름을 참조합니다. 아래 사진은 다양한 시트에 있는 A1셀의 정보를 =를 이용해 가져오는 수식을 만들어 놓은 표입니다.

01 ❶ 숫자, ❷ 숫자+기호, ❸ 영문+기호, ❹ 한글+기호, ❺ 기호, ❻ 공백과 같은 시트를 참조한 경우에는 작은따옴표(') 묶음으로 된 이름으로 출력됩니다. 함수로 시트 이름을 참조해서 값을 가져올 때 작은따옴표(') 유/무는 중요한 정보가 되니 꼭 기억하길 바랍니다.

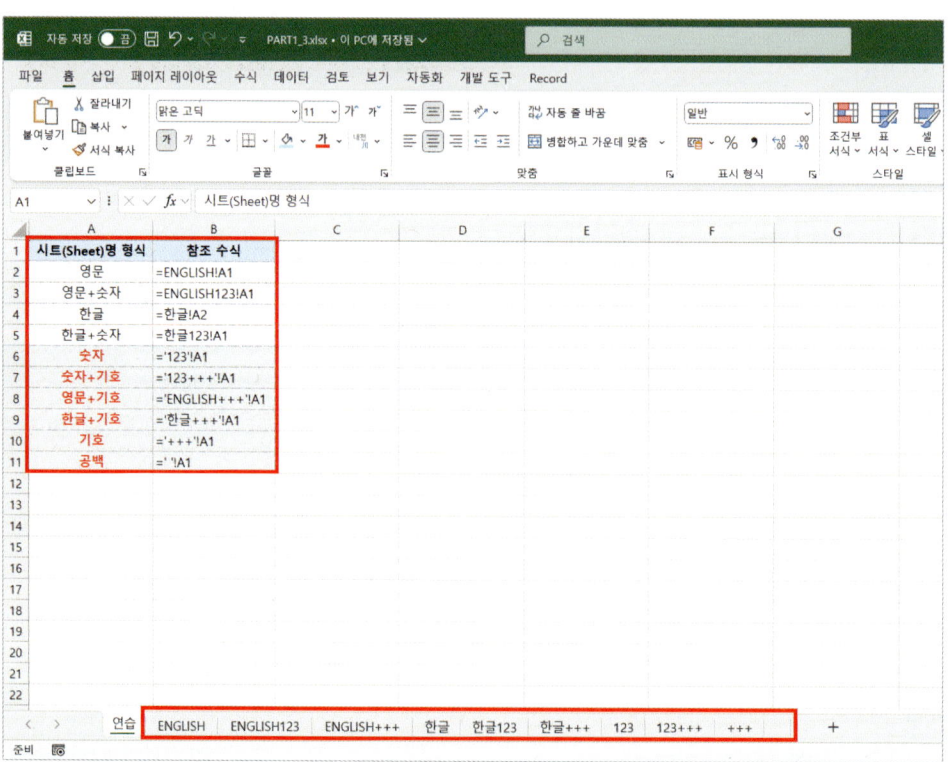

CHAPTER 03

단축키! 쉽게 익히고 꼭 필요한 것만 외우자!

실무 스킬

단축키는 업무 효율을 높여주는 중요한 포인트입니다. 이번에는 [Alt] 단축키 사용법과 실무에서 반드시 알아야 하는 [Ctrl], [Shift], [Alt] 조합 단축키, 그리고 펑션키 [F1], [F2], [F3]…, [F12]를 소개하겠습니다.

단축키를 빨리 익히기 위해서는 매일 30분씩 데이터 정리를 하는 업무를 하고 있다면 10분으로 줄일 수 있는 방법이 없을지를 고민해야 합니다. 이런 고민에서 단축키를 조합해가면 빠르게 일할 수 있는 해답을 찾을 수 있게 됩니다.

실무 연습 ❶

01 [Alt] 단축키 로직으로 사용하는 방법입니다. 시트(Sheet)상에서 [Alt] 키를 누르면 리본 메뉴에 할당된 단축키를 볼 수 있습니다. 사용자 업무환경에 맞게 자주 사용하는 [Alt] 조합 단축키를 외워 사용하면 됩니다.

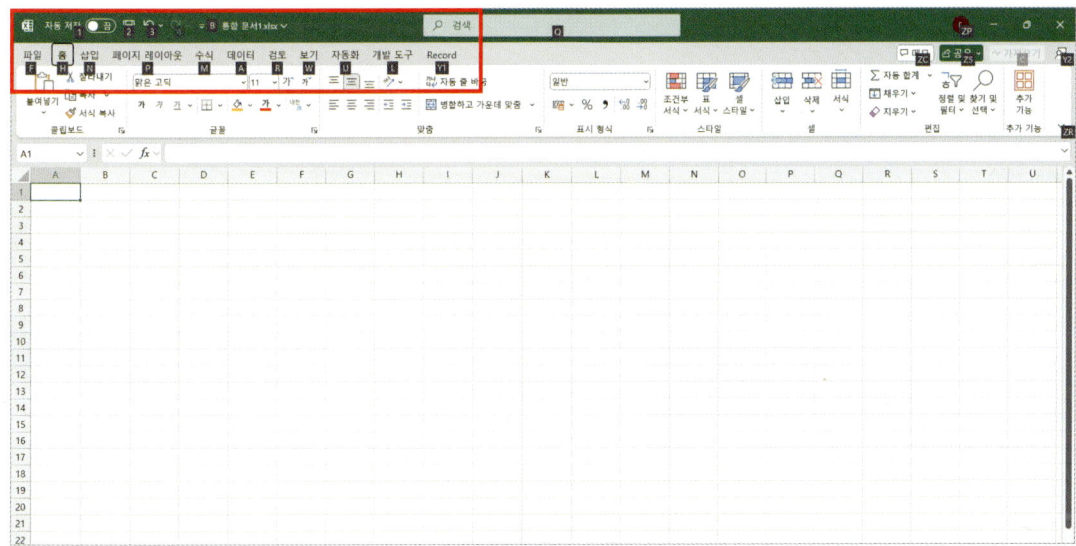

채우기 색상, '황금색, 강조4'색상을 A1셀에 Alt 단축키로 입력해 보겠습니다. 'Alt + H ([홈 탭])+ H ('채우기 색')+방향키(황금색, 강조4)+ Enter '를 순차적으로 입력합니다.

❶ Alt + H 를 차례대로 입력합니다.

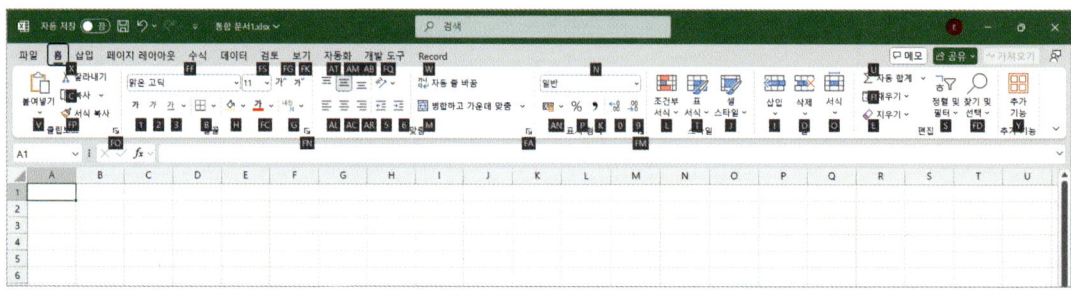

❷ Alt + H + H 를 차례대로 입력합니다.

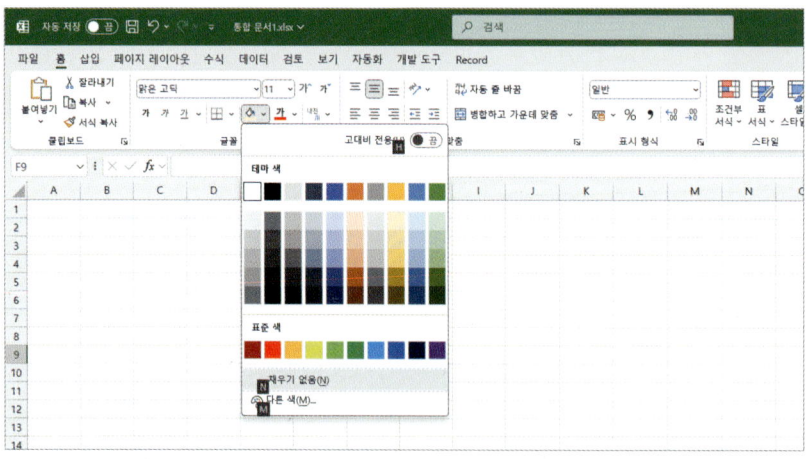

❸ Alt + H + H +방향키로 '황금색, 강조4' 선택합니다.

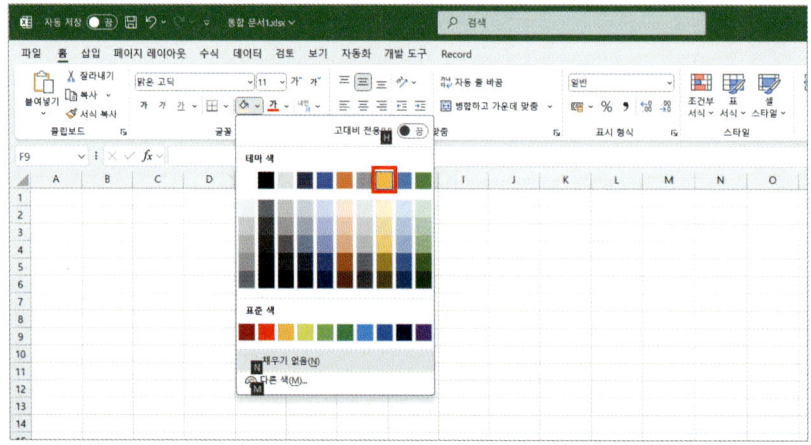

❹ `Alt` + `H` + `H` + 방향키로 + `Enter` 를 입력해 A1셀에 출력된 채우기 색상을 확인합니다.

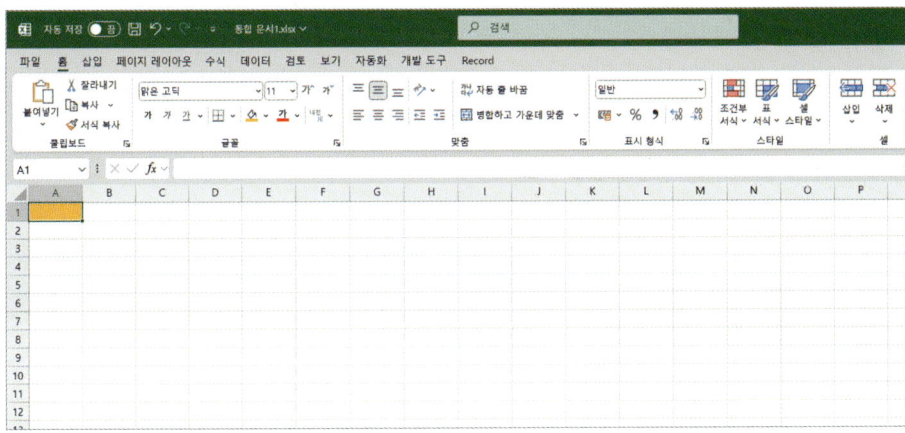

단축키는 업무 효율을 높여주는 중요한 포인트입니다. 다음은 업무 효율을 극대화시키는 `Ctrl`, `Shift`, `Alt` 조합 단축키 목록입니다.

1 `Ctrl` + **방향키** : 현재 데이터 영역에서 마지막 데이터로 이동, 빈칸이 있을 경우 빈칸 앞 마지막 데이터로 이동

2 `Ctrl` + `Shift` + **방향키** : 현재 선택된 셀을 기준으로 범위가 지정된 채 상하좌우 끝으로 이동합니다. 빈칸이 있을 경우 빈칸 앞 마지막 데이터로 이동됩니다.

3 `Ctrl` + `A` : 연속된 데이터 범위 전체 선택

4 `Ctrl` + `I` : [셀 서식] 대화상자 출력(*엑셀에서 가장 많이 사용하는 기능)

5 `Ctrl` + `Z` : 되돌리기

6 `Ctrl` + `Y` : 되돌리기 취소

7 `Ctrl` + `Shift` + 〈 : 글꼴 크기 작게(도형 선택 후 사용, 도형에서만 사용 가능)

8 `Ctrl` + `Shift` + 〉 : 글꼴 크기 크게(도형 선택 후 사용, 도형에서만 사용 가능)

9 `Ctrl` + `B` : 텍스트 굵게

10 `Ctrl` + `I` : 텍스트 기울림꼴

11 `Ctrl` + `U` : 텍스트 밑줄

12 `Ctrl` **or** `Shift` + **마우스 왼쪽 클릭** : 셀 범위 다중 선택 혹은 개체(이미지, 도형, 차트 다중 선택

13 `Ctrl` + `S` : 덮어쓰기 저장, 최초 저장 이후 현재 작업 상태 저장

14 `Ctrl` + `Tab` : 엑셀 파일 간 이동

15 `Ctrl` + `Shift` + `L` : 필터 기능 실행(L은 FILTER의 L)

16 `Ctrl` + `F` : 찾기

17 `Ctrl` + `H` : 바꾸기

18 `Ctrl` + `Space` : 한 열 전체 범위 선택

19 `Ctrl` + `Alt` + `V` : 선택하여 붙여넣기(※ `Ctrl` + `C` (복사) 이후 사용 가능)

20 `Ctrl` + `Shift` + `~` : 일반 표시 형식으로 설정

21 `Ctrl` + `Shift` + `1` : 통화 표시 형식으로 설정

22 `Ctrl` + `Shift` + `2` : 시간 표시 형식으로 설정

23 `Ctrl` + `Shift` + `3` : 날짜 표시 형식으로 설정

24 `Ctrl` + `Shift` + `5` : %로 출력

25 `Ctrl` + `Shift` + `7` : 외곽선 테두리만 그리기(범위를 블록 지정한 후 사용)

26 `Ctrl` + `Shift` + `_` : 모든 테두리 지우기(범위를 블록 지정한 후 사용)

27 `Ctrl` + ;(세미콜론) : 윈도우 현재 날짜 출력

28 `Ctrl` + `Shift` + :(콜론) : 윈도우 현재 시간 출력

29 `Ctrl` + `Back Space` : 범위 지정 영역 상태의 첫 행 레이아웃으로 이동

30 `Ctrl` + `.` : 범위 지정 영역 상태에서 각 모서리로 이동

31 `Ctrl` + `PgUp` : 왼쪽 시트로 이동

32 `Ctrl` + `PgDn` : 오른쪽 시트로 이동

33 `Ctrl` + `Home` : A1셀로 이동

34 `Alt` + `Enter` : 한 셀 안에서 줄바꿈

35 `Alt` + `Tab` : 윈도우 창 간 이동

36 `Alt` + `E` + `A` + `A` : 모두 지우기(수식, 서식, 값 등. 지우고 싶은 데이터 범위 선택 후 실행)

37 `F12` : 다른 이름으로 저장

38 `F2` : 현재 셀 편집하기(셀 안으로 진입)

39 `F4` : 서식 이전 행위 반복하기, 셀 주소값 앞 $표시

40 `F5` : '이동' 대화상자 팝업시키기

41 `Ctrl` + `F1` : 리본 메뉴 숨기기

42 `Alt` + `F1` : 차트 출력(차트로 출력할 데이터 범위 지정 후 눌러서 사용)

43 `Alt` + `F3` : 이름상자 선택

44 `Alt` + `F4` : 파일창 닫기

45 `Shift` + `F11` : 새로운 시트 생성하기

TIP `Alt` 조합 단축키를 사용할 때 아래에 표기된 단어의 약자로 기억하면 쉽게 외워 사용할 수 있습니다.

① [홈] 탭 메뉴에 할당된 '`H`'는 Home으로
② [삽입] 탭, '`N`'은 iNsert
③ [페이지 레이아웃] 탭, '`P`'는 Page layout으로
④ [수식] 탭, '`M`'은 forMula로
⑤ [데이터] 탭, '`A`'는 dAta로
⑥ [검토] 탭, '`R`'은 Review로
⑦ [보기] 탭, '`W`'는 vieW로

04

불규칙적으로 병합된 구간 합계
한 번에 해결하기

📂 **예제 파일** PART1_4 불규칙적으로 병합된 구간 합계 한 번에 해결하기

엑셀로 데이터를 관리할 때 병합은 피하는 것이 좋습니다. 왜냐하면 규칙을 적용하기 힘들기 때문입니다. 하지만 업무를 진행하다 보면 레이아웃 문제나 업무구조상 데이터를 병합해 가공해야 할 때가 있습니다.

문제는 불규칙적으로 병합된 구간에서 규칙성 있는 계산을 해야 할 때입니다. **엑셀은 병합된 셀 개수가 같지 않으면 수식을 복사해서 붙여넣을 수 없습니다.**

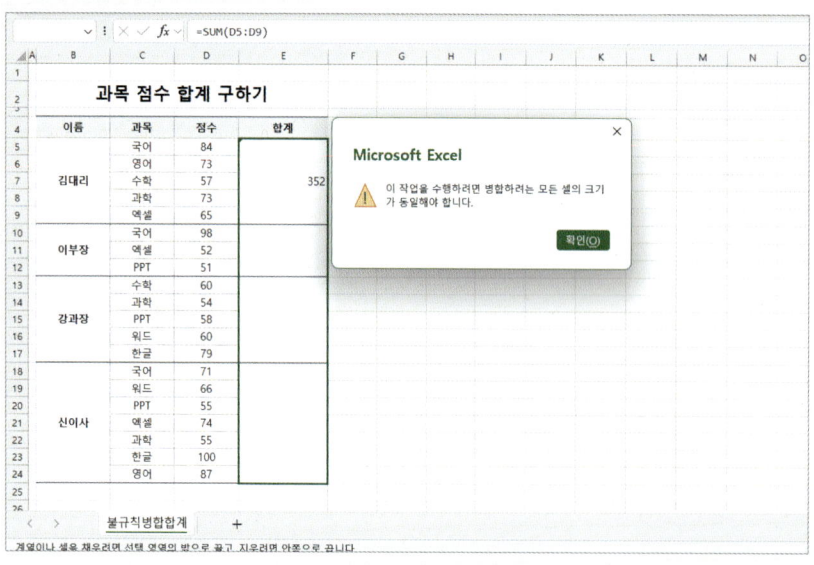

해결 방법은 여러 개 셀에 같은 데이터 입력을 도와주는 Ctrl + Enter 기능과 함께 수식을 입력해 사용하는 방법입니다. 참고로, 병합된 정보가 입력된 상태에서 병합을 해제한 경우, 입력된 정보는 항상 가장 왼쪽 위에 배치된다는 점도 알아야 합니다.

1. '엑셀'단어를 A1:C5 범위 지정, 병합하고 가운데 맞춤한 상태

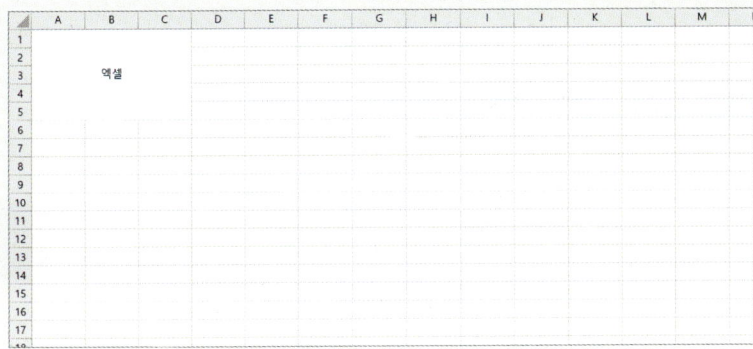

2. A1:C5 병합된 셀을 클릭하고 병합하고 가운데 맞춤을 해제한 상태('엑셀'이란 글자가 병합된 구간에서 가장 왼쪽, 위 A1셀에 배치됨)

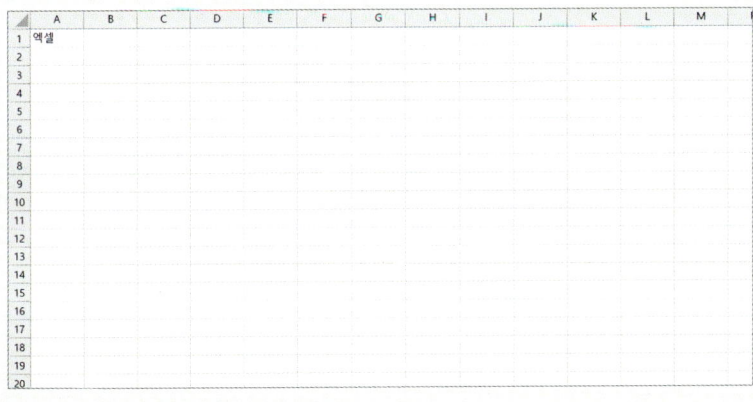

실무 연습 ❶

01 먼저 Ctrl + Enter 기능을 살펴보겠습니다. ❶ 통합문서에서 A1:D10셀을 범위 지정합니다. ❷ 그 상태에서 '가'라는 문자를 입력하면 A1셀에 '가'라는 문구가 입력됩니다.

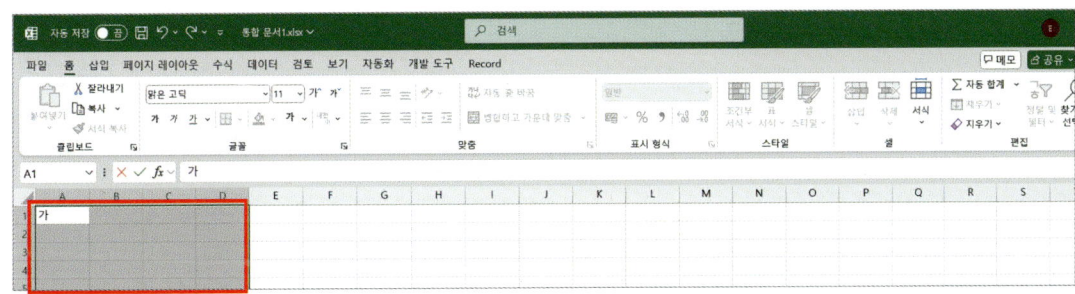

02 이 상태에서 Ctrl + Enter 키를 누릅니다. 값이 선택한 셀에 '가'라는 텍스트가 일괄 입력됩니다. Ctrl + Enter 기능은 범위 영역 안의 여러 셀에 같은 값의 데이터를 출력해 줍니다. 이 기능은 병합된 구간에서도 동일하게 작동하며, 수식도 동일하게 운영됩니다.

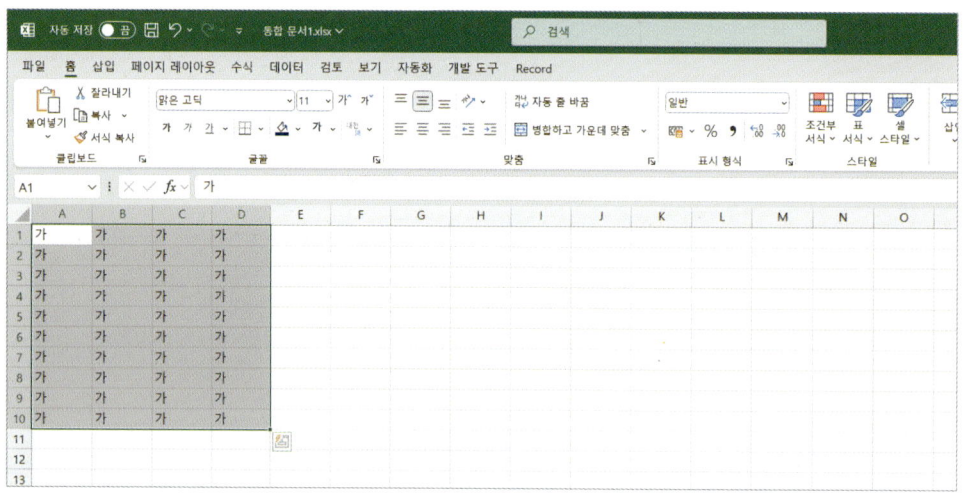

03 이 기능을 이용해서 불규칙하게 병합된 구간 전체에 SUM 함수를 이용해 왼쪽 과목에 대한 점수 합계를 각각 구해 보겠습니다. 예제 파일을 열고 ❶ [불규칙병합합계] 시트로 들어갑니다. ❷ E5:E24셀을 범위 지정합니다. ❸ 범위 지정 상태에서 바로 E5셀에 다음 수식을 입력하고 Ctrl + Enter 키를 누릅니다.

=SUM(D5:D24)-SUM(E6:E24)

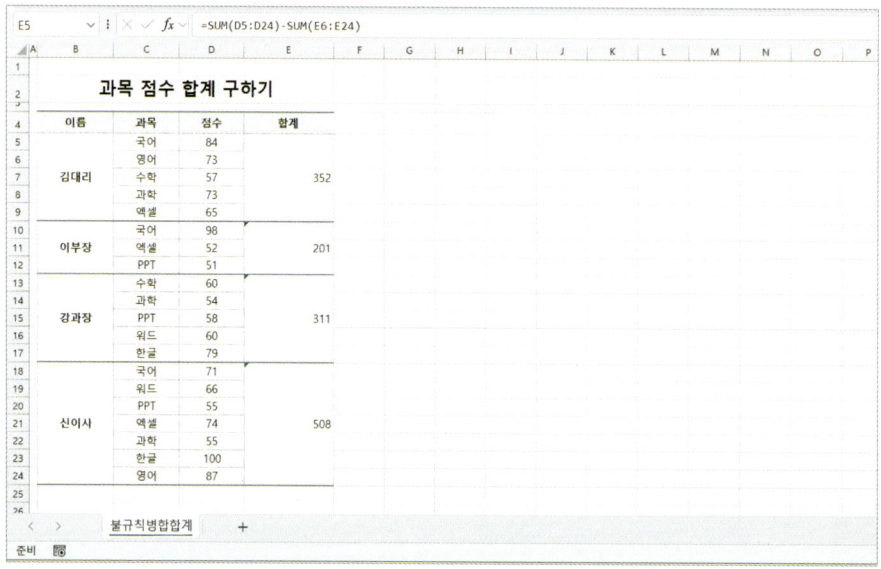

병합된 구간에서는 가장 왼쪽 윗부분에 수식을 하나만 넣을 수 있습니다. 위 예제에서는 E5, E10, E13, E18셀에만 수식을 입력할 수 있습니다.

첫 번째 SUM 함수의 범위는 D5:D24셀입니다. 과목에 대한 총합계로 총 1,372입니다.

두 번째 SUM 함수의 범위는 병합된 구간의 시작점인 E5셀이 아니라 E6셀부터 E24셀까지입니다. E6셀을 범위의 시작점으로 한 이유는 첫 번째 SUM 함수(SUM(D5:D24))의 결과로 출력된 값인 1,372와 동일한 값을 출력하지 않기 위해서입니다. 병합된 셀 구간에서는 제일 윗부분인 E5셀에만 수식이 입력된다는 특징을 이용해 셀을 한 칸 누락시킨 것입니다.

범위를 지정한 상태에서 [Ctrl]+[Enter] 키를 눌러 여러 값을 한 번에 출력한 경우이기 때문에

1. E5셀 수식은 =SUM(D5:D24)–SUM(E6:E24) → 결과값 352
2. E10셀 수식은 –SUM(D10:D29)–SUM(E11:F29) → 결과값 201
3. E13셀 수식은 =SUM(D13:D32)–SUM(E14:E32) → 결과값 311
4. E18셀 수식은 =SUM(D18:D37)–SUM(E19:E37) → 결과값 508

이 병합된 구간에서 차례대로 출력이 됩니다.

날짜나 시간, 숫자 입력 및 계산 규칙 알아보기

📄 **예제 파일** PART1_5 날짜나 시간, 숫자 입력 및 계산 규칙 알아보기

실무 스킬

 엑셀을 사용하는 가장 큰 이유는 숫자를 가공하기 위해서일 것입니다. 업무에서 사용되는 숫자 카테고리는 1. 일반 숫자, 2. 날짜 형태 숫자, 3. 시간 형태 숫자 세 가지입니다. 일반 숫자는 사칙연산과 텍스트 정보를 가공할 때 주의해야 할 부분을 살펴보고, 날짜와 시간 정보는 입력 규칙을 중심으로 살펴보겠습니다.

1. 엑셀에서는 일반 숫자를 대상으로 계산할 때 사칙연산을 사용합니다.

 ❶ 더하기 기호: + **EX** =A1+B1, =A1+9, =9+3

 ❷ 빼기 기호: − **EX** =A1-B1, =A1-9, =9-3

 ❸ 곱하기 기호: * **EX** =A1*B1, =A1*9, =9*3

 ❹ 나누기 기호: / **EX** = A1/B1, =A1/9, =9/3

2. 일반 숫자를 계산할 수 없는 경우는 숫자를 제외한 텍스트(숫자, 문자, 기호, 공백(띄어쓰기) 등)를 대상으로 계산한 경우입니다.

 ❶ 문자+숫자+문자

 ❷ 기호+숫자+기호

 ❸ 공백(띄어쓰기)+숫자+공백(띄어쓰기)

3. 날짜는 수식입력줄에 년, 월, 일이 하이픈(-) 또는 슬래시(/)를 구분자로 하여 입력되게끔 해야 합니다. 아래와 같은 형식으로 입력을 하면 수식입력줄에 년, 월, 일 정보가 하이픈을 구분자로 하여 출력됩니다.

 ❶ 숫자-숫자 혹은 숫자/숫자로 입력
  EX 10-11, 10/11

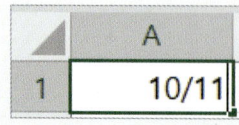

❷ 숫자+"년"+(공백)+숫자+"월"+(공백)+숫자+"일"

EX 2024+년+공백+10+월+공백+11+일

(숫자+문자 조합으로 입력할 때는 년, 월, 일 사이에 반드시 공백을 표시해야 합니다. 그리고 =으로 시작하지 않고 반드시 숫자로 시작합니다)

4. 시간은 셀에 '시:분:초 AM(PM)' 형식으로 입력해야 합니다. 콜론(:)을 구분자로 하여 입력되어 있어야 시간 계산이 가능합니다. 아래와 같은 형식으로 입력을 하면 수식입력줄에 '시, 분, 초' 정보가 콜론(:) 구분자와 같이 출력됩니다.

❶ 숫자+:+숫자+:+숫자

EX 7+:+30+:+30

	A
1	7:30:30

❷ 숫자+"시"+공백+숫자+"분"+공백+숫자+"초"

EX 7+시+공백+30+분+공백+30+초

숫자 역시 숫자+문자 조합으로 입력할 때는 시, 분, 초 사이에 반드시 공백을 표시해야 합니다. 그리고 =이란 등호로 시작하지 않고 반드시 숫자로 시작합니다.

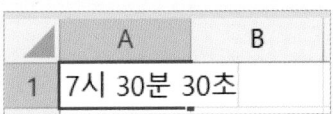

이렇게 기본적인 입력 형식을 살펴보았습니다. 추가로 알아야 할 점은 날짜와 시간의 기본 속성값입니다. 날짜는 일련번호 속성값으로 이루어져 있습니다. 1900년 1월 1일이 일련번호 1이며, 여기서 하루가 늘어날 때마다 1씩(하루) 증가하는 구조로 되어 있습니다. 해당 날짜에 부여된 일련번호를 확인하기 위해서는 입력한 날짜 정보를 클릭하고 [홈] 탭-[표시 형식]-[일반] 메뉴를 클릭합니다.

만약 [일반] 메뉴를 클릭했을 시 일련번호가 나타나지 않는다면 날짜 형식으로 입력되지 않은 상황입니다. 그리고 1900년 1월 1일 이전 날짜는 형식이 올바로 입력이 되어있더라도 계산식에 사용할 수 없습니다.

시간도 마찬가지로, [표시 형식] 메뉴를 클릭하면 소수점으로 숫자값이 나타납니다. 하루는 24시간, 1440분, 86400초입니다. 1시간은 '1/24', 즉 0.041667로 나타낼 수 있습니다. 또는 '60/1440'으로도 가능합니다.

마지막으로, 시간을 계산할 때 주의해야 할 점이 있습니다. 계산한 결과값이 마이너스가 되면 안 된다는 것입니다.

01 날짜의 일련번호를 확인해 보겠습니다. ❶ A1셀에 10/11을 입력합니다. ❷ A1셀을 클릭하고 [홈] 탭-[표시 형식]-[일반] 메뉴를 클릭합니다.

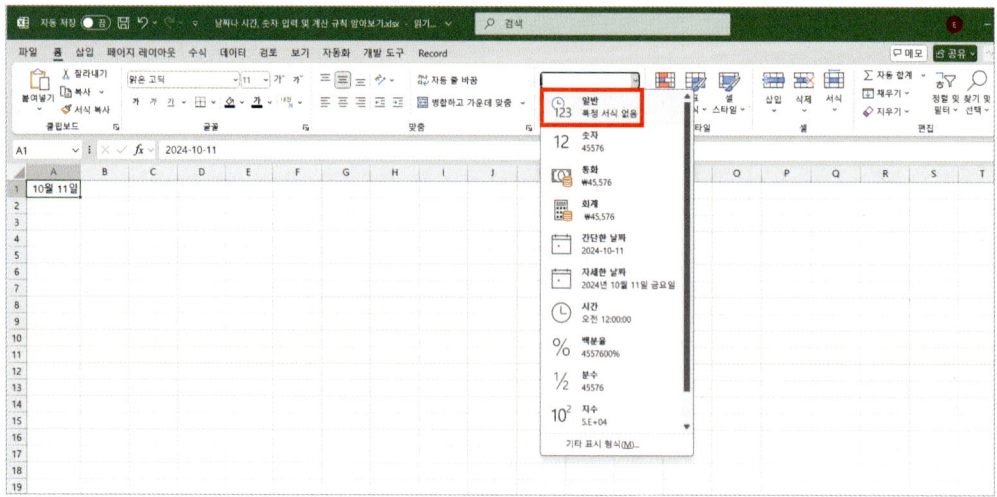

02 2024년 10월 11일의 일련번호는 45576이란 것을 알 수 있습니다. 1900년 1월 1일을 기준으로 현재 날짜는 45575일이 지난 날짜라는 의미입니다.

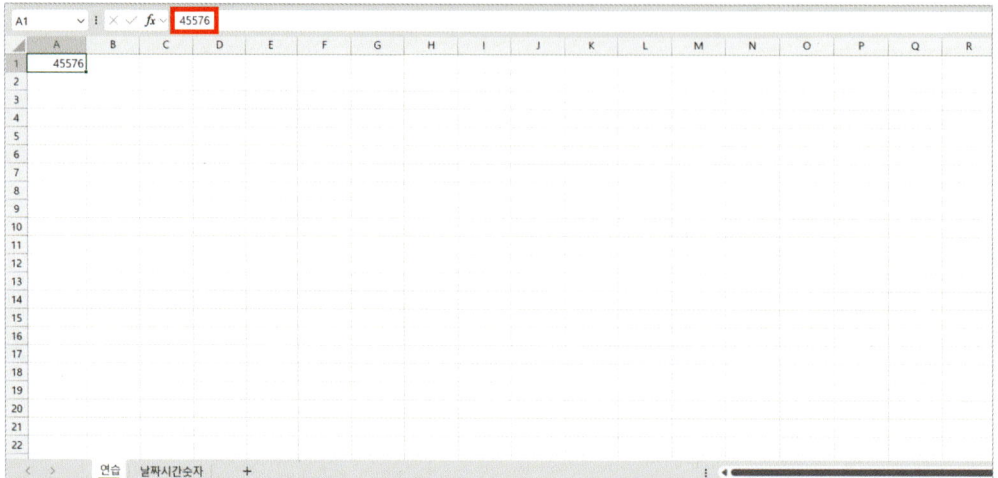

03 이번에는 소수점을 시간으로 바꿔 보겠습니다. ❶ A1셀에 0.1을 입력합니다. ❷ 0.1을 시간으로 나타내기 위해서는 [홈] 탭-[표시 형식]-[시간] 메뉴를 클릭합니다.

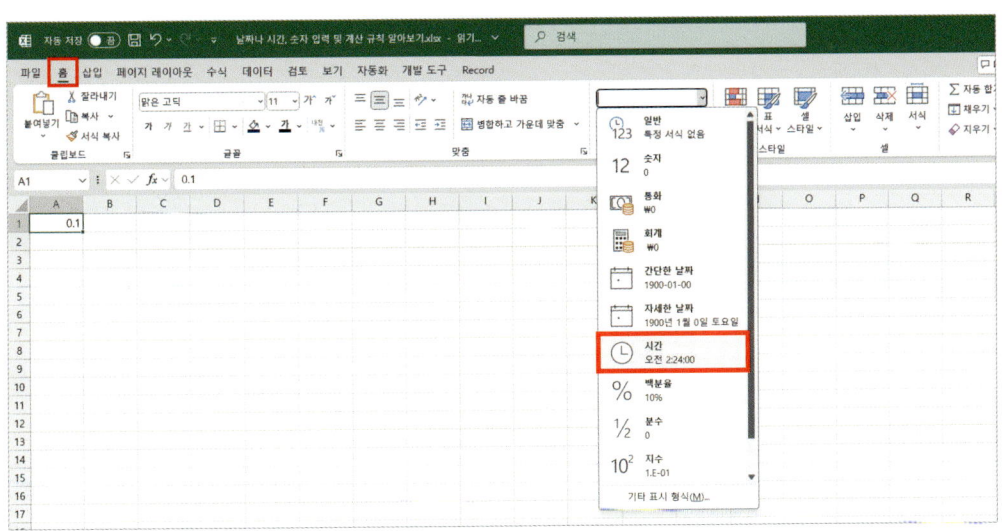

04 그러면 아래와 같이 '2:24:00'이라는 시간이 출력됩니다.

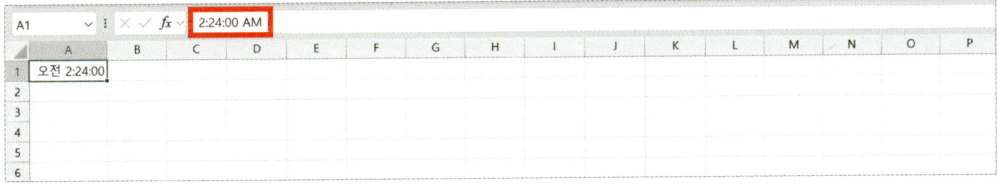

05 반대로도 해 보겠습니다. '오전 2:24:00'이 입력된 A1셀을 클릭한 상태에서 [홈] 탭-[표시 형식]-[일반] 메뉴를 차례대로 클릭합니다.

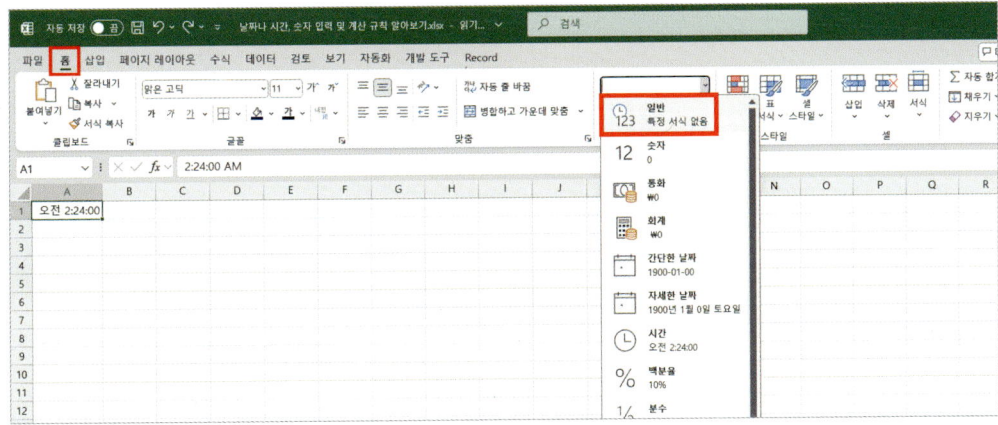

06 그러면 결과값 '0.1'이 출력된 것을 확인할 수 있습니다.

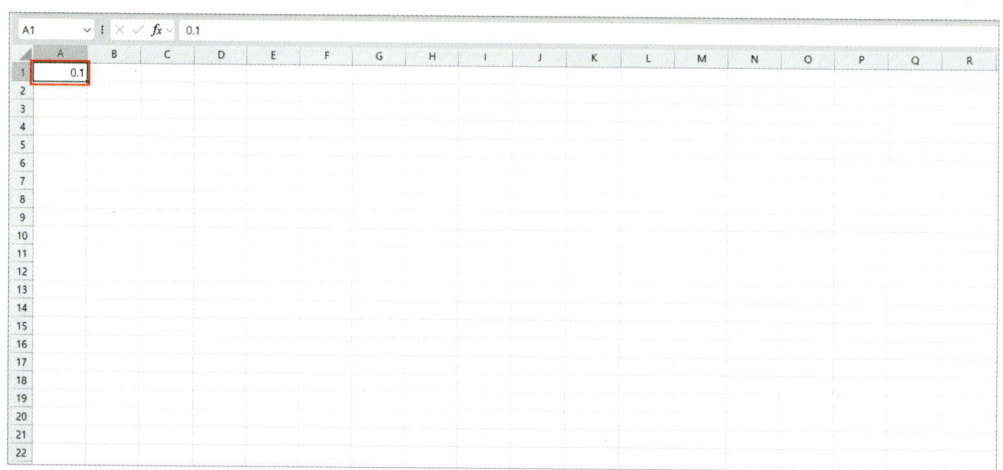

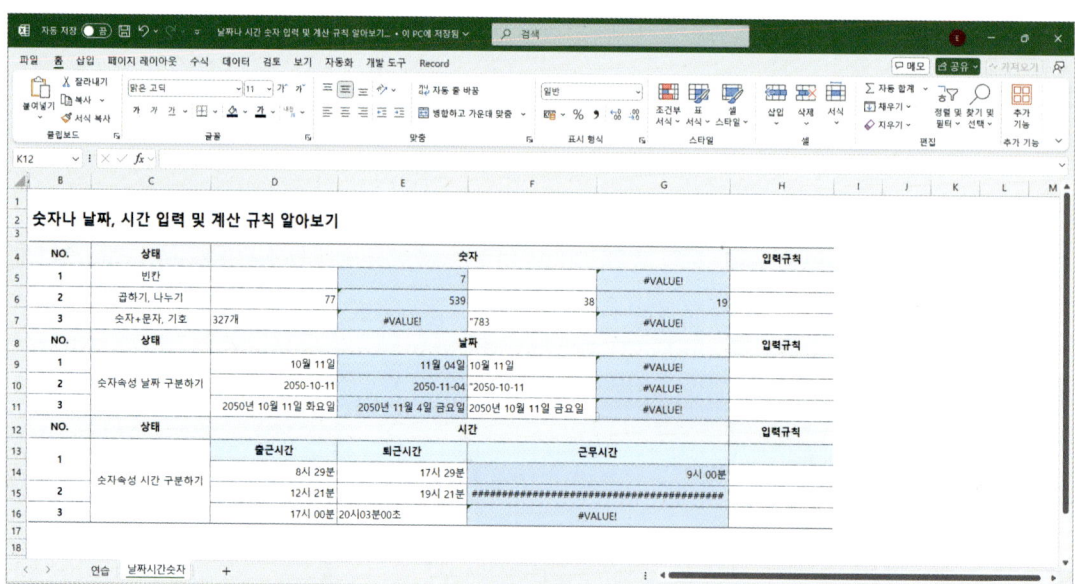

엑셀 엔진 UP! 실무 예제를 통한 숫자, 시간, 날짜 계산

01 파란색 파스텔톤 구간에 왼쪽에 있는 값을 대상으로 각각 계산한 결과값입니다.

아래 결과값은 숫자, 날짜, 시간을 가공한 정보의 결과값입니다. 오류 메시지가 출력된 구간은 대부분 해당 정보의 표시 형식으로 입력이 안된 정보들입니다. 그리고 시간 같은 경우는 마이너스가 발생하여 #으로 오류가 출력된 경우입니다.

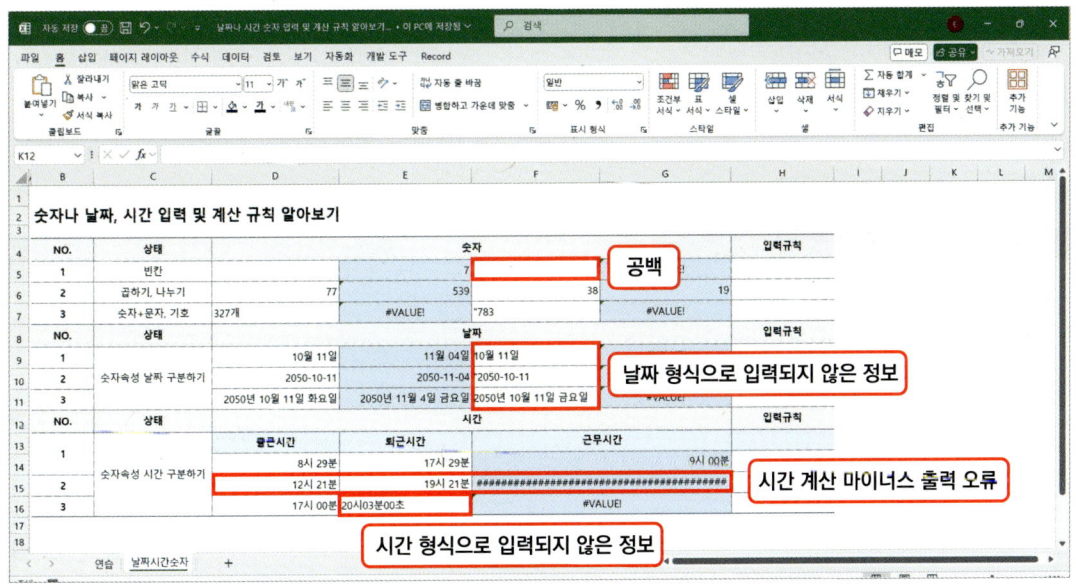

입력된 수식을 살펴보겠습니다. Ctrl + ~, 키를 조합해 누르면 아래와 같은 수식을 확인할 수 있습니다.

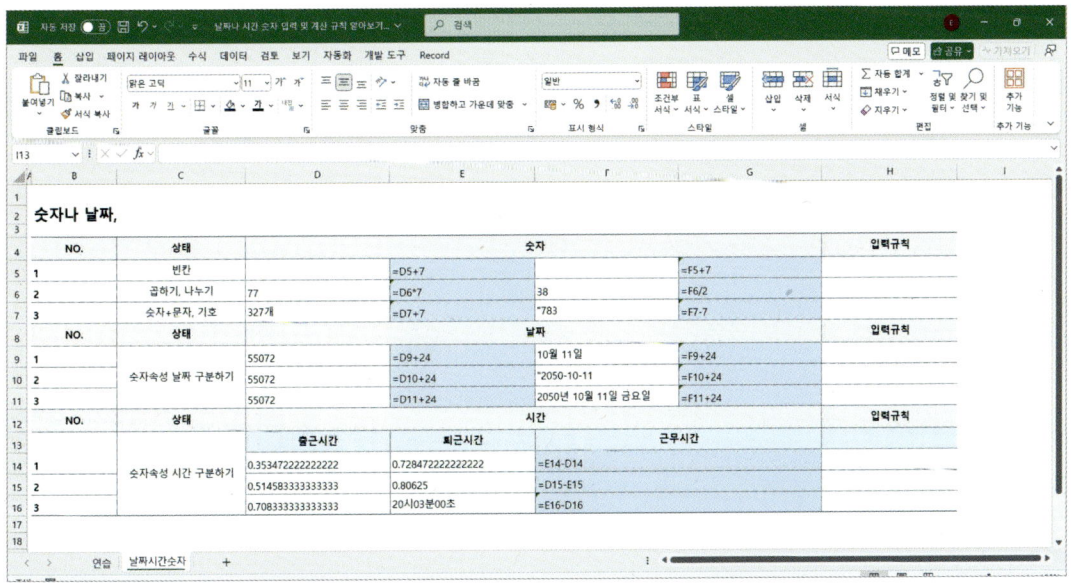

빨간색 네모로 표시한 구간의 숫자, 날짜, 시간의 속성값은 일반 숫자, 날짜 일련번호, 시간 소수점 값으로 변환이 되었지만 오류가 발생된 파란색 네모에 참조된 정보들은 텍스트 그대로 유지되고 있다는 것을 확인할 수 있습니다.

그래서 파란색 파스텔 구간에 셀 영역은 오류가 발생한 것입니다. 공백 오류는 속성값을 쉽게 확인할 수 없기 때문에 참조된 셀 구간 안으로 진입해서 공백 유무를 확인하고 [Back Space] 바를 통해 지워 주면 다시 계산이 됩니다. 적용하자면 F5셀을 더블클릭 또는 [F2] 펑션키를 눌러 셀 안으로 진입한 상태에서 커서가 깜빡이는 위치 앞에 공백을 확인하고 [Back Space] 바를 눌러 공백을 지워 주면 계산이 됩니다.

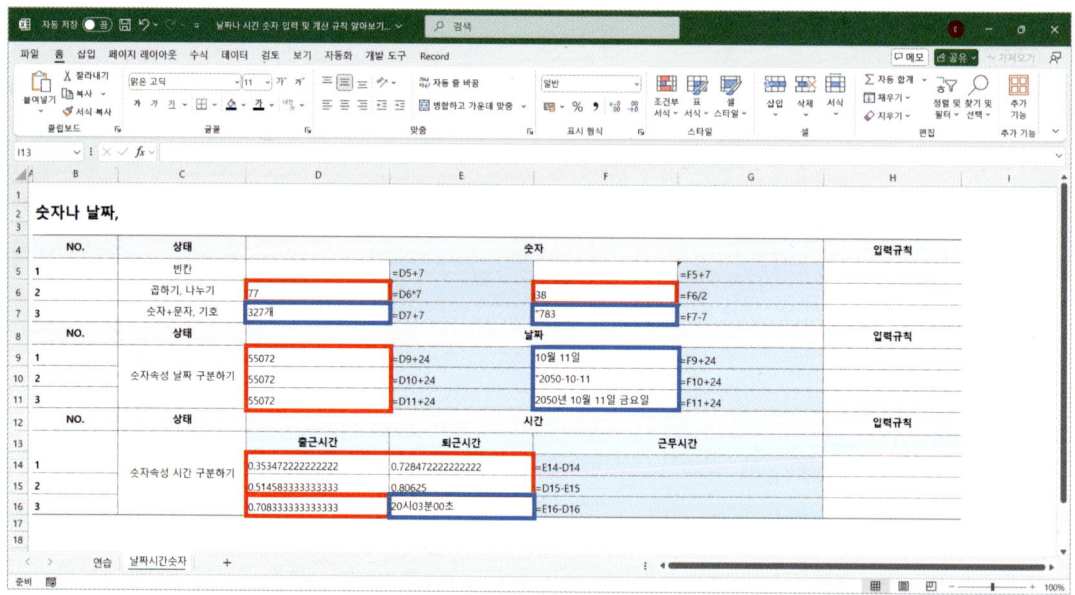

CHAPTER 06

참고 정도의 행, 열 정보 숨기기

• • • • • • •

📋 **예제 파일** PART1_6 참고 정도의 행, 열 정보 숨기기

실무 스킬

정보를 분석할 때 꼭 필요한 정보는 아니지만 참고용으로 만들어 놓은 정보 구간이 있습니다. 또는 꼭 필요한 정보지만 분석 대상이 아닌 정보를 잠시 숨겨놓고 레이아웃을 더 크게 확보해서 분석하고 싶은 정보에 집중하고 싶을 때가 있습니다. 이럴 때 유용하게 사용할 수 있는 메뉴가 행 또는 열을 숨기는 기능입니다.

예제에는 분기별 판매량 자료가 있습니다. 예제는 분기별 판매량 자료이지만, 월별, 일자별 같이 더 많은 열의 '비고'란이 있다고 가정하고 해결해 보면 좋습니다. 분기별 판매량만 확인할 수 있도록 각 분기 비고란 열을 숨기는 두 가지 방법에 대해 알아보겠습니다.

실무 연습 ❶

01 첫 번째 방법입니다. 예제 파일을 엽니다. 비고란이 있는 F, G, I, K열을 Ctrl 키를 누른 채 마우스로 클릭해서 다중 선택합니다.

> Ctrl 키를 누른 채 차례대로 E, G, I, K를 각각 클릭합니다.

분기별 판매량 자료

스타일 번호	브랜드	전체 판매량	1분기 판매량	비고	2분기 판매량	비고	3분기 판매량	비고	4분기 판매량	비고
GGSS7S5303255	드온	22,253	7,351		7,586		2,015		5,301	
GGSS6W6400270	드온	24,245	8,529		4,339		3,489		7,888	
PPBC18W0234FRE	스티핑	19,483	9,620		2,610		5,810		1,443	
PPCK18W3812FRE	스티핑	16,934	4,353		6,530		2,591		3,460	
PPCK18W3809FRE	스티핑	24,202	5,994		3,077		5,712		9,419	
PPBC18W0234FRE	스티핑	28,428	8,612		3,844		6,788		9,184	
PPBK7S8109FRE	스티핑	25,084	8,312		8,893		2,940		4,939	
KKDJ18S0211180	즈니비	21,121	2,604		7,275		1,453		9,789	
KKHS18F0209220	즈니비	22,539	3,742		4,497		9,305		4,995	
KKHS18F1109230	즈니비	19,793	2,683		4,407		4,276		8,427	
KKKS18S8W60SSS	즈니비	17,652	3,565		4,898		4,722		4,467	
KKHS18F0292170	즈니비	28,180	7,782		4,536		6,714		9,148	
KKHS18F1500190	즈니비	28,818	7,003		8,184		4,707		8,924	
AADU18S6710240	프우	24,767	4,660		3,815		8,053		8,239	
AAHG18W1000240	프우	19,755	4,153		4,536		1,983		9,083	
AAHQ7S4109240	프우	17,059	7,773		1,730		6,043		1,513	
AAHQ18W1709250	프우	16,593	4,461		1,172		4,119		6,841	
AAHC18A0100230	프우	17,130	4,950		5,169		2,511		4,500	

숨기기

02 ❶ E, G, I, K열 범위가 지정된 구간 아무 곳 영문이 적힌 열 번호 위에서 마우스 오른쪽 버튼을 눌러 메뉴 대화상자를 불러냅니다. ❷ [숨기기] 메뉴를 클릭합니다.

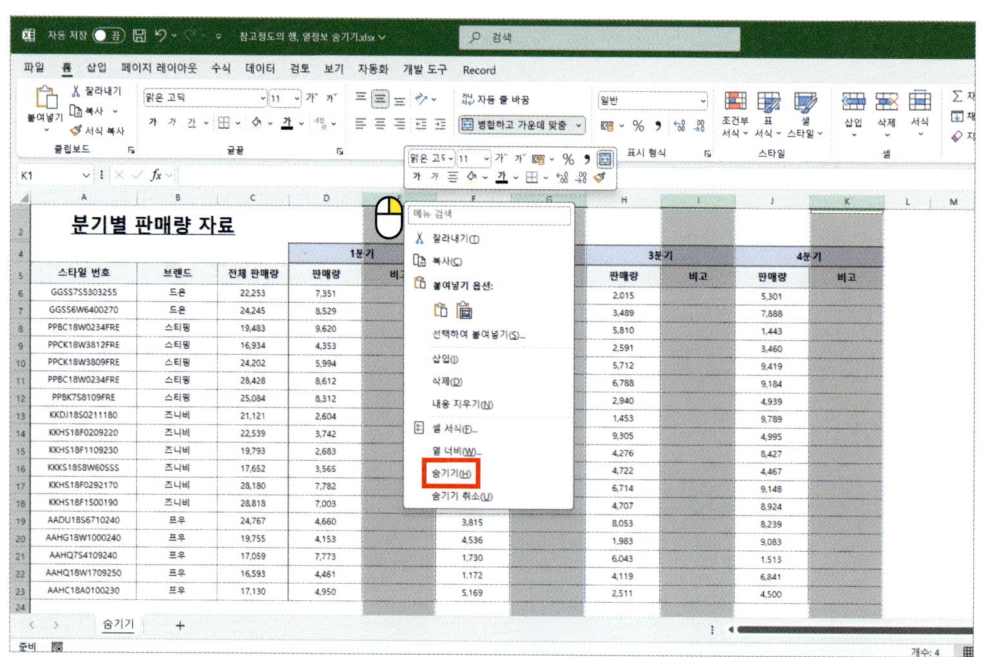

03 비고란이 숨김 처리된 것을 확인할 수 있습니다. 동시에 E, G, I, K열이 숨김 처리되면서 두 줄 실선이 생긴 것을 볼 수 있습니다.

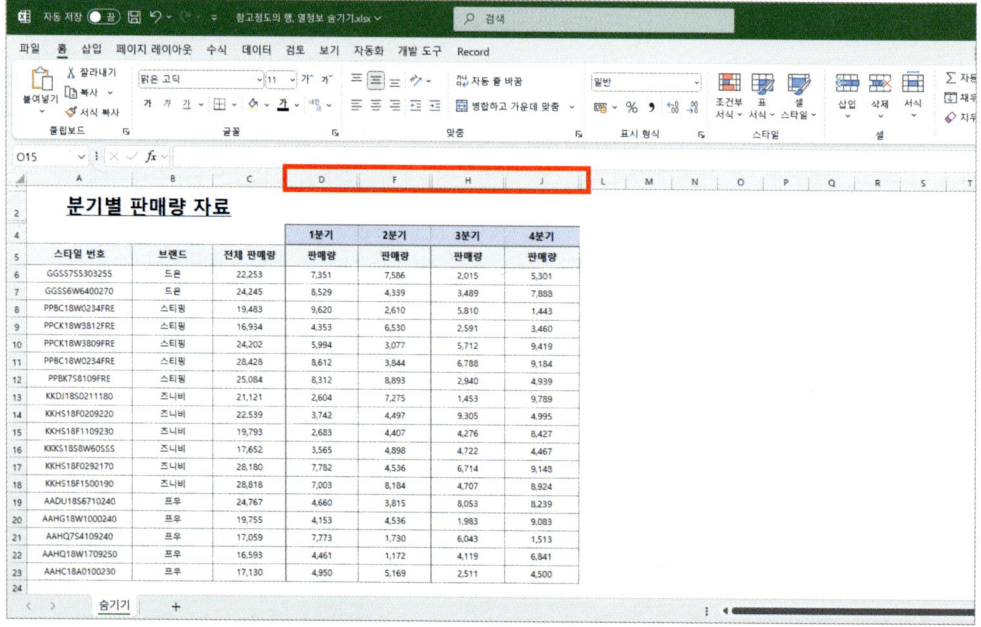

04 두 번째 방법은 범위 지정 대상이 많을 때 활용하면 좋습니다. 먼저 D5:K5 영역을 범위 지정합니다.

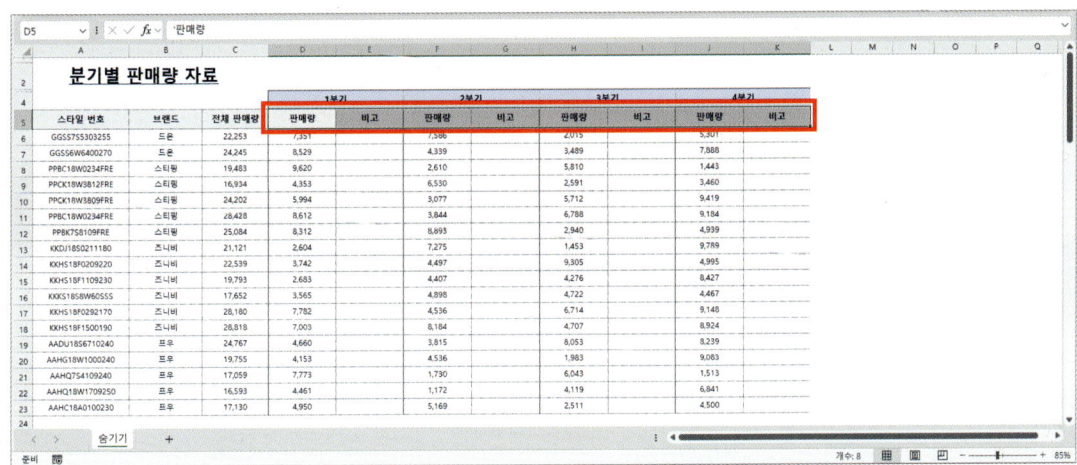

05 범위 지정 상태에서 [홈] 탭-[찾기 및 선택]-[이동 옵션]-[동일 행에서 값이 다른 셀]을 선택합니다.

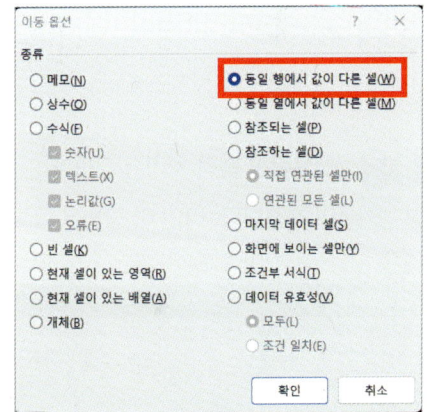

06 '비고'라고 적힌 문자만 범위가 다중으로 선택됩니다.

07 이 상태에서 [홈] 탭-[서식]-[숨기기 및 숨기기 취소]-[열 숨기기] 메뉴를 차례대로 선택합니다.

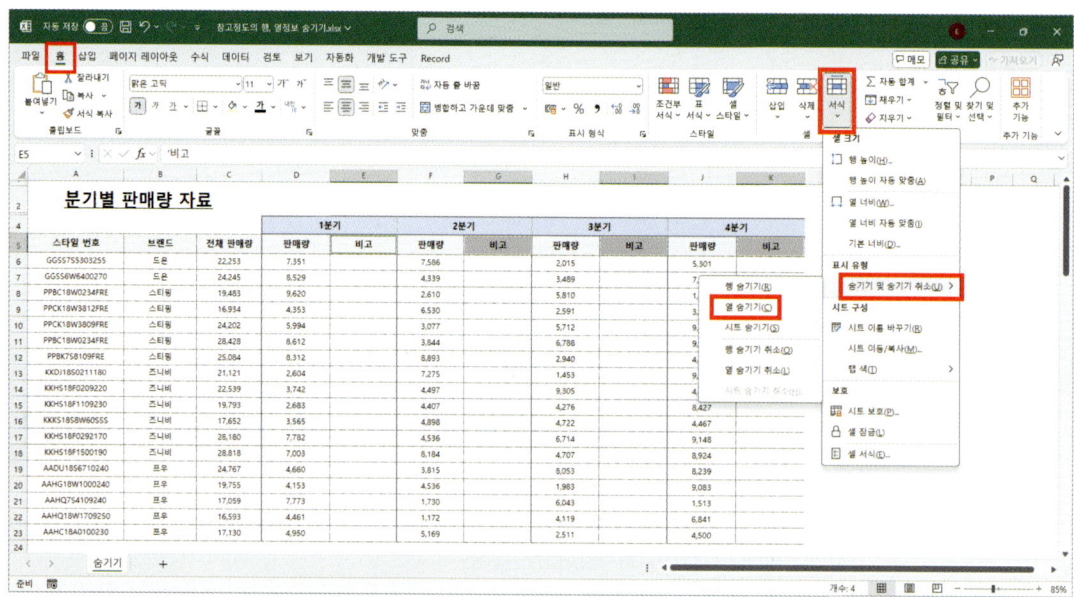

08 비고란이 숨김 처리된 것을 확인할 수 있습니다. 동시에 E, G, I, K열이 숨김 처리되면서 두 줄 실선이 생깁니다. 다만 이 방법은 목록 이름이 같은 경우에만 실행할 수 있습니다.

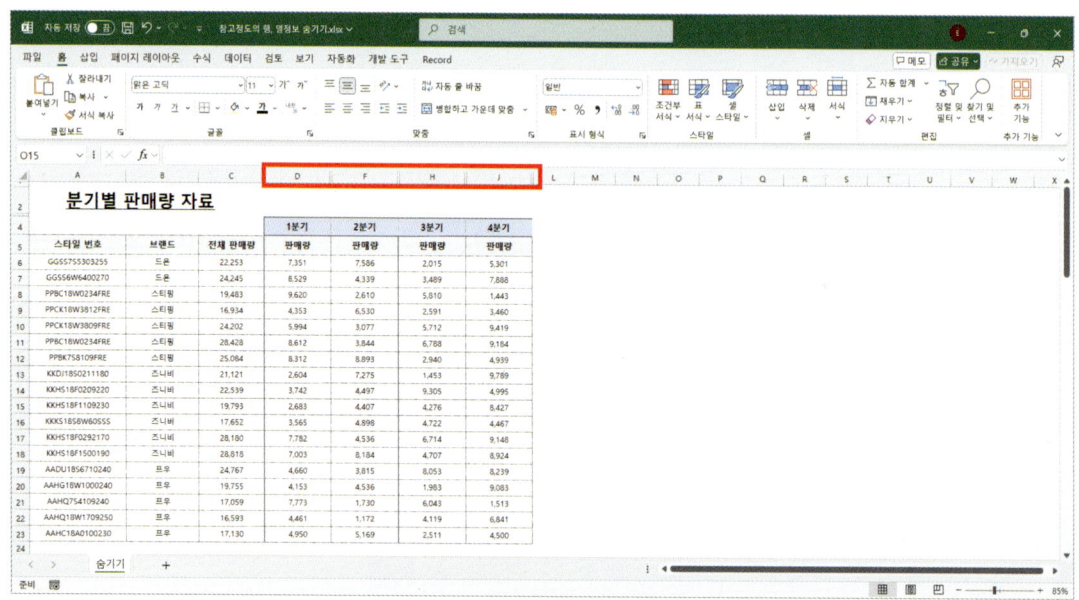

> **TIP** **04**번까지 [동일 행에서 값이 다른 셀] 메뉴 선택 상태에서 단축키로 쉽게 해결할 수도 있습니다(열 방향 : **Ctrl** + **0**, 행 방향 : **Ctrl** + **9**).

숨김 기능을 해제할 때는 숨김 처리된 두 줄 실선을 포함한 전체 행 또는 열 범위를 지정한 상태에서 마우스 오른쪽 버튼 클릭 후 대화창 메뉴에서 [숨기기 취소] 메뉴를 클릭하면 됩니다.

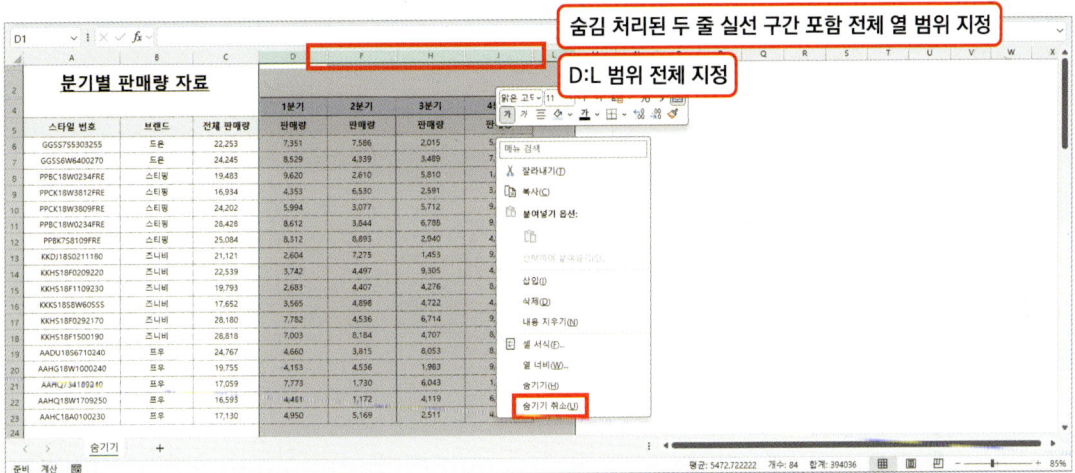

만약 A열이 숨김 처리되어 있다면 ❶ B열 전체 지정 상태에서 마우스 왼쪽 버튼을 클릭한 후 A열이 있는 왼쪽 방향으로 드래그를 합니다. ❷ 그렇게 되면 B열에 표시된 테두리의 왼쪽 실선이 녹색에서 흰색으로 변합니다. ❸ 그 상태에서 마우스 오른쪽 버튼 클릭 후 [숨기기 취소] 메뉴를 선택해서 숨기기를 해제합니다.

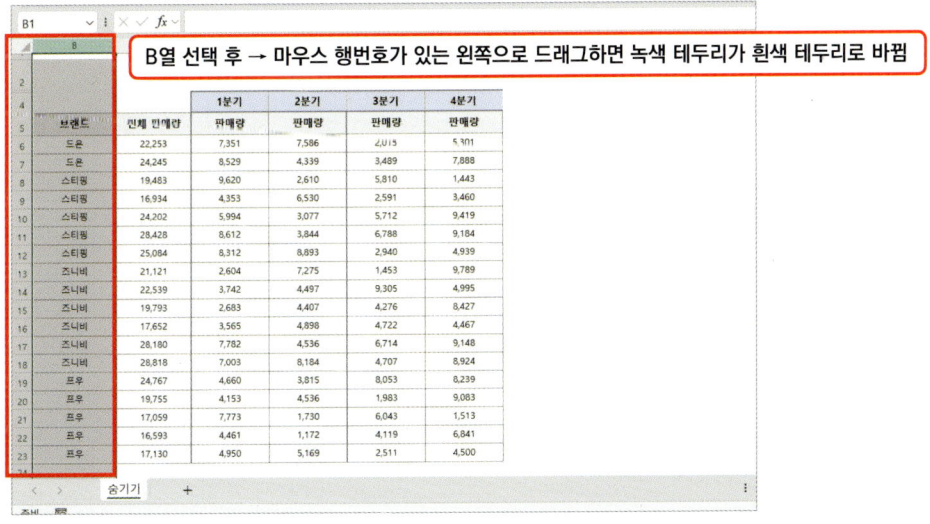

B열에 표시된 테두리의 왼쪽 실선이 흰색으로 변했습니다.

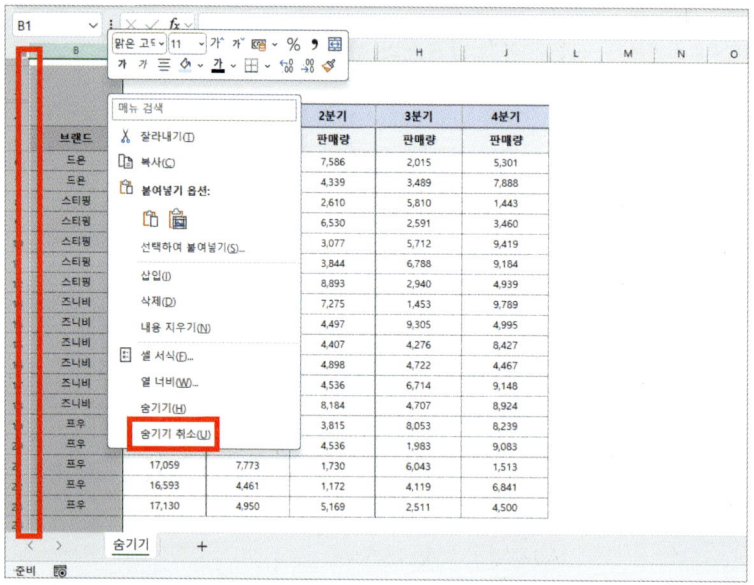

이 상태에서 마우스 오른쪽 버튼 클릭 후 [숨기기 취소]를 클릭합니다.

CHAPTER 07

점수가 입력된 범위에 가산점 일괄로 더하기

📄 **예제 파일** PART1_7 점수가 입력된 범위에 가산점 일괄로 더하기

실무 스킬

시험 문제에 오류가 발생한 경우 해당 문제를 모두 정답 처리해야 할 경우가 발생할 수 있습니다. 이런 경우, 모든 학생들에게 현재 점수에서 해당 가점만큼 더해서 점수를 다시 산정해야 합니다. 또는 보너스 점수를 모든 구간에 일괄 적용해야 할 때가 있습니다. 이럴 때 유용한 스킬을 알아보겠습니다.

실무 연습 ❶

01 파일은 '국어, 과학, 엑셀, 워드, PPT, 중국어' 과목에 오류 문제가 발생한 상황입니다. 이때 오류 문제 1개당 5점씩 가점을 하려 합니다. 가점이 출력되고 있는 C6:L6셀 범위에는 각각 '오류 문제 수'가 입력된 범위인 C5:L5셀을 참조해 곱하기 5를 한 수식이 입력되어 있습니다. 가점을 해야 할 학생 수는 19명입니다.

※ 현재 화면은 Ctrl + ~ 단축키로 속성값(수식 입력줄 값)이 출력된 상태입니다. 값이 출력된 상태로 되돌리기 위해서는 다시 Ctrl + ~ 을 눌러 주면 됩니다.

이름	국어	영어	수학	과학	엑셀	워드	PPT	한글	중국어	독일어	평균
※ 과목별 오류											
오류 문제수	1	0	0	1	1	2	1	0	1	0	
가점	=C5*5	=D5*5	=E5*5	=F5*5	=G5*5	=H5*5	=I5*5	=J5*5	=K5*5	=L5*5	
홍길동1	65	70	70	65	95	80	100	90	90	85	=AVERAGE(C9:L9)
홍길동2	100	70	60	35	95	95	85	90	70	90	=AVERAGE(C10:L10)
홍길동3	75	40	85	90	100	50	75	30	85	90	=AVERAGE(C11:L11)
홍길동4	90	95	30	100	100	75	65	65	45	85	=AVERAGE(C12:L12)
홍길동5	85	80	90	65	95	40	80	85	100	65	=AVERAGE(C13:L13)
홍길동6	45	90	70	75	80	70	60	50	70	85	=AVERAGE(C14:L14)
홍길동7	100	85	60	40	75	35	90	80	55	45	=AVERAGE(C15:L15)
홍길동8	95	90	50	75	45	30	85	95	85	70	=AVERAGE(C16:L16)
홍길동9	50	70	50	80	25	75	65	95	80	45	=AVERAGE(C17:L17)
홍길동10	60	100	85	90	95	90	90	90	90	90	=AVERAGE(C18:L18)
홍길동11	80	60	70	80	90	90	35	30	60	60	=AVERAGE(C19:L19)
홍길동12	65	40	50	70	50	50	80	70	55	80	=AVERAGE(C20:L20)
홍길동13	65	60	80	77	65	65	90	30	25	80	=AVERAGE(C21:L21)
홍길동14	45	75	50	50	90	100	70	95	55	60	=AVERAGE(C22:L22)
홍길동15	80	60	60	90	75	75	100	60	55	70	=AVERAGE(C23:L23)
홍길동16	50	55	60	55	40	100	85	75	70	95	=AVERAGE(C24:L24)
홍길동17	80	90	100	75	75	55	95	100	100	80	=AVERAGE(C25:L25)
홍길동18	90	45	50	60	35	75	100	75	85	75	=AVERAGE(C26:L26)
홍길동19	65	75	80	70	80	65	75	95	55	70	=AVERAGE(C27:L27)

가점하기

02

❶ 가점이 출력된 범위 C6:L6셀을 범위 지정하고 ❷ [Ctrl] + [C]를 눌러 복사합니다.

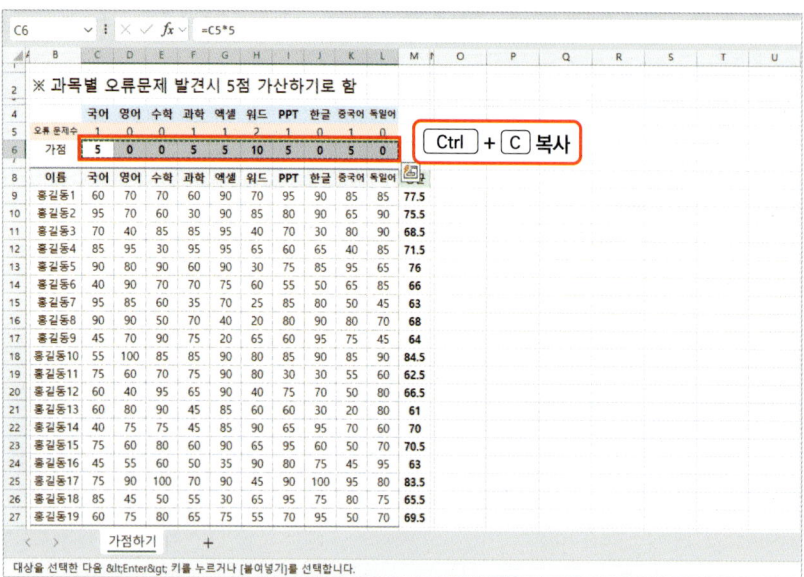

03

가산을 해야 할 각각의 목록들인 C9:L27셀을 전체 범위 지정합니다.

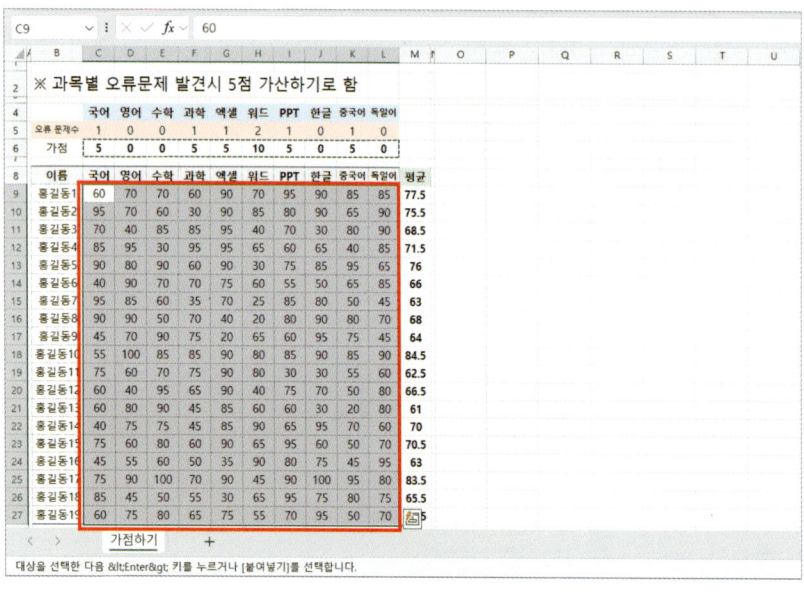

04 이 상태에서 마우스 커서를 범위 구간 안에 놓습니다. 마우스 오른쪽 버튼 클릭-[선택하여 붙여넣기] 메뉴를 클릭합니다.

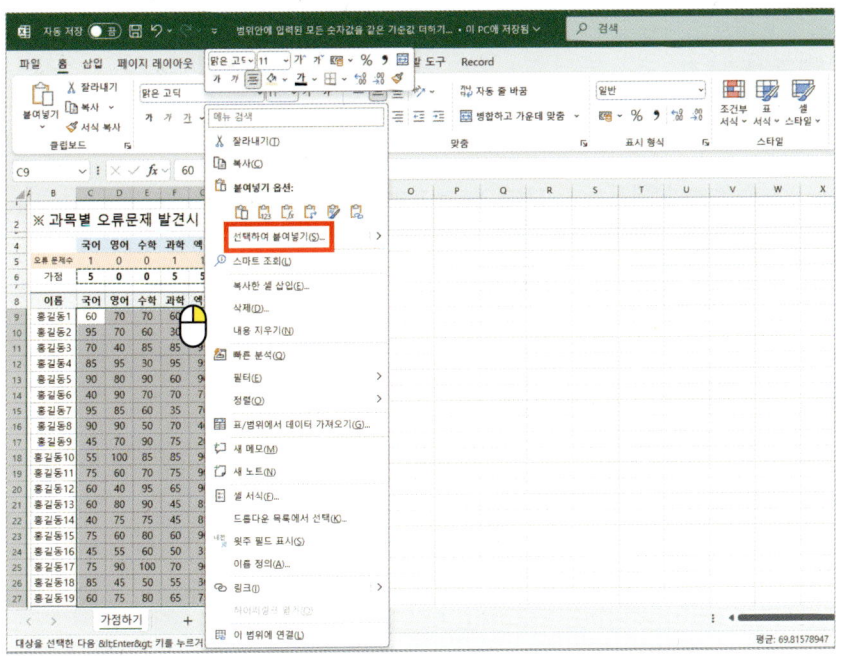

05 [선택하여 붙여넣기] 메뉴에서 [값]-[더하기]를 차례대로 선택합니다. 현재 복사한 범위에는 수식이 입력되어 있기 때문에 반드시 [값] 메뉴를 선택 후 [더하기] 메뉴를 함께 선택합니다.

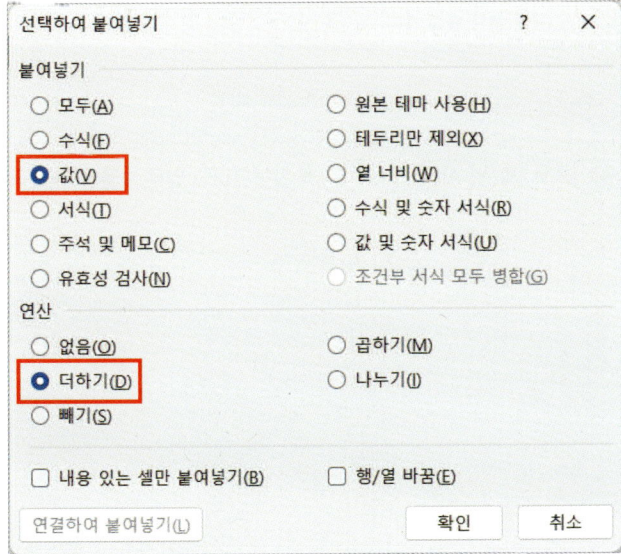

06 C6:L6셀에 각각 적힌 가점 점수가 각각의 과목에 더해진 결과값을 확인할 수 있습니다.

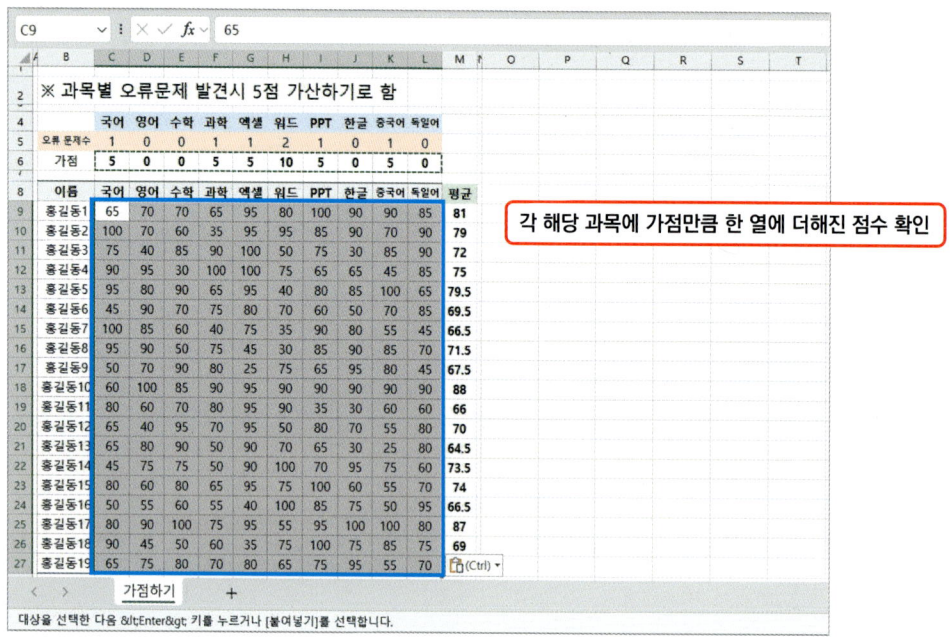

각 해당 과목에 가점만큼 한 열에 더해진 점수 확인

> **TIP** 해당 문제는 엑셀에서 자주 사용되는 [선택하여 붙여넣기]라는 기능으로 해결했습니다. 해당 기능은 복사/붙여넣기에서 파생된 메뉴로, Ctrl + C (복사)가 반드시 전제되어야 사용할 수 있습니다. 지금 익혀 본 더하기 외에 빼기, 곱하기, 나누기 연산도 같은 방법으로 사용할 수 있습니다.
>
> 붙여넣기 옵션에서는 ❶ 모두(수식+서식+값), ❷ 수식, ❸ 값, ❹ 서식을 복사 대상으로 선택해서 다양하게 가점 붙여넣기를 진행할 수 있습니다. 필요에 따라 서식 또는 수식을 붙여넣을 수도 있으니 업무환경에 맞게 활용해 보시기 바랍니다.

> **TIP** 선택하여 붙여넣기 단축키인 Ctrl + Alt + V 또는 Alt + E + S 를 활용한다면 업무 효율을 더 높일 수 있습니다.

표시 형식으로 함수와 같은 효과 나타내기

📑 **예제 파일** PART1_8 표시 형식으로 함수와 같은 효과 나타내기

실무 스킬

함수를 이용하여 조건을 만족하는 결과값을 얼마든지 출력할 수 있습니다. 하지만 수식 노출이 꺼려지거나 함수 운영이 쉽지 않은 분들은 다음과 같은 표시 형식을 활용해 함수를 대체할 수도 있습니다.

엑셀에서 가장 많이 사용되는 기능이 바로 [셀 서식(단축키: Ctrl + 1)] 메뉴입니다. [셀 서식]은 숫자를 담는 그릇인 표 만들기와 관련된 메뉴가 모여 있기 때문에 엑셀에서 가장 많이 사용하는 메뉴이기도 합니다.

그중 사용자 지정으로 사용자가 원하는 표시 형식을 입력하는 방법을 알아보겠습니다. [표시 형식]-[사용자 지정]-[형식]에 세미콜론(;)을 구분자로 하여 총 네 가지의 정보를 입력할 수 있습니다. 대표적인 규칙은 다음과 같습니다.

1. 첫 번째 규칙은 '양수 ; 음수 ; 0 ; 텍스트'가 출력되는 표시 형식 개념입니다. 예를 들어 형식란에 다음과 같이 입력합니다.

"가나다";"라마사";"사아자";"차카타"
(양수 영역) (음수 영역) (0 영역) (텍스트 영역)

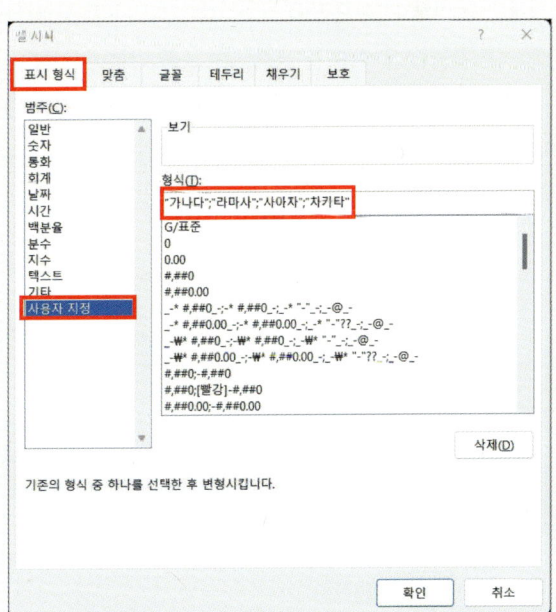

양수를 입력한 경우 : '가나다' 문자 출력

음수를 입력한 경우 : '라마바' 문자 출력

숫자 0을 입력한 경우 : '사아자' 문자 출력

텍스트를 입력한 경우 : '차카타' 문자 출력

이 표시 형식을 각각 양수, 음수, 0, 텍스트가 입력된 셀에 적용하면 다음과 같이 나타납니다.

※ A1:D1셀 범위 선택– Ctrl +1(셀 서식)– 표시 형식– 사용자 지정 서식(위 이미지 참고) 적용
  또한 A1셀 =A2, B1셀=B2, C1셀=C2, D1셀=D2 로 주소값이 참조되어 있습니다.

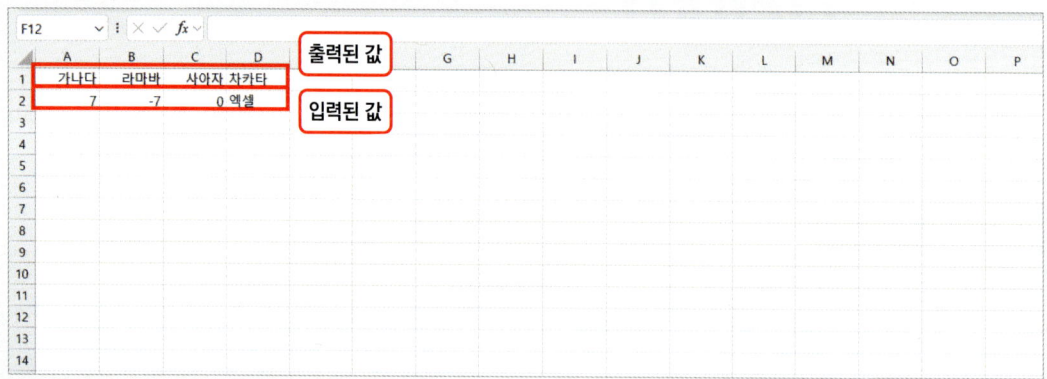

2. 두 번째 규칙은 '[조건] ; [조건] ; 0 ; 텍스트'가 출력되는 표시 형식 개념입니다. 사용 방식은 ❶에서 설명한 내용과 동일합니다. 조건 입력 방식은 실무 연습문제를 통해 입력 방식을 확인합니다.

> **TIP** ▶ 표시 형식을 바꾸기 위해서는 셀에 양수, 음수, 0, 문자정보가 입력되어 있는상태에서 범위 지정해서 셀서식 메뉴를 실행해야 합니다

실무 연습 ❶

01 숫자 1 또는 그 이상의 숫자를 '예약 인원수 입력'란에 입력하면 'ROOM CONDITION'란에는 예약 가능한 룸 정보가 출력되는 표를 만들고자 합니다. ❶ 먼저 D7셀에 =C7을 입력하고 Enter 키를 누릅니다. ❷ 현재는 C7셀이 빈칸이기 때문에 D7의 결과값은 0을 반환합니다.

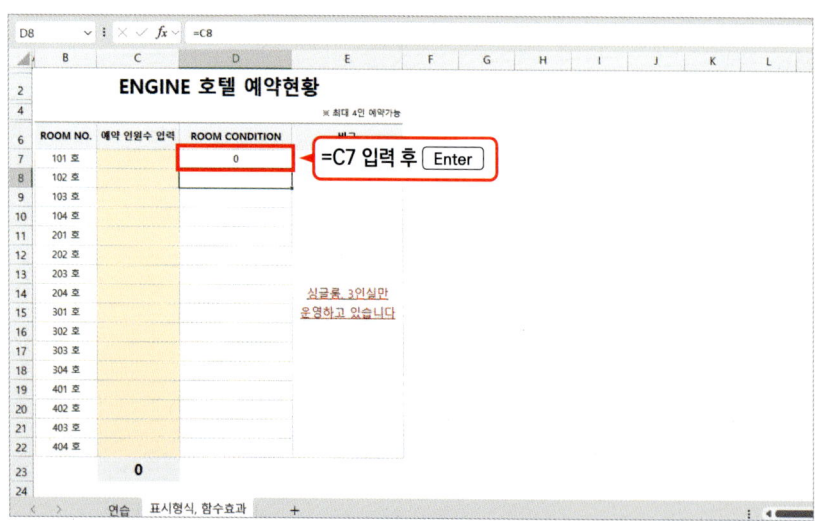

02 ❶ 자동 채우기 핸들을 클릭한 채로 D22셀까지 드래그합니다. ❷ D8:D22 영역에 수식을 복사/붙여넣기합니다.

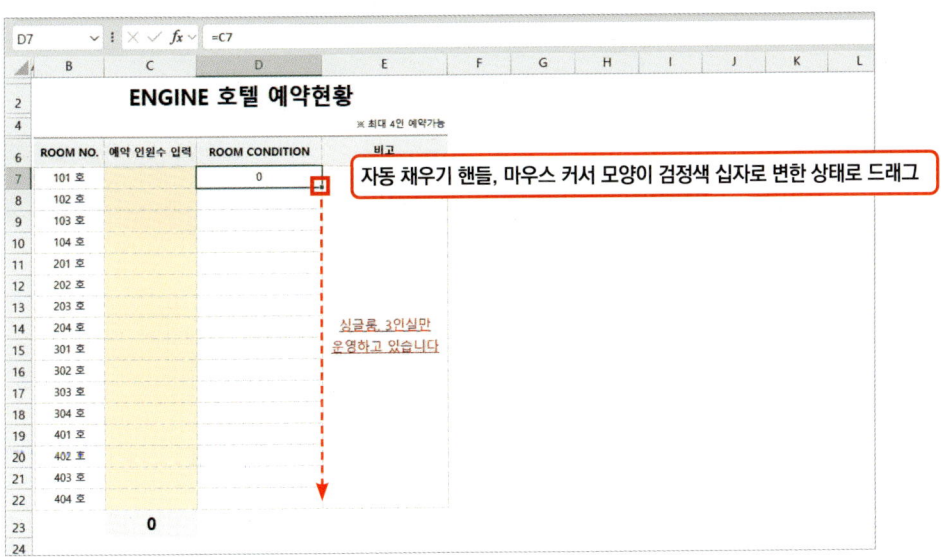

03 결과값이 아래와 같이 출력되었는지 확인합니다.

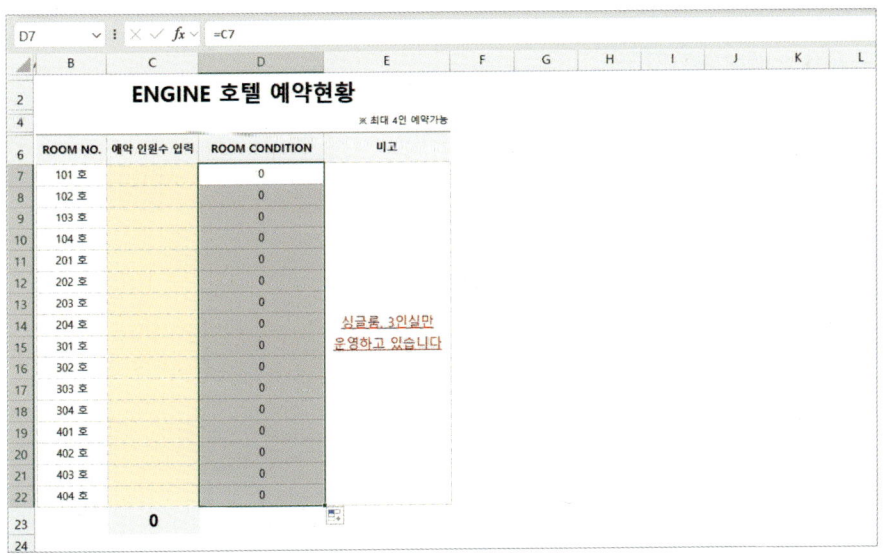

범위가 지정된 상태에서 ❶ 마우스 오른쪽 버튼 클릭-[셀 서식] 메뉴를 누릅니다(또는 `Ctrl`+`1`).
❷ [표시 형식]-[사용자 지정]-[형식] 메뉴에 아래와 같이 조건을 입력하고 `Enter` 키를 누릅니다.

- **[=1]"싱글룸"** : 표시 형식이 적용된 영역에 숫자 1을 입력하면 "싱글룸"이라는 문자값이 출력된다는 뜻입니다.

- **[>1]"3인실"** : 표시 형식이 적용된 영역에 1보다 큰 숫자를 입력하면 "3인실"이라는 문자값이 출력된다는 뜻입니다.

- 세 번째 구간은 숫자 0이 입력되면 출력되는 구간입니다. 그런데 세미콜론 사이에 아무런 텍스트도 입력되지 않았습니다. 이는 숫자 0을 입력하면 공백을 출력하겠다는 의미입니다.

- **"숫자만 입력가능합니다"** : 문자 출력 구간으로, 숫자를 제외한 기호나 공백, 문자를 입력하면 "숫자만 입력가능합니다"라는 문구가 출력됩니다.

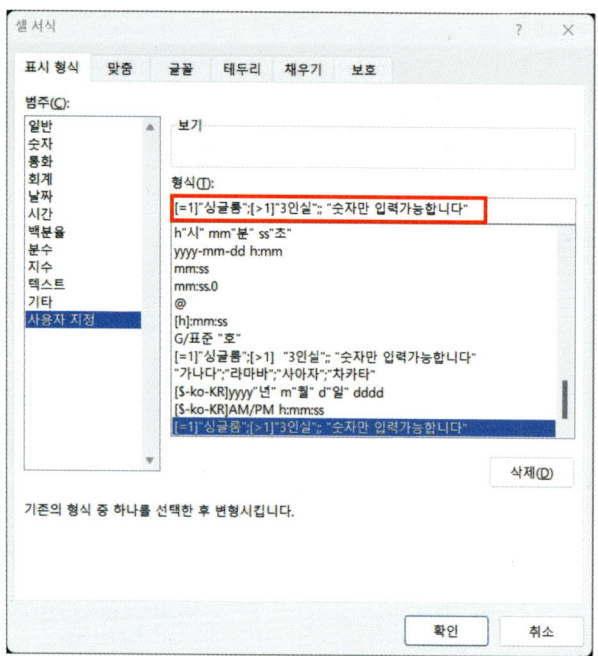

05 **04**번에서 입력된 표시 형식 조건을 적용하면 아래와 같은 결과를 얻을 수 있습니다. C열에 숫자 및 텍스트를 입력하여 확인해 봅니다.

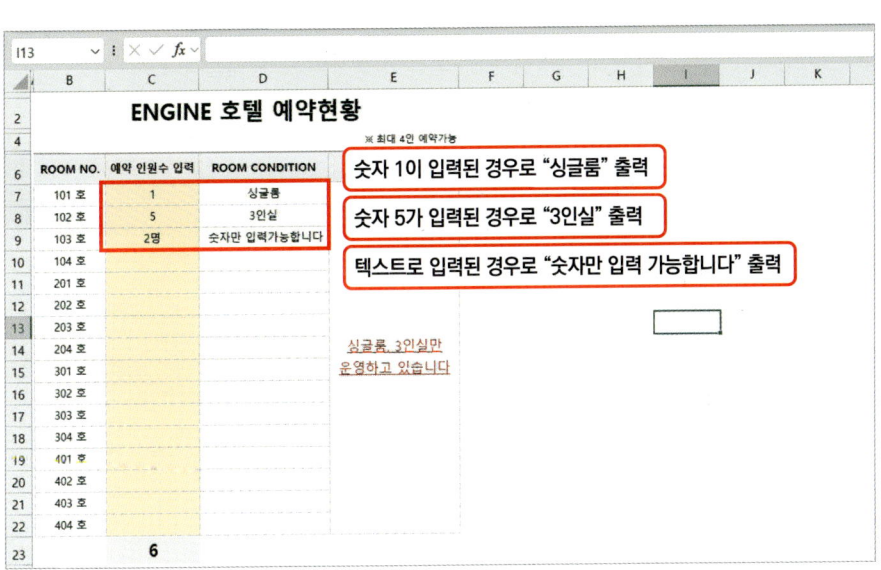

> **TIP** 조건값을 입력할 때 논리값은 대괄호 안에 부등호, 등호 조합으로 입력할 수 있습니다. 다만 세 가지 이상의 논리가 필요한 경우는 위 표시 형식으로는 나타낼 수 없습니다. 세미콜론(;) 기준 세 번째, 네 번째 논리는 0과 텍스트 입력 시 출력되는 값으로 정해져 있기 때문입니다.

엑셀 엔진 UP! ▶ 출력되는 숫자에 색상 입히기!

위에서 살펴본 첫 번째 사용 방법을 조금 응용해서 색상을 통해 숫자값을 출력하는 방법에 내해 알이보겠습니다. 한 글로 많이 나타내는 색상은 보통 1. 검정, 2. 파랑, 3. 녹청, 4. 녹색, 5. 자홍, 6. 빨강, 7. 흰색, 8. 노랑의 여덟 가지로 많이 출력합니다.

01 먼저 엑셀 시트에 다음과 같이 정보를 입력합니다.

G1셀- 양수 1입력

G2셀- 음수 -1입력

G3셀- 0입력

G4셀- "가나다" 입력

02 ❶ G1:G4셀을 범위 지정한 후 ❷ 마우스 오른쪽 버튼 클릭-[셀 서식] 또는 `Ctrl`+`1`키를 눌러 [표시 형식] 메뉴로 들어갑니다. ❸ [사용자 지정]-[형식]란에 [빨강]0;[파랑]0;[녹색];[노랑]이라고 입력 후 `Enter`키를 누릅니다. 대괄호 다음의 숫자 0은 숫자를 소수점 없는 정수 단위로 출력하라는 의미입니다. 00이라고 입력하면 숫자 1인 경우 01과 같이 두 자리로 출력됩니다.

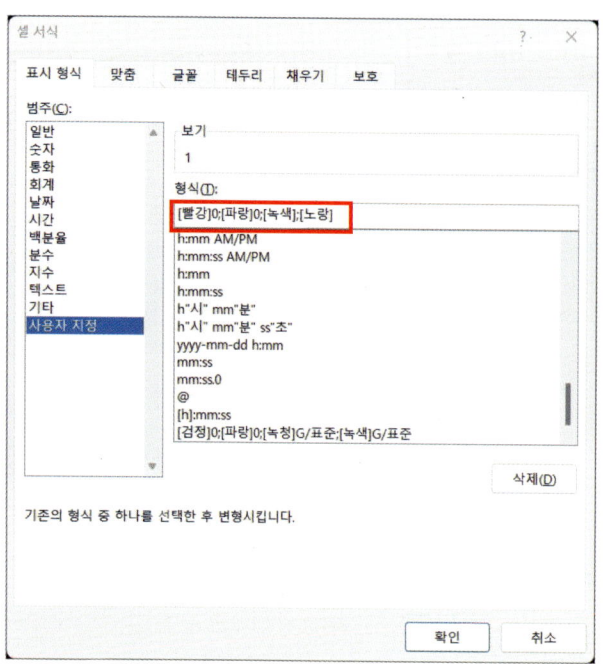

03 다음과 같은 결과값이 출력되었는지 확인합니다.

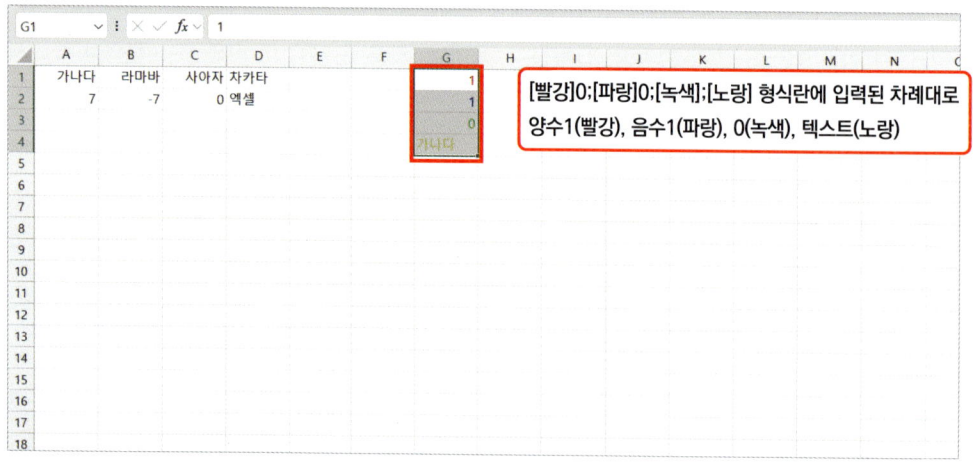

[빨강]0;[파랑]0;[녹색];[노랑] 형식란에 입력된 차례대로
양수1(빨강), 음수1(파랑), 0(녹색), 텍스트(노랑)

주문표, 체크박스 쉽게 엑셀로 표시하기

 예제 파일 PART1_9 주문표_체크박스 쉽게 엑셀로 표시하기

실무 스킬

마이크로소프트사에서 개발한 폰트 중 글자를 그림 문자로 출력해 주는 폰트가 있습니다. 가장 대표적이면서 다양한 특수 글꼴이 바로 영문 폰트인 Wingdings 계열 폰트입니다. Wingdings 계열 폰트를 이용해 체크 또는 체크박스를 출력하는 방법을 알아보겠습니다.

실무 연습 ①

01 예제 파일을 엽니다. C7:C18셀을 클릭한 채 드래그하여 범위 지정합니다.

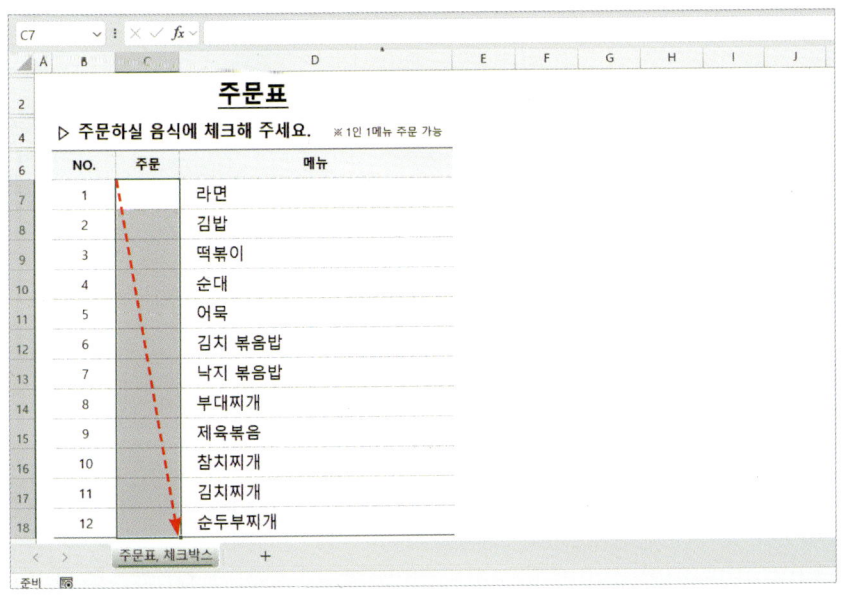

02 이 상태에서 글꼴을 'Windings 2'로 지정합니다.

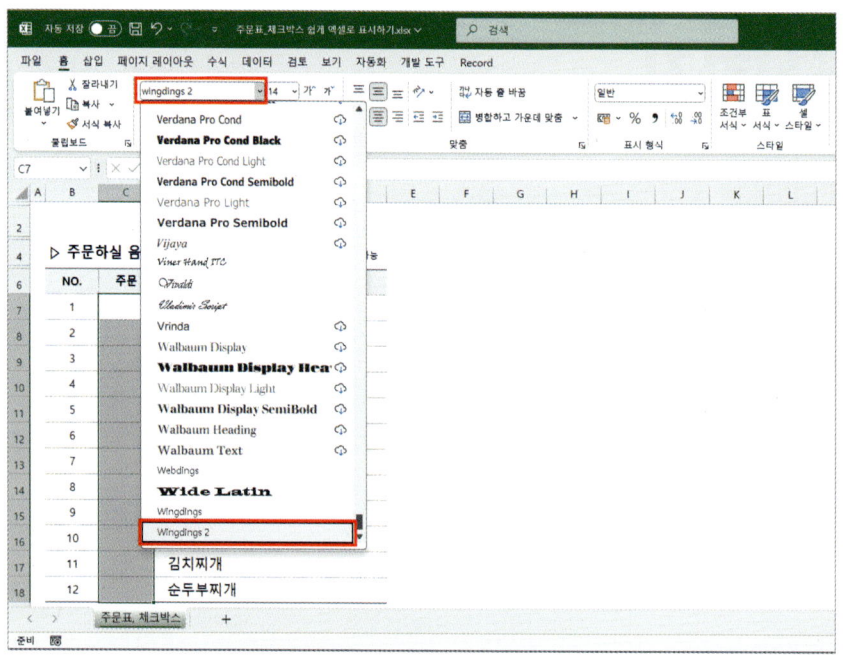

03 이제 C7:C18 범위 구간 아무 셀에 대문자 'P' 또는 'R'을 입력해 봅니다. 'P'는 체크 표시(✓), 'R' 은 체크박스(☑)를 출력합니다. 대문자와 소문자에 따라 출력되는 특수 기호가 달라지니 꼭 대문자 로 입력해야 합니다.

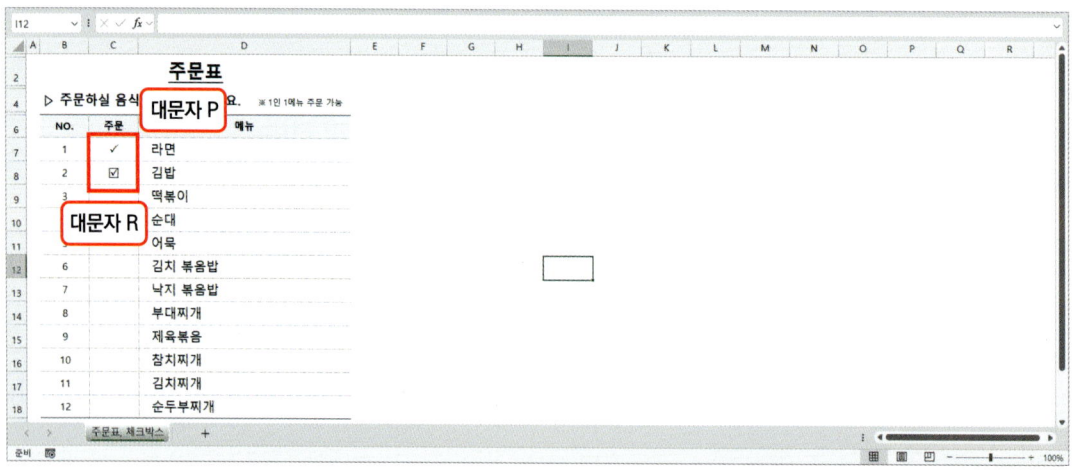

다음은 Wingdings 2가 출력하는 다양한 문자와 숫자입니다.

01 알파벳 a-z, A-Z

	A	B	C	D	E	F	G	H	I	J
1	a	✍	n	①	A	☛	N	✋		
2	b	✎	o	⑥	B	☚	O	×		
3	c	✏	p	⑦	C	☜	P	✓		
4	d	✐	q	⑧	D	☞	Q	☒		
5	e	✑	r	⑨	E	☝	R	☑		
6	f	✒	s	⑩	F	✌	S	☒		
7	g	✓	t	❶	G	✍	T	☒		
8	h	✔	u	❷	H	✎	U	⊗		
9	i	①	v	❸	I	✏	V	⊗		
10	j	②	w	❹	J	✐	W	⊘		
11	k	③	x	❺	K	✑	X	⊘		
12	l	④	y	❻	L	✒	Y	ℯ		
13	m	④	z	❻	M	✒	Z	&		
14										
15										

02 숫자 1~52

	A	B	C	D	E	F	G	H	I	J
1	1		14		27		40			
2	2		15		28		41			
3	3		16		29		42			
4	4		17		30		43			
5	5		18		31		44			
6	6		19		32		45			
7	7		20		33		46			
8	8		21		34		47			
9	9		22		35		48			
10	10		23		36		49			
11	11		24		37		50			
12	12		25		38		51			
13	13		26		39		52			
14										

03 Shift와 조합 가능한 기호

	A	B	C	D	E	F	G	H	I	J
1	~									
2	!									
3	@									
4	#									
5	$									
6	%									
7	^									
8	&									
9	*									
10	(									
11	)									
12	_									
13	+									
14										

숫자 앞뒤, 문자 앞뒤 텍스트, 천 단위 구분 기호 출력, 절사기능 알아보기

예제 파일 PART1_10 숫자 앞뒤, 문자 앞뒤 텍스트, 천 단위 구분 기호 출력, 절사기능 알아보기

엑셀에서 나타내는 정보는 시트에서 보이는 셀 정보(값, 표시 형식)와 셀을 클릭했을 때 보이는 '수식 입력줄' 정보, 두 가지로 이루어져 있습니다.

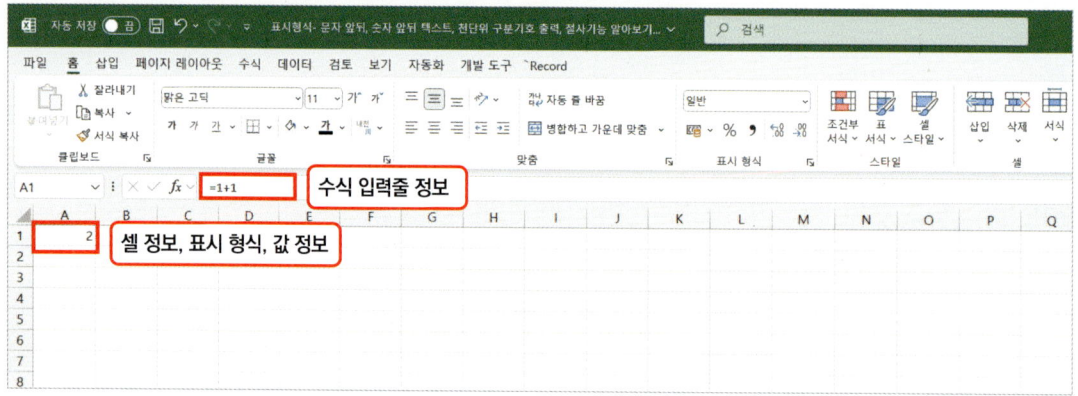

표시 형식의 정보는 사람의 외형과 같은 정보입니다. 언제든지 바뀔 수 있습니다. 하지만 '수식 입력 줄'에 입력된 정보는 시트상의 셀에서 형식 변경이 생긴다 해도 바뀌지 않습니다. 이러한 표시 형식 변경을 이용해서 반복되는 문자를 나타나게 하거나 계산도 가능하게 단위기호를 입력할 수 있습니다.

*셀의 표시 형식을 변경하면 유용한 때

❶ 반복되는 문자를 문자와 함께 규칙적으로 출력해야 할 때 불필요한 입력 횟수를 현저히 줄여 줍니다.

❷ 숫자 뒤 문자 단위를 출력해 계산해야 할 때 반드시 표시 형식을 변경해서 출력해야 하는 경우입니다. '개, 백만, Kg, Cm, mm' 등의 단위의 공통점은 숫자를 필요로 하는 단위라는 것입니다. 일반적으로는 숫자+문자 조합 정보는 계산할 수가 없기 때문에 표시 형식을 이용하여 문자가 표시되게 합니다.

01 브랜드 목록이 기입된 C8:C14셀을 범위 지정합니다.

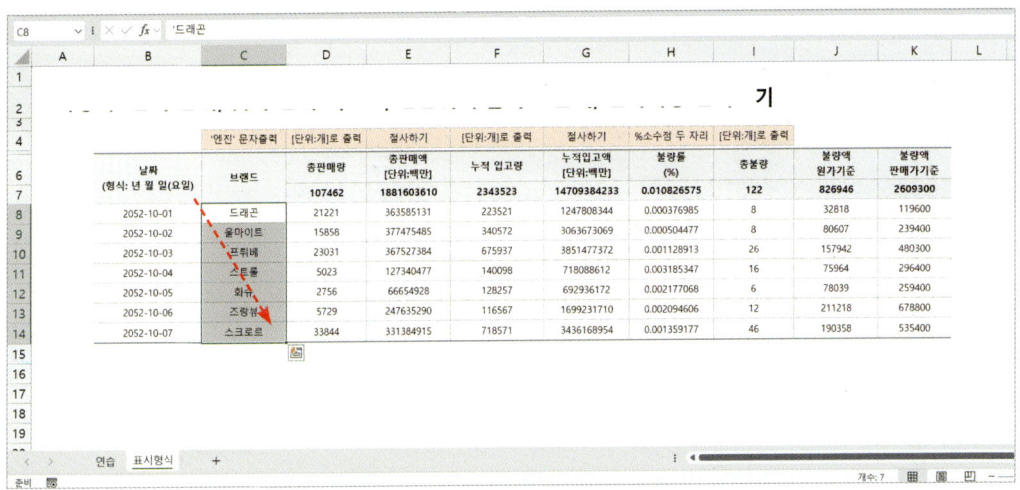

02 마우스 오른쪽 버튼–[셀 서식]을 클릭합니다. Ctrl + 1 을 이용해도 됩니다.

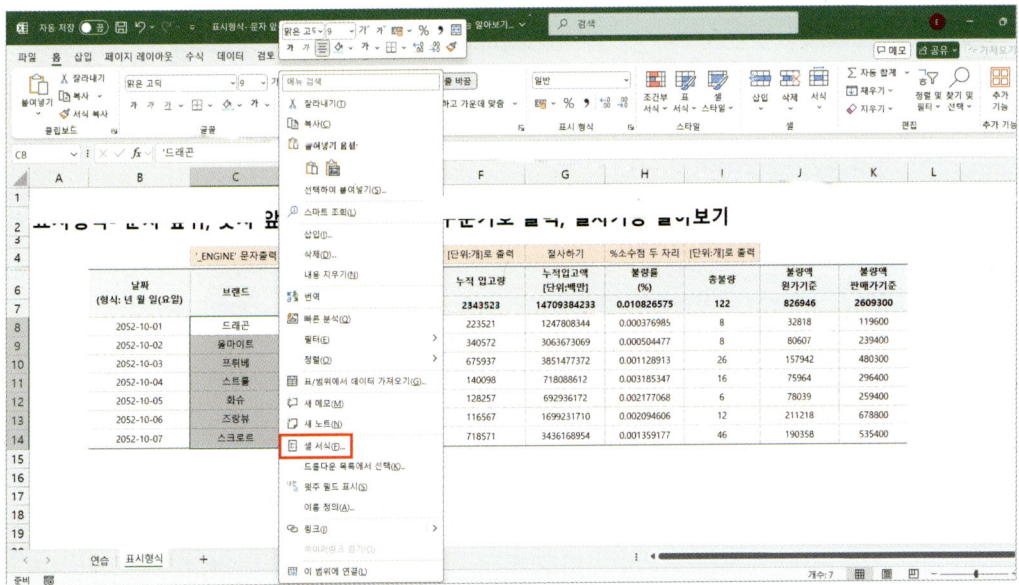

03 ❶ [표시 형식]–[사용자 지정]–[형식]에 @"_ENGINE"을 입력합니다. ❷ [확인]을 클릭합니다.

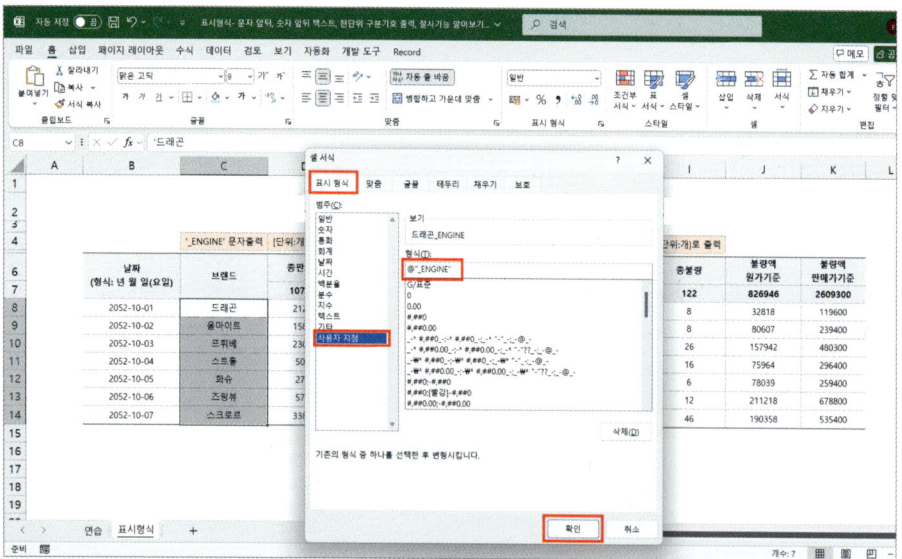

04 결과값을 확인해 보면 브랜드 목록 필드값 뒤에 '_ENGINE'이라는 단어가 표시 형식으로 입력되었습니다.

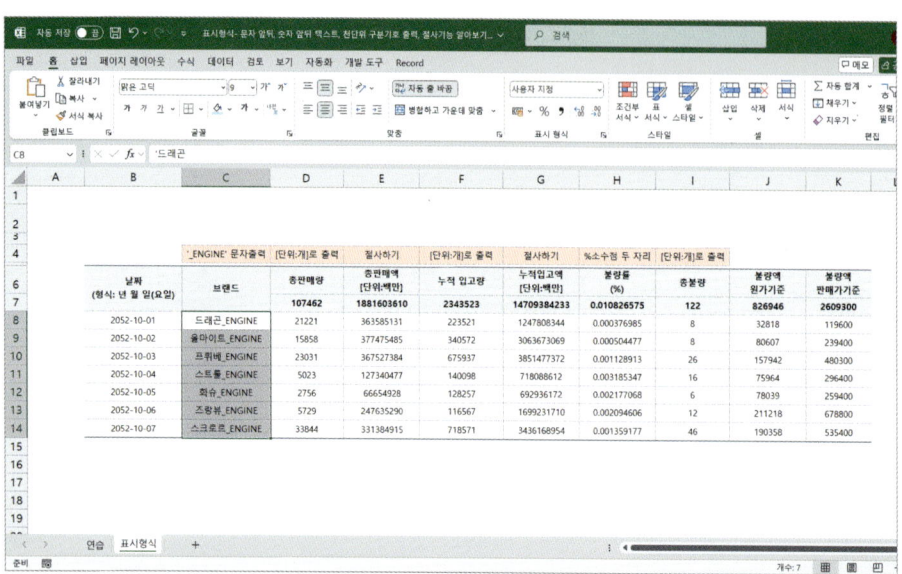

 **실무 연습 ❷** '총 판매량', '누적 입고량', '총불량' 필드값 뒤 "개" 문자 표시 형식 출력하기

01 숫자 목록인 D7:D14, F7:F14, I7:I14셀 범위를 Ctrl 키를 누른 채 드래그하여 다중으로 범위 지정합니다.

> **TIP** D7:D14셀을 마우스 왼쪽 버튼으로 드래그한 후 Ctrl 키를 누른 채 F7:F14, I7:I14 셀을 차례대로 드래그하면 다중 선택됩니다.

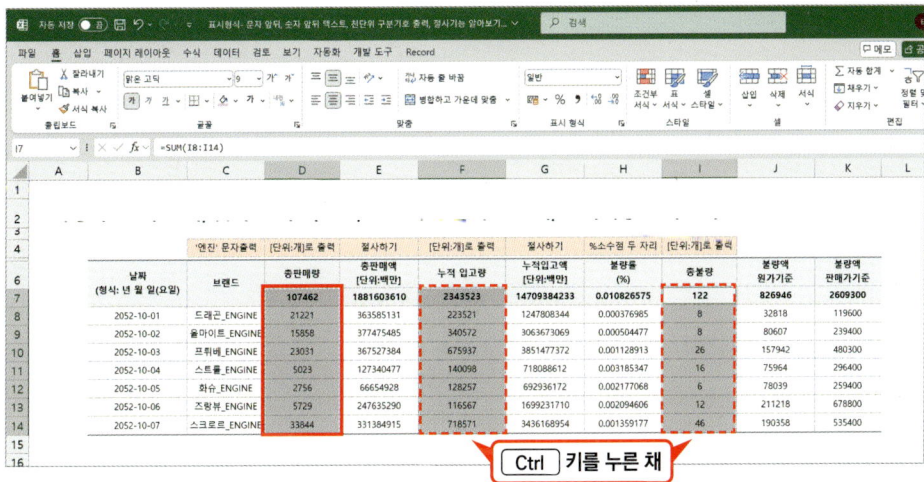

02 마우스 오른쪽 버튼-[셀 서식]을 클릭합니다. Ctrl + 1 을 이용해도 됩니다.

> **TIP** 다중 범위 선택 시 주의사항: 반드시 범위 영역 안에서 마우스 오른쪽 버튼을 클릭합니다.

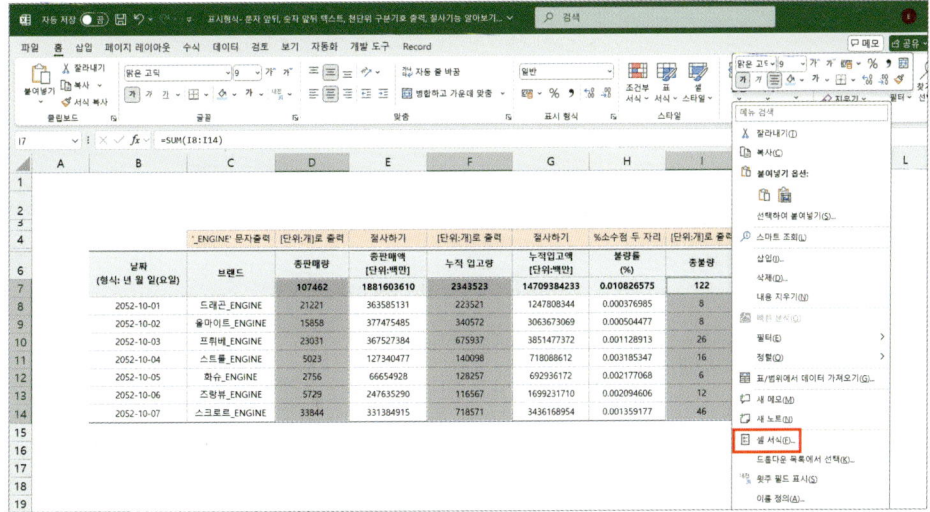

03
❶ [표시 형식]-[사용자 지정]-[형식]에서 #,##0"개"를 입력합니다. ❷ [확인]을 클릭합니다.

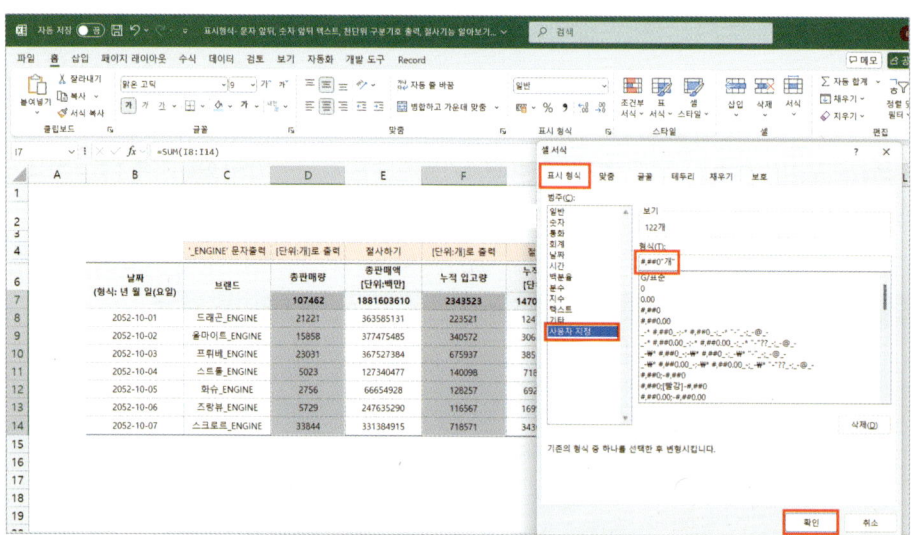

04
결과값을 확인해 보면 총판매량, 누적 입고량, 총불량 목록 각 필드값 뒤에 '개'가 표시 형식으로 입력된 것을 볼 수 있습니다. 천단위 구분기호 함께 출력된 결과를 확인합니다.

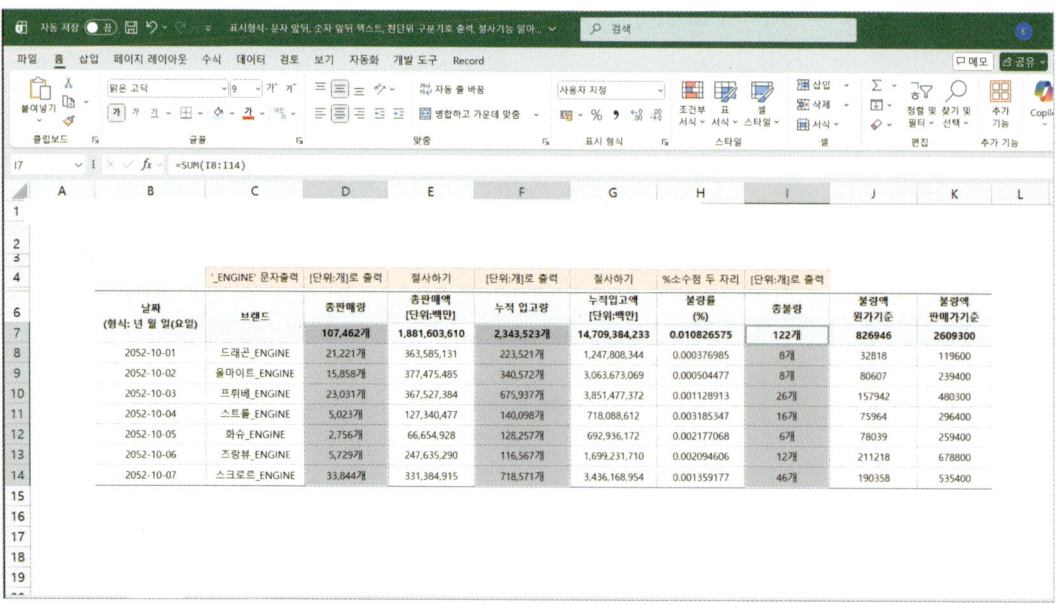

01 총판매액, 누적 입고액 범위인 E7:E14, G7:14셀 영역을 [Ctrl] 키를 누른 채 드래그하여 다중 선택합니다.

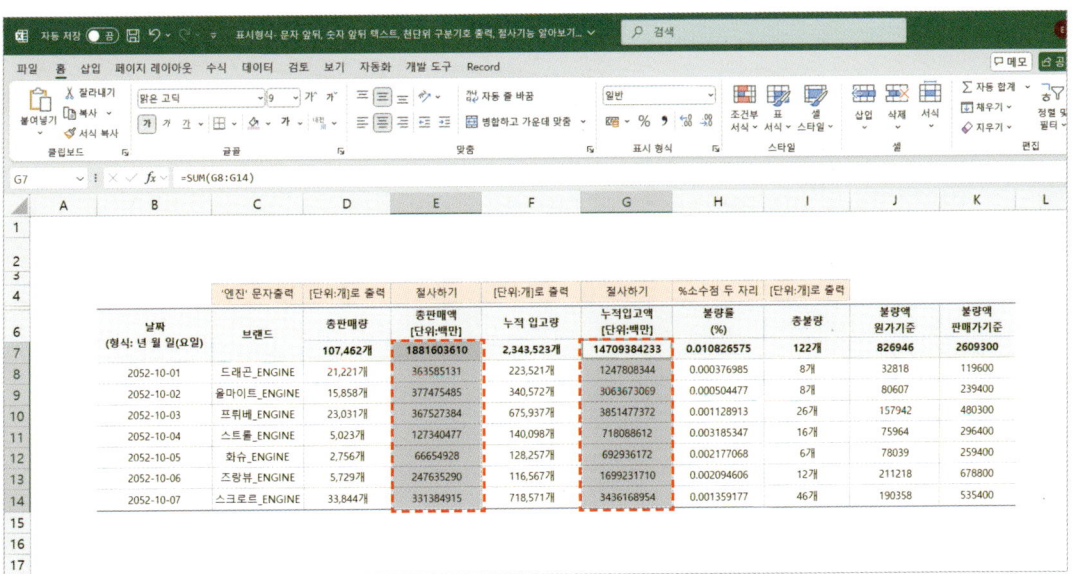

02 마우스 오른쪽 버튼-[셀 서식]을 클릭합니다. [Ctrl]+[1]을 이용해도 됩니다.

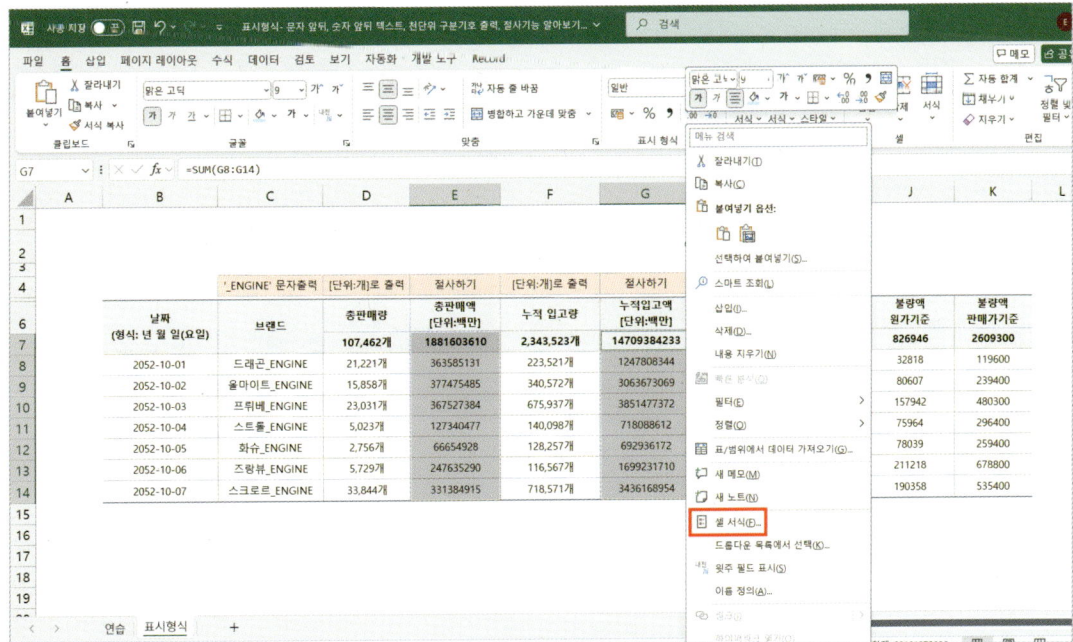

03 [표시 형식]-[사용자 지정]-[형식]에서 #,##0,,를 입력합니다. [확인]을 클릭합니다.

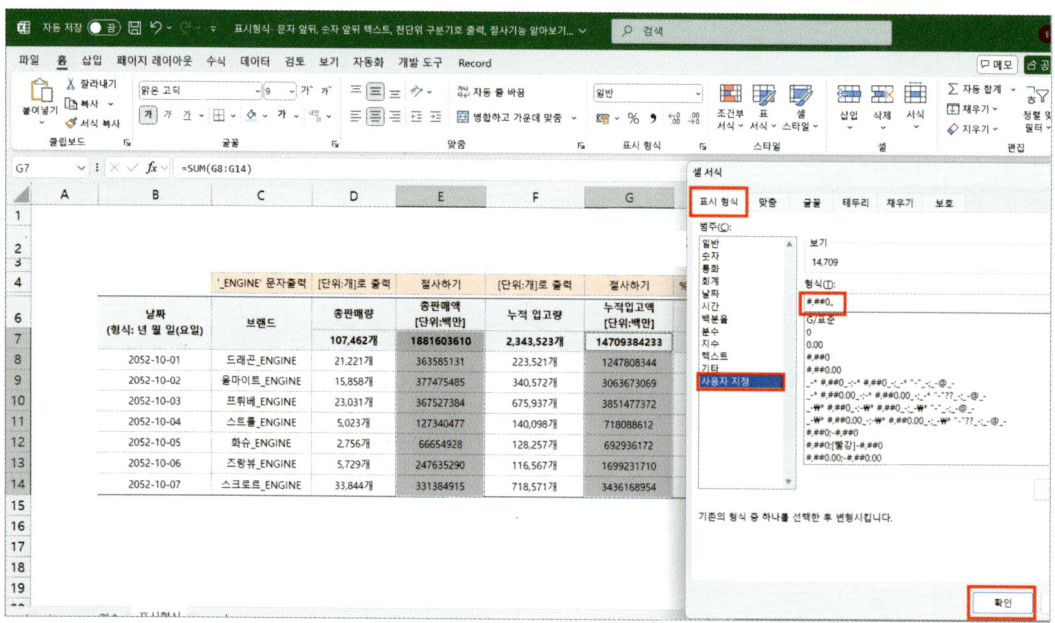

04 결과값을 확인합니다. 총판매액, 누적 입고액 단위가 백만으로 절사되었습니다.

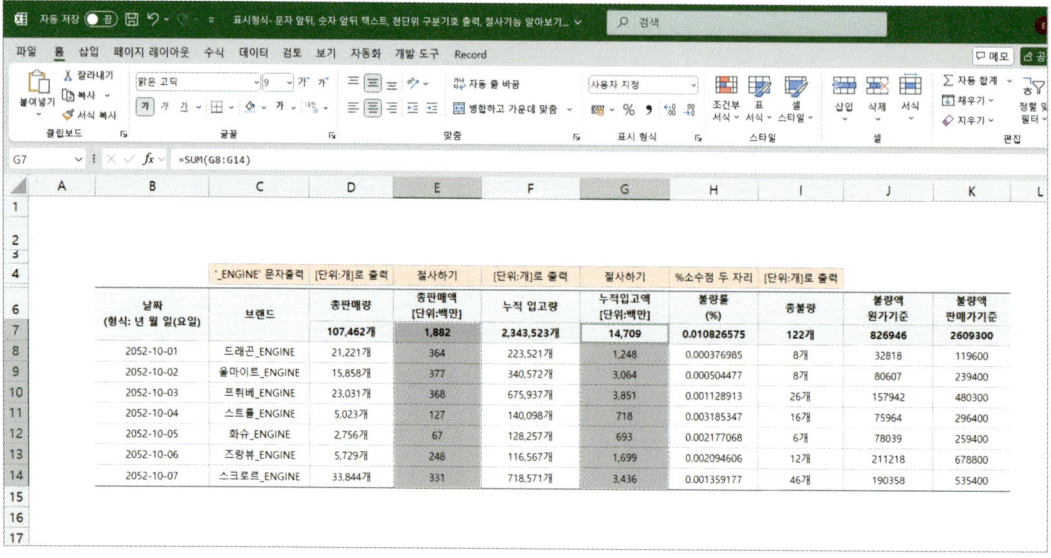

01 '불량률(%)' 필드값, H7:H14셀 범위 지정- [홈]- 표시 형식- '백분율 스타일' 메뉴를 클릭합니다.

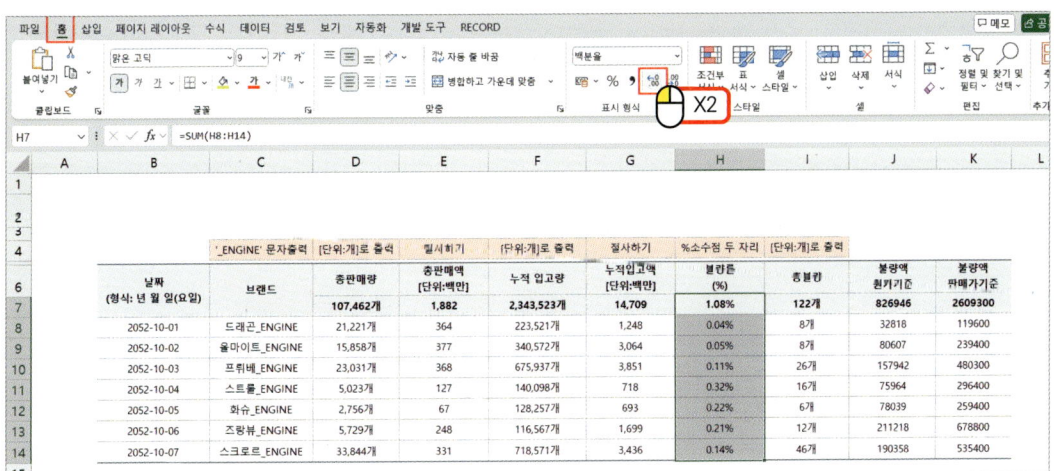

02 [홈] 탭- 표시 형식- '자릿수 늘림' 메뉴를 2번 클릭해 소수점 2자리를 나타냅니다.

TIP #,##0,, 기호를 살펴보면 다음과 같은 요소로 나눌 수 있습니다.

1. # 기호는 사용자 지정 서식 같은 서식을 지정할 때 유효한 자릿수를 나타내 주는 기호입니다. 유효하지 않은 숫자 0은 표시해 주지 않습니다. 즉 단독으로 적힌 숫자 0은 표시해 주지 않습니다.

2. # 사이의 콤마(,)는 천 단위 구분 기호를 표시 형식으로 출력하라는 의미입니다.

3. 뒤의 숫자 0은 유효하지 않은 숫자 0일지라도 표시 형식으로 시트에서 표시를 하라는 의미입니다. 즉 단독으로 적힌 숫자 0도 표시를 하라는 의미입니다.

4. 마지막에 콤마(,) 2개를 표기했는데 하나만 표기하면 천 단위, 즉 끝에서 숫자 세 자리를 절사하라는 의미입니다. 지금처럼 2개를 표기하면 천 단위씩 2개, 즉 여섯 자리를 절사하라는 의미입니다.

숫자로 입력된 정보 한글로 바꾸는 방법 알아보기

📁 **예제 파일** PART1_11 숫자로 입력된 정보 한글로 바꾸는 방법 알아보기

실무 스킬

숫자로 입력된 정보를 한글로 바꿔야 할 때가 있습니다. 회계상 큰 숫자 입력이 필요할 때는 숫자와 함께 한글로 표기하는 경우가 있습니다. 견적서도 마찬가지입니다. 이때 엑셀에서 숫자를 한글로 표기하는 두 가지 방법을 알아보겠습니다.

실무 연습 ❶

01 첫 번째 방법입니다. 예제 파일을 엽니다. [숫자정보 한글로] 시트에 견적서가 있습니다. ❶ 견적서 표에서 C10셀을 클릭합니다. ❷ '=H10'을 입력합니다.

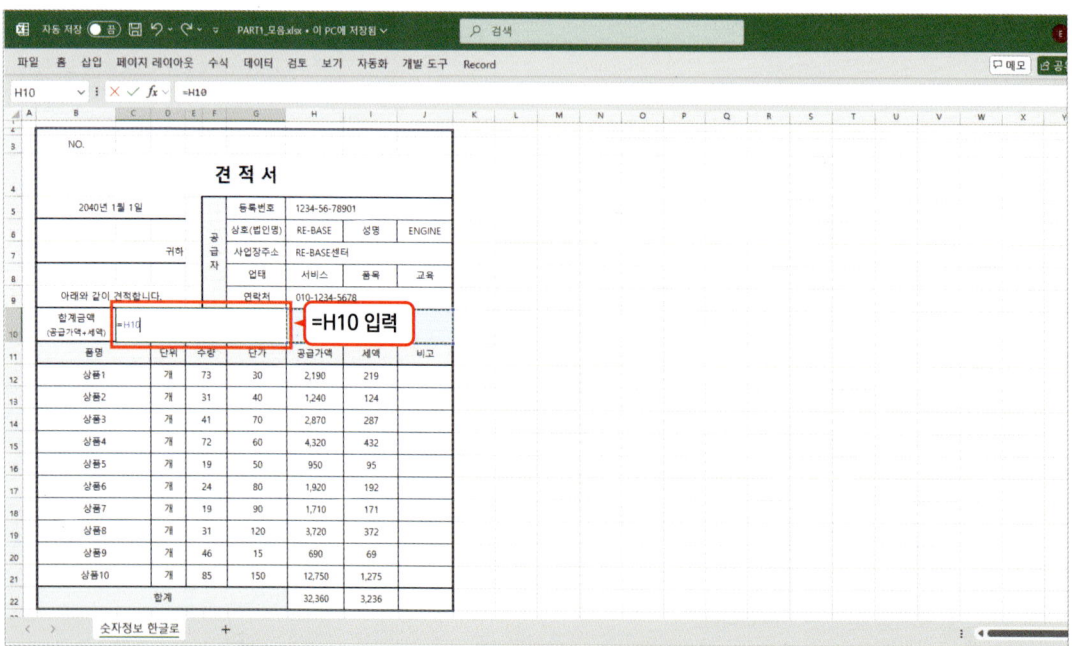

02 ⸢Enter⸥ 키를 눌러 결과를 확인합니다. 숫자가 기입되었습니다.

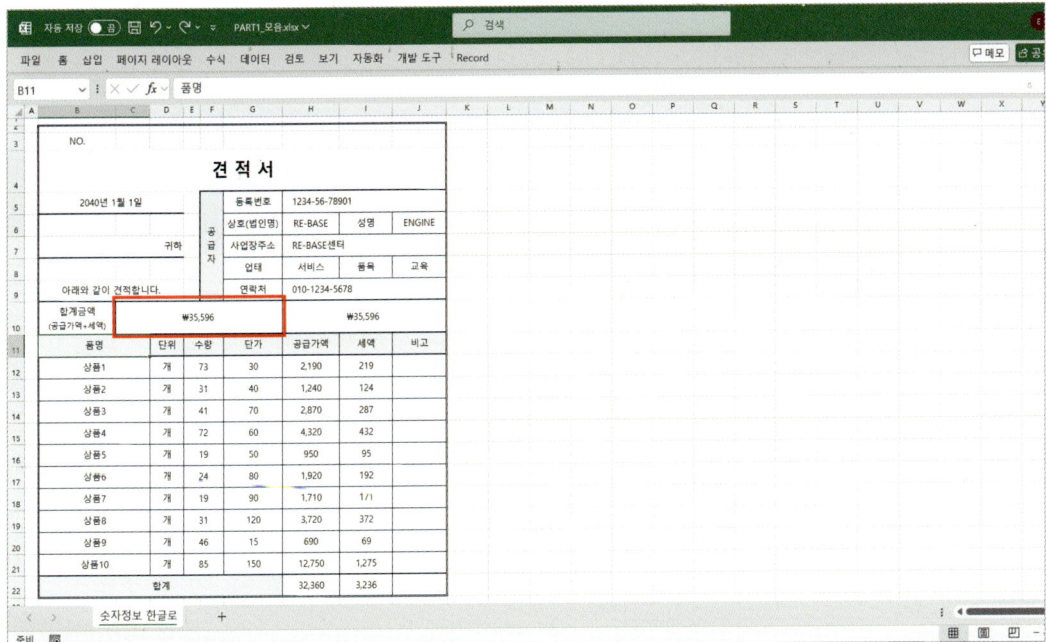

03 다시 C10셀을 선택한 후 마우스 오른쪽 버튼 클릭-[셀 서식]을 클릭합니다(또는 ⸢Ctrl⸥+⸢1⸥).

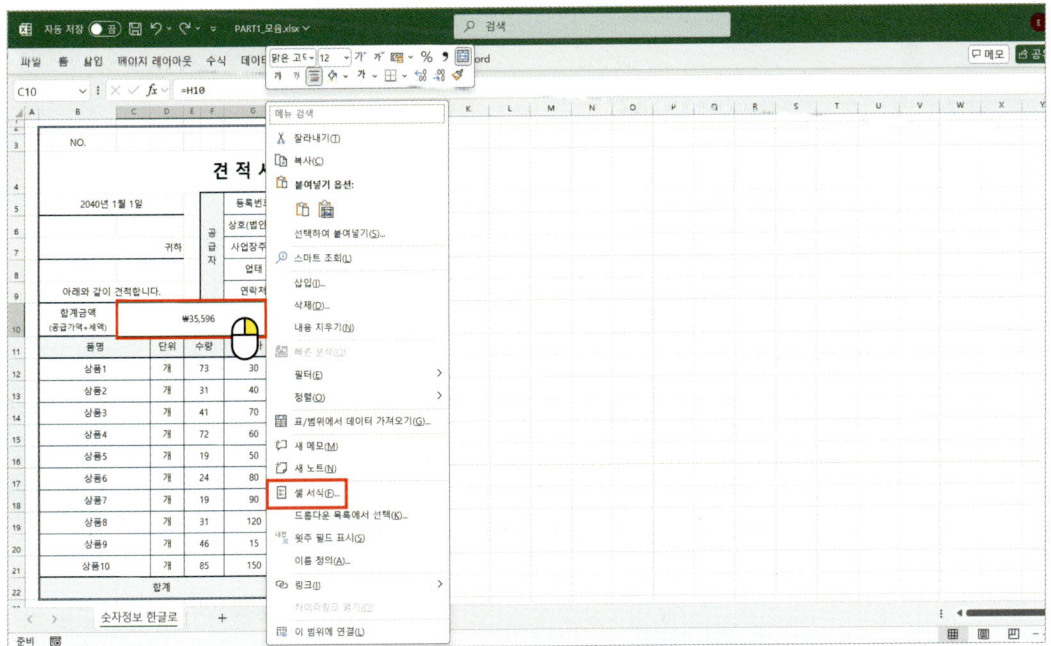

04 ❶ [표시 형식]에서 [기타] 메뉴를 클릭합니다. ❷ 형식에서 [숫자(한글)]을 클릭하고 [확인]을 클릭합니다.

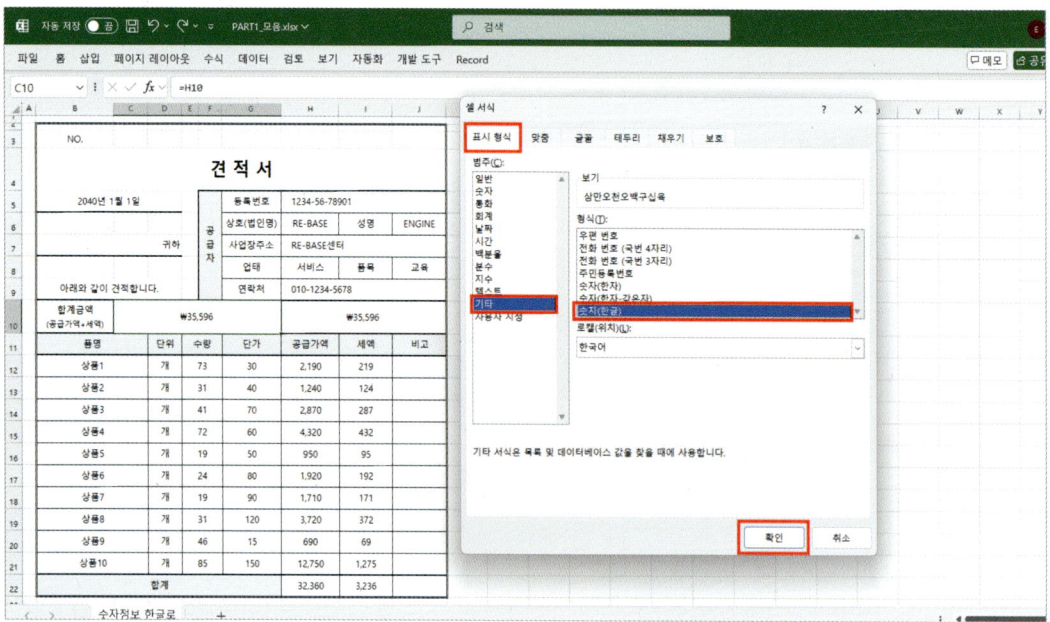

05 결과값으로 '삼만오천오백구십육'이 표기됩니다. 한글로 적힌 숫자를 확인합니다.

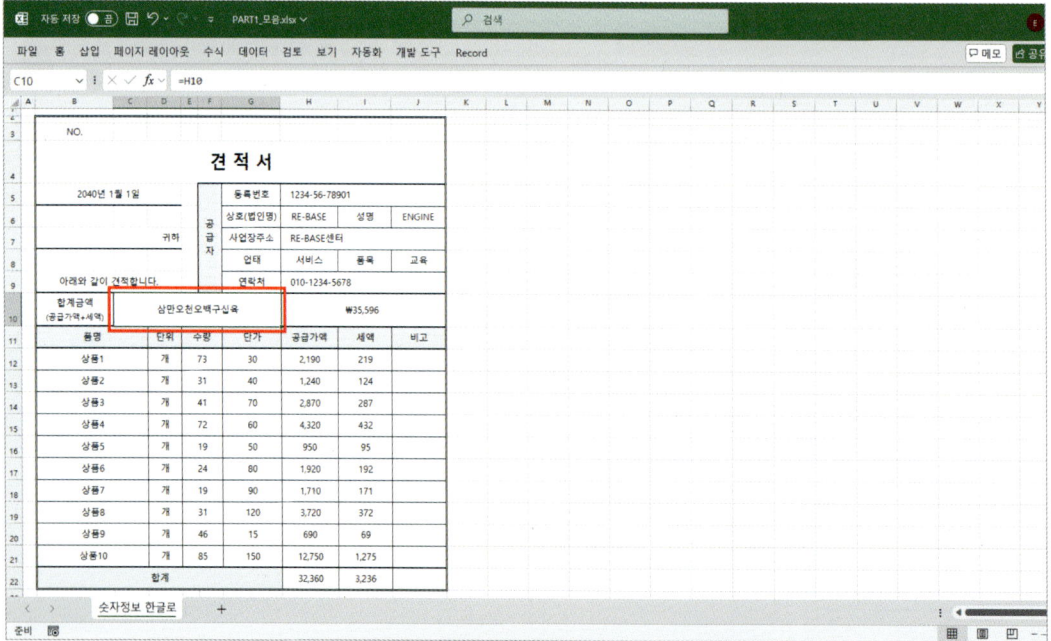

06 두 번째 방법으로 숫자를 한글 정보로 출력하고 마지막에 '원정'이라는 문구도 표시 형식으로 나타내 보겠습니다. C10셀을 클릭합니다. 그리고 '=H10'을 입력합니다.

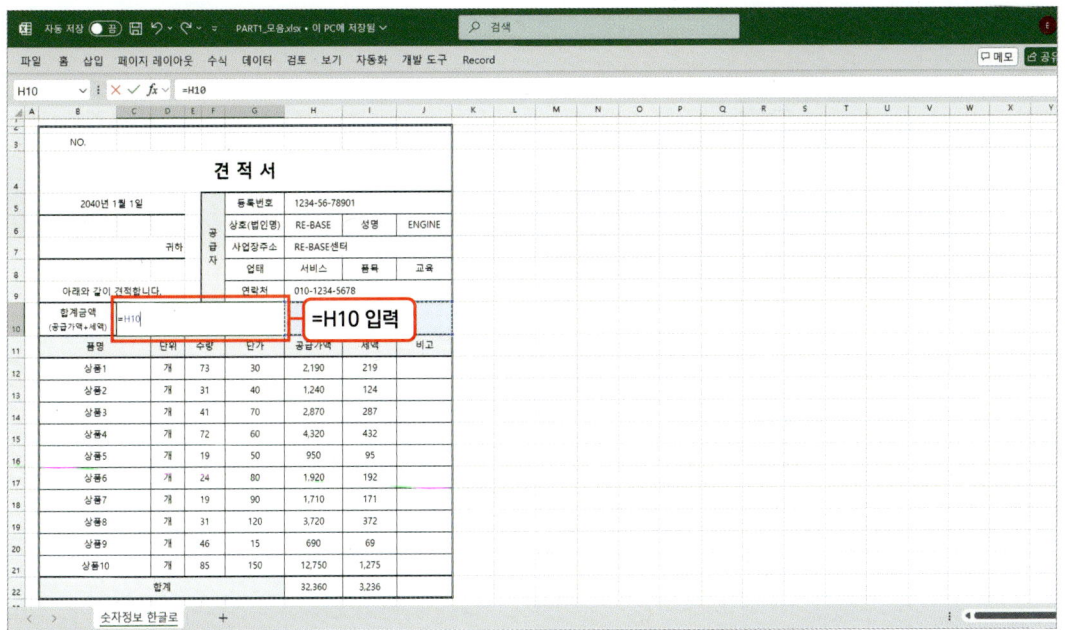

07 Enter 키를 눌러 아래 결과를 확인합니다.

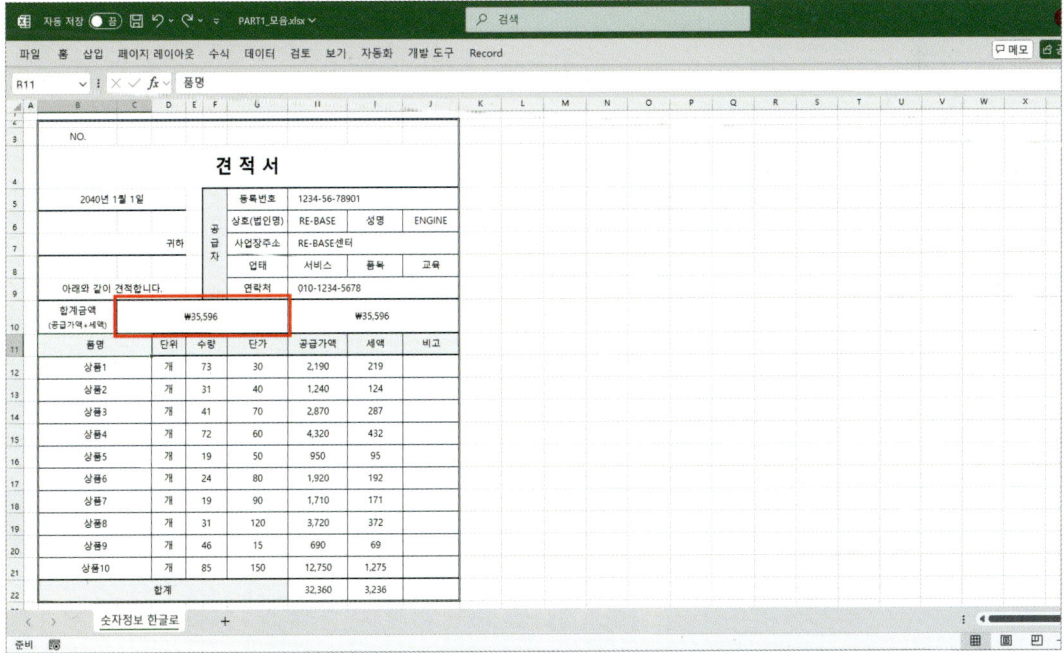

08 다시 C10셀을 선택한 후 마우스 오른쪽 버튼 클릭-[셀 서식]을 클릭합니다(또는 `Ctrl` + `1`).

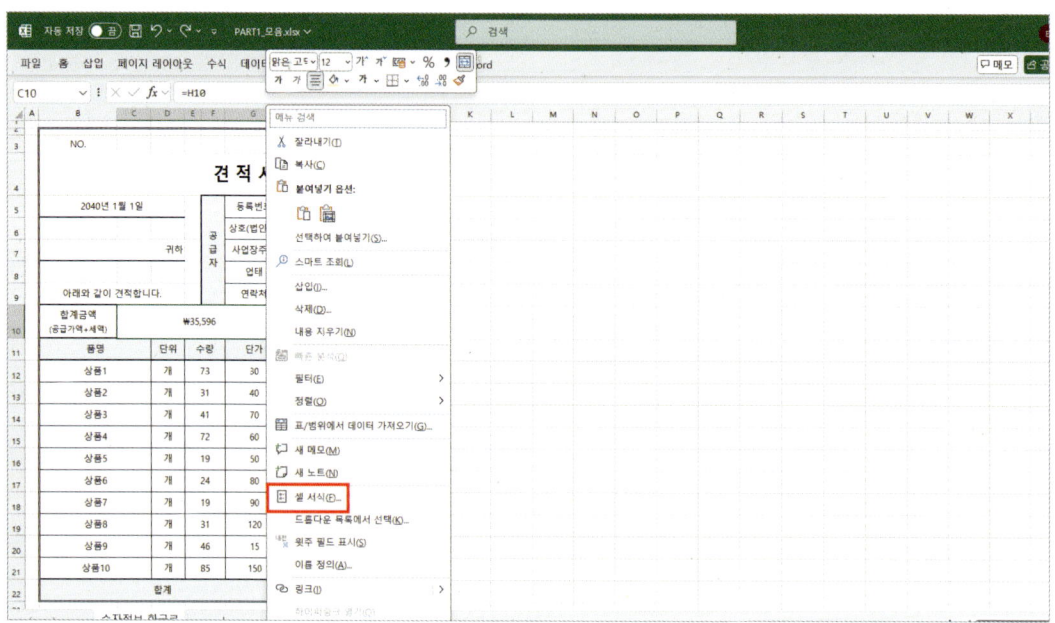

09 ❶ [표시 형식]-[사용자 지정]을 클릭합니다. ❷ 형식란에 다음과 같이 입력하고 [확인]을 클릭합니다.

[DBNum4]G/표준 "원정"

> **TIP** ▶ 첫 번째 "(쌍따옴표)앞에 띄어쓰기를 꼭 합니다. ([DBNum4]G/표준 "원정")

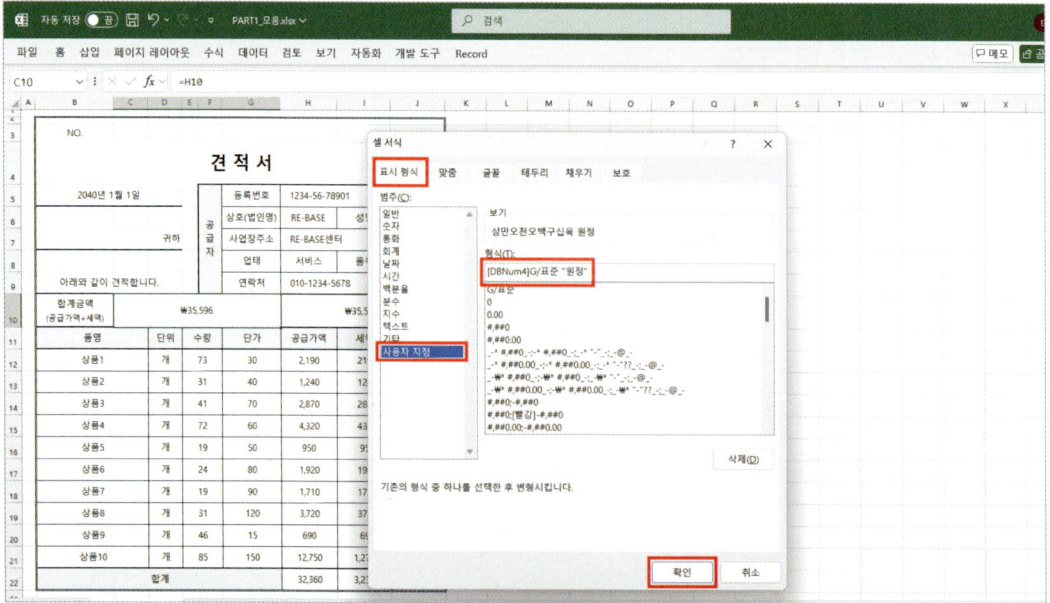

10 '삼만오천오백구십육 원정'이라고 표시된, 한글로 적힌 숫자를 확인합니다.

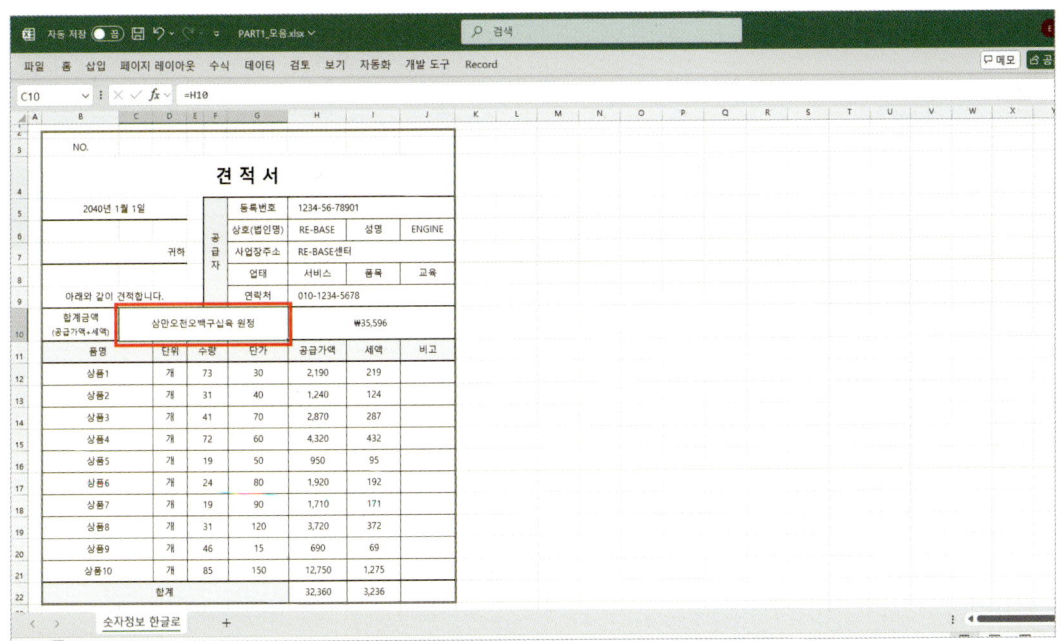

엑셀 엔진 UP! **[DBNum4] 사용 방법 몇 가지**

위 표시 형식에서 [DBNum4] 뒤에 'G/표준'이 입력된 이유는 '원정'이라는 문자 단위를 출력하기 위해서입니다. 추가적인 문자 형식을 표시하기 위해서는 반드시 'G/표준' 문구 뒤에 텍스트를 붙여야 합니다.

01 DBNum 뒤에 4 대신 1을 입력하면 [DBNum1]의 결과값은 한자로 출력이 됩니다.

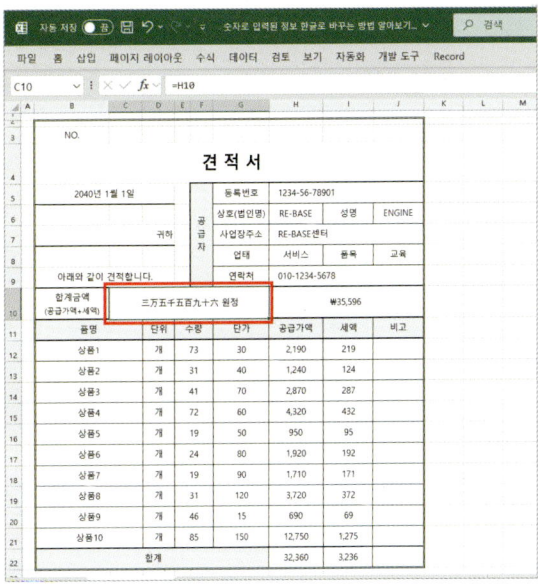

02 DBNum 뒤에 4 대신 2를 입력하면 [DBNum2]의 결과값은 한자+갖은 자로 출력됩니다.

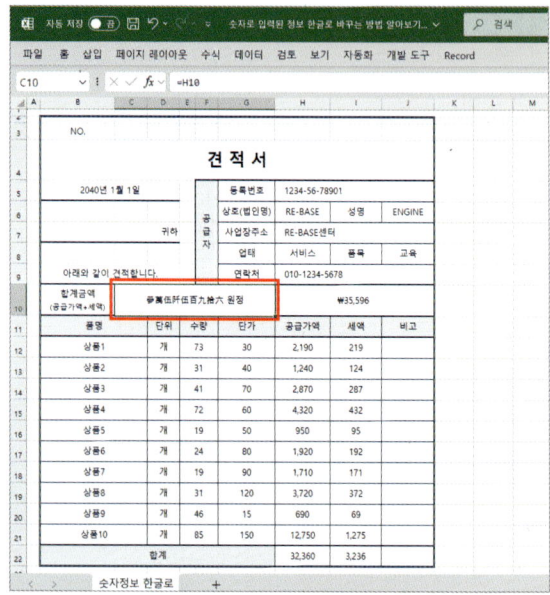

03 DBNum 뒤에 4 대신 3을 입력하면 [DBNum3]의 결과값은 숫자+단위 한자로 출력됩니다.

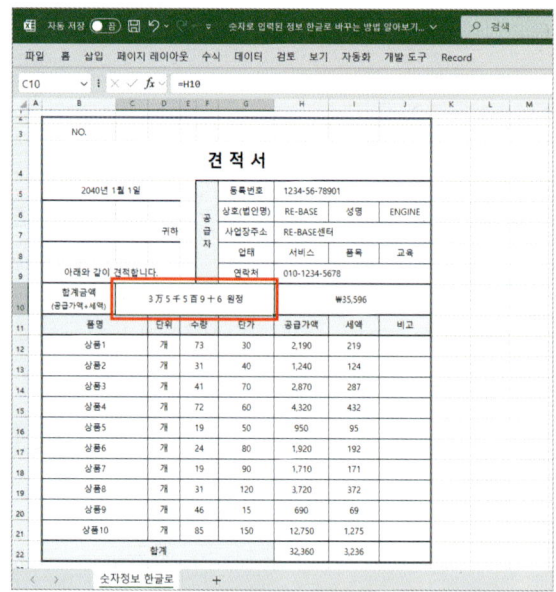

NUMBERSTRING이라는 함수는 숫자를 언어 형식에 맞게 변형해 주는 기능이 있습니다. NUMBERSTRING 함수는 [함수 삽입(fx)] 메뉴로 검색할 수 없습니다. 이 함수는 언어 형식 숫자(1, 2, 3)에 대한 출력 정보가 없기 때문에 인수 구간에 숫자 1, 2, 3을 하나씩 입력해가면서 출력되는 정보에 대한 결과값을 시트상에서 확인하면 됩니다.

NUMBERSTRINGS(참조 셀, 언어 형식)

• **참조 셀 :** 참조하는 셀입니다. 숫자 형식이어야 합니다.

• **언어 형식 :** ~~~~하는 언어 형식입니다. 1은 결과값이 한글로 출력되고 2는 결과값이 한자+갖은자로 출력되고 3은 결과값이 한 글자씩 일단위 숫자 한글로 출력됩니다.

Ex) 35596이 입력된 H10셀에 함수를 사용하는 경우

NUMBERSTRING(H10, 1)= 삼만오천오백구십육

NUMBERSTRING(H10, 2)= 參萬伍阡伍百九拾六

NUMBERSTRING(H10, 3)= 삼오오구육

반드시 알아야 하는 저장방법 두 가지 알아보기

실무 스킬

데이터를 관리하거나 보고서를 작성할 때 저장하지 않고 자료를 잃어버리는 일이 없도록 수시로 저장하는 습관을 가져야 합니다. 수시로 저장이 가능하게 하기 위해서는 최초 저장을 꼭 한 번 진행해야 합니다.

실무 연습 ❶   작업 내용 최초 저장하기

엑셀 파일로 작업하고 최초 저장할 때는 '이 파일 저장하기' 또는 '다른 이름으로 저장'으로 지금까지 작업한 내용을 저장할 수 있습니다.

01 [파일] 탭-[저장] 또는 [다른 이름으로 저장]을 클릭합니다.

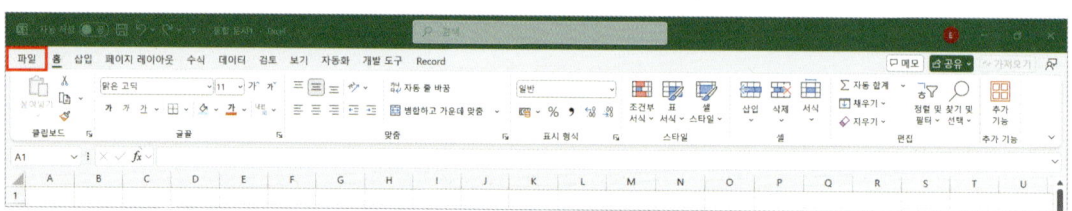

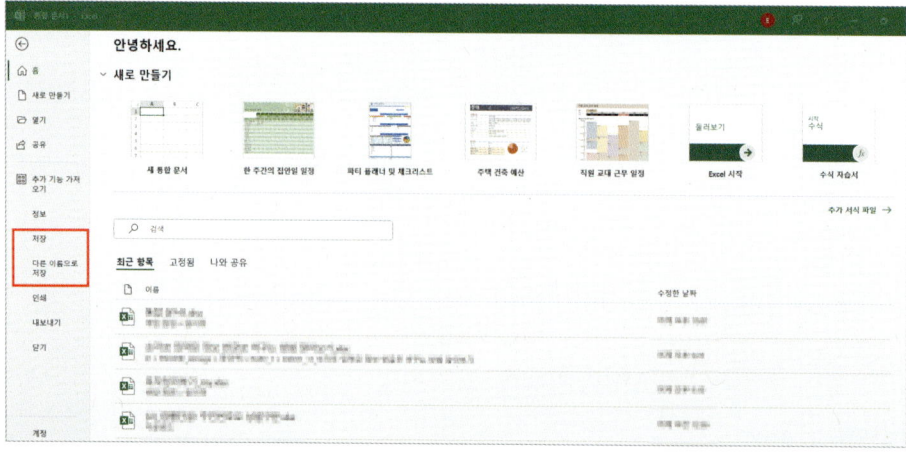

02 ❶ [저장] 또는 [다른 이름으로 저장] 메뉴를 클릭하면 아래와 같은 레이아웃을 볼 수 있습니다 (두 메뉴 모두 같은 레이아웃이 출력됩니다). ❷ 다음 메뉴 중 [이 PC] 메뉴를 선택합니다.

> **TIP** [이 PC] 메뉴가 아닌 다른 폴더나 메뉴를 선택해 저장하는 경우는 'OneDrive' 클라우드에 저장되게 됩니다. 필요한 경우 'OneDrive' 클라우드에 저장할 수 있습니다. 현재는 [이 PC] 저장법을 알아보겠습니다.

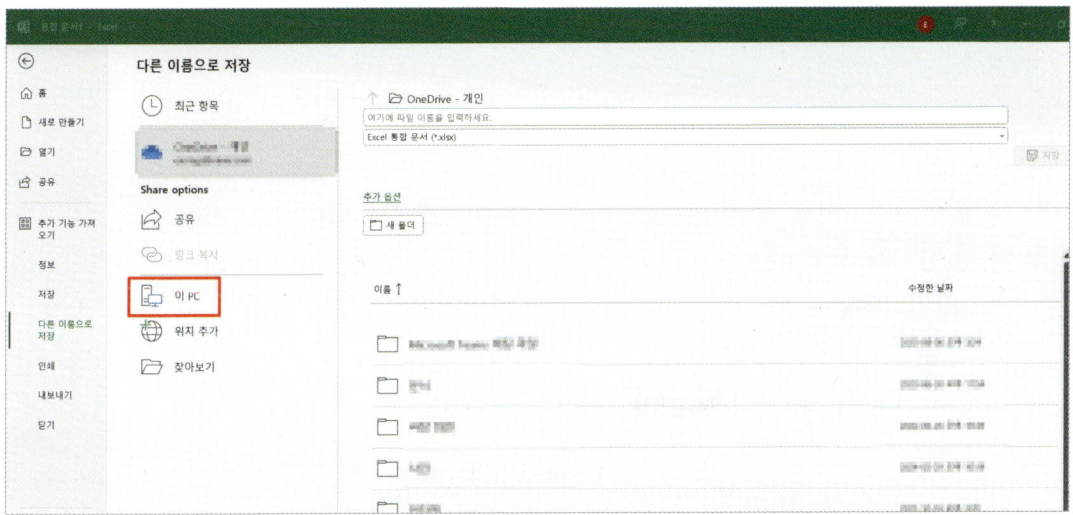

03 [이 PC] 메뉴를 클릭하면 '다른 이름으로 저장'이란 대화창이 열립니다. 이때 저장할 경로를 선택해 최초 저장합니다.

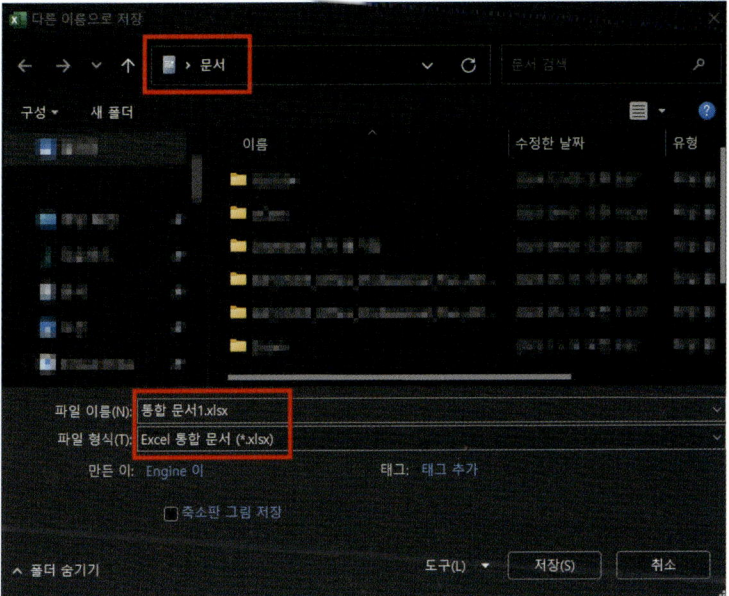

01 첫 번째, [Ctrl]+[S]입니다. ❶ [Ctrl]+[S] 키를 동시에 누르면 다음 화면을 볼 수 있습니다. 여기에서 ❷ [위치 선택] 메뉴를 클릭합니다.

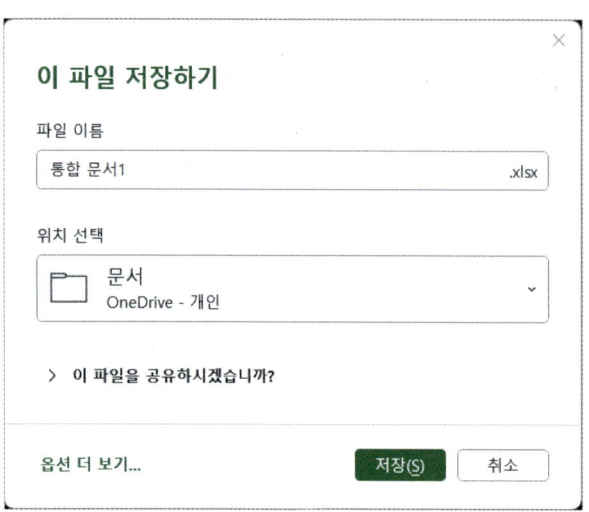

02 현재는 [문서- OneDrive] 클라우드가 선택되어 있기 때문에 그대로 저장하게 되면 파일 이름에 적힌 이름으로 OneDrive 클라우드에 저장되게 됩니다. 우리는 [이 PC]에 저장하는 방법을 알아봅니다. ❶ [위치 선택] 옆의 삼각형 아이콘을 클릭한 뒤에 스크롤 바를 가장 아래로 이동시켜 [기타 위치]를 클릭합니다. ❷ 또는 [옵션 더 보기]를 클릭해도 됩니다.

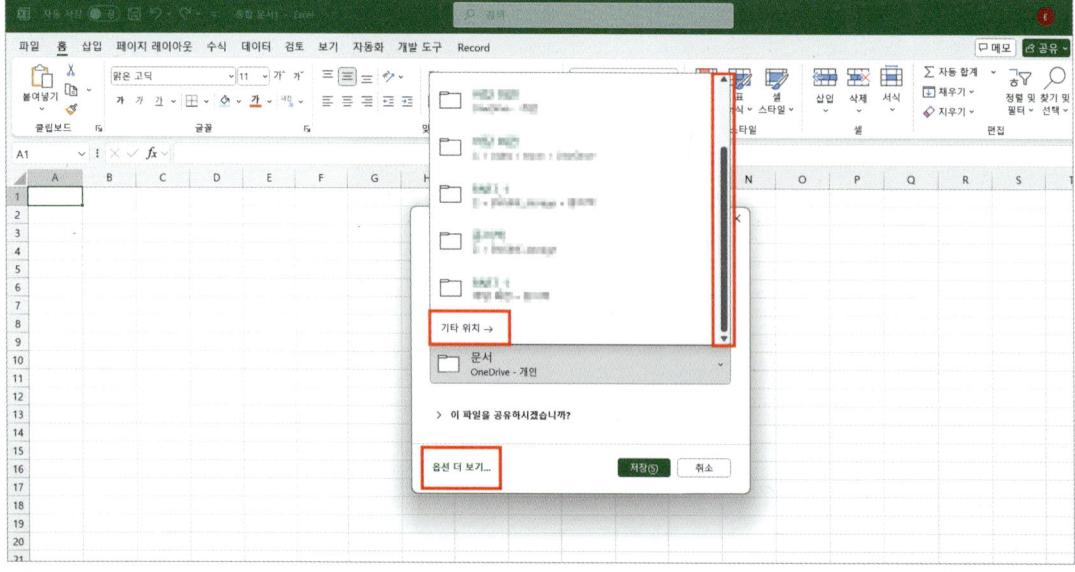

03 [기타 위치] 또는 [옵션 더 보기]를 클릭하면 **실무 연습 ❶**의 **02**번의 저장 화면이 다시 출력됩니다. 이후에는 **실무 연습 ❶**의 **02**번 다음부터 순차적으로 따라 합니다.

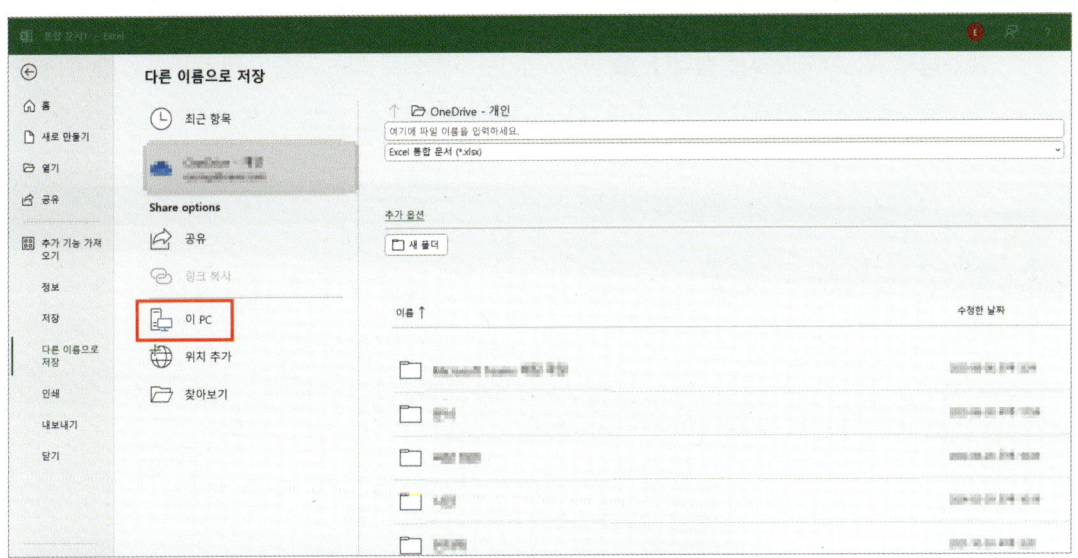

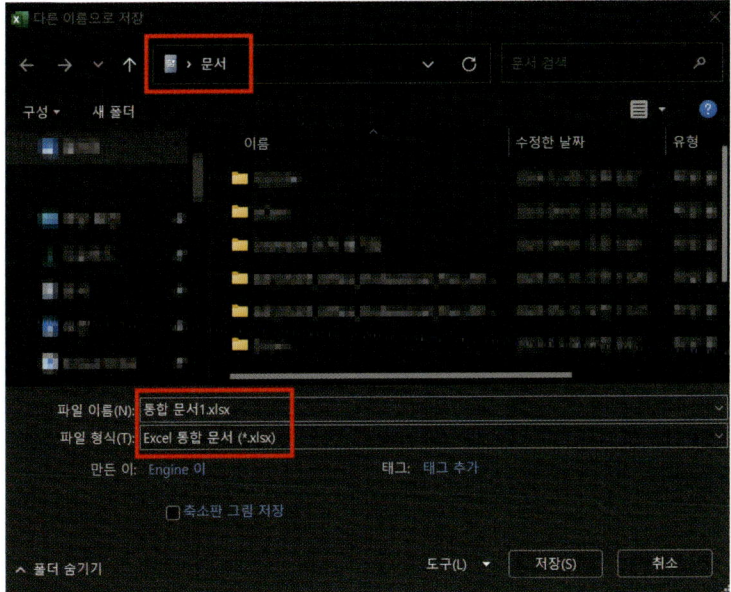

04 다음은 F12 키로 저장하는 법입니다. 가장 단순하고 빠른 최초 저장 단축키입니다. F12 키를 누르면 바로 **실무 연습 ❶**의 **03**번 화면으로 전환되면서 탐색기 창에 바로 저장 경로를 선택할 수 있게 됩니다.

01 [다른 이름 저장] 메뉴는 최초 저장 때도 사용되지만 최초 저장 이후 현재까지 작업한 내용을 다른 파일로 다시 저장할 때도 사용합니다. ❶ [애국가]라는 이름으로 최초 저장된 파일입니다. ❷ A1셀에 '동해물과 백두산이 마르고 닳도록'이란 내용이 적혀 있습니다.

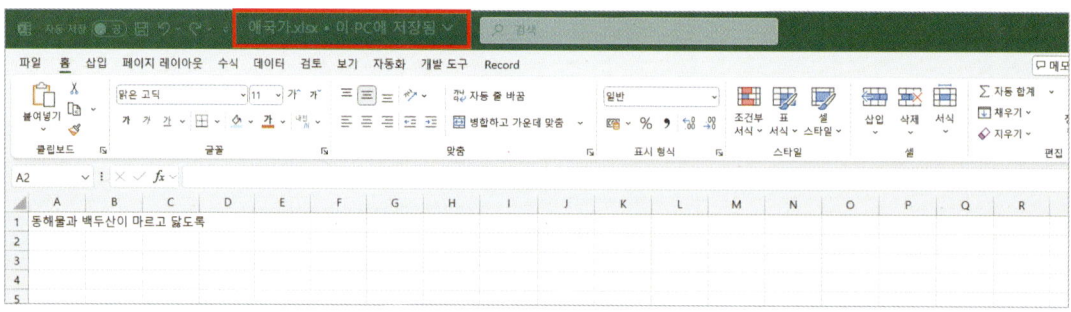

02 ❶ 이 상태에서 A1셀 내용을 Delete 키를 눌러 지우고 ❷ 다시 한번 F12 키를 눌러 '다른 이름으로 저장' 대화창을 호출합니다. ❸ 저장 이름을 [애국가_재저장]이라고 쓰고 ❹ [저장]을 클릭합니다.

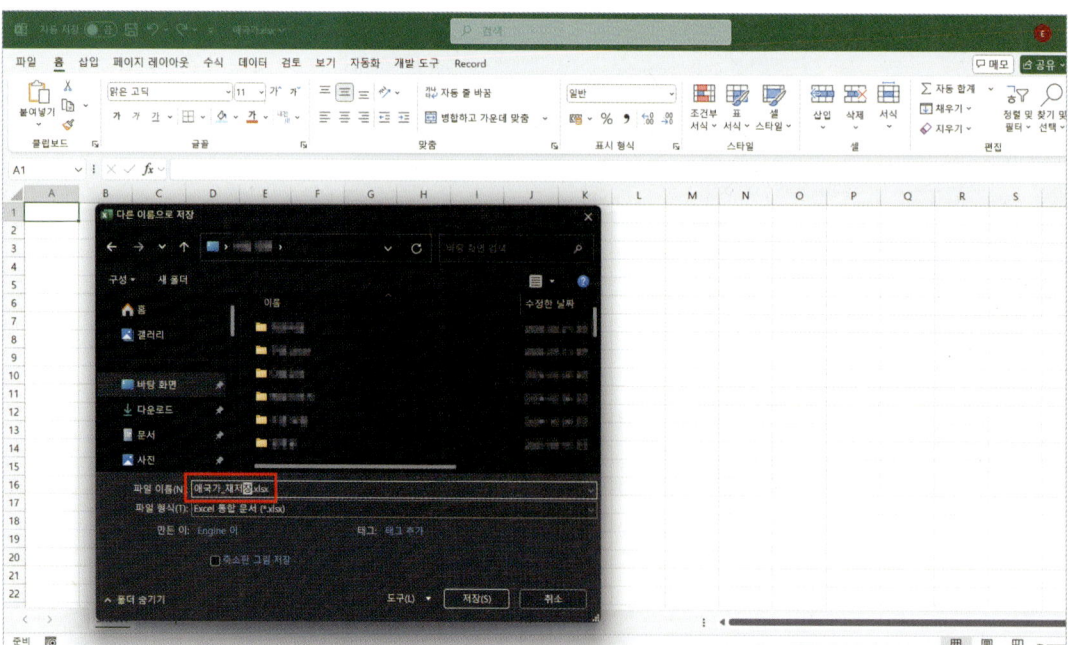

03 다시 [애국가]라는 파일을 열어봅니다. A1셀에 다시 '동해물과 백두산이 마르고 닳도록' 정보가 적혀 있는 것을 확인해 볼 수 있습니다. 즉, [애국가] 파일과 [애국가_재저장] 파일 두 개가 저장된 것입니다.

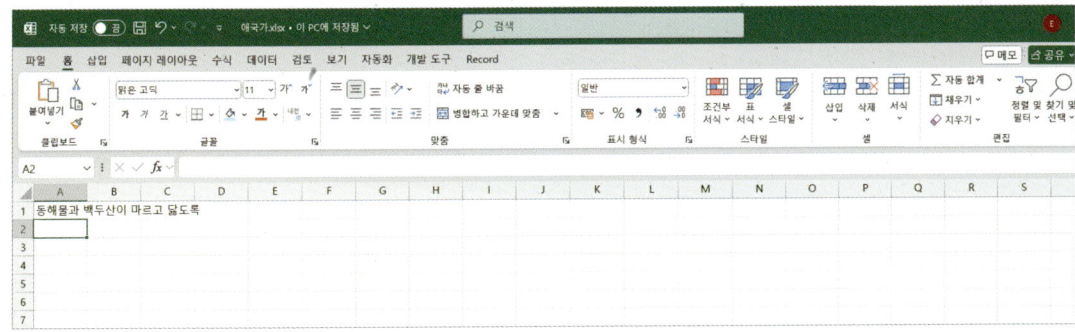

> **TIP** [다른 이름으로 저장]은 엑셀 파일이 하나 더 생성이 된다는 것과 최초 저장 이후 작업한 내용을 다시 저장하지 않으면 최초 저장된 시점 내용까지만 저장된다는 것이 포인트입니다.

04 덮어쓰기 저장, Ctrl + S 에 대해 알아보겠습니다. '다른 이름으로 저장'은 최초 저장 이후 지금까지 작업한 내용을 다시 저장해 다른 파일을 만드는 개념이라면 덮어쓰기 저장, 저장은 지금까지 작업 내용을 다른 파일을 만들지 않고 현재 파일에 마지막 작업 내용을 저장하는 개념입니다. A5셀과 A7셀에 추가 내용을 입력하고 '빠른 실행 도구 모음'에 디스켓 모양을 클릭해 저장합니다 저장 단축키는 Ctrl + S 입니다.

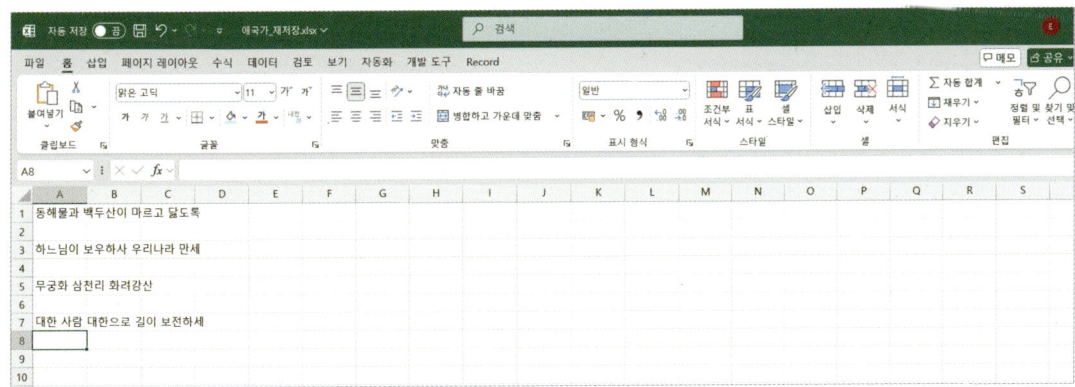

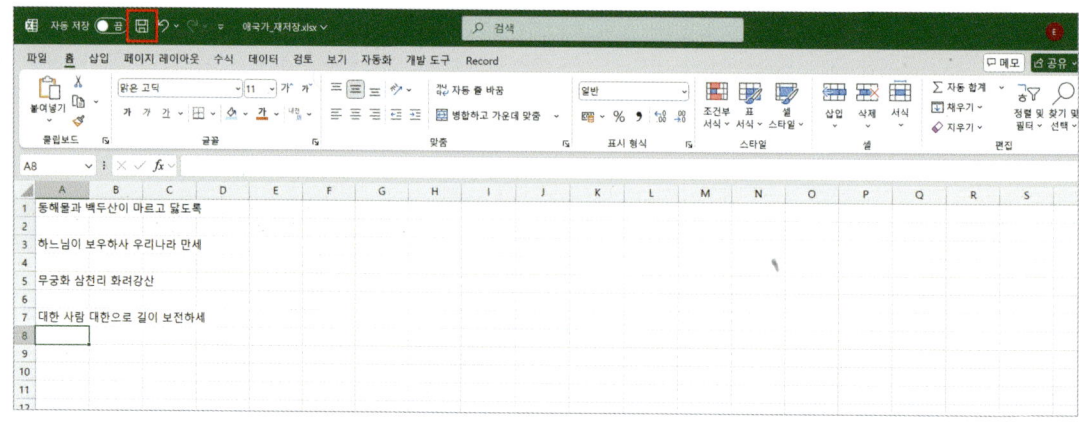

 **엑셀 엔진 UP!** **저장 파일 관리 잘하는 방법**

1. 파일 개수를 최소화합니다.

대/중/소분류로 관리할 수 있는 데이터는 파일 개수를 최소화해서 1개 파일에서 여러 시트로 관리합니다.

예를 들어, 연도별 월별 데이터를 관리하는데, 한 개 연도에 대한 12개월치의 파일로 나눠 관리하지 마세요. 12개의 시트로 구성된 1개 파일로 만들어 관리합니다. 그렇게 되면 1개 파일 안에 12개월치의 정보를 한 번에 확인할 수 있습니다.

2. 업무 프로세스별 폴더를 만들어 파일을 저장해서 관리합니다.

1) 데이터 관리, 2) 기획, 3) 재정, 4) 디자인, 5) 영업, 6) 마케팅, 7) 무역, 8) 물류… 이런 식으로 큰 제목 폴더 업무 프로세스를 정리하고 관련된 자료를 큰 폴더 안에 관리합니다. 폴더 수도 최소화하는 게 중요합니다.

3. 윈도우 바탕화면에 1개 폴더(Ex_'작업' 폴더)를 만들어 업무 프로세스별 폴더를 관리합니다.

지금까지 정리된 업무 프로세스별 폴더를 이 바탕화면 폴더 안으로 넣어 작업 파일 경로를 최대한 단순화해 원하는 파일을 쉽게 관리하는 것이 포인트입니다.

4. 작업할 때 파일을 많이 열어두지 않습니다.

메인 작업 파일을 제외하고 참고용으로 사용한 파일은 참고가 마무리되는 대로 바로 파일을 닫습니다. 데이터를 적게 사용하게 만들어 쾌적한 작업환경을 만듭니다.

CHAPTER 13
시트 관리의 모든 것(생성, 복사, 이동, 삽입, 삭제, 이름변경, 색칠, 숨기기 등)

실무 스킬

  엑셀에서 시트 관리는 데이터를 효율적으로 정리하고 관리하는 핵심 기능입니다. 새로운 시트를 생성해 정보를 체계적으로 분류할 수 있고, 기존 시트를 복사하면 동일한 구조를 유지하면서 새로운 데이터를 추가해 시트를 이동하면 원하는 위치에서 쉽게 접근할 수 있고 불필요한 시트는 삭제한다면 문서를 깔끔하게 유지할 수 있습니다. 그리고 시트의 이름을 변경하거나 색상을 지정하면 원하는 시트를 빠르게 찾을 수 있어 시각적으로 정리가 가능합니다.

  또한 숨기기 기능을 활용하면 필요 없는 시트를 감춰 문서를 간결하게 유지할 수 있습니다. 이러한 기능을 적절히 활용하면 엑셀 문서를 효과적으로 관리하고 업무 생산성을 높일 수 있습니다. 실무 연습을 통해 사용 방법을 알아보도록 하겠습니다.

실무 연습 ❶   포함할 시트 수 변경하기

파일을 생성(Ctrl + N)하게 되면 기본적으로 시트 개수는 옵션에 표시된 '포함할 시트 수'에 표시된 숫자 만큼 최초 생성이 됩니다. 기본값은 하나이며, 업무 용도에 따라서 시트 수를 조정하여 문서를 만들 수 있습니다. '포함할 시트 수'를 확인하는 방법은 다음과 같습니다.

01 [파일] 탭을 클릭합니다.

02 [옵션]을 클릭합니다.

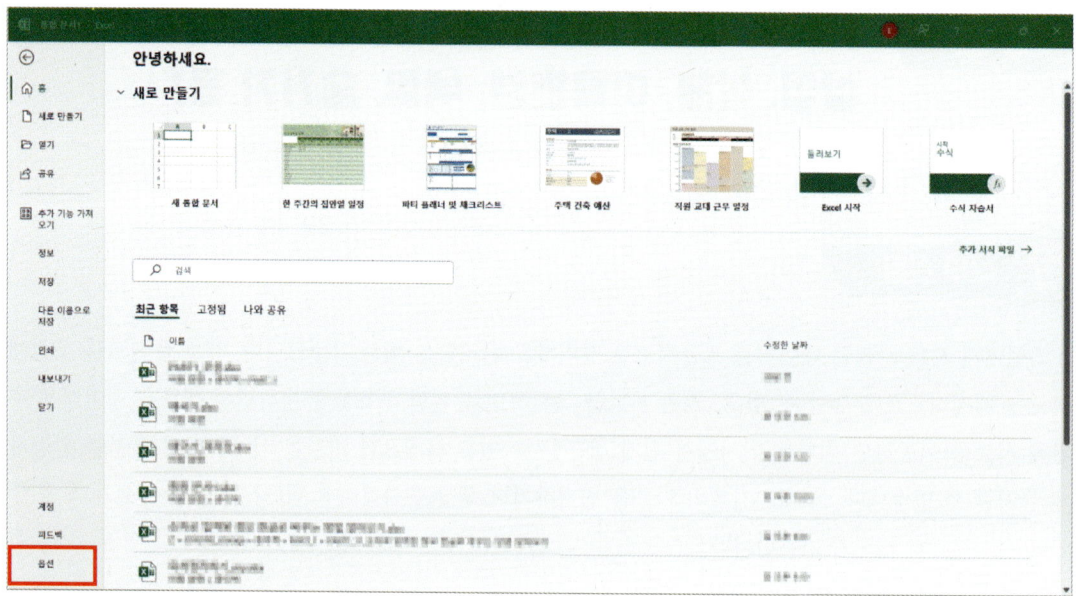

03 [일반]–[새 통합 문서 만들기]–[포함할 시트 수]를 확인합니다.

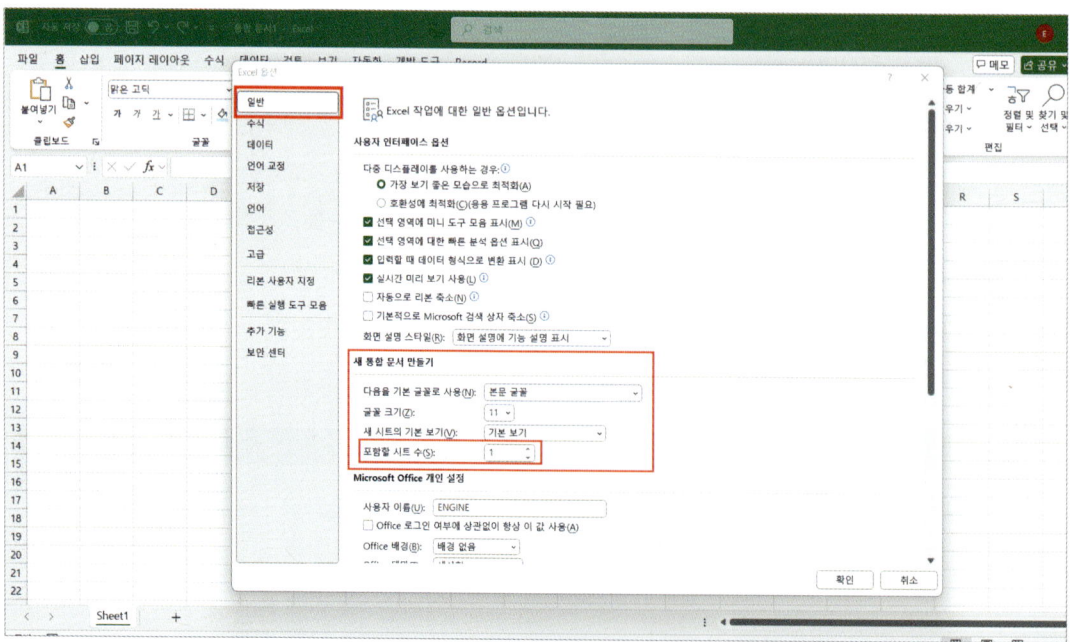

04 포함할 시트 수에 원하는 시트 수만큼 숫자를 바꾸면 새로운 통합 문서, 즉 새 파일을 생성할 때 바꾼 숫자만큼 시트가 생성됩니다. ❶ [포함할 시트 수]를 3으로 변경하고 ❷ [확인]을 클릭합니다.

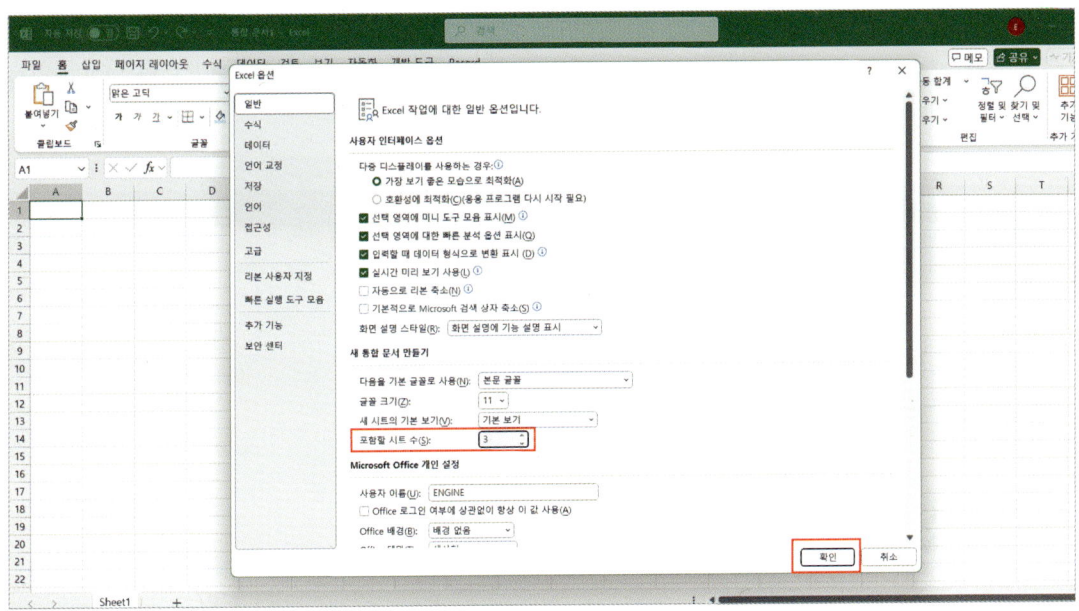

05 새 통합 문서 만들기 단축키인 ❶ Ctrl + N 을 누릅니다. 그리고 시트 수를 확인합니다. 포함할 시트 수를 조정했기 때문에 'Sheet1, Sheet2, Sheet3', 총 3개의 시트가 생성된 것을 확인할 수 있습니다.

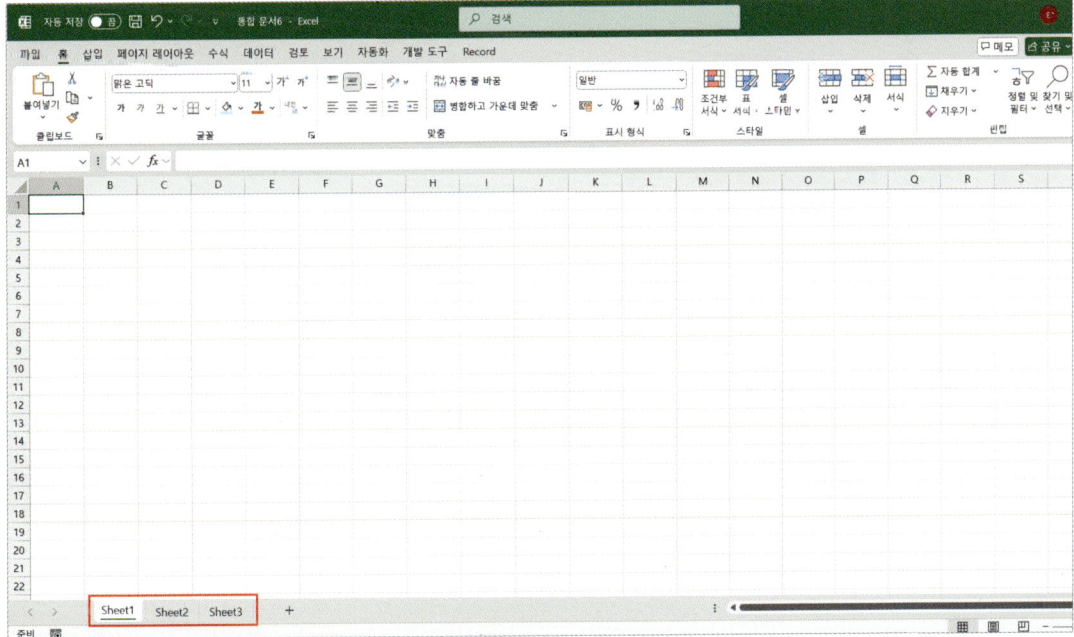

새로운 시트를 삽입하는 방법은 단축키 기능 포함 총 세 가지가 있습니다.

01 ❶ 'Sheet1'이라고 적힌 시트명에 마우스를 갖다 대고 오른쪽 버튼을 클릭합니다. ❷ 그리고 나서 [삽입] 메뉴를 선택합니다.

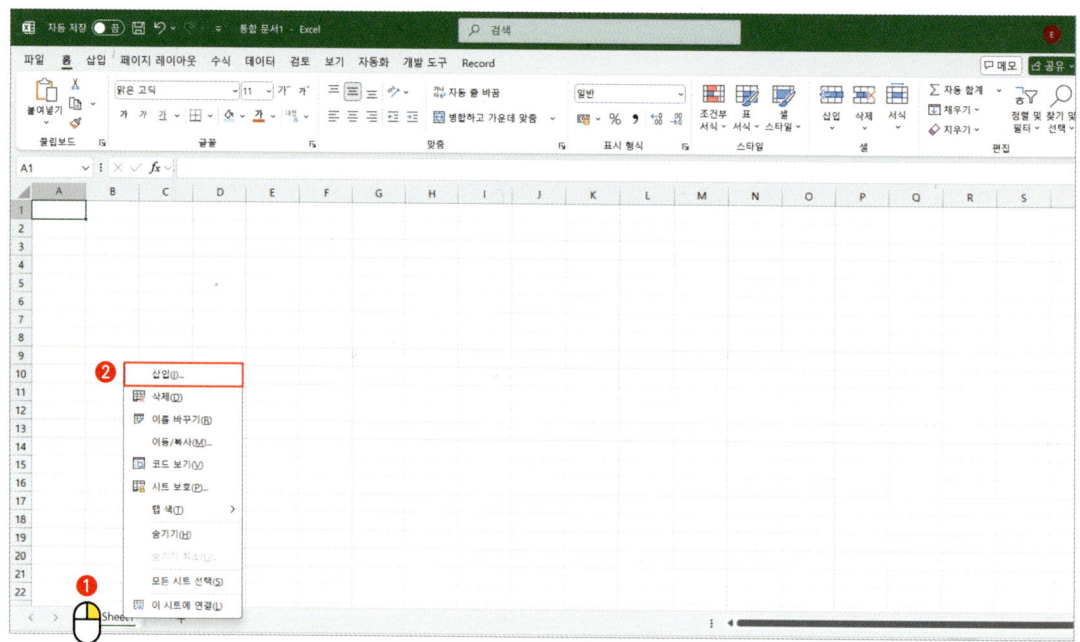

02 ❶ [삽입] 대화상자가 나타나면 [워크시트]를 마우스로 더블클릭하거나, ❷ [확인] 버튼을 클릭합니다.

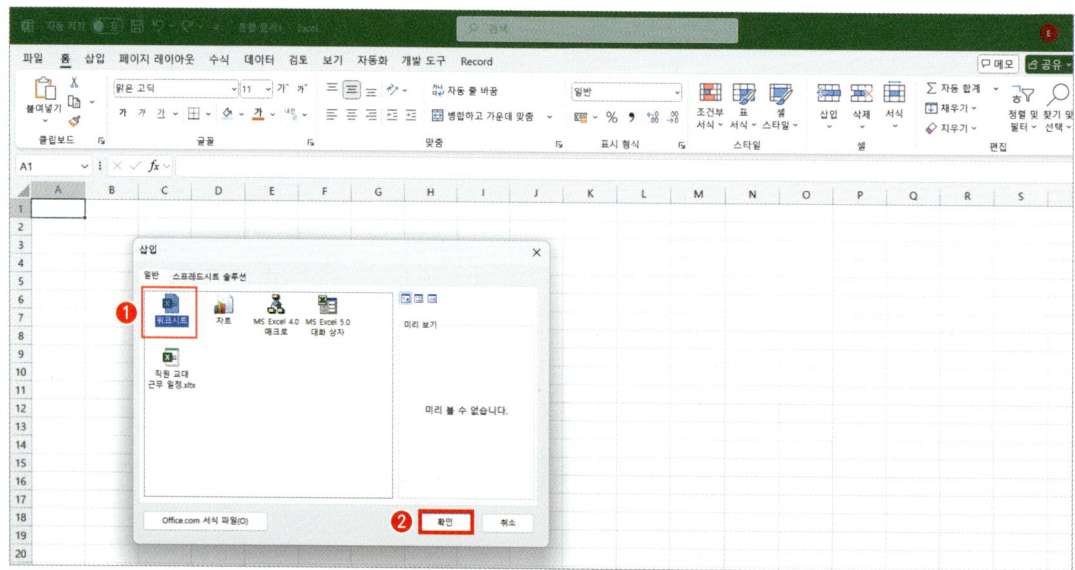

03 'Sheet2'라는 새로운 시트가 삽입된 것을 확인합니다.

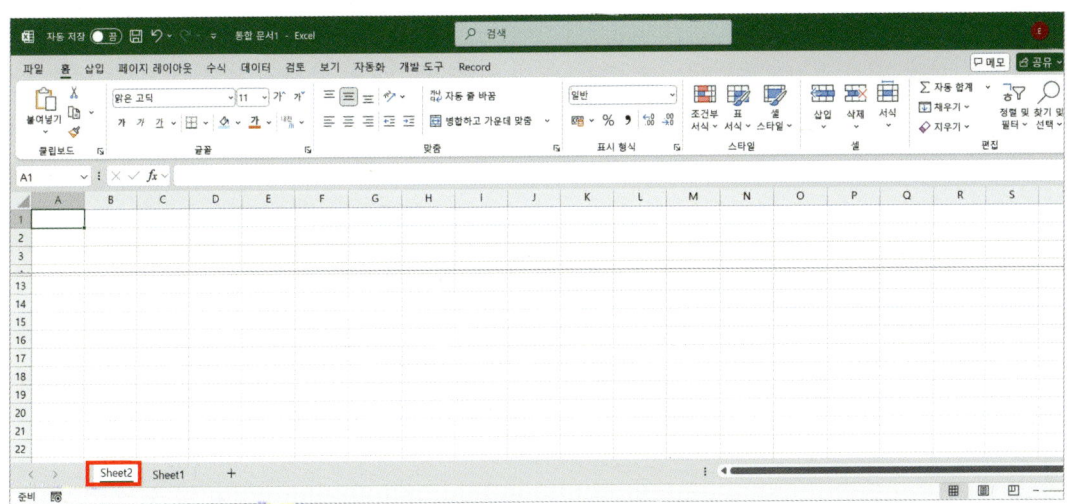

04 두 번째 방법은 'Sheet1' 이름 옆에 있는 '+' 단추를 클릭하는 것입니다. 첫 번째 방법보다 직관적이고 만들기 쉽습니다. 세 번째 시트 삽입 방법은 단축키를 사용하는 방법입니다. 단축키는 Shift + F11 입니다.

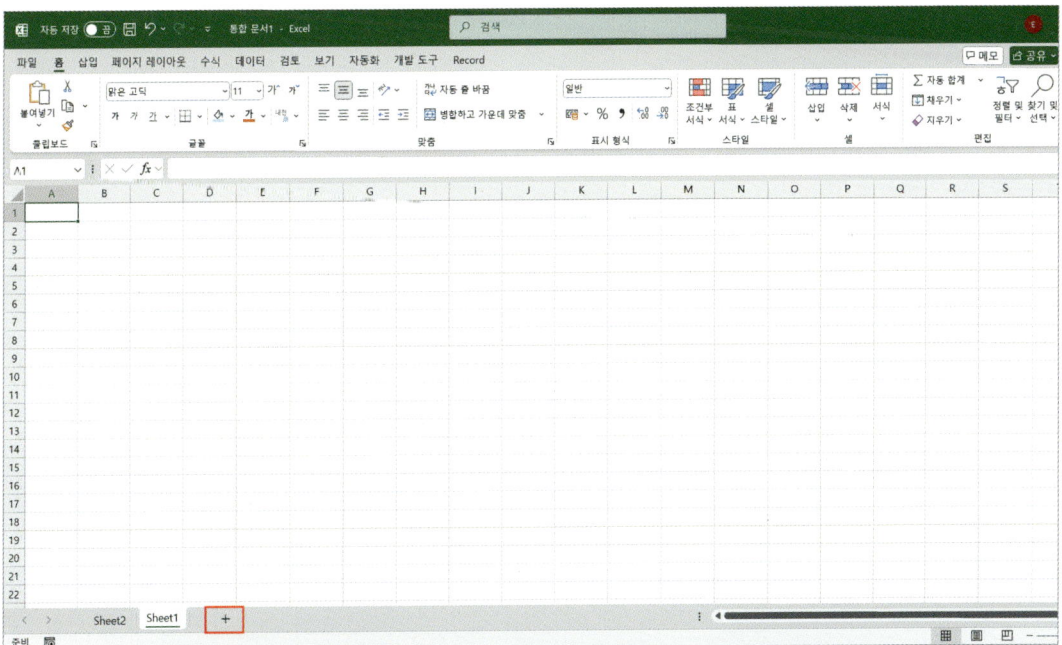

> **TIP** 버전에 따라 시트 추가 아이콘이 '+' 단추가 아닌 폴더 모양일 수도 있습니다. 기능은 같습니다. 아이콘을 눌러서 삽입하면 선택한 시트의 왼쪽에 삽입이 됩니다. 반면 마우스 오른쪽 버튼 클릭 후 [삽입] 버튼을 눌러 시트를 추가하게 되면 선택한 시트의 오른쪽에 삽입이 됩니다. 참고로 셀 포인터는 시트를 생성할 때 당시 셀 주소에 위치하게 됩니다.

[이동/복사] 메뉴는 1개의 메뉴로 되어 있습니다. 때문에 이동 또는 복사를 할 때는 이 메뉴를 활용하면 됩니다. 아래 [통합 문서1] 파일에는 총 7개 시트가 있습니다. 현재 'Sheet1'을 선택한 상태이고, 이 'Sheet1'을 'Sheet4'와 'Sheet5' 사이로 이동시켜 보겠습니다(시트를 7개 만들어 따라해 봅니다).

01 ❶ 'Sheet1'을 선택한 상태에서 ❷ 마우스 오른쪽 버튼 클릭-[이동/복사] 메뉴를 클릭합니다.

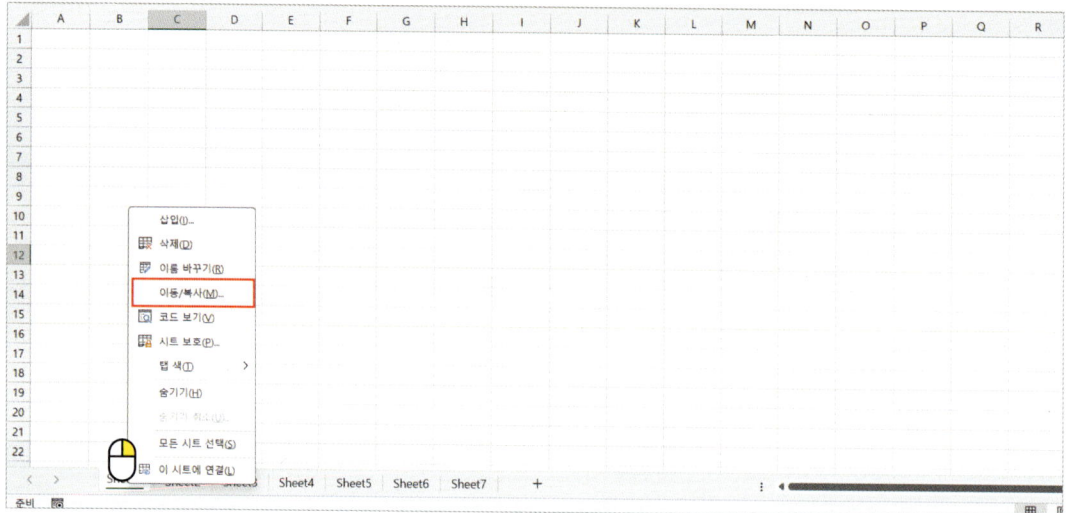

02 ❶ [이동/복사] 대화창에서 'Sheet5'를 마우스로 더블클릭하거나 'Sheet5'를 선택한 후 ❷ [확인] 버튼을 클릭합니다.

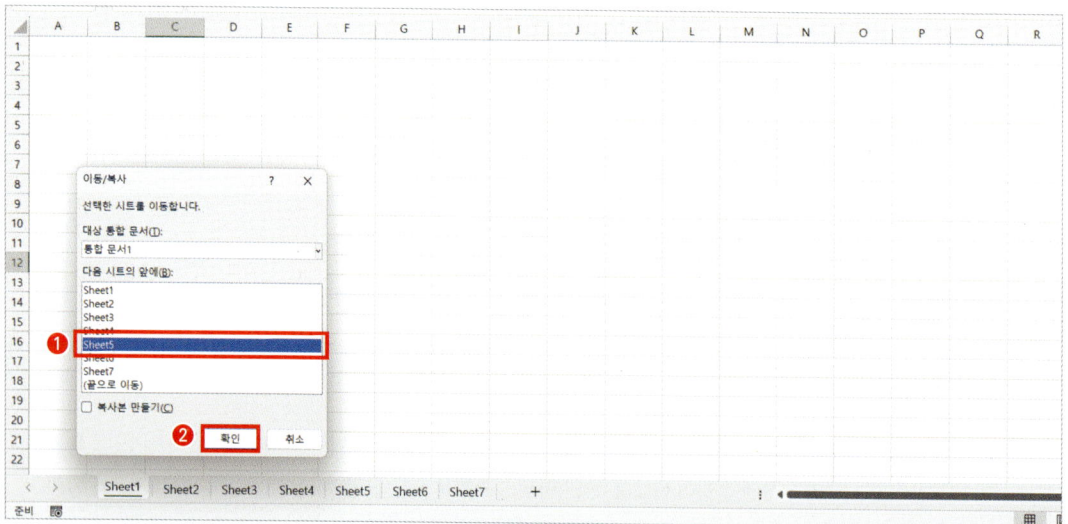

03 실무 'Sheet4'와 'Sheet5' 사이에 'Sheet1'이 이동된 것을 확인합니다.

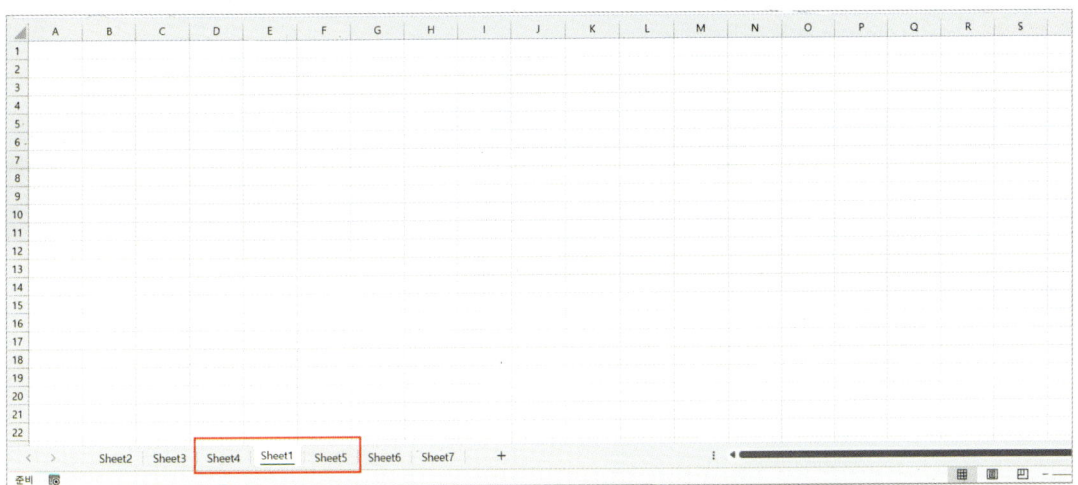

TIP 두 번째 방법은 시트를 마우스로 클릭한 상태로 이동하고 싶은 곳으로 드래그하는 것입니다. Sheet2 뒤로 이동시키고 싶다면 Sheet1을 클릭한 채 Sheet2로 가져다 놓고 마우스를 놓으면 됩니다. 훨씬 직관적이고 사용법이 단순합니다. 이 방법으로 같은 파일 내 시트를 이동하는 것이 더 편리합니다.

실무 연습 ❹ 다른 파일로 시트 이동하기

01 ❶ [통합문서1] 파일의 'Shoet1' 시트를 다른 엑셀 파일로 이동시켜 보겠습니다. 'Sheet1'을 선택합니다. ❷ 마우스 오른쪽 버튼 클릭-[이동/복사] 메뉴를 클릭합니다.

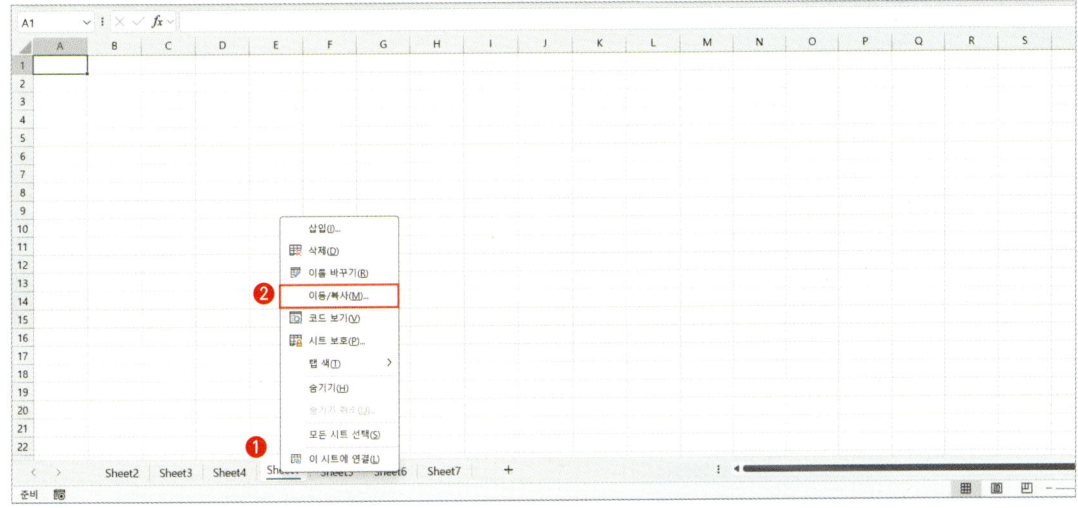

02 [대상 통합 문서]에서 시트를 옮기고 싶은 파일을 선택합니다. 여기서는 '통합 문서7'을 선택했습니다.

> **TIP** 자신이 열어둔 다른 파일에 옮겨 보세요.

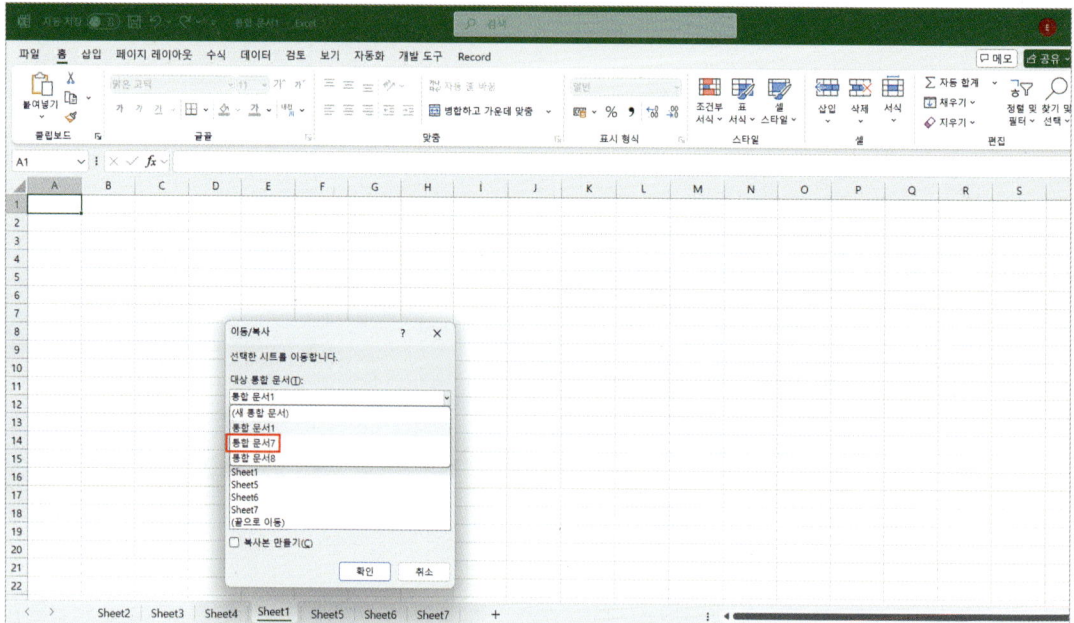

03 선택하면 해당 파일에 있는 시트명을 [이동/복사] 메뉴에서 확인할 수 있습니다. 이동시키고 싶은 곳을 선택해서 [확인] 버튼을 누릅니다. [끝으로 이동]은 이동시키고 싶은 시트를 맨 마지막으로 이동시킬 수 있습니다. '가나다' 시트를 선택하고 확인을 눌러 보겠습니다.

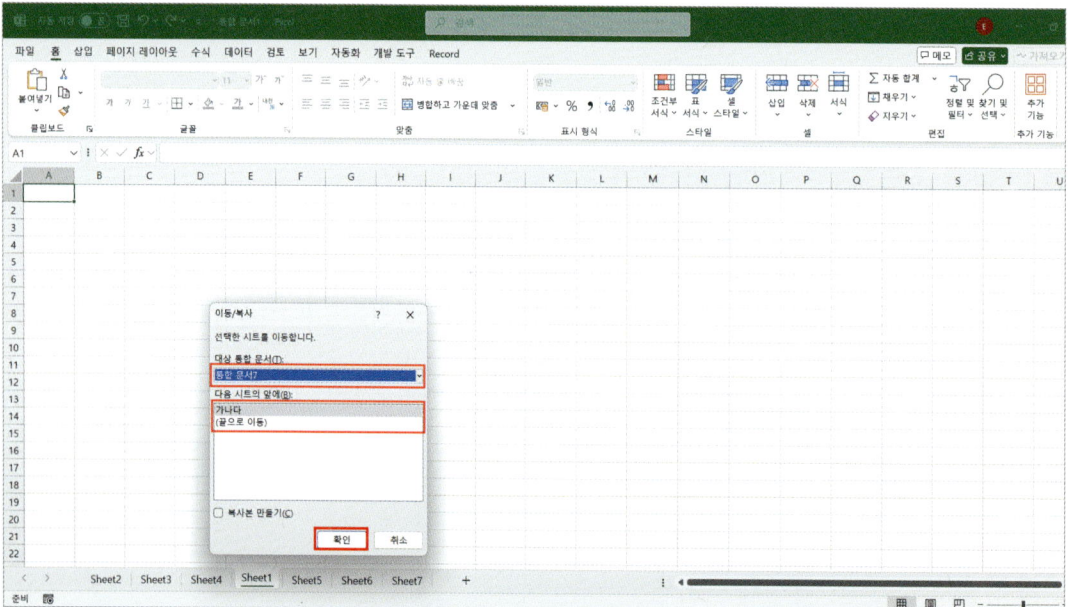

04 [통합 문서1]의 'Sheet1' 시트가 [통합 문서기]의 '가나다' 시트 앞으로 이동된 결과를 확인합니다.

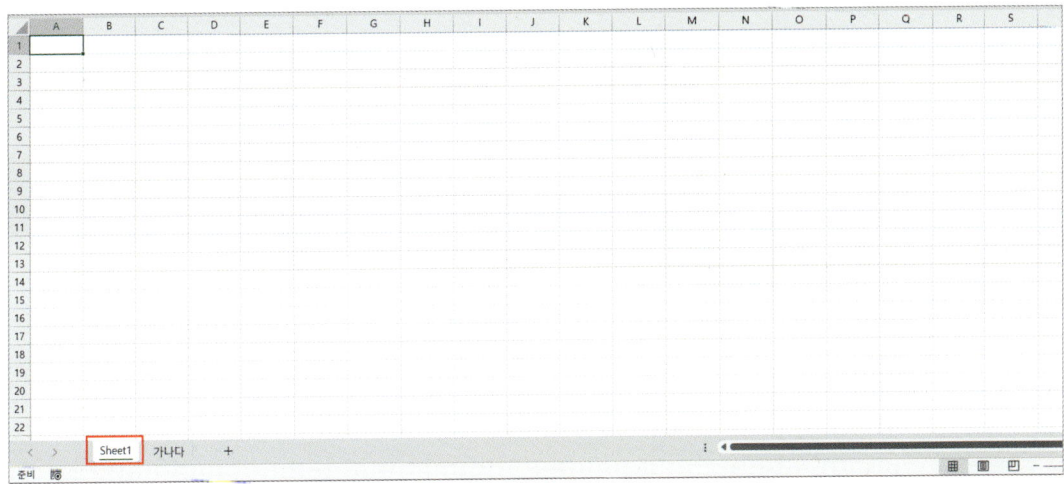

실무 연습 ❺   시트 복사하기

시트 복사하는 방법을 알아보겠습니다. 시트를 이동하는 방법과 유사한데, 같은 시트에서의 복사는 [복사본 만들기] 체크박스에 체크해 시트를 복사한다는 점이 추가됩니다. 'Sheet1'을 같은 파일 내에서 두 가지 방법으로 복사해 보도록 하겠습니다.

01 ❶ 'Sheet1'을 선택합니다. ❷ 마우스 오른쪽 버튼 클릭-[이동/복사] 메뉴를 클릭합니다.

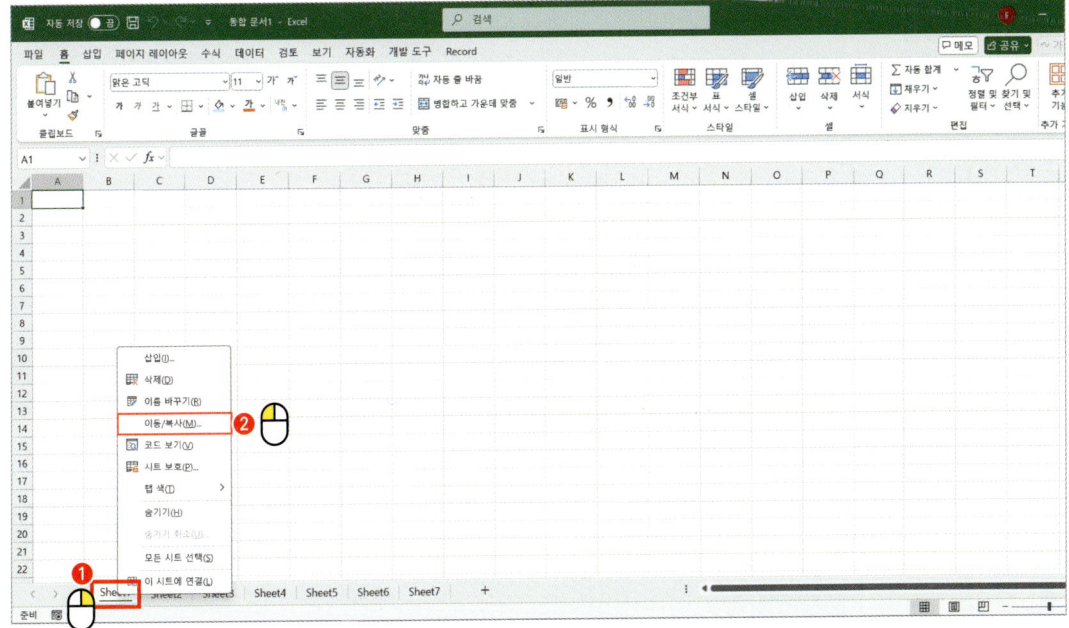

02 'Sheet1' 시트가 선택된 상태에서 아래의 ❶ [복사본 만들기] 체크박스에 체크합니다. 그리고 ❷ [확인]을 클릭합니다.

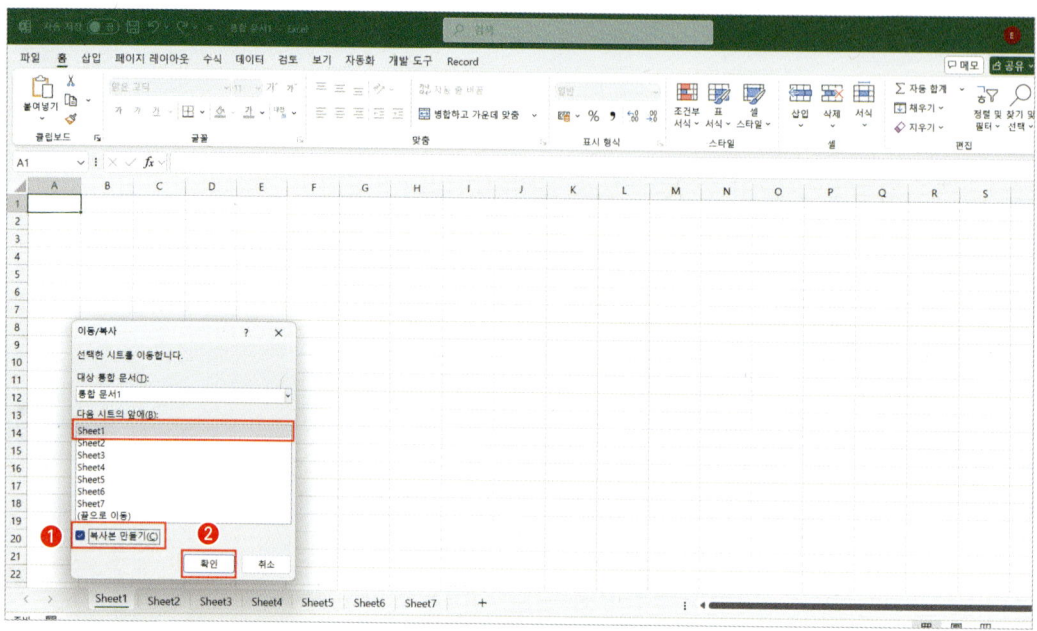

03 'Sheet1' 시트의 복사본인 'Sheet1 (2)' 시트가 생성되었습니다.

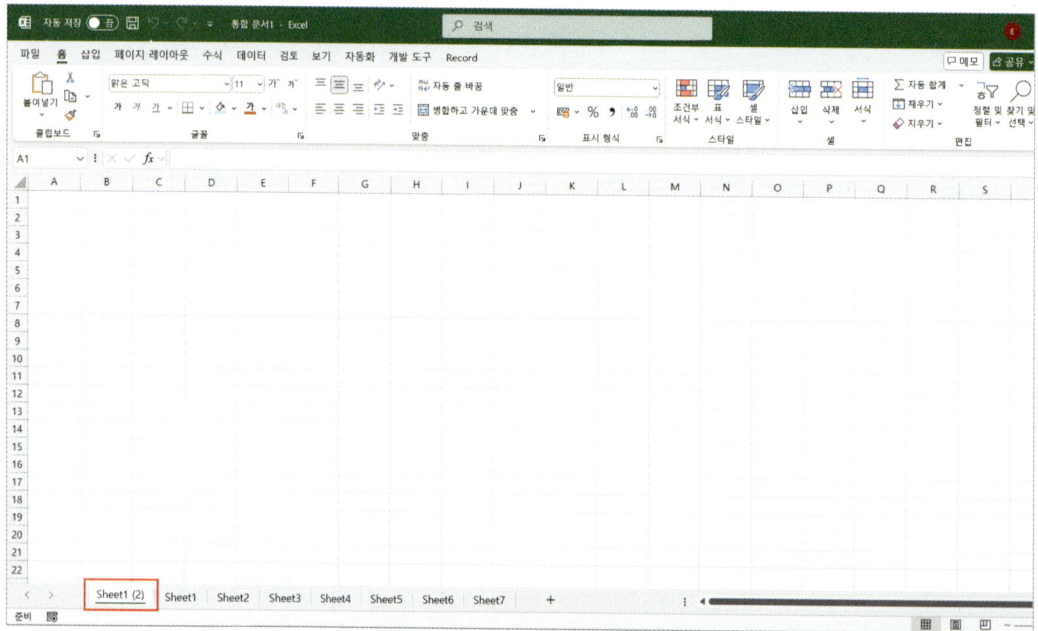

04 두 번째 방법은 첫 번째 방법보다 단순하고 직관적인 방법입니다. ❶ 'Sheet1'을 선택합니다. ❷ Ctrl 키를 누른 채, 이동하고 싶은 위치로 드래그합니다. 여기에서는 'Sheet3'과 'Sheet4' 사이에 드래그합니다. ❸ 검정색 역삼각형이 생긴 것을 확인하고 마우스에서 손을 뗍니다.

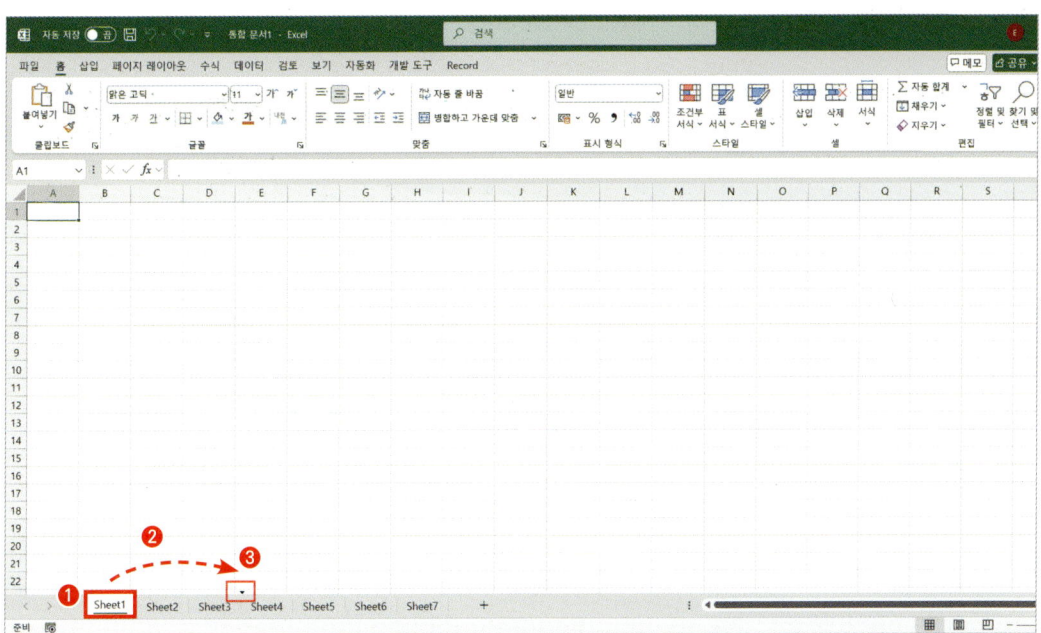

05 'Sheet3'과 'Sheet4' 사이에 복사된 시트인 'Sheet1 (2)'시트를 확인합니다.

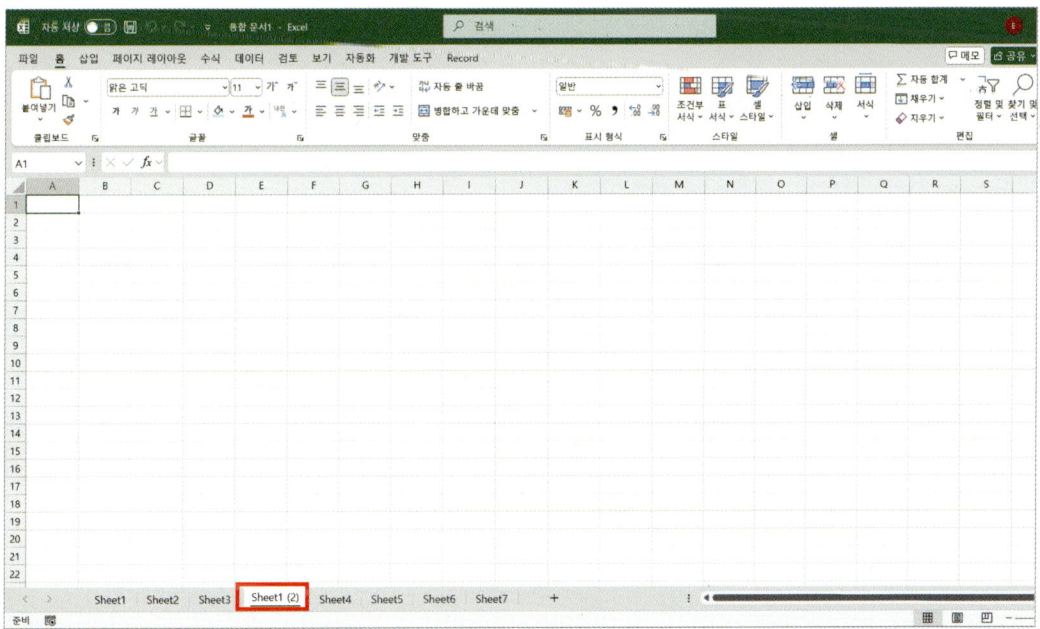

'Sheet1' 시트를 삭제해 보겠습니다.

01 'Sheet1' 선택– '마우스 우클릭'– '삭제' 선택합니다.

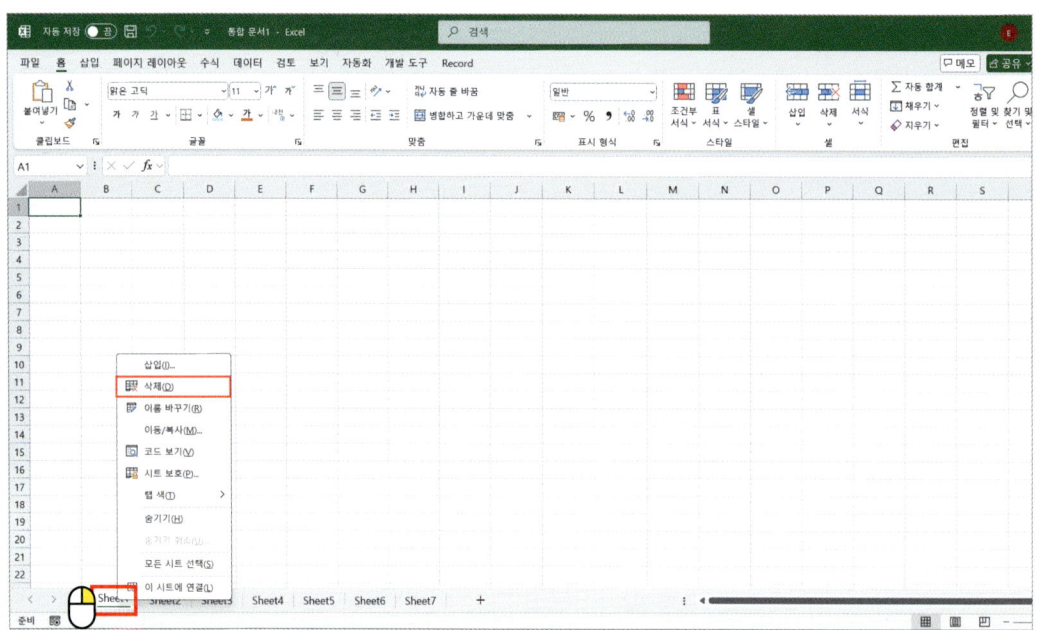

02 '삭제' 메뉴를 선택하면 경고창이 뜨면서 '삭제'와 취소 메뉴 중 선택을 할 수 있게 됩니다. 주의할 점은 시트는 한 번 삭제하면 되돌리기를 할 수 없게 됩니다. '삭제' 메뉴를 선택합니다.

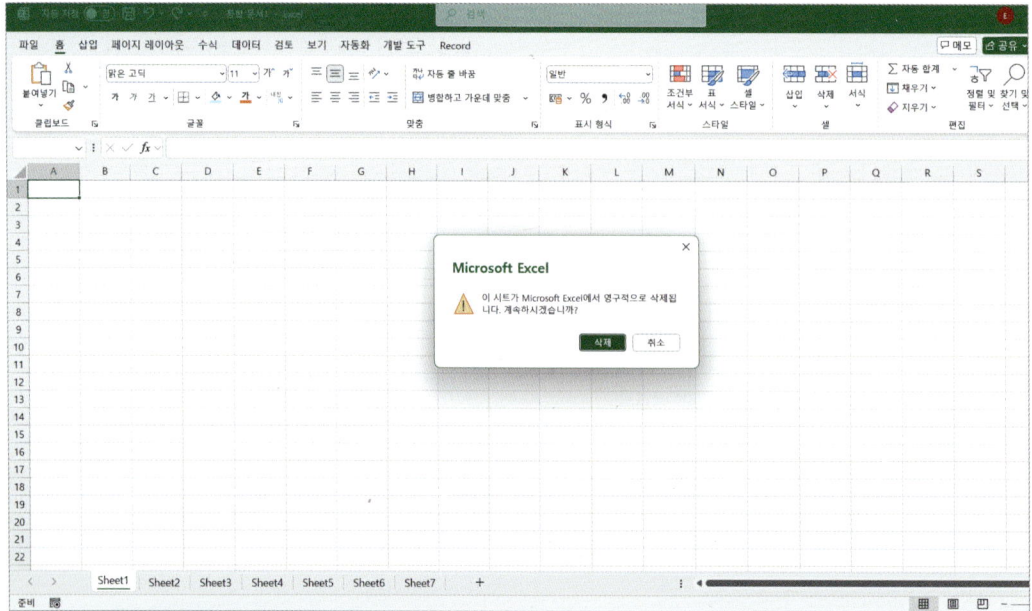

03 'Sheet1' 시트가 삭제된 결과를 확인합니다.

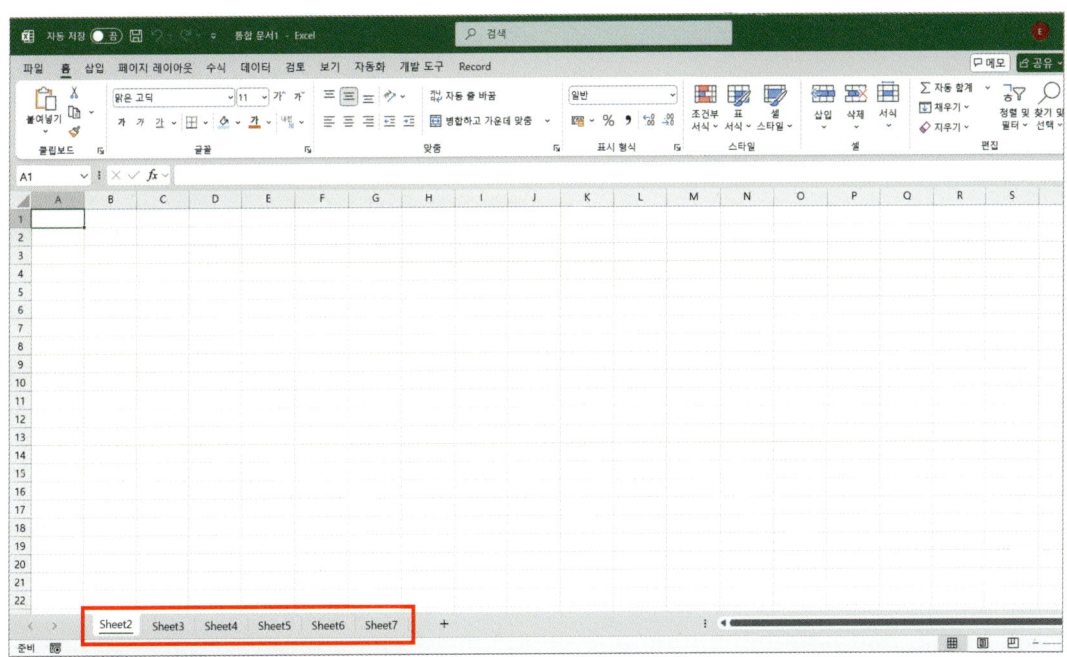

'Sheet2' 시트 이름을 '테스트'라고 변경해 보도록 하겠습니다.

01 'Sheet2' 시트에 마우스를 밀어넣고 더블클릭합니다. 그러면 회색 음영이 칠해진 모양을 확인할 수 있습니다.

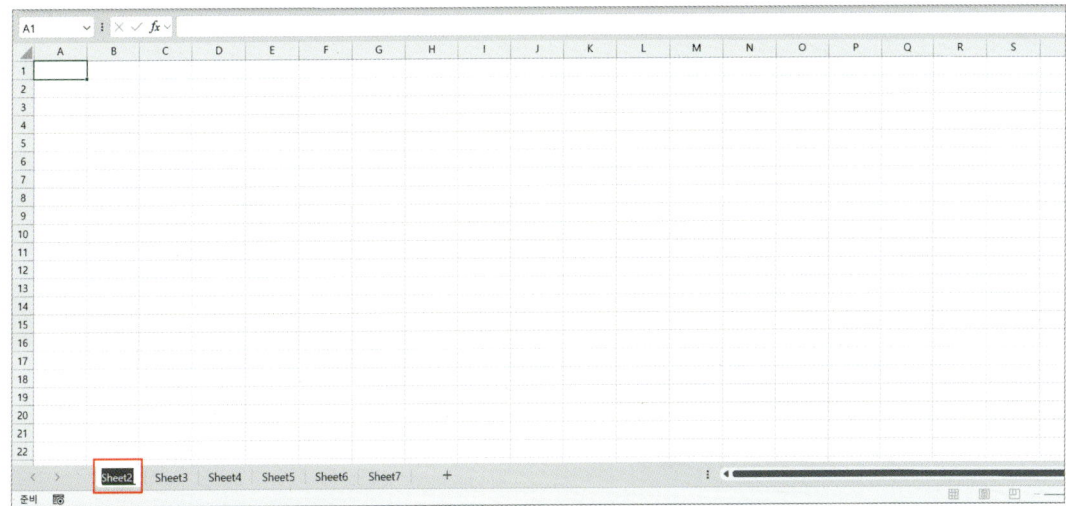

02 이 상태에서 '테스트'라고 입력하고 [Enter] 키를 누릅니다. 그리고 시트 이름이 변경된 내용을 확인합니다.

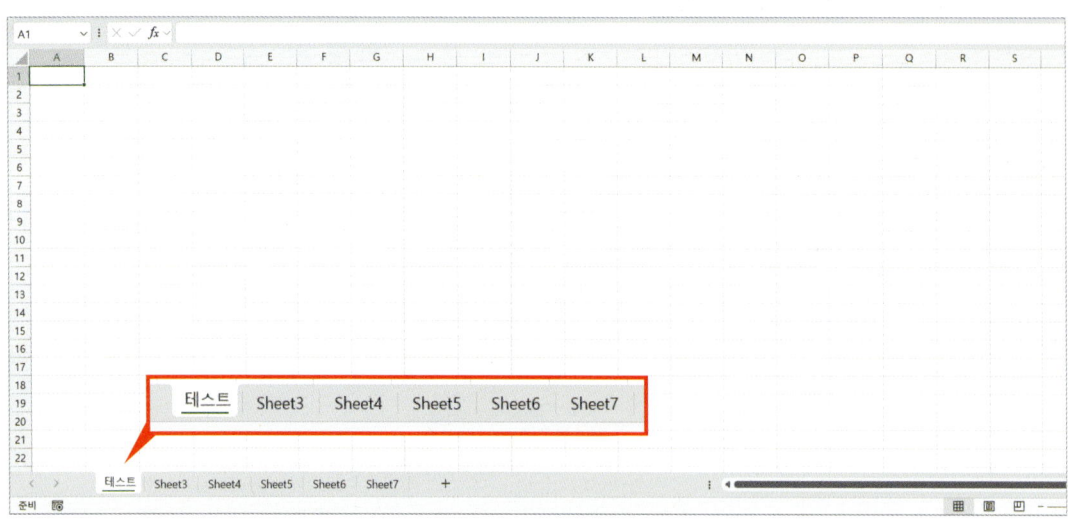

🔍 **실무 연습 ❽**　　**시트 색칠하기**

방금 변경한 '테스트' 시트를 노란색으로 색칠해 보도록 하겠습니다.

01 '테스트' 시트 선택– '마우스 우클릭'– '탭 색'– 노란색 선택합니다.

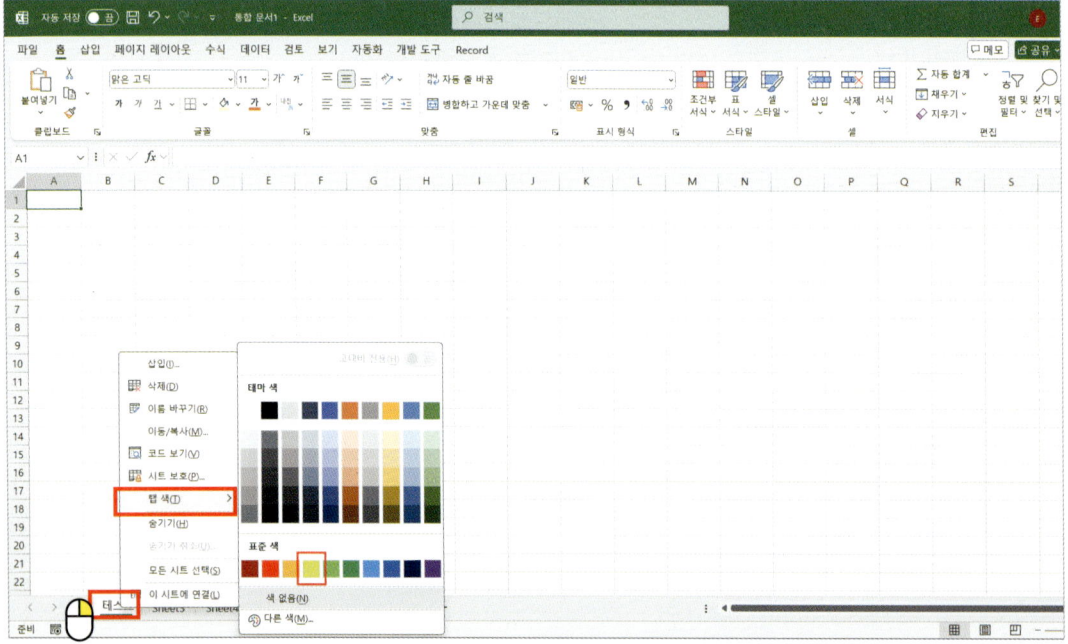

02 '테스트'시트가 노란색으로 변경된 것을 확인합니다.

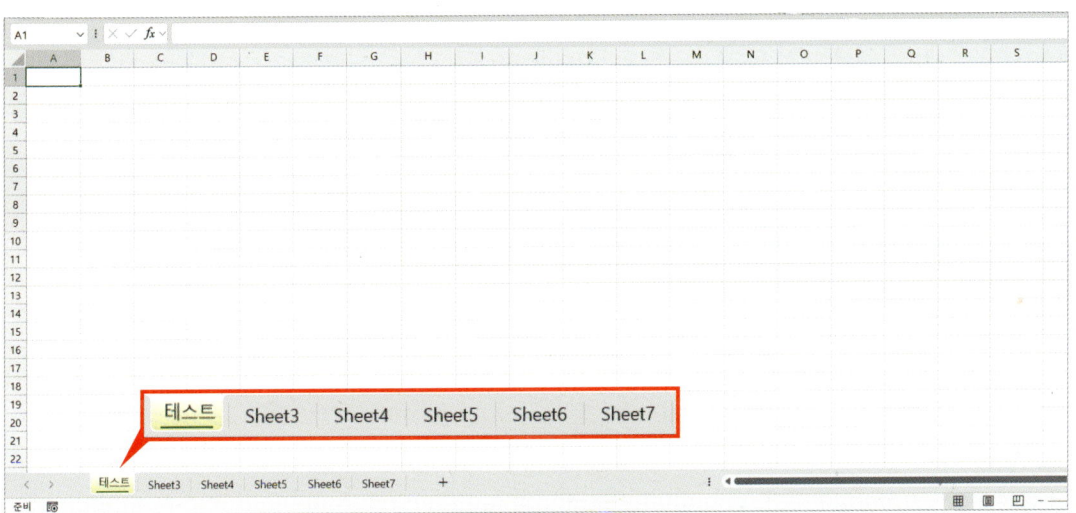

엑셀 엔진 UP! 시트 숨기기 및 숨긴 시트 확인하는 방법 알아보기

엑셀 작업 시 노출이 꺼려지는 데이터가 있거나, 시트양이 많아 메인이 되는 시트 몇 개만 남기고 싶을 때 시트를 숨겨 파일을 관리할 수 있습니다. 그리고 숨긴 시트를 빠르게 탐색하는 방법도 알아보겠습니다.

01 현재 7개의 시트가 생성되어 있습니다(자유롭게 시트를 만들어 보세요). 'Sheet4~7'시트 4개를 숨겨 보겠습니다. 먼저 'Sheet4'를 마우스 왼쪽 버튼으로 클릭합니다.

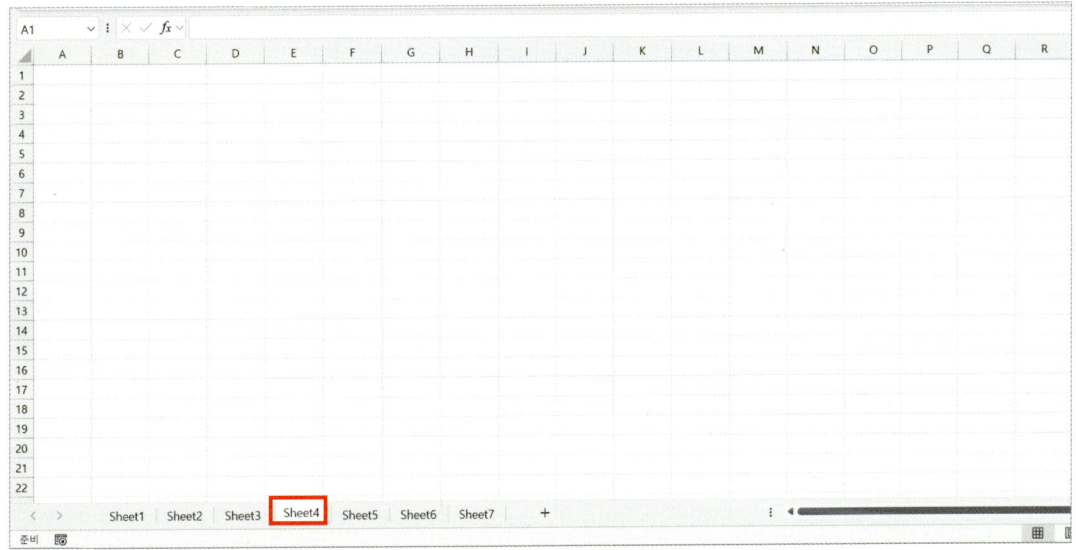

02 마지막 시트인 'Sheet7'을 Shift 키를 누른 채 마우스 왼쪽 버튼으로 클릭합니다.

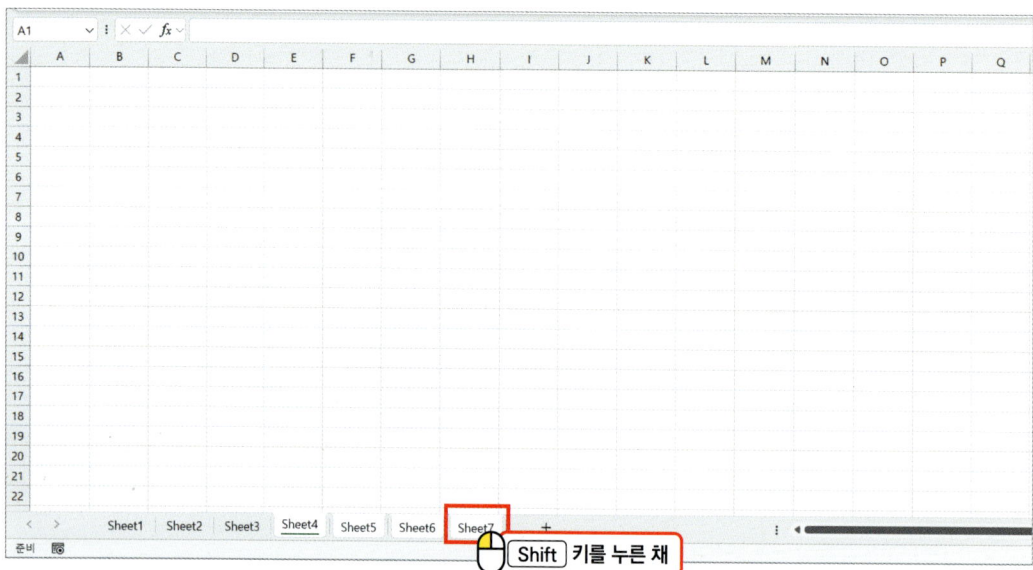

03 ➊ 선택한 상태에서 마우스 오른쪽 버튼을 클릭합니다. ➋ [숨기기] 메뉴를 선택합니다

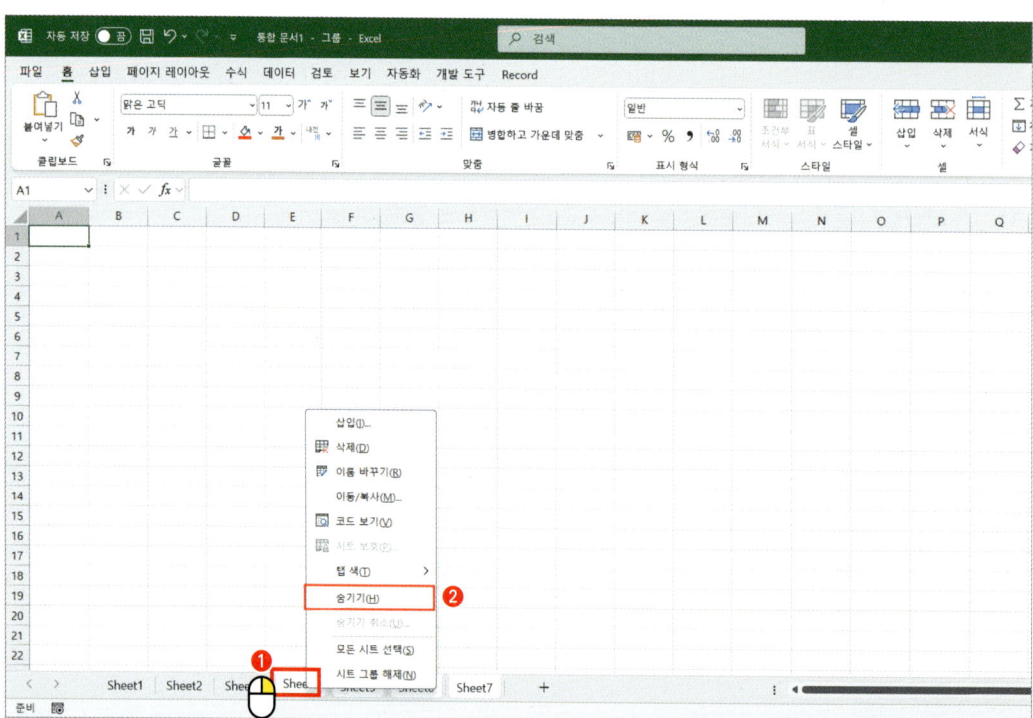

04 'Sheet4~7' 시트가 숨겨진 결과를 확인합니다.

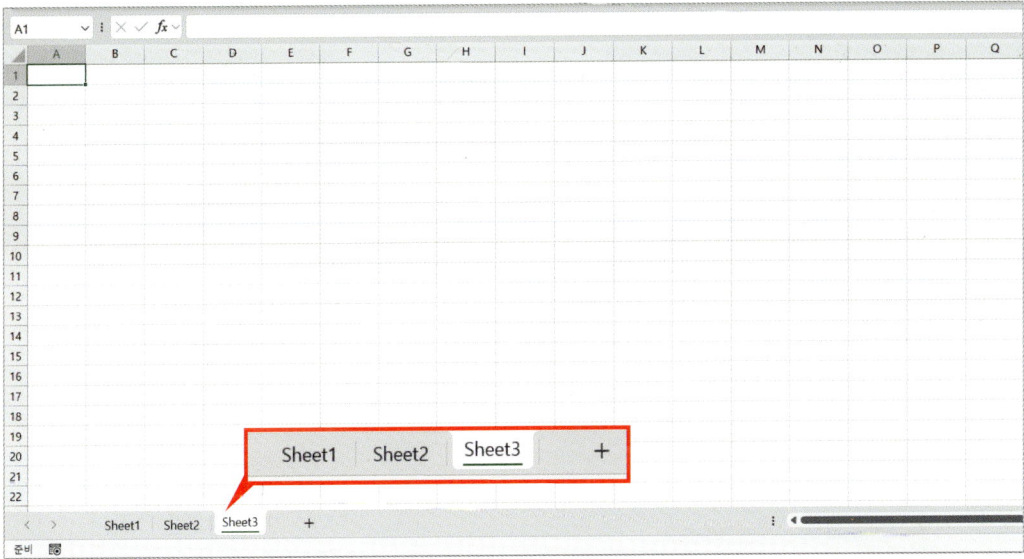

05 숨긴 'Sheet4~7' 시트를 다시 불러내 보겠습니다. ❶ 현재 화면에 보이는 시트 중 아무 시트를 선택한 상태에서 마우스 오른쪽 버튼을 클릭합니다. ❷ [숨기기 취소]를 선택합니다.

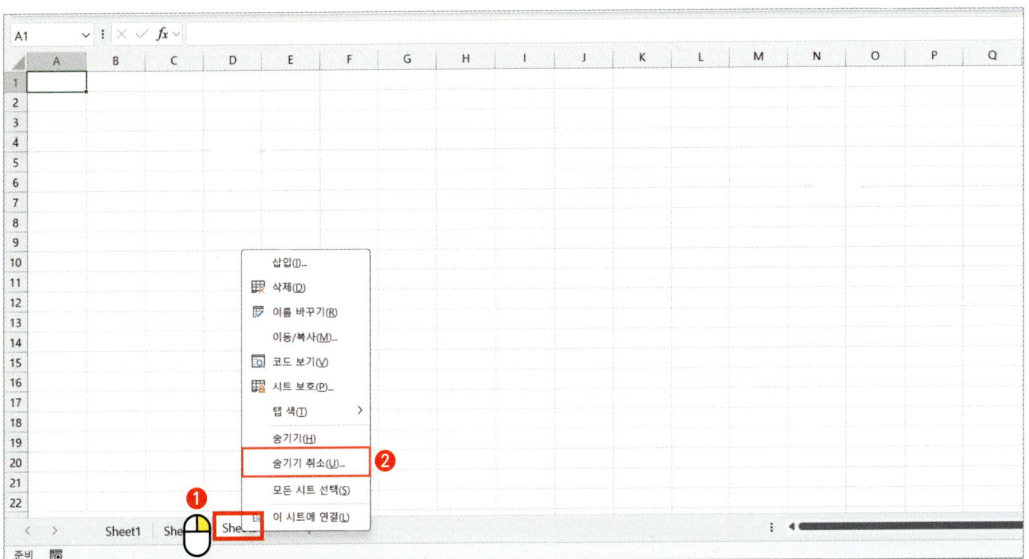

06 '숨기기 취소' 대화창이 나타납니다. ❶ 불러오고 싶은 시트를 선택한 상태에서 ❷ 마우스 더블클릭 또는 [확인] 버튼을 누릅니다. 여기에서는 'Sheet4' 시트를 불러오겠습니다.

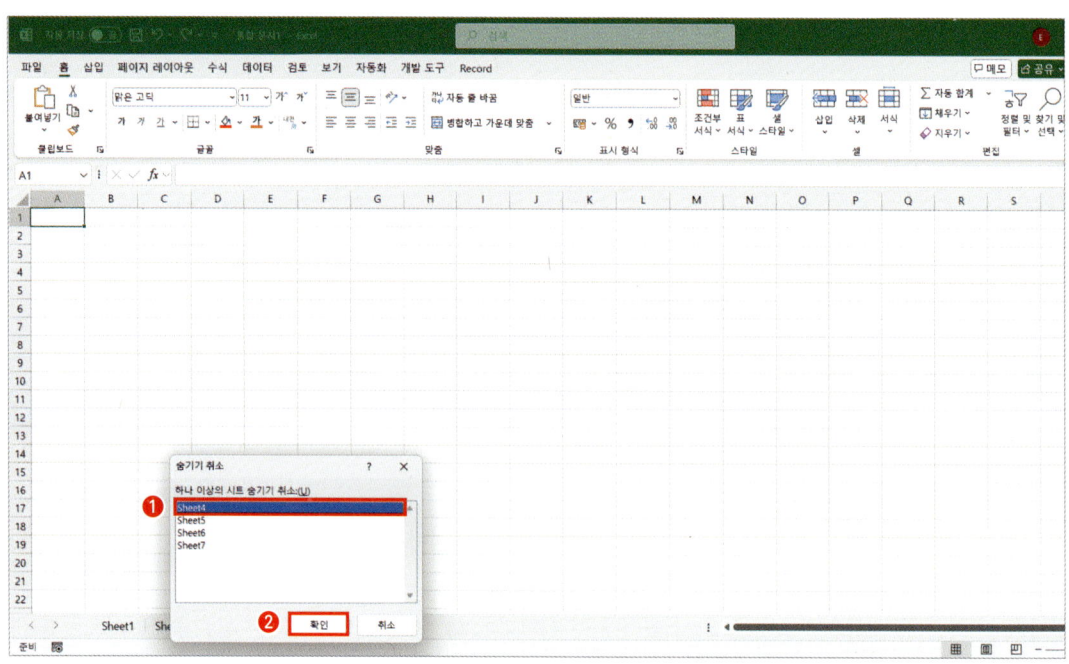

07 'Sheet4' 시트가 다시 나타났습니다.

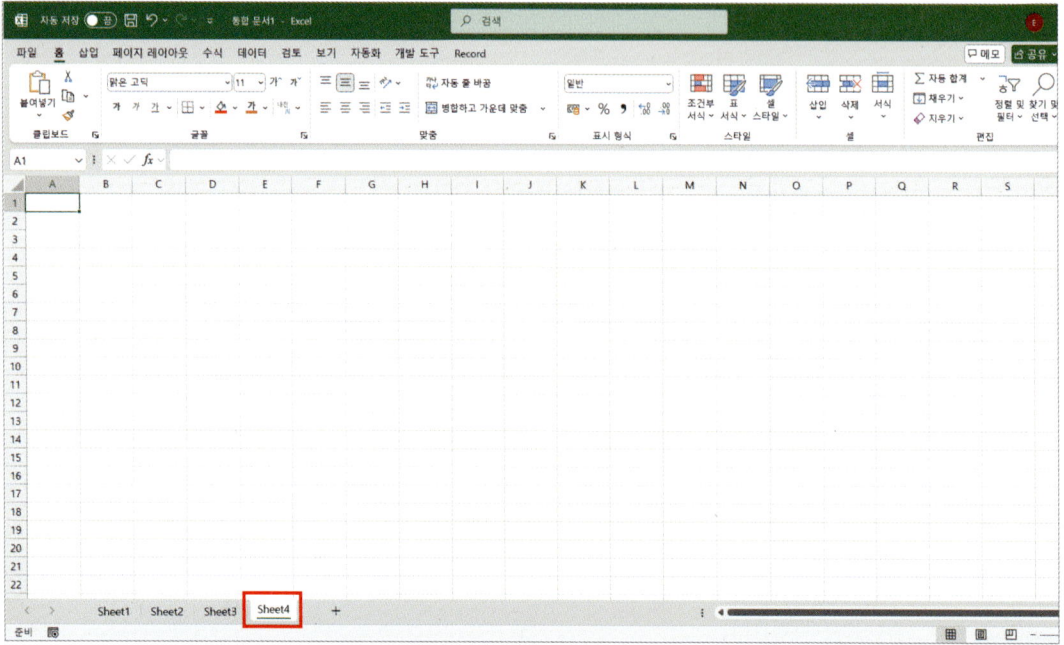

하루가 넘어가는 시간 계산하는 방법 알아보기

📄 **예제 파일** PART1_14 하루가 넘어가는 시간 계산하는 방법 알아보기

엑셀에서 시간을 계산할 때, 하루라는 개념은 시간, 분, 초로 나눠 계산할 수 있습니다. 하루는 시간으로 24시간, 분으로는 1440분, 초로는 86400초입니다. 즉, 1시간을 더하기 위해서는 1/24을 더해야 됩니다. 5분을 더할 때는 5/1440을 더하면 되는 것입니다(31p 참고).

* 1시간 더하기의 예시(현재 시간 14:22에서 1시간 더하기)

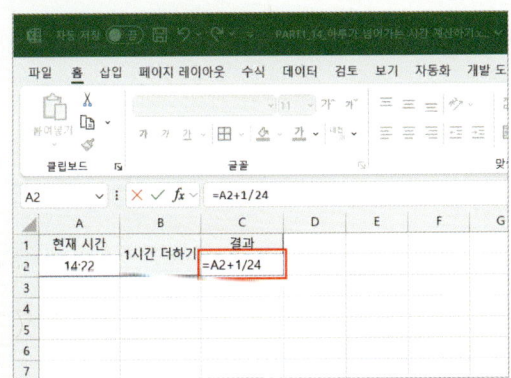 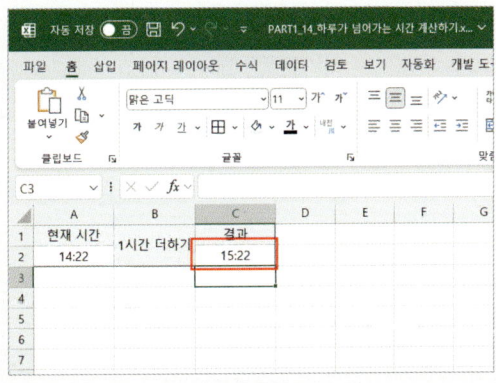

시간을 계산할 때 주의할 점은 작은 시간에서 큰 시간을 뺄 때 결과값이 마이너스가 되지 않게 주의해야 한다는 점입니다. 그렇지 않으면 # 표시로 오류가 발생하게 됩니다. 또한 시간을 더할 때 24시간이 넘어가는 시간이 발생하면 24시간을 기준으로 시간이 다시 초기화된다는 점도 알아야 합니다. 그렇기 때문에 24시간이 넘어가는 시간 체계를 엑셀에서 정확히 나타낼 수 있는 방법을 알아야 합니다.

이번에는 PC방 입/퇴실 고객 시간 분석을 통해 하루가 넘어가는 시간을 계산하는 방법을 알아보도록 하겠습니다.

01 예제 파일의 [하루넘어가는시간] 시트를 클릭합니다. 입/퇴실 고객이 PC방에 머문 시간을 계산하기

위해서 E5셀을 클릭한 상태에서 =D5-C5를 입력하고 [Enter] 키를 누릅니다.

> D5 : 입실시간   C5 : 퇴실시간

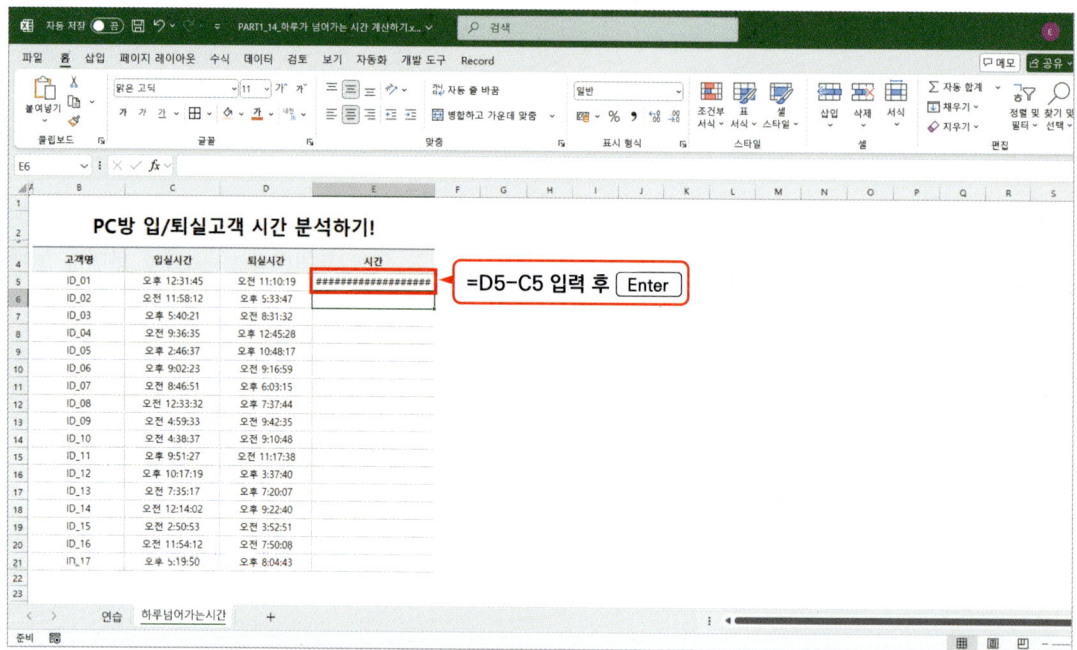

02 # 오류가 나타납니다. 마우스를 # 표시된 자리에 갖다 대고 가만히 있으면 '음수이거나 너무 큰 날

짜 및 시간은 '######'으로 표시됩니다'라는 메시지 창이 팝업됩니다.

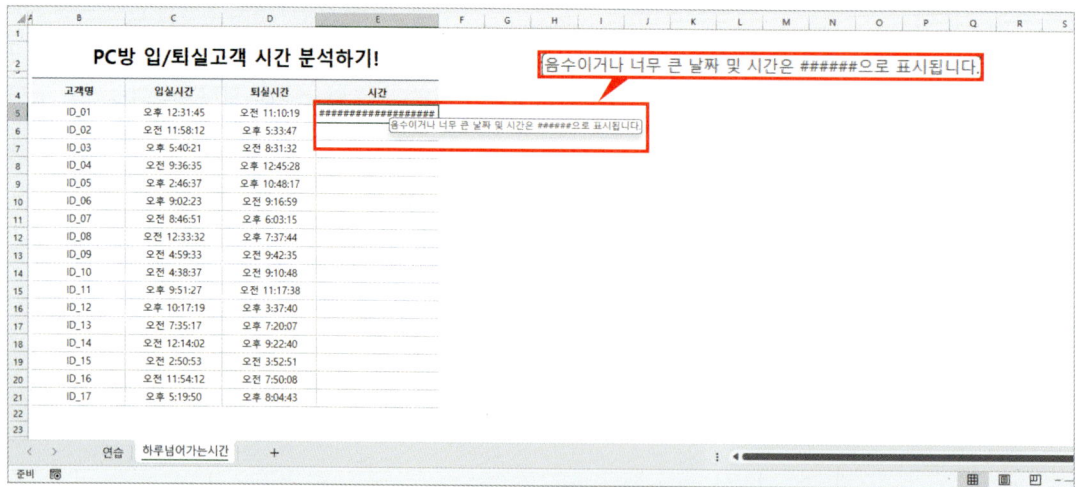

03 현재 상황은 시간 계산에서 음수가 발생한 상황이기 때문에 # 오류가 발생한 것입니다. C5셀을 보면 입실시간이 오후 12시 31분 45초인데, D5셀의 퇴실한 시간이 오전 11시 10분 19초이기 때문에, 작은 시간에서 큰 시간을 뺀 개념이 적용되어 음수가 발생한 상황입니다.

04 # 오류는 무시하고 이 상태에서 E5셀의 수식을 복사/붙여넣기하기 위해 ❶ E5셀의 오른쪽 아래에 마우스를 갖다 댑니다. ❷ 자동 채우기 핸들을 클릭한 채로 E21셀까지 드래그합니다.

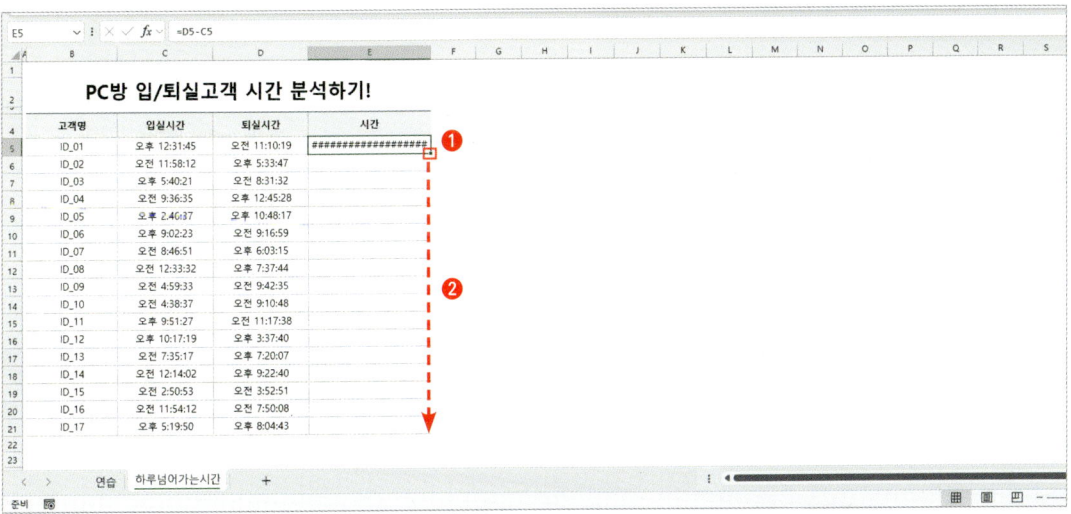

05 아래와 같은 결과를 확인할 수 있습니다.

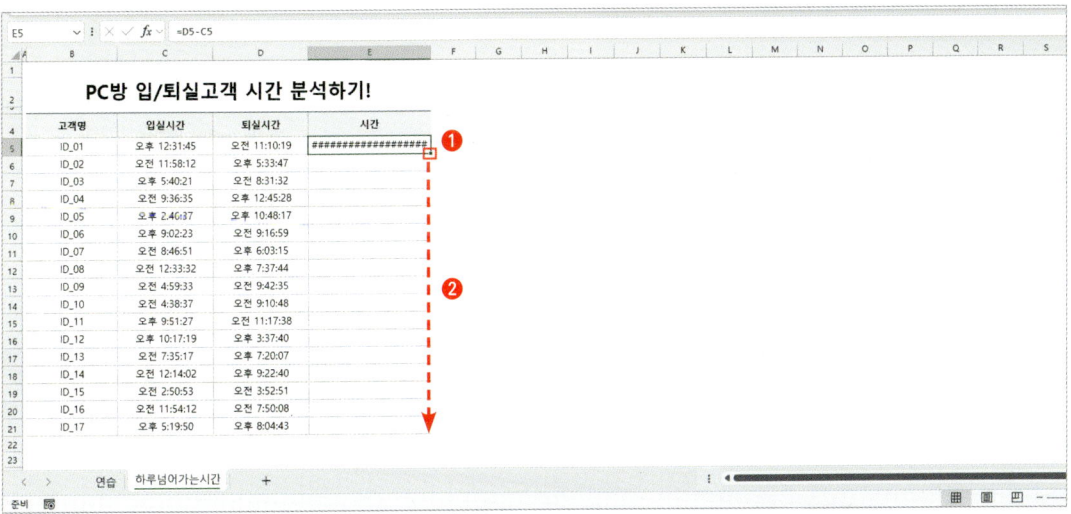

06 여기에서 # 오류 구간의 규칙을 발견할 수 있는데, 시간 계산 결과값이 마이너스값이라는 점입니다. 그래서 # 오류가 발생한 구간에는 하루(1)을 더해 수식을 완성시켜야 합니다. 목록을 포함한 전체 범위, B4:E21를 범위 지정합니다.

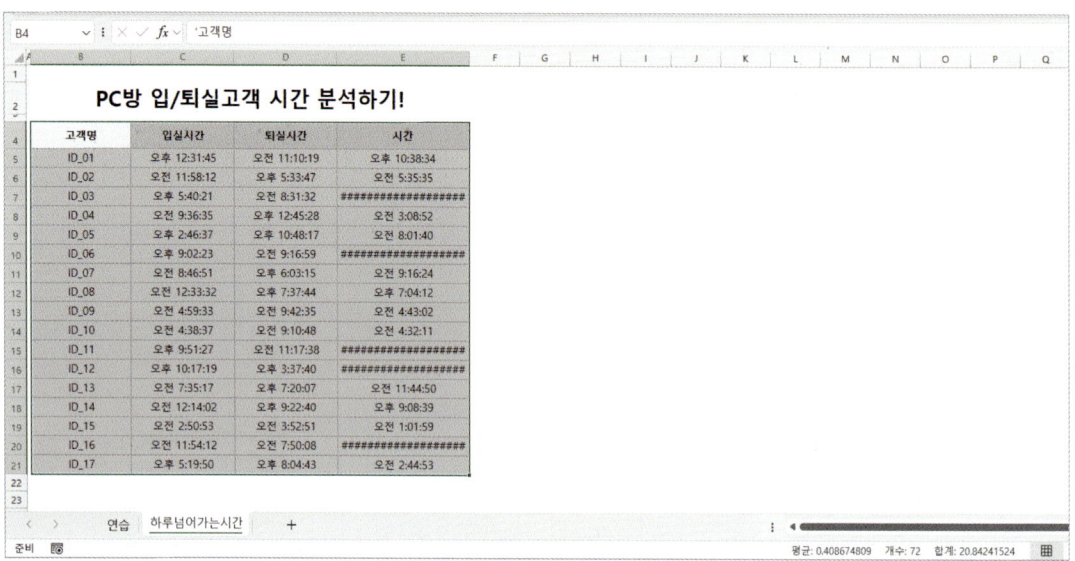

07 [홈] 탭-[정렬 및 필터]-[사용자 지정 정렬]을 차례대로 클릭합니다.

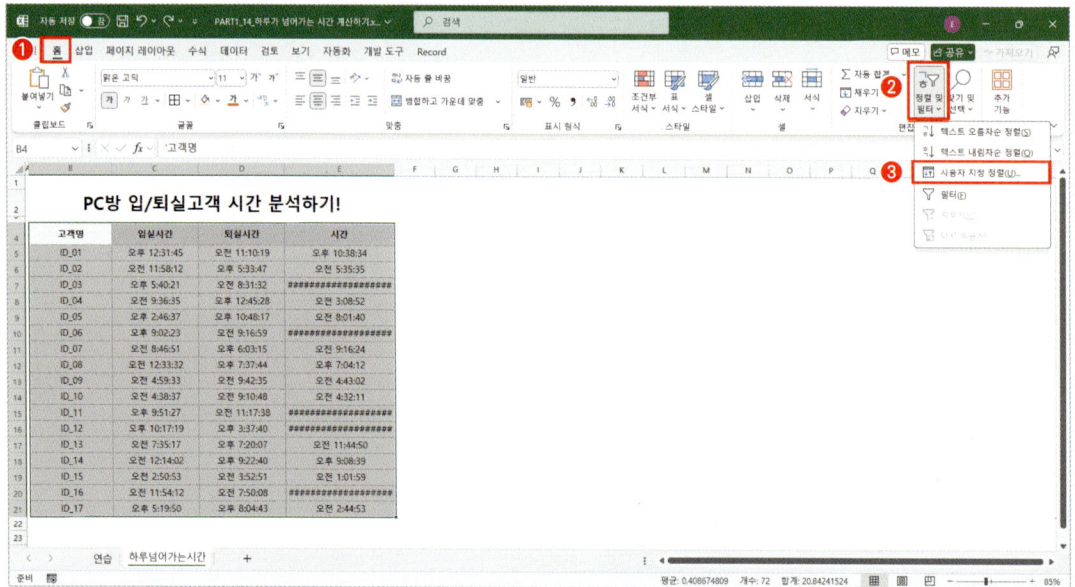

08 ❶ [정렬 기준]에서 [시간], [셀 값], [오름차순] 정렬 순으로 선택하고 ❷ [확인] 버튼을 클릭합니다.

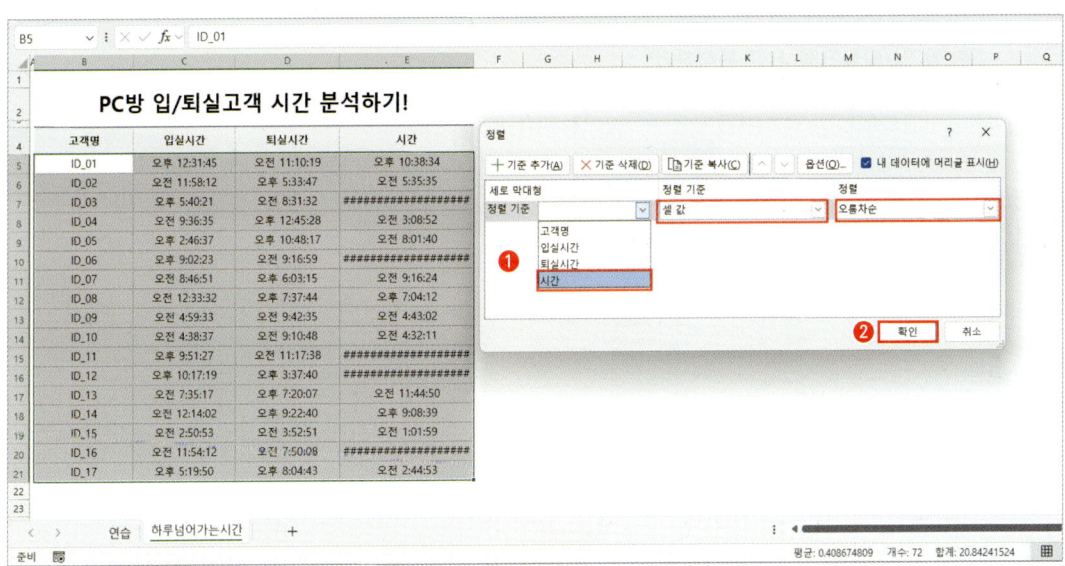

09 # 오류가 표시된 셀부터 오름차순으로 정렬되었음을 확인합니다.

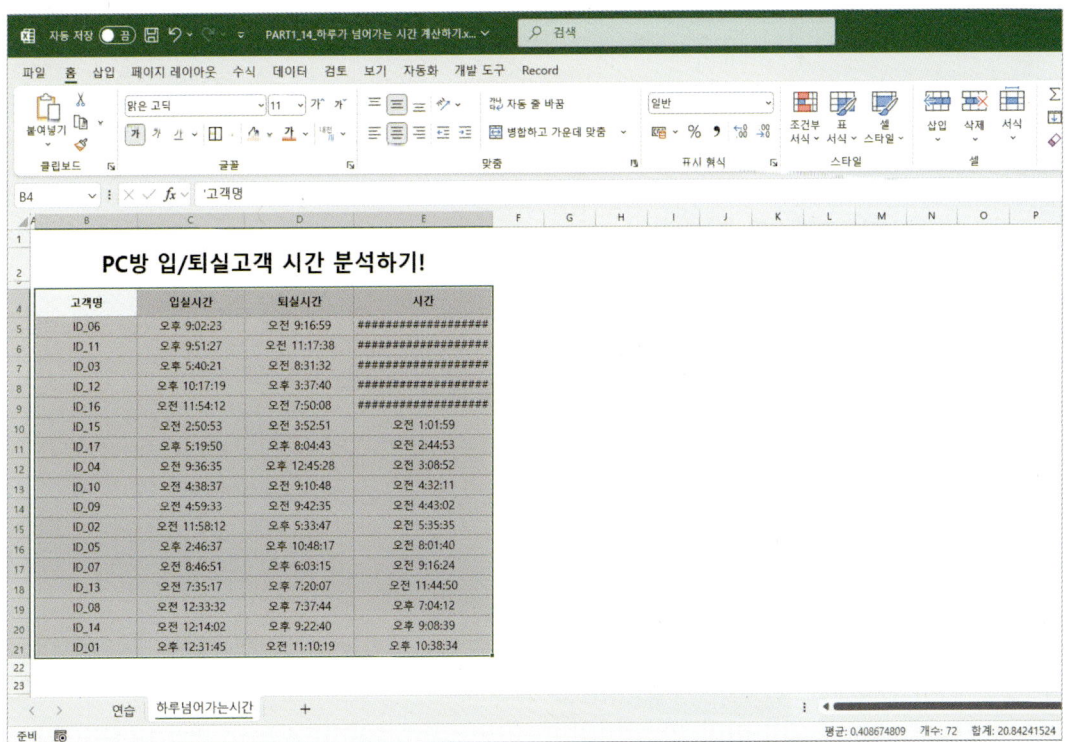

10 오류값이 표시된 E5:E9셀을 범위 지정합니다.

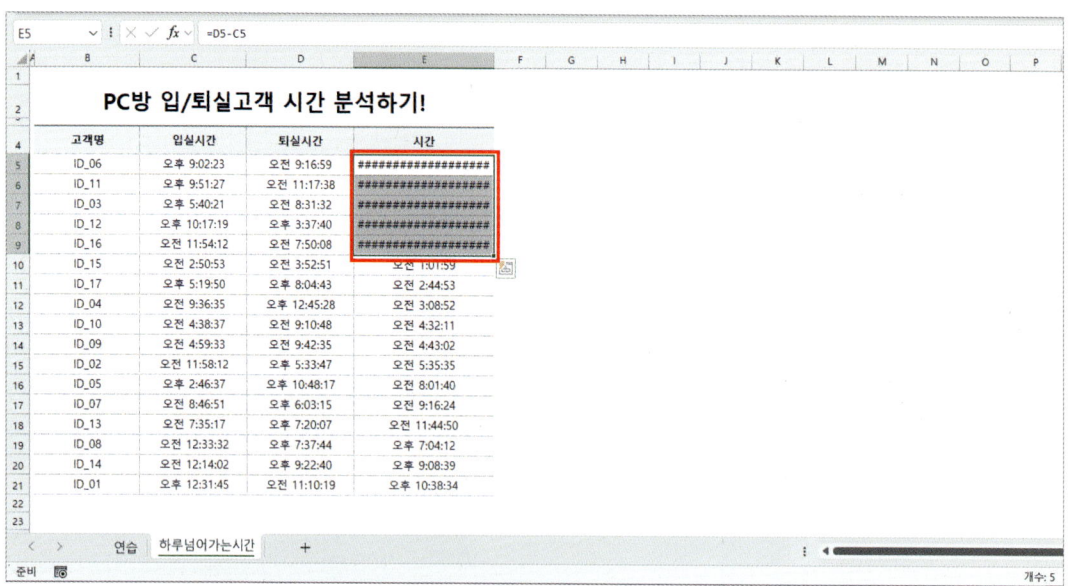

11 이 상태에서 F2 키를 눌러 E5셀 안으로 진입합니다.

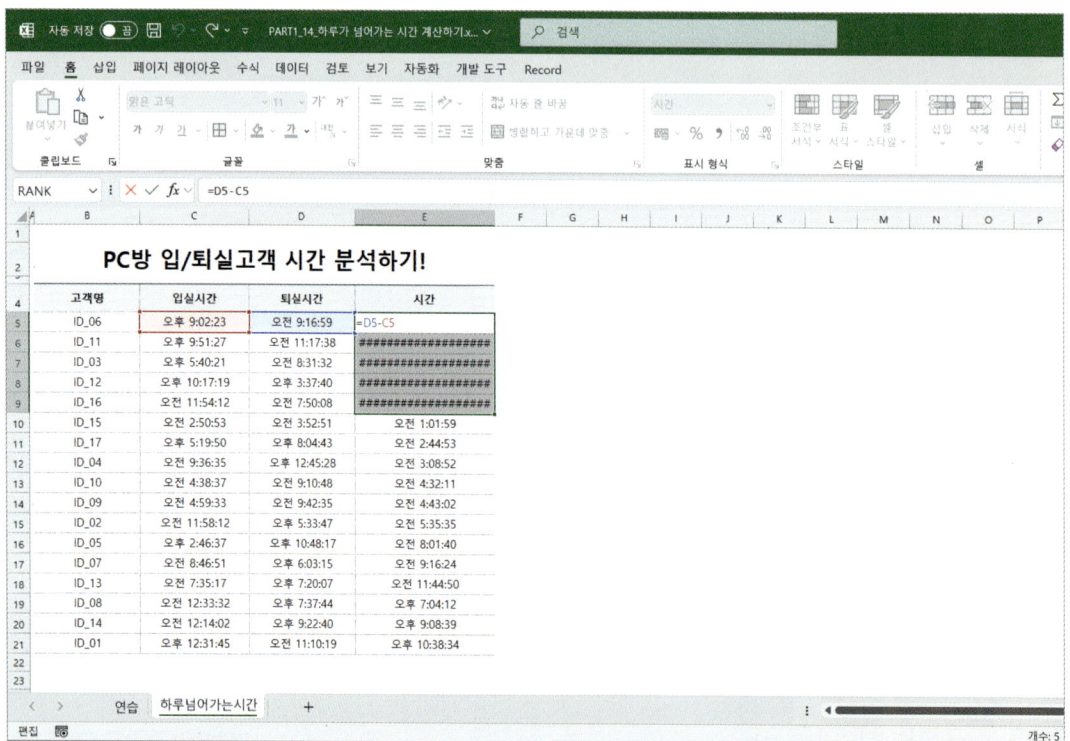

12 ❶ 수식 '=D5-C5'가 활성화되면 그 뒤에 '+1'을 입력하여 수식을 ❷'=D5-C5+1'로 수정합니다.

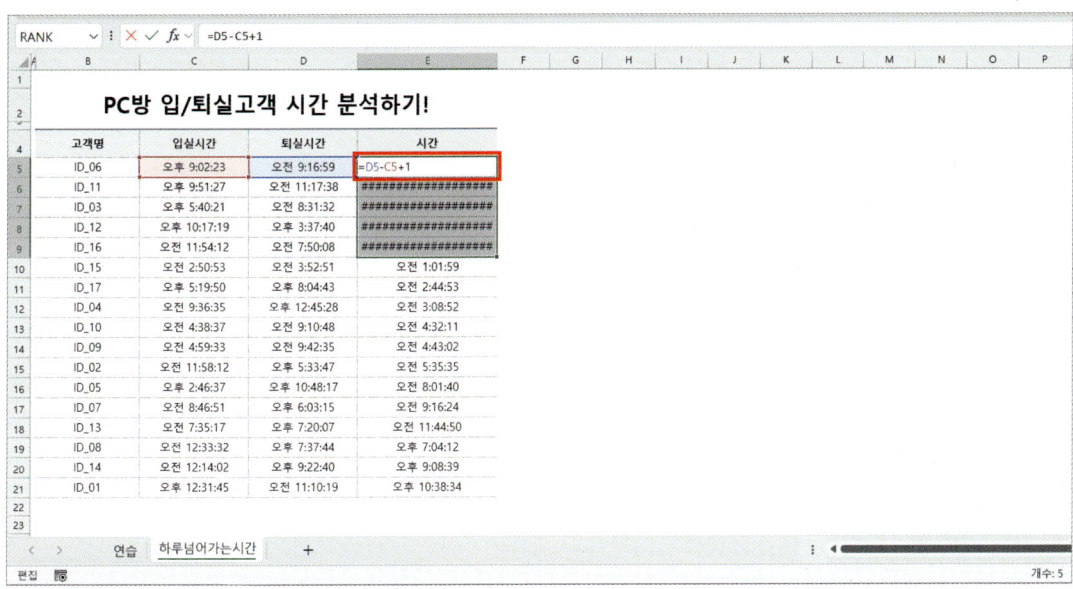

13 마지막으로 ⌈Ctrl⌉+⌈Enter⌉ 키를 동시에 누릅니다. 수식을 마무리하고 최종 결과값을 확인합니다.

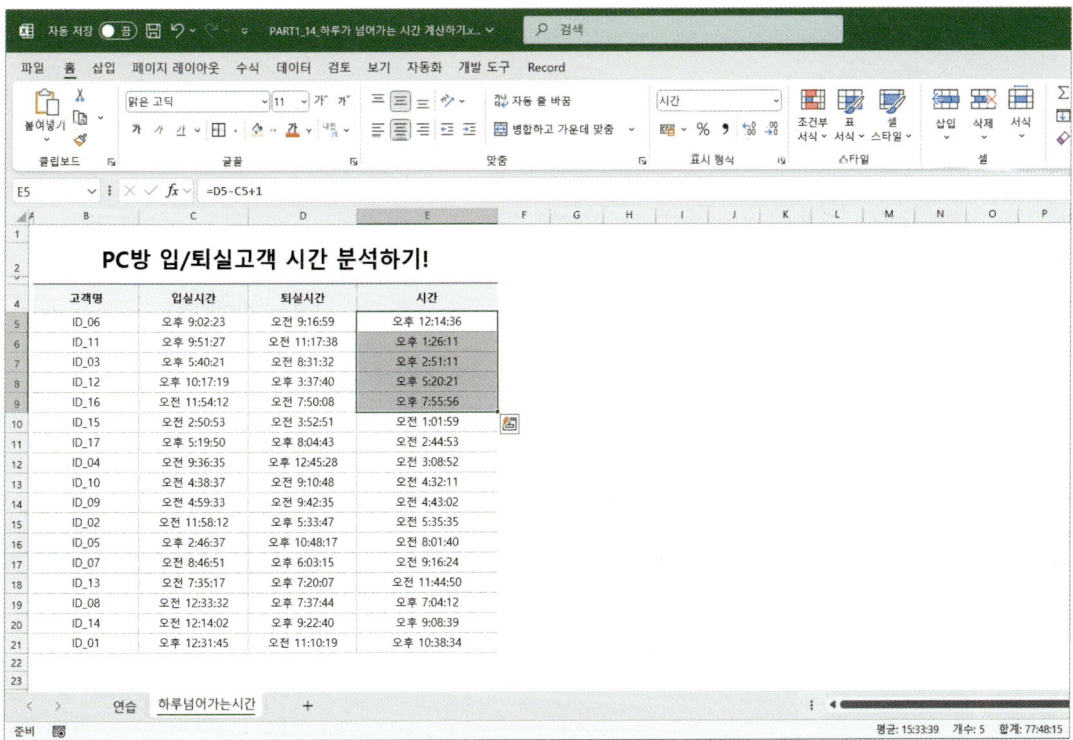

14 '시간' 목록을 분석하기 용이하게 만들기 위해 표시 형식을 바꿔 보겠습니다. E5:E21셀을 범위 지정합니다.

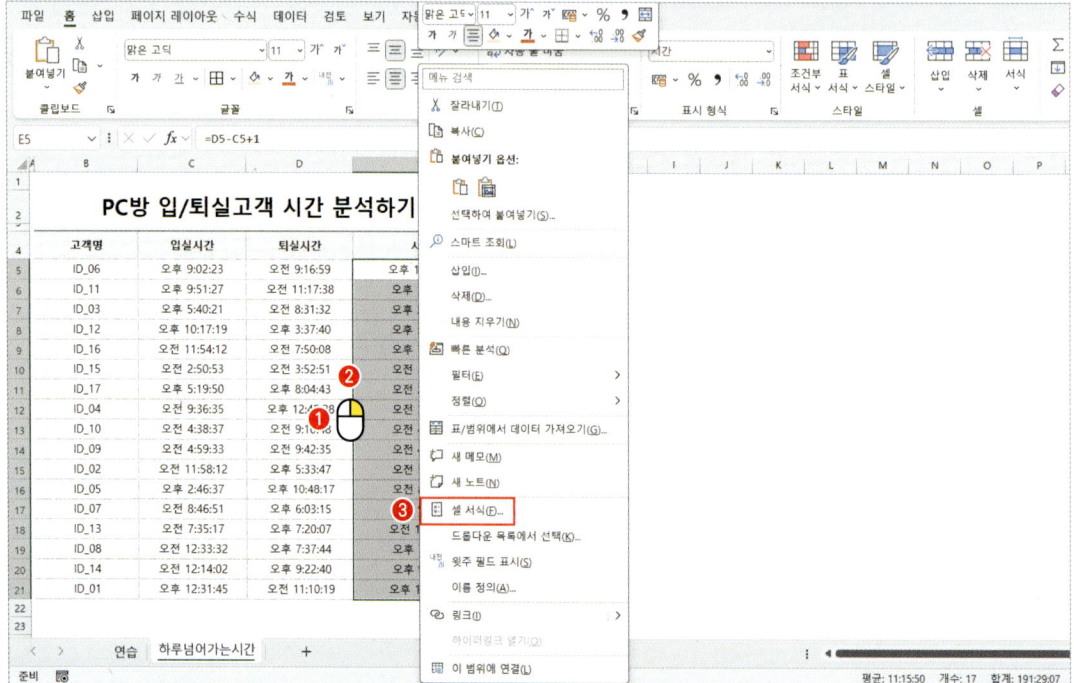

15 ❶ 마우스를 E5:E21 영역 안에 위치한 상태에서 ❷ 마우스 오른쪽 버튼 클릭-[셀 서식]을 클릭합니다.

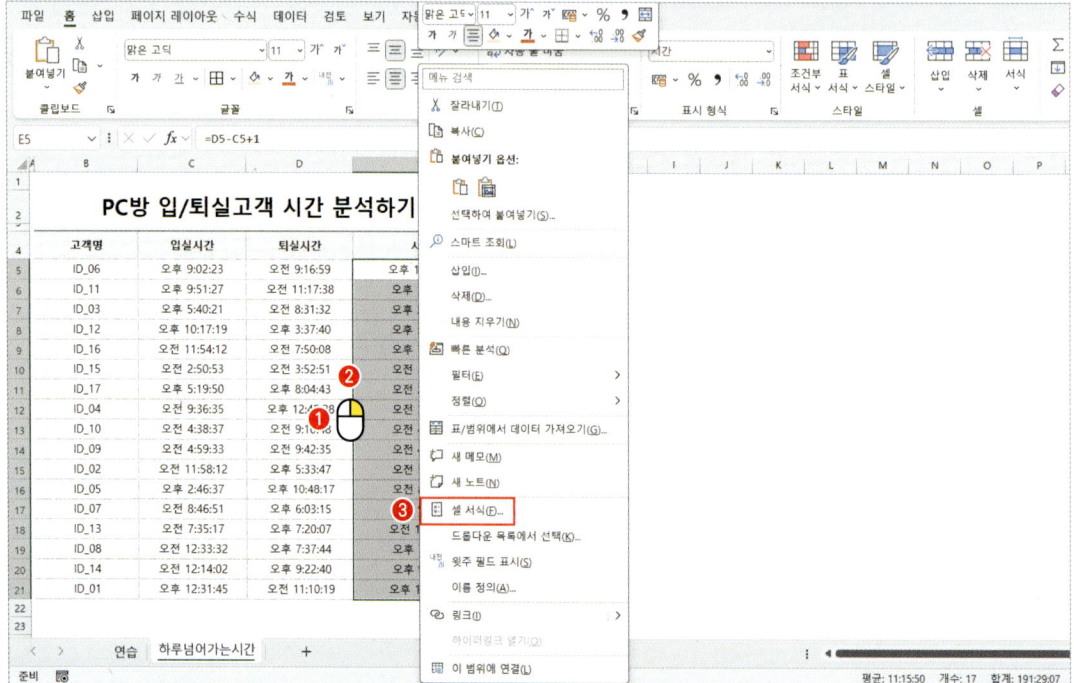

16

❶ [표시 형식]−[시간]−[13:30(샘플 형식)]을 차례대로 선택하고 ❷ [확인] 버튼을 누릅니다.

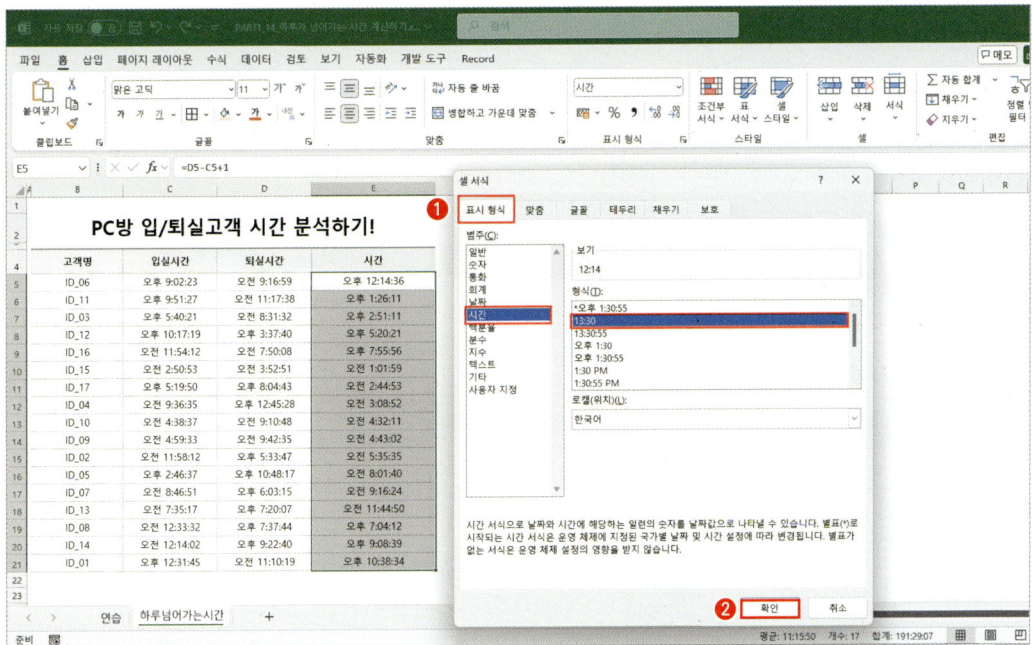

17

시간 표시 형식을 다음과 같이 확인합니다.

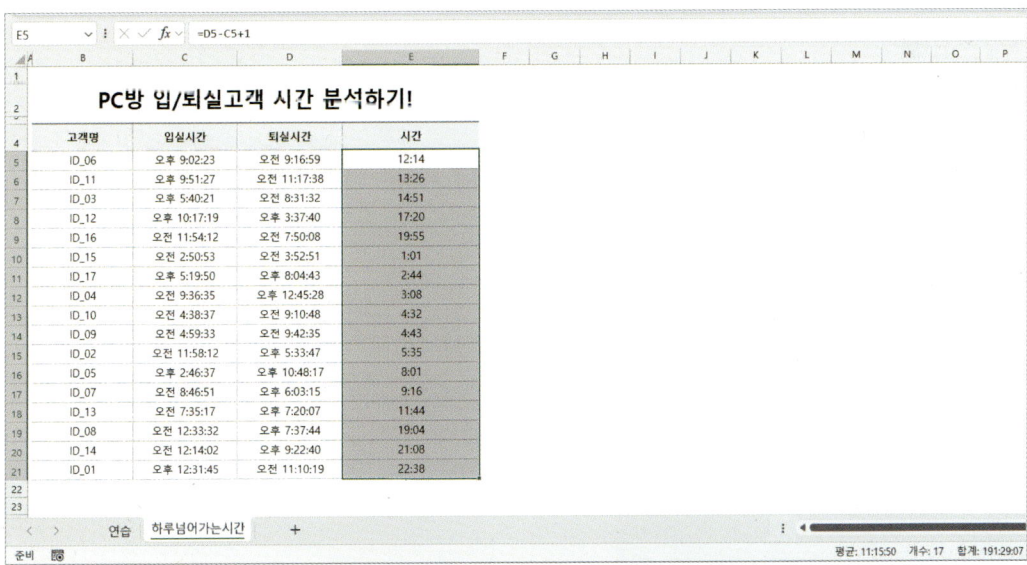

> **TIP** 범위 지정 후 같은 수식이나 값을 입력하는 Ctrl + Enter 사용법에 대한 더 자세한 설명은 [예제 파일 PART1_04 불규칙적으로 병합된 구간 합계 한 번에 해결하기를 참고하세요.

앞에서는 # 오류가 발생한 구간에 대한 정렬을 [홈] 탭-[정렬 및 필터]-[사용자 지정 정렬] 메뉴를 통해 시간 목록을 오름차순으로 정렬했습니다.

이 메뉴 중 [정렬 기준] 옵션에서 기준이 되는 네 가지 정보 중, [셀 값]을 제외한 나머지는 서식으로 정렬을 도와주는 기능입니다. 일반적으로 특정 텍스트만 정렬 기준이 된다고 생각하지만, 엑셀에서는 서식 중 색상도 정렬 기준이 될 수 있다는 점을 기억합니다.

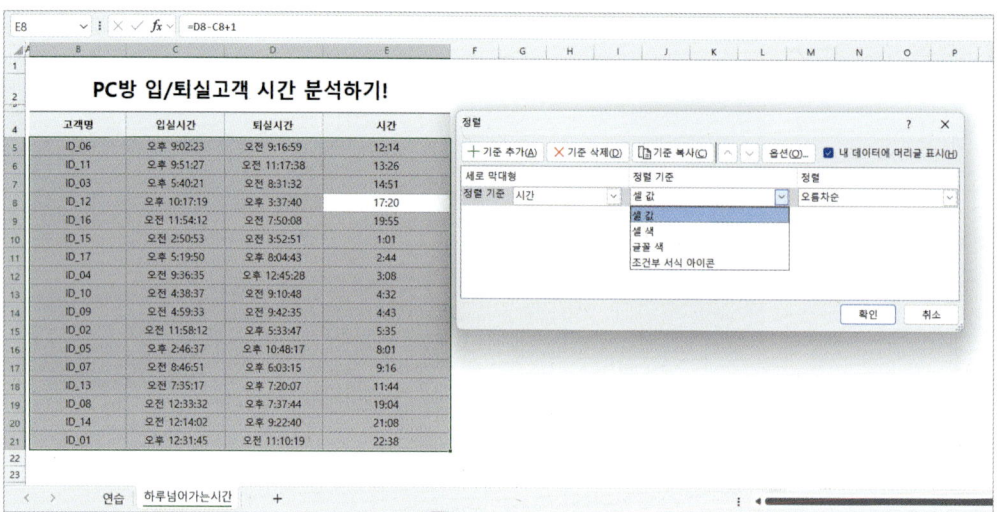

추가로, 오른쪽 상단에 있는 [내 데이터에 머리글 표시]는 꼭 체크해야 합니다. 그렇지 않으면 목록도 하나의 필드값으로 인식해 정렬 대상이 되기 때문입니다. 목록이 있을 경우 반드시 체크박스에 체크를 합니다.

※ [내 데이터에 머리글 표시] 체크박스 해제 시 결과는 아래와 같습니다.

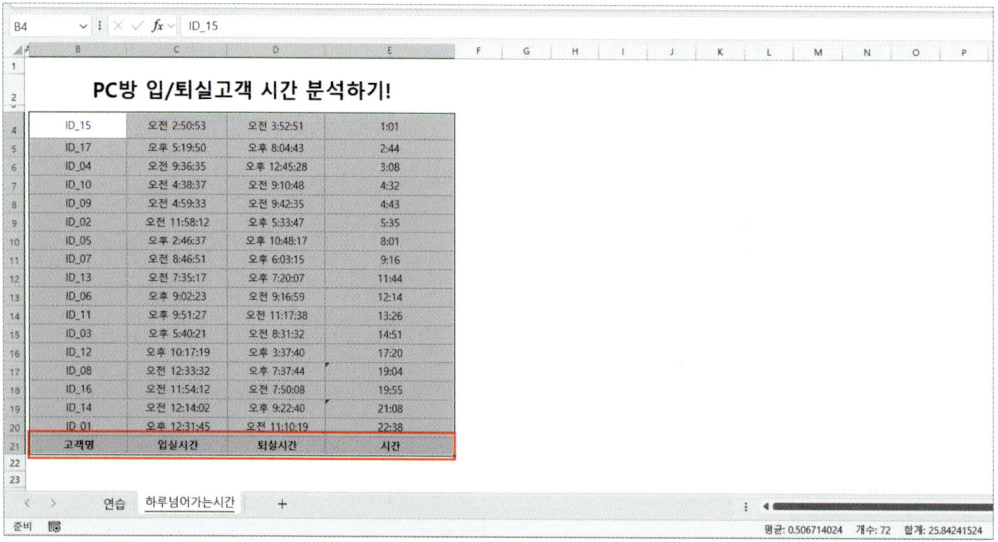

새 노트(메모)기능의 모든 것 알아보기

📄 **예제 파일** PART1_15 새 노트(메모)기능의 모든 것 알아보기

실무 스킬

엑셀에서 메모 기능을 잘 활용하면 부가 정보 관리나 중요한 업무를 놓치지 않을 수 있습니다. 나아가 업무 생산성을 높일 수 있는 중요한 도구가 되기도 합니다. 엑셀에서는 한 개 단위 셀에 데이터 정보를 메모로 추가해 부가 설명이나 주의해야 할 사항을 메모할 수 있습니다.

*Microsoft365에서 사용 가능한 '새 메모' 메뉴와 혼동하지 말아야 합니다. 이 기능은 메모에 회신할 수 있는 기능이 탑재된 업그레이드된 메모 기능으로, Microsoft365 이전 버전에서는 '새 노트' 기능이 일반적으로 언급되는 '메모 삽입' 기능입니다.

실무 연습 ❶　　메모 삽입하고 편집하기

01 [연습] 시트의 음식 메뉴에 가격과 일반적인 칼로리 정보를 새 노트(메모)로 삽입해 보겠습니다. ❶ 김밥이 입력된 C5셀을 선택합니다. ❷ 마우스 오른쪽 버튼 클릭–[새 노트]를 클릭합니다.

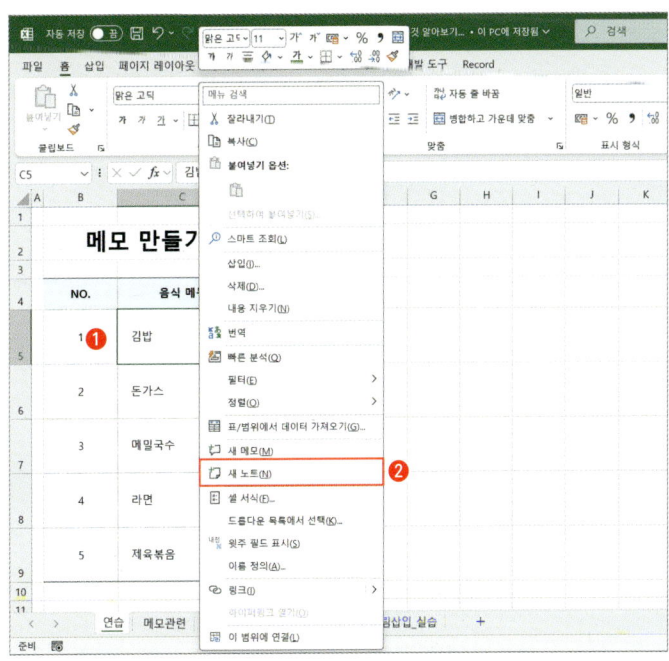

02 내용을 다음과 같이 입력합니다.

일반 김밥 한 줄: 3,000원 칼로리: 150~250kcal 속재료와 쌀의 양에 따라 다름

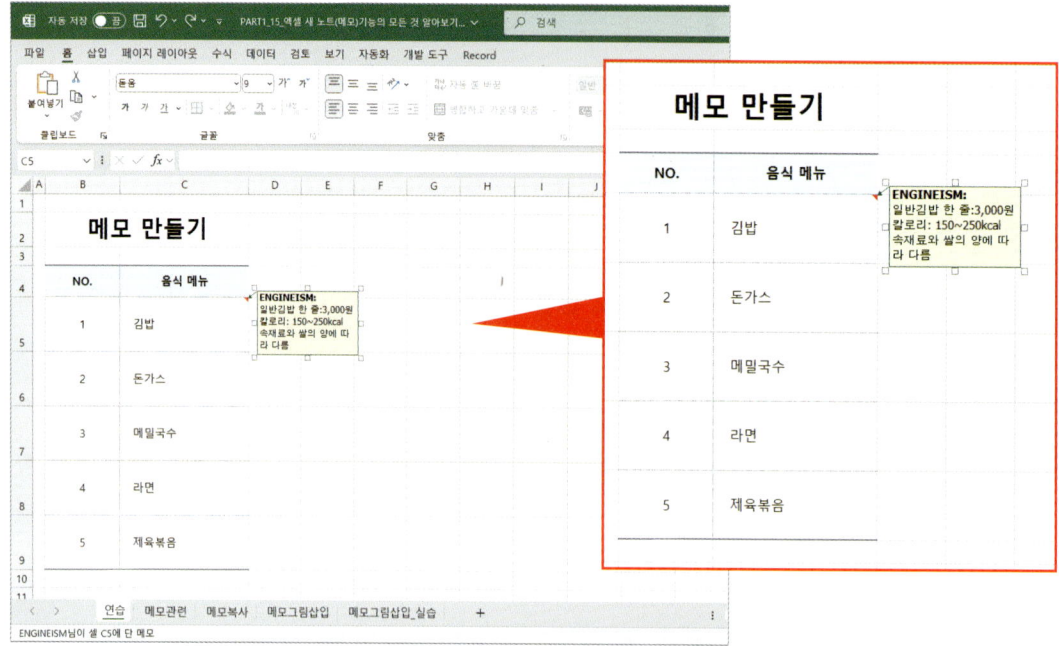

03 입력한 새 노트(메모)를 편집해 보겠습니다. 새 노트(메모)를 삽입한 셀에는 셀 오른쪽 상단에 빨간색 삼각형 표식이 생깁니다. 이 빨간색 표식을 보고 메모 삽입 여부를 확인할 수 있습니다. 처음 새 노트(메모)를 삽입하고 난 다음 여백 셀을 클릭하면 삽입한 새 노트(메모)는 숨김 처리가 됩니다. 빨간색 표식이 있는 셀을 다시 클릭하면 입력된 새 노트(메모)를 확인할 수 있습니다.

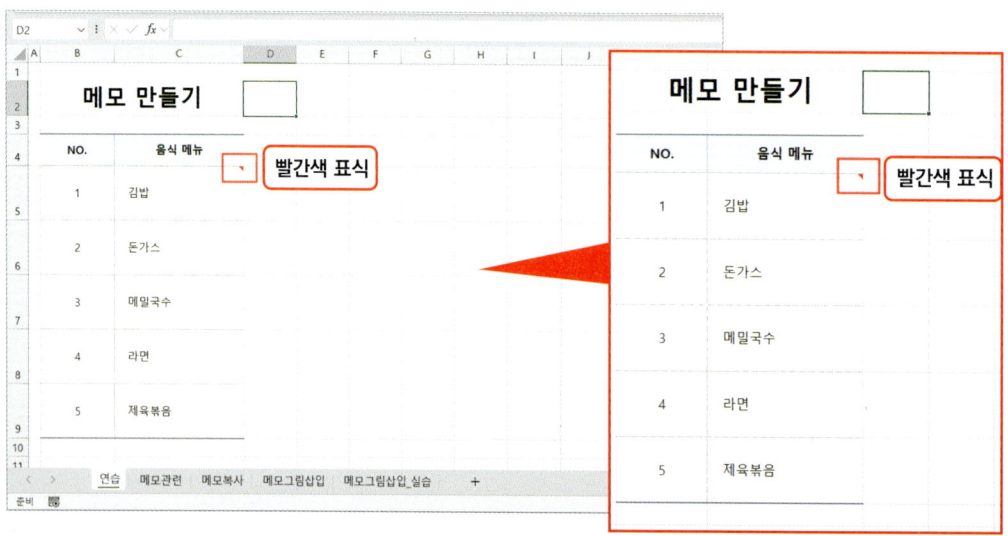

04 ❶ C5셀을 마우스 오른쪽 버튼으로 클릭합니다. ❷ [메모 편집] 메뉴를 클릭합니다.

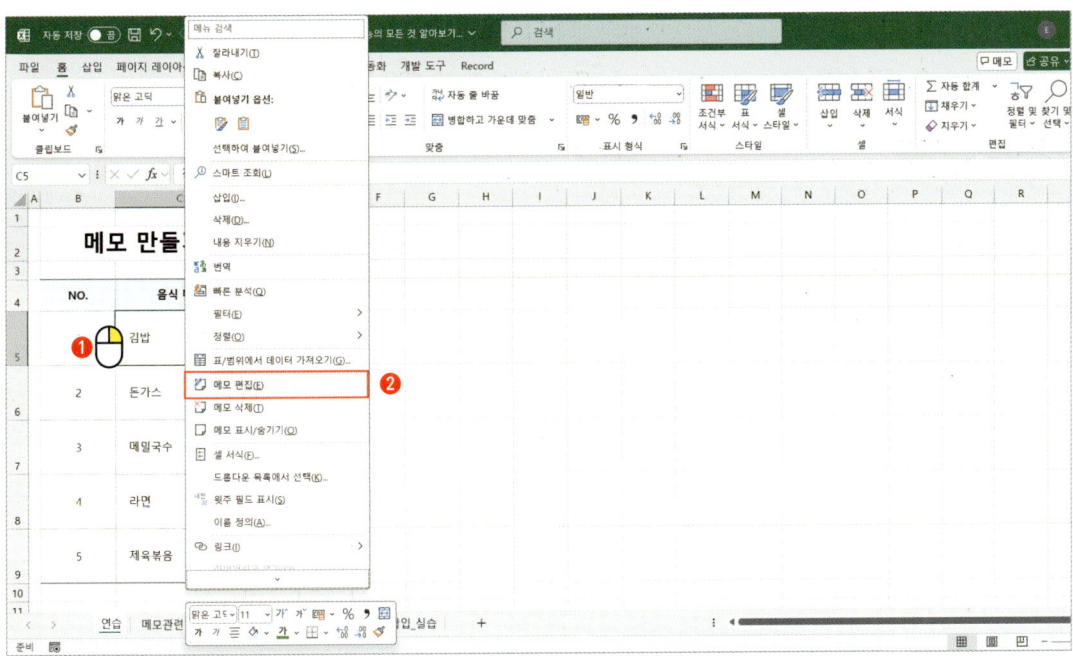

05 메모를 편집합니다. 편집 내용은 '~속재료와 쌀의 양에 따라 다름'이라는 내용을 삭제하도록 하겠습니다. 메모 편집을 마무리하고 여백 셀 아무 곳이나 클릭하면 메모가 입력된 오른쪽 상단 빨간색 표식만 남고 메모는 숨김 처리됩니다.

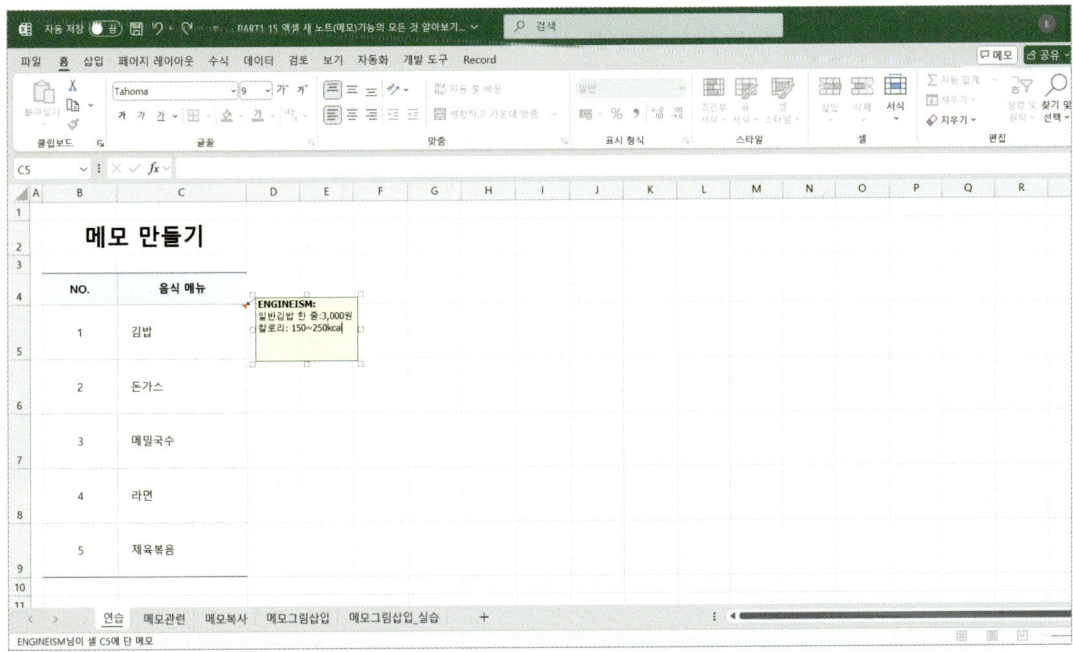

01 삽입한 메모를 계속해서 표시 고정시키거나 다시 숨기는 방법을 알아보겠습니다. ❶ C5셀 선택-마우스 오른쪽 버튼 클릭 ❷ [메모 표시/숨기기] 메뉴를 선택합니다.

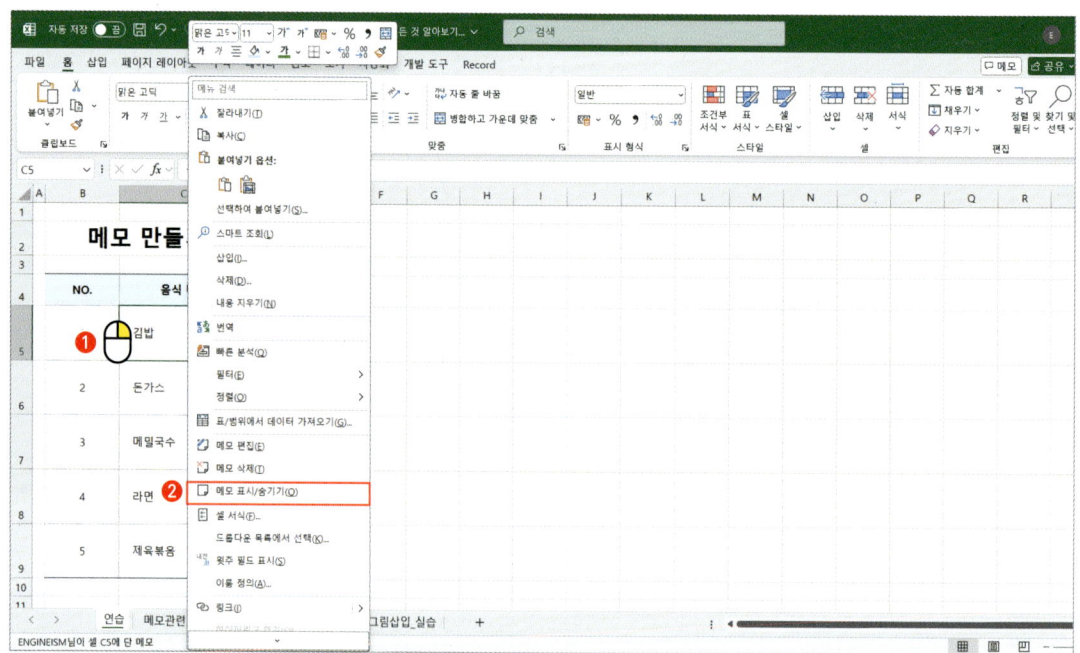

02 메모 표시/숨기기를 선택한 상태에서는 아무 곳이나 클릭해도 메모가 계속해서 팝업되어 있습니다.

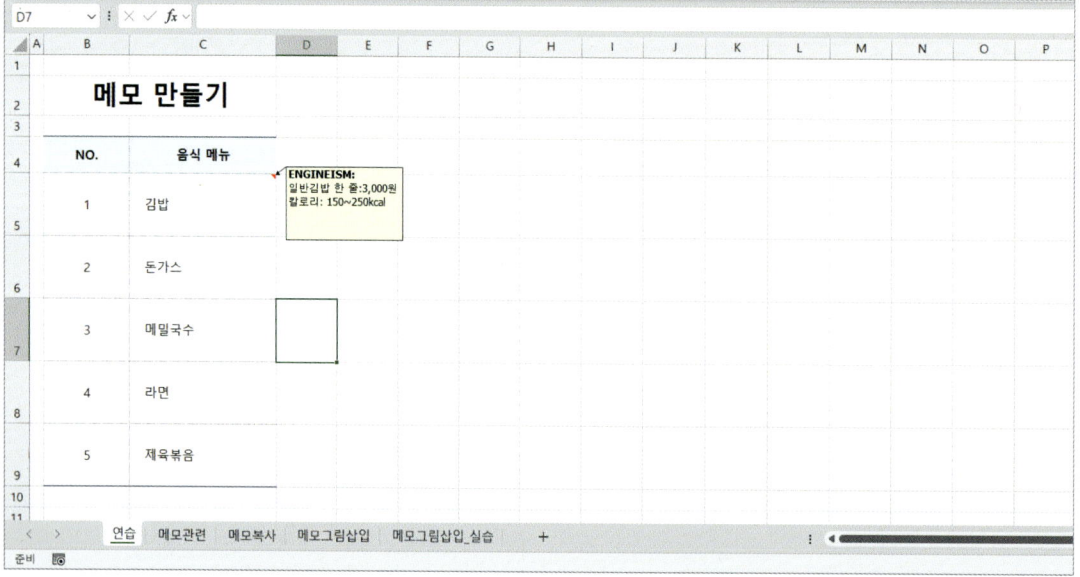

03 계속 팝업되어 있는 메모를 숨기기 위해서는 다시 한번 C5셀 선택-마우스 오른쪽 버튼 클릭- [메모 표시/숨기기] 메뉴를 클릭합니다.

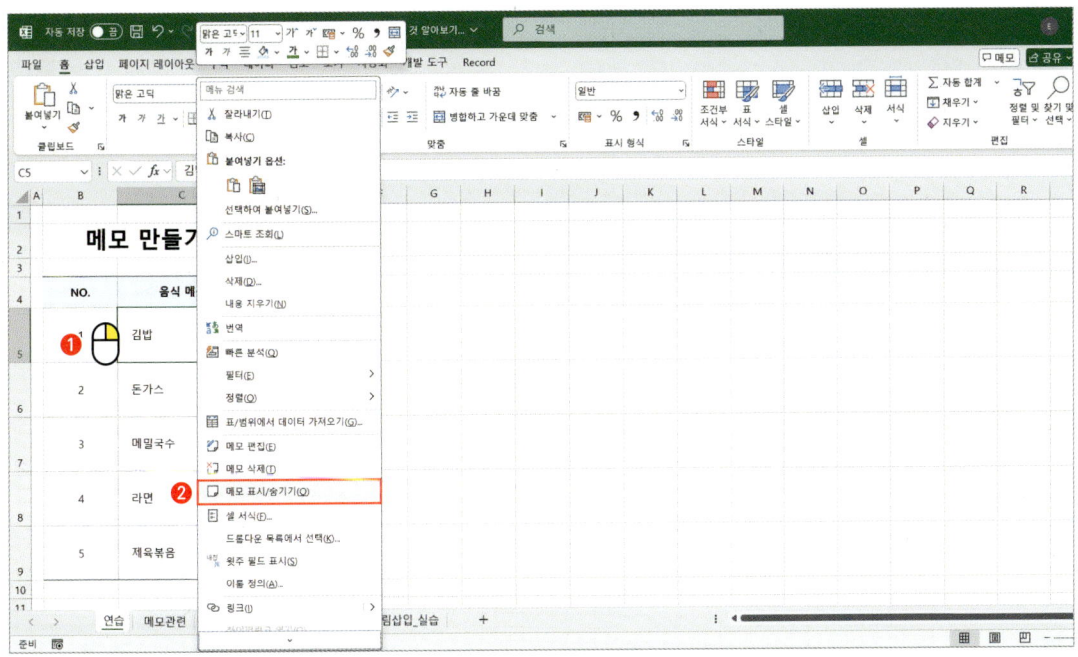

04 다시 메모가 숨겨진 것을 확인할 수 있습니다.

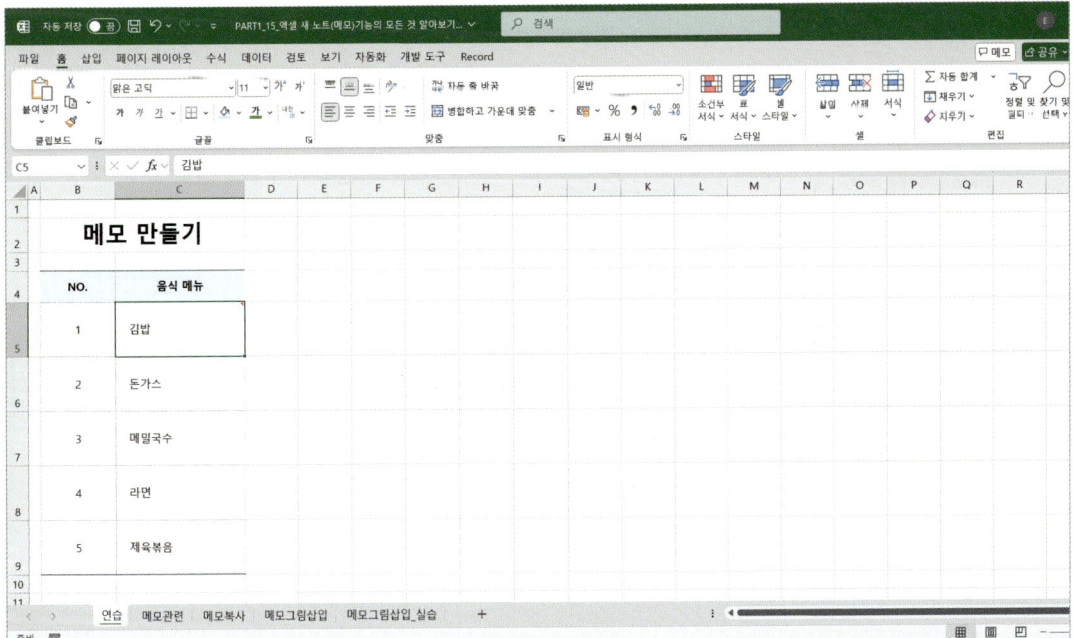

05 이번에는 메모가 표시된 셀들만 골라 채우기 색상을 '황금색, 강조4'로 표시하는 방법을 알아보겠습니다. ❶ [메모관련] 시트를 클릭합니다. ❷ C5:H26셀을 범위 지정합니다.

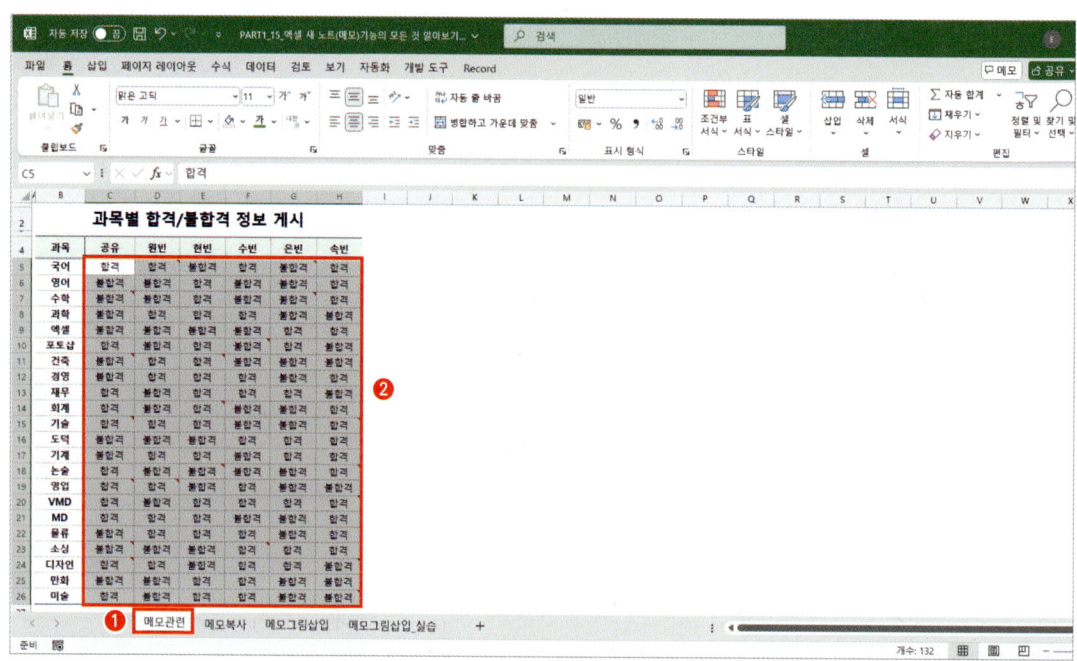

06 [홈] 탭-[찾기 및 선택]-[메모] 메뉴를 선택합니다.

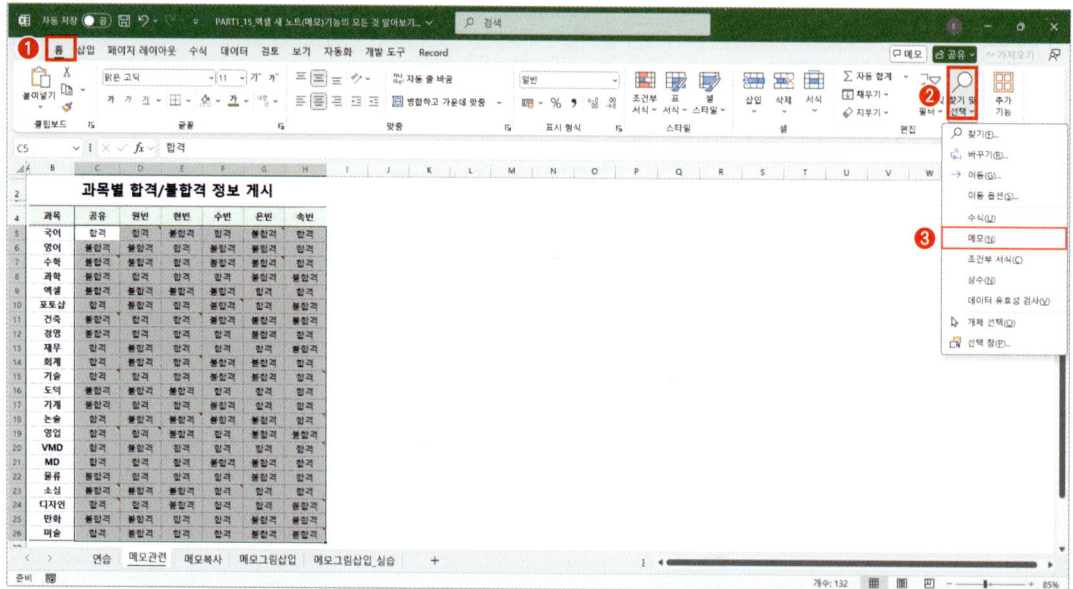

07 메모가 삽입된 빨간색 표식이 있는 셀들만 선택되었는지 확인합니다.

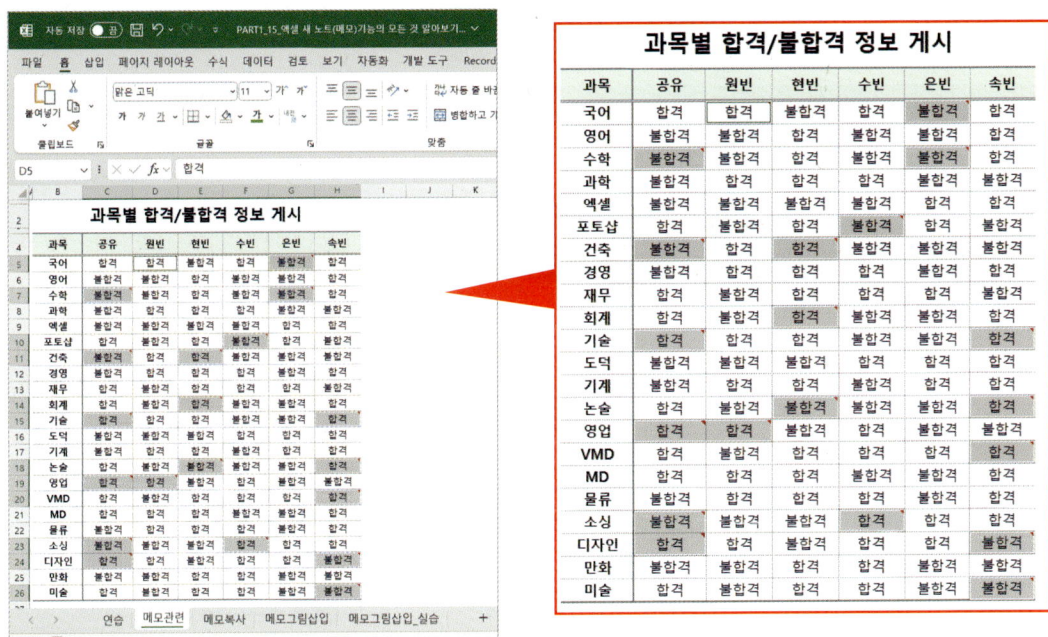

08 [홈] 탭-[채우기 색]- [황금색, 강조 4]를 선택합니다.

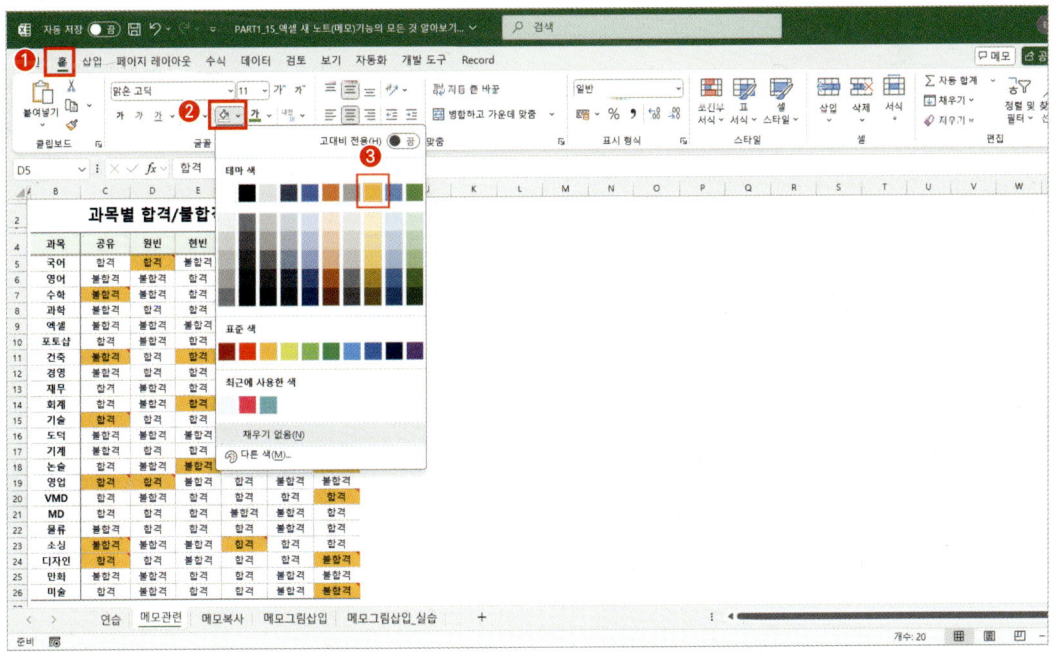

09 마지막으로 같은 내용의 메모를 복사하는 방법을 알아보겠습니다. [메모복사] 시트를 클릭합니다. B6셀 MD팀에 입력된 'A등급'이라는 메모를 VMD팀/물류팀/디자인팀/영업팀에 복사해 보도록 하겠습니다. B6셀, MD팀 정보를 복사합니다.

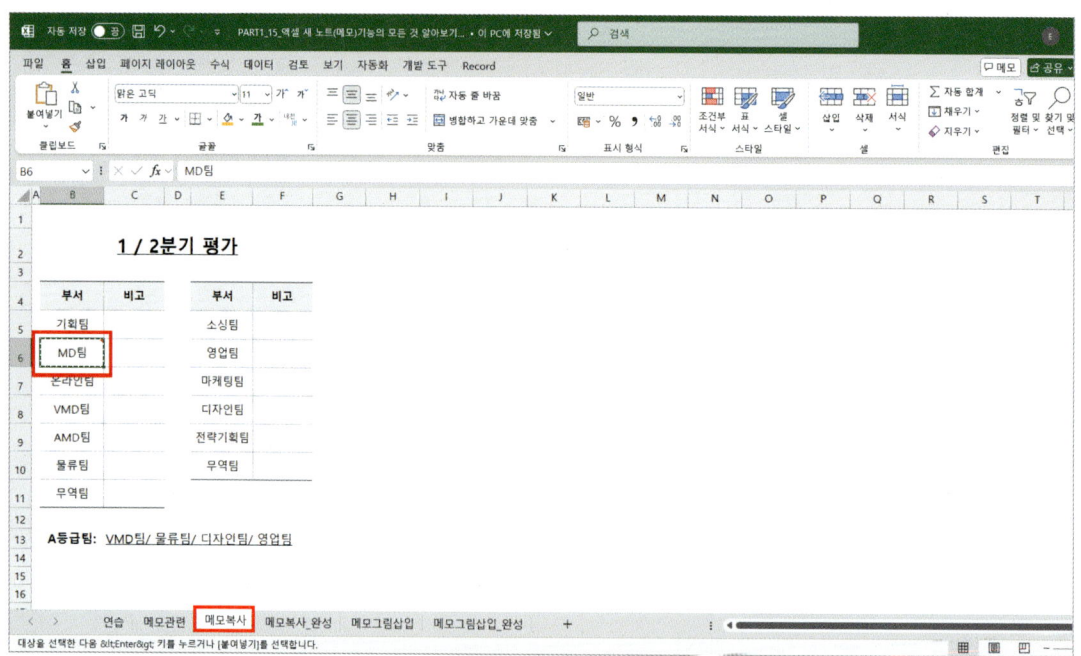

10 ❶ Ctrl 키를 누른 채, ❷ VMD팀(B8)/물류팀(B10)/영업팀(E6)/디자인팀(E8)'을 차례대로 다중 선택합니다.

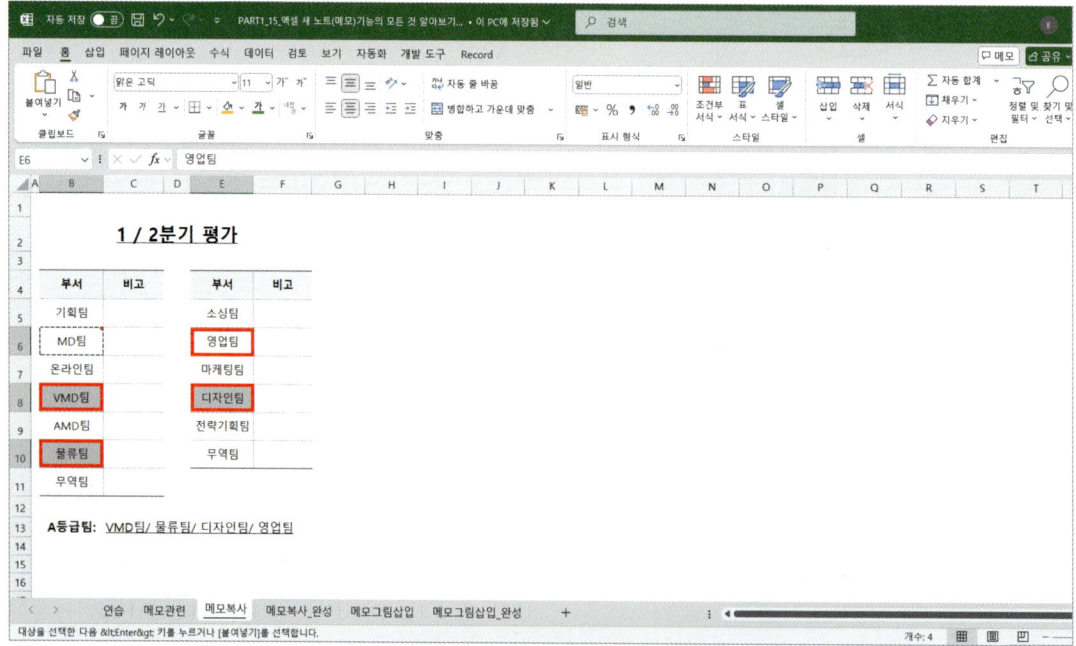

11 선택 후–마우스 오른쪽 버튼 클릭–[선택하여 붙여넣기] 메뉴를 클릭합니다.

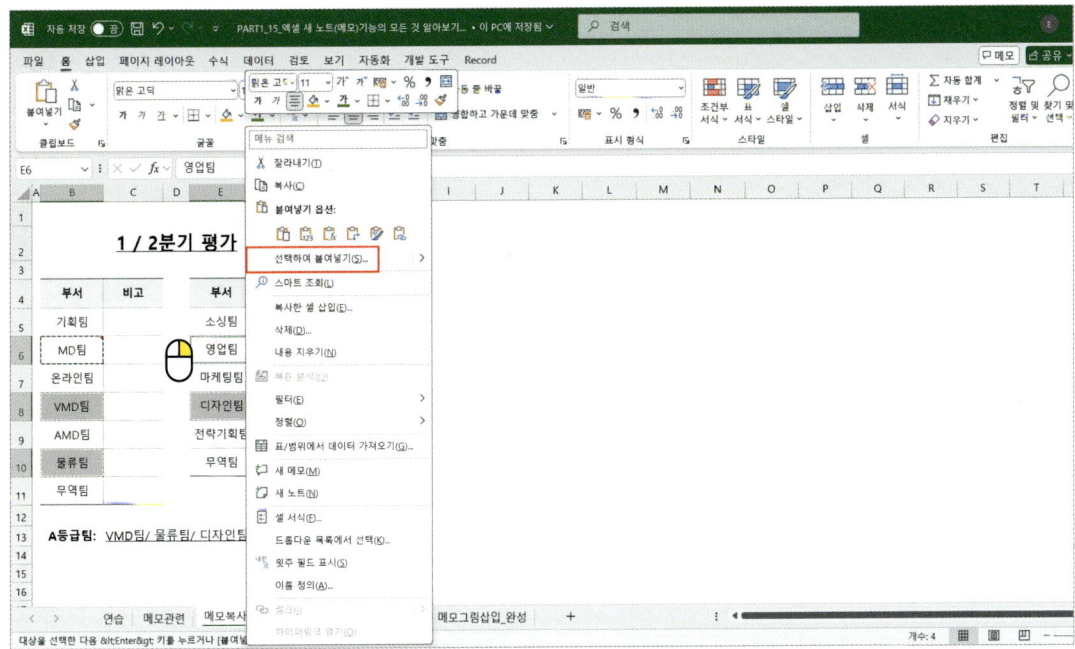

12 선택하여 붙여넣기 옵션 중 ❶ [주석 및 메모] 메뉴를 클릭하고 ❷ [확인]을 클릭합니다.

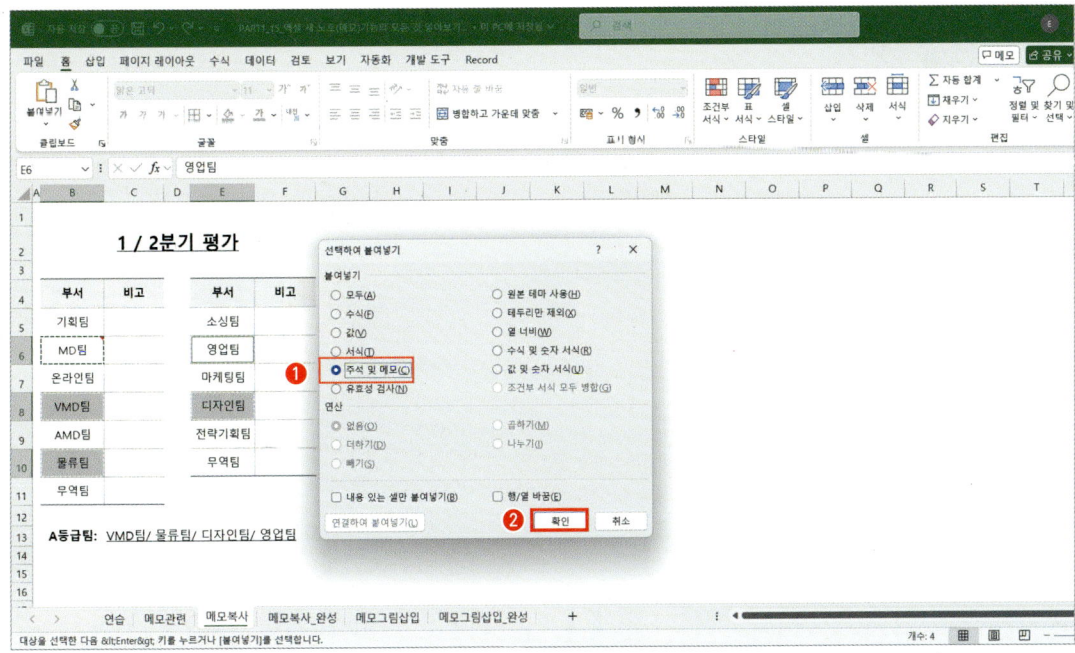

13 다중 선택된 셀들에 'A등급'이라는 메모가 복사되어 삽입된 내용을 확인합니다.

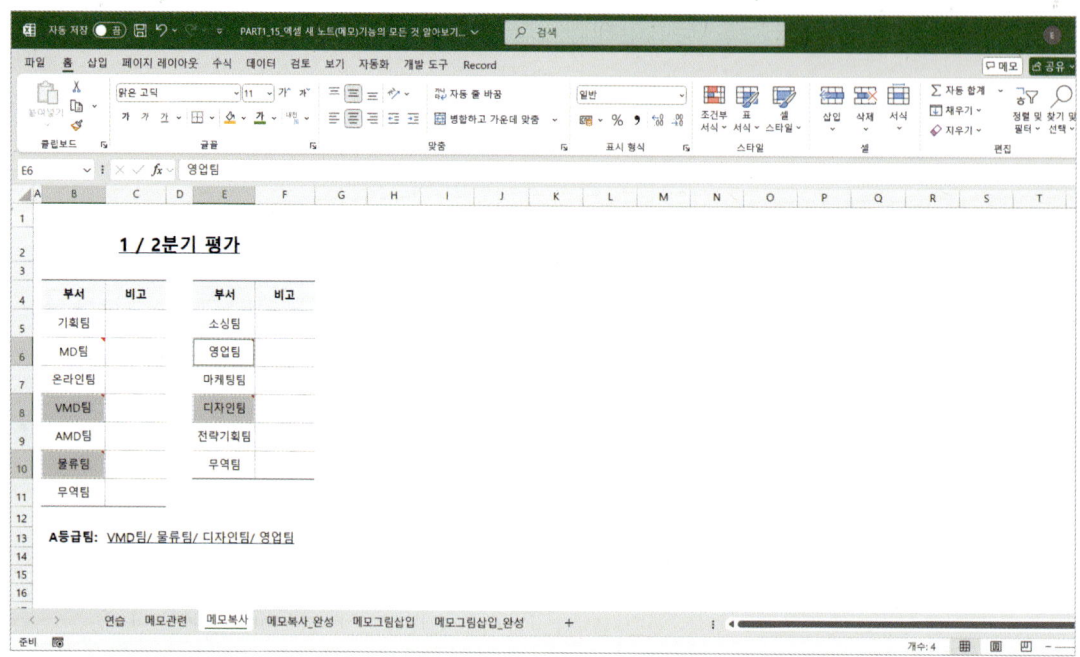

> **TIP** ▶ 메모가 삽입된 셀이 많은 경우 단축키로 한 번에 팝업시키고 한 번에 숨기는 단축키가 있습니다. 바로 `Alt` + `V` + `C` 키입니다. 사용하는 방법은 메모가 삽입된 영역을 범위 지정하지 않고 아무 셀 하나를 선택한 상태에서 `Alt` 키를 누른 채 차례대로 누르면 됩니다.

새 노트(메모) 메뉴로 텍스트만 메모로 전달할 수 있는 것이 아닙니다. 이미지를 메모로도 전달할 수 있습니다.

01 ❶ [메모그림삽입] 시트를 클릭합니다. ❷ C5셀에서 마우스 오른쪽 버튼 클릭-[새 노트] 메뉴를 클릭합니다.

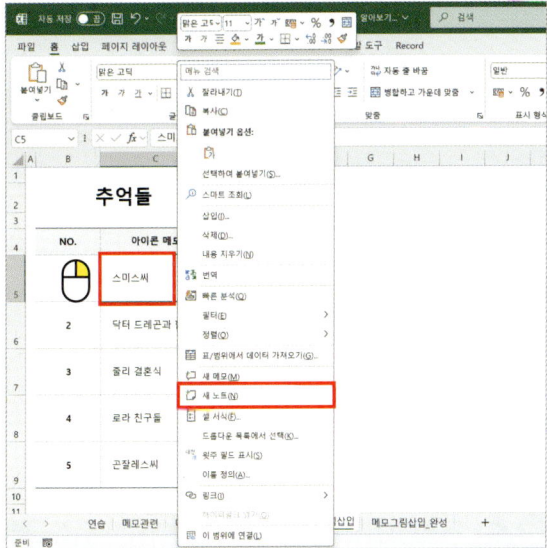

02 새 노트(메모)를 클릭했을 때 보이는 사용자 이름(ENGINEISM)이 보입니다. [파일]- 일반- Microsoft Office 개인 설정- 사용자 이름: 여기에 입력된 이름이 새 노트에 노출됩니다.

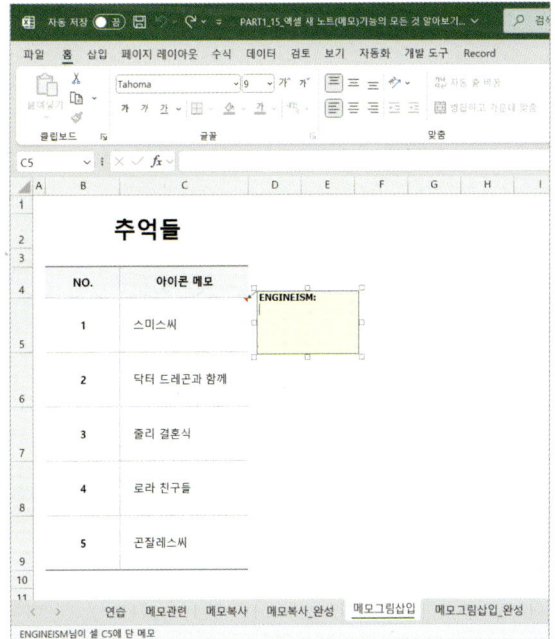

03 사용자 이름을 삭제합니다. 삭제하는 이유
는 이미지가 출력되었을 때 글씨가 겹쳐
보이기 때문입니다.

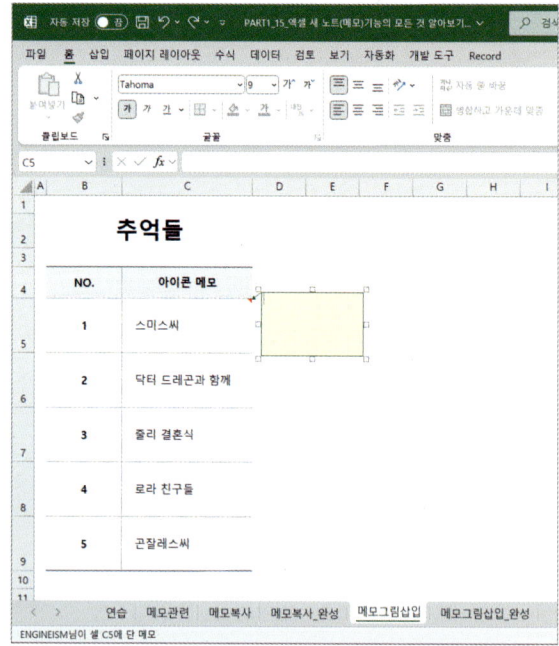

04 메모 가장자리를 선택한 상태에서 마우스
오른쪽 버튼 클릭-[메모 서식]을 클릭합니
다.

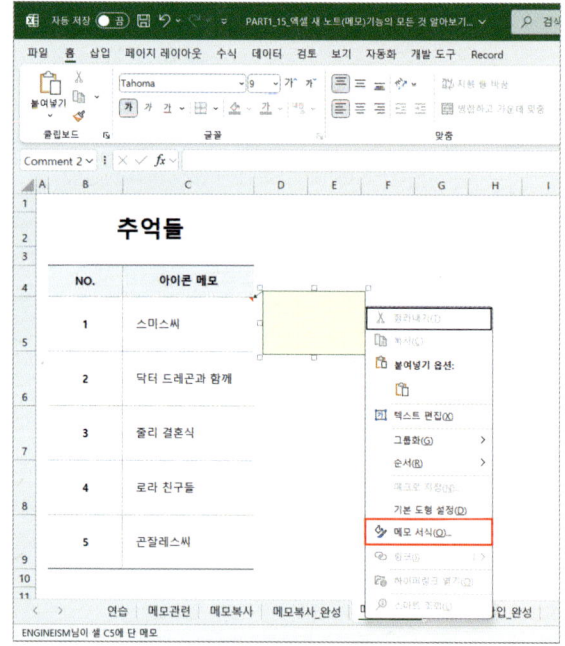

05 [색 및 선]-[채우기 효과] 메뉴를 클릭합니다.

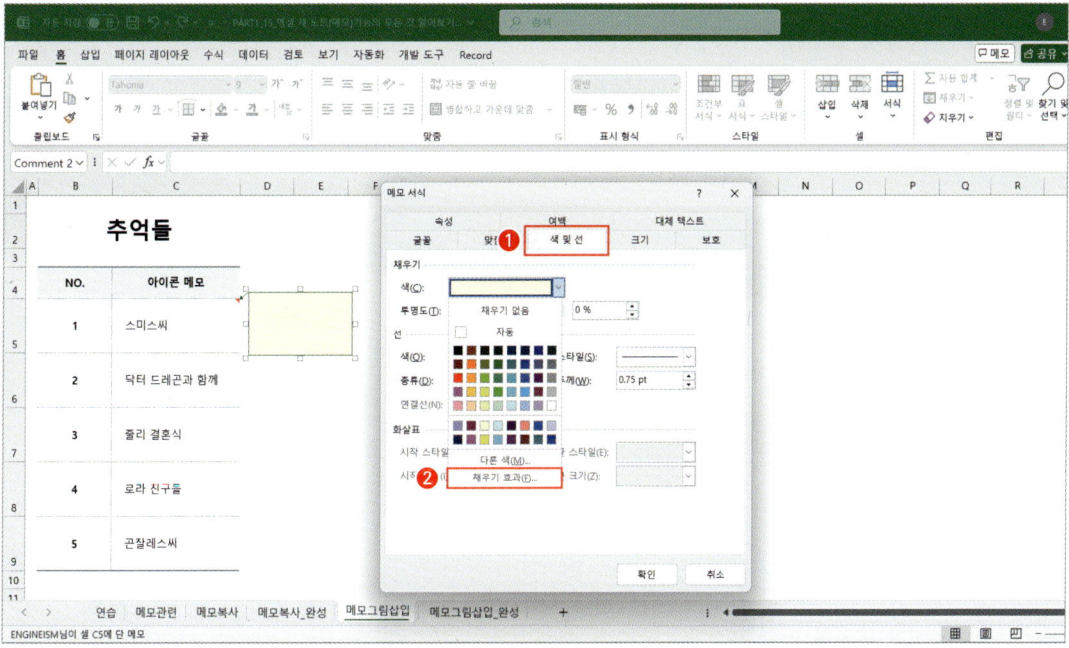

06 [그림]-[그림 선택] 메뉴를 차례대로 클릭합니다.

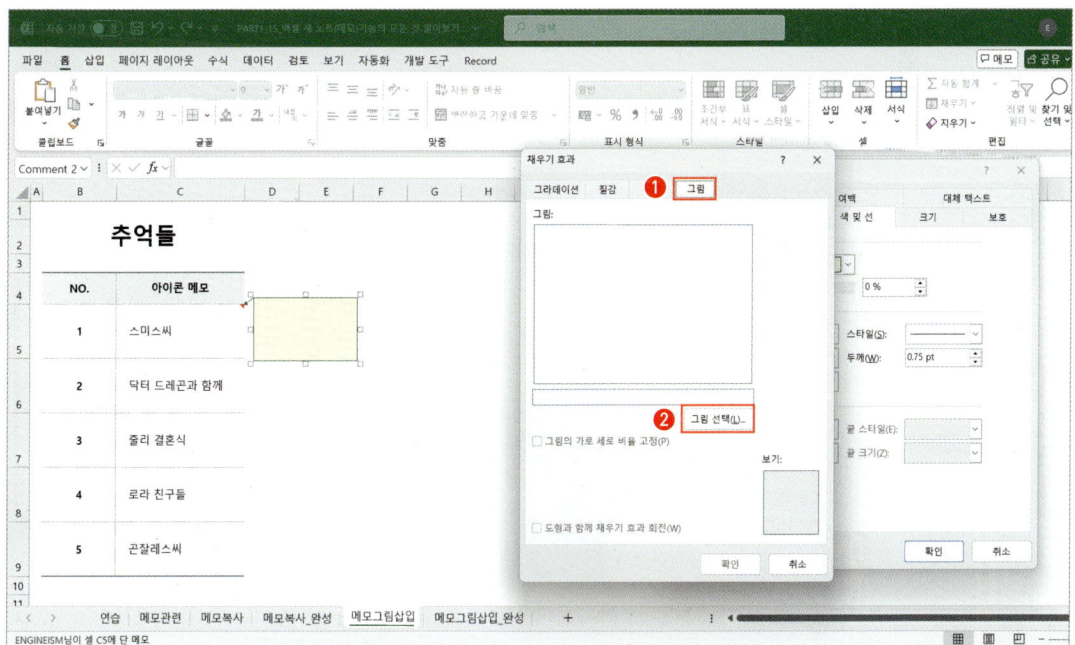

07 [그림 삽입]-[파일에서] 메뉴를 선택합니다. 버전에 따라 현재 단계가 생략되고 윈도우 탐색기 창으로 바로 넘어가 이미지를 선택하는 대화창이 생성될 수 있습니다. 그렇다면 바로 다음 단계 부터 따라하시면 됩니다.

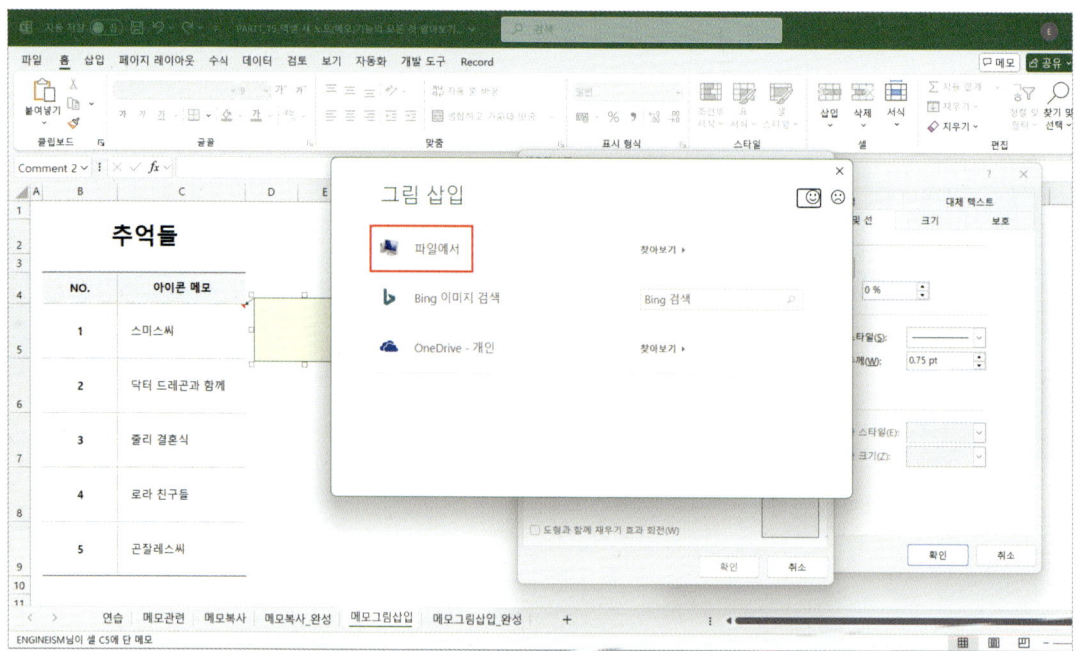

08 윈도우 탐색기 대화창에서 원하는 이미지 파일을 선택합니다.

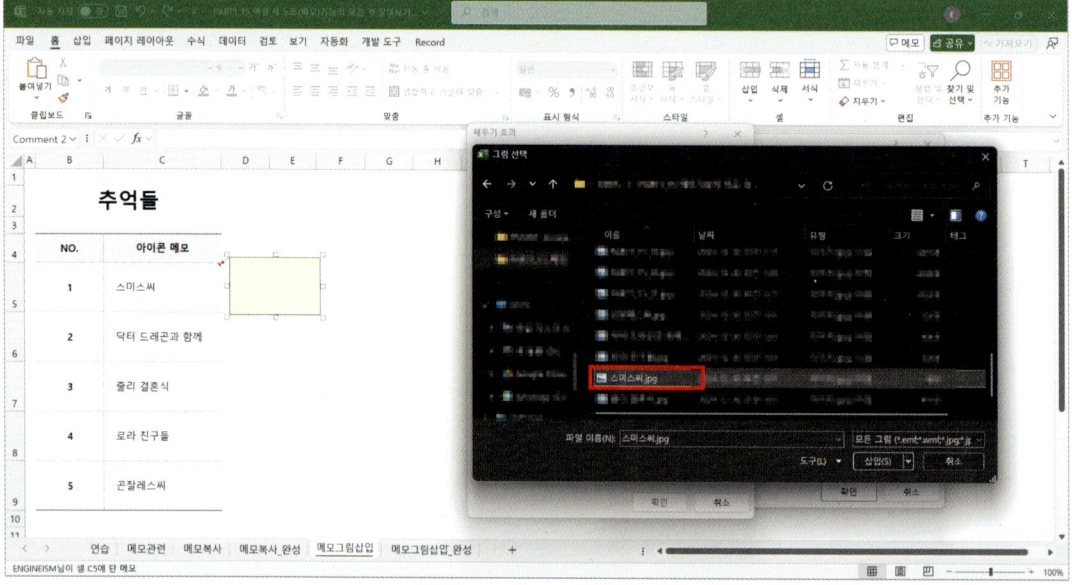

09 아래 대화창이 팝업된 상태에서 [확인]을 클릭합니다.

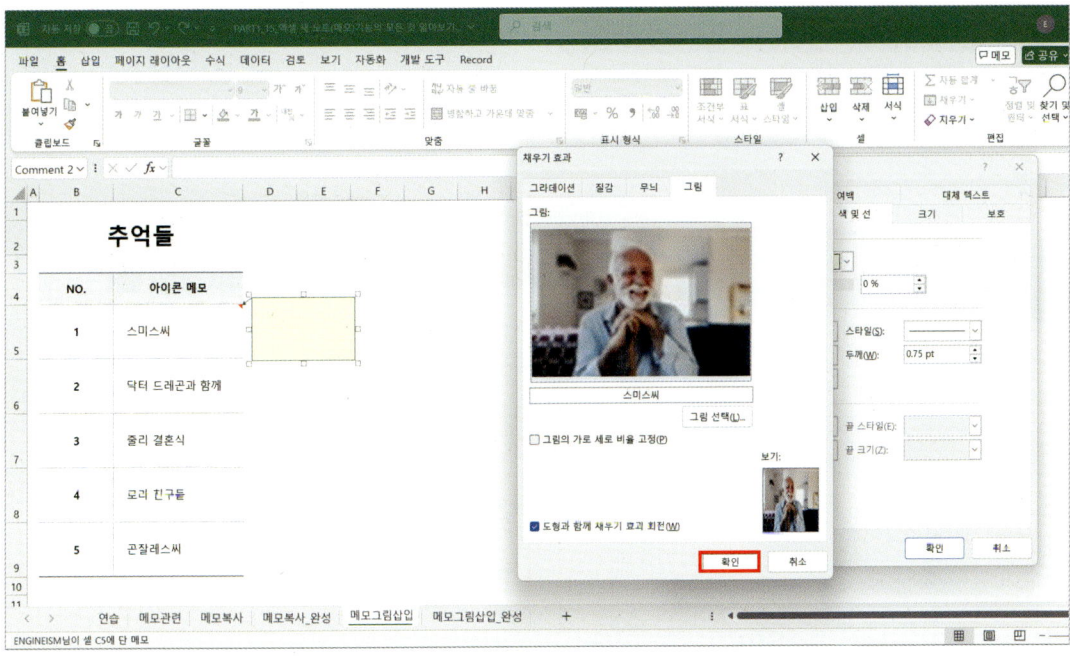

10 ❶ 메모 서식을 확인하고 ❷ [확인]을 클릭합니다.

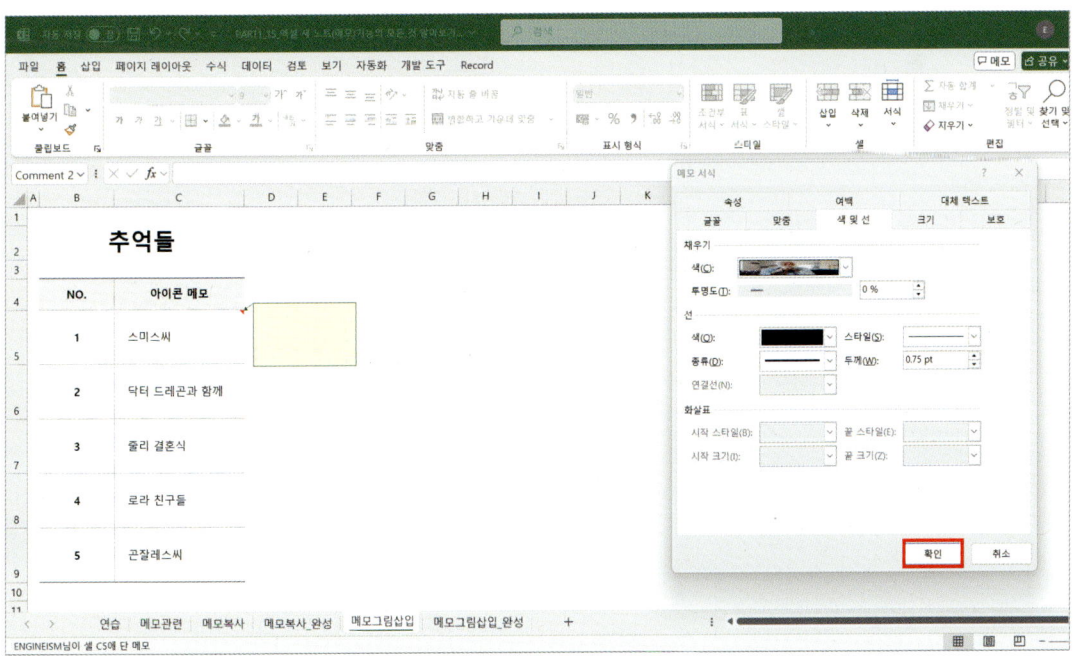

11 메모에 이미지가 삽입된 결과를 확인합니다.

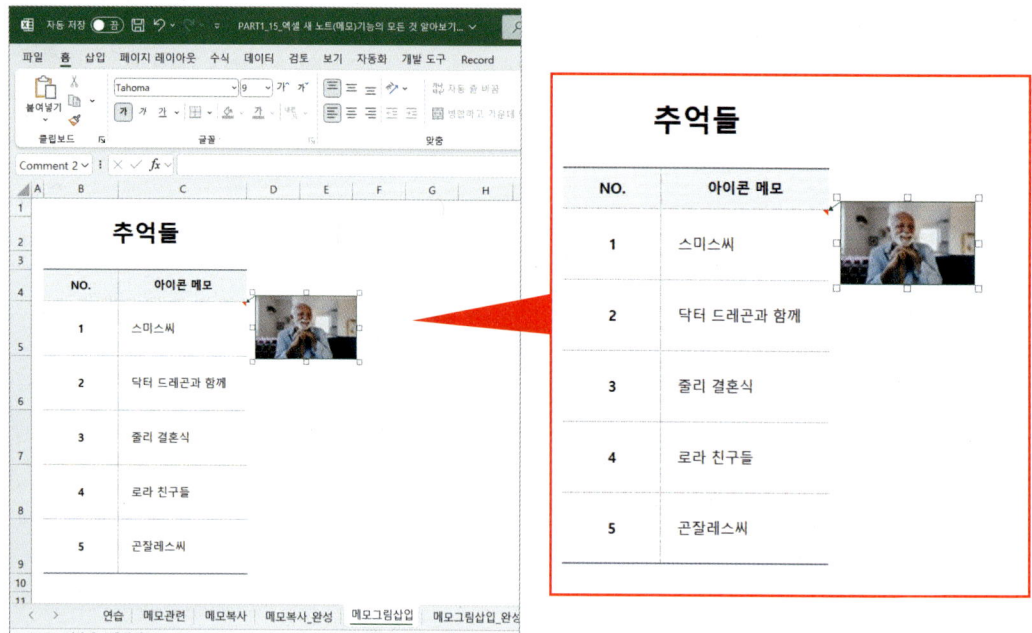

CHAPTER 16

복사/붙여넣기 플러스 알파 기능! 자동 채우기 핸들 사용법 알아보기

● ● ● ● ● ● ●

📁 **예제 파일** PART1_16 복사, 붙여넣기 플러스 알파 기능! 자동 채우기 핸들 사용법 알아보기

실무 스킬

엑셀에서 중요한 기능 중 하나가 바로 복사/붙여넣기입니다. 스프레드 방식의 프로그램에서는 셀 단위 정보를 복사해서 붙여넣기하면 몇 만 개 셀에 동일한 규칙의 정보를 입력할 수 있습니다. 이러한 복사/붙여넣기 단축키는 Ctrl + C / V 입니다. 이와 별개로, 엑셀에서는 자동 채우기 핸들과 마우스 조합을 통해 복사/붙여넣기를 진행할 수 있습니다.

자동 채우기 핸들을 이용할 경우 복사/붙여넣기 외 다른 기능을 추가로 이용할 수 있습니다. 일반 숫자, 날짜, 문자인 경우로 나눠 확인해 보도록 하겠습니다.

실무 연습 ❶

01 [평일 근무표] 시트에서 일반 숫자를 연속으로 채워 넣는 두 가지 방법을 배워 보겠습니다. ❶ [평일 근무표] 시트의 B5셀을 클릭합니다. ❷ Ctrl 키를 누른 채로 자동 채우기 핸들로 마우스를 위치시킵니다(마우스 커서 모양이 검정색 십자가 모양으로 변한 상태를 확인합니다).

NO.	평일 날짜	요일	이름	근무 ○, X
1	01월 01일	월	홍길동	○

02 자동 채우기 핸들에 마우스를 갖다 대고 B20셀까지 마우스 왼쪽 버튼을 클릭한 상태로 드래그
해 연번으로 16까지 입력된 결과를 확인합니다.

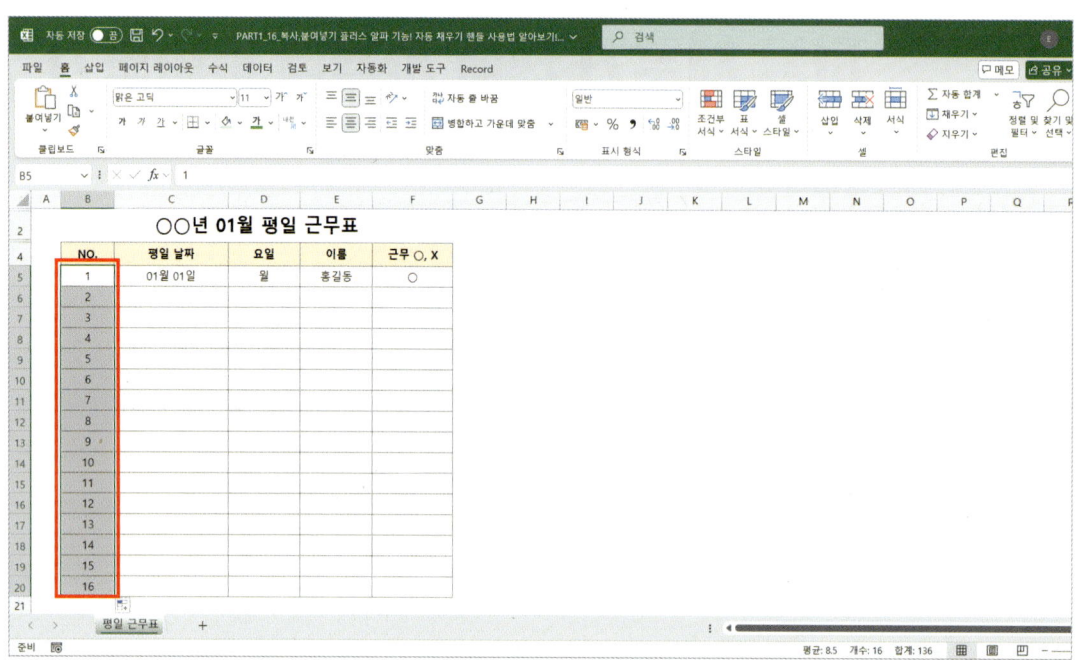

03 두 번째 연번을 채우는 방법입니다. 첫 번째 방법으로 출력된 정보를 모두 지우고, [평일 근무표]
시트, B5셀 클릭하고 자동 채우기 핸들로 B20셀까지 드래그해 숫자 1이 복사/붙여넣기된 결과
를 확인합니다.

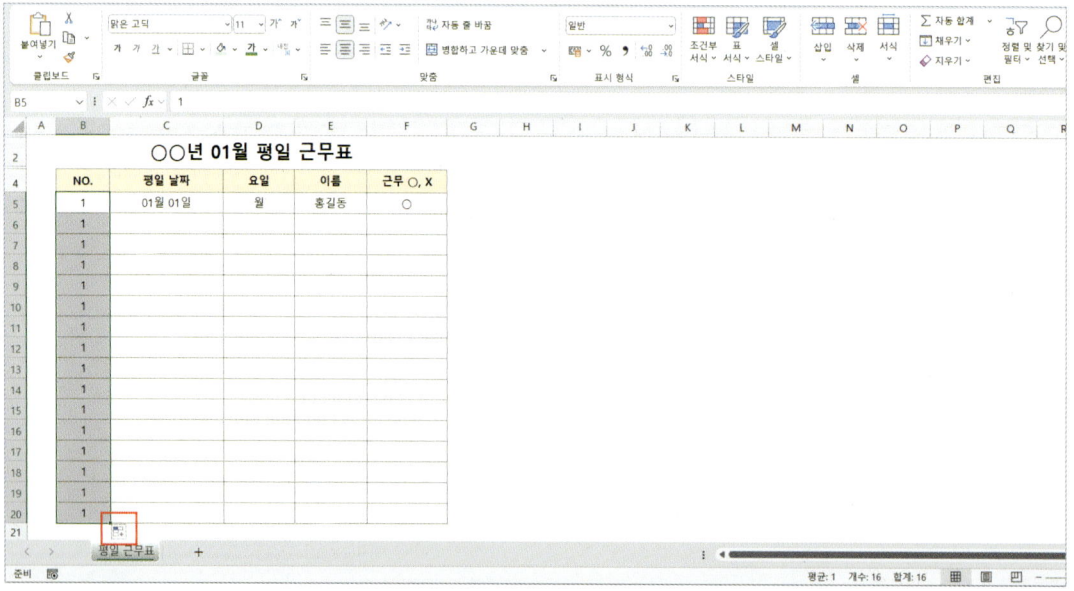

04

❶ 마우스에서 손을 떼면 자동 채우기 옵션이 나옵니다. ❷ 클릭하여 [연속 데이터 채우기]를 선택합니다.

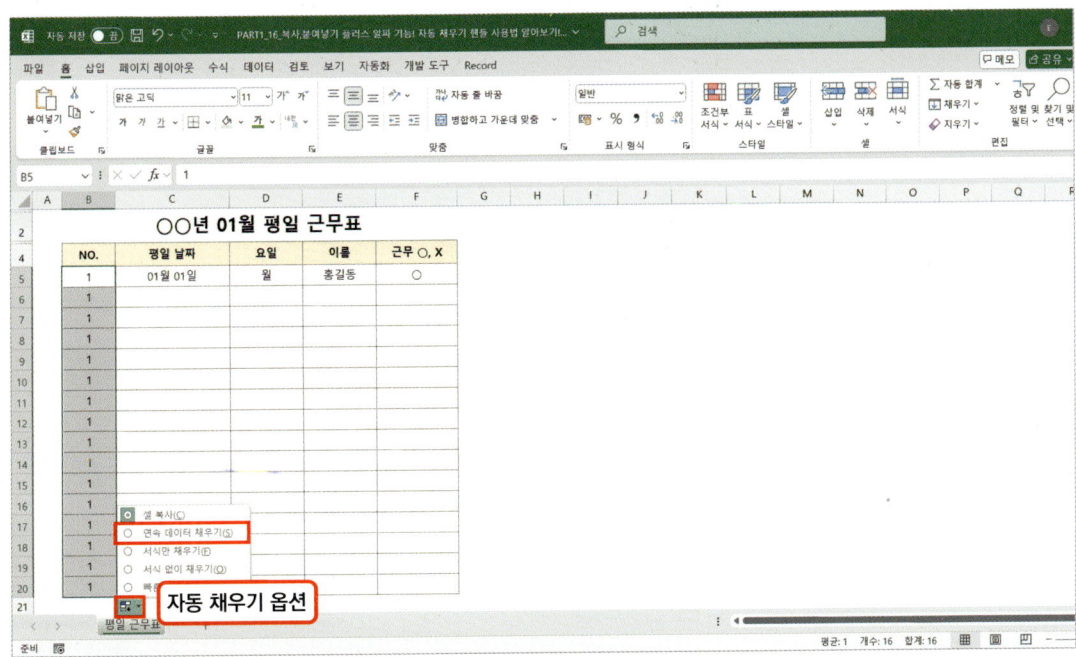

05

연번이 채워진 결과를 확인합니다.

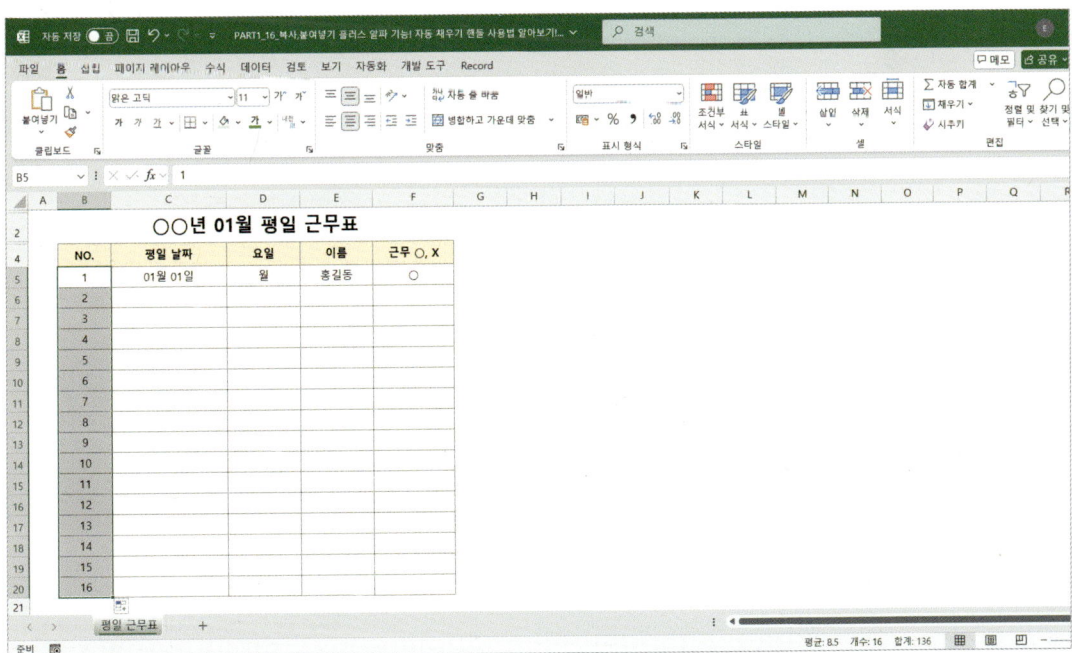

06 1부터 시작하여 3씩 늘어나는 숫자를 채워 넣는 방법을 알아보겠습니다. B5셀에 1, B6셀에 4를 입력합니다.

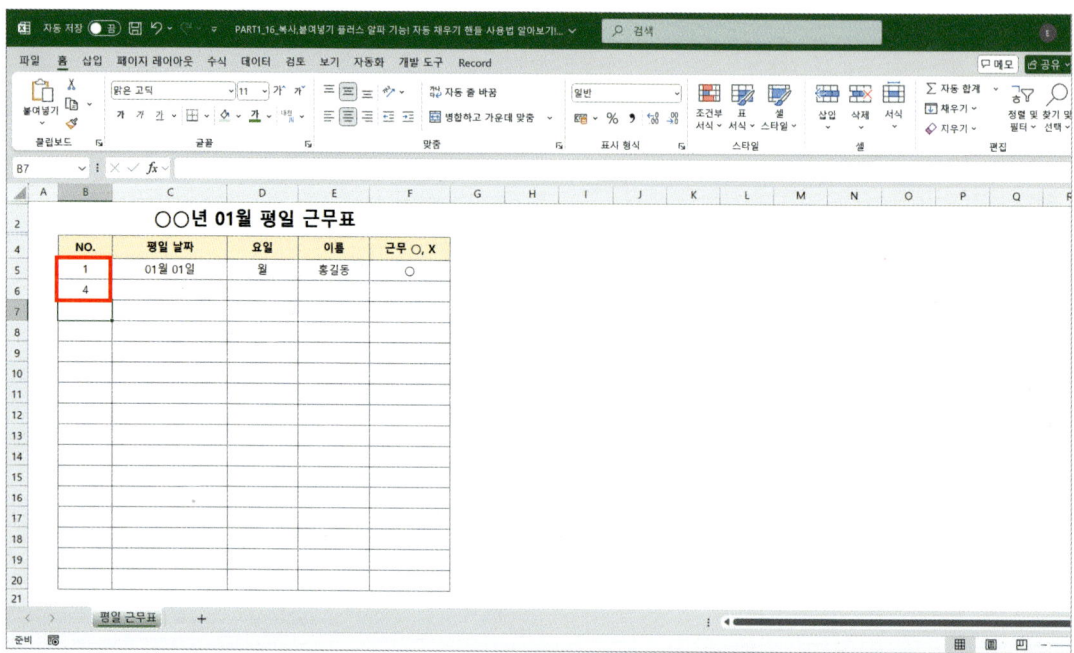

07 B5:B6셀을 범위 지정합니다.

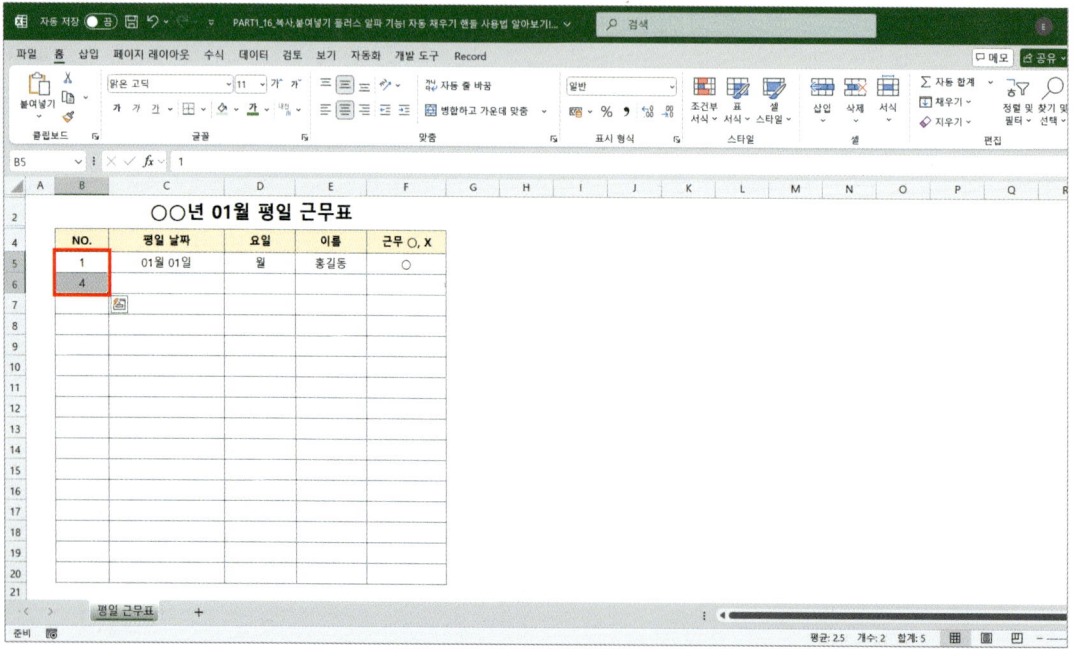

08 B5:B6셀 범위를 지정한 상태에서 오른쪽 하단에 커서를 위치시킵니다(마우스 커서 모양이 검정색 십자가 모양으로 변한 상태를 확인합니다).

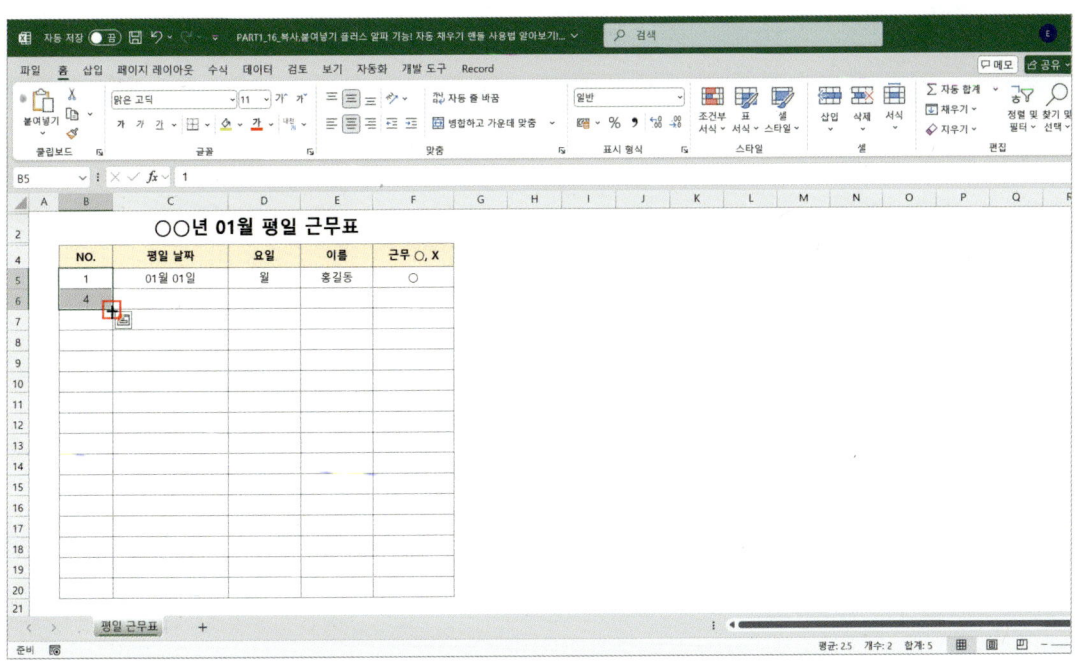

09 ❶ 클릭한 채로 자동 채우기 핸들을 B20셀까지 드래그합니다. ❷ 손을 떼고 3씩 증가한 값이 입력된 데이터를 확인합니다.

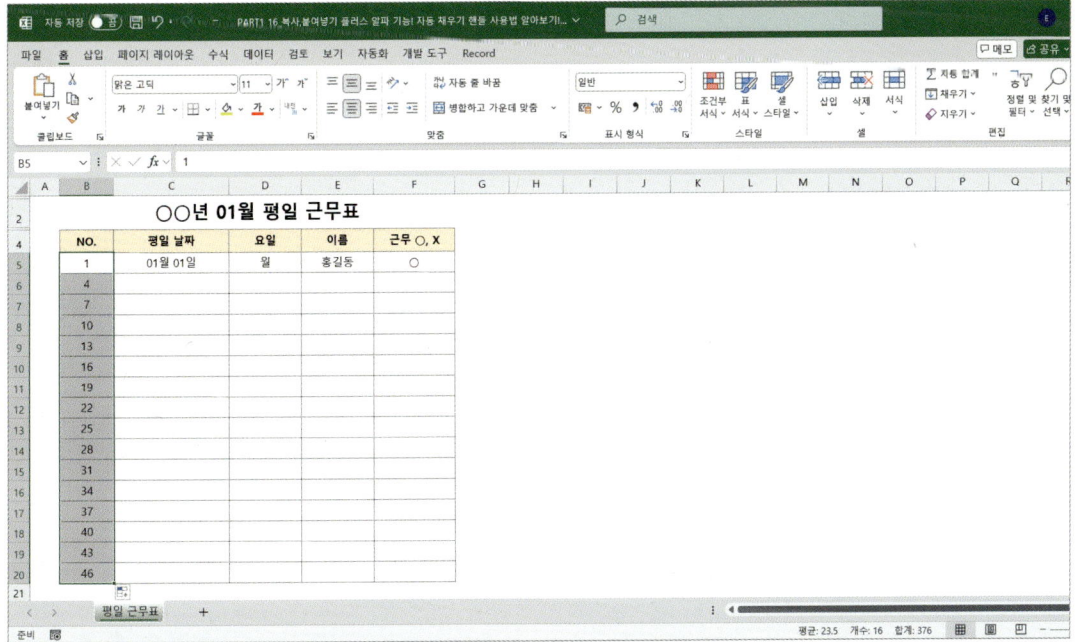

10 주말을 제외한 평일 날짜만 출력할 수 있도록 자동 채우기 핸들을 사용해 보겠습니다. C5셀(01월 01일)을 선택합니다. C5셀을 선택한 상태에서 오른쪽 하단에 커서를 옮깁니다. 자동 채우기 핸들이 나타납니다.

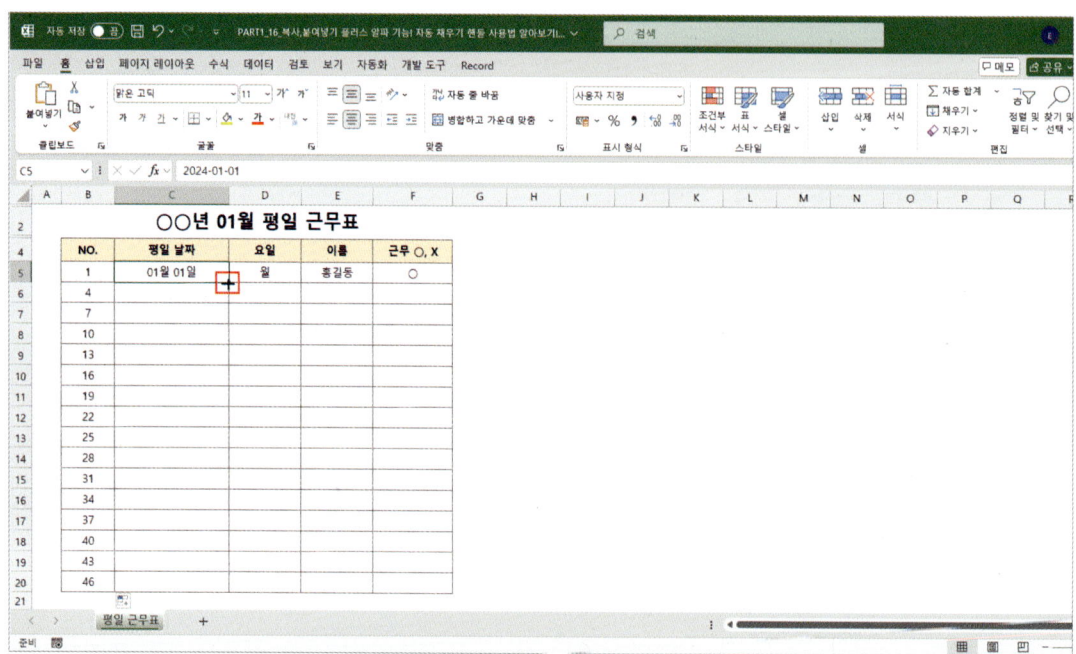

11 마우스 왼쪽 버튼을 클릭한 채로 C20셀까지 자동 채우기 핸들을 당겨 값을 채웁니다.

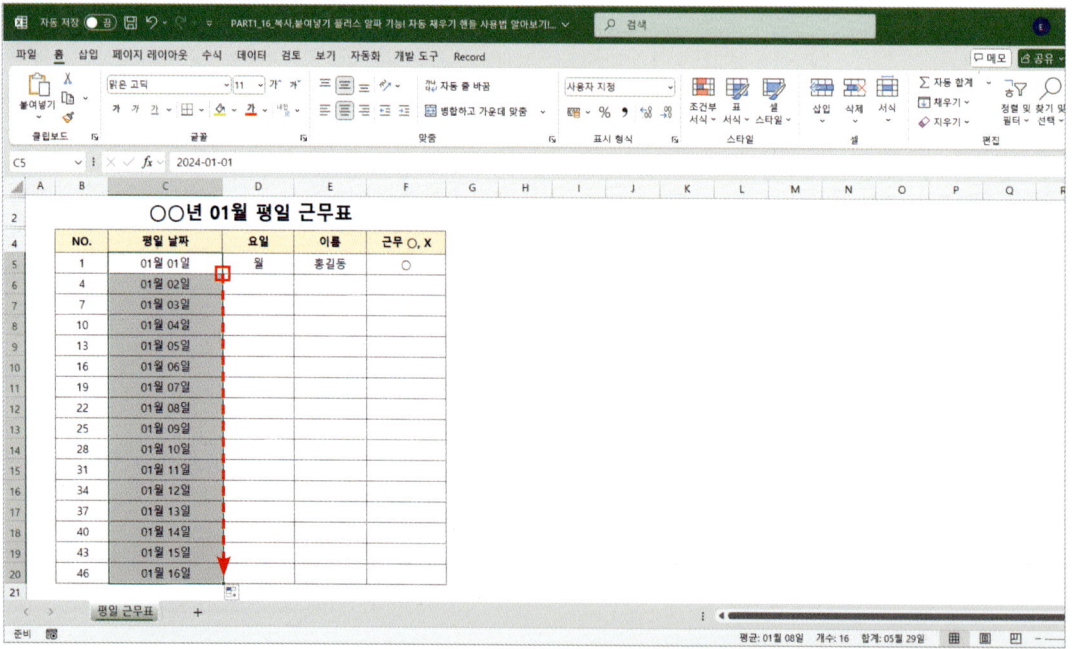

12 마우스 버튼에서 손을 떼고 [자동 채우기 옵션]–[평일 단위 채우기] 메뉴를 클릭합니다.

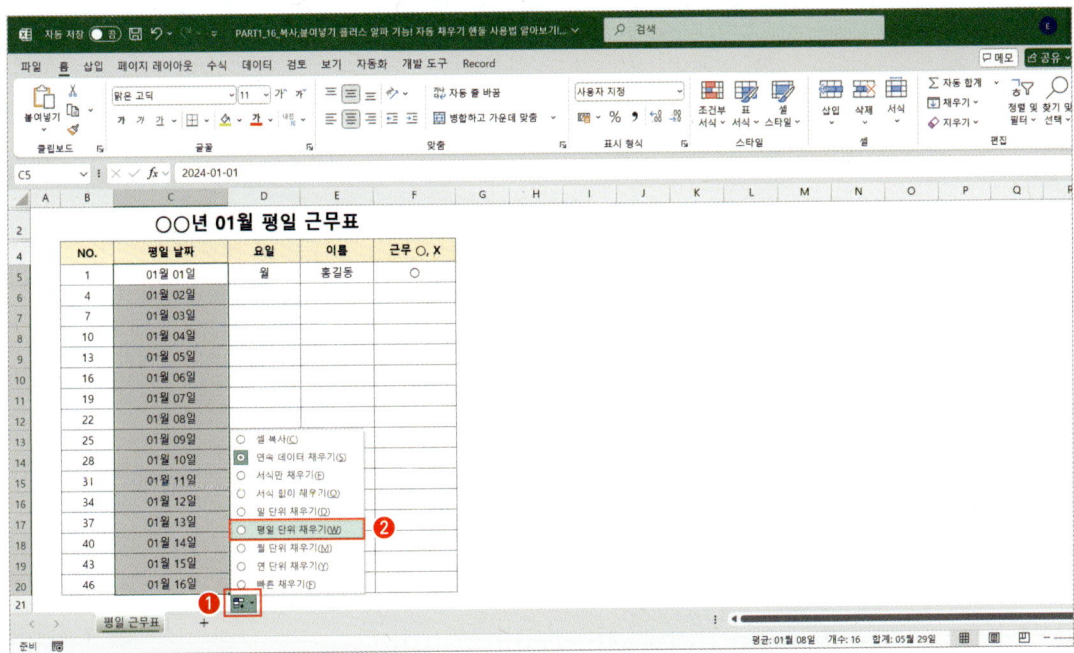

13 주말이 제외된 평일 날짜로 출력된 결과값을 확인합니다.

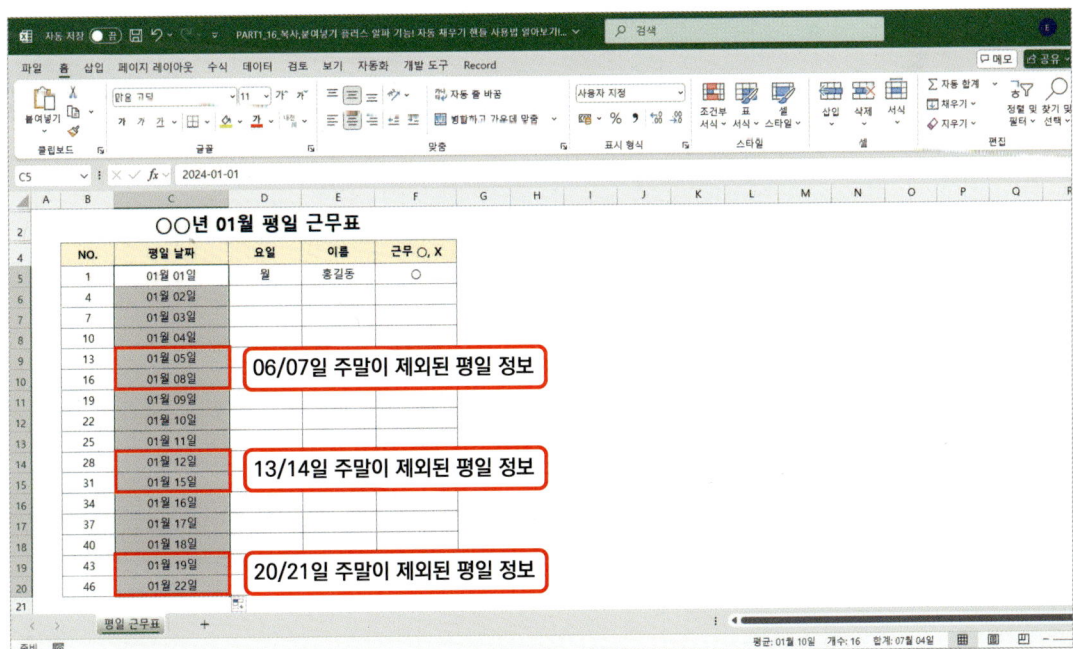

14 마지막으로 일반 문자 데이터를 복사해서 붙여넣어 보겠습니다. E5셀(홍길동)을 선택합니다.

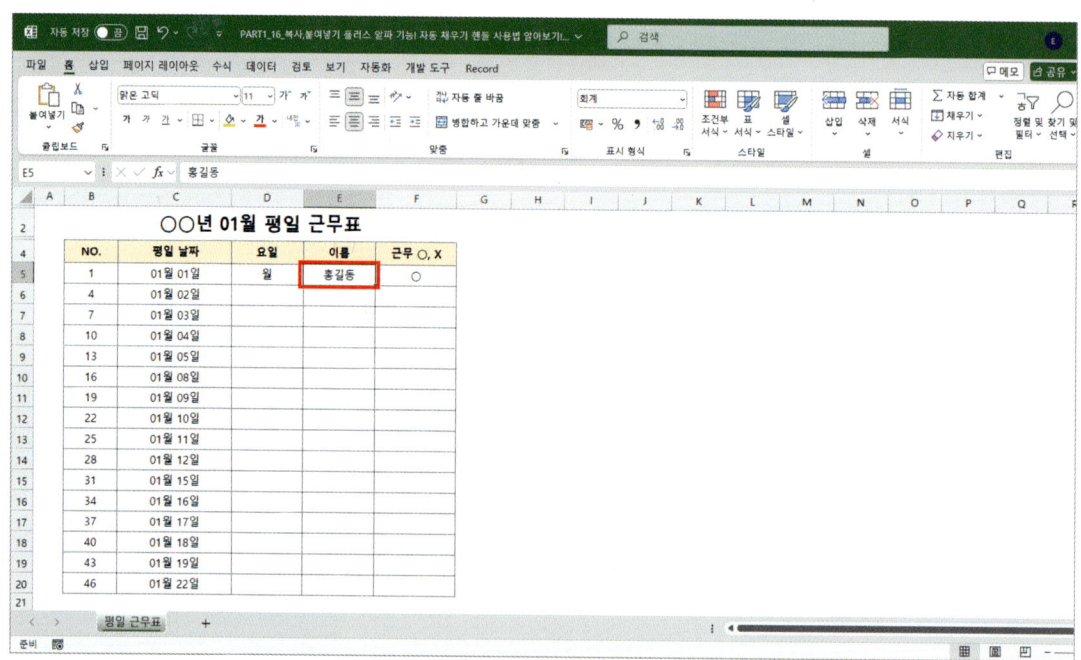

15 ❶ E5셀의 오른쪽 히단으로 커서를 옮깁니다(마우스 커서가 검정색 십자로 모양으로 변한 상태를 확인합니다). ❷ 클릭한 채로 E20셀까지 드래그합니다.

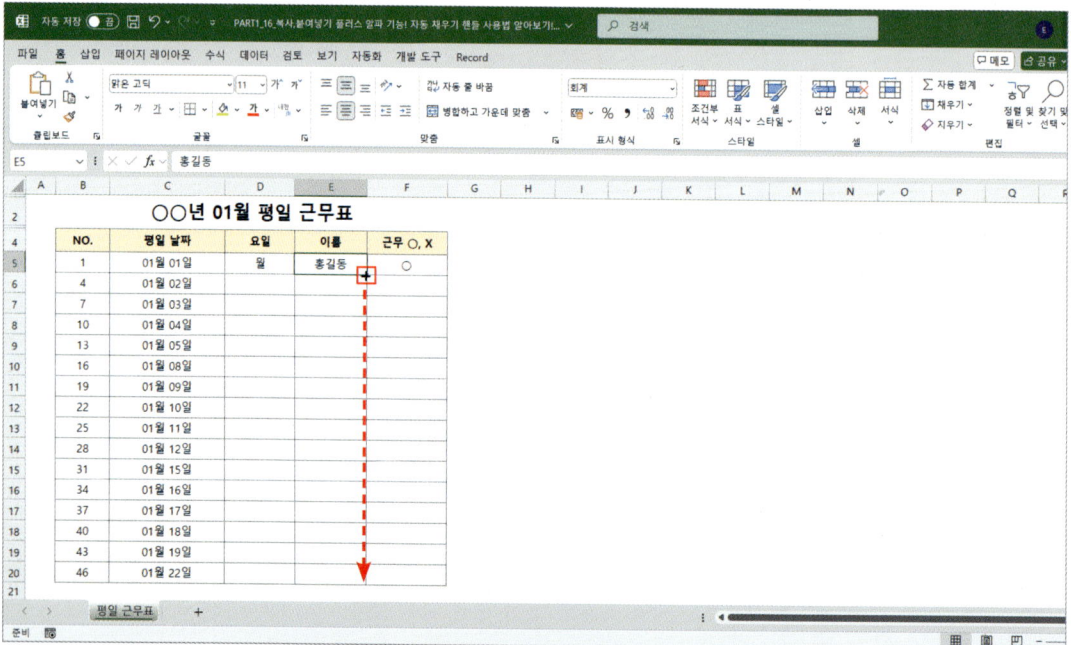

16 E5:E20셀 범위에 홍길동 문자가 복사/붙여넣기된 결과값을 확인합니다.

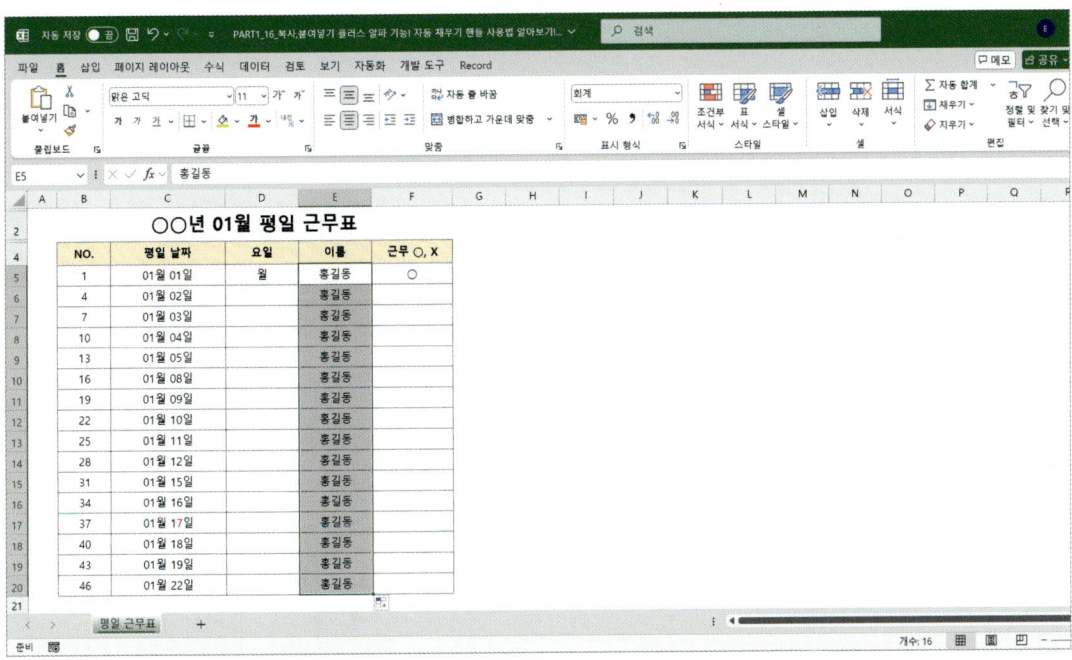

TIP 1. 자동 채우기 핸들과 마우스 조합이 아닌 경우 [자동 채우기 옵션] 단추는 생성되지 않습니다. 단순히 Ctrl +C, Ctrl +V 기능과는 구분해서 사용해야 합니다. [자동 채우기 옵션] 단추가 생성되지 않으면 연번이나 규칙성 있는 데이터 채우기가 불가능할 수 있습니다.

2. 날짜 정보는 평일뿐만 아니라 일 단위/월 단위/연 단위로도 옵션을 선택해 값을 채울 수 있습니다.

3. 문자와 숫자 조합인 경우 자동 채우기 핸들로 채워 넣기 했을 때 문자 뒤 정보는 연번이나 규칙성 있는 숫자값으로 채워집니다. 아래는 홍길동1부터 시작해서 문자 뒤 숫자가 2씩 증가하는 텍스트 조합으로 자동 채우기 핸들을 사용한 예시입니다.

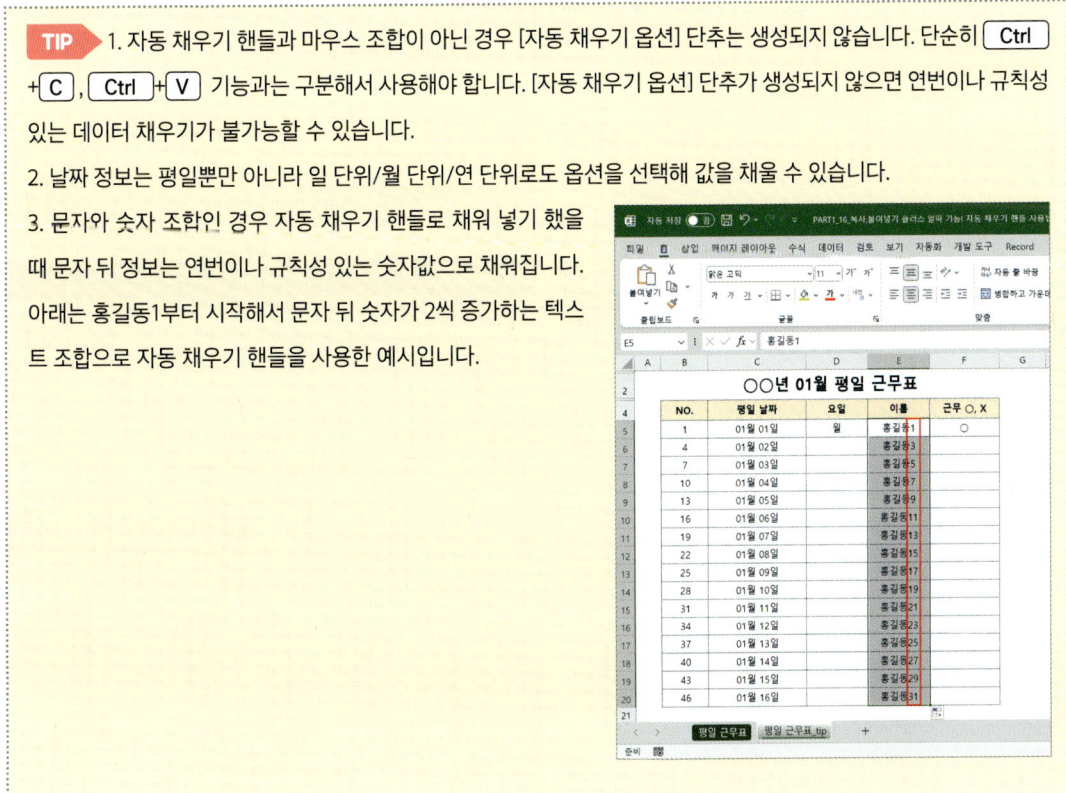

자동 채우기 핸들로 값을 채워 넣을 때 마우스로 드래그하는 방법보다 더 간단한 방법은 자동 채우기 핸들 더블클릭입니다. 자동 채우기 핸들을 더블클릭하게 되면 드래그하지 않아도 데이터 끝부분에 값을 한 번에 채워 넣을 수 있습니다. 단, 자동 채우기 핸들을 더블클릭할 수 있는 상황은 현재 셀 왼쪽 열에 공백 없이 데이터가 입력되어 있어야 사용 가능합니다.

01 D5셀(월) 요일 정보를 자동 채우기 핸들 더블클릭으로 채워 넣으려는 상황입니다. D열 왼쪽 열인 C열에 '평일 날짜' 목록 필드값 데이터가 공백 없이 입력된 상황입니다. 이런 경우에만 자동 채우기 핸들 더블클릭을 사용할 수 있습니다.

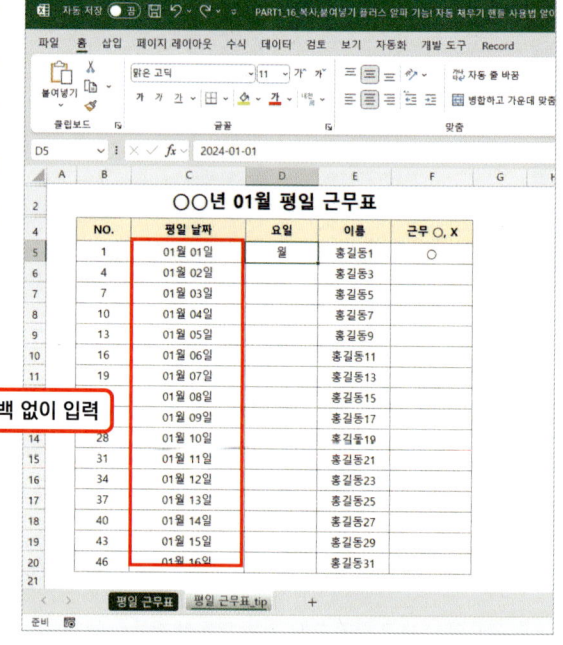

'평일 날짜'목록 아래 필드값 데이터가 공백 없이 입력

02 D5셀의 자동 채우기 핸들에 마우스를 밀어 넣고 더블클릭합니다.

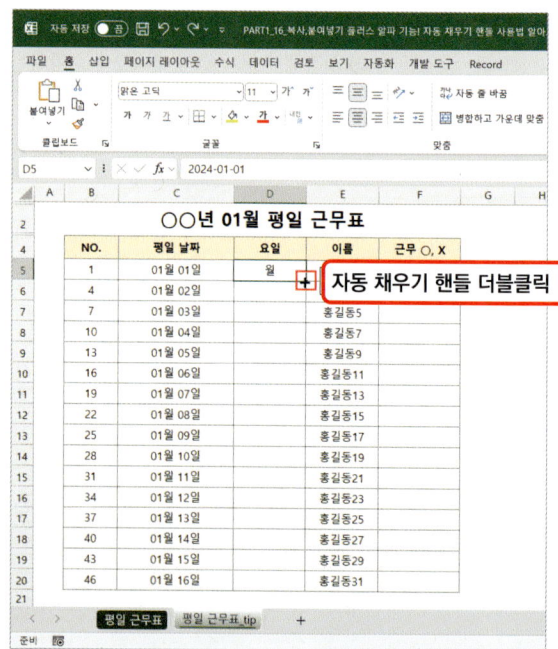

자동 채우기 핸들 더블클릭

03 D5:D20 범위까지 한 번에 값이 채워지는 것을 확인할 수 있습니다.

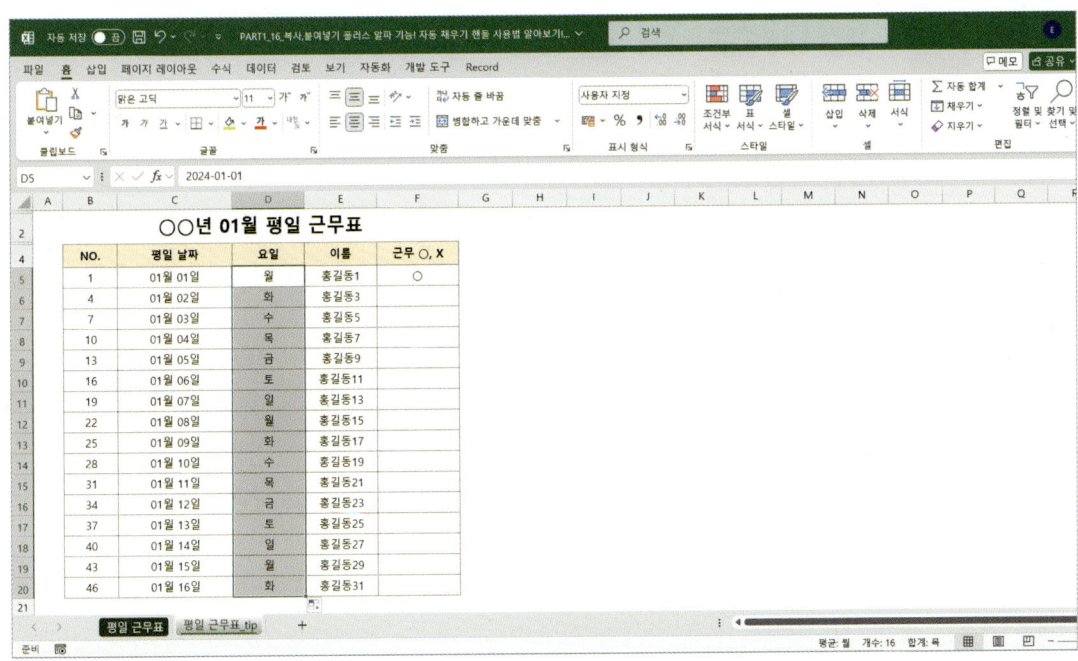

CHAPTER 17

원하는 요일 형식 내 마음대로 입력하기

📄 예제 파일 PART1_17 원하는 요일 형식 내 마음대로 입력하기

한 셀에서는 두 가지 정보를 동시에 확인할 수 있습니다. 표시 형식 정보와 수식입력줄 정보입니다. 사람으로 비유하자면 시트상에 보이는 표시 형식 정보는 사람의 외형에 대한 정보이고, 수식입력줄에 표시되는 정보는 사람의 내면에 대한 정보라고 할 수 있습니다. 외형에 대한 정보는 눈으로 바로 확인 가능하지만, 내면의 정보는 관계를 맺거나 질문을 통해 확인할 수 있죠.

엑셀에서 표시 형식 정보는 특정 셀을 클릭하지 않아도 시트상에 보여지는 정보입니다. 하지만 수식 입력줄 정보는 해당 셀을 클릭해 수식입력줄을 확인하거나 마우스 더블클릭으로 확인할 수 있습니다. 계산할 때 기준이 되는 데이터는 수식입력줄에 표시된 정보가 기준입니다.

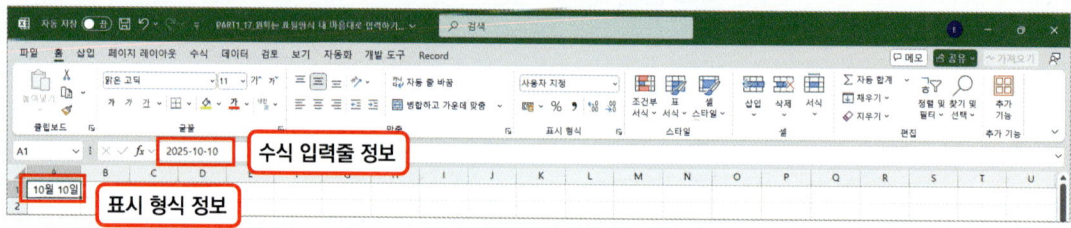

수식입력줄과 표시 형식 정보는 시스템과 사용자 간에 정해진 규칙을 지켜 입력했을 때 확인할 수 있습니다. 그중에서도 날짜와 시간 정보는 표시 형식과 수식입력줄 정보를 다르게 보이게 할 수 있는 대표적인 데이터입니다. 물론, 두 개 정보를 똑같이 출력할 수도 있습니다.

날짜 정보의 표시 형식을 변경하는 방법을 연습을 통해 해 보겠습니다.

01 거래일자가 요일과 함께 출력되도록 해 보겠습니다. C5:C19셀 범위를 지정합니다.

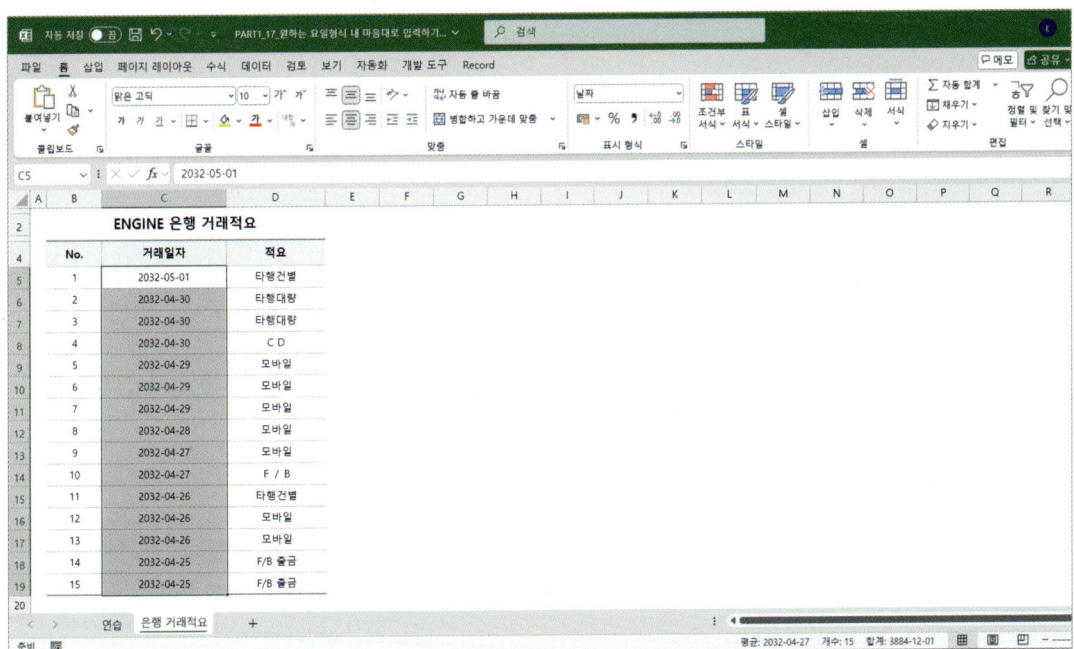

02 [홈] 탭-[표시 형식]-[자세한 날짜]를 선택합니다.

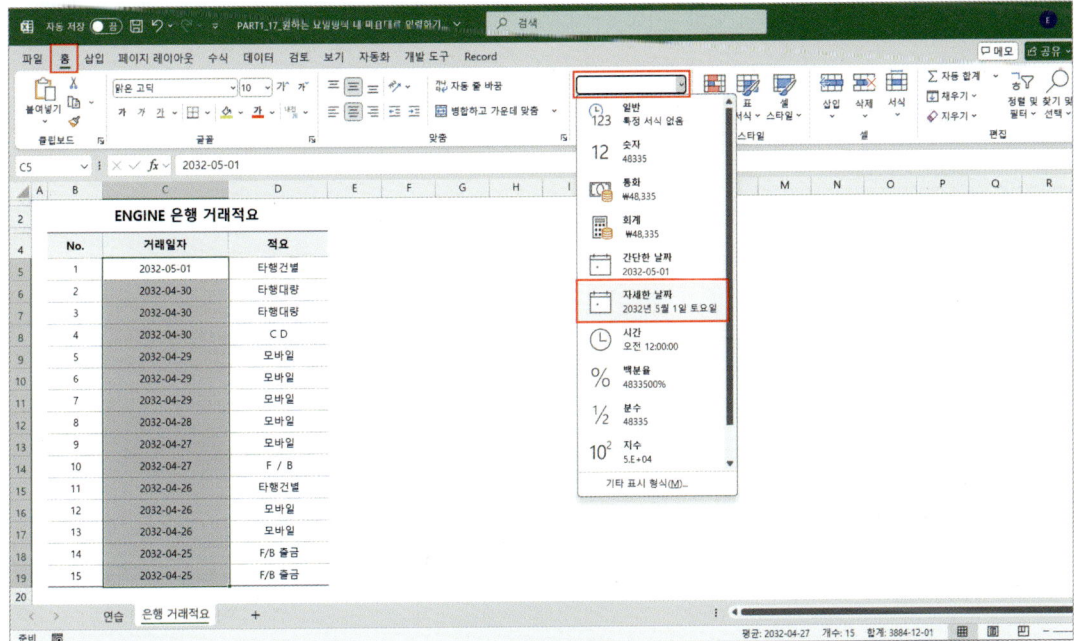

03 3음절 요일과 함께 출력된 날짜 정보를 확인합니다.

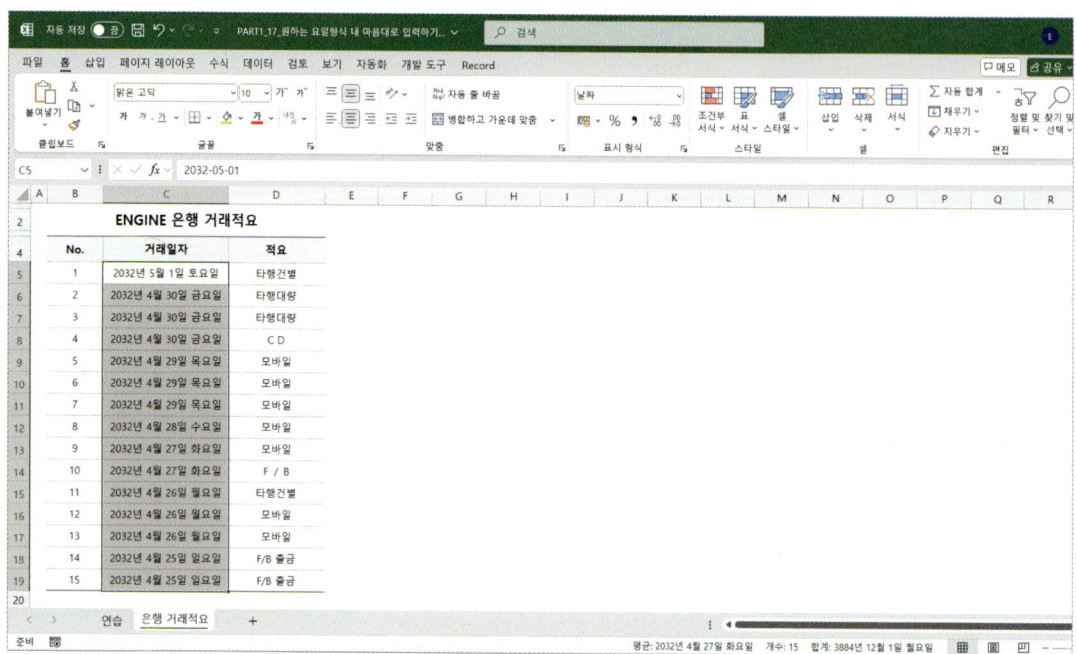

04 이번에는 언, 월, 일을 한자로 출력하는 날짜 표시 형식을 출력해 보겠습니다. C5:C19셀 범위를 지정합니다.

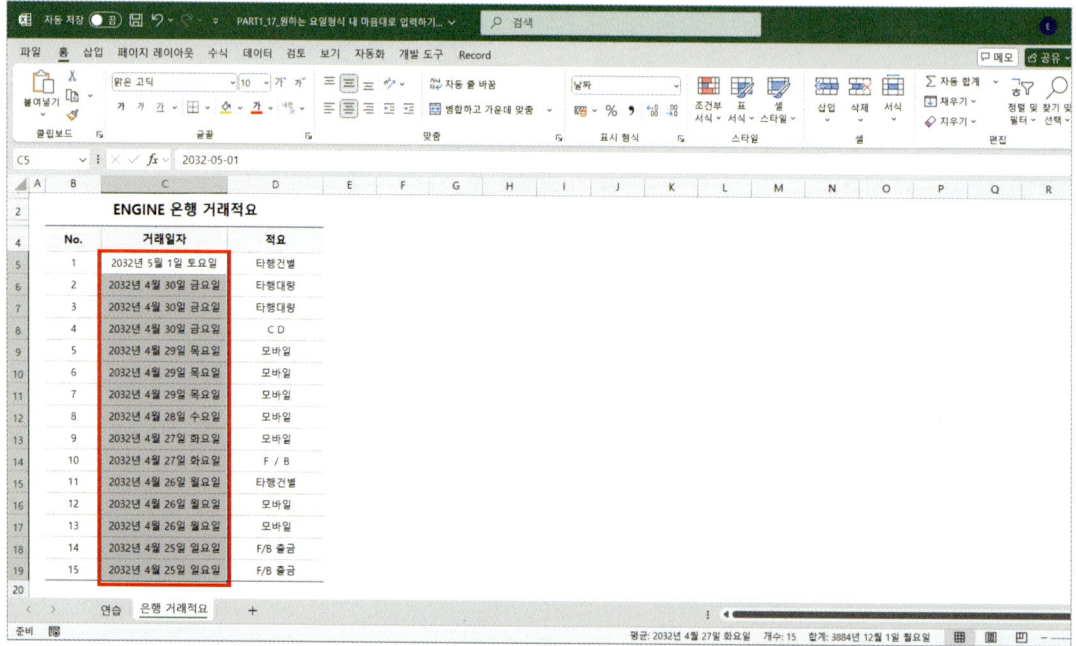

05 ❶ 범위 영역 안에서 마우스 오른쪽 버튼을 클릭합니다. ❷ [셀 서식] 메뉴를 선택합니다.

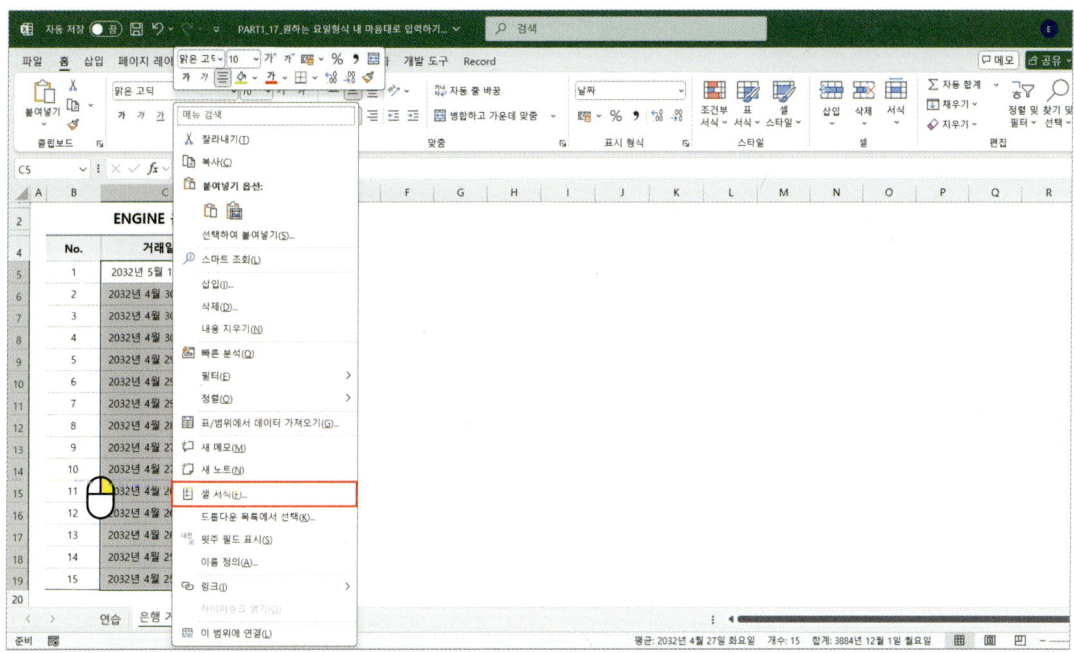

06 [셀 서식]–[표시 형식]–[날짜]–[12年 3月 14日]를 선택합니다.

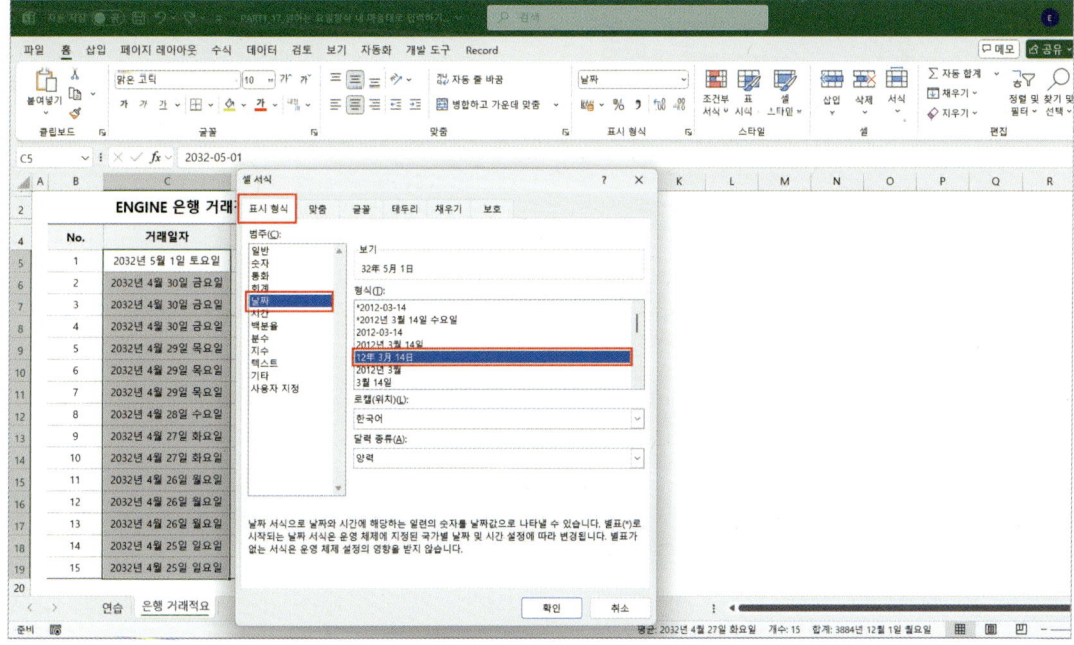

07 한자로 출력된 날짜 정보를 확인합니다.

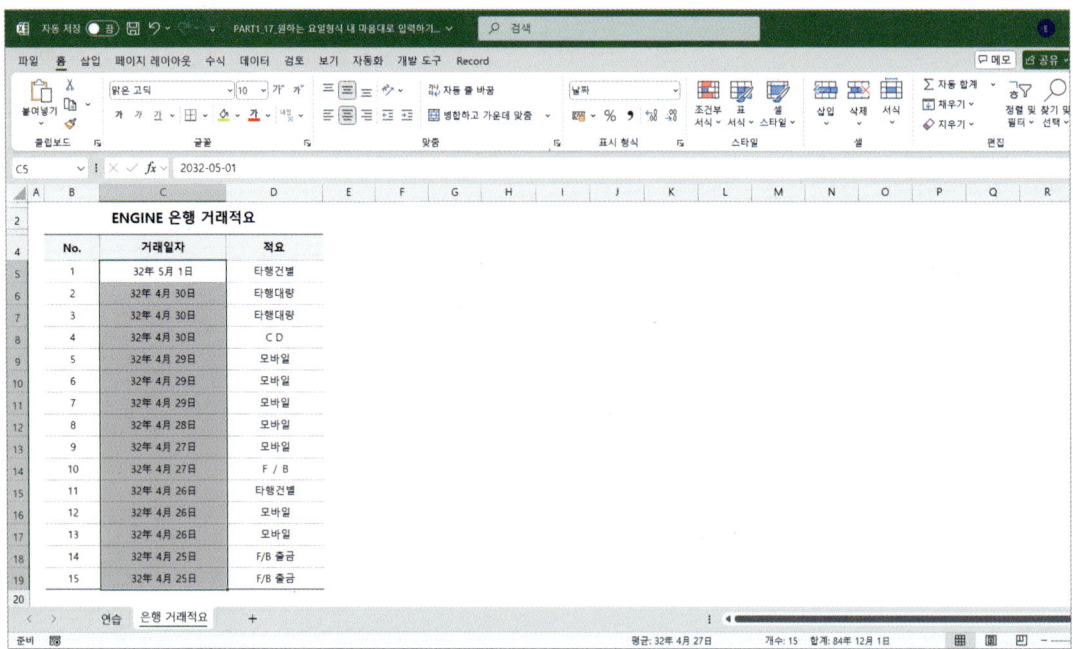

08 이번에는 날짜를 '○○○○년 ○○월 ○○일(1음절 요일)' 형태로 표시하는 표시 형식을 출력해 보겠습니다. C5:C19셀 범위를 지정합니다.

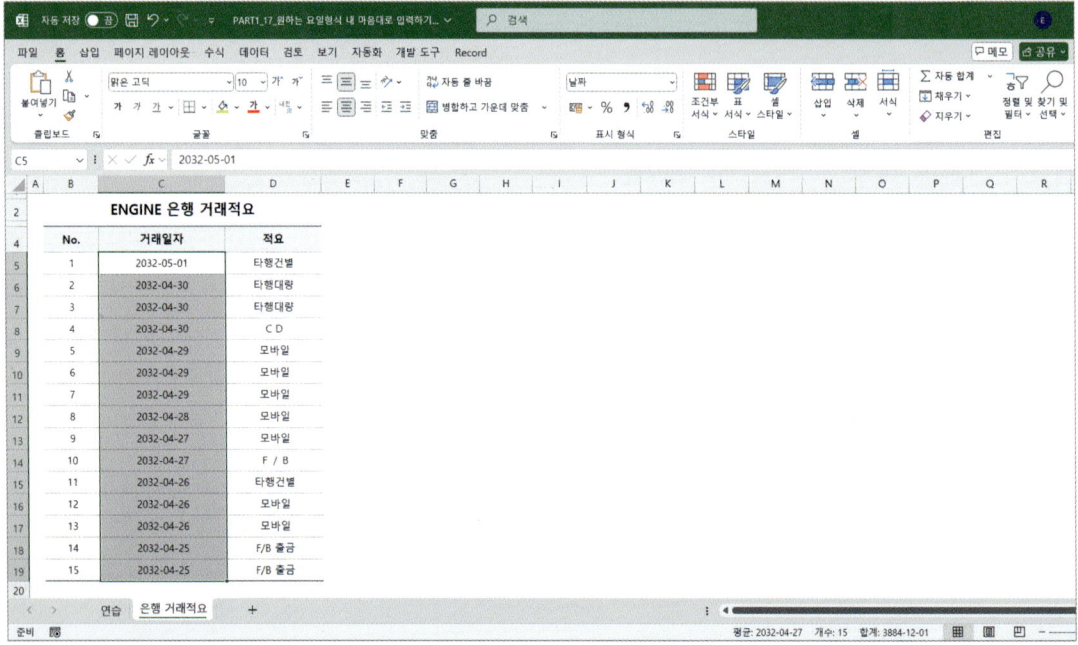

09 마우스 오른쪽 버튼 클릭-[셀 서식] 메뉴를 클릭합니다(또는 `Ctrl`+`1` 단축키로 셀 서식 메뉴를 불러냅니다).

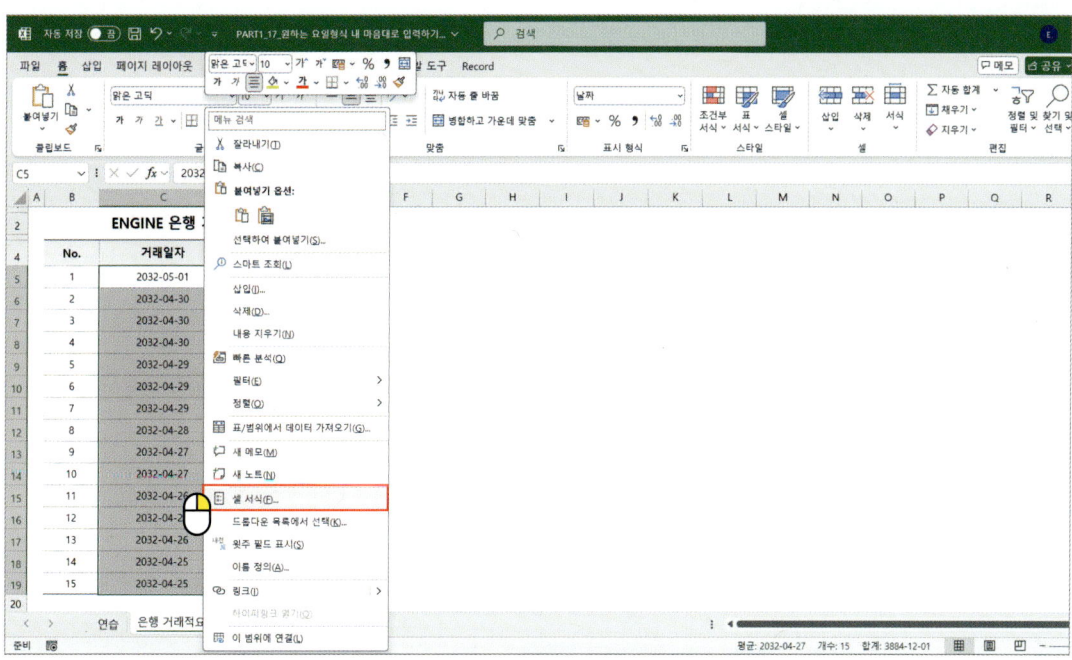

10 [표시 형식]-[사용자 지정]-[형식]에서 yyyy년 mm월 dd일(aaa)을 입력합니다.

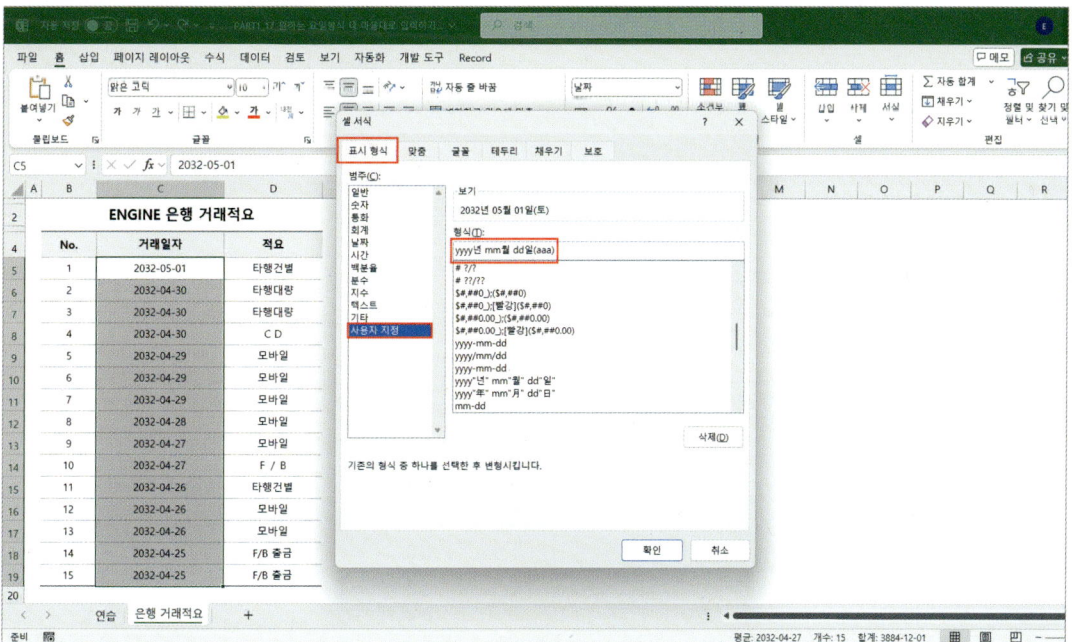

11 출력된 결과를 확인합니다.

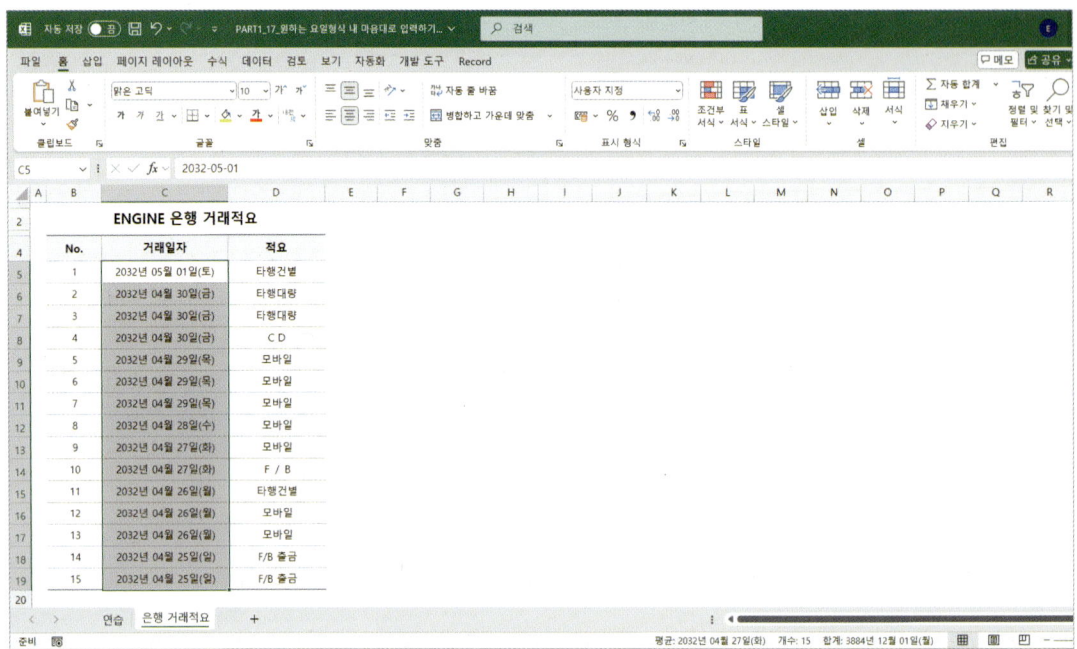

12 마지막으로 날짜를 '○○○○년 ○○월 ○○일(영문 요일 약어)'로 표시하는 표시 형식을 출력해 보겠습니다. C5:C19셀 범위를 지정합니다.

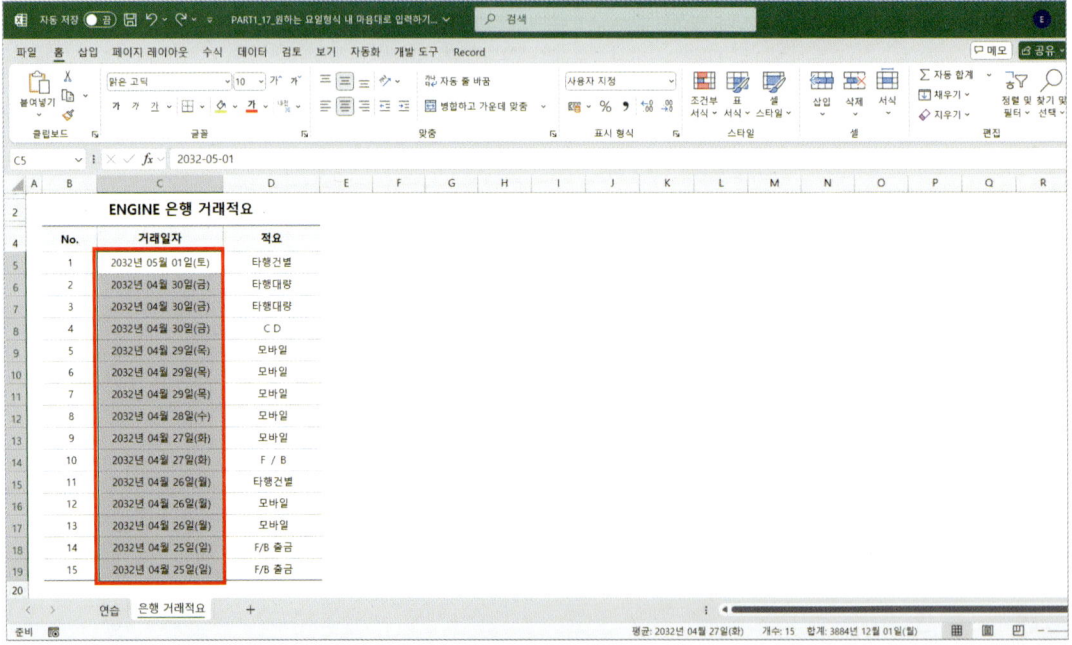

13 마우스 오른쪽 버튼 클릭–[셀 서식] 메뉴를 클릭합니다(또는 ⎡Ctrl⎤+⎡1⎤ 단축키로 셀 서식 메뉴를 불러냅니다).

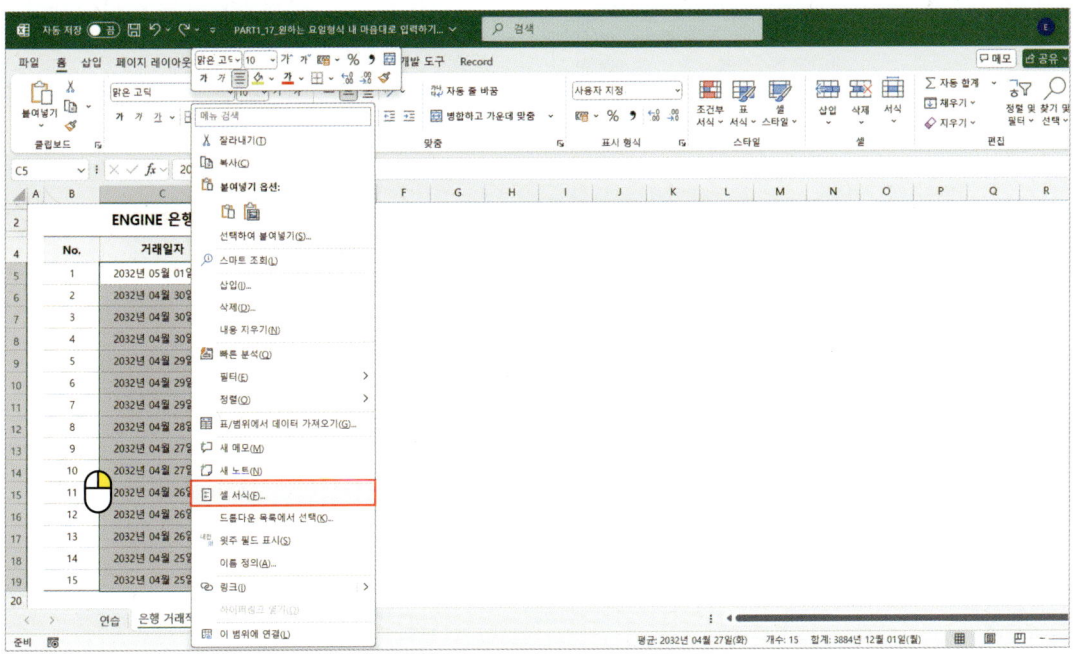

14 [표시 형식]–[사용자 지정]–[형식]에서 yyyy년 mm월 dd일(ddd)을 입력합니다.

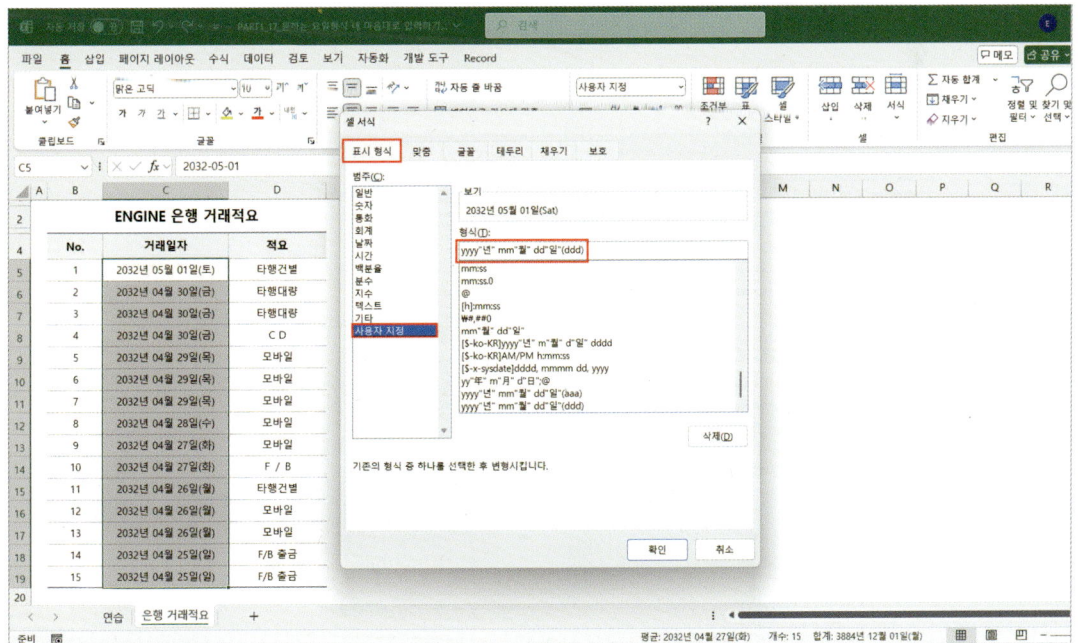

15 출력된 결과를 확인합니다.

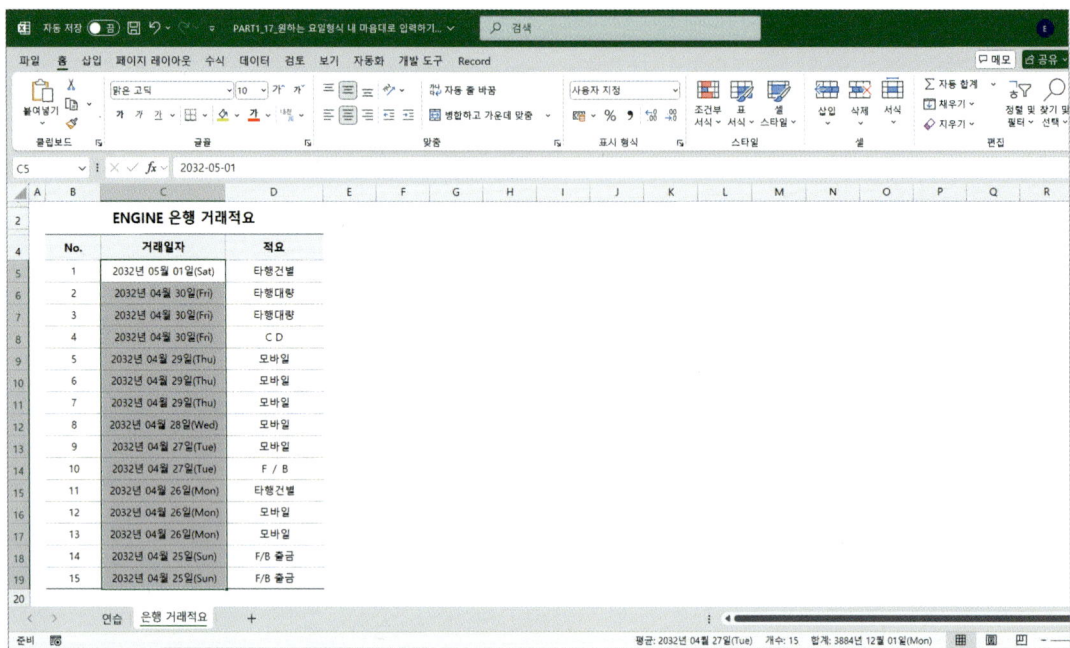

한글로 된 1음절 표시 형식 요일을 출력할 때 'aaa' 표시 형식 문자를 입력했습니다. 이 경우 대소문자는 구분하지 않습니다. 'a'의 개수가 3개일 때는 1음절 한글 요일을 출력하고(ex-월, 화, 수) 'a'의 개수가 4개일 때는 3음절 한글 요일이 출력됩니다(ex:월요일, 화요일)

영문 약어 역시 출력할 때 'ddd' 표시 형식 문자를 입력했는데 이때 대소문자는 구분하지 않습니다. 'd'의 개수가 3개일 때는 영문 약어를 출력하고(ex:Sun, Mon) 'd'의 개수가 4개일 때는 영문 요일 전체가 출력됩니다(ex:Sunday, Monday)

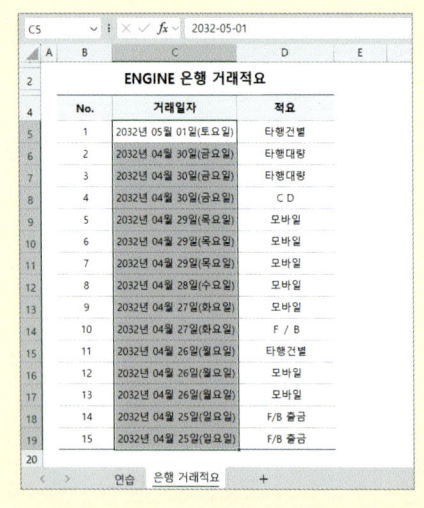 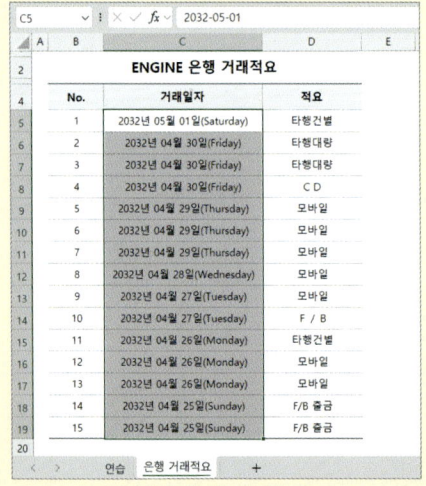

• 요일 형식을 함수로 출력해 주는 TEXT 함수

TEXT함수

=TEXT(value,format_text)

1. value: 변환하고자 하는 텍스트 정보 또는 숫자나 날짜 및 시간입니다.

2. format_text: 결과값의 표시 형식을 지정하는 텍스트 문자열입니다.

사용 예시

1. 날짜 포맷 변경

=TEXT(TODAY(), "yyyy-mm-dd")

: 오늘 날짜를 '2077-01-01' 형식으로 표시합니다(출력되는 날짜는 예시로만 확인합니다).

※ TODDY() 함수는 모든 날짜를 년, 월, 일로 출력합니다.

2. 숫자를 통화 형식으로 변환

=TEXT(12345, "$#,##0")

: 숫자 12345을 $12,345 형식으로 변환합니다.

3. 시간 표시 형식 변경

=TEXT(NOW(), "hh:mm:ss AM/PM")

: 현재 시간을 12:15:00 AM 형식으로 표시합니다.

4. 숫자를 백분율로 표시

=TEXT(0.123, "0.00%")

: 0.123을 12.30%로 표시합니다.

5. 사용자 정의 형식으로 텍스트 만들기

=TEXT(A1, "제품코드-00000")

: A1셀에 123이 입력되어 있다면, 결과는 제품코드-001230 됩니다.

셀에 영향받지 않는 이미지로 만드는 결재란 만들기

📄 **예제 파일** PART1_18 셀에 영향받지 않는 이미지로 만드는 결재란 만들기

엑셀은 셀 단위로 정보가 입력 가능한 스프레드 방식의 프로그램입니다. 그렇기 때문에 테두리를 그릴 때는 이미 정해진 열 너비와 행 높이대로만 그려야 합니다.

보고서에 결재란을 보기 좋고 반듯하게 그리고 싶어도 전체적인 보고서 레이아웃이 있다면 그 열 너비와 행 높이에 영향을 받아 테두리를 그려야 합니다. 이때 보고서 레이아웃이 어떤 형태이든 셀 너비와 행 높이에 영향을 받지 않고 결재란을 이미지화해서 만드는 방법이 있습니다. 엑셀 기능 중 선택하여 붙여넣기 메뉴에 있는 [그림] 또는 [연결된 그림]이란 기능을 활용하면 해결할 수 있습니다.

🔍 실무 연습 ❶

01 2행 4열로 된 결재란을 셀의 영향을 받지 않는 이미지로 만들어 단가의뢰서에 첨부하는 방법을 알아보겠습니다. [결재란_실습] 시트에서 빈 여백에 (M4:P5) 2행 4열의 결재란을 만듭니다.

02 ❶ 이때 열 너비는 똑같이 11포인트로 만듭니다(사용자 환경에 따라 포인트는 달라져도 상관없습니다. 다만, 같은 너비로 만드는 것이 포인트입니다). ❷ 같은 열 너비를 맞추는 방법은 열 너비를 맞추고자 하는 시작 열에 마우스 커서를 가져다(책에서는 M열) 열 너비를 맞추고자 하는 끝 열까지 드래그합니다(책에서는 P열). 그다음 마우스 오른쪽 버튼 클릭-[열 너비]를 클릭합니다.

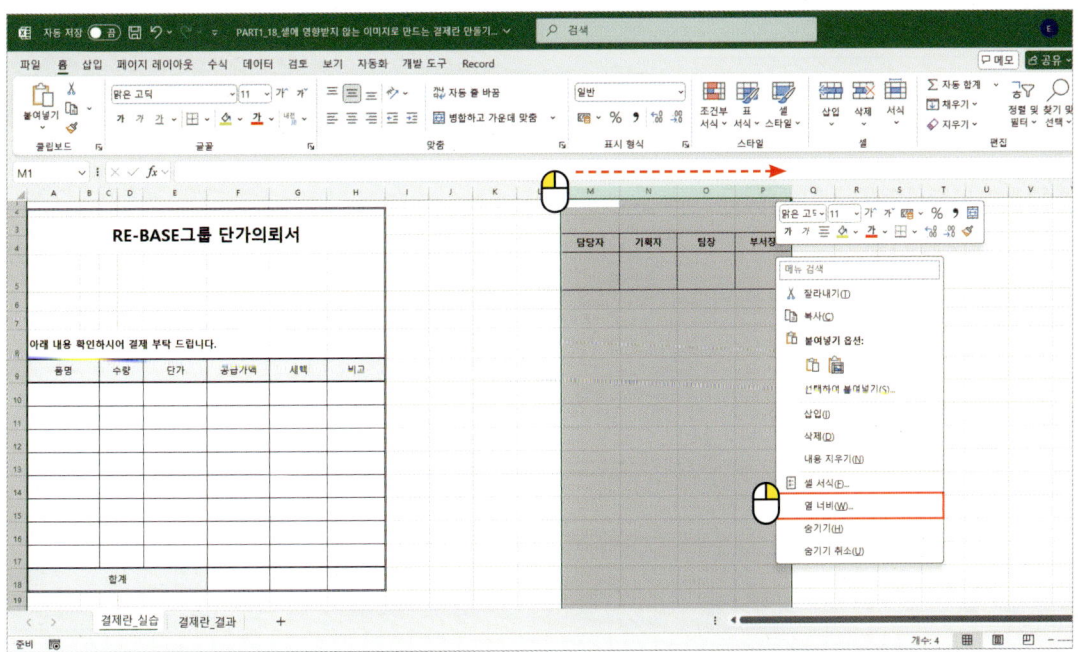

03 열 너비란에 11을 입력하고 [확인]을 클릭합니다.

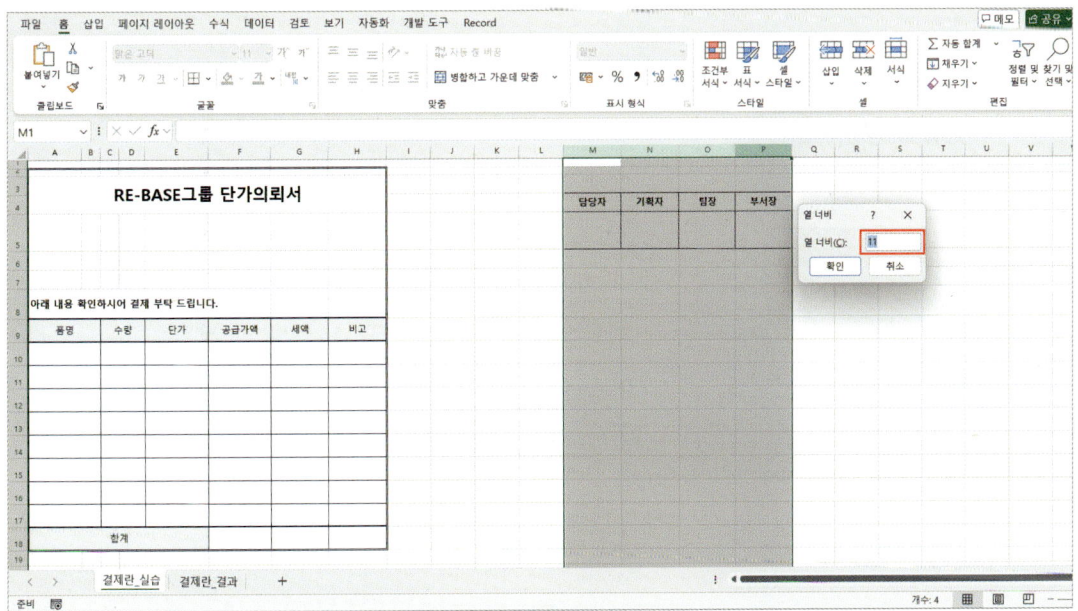

04 ❶ 만들어진 결재란(M4:P5)영역을 전체 범위 지정해 ❷ [Ctrl]+[C]를 누릅니다.

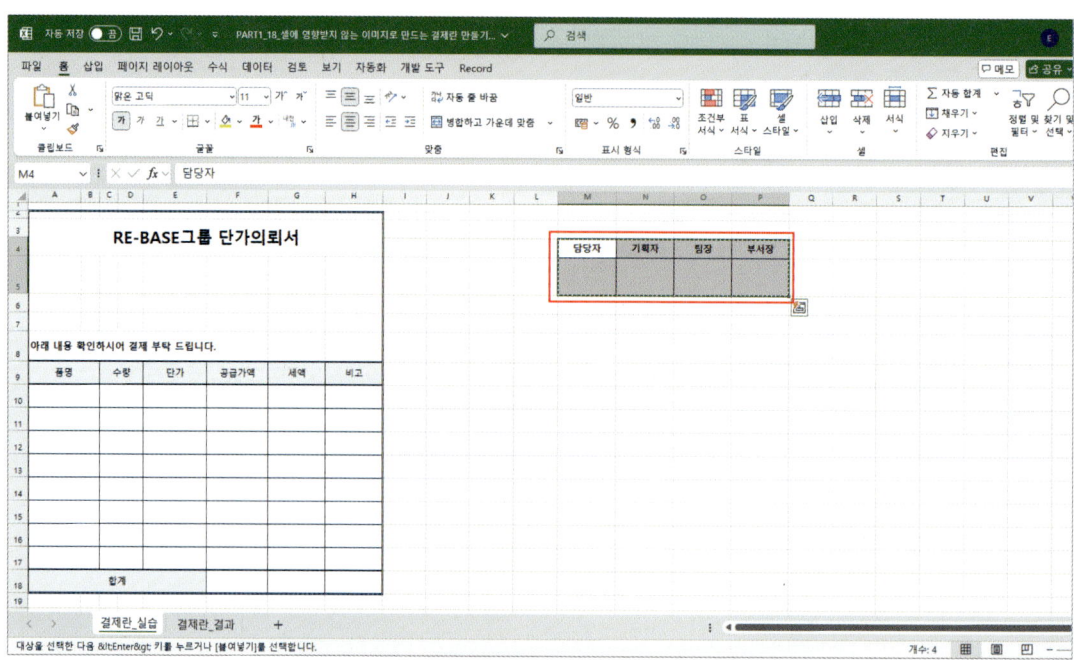

05 ❶ 빈 여백을 아무 곳이나 클릭합니다. ❷ 마우스 오른쪽 버튼 클릭-[선택하여 붙여넣기]-[그림] 메뉴를 선택합니다.

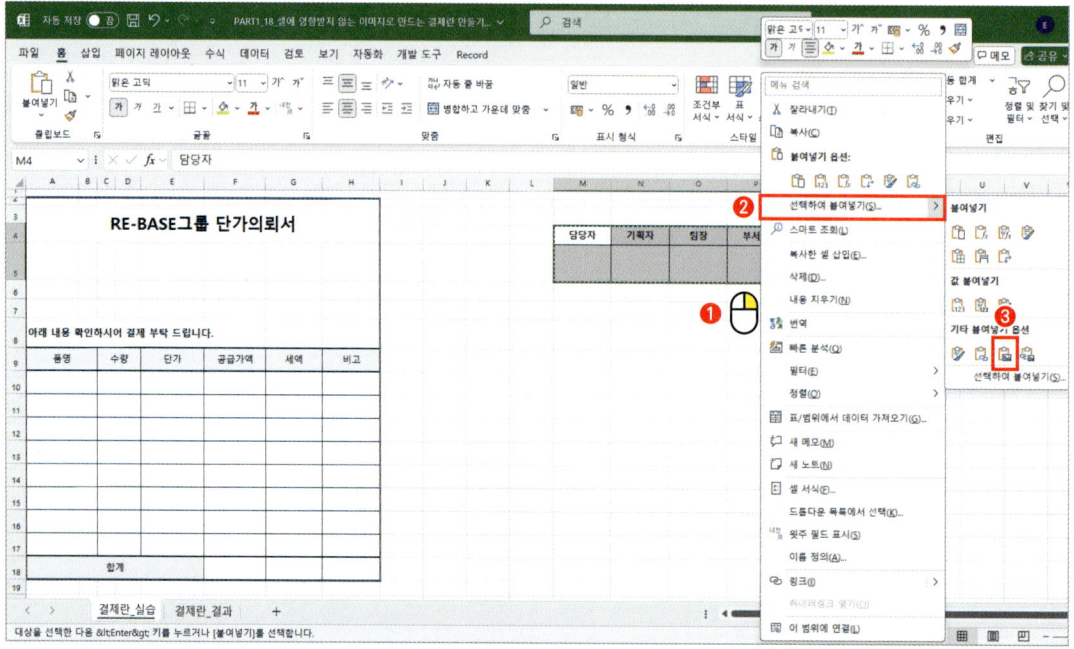

06 이미지화되어 복사된 그림을 확인합니다(표와 이미지가 겹쳐 있다면 드래그하여 분리합니다).

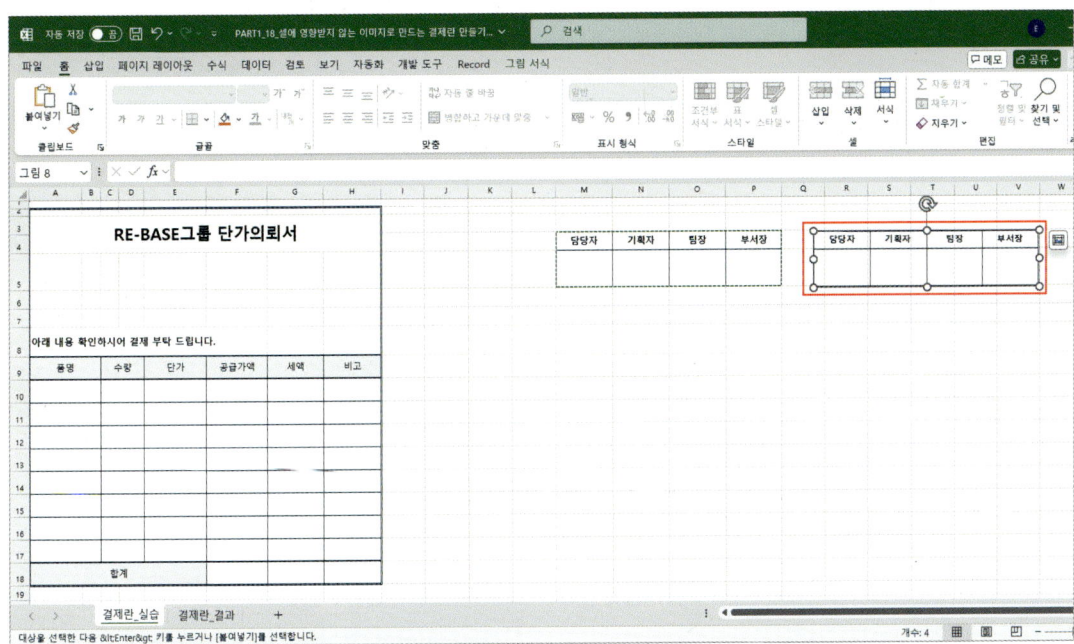

07 이미지화된 표를 선택해 단가의뢰서의 원하는 위치에 옮겨 놓습니다.

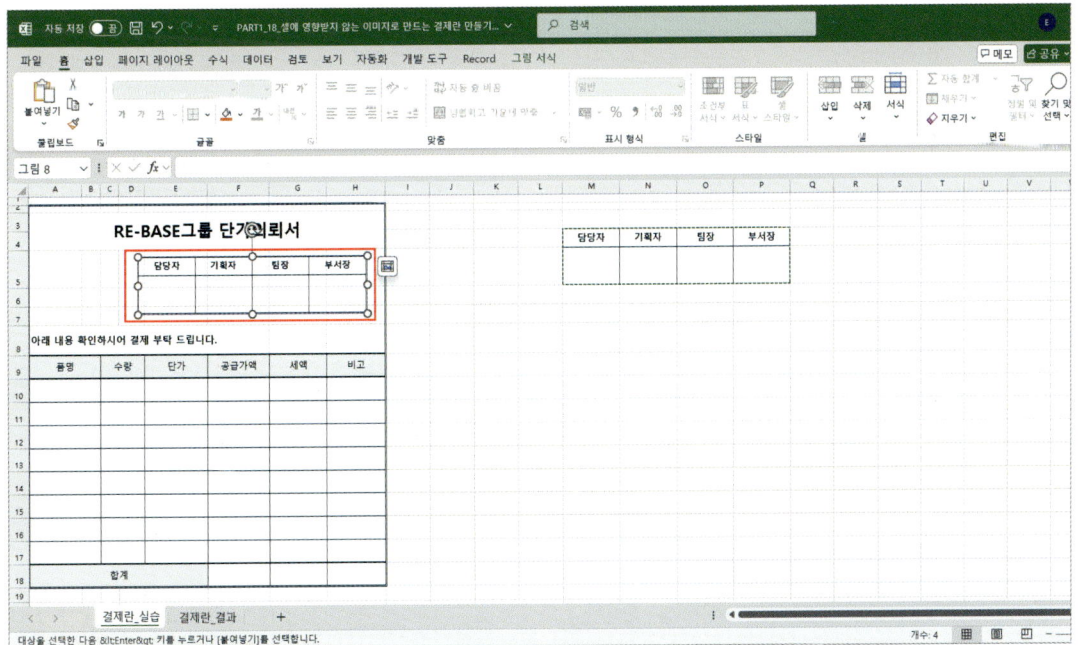

08 마지막으로 오른쪽에 만들어 놓은 표를 숨김 처리하겠습니다. 시작 열에 마우스 커서를 가져다(책에서는 M열) 끝 열까지 드래그합니다(책에서는 P열). 마우스 오른쪽 버튼 클릭-[숨기기]를 선택해 셀을 숨깁니다.

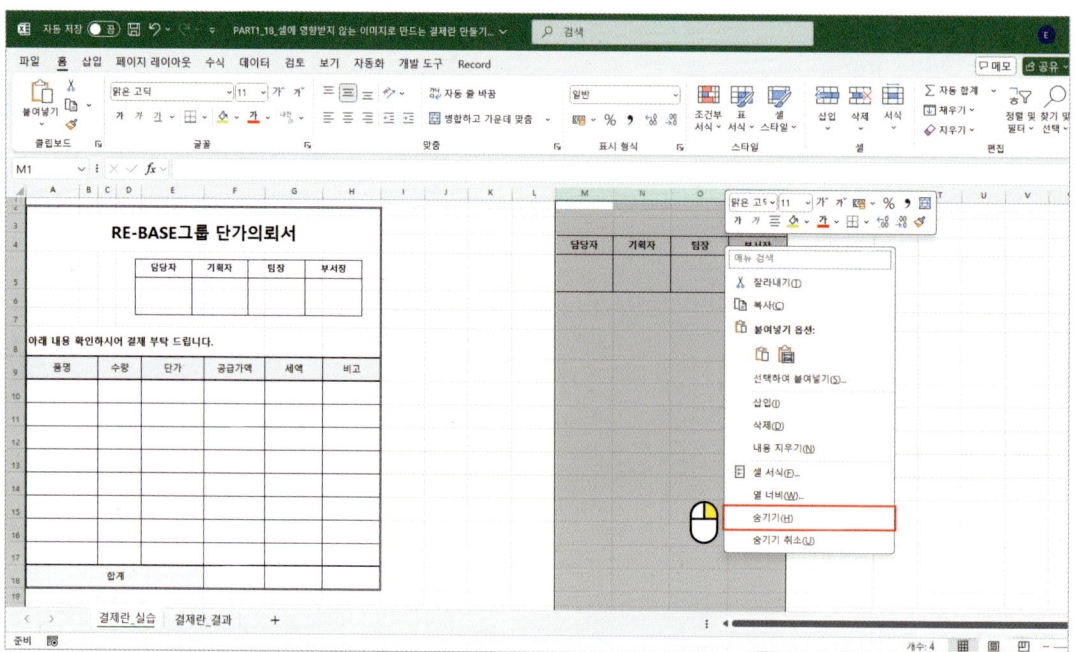

> **TIP** [그림] 메뉴 오른쪽에는 [연결된 그림]이라는 메뉴가 있습니다. 이 메뉴는 원본 표 텍스트를 수정하면 이미지에 반영이 되는 기능입니다. 주의할 부분은 원본 표를 숨김 처리 시 이미지가 보이지 않는다는 점입니다.

09 셀에 영향받지 않는 이미지로 만들어 진 결재란을 확인합니다..

> **TIP** [선택하여 붙여넣기] 메뉴를 사용하기 위해서는 반드시 복사(Ctrl+C)가 진행된 상태에서 메뉴를 사용할 수 있습니다. 복사하지 않고 마우스 오른쪽 버튼을 클릭하면 메뉴가 나타나지 않으니 주의하시기 바랍니다.

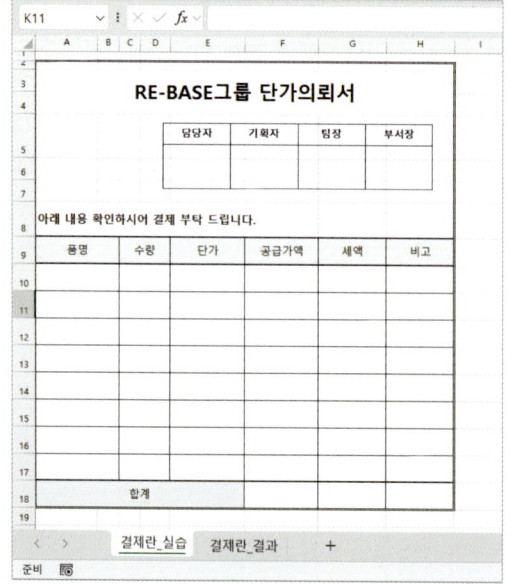

복사/붙여넣기에서 반드시 알아야 할 상대참조, 절대참조, 혼합참조 이해하기

예제 파일 PART1_19 복사, 붙여넣기에서 반드시 알아야 할 상대참조, 절대참조, 혼합참조 이해하기

실무 스킬

엑셀에서 제대로 된 복사/붙여넣기를 하기 위해서는 여섯 가지 개념에 대한 이해가 필요합니다. 수식, 서식, 값에 대한 이해와 참조논리(원리) 세 가지(상대참조, 절대참조, 혼합참조)가 그것입니다. 특히 참조 논리는 계산과 관련된 경우가 많기 때문에 실수하지 않기 위해서 반드시 이해하고 학습해야 합니다.

참조논리는 사용자가 직접 정보를 입력하는 셀이 기준 셀이 됩니다. 이 기준 셀은 반드시 주소값으로 참조합니다. 참조논리는 반드시 복사/붙여넣을 시에 작동됩니다. 또한 주소값으로 참조하지 않으면 참조논리는 작동하지 않게 됩니다.

1. **상대참조**: 복사된 기준 셀, 주소값을 붙여넣기할 때 셀을 이동한 방향과 거리(셀 이동 칸)만큼 참조된 셀의 주소값도 상대적으로 기준 셀이 이동한 방향과 거리만큼 이동해 붙여넣기되는 개념입니다.

2. **절대참조**: 복사된 기준 셀, 주소값을 붙여넣기할 때 셀을 이동한 방향과 거리(셀 이동 칸)와 상관없이 참조된 셀의 주소 값도 본래 셀 주소값을 유지한 채 붙여넣기되는 개념입니다.

3. **혼합참조**: 복사된 기준 셀, 주소값을 붙여넣기할 때 셀을 이동한 방향과 거리(셀 이동 칸)를 행 방향 또는 열 방향 한 개 방향으로만 주소값이 붙여넣기되는 개념입니다.

실무 연습 ❶　**상대참조 연습하기**

01 상대참조를 이용해 [참조논리] 시트에서 '차이' 필드값을 채워 넣어 보겠습니다. 예제 파일을 엽니다.
　❶ F5셀에 =E5-D5를 입력합니다.

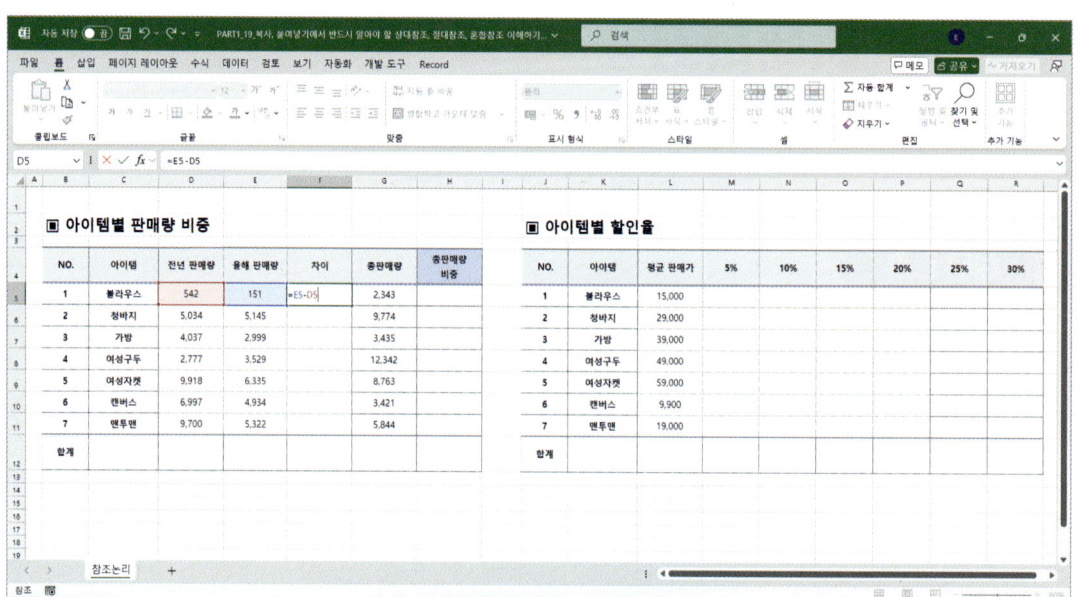

02 수식 입력이 마무리되면 Enter 키를 눌러 결과값을 확인합니다.

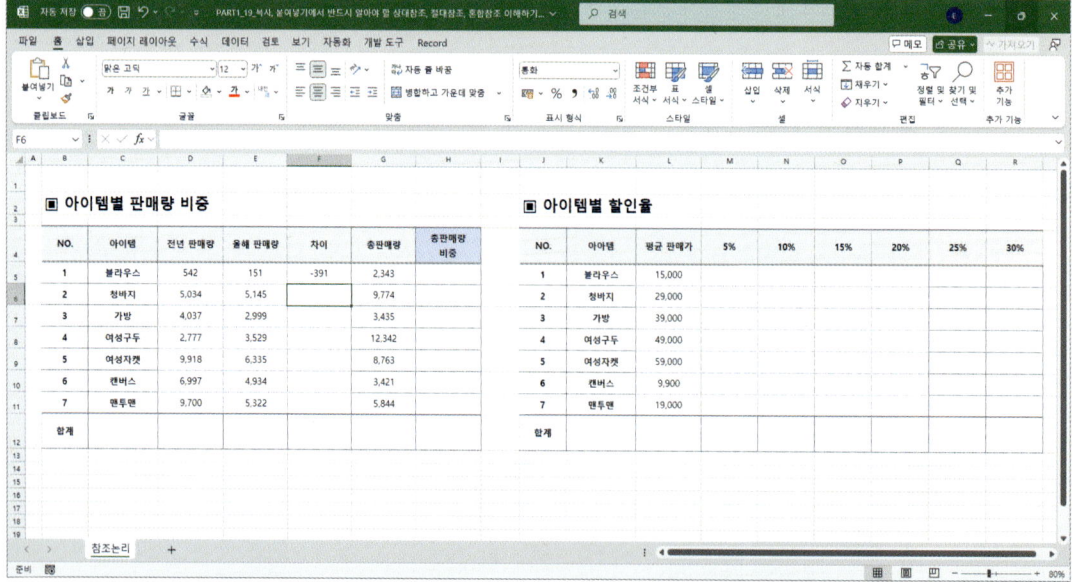

03 F5셀의 자동 채우기 핸들을 드래그하여 F11셀까지 드래그합니다.

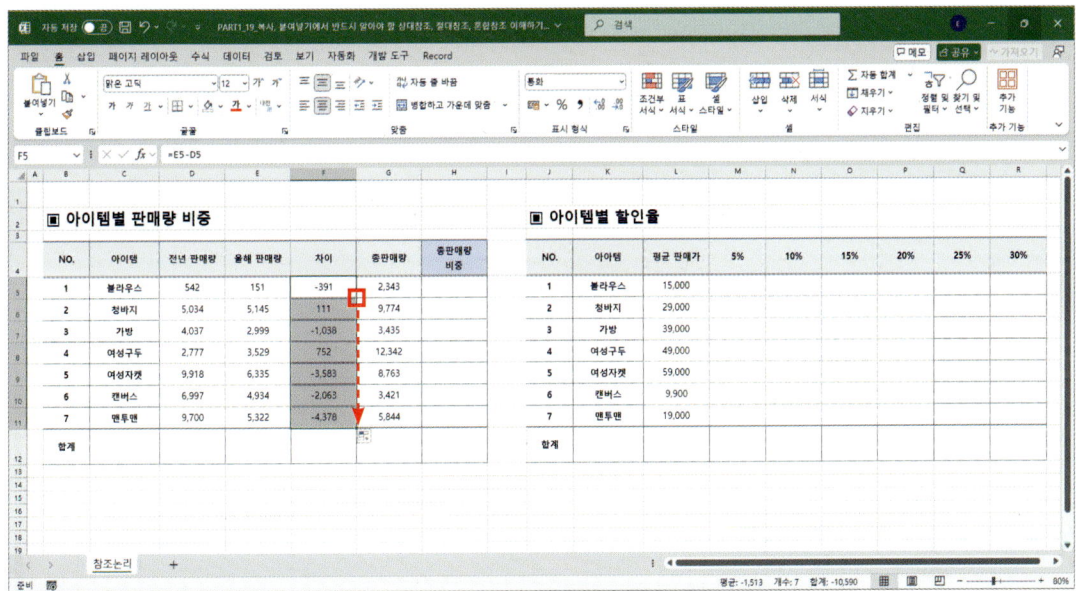

04 [자동 채우기 옵션]-[서식 없이 채우기]를 클릭해 서식 질서를 유지해 줍니다.

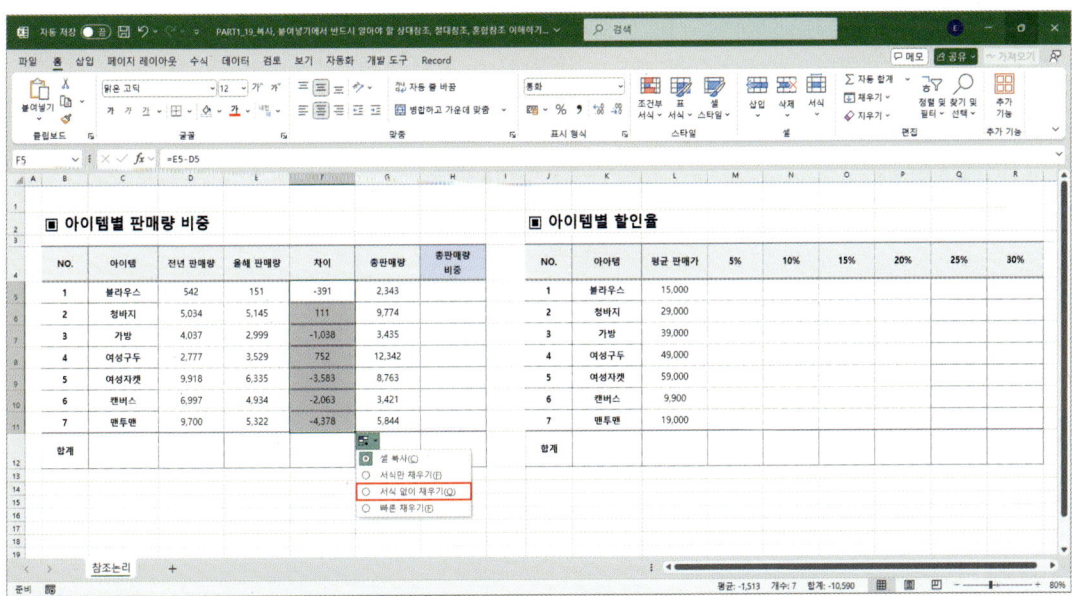

05 Ctrl + ~ 키를 눌러 입력된 수식을 확인합니다. 기준 셀인 F5셀에 수식 '=E5-D5'이 입력되었고, F5셀을 자동 채우기 핸들로 복사/붙여넣기한 바로 아래 F6셀의 주소값이 '=E6-D6'로 변해 있는 걸 확인할 수 있습니다. 이 의미는 기준 셀(F5셀)을 복사한 다음 아래 방향으로 한 칸 이동해 붙여넣기했다는 의미입니다. 나머지 셀들의 결과값도 기준 셀로부터 한 칸, 두 칸, 세 칸… 즉 밀려난 거리만큼 주소값이 변해 있다는 점을 확인할 수 있습니다. 이 원리를 가리켜, 이동한 방향과 거리만큼 참조된 셀들도 상대적으로 이동해 붙여넣기된다고 하여 '상대참조'라고 합니다.

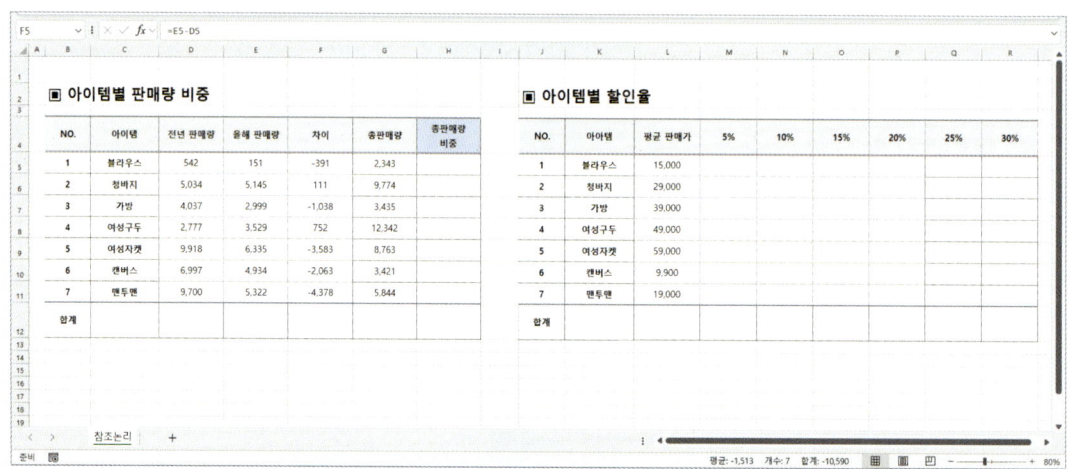

06 원래대로 되돌리기 위해서 다시 한번 Ctrl + ~ 키를 누릅니다.

> **TIP** '서식 질서를 유지한다'는 의미는 기존에 존재하던 서식을 유지하고 수식이나 값을 붙여넣는다는 의미입니다. 복사/붙여넣기를 진행하면 수식, 서식, 값 모두가 복사/붙여넣기되기 때문에 복사한 셀의 서식이 붙여넣기할 서식과 다르면 서식이 달라 표 모양이 어색하게 됩니다. 그런 의미에서 자동 채우기 핸들을 사용할 때나 복사/붙여넣기할 때 기존에 가지고 있던 서식을 그대로 유지한다는 의미로 '서식 질서를 유지'라는 표현을 사용했습니다.

01 이번에는 절대참조를 이용해 [참조논리] 시트에서 '총판매량 비중' 필드값을 채워 넣어 보겠습니다. 총판매량 비중을 구하기 위해서는 '총판매량' 합계값이 필요합니다. ❶ G12셀에 =SUM(G5:G11) 을 입력합니다.

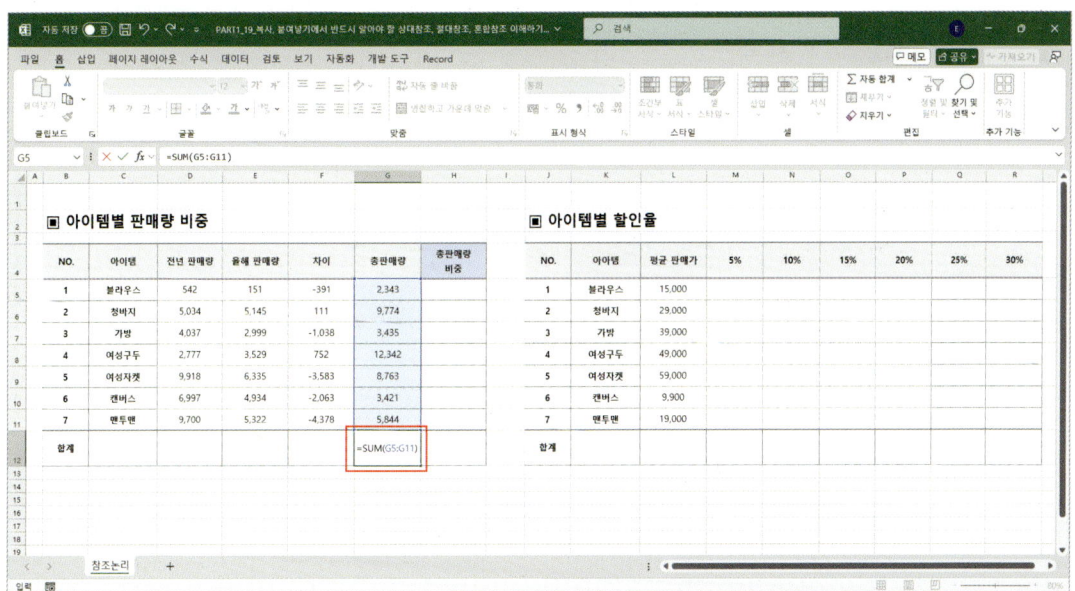

02 수식 입력을 마무리하고 [Enter] 키를 눌러 결과를 확인합니다.

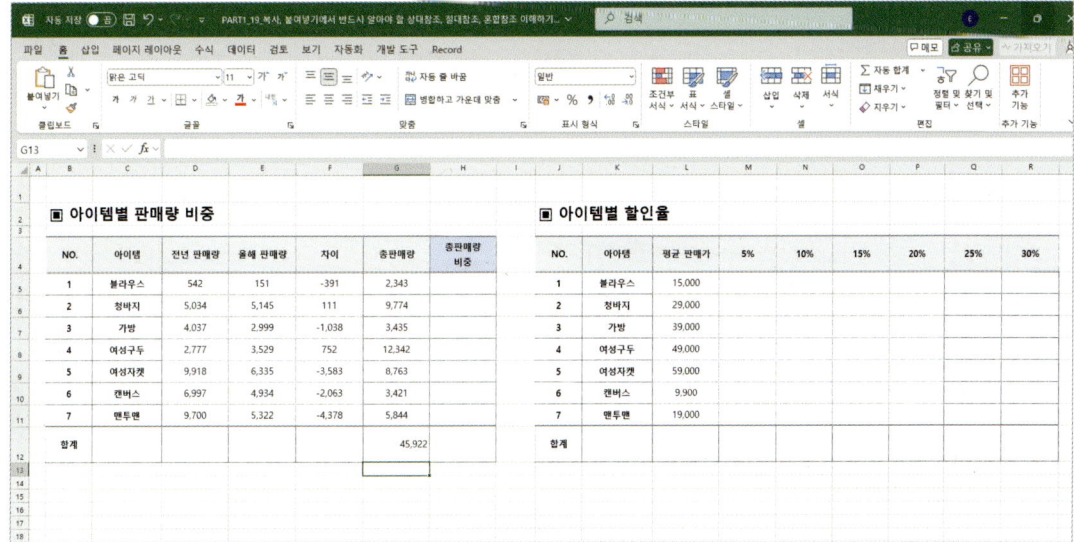

03 ❶ H5셀에 =G5/$G$12을 입력합니다. G12에 $(달러) 표시가 2개 있습니다. 이를 손쉽게 생성시키는 방법은 G12셀을 입력할 때, G12셀을 클릭한 다음 [F4] 키를 한 번 누릅니다. 그럼 $가 열(G)번호와 행(12)번호 앞에 각각 1개씩 총 2개 생겨납니다. [F4] 키 대신 $를 직접 입력해도 무방합니다. $ 표시는 복사로부터 영향을 받지 않고 행과 열의 고정된 주소값을 유지하겠다는 의미입니다.

> **TIP** ▶ 셀 주소를 입력할 때는 =를 입력한 뒤, 입력하고 싶은 셀(ex:G12)을 직접 클릭해서 입력할 수도 있고, 셀 주소를 타이핑하여 입력할 수도 있습니다.

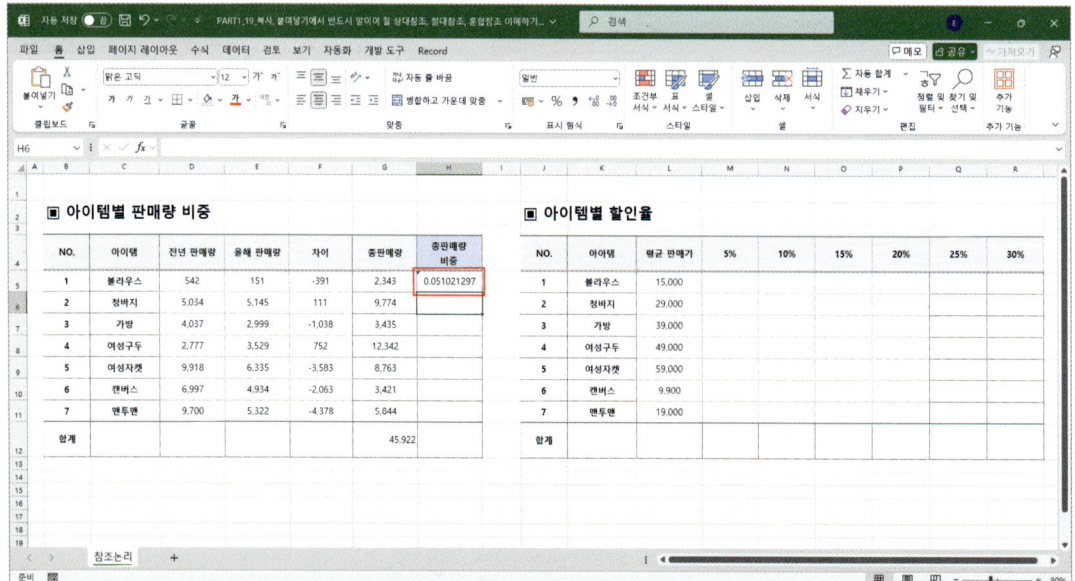

04 수식 입력이 마무리되면 [Enter] 키를 눌러 결과를 확인합니다.

05 ❶ H5셀을 클릭한 다음 ❷ 자동 채우기 핸들로 H11셀까지 드래그해 값을 채웁니다. 그러고 나서 ❸ 서식 질서를 유지하기 위해 [자동 채우기 옵션]-[서식 없이 채우기]를 순차적으로 클릭합니다.

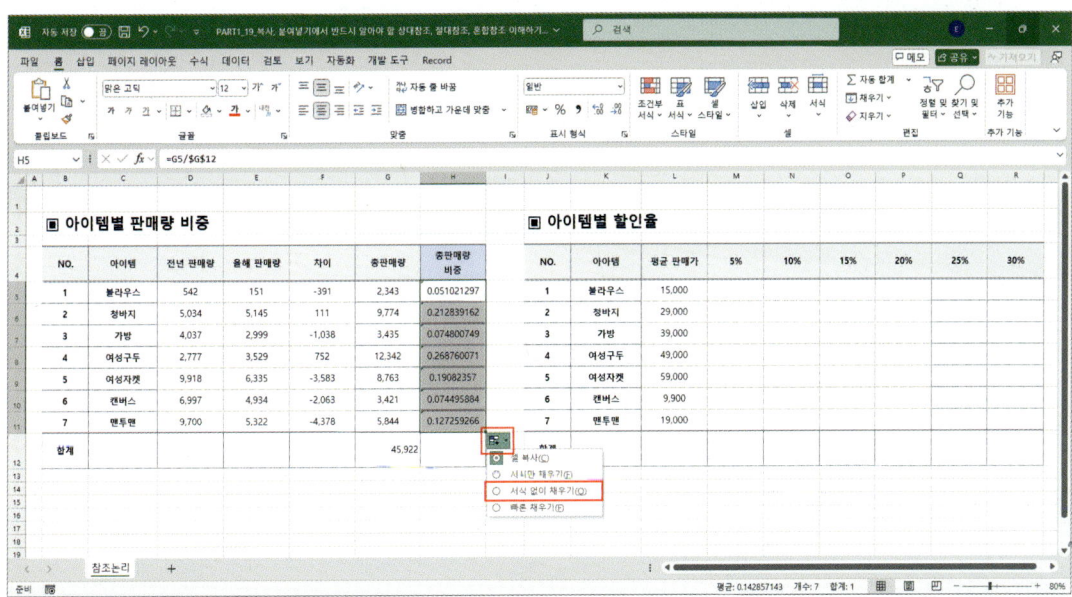

06 비중을 백분율로 나타내기 위해서 ❶ H5:H11셀을 범위 지정 후 ❷ [홈] 탭-[표시 형식]-[백분율 스타일(%)] 메뉴를 클릭합니다.

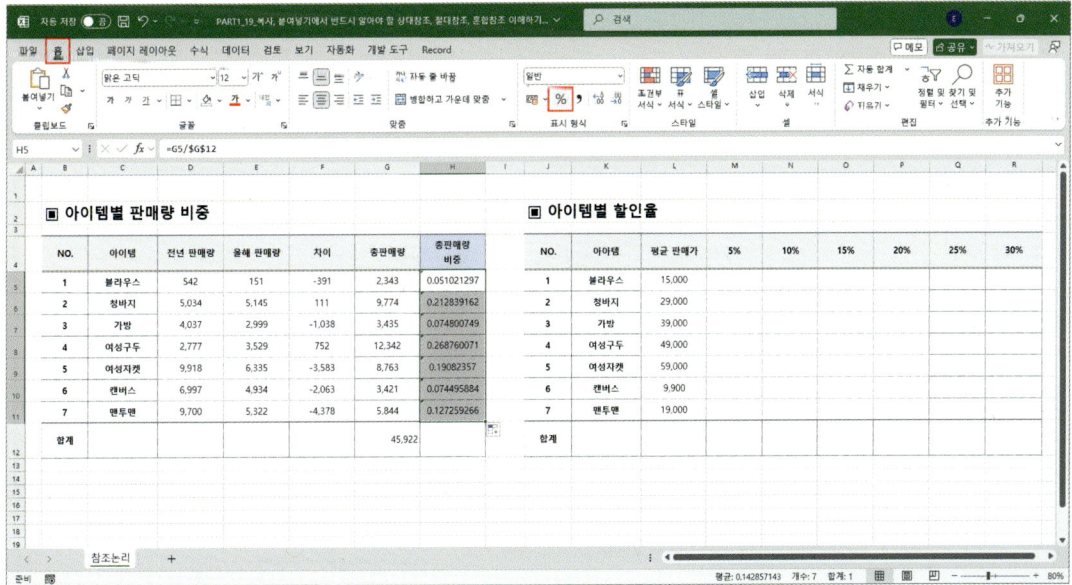

07 백분율로 바뀐 결과값을 확인합니다.

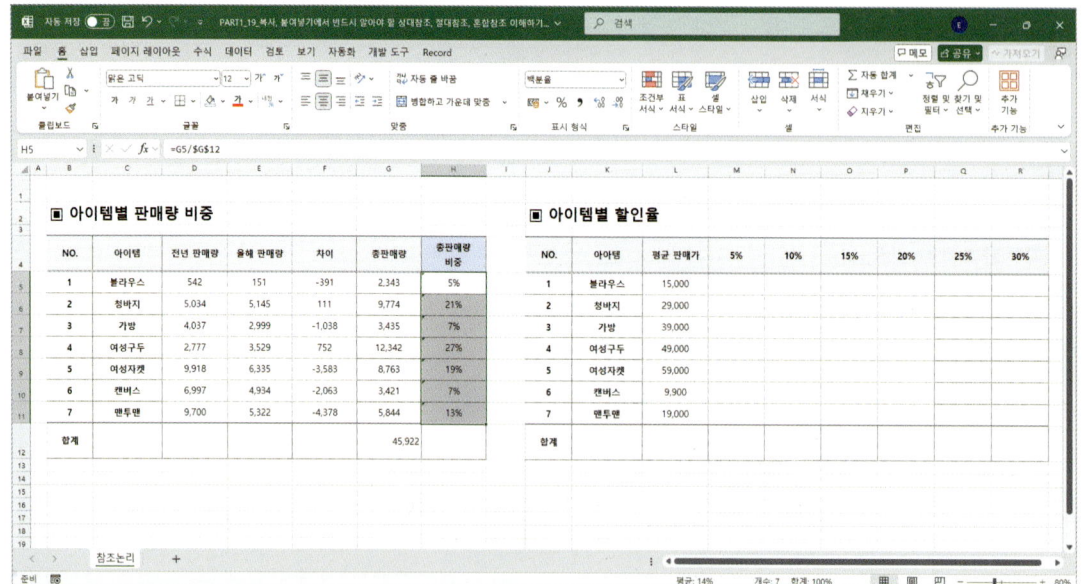

08 Ctrl + ~ 키를 눌러 입력된 수식값을 확인합니다. 분자값인 G5셀은 상대참조되어 있고 $G$12 셀은 절대참조되어 있습니다. G5셀은 기준 셀이 복사되어 이동한 방향과 셀 거리만큼 이동했지만, $G$12셀은 계속해서 같은 주소값을 유지한 채 붙여넣기된 것을 확인할 수 있습니다.

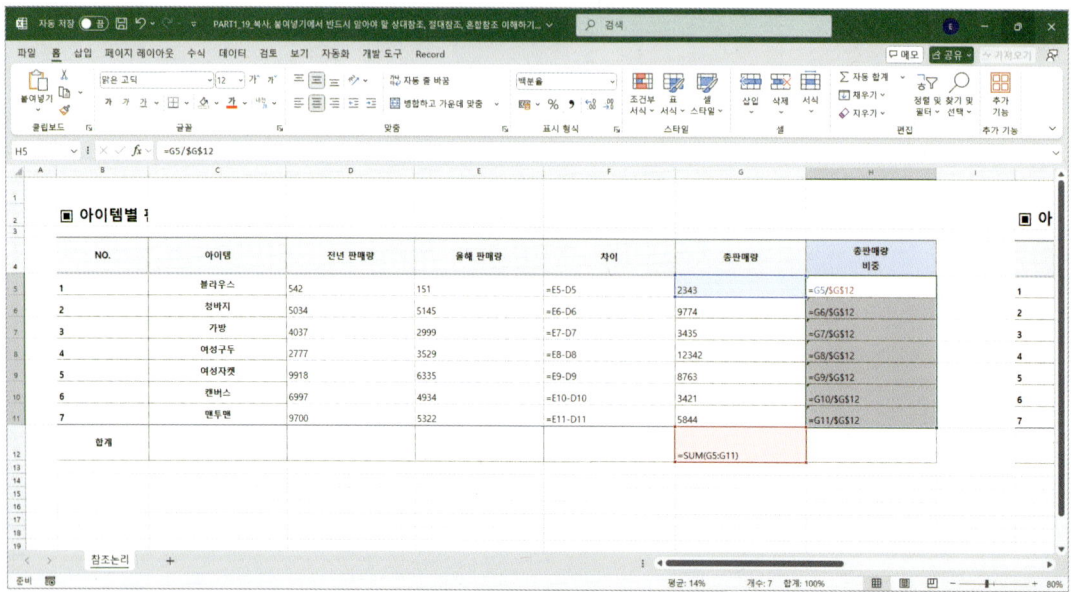

09 원래대로 되돌리기 위해서 다시 한번 `Ctrl`+`~` 키를 누릅니다.

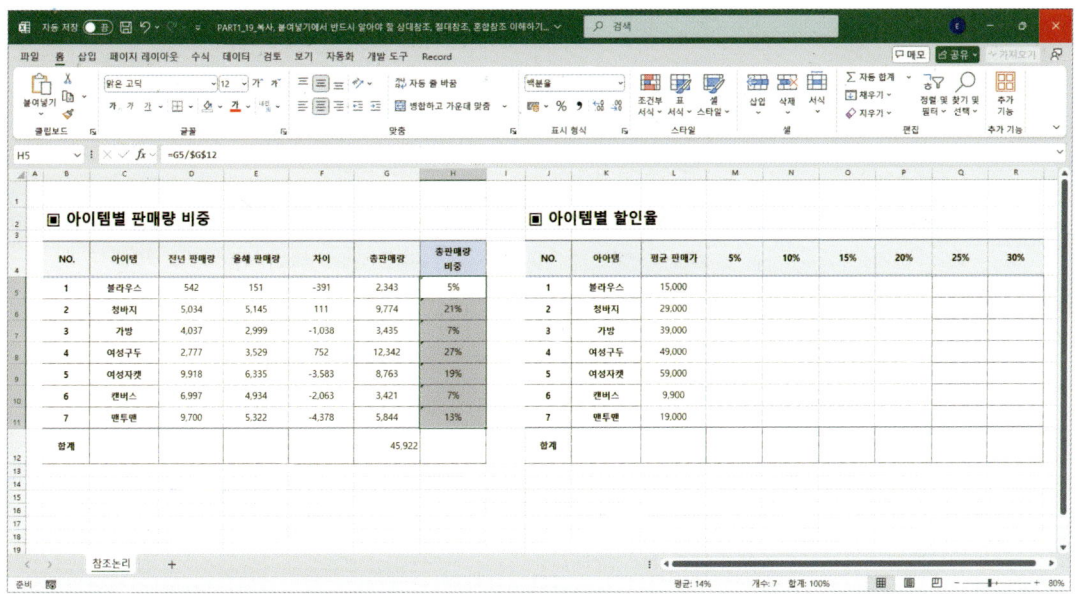

01 마지막으로 혼합참조를 이용해 [참조논리] 시트에서 '아이템별 할인율'을 구해 보겠습니다. 여기에서는 M5셀에 수식 한 개만 입력하고 나머지 구간은 복사/붙여넣기로 값을 채워 넣어 보도록 하겠습니다. ❶ M5셀에 =$L5-$L5*M$4을 입력합니다.

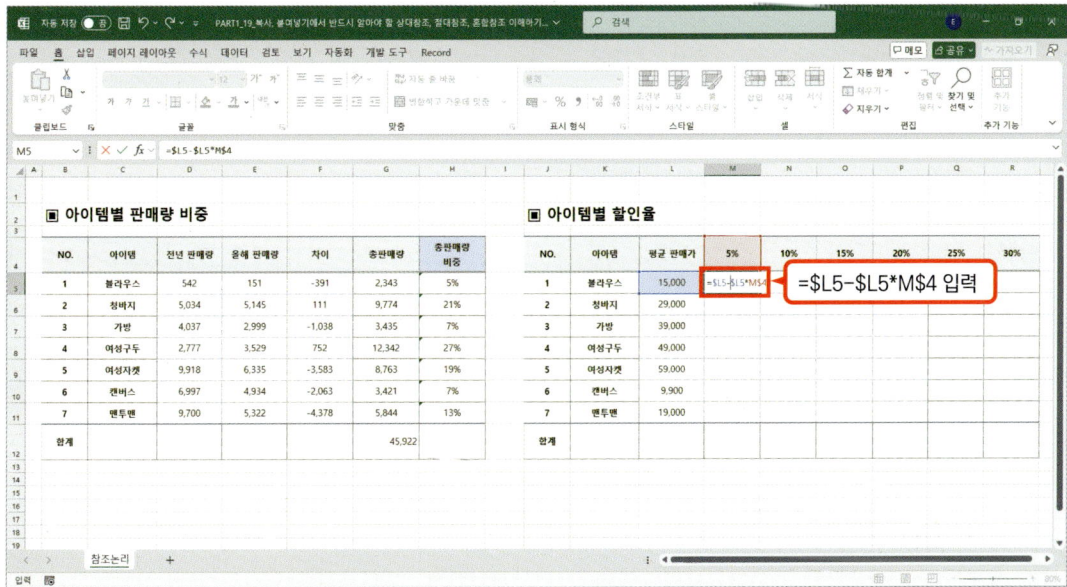

02 수식 입력이 마무리되면 Enter 키를 입력합니다.

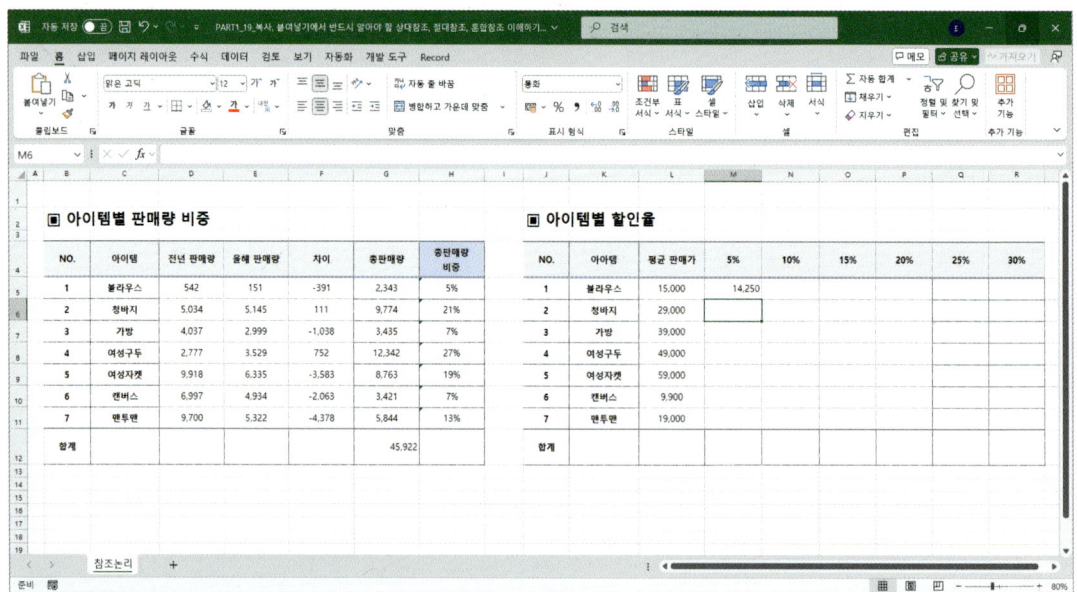

03 ❶ 수식이 입력된 M5셀의 자동 채우기 핸들을 클릭한 채 ❷ R5셀까지 드래그합니다.

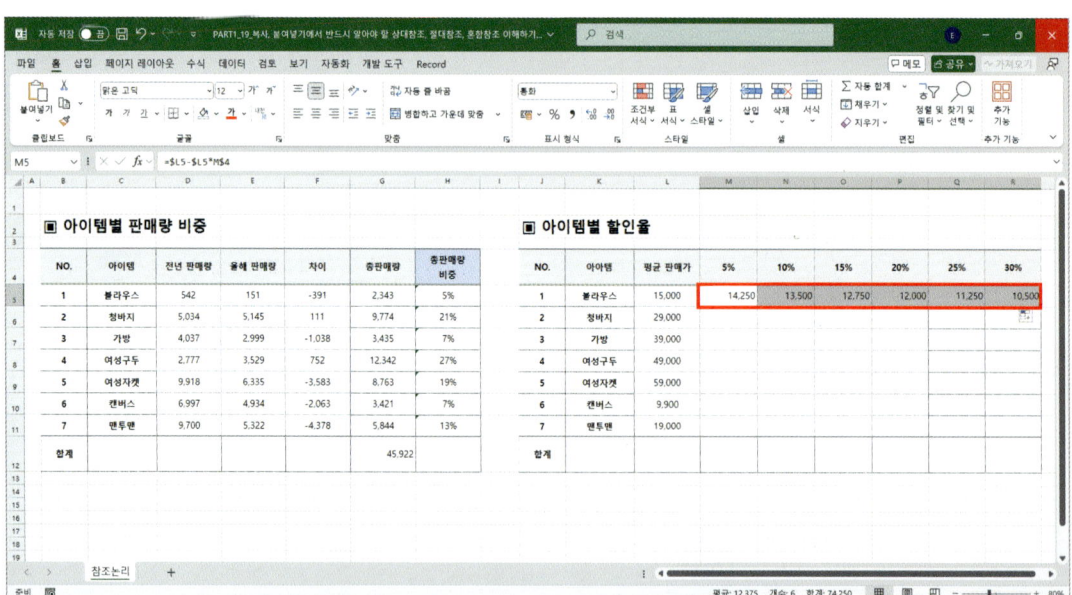

04 ❶ M5:R5셀이 범위 지정된 상태에서 ❷ R5셀의 자동 채우기 핸들을 R11셀까지 드래그합니다.

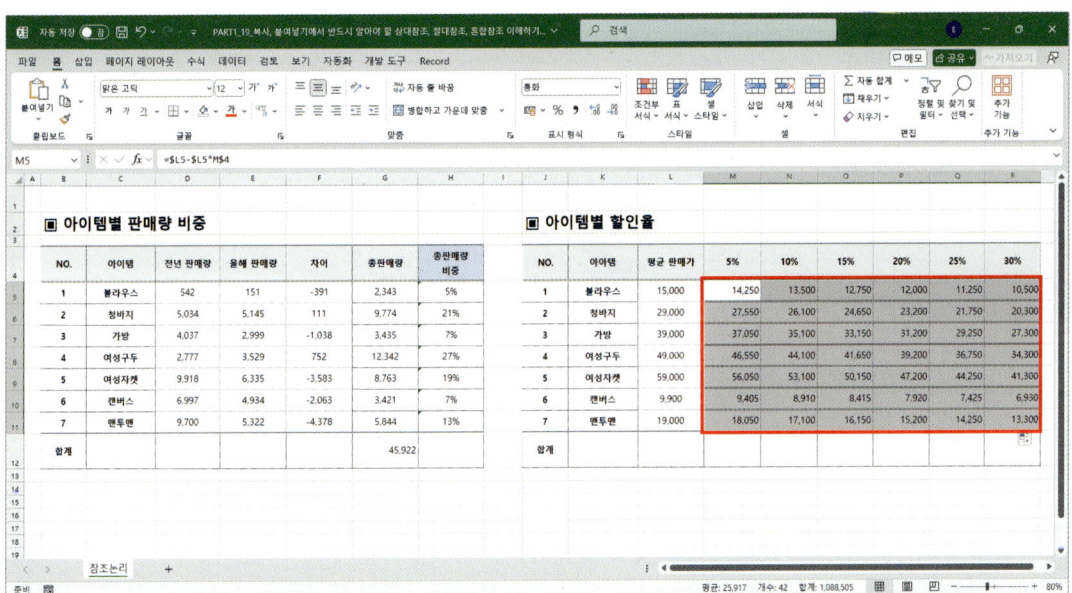

05 서식 질서를 유지시키기 위해 자동 채우기 옵션-[서식 없이 채우기]를 차례대로 클릭합니다.

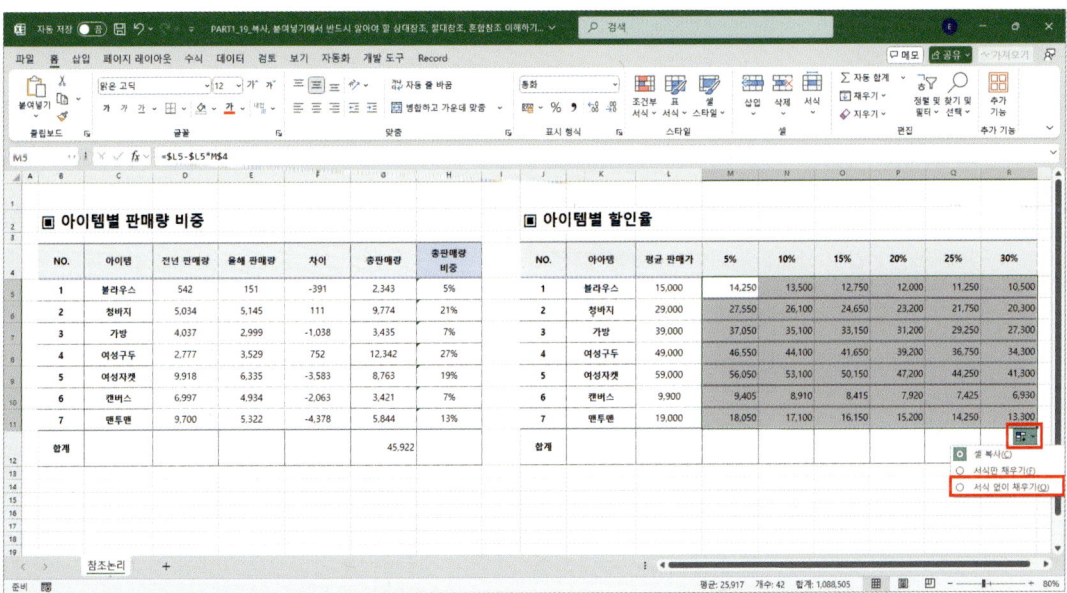

06 서식 질서가 유지된 채 값이 출력된 결과를 확인합니다.

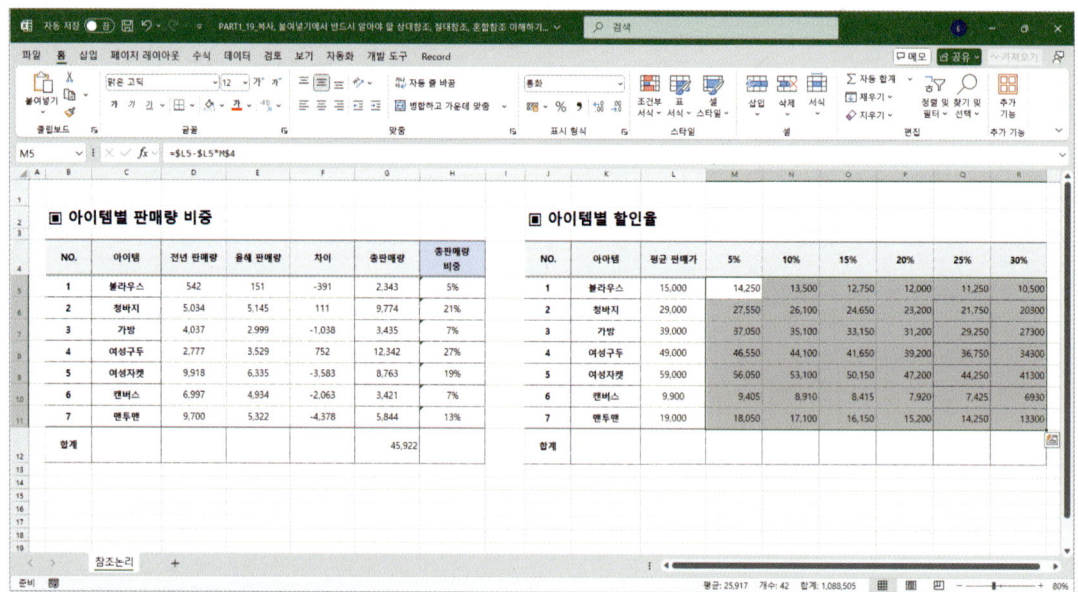

07 Ctrl + ~ 키를 눌러 입력된 값을 확인합니다. 기준 셀인 M5셀에 입력된 수식은 '기존 판매가 – 기존 판매가 X 할인율'을 계산한 수식입니다. 처음 입력된 수식 '=$L5-$L5*M$4'을 분석해 보면 다음과 같습니다.

❶ 먼저 $L5는 L열만 고정하고 5행은 고정하지 않은 혼합참조입니다. 이 의미는 기준 셀을 복사했을 때 열은 고정하고 행은 움직일 수 있도록 상대참조로 붙여넣겠다는 의미입니다. 이 표에서 판매가는 L열 안에만 존재하고 행 방향으로는 값이 각각 다르게 분포되어 있습니다. 복사/붙여넣기 시 판매가인 L열이 상대참조되면 열 방향, 즉 오른쪽으로 복사/붙여넣기 시 참조된 주소값이 기준 셀을 따라 열 방향으로 이동하게 되어 잘못된 주소값을 참조하게 됩니다. 반면에 5행은 아래로 이동하면서 다른 아이템의 판매가를 참조하도록 상대참조로 설정해야 다른 판매가를 참조할 수 있습니다.

❷ M$4는 할인율 값이 들어있는 구간은 4행만 고정하고 M열은 고정하지 않은 혼합참조입니다. 열 방향으로 이동하면서 다른 할인율을 참조하도록 만들어야 하는 반면에 4행이 고정값이 아닌 상대참조가 되면 5행, 6행, 7행… 이런식으로 한 행씩 밀리면서 잘못된 주소값을 참조하게 됩니다.

그렇기 때문에 판매가를 참조하고 있는 L5셀의 L열은 고정해 열 방향으로 이동하지 못하게 혼합참조해야 하고, 할인율을 참조하고 있는 M4셀은 4행을 고정해 행 방향으로 이동하지 못하게 혼합참조를 해야 수식 하나로 전체값을 한 번에 복사/붙여넣기할 수 있습니다.

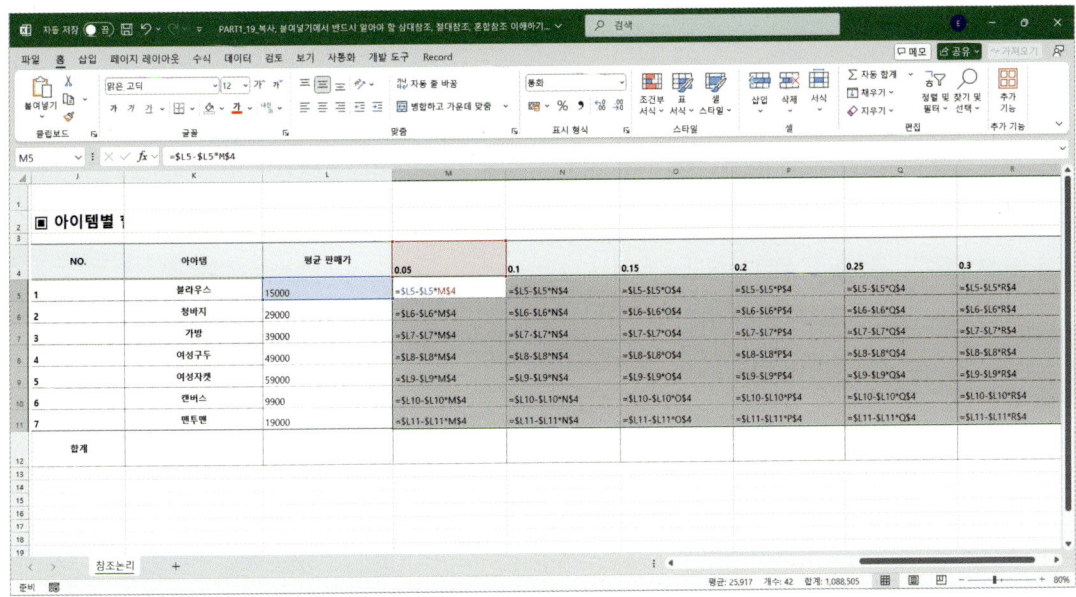

08 원래대로 되돌리기 위해서 다시 한번 Ctrl + ~ 키를 누릅니다.

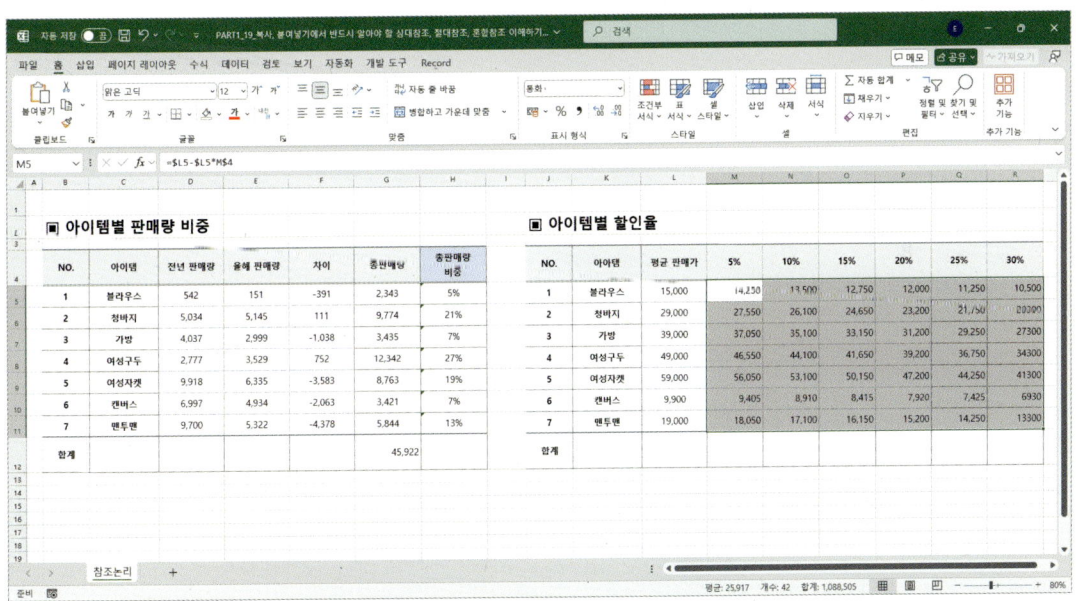

> **TIP** 상대적으로 어렵게 느껴지는 참조논리가 바로 혼합참조입니다. 한 개의 주소값에 상대와 절대가 혼합되어 있기 때문에 엑셀을 처음 접하는 분들은 혼선이 생길 수 있습니다.
>
> 1. 고정을 의미하는 $ 표시는 복사/붙여넣기에 영향을 받지 않고 항상 자신의 주소값을 가진다.
>
> 2. 그렇지 않은 경우, 즉 $ 표시가 없는 경우는 복사/붙여넣기 시 무조건 주소값에 변형이 생긴다.
>
> 이렇게 정리하면 됩니다.

주소값에 참조 논리($)를 생성하는 단축키는 F4 키입니다.

1. 한 번 입력 시: 절대참조, $ 표시가 열과 행에 각각 1개씩 총 2개 생성 (Ex: $A$1)

2. 두 번 입력 시: 혼합참조, 행만 고정 (Ex: A$1)

3. 세 번 입력 시: 혼합참조, 열만 고정 (Ex: $A1)

4. 네 번 입력 시: 상대참조, $ 표시 없음 (Ex: A1)

CHAPTER 20
복사/붙여넣기에서 반드시 알아야 할 수식, 서식, 값 개념 이해하기

• • • • • •

📁 **예제 파일** PART1_20 복사, 붙여넣기에서 반드시 알아야 할 수식, 서식, 값 개념 이해하기

실무 스킬

엑셀로 작업한 내용을 복사해서 붙여넣기해야 할 경우가 많습니다. 그런데 뜻대로 붙여넣기가 안 되는 경우가 있습니다. 참조논리 개념과 더불어 수식, 서식, 값 개념에 대한 이해 없이는 제대로 된 복사/붙여넣기를 할 수 없습니다.

수식은 '='라는 등호로 시작해 함수나 숫자를 운영 및 계산할 수 있게 하는 개념입니다. 수식에서 중요한 포인트는 주소값으로 참조된 셀값이 참조논리에 영향을 받아 복사/붙여넣기된다는 것입니다. 그래서 수식을 작성하고 복사/붙여넣기할 때는 셀 주소값의 참조논리를 반드시 이해하고 복사/붙여넣기해야 합니다.

서식은 시트라는 도화지에 그림을 그리는 역할입니다. 테두리, 채우기 색, 글꼴, 글꼴 색, 글꼴 크기 등 일반적으로 엑셀 리본 메뉴를 이용해 시트에 출력되는 기능입니다. '서식을 입힌다'라고 많이 표현을 합니다.

값은 시트상에 나타나는 모든 텍스트 정보를 말합니다. 한 셀에는 수식입력줄 정보와 값 정보가 있는데, 값 정보는 수식에 의한 결과이거나 직접 입력된 텍스트입니다. 보통 복사해서 붙여넣기할 때 수식, 서식, 값은 함께 복사되고 붙여넣기됩니다. 경우에 따라 옵션으로 이 세 가지 기능을 분리해서 붙여넣을 필요가 있습니다. 실무 예제를 통해 확인해 보겠습니다.

실무 연습 ❶

[매출성장보고서] 시트에서 1분기, 2분기 매출 성장 보고서를 노란색 화살표 오른쪽, I5셀에 복사해서 붙여넣겠습니다. 조건은 문자, 테두리, 채우기 색상, 숫자 정보 모두를 I5셀에 정보를 가져와야 합니다.

01 ❶ B5:G10셀의 범위를 지정하고 ❷ ⌜Ctrl⌟+⌜C⌟를 누릅니다.

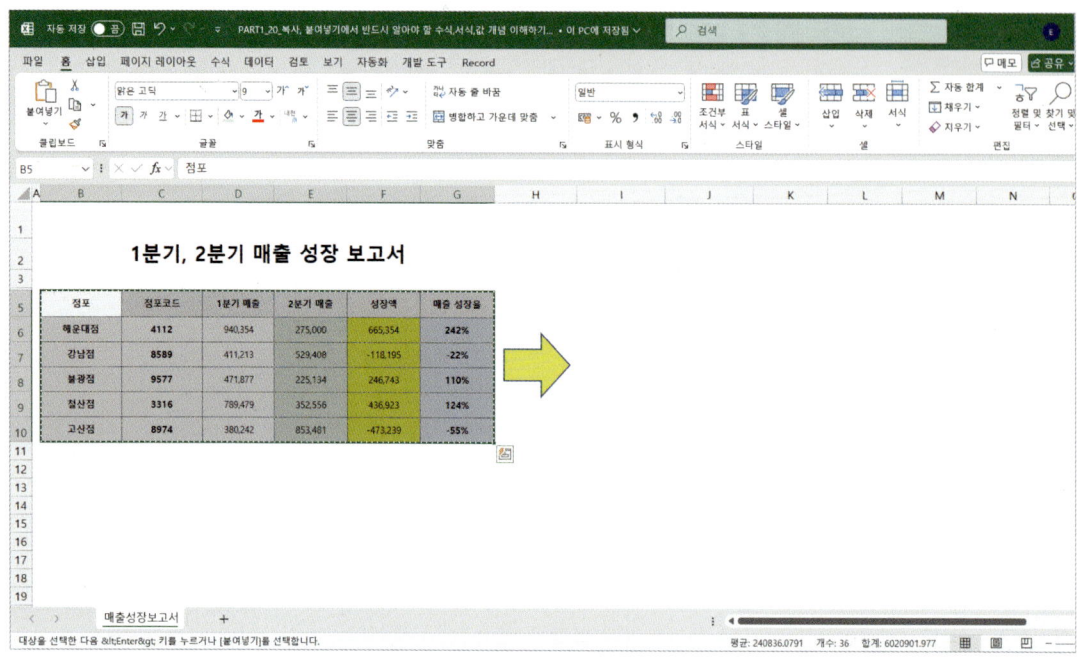

02 ❶ I5셀을 클릭한 상태에서 ⌜Ctrl⌟+⌜V⌟로 붙여넣기합니다. ❷ 복사/붙여넣기된 정보값 중에 '점포코드' 필드값을 제외한 나머지 숫자값에 오류가 표시됩니다.

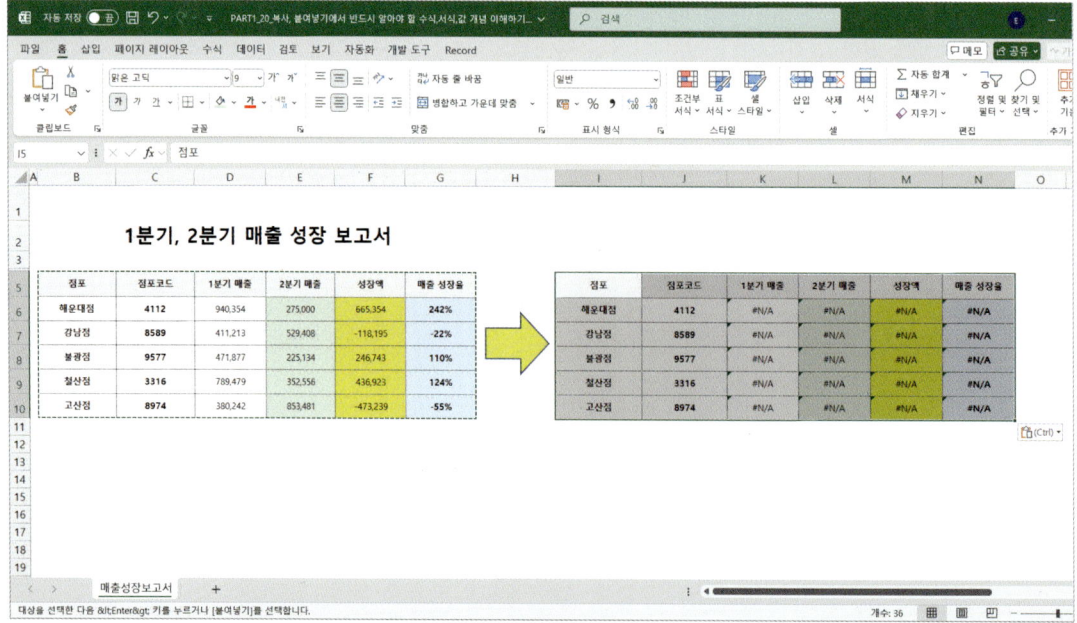

03 오류 분석을 위해 기준이 되는 셀 D6셀을 클릭해 수식입력줄에 입력된 수식을 확인합니다. 지금은 함수 운영법을 확인하려는 것이 아니라, 참조논리를 확인하기 위해서입니다. 모두 상대참조로 운영되고 있습니다. 상대참조를 그대로 복사해서 붙여넣기했기 때문에 기준 셀이 오른쪽으로 7칸 이동하여 오류값이 추출된 것입니다.

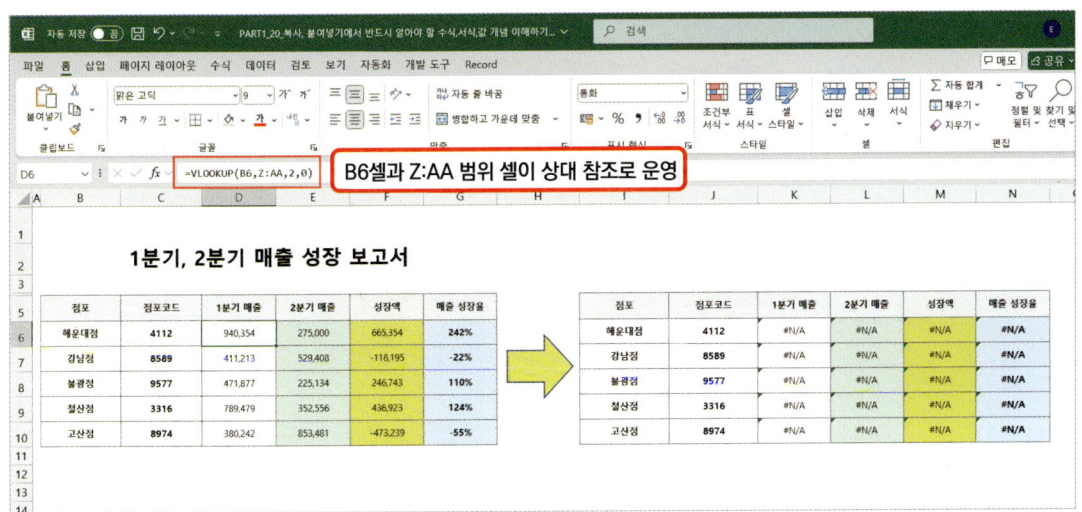

04 D6셀에 참조된 주소값(B6, Z:AA)이 상대참조로 D6셀로부터 오른쪽으로 7칸 이동된 주소값 K6셀에 주소값이 '=VLOOKUP(I6,AG:AH,2,0)' 상대참조논리에 의해 I6,AG:AH로 변경되었습니다. 해당 결과값을 가지고 분석할 수 있는 것은 참조하는 원본 주소값이 변경되었기 때문에 출력되는 결과값이 달라졌음을 확인할 수 있습니다. 이제 조건에 맞는 결과값을 출력하기 위해서 선택하여 붙여넣기 기능으로 미션을 완수해 보겠습니다.

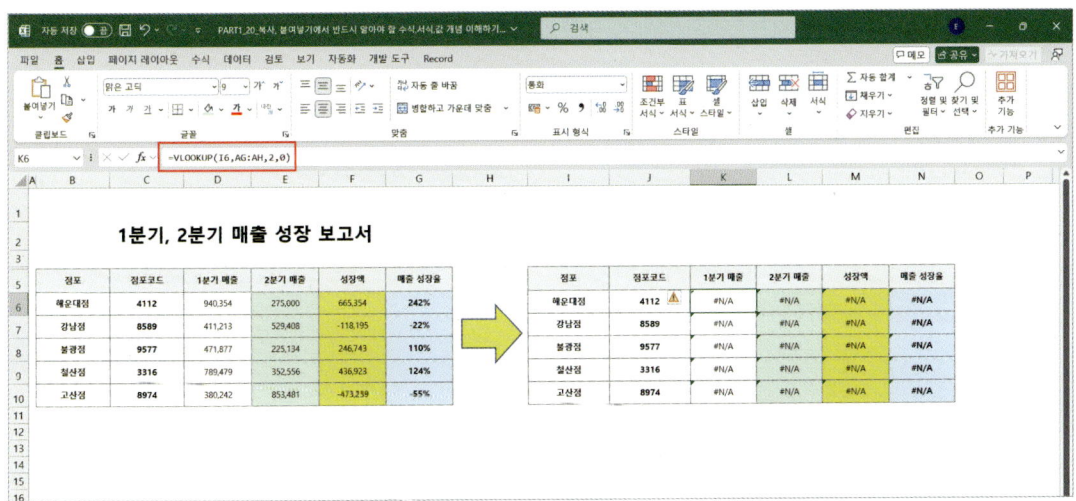

05 일단 잘못 붙여넣기된 수식을 지우겠습니다. ❶ I5:N10셀 범위를 지정하고 ❷ [홈] 탭-[편집]- [지우기]-[모두 지우기] 메뉴를 선택합니다.

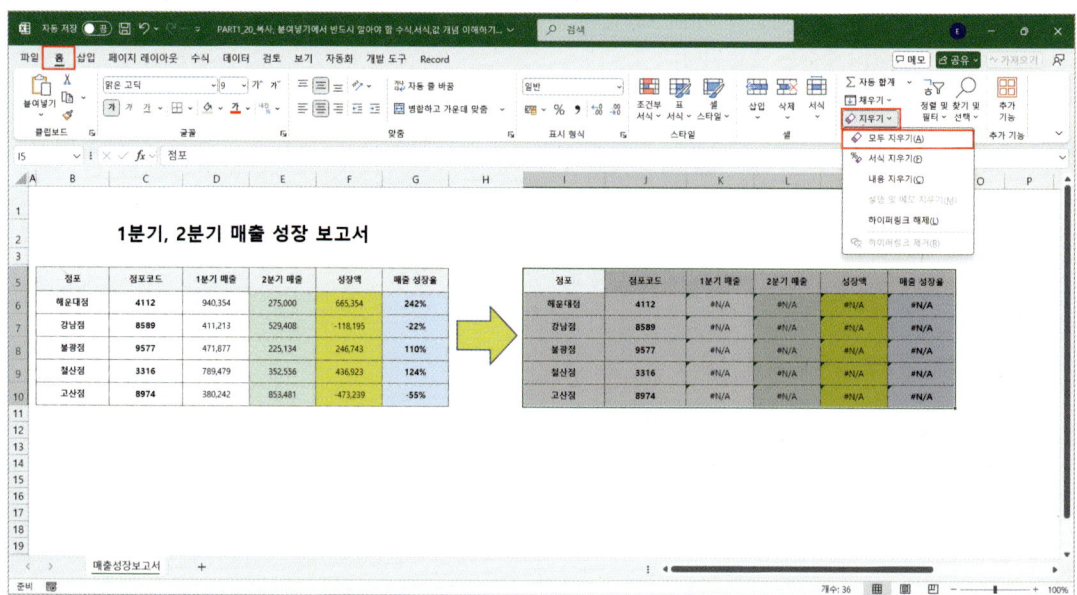

06 정보가 지워졌는지 확인합니다.

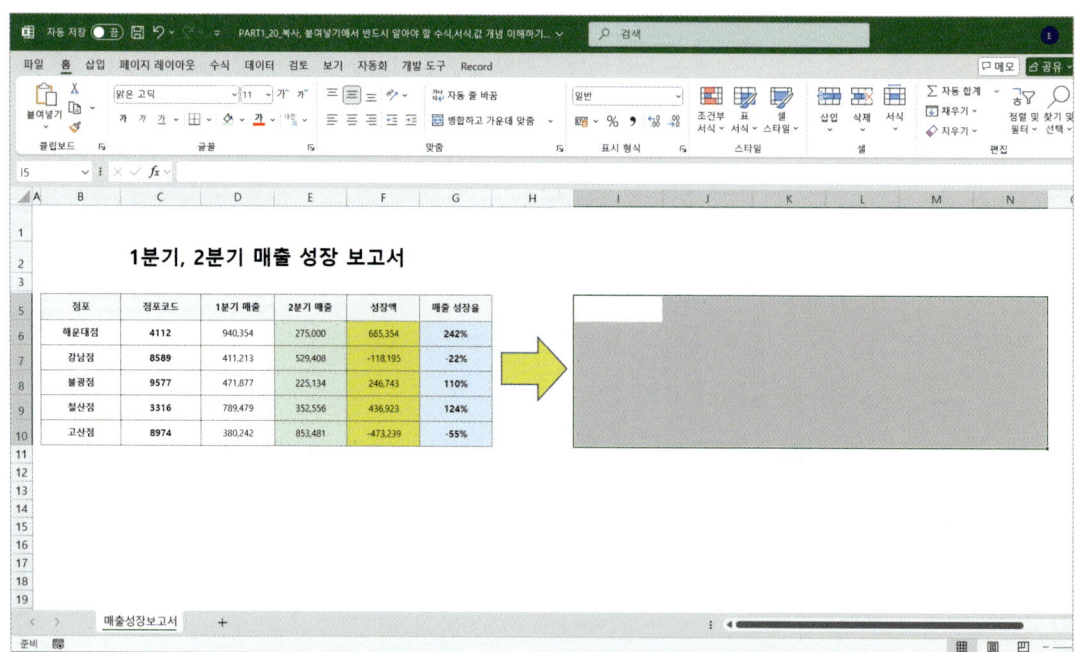

07 ❶ 다시 B5:G10셀을 범위 지정하고 ❷ [Ctrl]+[C]를 누릅니다.

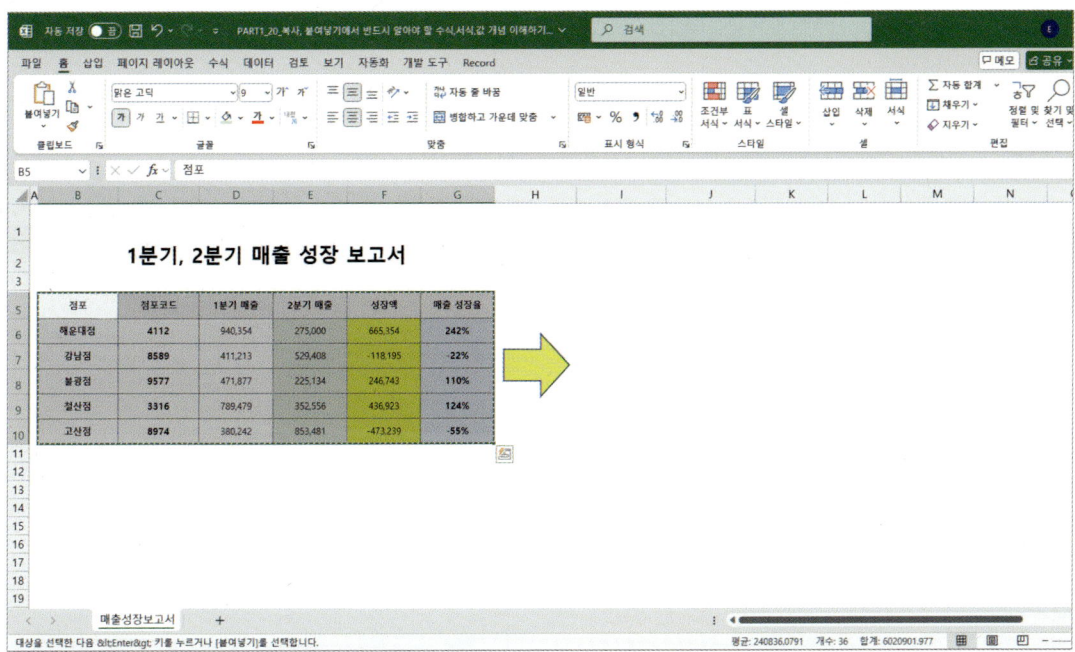

08 ❶ I5셀을 클릭하고 ❷ 마우스 오른쪽 버튼 클릭-[선택하여 붙여넣기]-[값 및 원본 서식] 메뉴를 선택합니다.

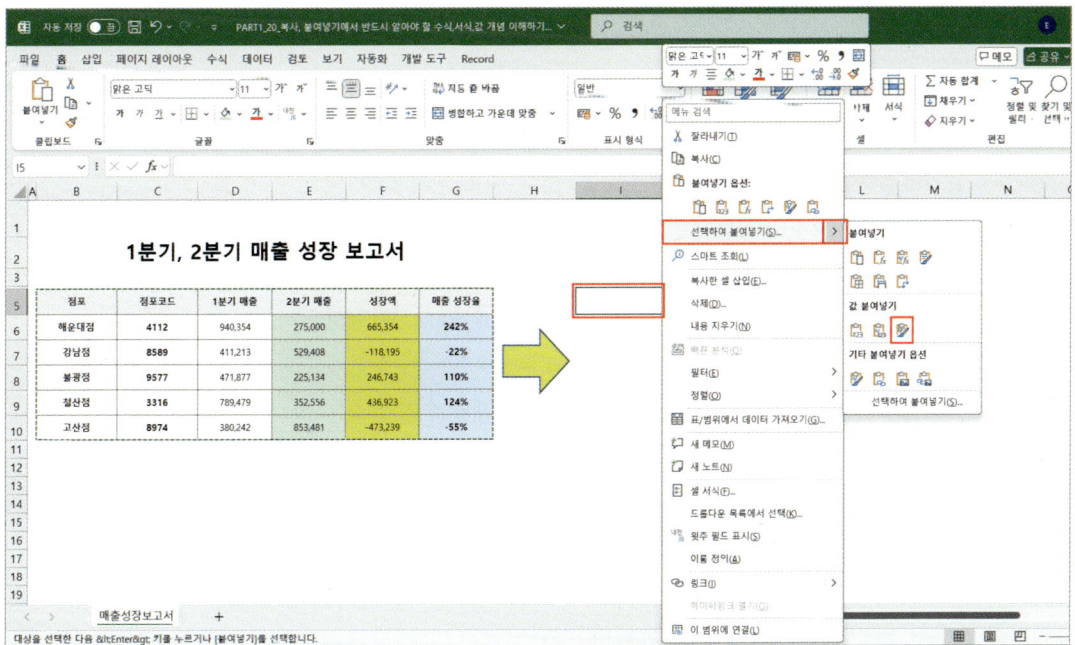

09 수식을 제외한 서식과 값만 붙여넣기된 결과를 확인합니다.

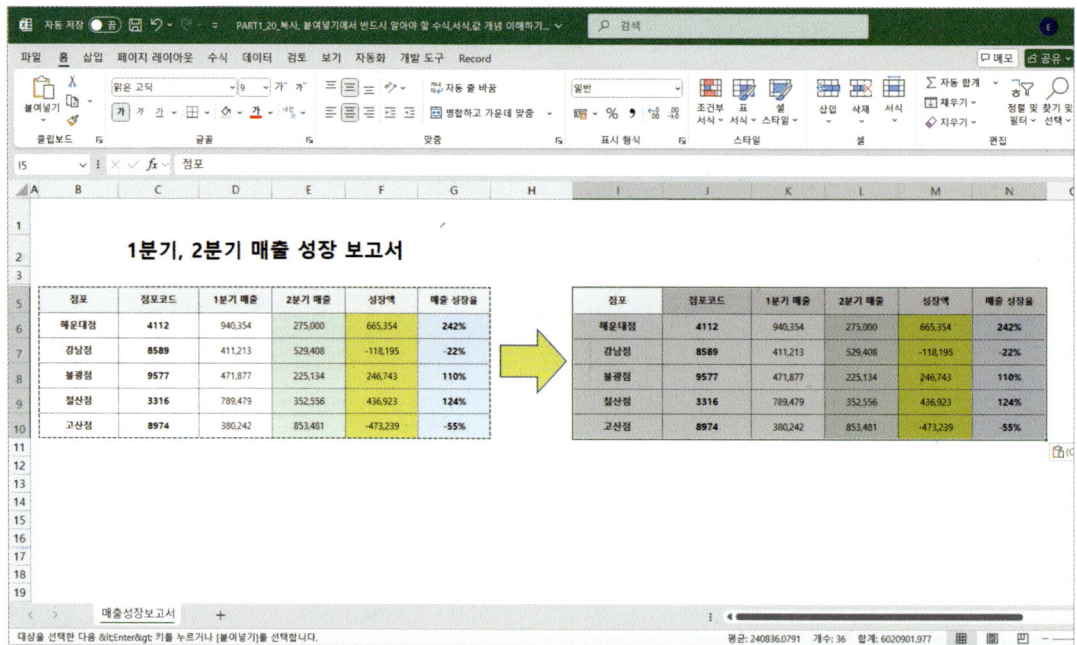

값 붙여넣기 메뉴

선택하여 붙여넣기는 복사/붙여넣기 한 만큼 많이 사용되는 메뉴이니 단축키를 알아두면 업무에 편리하게 사용할 수 있습니다. 단, [그림] 메뉴는 선택할 수 없습니다.

1. Ctrl + C (복사) → Ctrl + Alt + V (선택하여 붙여넣기)
2. Ctrl + C (복사) → Alt + E (선택하여 붙여넣기)

* 비록 단축키는 다르지만 같은 선택하여 붙여넣기입니다.

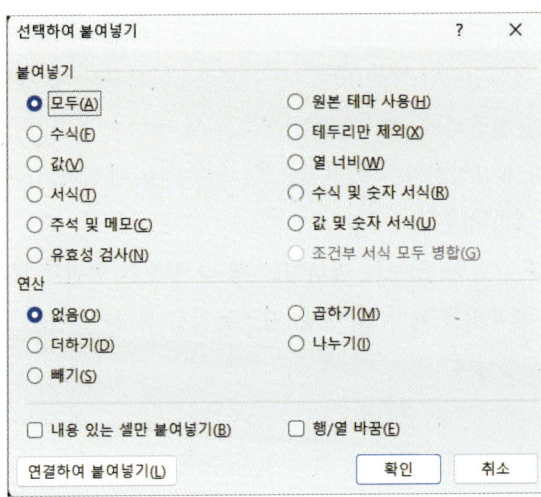

CHAPTER 21

셀 병합 없이 정보를 가운데로 정렬하는 간단한 방법 알아보기

📄 **예제 파일** PART1_21_셀 병합 없이 정보를 가운데로 정렬하는 간단한 방법 알아보기

엑셀에서 가장 많은 이슈가 바로 셀 병합입니다. 데이터를 관리하는 측면에서는 셀 병합은 지양해야 할 기능입니다. 하지만 완성된 보고서를 깔끔하게 출력하기 위해서는 셀 병합이 불가피할 때가 있습니다. 무조건 셀 병합을 하지 말아야 한다고 단정짓기는 어렵지만, 분명한 것은 데이터 가공이 필요한 표에서는 셀 병합을 하지 않는 게 좋다는 것입니다.

구체적으로, 표에서 무작정 셀 병합을 하면 ❶ **정보를 필터링할 때** ❷ **함수로 범위를 지정할 때** ❸ **셀 병합 개수가 일치하지 않을 때** ❹ **자동 채우기를 해야 할 때** ❺ **참조논리로 복사/붙여넣기 시 동일한 규칙을 적용해야 할 때** 등에 어려움이 발생합니다.

병합된 레이이웃으로 보고서를 만들지만 병합하지 않은 채 정보를 출력해 위에서 언급한 어려움을 극복할 수 있는 **[선택 영역의 가운데로]** 기능을 예제를 통해 알아보도록 하겠습니다.

[판매량자료] 시트에는 1분기-I아이템, 2분기-E아이템, 3분기-J아이템, 4분기-C아이템에 각각 값이 입력되어 있지 않고 X 표시가 되어 있습니다. 이 상태에서 다음의 세 가지를 해 보겠습니다.

1. 셀 병합 문제를 확인하기 위해 먼저 현 상태에서 월별 합계를 구해 보겠습니다.
2. X 표시를 분기별로 '병합하고 가운데 맞춤'해서 합계를 구해 보도록 하겠습니다.
3. 분기 목록에 필터를 걸어 월별로 X 표시를 선택할 수 있는 데이터 구조를 만들어 보겠습니다.

01 [판매량자료] 시트에서 월별 합계를 구해 보겠습니다. C6셀에 =SUM(C7:C19)를 입력합니다.

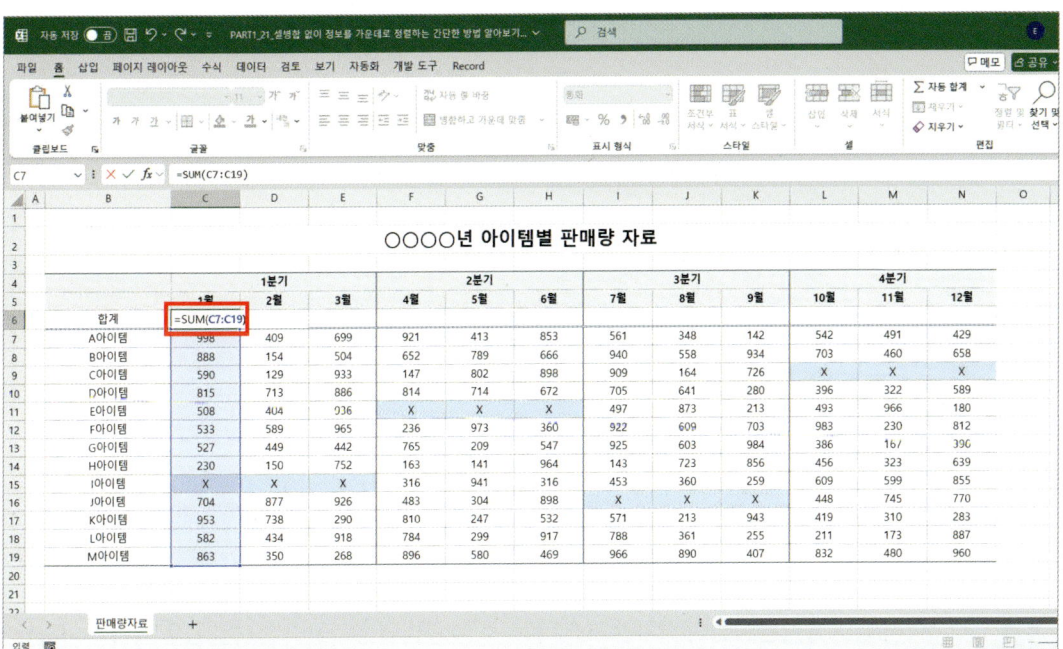

02 출력된 결과값 8,191을 확인합니다.

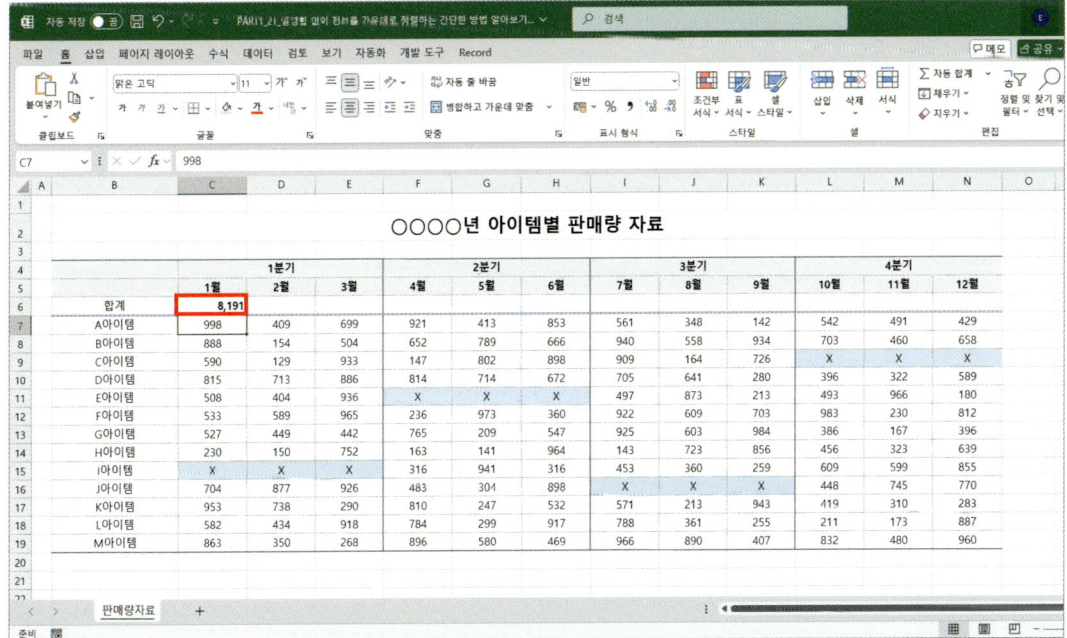

03 ❶ C6셀의 자동 채우기 핸들을 N6셀까지 드래그해 수식을 복사/붙여넣기하고 ❷ 자동 채우기 옵션-[서식 없이 채우기]를 선택합니다.

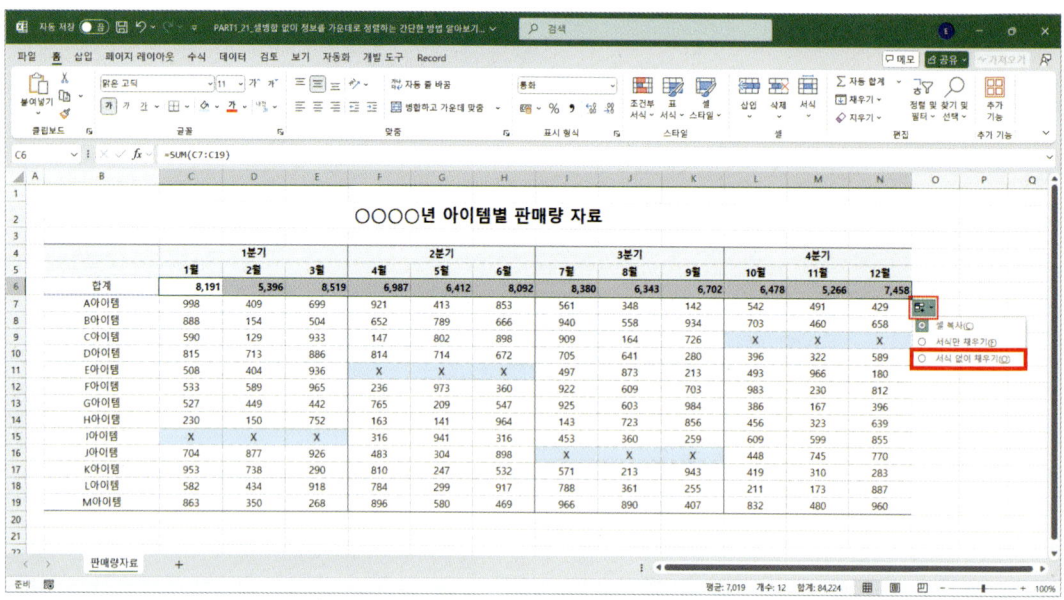

04 각 분기마다 X 표시된 구간이 있지만 SUM 함수가 잘 운영돼 결과값이 출력된 값을 확인합니다.

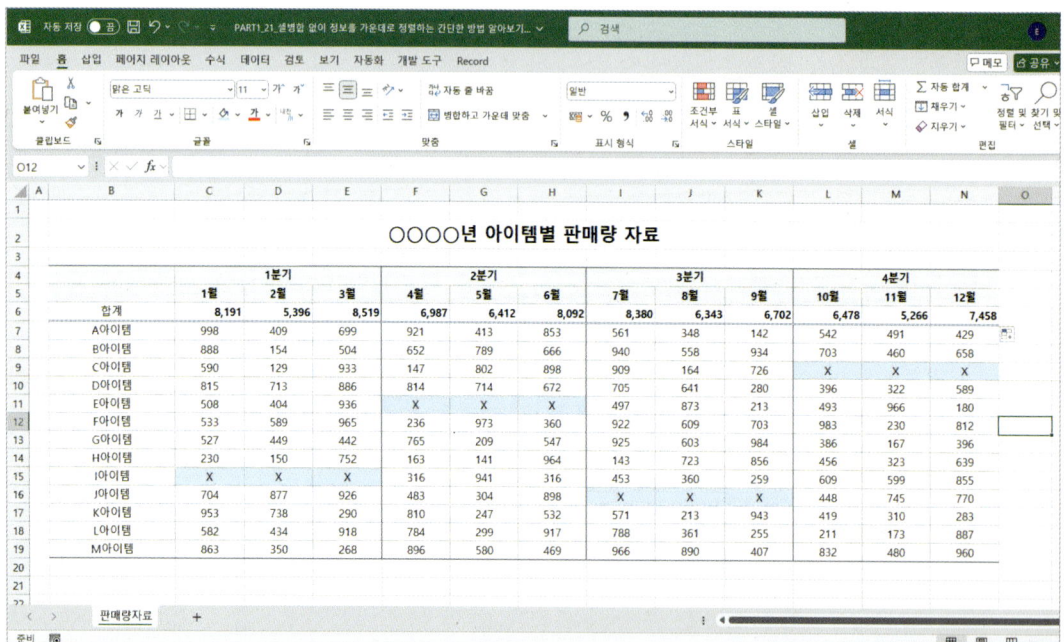

01 이번에는 X 표시가 된 셀을 분기별로 '병합하고 가운데 맞춤'해서 합계를 구해 보도록 하겠습니다. X 표시가 있는 셀을 다중 선택하기 위해 먼저 ❶ C15:E15셀 범위를 최초 지정합니다. ❷ `Ctrl` 키를 누른 채 F11:H11셀을 범위 지정합니다. ❸ `Ctrl` 키를 누른 채 I16:K16셀을 범위 지정합니다. ❹ `Ctrl` 키를 누른 채 마지막으로 L9:N9셀 범위를 지정합니다.

02 [홈] 탭-[맞춤]-[병합하고 가운데 맞춤] 메뉴를 클릭합니다.

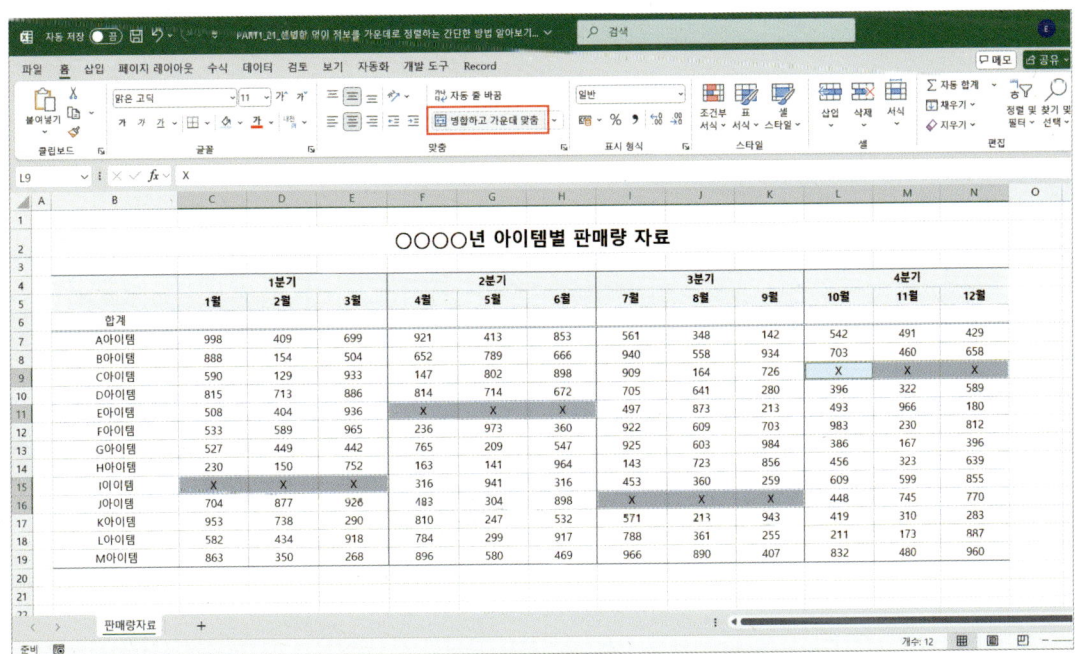

03
❶ 경고 메시지 창이 팝업됩니다. ❷ 병합된 구역만큼 [확인]을 눌러 줍니다. 여기에서는 [확인]을 누릅니다.

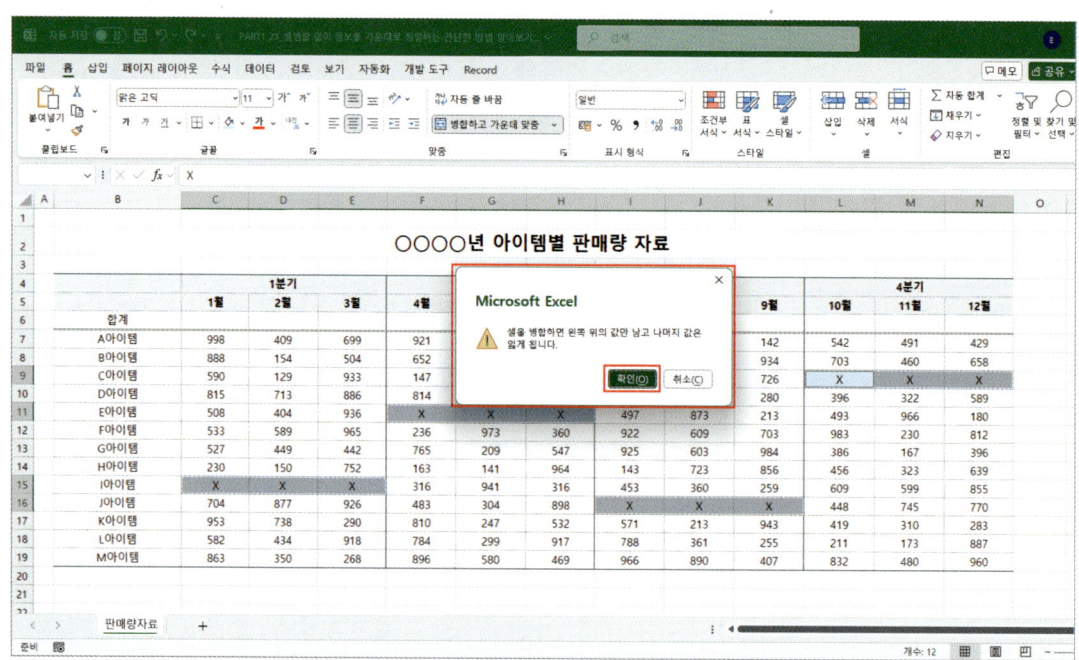

04
각 월마다 표기된 X 표시가 분기별로 병합되어 하나로 출력된 결과를 확인합니다.

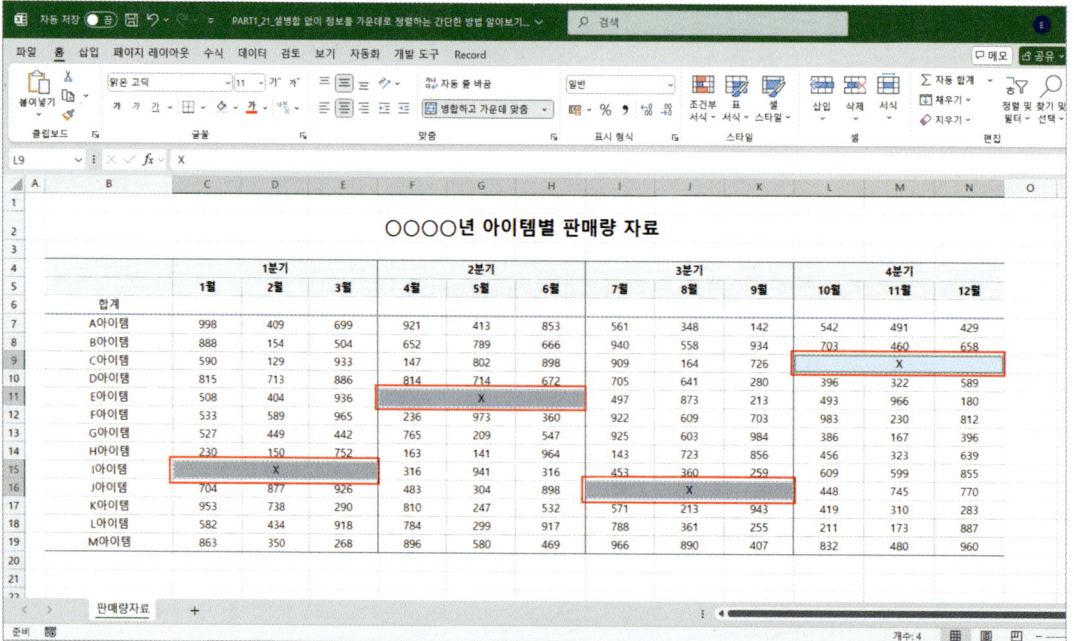

05 이 상태에서 합계를 구하기 위해서 C6셀에 1분기 1월인 C열, 한 열을 마우스로 범위 지정을 하게 되면 다음과 같은 수식으로 '=SUM(C7:E15)' 범위가 확장됩니다. 원인은 셀 병합 구간 때문입니다.

※ 병합하기 전 1월 수식 입력시 마우스로 범위 지정을 '=SUM(C7:C19)' C열 한 열 가능하였지만 지금은 범위를 한 열만 지정할 수 없는 상태입니다.

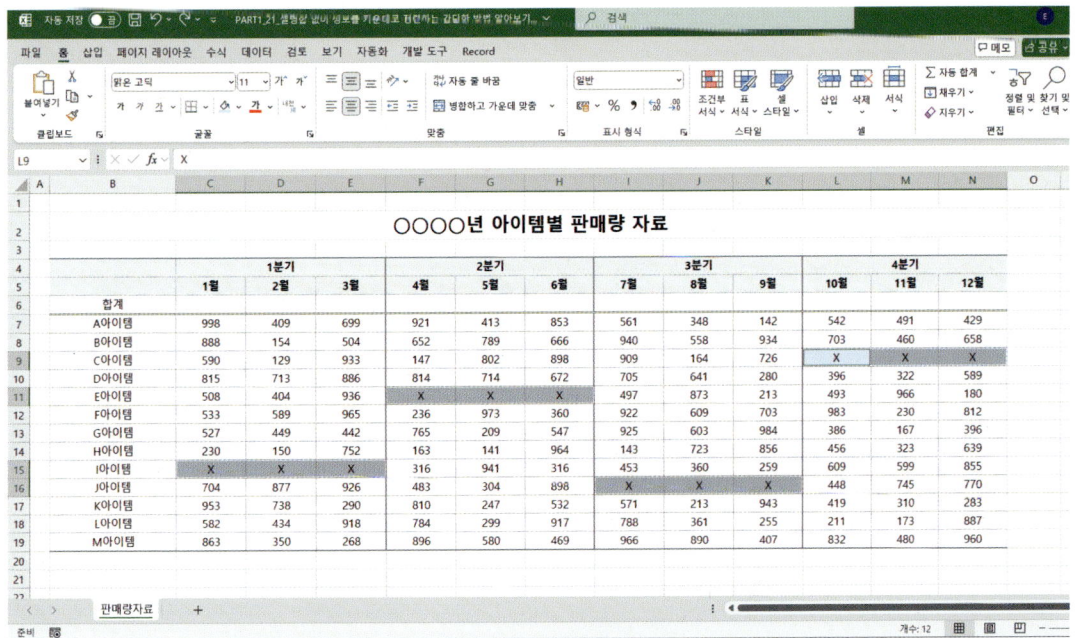

06 [병합하여 가운데 맞춤] 기능을 이용하면 수식을 제대로 입력할 수 없습니다. 하지만 자료의 특성상 병합된 구조는 필요합니다. 구조를 병합된 구조처럼 만들기 위해 [선택 영역의 가운데로] 메뉴를 통해 문제를 해결해 보겠습니다. Ctrl + Z 키를 눌러 이전 단계로 되돌립니다.

07 ❶ 각 분기별로 왼쪽 첫 번째 셀에 있는 X 표시만 정보만 남기고 ❷ 나머지 셀의 X 표시는 지웁니다.

08 다시 한번 다중 범위를 지정합니다. ❶ C15:E15셀 빔위를 최초 지정합니다. ❷ Ctrl 키를 누른 채 F11:H11셀을 범위 지정합니다. ❸ Ctrl 키를 누른 채 I16:K16셀을 범위 지정합니다. ❹ Ctrl 키를 누른 채 마지막으로 L9:N9셀 범위를 지정합니다. ❺ 범위 구간 안에서 마우스 오른쪽 버튼 클릭-❻ [셀 서식] 메뉴를 선택합니다.

09 셀 서식 대화상자에서 [맞춤]-[가로]-[선택 영역의 가운데로] 메뉴를 선택합니다.

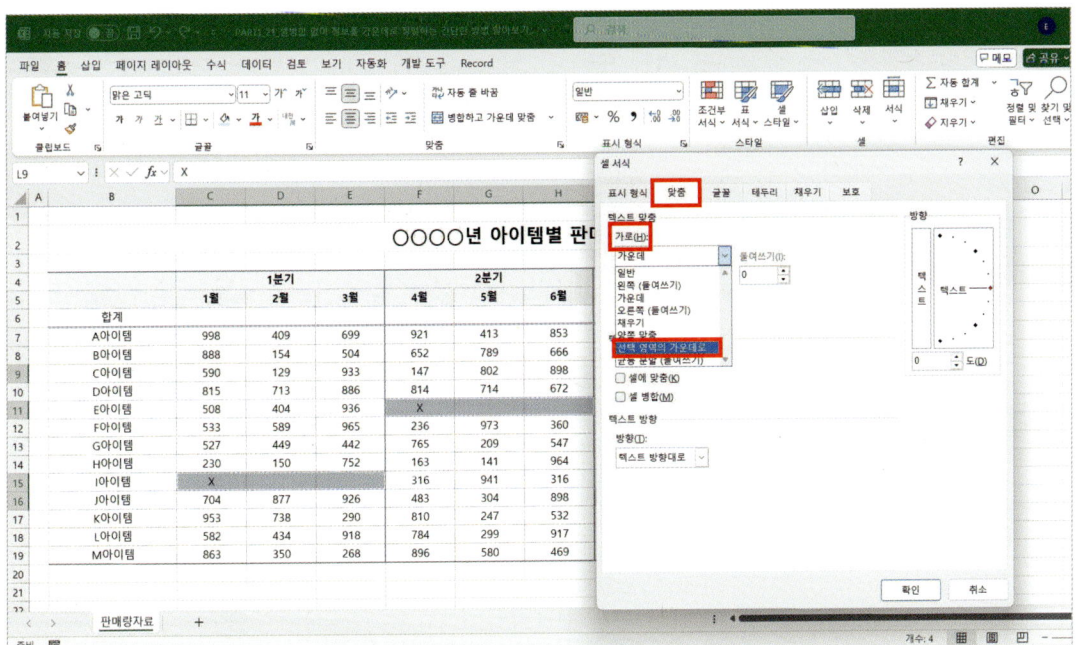

10 이렇게 되면 마치 셀 병합이 된 구조처럼 X 표시가 범위 영역의 가운데로 이동합니다. 또한 L9 셀을 클릭하면 흰색 음영이 표시된 것을 확인할 수 있습니다. 병합된 구조라면 흰색 음영이 L9:N9 셀 범위 전체, 하나로 표시될 것입니다.

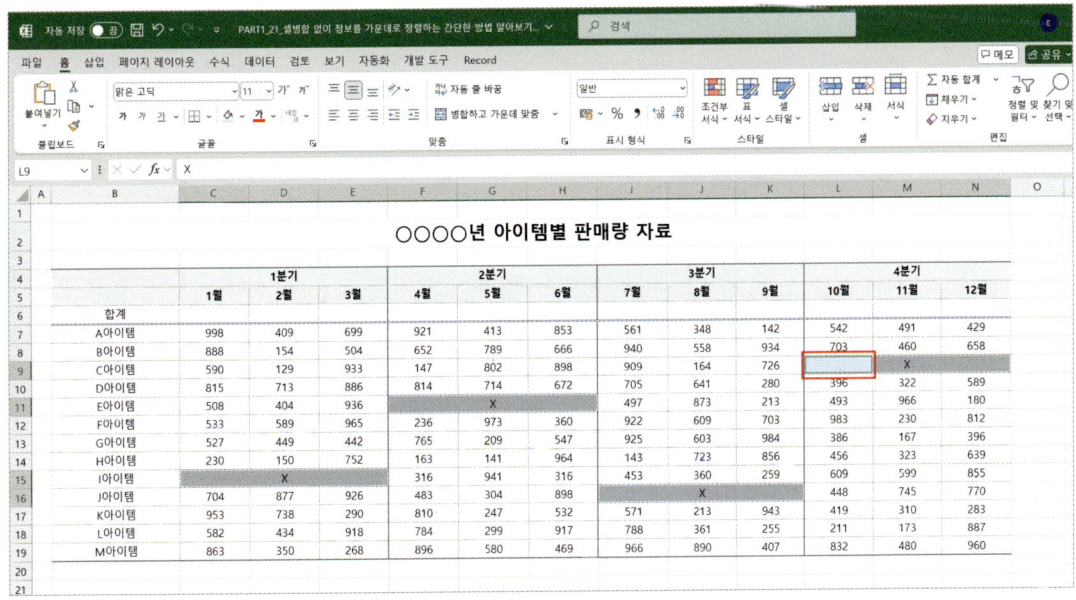

11 이 상태에서 다시 합계를 구해 보겠습니다. C6셀에 =SUM(C7:C19)를 입력합니다. 이전과는 다르게 범위 영역 지정이 잘 되는 것을 확인할 수 있습니다.

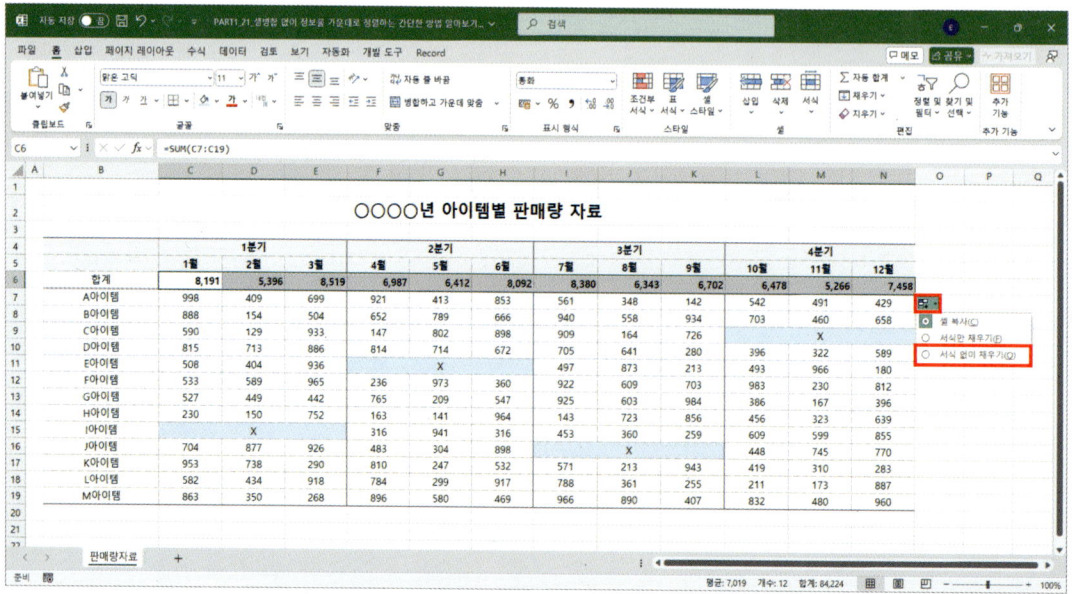

12 C6셀의 자동 채우기 핸들을 N6셀까지 드래그해 각 월 합계값을 출력하고 자동 채우기 핸들-[서식 없이 채우기] 메뉴를 선택해 서식 질서를 유지합니다.

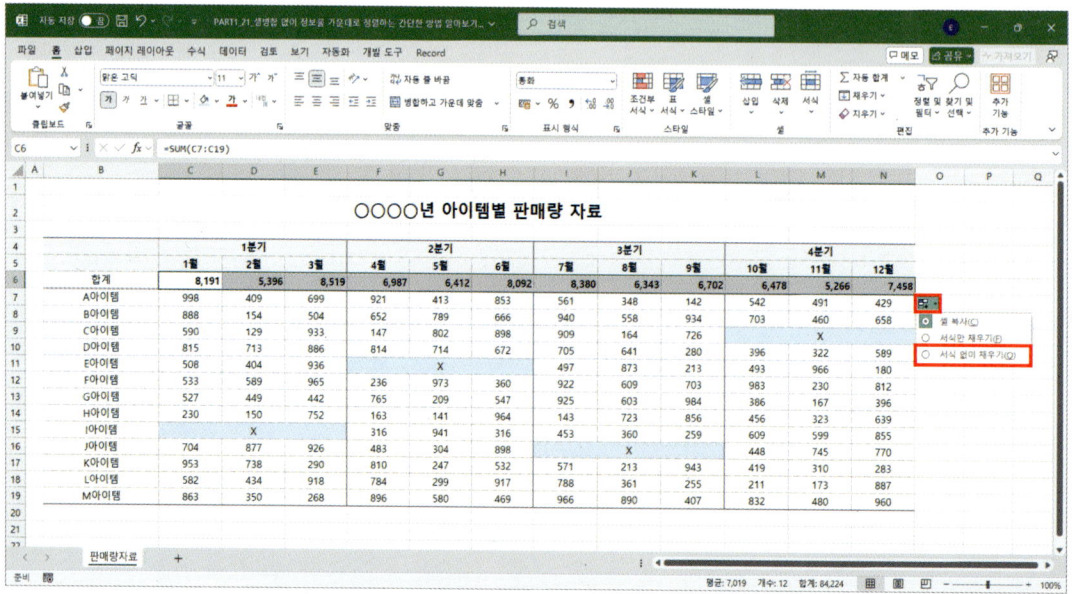

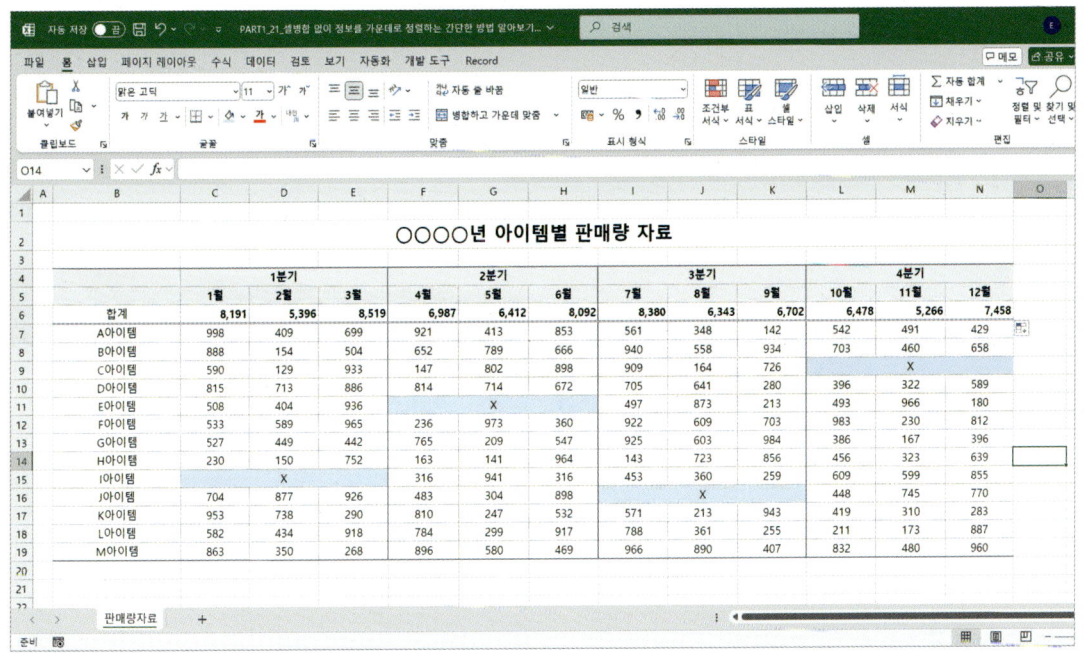

실무 연습 ❸   분기 목록에 필터 걸기

01 분기 목록에 필터를 걸어 월별로 X 표시를 선택할 수 있는 데이터 구조를 만들어 보겠습니다. 현재
1, 2, 3, 4분기 목록은 각각 병합이 되어 있는 상황입니다. ❶ B4:N4셀 범위를 지정합니다. ❷ [데
이터] 탭-[정렬 및 필터]-[필터] 메뉴를 클릭합니다.

그러면 각 월별로 드롭다운 버튼이 생기지 않고 병합된 마지막 셀(E4, H4, K4, N4)에 각각 드롭다
운 버튼이 생깁니다. 이를 월별로 필터가 걸릴 수 있도록 데이터 구조를 바꿔 보도록 하겠습니다.

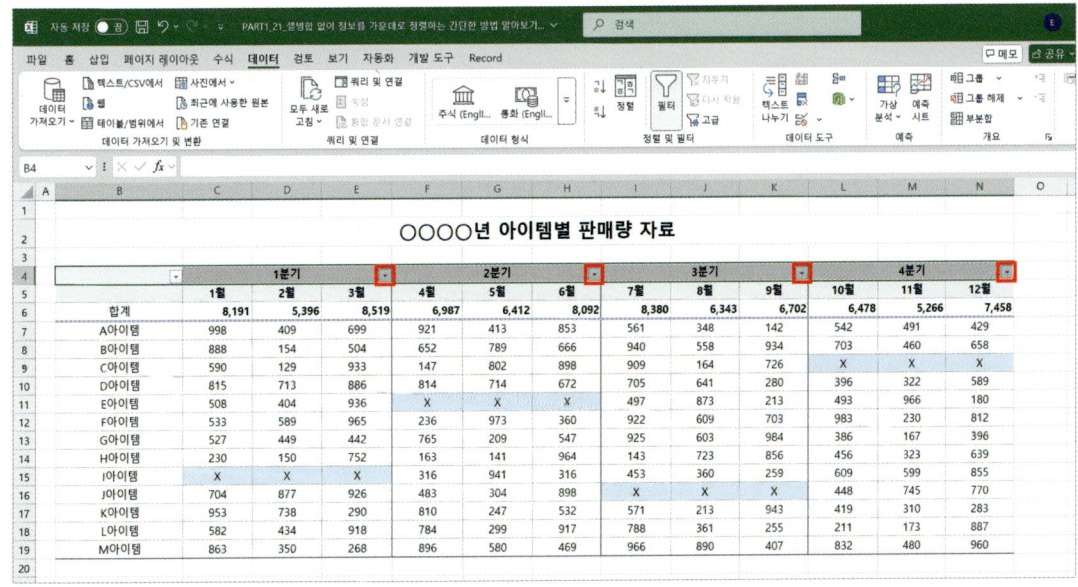

02 일단 드롭다운 버튼을 해제하기 위해서 다시 한번 [데이터] 탭-[정렬 및 필터]- [필터] 메뉴를 클릭해 필터를 해제합니다.

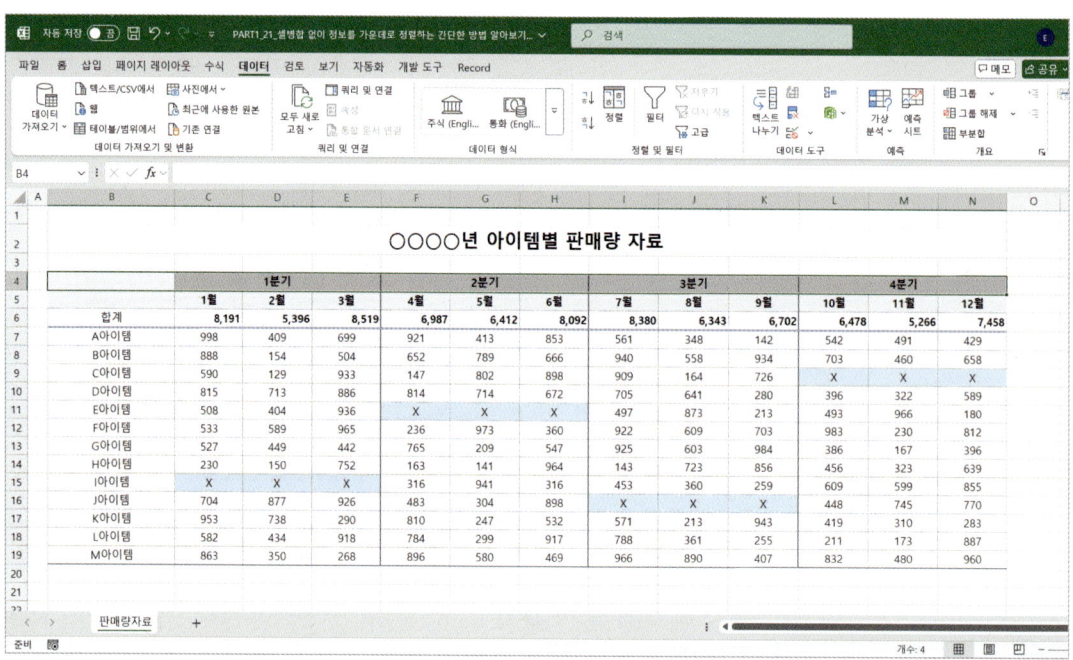

03 병합 해제를 위해 범위가 잘 선택된 상태에서 [홈] 탭-[맞춤]-[병합하고 가운데 맞춤] 메뉴를 클릭합니다.

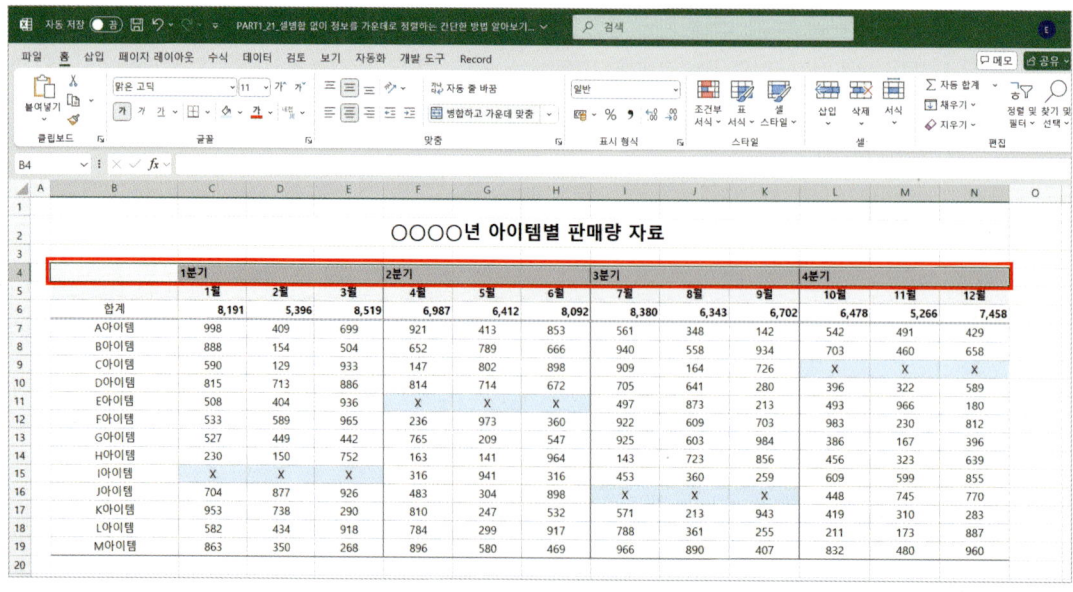

> **TIP** [병합하고 가운데 맞춤]이 설정된 상태에서 해당 메뉴를 누르면 설정이 해제됩니다.

04 범위 영역에서 마우스 오른쪽 버튼 클릭-[셀 서식] 메뉴를 선택합니다.

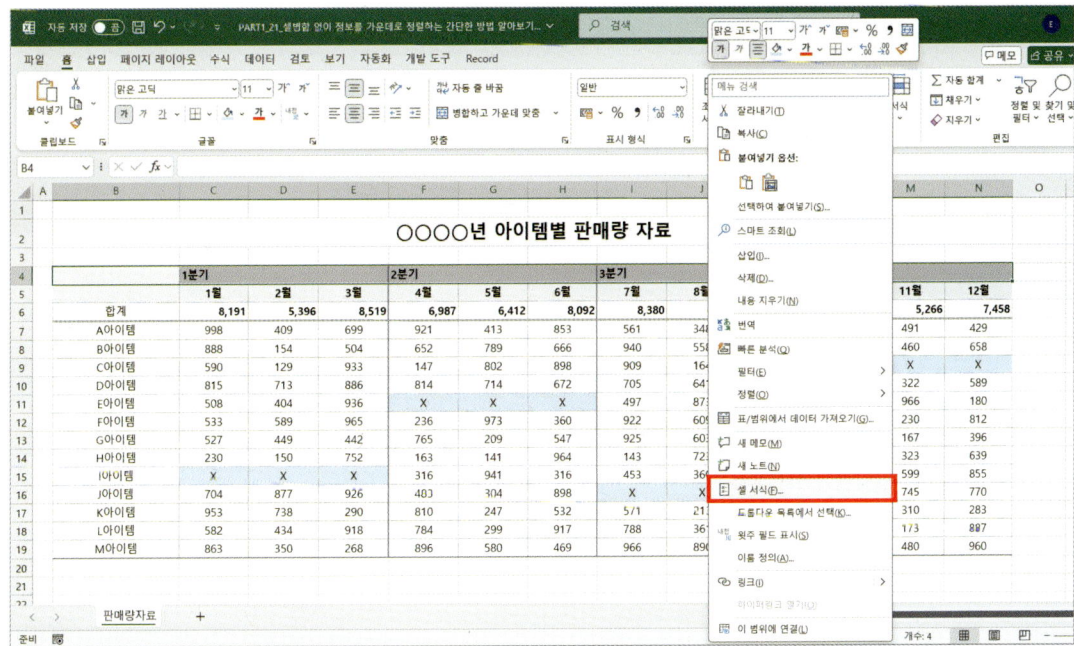

05 [맞춤]-[가로]-[선택 영역의 가운데로] 메뉴를 선택합니다.

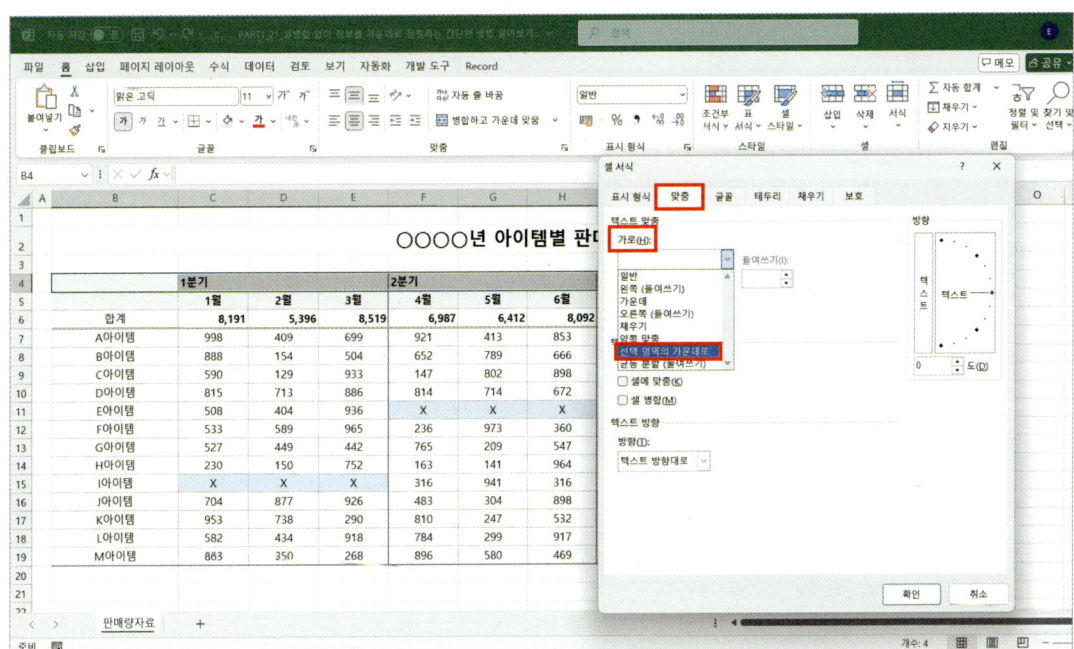

06 마치 각 분기 목록이 병합된 것처럼, 범위 영역 안에서 문자 정보가 가운데에 배치됩니다.

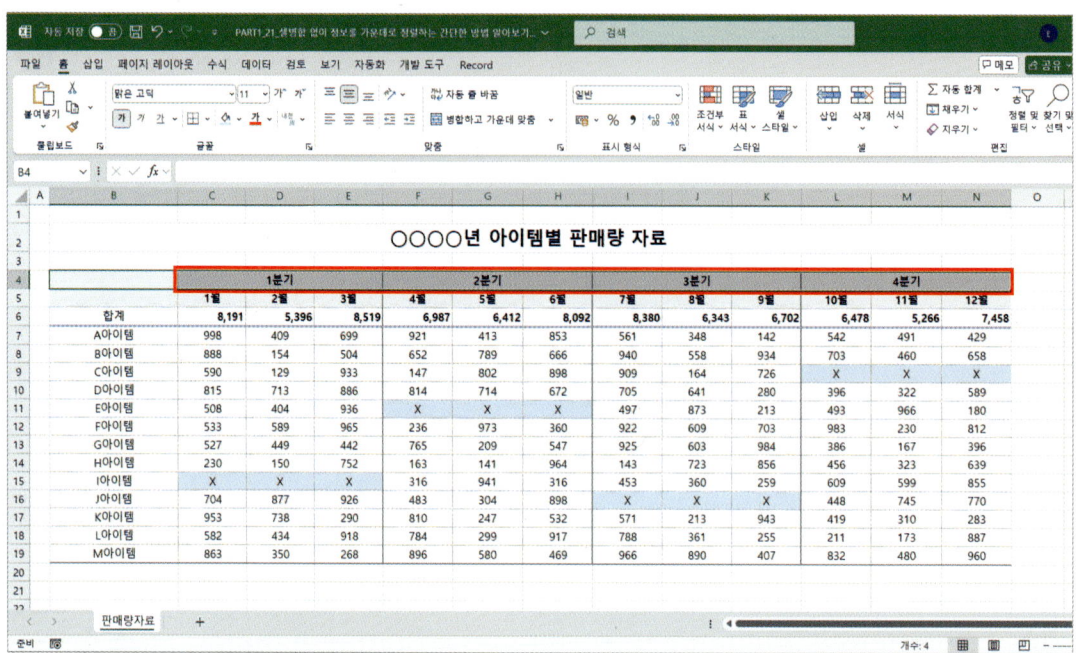

07 ❶ [데이터] 탭-[정렬 및 필터]-[필터] 메뉴를 선택합니다. ❷ 이번에는 드롭다운 버튼이 각 월 목록 위에 생성됩니다.

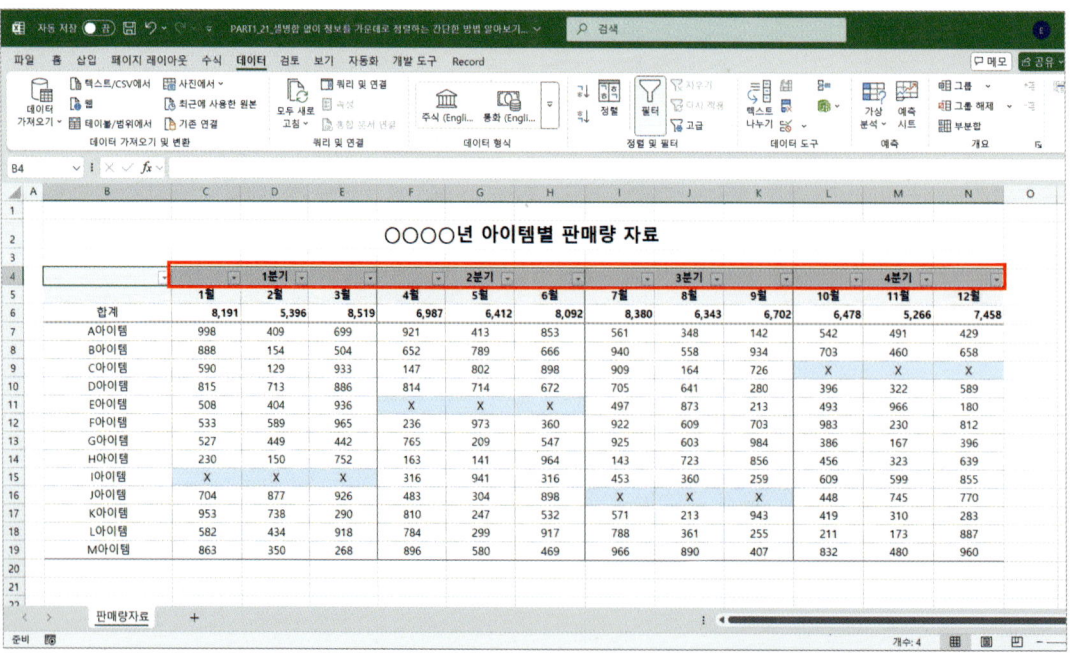

TIP 위에서 다룬 문제는 병합 구조 레이아웃을 유지한 채 데이터 관리를 하기 위한 해결 방법에 대한 것입니다. 병합된 서식 구간을 복사/붙여넣기해야 할 때는 병합된 셀 개수를 맞춰야 병합된 구조로 서식을 복사/붙여넣기할 수 있습니다. 예를 들어, 병합된 구간이 3개라면 3의 배수로 병합된 서식을 붙여넣기할 수 있습니다. 서식을 처음 만드는 상황이라면 상관없겠지만, 병합된 구간 레이아웃이 만들어져 있고 병합된 개수도 다른 구간에 수식을 복사/붙여넣기하려면 아래와 같은 오류 메시지가 팝업됩니다.

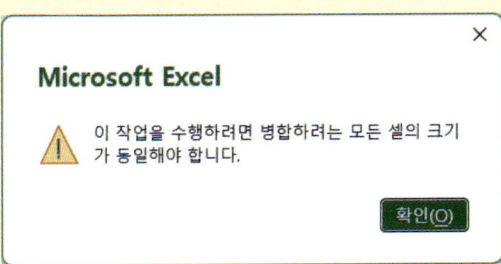

'이 작업을 수행하려면 병합하려는 모든 셀의 크기가 동일해야 합니다'라는 뜻은 병합된 개수가 같아야 한다는 의미입니다. 그렇기 때문에 병합 구간에서 수식이나 다른 텍스트를 복사/붙여넣기하기 위해서는 반드시 병합된 셀 개수를 일치시켜야 합니다.

이전 서식 행위 반복해 주는 유용한 기능, 이럴 때 사용하기

📄 **예제 파일** PART1_22 이전 서식 행위 반복해 주는 유용한 기능, 이럴 때 사용하기

실무 스킬

 엑셀에는 서식에 한해서 이전에 했던 행위를 반복해 주는 기능이 있습니다. 어떤 작업을 할 때, 보통은 마우스로 리본 메뉴를 클릭해 사용하는 것이 직관적이고 익숙합니다. 하지만 반복 작업을 많이 해야 하는 경우는 번거롭고 귀찮을 수 있습니다. 이런 불편함을 해소하기 위해 이전 행위를 반복해 주는 기능을 알아두면 업무 효율을 높일 수 있습니다. 실무 연습을 통해 방법을 익혀 보겠습니다.

실무 연습 ❶

 현재 [도서대출현황] 시트의 오른쪽 표는 미완성된 상태입니다. 하지만 이전 행위 반복 기능을 사용하여 미완성 표에서 '병합 구간'과 '테두리 서식'만 조정하면 빠르게 표를 완성을 시킬 수 있습니다.

01 병합 구간의 레이아웃 조정을 위해서 왼쪽 표를 참고해 병합 구간을 확인한 다음 이전 행위 반복 기능으로 먼저 병합을 진행해 보겠습니다. ❶ 1개의 셀을 기준으로 삼기 위해 J4:M4셀 범위를 지정하고 ❷ [병합하고 가운데 맞춤] 메뉴를 눌러 병합을 해 줍니다.

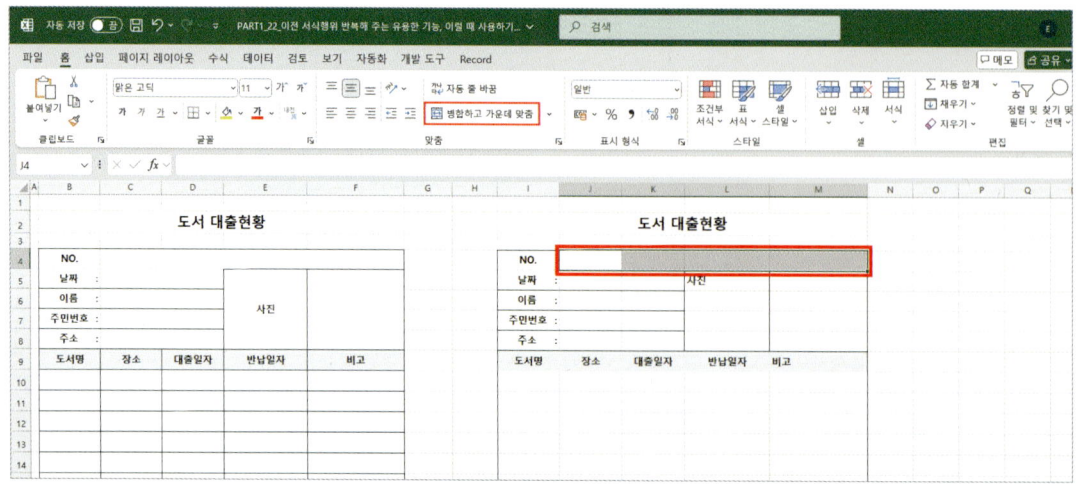

02 병합된 구간을 확인합니다.

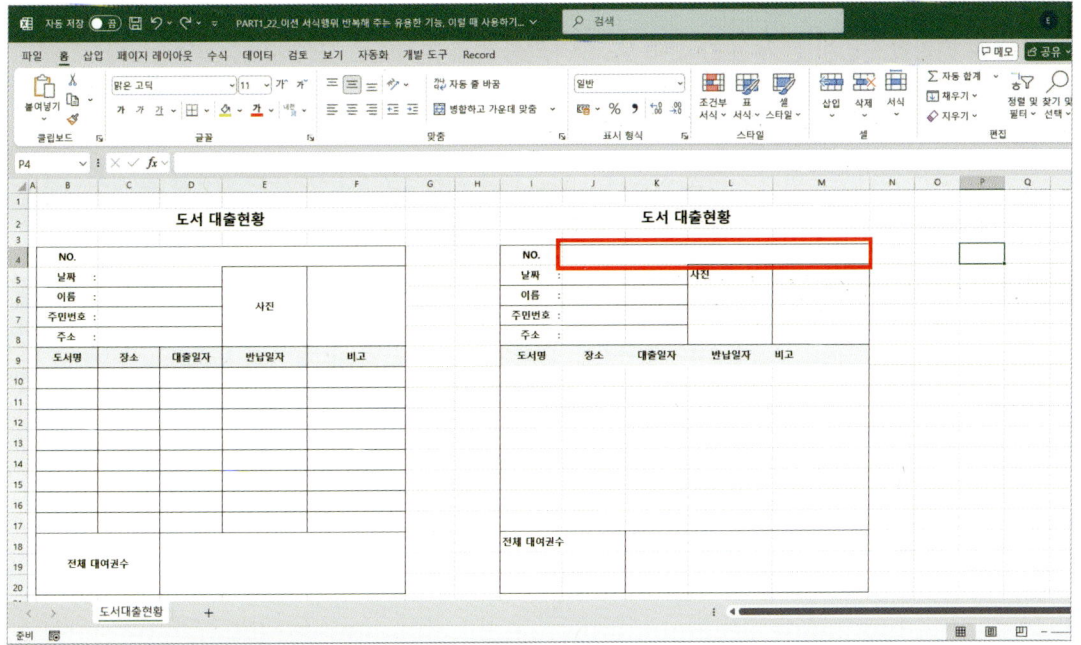

03 이전 행위 반복 행위를 통해 병합 구간을 한 번에 진행하겠습니다. ❶ 차례대로 J5:K5셀 범위 지정– ❷ `Ctrl` 키 누른 채 J6:K6셀 범위 지정– ❸ `Ctrl` 키 누른 채 J7:K7셀 범위 지정– ❹ `Ctrl` 키 누른 채 J8:K8셀 범위 지정– ❺ `Ctrl` 키 누른 채 L5:L8셀 범위 지정– ❻ `Ctrl` 키 누른 채 M5:M8셀 범위 지정– ❼ `Ctrl` 키 누른 채 I18:J20셀 범위 지정– ❽ `Ctrl` 키 누른 채 K18:M20셀 범위 지정을 합니다. 종 8개 구간을 범위 지정합니다.

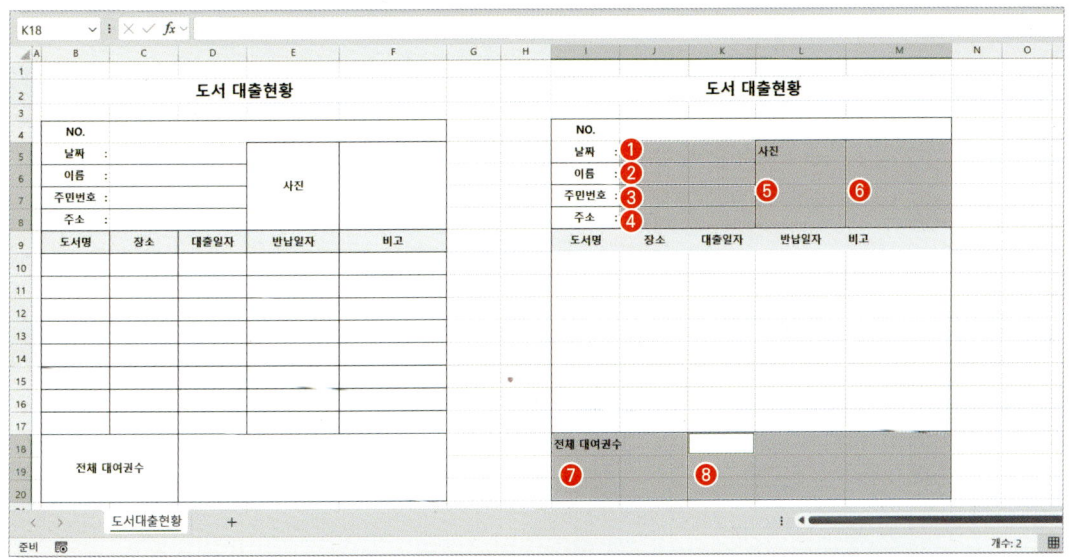

04 이전 행위 반복하기 기능인 F4 키를 누릅니다. 이전 행위인 [병합 가운데 맞춤]이 다중 범위 선택한 구간에 일괄 적용이 되었는지 확인합니다.

※ 병합할 구간을 한 개 구간 선택 후 F4 키를 눌러 차례대로 진행해도 상관없습니다.

05 이번에는 테두리 서식을 이전 행위 반복 기능을 활용해 빠르게 그려 보겠습니다. 테두리 그리기를 이전 행위 반복하기 기능을 사용하기 위해 I9셀 기준으로 모든 테두리 메뉴를 눌러 서식을 입힙니다.

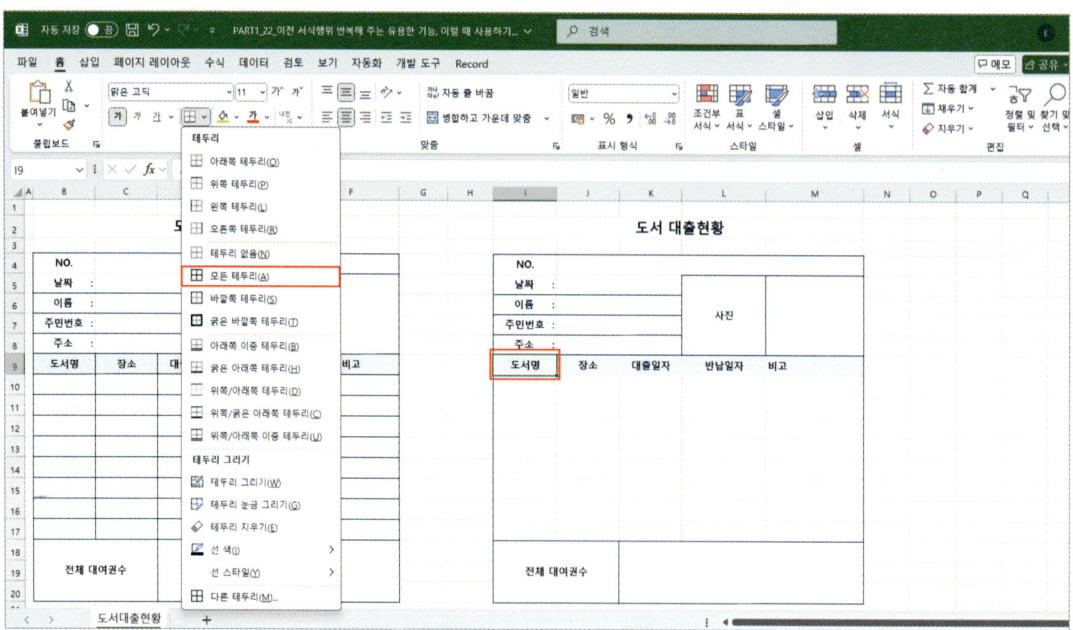

06 I9셀에 테두리가 그려진 것을 확인합니다.

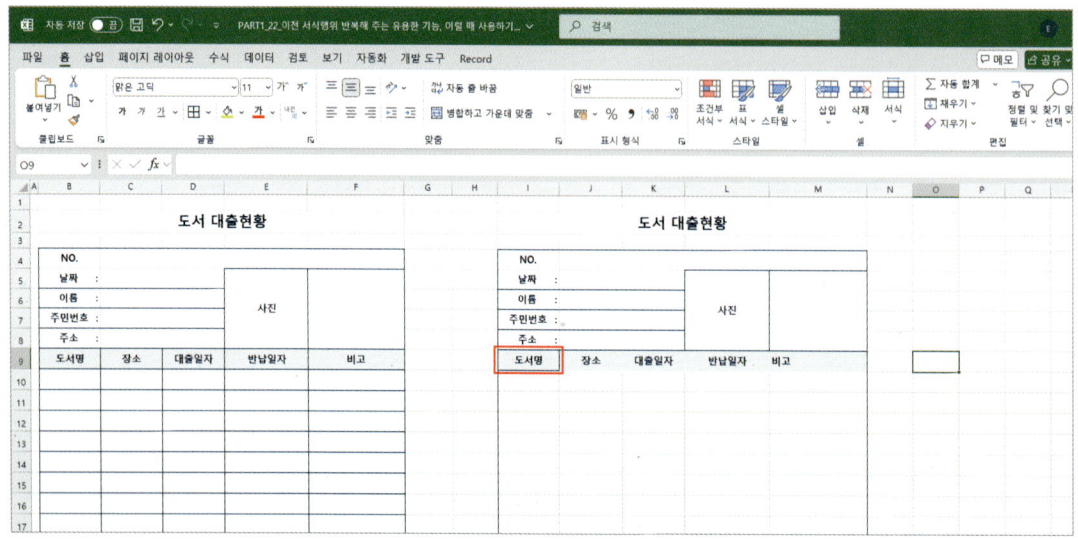

07 테두리 그리기가 필요한 I9:M17셀 범위를 지정합니다.

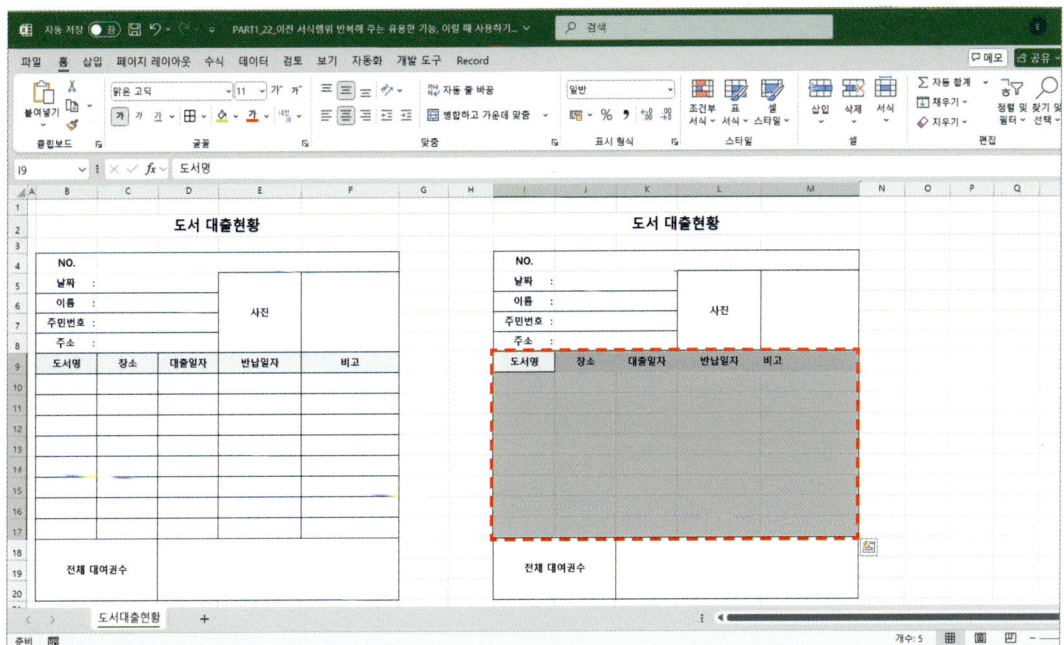

08 F4 키를 누릅니다. 이전 행위인 [모든 테두리 그리기]가 진행되었는지 확인합니다.

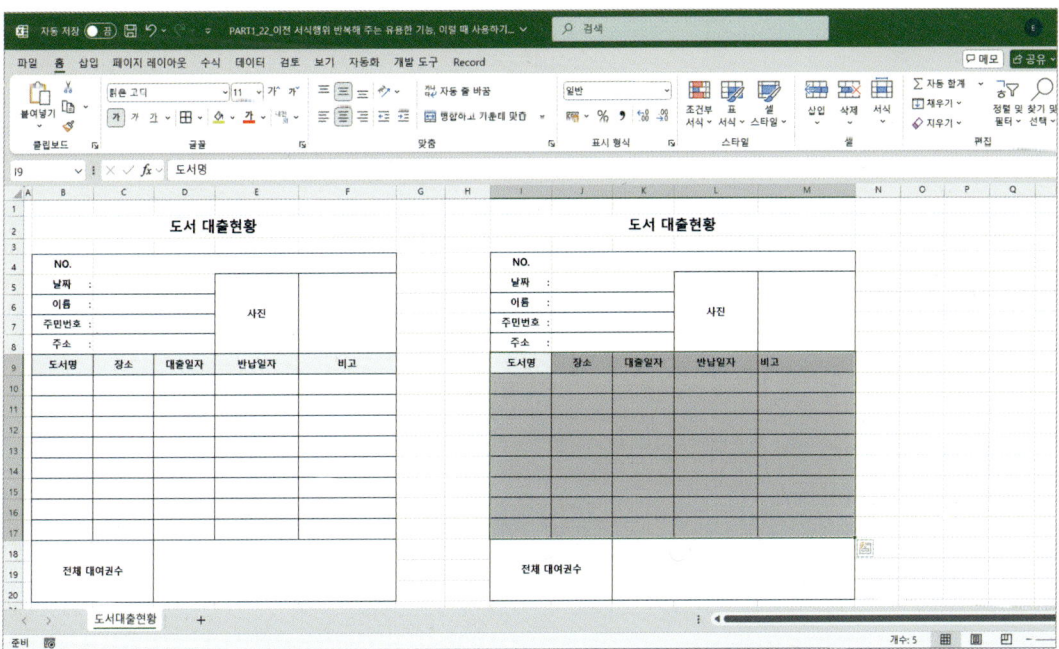

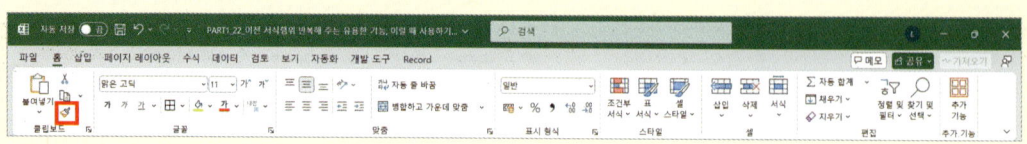

이 메뉴는 특정 서식 행위를 한 셀을 클릭한 상태에서 [서식 복사] 메뉴를 선택한 다음 적용할 대상 셀을 선택하면 됩니다. 원리는 복사/붙여넣기와 같습니다. 다만 [서식 복사] 메뉴는 한 번만 사용 가능합니다. F4 키는 여러 번 사용이 가능하다는 점이 다릅니다.

F4 키는 이전 서식 행위가 저장되어 서식 행위 다음 문자를 입력하더라도 이전 서식 행위를 기억해 적용을 할 수 있는 반면, [서식 복사] 메뉴는 복사/붙여넣기처럼 메뉴를 선택한 다음 바로 사용하지 않으면 메뉴가 비활성화되어 다시 메뉴를 선택해야 한다는 번거로움이 있습니다.

누적합계 구하는 손쉬운 방법 알아보기

📁 **예제 파일** PART1_23 누적합계 구하는 손쉬운 방법 알아보기

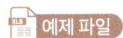

실무 스킬

연도나 분기, 월별 등 누적된 데이터의 합계를 구해야 할 때가 있습니다. 합계이기 때문에 수식을 사용해 구할 수 있습니다만, 엑셀 2013버전부터는 '빠른 분석'이라는 메뉴가 업데이트되면서 클릭 몇 번으로 원하는 값을 한 번에 구할 수 있게 되었습니다. 누적 합계뿐만 아니라 평균, 개수와 같은 기본 함수도 클릭 몇 번으로 해결할 수 있습니다.

예제 파일의 [누적합계] 시트에서 연도에 따른 분기별 아이템 합계를 구하는 방법을 통해 실무에서 많이 사용되는 '빠른 분석' 기능에 대해 알아보겠습니다.

실무 연습 ❶

01 [누적합계] 시트에서 2032년 1분기 노트북 판매량을 시작으로 2034년 4분기까지 단계별로 누적된 판매량의 합계를 구해 보도록 하겠습니다. ❶ E5:E16셀 범위를 드래그합니다. ❷ 오른쪽 아래에 [빠른 분석] 메뉴가 생성된 것을 확인합니다.

02 [빠른 분석] 메뉴에서 [합계]-[누계](오른쪽 주황색 채우기 색 확인)를 찾아 클릭합니다.

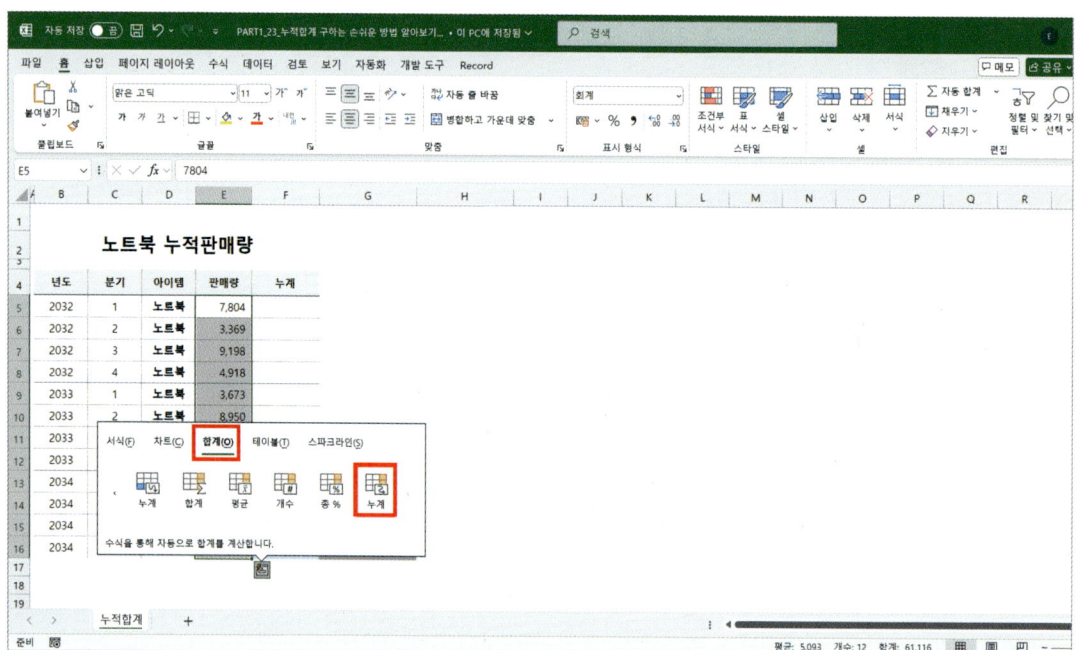

03 F5:F16셀 범위에 누적값이 각각 누적되어 구해졌습니다.

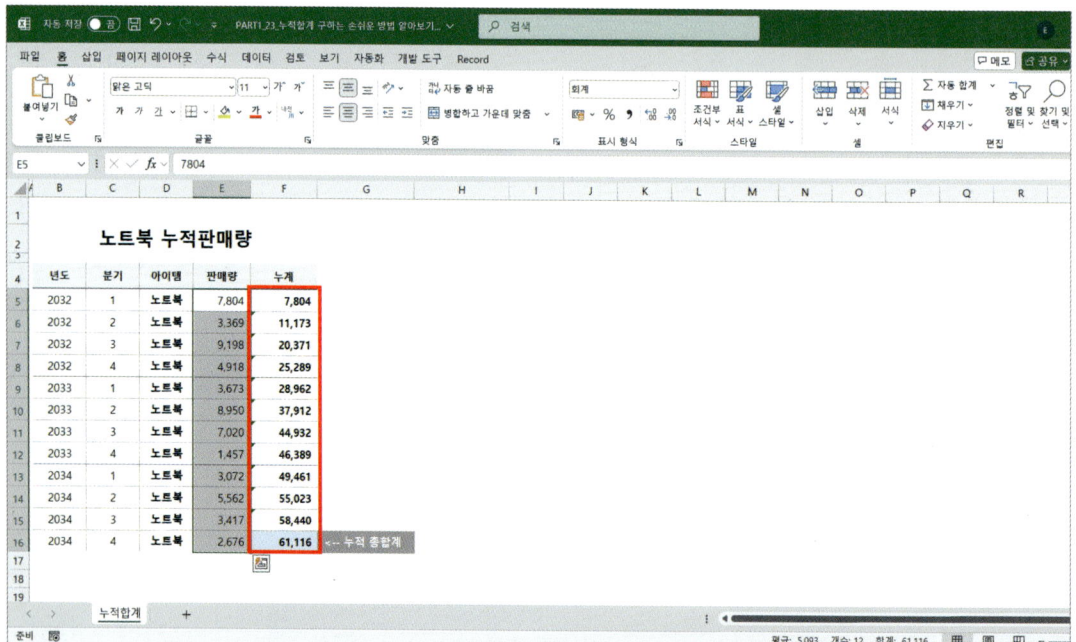

04 [누적합계] 시트에서 2032년 1분기 노트북 판매량부터 2034년 4분기까지 총합계 판매량를 E17셀에 구해 보겠습니다.

❶ E5:E16셀 범위를 드래그합니다. 그리고 나서 오른쪽 아래 '빠른 분석' 메뉴가 생성된 것을 확인합니다.

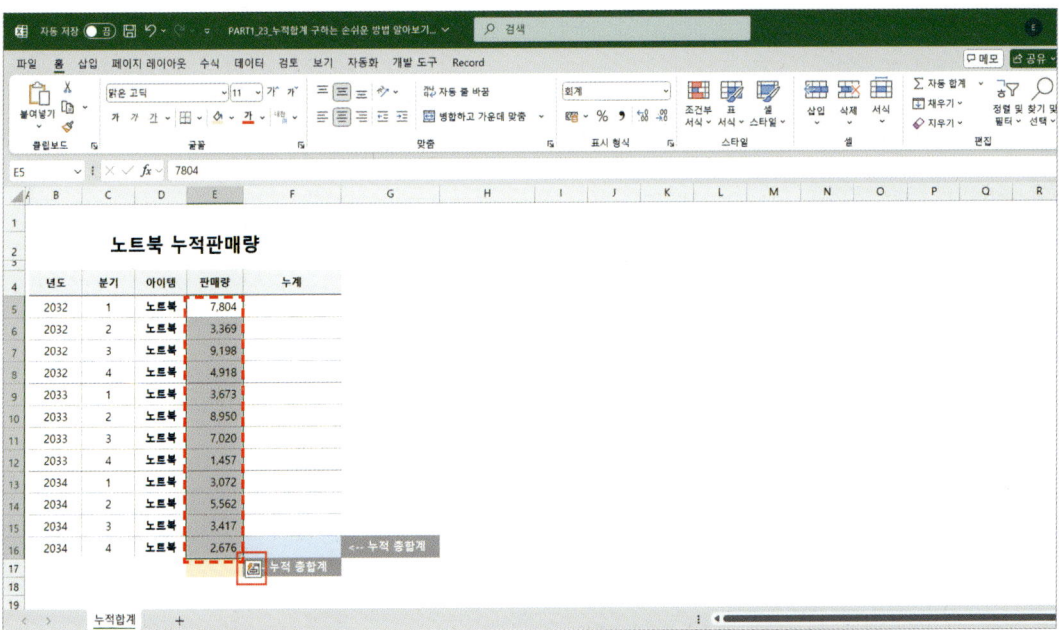

❷ '빠른 분석' 메뉴 클릭– 합계– '합계'(아래쪽 파랑색 채우기 색 확인)를 찾아 클릭합니다.

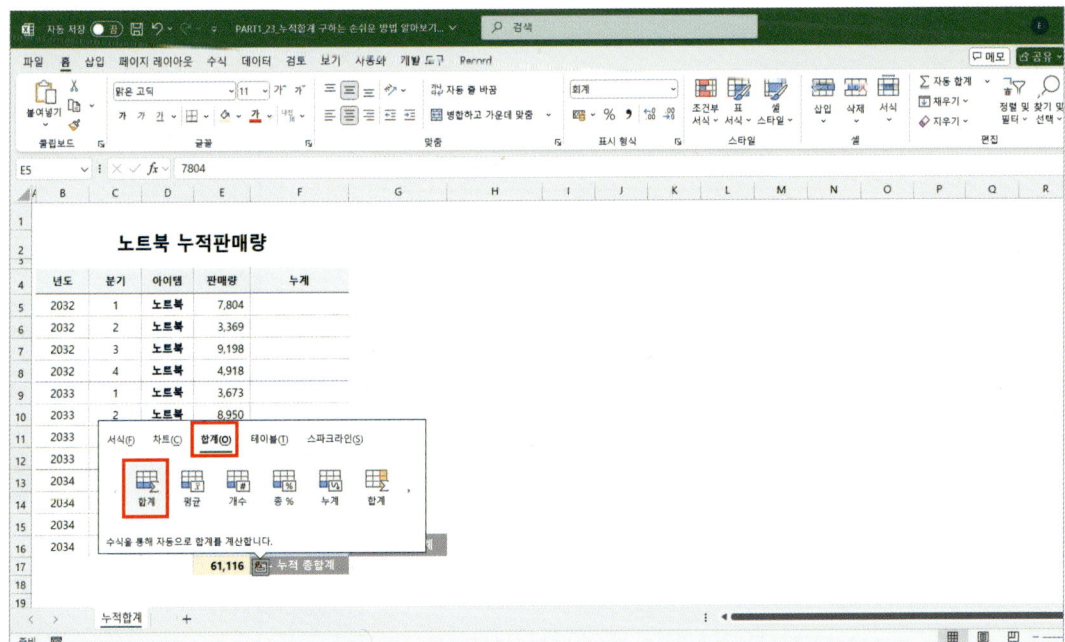

❸ E17셀에 출력된 결과값을 확인합니다.

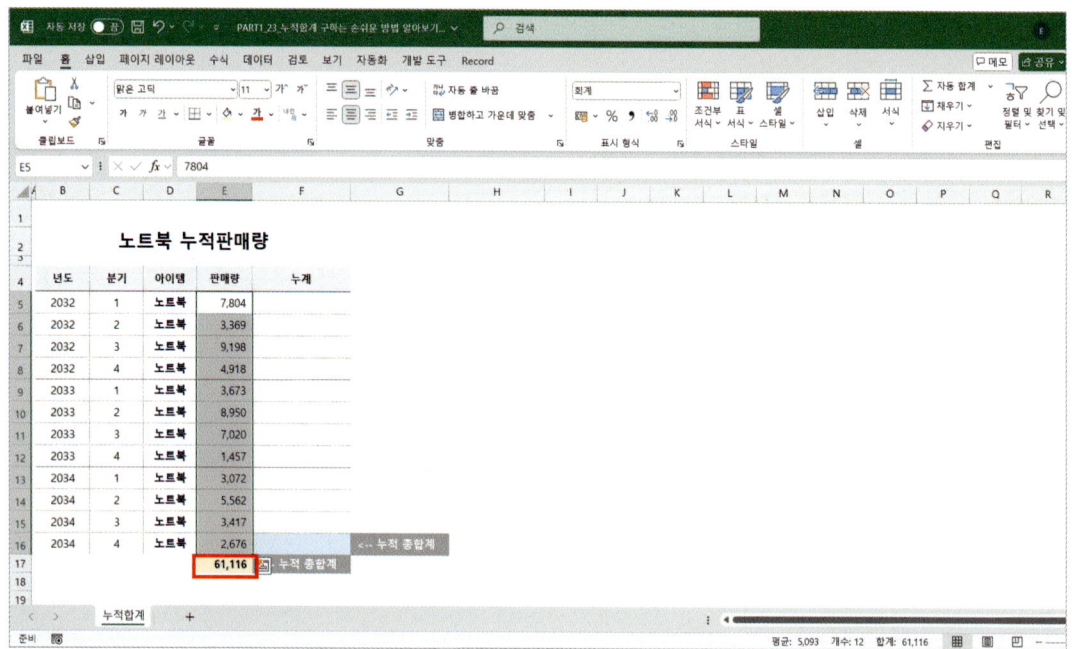

[빠른 분석] 메뉴는 서식, 차트, 합계, 테이블, 스파크라인 메뉴로 이뤄져 있습니다. 이 중에서 현업에서 가장 많이 사용하는 메뉴는 합계 메뉴에 속한 메뉴들입니다. 합계 메뉴는 아래쪽으로 출력해 주는 5개 메뉴와 오른쪽으로 값을 출력해 주는 메뉴로 나눠져 있습니다.

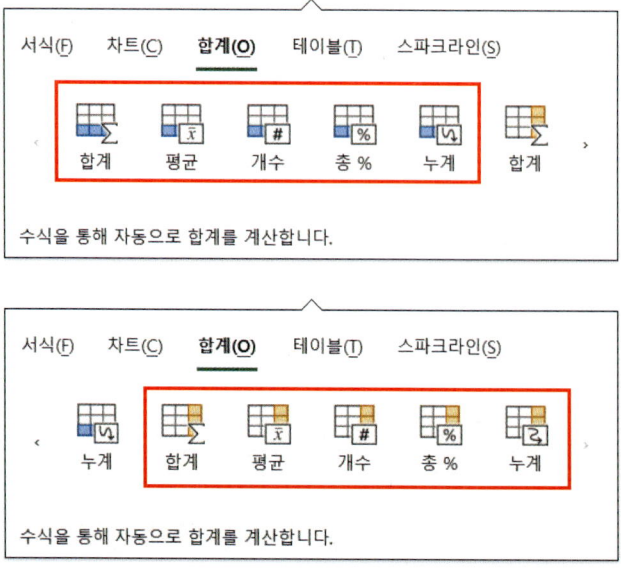

아래쪽과 오른쪽 메뉴를 사용할 때는 바로 범위 지정을 어떻게 하느냐가 관건입니다. 위 예시는 오른쪽에 단계별 누적값이 합계가 되었습니다. 아래쪽으로 누적된 합계값을 얻기 위해서는 범위 지정만 왼쪽에서 오른쪽(C7:N7셀 범위 지정)으로 지정한 상태에서 누적 합계를 구하면 됩니다.

엑셀 엔진 UP!　　**함수로 단계별 누적값 구하기**

엑셀 2013 이전 버전을 사용하는 분들은 빠른 분석 메뉴를 사용할 수 없어 클릭만으로 누적 합계를 구할 수 없습니다. 이때는 함수를 사용하면 됩니다.

01 [누적합계3] 시트 F5셀에 =SUM($E$5:E5)를 입력합니다. $E$5:E5의 의미는 범위의 시작점을 고정하고(절대참조) 뒷부분에 연결된 주소(E5)는 아래로 복사/붙여넣기할 때 한 칸씩 셀을 옮겨나갈 수 있도록 상대참조로 운영된 상태입니다.

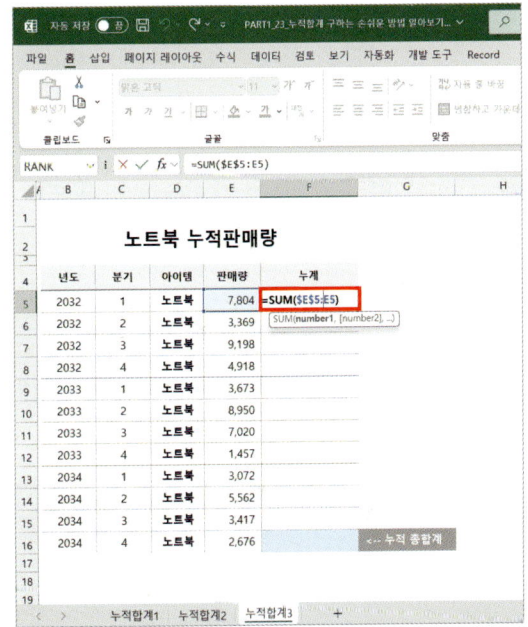

02 수식 입력을 마무리하고 [Enter] 키를 눌러 결과값 7,804가 출력된 것을 확인합니다.

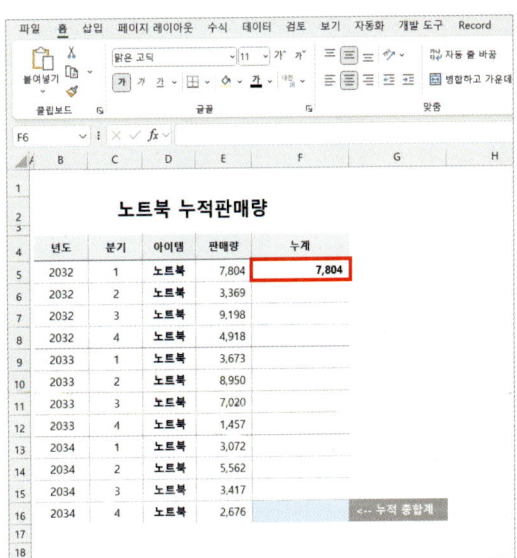

03 F5셀의 자동 채우기 핸들을 드래그해 F16셀까지 값을 채워 넣습니다.

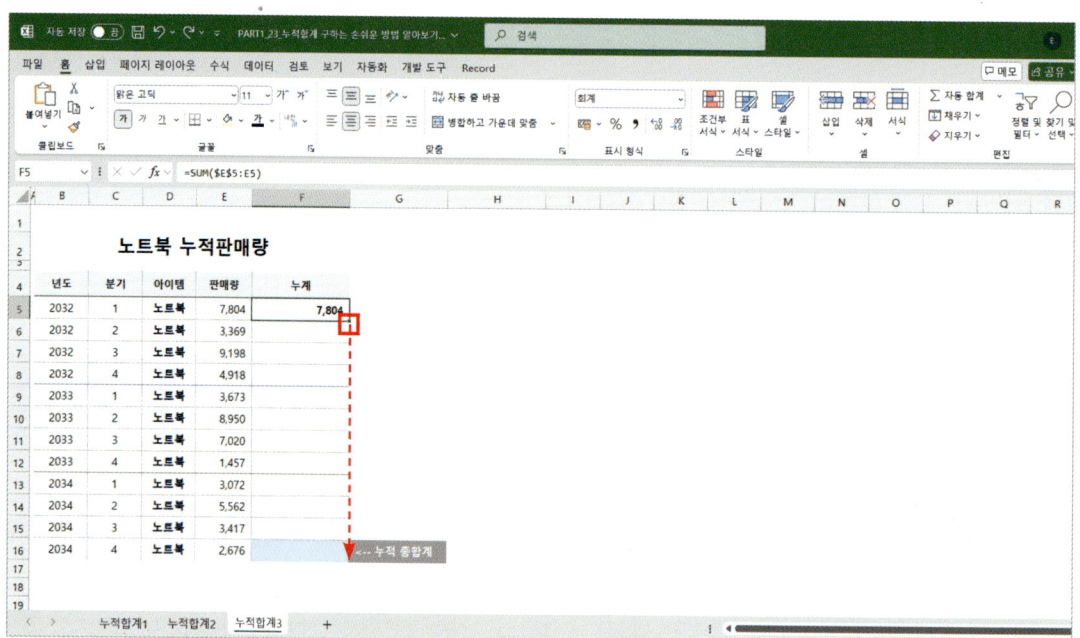

04 서식 질서를 유지하기 위해서 자동 채우기 옵션-[서식 없이 채우기]를 선택해 마무리합니다.

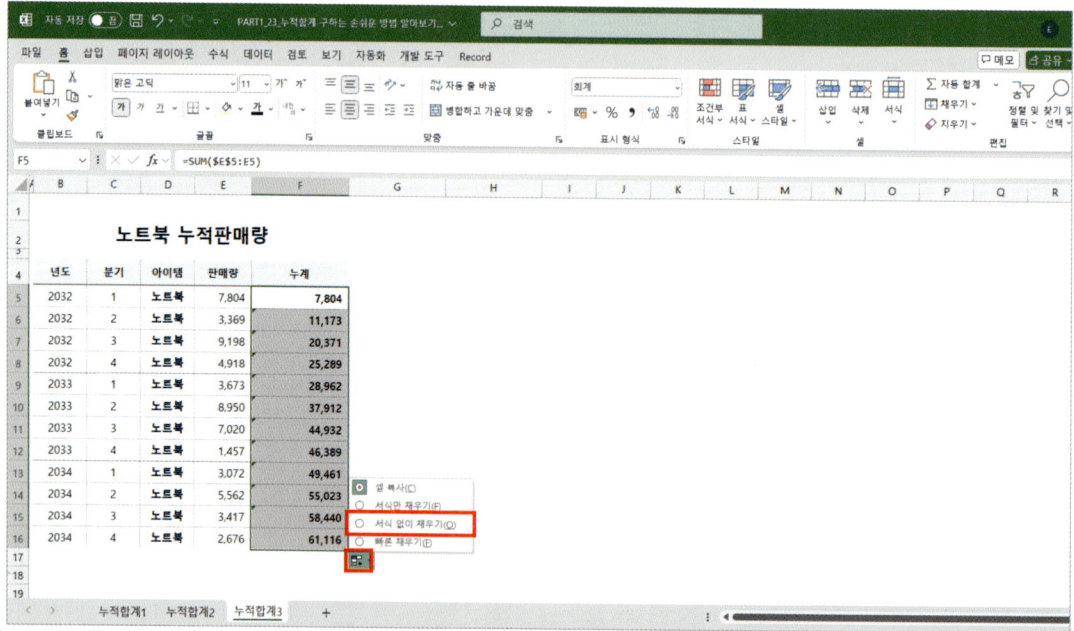

05 기존 서식이 유지된 최종 결과값을 확인합니다.

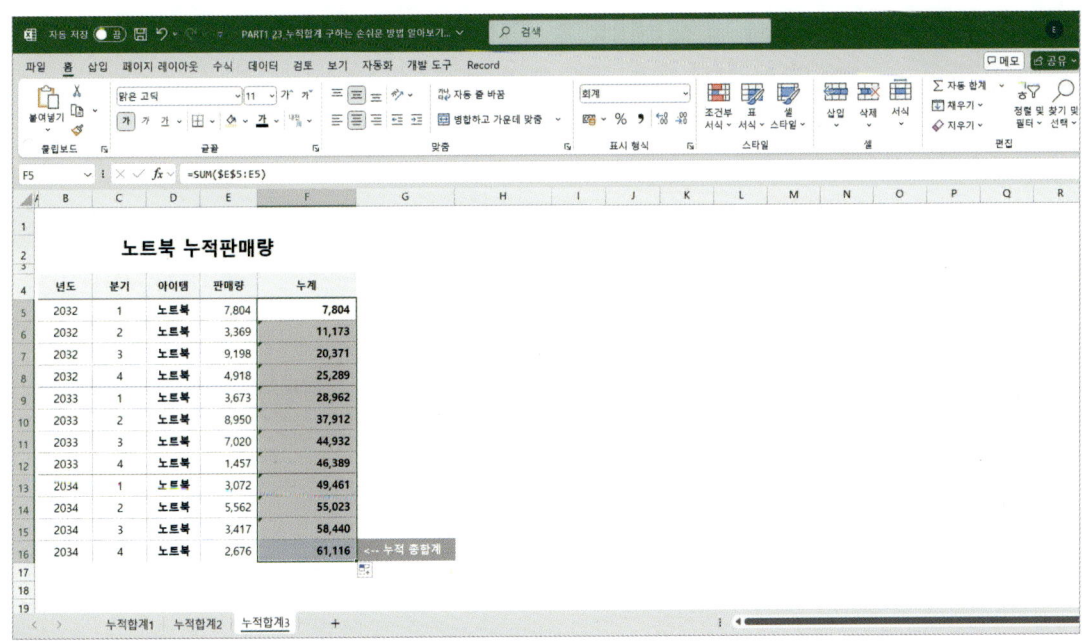

CHAPTER 24

두 열 데이터 비교해 다른 정보 구간 빨리 찾기

📁 **예제 파일** PART1_24 두 열 데이터 비교해 다른 정보구간 빨리 찾기

실무 스킬

한 개 테이블 내에서 기준 열과 다른 값을 찾거나 두 개 테이블에서 변경된 데이터를 찾아야 될 때가 있습니다. 특히, 한 개 테이블 내에서 기준값이 있는 열과 다른 값을 찾는 일을 함수를 사용하거나 직접 눈으로 확인해 표시를 해야 한다면 굉장히 번거로울 겁니다. 이번 파트에서는 단축키 하나로 기준 열과 다른 값을 빠르게 확인할 수 있는 방법을 알아보겠습니다.

실무 연습 ❶

[목표및코드] 시드 왼쪽 'MD팀 분기 목표' 테이블에서 '목표등급' C열과 비교해 각 분기별 다른 셀을 찾아내 황금색 채우기 색상으로 표시해 보겠습니다.

01 C5:G17셀 범위를 지정합니다.

02 Ctrl + W 단축키를 누릅니다. C열을 기준으로 5번 행부터 17번 행까지 각각 기준값과 다른 행에 음영이 표시된 정보를 확인할 수 있습니다.

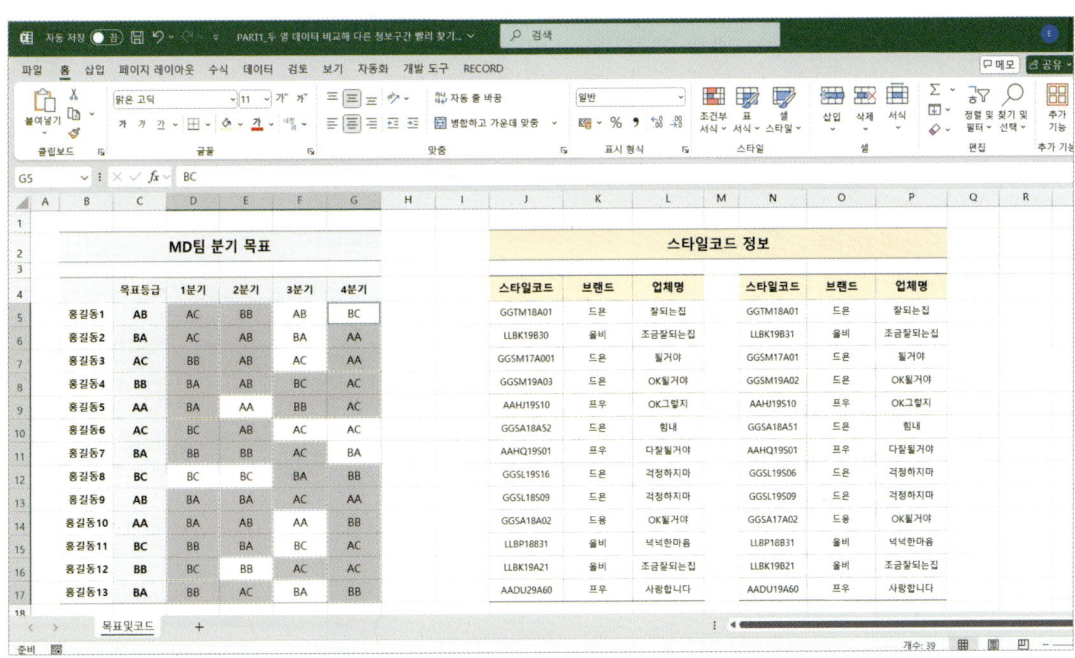

03 [홈] 탭- 글꼴- 채우기 색, 아래 방향 부등호 클릭- '황금색, 강조 4'를 클릭합니다.

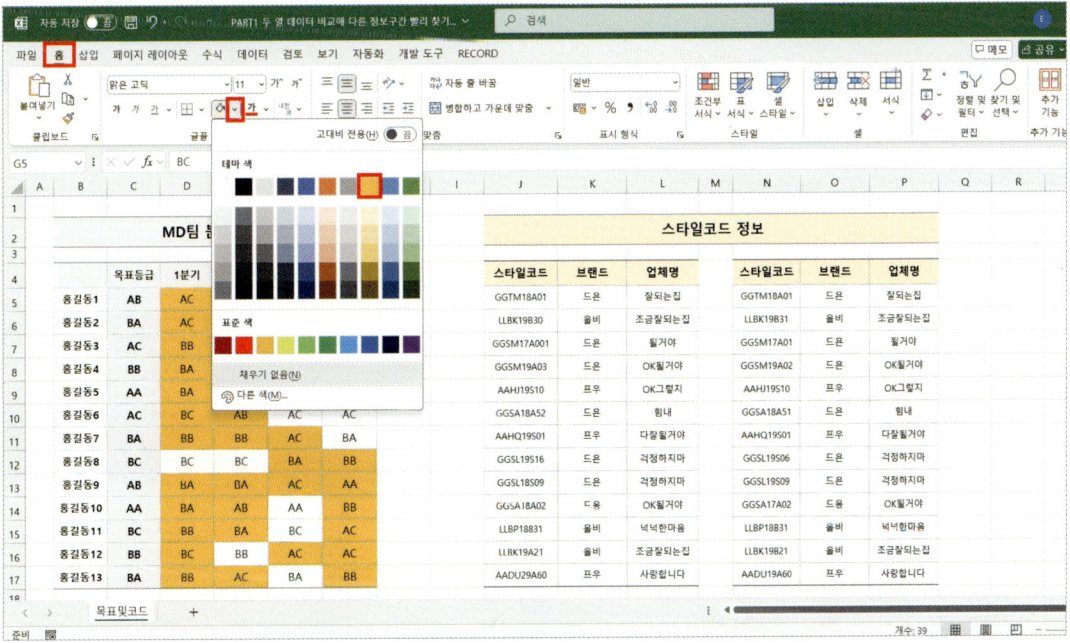

04 C열을 기준으로 5번 행부터 17번 행까지 각각 기준값과 다른 행에 황금색 채우기 색상이 입혀진 결과값을 확인합니다.

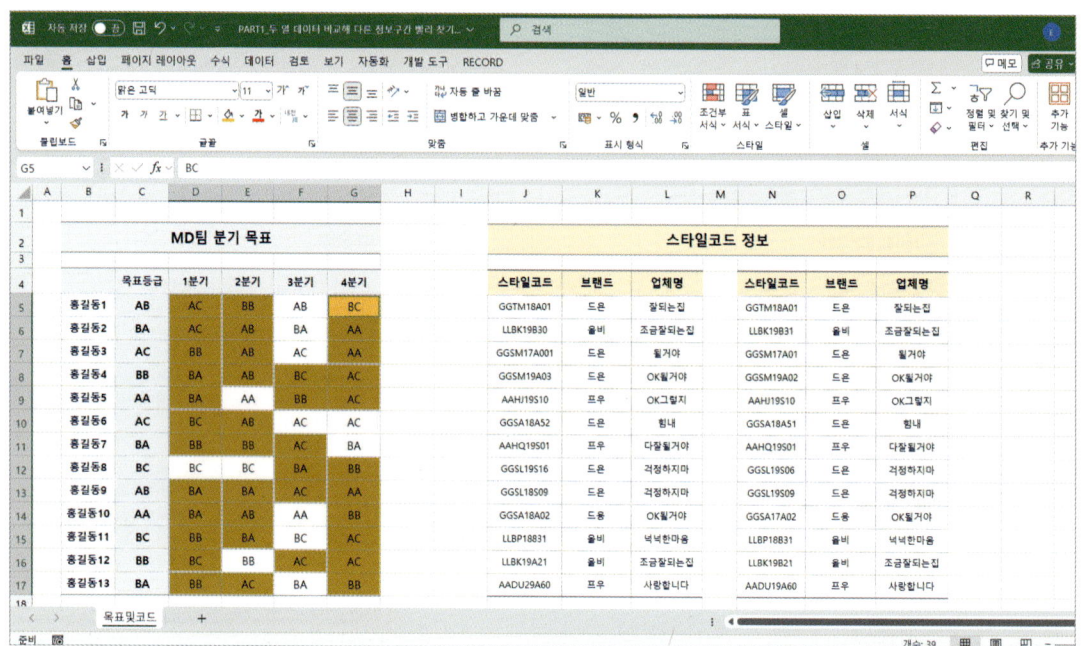

실무 연습 ❷

[목표및코드] 시트 오른쪽 '스타일코드 정보' 테이블에서 '스타일코드' J열과 또 다른 '스타일코드' N열을 비교해서 J열을 기준으로 다른 셀 정보를 N열에서 찾아보겠습니다.

01 범위 지정이 중요합니다. 기준 열이 J열이기 때문에, N5:N17셀 범위를 먼저 지정하고 Ctrl 키를 누른 채 J5:J17셀 범위를 다중으로 지정합니다. 흰색 음영이 J5셀에 칠해진 것을 확인할 수 있습니다. 이것이 기준 열이 됩니다.

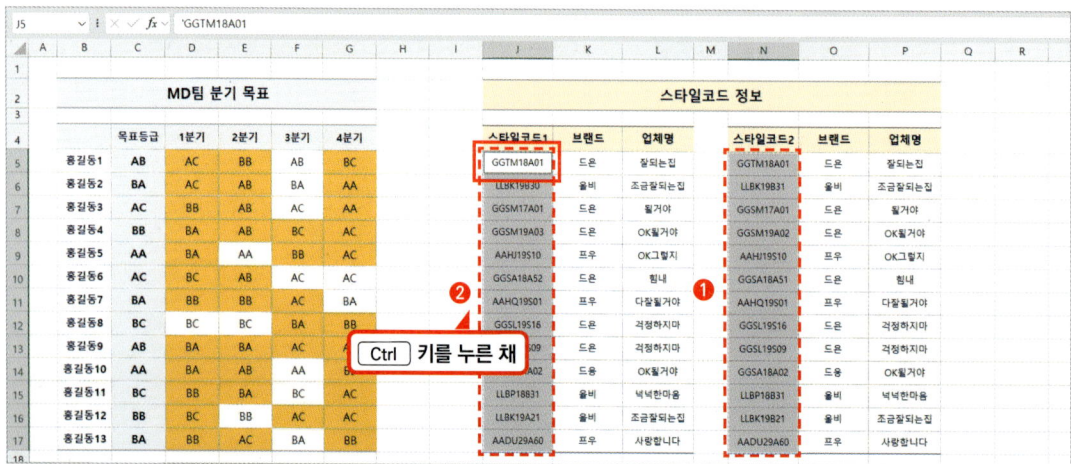

02 Ctrl + ₩ 단축키를 누릅니다. J열을 기준으로 N열 5번 행부터 17번 행까지 각각 기준 값과 다른 행에 음영이 표시된 정보를 확인할 수 있습니다.

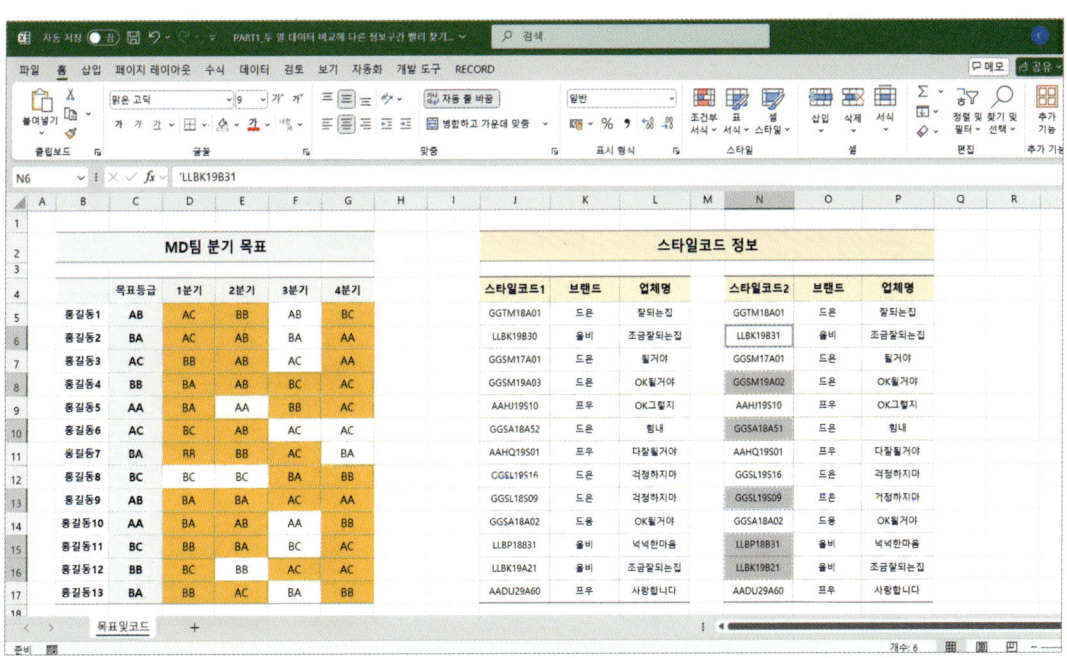

03 [홈] 탭– 글꼴– 채우기 색, 아래 방향 부등호 클릭– '황금색'을 클릭합니다.

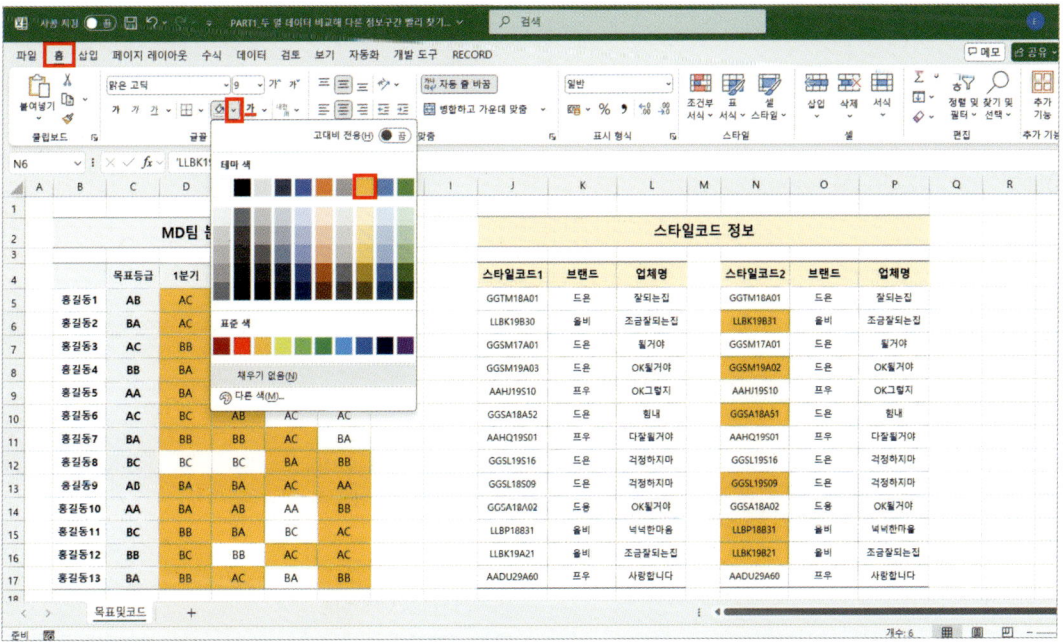

04 N열을 기준으로 5번 행부터 17번 행까지 각각 기준 값과 다른 행에 황금색 채우기 색상이 입혀진 결과값을 확인합니다.

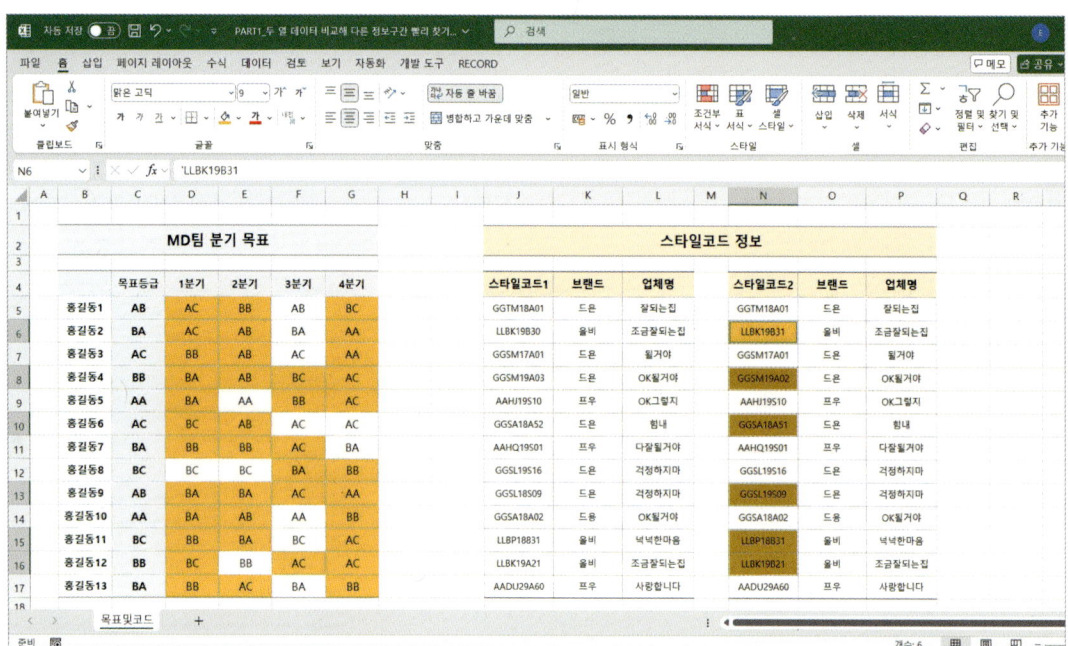

실무 예제로
알아보는 리본 메뉴
파일 탭 / 홈 탭

Part 2

[파일] 탭 옵션 메뉴에서 한 가지 설정만 바꾸고 시작하기

실무 스킬

어느 프로그램이든지 옵션으로 본인에게 맞는 기본 환경을 먼저 설정하고 프로그램을 사용하면 편리합니다. 엑셀에서도 여러 환경 설정이 가능한데, 저는 엑셀은 한 가지 설정만 바꿔놓고 시작해도 충분하다고 생각합니다. 바로 '한/영 자동 고침' 옵션을 비활성화하는 것입니다. 엑셀에서는 엑셀이 탑재된 한글이나 영어사전에 등록되어 있지 않은 단어를 입력하면 자동으로 한글 또는 영문으로 바꾸는 경우가 많습니다. 여러 전문 용어 및 줄임말 등을 많이 사용하면서 복잡한 수식들을 입력해야 하는 와중에 의도와 다르게 한글이나 영문으로 변환되어 입력되면 이를 놓칠 수도 있습니다. 이러한 문제점을 막기 위해 '한/영 자동 고침 비활성화'를 꼭 하도록 합니다.

실무 연습 ❶

01 [파일] 탭을 클릭합니다.

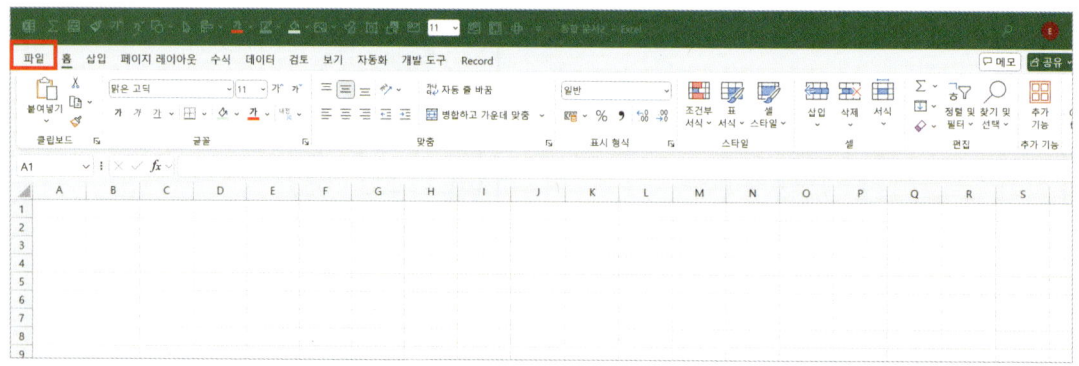

02 ❶ [파일] 탭을 클릭해 팝업되는 대화상자 왼쪽 메뉴 중 ❷ [언어 교정]을 클릭합니다.

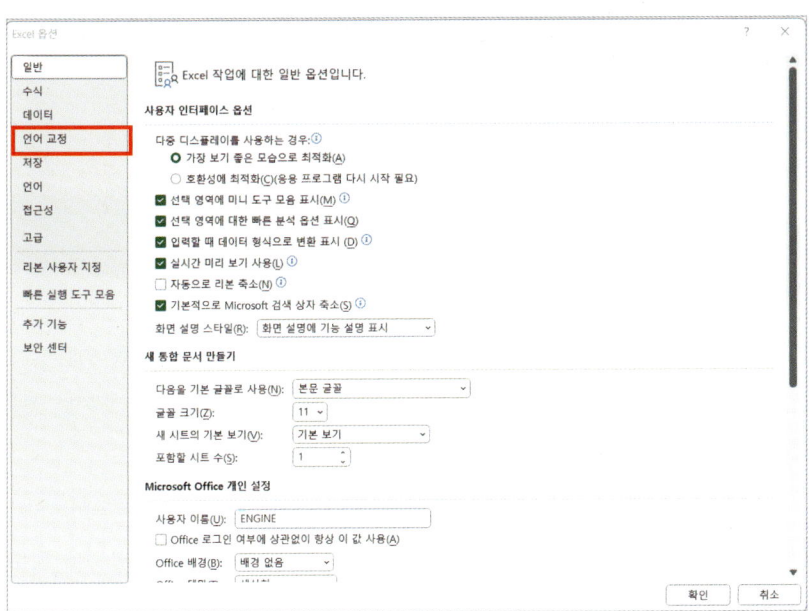

⎡Alt⎤+⎡F⎤+⎡T⎤ 단축키로 옵션창에 빠르게 진입할 수 있습니다. F는 'File'의 F, T는 'OPTION'의 T로 기억해서 사용하면 편리합니다.

03 오른쪽 메뉴에서 [자동 고침 옵션(A)]을 클릭합니다.

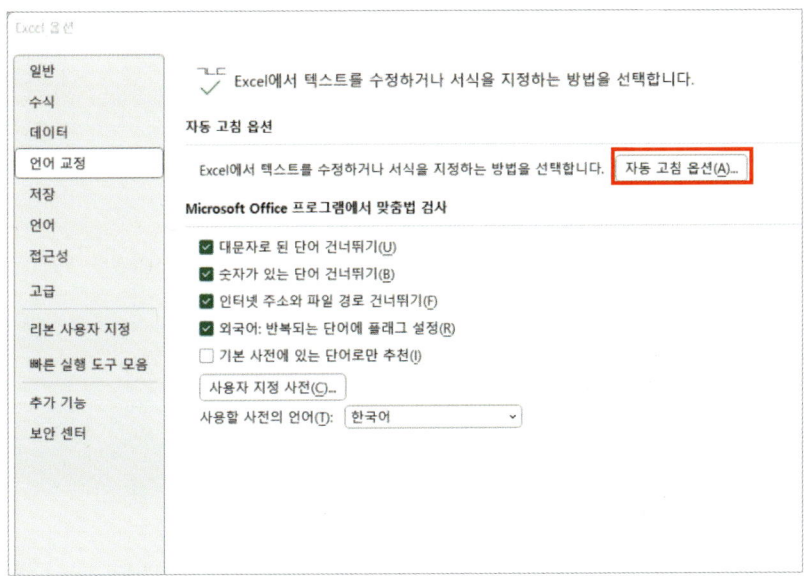

04 마지막으로 [한/영 자동 고침(K)] 메뉴 앞 체크박스를 해제시킵니다. [확인]을 클릭하면 마무리됩니다.

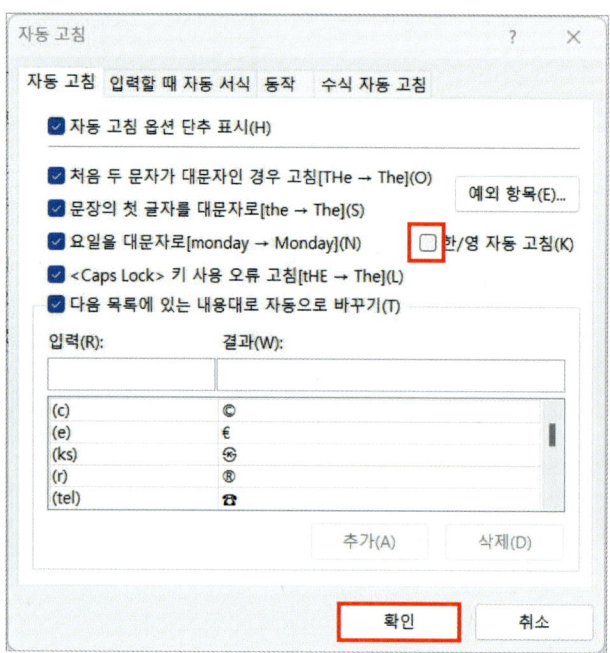

CHAPTER 02 내가 만든 정렬 순서로 정보 정렬하기

📄 **예제 파일** PART2_2 내가 만든 정렬 순서로 정보 정렬하기

엑셀에서 정렬을 하는 기준은 크게 오름차순과 내림차순 두 가지가 있습니다. 보통 사용자가 임의로 정한 순서대로는 데이터를 정렬할 수가 없습니다.

하지만 이런 한계점을 극복할 수 있도록 도와주는 메뉴가 있습니다. 바로 '사용자 지정 목록 편집'이라는 옵션 메뉴입니다. 사용자가 임의로 지정한 순서대로 정렬되도록, 정렬 기준을 옵션 메뉴에 등록할 수 있도록 도와주는 메뉴입니다. 한 번만 등록하면 보통 계속해서 사용할 수가 있습니다. 예시를 통해 알아보겠습니다.

🔍 실무 연습 ❶

[PT발표_확정안] 시트, 가장 왼쪽에는 부서명 정보가 오름차순 정렬되어 있습니다. 2번째 표에는 'PT발표_확정안'이 정해져 부서별 발표 순서가 정해졌습니다. 정해진 발표 순서는 오름차순이나 내림차순으로 정렬할 수 없는 순서로 나열되어 있기 때문에 사용자가 지정한 정렬 순서를 등록해 정보를 용이하게 관리하는 방법을 알아보겠습니다.

01 [파일] 탭을 클릭합니다.

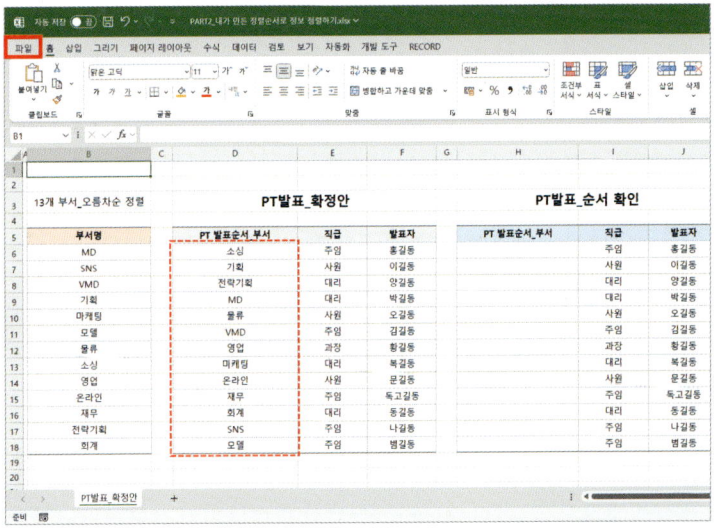

02 [옵션] 메뉴를 선택합니다.

03 [고급]-[일반]-[사용자 지정 목록 편집] 메뉴를 클릭합니다.

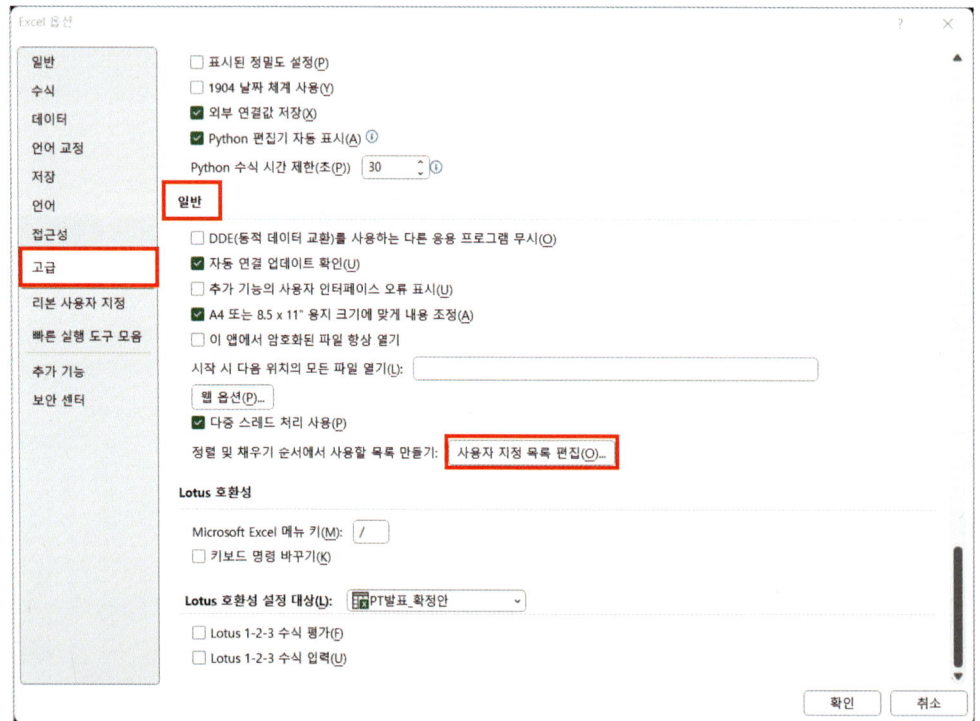

04 옵션- 사용자 지정 목록- 목록 가져올 범위: '네모 박스 마우스 클릭'- D6:D18셀 범위 지정- '가져오기' 메뉴를 클릭합니다.

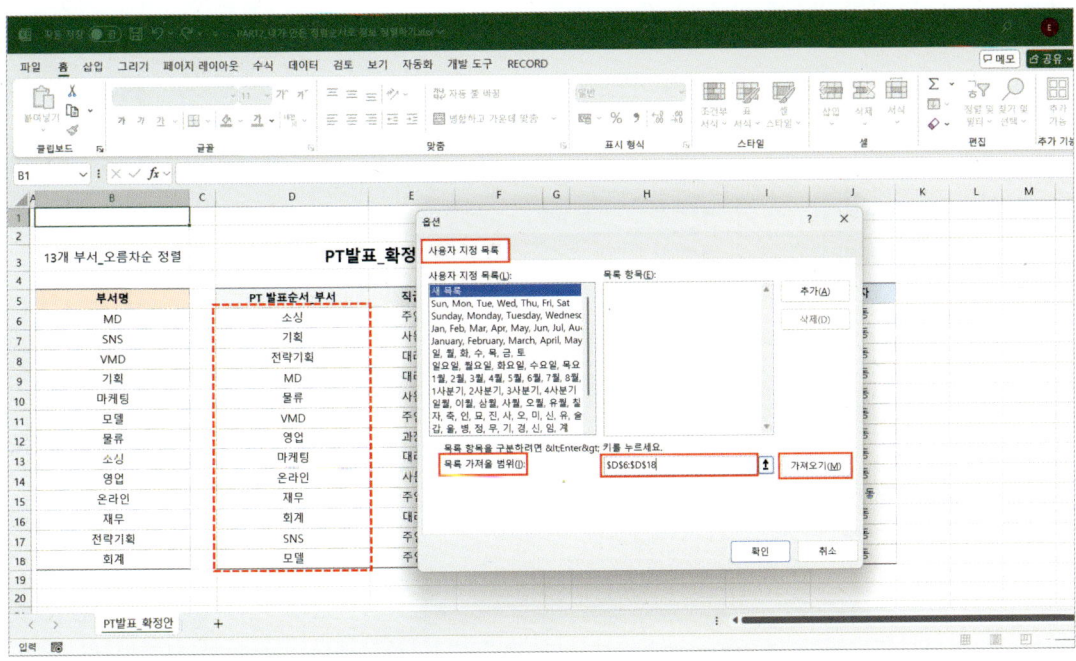

05 ❶ 대화상자에 파랑색 음영으로 목록이 등록되었으며, 목록 항목에는 정렬 순서가 순차적으로 등록되었습니다. ❷ [확인] 버튼을 클릭합니다.

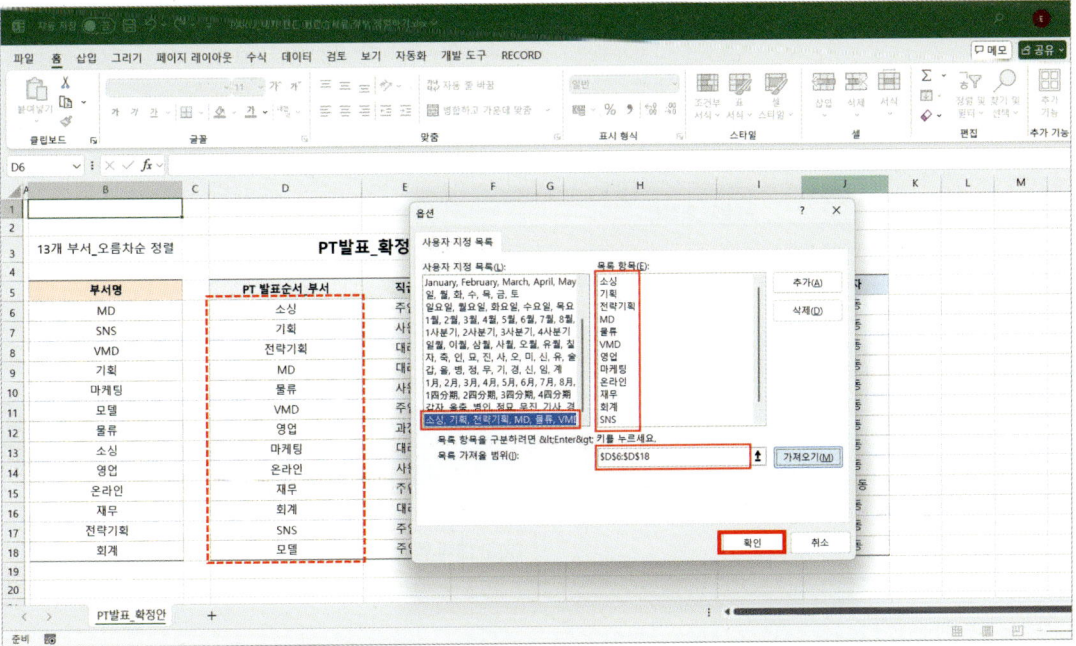

06 Excel 옵션 대화상자가 뜨면 [확인]을 클릭합니다.

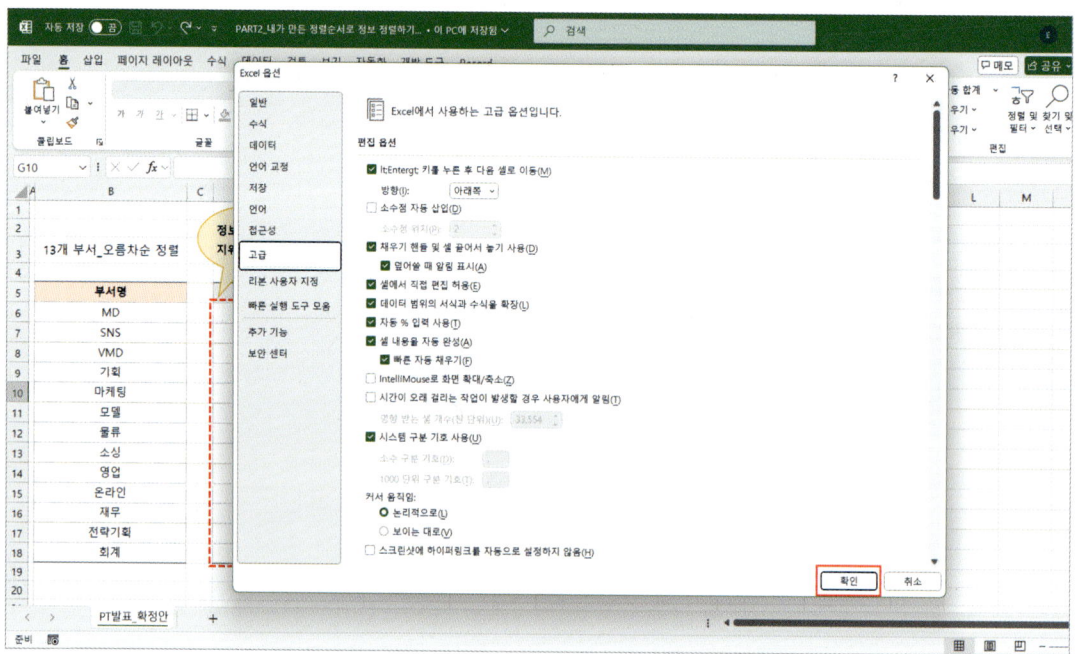

07 ❶ B6:B18셀을 범위 지정한 후 [Ctrl]+[C]를 눌러 복사합니다. ❷ H6:H18셀 범위에 [Ctrl]+[V]로 붙여넣습니다.

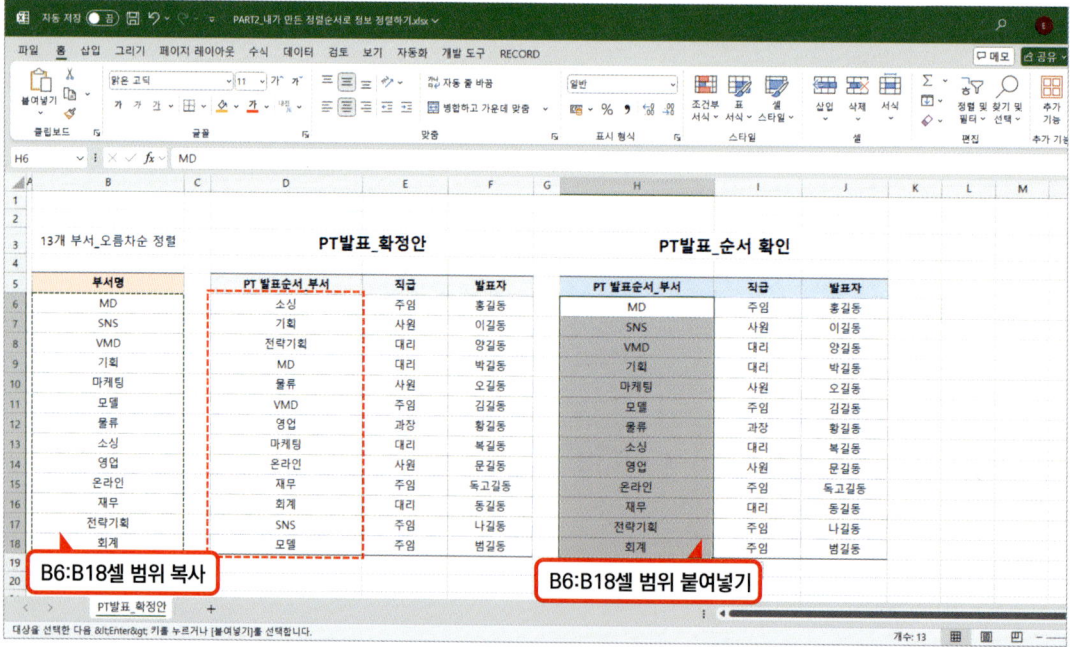

08 ❶ H6:H18셀이 범위 지정된 상태에서 ❷ [데이터] 탭-[정렬]-[현재 선택 영역으로 정렬]-[정렬]을 클릭합니다.

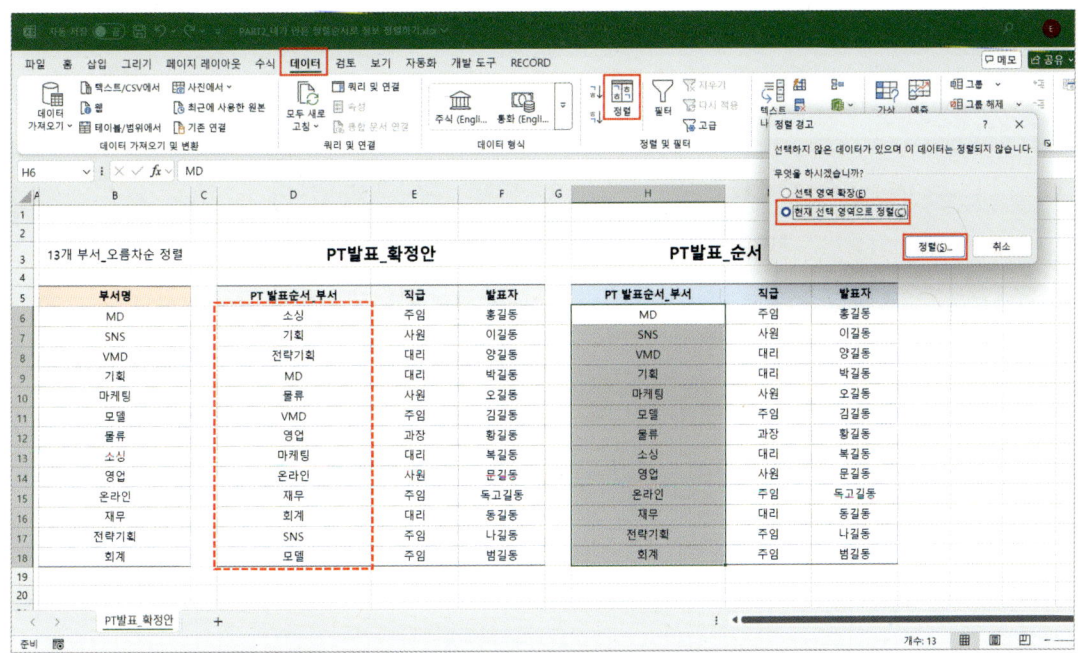

09 ❶ [정렬] 창의 [세로 막대형]-[정렬 기준]에서 'PT 발표순서_부서'를 선택합니다. ❷ [정렬 기준]에서는 '셀 값', ❸ [정렬]에서는 '사용자 지정 목록'을 선택합니다.

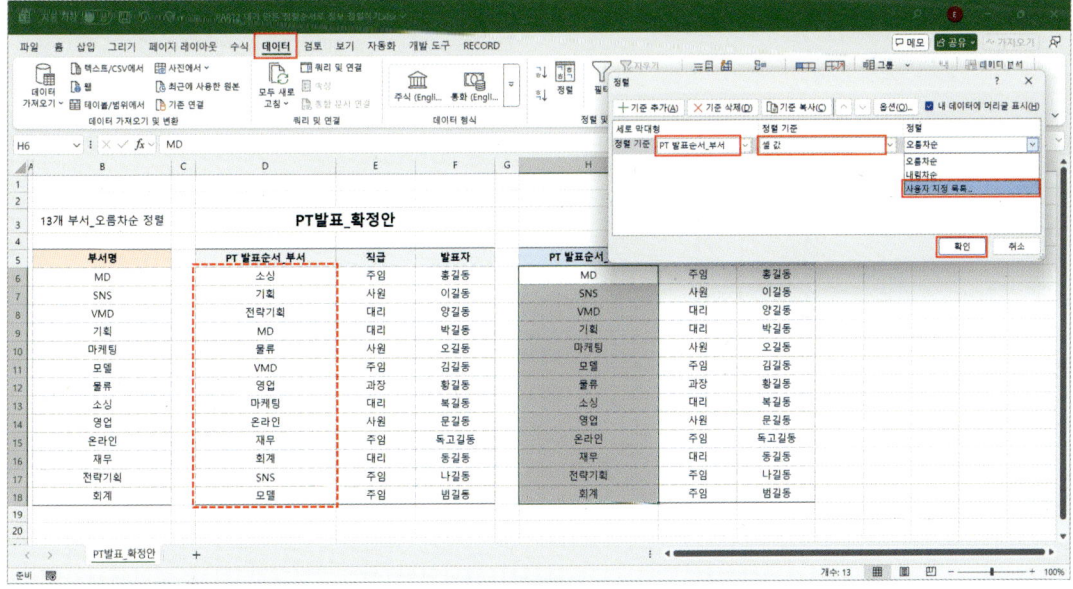

10

❶ 사용자 지정 목록에서 스크롤바를 아래로 내리면 **05**번에서 등록한 목록(소싱, 기획, 전략기획, MD, 물류…)을 클릭하여 선택하고 ❷ [확인]을 클릭합니다.

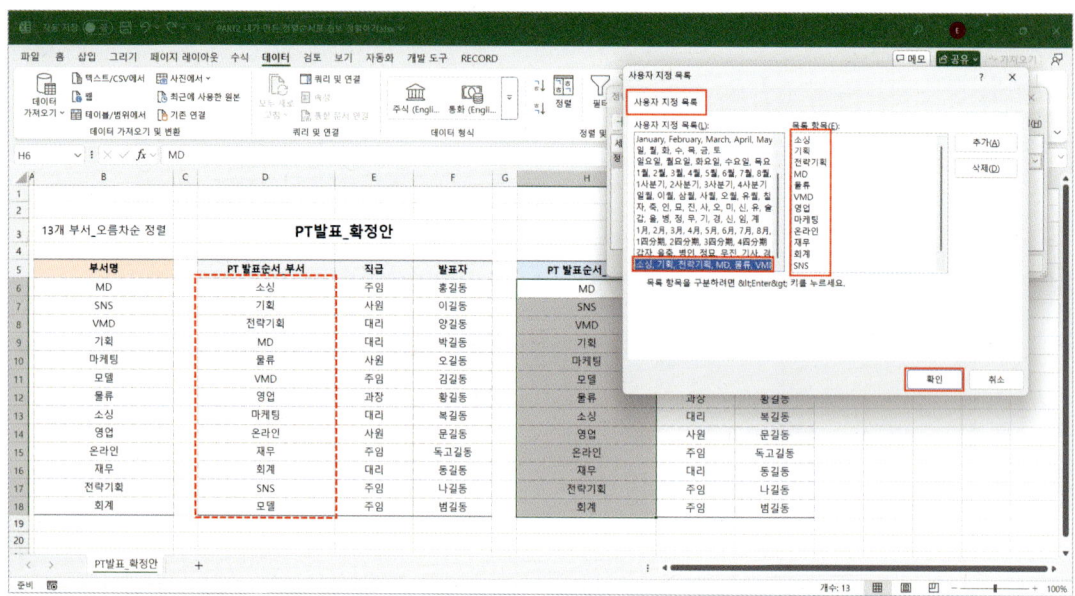

11

[확인]을 클릭합니다.

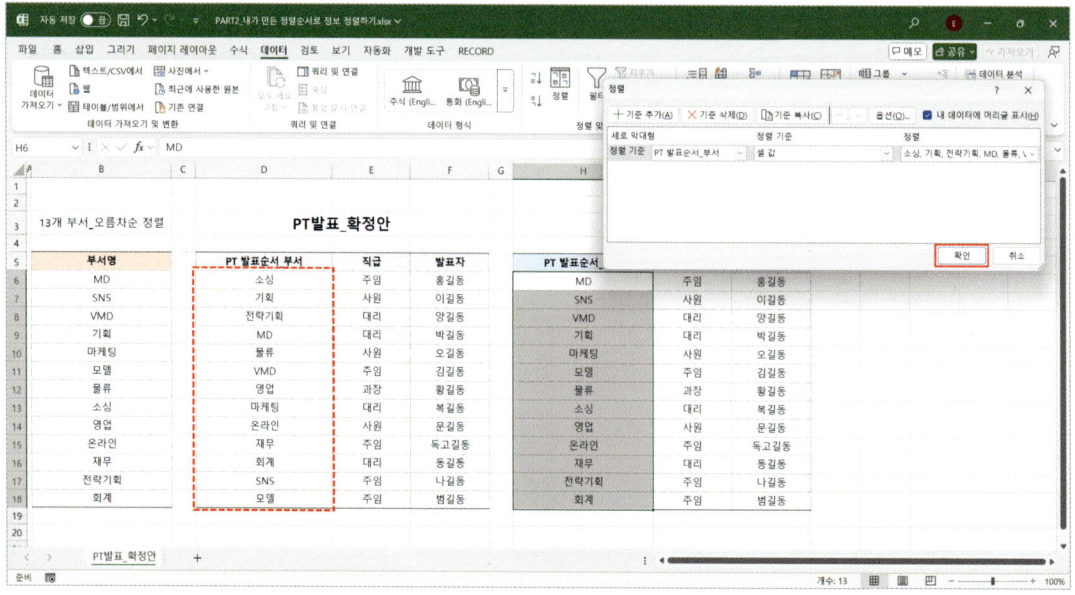

12 지워지기 전 정보 'PT발표_확정안' 표(D6:D18셀)과 정렬된 'PT발표_순서' 표(H6:H18셀)를 비교하며 사용자 지정 목록으로 잘 정렬되었는지 확인합니다.

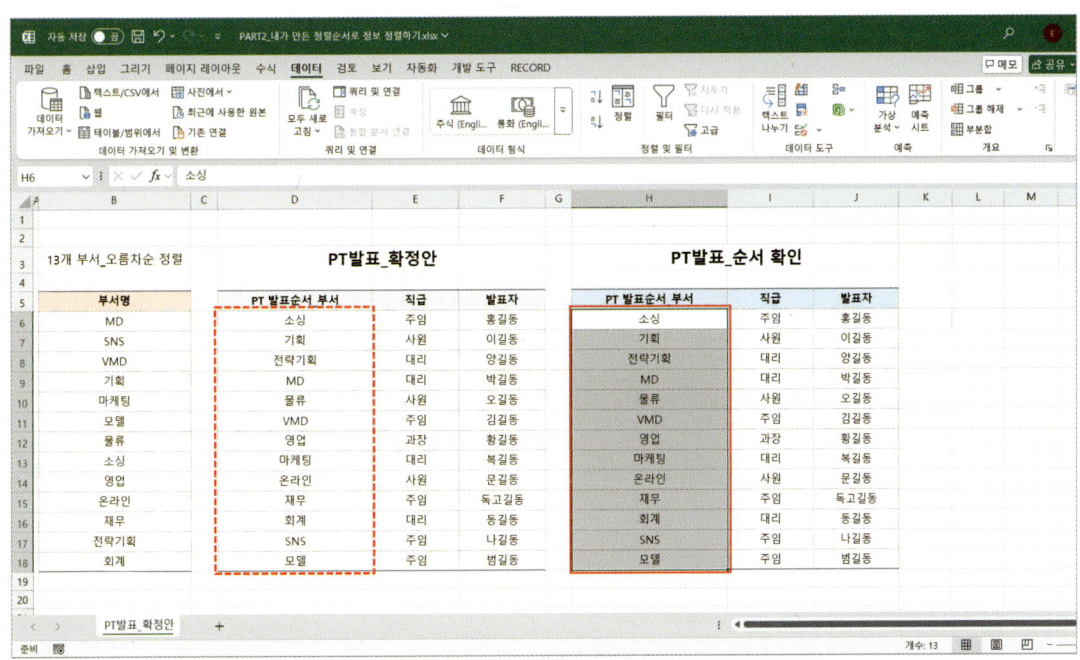

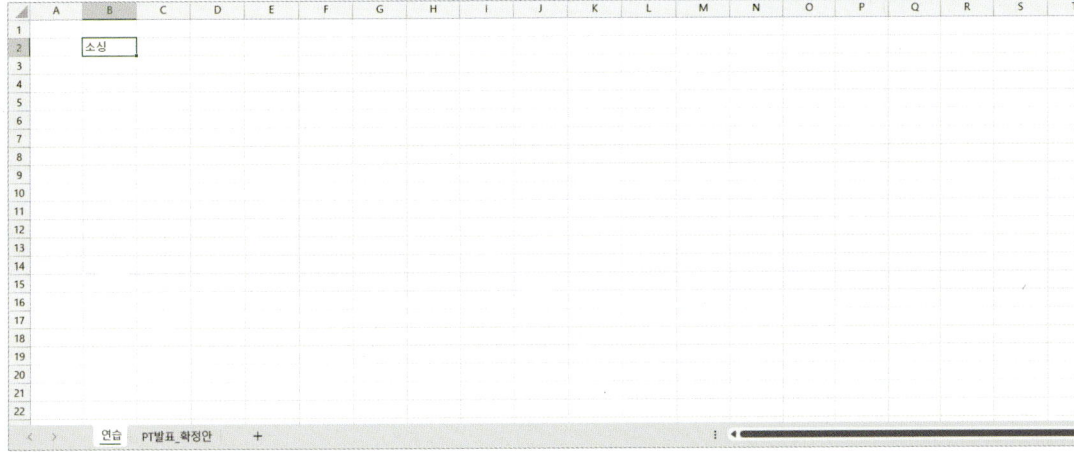

엑셀 엔진 UP! **정렬 목록 자동 채우기**

위 예시는 '사용자 지정 목록 편집'에 사용자가 입력해 놓은 정보를 불러와 데이터를 정렬한 경우입니다. 자동 채우기를 사용해 '사용자 지정 목록 편집'에 등록된 문자정보를 마치 숫자 연번처럼 채우기를 할 수 있습니다.

01 앞에서 등록한 정보 중 가장 첫 번째 정보인 '소싱'이라는 단어를 B2셀에 입력합니다.

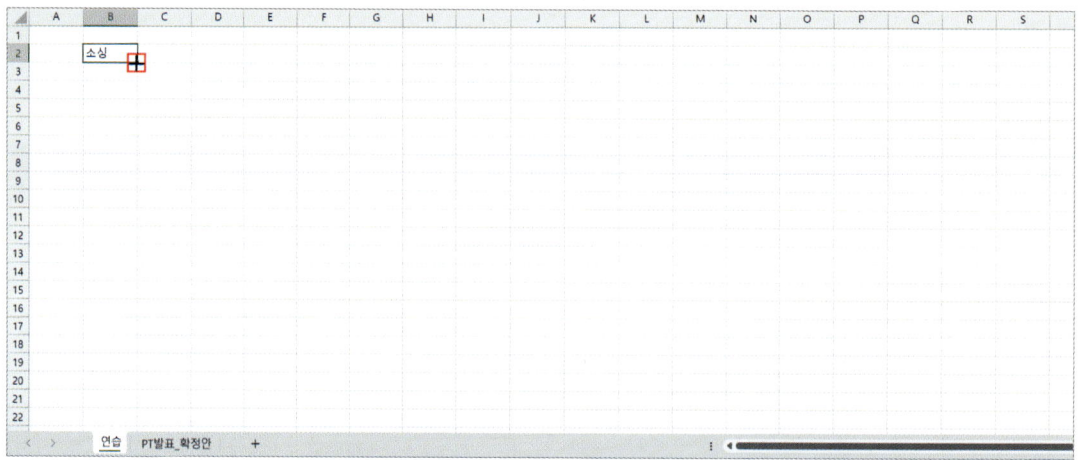

02 B14셀까지 자동 채우기 핸들을 드래그해 값을 채워넣고 결과값을 확인합니다. 정렬한 목록이 순서대로 나타납니다.

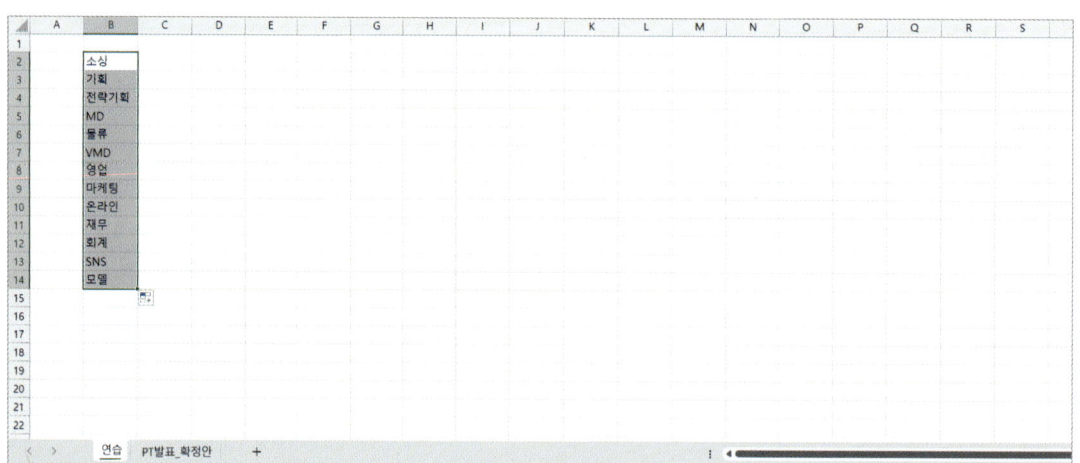

CHAPTER 03

코딩 없이 인사현황 데이터폼 만들기

📂 **예제 파일** PART2_3 코딩 없이 인사현황 데이터폼 만들기

실무 스킬

데이터 폼이란 테이블 형태의 데이터를 한 행씩 입력, 수정, 삭제할 수 있도록 제공되는 도구입니다. 엑셀에서 행이 많아질수록 개별 셀을 직접 편집하는 것이 불편해지는데, 데이터 폼을 사용하면 깔끔한 입력 화면을 통해 하나씩 관리할 수 있습니다. 데이터 폼의 장점은 조건 입력을 통해 정보를 대시보드 (Dashboard) 형태로 한눈에 볼 수 있게 만들어 준다는 점입니다. 시트 내에서 일일이 입력하지 않고 데이터 폼 대화상자에서 정보를 바로 입력할 수 있어 관리가 수월합니다. 그리고 검색목록 상자로도 활용할 수가 있습니다.

해당 기능은 '레코드 관리'라는 리본 메뉴를 활용해 사용할 수 있습니다. 기본 리본 메뉴에는 표시되어 있지 않기 때문에 추가해 줘야 합니다. 이번 챕터에서는 '레코드 관리' 리본 메뉴 생성법을 알아보겠습니다.

실무 연습 ❶

01 데이터 폼 생성을 위한 [레코드 관리] 리본 메뉴를 생성하기 위해 ❶ 마우스 커서를 리본 메뉴 쪽으로 이동시킨 상태에서 ❷ 마우스 오른쪽 버튼을 클릭합니다.

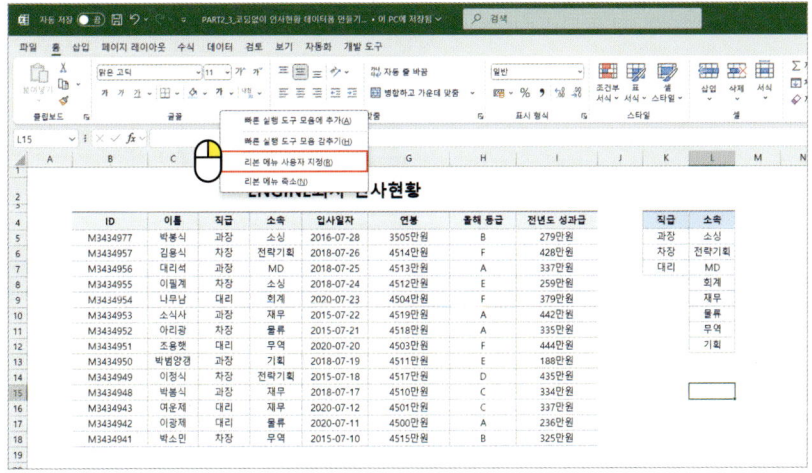

02 [명령 선택]– [모든 명령] 메뉴를 선택합니다.

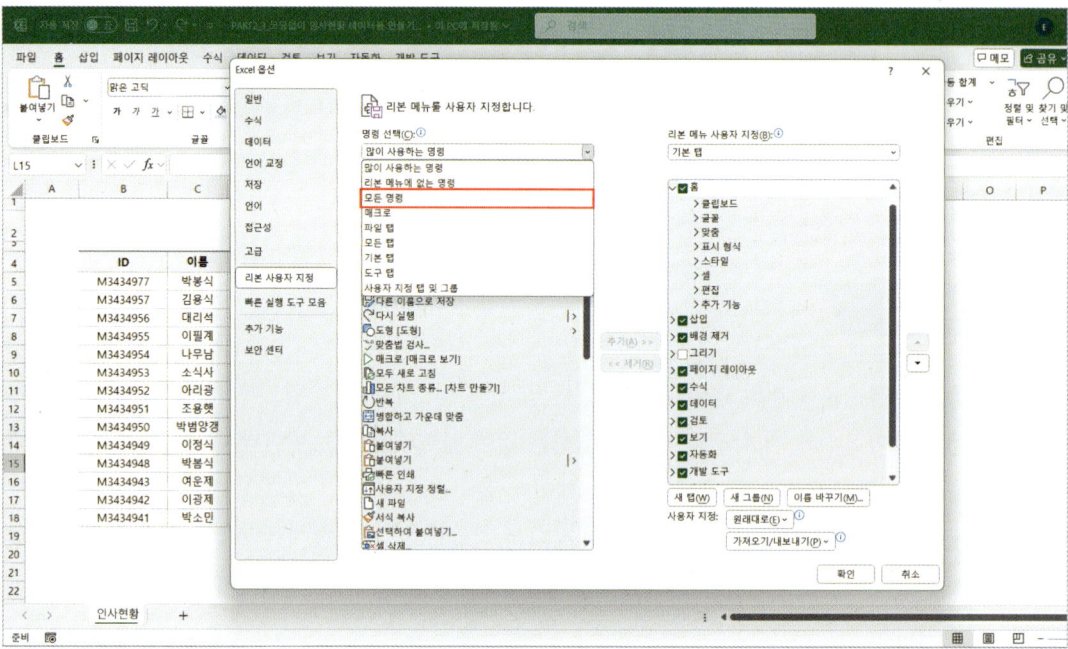

03 새 탭을 생성해 레코드 관리 메뉴를 등록하기 위해 [레코드 관리]–[새 탭] 메뉴를 차례대로 클릭합니다.

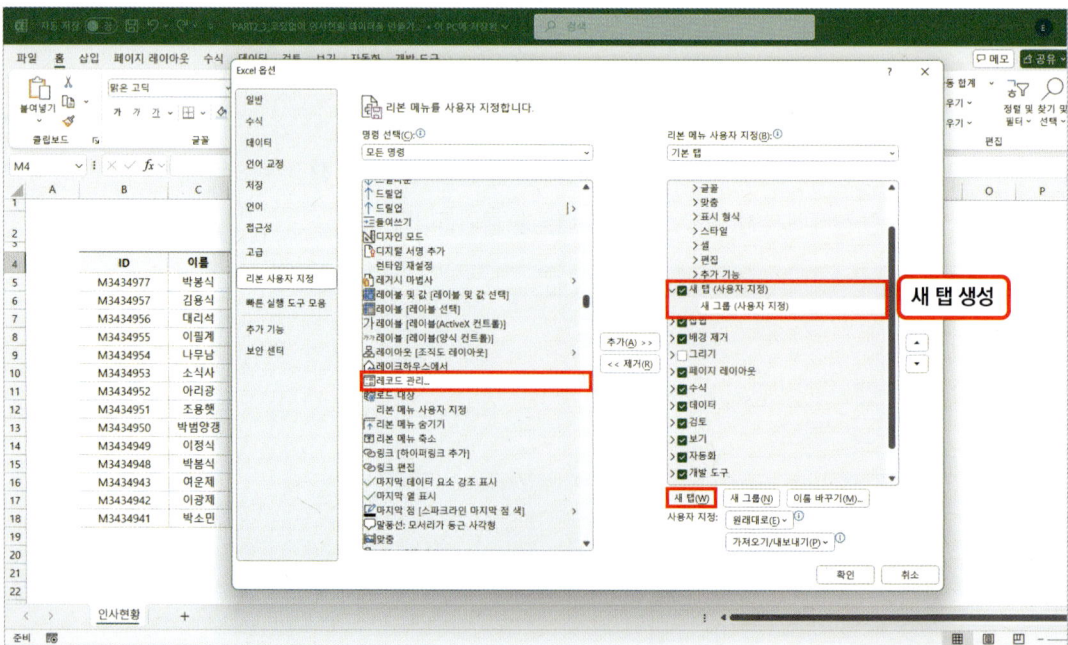

04 ❶ [새 탭(사용자 지정)] 클릭 후 ❷ 마우스 오른쪽 버튼 클릭-[이름 바꾸기] 메뉴를 선택합니다.

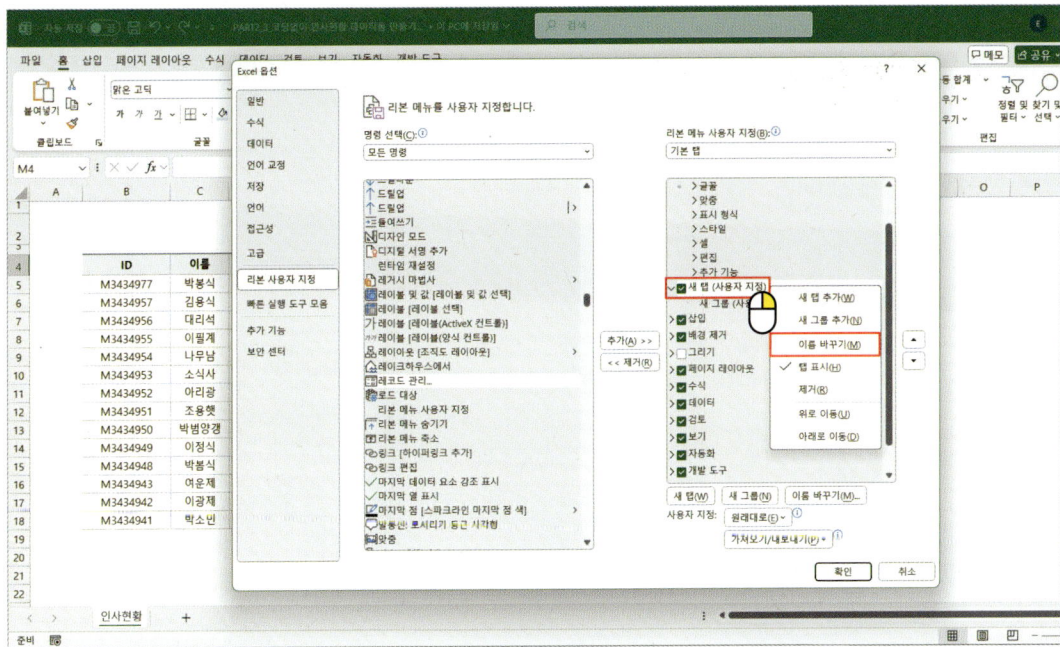

05 새 탭 이름을 임의로 'RECORD'라고 명명하겠습니다. 그리고 [확인]을 클릭합니다.

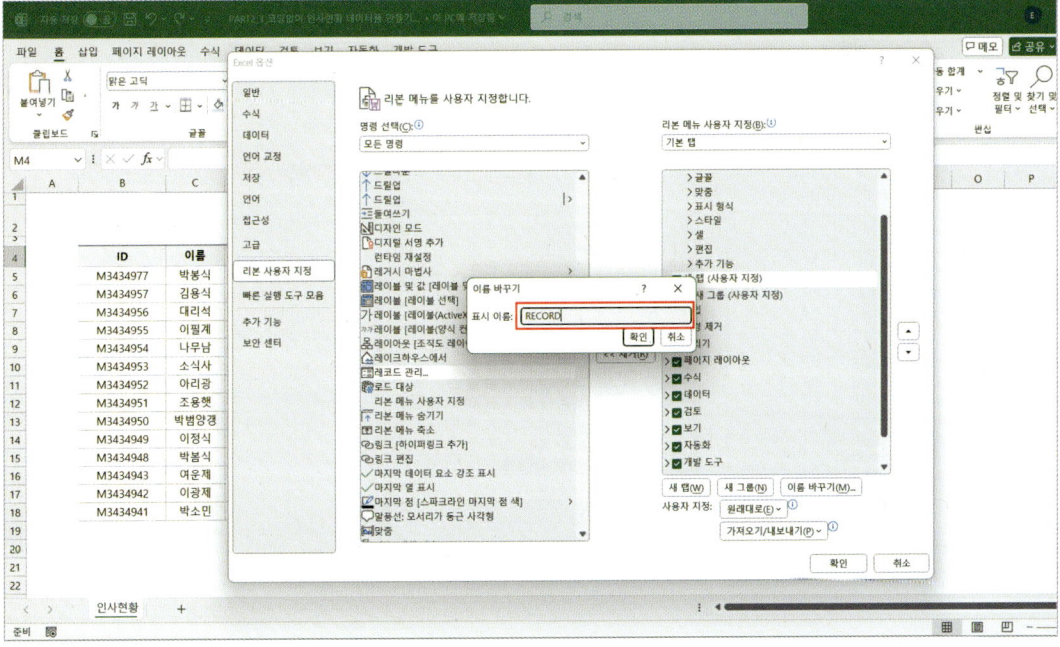

06 ❶ [새 그룹 (사용자 지정)] 클릭 후 ❷ 마우스 오른쪽 버튼 클릭-[이름 바꾸기] 메뉴를 선택합니다. 새 그룹 이름 바꾸기는 새 탭 아래의 카테고리 이름을 만드는 과정입니다.

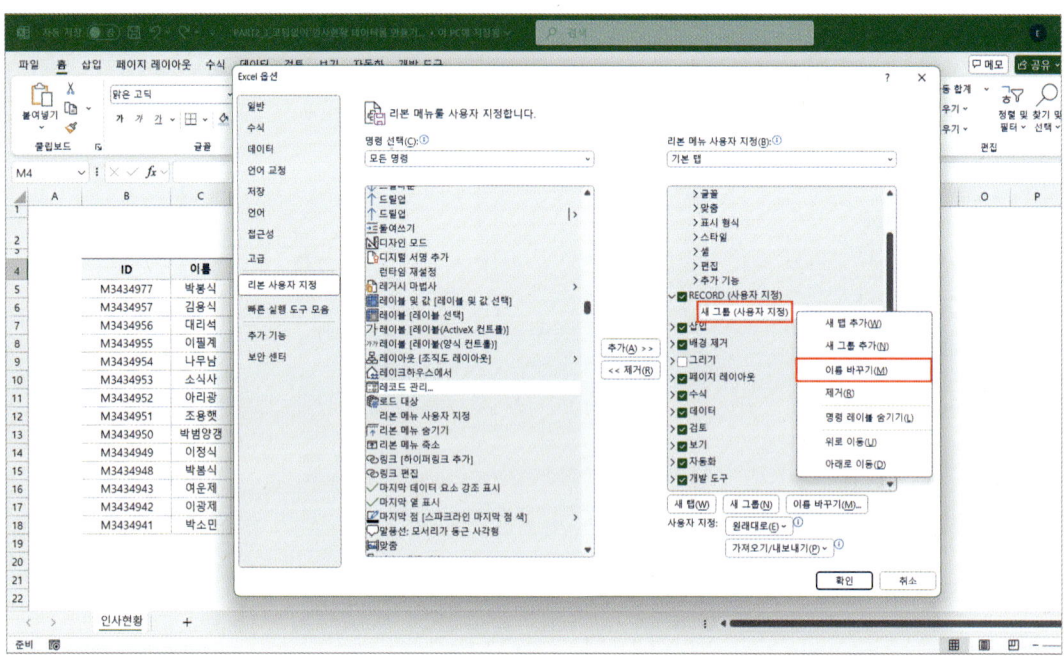

07 ❶ 새 그룹 이름을 임의로 '데이터폼'이라고 명명하겠습니다. ❷ 그리고 [확인]을 클릭합니다.

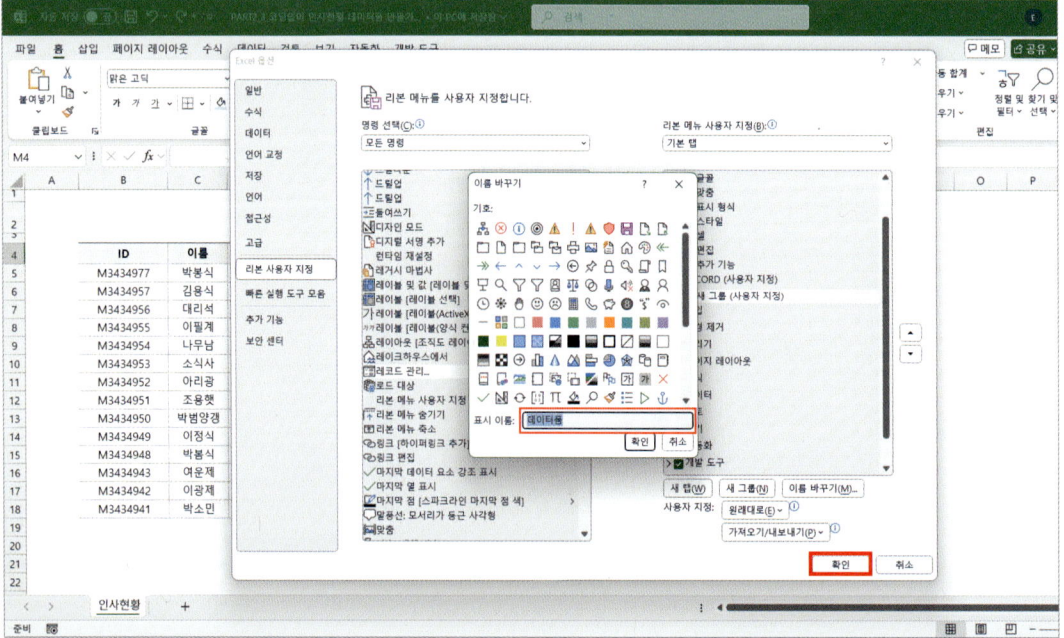

08 새 탭과 새 그룹 이름이 변경된 결과를 확인합니다.

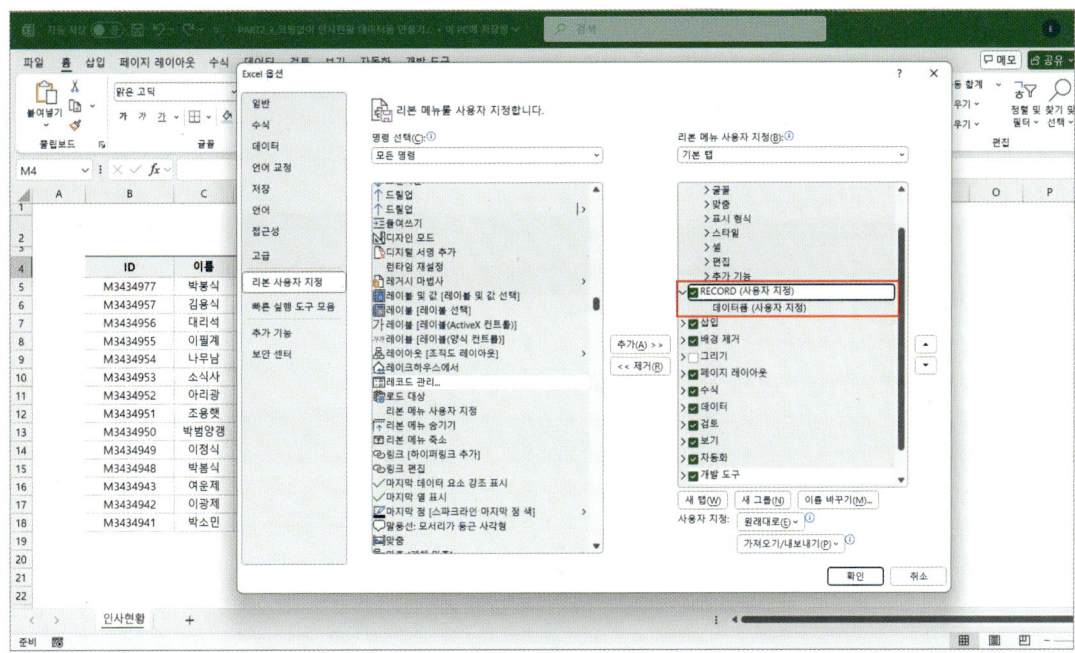

09 현재 새 탭, RECORD가 생성된 위치가 [홈] 탭 바로 아래이기 때문에 [RECORD] 탭을 가장 아래로 배치하도록 하겠습니다. ❶ [RECORD] 탭을 클릭합니다. ❷ 오른쪽에 있는 아래쪽 삼각형을 계속 클릭합니다.

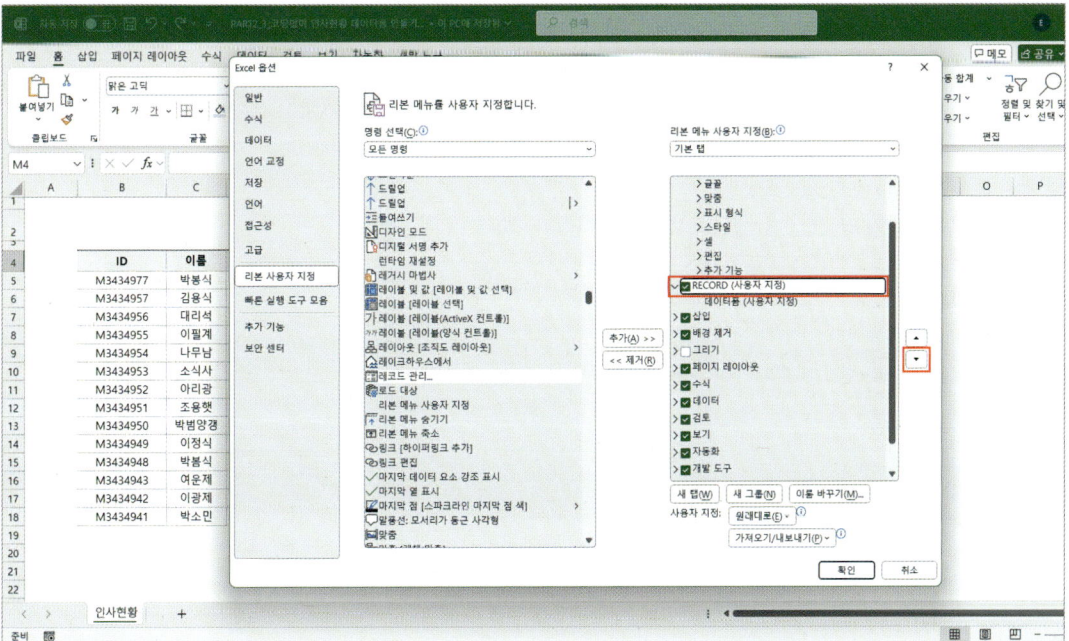

10 [RECORD] 탭이 가장 아래로 이동하도록 계속해서 클릭합니다. [RECORD] 탭이 가장 아래로 이동되면 삼각형이 비활성화됩니다.

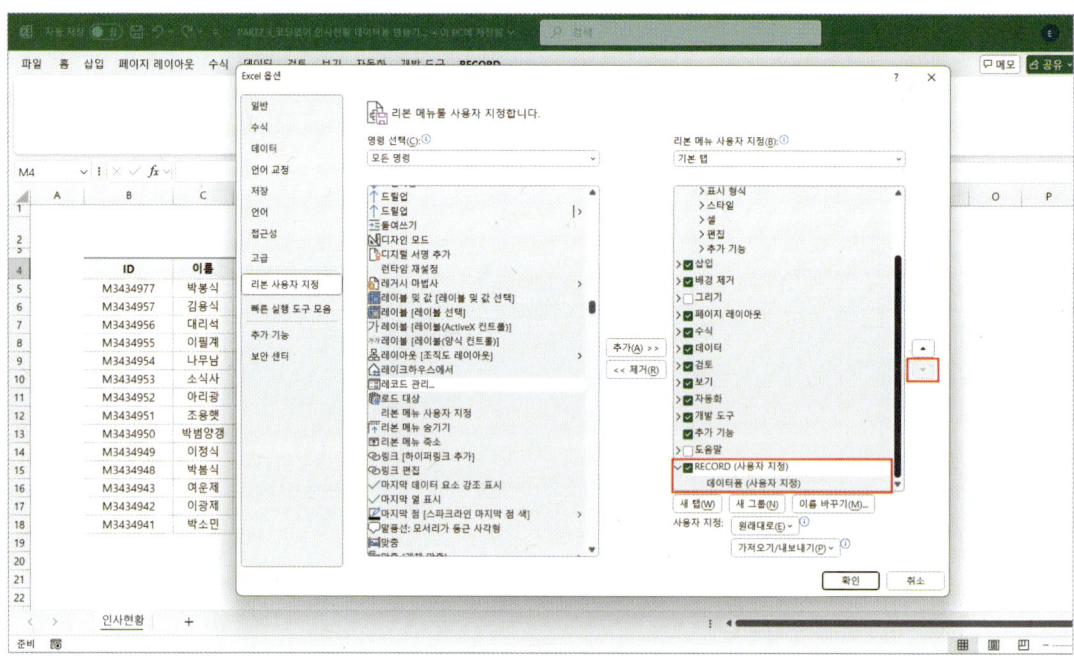

11 왼쪽의 [명령 선택]에서 [레코드 관리]-[데이터폼(사용자 지정)]-[추가] 버튼을 차례대로 클릭합니다.

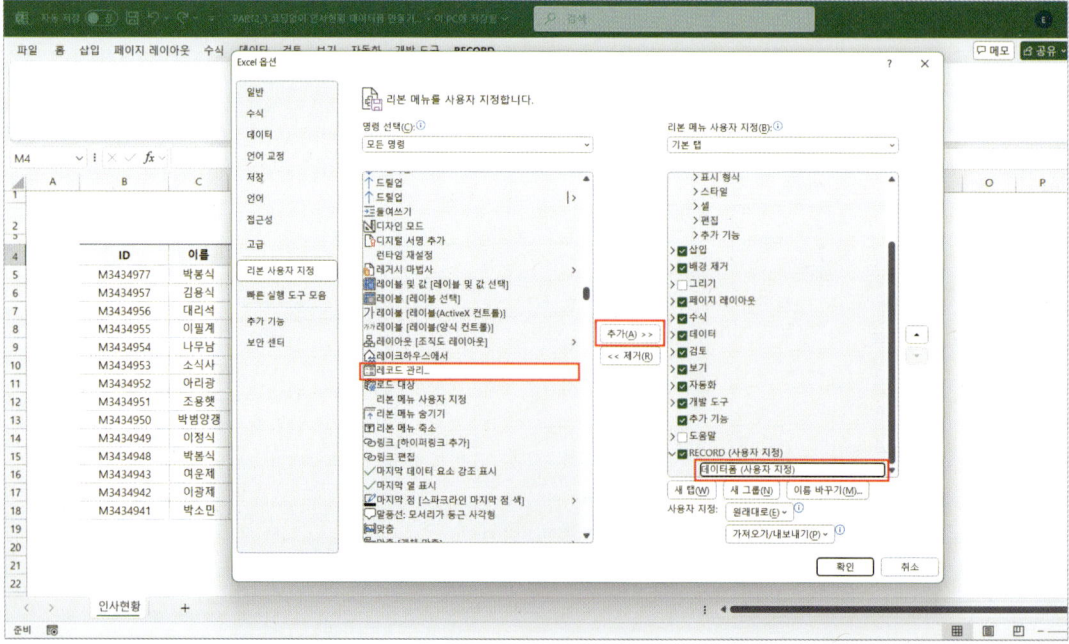

12 [추가] 버튼을 클릭하면 [데이터폼(사용자 지정)] 카테고리 안에 [레코드 관리] 메뉴가 추가된 것을
확인합니다.

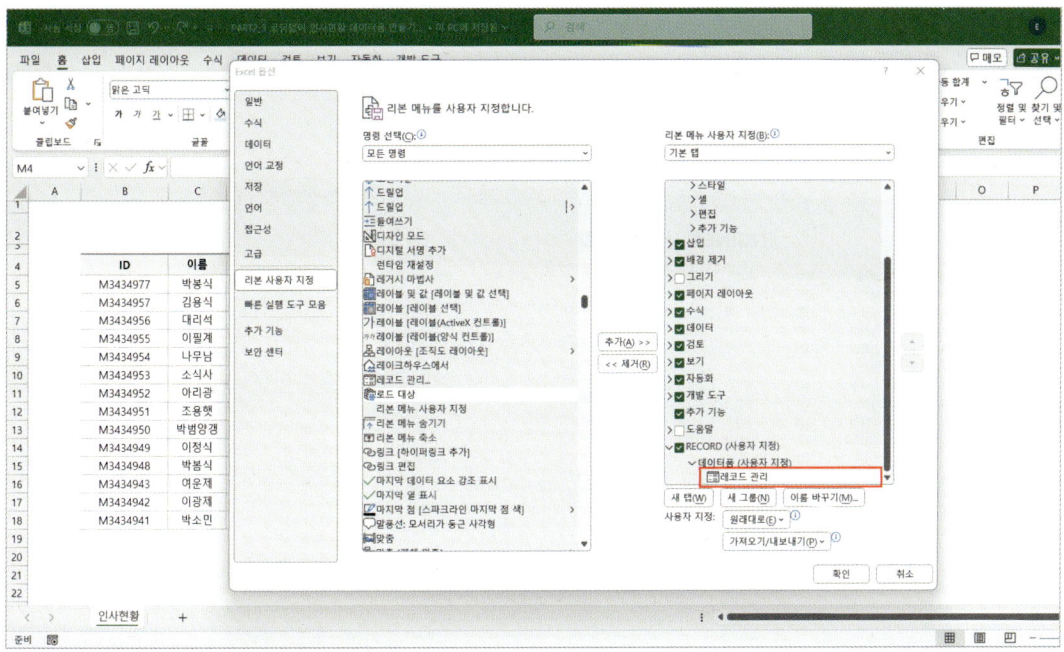

13 확인이 되었다면 [확인] 버튼을 클릭합니다.

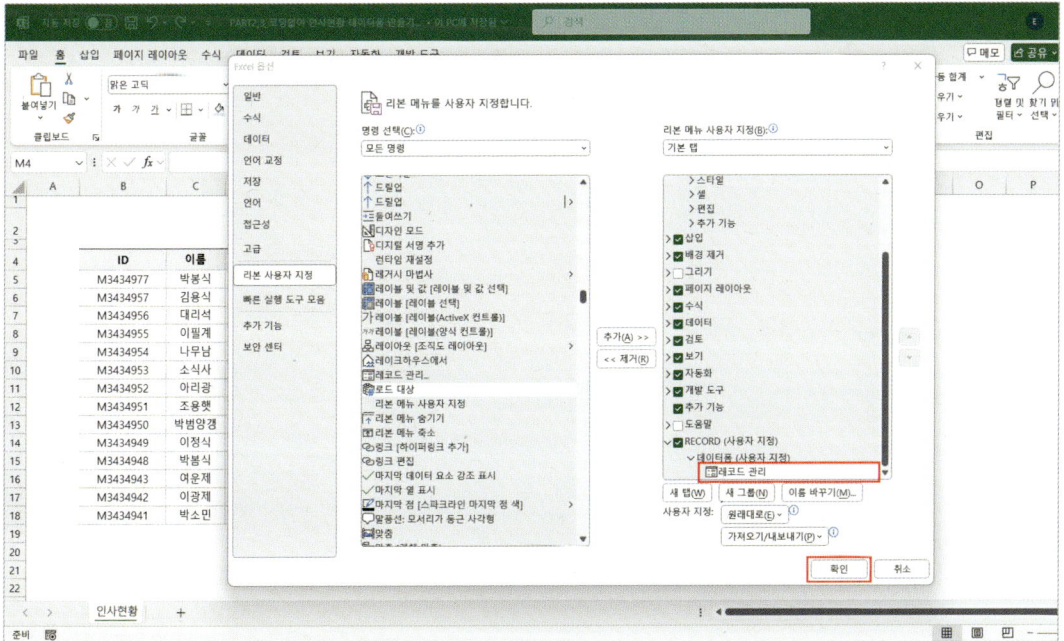

14 ❶ 탭 메뉴 가장 오른쪽에 생성된 [RECORD] 탭을 클릭합니다. ❷ [레코드 관리] 메뉴가 생성된 것을 확인합니다.

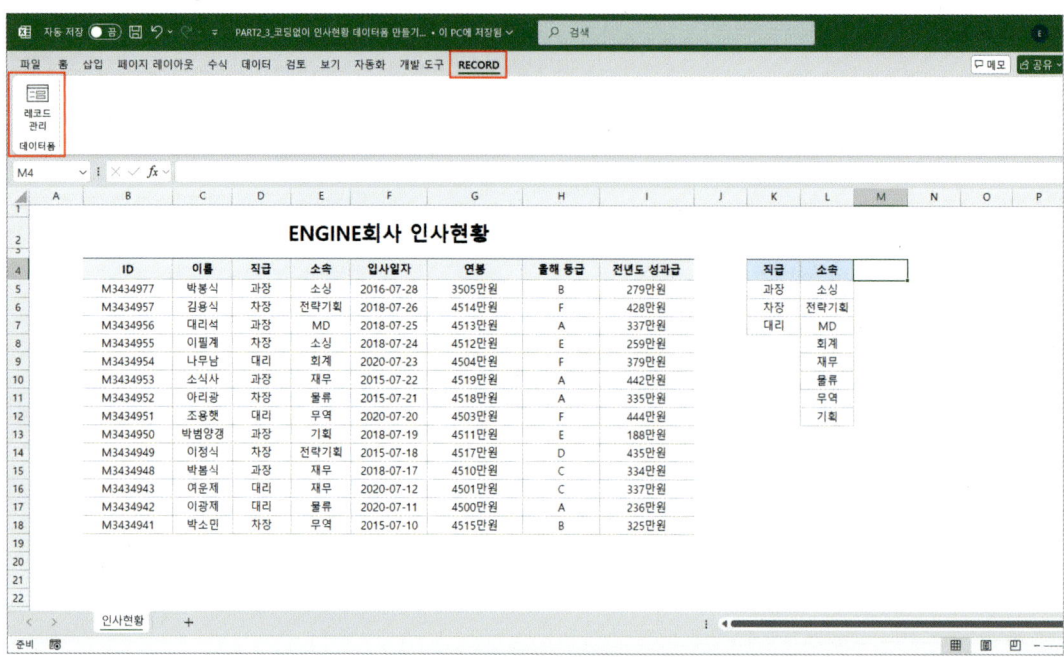

TIP ▶ [레코드 관리]는 [리본 메뉴 사용자 지정] 메뉴를 사용하지 않더라도 [파일] 탭-[옵션]-[리본 사용자 지정] 메뉴를 클릭해서 사용할 수 있습니다.

CHAPTER 04

인사현황표 데이터 폼으로 정보 입력, 삭제, 조건 찾기

🗂 **예제 파일** PART2_4 인사현황표 데이터 폼으로 정보 입력, 삭제, 조건 찾기

데이터 폼을 만들기 위한 리본 메뉴 생성이 완료되었다면 사용 방법을 알아보도록 하겠습니다. 인사현황 데이터 폼을 만든 다음 [레코드 관리] 메뉴를 활용해 정보를 입력하거나 추가 또는 삭제하고 검색하는 방법을 알아보겠습니다.

[레코드 관리]를 통해 데이터 폼을 생성하기 위해서는 반드시 한 개 이상의 목록이 있어야 합니다. 목록이 없는 상태에서 [레코드 관리] 메뉴를 클릭하면 아래와 같은 메시지 창이 뜨게 되니 주의합니다.

예제 파일, [인사현황] 시트 4행에는 B열을 시작으로 차례대로 ID/이름/직급/소속/입사일자/연봉/올해 등급/전년도 성과급 목록이 잘 정리되어 있는 것을 알 수 있습니다.

그리고 샘플로 목록 아래 필드값을 하나 입력해 놓습니다. 즉, 목록 'ID/이름/직급/소속/입사일자/연봉/올해 등급/전년도 성과급'란에 샘플 정보를 입력하지 않아도 [레코드 관리] 메뉴가 실행되지만 아래와 같은 메시지 창이 뜨게 됩니다. 무시하고, 확인 버튼을 누르면 아래와 같은 데이터폼이 생성되는 것을 확인할 수 있습니다.

※ 목록은 사용자 환경에 맞게 작성해서 사용하면 됩니다.

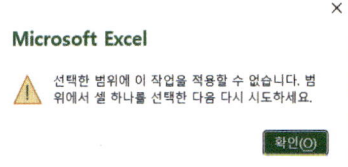

[인사현황] 시트에서 [레코드 관리] 메뉴를 활용해 새로운 직원을 추가해 보도록 하겠습니다.

01 ❶ 셀 포인터가 인사현황 표 아무 곳을 클릭한 상태에서 ❷ [RECORD]-[데이터] 폼-[레코드 관리] 메뉴를 차례대로 클릭해 인사현황 데이터 폼이 생성된 것을 확인합니다. ❸ 리스트는 총 14개로, 팝업된 대화상자는 첫 번째 리스트입니다.

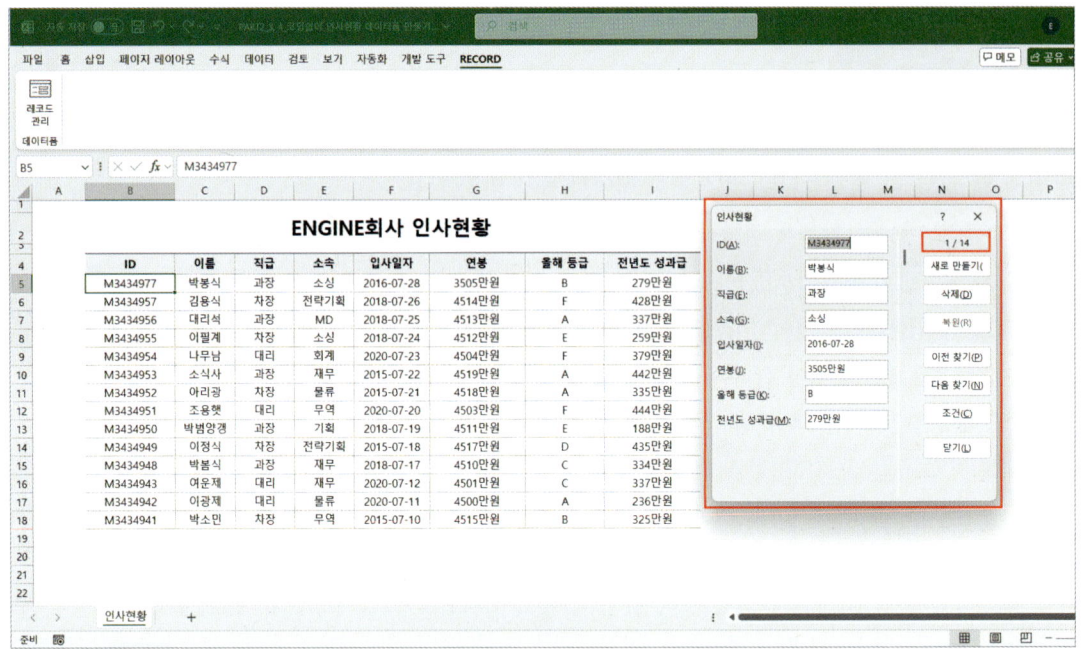

02 ❶ [새로 만들기]를 클릭합니다. ❷ 새로운 직원 정보를 차례대로 입력하고, ❸ [조건]을 클릭합니다.

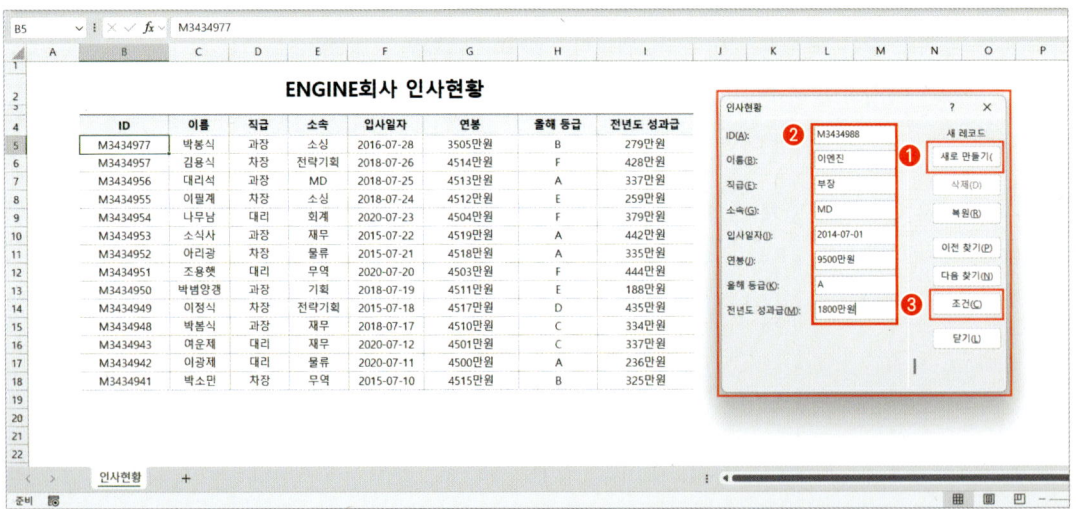

03 19번 행에 새로운 정보가 입력된 것을 확인합니다. 그리고 인사현황 데이터폼은 리셋되었습니다.

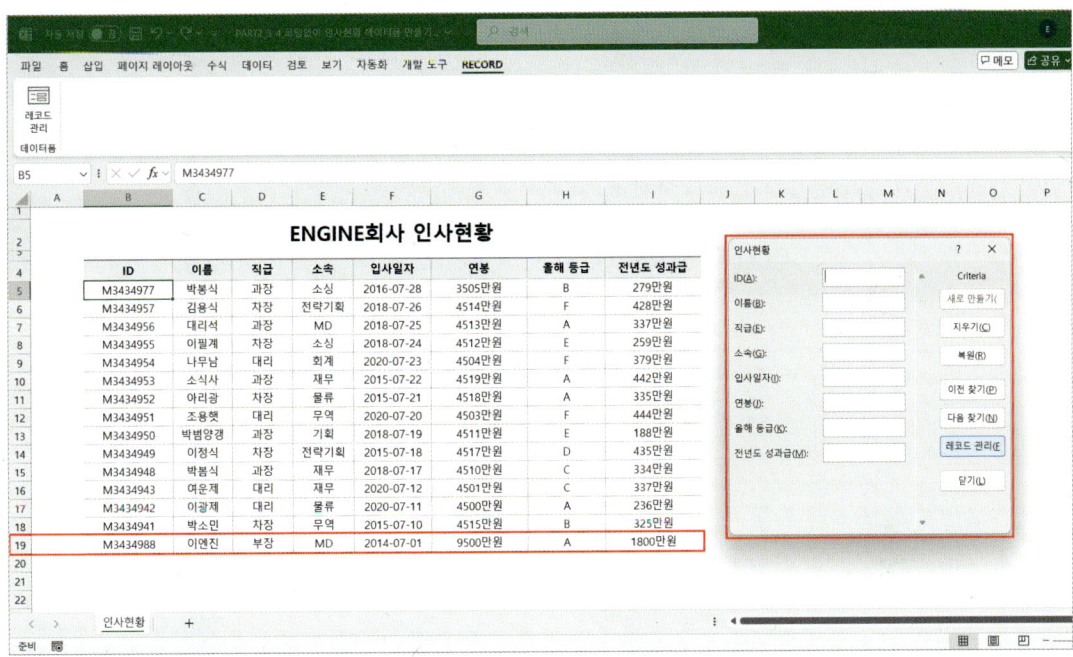

04 이번에는 '이전 찾기'를 통해 '이정식 차장' 정보를 찾아 지워 보겠습니다. **01**번처럼 ❶ 인사현황 데이터 폼에서 [레코드 관리] 메뉴를 클릭합니다. ❷ 리스트 정보가 15개로 늘어난 것을 확인할 수 있습니다.

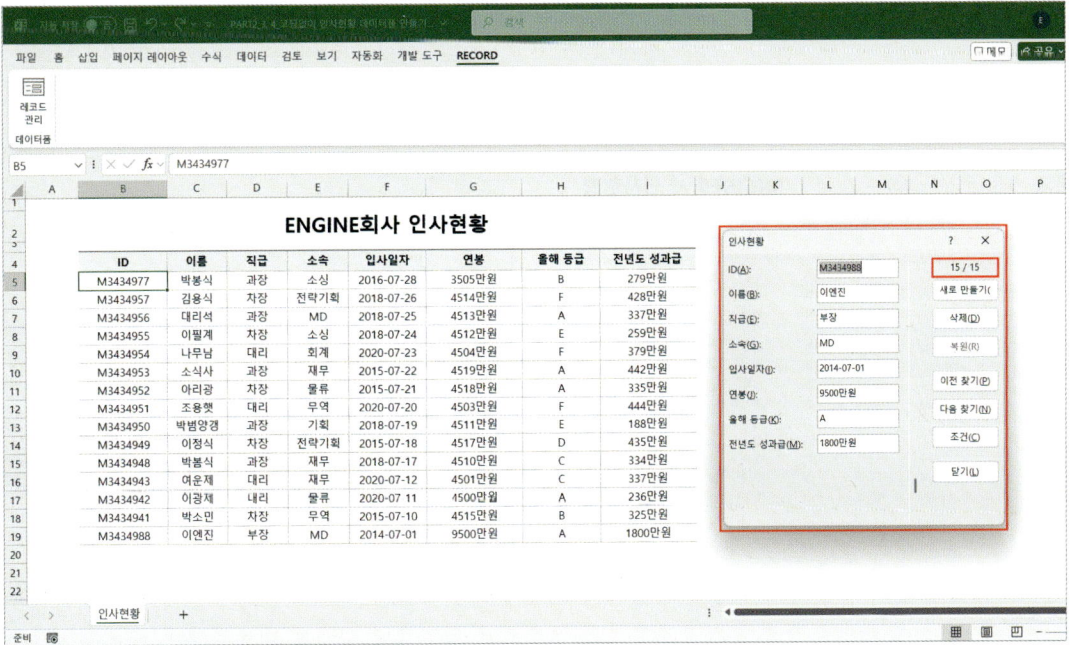

05 ❶ 이 상태에서 [이전 찾기]를 몇 번 클릭해 ❷ 이정식 차장 정보를 찾습니다. ❸ [삭제]를 클릭합니다.

※ 이전 찾기가 실행되지 않으면 다음 찾기 메뉴로 대상을 찾습니다.

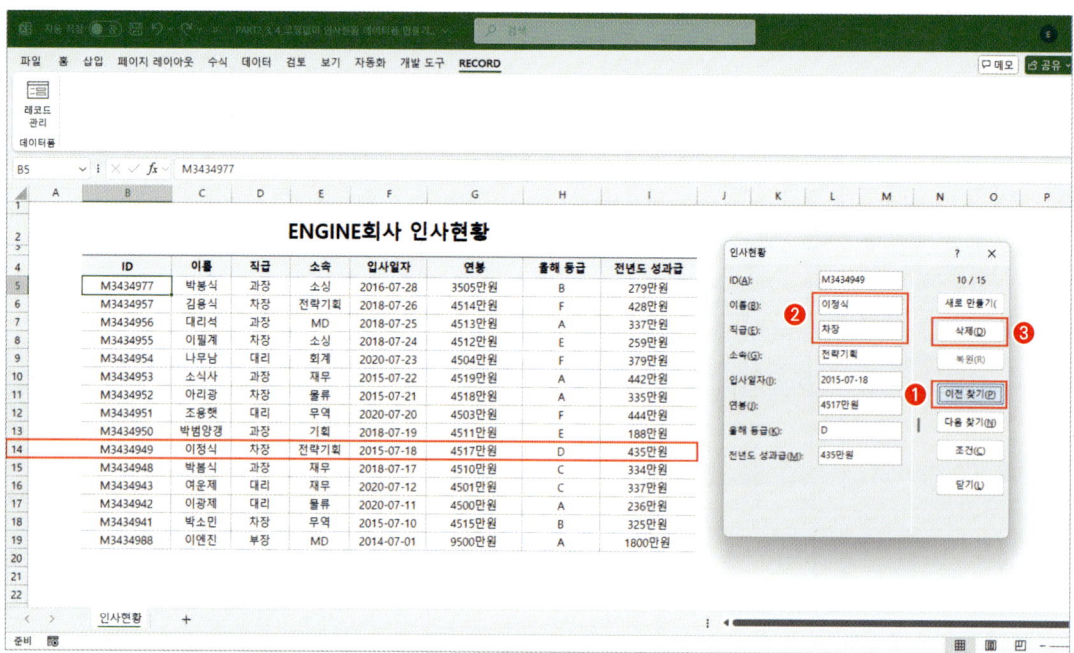

06 아래에 경고창이 뜨면 [확인]을 클릭합니다.

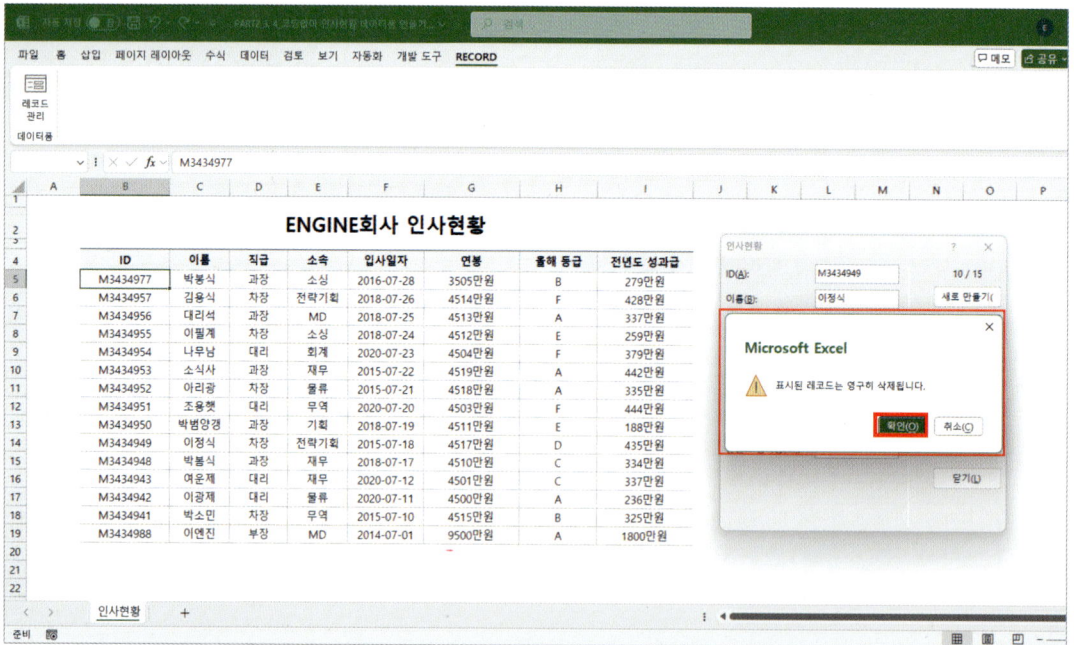

07 14행에 있던 이정식 차장 정보가 삭제되고 박봄식 과장 정보가 한 행 올라온 것을 확인할 수 있습니다.

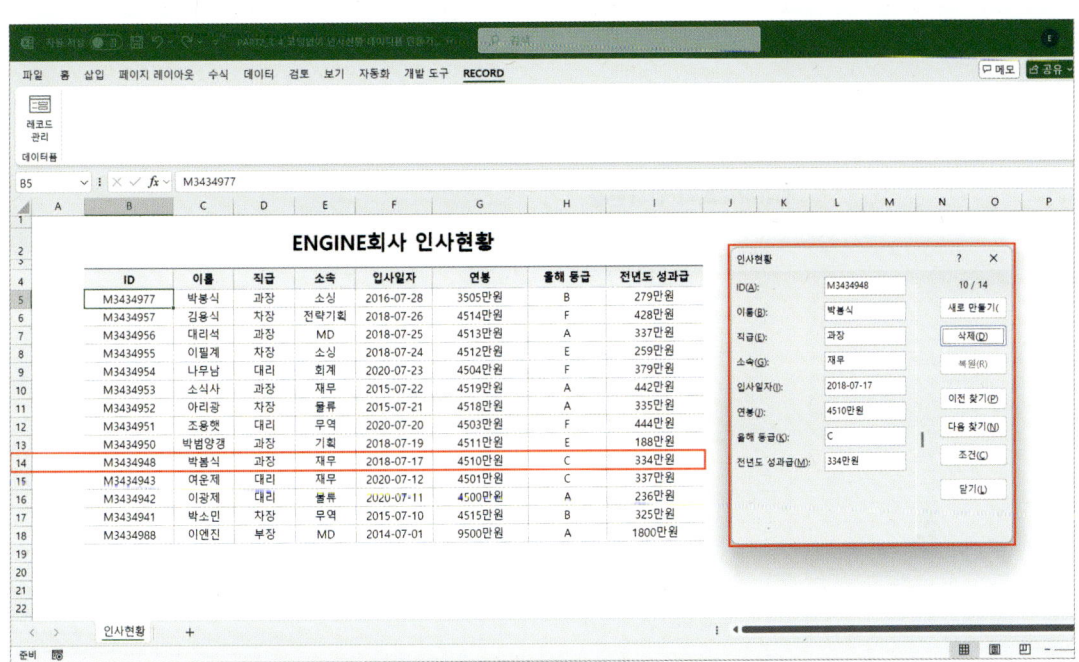

08 이번에는 조건값(직급-과장)을 입력해 해당 리스트 정보를 모두 찾아보도록 하겠습니다. 인사현황 데이터 폼에서 [조건]을 클릭합니다.

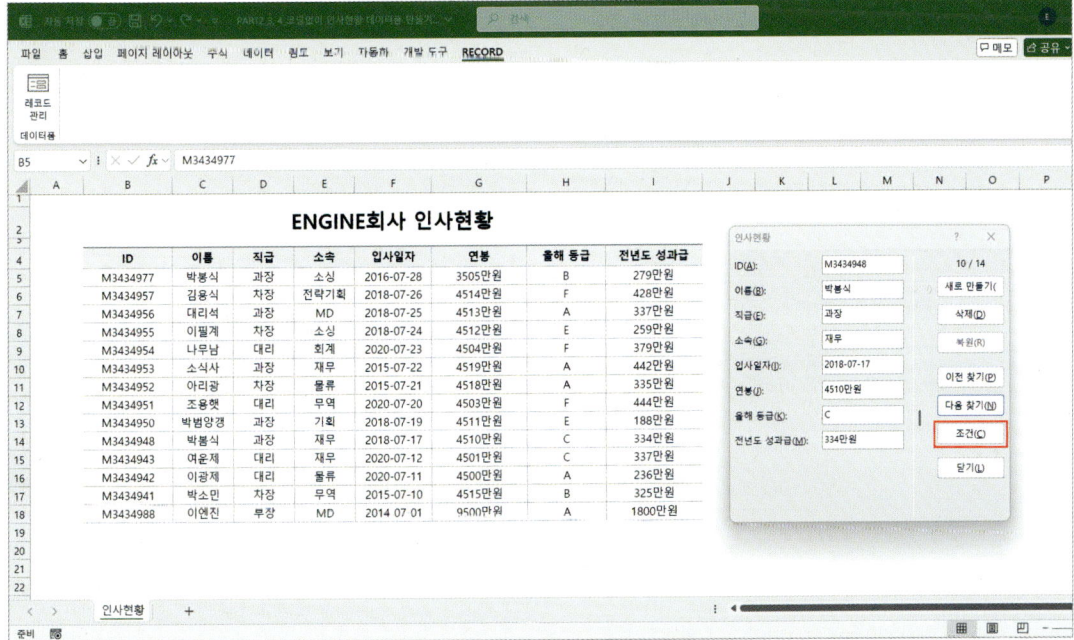

09 직급란에 [과장]을 입력합니다.

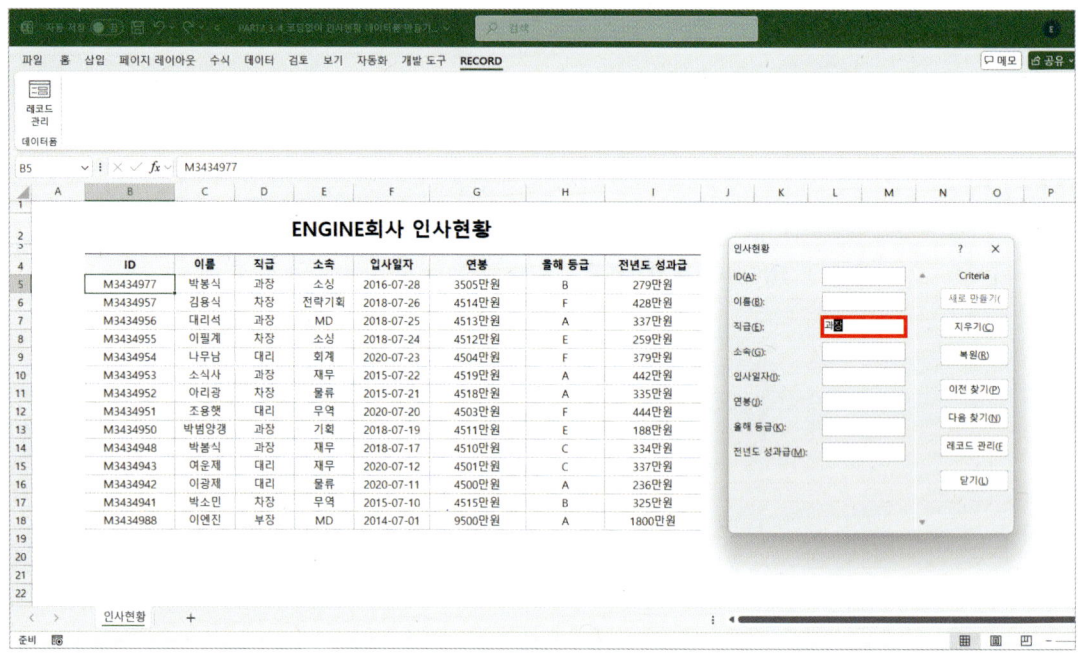

10 [이전 찾기] 또는 [다음 찾기]를 클릭해 과장 리스트를 확인합니다. 과장 리스트는 총 5명이 있습니다. 위에서부터 1, 3, 6, 9, 10번째에 과장이 위치해 있는 것을 확인할 수 있습니다. 아래 사진은 [이전 찾기]를 몇 번 눌러 '대리석 과장' 리스트를 찾은 내용입니다.

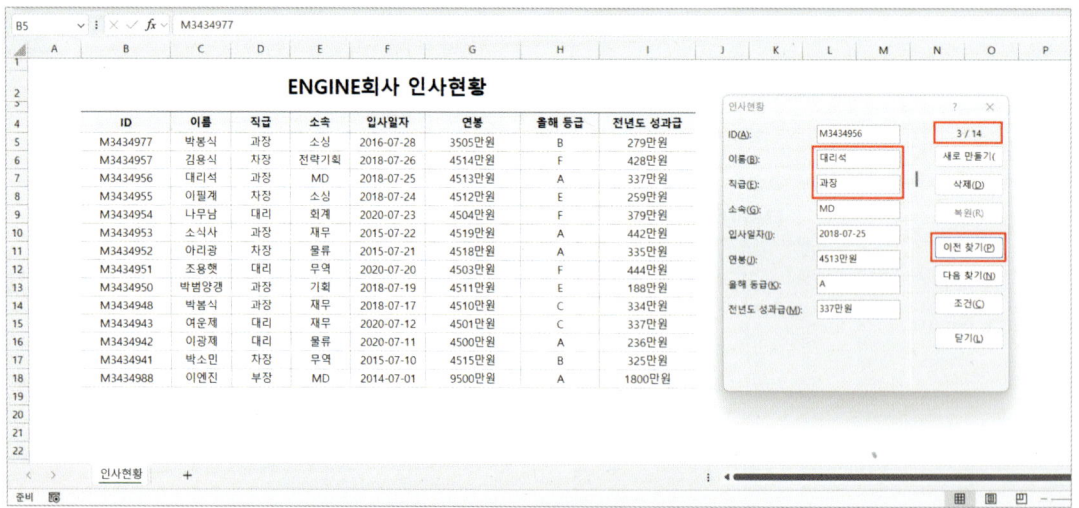

> **TIP** 해당 조건값 리스트를 확인하기 위해서 [이전 찾기] 또는 [다음 찾기]를 클릭해 찾고 싶은 리스트를 찾을 수 있습니다.

11 마지막으로 조건값으로 직급이 '과장'이면서 올해 등급이 'A'인 리스트 정보를 모두 찾아보도록 하겠습니다. [조건]을 클릭합니다.

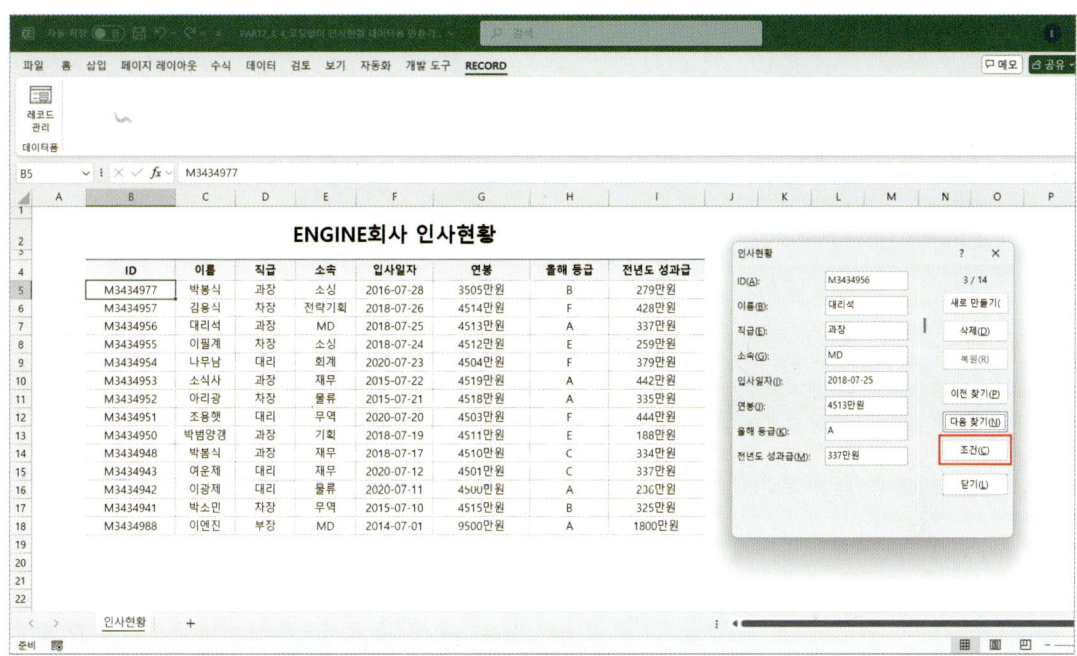

12 직급란에 '과장', 올해 등급란에는 'A'를 입력합니다.

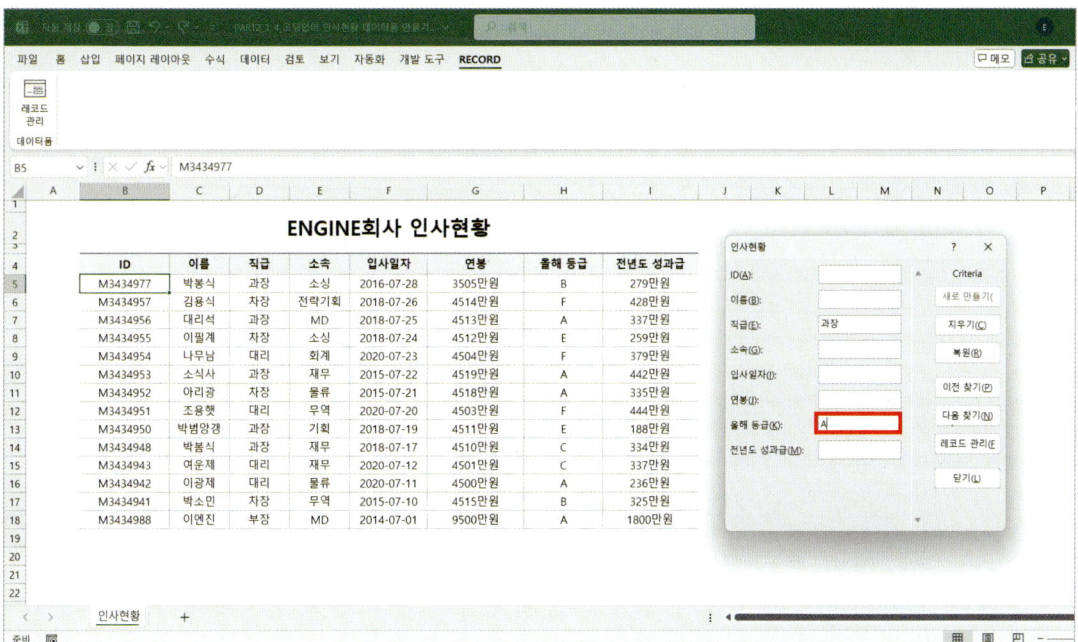

13 [이전 찾기] 또는 [다음 찾기]를 클릭해 해당 리스트를 확인합니다. 직급이 '과장'이면서 올해 등급이 'A'인 직원은 두 명, '대리석 과장'과 '소식사 과장' 리스트를 확인할 수 있습니다.

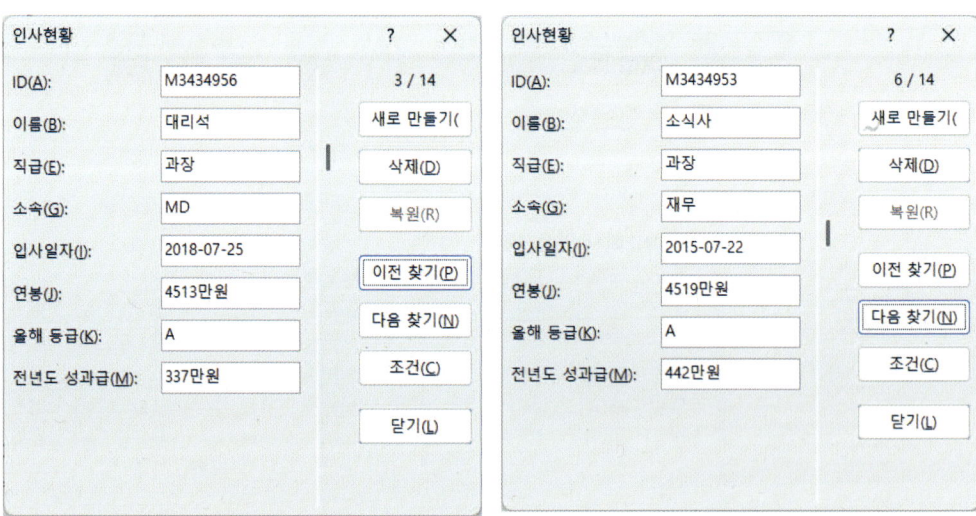

> **TIP** 조건을 만족하는 리스트를 찾는 경우에, [이전 찾기] 또는 [다음 찾기]를 계속해서 눌러도 더 이상 리스트 변화가 없을 때가 마지막 정보를 찾았을 때입니다. 위 예시에서는 두 가지 조건을 동시 만족하는 경우는 두 가지밖에 없기 때문에 [이전 찾기] 또는 [다음 찾기]는 두 번 이상 누를 수 없게 됩니다.

함수 없이 여러 셀 정보, 한 셀 안에 출력 또는 한 셀 정보를 여러 셀로 나누기

📁 **예제 파일** PART2_5 함수 없이 여러 셀 정보, 한 셀 안에 출력 또는 한 셀 정보를 여러 셀로 나누기

실무 스킬

엑셀은 스프레드 방식의 프로그램이다 보니 정보가 셀 단위로 입력됩니다. 문서 작업 프로그램에서 문단을 구분하기 위해 [Enter] 키를 누르면 쉽게 문단이 구분되지만 엑셀에서는 한 문장 입력이 끝나고 [Enter] 키를 누르면 바로 아래 셀로 넘어가 정보를 입력할 수 있게 되어 있습니다.

여기서 문제는 일반 문서 작업 프로그램에서는 그 다음 문단에서 [Backspace] 바를 눌러 여러 문단을 한 문단으로 쉽게 만들 수 있지만 엑셀은 그렇지 않다는 점입니다. 한 문단으로 만들기 위해서는 아래 셀의 정보를 잘라서 위 셀 문단에 붙여넣어야 합니다. 이런 번거로움 없이 여러 셀에 흩어진 정보를 한 셀 안에 모아, 한 문단으로 만들어주는 '양쪽 맞춤' 기능에 대해 알아보도록 하겠습니다. 더불어 여러 문장으로 길게 써진 한 문단을 여러 문단, 즉 여러 셀로 나누는 방법도 함께 알아보겠습니다.

실무 연습 ❶

01 [커피_스크립트] 시트에서 오프닝 멘트와 슬라이드 섹션 1은 각각 5개 셀, 5개의 문장으로 이뤄졌습니다. 먼저 2개의 셀을 합쳐 한 문장으로 만들고 나머지 3개 셀을 합쳐 또 한 문장으로 만들어 보겠습니다.

문장을 합쳤을 때 출력될 열 너비를 충분히 확보해 놓습니다. 우선 2개 문장을 합칠 B7문장 길이와 B8문장 길이의 합산 너비를 넉넉히 계산합니다. B열과 C열 사이 실선에 마우스 커서를 위치시켜 B7셀 텍스트 길이와 B8셀 텍스트 길이를 합친 너비보다 넓게 오른쪽으로 실선을 드래그해 출력할 너비를 확보합니다.

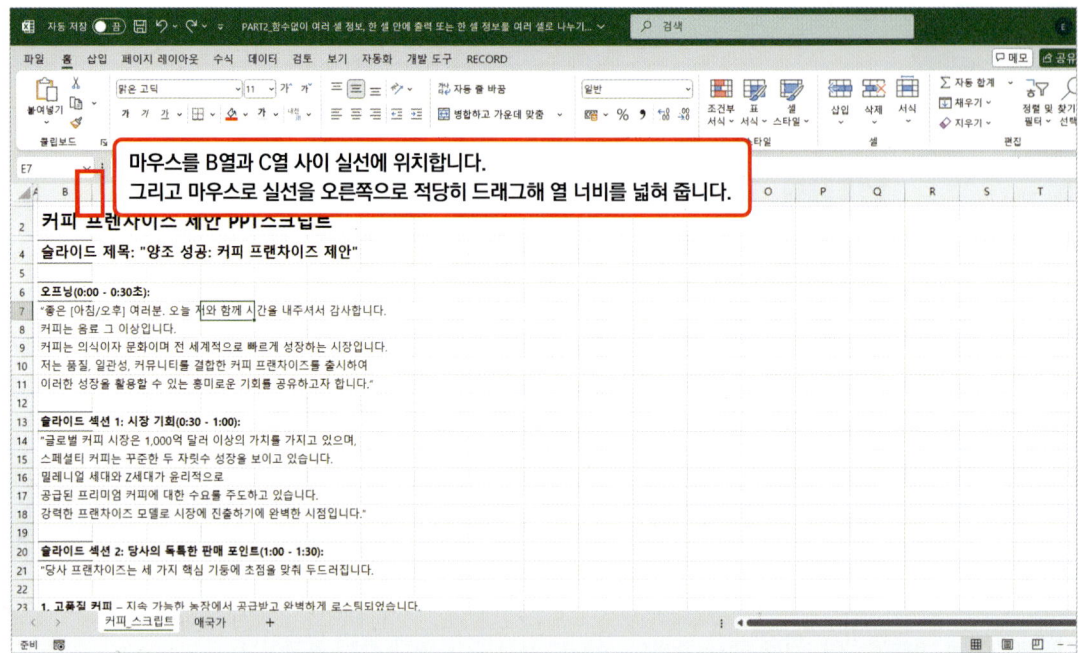

마우스를 B열과 C열 사이 실선에 위치합니다.
그리고 마우스로 실선을 오른쪽으로 적당히 드래그해 열 너비를 넓혀 줍니다.

02 B열의 너비를 넉넉히 확보한 결과입니다.

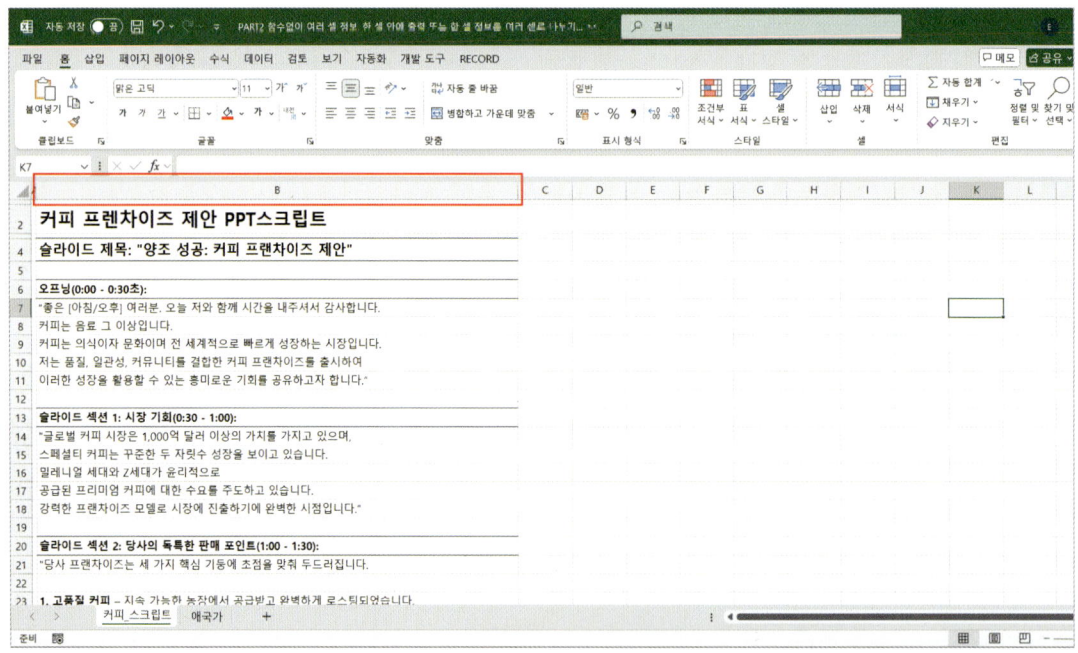

03

❶ 이 상태에서 B7:B8셀 범위를 블록 지정합니다. ❷ [홈] 탭-[편집]-[채우기]-[양쪽 맞춤]메뉴를 클릭합니다.

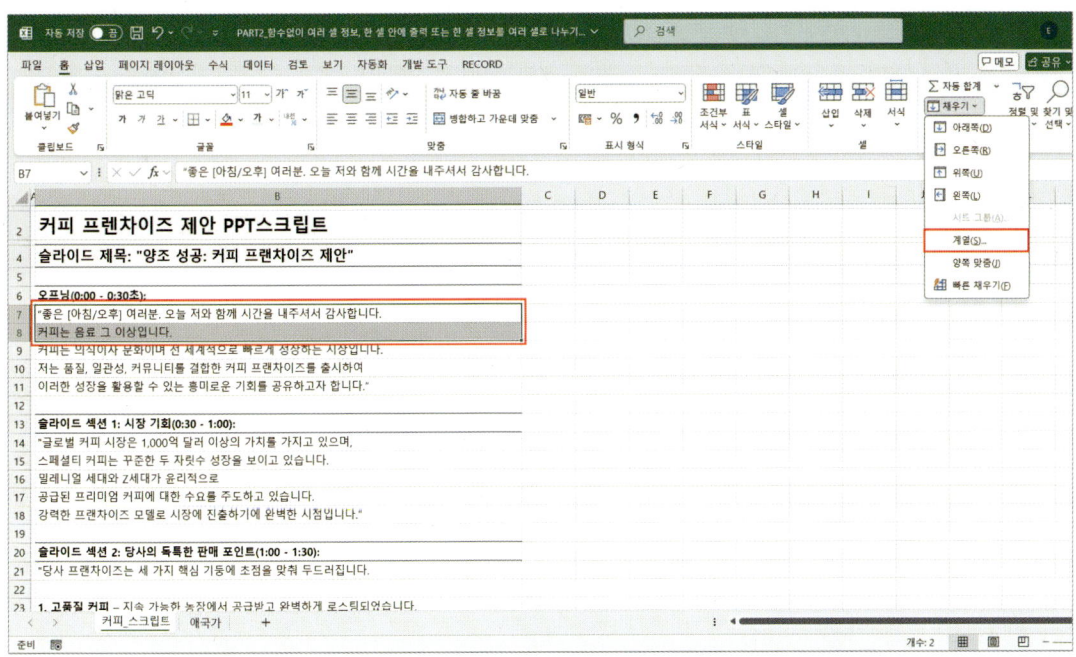

04

2개의 문장이 한 문단으로 합쳐진 결과를 확인합니다.

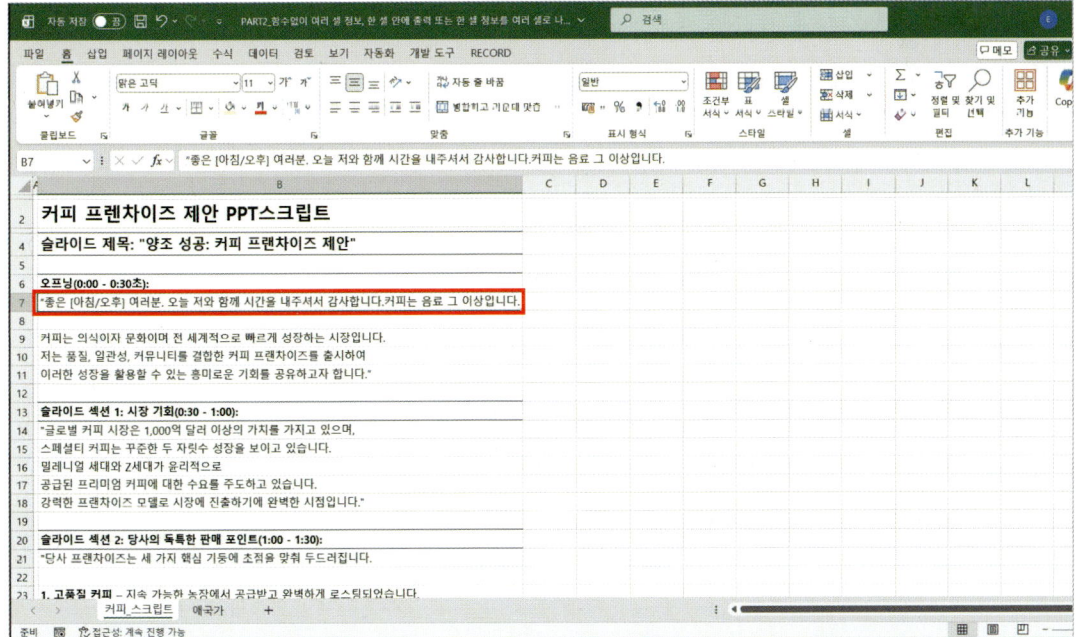

05 이번에는 3개 문장을 합쳐야 하기 때문에 더 넓은 열 너비를 확보해 줍니다. 방식은 첫 번째와 동일합니다. ❶ B와 C열 사이의 실선에 마우스를 놓고 클릭합니다. ❷ 클릭한 채 오른쪽으로 드래그해 열 너비를 충분히 확보합니다.

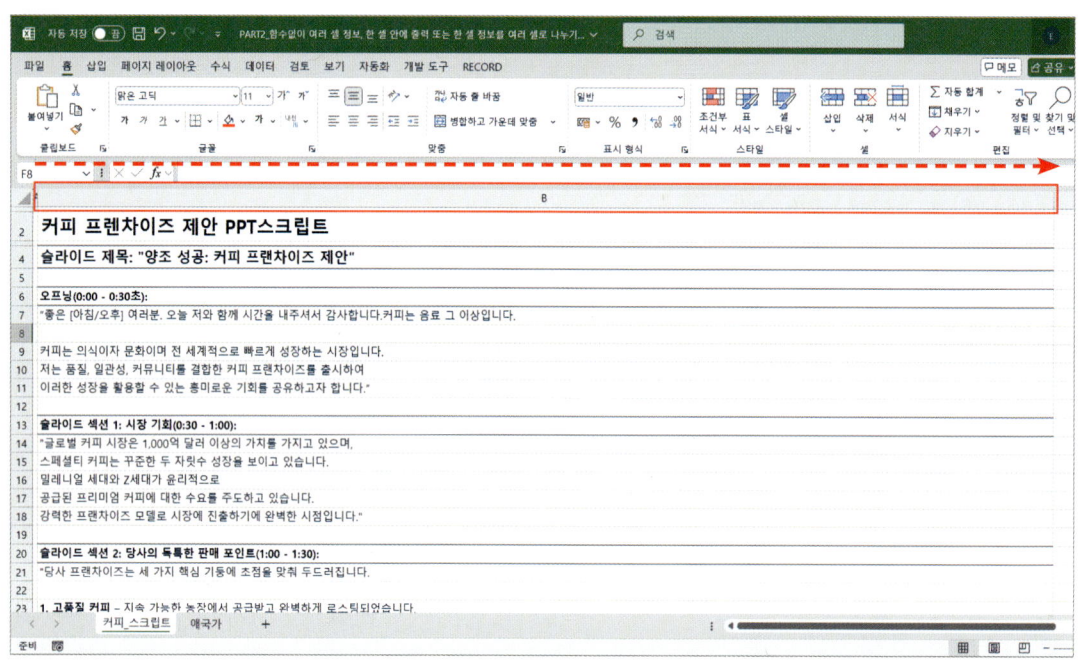

06 ❶ 이 상태에서 B9:B11셀 범위를 블록 지정합니다. ❷ [홈] 탭-[편집]-[채우기]-[양쪽 맞춤]을 클릭합니다.

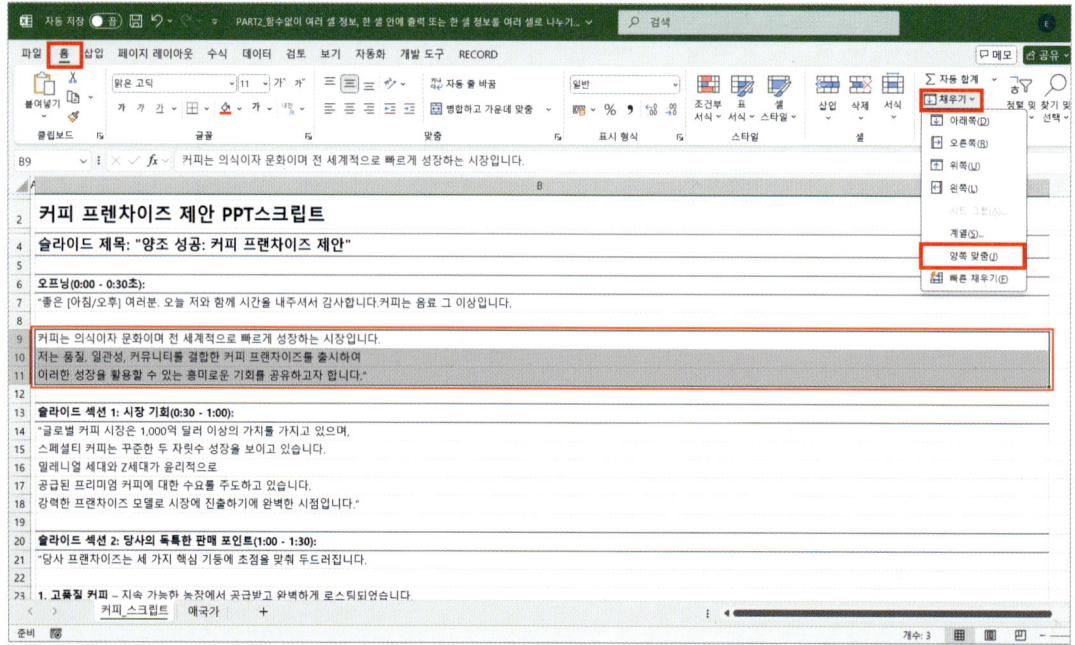

07 범위 지정한 3개 문장이 한 개 문장으로 합쳐진 결과를 확인합니다.

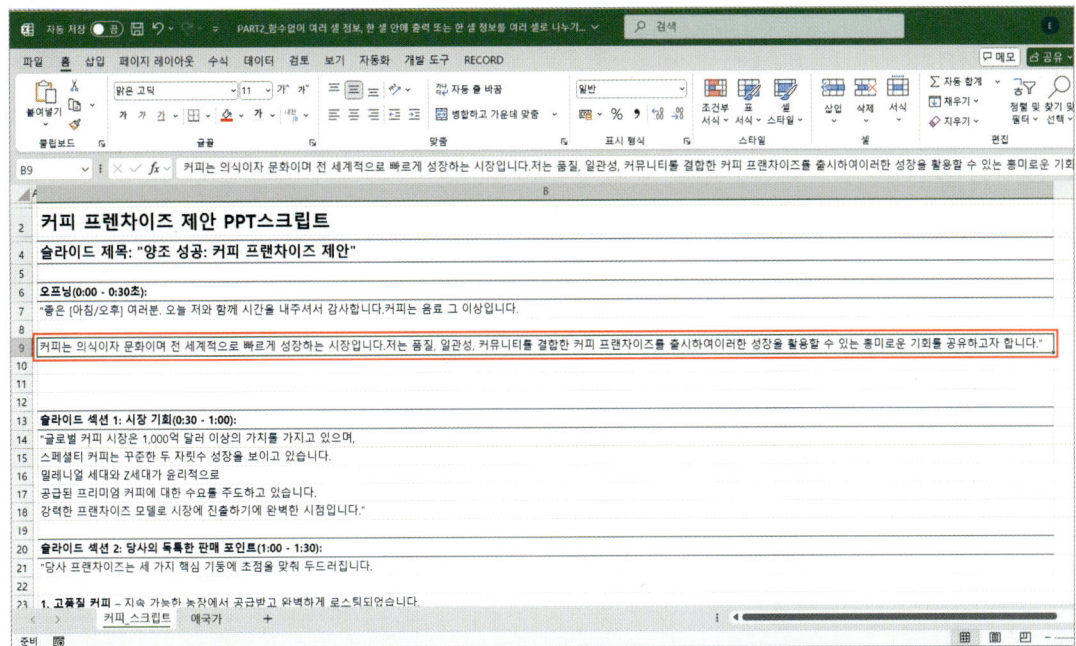

08 ❶ [애국가] 시트를 클릭합니다. 시트에서 첫 번째 열의 너비만큼만 정보가 한 셀에 입력되고 나머지 정보는 기준 열의 너비만큼 아래 셀로 보내져 구분되도록 만들어 보겠습니다. ❷ B열과 C열 사이 실선에 마우스를 놓습니다.

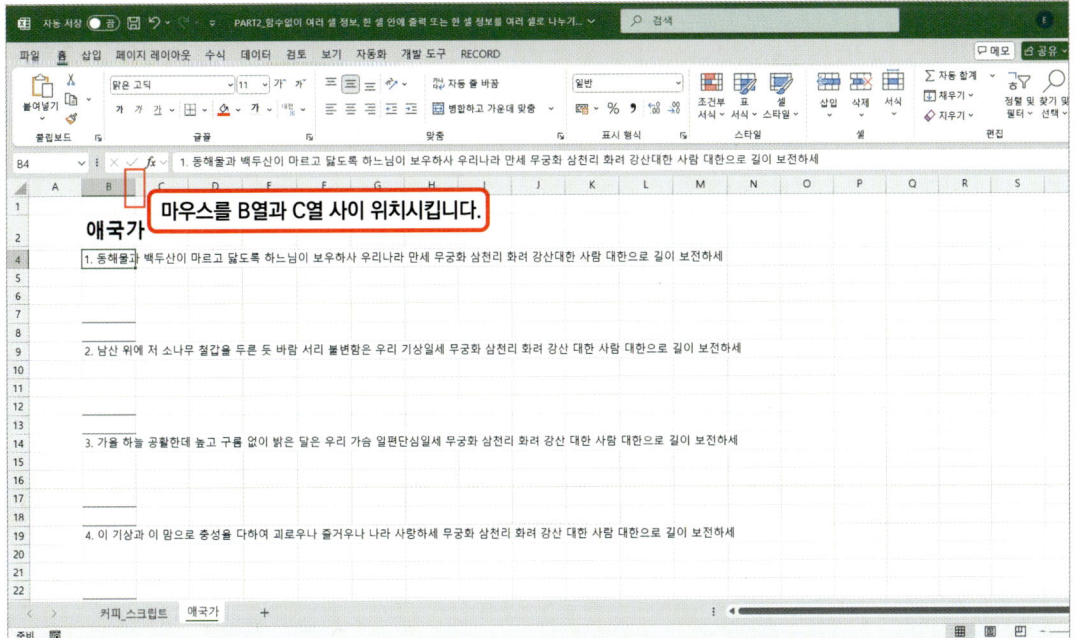

09 클릭한 채 오른쪽으로 드래그해 1절 애국가, '닳도록' 글자 뒷부분에 실선을 위치시킵니다.

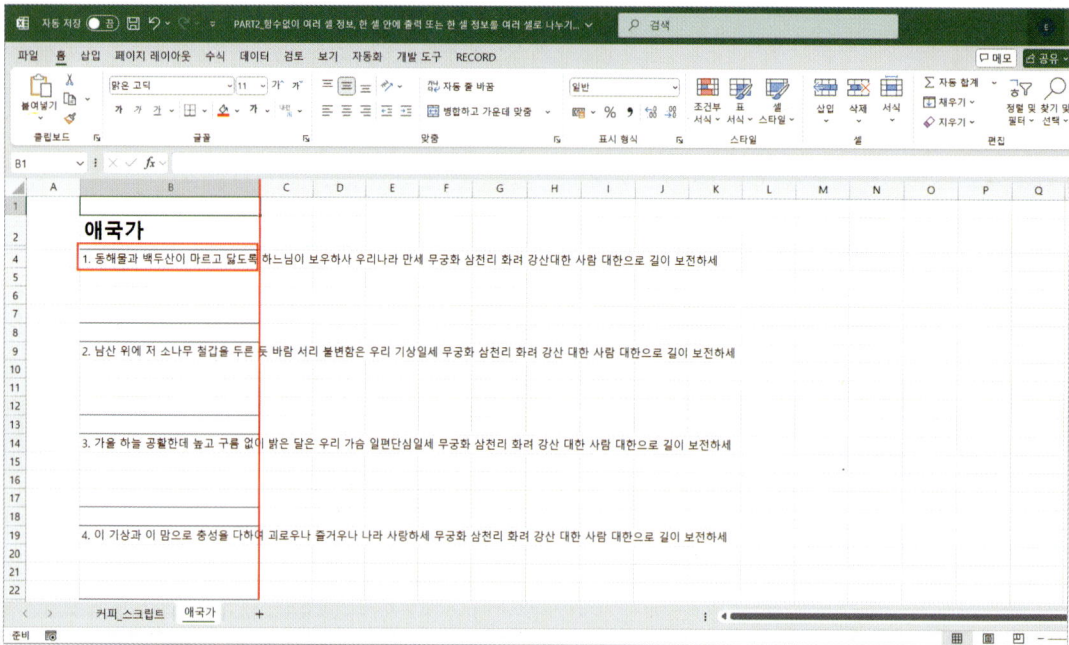

10 B4셀을 클릭합니다.

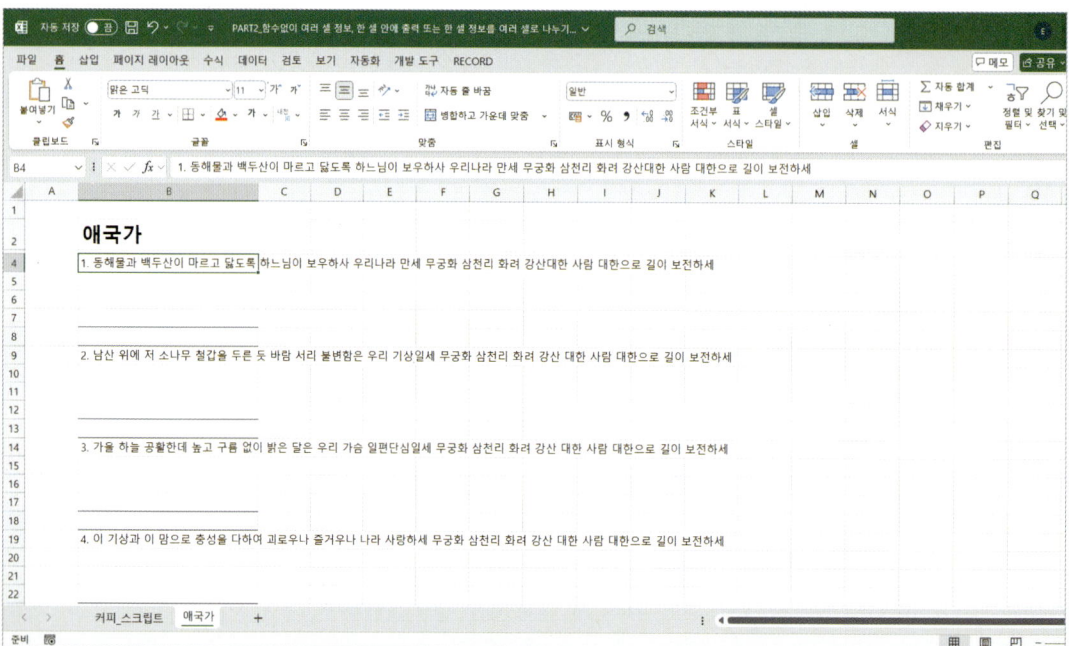

11 [홈] 탭-[편집]-[채우기]-[양쪽 맞춤] 메뉴를 클릭합니다.

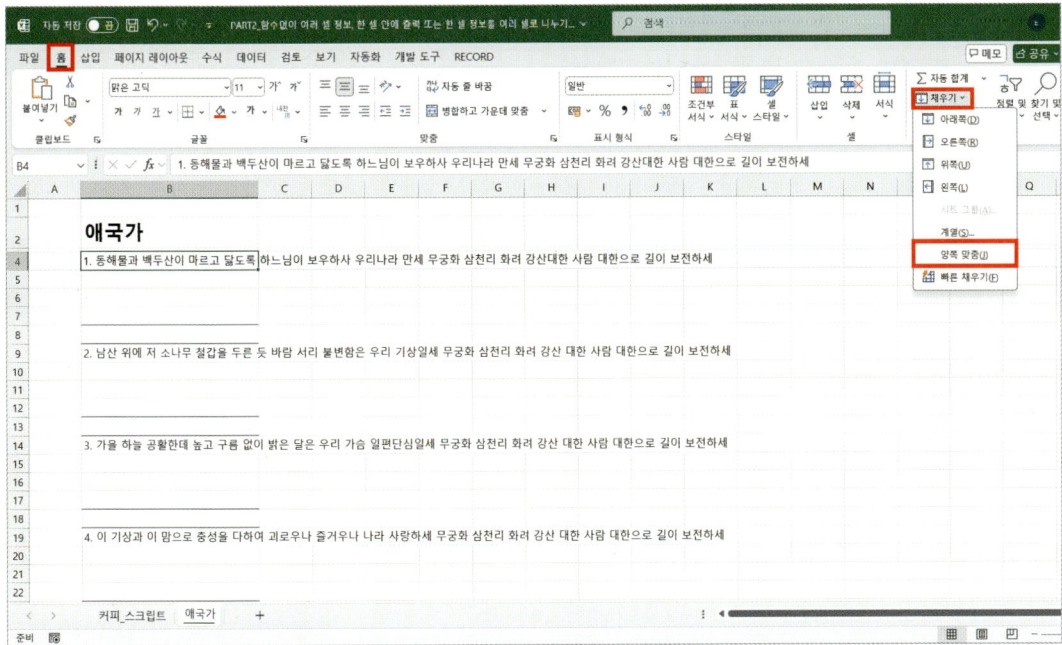

12 아래와 같이 '선택한 범위 아래로 텍스트가 확장됩니다' 대화창이 뜨면 [확인]을 클릭합니다.

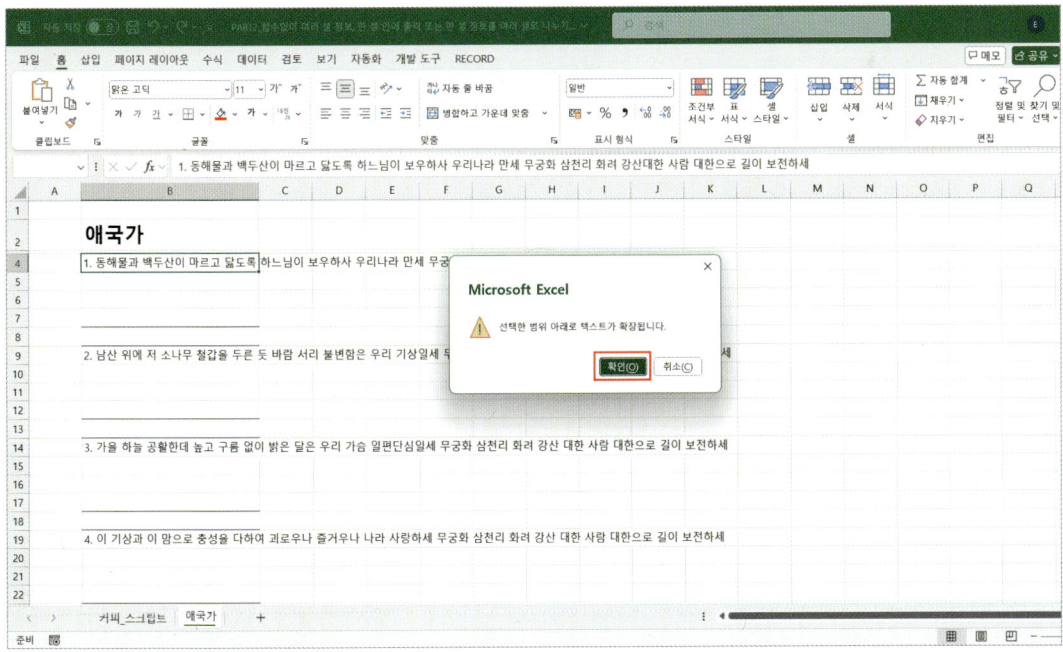

13 한 개 단락이 4개 단락으로 나눠진 결과를 확인합니다. 2절부터 4절까지 같은 작업을 반복합니다.

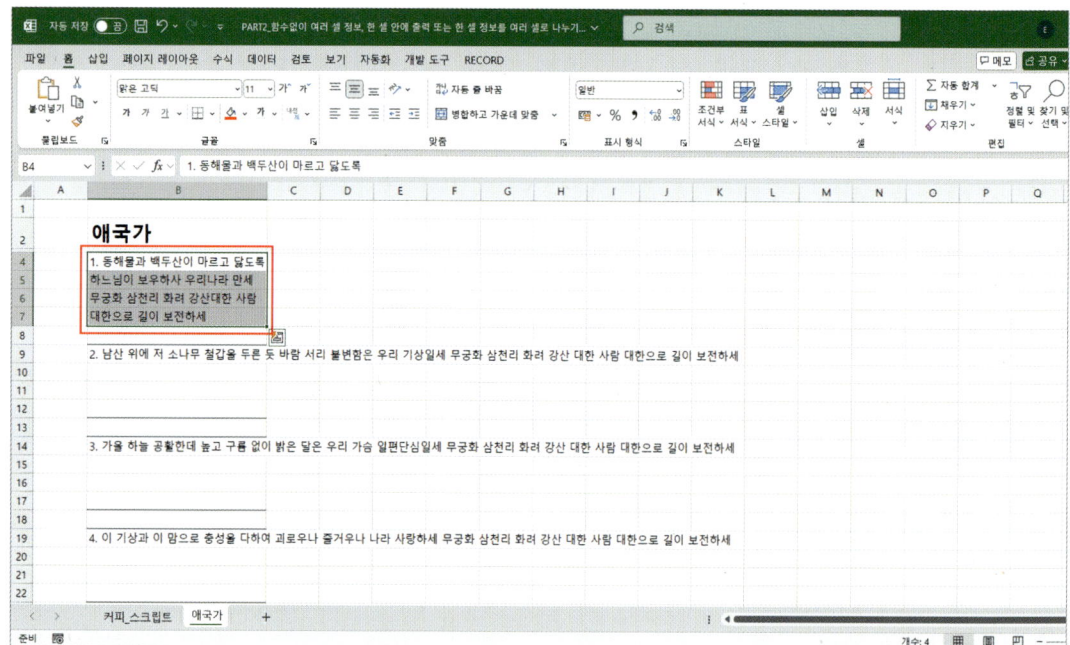

> **TIP** 위에서 살펴본 [양쪽 맞춤] 메뉴는 처음 정해진 열 너비만큼만 정보가 합쳐지거나 나뉘어집니다. 그리고 세로 방향으로만 적용되기 때문에 가로 방향으로는 적용할 수가 없습니다. 띄어쓰기 포함 최대 255자까지만 사용할 수가 있으니 참고하시길 바랍니다.

많은 양의 날짜나 시간, 숫자를 규칙적으로 채워넣는 여러 가지 방법 익히기

📁 **예제 파일** PART2_6 많은 양의 날짜나 시간, 숫자를 규칙적으로 채워넣는 여러 가지 방법 익히기

실무 스킬

날짜, 시간, 숫자는 엑셀에서 가장 많이 가공하는 정보입니다. 그리고 규칙적인 정보 배열을 통해 일정이나 미팅을 계획하고 정보를 입력할 수 있는 목록이 되기도 합니다.

규칙성이 있을 경우 자동 채우기 핸들로 규칙을 채울 수 있지만, 정보의 양이 많을 경우 자동 채우기 핸들을 마우스로 끝까지 클릭한 상태로 드래그해 정보를 채워 넣기에는 번거로움이 있습니다. 규칙적으로 채워 넣어야 할 날짜와 시간, 숫자 1만 개를 클릭 몇 번으로 쉽게 채워 넣을 수 있게 도와주는 '계열' 기능에 대해 알아보겠습니다.

실무 연습 ❶

01 [규칙채워넣기] 시트의 B4셀에는 '날짜' 필드값으로 '2035-01-01'이 입력되어 있습니다. 이 날을 시작으로 하루씩 증가하는 날짜 1만 개를 생성해 채워 넣어 보겠습니다. B5셀을 클릭합니다.

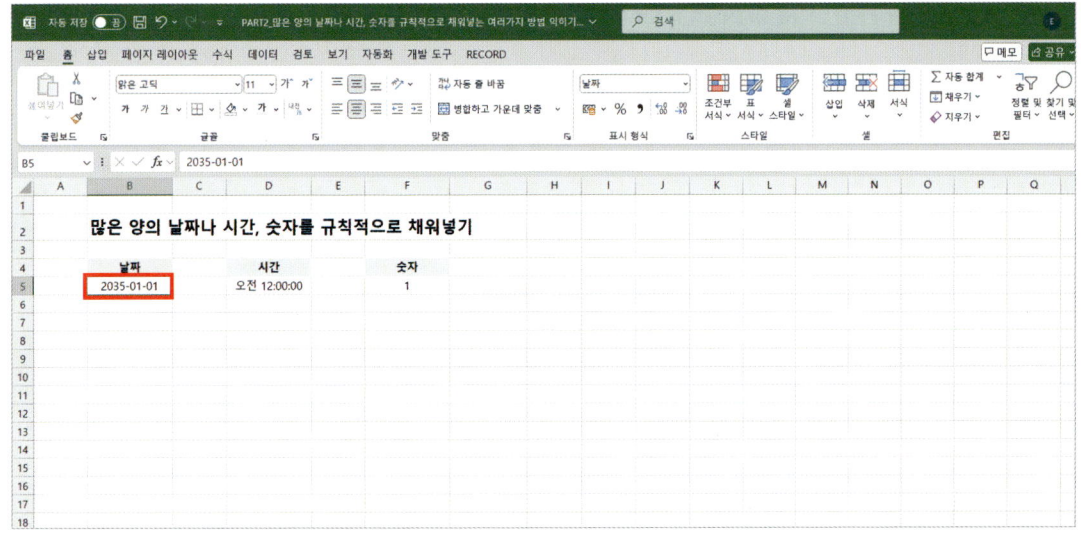

02 [홈] 탭-[표시 형식]-[일반] 메뉴를 클릭합니다.

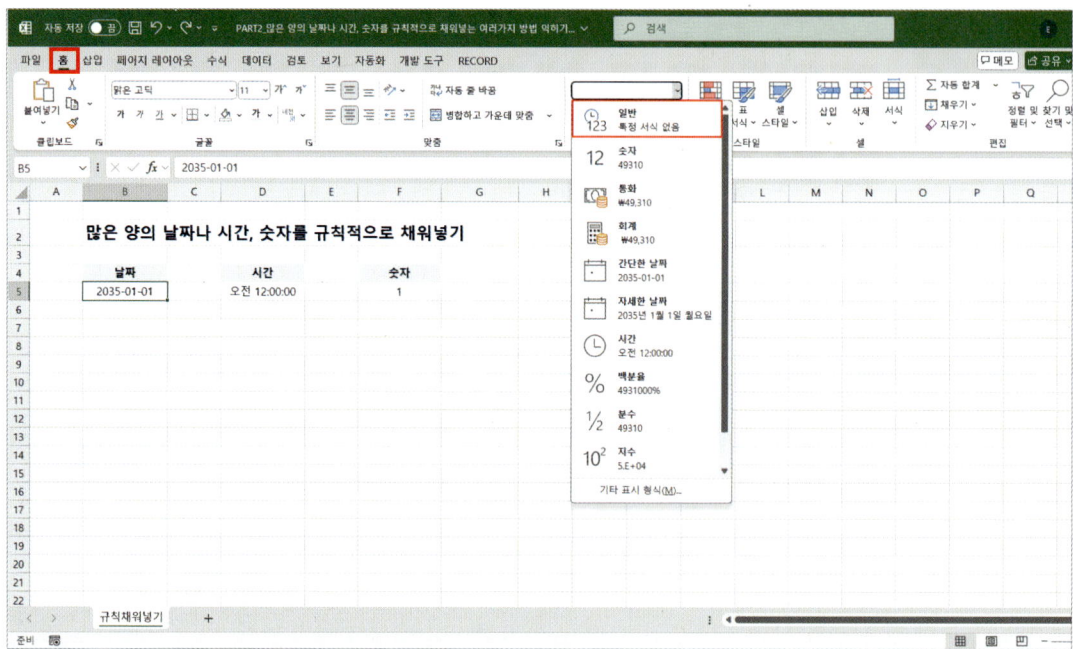

03 B5셀 날짜의 일련번호, 49310을 확인합니다.

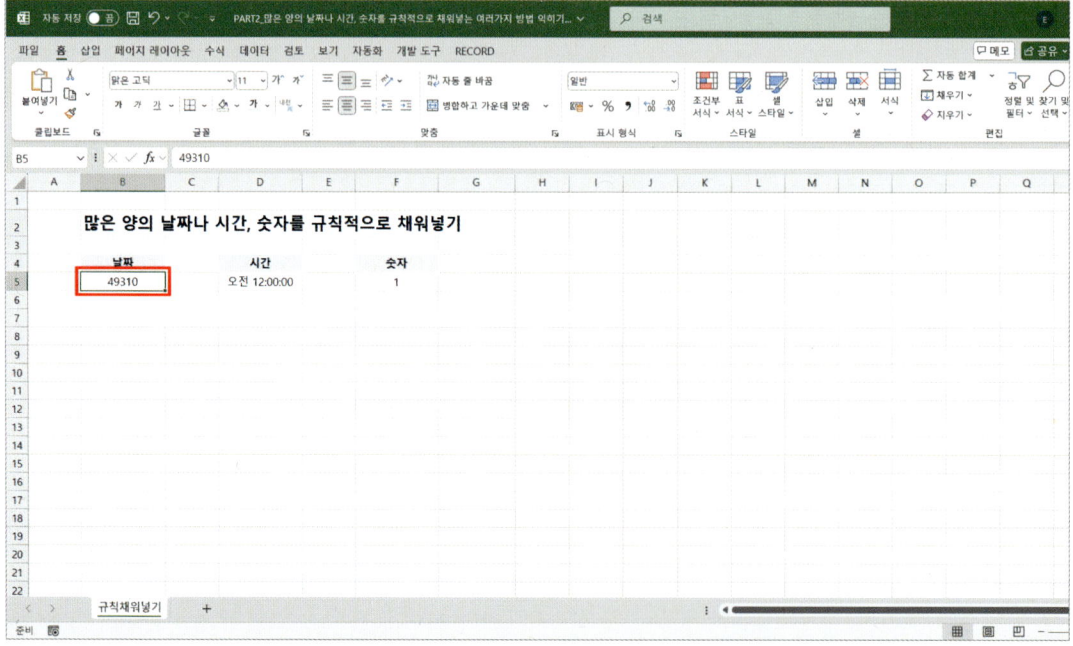

04 일련번호를 확인했다면, `Ctrl`+`Z`를 눌러 이전 날짜로 되돌립니다.

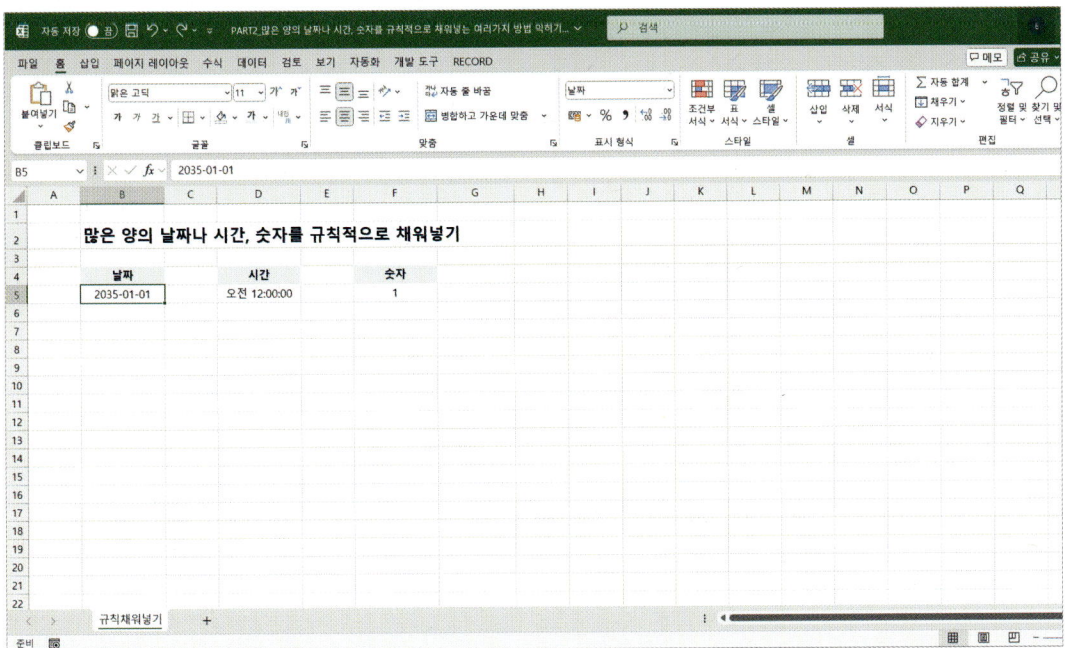

05 ❶ B5셀을 클릭한 상태에서 ❷ [홈] 탭–[편집]–[채우기]–[계열] 메뉴를 클릭합니다.

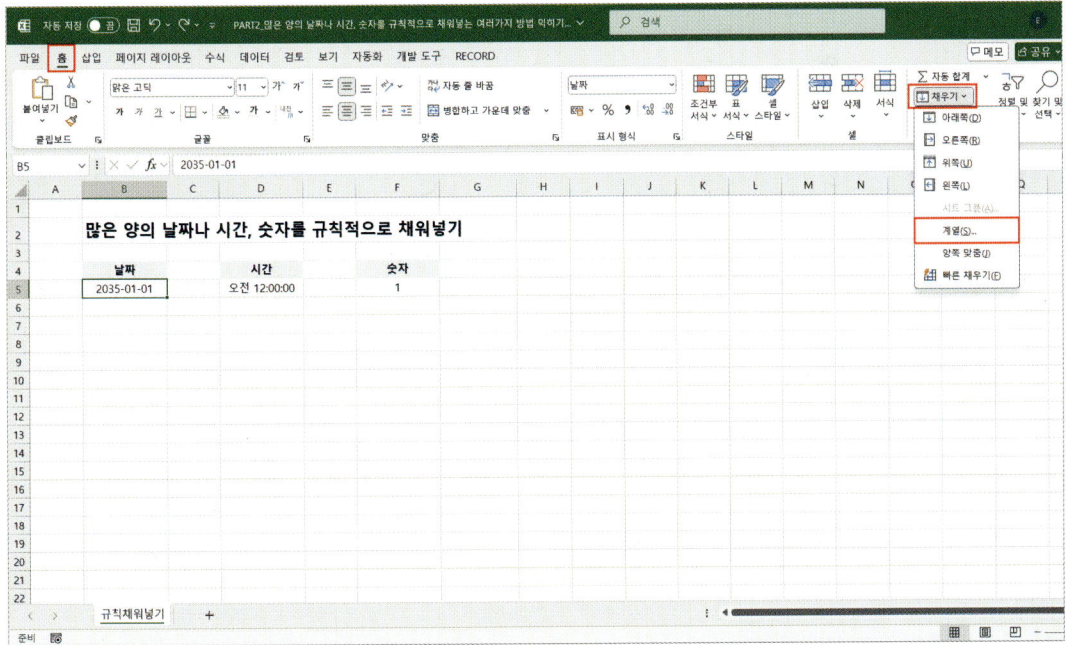

06 [연속 데이터] 창에서 ❶ 방향-'열', 유형-'날짜', 날짜 단위-'일', 단계값-'1', 종료값-'59310' 을 차례대로 입력합니다.

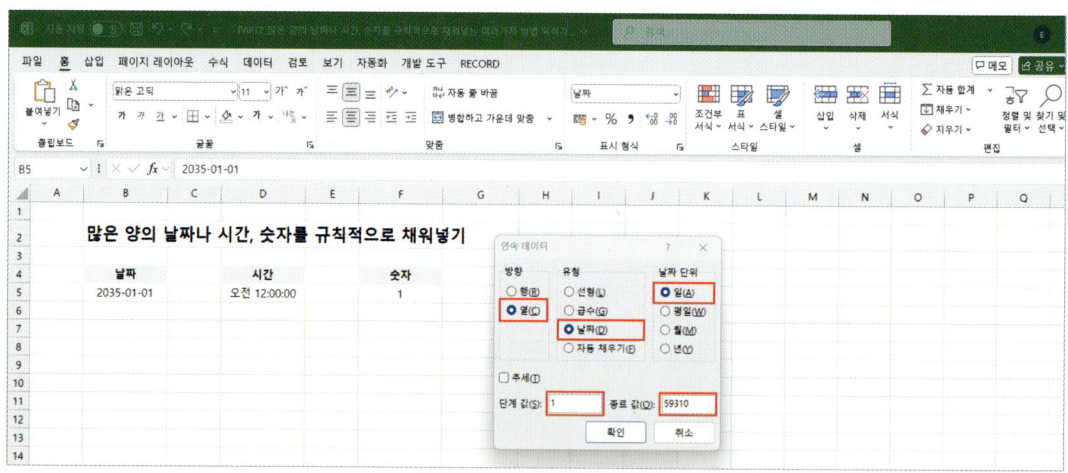

> **TIP** '방향' 정보를 행방향으로 선택하면 출력되는 값이 오른쪽으로 펼쳐집니다.
> '유형' 정보를 급수로 선택하면 선택한 값의 순차적 곱하기 값을 얻을 수 있습니다.
> '날짜 단위' 정보를 '평일'로 선택하면 주말(토, 일)을 제외한 평일 날짜만 출력할 수 있습니다.
> '단계값'은 규칙적으로 늘어날 숫자값을 입력합니다. 예를 들어, 2를 입력하면 현재 기준값으로부터 2씩 증가하는 값을 얻을 수 있습니다.
> '종료값'으로 59310을 입력한 이유는 이전에 확인한 날짜 일련번호 49310에서 1씩 증가하는 날짜값 1만 개를 구하기 위해 1만을 더한 값을 입력한 것입니다.

07 입력을 마무리했다면 [확인]을 클릭해 결과값을 확인합니다. 첫 번째 날짜값을 포함해서 출력된 결과값은 정확히는 10,001개입니다.

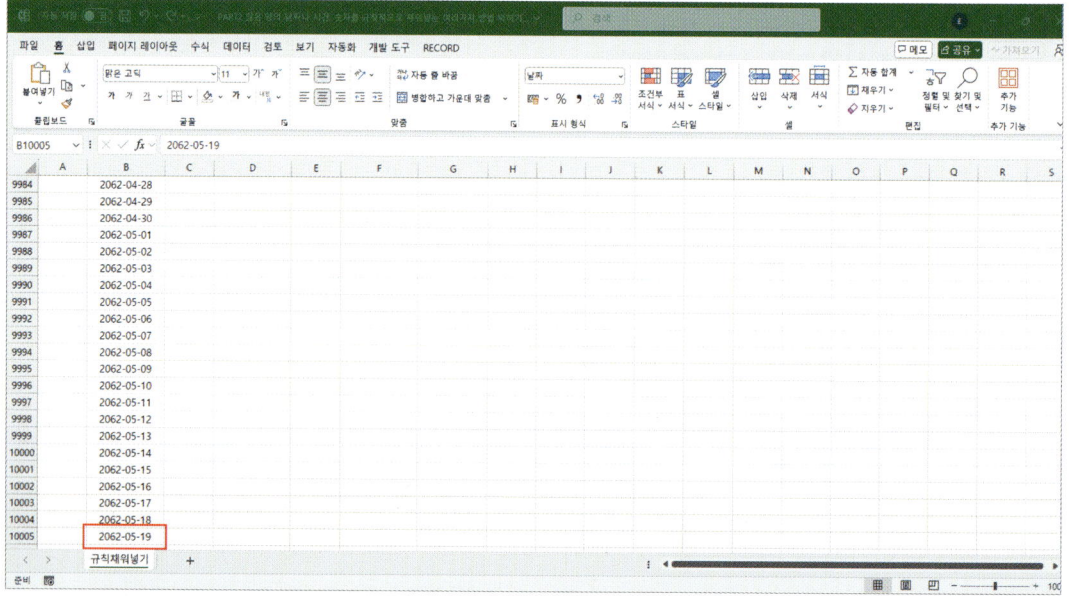

실무 연습 ❷

01 이번에는 D4셀의 시간 필드값, '오전 12:00:00'을 시작으로 1분씩 증가하는 1만 개의 시간을 생성해 채워 넣어 보겠습니다. ❶ D5셀을 클릭한 상태에서 ❷ [홈] 탭-[편집]-[채우기]-[계열] 메뉴를 클릭합니다.

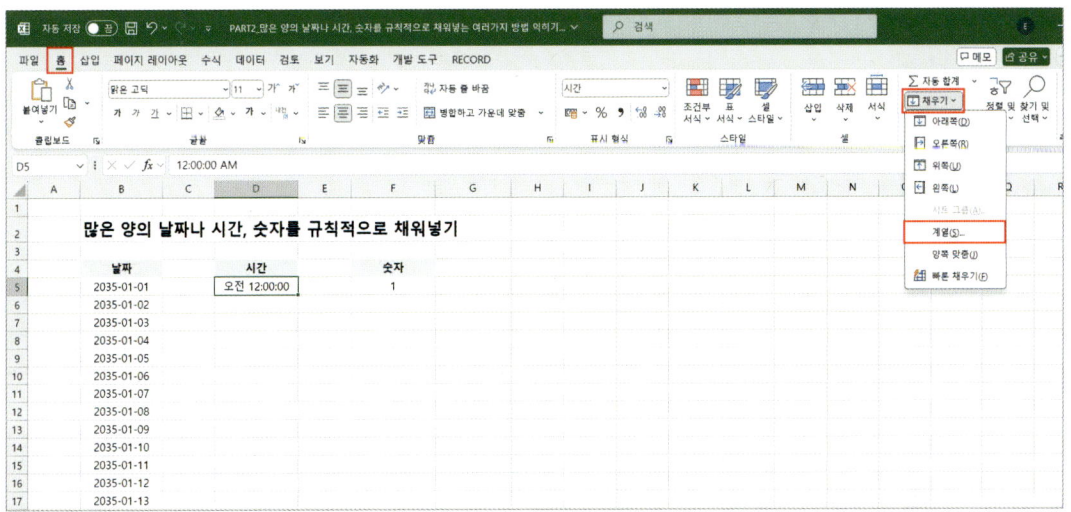

02 방향-'열', 유형-'선형', 단계값-'0.000694444444444444', 종료값-'6.94444444444444'를 입력합니다.

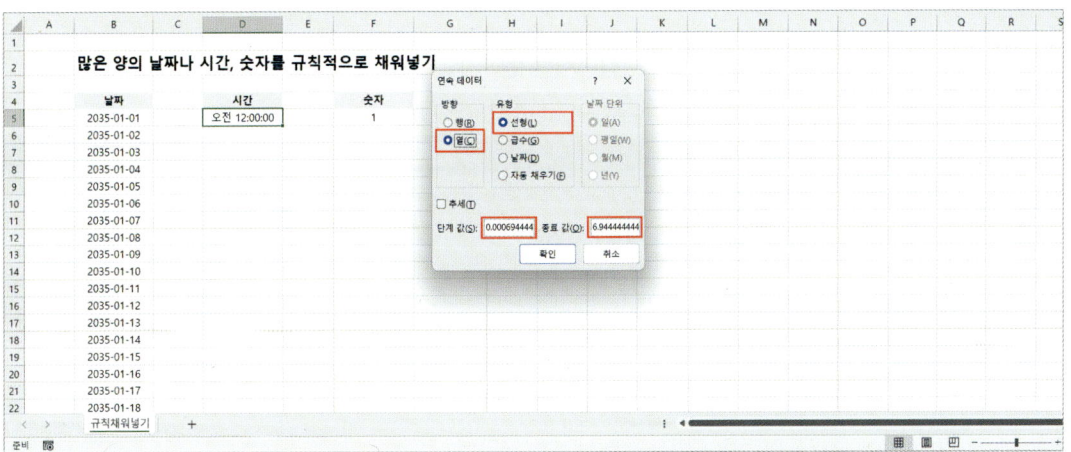

03 [확인]을 클릭해 최종 결과값인 '오후 10:40:00'이 입력된 것을 확인합니다. 첫 번째 시간을 포함해서 출력된 결과값은 정확히는 10,001개입니다.

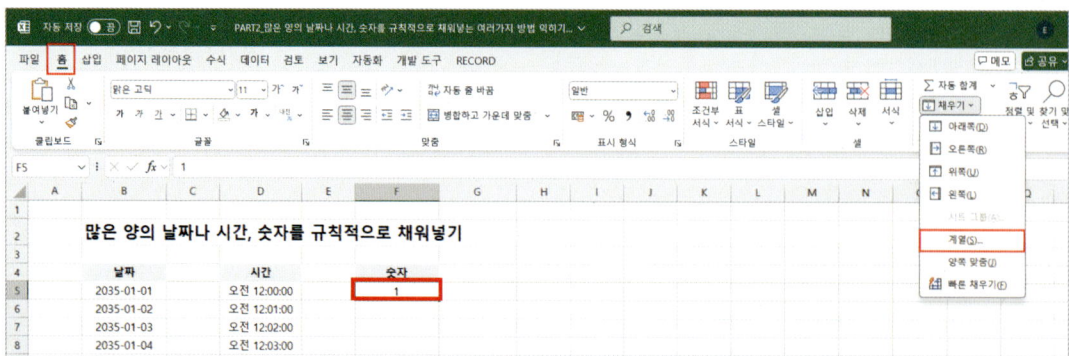

실무 연습 ❸

[규칙채워넣기] 시트에서 F4셀 '시간' 필드값, 1을 시작으로 1씩 증가하는 1만개의 숫자값을 생성해 채워넣기해 보겠습니다.

01 F5셀을 클릭한 상태에서 [홈] 탭- 편집- 채우기- '계열' 메뉴 클릭합니다.

02 연속 데이터– 방향– '열'– 유형– '선형'– 단계값– '1'– 종료값– '10000'을 차례대로 입력합니다.

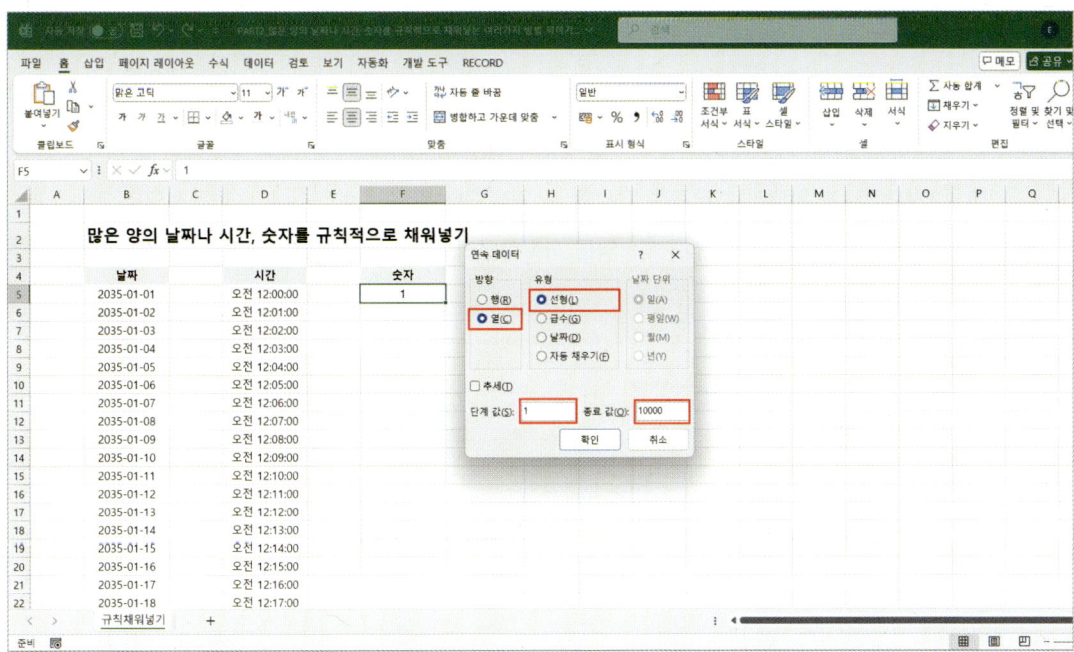

03 그리고 확인 버튼을 눌러 결과값을 확인합니다.

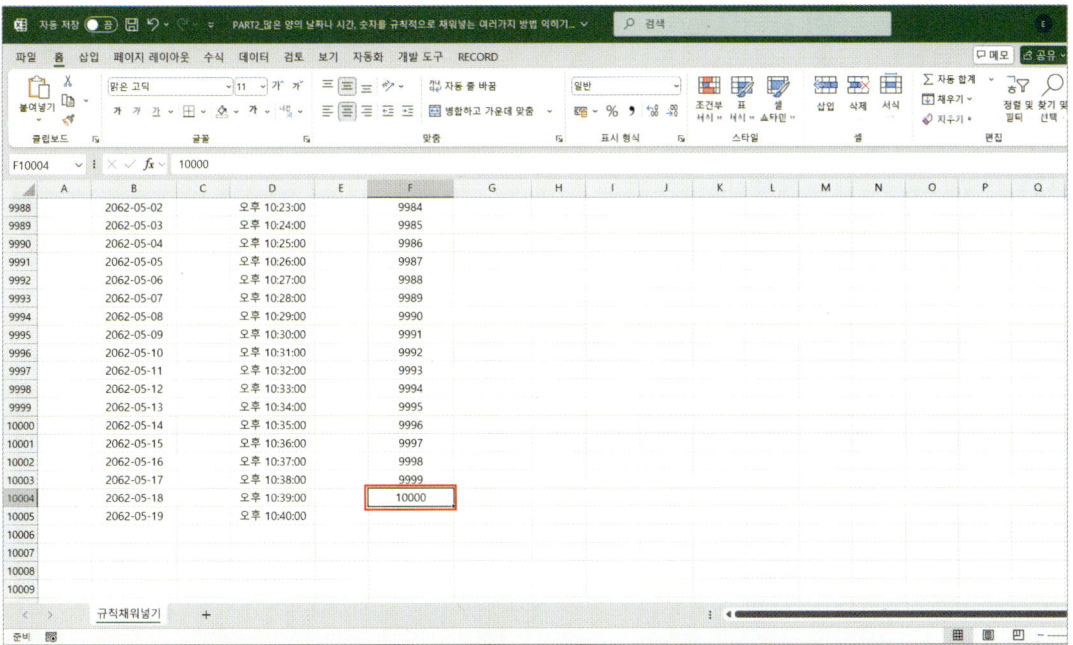

[연속 데이터] 창의 메뉴 중에는 [추세]라는 체크박스가 있습니다. 이 메뉴는 증가나 감소 추세를 1/N로 확인할 수 있습니다.

01 [연속데이터_추세] 시트에서 가방의 1월 평균 판매량 350개에서 월 평균 판매량이 얼마씩 증가하면 12월 4200개 판매라는 목표를 달성할 수 있을지를 확인해 보겠습니다. 단계적으로 2월~11월까지 추세를 확인합니다. C5:N5셀 범위를 지정합니다.

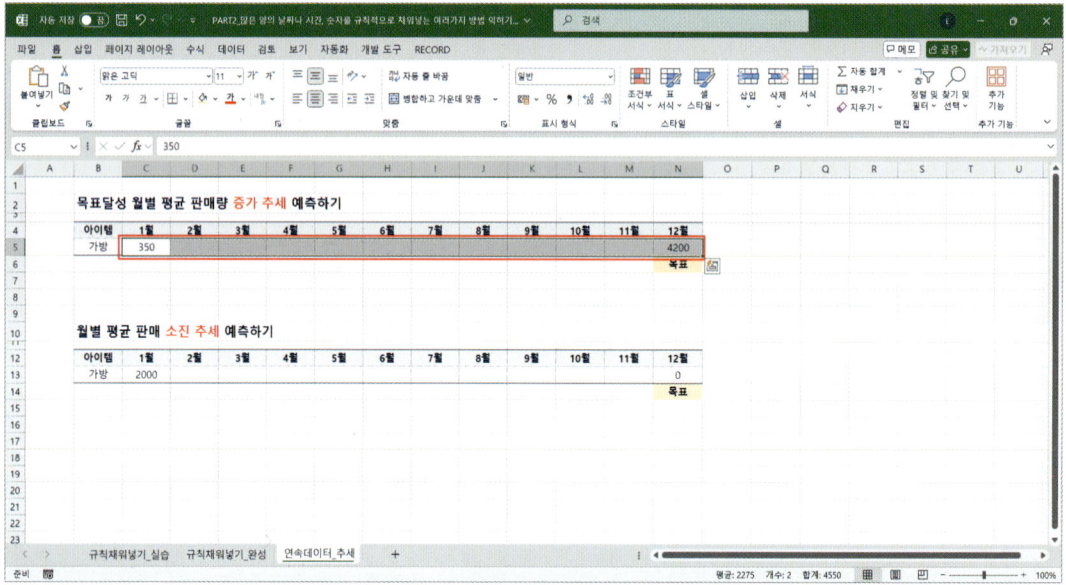

02 [홈] 탭-[편집]-[채우기]-[계열] 메뉴를 클릭합니다.

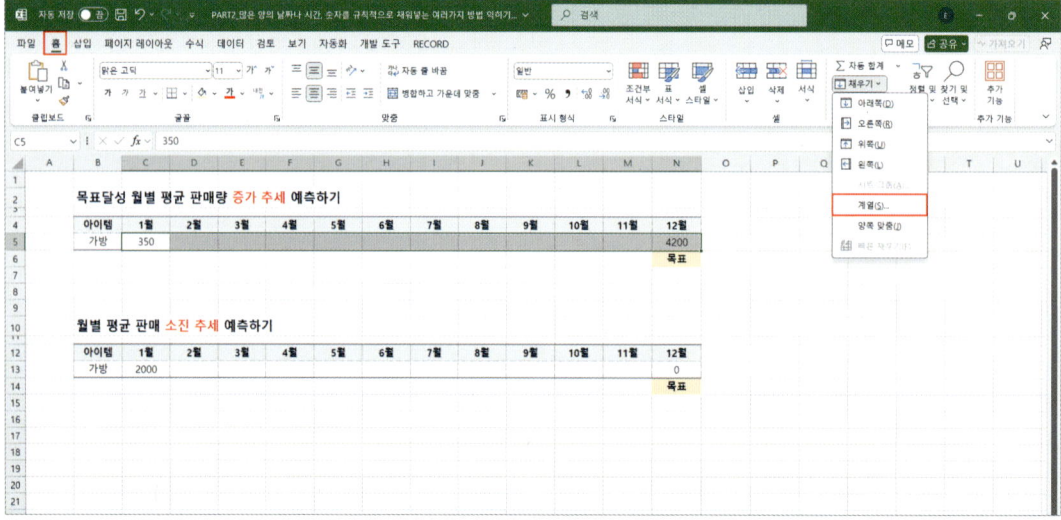

03 방향–'행', 유형–'선형'을 선택하고 '추세'에 체크합니다.

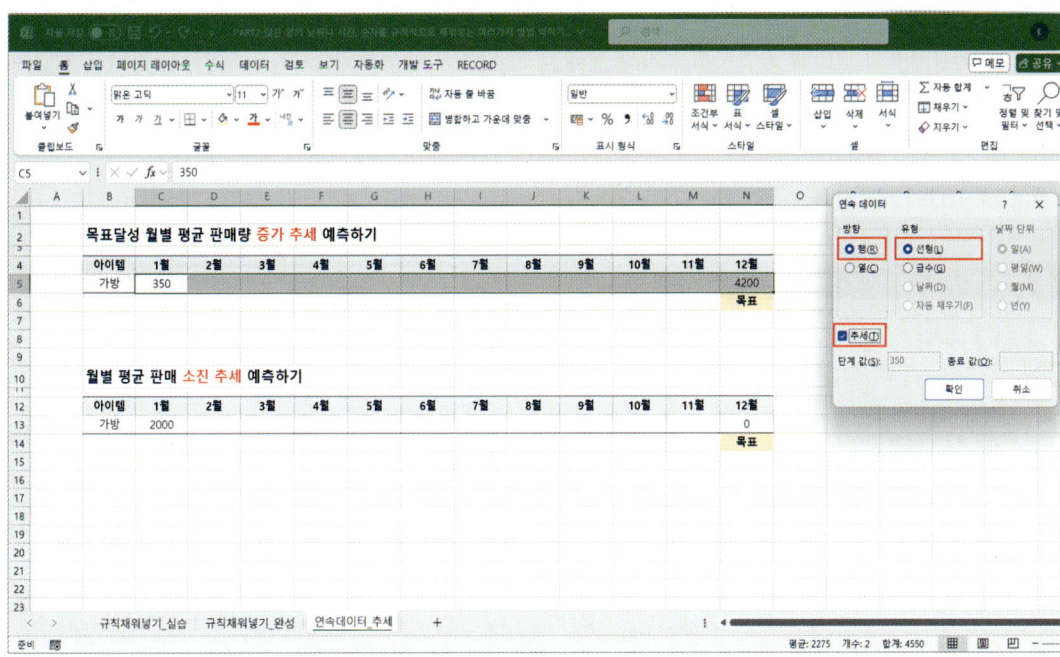

[연속데이터_추세] 시트에서 가방 1월 평균 판매 소진량 2000개에서 목표달성 12월 0개를 달성하기 위해 월 평균 판매량이 얼마씩 증가하면 목표를 달성할 수 있을지 단계적으로 2월~11월까지 추세를 확인해 보겠습니다.

01 C13:N13셀 범위를 지정합니다.

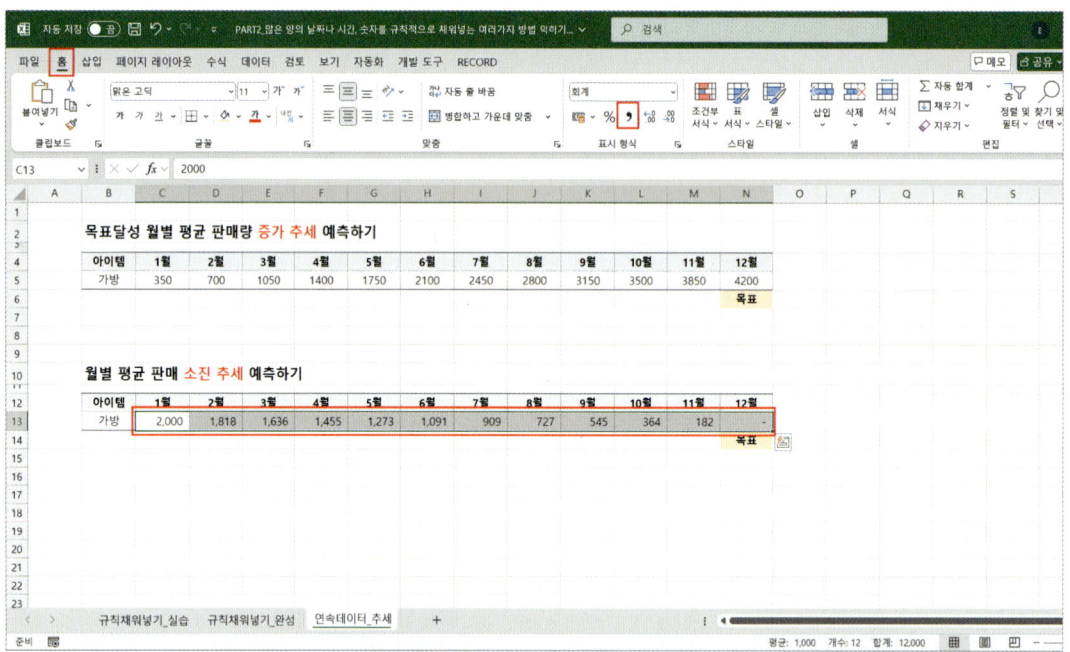

02 [홈] 탭– 편집– 채우기–'계열' 메뉴를 클릭합니다.

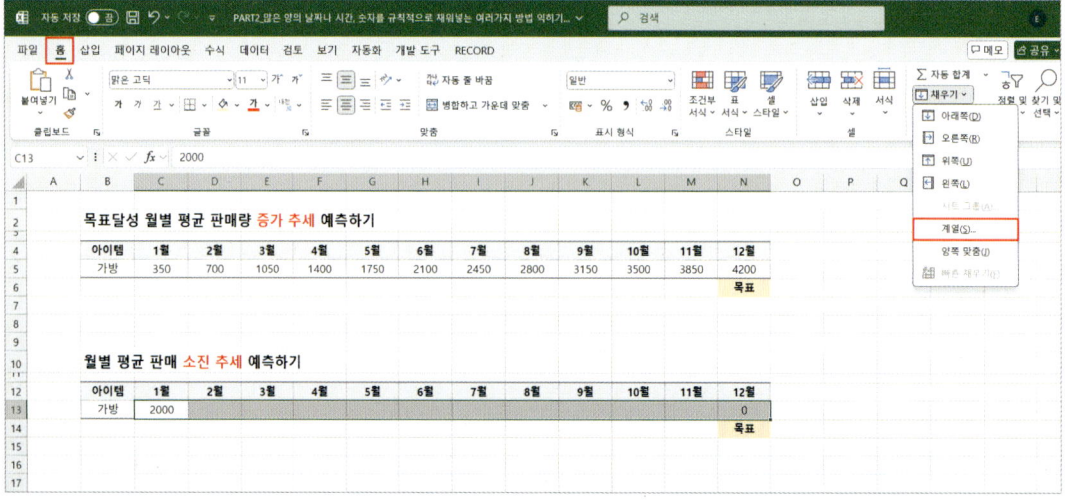

03 연속 데이터- 방향- '행'- 유형- '선형'- '추세' 메뉴 체크합니다.

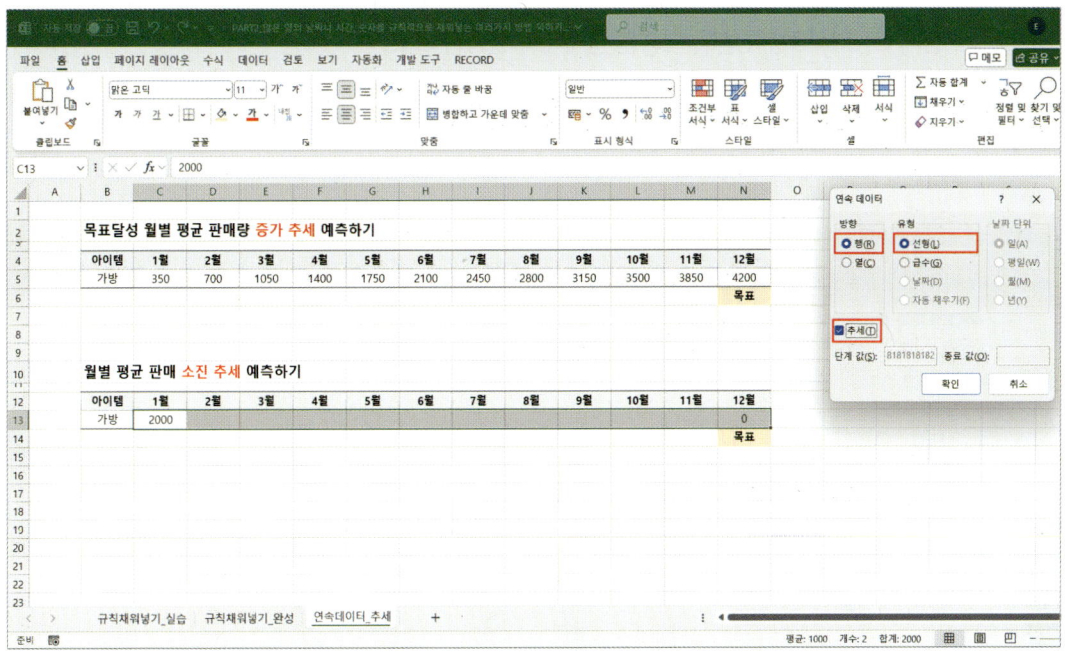

04 확인을 눌러 결과값을 확인합니다.

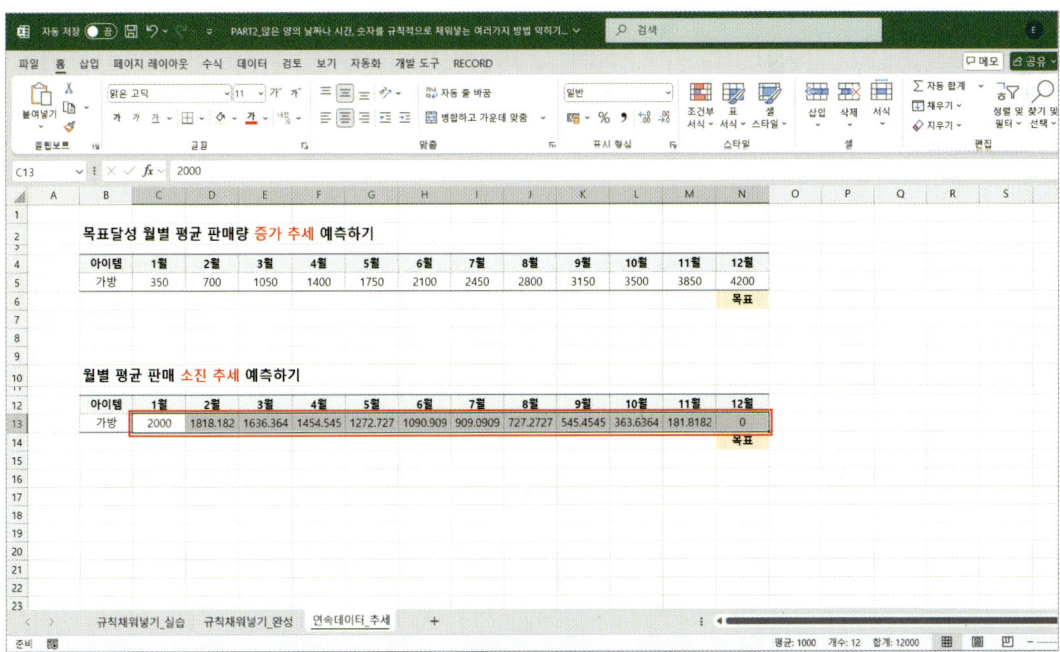

05 소수점이 포함된 결과값이므로 소수점 첫째 자리에서 반올림한 정수값으로 표현하기 위해서 [홈] 탭– 표시 형식– '쉼표 스타일' 메뉴를 눌러 결과값을 확인합니다.

※ 현재 C13:N13셀이 범위 지정된 상태에서 실행합니다.

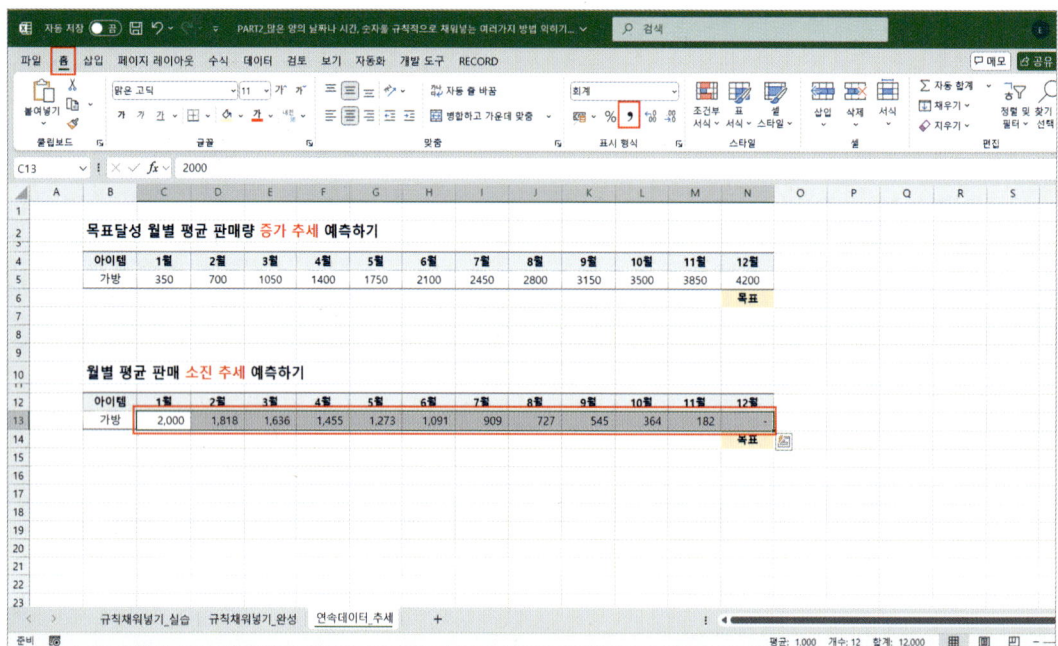

윗 셀 정보 아래로, 왼쪽 셀 정보 오른쪽으로 복사/붙여넣기

📁 **예제 파일** PART2_7 윗 셀 정보 아래로, 왼쪽 셀 정보 오른쪽으로 복사, 붙여넣기

실무 스킬

처음 입력한 수식을 세로 방향이나 가로 방향으로 복사해서 붙여넣기해야 할 때가 있습니다. 세로 방향으로 정보를 붙여넣을 때, 입력한 수식의 왼쪽 또는 오른쪽에 데이터가 있는 경우는 '자동 채우기 핸들'을 더블클릭해서 빠르게 수식을 복사/붙여넣기할 수 있습니다. 하지만 데이터가 없는 빈칸인 경우는 자동 채우기 핸들 더블클릭 기능을 할 수가 없습니다.

드래그하는 방법으로 수식을 복사/붙여넣기해야 합니다. 만약 데이터 양이 많다면 피로도가 상당할 것입니다. 이때 유용하게 사용할 수 있는 기능은 채우기입니다. 채우기-아래쪽과 채우기-오른쪽 기능을 활용하면 수식을 빠르게 복사/붙여넣기할 수 있습니다.

실무 연습 ❶

01 [점포재고] 시트에서 F열에는 아이템별 점포 합계를 SUM함수를 이용해 구한 다음, 수식을 복사/붙여넣기하려 합니다. 또한 5행에는 점포별 재고량 합계를 SUM함수를 이용해 구하려 합니다. 두 구간 모두 자동 채우기 핸들 더블클릭을 사용할 수 없는 상황입니다. 이때 [이동] 옵션-[채우기] 메뉴를 활용해 수식을 붙여넣어 보겠습니다. 먼저 아이템별 재고량 합계를 구하기 위해 F6셀에 '=SUM(H6:T6)'을 입력합니다.

F6			=SUM(H6:R6)															
	B	C	D	E	F	G	H	I	J	K	L	M	N	O	P	Q	R	S
2	**점포 재고**				**=SUM(H6:R6)**													
4	스타일코드	상품명	판매가	비고	재고량		중동점	서귀포점	해동루점	천진점	불광점	고동점	앤진점	푸른점	수리점	아산점	대전점	
5																		
6	LBDA21012324	상품_아이템_1	10,000		=SUM(H6:R6)		1	0	19	3	5	0	0	0	0	0	0	
7	LBEC21026524	상품_아이템_2	2,000				0	0	3	0	0	0	0	0	0	0	0	
8	LBDD21034824	상품_아이템_3	9,000				3	0	0	0	12	0	0	2	2	0	0	
9	LBDB21041124	상품_아이템_4	2,000				2	0	4	0	9	0	0	4	1	0	0	
10	LBAC21054524	상품_아이템_5	6,000				2	0	3	6	33	2	17	43	0	11	0	
11	LBCA21065524	상품_아이템_6	6,000				0	0	3	2	18	3	2	0	0	1	0	
12	LBAA21072824	상품_아이템_7	4,000				2	0	1	0	21	15	0	66	0	14	0	
13	LBAD21081824	상품_아이템_8	7,000				3	0	4	0	2	2	0	0	0	0	0	
14	LBBE21094924	상품_아이템_9	5,000				9	17	29	22	56	0	0	0	0	30	0	
15	LBCB21108124	상품_아이템_10	9,000				20	42	56	40	47	39	0	0	0	31	0	
16	LBEB21115524	상품_아이템_11	4,000				2	0	4	17	7	5	0	0	0	0	0	
17	LBDE21125924	상품_아이템_12	5,000				1	0	7	0	0	0	0	2	0	1	0	
18	LBAE21135024	상품_아이템_13	10,000				0	0	0	0	1	0	0	10	0	0	0	
19	LBDB21148824	상품_아이템_14	7,000				0	6	1	0	0	0	0	0	0	1	0	
20	LBEE21155224	상품_아이템_15	3,000				4	26	13	3	12	24	16	14	1	7	0	
21	LBCD21169224	상품_아이템_16	10,000				0	33	9	1	0	6	6	14	0	1	0	
22	LBDA21176824	상품_아이템_17	8,000				4	7	5	2	8	0	10	6	2	0	0	

02 입력 확인 후 [Enter] 키를 누릅니다. 결과값 '28'을 확인합니다.

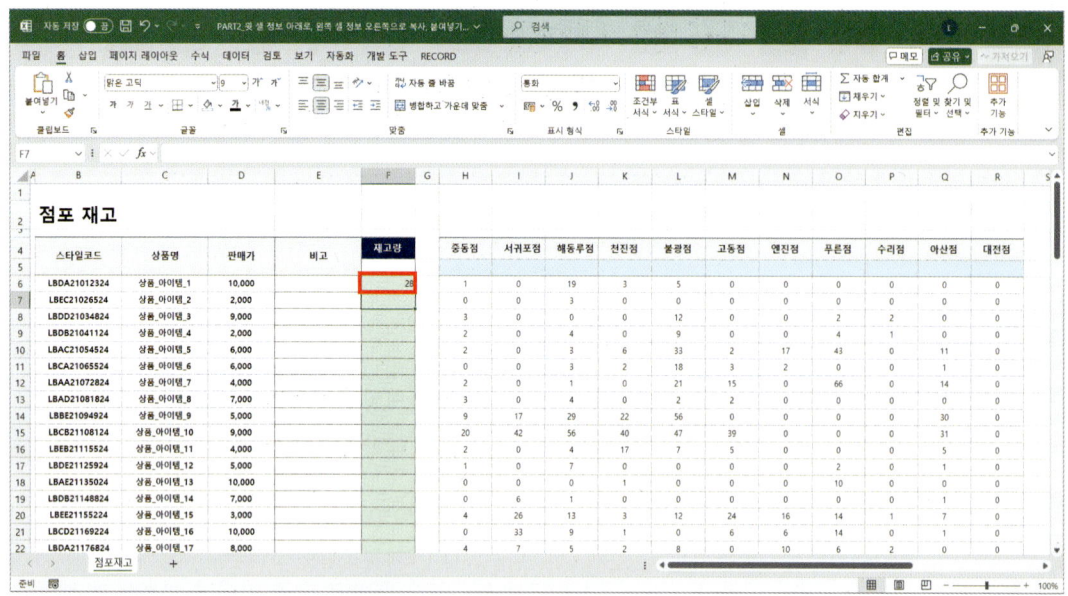

03 F6:F25셀 범위를 지정합니다.

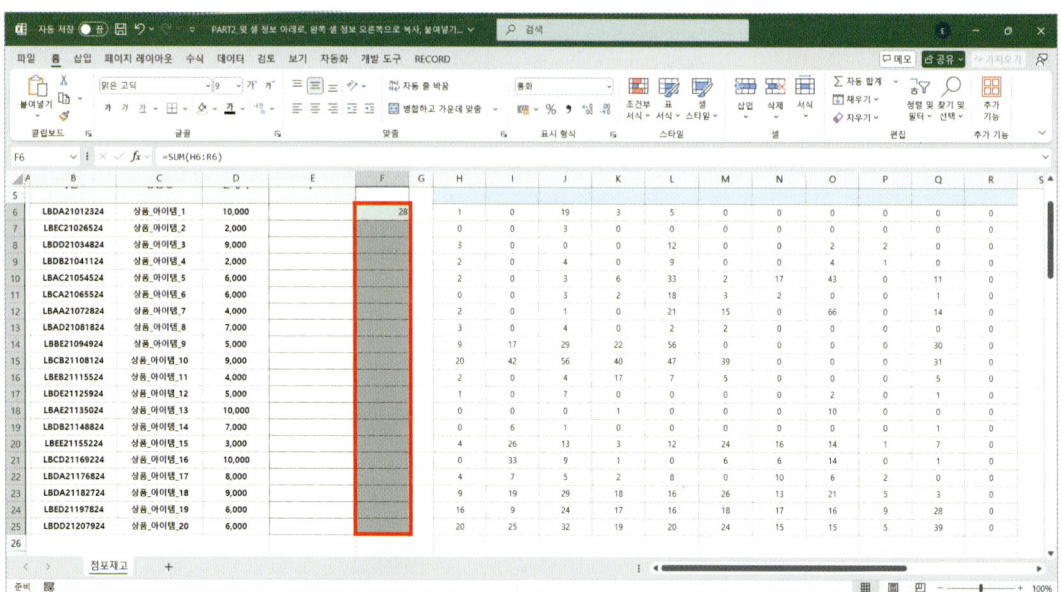

04 [홈] 탭-[채우기]-[아래쪽] 메뉴를 클릭합니다.

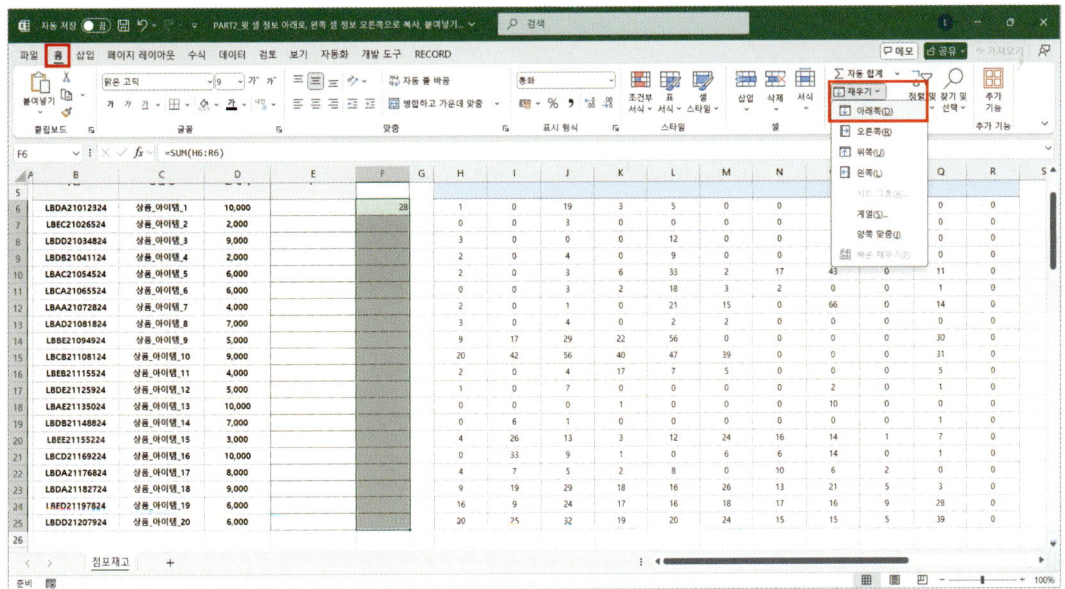

05 수식이 범위 지정한 영역에 붙여넣은 결과값을 확인합니다.

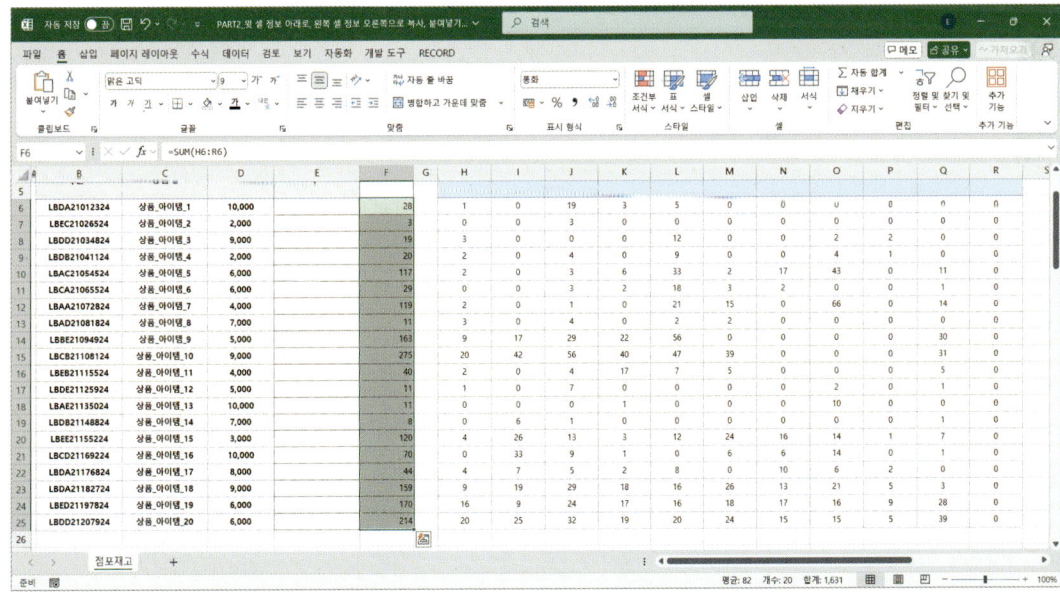

06 이번에는 5행에 점포별 재고량 합계를 구해 보겠습니다. 먼저 H5셀에 '=SUM(H6:H25)'를 입력합니다.

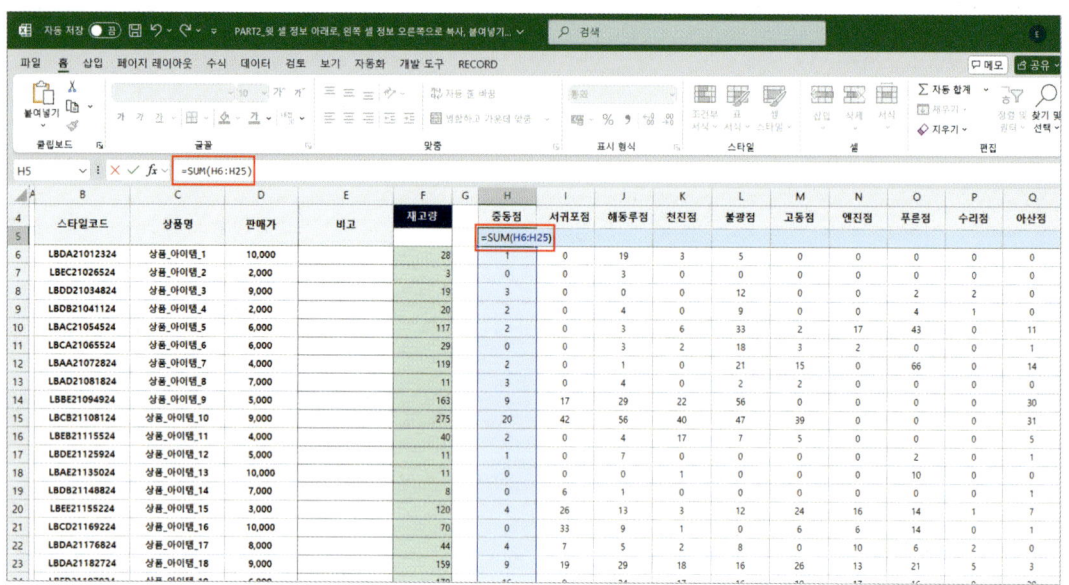

07 입력 확인 후 Enter 키를 누릅니다. 결과값 '98'을 확인합니다.

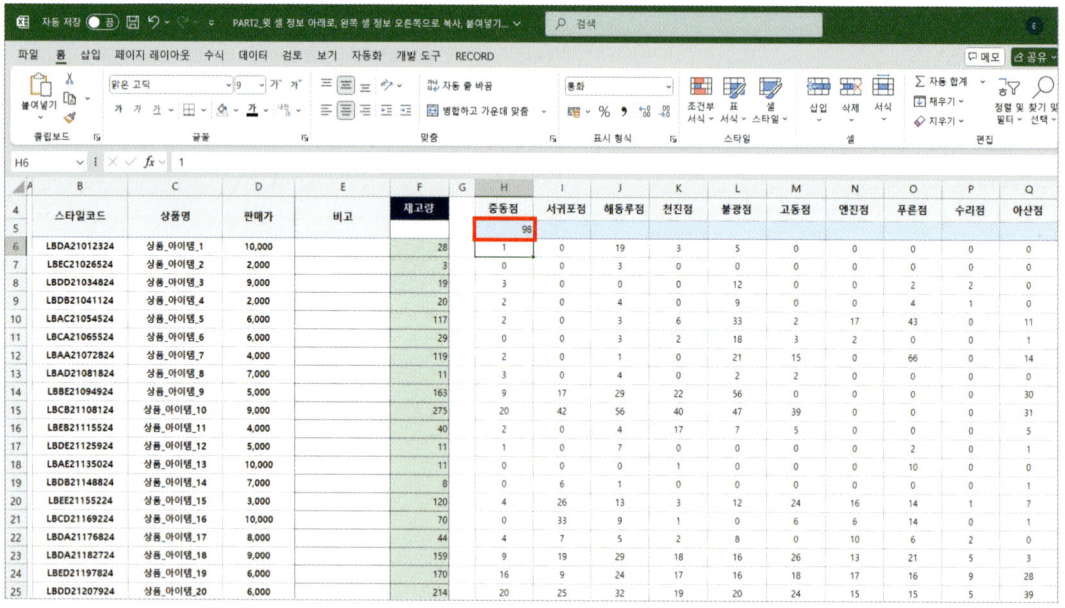

08 H5:R5셀 범위를 지정합니다.

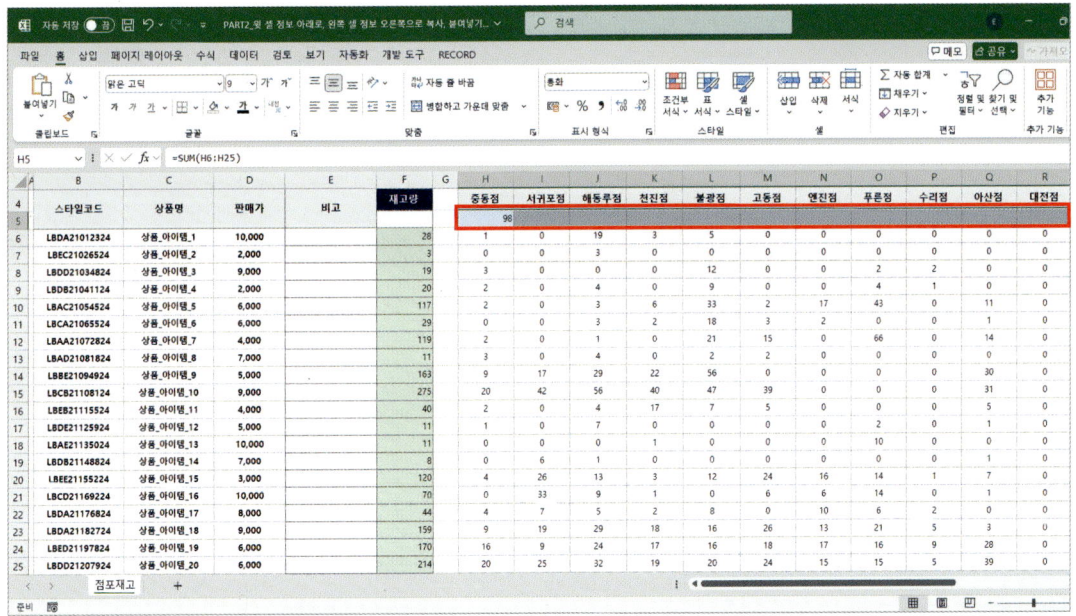

09 [홈] 탭-[채우기]-[오른쪽] 메뉴를 클릭합니다.

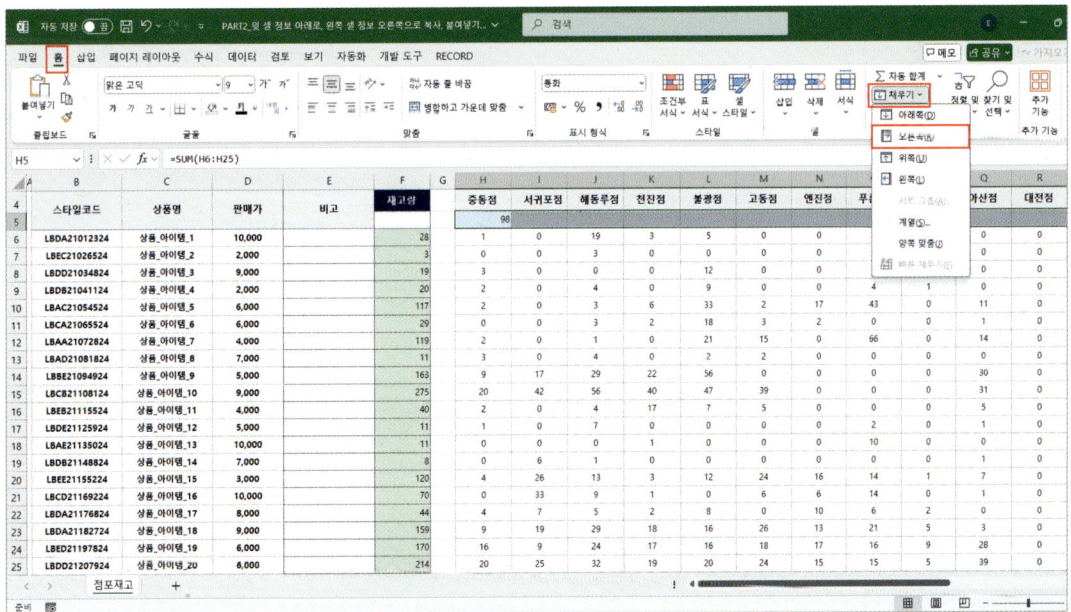

10 수식이 범위 지정한 영역에 붙여넣은 결과값을 확인합니다.

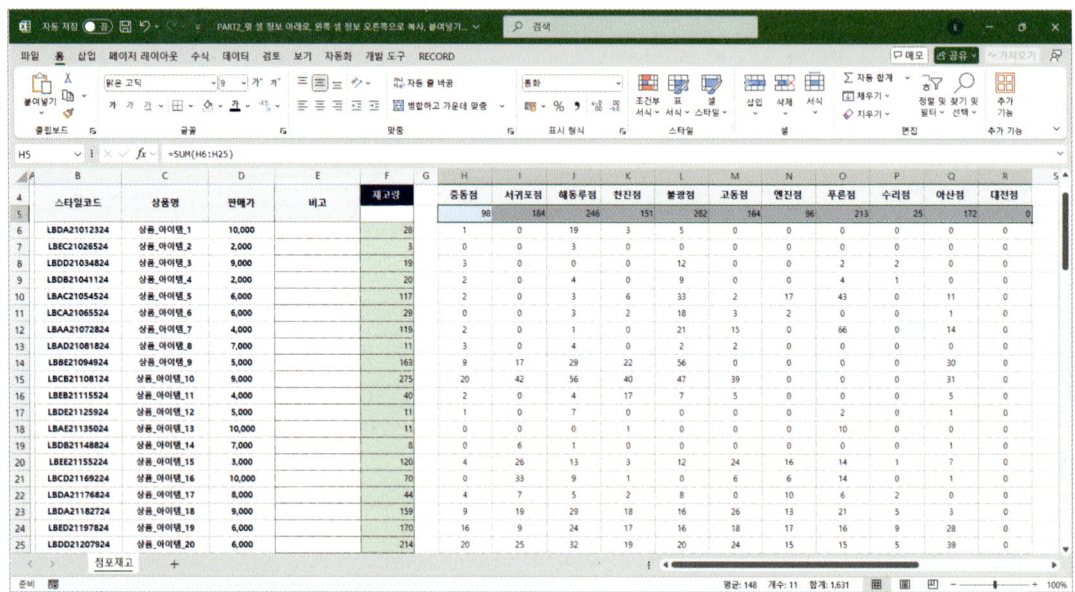

> **TIP** 채우기 메뉴를 단축키로도 시행할 수 있습니다. [아래쪽]의 경우 수식이나 텍스트를 입력 후 범위를 지정
> 하고 Ctrl + D 키를 누릅니다. [오른쪽]의 경우 수식이나 텍스트를 입력 후 범위를 지징하고 Ctrl + R 키를 누
> 르면 됩니다.
> 참고로 채우기-[위쪽] 단축키는 Alt + H + F + I + U 이고 채우기-[왼쪽] 단축키는 Alt + H + F + I + L
> 입니다. 채우기 메뉴를 단축키로도 시행할 수 있습니다.

CHAPTER 08

규칙성 있는 정보 단축키 하나로 정보 분리하기

• • • • • • •

📄 **예제 파일** PART2_8 규칙성 있는 정보 단축키 하나로 정보 분리하기

📋 실무 스킬

  텍스트를 나눠 정보를 추가 가공하거나 불필요한 정보를 제외하고 필요한 부분만 추출해야 할 때가 많습니다. 텍스트를 규칙성 있게 분리하거나 제거하기 위한 여러 가지 함수들이 제공되고 있지만, 복잡한 함수 조합이 필요합니다. 이럴 필요 없이 기능 하나로 규칙성 있는 데이터 분리 작업을 돕는 텍스트 추출 및 가공의 끝판왕, '빠른 채우기'에 대해서 알아보겠습니다.

  '빠른 채우기'의 핵심 포인트는 패턴 분석 및 입력입니다. 만약 한 가지 패턴으로 정보 출력이 어려운 상황이라면 두 가지 이상의 패턴을 입력해 원하는 정보를 추출받으면 됩니다. 참고로 이 기능은 엑셀 2013버전 이상에서 사용 가능합니다.

🔍 실무 연습 ❶

[컬러별스타일] 시트를 보면 담당자 이메일 주소, 판매요일 쉼표(,)구분, 상품명, 컬러, 사이즈, 스타일코드+_+상품명 열이 있습니다. 차례대로 [빠른 채우기] 메뉴를 활용해 값을 패턴 분석하여 규칙성 있는 정보를 채워 넣어 보겠습니다.

01 ❶ 먼저 담당자(ID)를 참고해 담당자 이메일 주소란에 ID@kakao.com 형태로 출력해 보겠습니다. H5셀을 클릭한 상태에서 ❷ 패턴 샘플인 love@kakao.com을 입력하고 `Enter` 키를 누릅니다.

02 [홈] 탭-[채우기]-[빠른 채우기] 메뉴를 클릭합니다. 또는 Ctrl + E 단축키를 누릅니다.

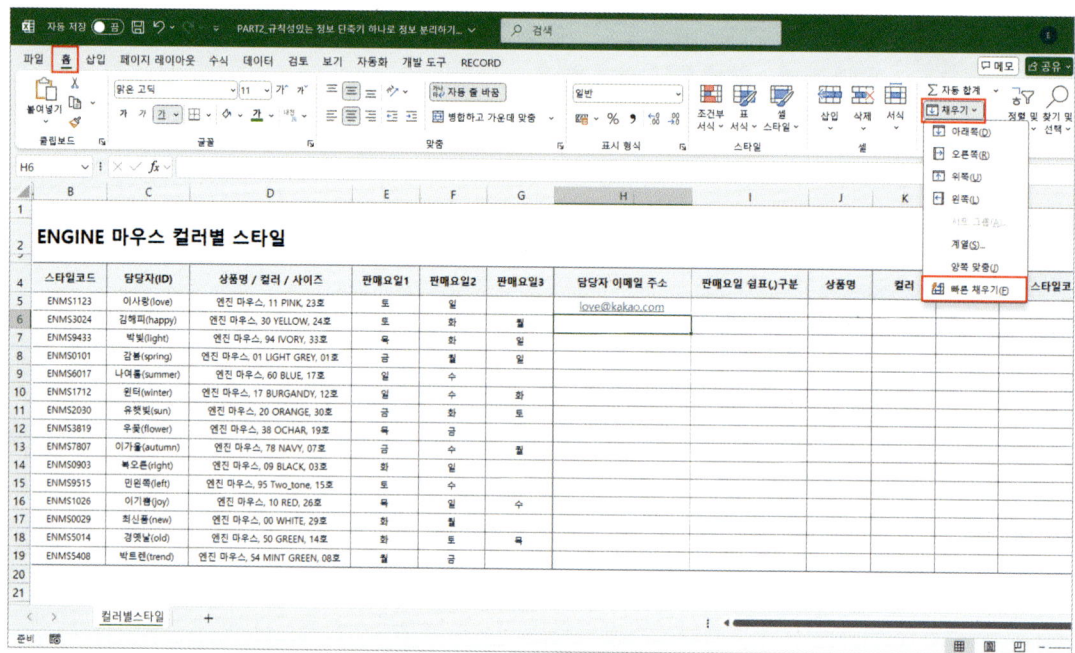

03 담당자(ID) 값이 ID@kakao.com 형태로 출력된 결과값을 확인합니다.

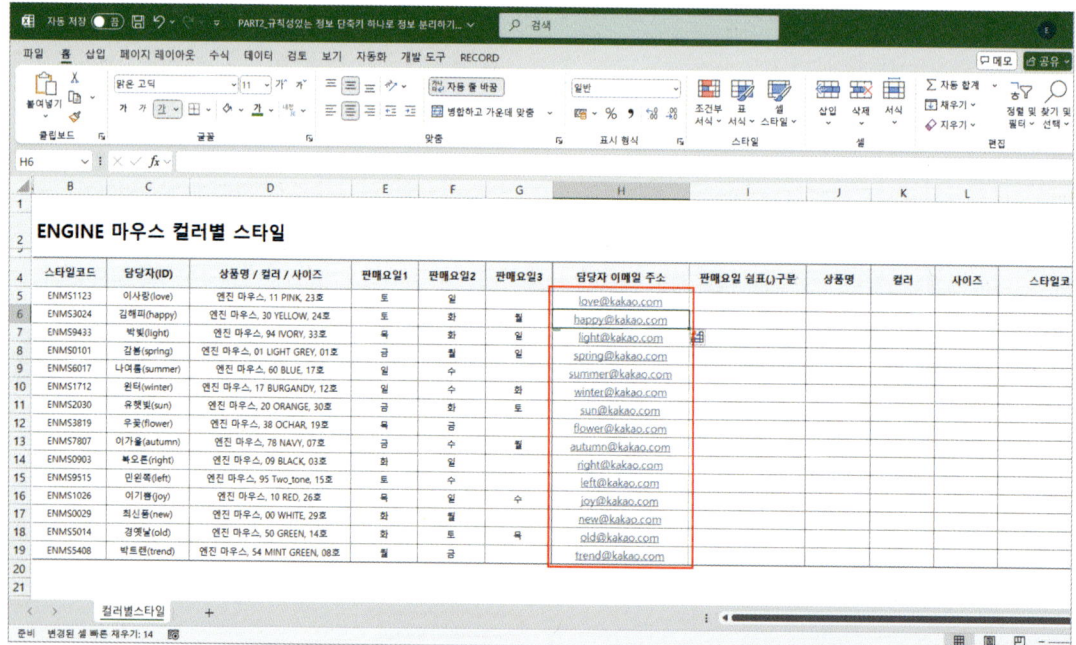

04 다음으로 판매요일1, 판매요일2, 판매요일3 목록을 참고해 판매요일 쉼표(,)구분란에 1개의 정보로 출력해 보겠습니다. ❶ E5셀(토 입력), F5셀(일 입력), G5셀(빈칸)을 참고해 I5셀에 '토,일'이라고 입력하고 Enter 키를 누릅니다.

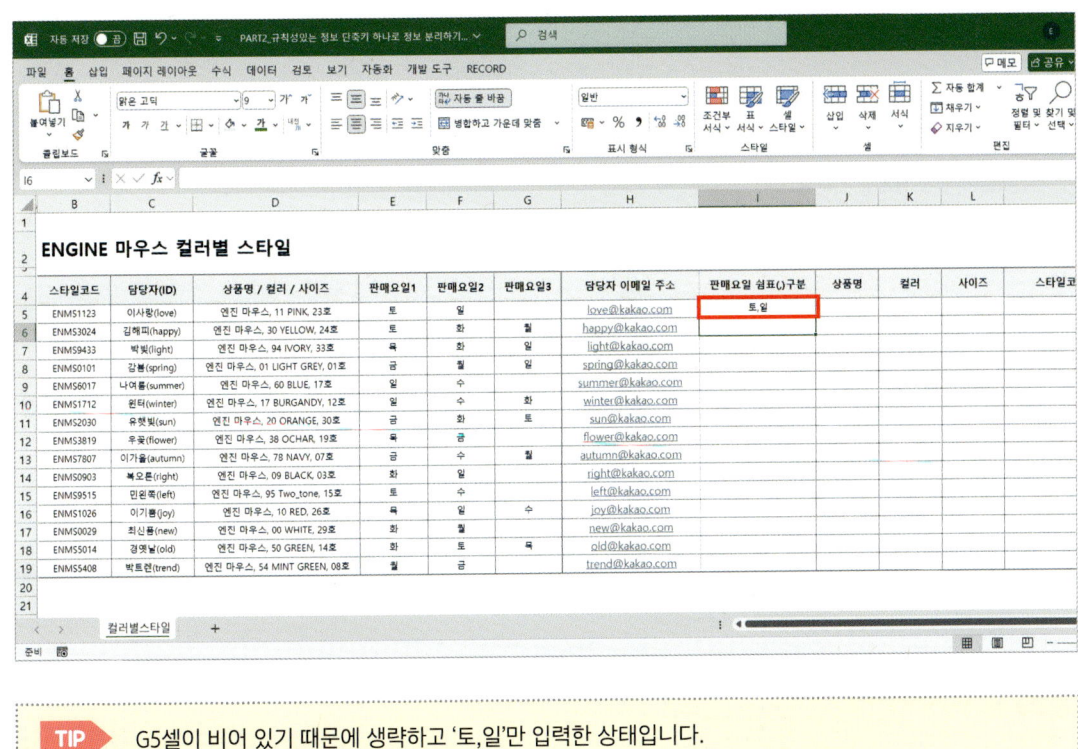

> **TIP** G5셀이 비어 있기 때문에 생략하고 '토,일'만 입력한 상태입니다.

05 [홈] 탭-[채우기]-[빠른 채우기] 메뉴를 클릭합니다. 또는 Ctrl+E 단축키를 누릅니다.

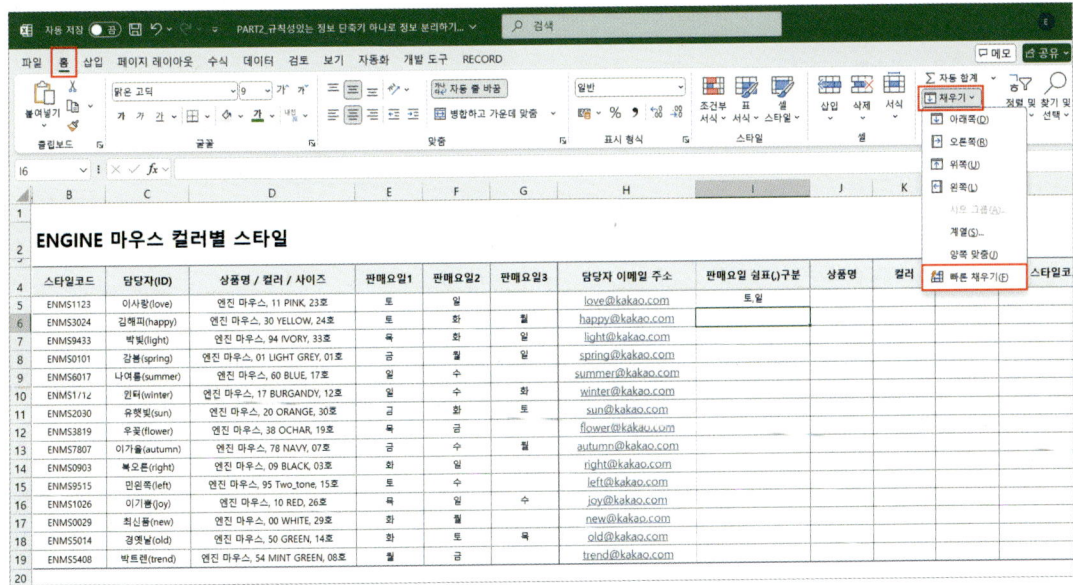

06 E/F/G열 3개열, 판매요일 정보구간을 참조해 쉼표를 구분자로 요일을 출력해야 하는데 출력된 값은 E/F열만 참조해 쉼표(,)로 구분된 요일로 출력되었습니다.

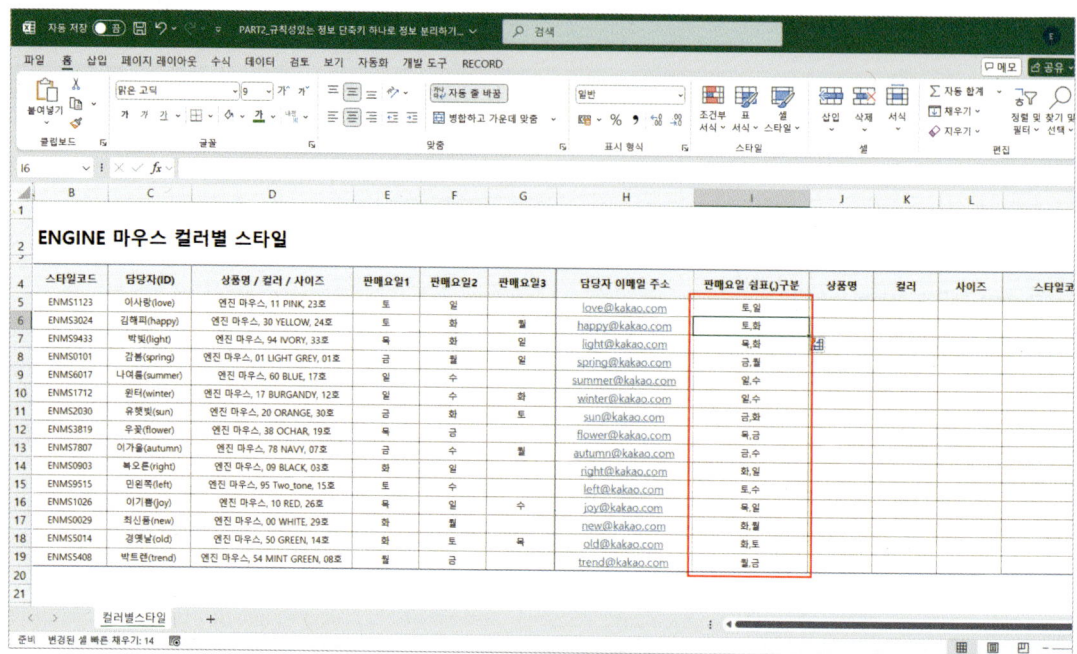

07 ❶ 추가 패턴 입력을 위해 I5셀을 제외한 나머지 빠른 채우기 정보를 지웁니다. ❷ 그리고 I6셀에 '토, 화, 월' 정보를 입력하고 [Enter] 키를 누릅니다. 연속 두 개의 패턴 정보가 입력된 상황입니다.

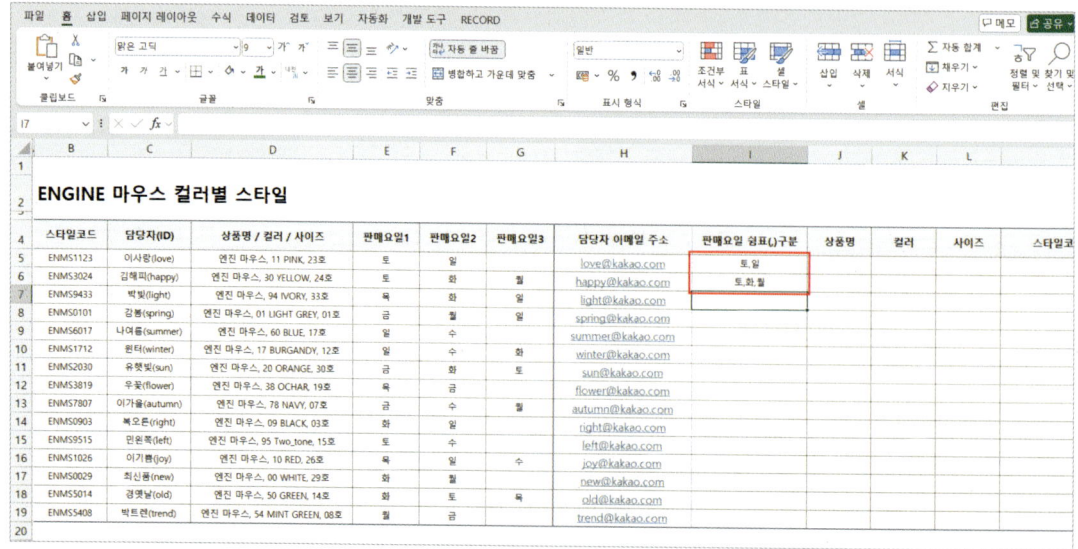

> **TIP** E6셀(토 입력), F6셀(화 입력), G6셀(월 입력)을 참고해 I6셀에 '토,화,월'이라고 입력한 것입니다. 지금처럼 첫 번째 패턴으로 정보 분석이 어려울 경우는 두 번째 또는 세 번째 패턴을 입력해 원하는 정보를 추출합니다.

08 [홈] 탭-[채우기]-[빠른 채우기] 메뉴를 클릭합니다.

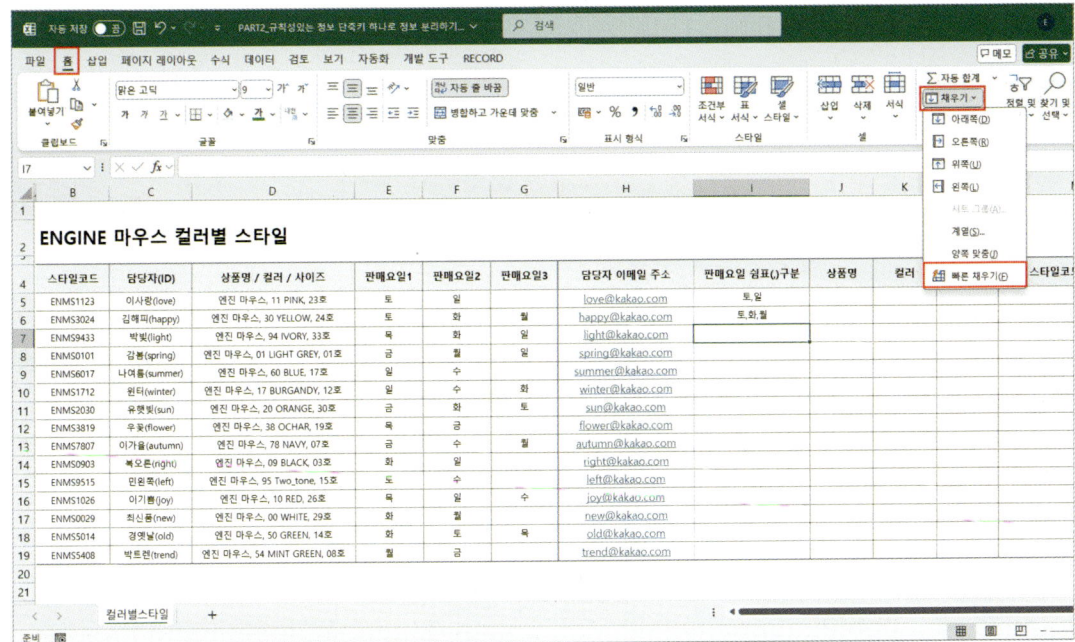

09 쉼표(,)를 구분자로 하여 3개의 판매요일 정보가 잘 출력된 결과값을 확인합니다.

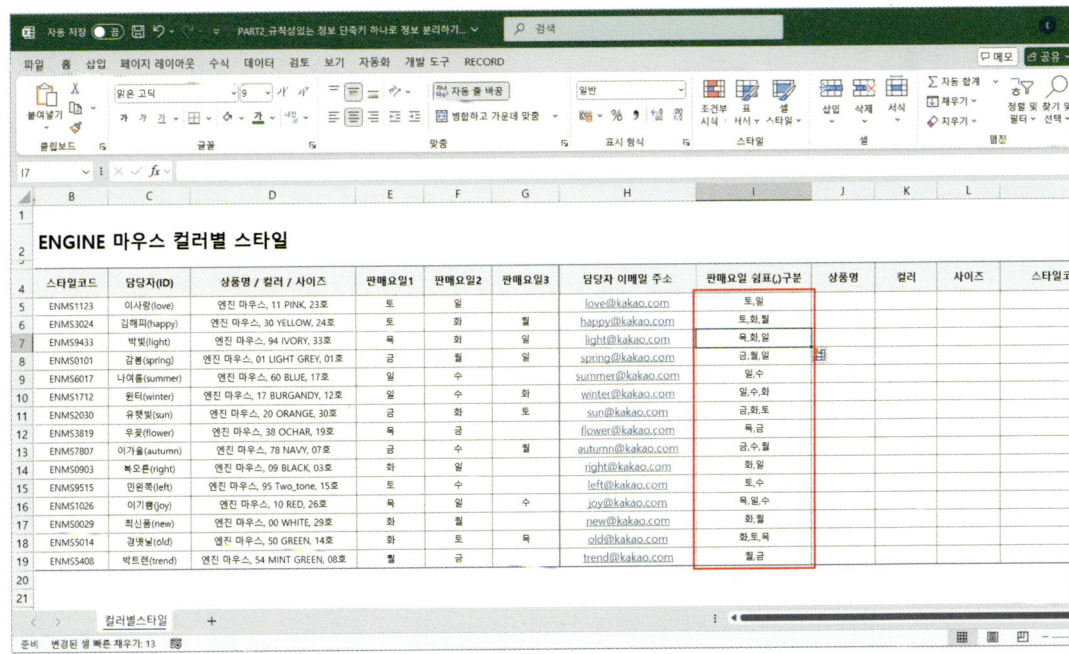

10 D열의 상품명 / 컬러 / 사이즈가 쉼표(,)를 구분자로 하여 기입되어 있습니다. 이 정보를 각각 J, K, L열에 나눠 출력해 보겠습니다. ❶ 쉼표(,)로 구분 입력된 패턴을 분석해 J5셀에는 '엔진 마우스', K5셀에는 '11 PINK', L5셀에는 '23호'라고 각각 입력하고 Enter 키를 누릅니다.

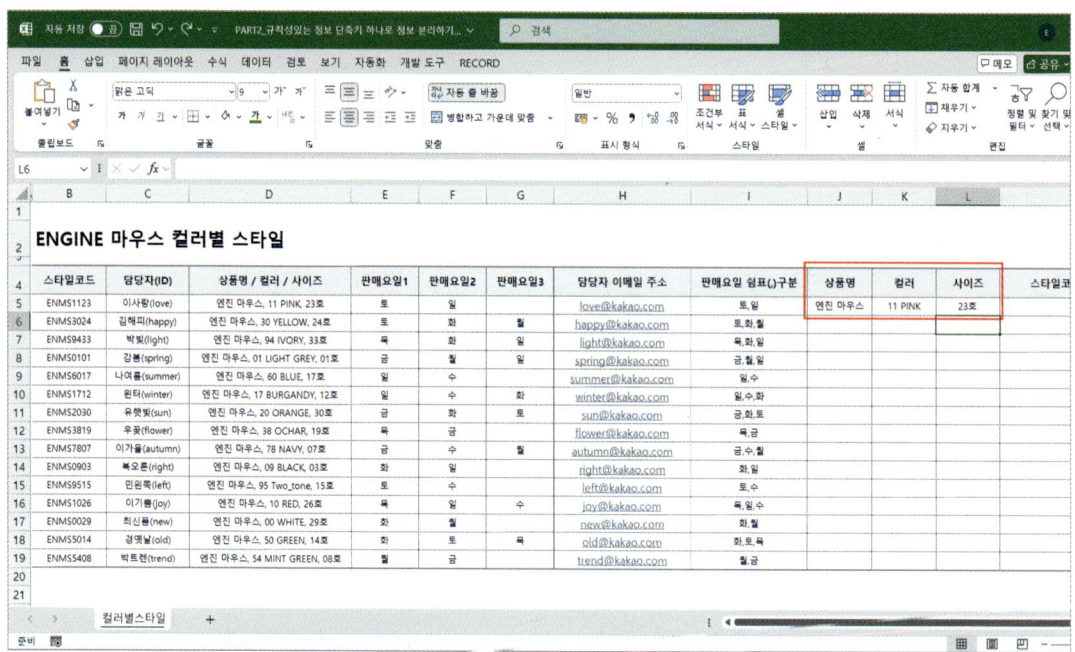

11 J6셀을 클릭하고 빠른 채우기 단축키인 Ctrl + E 를 눌러 값을 채웁니다. [홈] 탭-[채우기]-[빠른 채우기] 메뉴를 눌러도 됩니다.

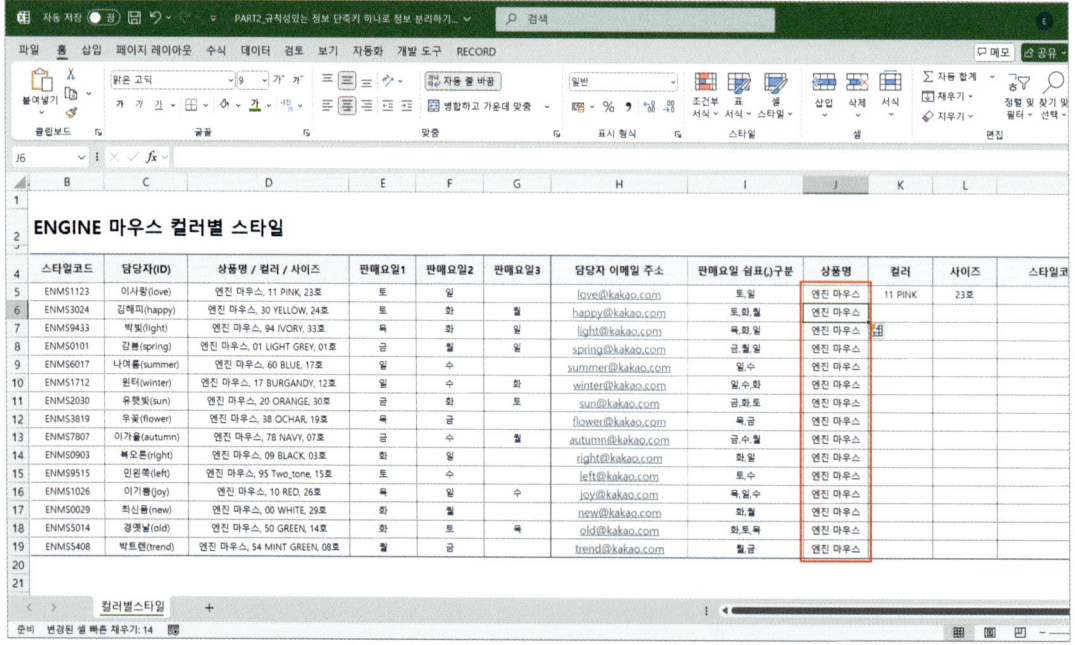

12 K6셀을 클릭한 상태에서 빠른 채우기 단축키인 Ctrl + E 를 눌러 값을 채웁니다. [홈] 탭-[채우기]-[빠른 채우기] 메뉴를 눌러도 됩니다.

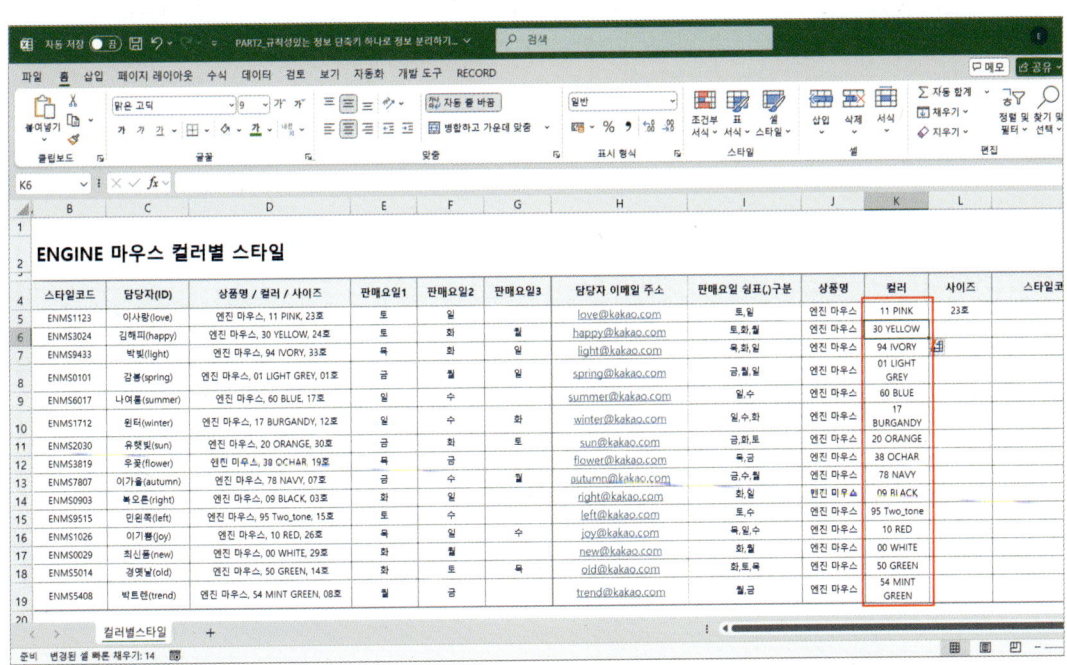

13 L6셀을 클릭한 상태에서 빠른 채우기 단축키인 Ctrl + E 를 눌러 값을 채웁니다. [홈] 탭-[채우기]-[빠른 채우기] 메뉴를 눌러도 됩니다.

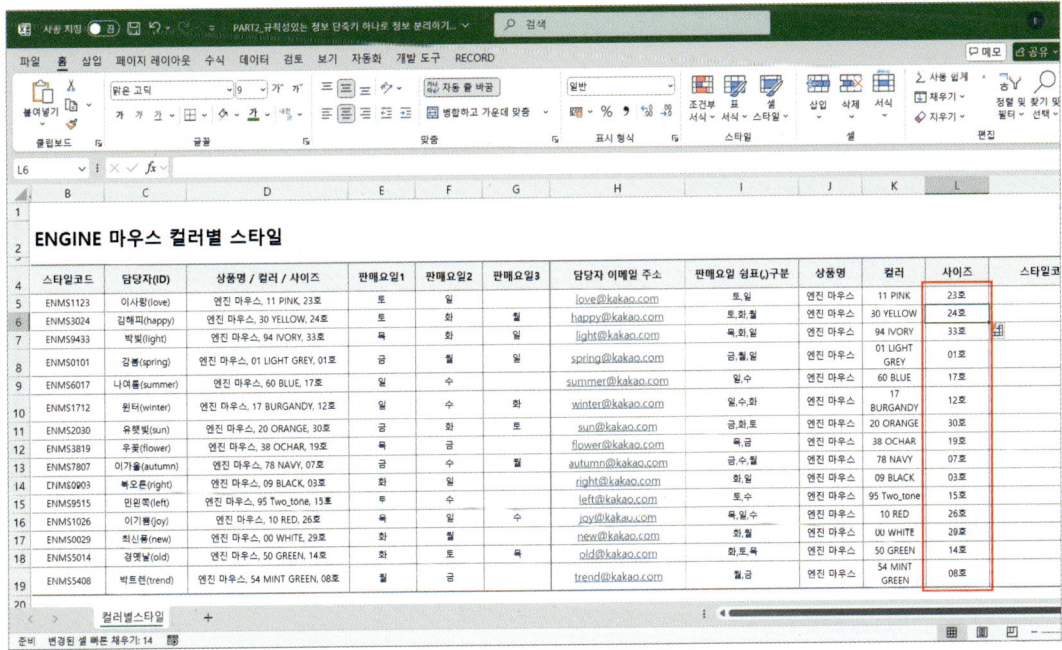

14 마지막으로 B열 '스타일코드'와 D열 '상품명' 형태로 정보를 묶어 보겠습니다. 둘 사이에 _를 첨부할 것입니다. ❶ M5셀에 'ENMS112_엔진 마우스'라고 입력하고 Enter 키를 누릅니다.

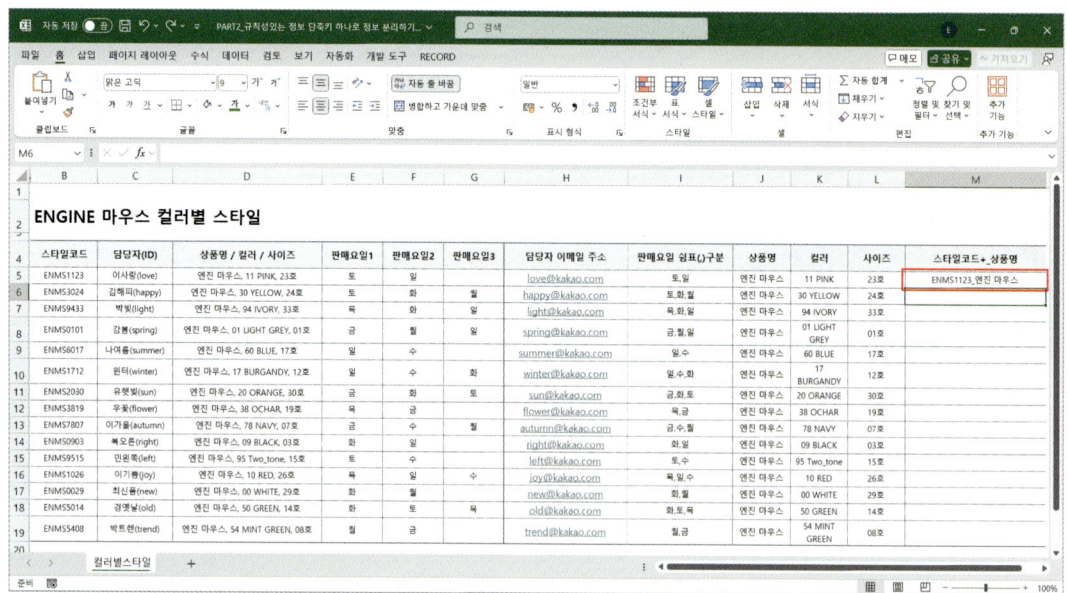

15 [홈] 탭-[채우기]-[빠른 채우기] 또는 Ctrl + E 키를 누릅니다.

16 만들었던 패턴대로 정보가 출력된 결과값을 확인합니다.

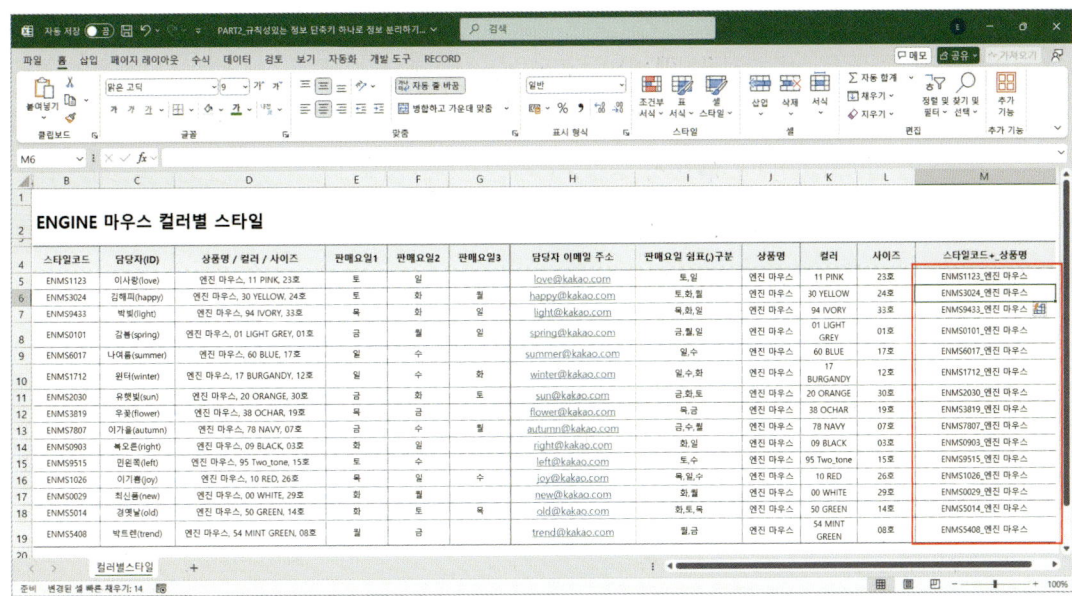

> **TIP** [빠른 채우기] 메뉴는 엑셀 2013 버전 이상에서 사용할 수 있습니다. 빠른 채우기 메뉴가 없는 분들은 특정
> 기호를 기준으로 앞, 중간, 뒤에 있는 함수 조합(LEFT, RIGHT, MID, FIND, LEN)을 만들어 정보를 가져오거나 '텍스트
> 나누기' 또는 각 셀의 정보를 한 셀에 연결해 주는 기호인 &(앰퍼샌드)를 활용해 문제를 해결해야 합니다.

 엑셀 엔진 UP! [빠른 채우기] 운영 열에 병합된 셀 구간이 포함된 경우 해결 방법

예제 파일 PART2_8 규칙성 있는 정보 단축키 하나로 정보 분리하기

01 [병합구간] 시트의 B열 부서목록에서 한글과 영어를 각각 추출하여 D열에는 한글, E열에 영어 내용을 출력하고자 합니다. 그런데 8:9행, 11:12행, 14:15행이 각각 병합되어 있습니다. 이때 해결하는 방법을 알아보겠습니다. ❶ 먼저, 병합 구간의 경우 빠른 채우기 제약이 있는 것을 확인하기 위해 D5셀에 '전략기획'이라고 입력하고 Enter 키를 누릅니다. ❷ 그리고 Ctrl + E 를 눌러 [빠른 채우기]를 실행합니다.

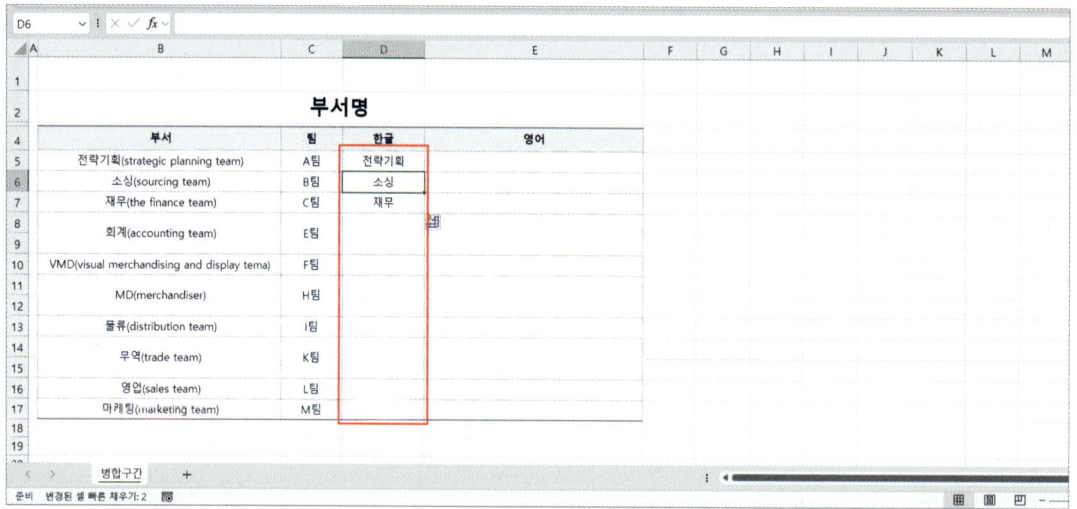

02 5:7행만 [빠른 채우기]가 진행된 것을 확인할 수 있습니다. 이것을 해결하겠습니다. 이전에 출력한 범위 D5:D7셀 값을 지웁니다.

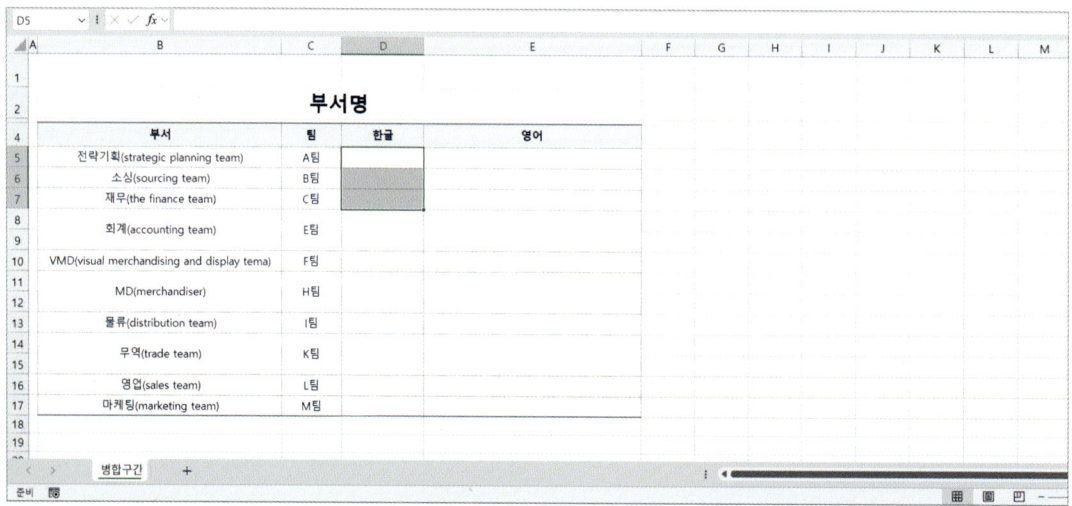

03 표의 바깥 영역인 F5셀에 '전략기획'을 입력하고 Enter 키를 누릅니다. F열은 병합된 구간이 없습니다.

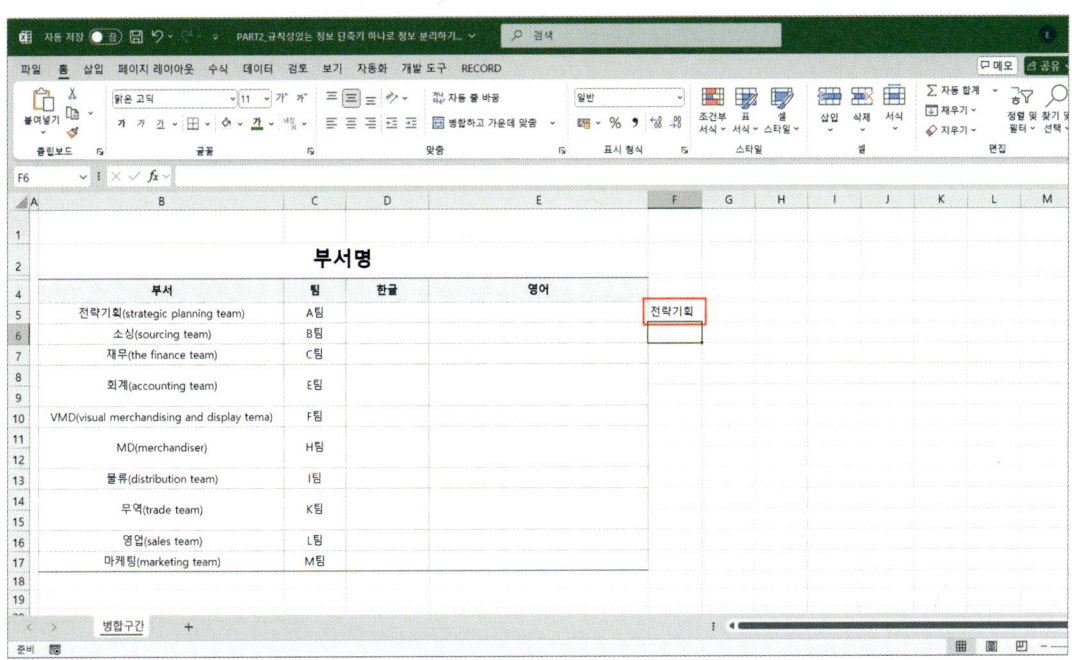

04 Ctrl + E 키로 값을 출력합니다.

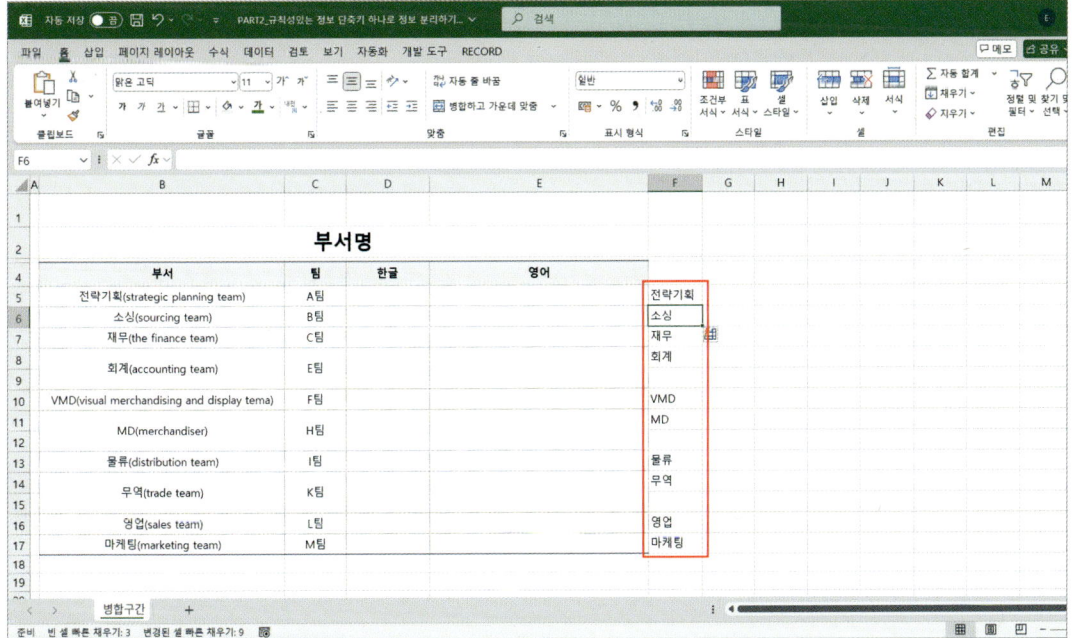

05 ❶ 병합된 서식을 통일시켜주기 위해 D5:D17셀을 범위 지정한 상태에서 ❷ [홈] 탭-[클립보드]-[서식 복사] 메뉴를 클릭합니다.

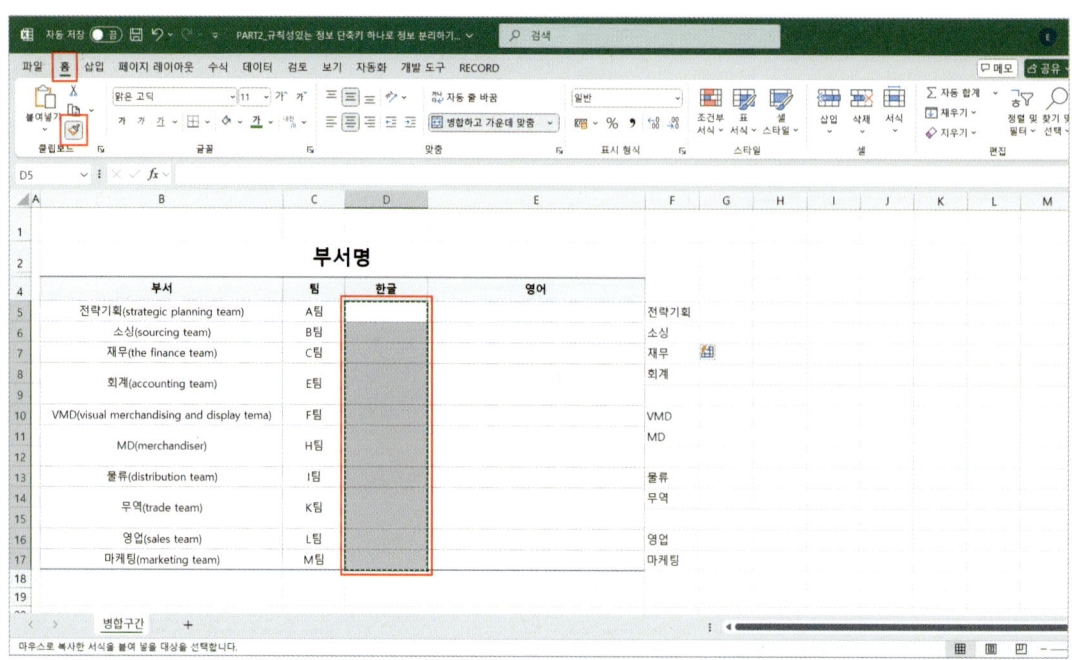

06 ❶ D5:D17셀 주변이 점선 형태로 변한 상태(해당 범위의 서식이 복사되었다는 의미입니다)에서 ❷ F5:F17셀 범위를 드래그해 서식 복사된 정보를 붙여넣습니다.

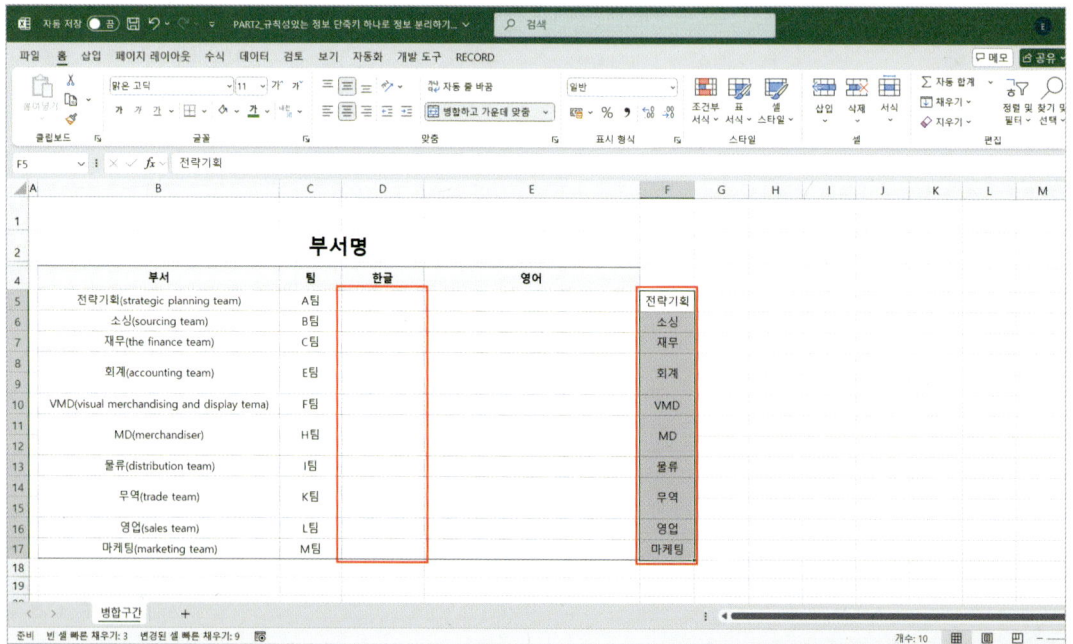

07 ❶ 서식을 통일하기 위해 F5:F17셀을 범위 지정하고 ❷ [Ctrl]+[X] 키를 누릅니다.

※ [Ctrl]+[X] , 잘라내기 단축키 입니다.

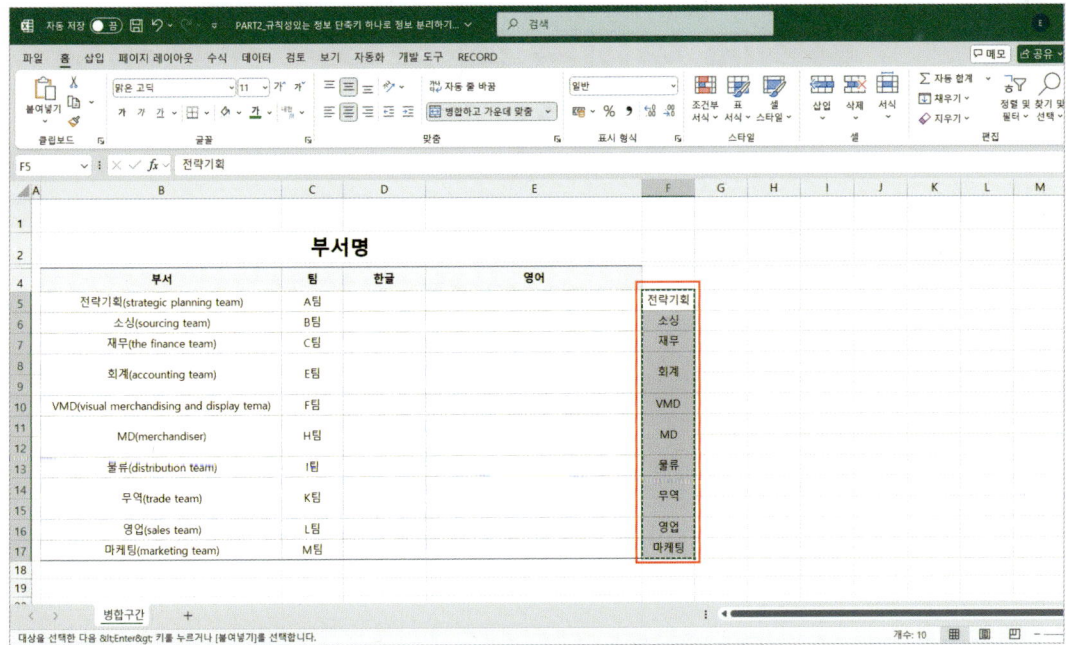

08 D5셀을 클릭하고 [Ctrl]+[V] 키를 눌러 마무리합니다.

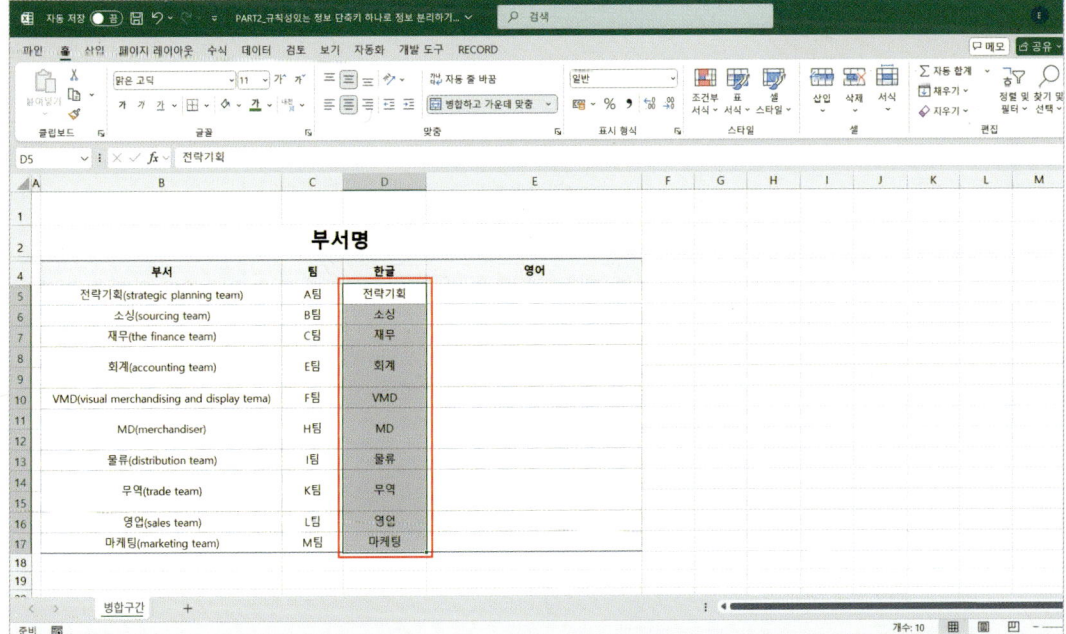

숨김 처리된 정보 제외하고 화면에 보이는 셀 정보만 선택해서 복사/붙여넣기

📦 **예제 파일** PART2_9 숨김 처리된 정보 제외하고 화면에 보이는 셀 정보만 선택해서 복사, 붙여넣기

실무 스킬

계산에 참조하거나 사용할 수 있지만 특정 정보를 보이지 않게 할 때는 정보를 숨기기 하는 경우가 있습니다. 또한 고객 연락처 같은 민감한 정보, 단순 참고용의 과거 데이터는 숨김 처리해 데이터를 관리해야 할 때가 있습니다. 일반적으로 숨김 행/열 정보가 있을 때 해당 영역을 포함해 범위 지정 후 복사/붙여넣게 되면 숨김 행/열 정보도 함께 복사됩니다.

이렇듯 숨겨진 정보를 제외하고 화면상에 보이는 정보만 복사해서 붙여넣기해야 할 때가 있습니다. 화면상에 보이는 셀만 선택해서 복사하고 다른 셀에 붙여넣는 방법을 '이동 옵션' 메뉴를 통해 해결하는 방법을 배워 보겠습니다.

실무 연습 ①

01 [불량정보] 시트에는 여러 개의 숨겨진 행 정보가 있는 '아이템별 불량정보' 표가 있습니다. 현재 불량률이 1%가 넘어가는 정보는 숨김 처리된 상황입니다. 현재 화면에 보이는 정보만 복사해서 B17셀에 붙여넣어 보겠습니다. 목록을 포함한 B4:G14셀 범위를 지정합니다.

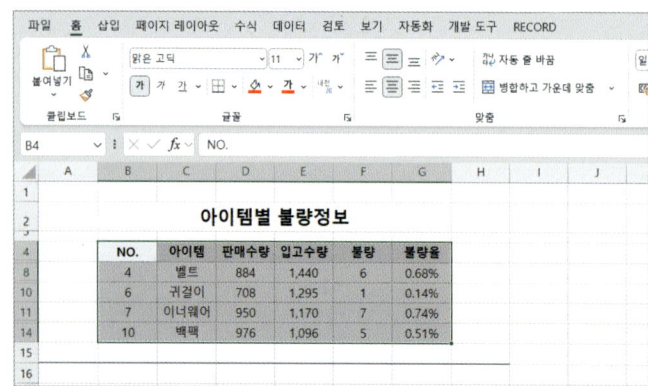

> **TIP** 5, 6, 7, 9, 12, 13행이 숨기기가 되어 있습니다.

02 [홈] 탭-[찾기 및 선택]-[이동 옵션] 메뉴를 클릭합니다.

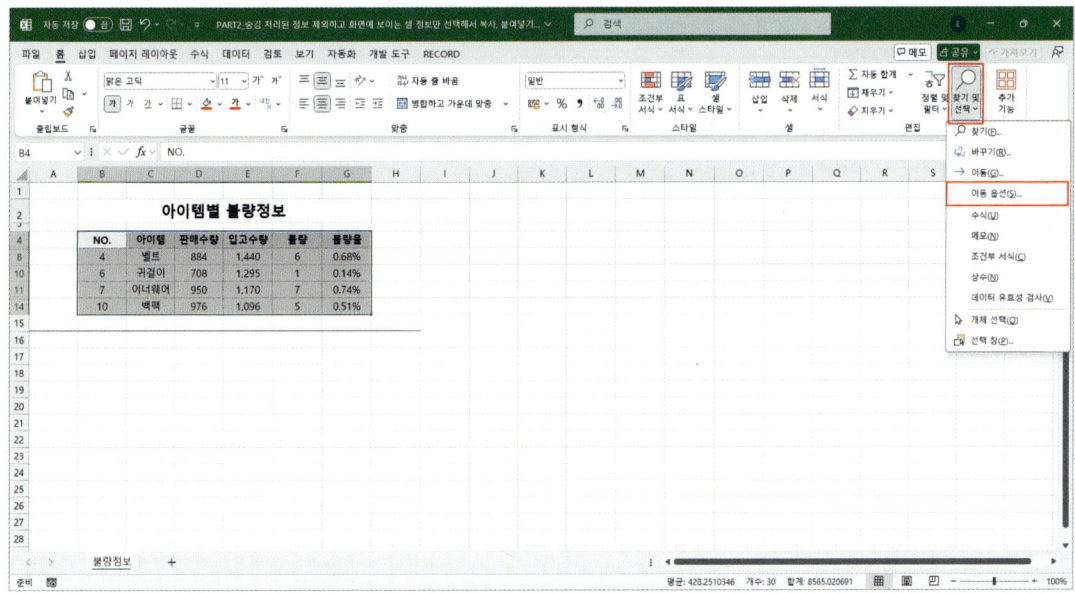

03 [이동 옵션]-[화면에 보이는 셀만] 메뉴를 선택합니다.

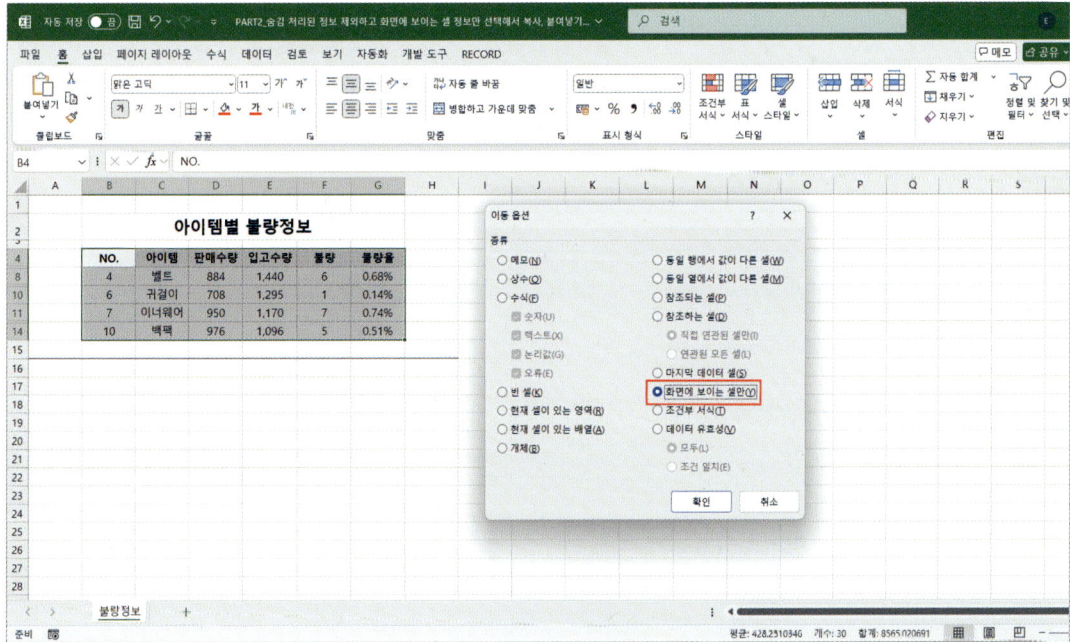

04 [확인]을 클릭해 숨김 처리된 행 번호 구간에 흰색 테두리가 생긴 것을 확인합니다.

	A	B	C	D	E	F	G	H
1								
2				**아이템별 불량정보**				
3								
4		**NO.**	**아이템**	**판매수량**	**입고수량**	**불량**	**불량율**	
8		4	벨트	884	1,440	6	0.68%	
10		6	귀걸이	708	1,295	1	0.14%	
11		7	이너웨어	950	1,170	7	0.74%	
14		10	백팩	976	1,096	5	0.51%	
15								
16								

05 이 상태에서 `Ctrl`+`C` 키를 누릅니다. 흰색 테두리가 있던 자리가 점선 형태로 변한 것을 확인합니다.

	A	B	C	D	E	F	G	H
1								
2				**아이템별 불량정보**				
3								
4		**NO.**	**아이템**	**판매수량**	**입고수량**	**불량**	**불량율**	
8		4	벨트	884	1,440	6	0.68%	
10		6	귀걸이	708	1,295	1	0.14%	
11		7	이너웨어	950	1,170	7	0.74%	
14		10	백팩	976	1,096	5	0.51%	
15								
16								

06 B17셀을 클릭하고 Ctrl + V 키를 눌러 붙여넣기한 결과값을 확인합니다. 숨긴 행이 포함된 정보지만 [이동 옵션] 메뉴를 사용했기 때문에 숨긴 행은 제외하고 화면에 보이는 셀만 붙여넣기 되었습니다.

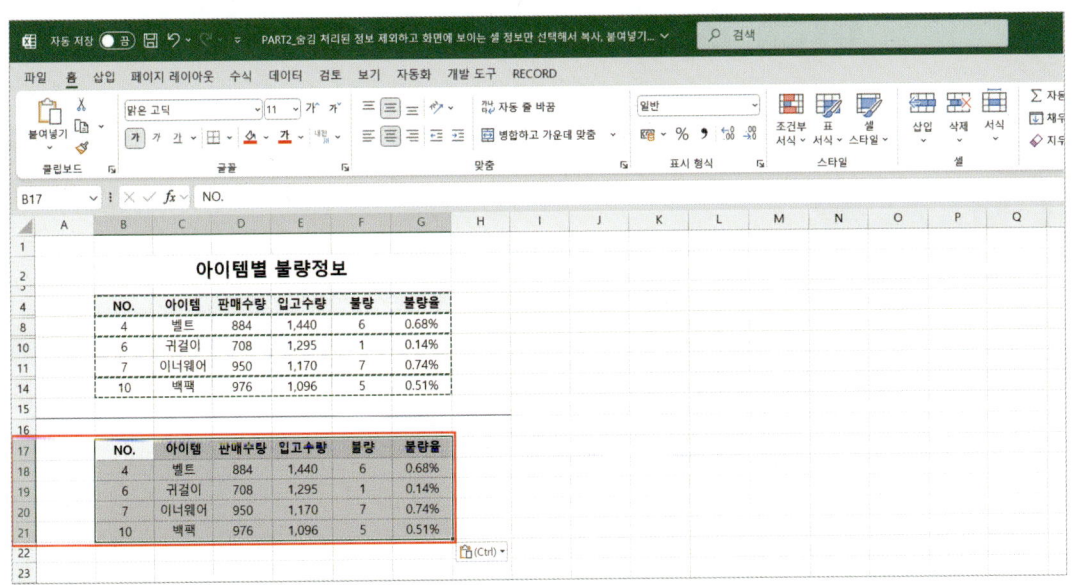

TIP 숨겨진 행이 포함된 정보를 전체 범위 지정한 상태에서 먼저, 복사(Ctrl + C)를 한 뒤에 [이동 옵션]-[화면에 보이는 셀만] 메뉴를 선택해 붙여넣게 되면 아래와 같은 결과로 붙여넣기되니 주의하시기 바랍니다.

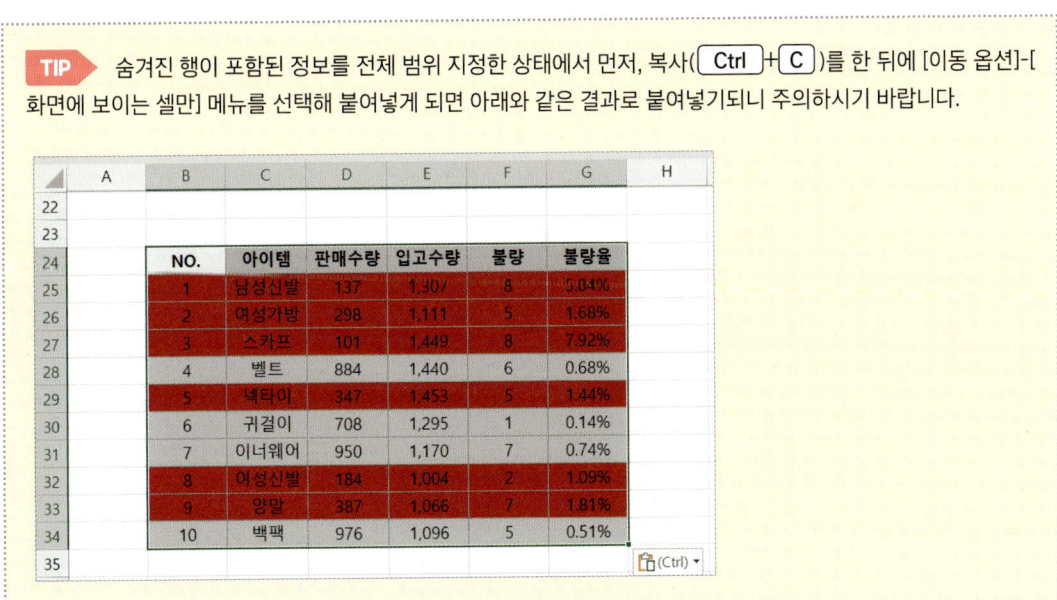

병합 해제 후 위에 있는 정보
아래 셀로 같은 정보 붙여넣기

예제 파일 PART2_10 병합 해제 후 위에 있는 정보 아래 셀로 같은 정보 붙여넣기

실무 스킬

　데이터를 관리할 때 병합된 구조는 가공, 편집에 어려움이 있어 지양하는 것이 좋습니다. 오류나 예기치 않은 결과를 반환하기도 하고, 복사/붙여넣기 시 병합 셀 개수가 다르면 진행이 안 되는 어려움 등이 있기 때문에 주의해야 합니다. 그렇지만 완성된 보고서 형태의 자료는 가독성을 높이기 위해서 병합하는 경우도 필요합니다.

　보고서상에 병합된 셀을 해제하게 되면 정보는 왼쪽 위에 남고, 나머지 정보는 빈칸으로 출력됩니다. 이때 왼쪽 위에 남게 된 정보를 아래 빈칸에 같은 값으로 출력해 필터나 피벗테이블 운영에 유용한 데이터로 변형할 수 있도록 구조를 만드는 방법을 알아보겠습니다. [이동 옵션]의 '빈 셀' 메뉴를 활용해 해결해 보겠습니다.

실무 연습 ❶

01 [매출자료] 시트에서 B열은 병합된 상태로 담당자명이 표기되어 있습니다. 병합된 구간을 해제하고, 해제되어 남은 셀은 남은 정보로 반복해서 같은 정보로 채워 보겠습니다. ❶ 병합된 구간 B6:B20셀 범위를 지정합니다.

B6	✓ : × ✓ fx ✓	'홍길동1					

담당자별 매출 자료

담당자	점포코드	점포명	실매출액	총매출원가	매출총이익	매출총이익률
			472,185,489	172,159,096	300,026,393	64%
홍길동1	5998	중계점	27,819,962	9,730,133	18,089,829	65%
	9120	분당점	33,879,012	12,071,309	21,807,703	64%
	1034	수성점	1,899,759	661,476	1,238,283	65%
홍길동2	5809	구래점	3,595,525	1,361,283	2,234,242	62%
	6697	해운대점	33,357,724	11,937,867	21,419,857	64%
	3931	천호점	3,342,103	1,272,272	2,069,831	62%
홍길동3	8302	공항점	52,853,000	19,183,373	33,669,627	64%
	3226	불광점	13,517,057	4,767,576	8,749,481	65%
	1873	철산점	10,861,727	3,808,351	7,053,376	65%
홍길동4	9648	고잔점	38,556,164	13,936,620	24,619,544	64%
	4814	대흥점	702,650	222,467	480,183	68%
	1563	강남점	11,800,439	4,350,875	7,449,564	63%
홍길동5	6594	밀라노점	46,347,603	16,793,718	29,553,885	64%
	3746	동성로점	52,186,006	18,954,909	33,231,097	64%
	6005	흥대점	141,466,758	53,106,867	88,359,891	62%

매출자료 ┼

준비   개수: 5

02 [홈] 탭-[맞춤]-[병합하고 가운데 맞춤] 메뉴를 클릭해 병합을 해제합니다.

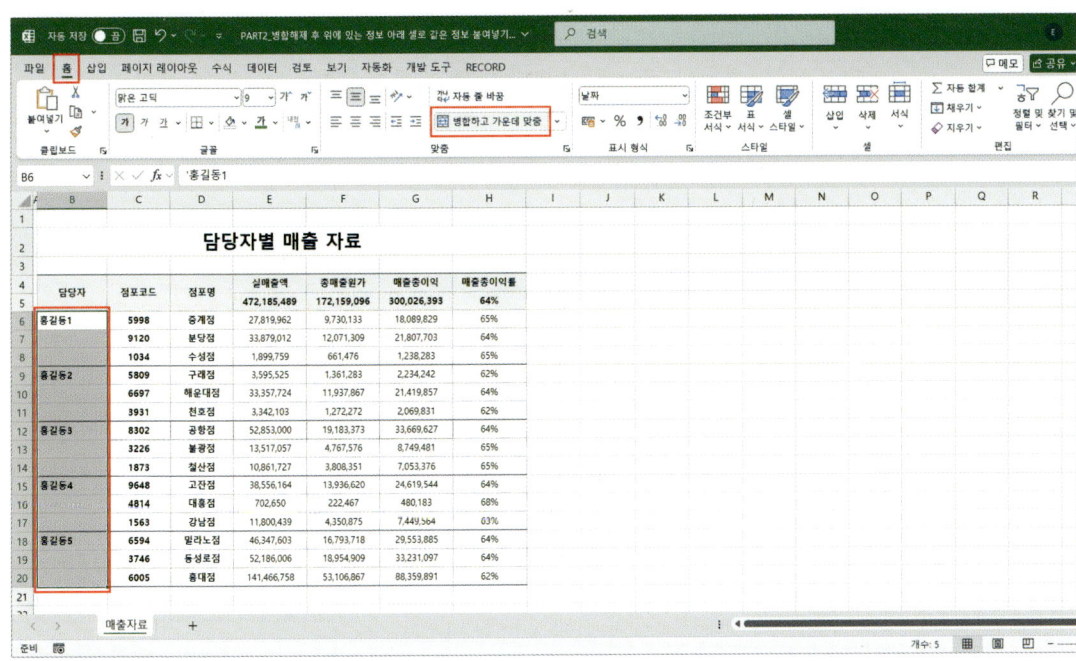

03 [홈] 탭-[찾기 및 선택]-[이동 옵션] 메뉴를 클릭합니다.

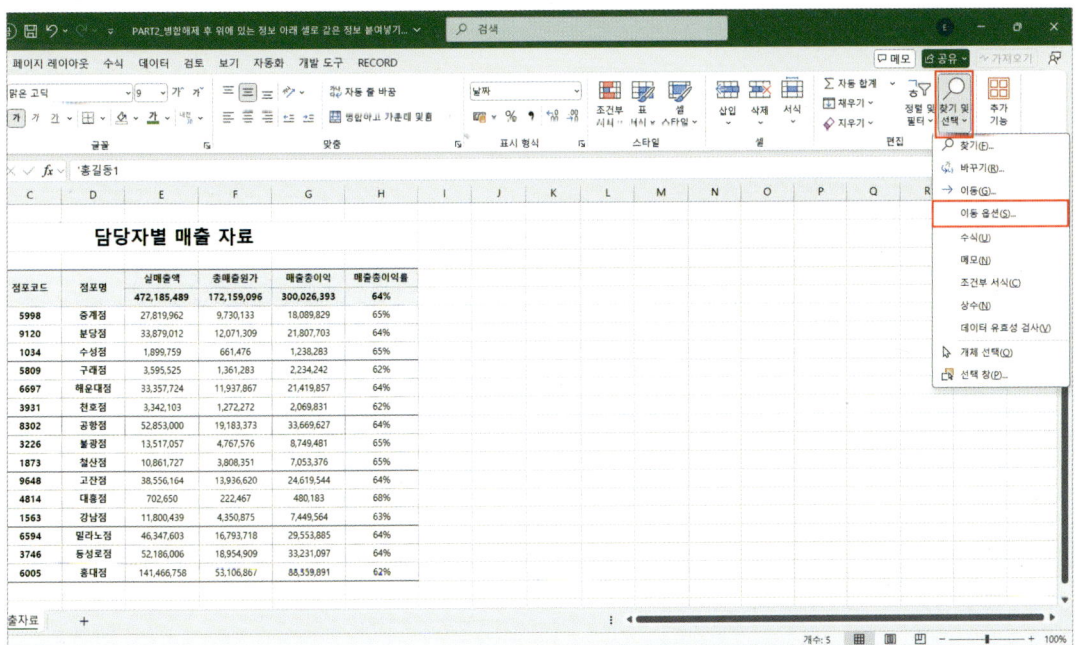

04 ❶ [이동 옵션] 창에서 ❷ [빈 셀]을 선택하고 [확인]을 클릭합니다.

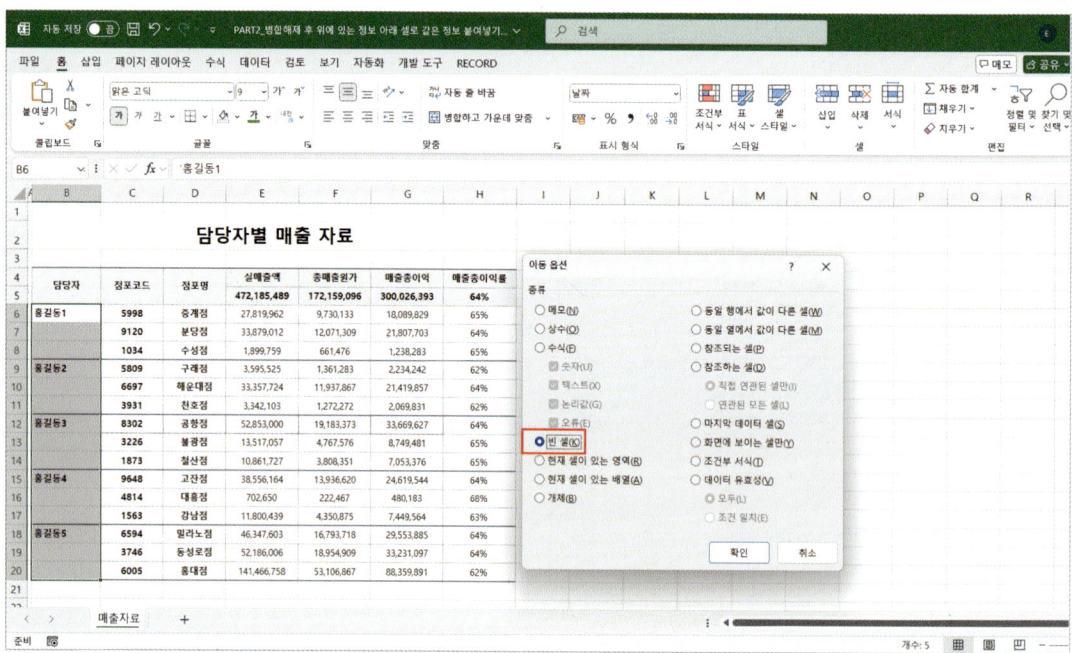

05 범위 지정 구간에서 데이터가 있는 부분을 제외한 나머지 빈 셀이 선택된 결과를 확인합니다.

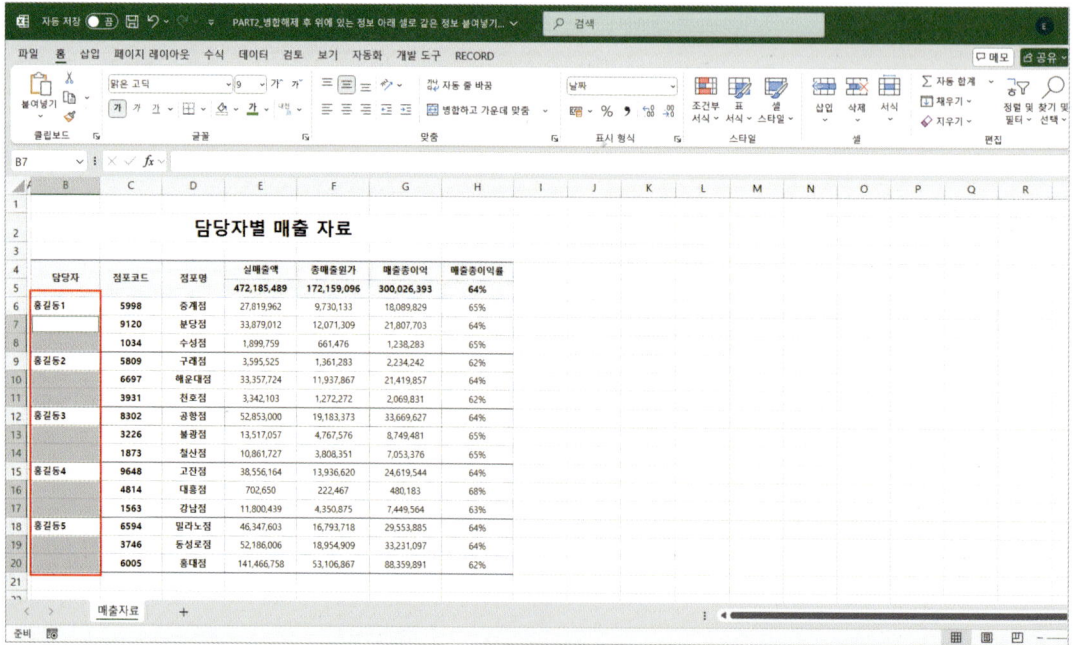

06 빈 셀 영역 중 흰색 음영이 표시된 B7셀에 '=B6'이라고 입력합니다.

※ 선택 범위들에 바로 윗셀이라는 규칙을 적용한 것입니다.

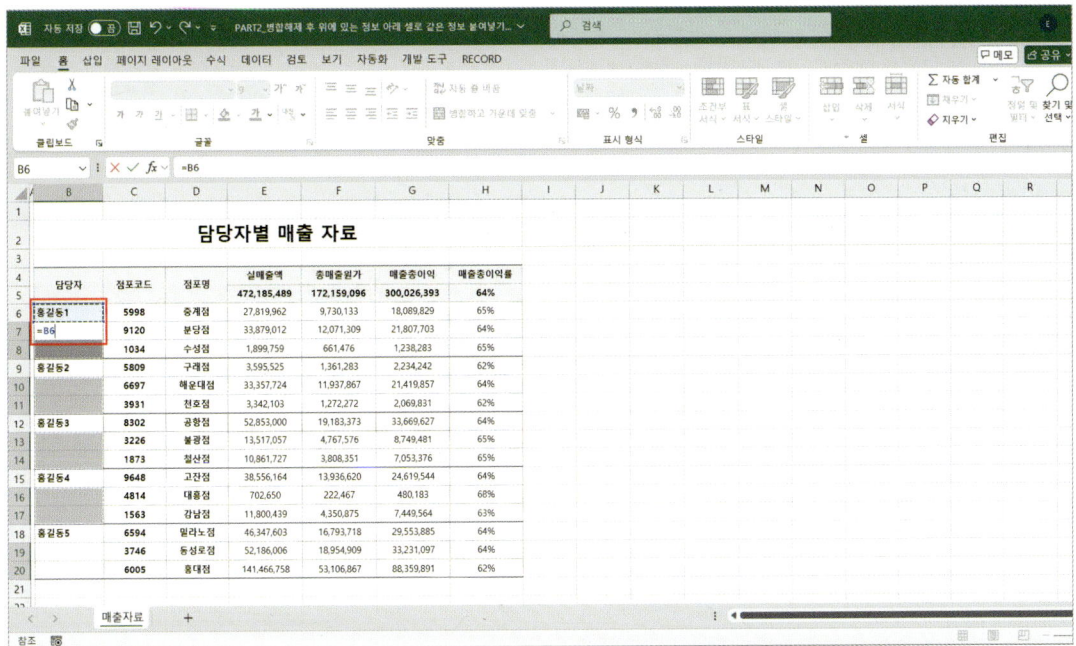

07 이 상태에서 Ctrl + Enter 키를 누릅니다. 주의할 점은 그냥 Enter 가 아니라 Ctrl 키를 먼저 누르고 Enter 키를 눌러야 한다는 점입니다.

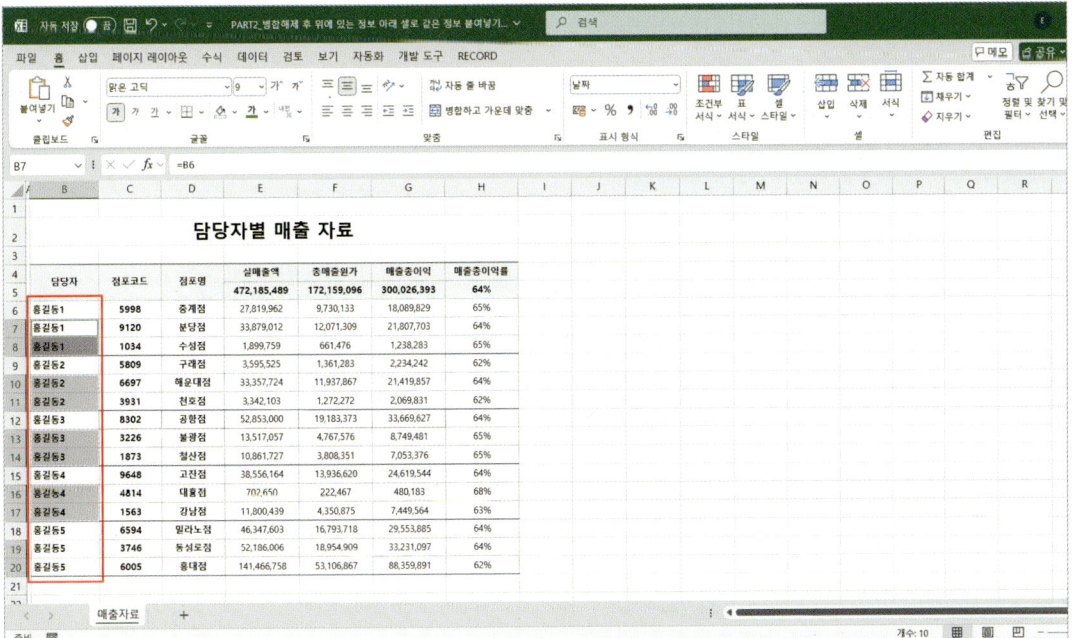

08 빈 셀에 삽입된 셀을 클릭해 보면 수식이 남아있는 것을 확인할 수 있습니다. 예시로 B7셀을 클릭한 상황입니다. '=B6'이라는 수식이 입력되어 있습니다.

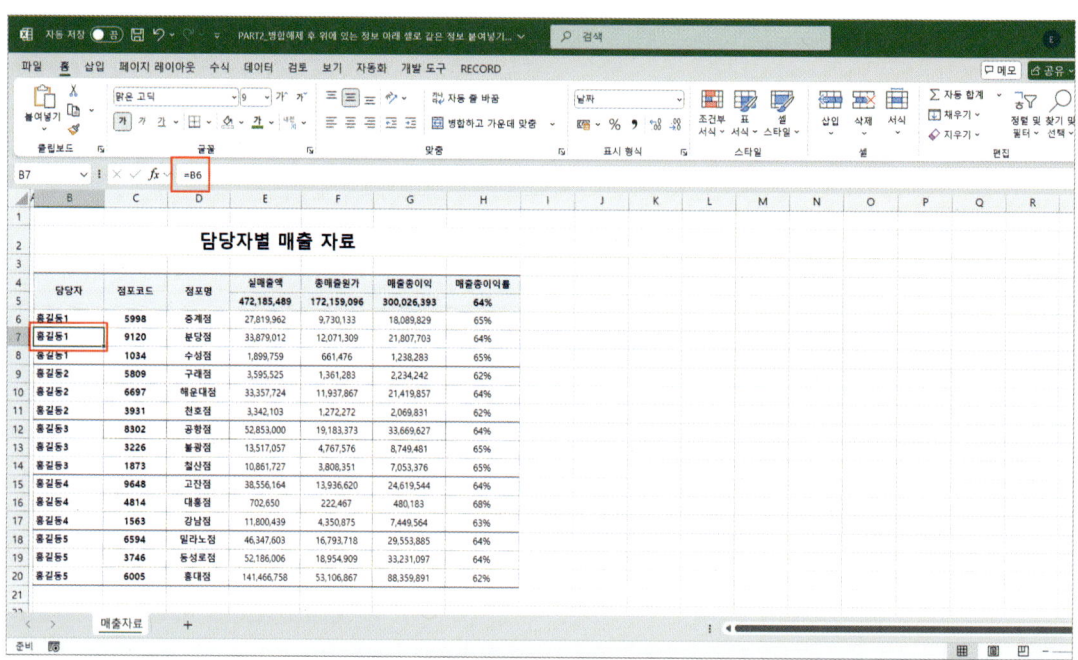

09 ❶ 이런 수식들을 값 형태로 바꾸기 위해 B6:B20셀을 범위 지정하고 ❷ Ctrl + C 키를 누릅니다.

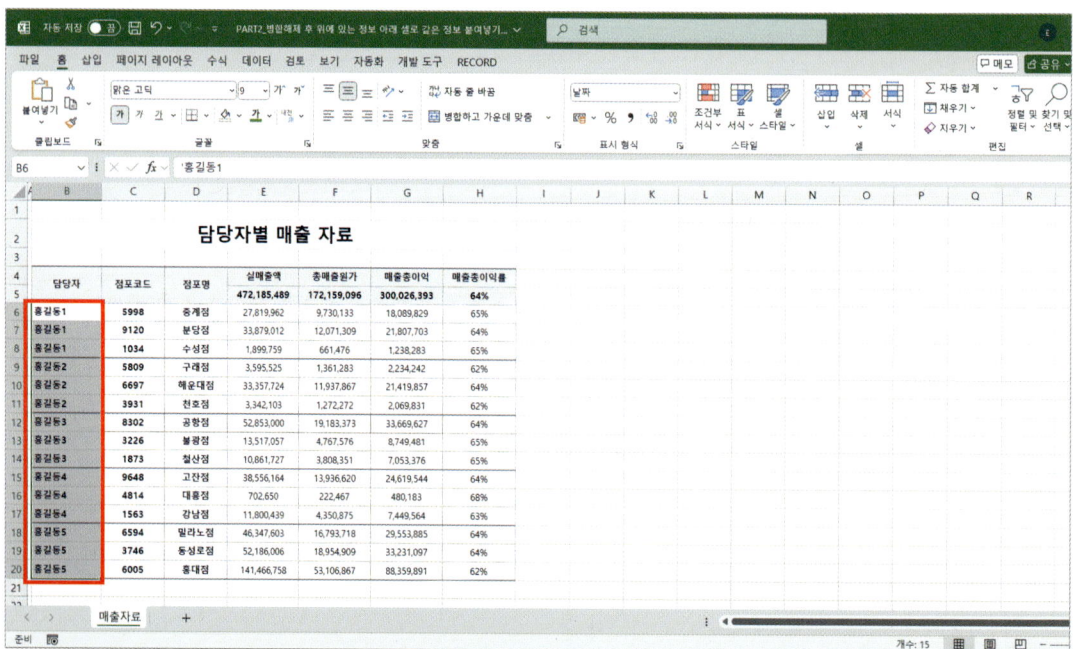

10 ❶ 선택한 범위 영역 안에서 마우스 오른쪽 버튼 클릭 후 ❷ [선택하여 붙여넣기]- [값] 메뉴를 클릭합니다.

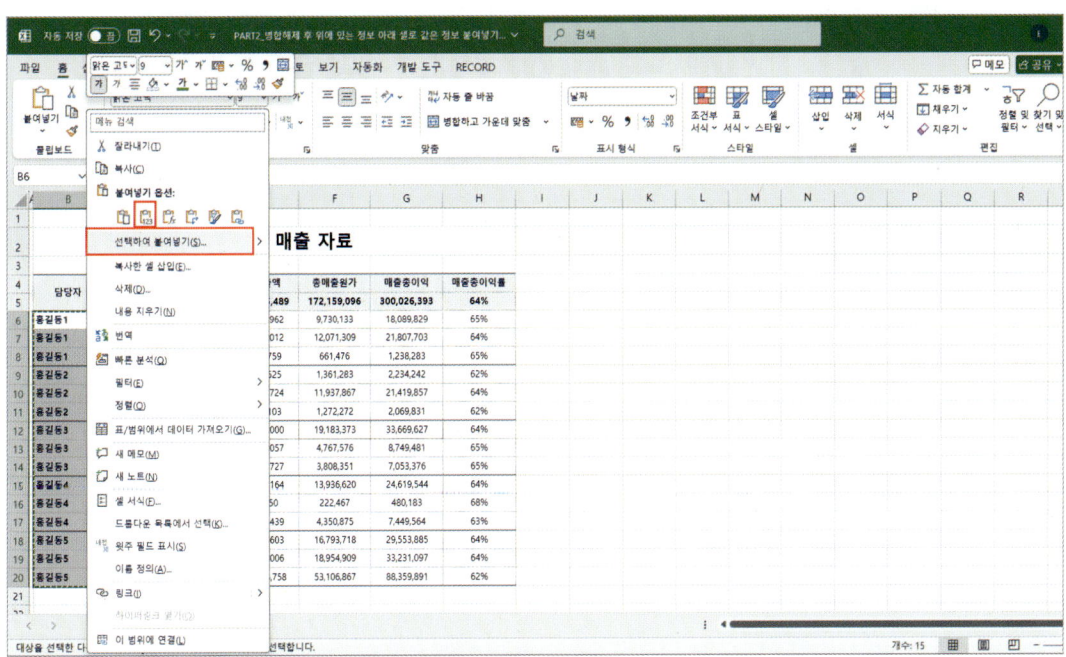

11 B7셀을 클릭해서 수식이 제거되고 값만 입력된 결과를 확인합니다.

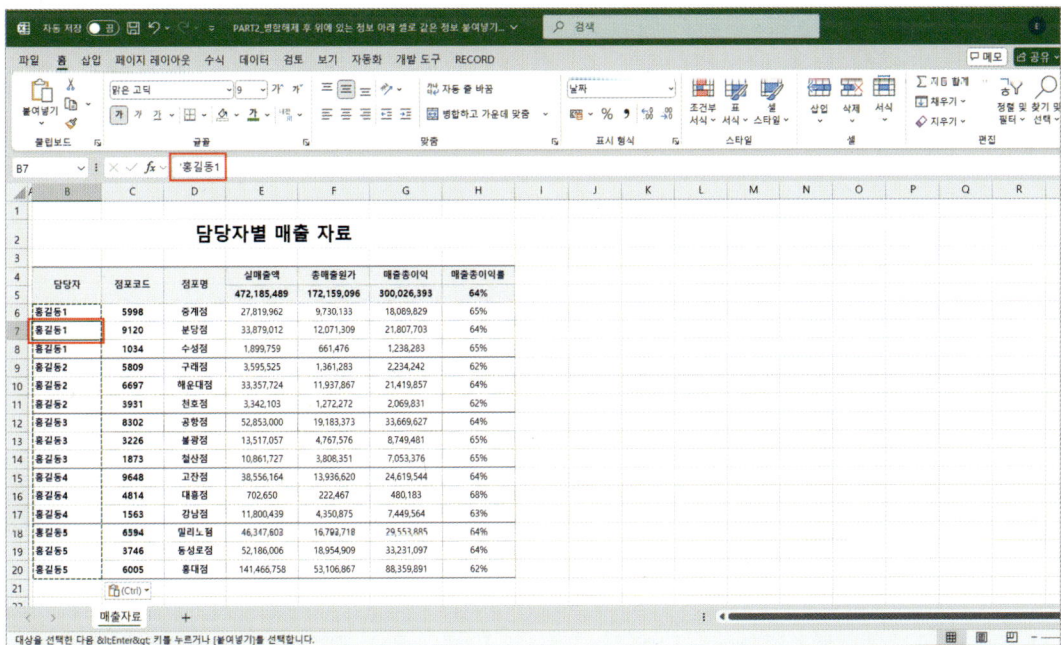

빈 셀 있는 구간 찾아 해당 행 한 번에 삭제하거나 삽입하기

📁 **예제 파일** PART2_11 빈 셀 있는 구간 찾아 해당 행 한번에 삭제하거나 삽입하기

실무 스킬

데이터를 가공할 때, 불필요한 빈 셀 같은 정보 구간이 있거나 추가 정보를 입력해야 할 때 행 또는 열을 삭제/삽입해야 하는 경우가 있습니다. 이때 셀의 '삭제'와 '삽입' 메뉴를 이용할 수 있지만, 선택 대상에 연속성이 없는 경우는 Ctrl 키를 누른 채 다중 범위를 선택해 삭제 또는 삽입해야 하는 번거로움이 발생합니다.

이때 다중선택 범위 지정을 도와주는 기능인 이동 옵션-'빈 셀' 메뉴를 통해 이런 번거로움을 클릭 몇 번으로 해결해 원하는 셀 구간을 삭제하거나 삽입하는 방법을 예시를 통해 알아보도록 하겠습니다.

실무 연습 ❶   삭제하기

01 [총매출액] 시트 B열, C열, D열 필드값을 보면 정보 입력 구간 바로 아래 빈 셀이 한 칸씩 존재합니다. 단, E열은 빈 셀 없이 '총판매량 * 판매가' 수식이 입력되어 있습니다. 이때 빈 셀 정보가 있는 각 행 정보를 클릭 몇 번으로 한 번에 삭제해 보도록 하겠습니다. B5:E22셀 범위를 지정합니다.

TIP E5셀을 클릭한 상태에서 Ctrl + Shift +왼쪽 방향키 → Ctrl + Shift +아래 방향키를 순차적으로 눌러서 선택합니다. 또는 마우스로 시작 위치와 상관없이 B5:E22셀 범위를 지정해도 됩니다.

02 [홈] 탭-[편집]-[찾기 및 선택]-[이동 옵션] 메뉴를 클릭합니다.

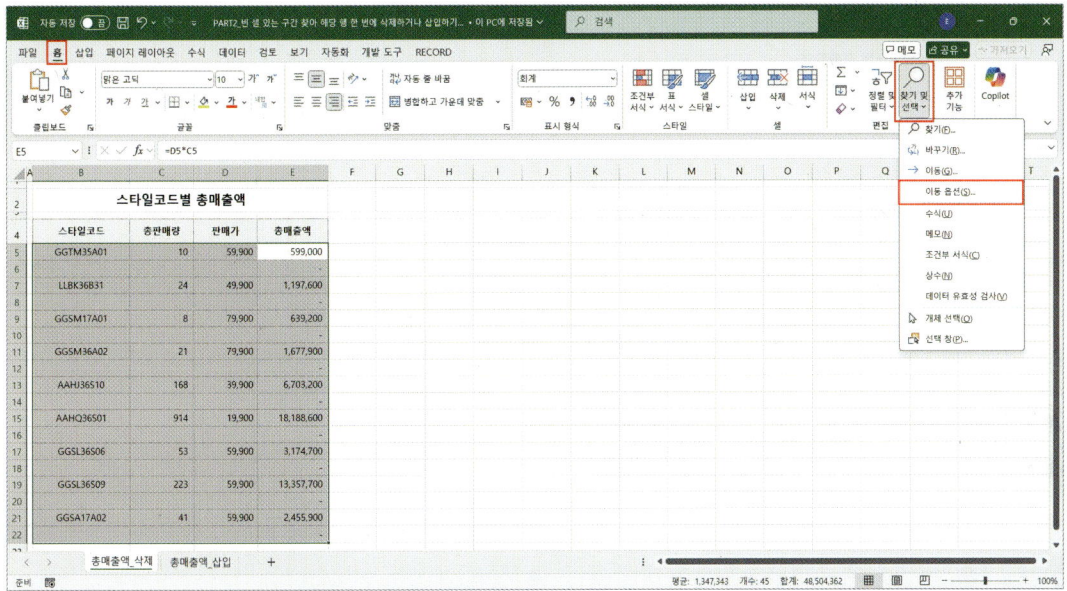

03 ❶ [빈 셀]을 선택하고 ❷ [확인]을 클릭합니다.

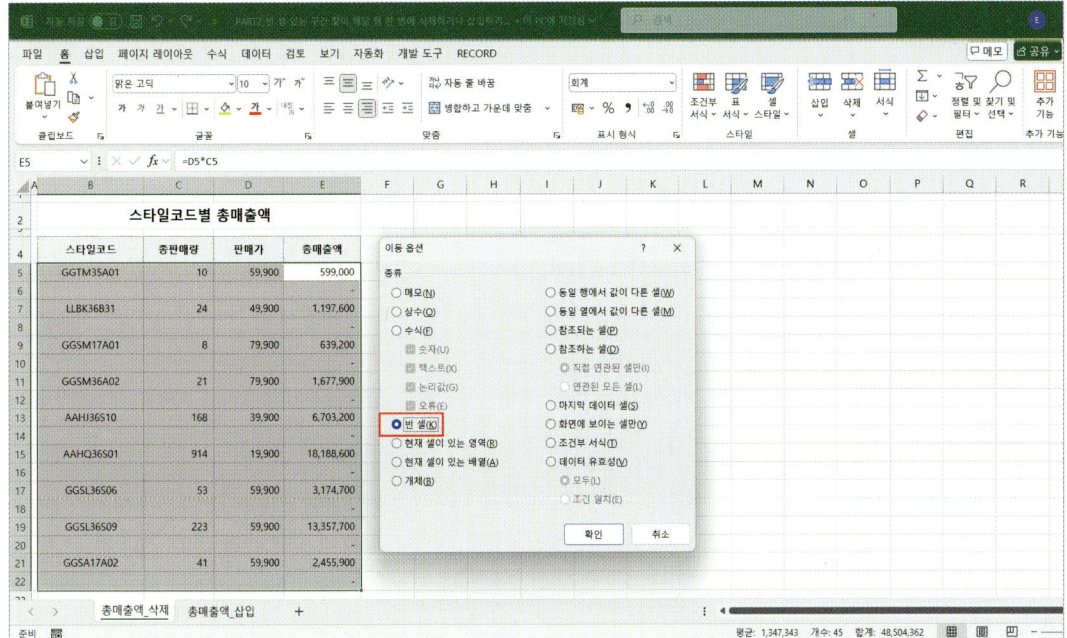

04 B:D열의 범위 선택 구간에 빈 셀이 선택된 결과를 확인합니다.

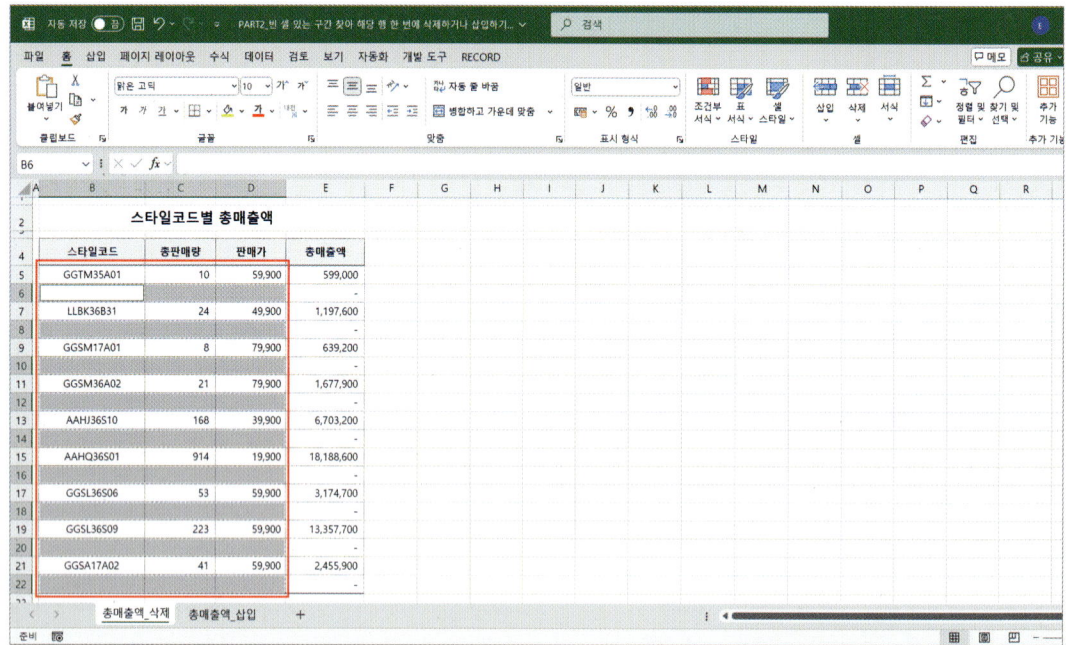

05 ❶ 빈 셀 위에서 마우스 오른쪽 버튼 클릭-❷ [삭제] 메뉴를 선택합니다.

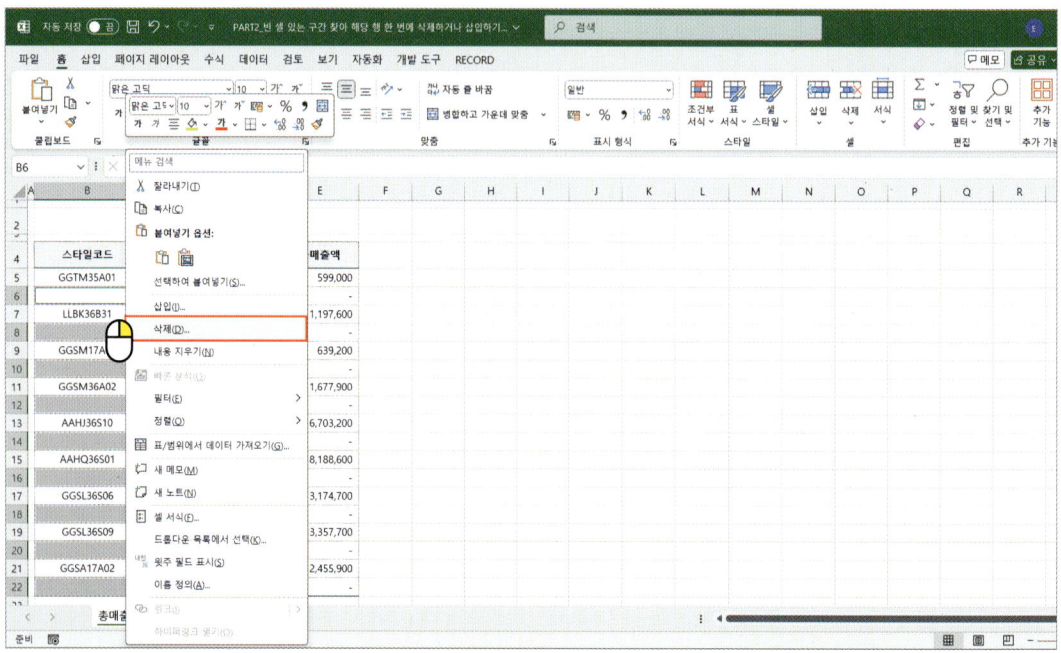

06 ❶ [행 전체]를 클릭하고 ❷ [확인]을 클릭합니다.

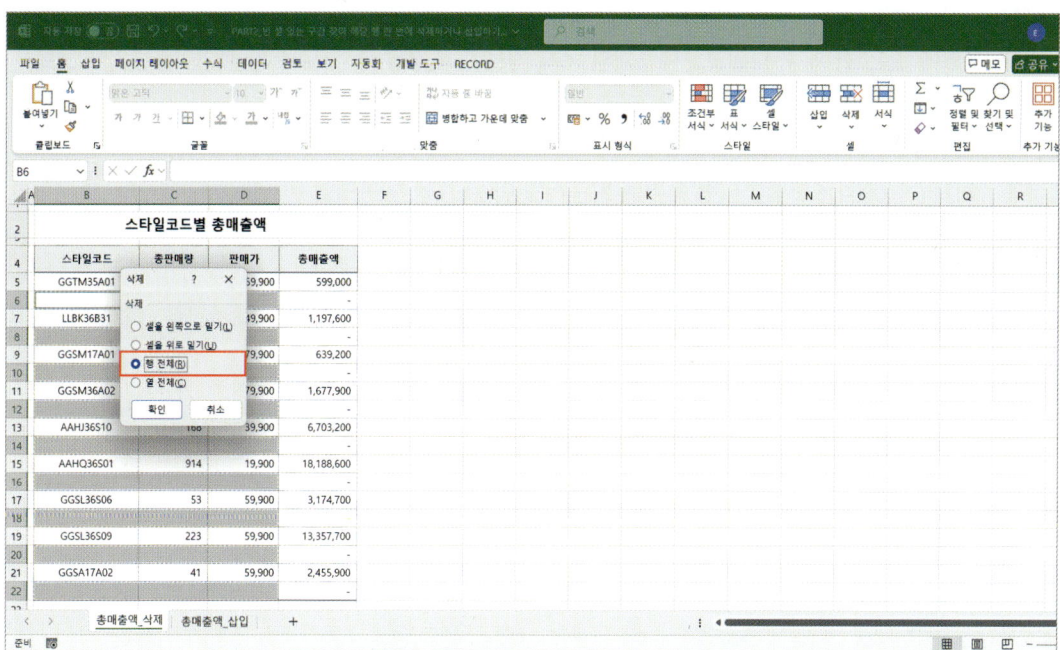

07 선택된 빈 셀의 행 전체가 삭제된 결과를 확인합니다.

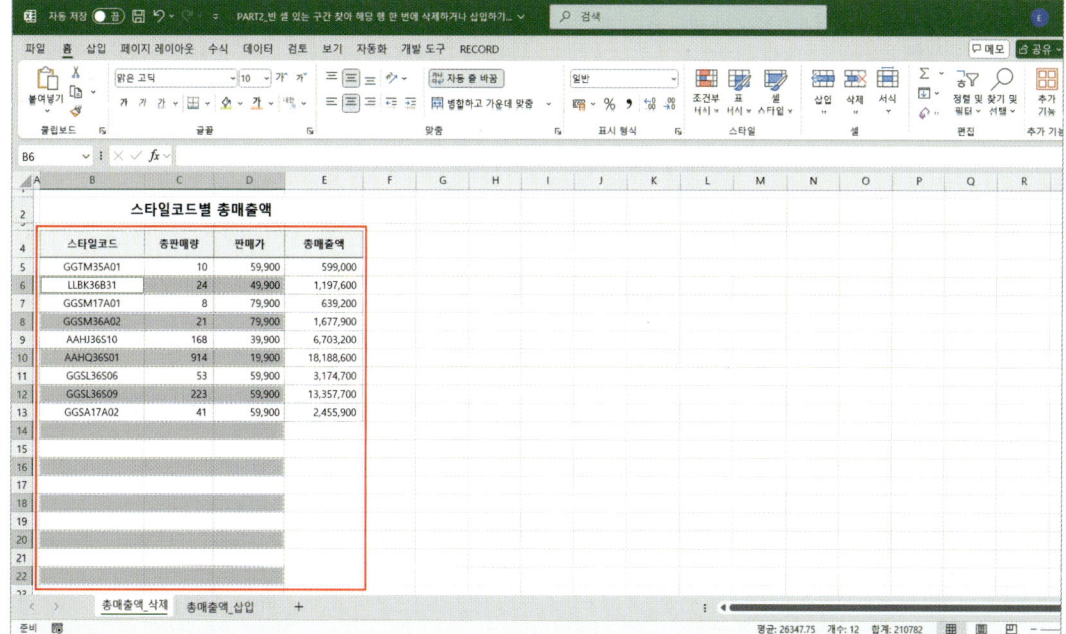

이번에는 [총매출액_삽입] 시트 C열에 '총판매량', '판매가', '총매출액' 필요한 목록 전체의 정보가 삽입되면서, B열에 있는 한 개 스타일코드에 3개의 목록 정보가 매칭될 수 있도록 한 행을 더 삽입해 보도록 하겠습니다.

01 현재 C열에는 스타일코드별 총판매량이 적혀 있습니다. 그 아래의 빈 셀에 D열에 있는 판매가를 가져와 보겠습니다. 먼저 C5:C22셀을 범위 지정합니다.

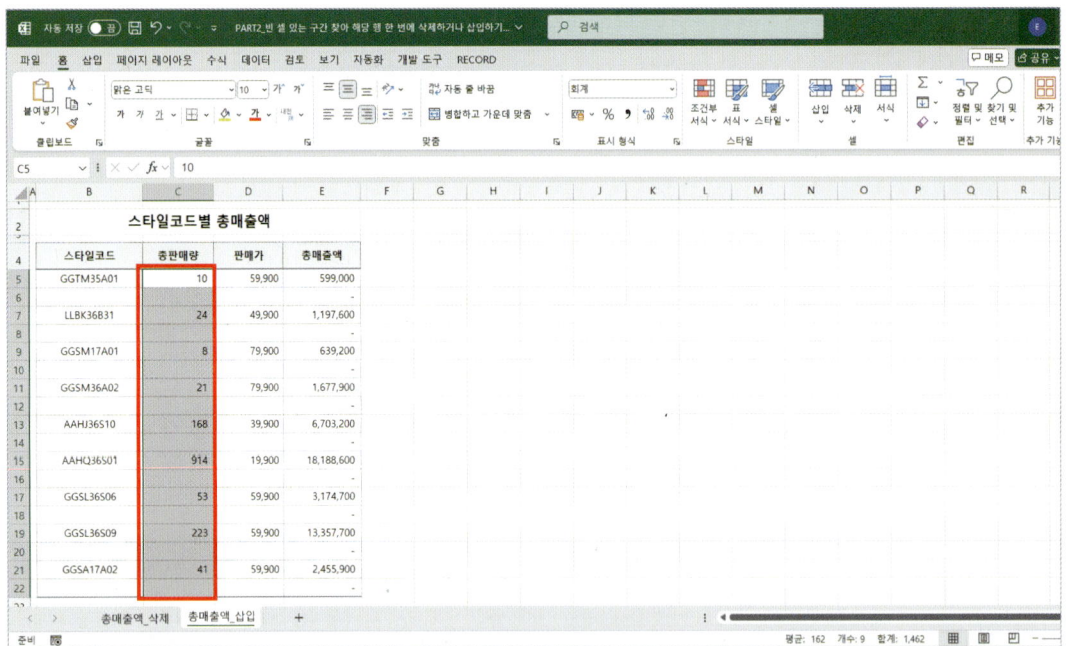

02 [홈] 탭–[편집]–[찾기 및 선택]–[이동 옵션] 메뉴를 클릭합니다.

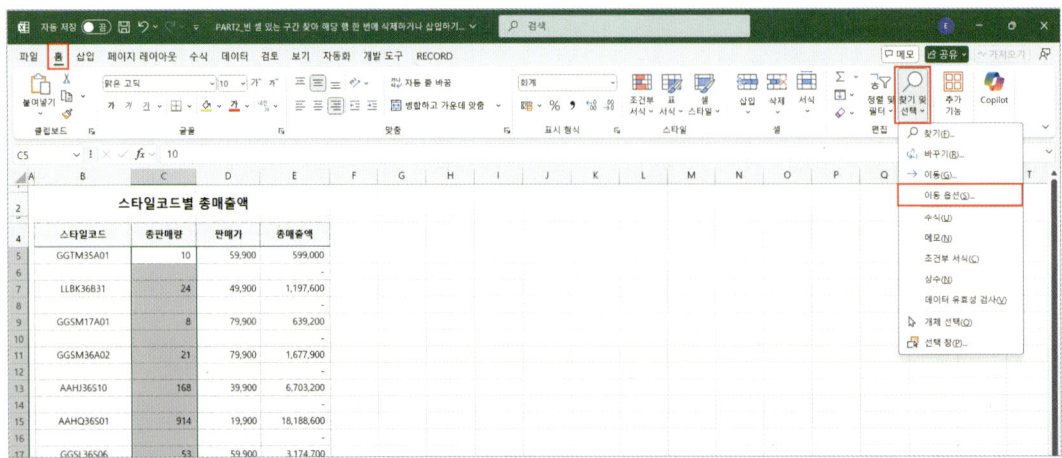

03 [빈 셀]을 클릭하고 [확인]을 클릭합니다.

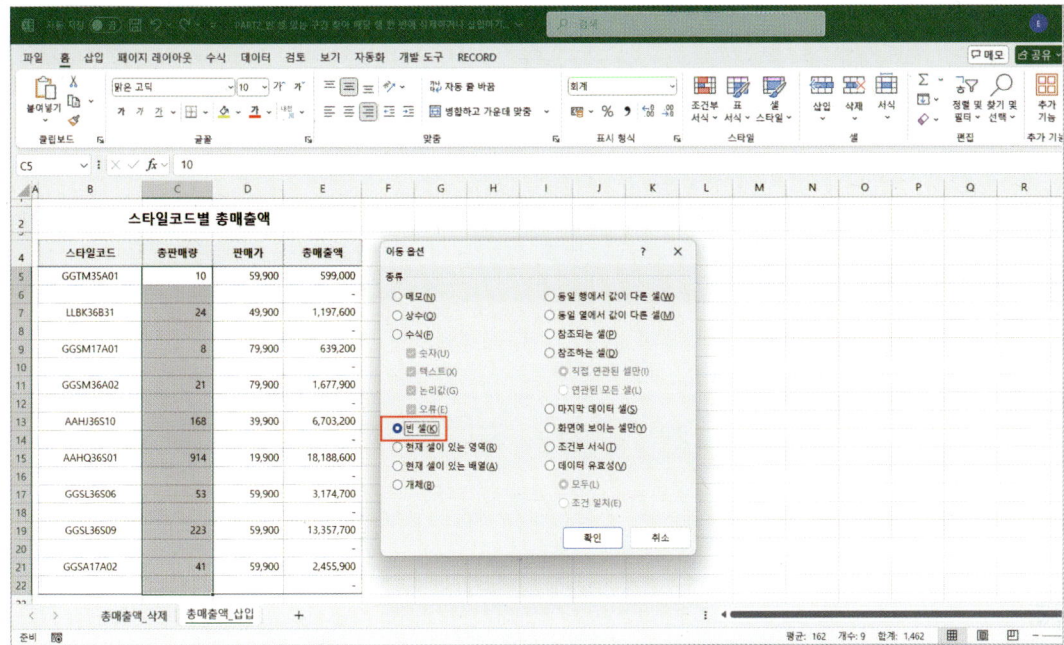

04 C열에서 빈 셀만 선택된 결과를 확인합니다.

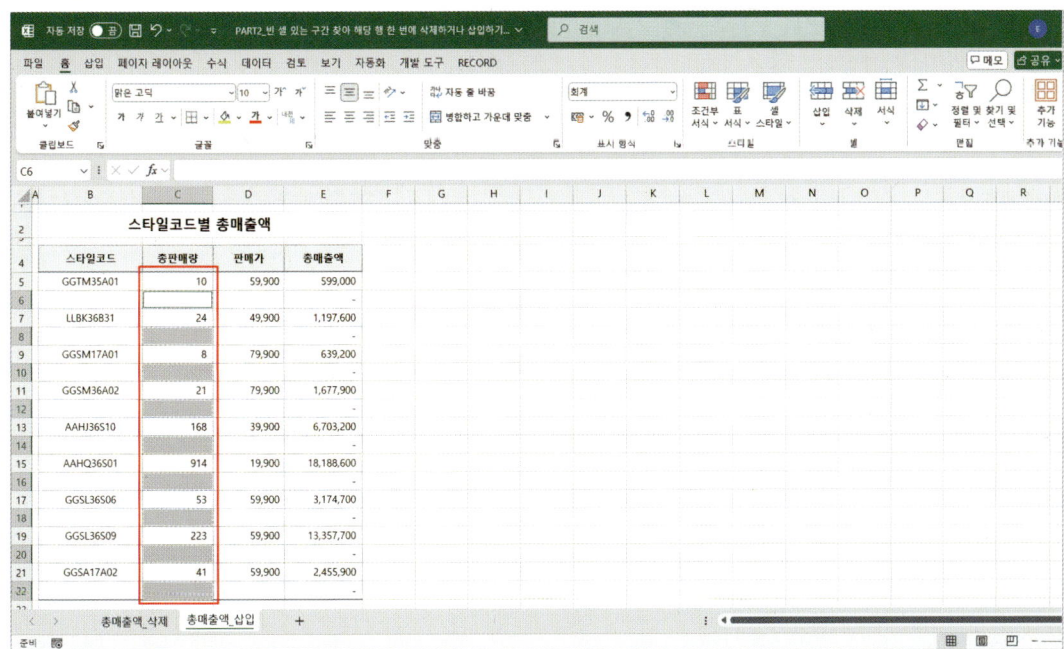

05 영역이 선택된 상태에서, 영역의 첫 번째 셀인 C6셀에 첫 번째 판매가가 있는 오른쪽 위 셀 주소 값(=D5)을 입력하여 수식을 만듭니다.

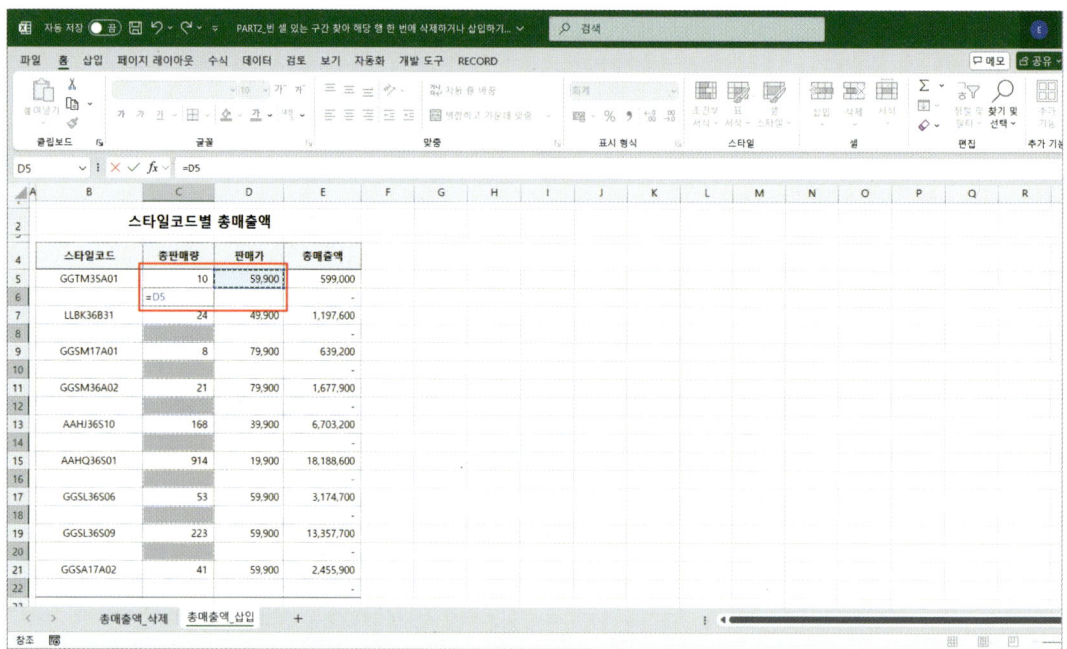

06 이 상태에서 Ctrl + Enter 키를 누릅니다. 나머지 빈 셀에도 값이 입력됩니다.

※ 동일한 규칙으로 오른쪽 윗셀 정보를 가지고 온다는 의미입니다.

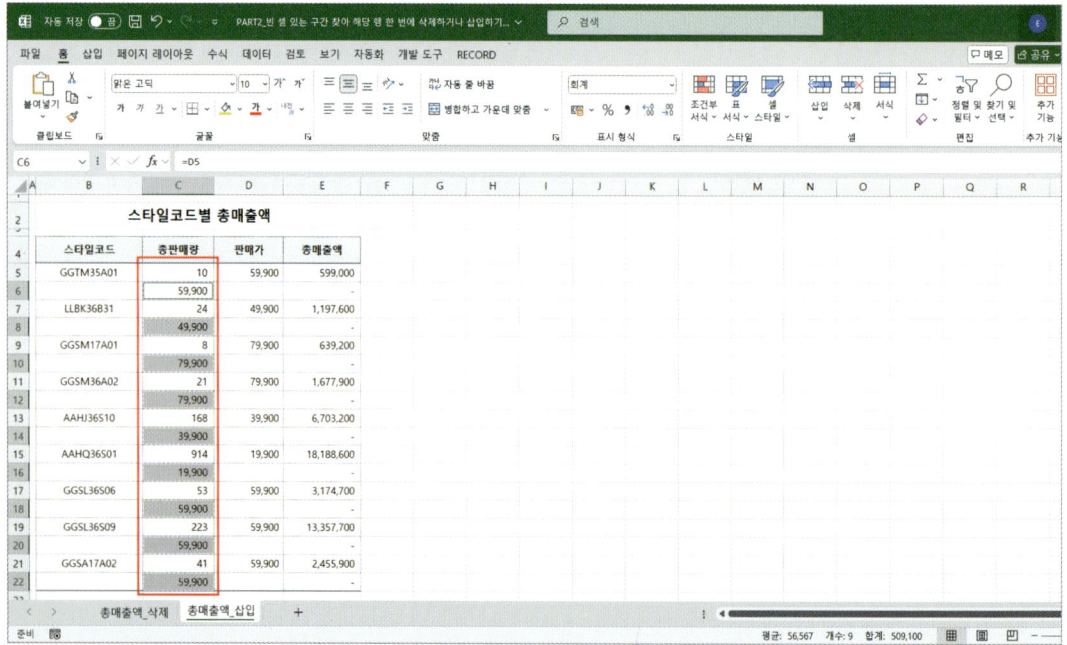

07 두 번째 스타일코드를 시작으로 B7:B22셀 또는 D7:D22셀을 범위 지정합니다. 아래는 B7:B22 셀을 범위 지정한 상황입니다.

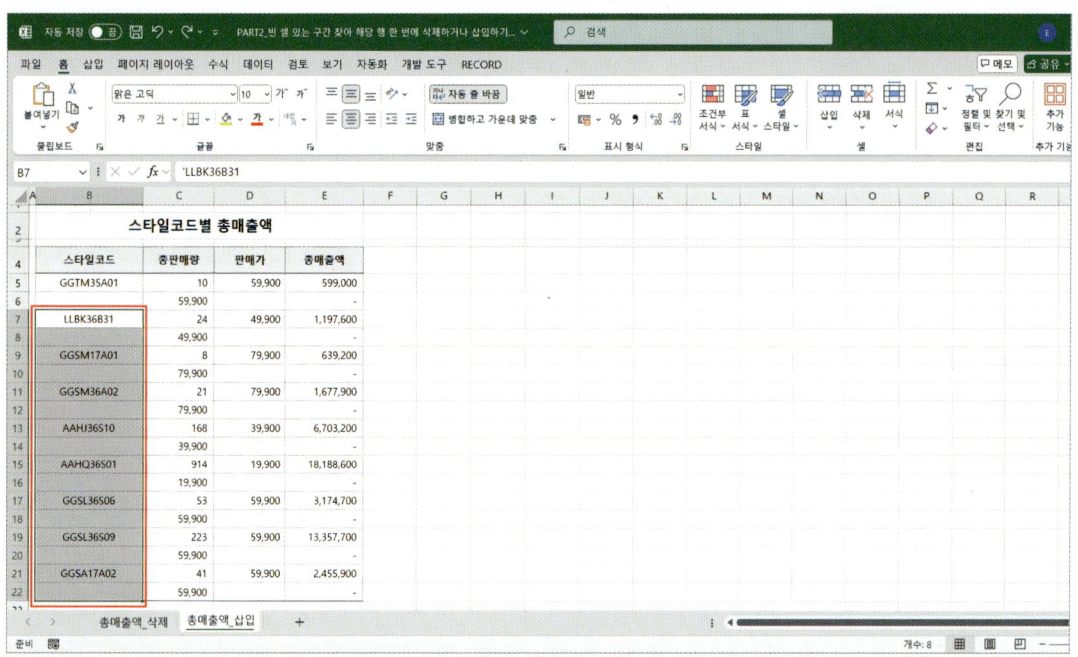

08 [홈] 탭–[편집]–[찾기 및 선택]–[이동 옵션] 메뉴를 클릭합니다.

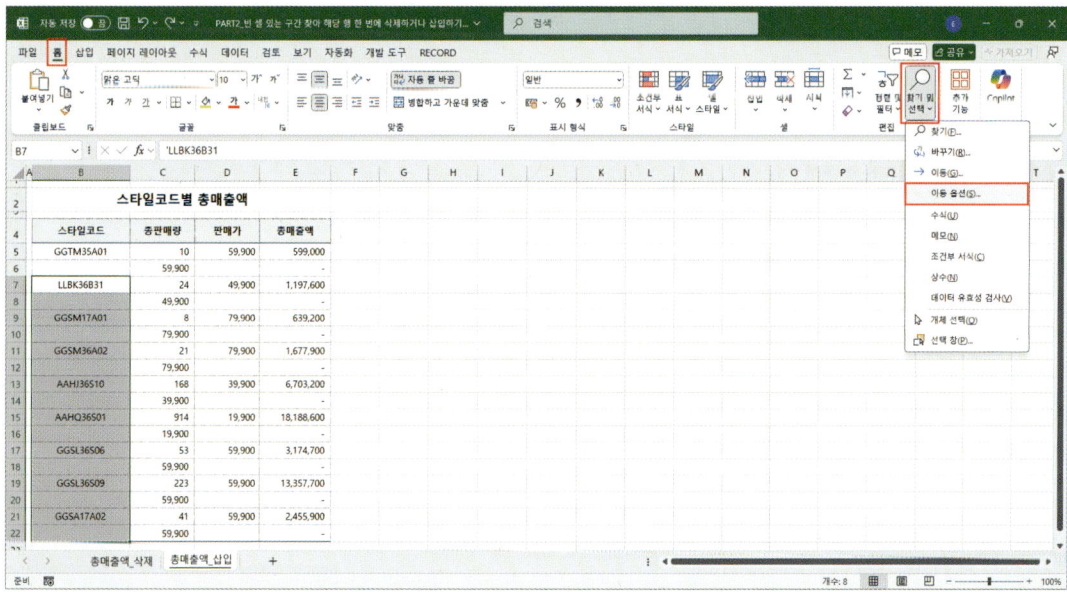

09
❶ [상수], [텍스트]를 선택하고 **❷** [확인]을 클릭합니다.

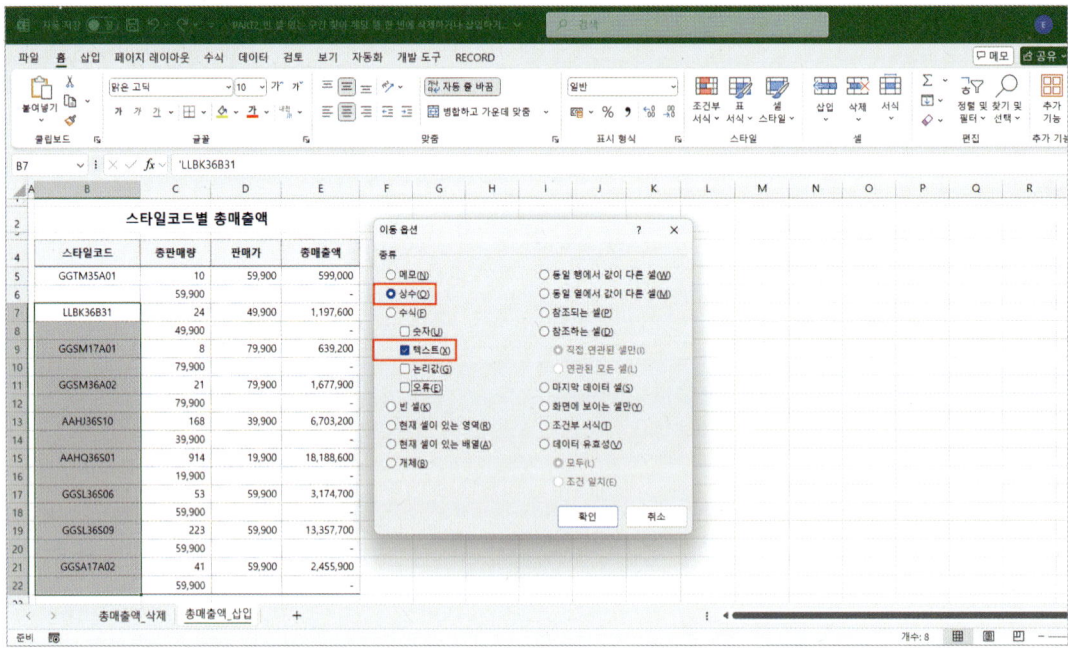

10
범위 지정 구간에서 텍스트만 선택된 결과를 확인합니다.

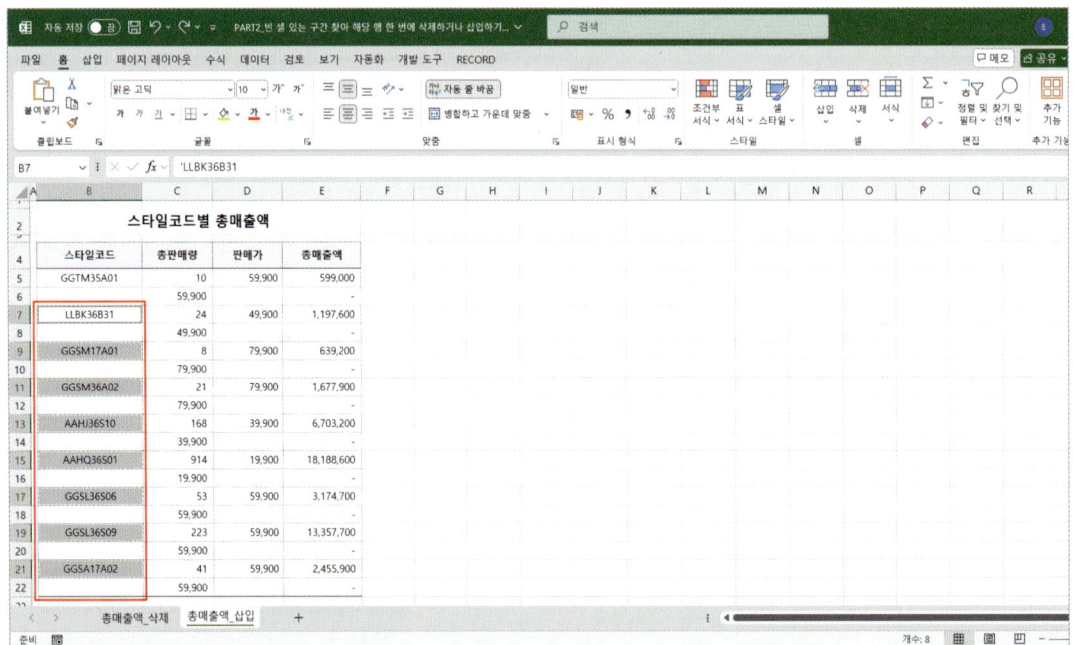

11 선택된 영역 아무 곳에서 ❶ 마우스 오른쪽 버튼 클릭하고 ❷ [삽입]을 클릭합니다.

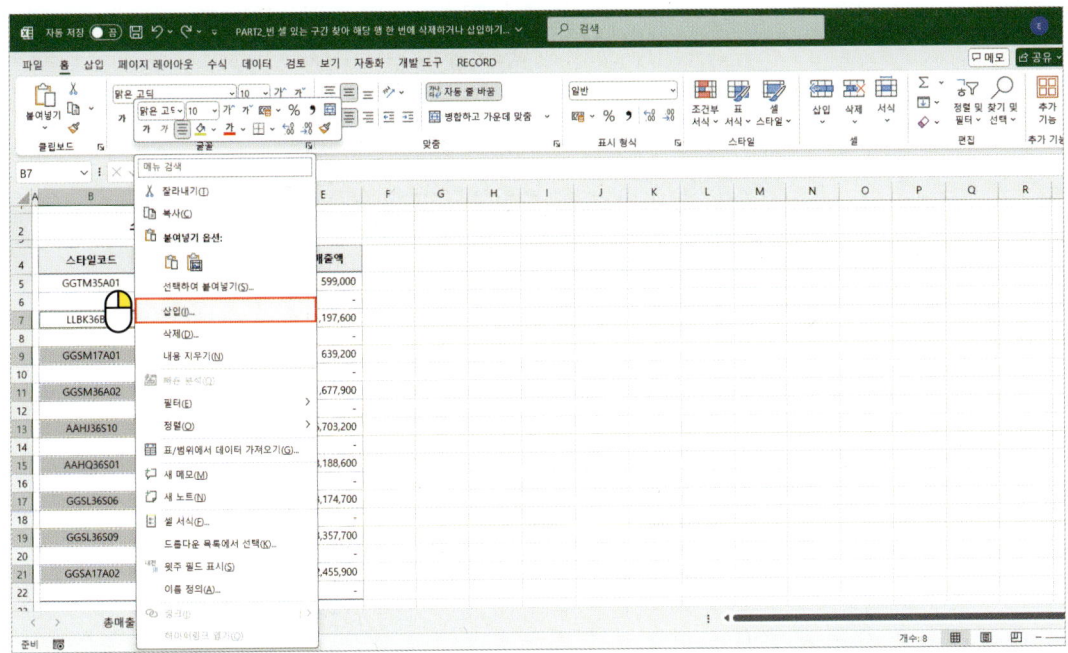

12 ❶ [행 전체]를 선택하고 ❷ [확인]을 클릭합니다.

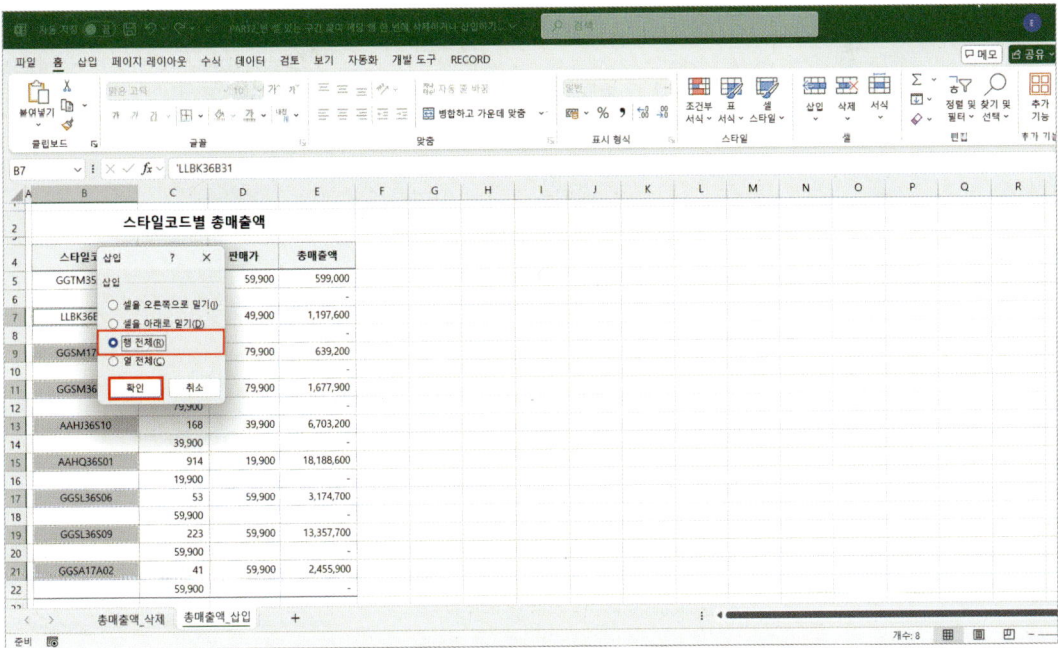

13 B7셀부터 텍스트가 있는 구간 아래쪽에 빈 행이 하나씩 삽입된 결과를 확인합니다.

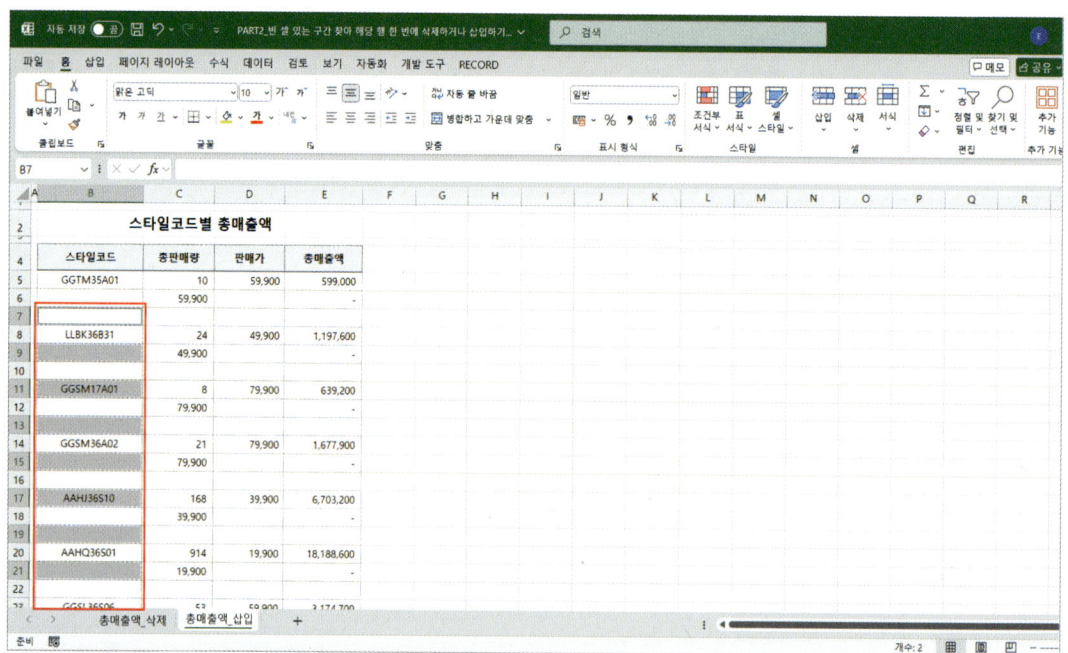

14 ❶ C5:C31셀의 범위를 지정합니다. ❷ [홈] 탭-[편집]-[찾기 및 선택]-[이동 옵션] 메뉴를 클릭합니다.

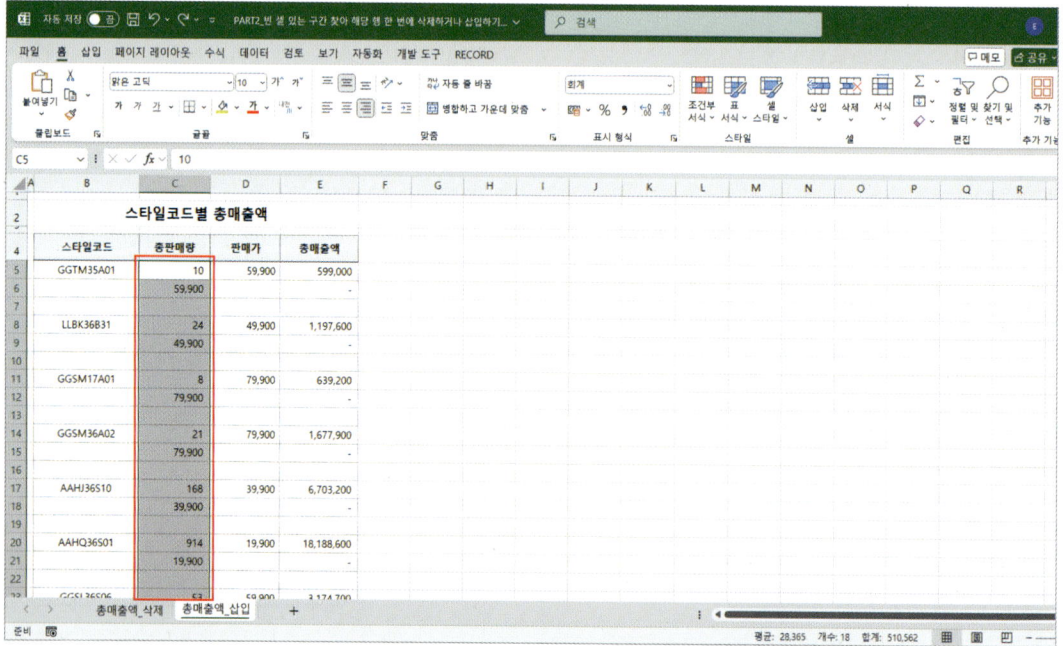

15 ❶ [이동 옵션] 창에서 [빈 셀]을 선택하고 [확인]을 클릭합니다. ❷ 범위 선택 영역에서 빈 셀만 선택된 결과를 확인합니다.

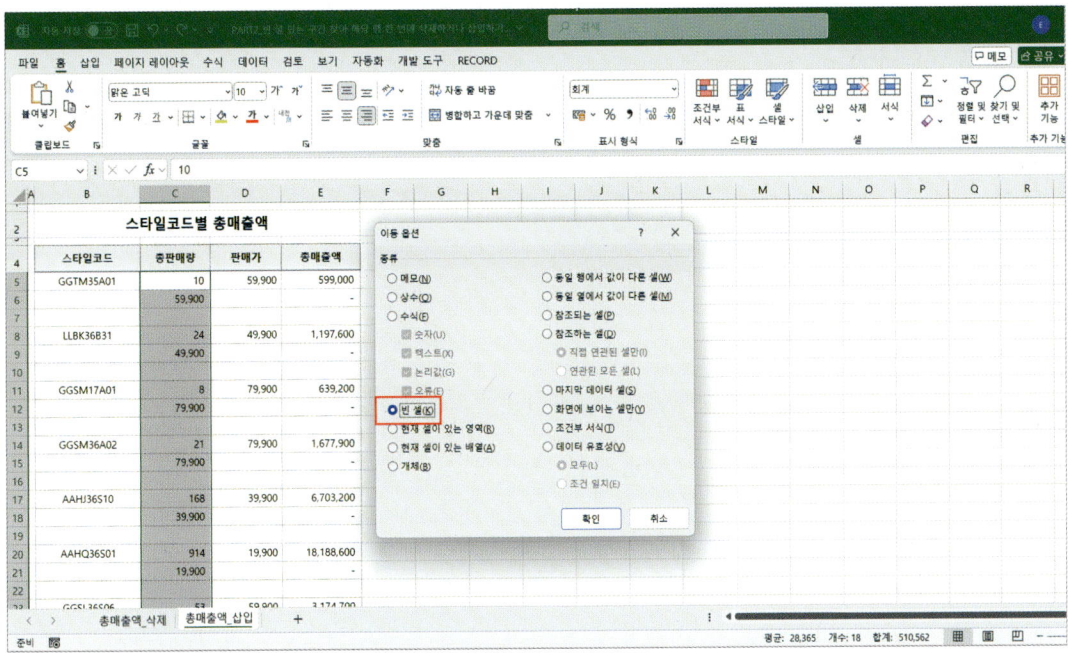

16 '총판매량*판매가' 수식인 '=C5*C6'을 C7셀에 입력합니다. Ctrl + Enter 키를 눌러 결과를 확인합니다.

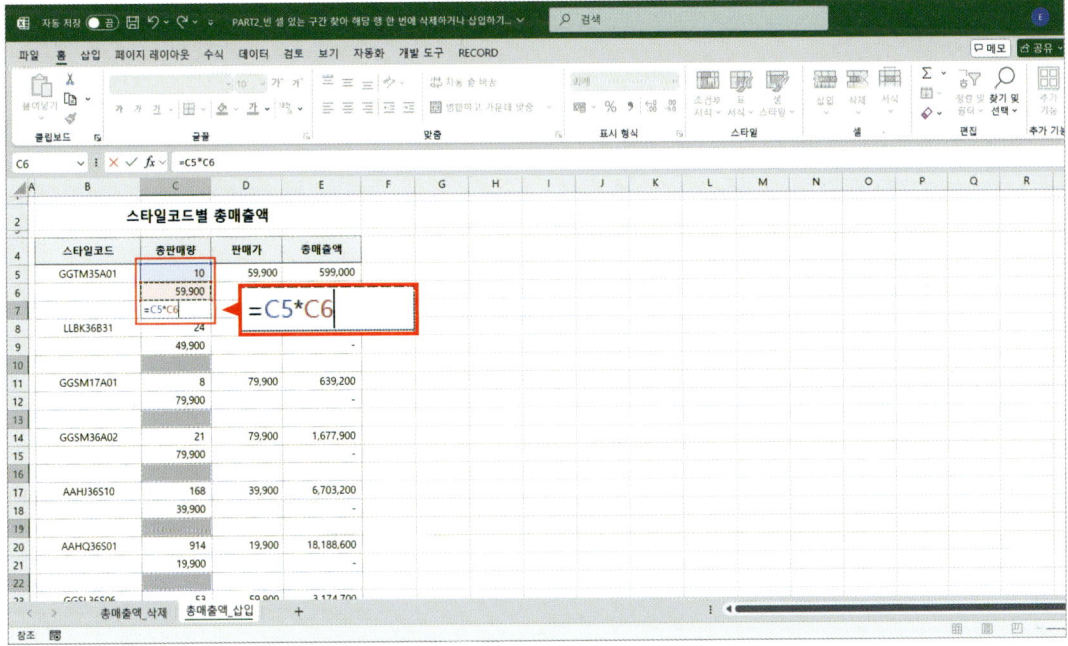

17 불필요한 D:E목록을 전체 범위 지정해 삭제하겠습니다. 그 전에 수식이 입력된 참조셀을 값으로 치환해야 합니다. 그래야 D:E열을 삭제했을 때 #REF! 오류가 발생하지 않습니다. 그리고 마지막 스타일 B29셀 수식이 누락되어 있습니다. C31셀에 '=C29*C30'수식을 입력하고 Enter 키를 누릅니다.

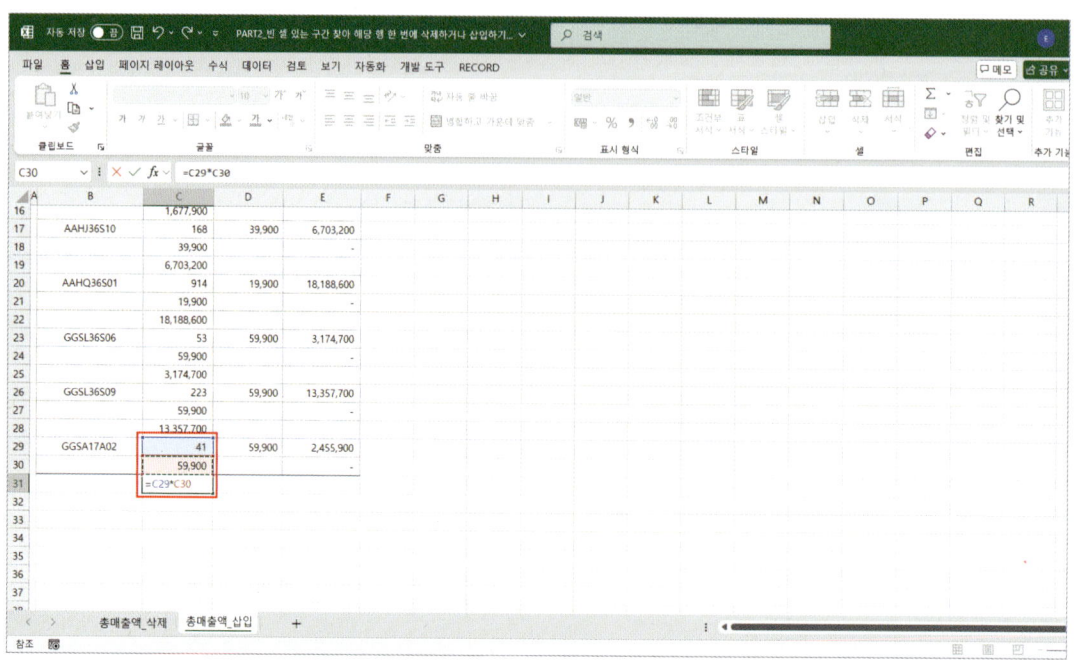

18 표시 형식을 맞추기 위해 C31셀을 클릭한 상태에서 [홈] 탭- 표시 형식-'쉼표 스타일'을 클릭합니다.

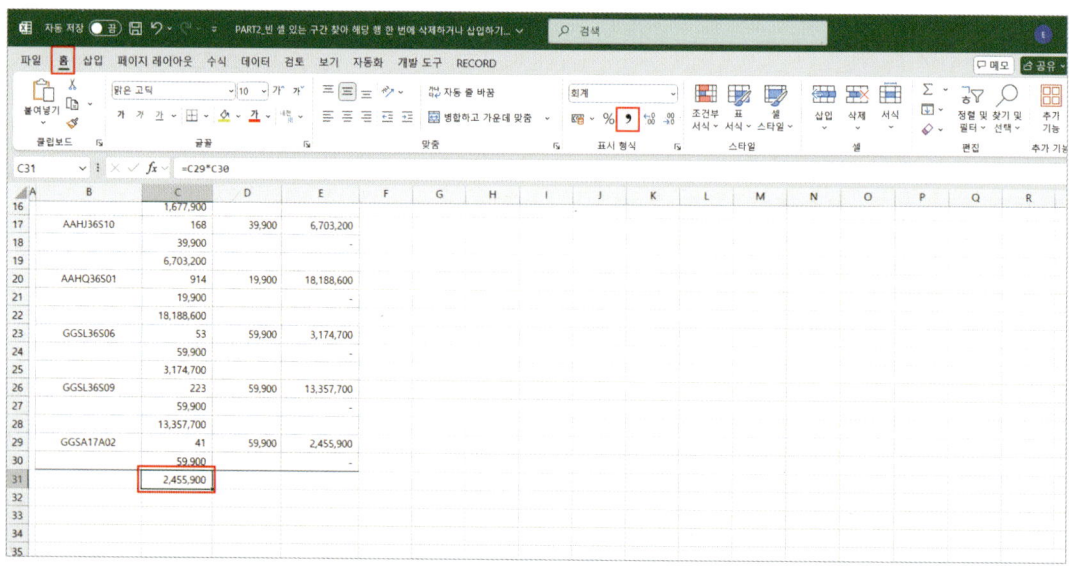

19 C5:C31셀 범위를 지정하고 복사(Ctrl + C) 합니다.

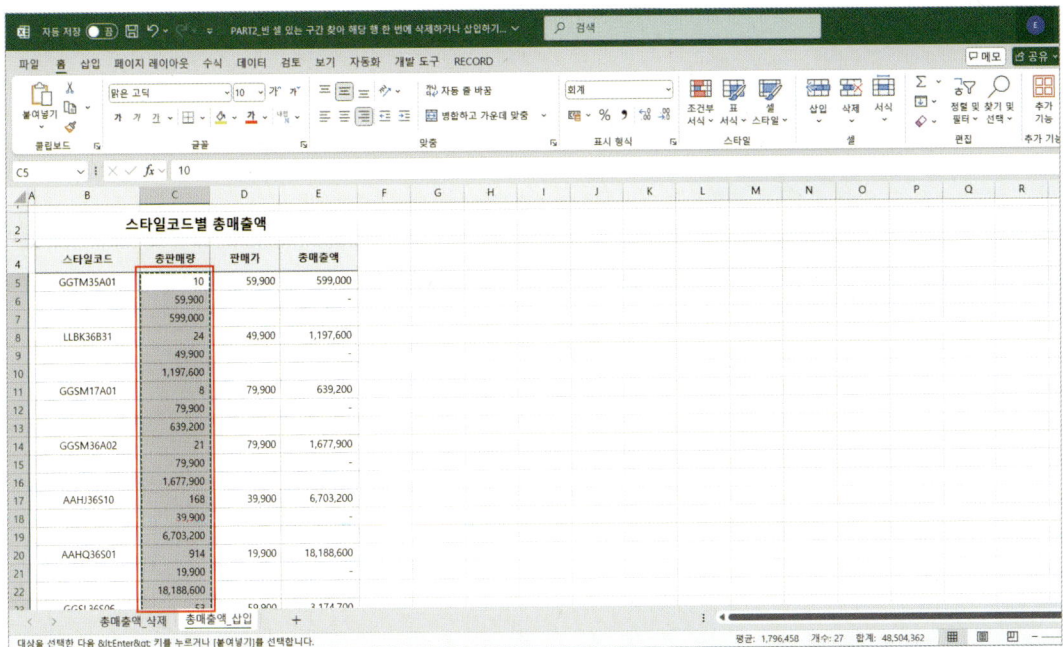

20 이 상태에서 범위 영역으로 마우스를 밀어 넣고 ❶ 마우스 우클릭, ❷ 선택하여 붙여넣기- '값'
메뉴를 선택합니다.

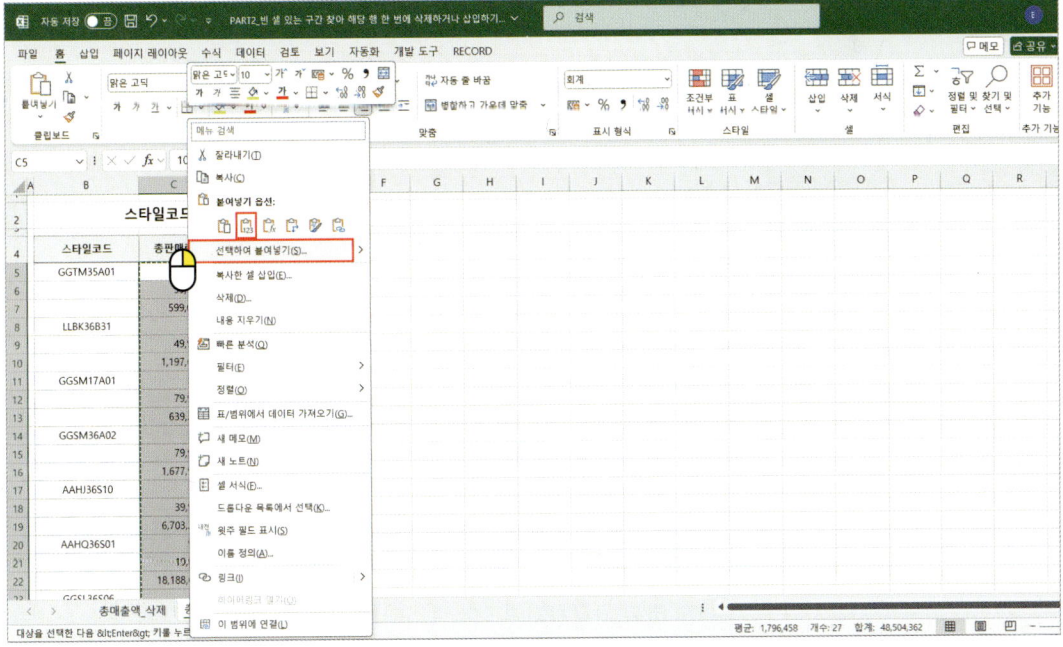

21 D:E열을 전체 범위 지정합니다.

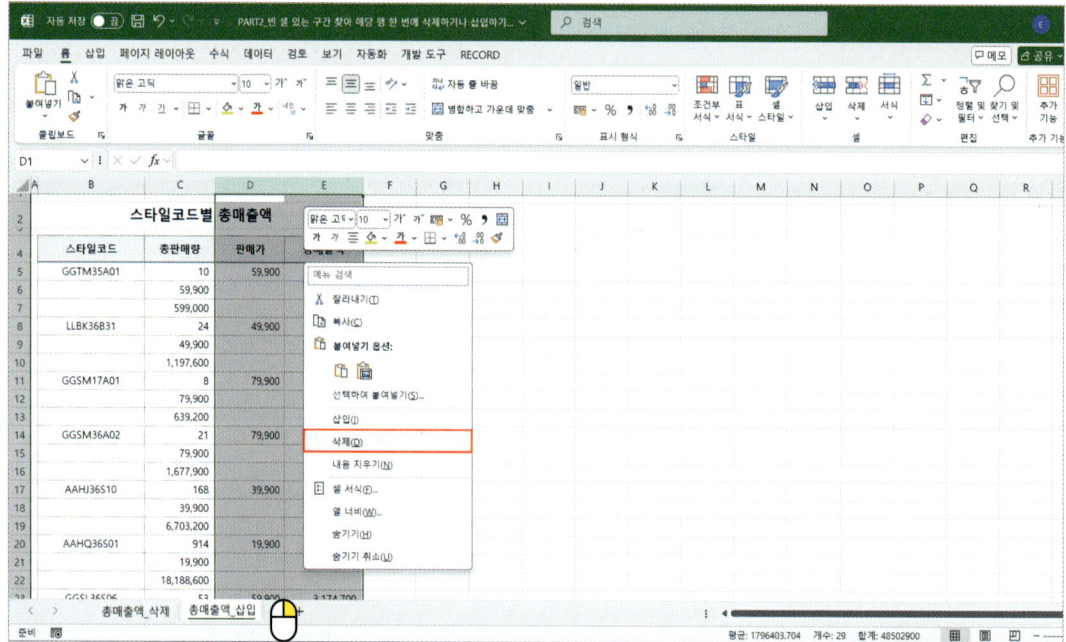

22 범위 영역으로 마우스를 밀어 넣고 마우스 우클릭– '삭제'를 선택합니다.

23 C열에 숫자 값이 '총판매량', '판매가', '총매출액' 순으로 출력된 최종 결과값을 확인합니다.

※ 목록은 사용자가 알기 쉽게 바꿔 사용하시면 되겠습니다.

CHAPTER 12

당황하는 포인트! 빈칸 처리 방법 익히기

📄 **예제 파일** PART2_12 당황하는 포인트! 빈칸 처리 방법 익히기

실무 스킬

업무를 할 때 엑셀로 만든 데이터를 가공하는 경우도 있지만 ERP 같은 외부 데이터를 가공해야 될 때도 있습니다. 외부에서 불러온 데이터는 빈칸이나 텍스트 형태로 출력되는 경우가 있습니다. 특히, 빈칸 (스페이스) 정보는 수식 입력줄과 셀에서 값 정보를 확인할 수 없어 업무를 진행할 때 당황스러울 때가 있습니다. 이 보이지 않는 정보를 확인해서 처리하는 방법을 '찾기 및 바꾸기' 메뉴의 '바꾸기' 기능을 통해 해결해 보겠습니다.

예제 파일의 [점포판매량] 시트 왼쪽 '1분기 점포판매량' 데이터에서 오른쪽의 판매량 정보 보고서로 '판매량' 정보를 업데이트하려는 상황입니다. 조건은 점포 목록의 필드값이 일치할 경우에만 왼쪽에서 판매량을 가져올 수 있는 상황입니다. 그런데 현재는 판매량 정보 보고서의 판매량에 정보가 업데이트 되지 않고 있습니다. 이유를 알아보고 해결하겠습니다.

실무 연습 ①

H5셀에는 '=IF(G5=D5,E5,"없음")'이라는 함수가 입력되어 있습니다. 이 의미는 G5셀 정보와 D5셀 정보가 일치하는 경우는 E5셀 정보를 출력하고 그렇지 않은 경우는 '없음'이란 정보를 출력하라는 뜻입니다. H열에 '없음'이 출력되었으므로 현재 점포 목록 필드값에 일치하는 정보가 없다는 뜻입니다.

01 확인을 위해 D5셀을 더블클릭합니다. 그리고 방향키를 좌우로 움직여 천호점 이라는 텍스트 뒤에 스페이스로 빈칸이 입력되어 있는 것을 확인합니다.

NO.	점포코드	점포	판매량		점포	판매량
1	5711	천호점	2,265		천호점	없음
2	5419	해운대점	1,863		해운대점	없음
3	5566	부천점	1,660		부천점	없음
4	5452	수성점	3,023		수성점	없음
5	5424	강서점	3,802		강서점	없음
6	5404	덕천점	3,802		덕천점	없음
7	5386	인천점	1,149		인천점	없음

1분기 점포판매량 / 판매량 정보 보고서

02 재차 확인을 위해 D6셀도 더블클릭합니다. 마찬가지로 해운대점 텍스트 뒤 빈칸이 있는 것을 확인합니다.

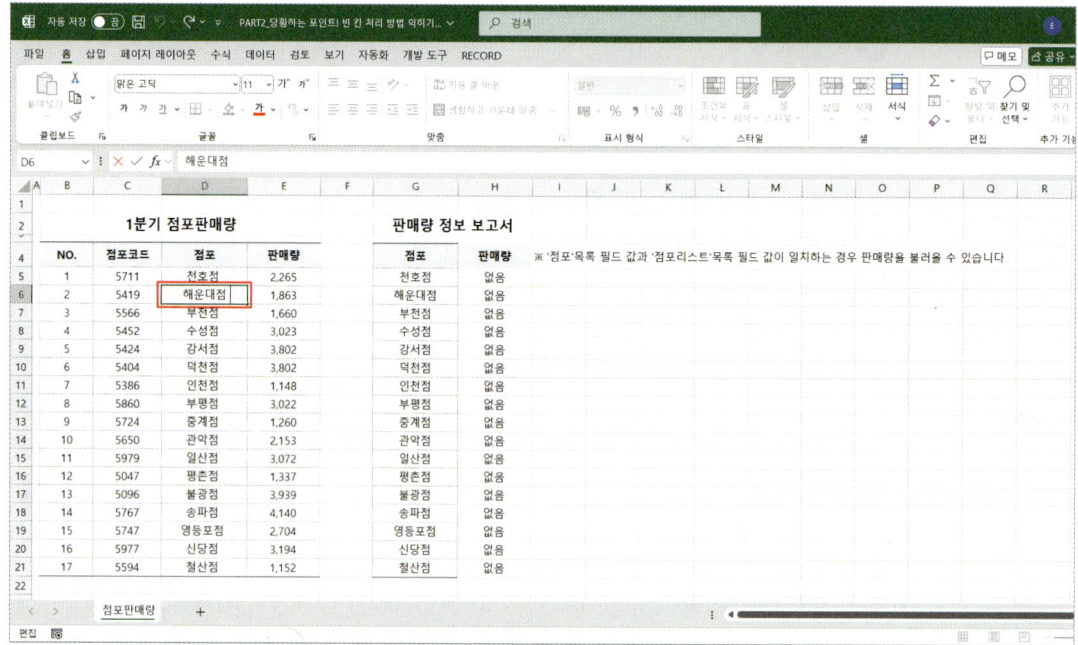

03 빈칸도 텍스트로 인식됩니다. ❶ D5셀 천호점 오른쪽의 빈칸을 ⌜Backspace⌟ 를 눌러 지우고 ⌜Enter⌟ 키를 누릅니다. ❷ H5셀의 결과로 천호점 판매량인 2265가 출력되었는지 확인합니다.

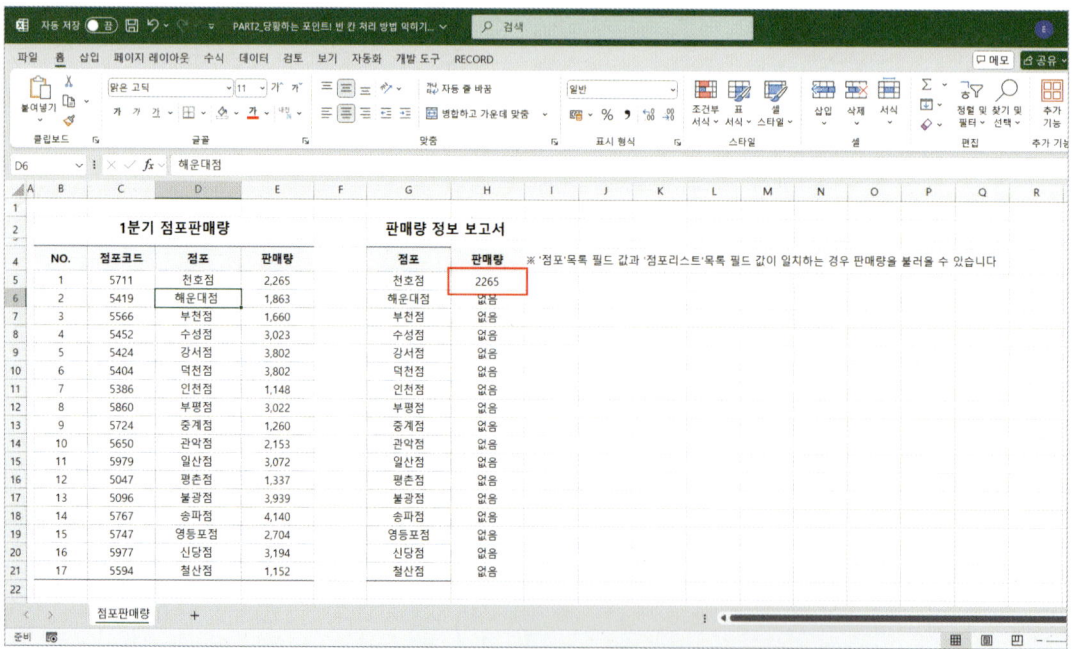

04 '없음'이 출력된 구간에 빈칸이라는 규칙을 찾았기 때문에 한 번에 빈칸을 없애 보도록 하겠습니다. D5:D21셀을 범위 지정합니다.

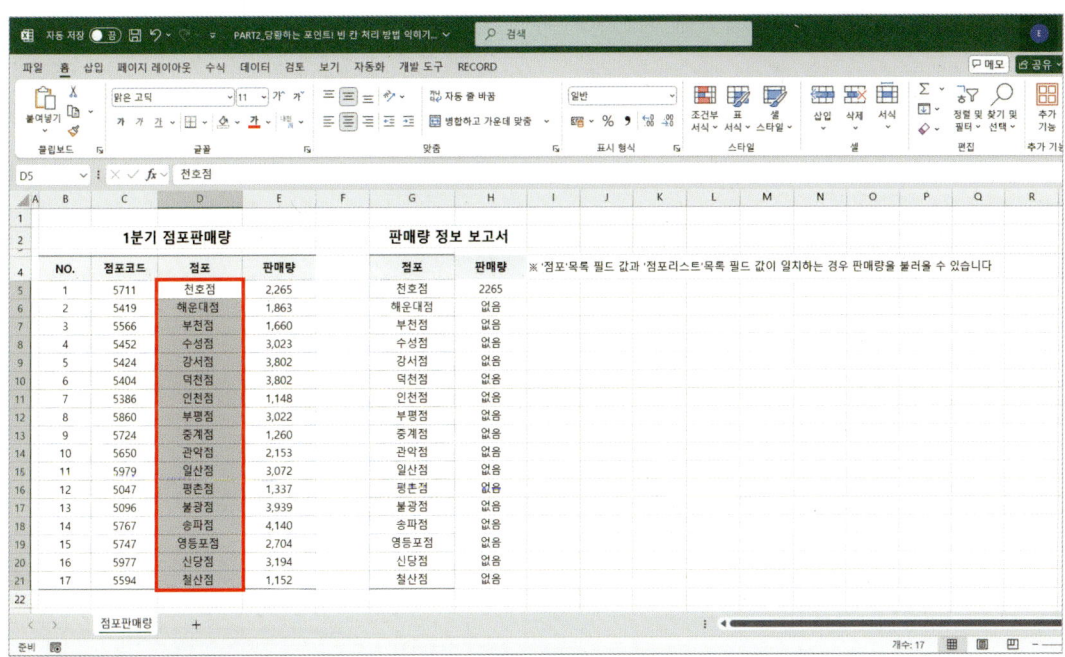

05 [홈] 탭-[편집]-[찾기 및 바꾸기]-[바꾸기] 메뉴를 선택합니다. 또는 단축키 Ctrl + H 키를 눌러도 됩니다.

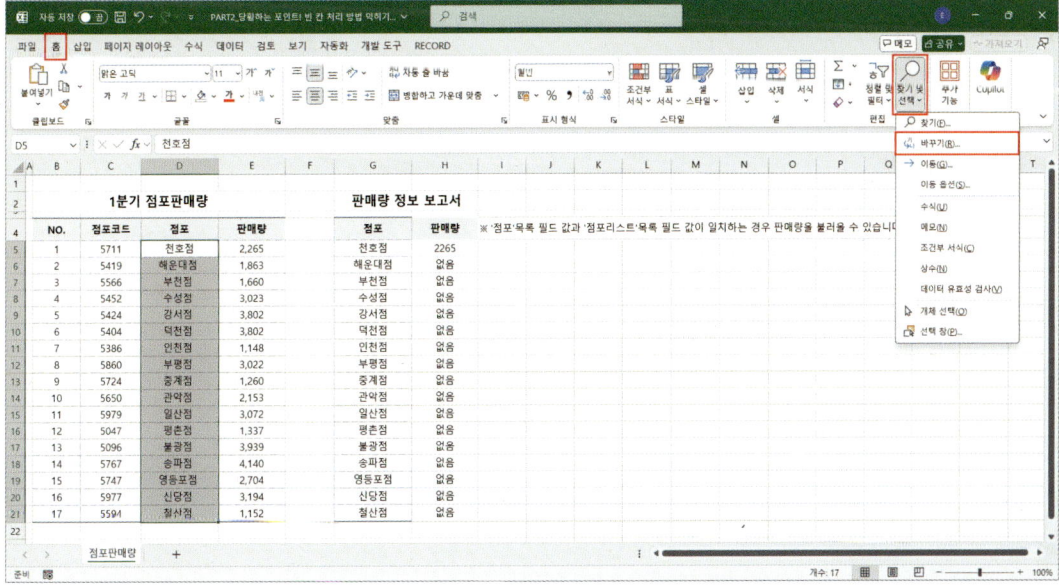

06 찾을 내용에는 스페이스바를 한 번 눌러 공백을 입력합니다. 바꿀 내용에는 아무 값도 입력하지 않고 마우스 커서만 클릭합니다.

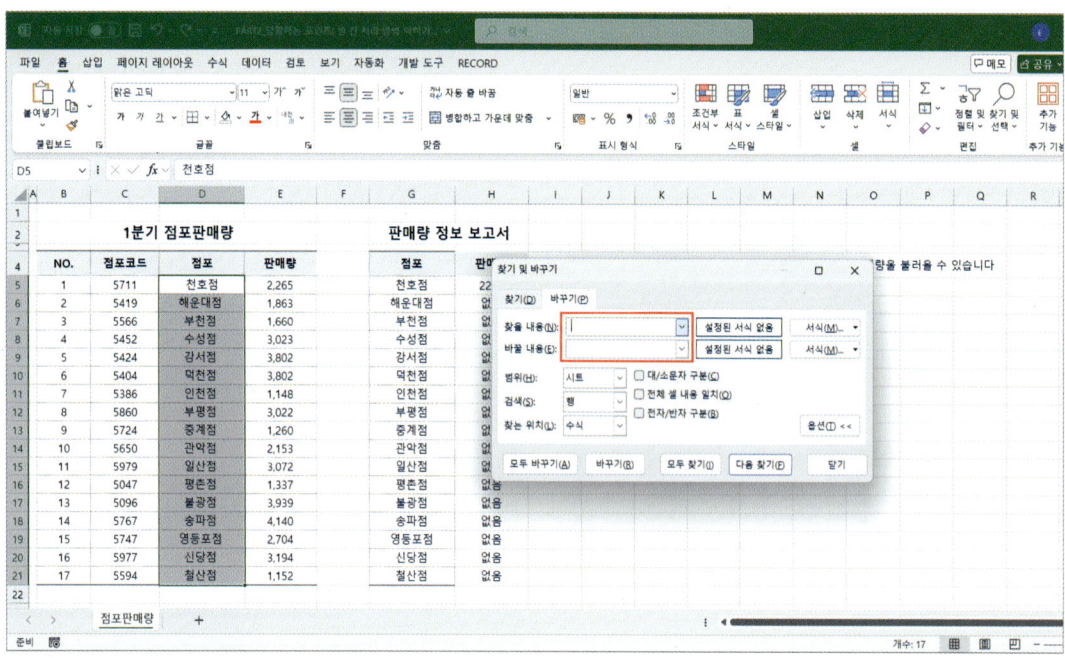

07 ❶ 이 상태에서 [모두 바꾸기]를 클릭합니다. ❷ '16개 항목이 바뀌었습니다' 메시지 대화창을 확인하고 [확인]을 클릭합니다.

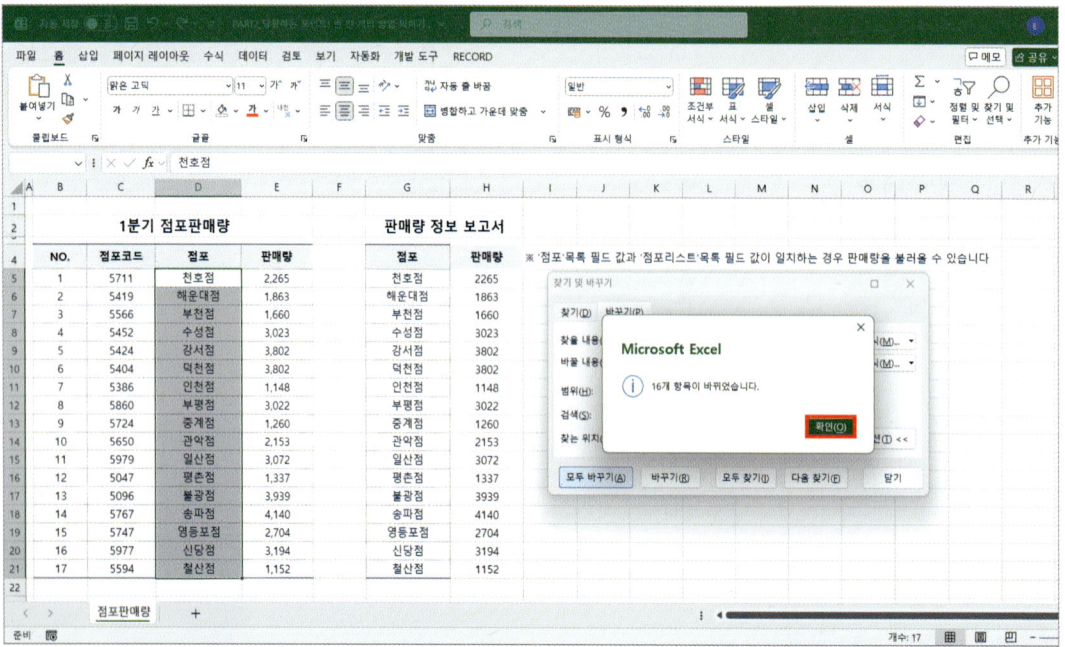

08 판매량 정보 보고서 테이블에 판매량 정보가 모두 업데이트된 결과를 확인합니다.

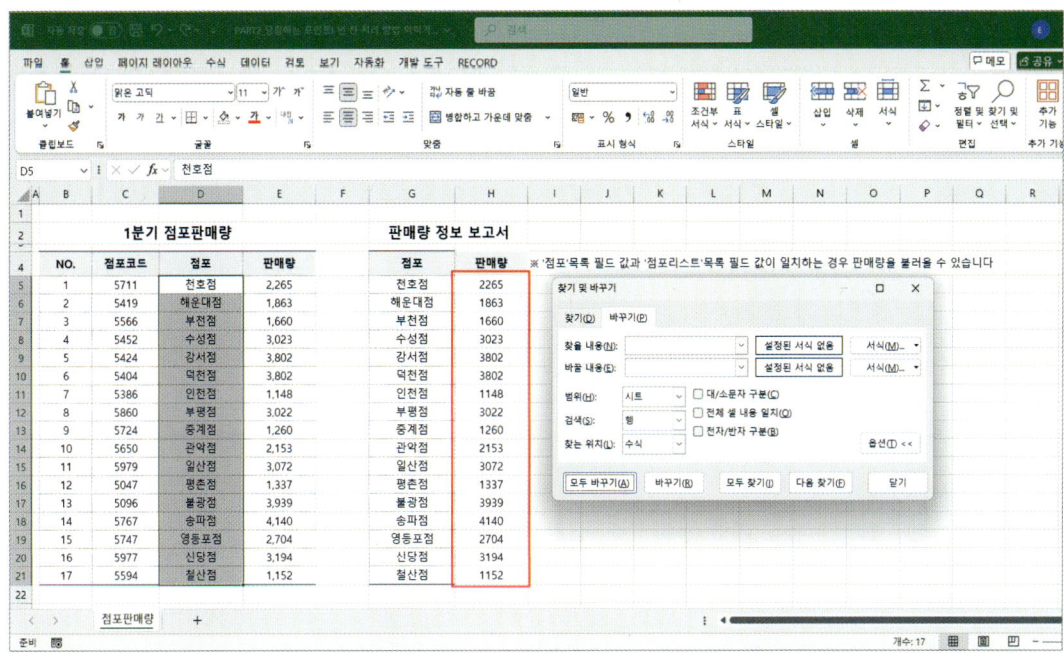

> **TIP** 위 예시는 빈칸이 텍스트 끝에 있는 경우입니다. 만약 텍스트 중간에 빈칸이 있는 경우라면 중간 빈칸까지 공백 없음 처리가 되기 때문에 유의해서 사용해야 합니다.

엑셀 엔진 UP! 텍스트 양쪽의 빈칸만 제거해 주는 TRIM 함수

예제 파일 PART2_12 당황하는 포인트! 빈칸 처리 방법 익히기

ERP시스템에서 데이터를 엑셀로 가져오면, 종종 문자 앞/뒤 공백이 포함되거나 데이터 형식이 어긋나는 문제가 발생합니다. 이는 ERP가 데이터를 정리하는 방식과 엑셀이 데이터를 읽는 방식이 다르기 때문입니다. 문자 앞/뒤 공백이 발생하는 문제를 해결하기 위해서는 TRIM 함수를 사용해 공백을 제거할 수 있습니다.

TRIM(text)

text: (텍스트 양 끝)공백을 제거할 텍스트를 지정합니다.

01 빈칸이 있는 텍스트를 확인합니다.

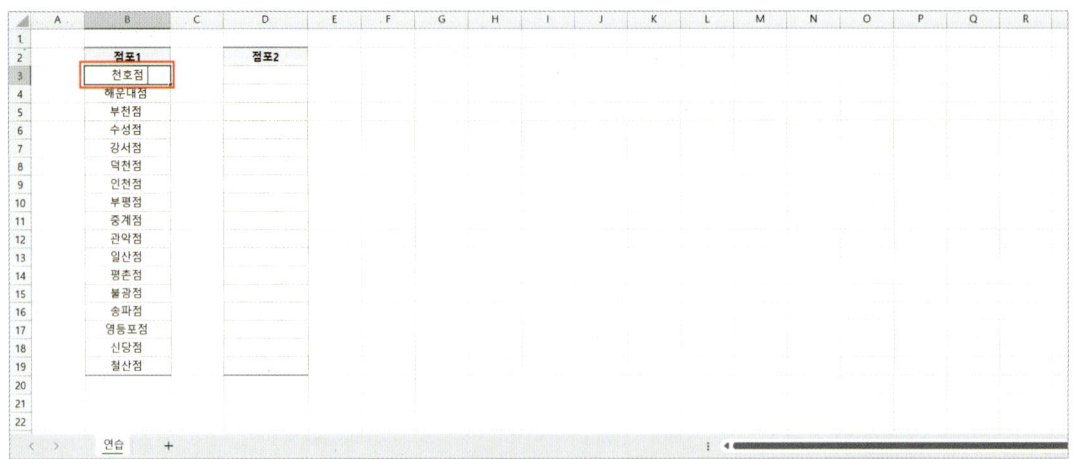

02 D3셀에 =TRIM(B3)이라고 입력하고 Enter 키를 누릅니다.

03 출력된 결과값을 확인합니다.

04 빈칸의 처리가 제대로 되었는지 확인하기 위해 ❶ D3셀을 복사한 상태에서 ❷ 마우스 오른쪽 클릭-[선택하여 붙여넣기]-[값] 메뉴를 선택해서 값 복사/붙여넣기를 진행합니다.

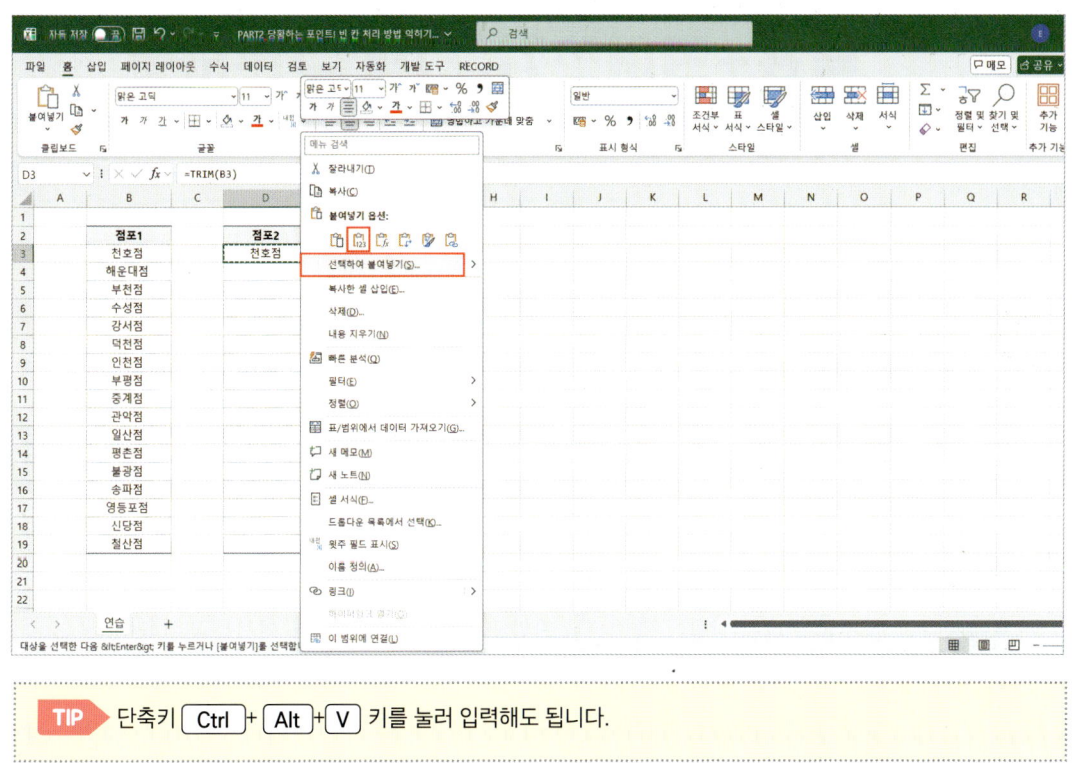

TIP 단축키 Ctrl + Alt + V 키를 눌러 입력해도 됩니다.

05 그러고 나서 D3셀을 더블클릭해 텍스트 양쪽의 빈칸이 제거되었는지 확인하고 마무리합니다.

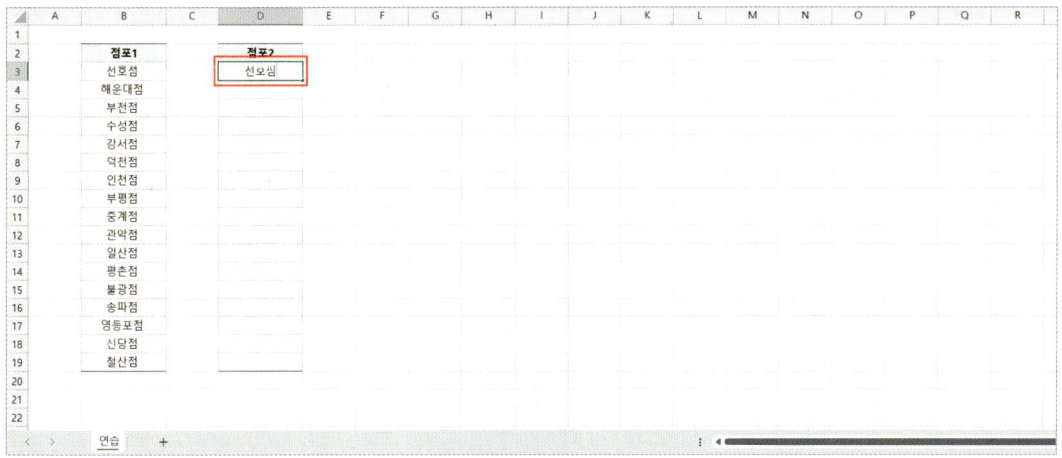

CHAPTER 13

한 셀 안에서 줄바꿈된 정보를 쉼표+띄어쓰기(,)를 구분자로 나열하기

📁 **예제 파일** PART2_13 한 셀 안에서 줄바꿈된 정보를 쉼표+띄어쓰기(,)를 구분자로 나열하기

실무 스킬

한 셀 안에서 텍스트를 줄바꿈 형태로 출력하기 위해서는 줄바꿈 하고자 하는 단어 시작점에 마우스 커서를 배치한 상태에서 [Alt]+[Enter] 키를 누르면 됩니다. 이 기능은 문서 프로그램에서 단락을 나누는 의미라고 생각하면 됩니다. 반대로, 구분된 단락을 다시 한 문장으로 만들기 위해서는 문서 프로그램에서의 방식처럼 엑셀에서도 단어나 문장 시작 부분에서 [Backspace]를 누르면 됩니다.

하지만 정보의 양이 많을 때는 일일이 셀 안으로 진입해서 단어나 문장 끝에 커서를 위치해 [Backspace]를 눌러야 한다는 번거로움이 있습니다. 간단한 방법으로 한 번에 해결하는 방법을 알아보겠습니다.

실무 연습 ❶

01 [평가점수] 시트에는 '직원별 평가 점수'라는 테이블이 있습니다. B열에는 줄바꿈이 된 목록 3가지가 입력되어 있는데 '직원명'과 '부서', '평점'으로 이루어져 있습니다. 이 정보를 '쉼표+띄어쓰기' 구조로 한 번에 바꿔 보도록 하겠습니다. 줄바꿈된 정보가 입력된 B5:B9셀을 범위 지정합니다.

02 ❶ 복사(Ctrl + C)한 다음 ❷ C5:C9셀을 범위 지정합니다. ❸ Ctrl + V 로 붙여넣기합니다.

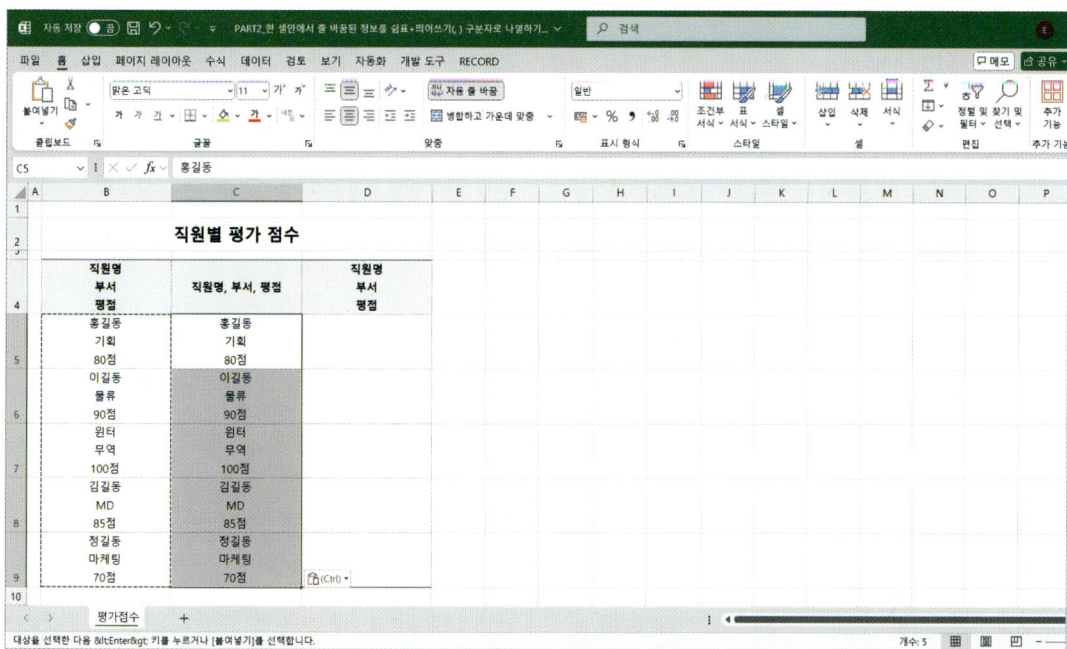

03 C5:C9셀이 범위 지정된 상태에서 [홈] 탭-[편집]-[찾기 및 선택]-[바꾸기] 메뉴를 클릭합니다.

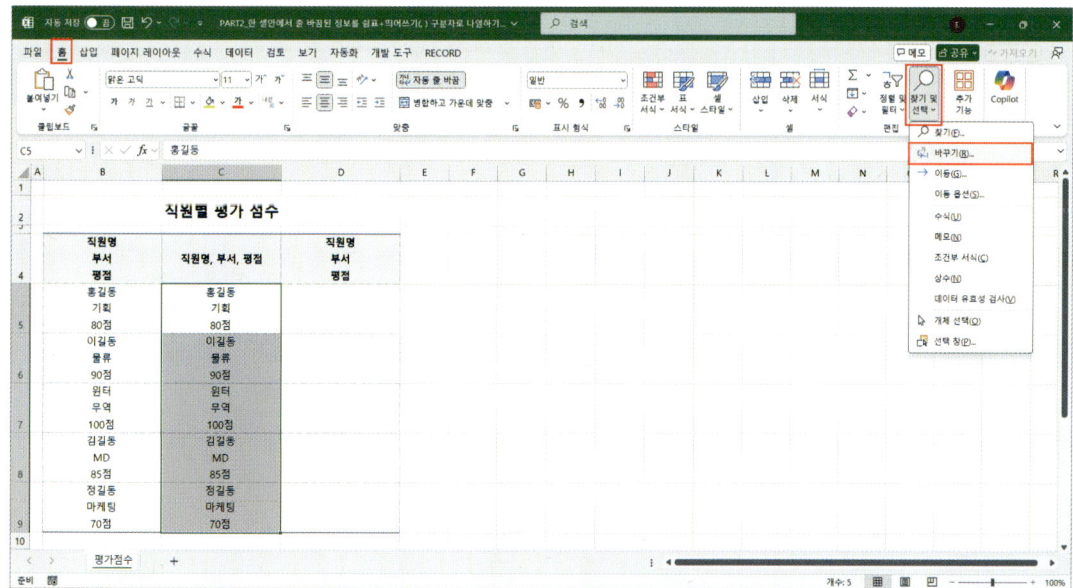

04 찾을 내용에서 Ctrl + J 를 누릅니다. Ctrl + J 는 줄바꿈 기호를 찾는 단축키입니다. 커서바가 아래 사진처럼 마침표에 가깝게 보이는 형태로 바뀌었다면 제대로 입력한 상태입니다.

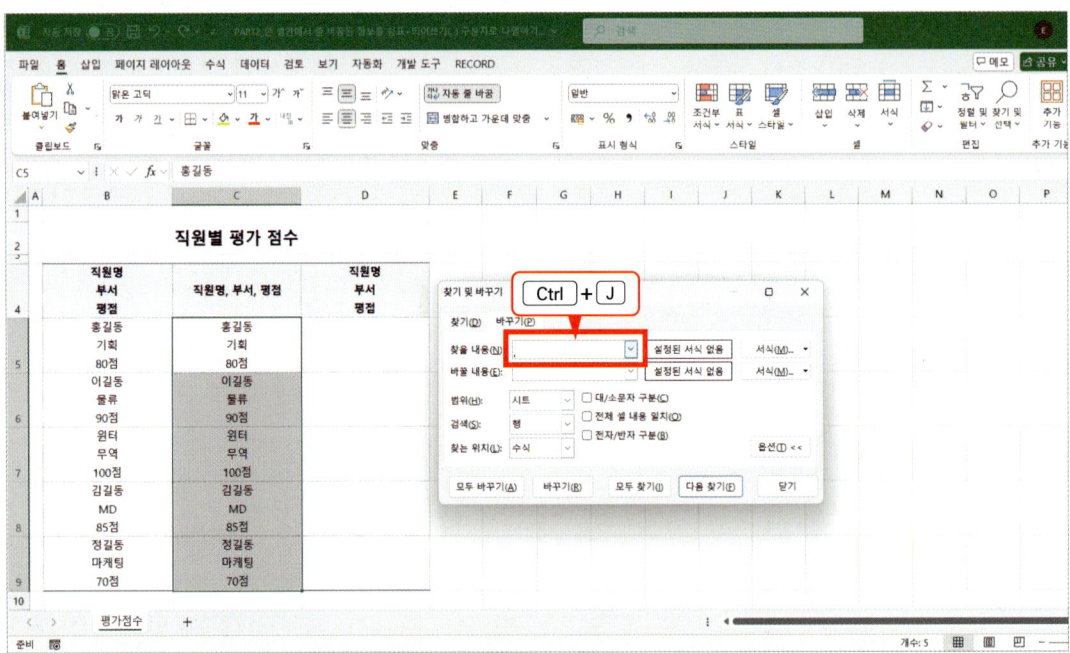

05 ❶ 바꿀 내용에는 쉼표와 띄어쓰기 한 칸(,)을 입력합니다. ❷ [모두 바꾸기]를 클릭합니다.

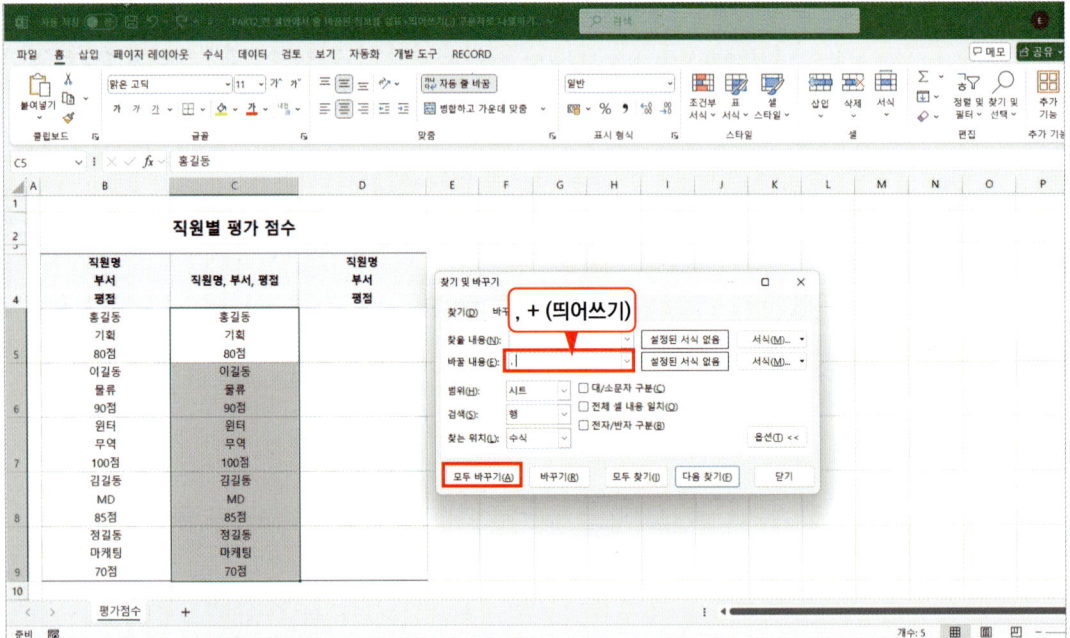

06 아래와 같이 '10개 항목이 바뀌었습니다'라는 대화상자가 뜨고 C5:C9셀의 정보가 쉼표+띄어쓰기 구분자로 연결되었습니다. [찾기 및 바꾸기] 창을 닫습니다.

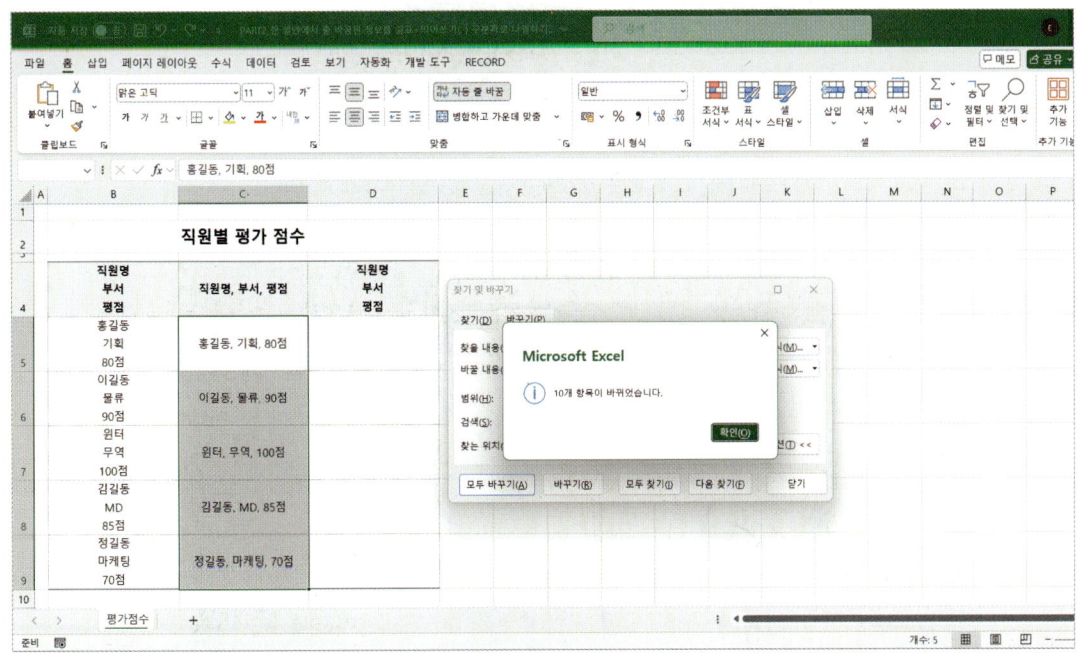

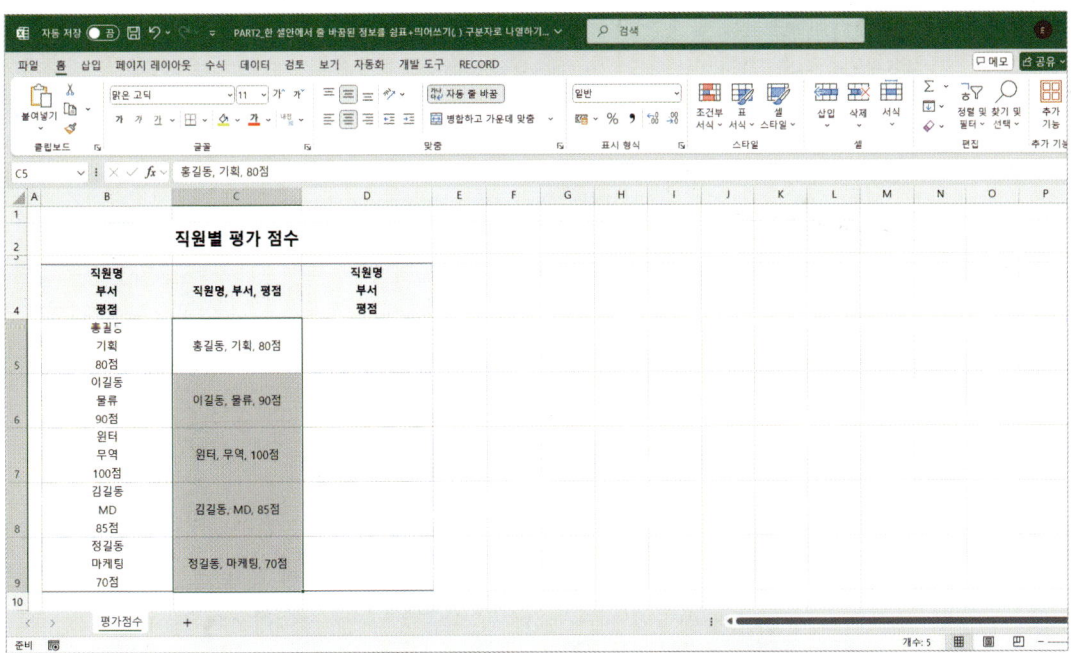

07 이번에는 다시 원래 줄바꿈된 정보로 되돌려 보겠습니다. 원리는 같습니다. ❶ C5:C9셀을 범위 지정한 상태에서 복사해 ❷ D5:D9셀에 붙여넣기합니다.

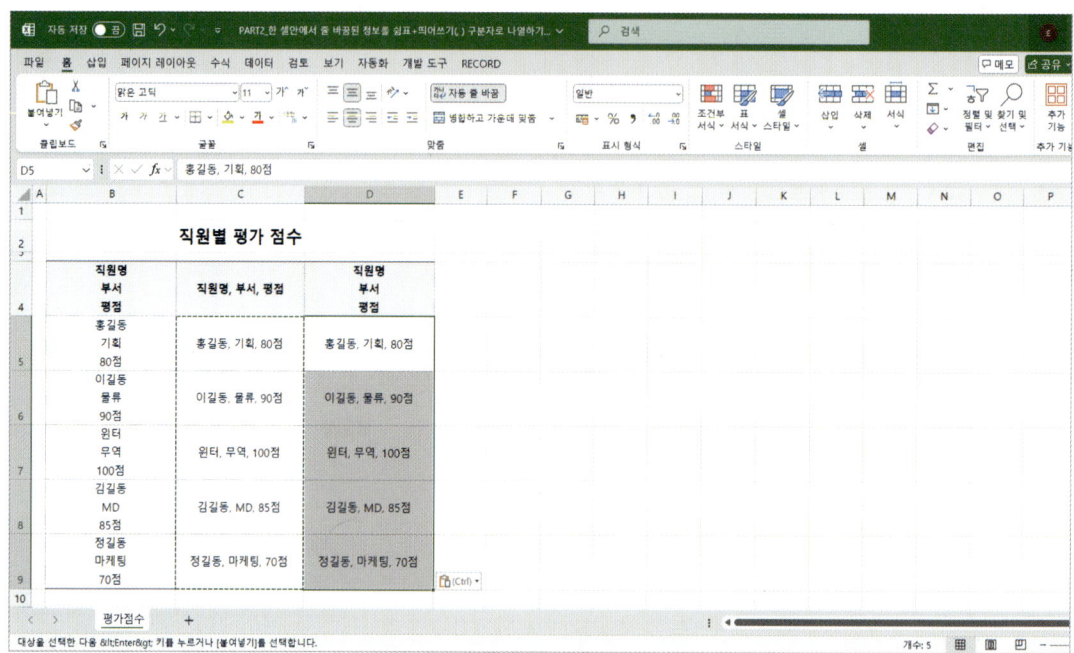

08 [홈] 탭-[편집]-[찾기 및 선택]-[바꾸기] 메뉴를 클릭합니다.

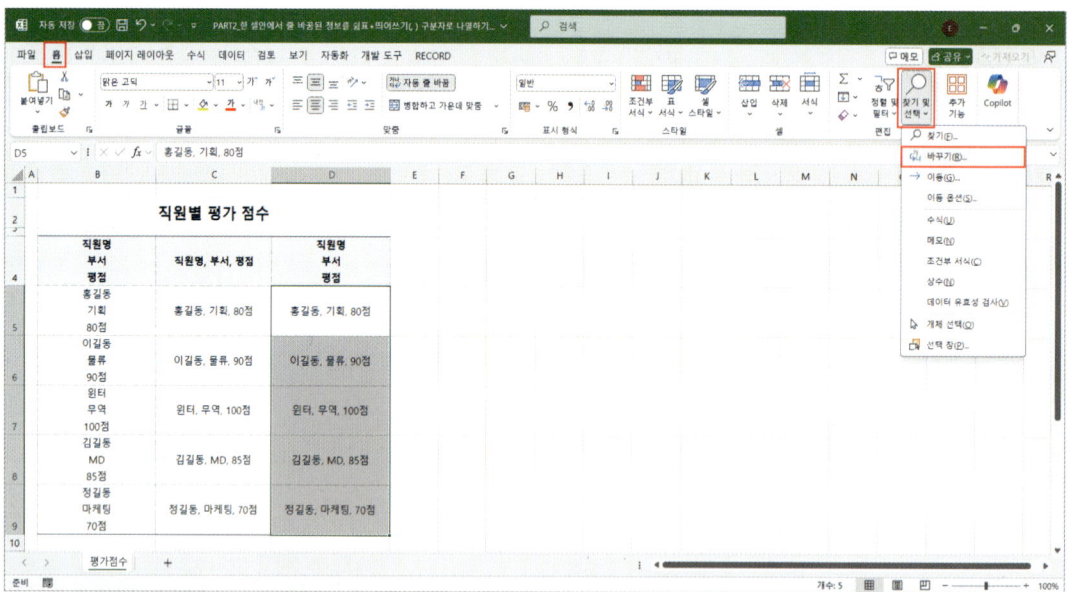

09 찾을 내용에 쉼표와 띄어쓰기 한 칸(,)을 입력합니다.

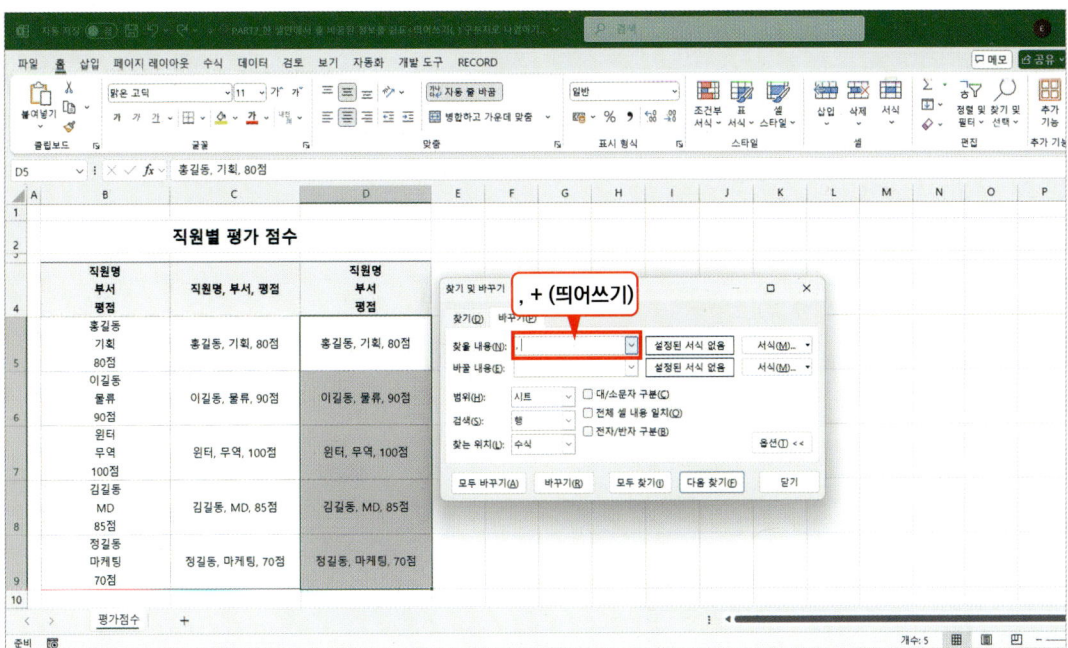

10 ❶ 바꿀 내용에는 `Ctrl` + `J`를 입력합니다. ❷ [모두 바꾸기]를 클릭합니다.

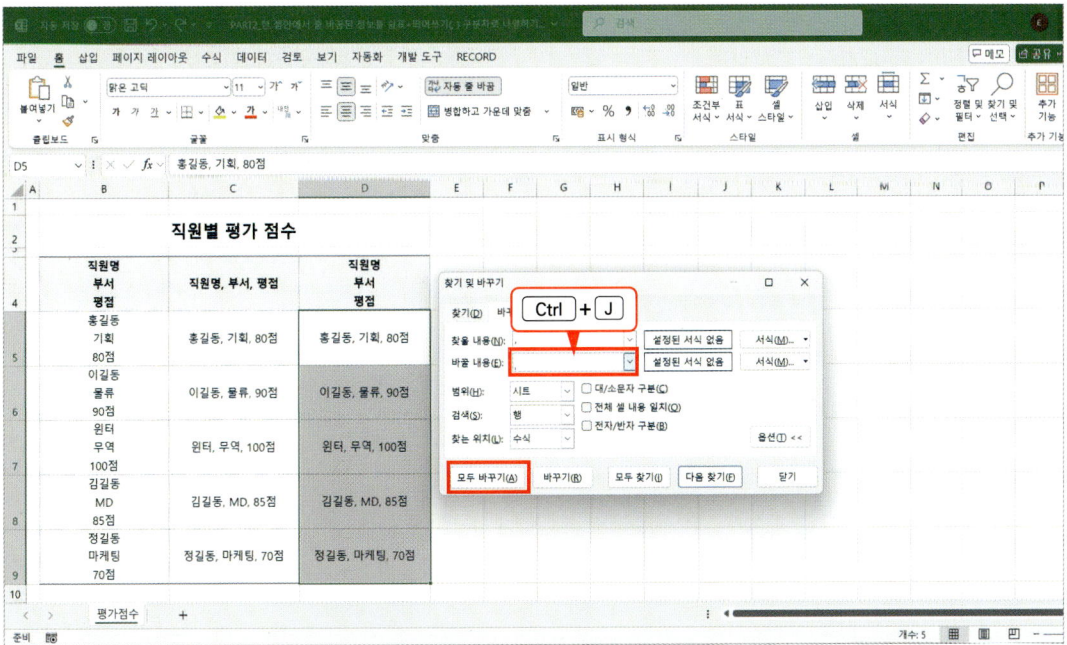

11 '10개 항목이 바뀌었습니다' 대화상자와 함께 원래대로 줄바꿈된 정보로 바뀐 것을 확인할 수 있습니다.

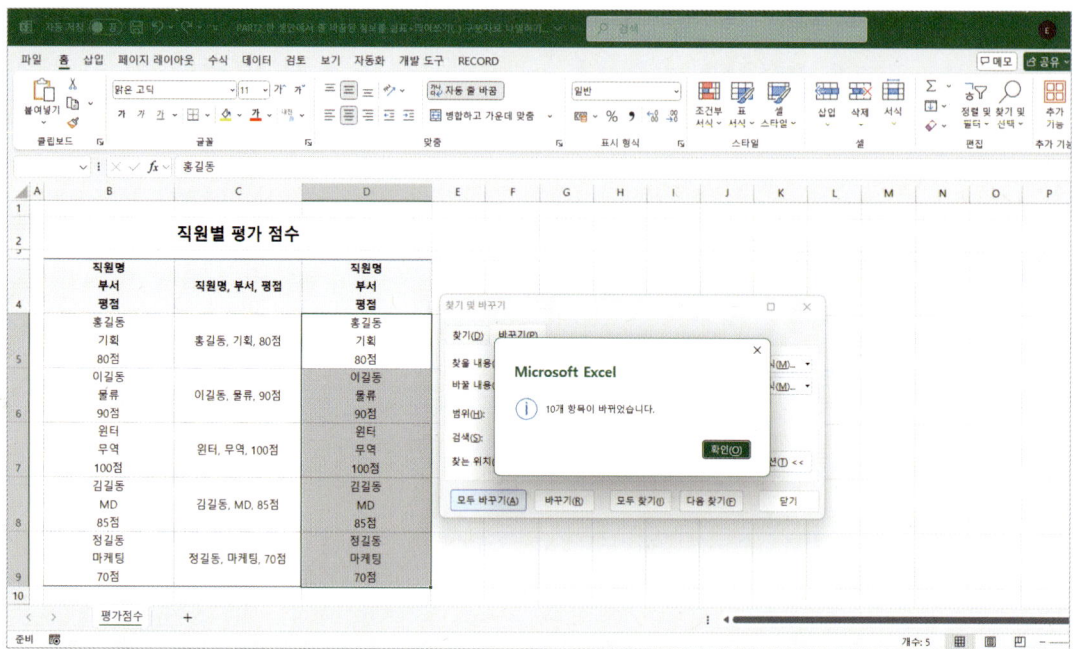

> **TIP** [바꾸기] 메뉴를 사용할 때 바꿀 내용이 있는 셀 범위를 지정하지 않고 그대로 메뉴를 실행하면 '찾을 내용'에 입력된 정보 모두를 바꾸기 하기 때문에 정보 변경이 필요한 구간만 범위를 지정해야 번거로운 일을 피할 수 있습니다.

CHAPTER 14

노란색 명단 여러 개를 빨간색으로 한 번에 바꾸기

📄 **예제 파일** PART2_14 노란색 명단 여러 개를 빨간색으로 한 번에 바꾸기

실무 스킬

[찾기 및 바꾸기]를 통해 특정 서식을 찾아 바꿀 수도 있습니다. 엑셀에는 글꼴, 글꼴 색, 채우기 색, 테두리, 글자체 등 다양한 서식이 있습니다. 그중 실무에서 많이 사용하는 서식이 [채우기 색]입니다. 셀 색상을 통해 데이터를 시각적으로 쉽게 확인할 수 있기 때문입니다. [바꾸기]의 [서식]이란 메뉴를 통해 원하는 서식을 사용자 편의에 맞게 찾아 바꾸는 기능에 대해 알아보겠습니다.

실무 연습 ①

[회원목록] 시트에는 헬스장 회원 목록 리스트가 있습니다. D열의 일부에 노란색 색상이 채워진 것을 볼수 있는데 이들은 1년 등록을 한 회원입니다. 곧 새해가 되는 시점에서 노란색을 빨간색으로 바꿔 등록 기간이 지났음을 표시하려 합니다. 노란색 채우기 색상을 빨간색 색상으로 한 번에 변경해 보도록 하겠습니다.

01 바꾸고자 하는 색상이 있는 D5:D19 셀을 범위 지정합니다.

02 [홈] 탭-[편집]-[찾기 및 선택]-[바꾸기] 메뉴를 클릭합니다.

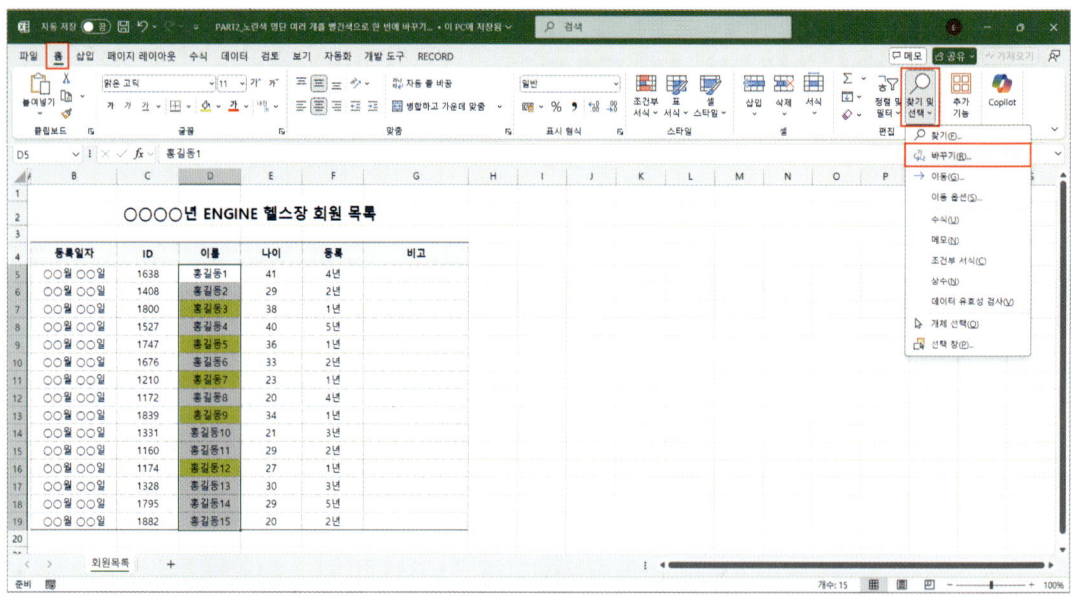

03 [찾을 내용] 오른쪽에 있는 [서식] 메뉴를 클릭합니다.

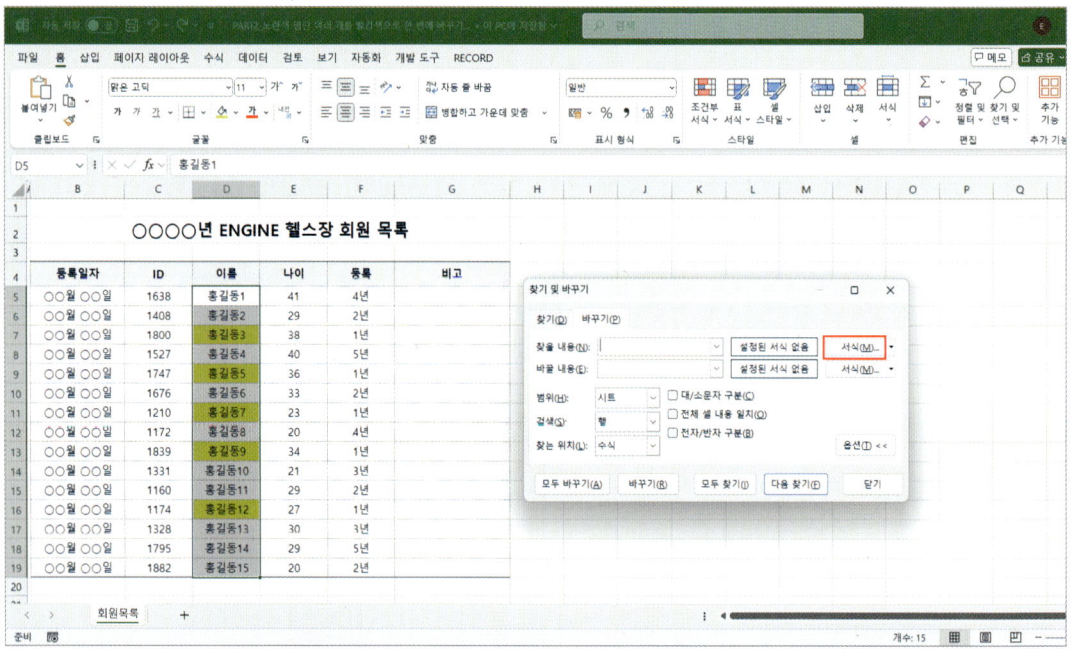

04 ❶ 서식 찾기 창에서 [채우기]−[노란색]을 선택합니다. ❷ [확인]을 클릭합니다.

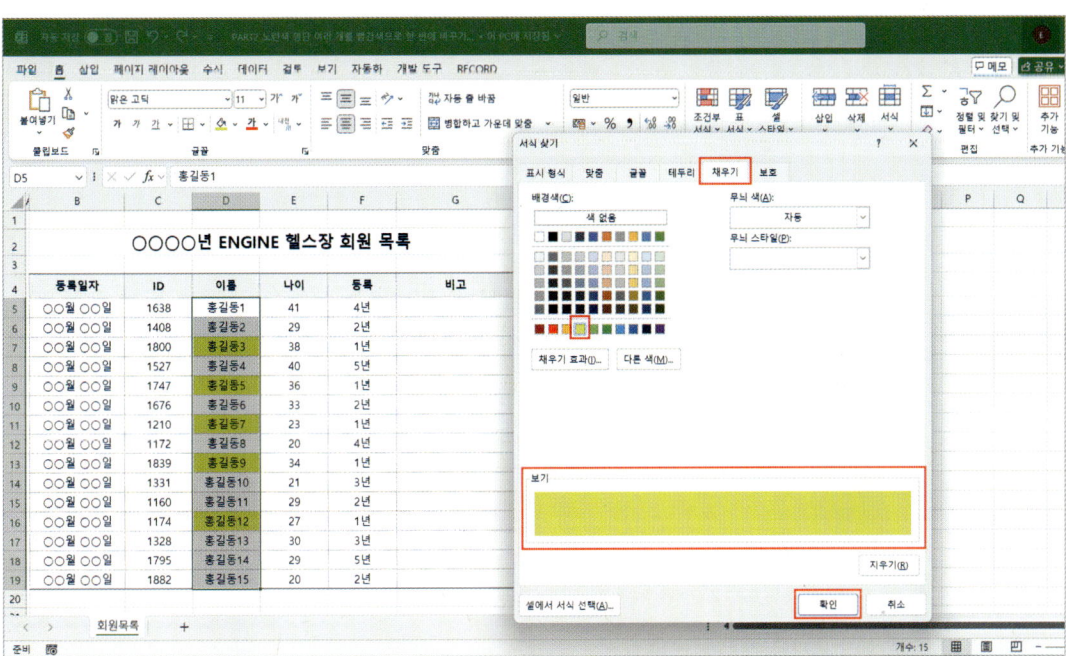

05 [바꿀 내용]의 오른쪽에 있는 [서식] 메뉴를 클릭합니다.

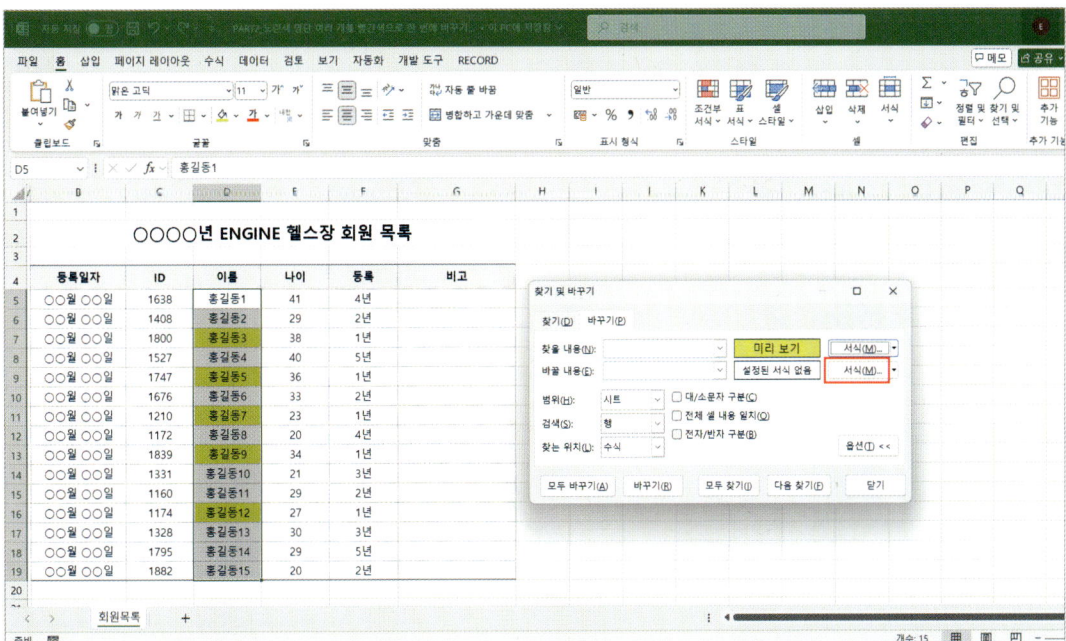

06 ❶ 서식 찾기 창에서 [채우기]-[빨간색]을 선택합니다. ❷ [확인]을 클릭합니다.

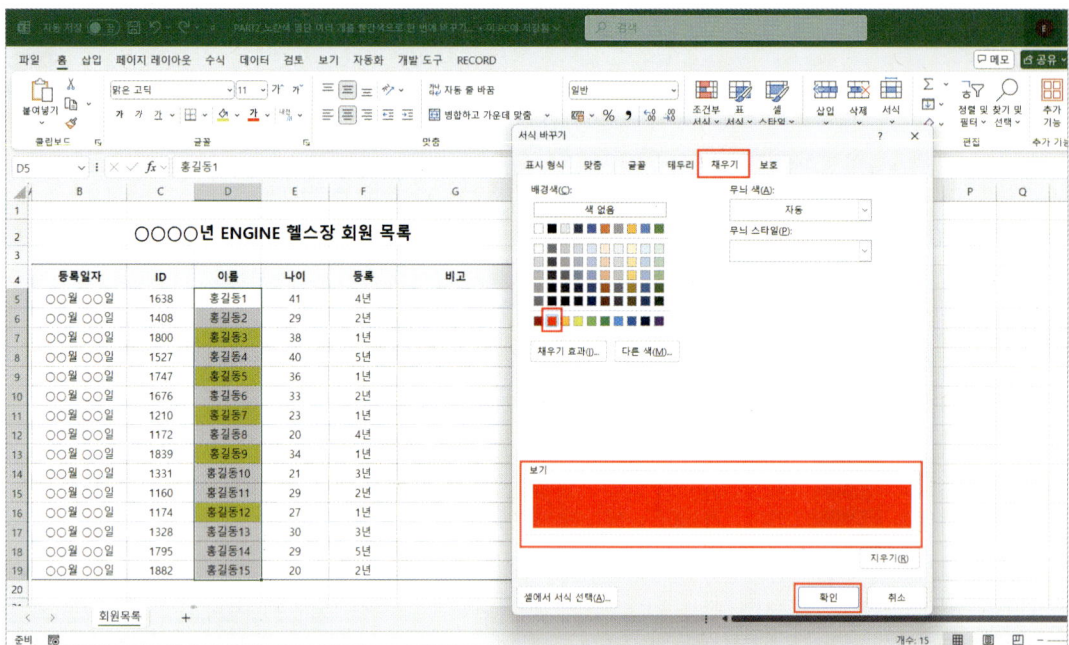

07 [모두 바꾸기]를 클릭합니다.

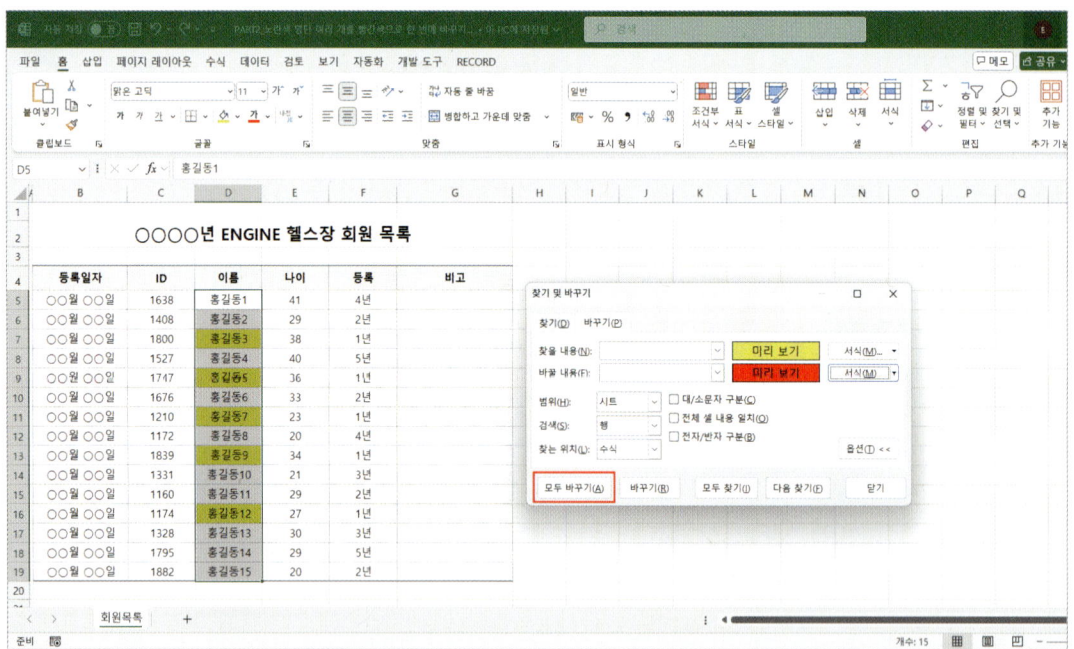

08 '5개 항목이 바뀌었습니다' 대화상자가 나오면 [확인]을 클릭하고 찾기 및 바꾸기 창을 닫습니다. 최종 결과값을 확인합니다.

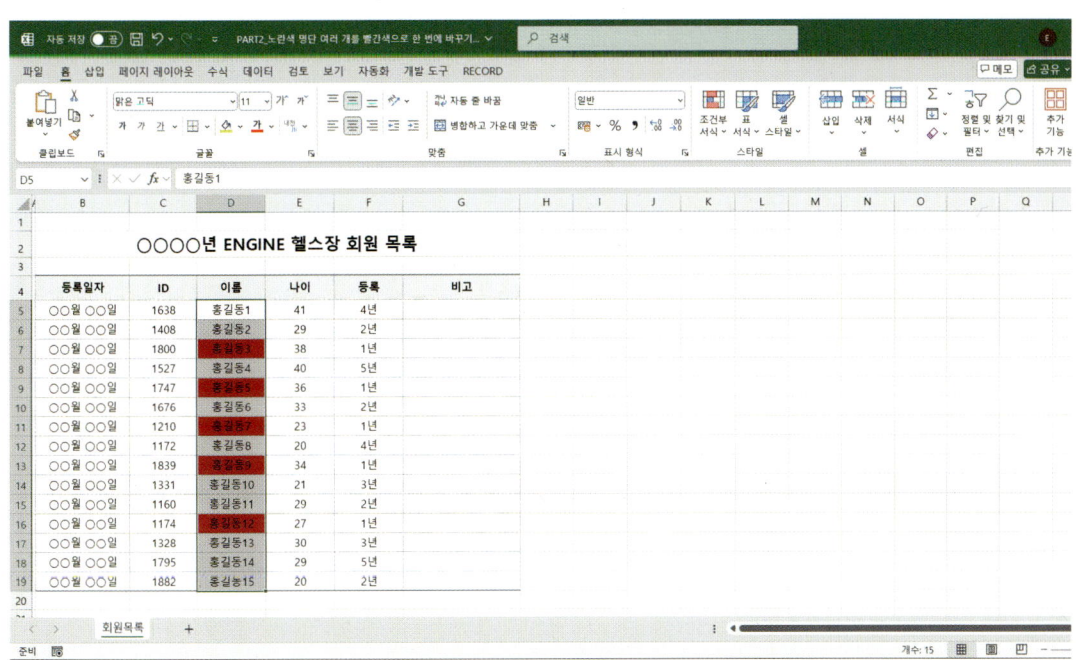

> **TIP** 찾기 및 선택 단축키는 두 가지로 이용할 수 있습니다. [Ctrl]+[F] 키는 찾기 및 바꾸기 대화상자를 불러올 때 '찾기' 탭을 표시하고, 반면에 [Ctrl]+[H] 키는 바로 '바꾸기' 탭을 표시해 줍니다. 바로 전환되기 때문에 찾기 및 바꾸기를 사용할 때는 [Ctrl]+[H] 단축키를 바로 사용하면 편리합니다.
> '찾기' 레이아웃으로 진입한 상태에서 오른쪽 '바꾸기' 탭을 눌러 찾을 내용과 바꿀 내용을 입력하면 됩니다.

실무 연습 ❷

채우기 색상을 지정할 필요 없이 시트 내에 있는 서식을 지정해 원하는 서식으로도 바꿀 수 있습니다. 방법을 알아보겠습니다.

찾을 내용: 1 점선 테두리, 2 맑은 고딕, 3 글꼴 크기 11, 4 채우기 색상-노란색

찾아 바꿀 내용 : 1 실선 테두리, 2 맑은 고딕, 3 글꼴 크기 14, 4 채우기 색상-빨간색

01 특정 범위는 지정하지 않은 상태에서 [홈] 탭-[편집]-[찾기 및 선택]-[바꾸기] 메뉴를 선택합니다.

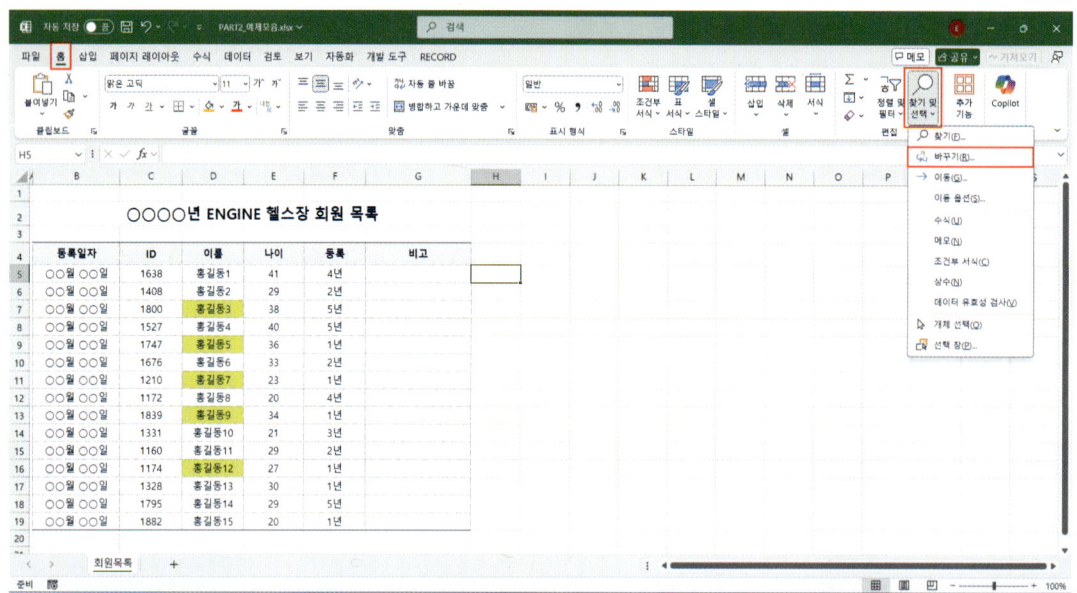

02 ❶ 찾을 내용 옆의 [서식] 메뉴 오른쪽 삼각형을 클릭합니다. ❷ [셀에서 서식 선택] 메뉴를 클릭합니다.

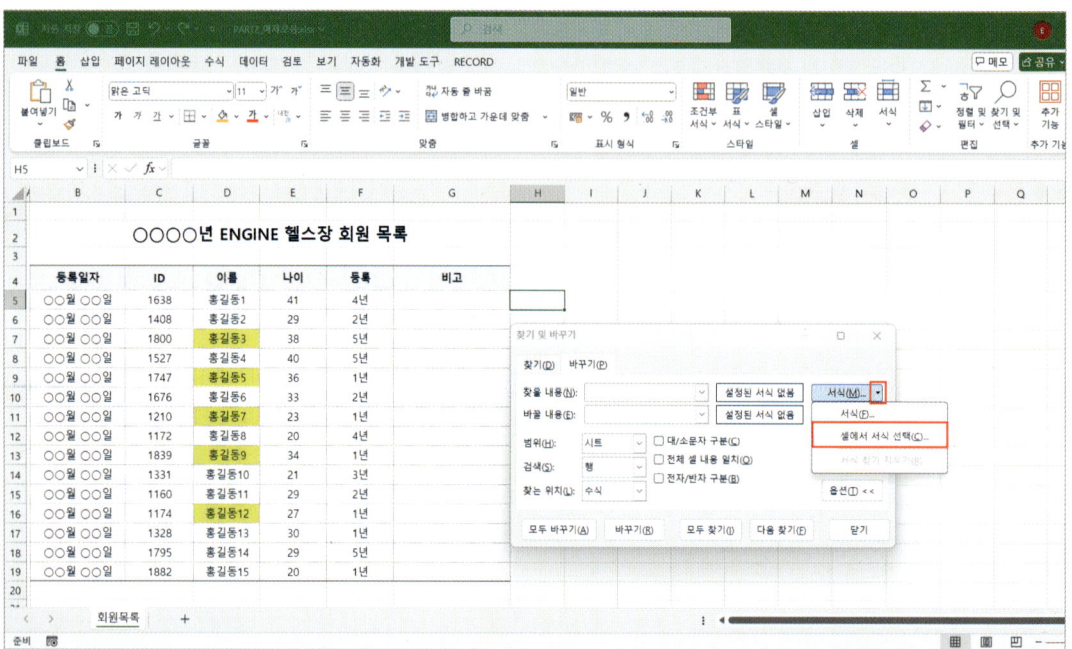

03 커서 모양이 흰색 볼륨감이 있는 십자가+스포이트 모양이 된 상태에서 D7셀을 클릭합니다.

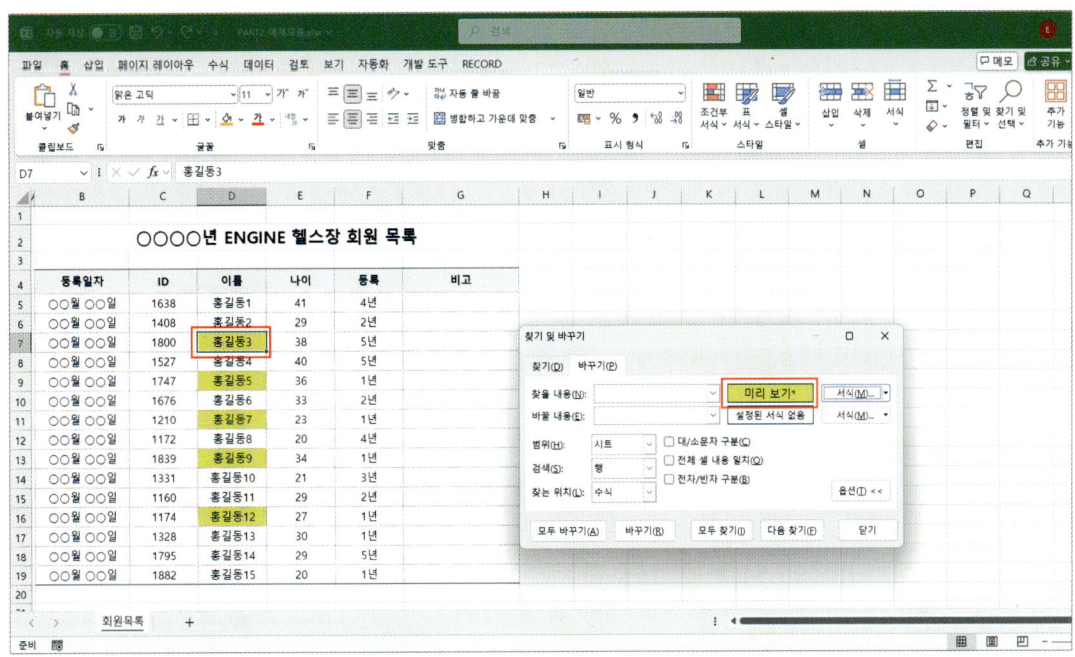

04 바꿀 내용–[서식] 메뉴를 클릭합니다.

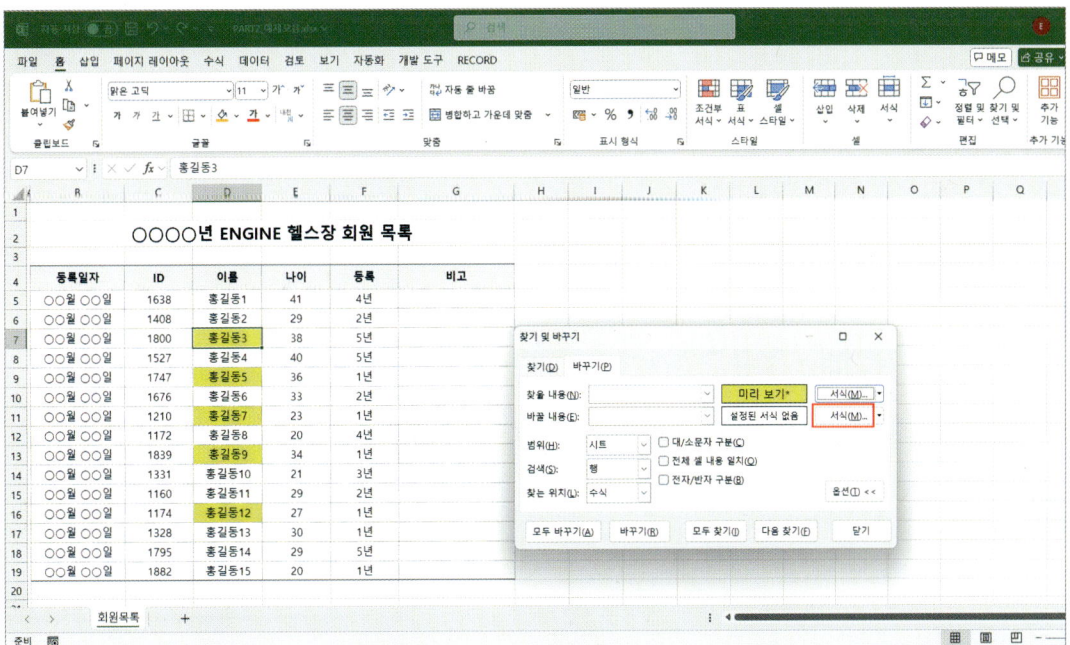

05 [크기]에서 14 포인트를 선택합니다.

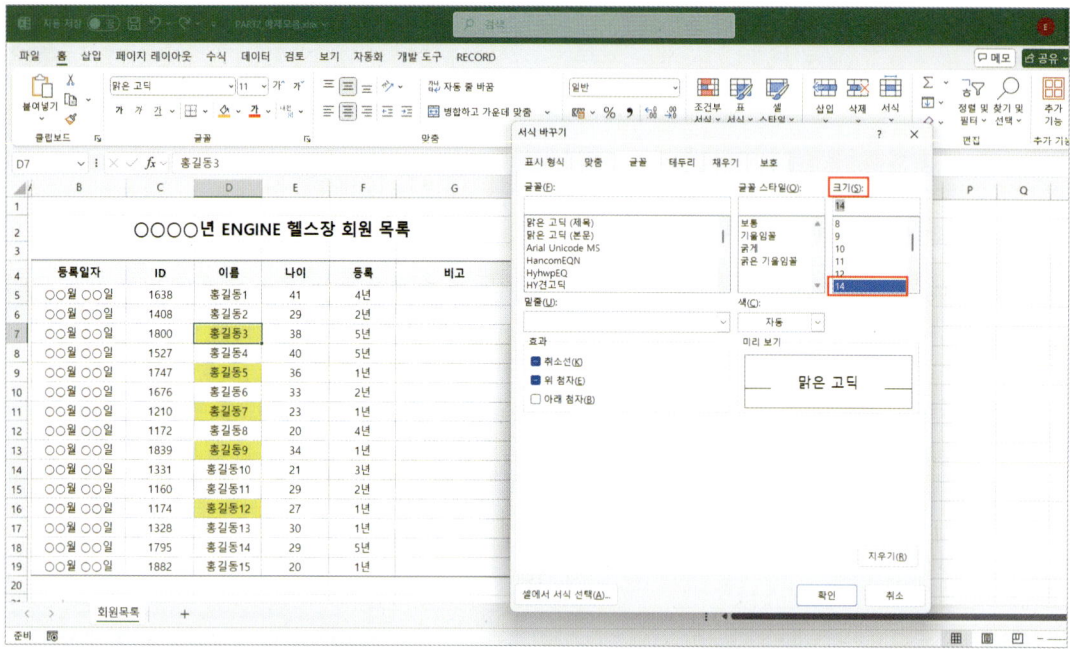

06 [테두리]에서 [실선]-[윤곽선]을 차례대로 선택합니다.

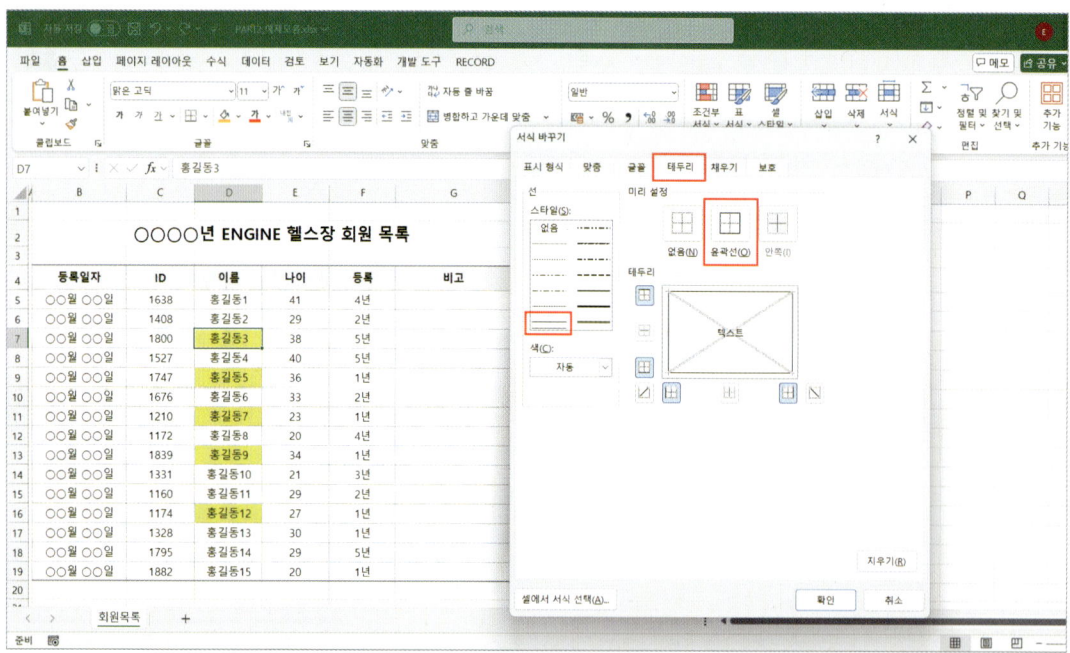

07 ❶ [채우기] 빨간색을 선택하고 ❷ [확인]을 클릭합니다.

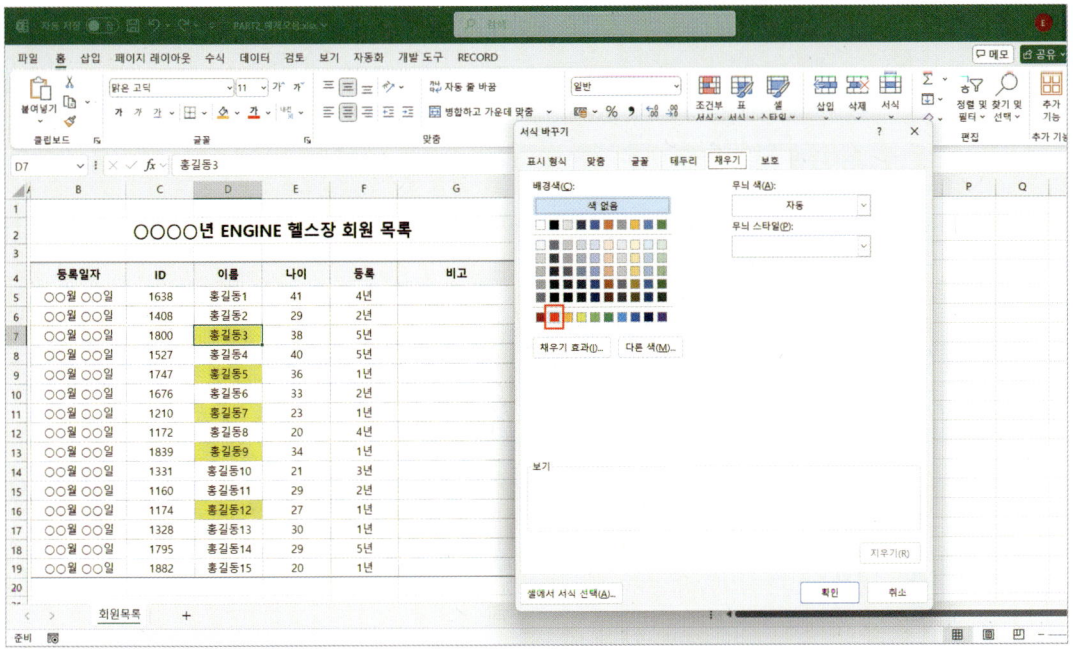

08 [모두 바꾸기]를 클릭합니다.

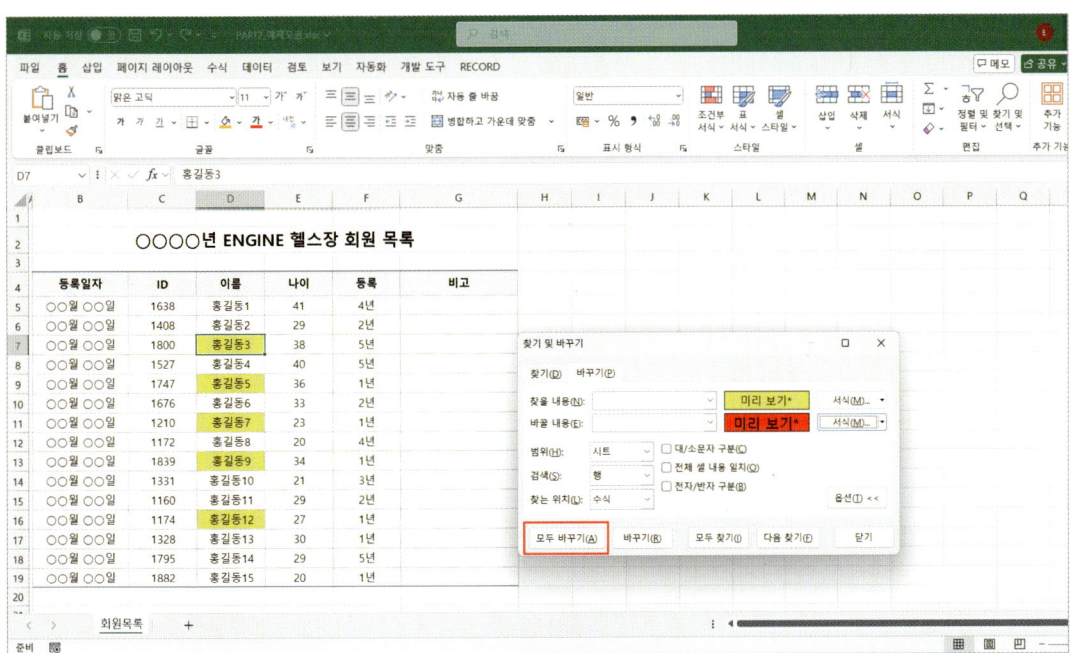

09 '5개 항목이 바뀌었습니다' 대화창을 확인하고 [확인], [닫기]를 차례대로 클릭합니다. 점선이 실선으로, 글꼴 크기가 14포인트로, 채우기 색상이 빨간색으로 변경된 최종 결과값을 확인합니다.

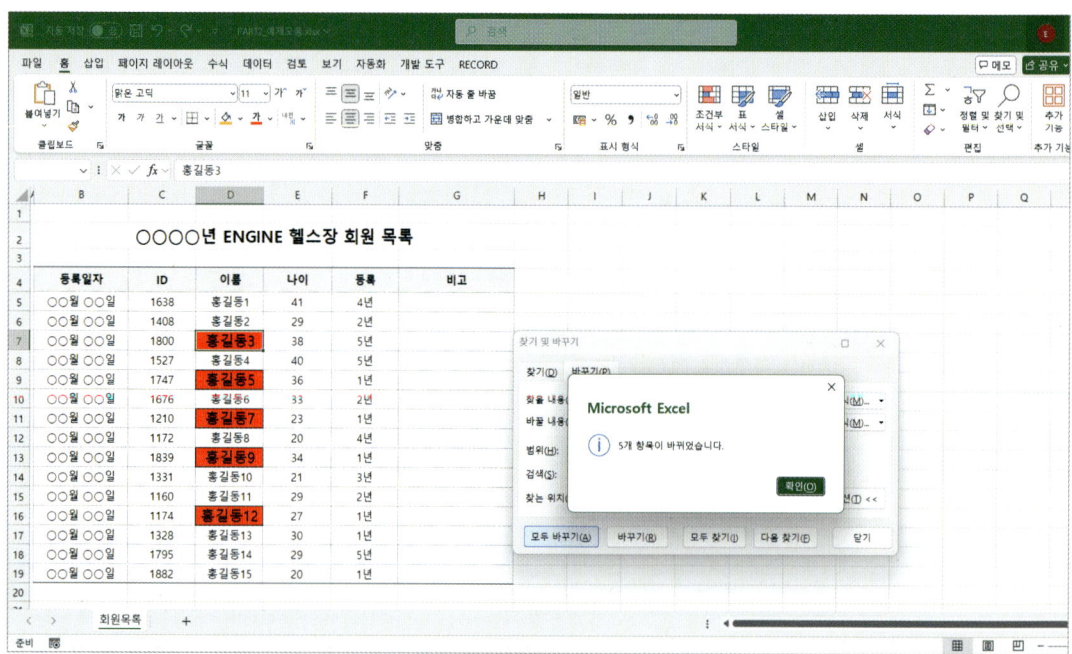

데이터 관리, [홈] 탭- 셀 안에 첫 번째 단어나 마지막 단어만 남기고 삭제하는 방법 알아보기

📄 **예제 파일** PART2_15 셀 안에 첫 번째 단어나 마지막 단어만 남기고 삭제하는 방법 알아보기

실무 스킬

엑셀에는 와일드카드라는 세 가지 기호가 존재합니다.

1. *(별표): 모든 텍스트를 대체한다는 의미로 텍스트 개수에 제한이 없습니다.
2. ?(물음표): 한 개의 텍스트를 대체합니다. 물음표가 2개이면 2개 텍스트를 대체합니다.
3. ~(물결표): 와일드카드 기호 3개를 문자화합니다.

이 와일드카드는 특정 텍스트를 대체해 사용할 수 있기 때문에 찾기나 필터, 특정 함수 조합을 통해 정보를 폭넓게 가공할 수 있습니다. 이번 파트에서는 *(별표) 와일드카드를 활용해 찾기 및 바꾸기 기능을 조합해 띄어쓰기 된 문장이나 구절에서 첫 번째 단어와 마지막 단어만 남기고 중간 텍스트를 삭제하는 방법을 알아보겠습니다.

실무 연습 ❶

01 [특정내용바꾸기] 시트에는 같은 내용이 적힌 두 개의 '비고' 정보가 있습니다. 먼저 4:10행 정보에서 '비고'라고 쓰인 필드를 제외한 필드값을 첫 번째 단어만 남기고 나머지는 삭제해 보겠습니다. ❶ B5:B10 셀을 드래그하여 범위 지정합니다.

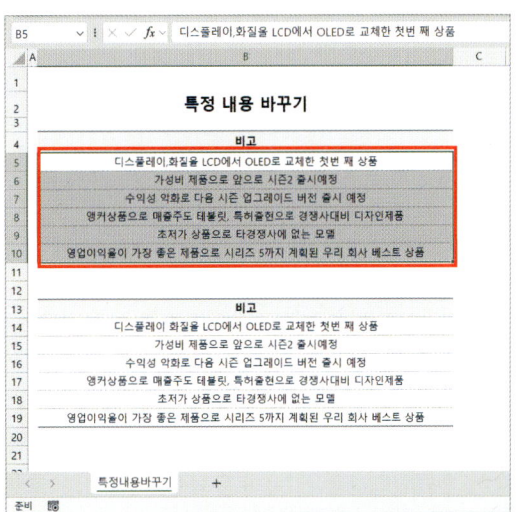

02 [홈] 탭-[편집]-[찾기 및 선택]-[바꾸기]를 선택합니다. 또는 단축키 `Ctrl`+`H` 키를 눌러 찾기 및 바꾸기 대화상자를 불러냅니다.

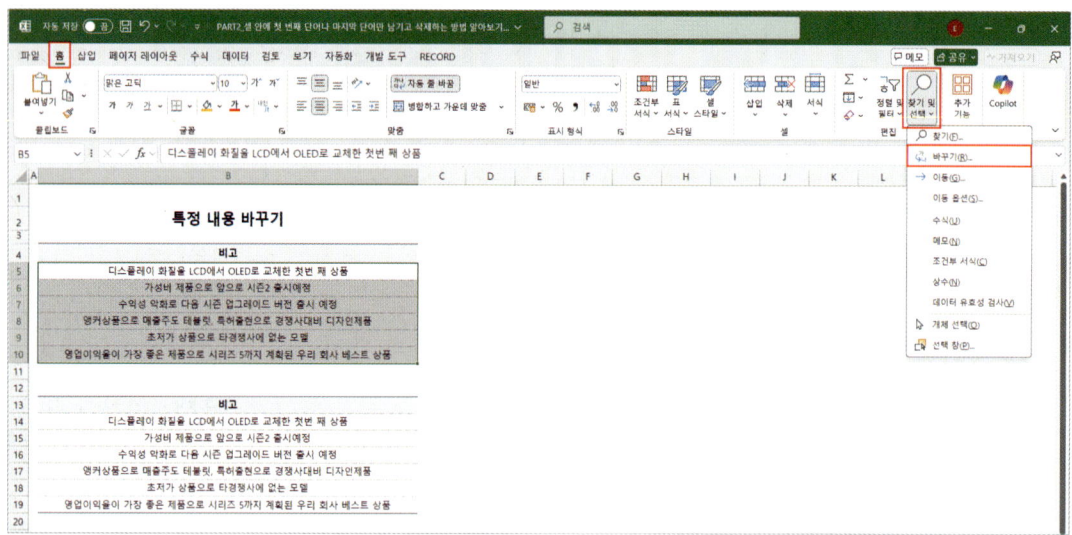

03 ❶ 찾을 내용에 띄어쓰기 한 칸과 그 뒤에 바로 *를 입력합니다. 바꿀 내용에는 아무 내용도 입력하지 않습니다. ❷ [모두 바꾸기]를 클릭합니다.

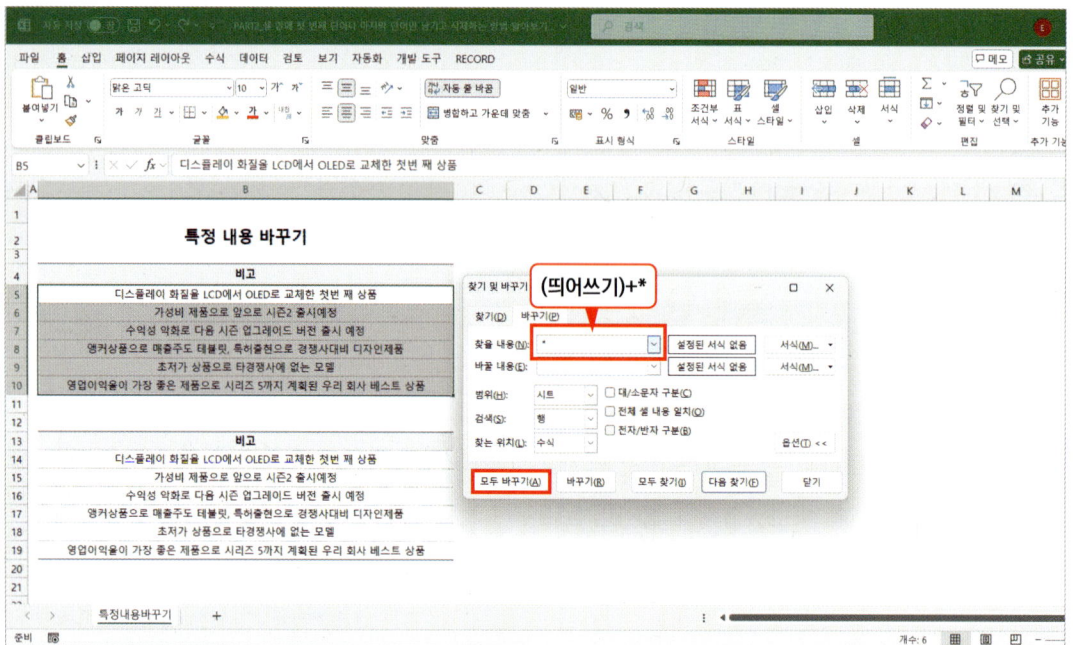

TIP 첫 번째 단어 다음부터 띄어쓰기가 되어 있습니다. 그래서 '띄어쓰기+*'를 입력하고 바꿀 내용을 입력하면, 첫 번째 단어 다음에 오는 모든 텍스트가 공백 처리되는 것입니다.

04 '6개 항목이 바뀌었습니다.' 대화창을 확인합니다. 결과값을 보면, 첫 번째 띄어쓰기 전의 문자들만 남은 것을 확인할 수 있습니다.

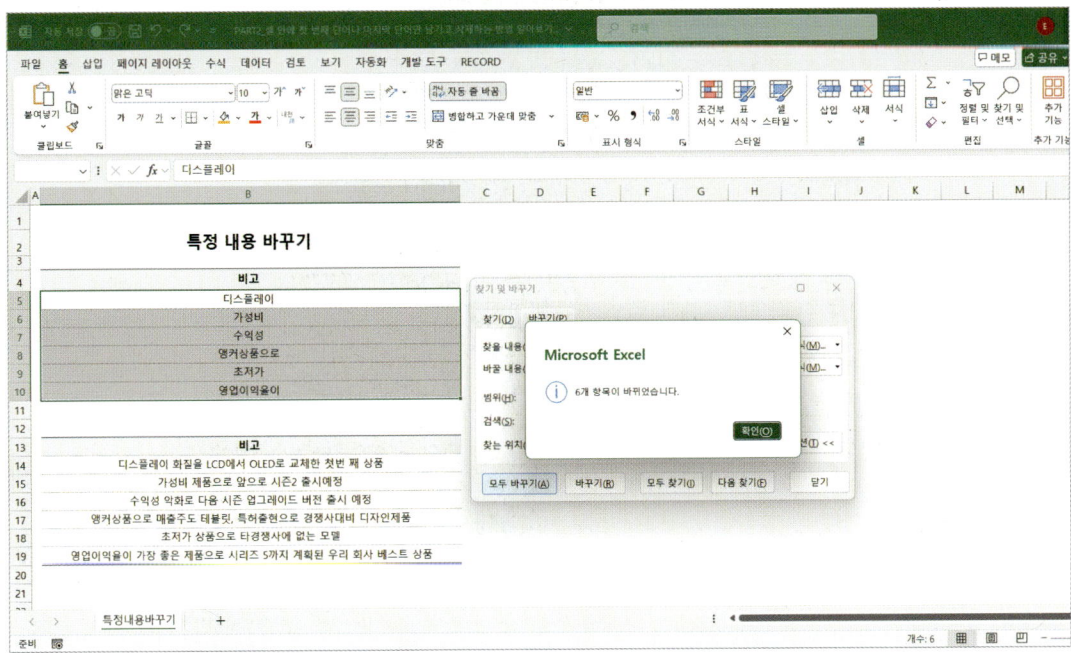

05 두 번째 비고 내용인 B14:B19셀에서는 각 필드값에서 마지막 단어만 남기고 나머지는 삭제해 보겠습니다. B14:B19셀을 범위 지정합니다.

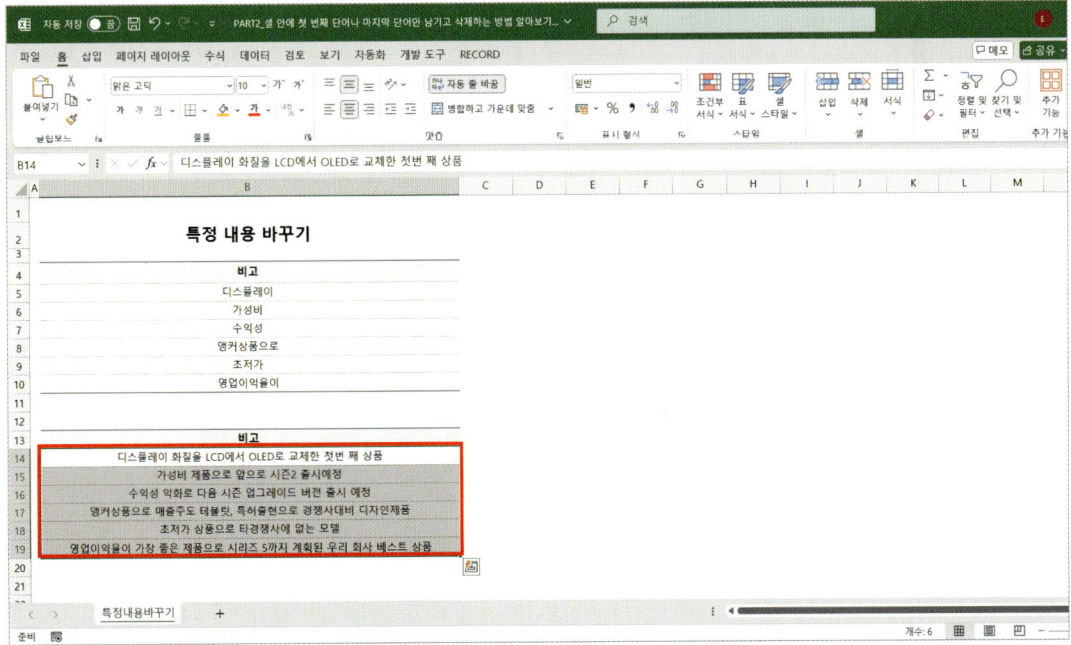

06 [홈] 탭-[편집]-[찾기 및 바꾸기]-[바꾸기] 메뉴를 선택합니다.

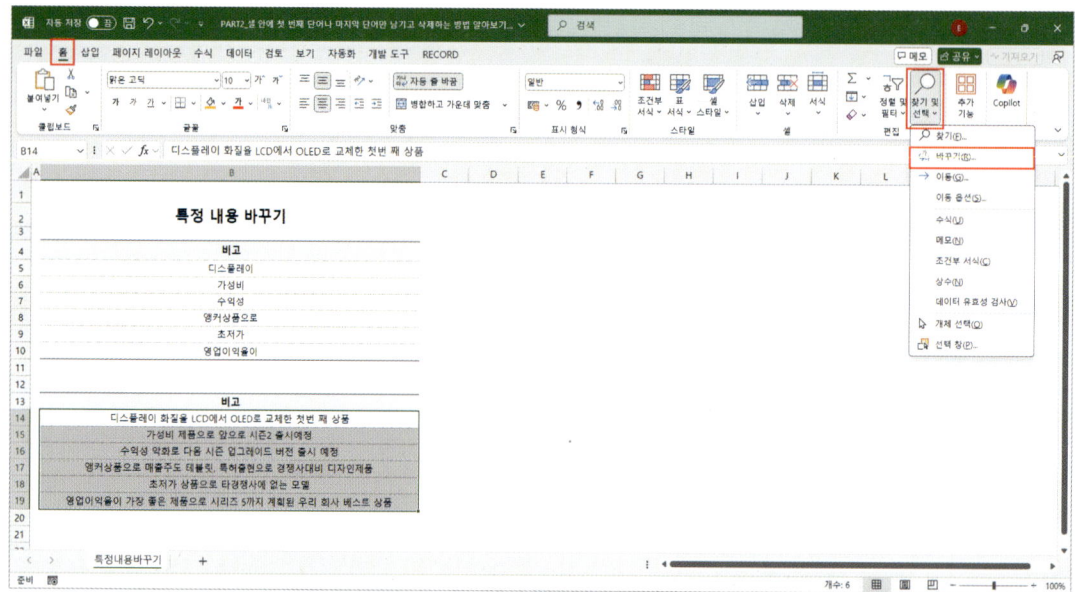

07 ❶ 찾을 내용에 *와 그 뒤에 띄어쓰기 한 칸을 입력합니다. 바꿀 내용에는 아무 내용도 입력하지 않습니다. ❷ [모두 바꾸기]를 클릭합니다.

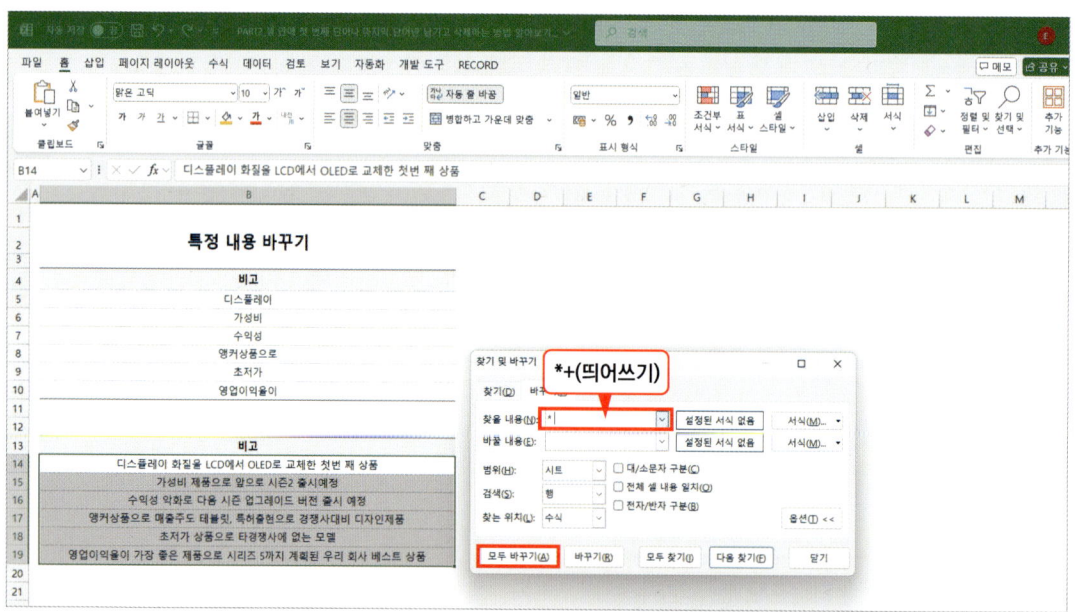

TIP ◥ '*+띄어쓰기'의 의미는 마지막 띄어쓰기된 지점 앞 모든 텍스트를 공백 처리하라는 의미입니다.

08 '37개 항목이 바뀌었습니다.' 대화창을 확인합니다. 결과값을 보면, 마지막 띄어쓰기 이후의 문자들만 남은 것을 확인할 수 있습니다.

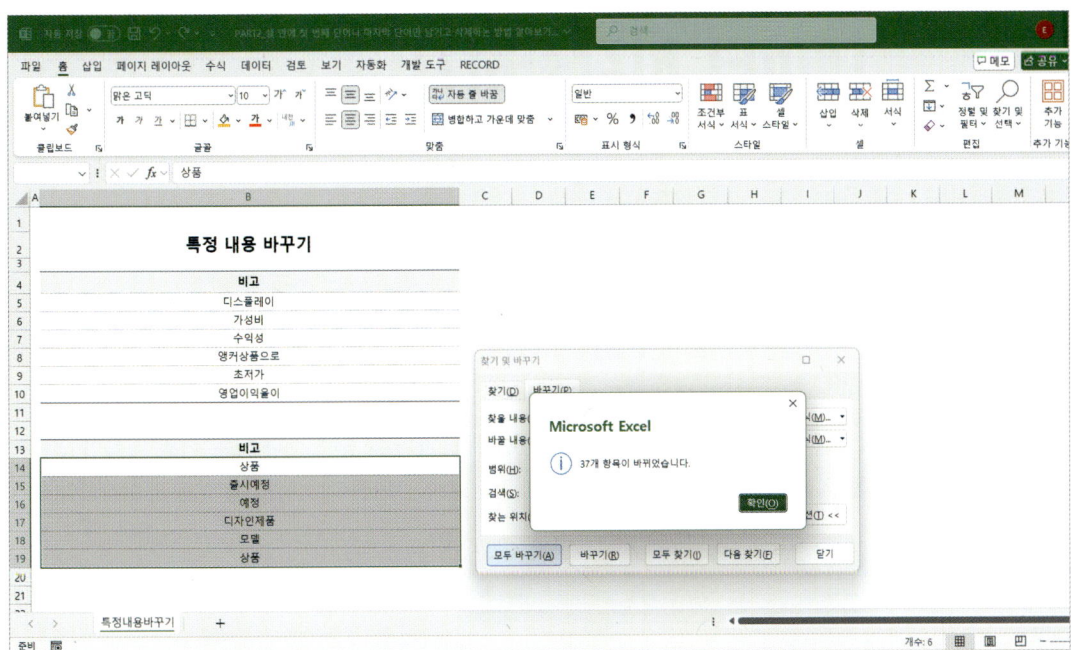

상, 하위 30% 비품 및 판매정보 데이터 시각화하기

📁 **예제 파일** PART2_16 상, 하위 30% 비품 및 판매정보 데이터 시각화하기

실무 스킬

엑셀에는 데이터를 시각적으로 돋보이게 하는 장치가 많이 있습니다. 그중에서 서식 형태로 눈에 띄게 표시해 주는 기능이 바로 '조건부 서식'이라는 기능입니다. '조건에 부합한다면 서식을 입혀라'라는 뜻입니다. 이때는 반드시 기준이 있어야 합니다. 기준과 비교해 '크거나 작거나 같다'라는 식의 대상이 있어야 합니다. 이번에는 비품 정보를 기준으로 조건부 서식을 운영하는 방법에 대해 알아보도록 하겠습니다.

실무 연습 ①

01 [비품률] 시트를 엽니다. 비품률 상위 30%에 해당하는 셀을 '진한 노랑 텍스트가 있는 노랑 채우기'로 표시해 보도록 하겠습니다. G5:G22셀을 범위 지정합니다.

02 [홈] 탭-[스타일]-[조건부 서식]-[상위/하위 규칙]-[상위 10%] 메뉴를 클릭합니다.

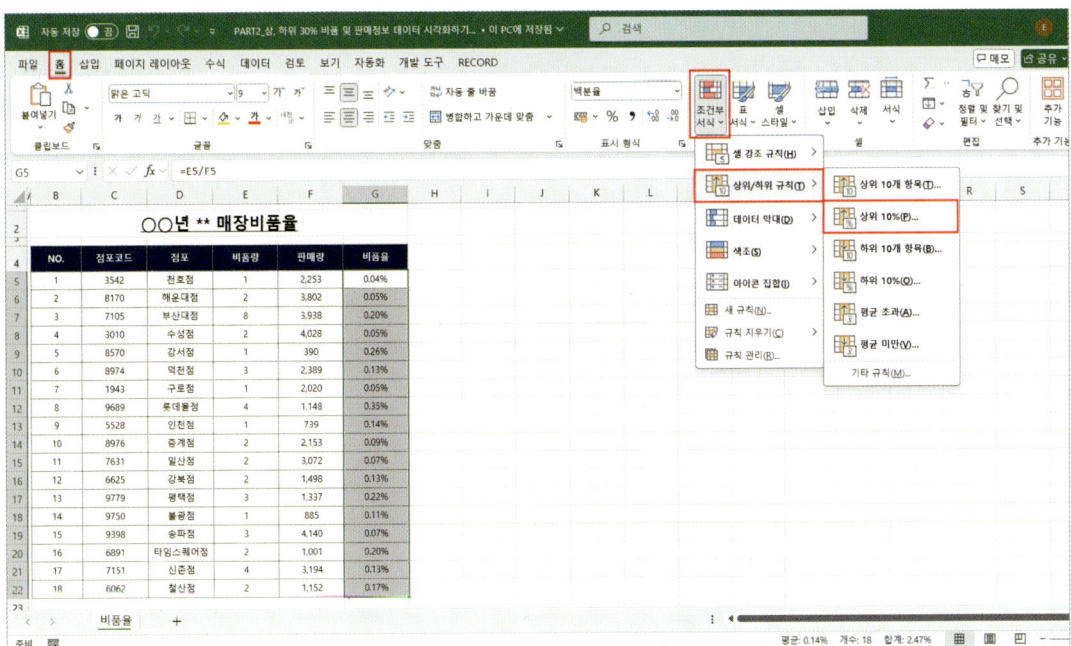

03 ❶ 왼쪽의 기준값에 '30'을 입력합니다. ❷ 오른쪽 서식에서는 '진한 노랑 텍스트가 있는 노랑 채우기'를 선택합니다.

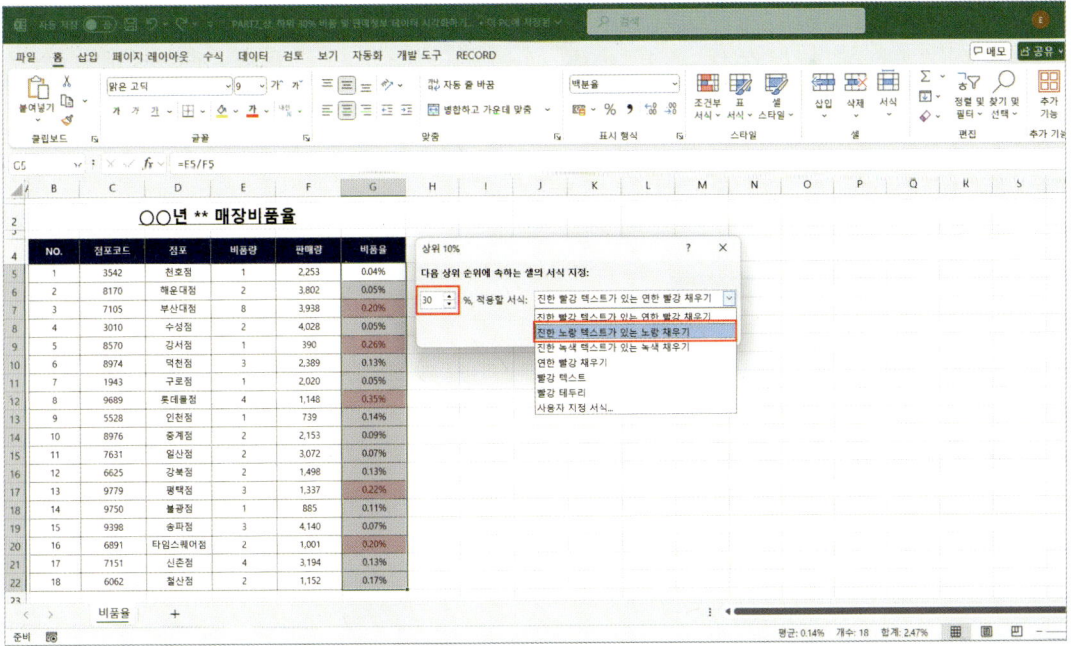

04 ❶ 시트상 상위 30% 구간 5개 셀이 '진한 노랑 텍스트가 있는 노랑 채우기'로 변경된 결과를 확인하고 ❷ [확인]을 클릭합니다.

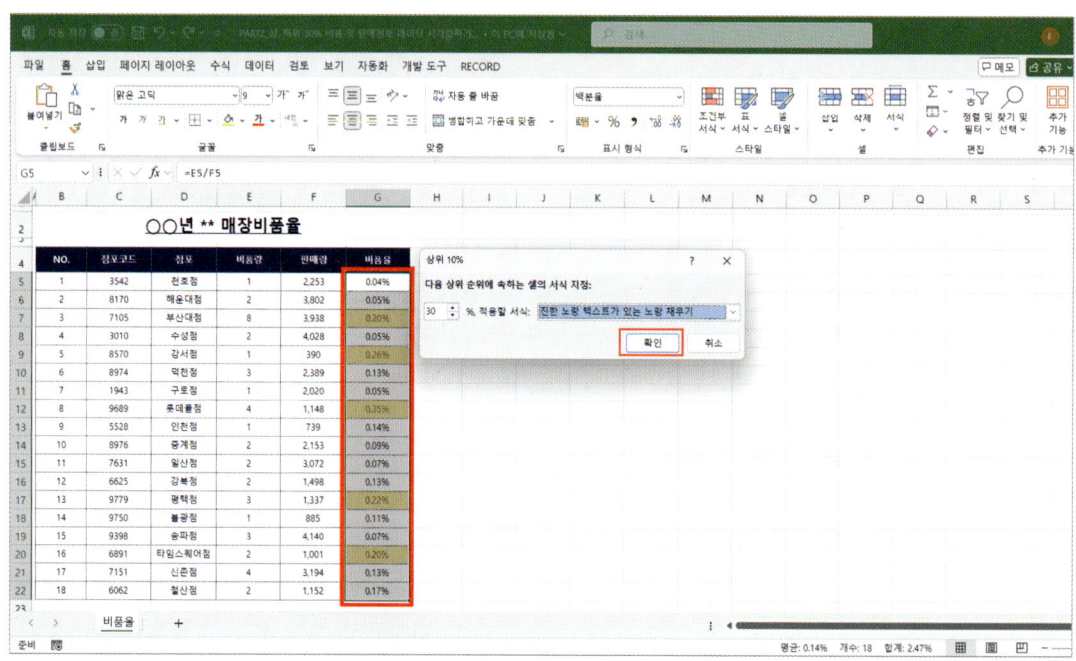

05 이번에는 판매량 하위 30%에 해당하는 셀을 '진한 녹색 텍스트가 있는 녹색 채우기'로 표시해 보도록 하겠습니다. F5:F22셀을 범위 지정합니다.

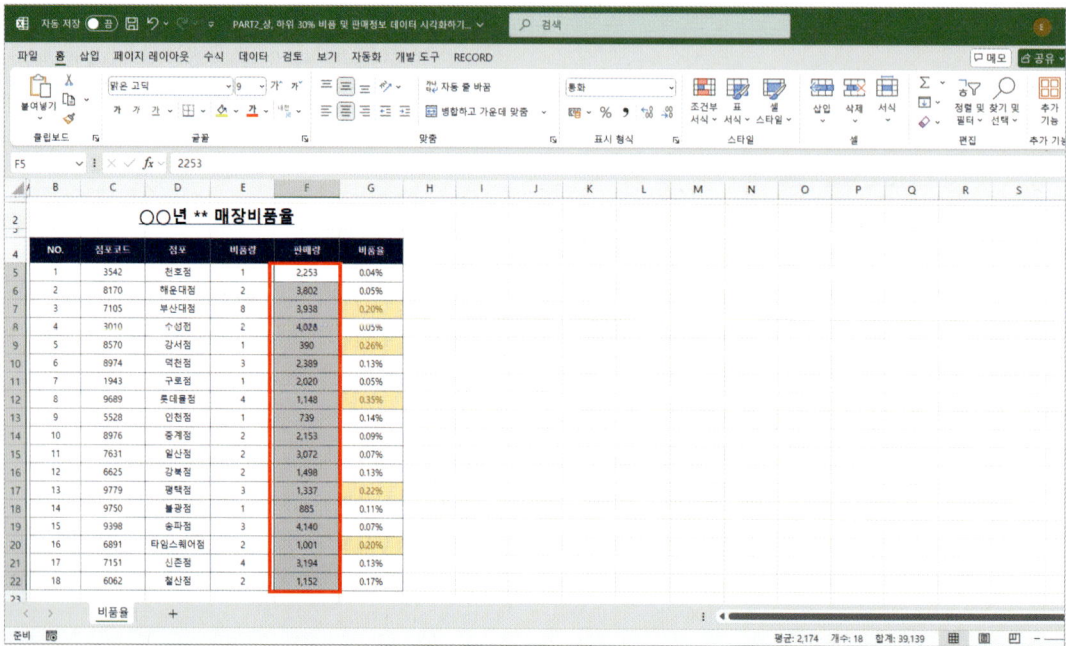

06 [홈] 탭-[스타일]-[조건부 서식]-[상위/하위 규칙]-[하위 10%] 메뉴를 클릭합니다.

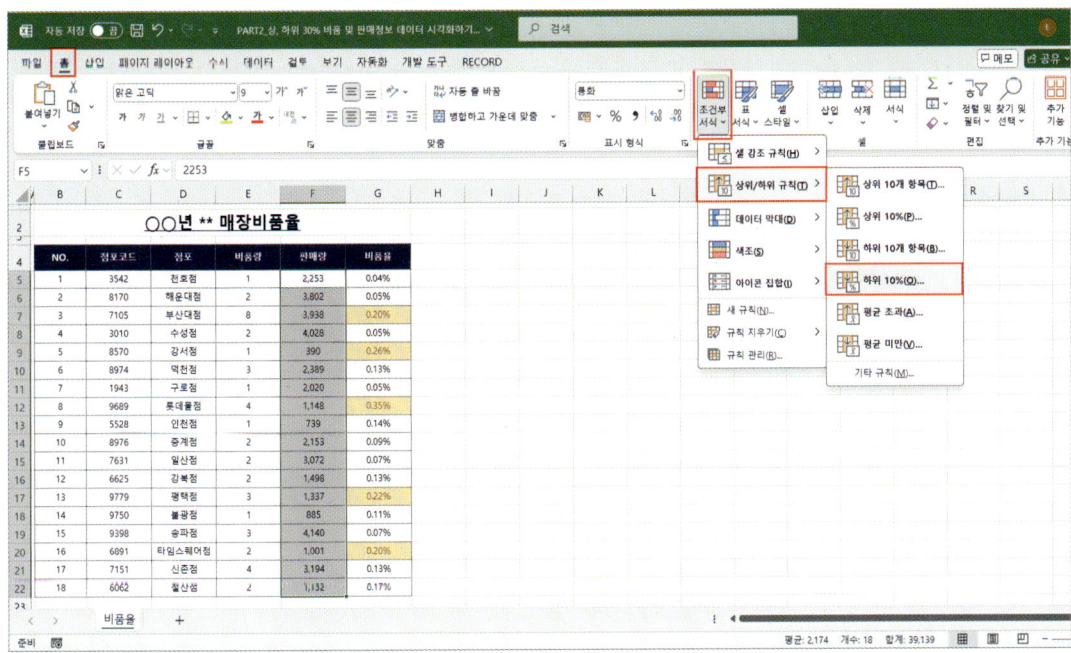

07 ❶ 왼쪽의 기준값에 '30'을 입력합니다. ❷ 오른쪽 서식에서는 '진한 녹색 텍스트가 있는 녹색 채우기'를 선택합니다.

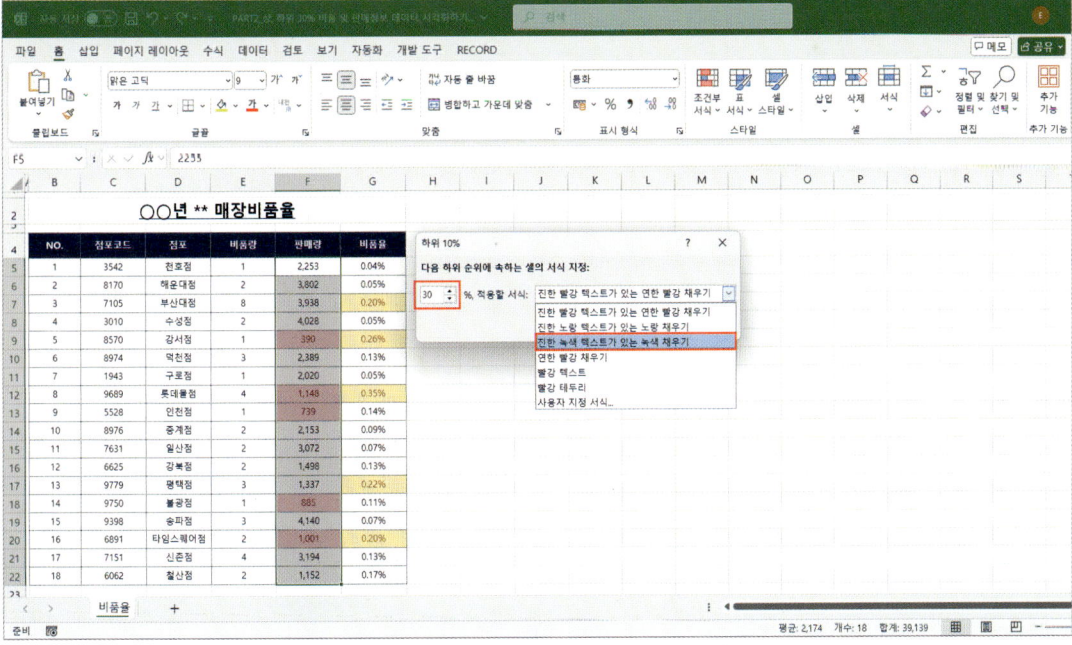

08 ❶ 시트상 하위 30% 구간 5개 셀이 '진한 녹색 텍스트가 있는 녹색 채우기'로 변경된 결과를 확인하고 ❷ [확인]을 클릭합니다.

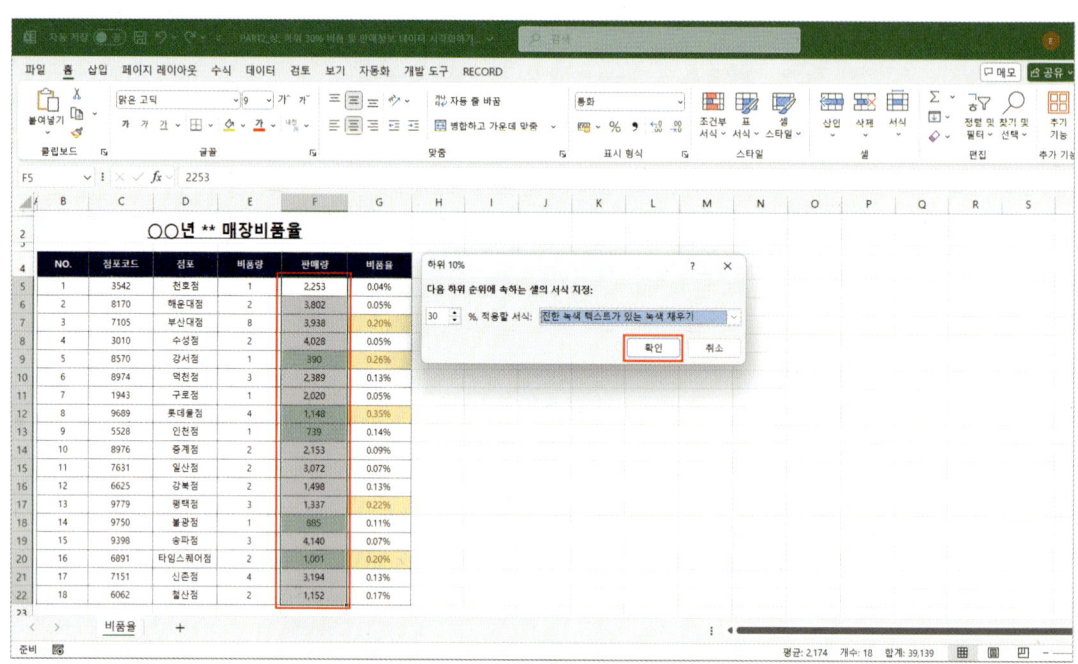

> **TIP** [조건부 서식]-[상위/하위 규칙] 메뉴에서 놓치기 쉬운 포인트가 있습니다. '상위 10개 항목'이나 '상위 10%'로 표기되어 있다고 하여 '10개'나 '10%'로만 프로그램에서 기준값으로 운영된다고 착각할 수 있습니다.
>
> '10개'나 '10%'는 상징적인 숫자일 뿐입니다. 원하는 숫자는 사용자 편의에 맞게 지정할 수 있습니다.

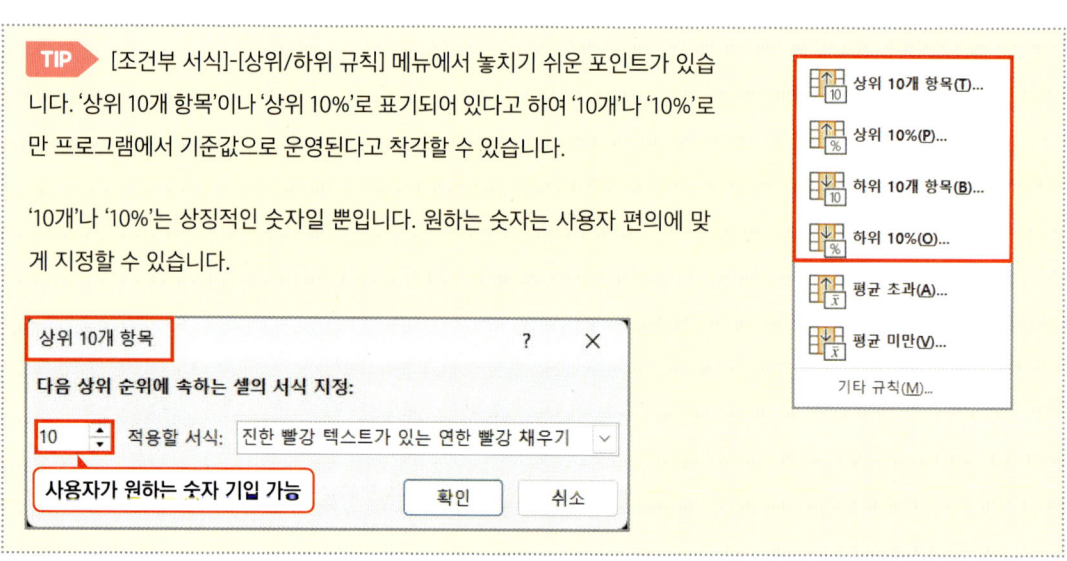

CHAPTER 17

반품량 3개 구간 신호등 아이콘으로 시각적 표현하기

📄 예제 파일 PART2_17 반품량 3개 구간 신호등 아이콘으로 시각적 표현하기

실무 스킬

정보를 전달할 때 아이콘 모양이나 색상을 통해 전달하고 싶은 내용을 시각적으로 쉽고 빠르게 전달할 수 있습니다. 특히, 현장에서 근무하는 비중이 높은 분들에게는 이런 기능이 빠른 데이터 분석에 도움을 줄 수 있습니다.

이번에는 신호등 모양의 아이콘을 통해 반품량을 쉽게 파악할 수 있도록 해 보겠습니다. 조건부 서식의 '아이콘 집합'을 활용해 데이터를 시각적으로 빠르고 쉽게 분석할 수 있도록 하겠습니다.

실무 연습 ❶

01 [반품량] 시트의 E열 반품량 목록에서 30개 이상은 '빨간색 신호등 아이콘', 30~15개 사이는 '노란색 신호등 아이콘', 마지막으로 15개 미만은 '녹색 신호등 아이콘'으로 총 3개의 구간을 숫자와 함께 출력해 보도록 하겠습니다. E5:E22셀을 범위 지정합니다.

NO.	점포코드	점포	반품량	판매량	비품율
				○○년 반품 데이터	
1	3542	천호점	47	2,253	2.09%
2	8170	해운대점	24	3,802	0.63%
3	7105	부산대점	4	3,938	0.10%
4	3010	수성점	14	4,028	0.35%
5	8570	강서점	34	390	8.72%
6	8974	덕천점	16	2,389	0.67%
7	1943	구로점	45	2,020	2.23%
8	9689	롯데월점	44	1,148	3.83%
9	5528	인천점	38	739	5.14%
10	8976	중계점	33	2,153	1.53%
11	7631	일산점	17	3,072	0.55%
12	6625	강북점	13	1,498	0.87%
13	9779	평택점	9	1,337	0.67%
14	9750	불광점	46	885	5.20%
15	9398	송파점	37	4,140	0.89%
16	6891	타임스퀘어점	36	1,001	3.60%
17	7151	신촌점	9	3,194	0.28%
18	6062	철산점	14	1,152	1.22%

평균: 26.66666667 개수: 18 합계: 480

02 [홈] 탭-[스타일]-[조건부 서식]-[아이콘 집합]-[기타 규칙] 메뉴를 클릭합니다.

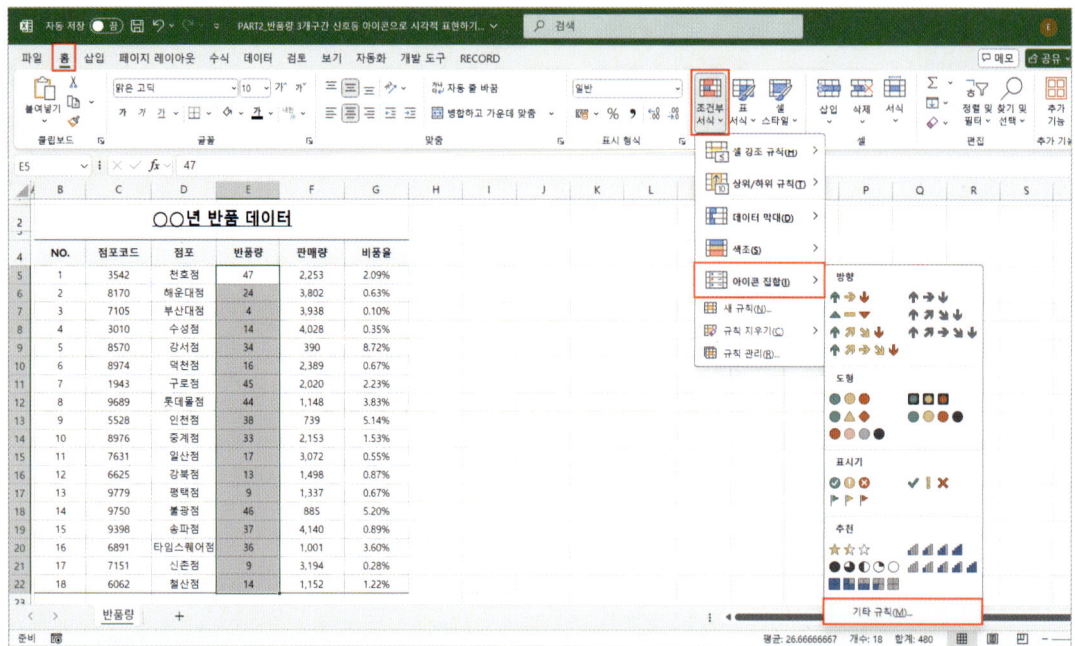

03 ❶ [규칙 유형 선택]에서 '셀 값을 기준으로 모든 셀의 서식 지정'을 선택합니다. ❷ [서식 스타일]에서는 '아이콘 집합'을 선택합니다. ❸ [아이콘 스타일]에서는 '(동그라미) 신호등 아이콘'을 선택합니다.

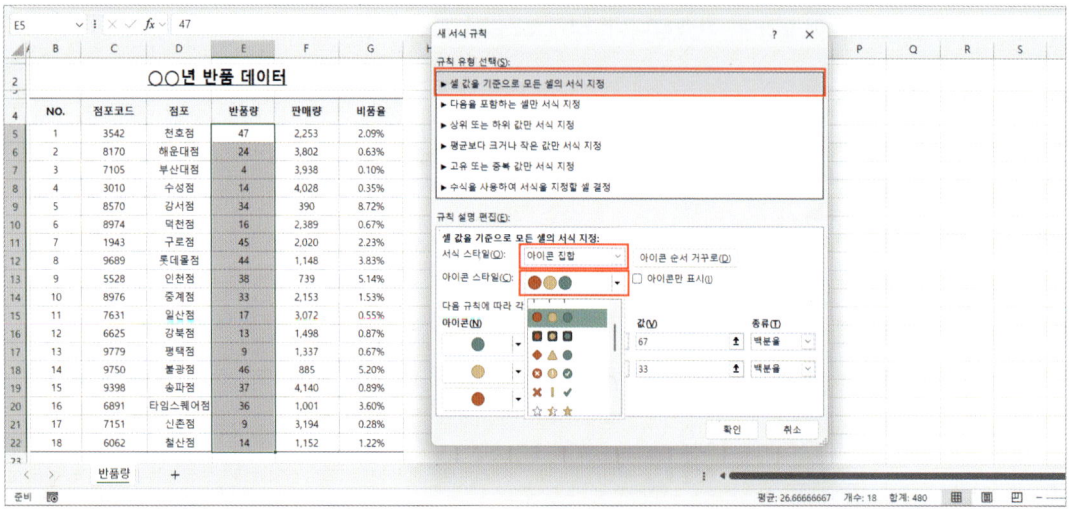

> **TIP** [아이콘 스타일] 메뉴에서 중요한 포인트는 기준값 구간이 몇 개인지에 따라 아이콘 개수가 몇 개인지 선택하는 것입니다. 위 문제에서는 3개의 기준값 구간으로 표현하는 것이기 때문에 아이콘 3개 모음을 선택합니다.

04 [다음 규칙에 따라 각 아이콘 표시] 중 첫 번째는 '빨간색 동그라미'를 선택합니다.

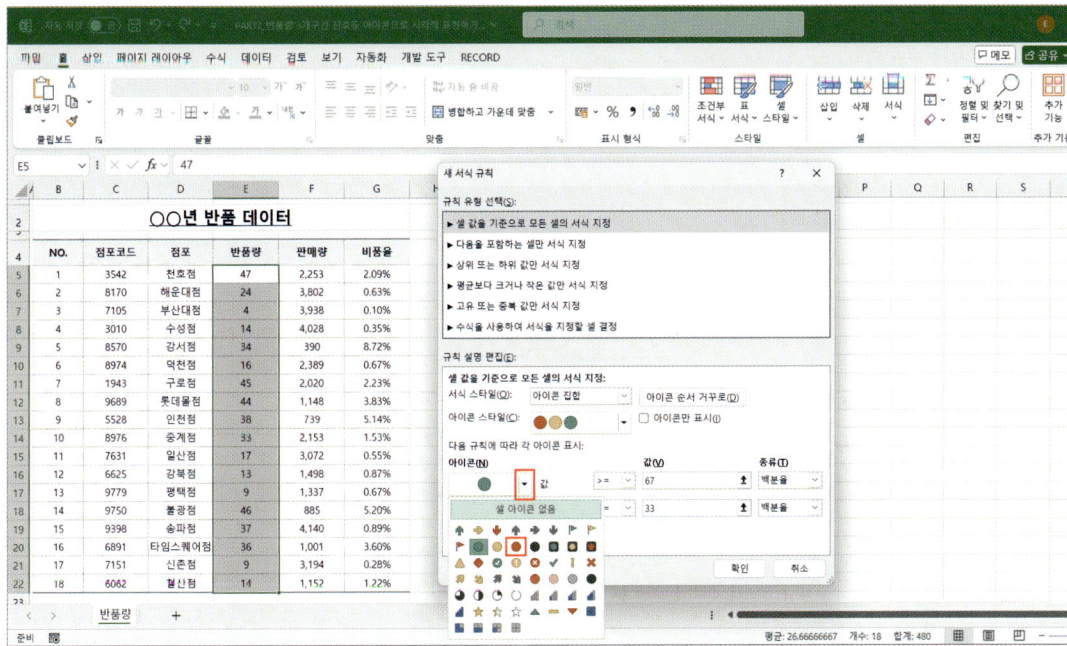

05 오른쪽의 [첫 번째 종류]는 '숫자'로 선택합니다.

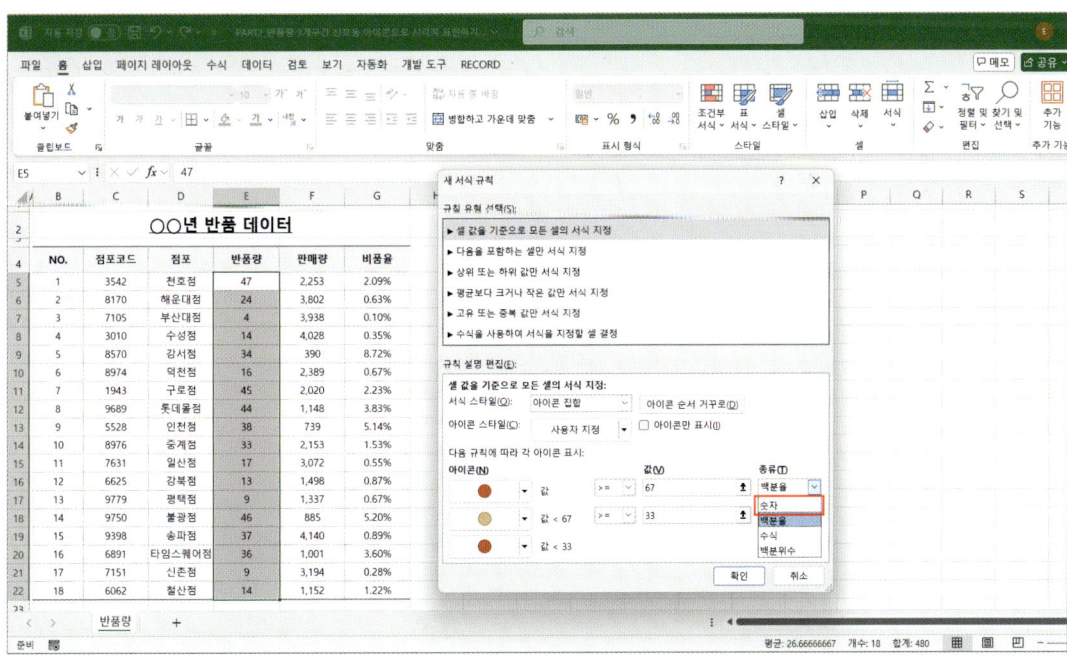

06 [다음 규칙에 따라 각 아이콘 표시] 중 세 번째는 '녹색 동그라미'를 선택합니다.

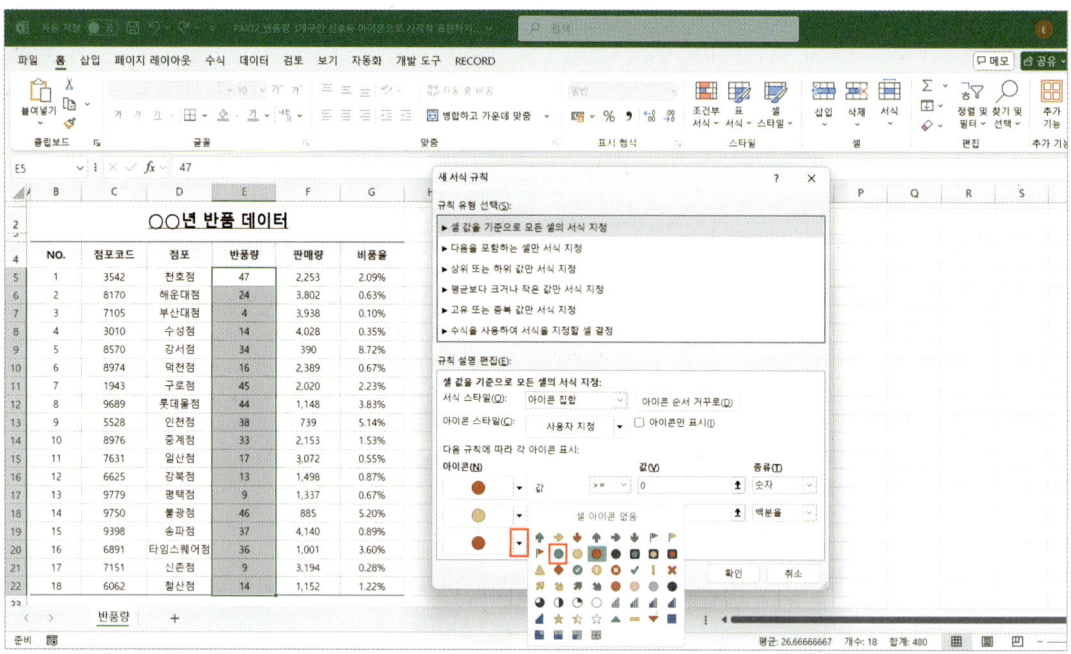

07 오른쪽의 [두 번째 종류]는 '숫자'로 선택합니다.

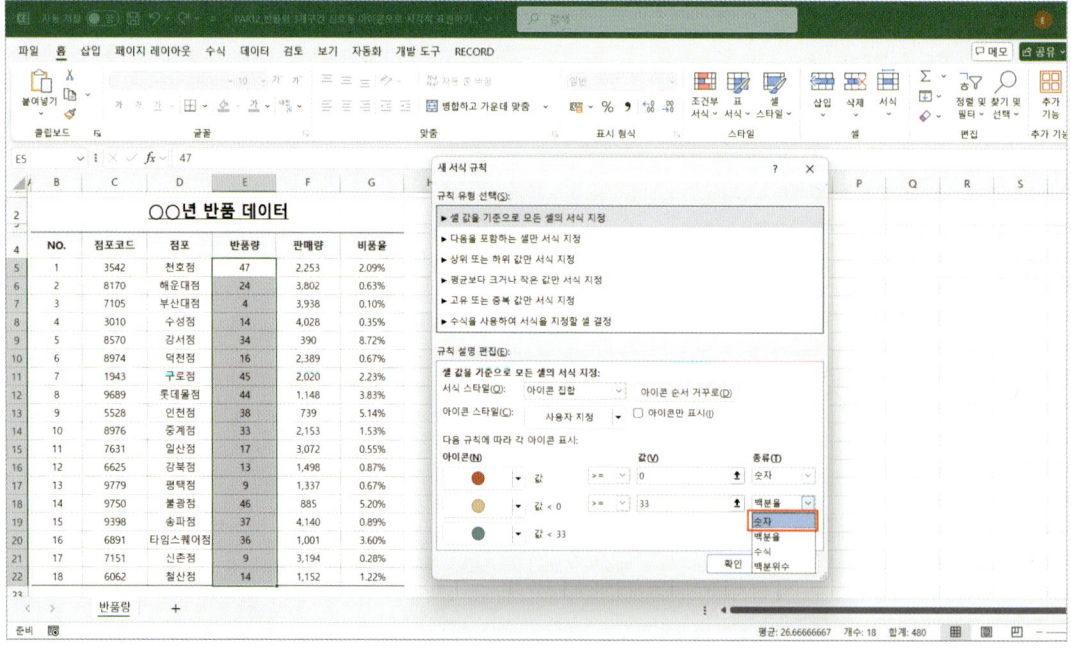

08 마지막으로 값을 입력합니다. 첫 번째 값은 30, 두 번째 값은 15를 입력 후 [확인]을 클릭합니다.

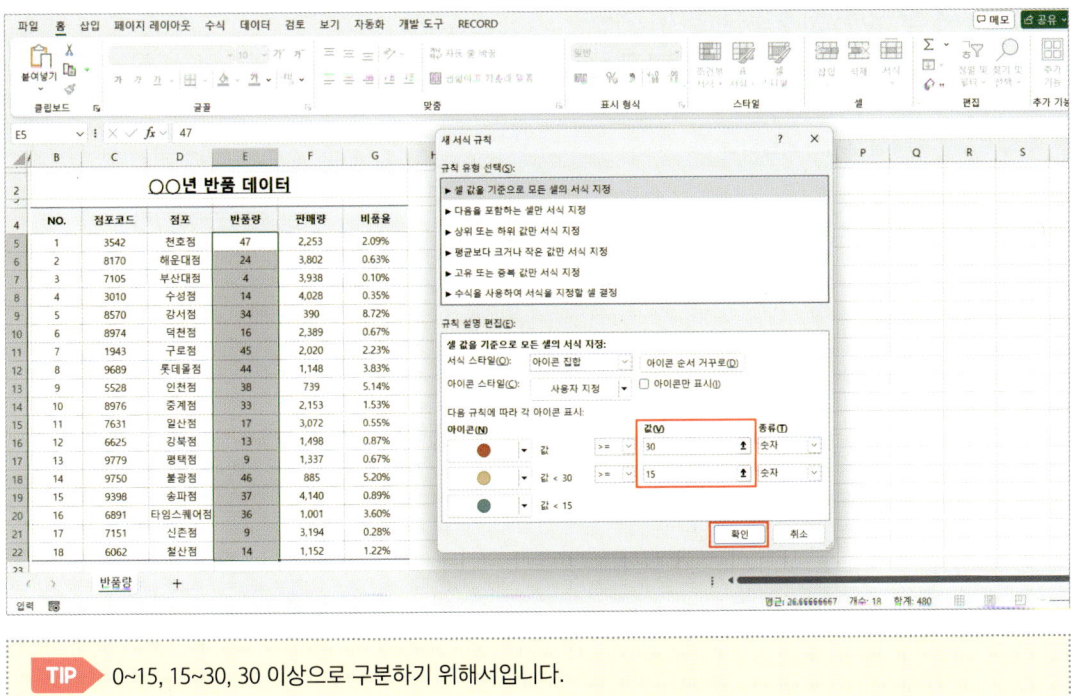

TIP 0~15, 15~30, 30 이상으로 구분하기 위해서입니다.

09 최종 결과물을 확인합니다. 반품량 수치는 많으면 좋지 않은 수치입니다. 그렇기 때문에 빨간색이 들어오면 경각심을 가질 수 있도록 색의 순서를 바꿔 놓았습니다.

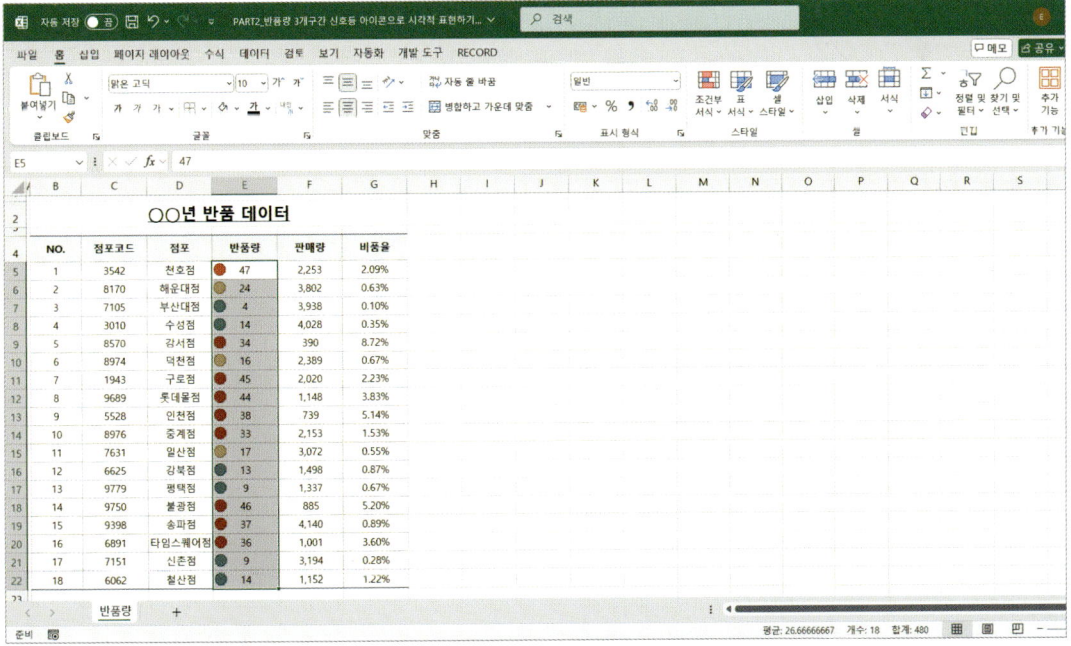

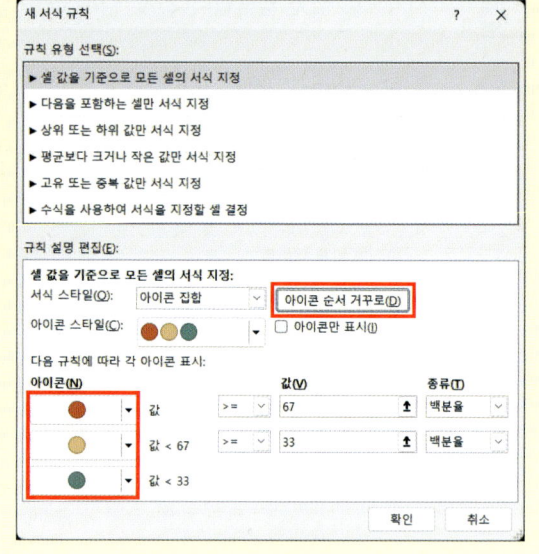

TIP [규칙 설명 편집]-[서식 스타일] 오른쪽에 '아이콘 순서 거꾸로'라는 메뉴가 있습니다. 클릭하면 선택한 아이콘 스타일의 앞뒤 순서가 바뀝니다. 기본기를 배울 때는 많이 눌러보는 것도 좋은 공부가 되니 위에 나열된 순서로 하나씩 메뉴들을 살펴보며 조건부 서식 도구를 활용해 보시기 바랍니다.

두 개 테이블, 반품 정보 다른 구간 정보 채우기 색상으로 표시하기

예제 파일 PART2_18 두 개 테이블, 반품 정보 다른 구간 정보 채우기 색상으로 표시하기

실무 스킬

    같은 테이블 내에 변경된 데이터가 발생했을 때 데이터 양이 적을 때는 확인이 쉽게 가능하지만, 데이터 양이 많을 때는 어려움이 있습니다. 특히, 일부 정보가 변경된 구간을 찾아내 수정하거나 채우기 색상을 통해 표시하려면 데이터가 변경된 부분을 찾아낼 수 있어야 가능합니다.

    이번에는 조건부 서식에 있는 기능인 [같음]이란 기능으로 쉽게 변경된 데이터 구간을 찾아내는 방법을 알아보겠습니다.

실무 연습 ❶

[반품정보] 시트에서 왼쪽 기준 테이블, B열 '반품일'과 C열 '스타일 번호', D열 '수량' 목록정보 구간정보에 변경이 생긴 상황입니다. 정보를 관리하던 담당자가 퇴사 전 오른쪽 표로 다시 작성하면서 어떤 데이터 구간이 수정되었는지 인계를 하지 못한 상황입니다. 이때 기준 테이블과 비교해 어떤 셀 구간에 정보 변경이 발생한 건지 찾아서 채우기 색상으로 표시해 보겠습니다.

01 B7:D19셀을 범위 지정합니다.

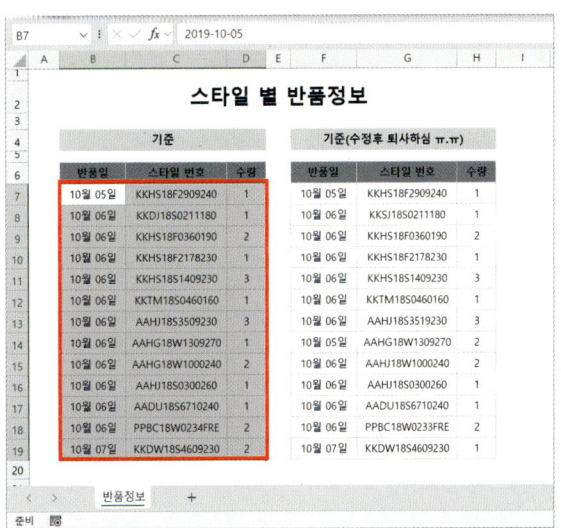

02 [홈] 탭-[스타일]-[조건부 서식]-[셀 강조 규칙]-[같음] 메뉴를 클릭합니다.

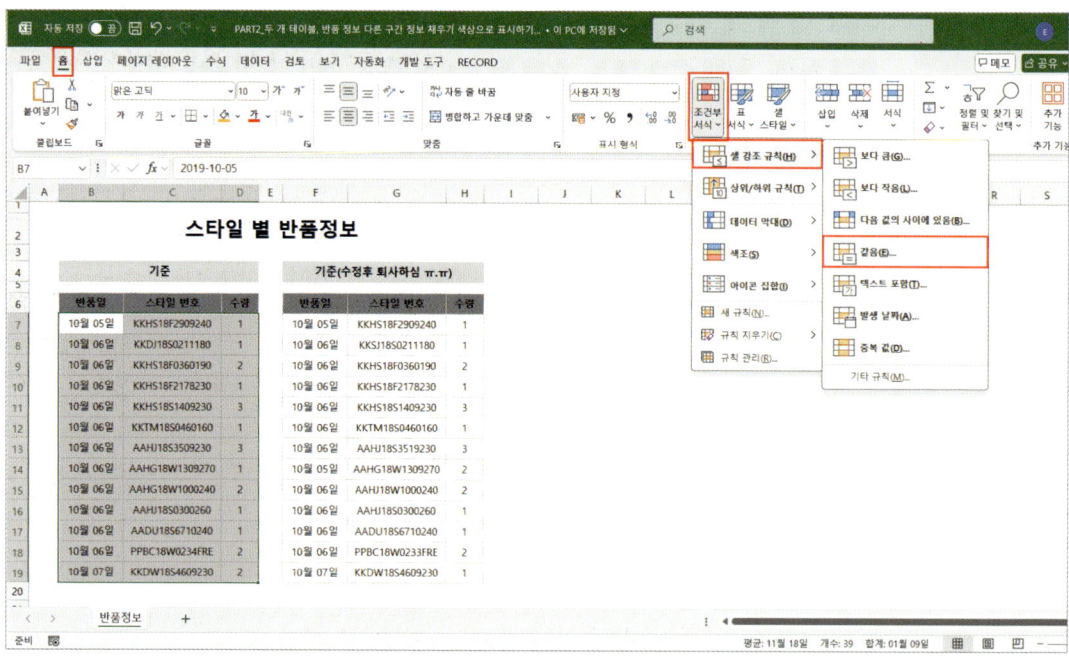

03 다음 값과 같은 셀의 서식 지정에서 F7셀을 선택합니다. 같음 대화상자에서는 '=$F$7'과 같이 절대참조된 주소값을 확인할 수 있습니다.

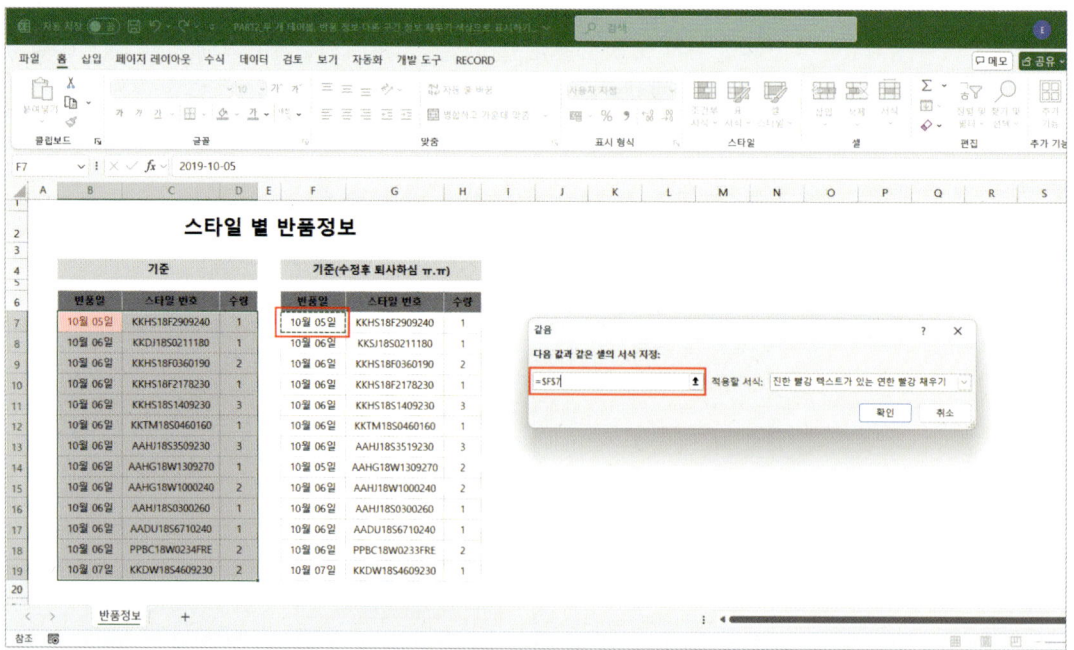

04 `F4` 키를 3번 연속하여 눌러서 절대참조를 상대참조로 바꿔 줍니다. $ 표시 2개를 직접 지워도 됩니다.

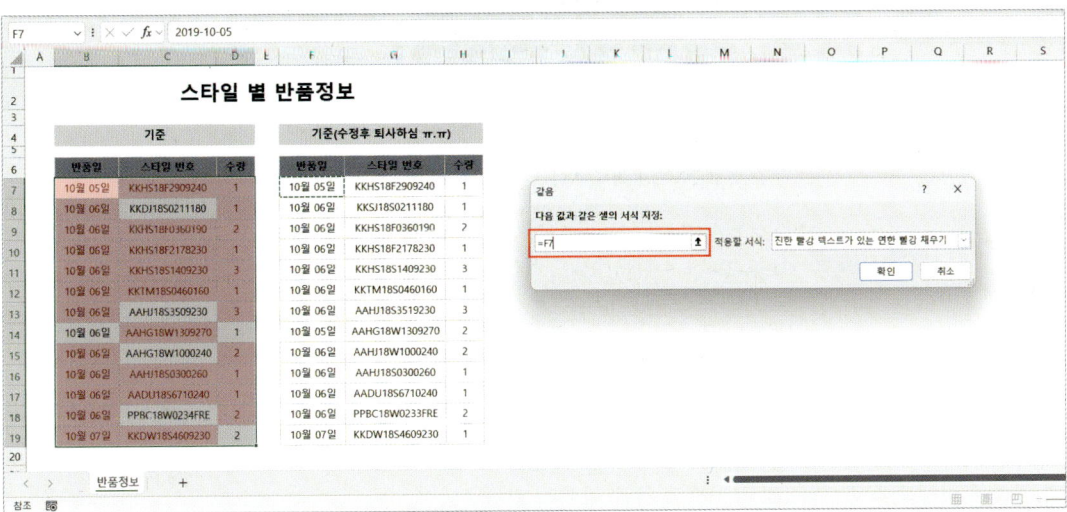

05 [확인]을 클릭하거나 `Enter` 키를 눌러 아래와 같은 결과값을 확인합니다. 흰색 음영이 칠해진 6개 구간에 변경이 생긴 상황입니다. 오른쪽 표와 비교해 봅니다.

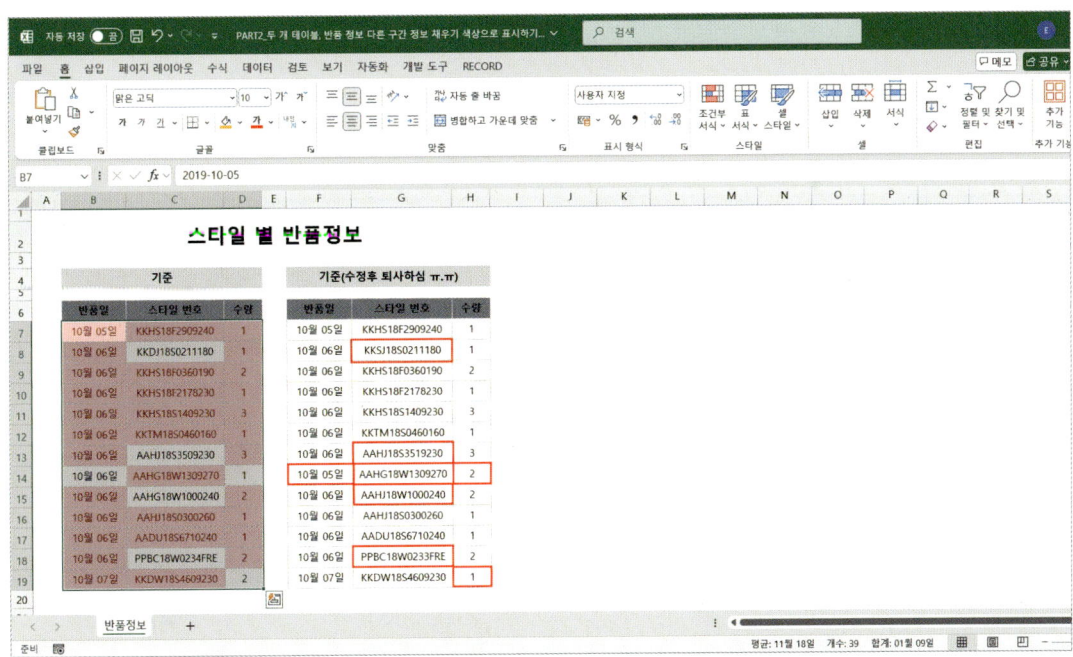

> **TIP** [같음] 메뉴를 사용하기 위해서는 테이블 목록 순서, 즉 B열- '반품일', C열- '스타일 번호', D열- '수량'과 같이 목록 순서가 동일해야 합니다. 목록 순서가 다를 경우에는 상대참조 구조로 동일선상에 있는 값을 찾기가 어렵습니다.

CHAPTER 19

정보가 업데이트될 때마다 자동으로 테두리 그리기

예제 파일) PART2_19 정보가 업데이트될 때마다 자동으로 테두리 그리기

실무 스킬

　누적으로 정보를 관리해야 할 때나 새로운 데이터가 추가되었을 때 매번 테두리를 그려야 된다면 번거로움이 있습니다. 이런 번거로움을 해결할 수 있는 조건부 서식, 새 규칙을 이용한 자동 테두리 그리기 방법을 알아보겠습니다. 이 논리를 이해하기 위해서는 상대참조, 절대참조, 혼합참조 논리를 이용한 대표성의 원리를 이해해야 합니다. 실무 연습을 통해 확인해 보겠습니다.

실무 연습 ❶

01 [고객리스트] 시트에서 B열 'NO' 목록에 15명의 고객 리스트를 순차적으로 작성하려 합니다. 미리 테두리를 그려 놓는 형식이 아니라, 리스트가 업데이트될 때마다 자동으로 테두리가 그려지도록 하겠습니다. B5:D19셀을 범위 지정합니다.

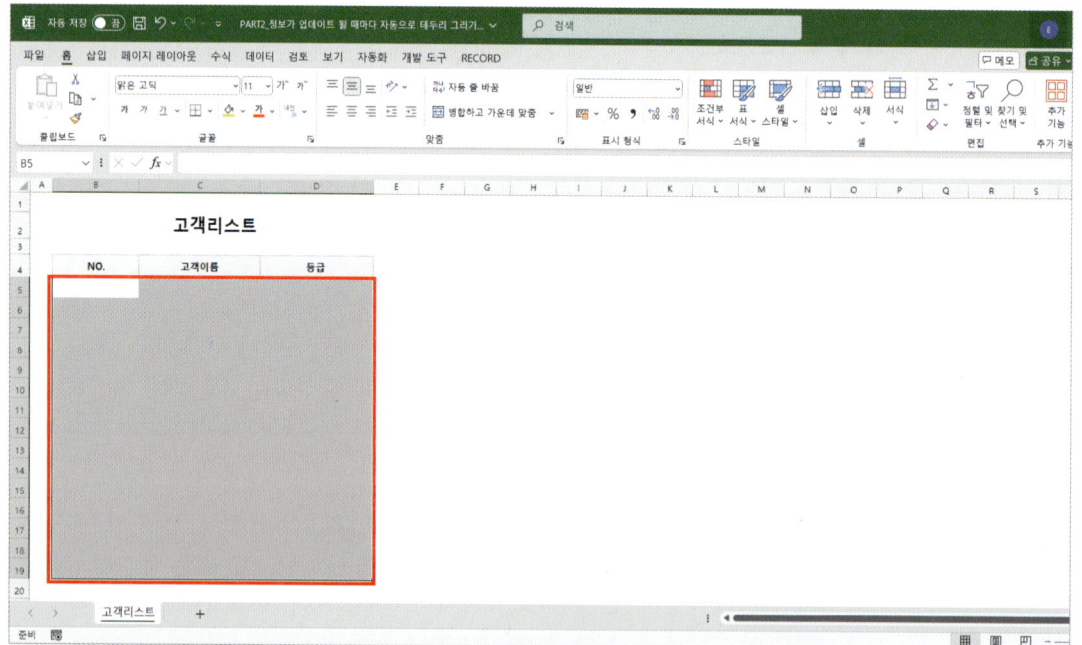

02 [홈] 탭-[스타일]-[조건부 서식]-[새 규칙] 메뉴를 클릭합니다.

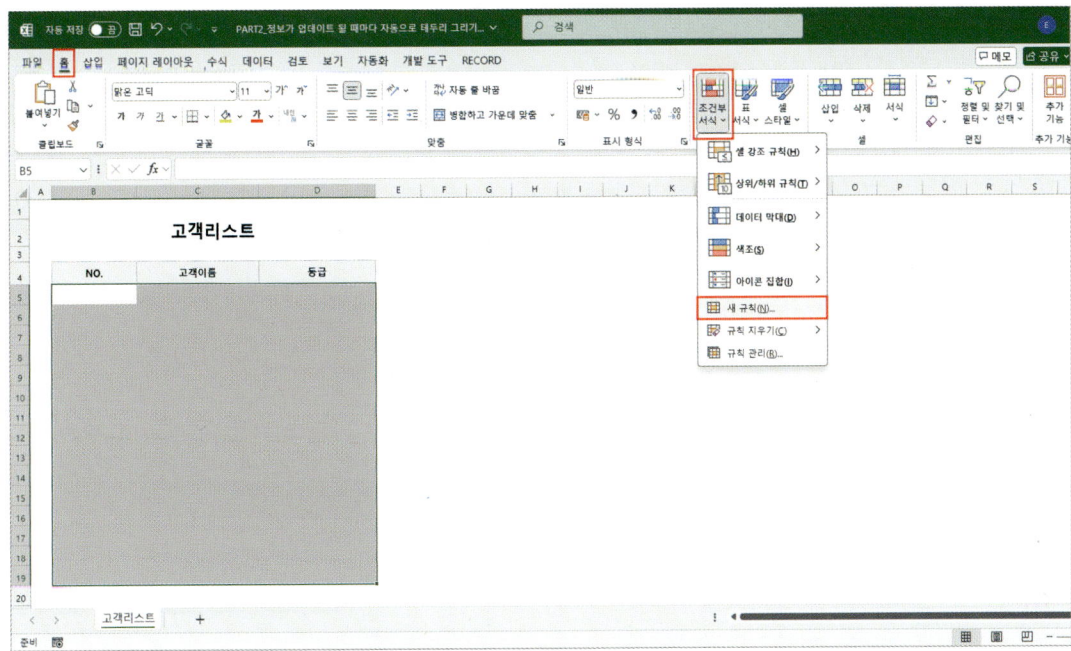

03 ❶ '수식을 사용하여 서식을 지정할 셀 결정'을 선택합니다. ❷ 아래 '다음 수식이 참인 값의 서식 지정'란을 클릭합니다.

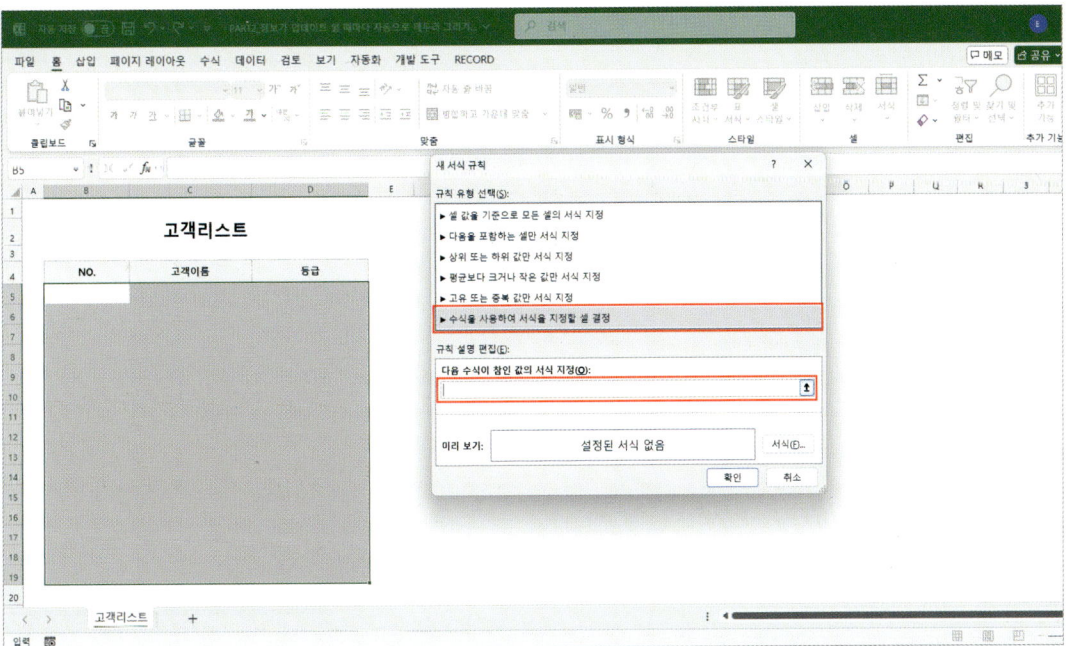

04

❶ =$B5<>""을 입력합니다. ❷ [서식] 메뉴를 클릭합니다.

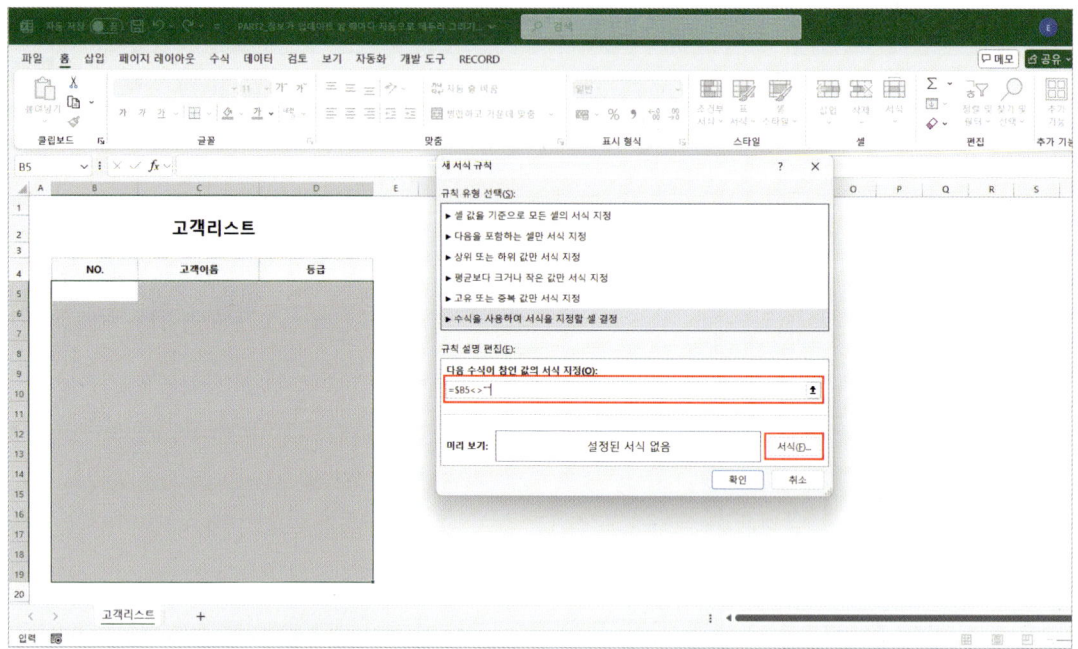

05

❶ [테두리]-[선]에서 맨 아래의 실선을 선택합니다. ❷ [미리 설정]에서는 [윤곽선]을 선택하고 [확인]을 클릭합니다.

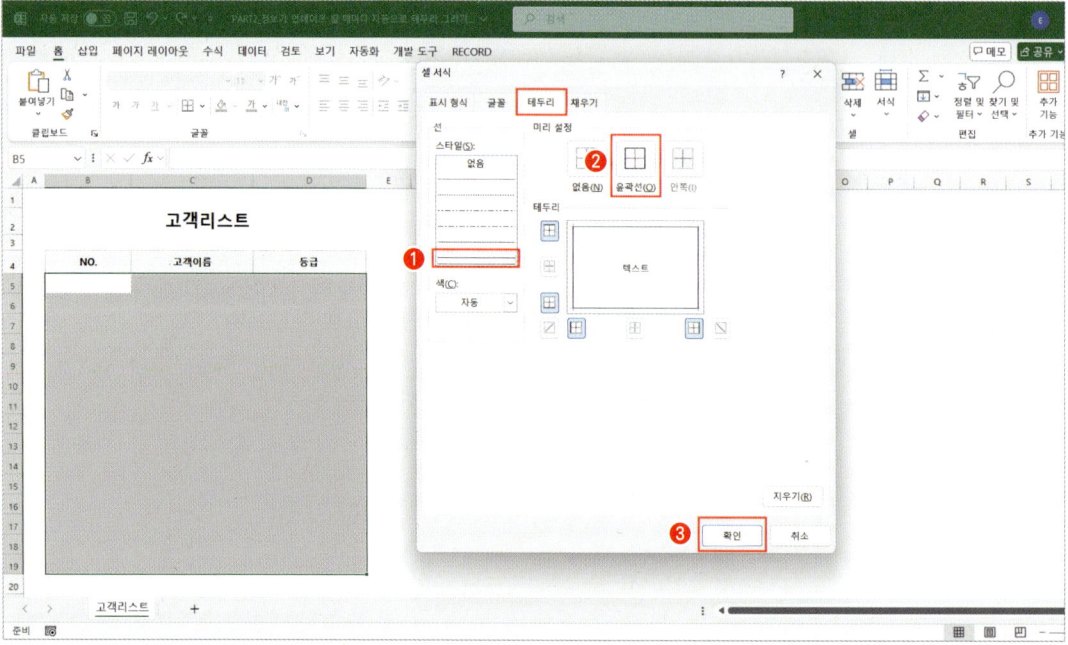

06 새 서식 규칙 대화상자에서 [확인]을 클릭합니다.

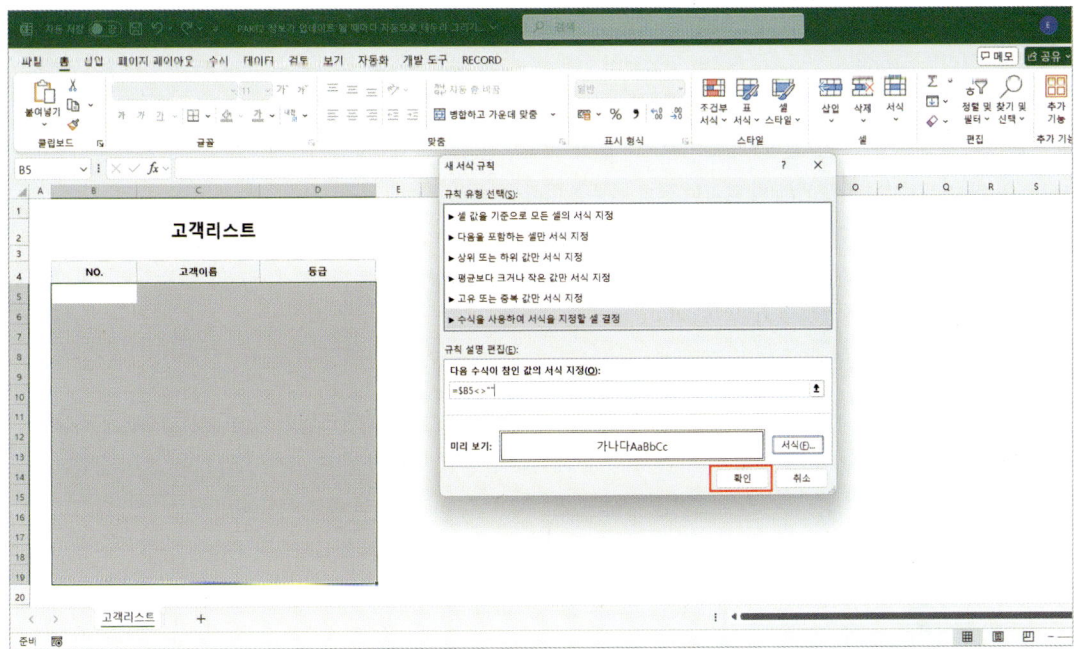

07 ❶ B5셀에 숫자 1을 입력하고 Enter 키를 누릅니다. ❷ B5:D5셀 범위에 테두리가 입혀지는 결과를 확인합니다.

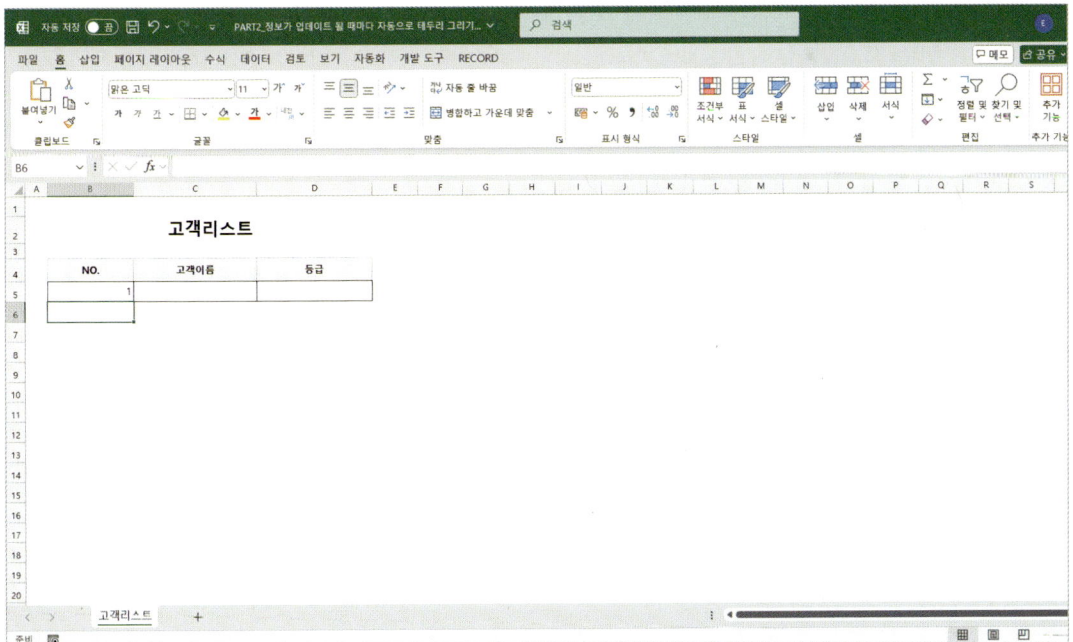

1. 조건부 서식 새 규칙- 열 고정 혼합참조

다음 수식이 참인 값의 서식 지정에 =$B5<>""이라고 입력한다면 $B5셀이 혼합참조되어 있습니다.

대표성 원리를 적용하면, $B5셀은 B열이 고정되어 전체라는 의미로 해석되며 범위 지정 영역 B5:B19셀 안에서 B열이 공백이 아니면 같은 행에 있는 정보도 서식을 지정받을 수 있게 됩니다. 이때 비교대상이 필요한데 여기에서는 B열이 공백이 아닌 경우 즉, 데이터가 입력된 경우를 $B5<>"", ""(공백)이 아니다(<>)라는 엑셀식으로 표현을 했습니다. 이렇게 되면 범위 구간 안에 각 행마다 정보 유무에 따라 위 식에 근거해 맞다(TRUE), 아니다(FALSE)라는 결과가 각 행에 발생하게 됩니다.

지금 같은 경우에는 B열에서 참(TRUE)인 값을 만족하는 구간이 발생하면 한 행 전체도 같은 조건을 만족한다는 의미로 범위 지정 영역 전체가 서식 지정되는 것입니다.

2. 조건부 서식 새 규칙- 행 고정 혼합참조

다음 수식이 참인 값의 서식 지정에 =B$5<>""이라고 입력한다면 B$5셀이 혼합참조되어 있습니다. 대표성 원리를 적용하면, B$5셀은 5번 행이 고정되어 전체라는 의미로 해석되며, 범위 지정 영역 B5:D5셀안에서 5번 행이 공백이 아니면 같은 열에 있는 정보도 서식을 지정받을 수 있게 됩니다. 이때 비교대상이 필요한데 여기에서는 5번 행이 공백이 아닌 경우 즉, 데이터가 입력된 경우를 B$5<>"", ""(공백)이 아니다(<>)라는 엑셀식으로 표현했습니다. 이렇게 되면 범위 구간 안에 각 열마다 정보 유무에 따라 위 식에 근거해 맞다(TRUE), 아니다(FALSE)라는 결과가 각 열에 발생하게 됩니다.

지금 같은 경우에는 5번 행에서 참(TRUE)인 값을 만족하는 구간이 발생하면 한 열 전체도 같은 조건을 만족한다는 의미로 범위 지정 영역 전체가 서식 지정되는 것입니다.

3. 조건부 서식 새 규칙- 상대참조

다음 수식이 참인 값의 서식 지정에 =B5<>""이라고 입력한다면 B5셀이 상대참조된 것을 확인할 수 있습니다. 대표성 원리를 적용하면, B5셀은 고정이라는 $표시가 없기 때문에 범위 구간안에 한 셀씩 전체라는 의미로 해석되며, 범위 지정 영역에서 B5:D19셀 전체, 한 셀씩을 비교대상으로 <>"", 공백("")이 아니라면(<>) 참(TRUE)이라는 의미로 작동되게 됩니다.

지금 같은 경우에는 각 셀 하나씩 참(TRUE)인 값을 만족하면 한 개 셀에 각각 서식 지정을 받습니다.

위 예시에서는 조건부 서식- 새 규칙- 새 서식 규칙- 수식을 사용하여 서식을 지정할 셀 결정- 규칙 설명 편집- 다음 수식이 참인 값의 서식 지정- '=$B5〈〉""' 열만 고정된 혼합참조로 자동 테두리 그리기를 실행했습니다.

같은 범위를 지정한 상태에서 행만 고정한 혼합참조로 운영하는 경우 어떻게 조건부 서식에 새 규칙이 운영되는지 알아보겠습니다. 위 예시에서 **01~03** 과정은 동일하게 진행합니다. **04**번 과정에서 수식을 변경해 보겠습니다.

01 새 서식 규칙- 수식을 사용하여 서식을 지정할 셀 결정- 규칙 설명 편집- 다음 수식이 참인 값의 서식 지정- '=B$5〈〉""' 을 입력하고 '서식' 메뉴를 클릭합니다.

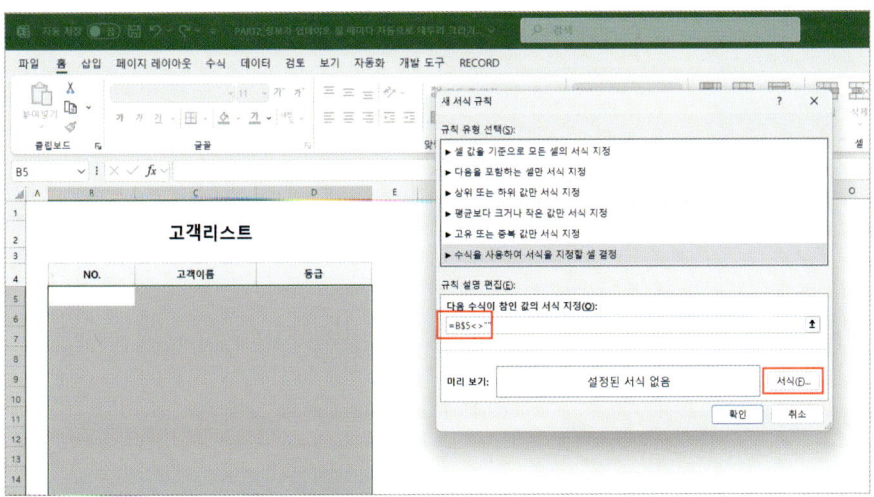

02 셀 서식- 테두리- 선- 스타일- 실선 선택- 미리 설정- 윤곽선- 확인 버튼을 클릭합니다.

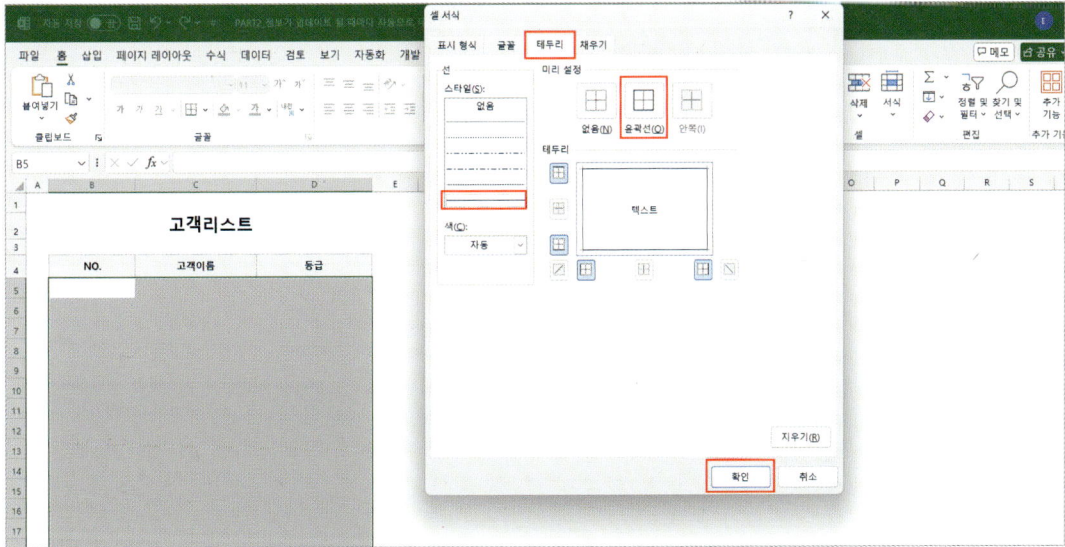

03 새 서식 규칙– 확인 버튼을 누릅니다.

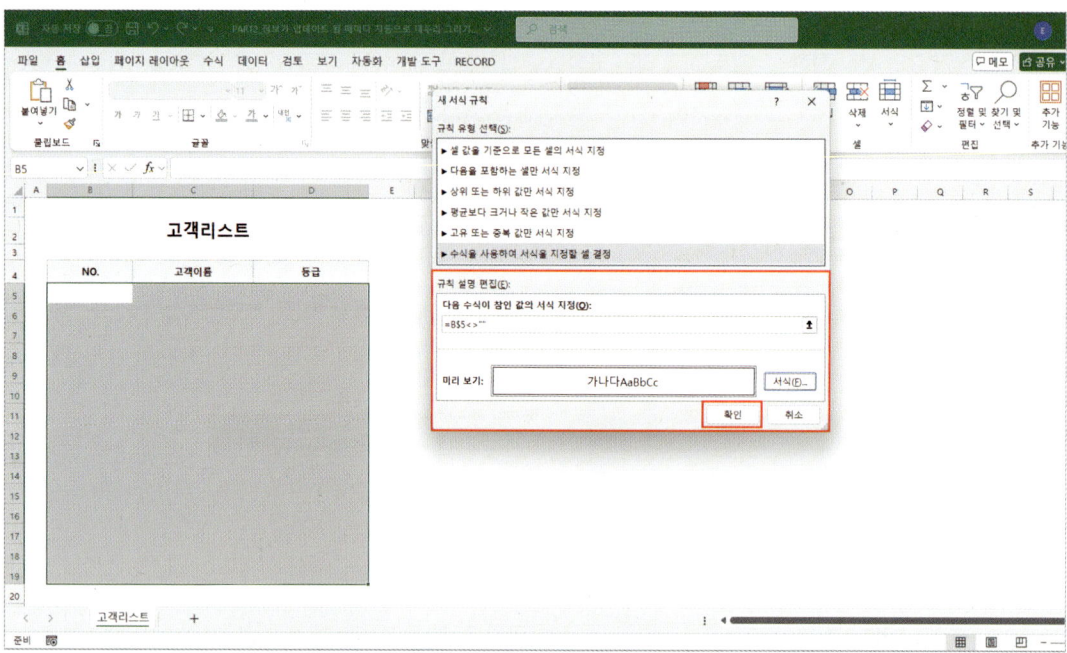

04 B5셀에 숫자 1을 입력하고 Enter 키를 눌러 아래와 같이 테두리 서식이 지정된 결과값을 확인합니다.

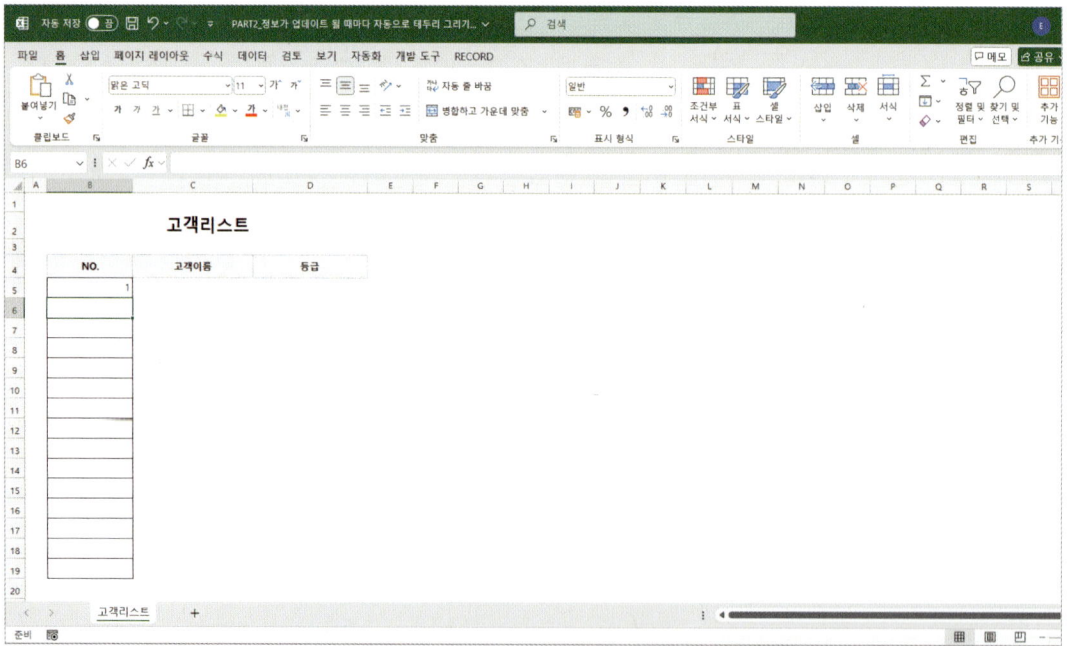

같은 범위를 지정한 상태에서 상대참조로 운영하는 경우 어떻게 조건부 서식에 새 규칙이 운영되는지 알아보겠습니다. 위 예시에서 **01~03** 과정은 동일하게 진행합니다. **04**번 과정에서 수식을 변경해 보겠습니다.

01 새 서식 규칙– 수식을 사용하여 서식을 지정할 셀 결정– 규칙 설명 편집– 다음 수식이 참인 값의 서식 지정– '=B5〈〉""' 을 입력하고 '서식' 메뉴를 클릭합니다.

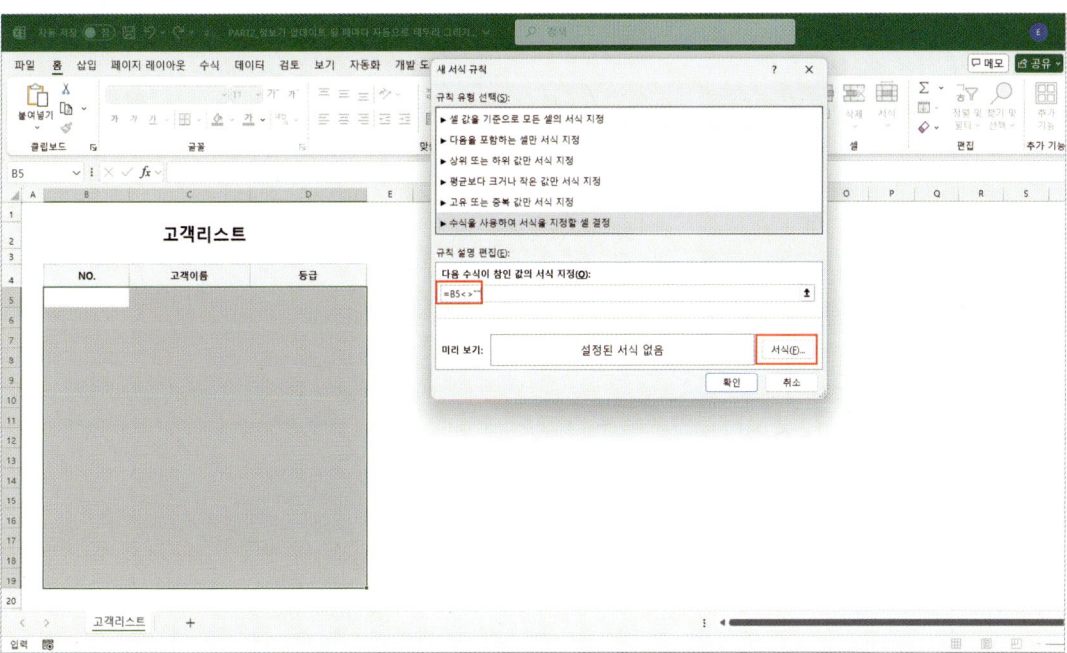

02 셀 서식– 테두리– 선– 스타일– 실선 선택– 미리 설정– 윤곽선– 확인 버튼을 클릭합니다.

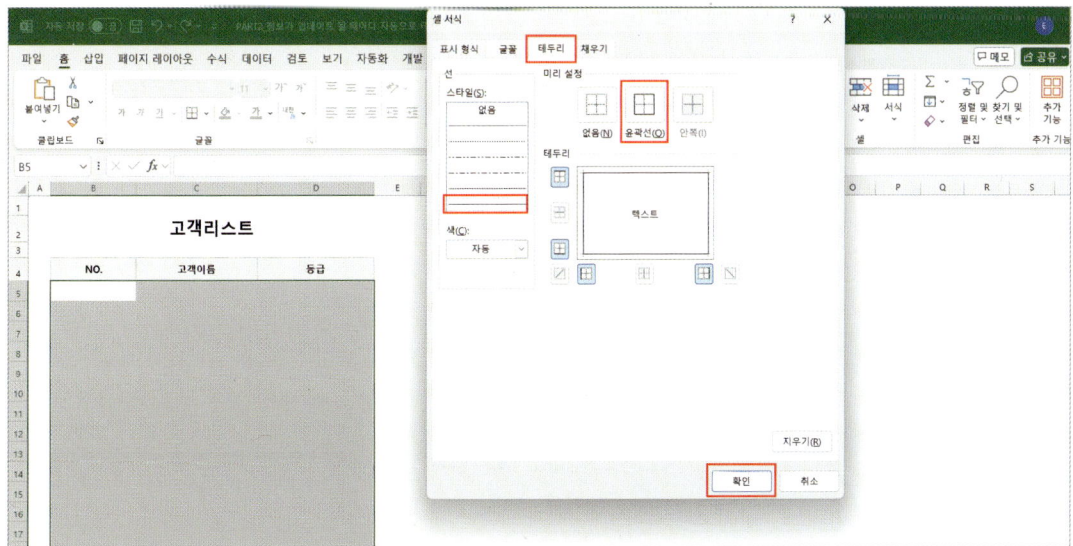

03 새 서식 규칙- 확인 버튼을 누릅니다.

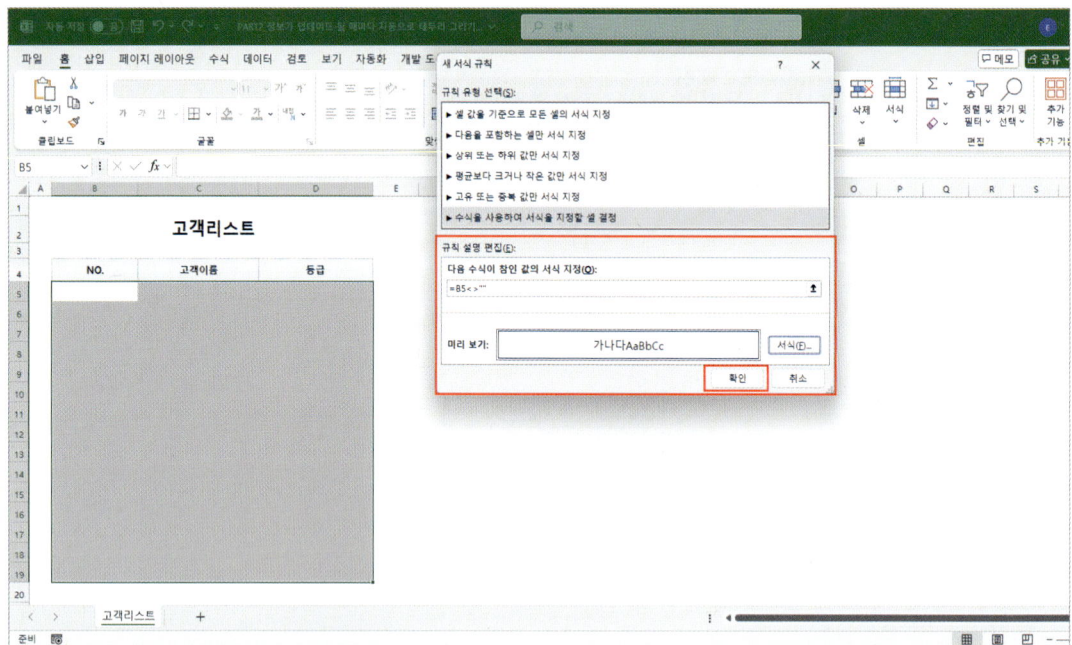

04 B5셀에 숫자 1을 입력하고 [Enter] 키를 눌러 아래와 같이 테두리 서식이 지정된 결과값을 확인합니다.

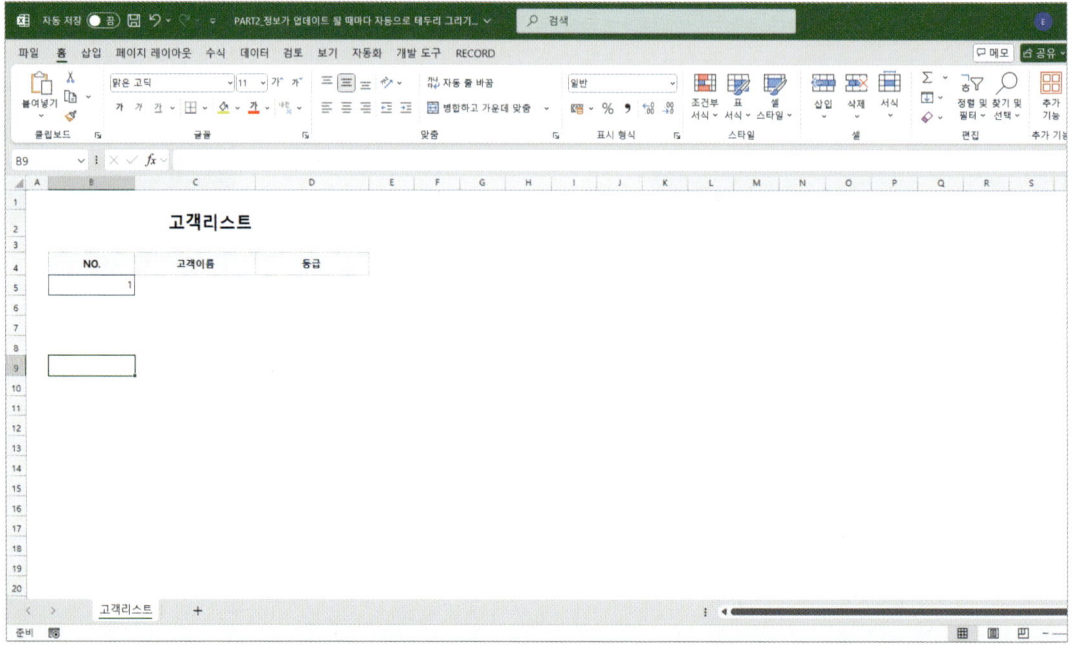

CHAPTER 20

글꼴만 이용해서 프로젝트 진척율 막대그래프로 나타내기

📁 예제 파일 PART2_20 글꼴만 이용해서 프로젝트 진척률 막대그래프로 나타내기

실무 스킬

엑셀로 작업을 할 때 약간의 트릭을 활용하면 쉽게 작업을 할 수 있습니다. 프로젝트 진척률이나 목표 대비 달성률과 같이 숫자 자체로 데이터를 분석하는 것보다 그래프 형태로 함께 출력한다면 가독성이 높은 경우가 있습니다. 엑셀에서 사용되는 글꼴은 글꼴마다 출력할 수 있는 기호가 정해져 있는데, 특정 글꼴을 이용해 막대그래프로 데이터를 출력하는 간단한 방법을 알아보도록 하겠습니다.

실무 연습 ❶

01 [PJ_진척도_실습] 시트 D열에 있는 진척률 목록 자료를 참고해서 E열 진척률_그래프 목록에 막대 그래프 형태로 데이터를 출력하고자 합니다. 방법을 알아보겠습니다.

> **REPT 함수**
>
> =REPT(text,number_times)
>
> 1. text: 출력할 텍스트를 입력합니다. 위 예시에서는 버티컬 바(|)를 입력했습니다.
>
> 2. number times: 몇 번 반복해서 출력할지 횟수를 적습니다. 위 예시에서는 % 구간 숫자값*100으로 소수점을 정수로 출력해 숫자값을 완성했습니다. 정수 이외의 소수점은 오류값을 출력하니 주의 바랍니다.

02 E5셀을 클릭하고, '=REPT("|",D5*100)'을 입력합니다.

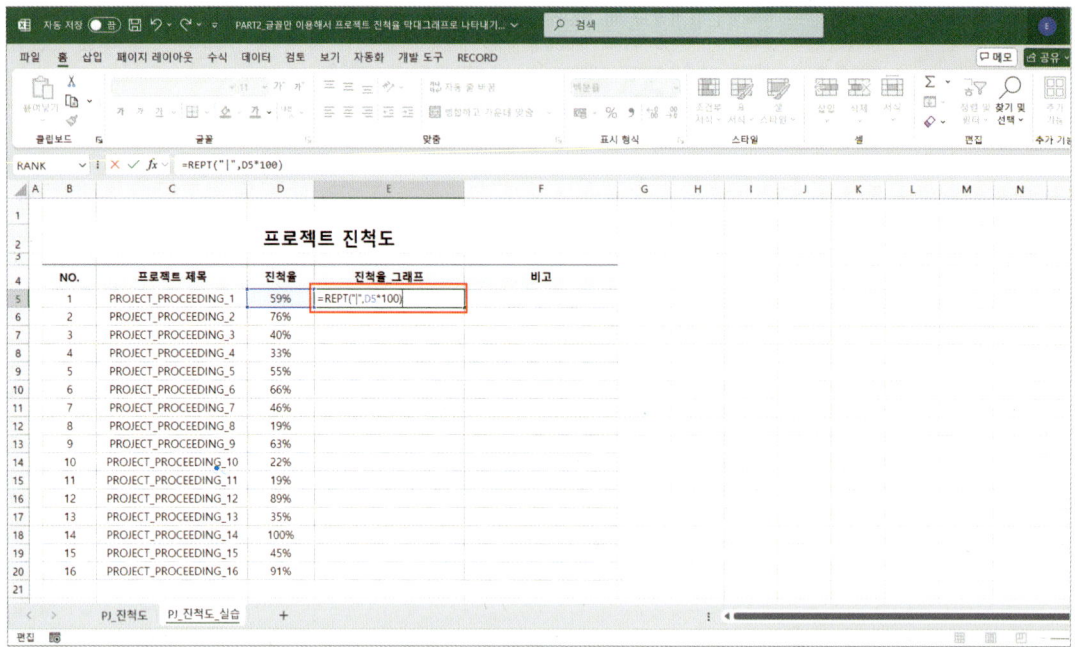

03 Enter 키를 눌러 결과를 확인하고 자동 채우기 핸들에 마우스를 밀어 넣습니다.

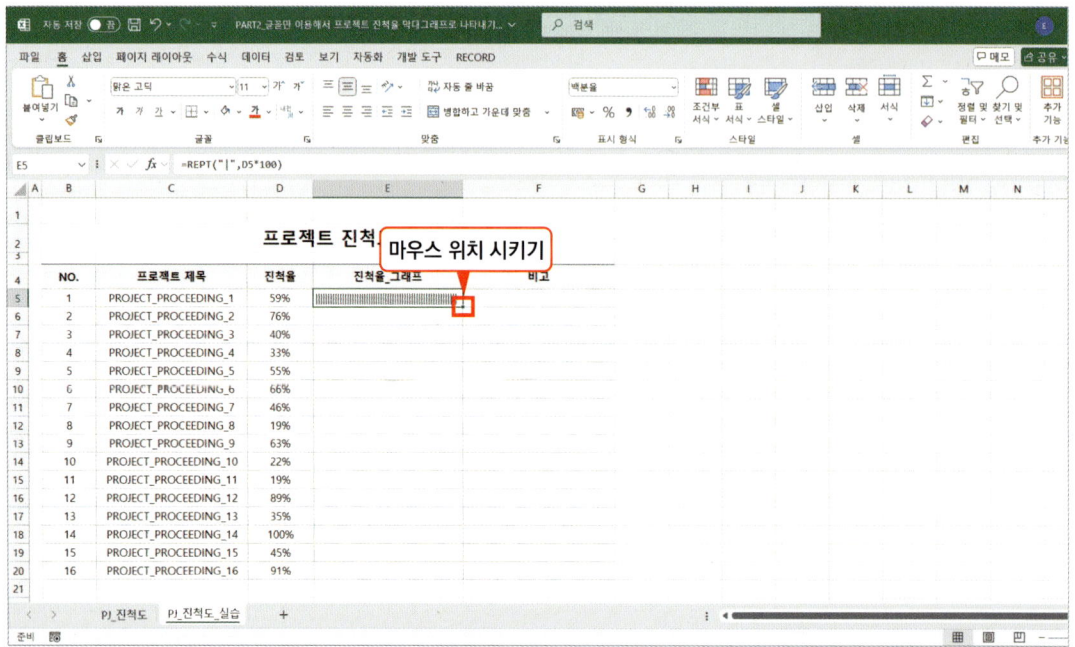

04 E5셀의 자동 채우기 핸들을 클릭한 채 E20셀까지 드래그하여 수식을 붙여넣습니다.

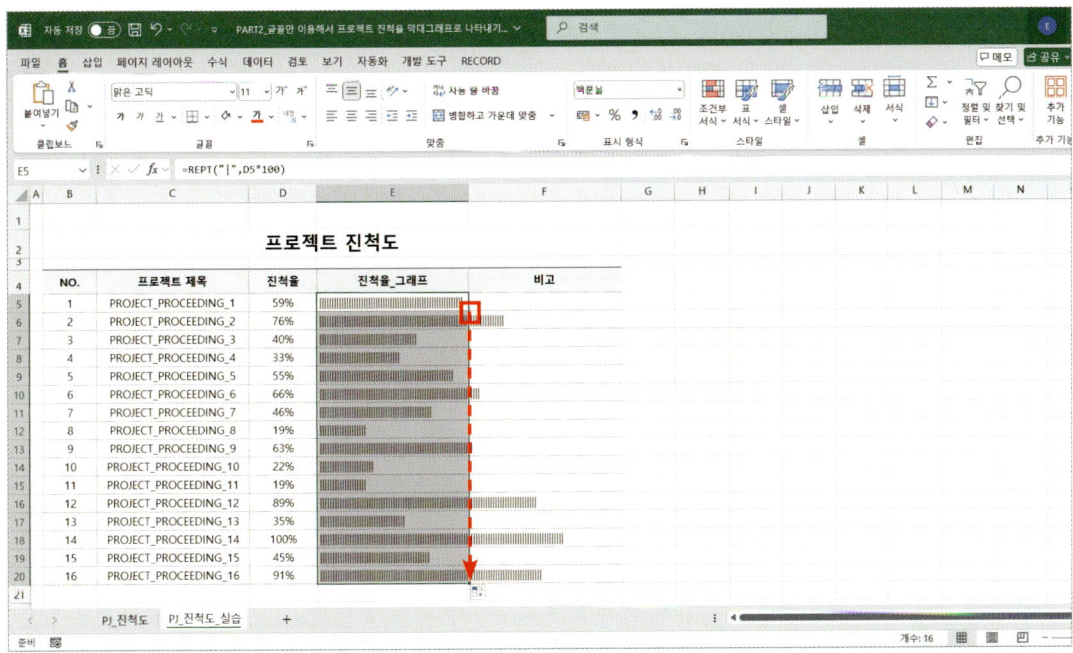

05 E5:E20셀이 범위 지정된 상태에서 [홈] 탭-글꼴 옆의 단추를 클릭합니다.

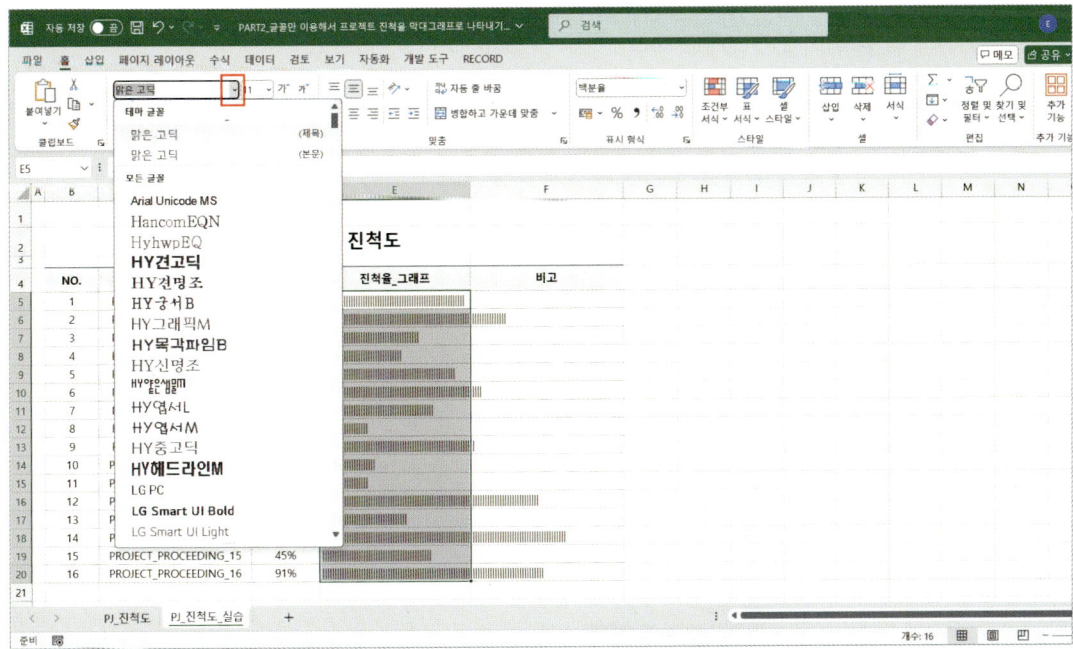

06 ❶ 글꼴 대화상자에 'BRI'를 입력합니다. ❷ 'Britannic Bold' 글꼴을 선택합니다.

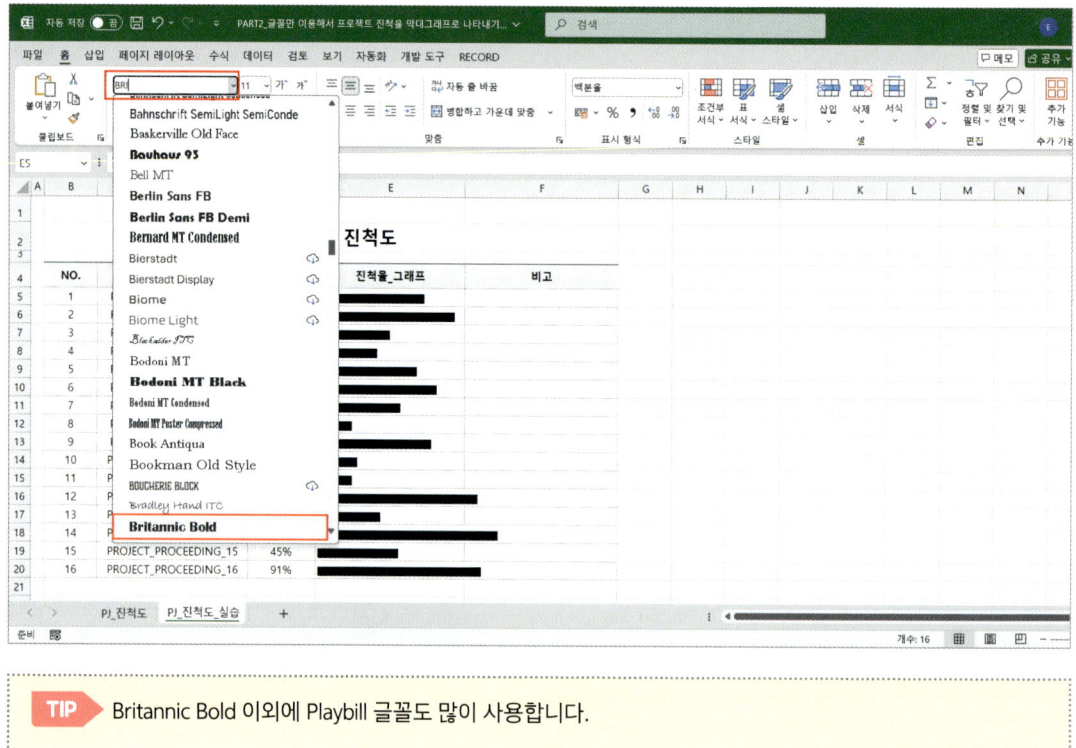

07 버티컬 바(|)가 한 개의 막대그래프로 출력된 결과값을 확인합니다. 막대그래프가 가장 긴 E18 셀에 맞춰 열 너비를 조정해 줍니다.

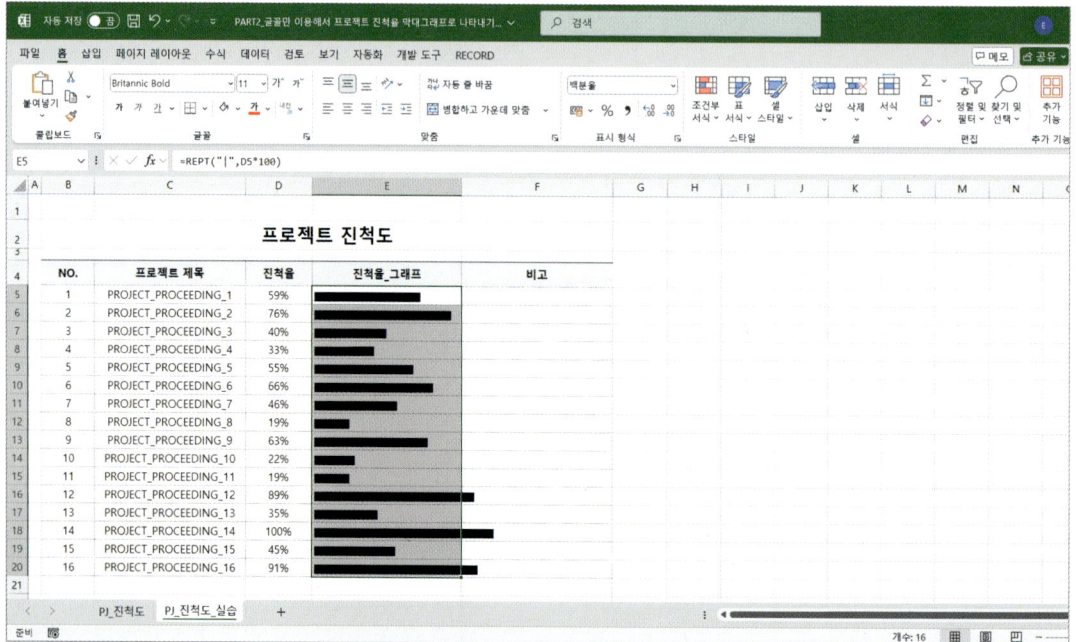

CHAPTER 21

자동으로 열 너비, 행 높이 맞추는 방법 알아보기

📁 **예제 파일** PART2_21 자동으로 열 너비, 행 높이 맞추는 방법 알아보기

실무 스킬

엑셀과 같은 스프레드시트 방식의 프로그램에는 행과 열이 마주치는 정보 입력 단위인 셀이 존재하는데 이 셀 간격을 일정하게 또는 필요에 맞게 조절을 해야 하는 경우가 있습니다.

한 열에서 텍스트 음절 수가 가장 긴 정보를 기준으로 자동으로 열 너비를 맞춰 주는 '열 너비 자동 맞춤' 기능에 대해 알아보겠습니다. 이 기능은 행 높이에서도 동일하게 작동합니다.

실무 연습 ❶

01 [주문량] 시트에서 전자제품 주문량 테이블의 전체 열 너비를 한 열에서 텍스트 길이가 가장 긴 정보를 기준으로 자동으로 맞추겠습니다. ❶ B5:J24셀을 범위 지정합니다.

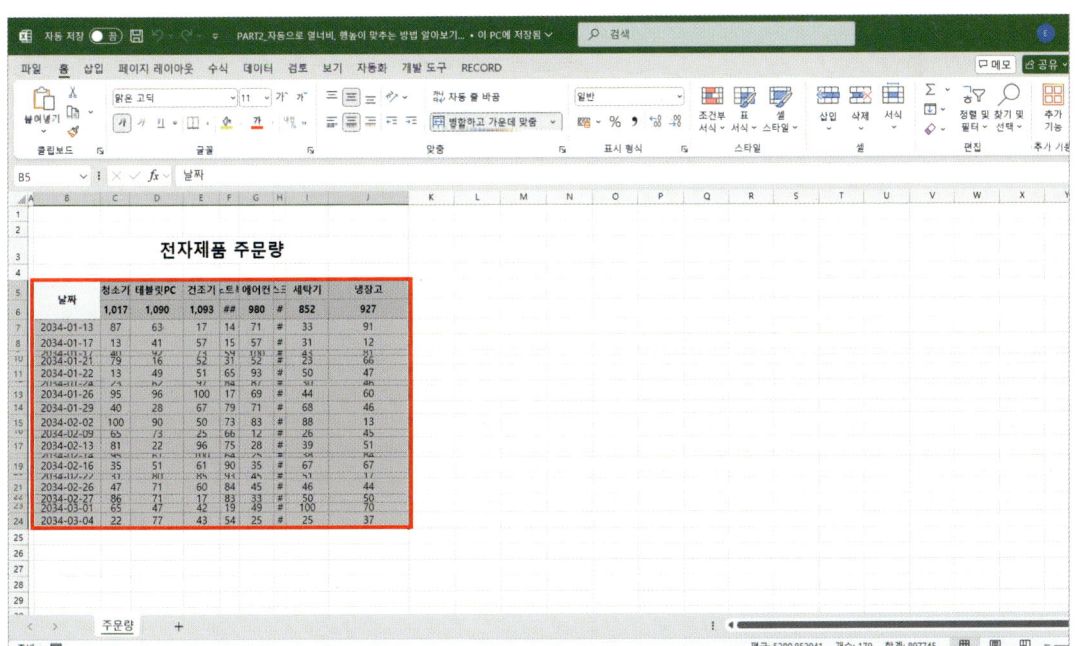

02 [홈] 탭-[셀]-[서식]-[열 너비 자동 맞춤] 메뉴를 클릭합니다.

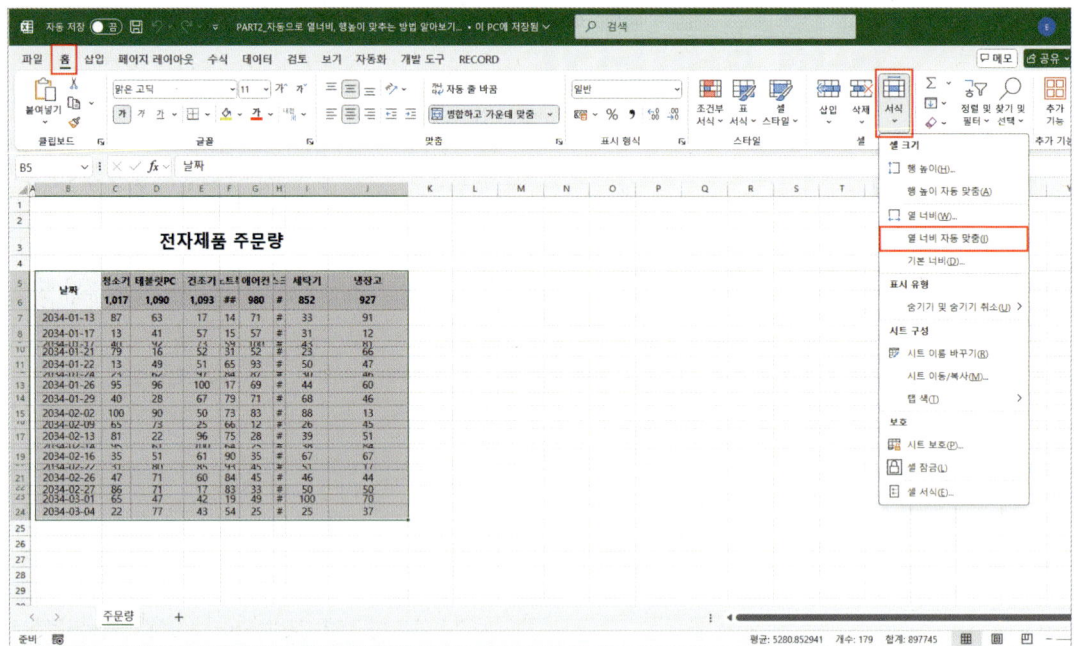

03 범위 지정된 열 너비가 텍스트 길이가 가장 긴 정보를 기준으로 자동 맞춤된 결과를 확인합니다.

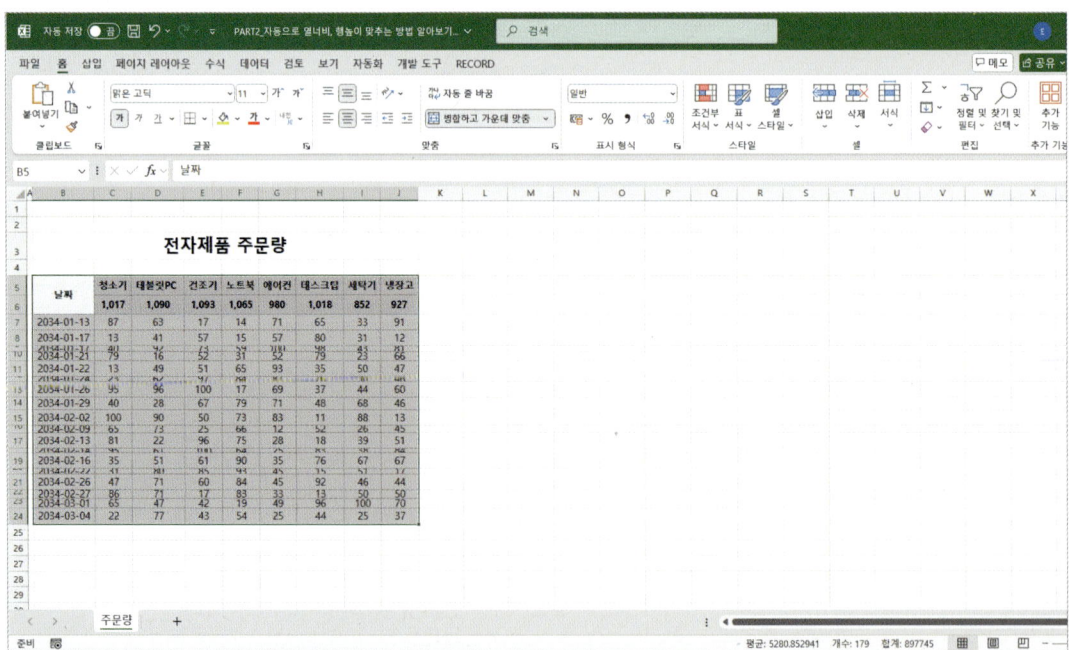

04 [홈] 탭-[셀]-[서식]-[행 높이 자동 맞춤] 메뉴를 클릭합니다.

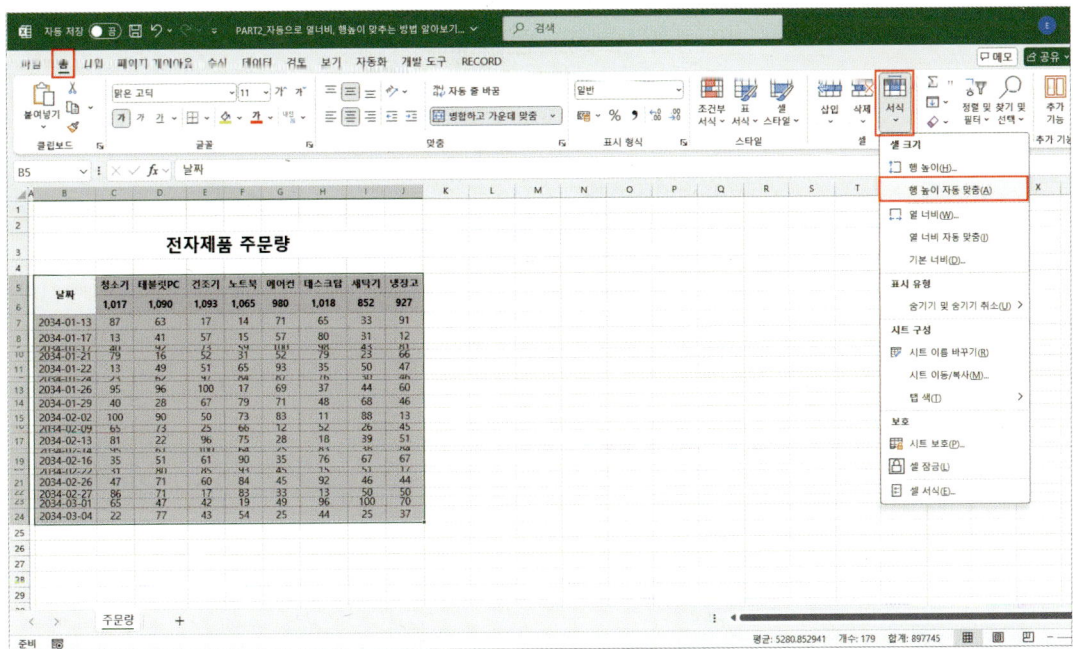

05 행 높이가 글꼴 높이만큼 자동으로 맞춰진 결과를 확인합니다.

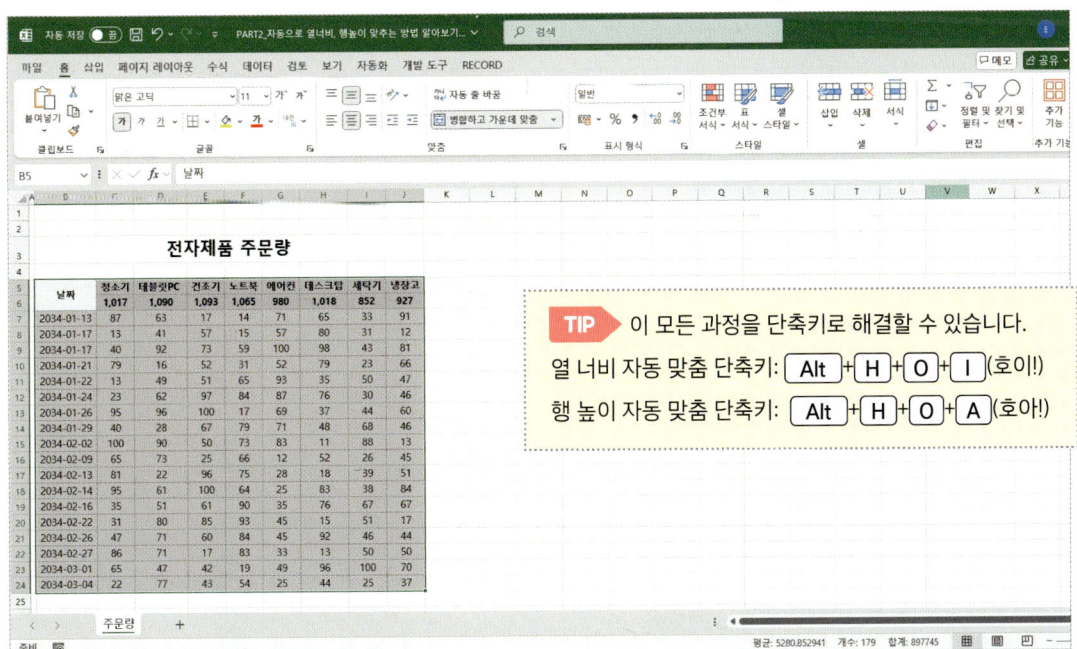

앞서서 배운 모든 과정을 마우스 하나로 해결할 수 있습니다.

01 B:J열 전체를 범위 지정합니다.

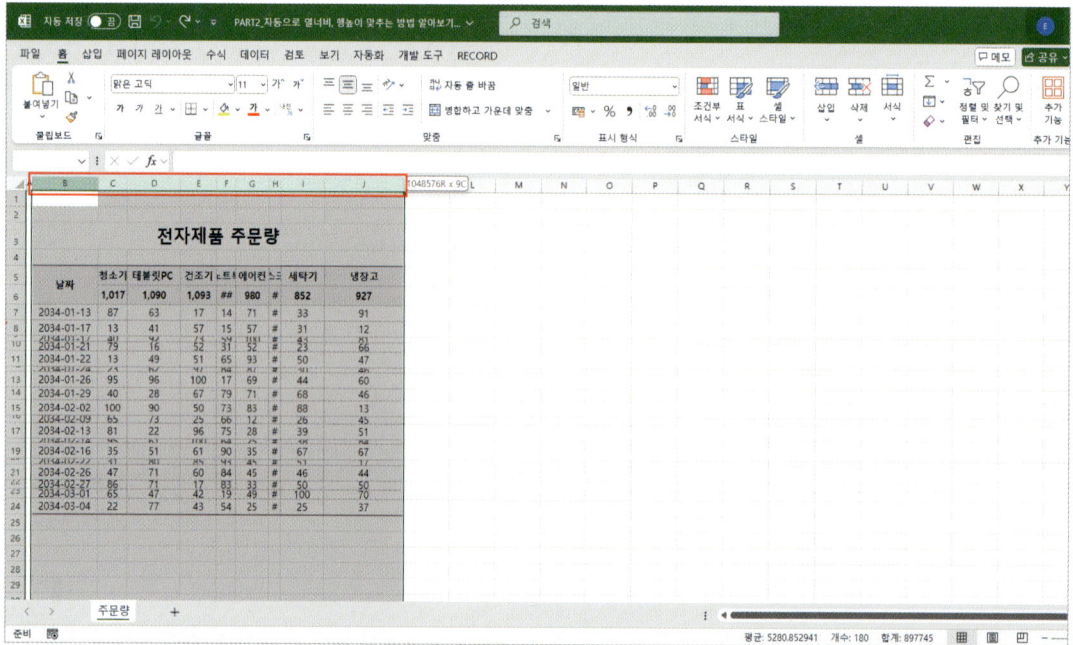

02 B와 C열 사이에 마우스 커서를 위치시켜 커서 모양이 '검정색 바와 양방향 화살표가 표시된 상태' 가 되면 마우스 왼쪽 버튼을 더블클릭합니다. 여기서는 B와 C열 사이에서 실행했지만 범위 지정된 열 사이 아무 곳이나 상관없습니다.

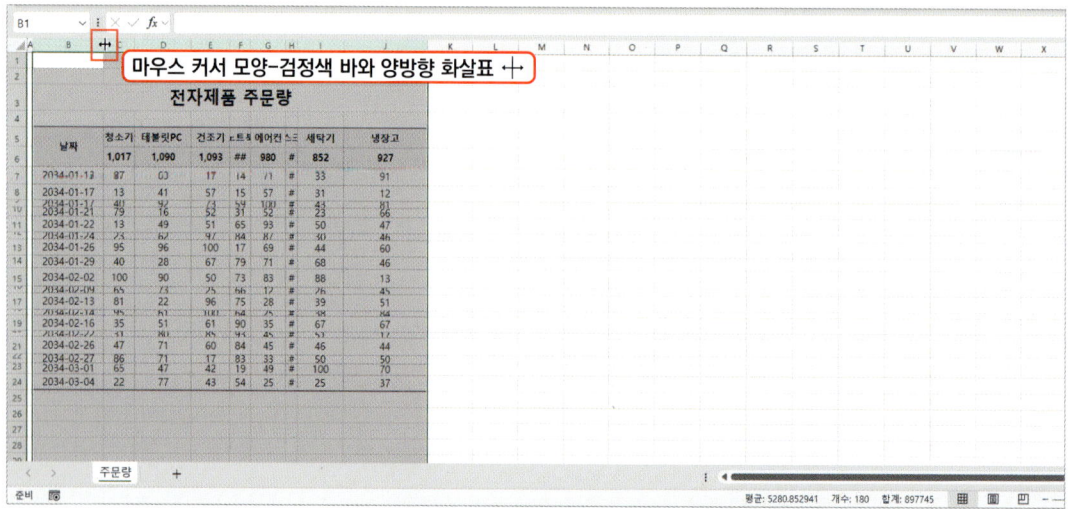

03 열 너비가 자동 맞춤이 결과를 확인합니다. 행 높이 역시 마찬가지로, 범위를 지정하고 행 사이에서
마우스 왼쪽 버튼을 더블클릭하면 자동 행높이 맞춤이 됩니다.

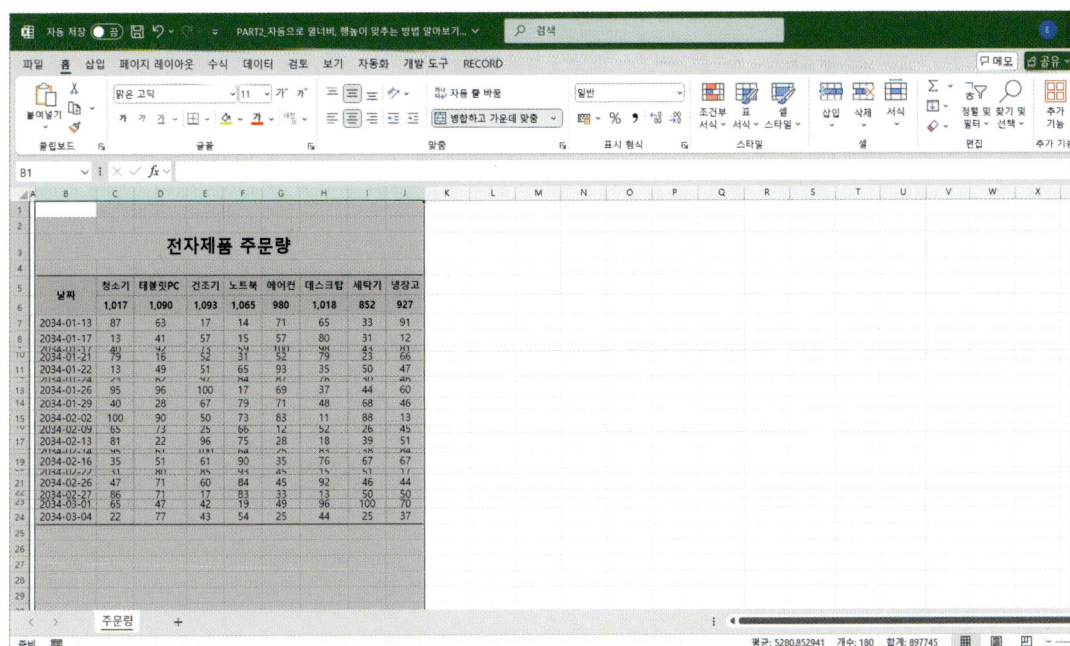

CHAPTER 22

여러 범위 중 한 행씩 한번에 병합 하는 방법 알아보기

📁 **예제 파일** PART2_22 여러 범위 중 한 행씩 한번에 병합하는 방법 알아보기

📋 실무 스킬

엑셀로는 데이터 관리, 추출 및 정산, 취합, 평가 같은 작업을 많이 합니다. 그중 보고서를 만들거나 정리된 표를 양식에 맞게 가공해야 하는 경우도 있습니다. 특히 보고서 형태로 표를 만들기 위해서는 셀 단위에 맞춰 레이아웃을 보기 좋게 만들어야 합니다.

이번에는 [병합하고 가운데 맞춤] 중 [전체 병합] 메뉴를 통해서, 여러 범위에서 한 행씩 한 번만 클릭하여 레이아웃을 보기 좋게 가공하는 방법에 대해 알아보도록 하겠습니다.

🔍 실무 연습 ❶

01 [견적서] 시트를 보면 '품명'이 기입된 셀과 '수량'이 기입된 셀이 각각 병합되어 있는 상태입니다. 그 아래 필드값이 입력될 셀들도 똑같이 한 행마다 병합해야 하는 상황입니다. 클릭 한 번으로 해결하는 방법을 알아보겠습니다. ❶ B12:C20셀을 범위 지정합니다.

02 ❶ [홈] 탭-[맞춤]-[병합하고 가운데 맞춤] 옆의 단추를 클릭합니다. ❷ [전체 병합] 메뉴를 클릭합니다.

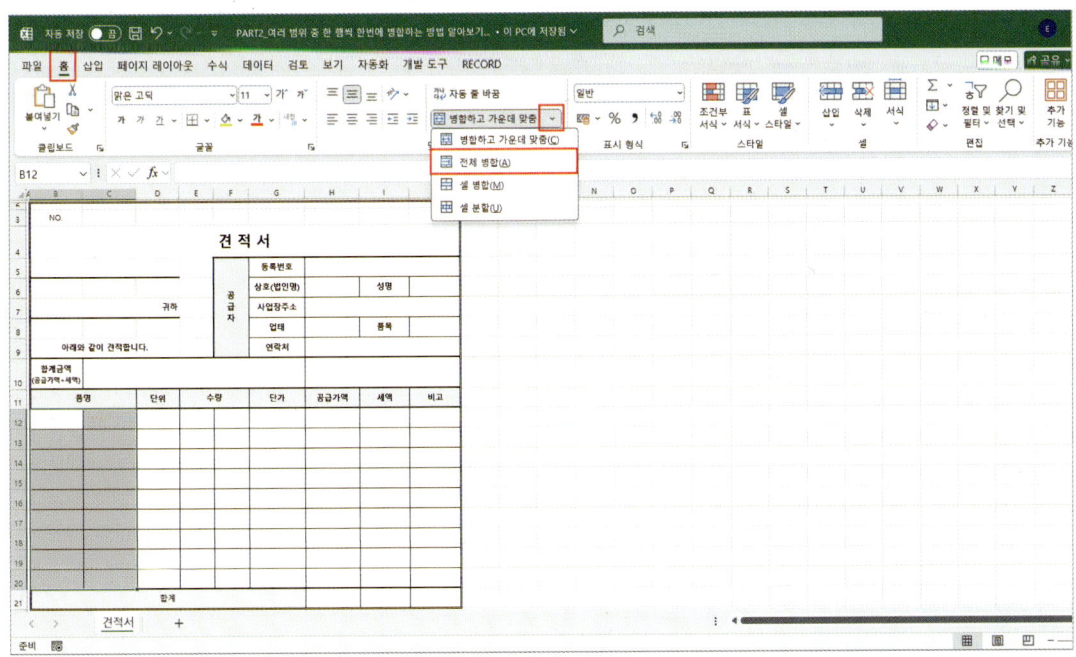

03 B12:C20셀 범위가 한 행별로 병합되었습니다.

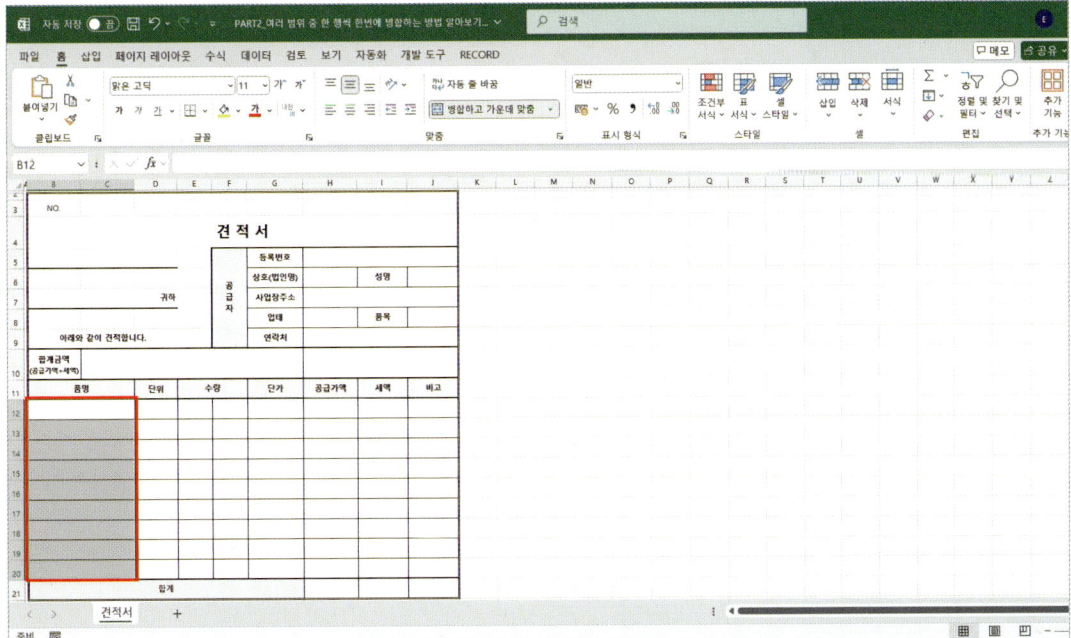

04 다중 범위 선택으로 떨어진 셀 구간이라도 똑같은 규칙을 적용할 수 있습니다. ❶ 일단 Ctrl +Z 키를 눌러 처음 상태로 되돌립니다. ❷ B12:C20셀을 범위 지정합니다. ❸ Ctrl 키를 누른 채 E12:F20셀을 범위 지정합니다.

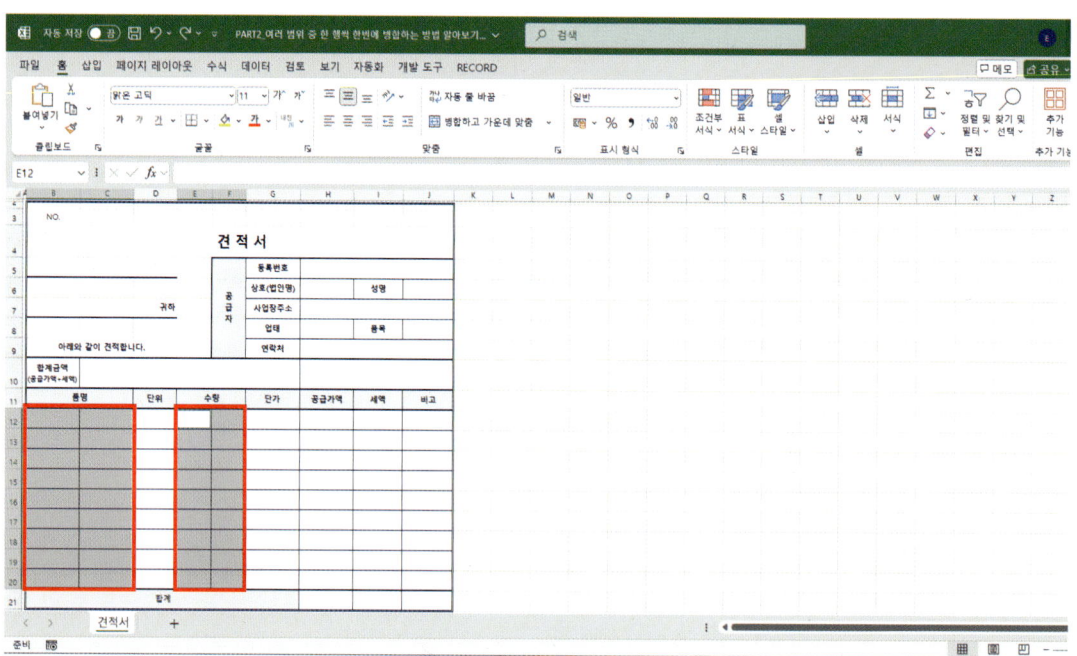

05 ❶ [홈] 탭-[맞춤]-[병합하고 가운데 맞춤] 옆의 단추를 클릭합니다. ❷ [전체 병합] 메뉴를 클릭합니다.

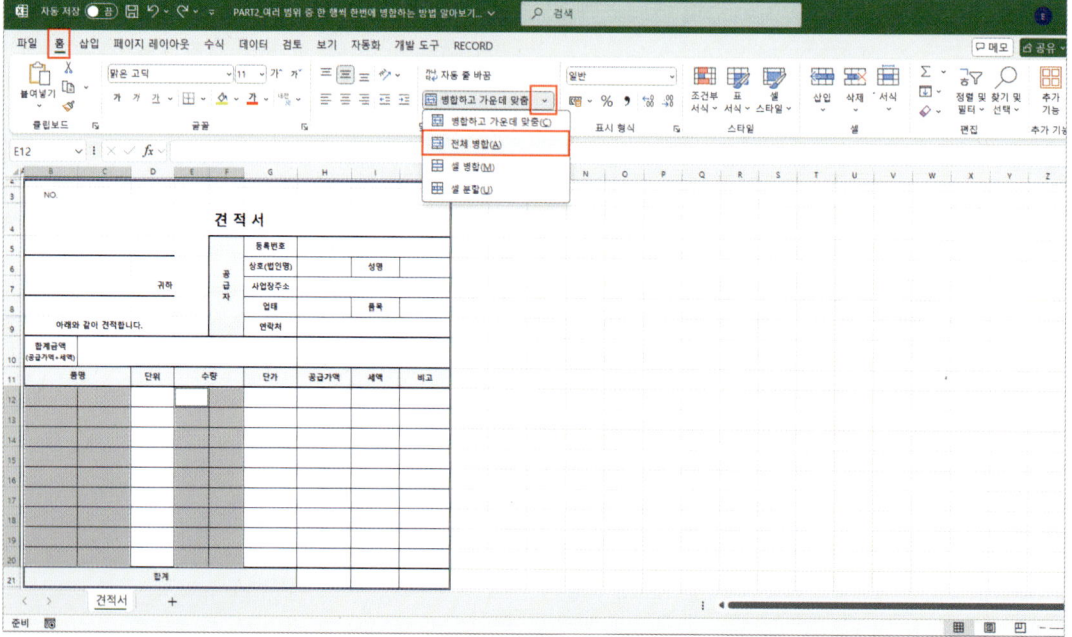

06 B12:C20셀 범위와 E12:F20셀 범위가 한 행씩 병합된 결과를 확인합니다.

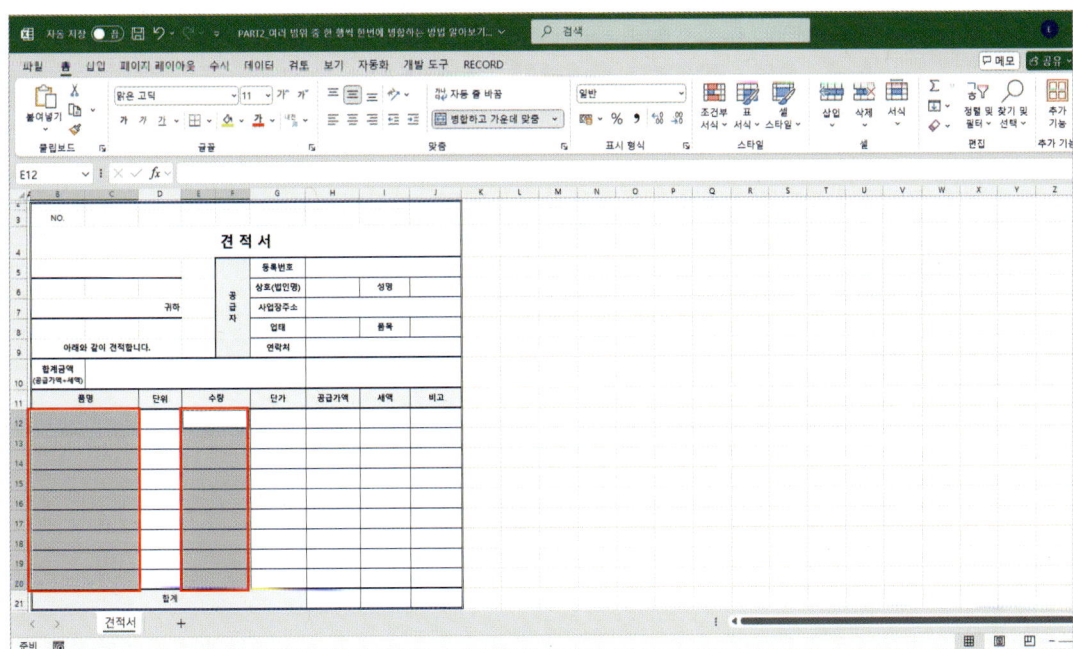

> **TIP** 엑셀에서 레이아웃을 맞추기 위해 병합을 해야 할 때는 '병합하고 가운데 맞춤' 또는 '전체 병합'을 가장 많이 사용합니다. 이 두 개 메뉴는 '빠른 실행 도구에 추가'해서 사용한다면 보고서 레이아웃을 빠르게 완성시킬 수 있습니다.

클릭 한 번으로 엑셀이 만들어 주는 표 디자인해 보기

예제 파일 PART2_23 클릭 한 번으로 엑셀이 만들어 주는 표 디자인해 보기

실무 스킬

　엑셀은 숫자를 가공하기 적합한 프로그램입니다. 이런 숫자를 돋보이게 해 주는 역할을 하는 것이 표입니다. 테두리나 글꼴이나 글꼴 크기, 채우기 색상 등 서식을 활용해서 표를 만들면, 가독성을 높여 사용자가 말하고자 하는 내용을 전달하는 데 중요한 역할을 합니다.

　이번에는 이런 표 서식들이 미리 스타일로 정리된 [표 서식]-[표 스타일]을 이용해 클릭 한 번으로 원하는 표를 만드는 방법을 알아보겠습니다. 그리고 직접 스타일을 디자인하는 방법도 알아보겠습니다.

실무 연습 ❶

01 [판매불량자료] 시트에서 '브랜드별 판매량 및 불량자료' 테이블에 문자와 숫자가 입력되어 있습니다. 엑셀에서 제공하는 표 스타일을 디자인해 보겠습니다. ❶ B5:K13셀을 범위 지정합니다.

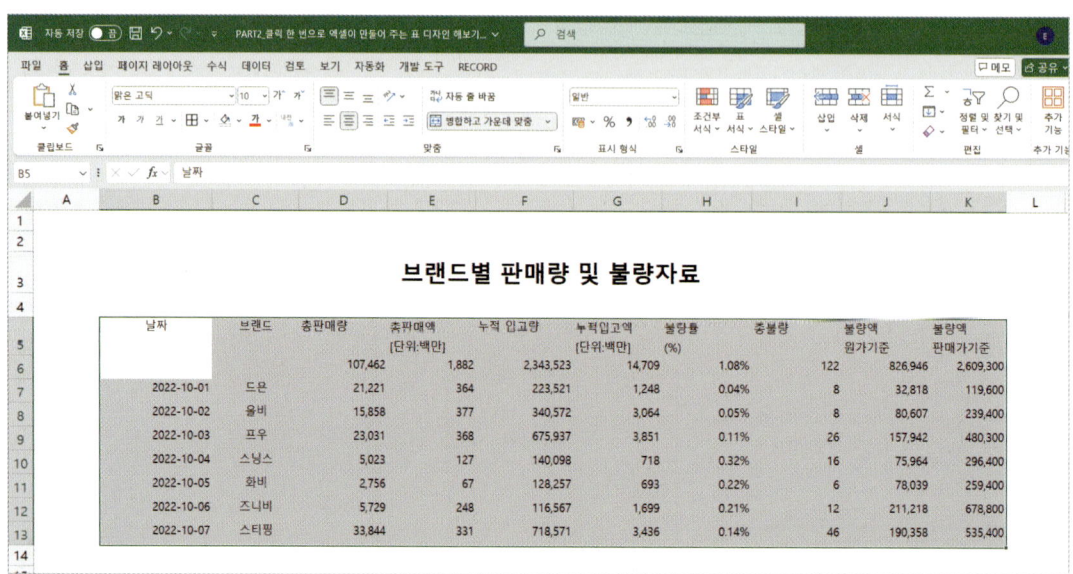

> **TIP** 데이터가 있는 셀 아무 곳이나 클릭한 상태로 진행해도 되지만, 범위를 특정해 주는 것이 좋습니다.

02 [홈] 탭-[스타일]-[표 서식]-[중간]-[흰색, 표 스타일 보통 4]를 클릭합니다.

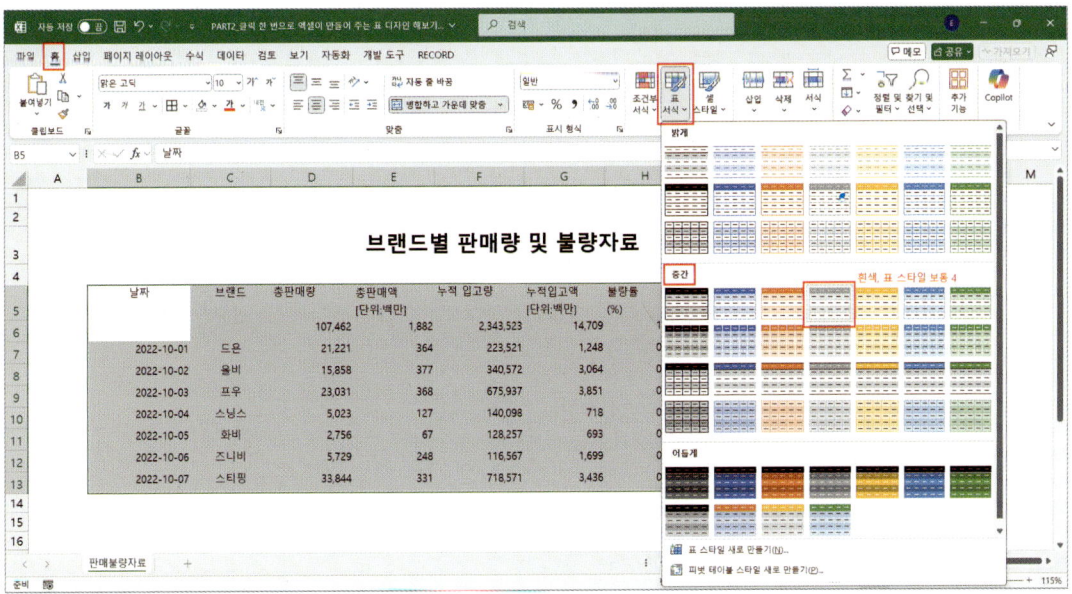

03 ❶ 표 만들기 대화상자에서 [머리글 포함]에 체크하고 ❷ [확인]을 클릭합니다.

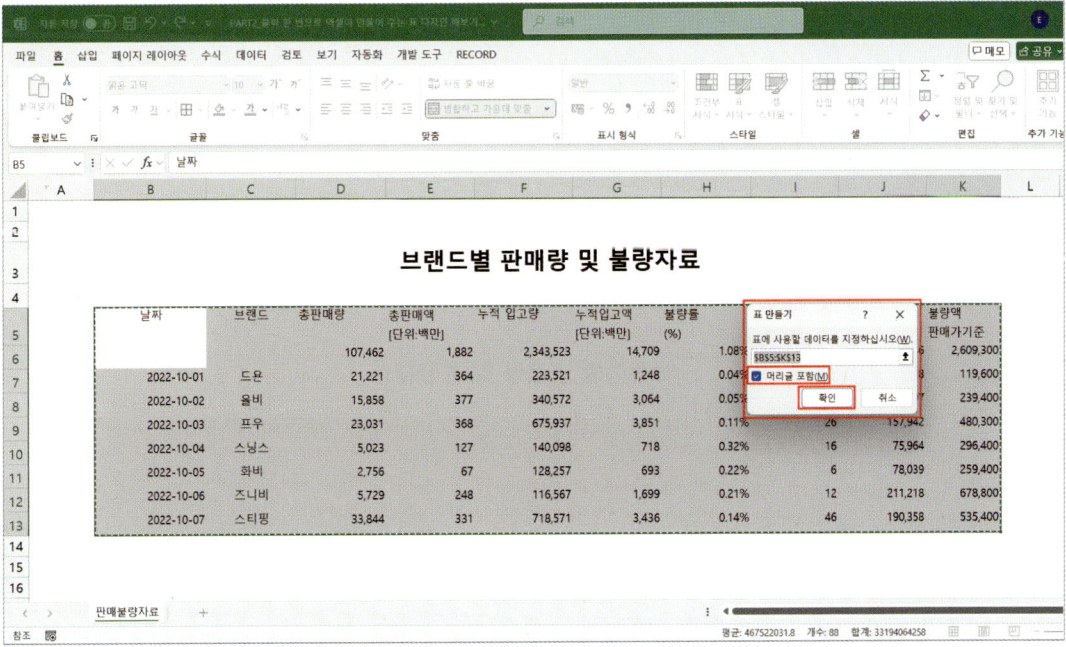

04 표 스타일이 적용된 결과를 확인합니다.

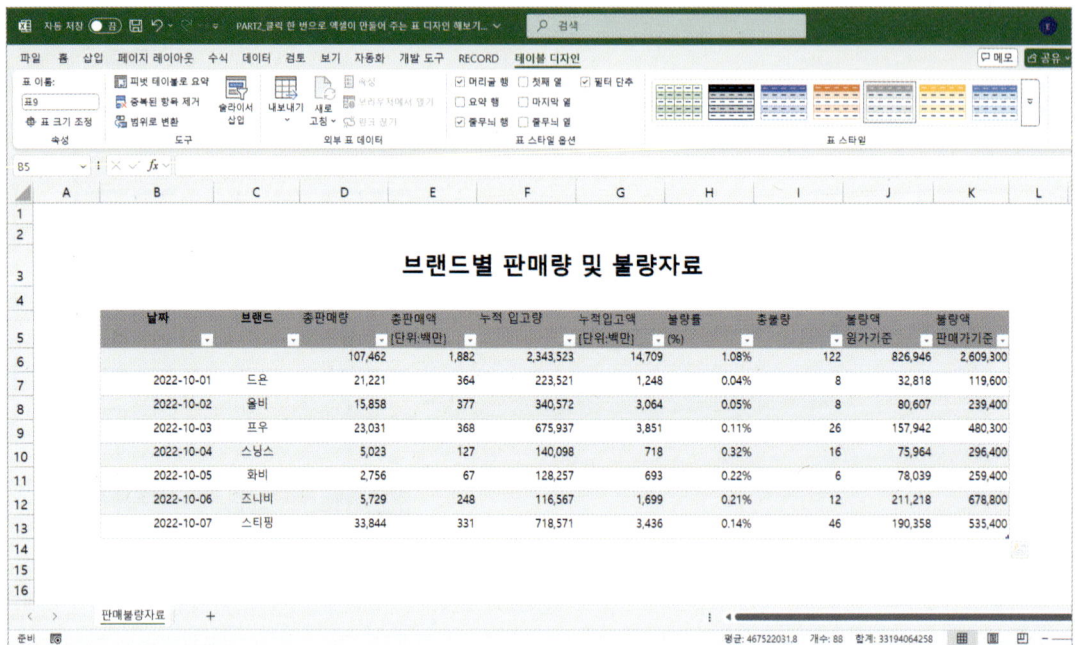

05 디자인된 표에서 필터 단추와 줄무늬 행을 제거하고 데이터를 가운데 정렬하겠습니다. ❶ B5:K13 셀 범위를 선택합니다. ❷ [테이블 디자인] 탭-[표 스타일 옵션]에서 ❸ [필터 단추]와 [줄무늬 행] 체크 박스를 각각 클릭하여 해제합니다.

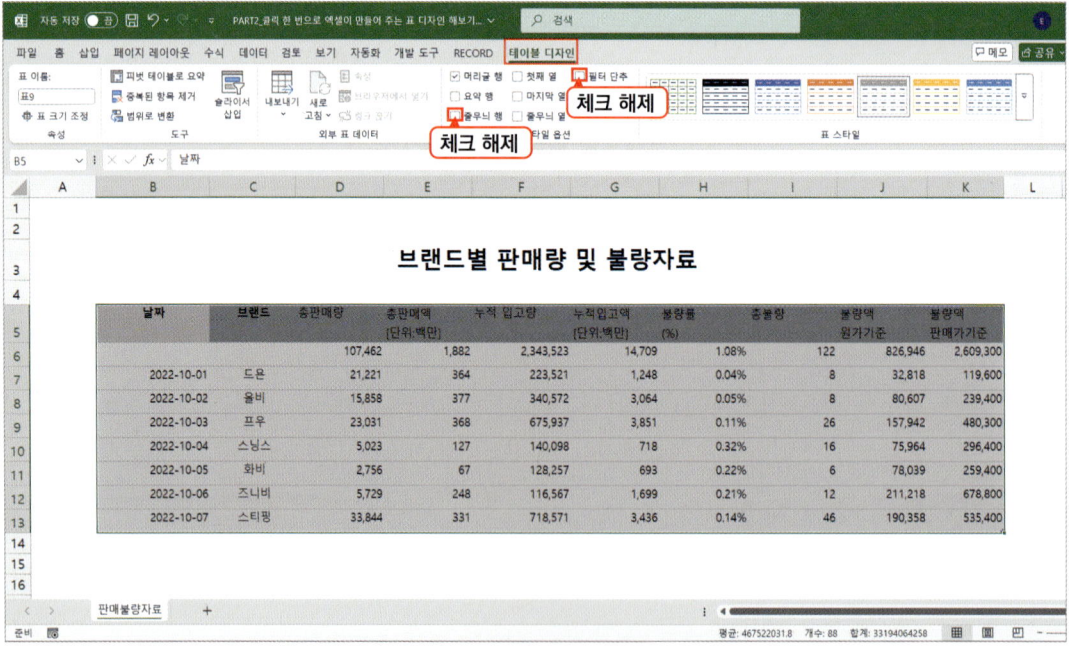

06 [홈] 탭-[맞춤]-[(위/아래) 가운데, (왼쪽/오른쪽) 가운데]를 각각 클릭합니다.

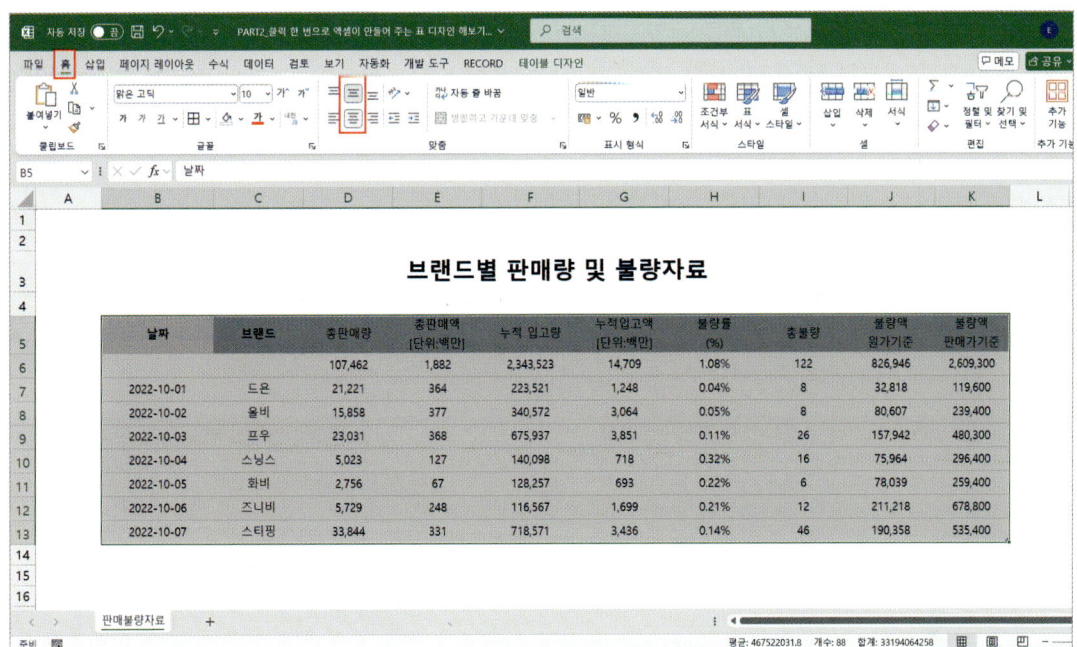

	날짜	브랜드	총판매량	총판매액 [단위:백만]	누적 입고량	누적입고액 [단위:백만]	불량률 (%)	총불량	불량액 원가기준	불량액 판매가기준
			107,462	1,882	2,343,523	14,709	1.08%	122	826,946	2,609,300
	2022-10-01	드온	21,221	364	223,521	1,248	0.04%	8	32,818	119,600
	2022-10-02	올비	15,858	377	340,572	3,064	0.05%	8	80,607	239,400
	2022-10-03	프우	23,031	368	675,937	3,851	0.11%	26	157,942	480,300
	2022-10-04	스닝스	5,023	127	140,098	718	0.32%	16	75,964	296,400
	2022-10-05	화비	2,756	67	128,257	693	0.22%	6	78,039	259,400
	2022-10-06	즈니비	5,729	248	116,567	1,699	0.21%	12	211,218	678,800
	2022-10-07	스티핑	33,844	331	718,571	3,436	0.14%	46	190,358	535,400

TIP 이미 클릭되어 있다면 다시 한번 더 눌러 줍니다.

01 [판매불량자료] 시트를 새로 열어 보겠습니다. 이번에는 직접 일반적으로 많이 쓰는 '표 스타일 새로 만들기'로 사용자가 직접 표를 디자인해 보겠습니다.

1) 전체 표– 선– 테두리– 색– 흰색, 배경 1, 50% 더 어둡게

선– 스타일– 안쪽– '점선', 위/아래– '굵은 실선', 왼쪽/오른쪽– '없음'

2) 머리글 행– 채우기 색– '황금색, 강조4, 80% 더 밝게'

[홈] 탭–[스타일]–[표 서식]–[표 스타일 새로 만들기] 메뉴를 클릭합니다.

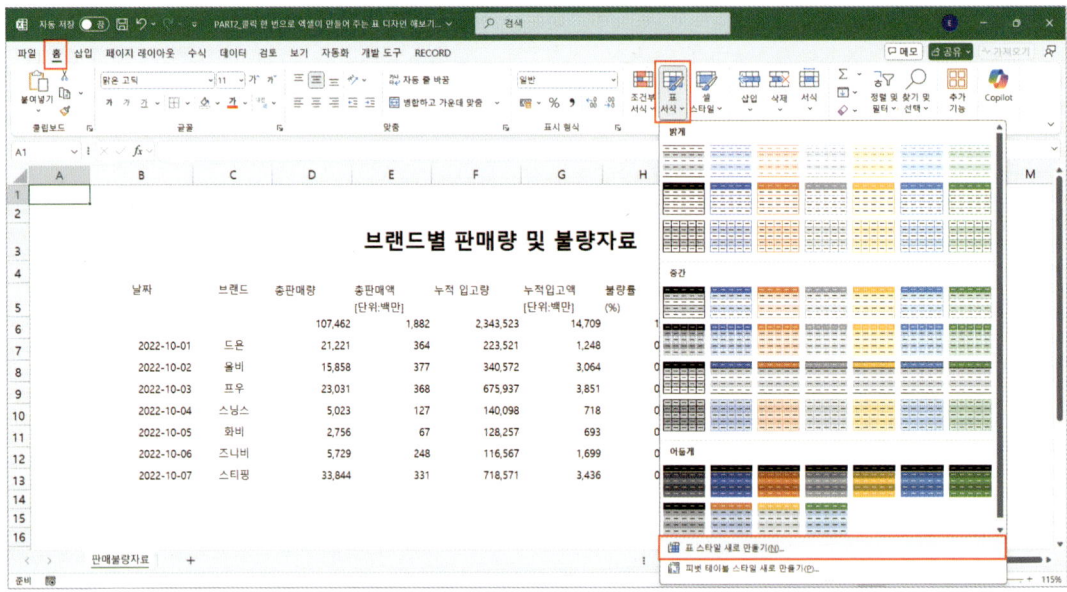

02 이름에 '일반 표스타일'이라고 입력합니다.

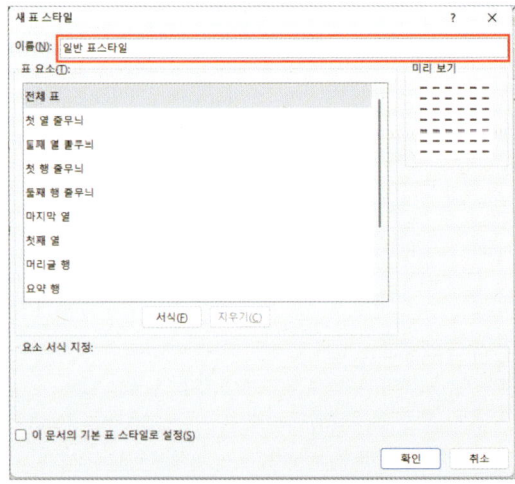

03 ❶ 표 요소에서는 '전체 표'를 클릭합니다. ❷ [서식] 메뉴를 클릭합니다.

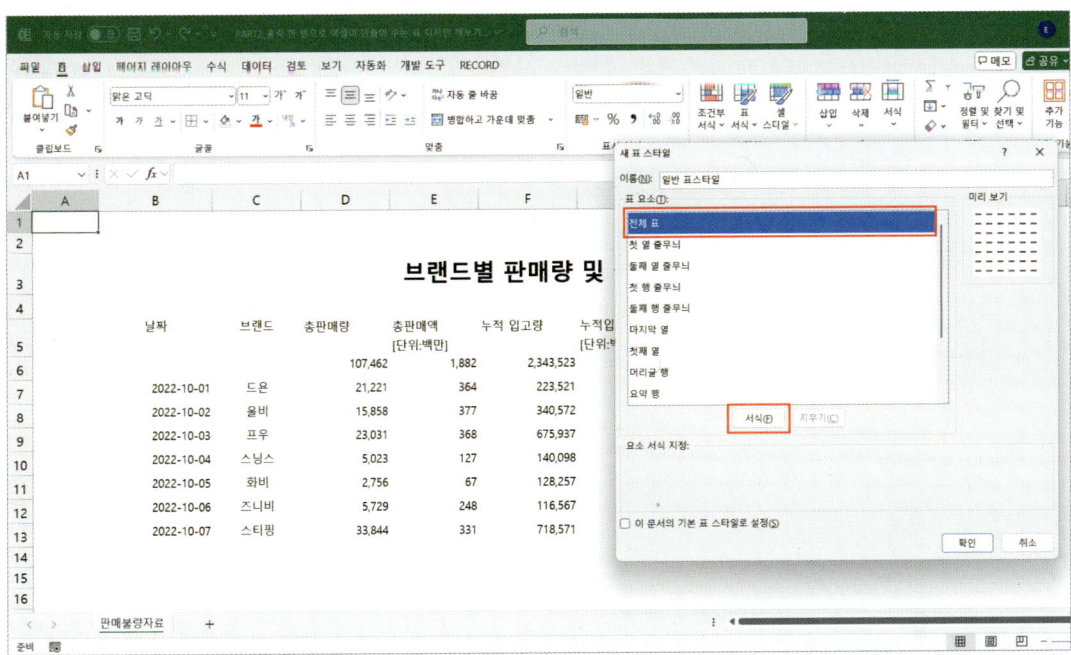

04 ❶ [테두리]-[색] 오른쪽의 단추를 클릭합니다. ❷ [흰색, 배경 1, 50% 더 어둡게] 색상을 클릭합니다.

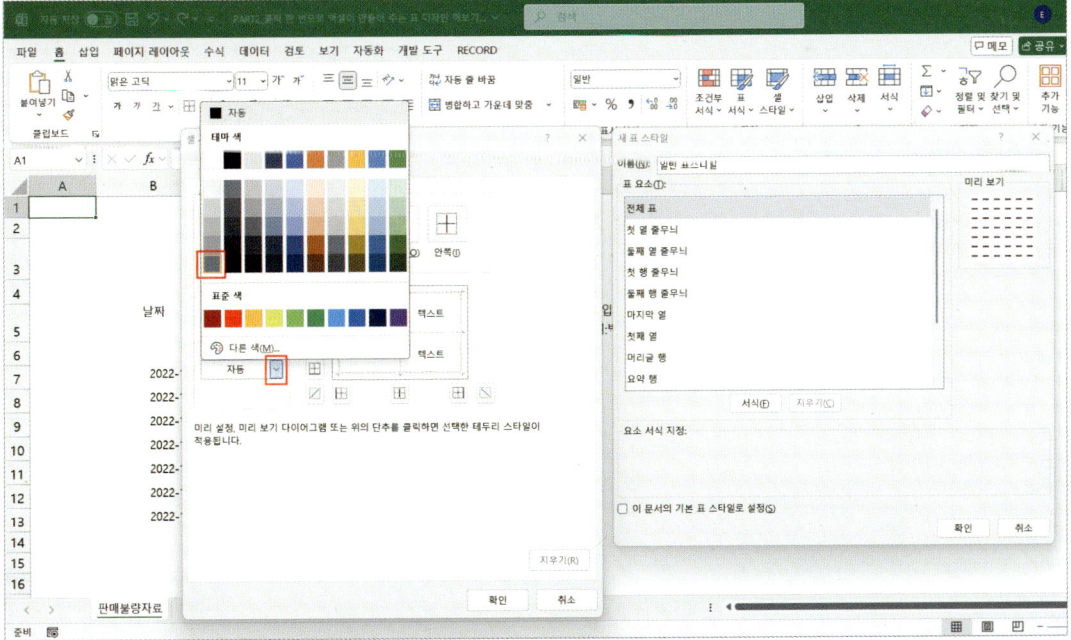

05 ❶ [테두리]-[선]-[스타일]에서 [점선]을 선택합니다. ❷ [미리 설정]에서 [없음]을 선택합니다.

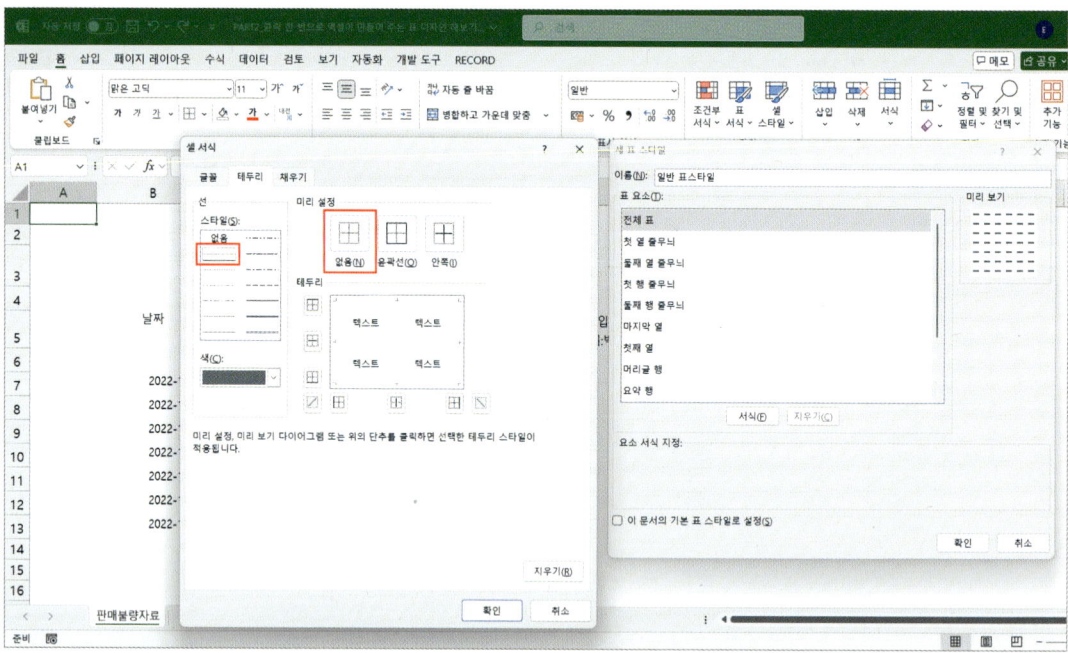

06 이어서 [안쪽]을 선택합니다.

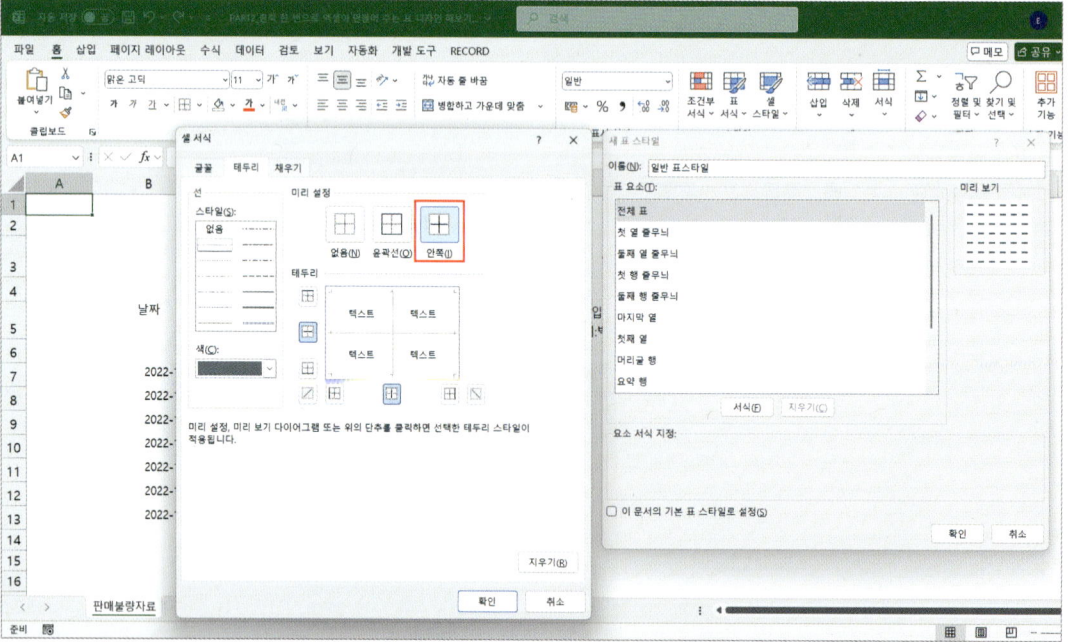

07 [테두리]-[선 스타일]에서 [약간 굵은 실선]을 선택합니다.

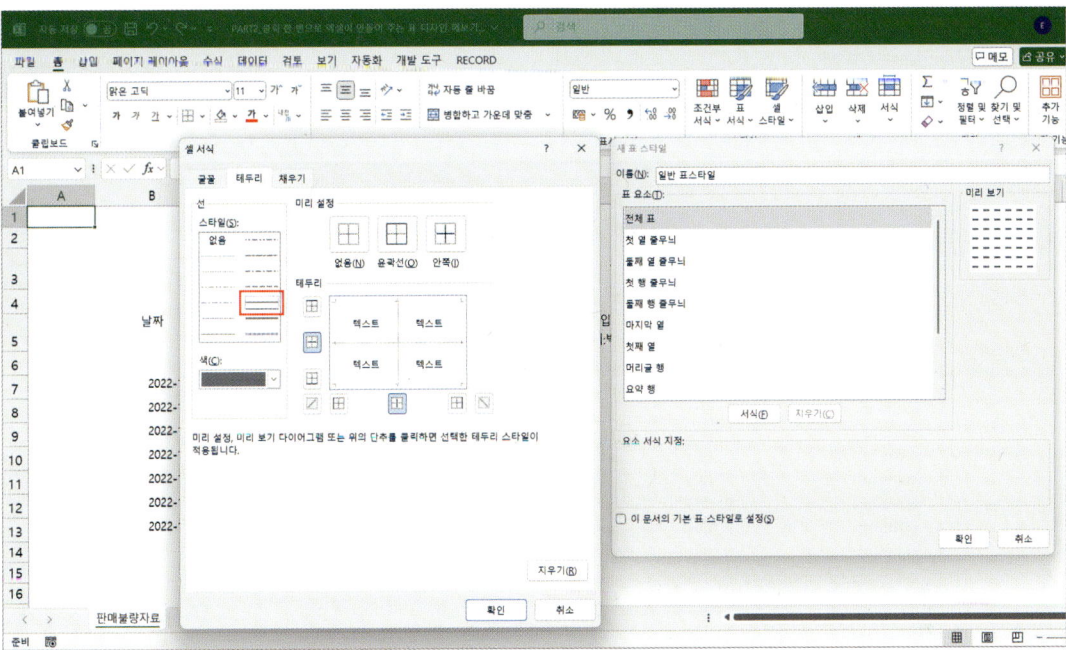

08 ❶ [테두리]에서 [위쪽]과 [아래쪽]을 각각 클릭합니다. ❷ [확인]을 클릭합니다.

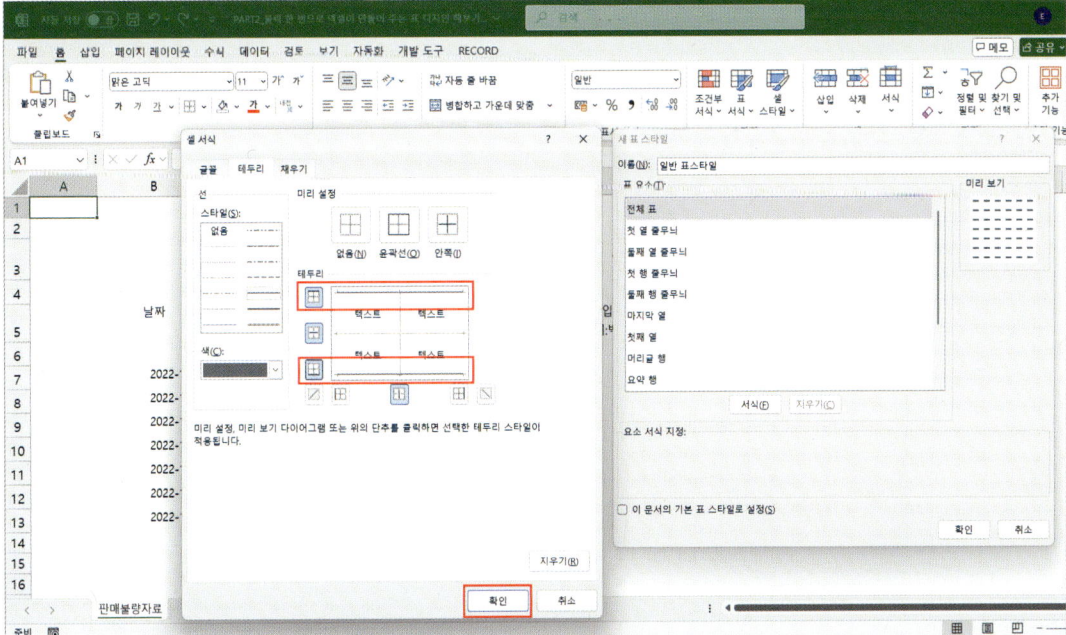

09 이번에는 머리글 서식을 지정하겠습니다. ❶ [머리글 행]을 클릭합니다. ❷ [서식] 메뉴를 클릭합니다.

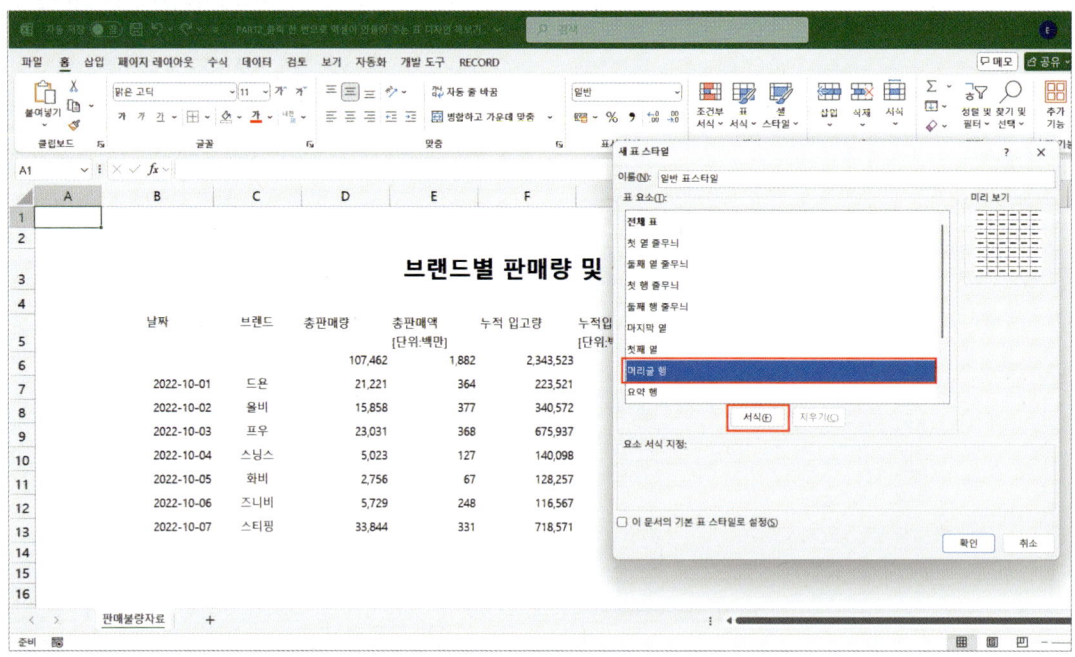

10 ❶ [채우기]에서 [황금색, 강조4, 80% 더 밝게]를 선택합니다. ❷ [확인]을 클릭합니다.

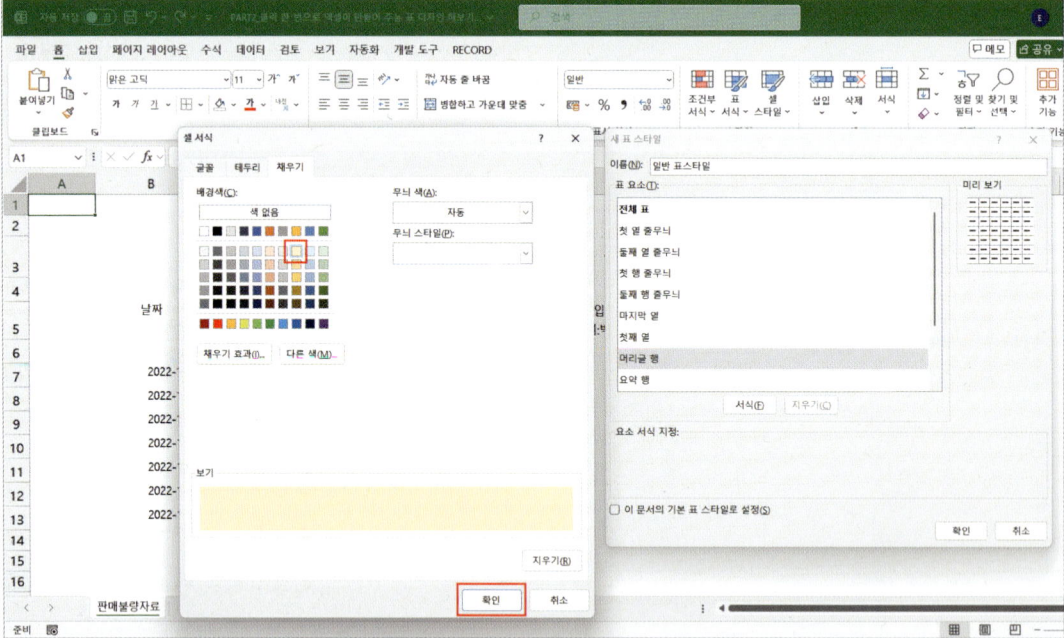

11 [확인]을 클릭합니다.

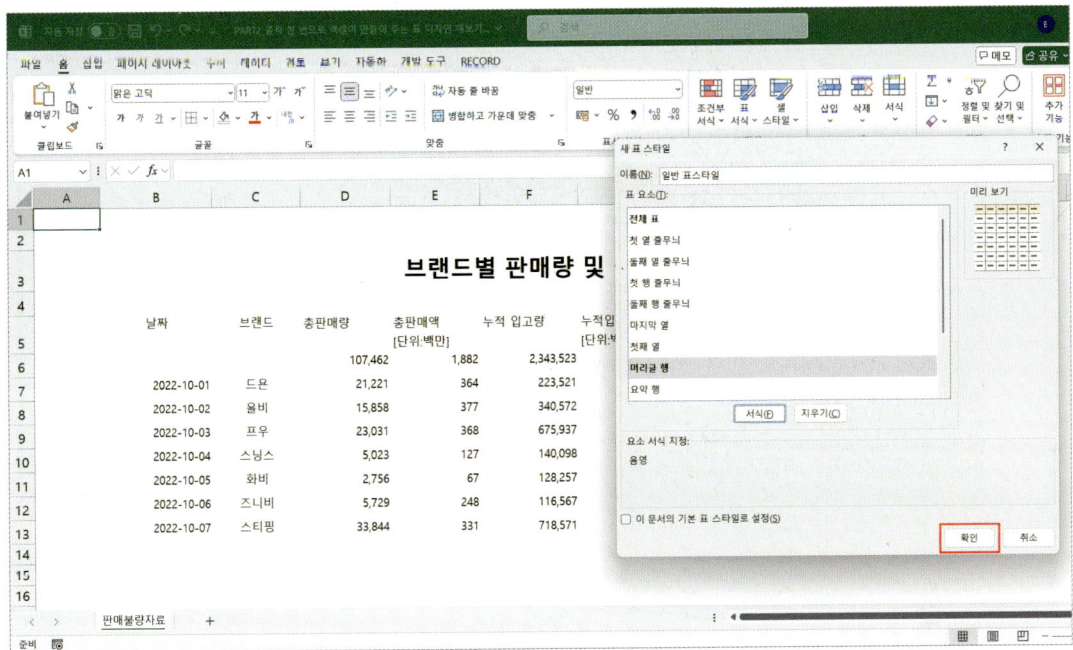

12 B5:K13셀을 범위 지정합니다.

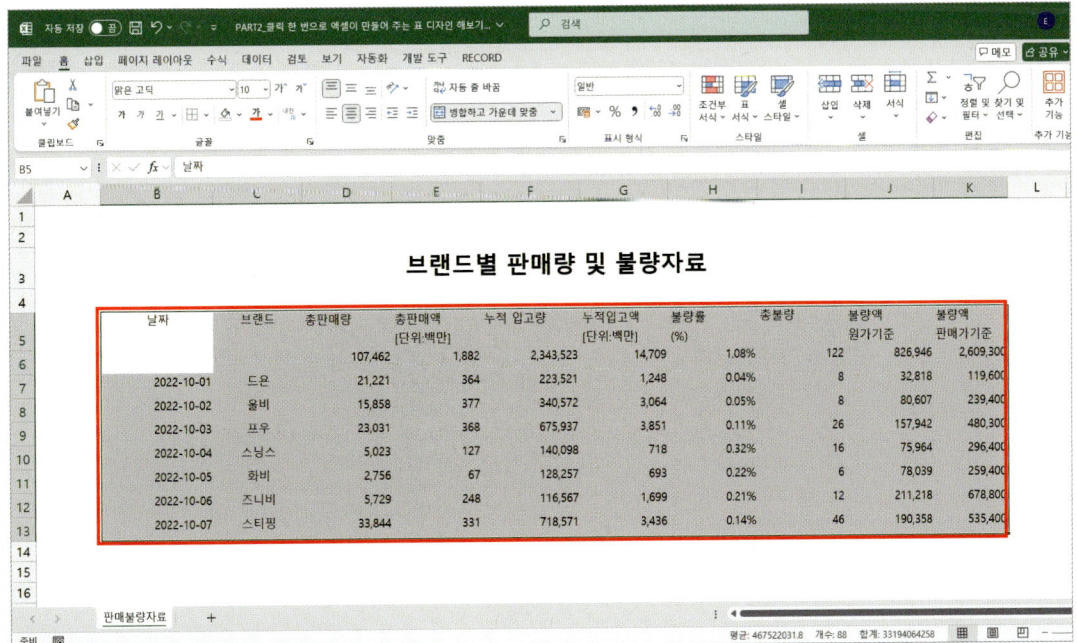

13 [홈] 탭-[스타일]-[표 서식]-[사용자 지정]- '일반 표 스타일'을 선택합니다.

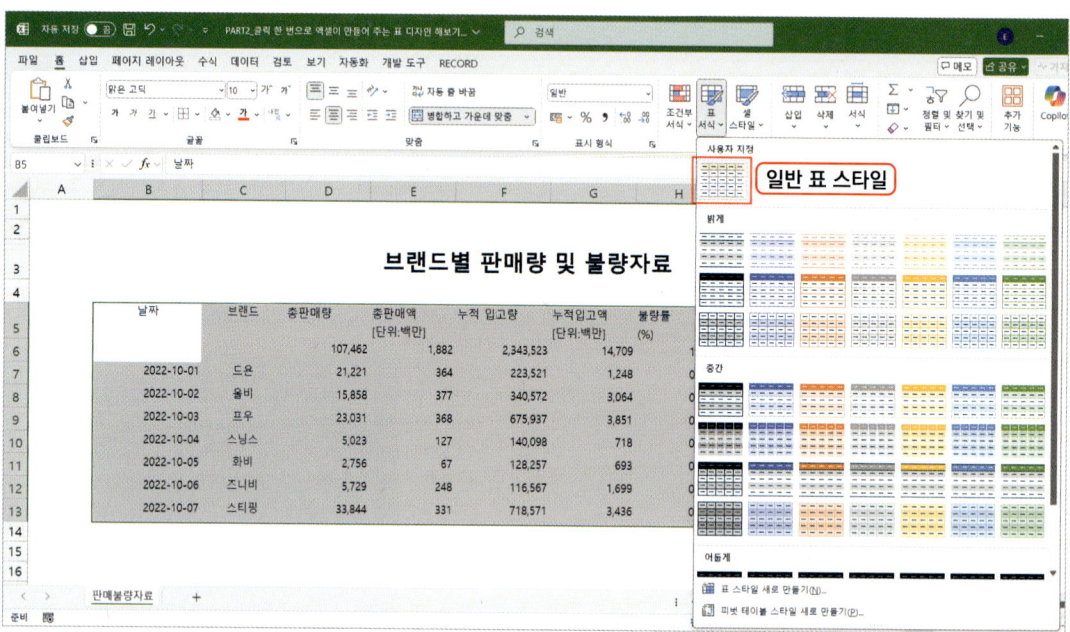

14 ❶ 표 만들기 대화상자에서 [머리글 포함]에 체크합니다. ❷ [확인]을 클릭합니다. 최종 결과물을 확인합니다.

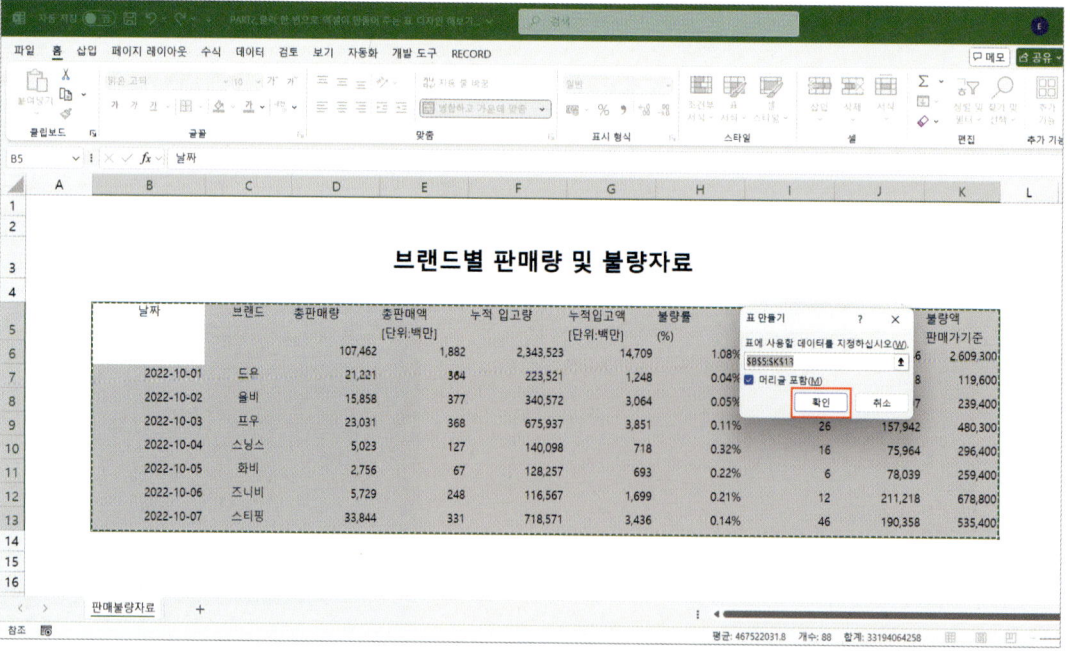

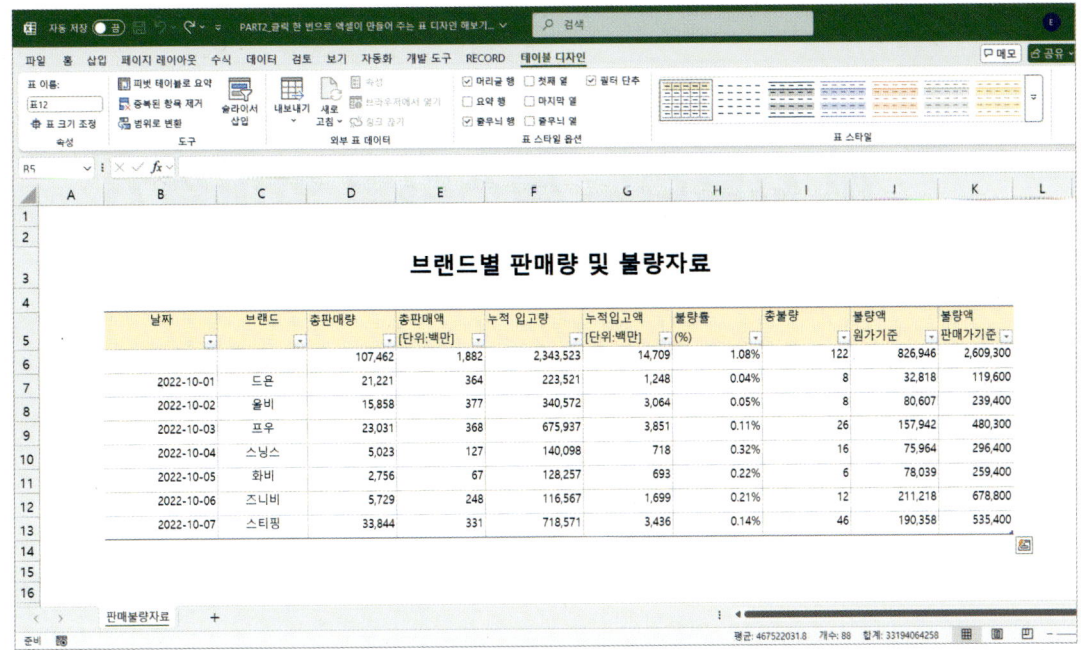

브랜드별 판매량 및 불량자료

날짜	브랜드	총판매량	총판매액 [단위:백만]	누적 입고량	누적입고액 [단위:백만]	불량률 (%)	총불량	불량액 원가기준	불량액 판매가기준
		107,462	1,882	2,343,523	14,709	1.08%	122	826,946	2,609,300
2022-10-01	드온	21,221	364	223,521	1,248	0.04%	8	32,818	119,600
2022-10-02	올비	15,858	377	340,572	3,064	0.05%	8	80,607	239,400
2022-10-03	프우	23,031	368	675,937	3,851	0.11%	26	157,942	480,300
2022-10-04	스닝스	5,023	127	140,098	718	0.32%	16	75,964	296,400
2022-10-05	화비	2,756	67	128,257	693	0.22%	6	78,039	259,400
2022-10-06	즈니비	5,729	248	116,567	1,699	0.21%	12	211,218	678,800
2022-10-07	스티핌	33,844	331	718,571	3,436	0.14%	46	190,358	535,400

자기소개서 같은 문서 작업에 많이 사용되는 셀스타일 알아보기

🗂 **예제 파일** PART2_24 자기소개서 같은 문서 작업에 많이 사용되는 셀스타일 알아보기

 **실무 스킬**

문서 편집 프로그램에서 자주 사용되는 '스타일'이란 기능이 엑셀에도 지원됩니다. 엑셀에서는 문자를 입력하는 단위가 셀이기 때문에 [셀 스타일] 메뉴로 머리글을 강조하거나 본문을 같은 서식으로 맞춰 사용할 수 있습니다. 적용된 스타일 서식을 변경해야 할 때는 클릭 한 번으로 적용된 서식을 바꿀 수 있습니다. 이번에는 머리글의 서식을 적용하고 적용된 서식을 한 번에 변경하는 방법에 대해 알아보겠습니다.

실무 연습 ❶

01 [자기소개서] 시트에서 1~5(각각 B4, B7, B11, B15, B21셀)번째 머리글에 [제목 및 머리글]-[제목 1] 스타일을 적용해 보겠습니다. ❶ 먼저 B4셀을 클릭합니다. ❷ Ctrl 키를 누른 채 차례대로 B7-B11-B15-B21셀을 클릭합니다.

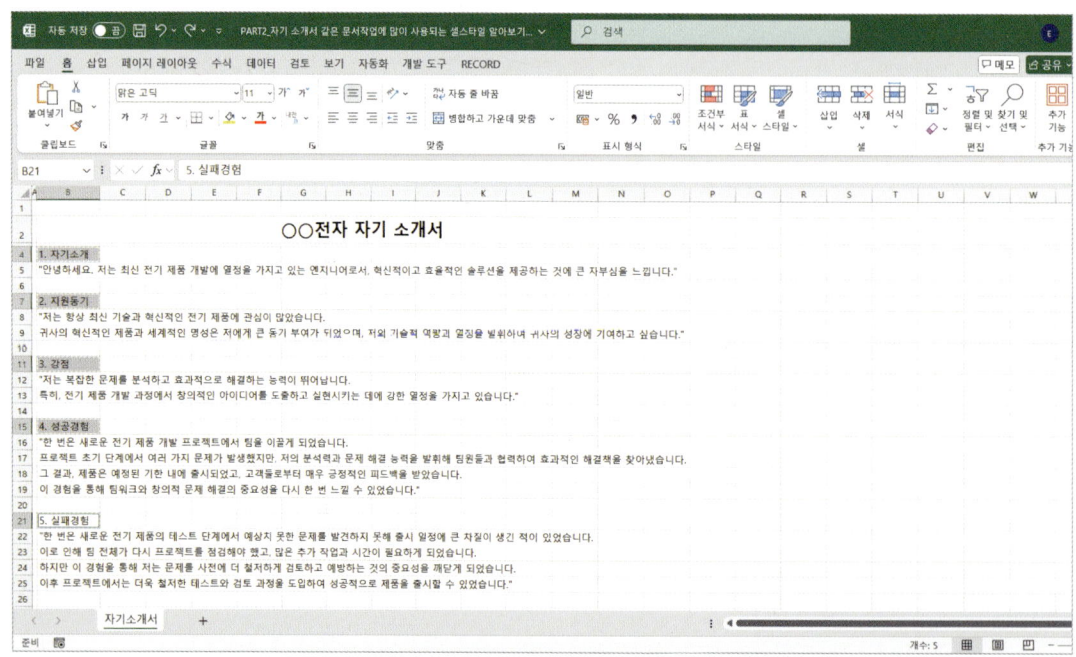

02 [홈] 탭-[스타일]-[셀 스타일]-[제목 및 머리글]-[제목 1]을 클릭합니다.

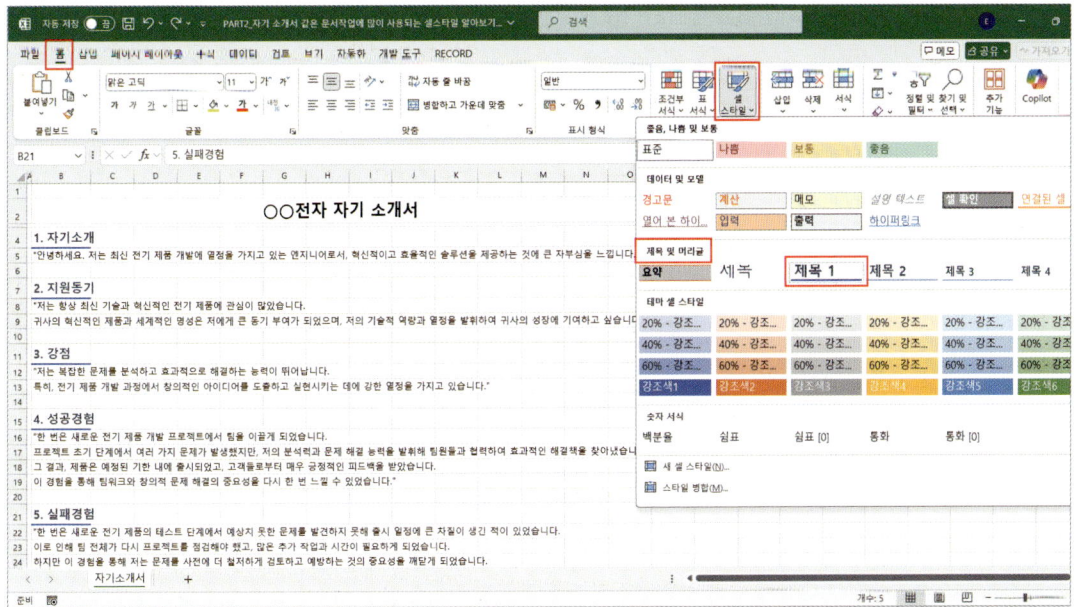

03 셀 스타일이 적용되었습니다. 현재 자기소개서는 완성이 된 상황입니다. 글을 차례대로 써 내려 가는 상황이라면 머리글을 작성할 때 해당 셀 스타일을 각각 적용하면서 글을 작성하면 됩니다.

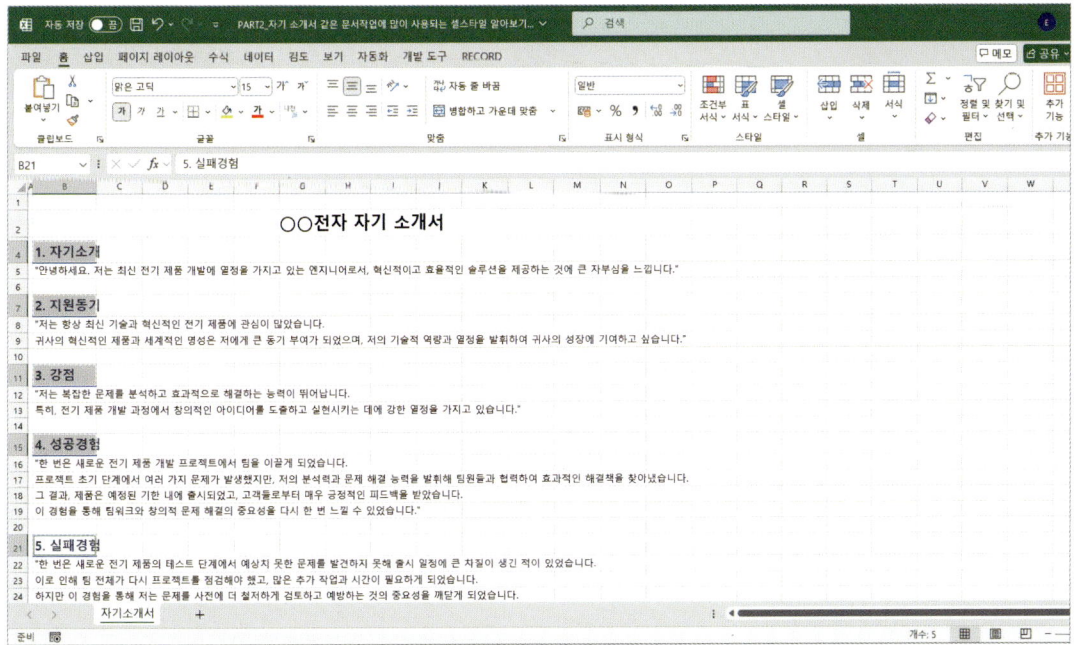

04 이번에는 적용한 스타일을 한 번에 수정해 보겠습니다. ❶ 셀 스타일이 적용된 아무 셀이나 클릭합니다. 여기에서는 B4셀을 클릭한 상황입니다. ❷ [홈] 탭-[스타일]-[셀 스타일]-[제목 1]에서 마우스 오른쪽 버튼을 클릭합니다. ❸ [수정] 메뉴를 클릭합니다.

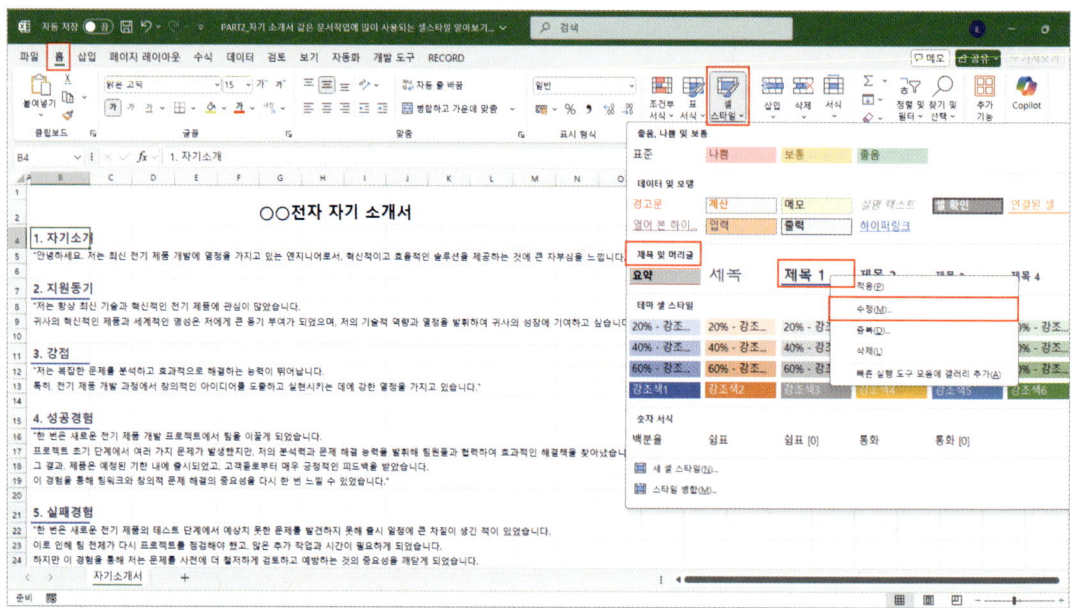

05 스타일 대화상자에서 [서식] 메뉴를 클릭합니다.

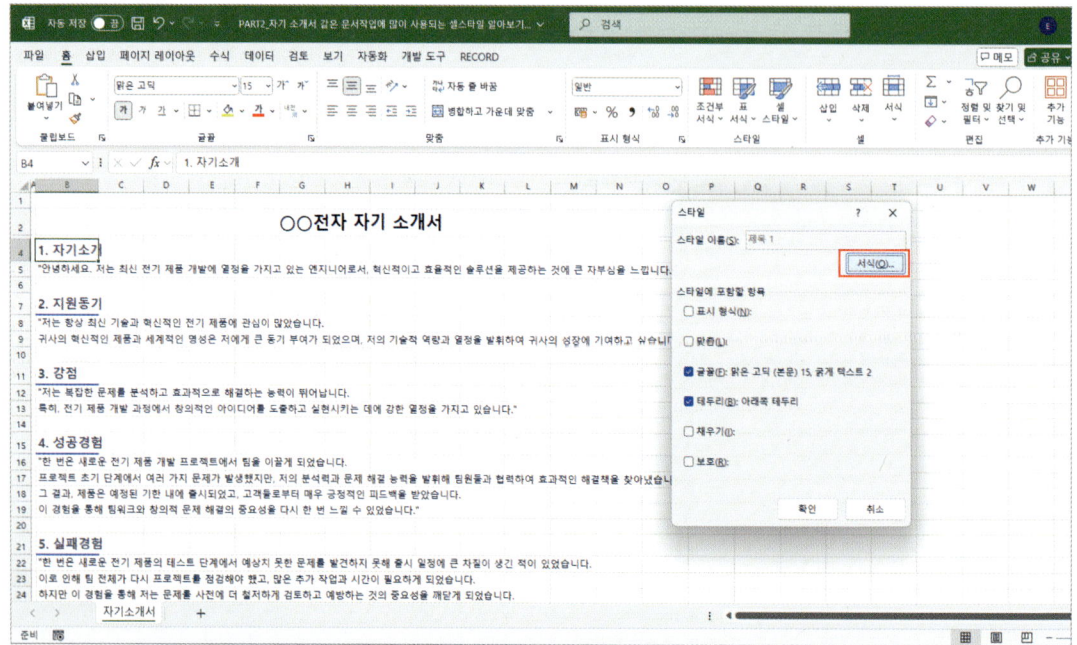

06 [테두리]-[미리 설정]-[없음]을 선택합니다.

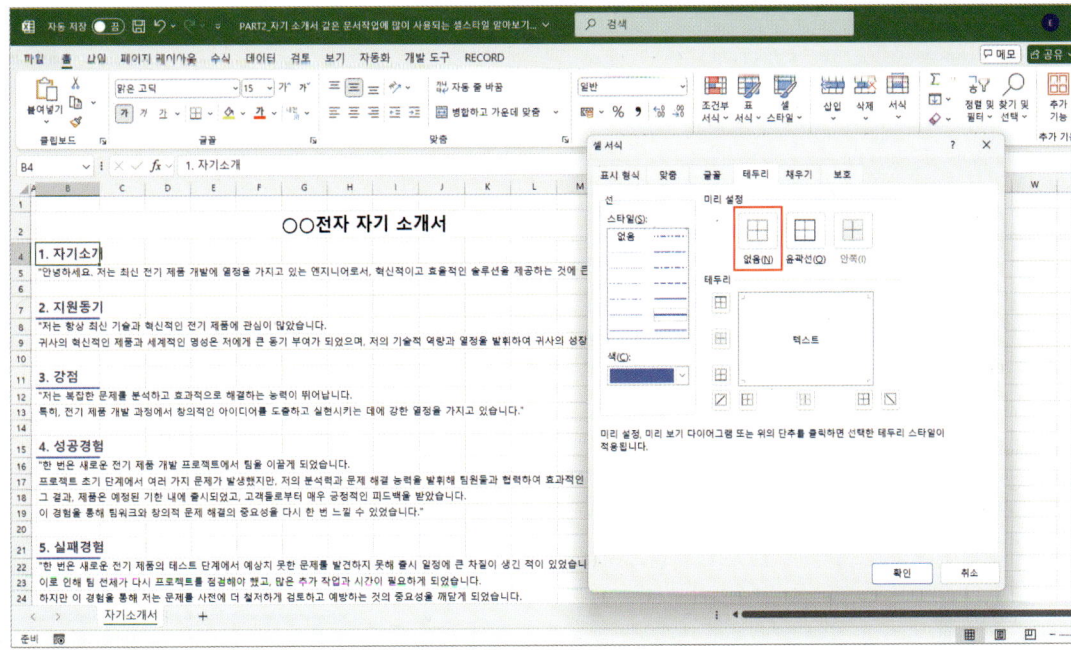

07 [글꼴]-[글꼴 스타일]에서 ❶ '기울임꼴'을 클릭합니다. 크기는 '14', 밑줄은 '이중 실선'을 클릭합니다. ❷ [확인]을 클릭합니다.

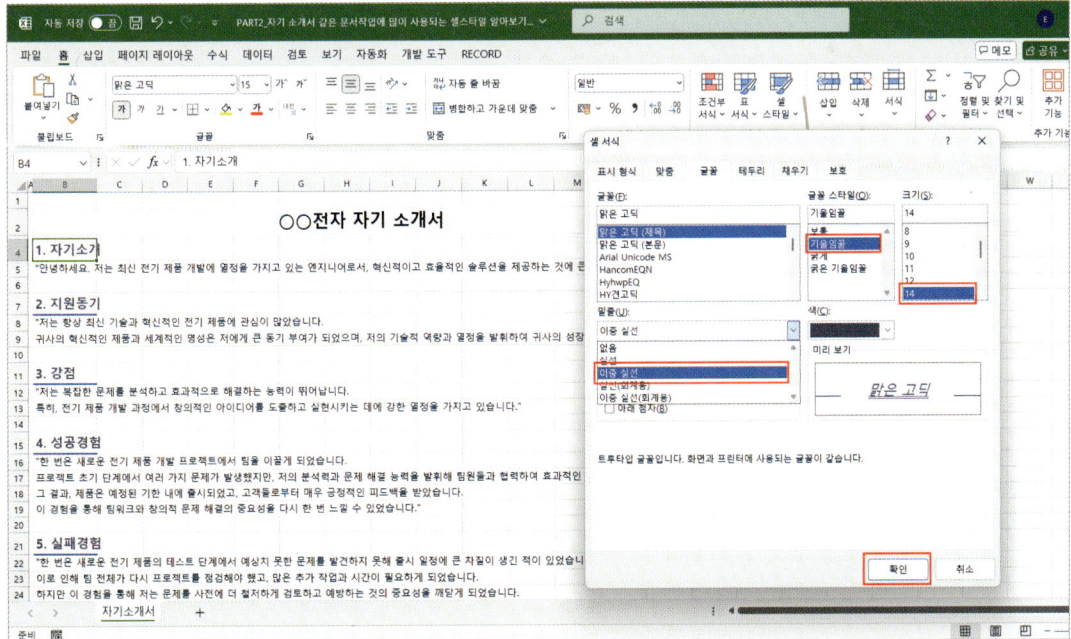

08 스타일 대화상자에서 [확인]을 클릭합니다.

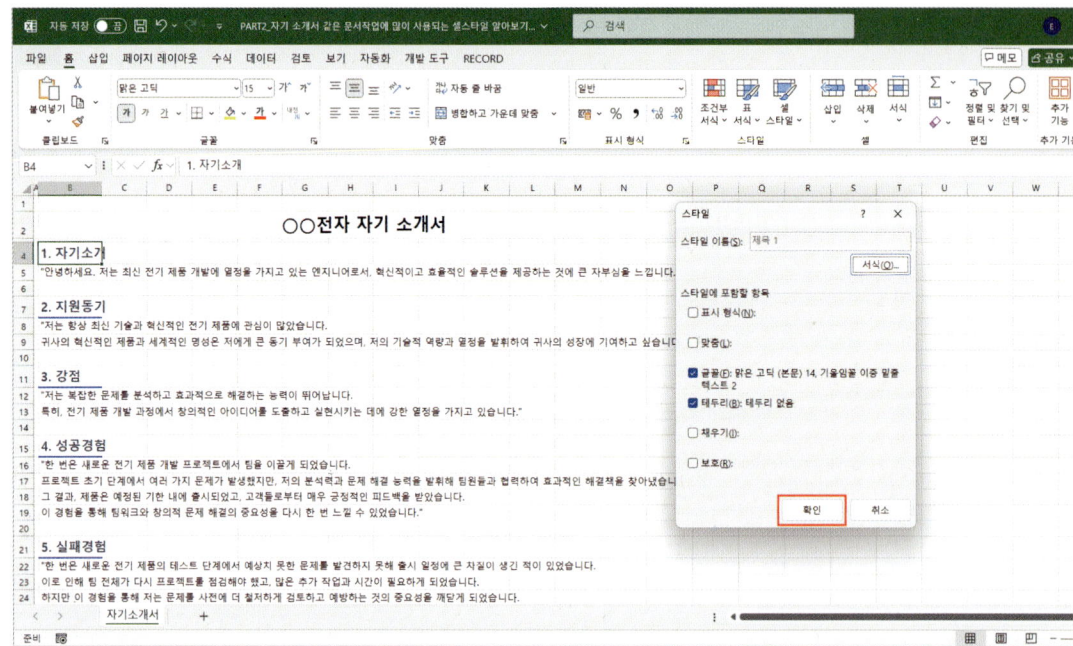

09 기존 셀 스타일이 적용된 셀이 수정한 머리글 서식으로 한 번에 수정되었습니다.

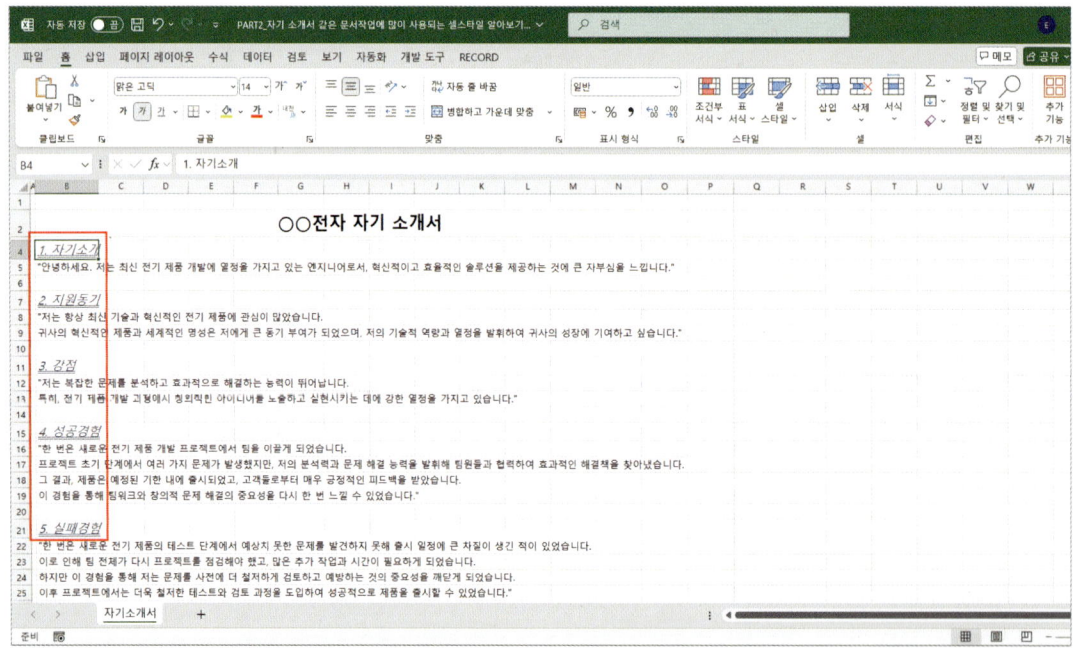

실무 예제로
알아보는 리본 메뉴
페이지 레이아웃/
수식/데이터/검토/
보기 탭

Part 3

CHAPTER 01
엑셀에서 한 번에 완벽한 인쇄를 위한 비밀 설정 알아보기

📁 예제 파일 | PART3_1 엑셀에서 한 번에 완벽한 인쇄를 위한 비밀 설정 알아보기

실무 스킬

엑셀에서 데이터를 완벽히 정리했는데 인쇄 단계에서 어려움을 겪는 경우가 많이 있습니다. 페이지가 잘리거나, 글씨 크기가 이상해지는 등 설정이 원하는 대로 되지 않아 몇 번이나 시도해 본 경험, 누구나 한 번쯤은 있을 겁니다. 이런 문제들 때문에 시간이 낭비될 뿐 아니라 결과물의 완성도까지 떨어뜨리곤 합니다. 몇 가지 간단한 비밀 설정만으로도, 엑셀 인쇄를 깔끔하고 완벽하게 해결할 수 있습니다. 인쇄관련해서는 [페이지 레이아웃] 탭 리본 메뉴에 대부분 구성되어 있습니다. 중요한 핵심 메뉴 사용법에 대해 알아보도록 하겠습니다. 그리고 시트 오른쪽 하단 기본/페이지 레이아웃/페이지 나누기 미리보기, 3가지 사각형 메뉴 활용법도 함께 알아보겠습니다. 이 팁을 활용하면 업무시간을 절약하는 것은 물론이고, 더 이상 인쇄 때문에 고민할 필요가 없게 됩니다.

실무 연습 ❶

▶ **[견적서]** 시트에 출력된 현재 인쇄 정보 여백, 용지 방향, 용지 크기가 어떻게 되는지 메뉴를 통해 확인해봅니다.

01 [페이지 레이아웃] 탭– 페이지 설정– 여백 '기본'으로 설정되어 있습니다.

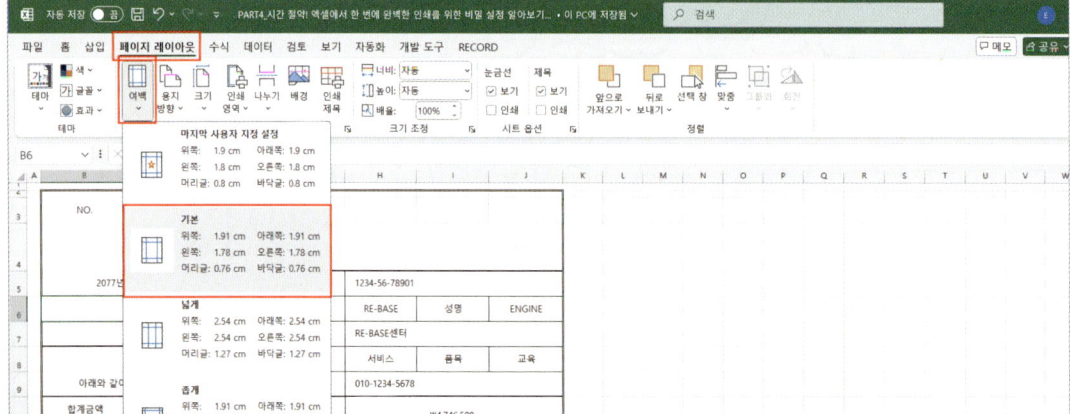

02 [페이지 레이아웃] 탭- 페이지 설정- 용지 방향- '세로'로 설정되어 있습니다.

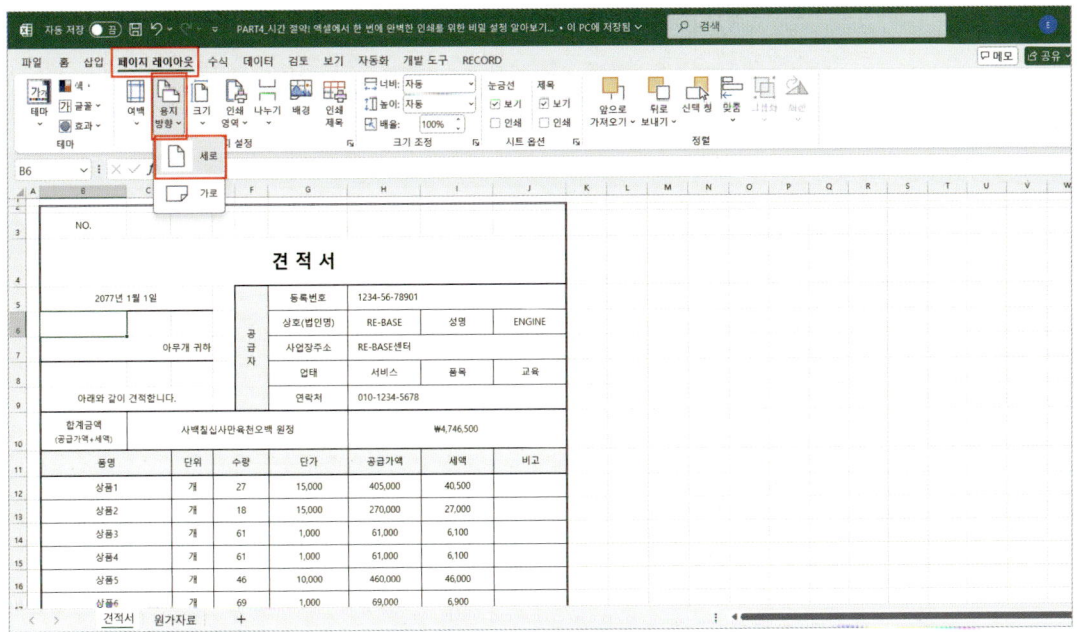

03 [페이지 레이아웃] 탭- 페이지 설정- 크기- 'A4' 용지로 설정되어 있습니다.

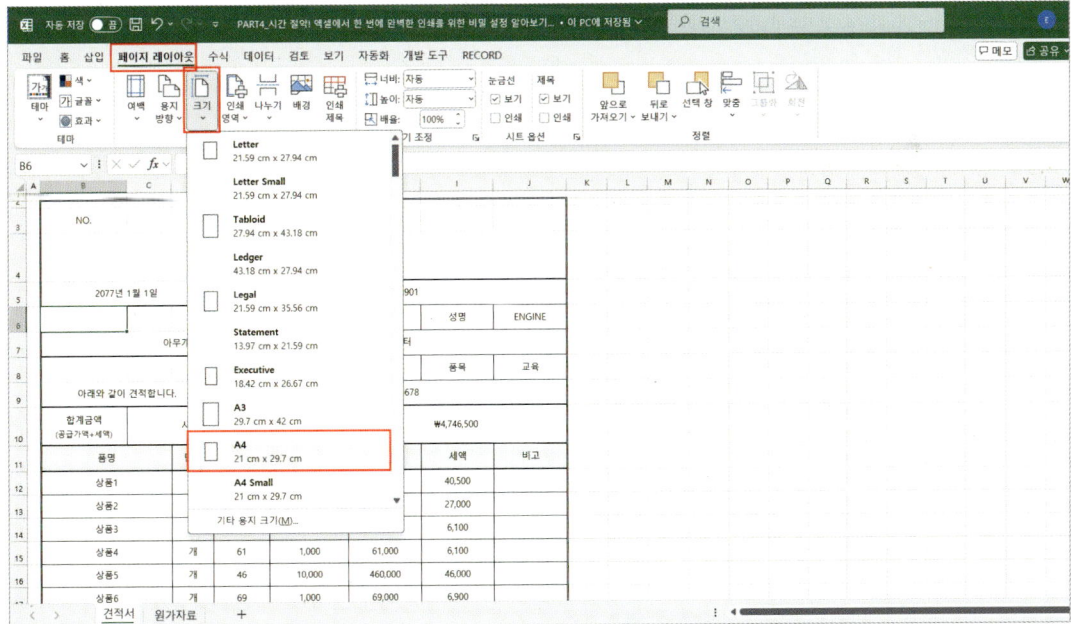

▶ [견적서] 시트에 출력된 견적서를 한 페이지를 정가운데 출력하는 방법 리본 메뉴로 설정하기

01 현재 인쇄될 정보를 Ctrl + P , 인쇄 미리보기로 확인해 봅니다.

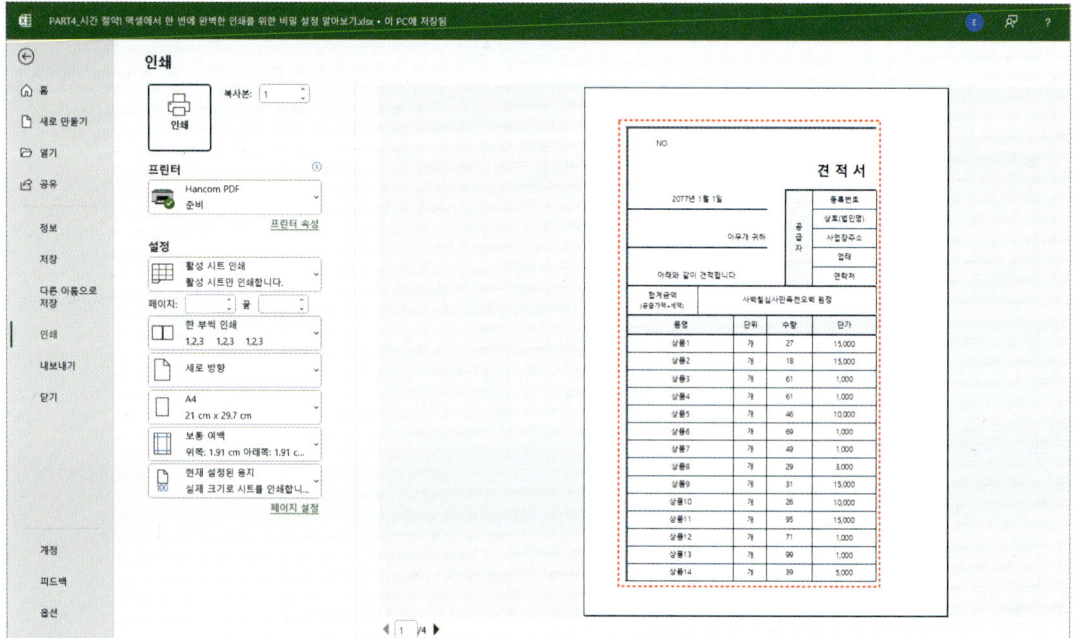

02 Esc 버튼을 눌러 시트 기본 레이아웃으로 빠져나옵니다. [페이지 레이아웃] 탭- '크기 조정- 너비: 1페이지' 클릭합니다.

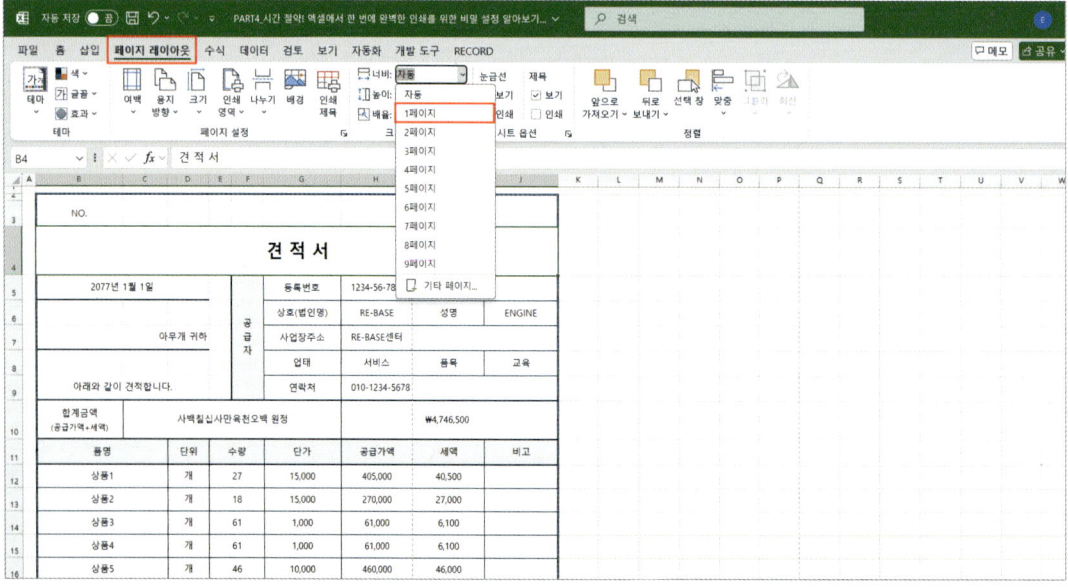

03 '크기 조정- 높이: 1페이지' 클릭합니다.

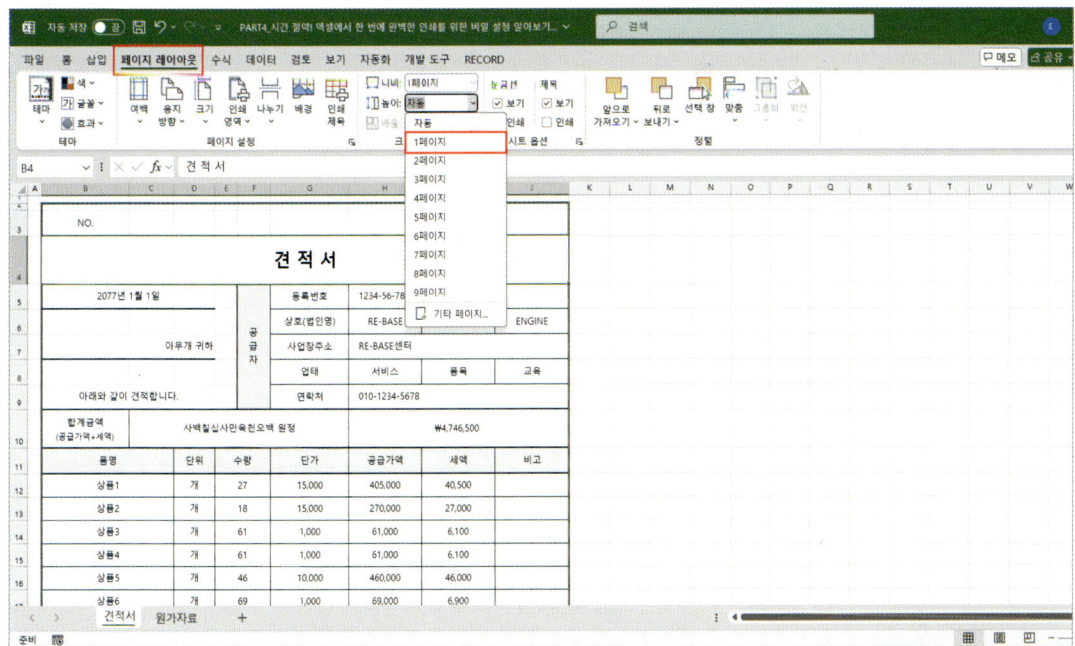

04 인쇄 미리보기 $\boxed{Ctrl}$ + $\boxed{P}$ 버튼을 눌러, 한 페이지로 출력된 결과를 확인합니다.

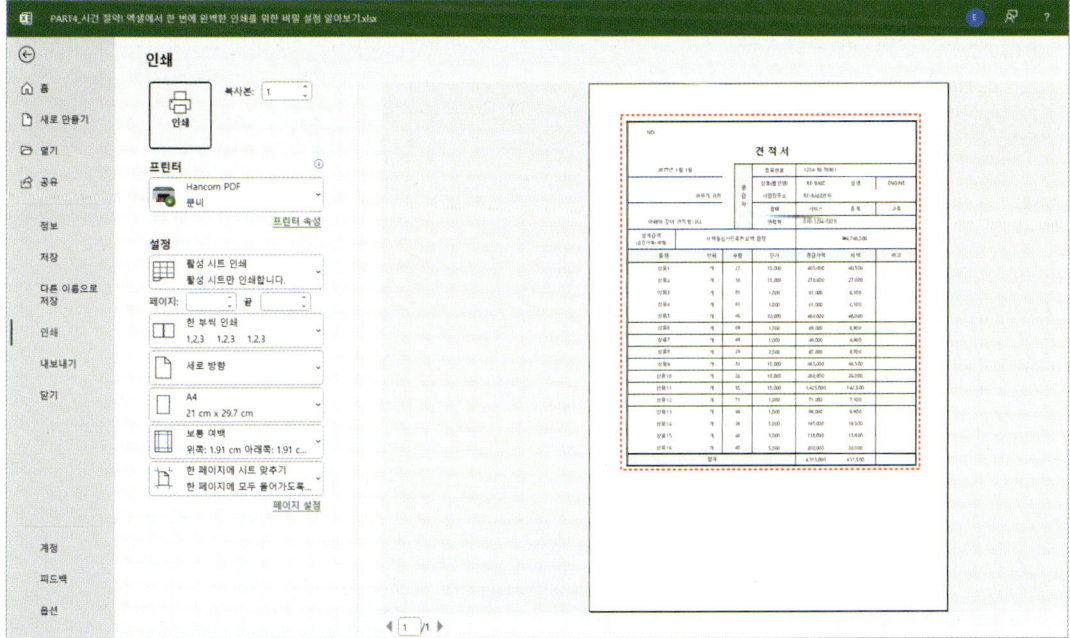

05 인쇄- 페이지 설정- 페이지 설정- 여백- 페이지 가운데 맞춤- '가로, 체크 / 세로, 체크' 메뉴를 각
각 클릭- 확인 버튼을 누릅니다.

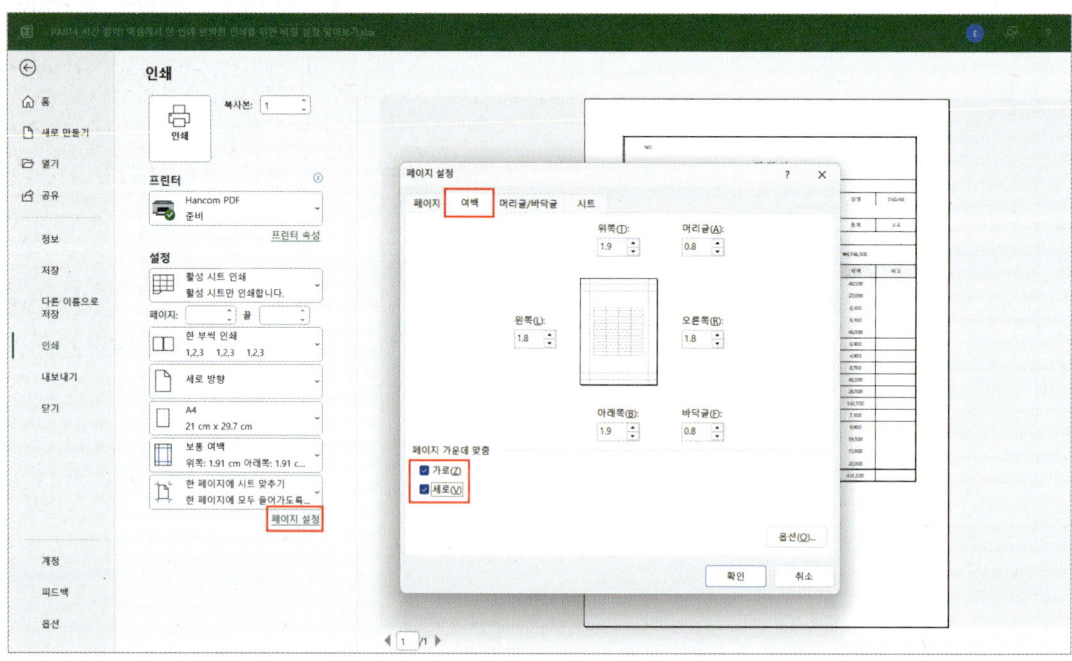

06 인쇄 정보가 페이지에 정가운데 배치된 결과를 확인합니다.

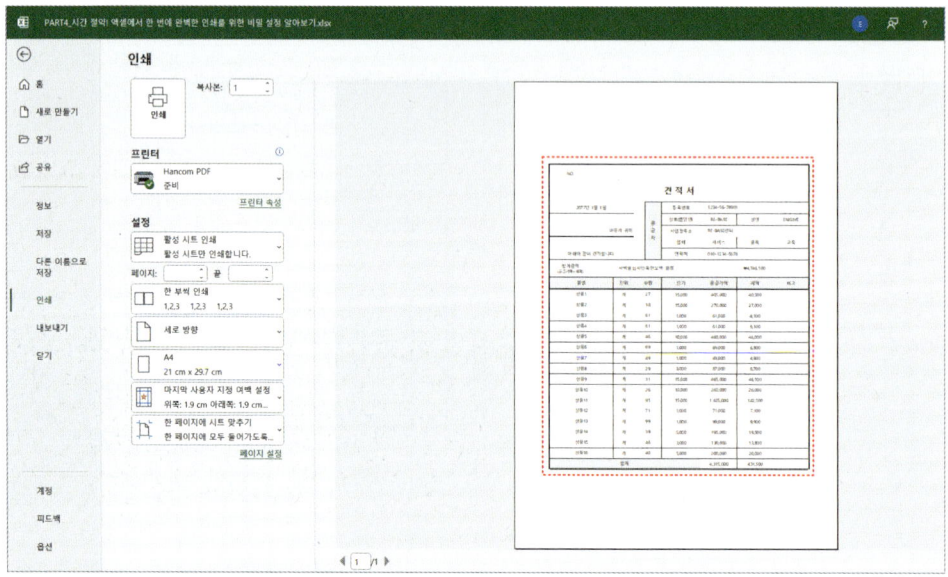

▶ [견적서] 시트에 출력된 견적서를 기본/페이지 레이아웃/페이지 나누기 미리보기 메뉴를 활용해 한 페이지로 출력 설정하는 방법을 알아보겠습니다.

01 메뉴 활용법을 알아보기 위해 [페이지 레이아웃] 탭- 페이지 설정- 페이지 설정(꺾쇠 모양 화살표)- 페이지 설정- 페이지- 배율- '확대/축소 배율: 100%'로 설정하고 확인 버튼을 누릅니다.

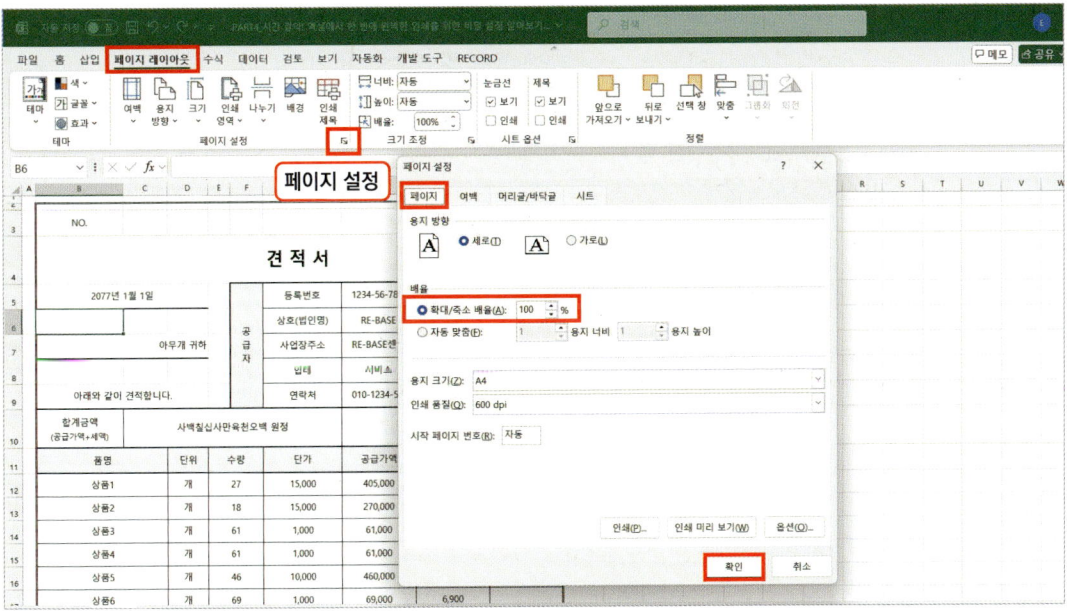

02 현재 인쇄 출력 정보를 확인하기 위해 오른쪽 하단 '페이지 레이아웃' 메뉴를 클릭합니다.

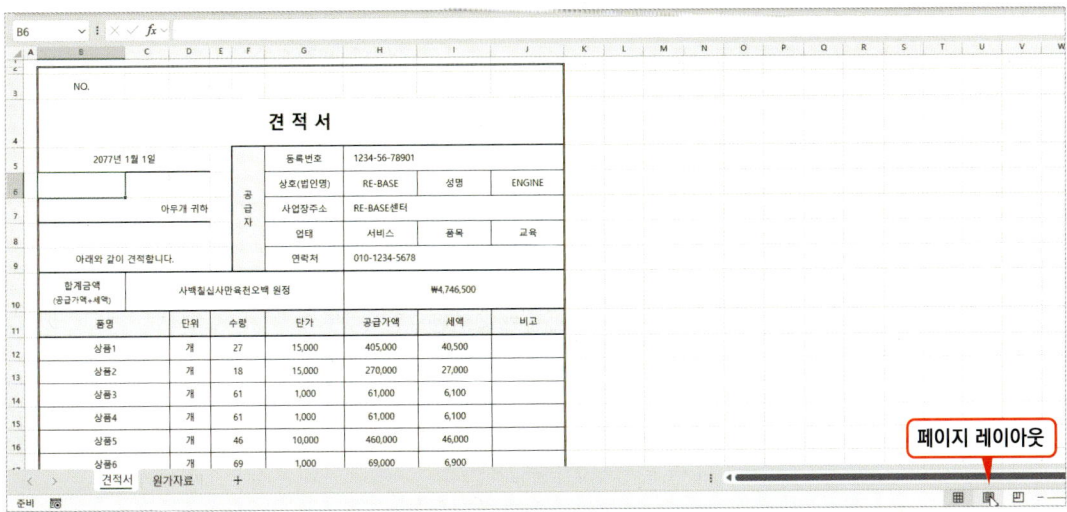

03 오른쪽 하단 '확대/축소' 버튼을 눌러 배율- '사용자 지정: 30%' 입력 후 확인 버튼을 누릅니다.

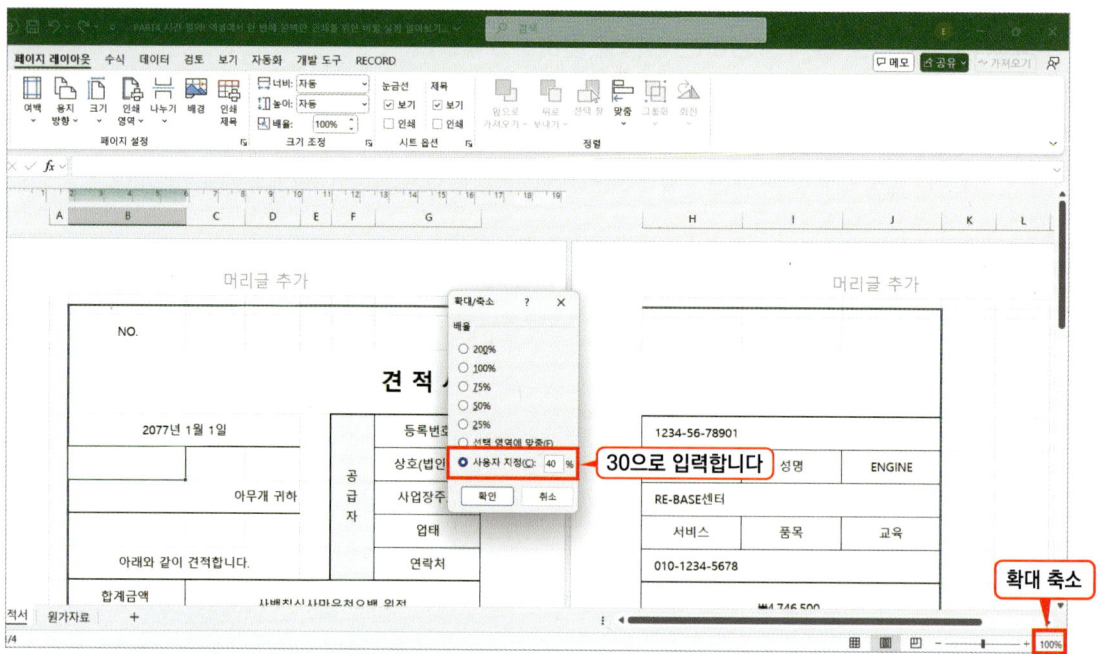

04 현재 인쇄 영역이 4페이지로 출력된 결과를 확인합니다.

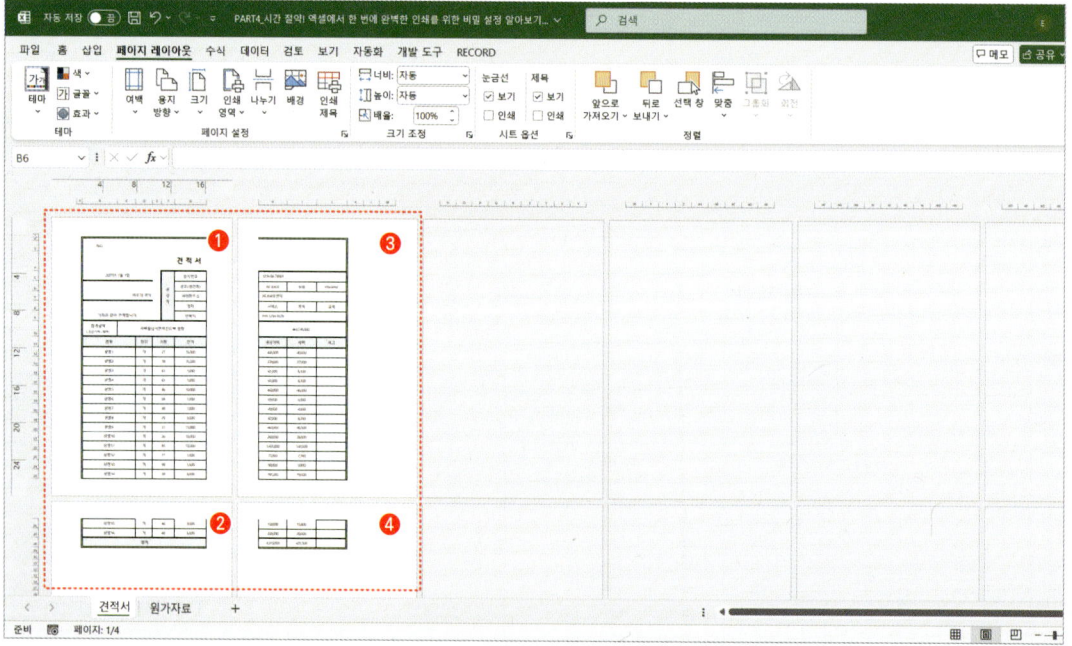

05 현재 4페이지로 구성된 출력 정보를 1페이지로 만들기 위해 '페이지 레이아웃' 오른쪽에 있는 메뉴인 '페이지 나누기 미리보기' 메뉴를 클릭합니다.

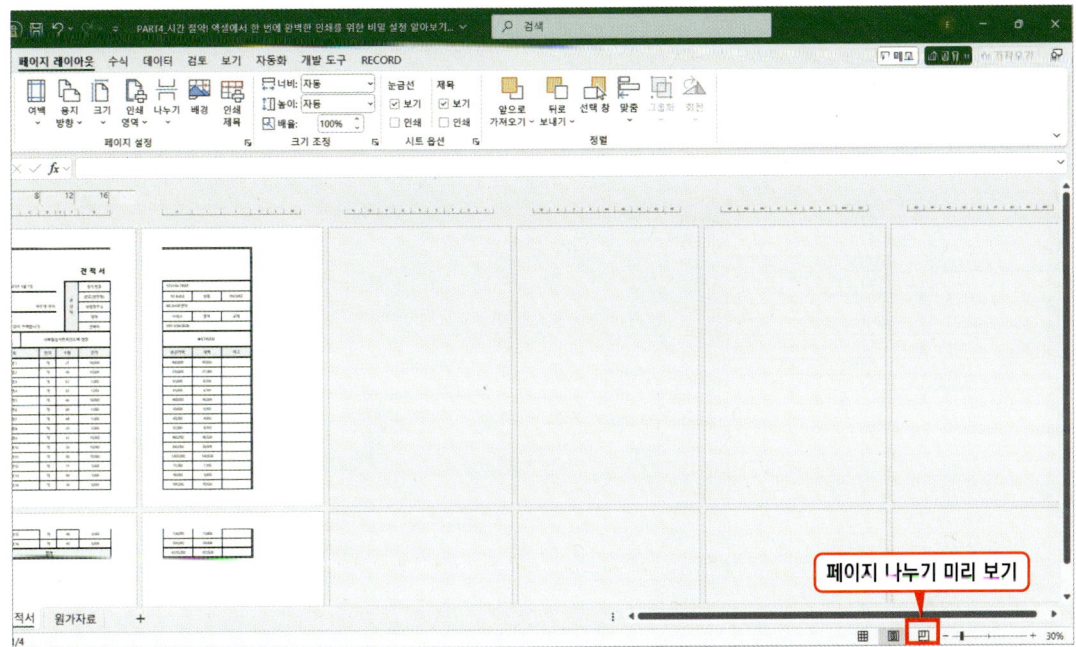

06 오른쪽 하단 '확대/축소' 버튼을 눌러 배율– '사용자 지정: 45%' 입력 후 확인 버튼을 누릅니다.

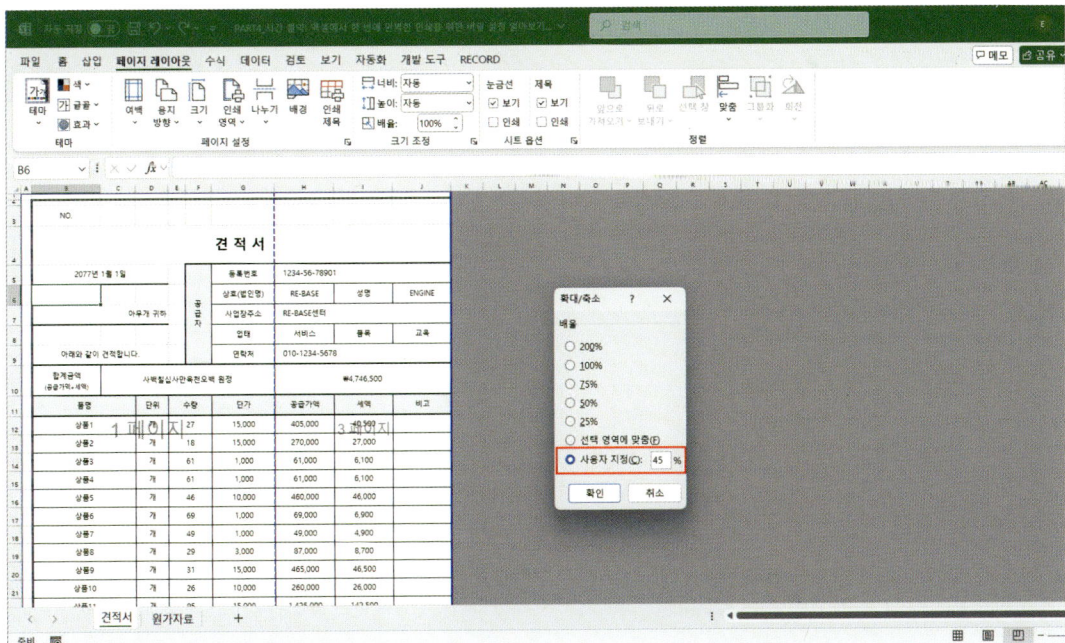

07 시트 화면에 파란색 점선이 세로 방향과 가로 방향으로 그어져 있습니다. 마우스로 가로 방향 점선을 아래 방향 파란색 실선 쪽으로 드래그합니다.

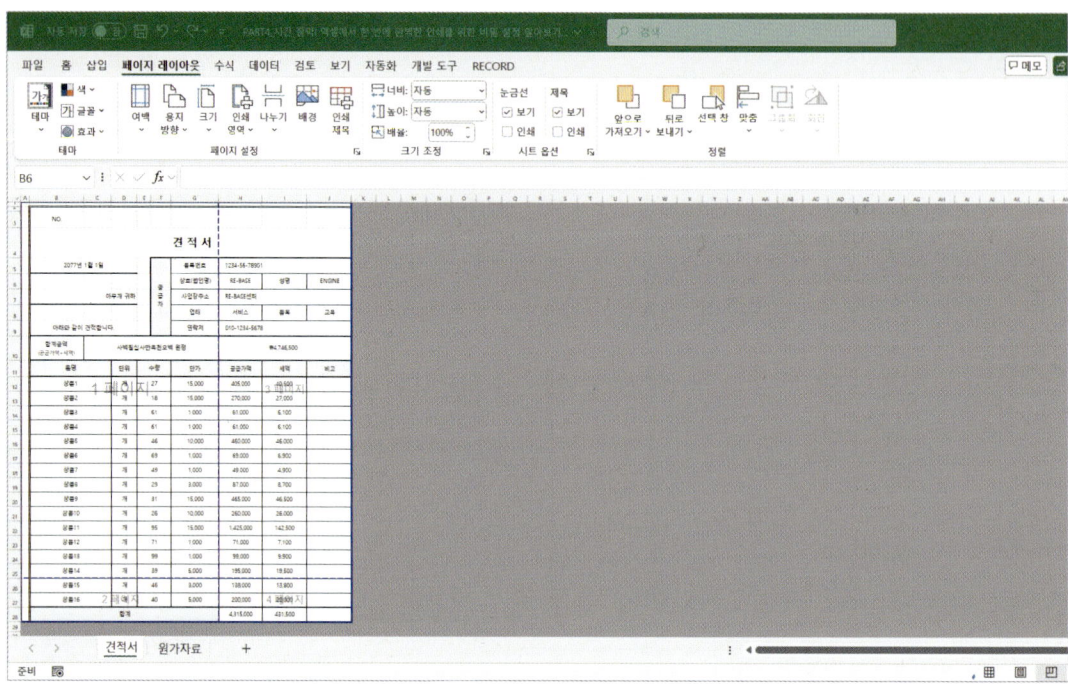

08 마우스로 세로 방향 점선을 오른쪽 방향 파란색 실선 쪽으로 드래그합니다.

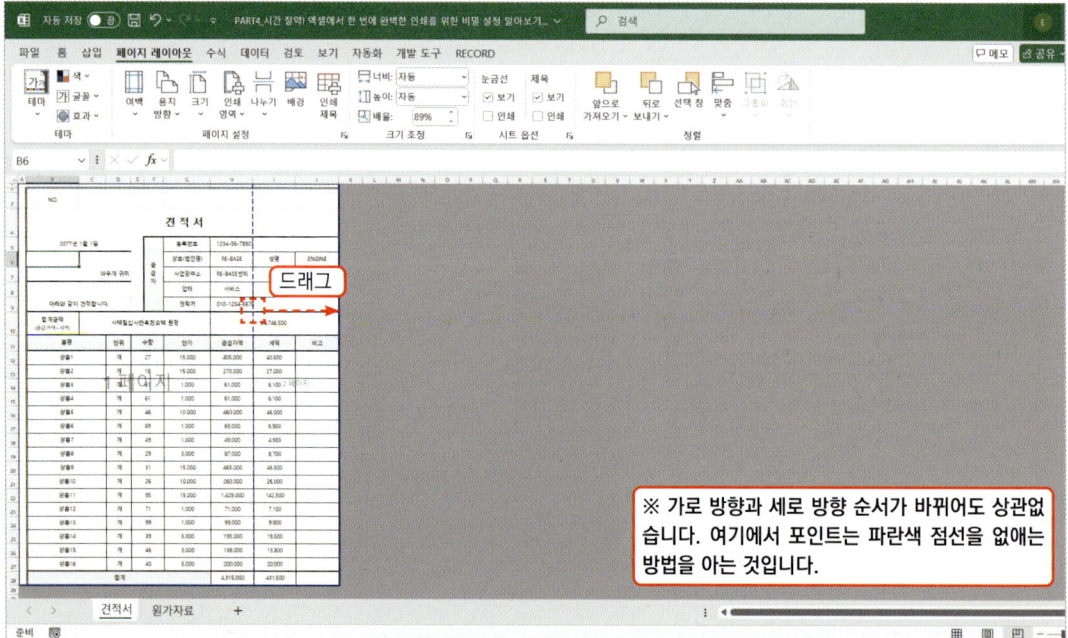

※ 가로 방향과 세로 방향 순서가 바뀌어도 상관없습니다. 여기에서 포인트는 파란색 점선을 없애는 방법을 아는 것입니다.

09 가운데 워터마크 표시 '1 페이지'를 확인합니다.

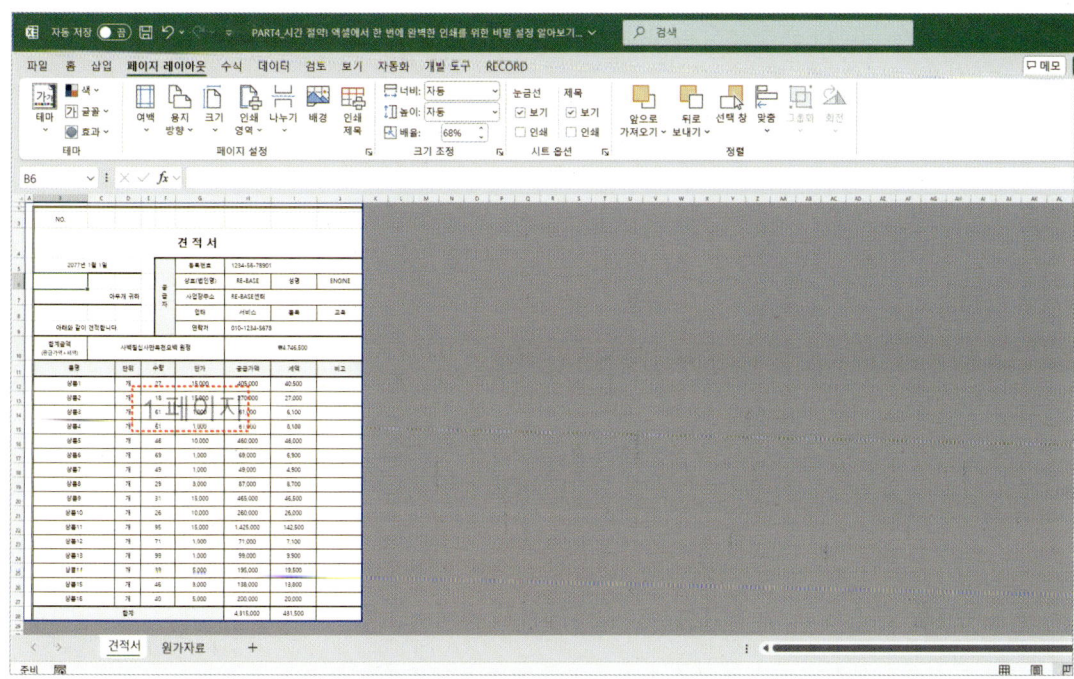

10 마지막으로 출력되는 정보를 인쇄 미리보기, Ctrl + P 를 눌러 최종 확인합니다.

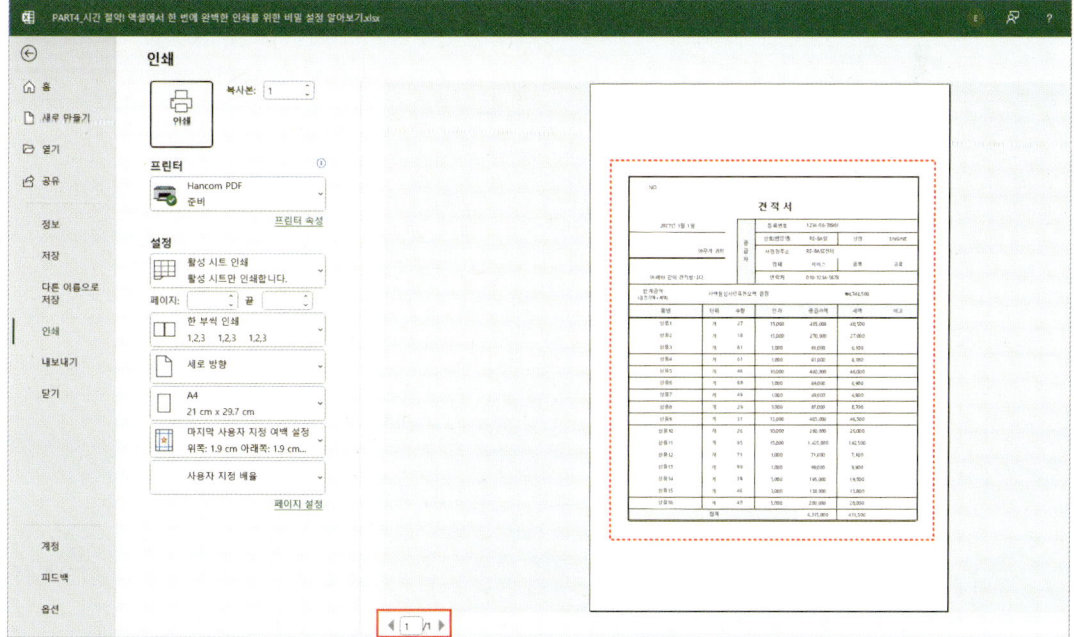

엑셀 엔진 UP! ▶ 선택 영역만 인쇄하기

시트에 출력된 정보 중에서 출력하고 싶은 정보 구간(범위)을 선택해 출력하는 방법을 알아보겠습니다.

[견적서] 시트에 견적서에 있는 정보 중에서 가운데 '품명'이 적힌 B11셀부터 견적서 마지막 구간인 J28셀까지만 선택해 인쇄해 보도록 하겠습니다.

먼저, **389p**의 **10**번 인쇄 미리보기 `Ctrl`+`P`, 상태에서 `Esc` 버튼을 눌러 '페이지 나누기 미리보기' 화면으로 돌아갑니다. 그리고 나서 오른쪽 아래 사각형 '기본' 메뉴를 클릭합니다.

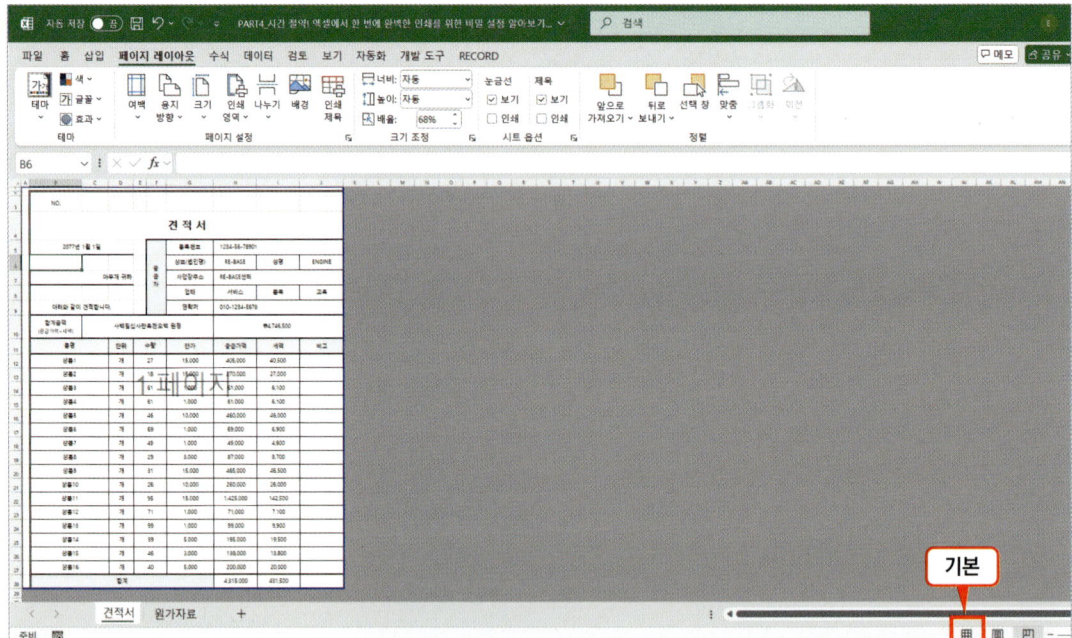

기본

01 B11:J28셀 범위 지정– [페이지 레이아웃] 탭– 페이지 설정– 인쇄 영역– '인쇄 영역 설정' 메뉴를 클릭합니다.

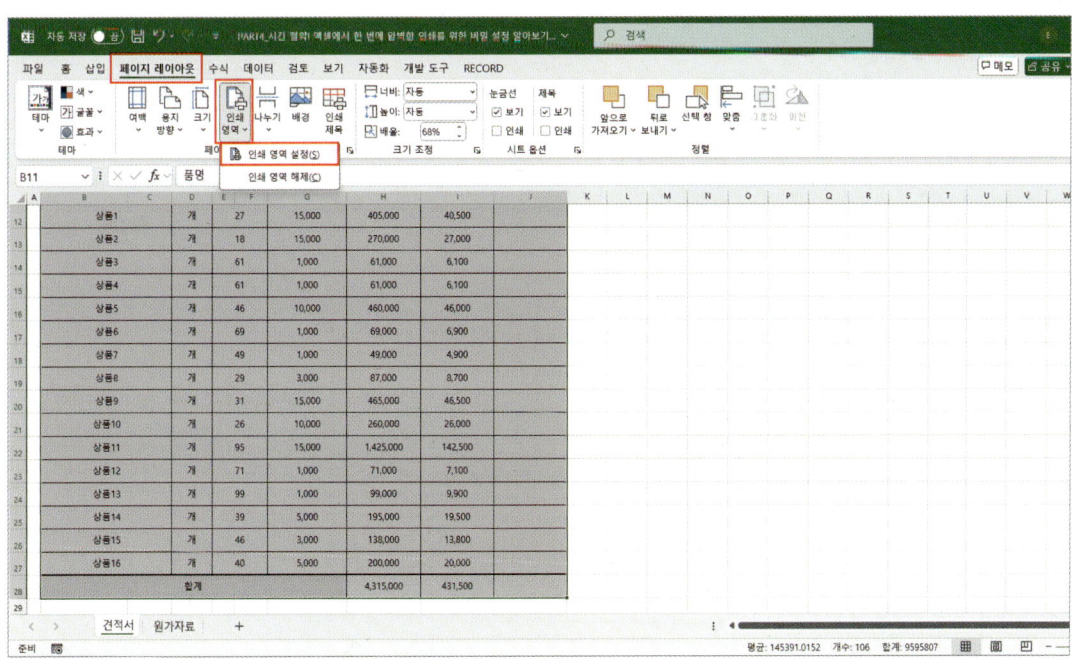

02 인쇄 미리보기, Ctrl + P 를 눌러 선택 영역만 인쇄 미리보기로 출력된 결과를 확인합니다.

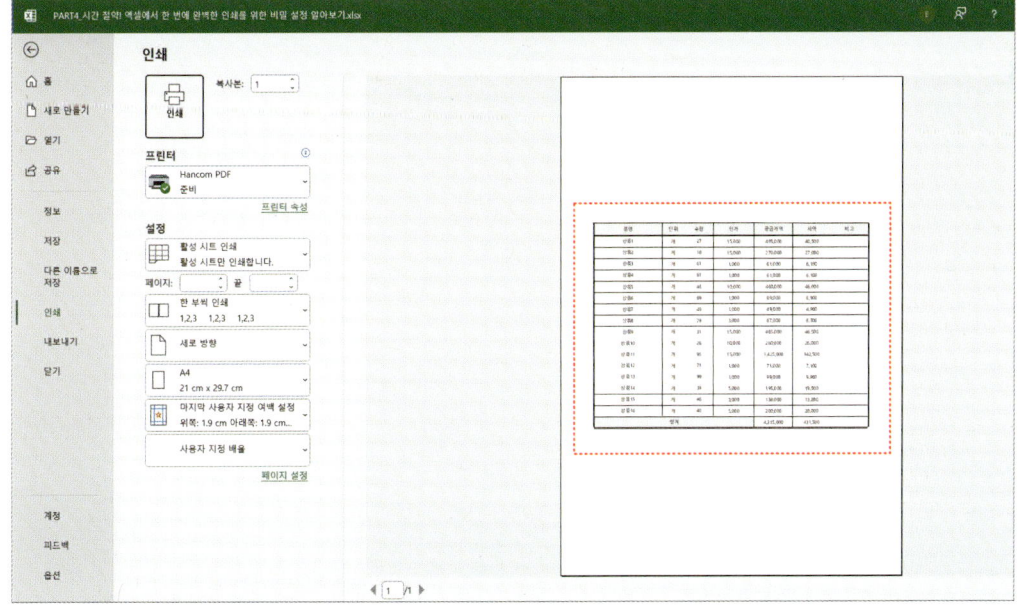

03 [원가자료] 시트에 '코드별 원가율 자료' 표가 있습니다. 4행에만 머리글이 적혀 있고 나머지 구간에는 데이터만 나열되어 있습니다. 총 10페이지로 구성된 이 표에서 출력을 했을 때 각 페이지 마다 4행에 적힌 머리글이 항상 출력될 수 있도록 인쇄 설정하는 방법을 알아보겠습니다.

[페이지 레이아웃] 탭- 페이지 설정- 페이지 설정(꺾쇠 모양 화살표)- 페이지 설정- 시트- 인쇄 제목- 반복할 행: '$4:$4(마우스로 4행 전체 지정)'- 확인 버튼을 누릅니다.

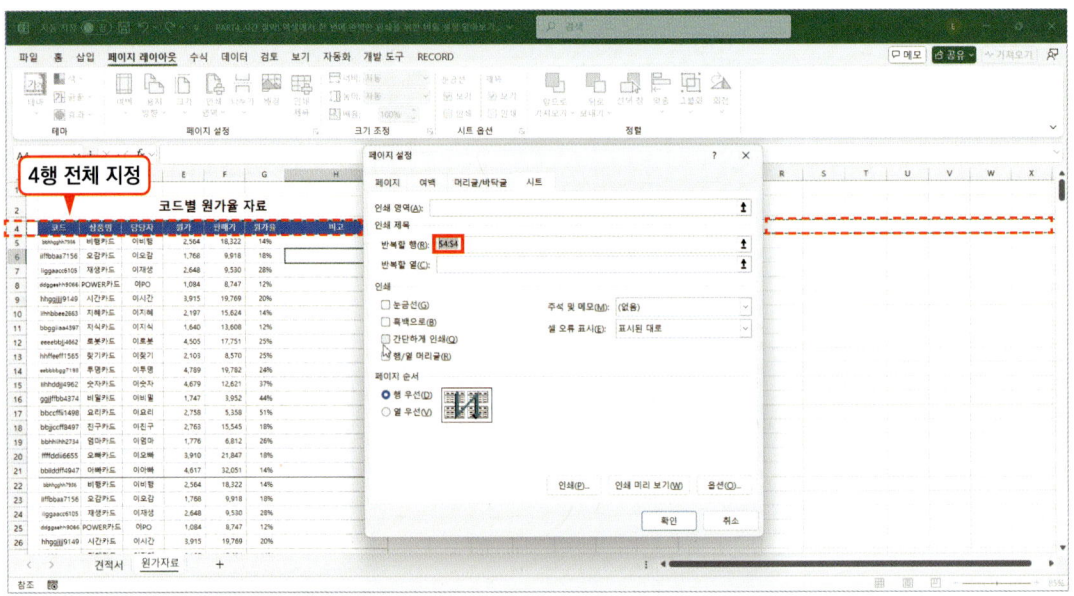

04 인쇄 미리보기, `Ctrl`+`P`를 눌러 페이지를 넘겨보며 4행 머리글이 각 페이지 마다 출력되고 있는지 확인합니다(아래 예시는 5페이지에 출력된 4행 머리글입니다).

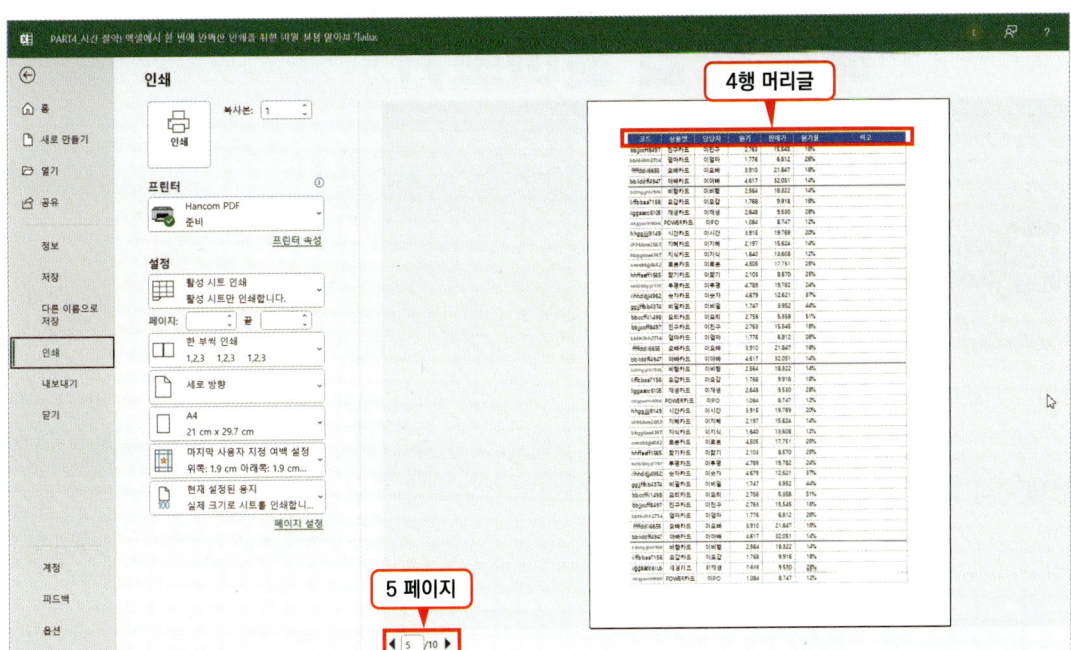

CHAPTER 02

SUM같은 함수 운영이 안될 때 해결 방법 알아보기

• • • • • • •

📁 **예제 파일** PART3_2 SUM같은 함수 운영이 안될 때 해결 방법 알아보기

실무 스킬

　보고서를 작성할 때 가끔 함수를 입력하고 복사/붙여넣기를 진행했는데 수식이 붙여넣기되지 않아 당황한 적 없으셨나요? 우리도 모르는 사이 설정이 변경되었거나 의도된 설정 변경이 있었을 수 있습니다. 문제는 이런 경우 해결 방법을 알고 있느냐는 것인데요. 이번 파트에서는 계산 옵션을 설정하는 방법을 통해 수식 복사/붙여넣기 출력값을 사용자가 의도한 대로 출력될 수 있도록 설정하는 방법에 대해 알아보도록 하겠습니다.

실무 연습 ❶

[1분기주문량] 시트에서 '전자제품 1분기 주문량' 표에 있는 전자제품들의 1분기 주문량을 합계해 보려합니다. C5셀에 '청소기', 주문량 합계를 SUM 함수로 구한 다음 나머지 전자제품 구간, D5:G5셀 구간에는 C5셀에 작성한 수식을 복사/붙여넣기해 수식을 완성하려 합니다. 이때 수식 복사/붙여넣기가 원활하게 진행되지 않은 문제를 발견하고 해결하는 과정에 알아보겠습니다.

01 C5셀에 '=SUM(C6:C23)' 수식을 입력하고 Enter 키를 누릅니다.

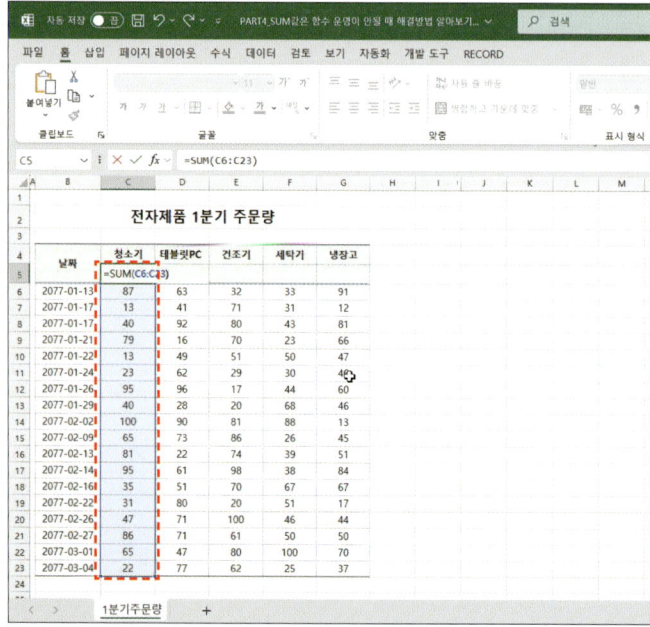

02 C5셀 셀 포인터, 자동 채우기 핸들을 G5셀까지 드래그해 복사/붙여넣기합니다.

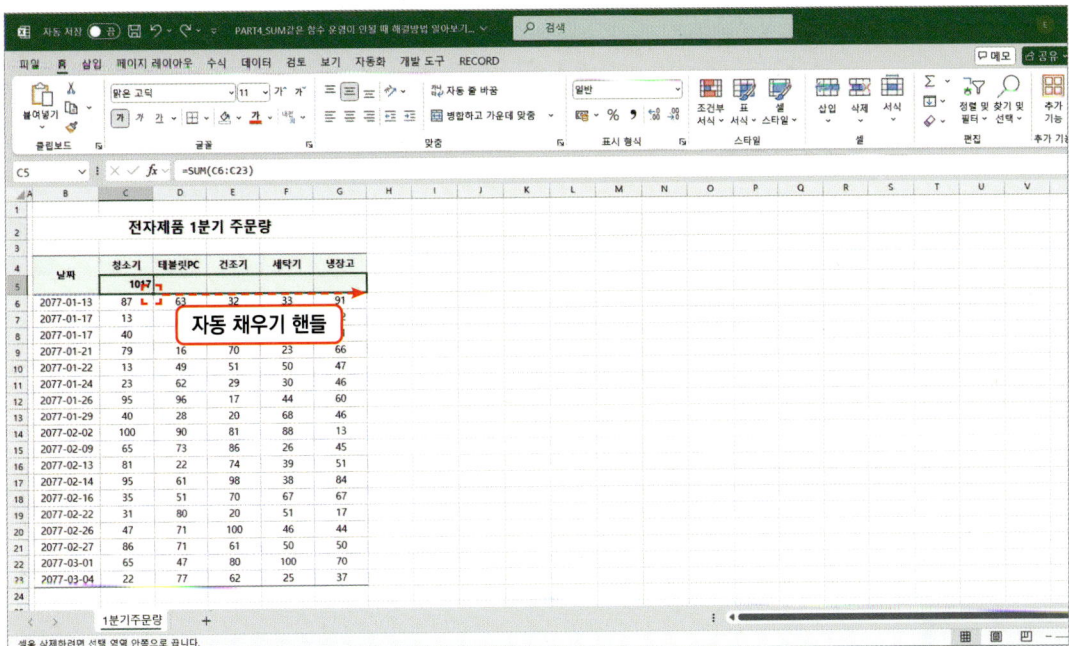

03 각 전자제품 복사/붙여넣기 값이 1017로 모두 같은 값이 출력되었습니다.

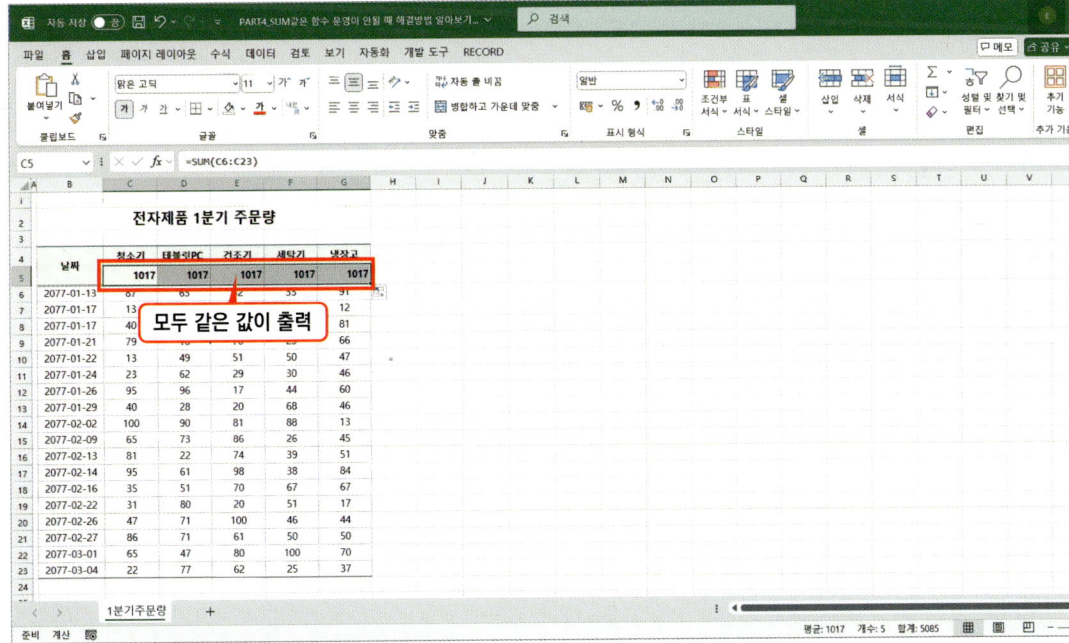

04 상대참조로 운영되어야 할 수식인데 현재 운영이 안되고 있습니다. 원인을 확인하기 위해 [수식] 탭- 계산- '계산 옵션' 메뉴를 클릭해 설정값이 '수동'으로 되어 있는 것을 확인합니다. 수식 복사/붙여넣기가 자동으로 업데이트되게 하기 위해서 '수동' 설정을 '자동'으로 변경합니다.

※ 계산 옵션이 '수동'으로 설정된 경우 수식을 복사/붙여넣기했을 때 참조 논리가 운영이 안됩니다. 이때 수동으로 설정된 경우 복사/붙여넣기하고 나서 F9키를 누르면 수식값이 업데이트됩니다.

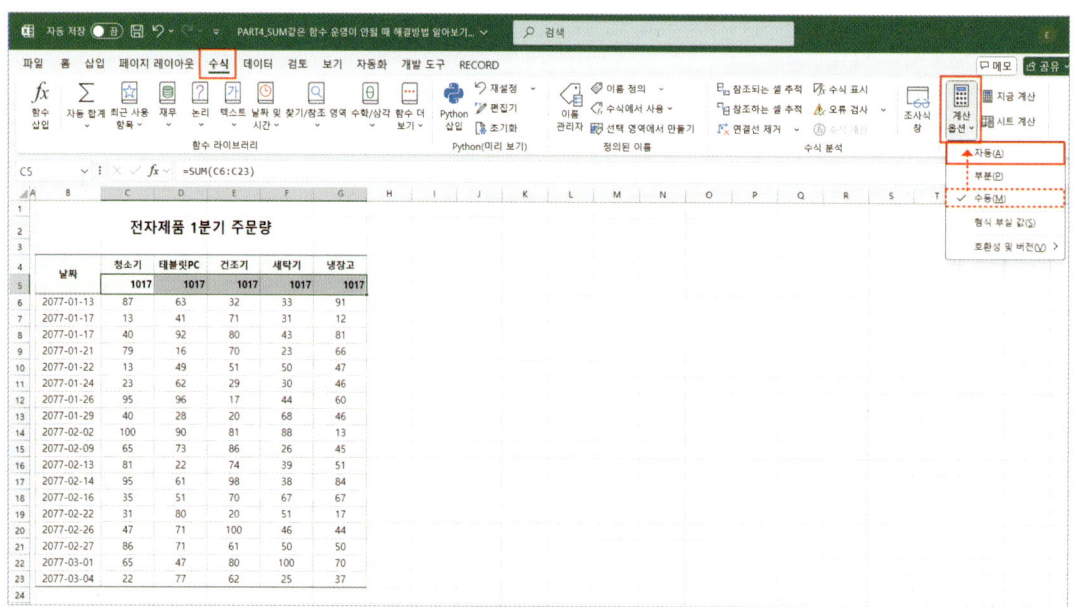

05 계산 옵션을 '자동'으로 변경하자 C5:G5셀 수식 값이 아래와 같이 업데이트된 것을 알 수 있습니다.

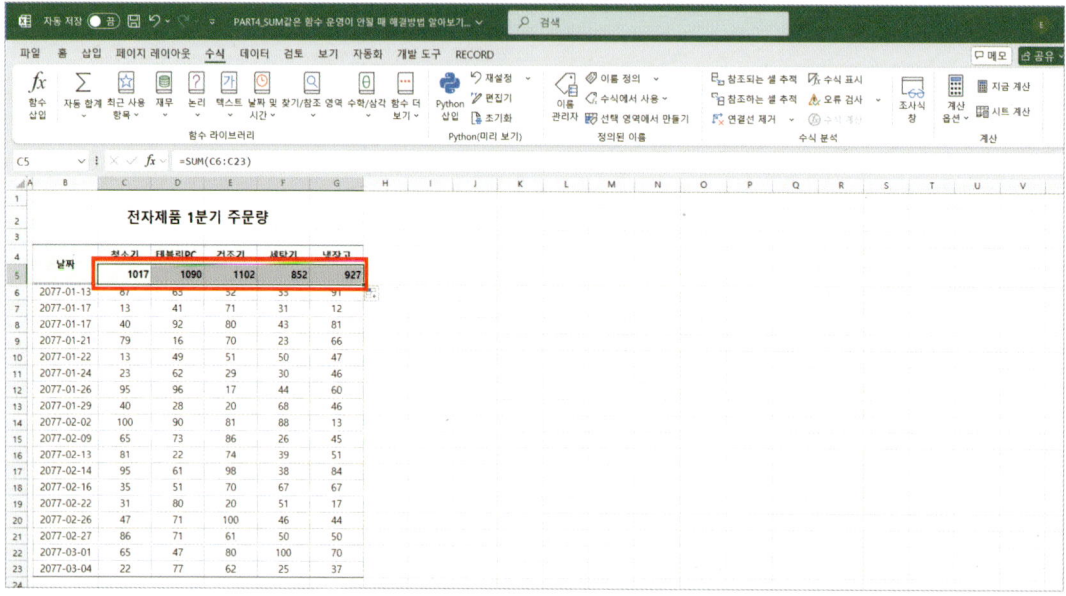

CHAPTER 03
최고점, 최저점 색상 범위를 하나에 이름으로 정의해서 계산하기

📁 예제 파일 PART3_3 최고점, 최저점 색상 범위를 하나에 이름으로 정의해서 계산하기

실무 스킬

　엑셀에서 채우기 색과 같은 시각화 도구로 데이터를 관리하는 경우가 있습니다. 색상으로 데이터를 관리하게 되면 시각적 구분과 효율을 높일 수 있습니다. 색상도구는 단순한 표시의 의미를 넘어서 실질적인 생산성과 정보 전달의 도구로 활용되는 셈입니다. 그런데 문제는 규칙 없이 색상이 칠해진 데이터를 계산해야 할 때입니다. 엑셀에서는 수많은 서식이 존재합니다. 그리고 이런 규칙들을 찾아낼 수 있게 도움을 주는 기능도 있습니다. 이번 파트에서는 '찾기' 도구를 활용해 원하는 색상을 찾고 특정 범위 구간을 '이름 정의' 기능을 통해 불규칙을 규칙으로 만들 수 있는 방법을 알아보도록 하겠습니다.

실무 연습 ❶

[과목별점수] 시트에서 각 과목별 최고 점수와 최저 점수를 노란색과 주황색으로 표시를 해놨습니다. 이때 각 과목의 최고점의 평균을 I8셀에 최저점의 평균을 I9셀에 출력하고자 합니다.

01 C5:F20셀 범위 지정 후, [홈] 탭-편집- 찾기 및 선택- '찾기' 메뉴를 클릭합니다.

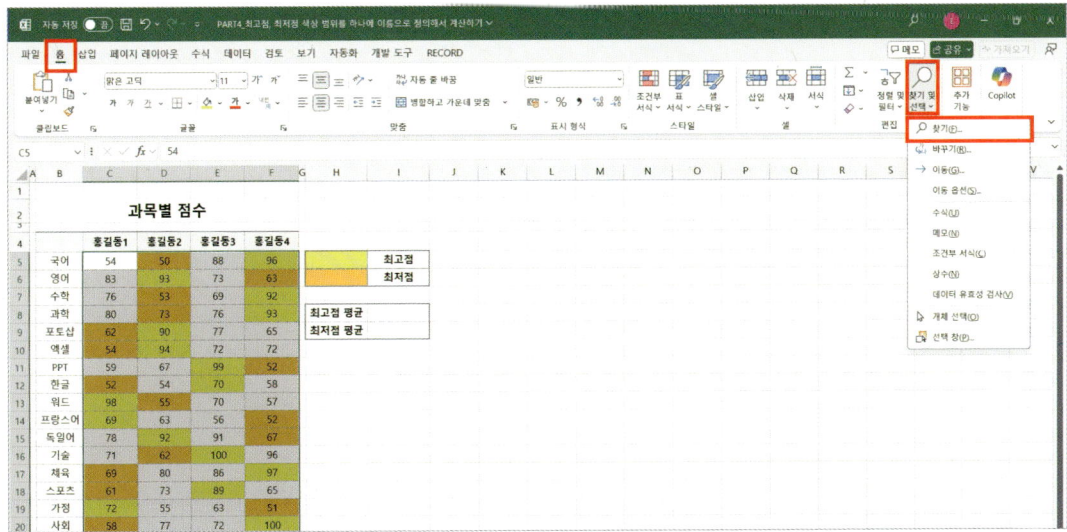

02 찾기 및 바꾸기– 찾기– 찾을 내용– 서식– 서식 찾기– 채우기– '노랑'을 선택하고 확인 버튼을 누릅니다.

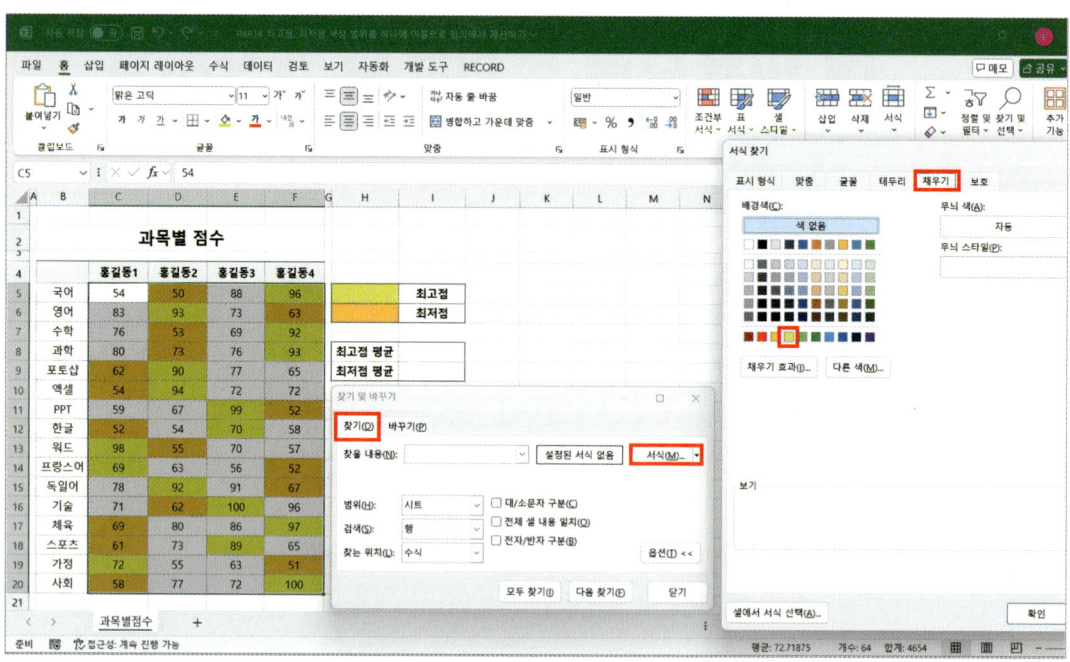

03 이 상태에서 '모두 찾기' 버튼을 누릅니다. 출력된 찾기 및 바꾸기 대화상자 가장 상단을 드래그해 위치를 아래 이미지와 같이 배치해 준 다음 오른쪽 아래 모서리를 잡아당겨 대화상자 크기를 키워 줍니다.

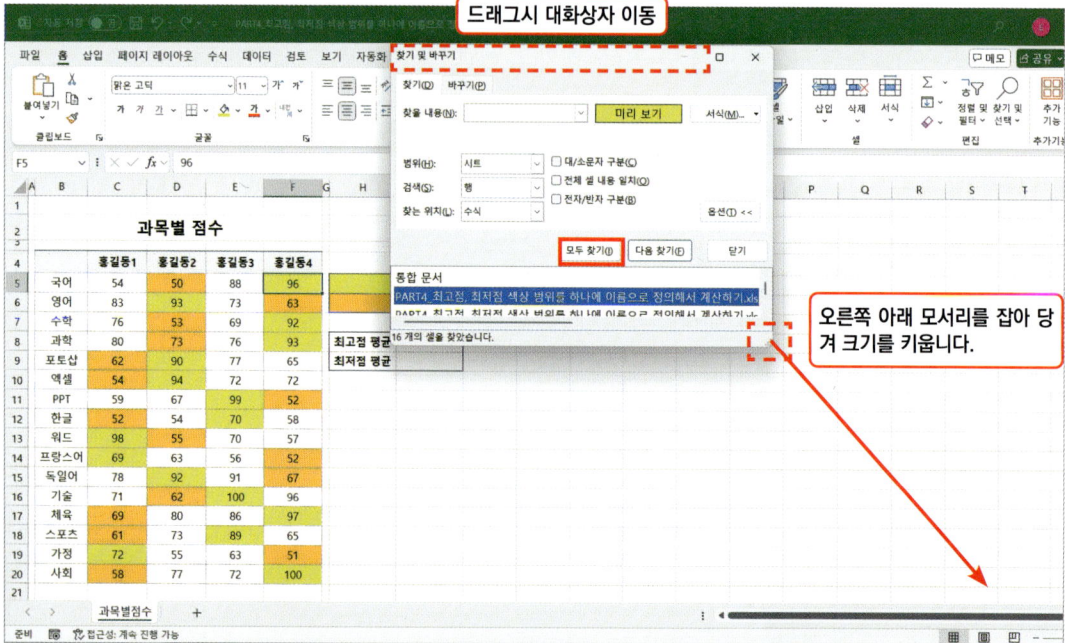

04 크기를 모든 목록을 볼 수 있을 정도로 키워 놓은 상태에서 셀 $F$5 줄에 있는 정보를 클릭 후, Ctrl + A 를 눌러 찾기 된 모든 정보를 모두 선택합니다.

※ Ctrl + A 키를 누르면 선택된 모든 정보가 아래 이미지처럼 파란색 음영으로 바뀌게 됩니다. 그리고 Ctrl + A 키로 찾기 된 모든 정보를 선택할 때는 굳이 대화상자 크기를 키울 필요는 없고, 가장 상단 정보 하나를 클릭한 상태에서 바로 Ctrl + A 키를 눌러 모두 선택해도 됩니다.

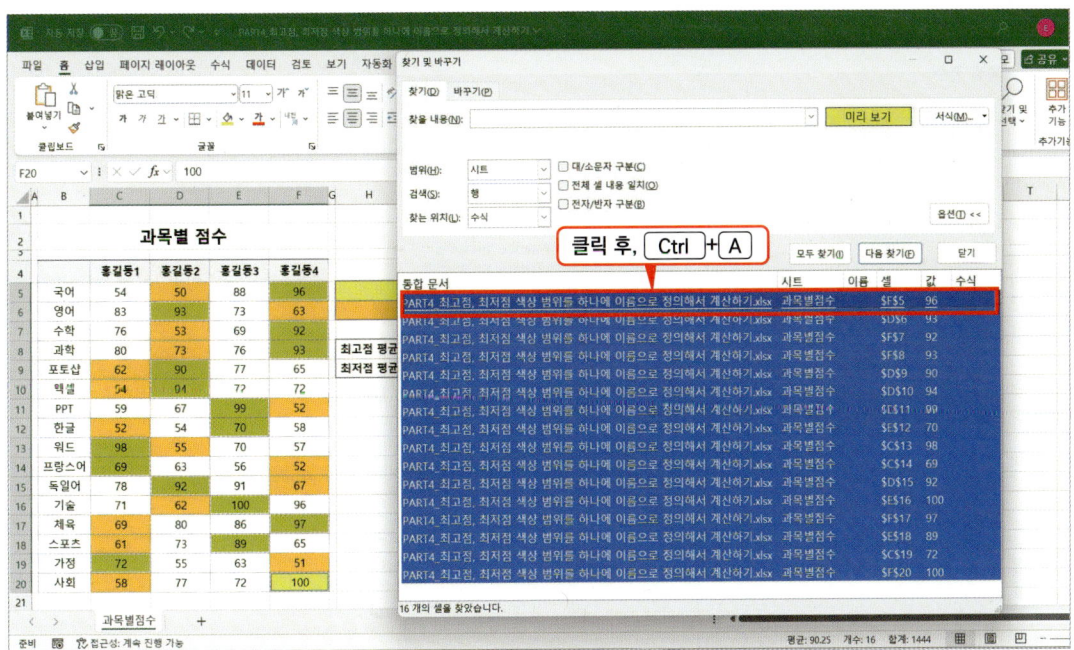

05 이 상태에서 '이름 상자'를 클릭하고 '최고점'이라고 입력하고 Enter 키를 누릅니다.

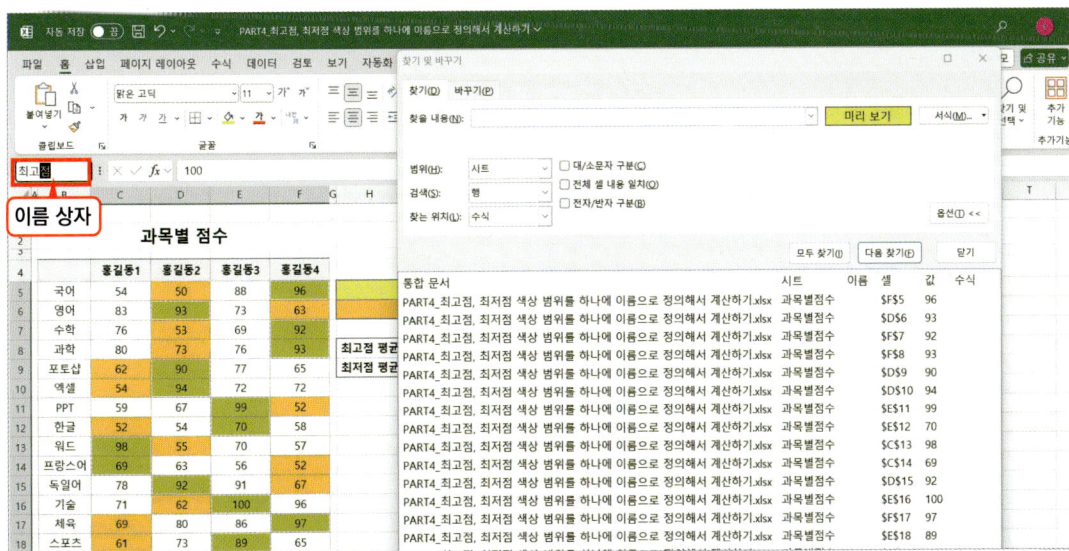

06 C5:F20셀 범위 지정(중요)- 찾기 및 바꾸기 대화상자로 와서, 찾기 및 바꾸기- 찾기- 찾을 내용-
서식- 서식 찾기- 채우기- '주황'을 선택하고 확인 버튼을 누릅니다.

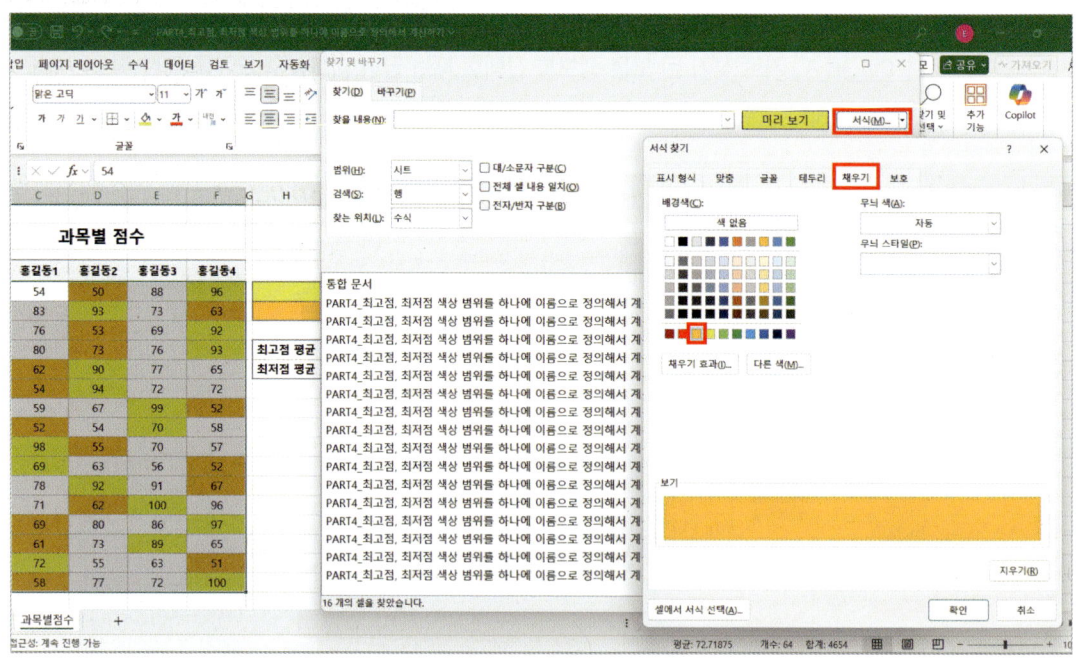

07 모두 찾기- 셀 $D$5 줄에 있는 정보를 클릭 후, Ctrl + A - 이름 상자: '최저점'이라고 입력하고
Enter 키를 누릅니다.

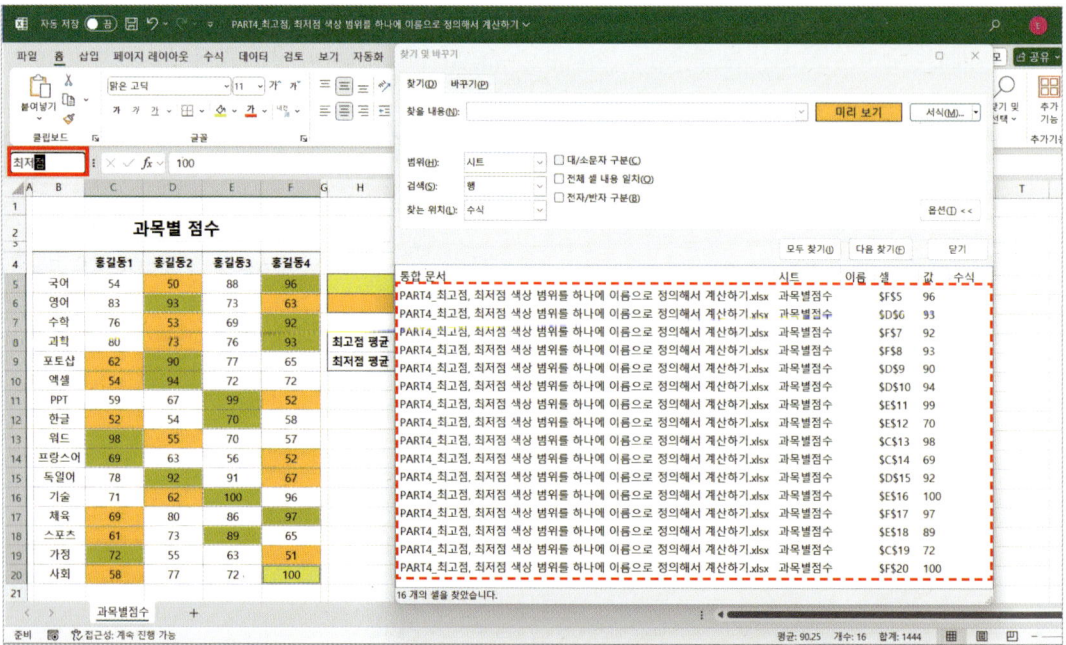

08 찾기 및 바꾸기 대화상자를 닫기(오른쪽 상단 'X'표시 클릭)합니다. 그리고 I8셀 클릭 후 '=AVERAGE(최고점)' 수식을 입력하고 `Enter` 키를 누릅니다.

※ 이때 이름 정의한 '최고점'을 입력하고 괄호를 닫았을 때 노란색 정보 셀들에 파란색 실선 테두리가 보여지는 걸 확인할 수 있습니다.

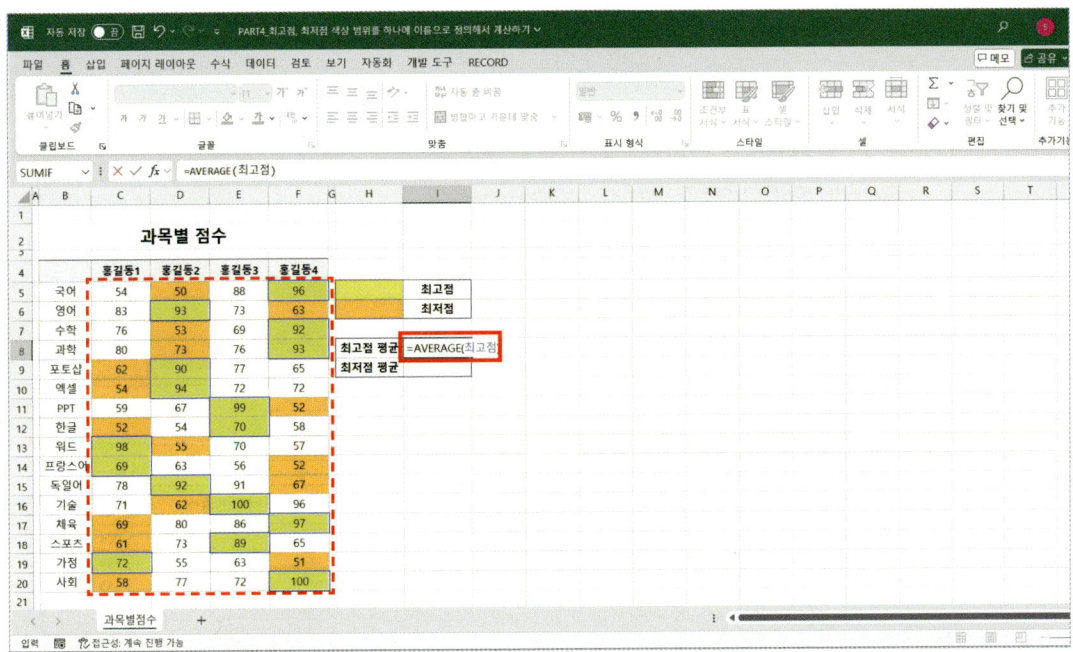

09 I9셀 클릭 후 '=AVERAGE(최저점)' 수식을 입력하고 `Enter` 키를 누릅니다.

※ 이때 이름 정의한 '최저점'을 입력하고 괄호를 닫았을 때 노란색 정보 셀들에 파란색 실선 테두리가 보여지는 걸 확인할 수 있습니다.

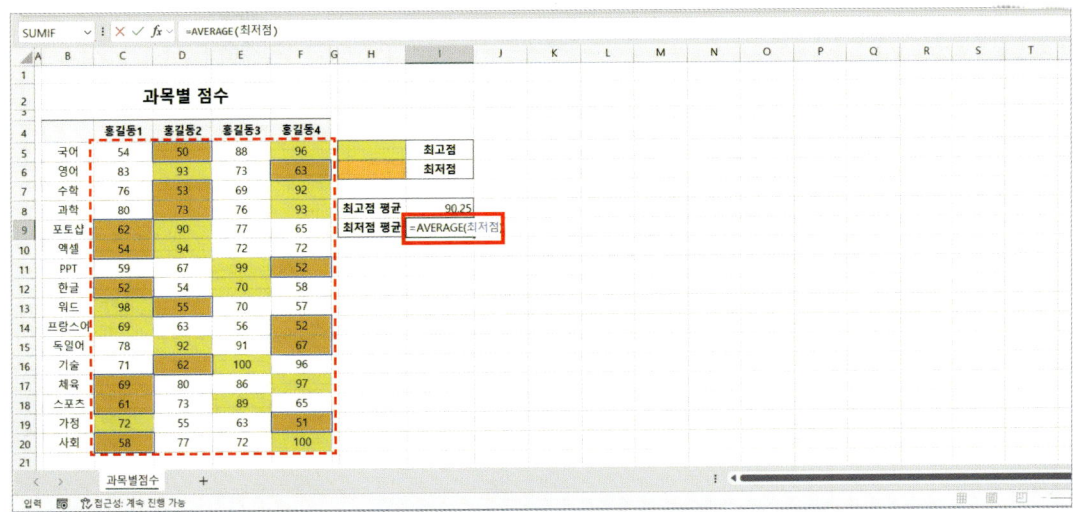

10 이름 정의가 어떻게 저장되었는지 확인하기 위해 [수식] 탭- 정의된 이름- 이름 관리자 메뉴를 클릭해 '최고점'과 '최저점' 이름이 등록된 결과를 확인합니다.

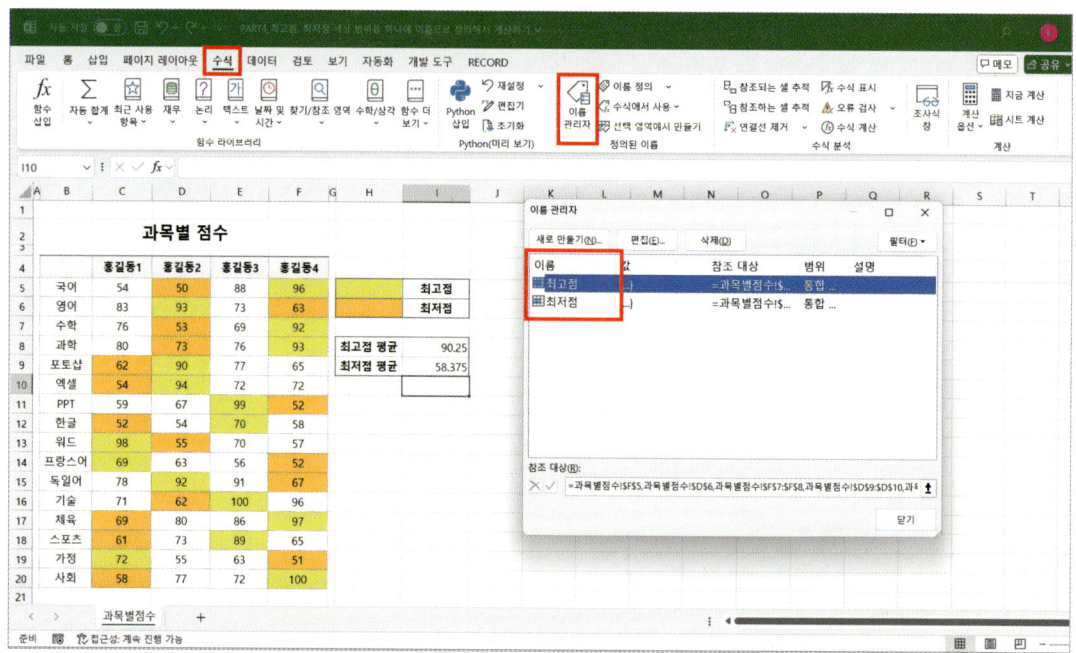

> **TIP** 정의된 이름을 편집이나 삭제하기 위해서는 이름 관리자 메뉴에서 해당 이름을 선택하고 '편집' 또는 '삭제' 메뉴를 클릭하면 됩니다. 삭제할 때는 다중 선택 키인 Ctrl 또는 Shift 키를 눌러 사용할 수도 있으니 참고 바랍니다. 이름을 정의할 수 있는 대화상자인 '이름 상자'로 바로 이동하는 단축키는 Alt + F3 입니다. 이것도 참고하세요.

표 안에서 머리글 같은 목록 이름
범위 지정 한 번으로 이름 정의하기

📁 **예제 파일** PART3_4 표 안에서 머리글 같은 목록 이름 범위 지정 한 번으로 이름 정의하기

실무 스킬

　표로 만들어진 데이터의 공통점은 머리글 같은 목록으로 만들어져 있다는 것인데요. 때론 이 머리글이 하나의 범위 역할을 함으로써 데이터 관리를 편리하게 해 줄 수 있습니다. 엑셀에서 '선택 영역에서 만들기'라는 메뉴는 범위 지정 영역에 있는 머리글 또는 목록을 하나의 범위로 만들어 주는 기능인데요, 데이터를 보다 쉽게 관리하고 자동화를 진행할 때 매우 유용합니다. 이 기능을 사용하면, 선택된 셀 영역에서 머리글, 목록 이름 등을 기반으로 이름 범위를 만들 수 있습니다. '선택 영역에서 만들기' 메뉴의 가장 큰 장점은 정의할 이름 목록이 많을 때 범위 지정 한 번으로 해당 목록 각각의 이름 정의가 가능하다는 것입니다. 실무 예제를 통해 사용 방법을 알아보도록 하겠습니다.

실무 연습 ❶

[상반기평가] 시트에는 상반기 팀별, 부서별 평가가 종합된 점수표가 있습니다. 현재 총 5개 팀, 16개 부서가 존재합니다. 이때 각 팀과 부서 목록을 각각 이름 정의해 SUM 함수 인수로 사용, 범위 지정 없이 팀별 부서별 총점을 구해 보겠습니다.

01 먼저, C4:G20셀 범위 지정-
[수식] 탭- 정의된 이름- 선택
영역에서 만들기- 이름 만들
기- '첫 행, 체크'를 하고 확인
버튼을 클릭합니다.

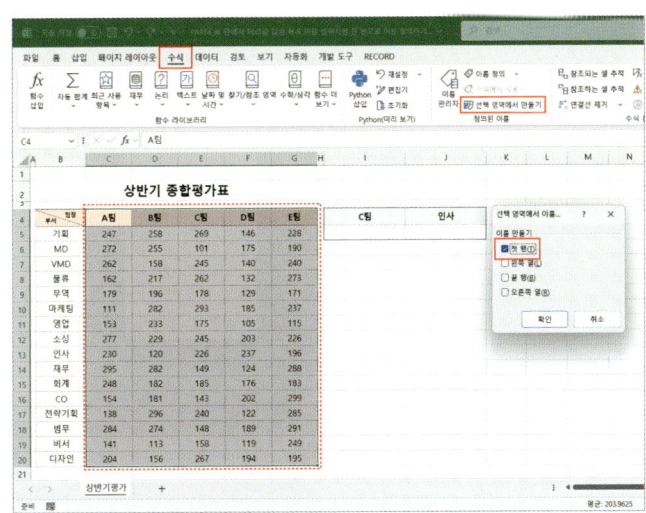

02 [수식] 탭– 정의된 이름– '이름 관리자' 메뉴를 클릭해 총 5개 팀 이름이 이름 정의된 결과를 확인하고 닫기 버튼을 누릅니다.

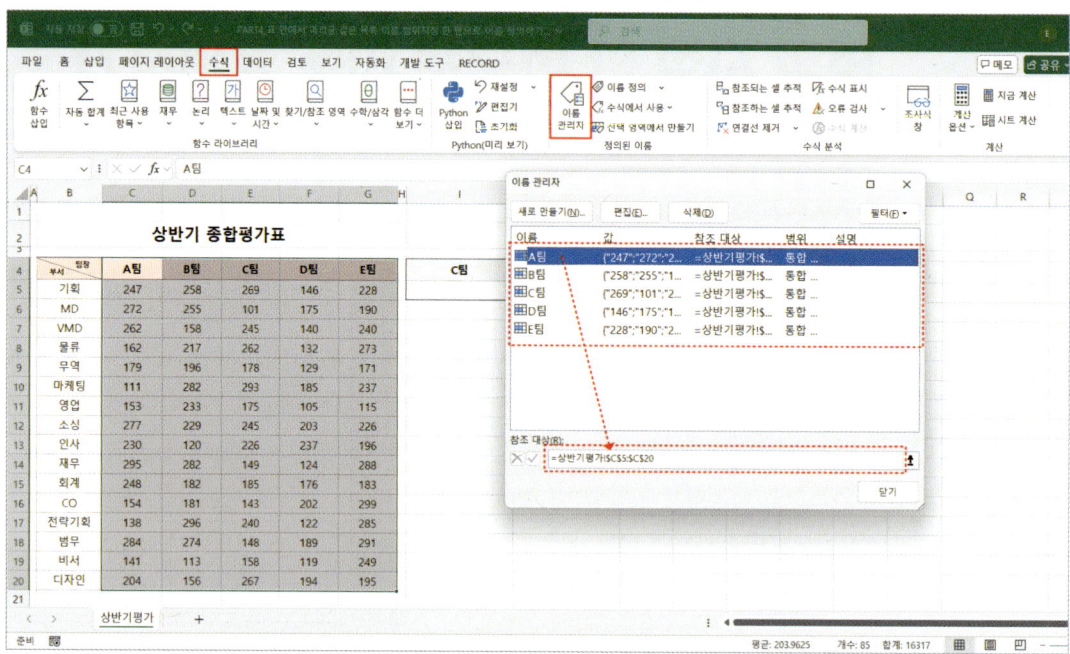

03 I5셀에 '=SUM(C팀)'을 입력하고 Enter 키를 누릅니다. 이때 파란색 음영 테두리가 'C팀' 범위, E5:E20셀 범위를 잘 지정하고 있는 것을 알 수 있습니다. 이름 정의가 잘 진행되었습니다.

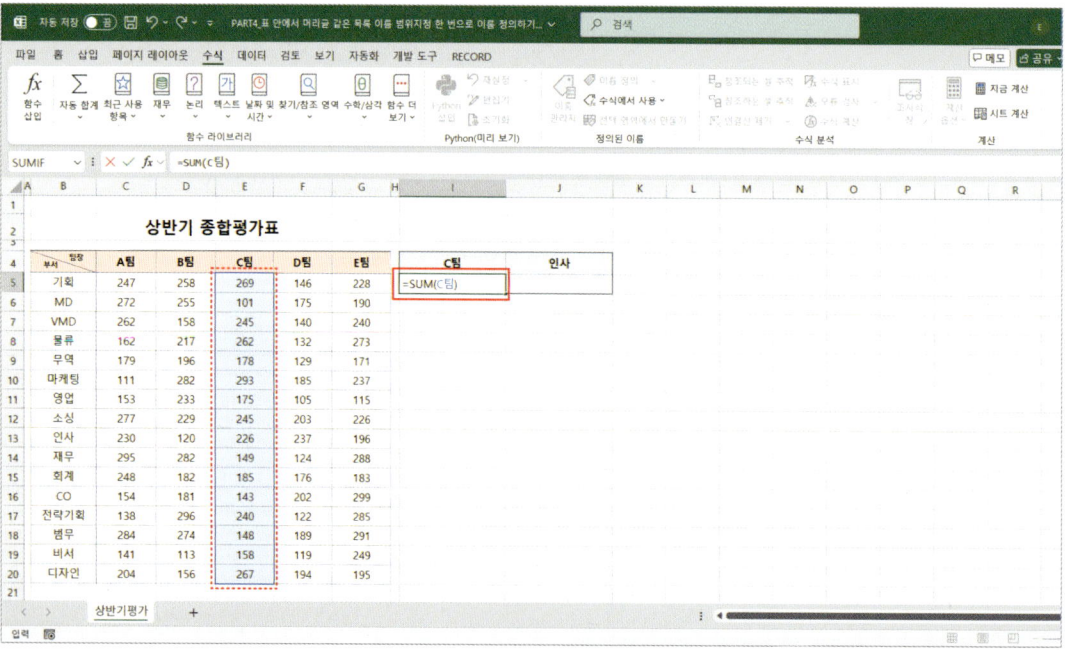

04 이번에는 B5:G20셀 범위 지정- [수식] 탭- 정의된 이름- 선택 영역에서 만들기- 이름 만들기- '왼쪽 열, 체크'를 하고 확인 버튼을 클릭합니다.

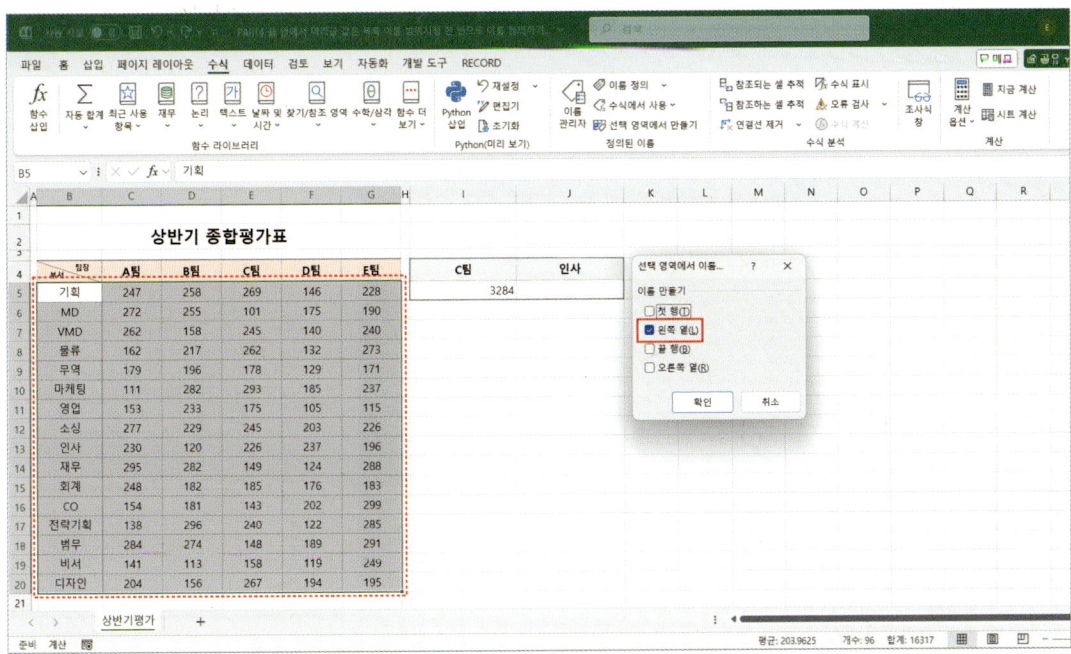

05 [수식] 탭- 정의된 이름- '이름 관리자' 메뉴를 클릭해 총 16개 부서명이 '이름 정의'된 결과를 확인하고 닫기 버튼을 누릅니다.

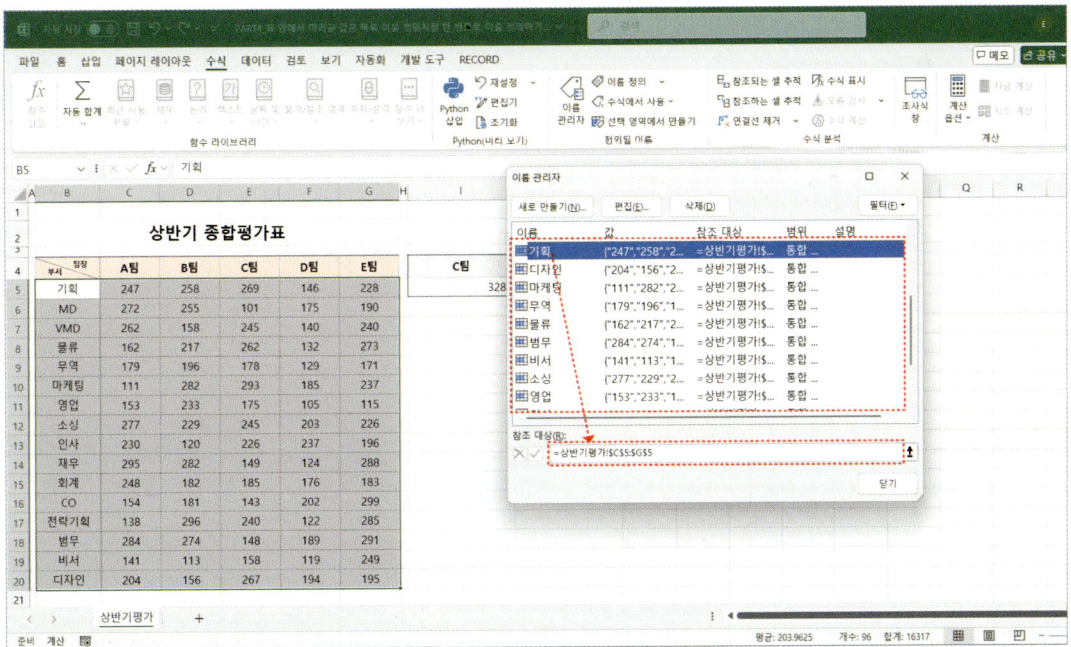

06 J5셀에 '=SUM(인사)'를 입력하고 Enter 키를 누릅니다. 이때 파란색 음영 테두리가 '인사'팀, C13:G13셀 범위를 잘 지정하고 있는 것을 알 수 있습니다. 이름 정의가 잘 진행되었습니다.

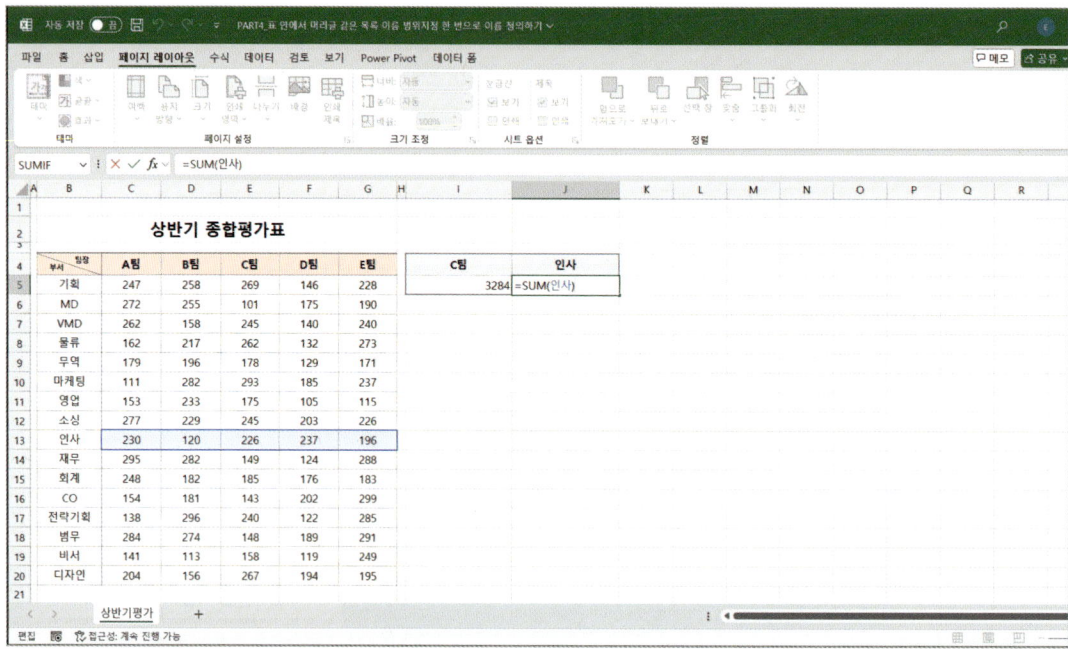

07 'C팀'과 '인사'팀 종합 평가점수 합계가 각각 잘 출력된 결과를 확인합니다.

※ 팀 이름이나 부서 이름은 사용자 환경에 맞게 변경해 사용하면 됩니다.

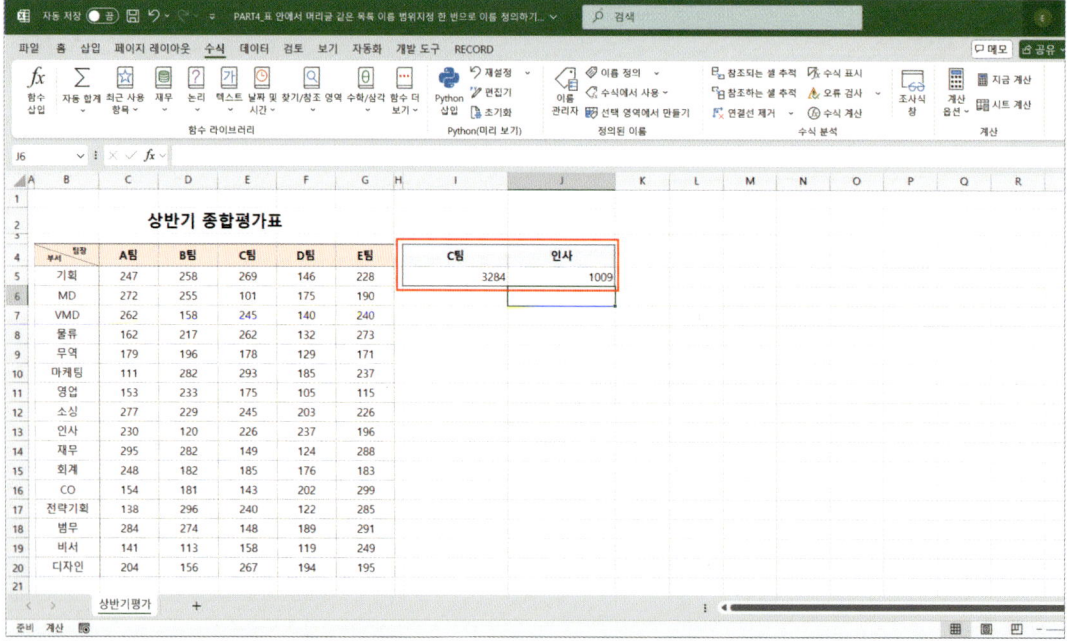

정렬하고 싶은 열이 뒤죽박죽 섞여 있을 때 원하는 순서대로 정렬하는 방법

📁 **예제 파일** PART3_5 정렬하고 싶은 목록이 뒤죽박죽 섞여 있을 때 원하는 순서대로 정렬하는 방법

실무 스킬

보고서를 만들다 보면 목록 순서를 변경해야 할 때가 있습니다. 한두 개라면 쉽게 변경 가능하지만 그렇지 않은 상황이라면 복잡한 일이 됩니다. 이런 번거로운 작업을 쉽게 해결할 수 있는 엑셀 기능이 있습니다. 바로 정렬 기능인데 일반적으로는 위에서 아래로 정렬된 데이터를 오름차순 또는 내림차순으로 정렬하는 정도로 많이 사용됩니다. 하지만 정렬 순서를 왼쪽에서 오른쪽으로 바꾸면 목록을 손쉽게 정렬할 수 있게 되는데, 사용 방법을 통해 원하는 목록 순서를 사용자가 원하는 대로 정렬하는 방법에 대해 알아보도록 하겠습니다.

실무 연습 ❶

[인사정보1] 시트에 있는 '인사정보' 표 목록을 다시 정리하려 합니다. 현재는 '이름- 평가점수- 부서- 직급- 전년평가' 순으로 정렬되어 있는데 '부서- 직급- 이름- 전년평가- 평가점수' 순으로 다시 정렬해 보겠습니다.

01 정렬하고자 하는 열 순번을 21행에 B열부터 차례대로 기입합니다. B열 '이름' 목록은 B21셀- 3입력, C열 '평가점수' 목록은 C21셀- 5입력, D열 '부서' 목록은 D21셀- 1입력, E열 '직급'은 E21셀- 2입력, F열 '전년평가'는 F21셀- 4입력합니다.

02 B4:F21셀 범위 지정- [데이터] 탭- 정렬 및 필터- 정렬- 옵션- 정렬 옵션- '왼쪽에서 오른쪽' 메뉴 클릭 후 확인 버튼을 누릅니다.

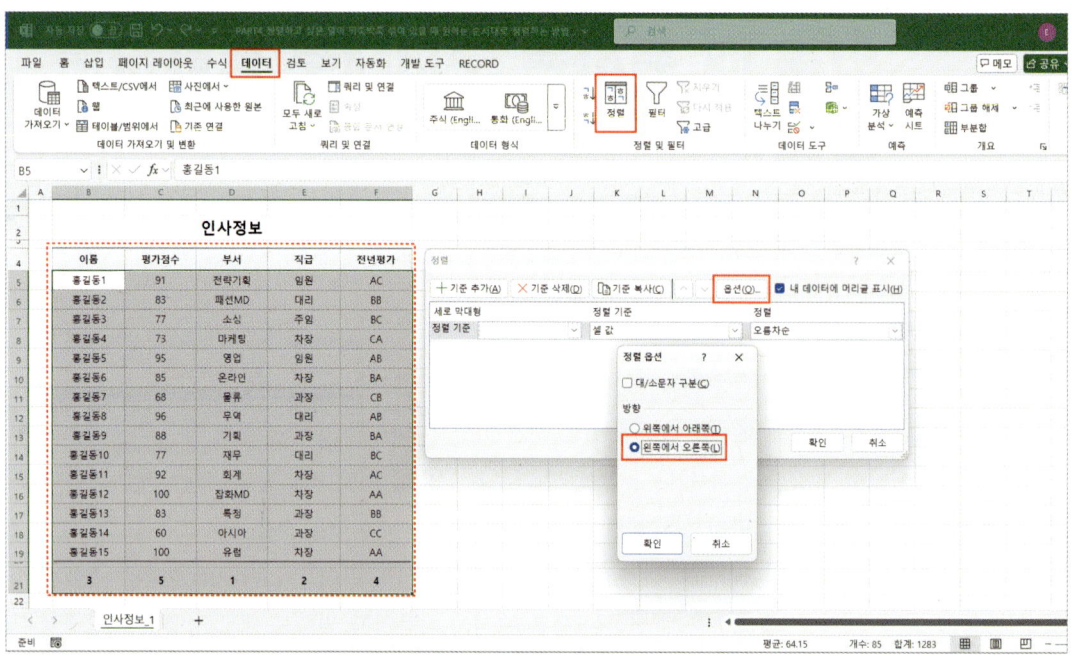

03 정렬- 행, 정렬 기준- 행 21- 절렬 기준- 셀 값- 정렬- '오름차순' 메뉴를 클릭하고 확인 버튼을 클릭합니다.

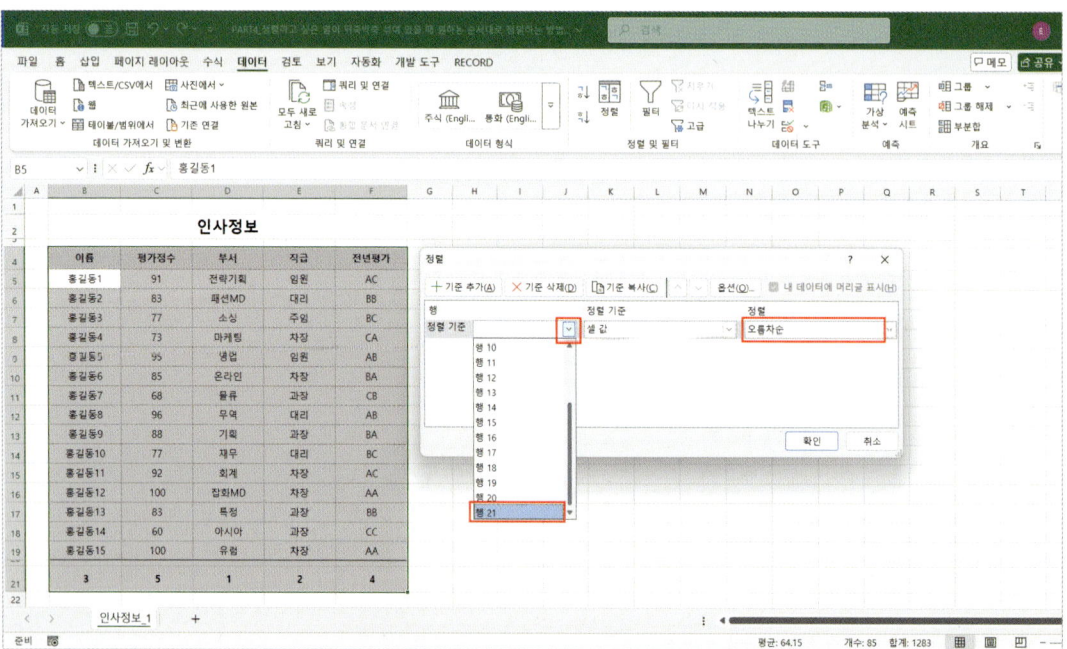

04 '부서– 직급– 이름– 전년평가– 평가점수' 순으로 정렬된 결과를 확인합니다.

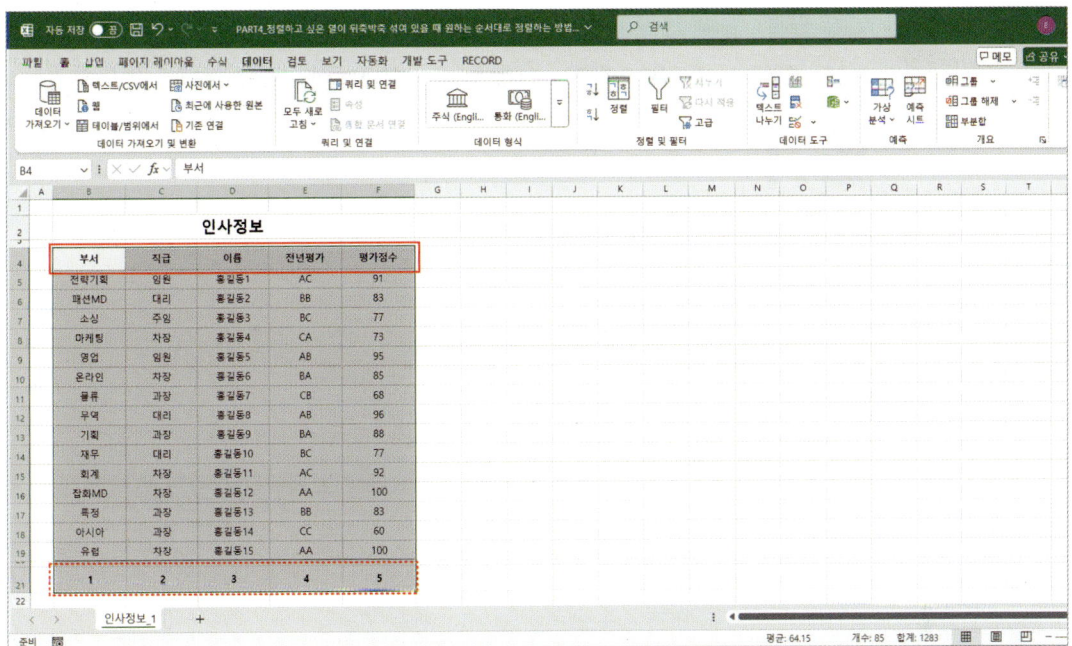

> **TIP** 원하는 목록 순번을 기입할 때 범위 영역 위, 아래 병합된 구간이 포함되어 있으면 안됩니다. [인사정보1] 시트에 제목 '인사정보' 구간이 병합되어 있는 것처럼 보이지만 병합이 아니라 '선택 영역의 가운데로' 가로 텍스트 맞춤이 된 상황이니 참고 바랍니다.

색깔 칠해진 셀 데이터 정보와 숫자 정보 다중 조건 정렬 방법 알아보기

📁 **예제 파일** PART3_6 색깔 칠해진 셀 데이터 정보와 숫자 정보 다중 조건 정렬 방법 알아보기

실무 스킬

　엑셀에서 데이터가 많아질수록 원하는 정보를 빠르게 찾아내기 위해 효율적인 정렬 방법이 중요해집니다. 특히, 색깔로 강조된 셀 데이터와 숫자 정보를 동시에 다중 조건으로 정렬하면 복잡한 데이터를 체계적으로 정리할 수 있습니다. 색상은 데이터의 중요도를 시각적으로 구분할 수 있고, 숫자는 정량적인 순서를 제공하므로, 이 두 가지를 조합하면 데이터 분석이 훨씬 직관적으로 변합니다. 예를 들어, 특정 색상을 기준으로 데이터를 그룹화한 뒤, 숫자 크기에 따라 세부적으로 정렬하는 방식으로 사용할 수 있습니다. 이런 방법은 프로젝트 관리, 재고 추적, 보고서 작성 등 다양한 상황에서 유용합니다. 다중 조건 정렬 방법에 대해 알아보도록 하겠습니다.

실무 연습 ❶

[인사정보2] 시트에서 '직급'이 차장인 사람들에 주황색 채우기 색상이 입혀져 있습니다. 이때 차장인 사람들을 정렬하고 '평가점수'를 내림차순으로 데이터를 정렬해 보도록 하겠습니다.

01　B5:F19셀 범위 지정- [데이터] 탭- 정렬 및 필터- 정렬- 옵션- '위쪽에서 아래쪽' 메뉴를 선택하고 확인 버튼을 누릅니다.

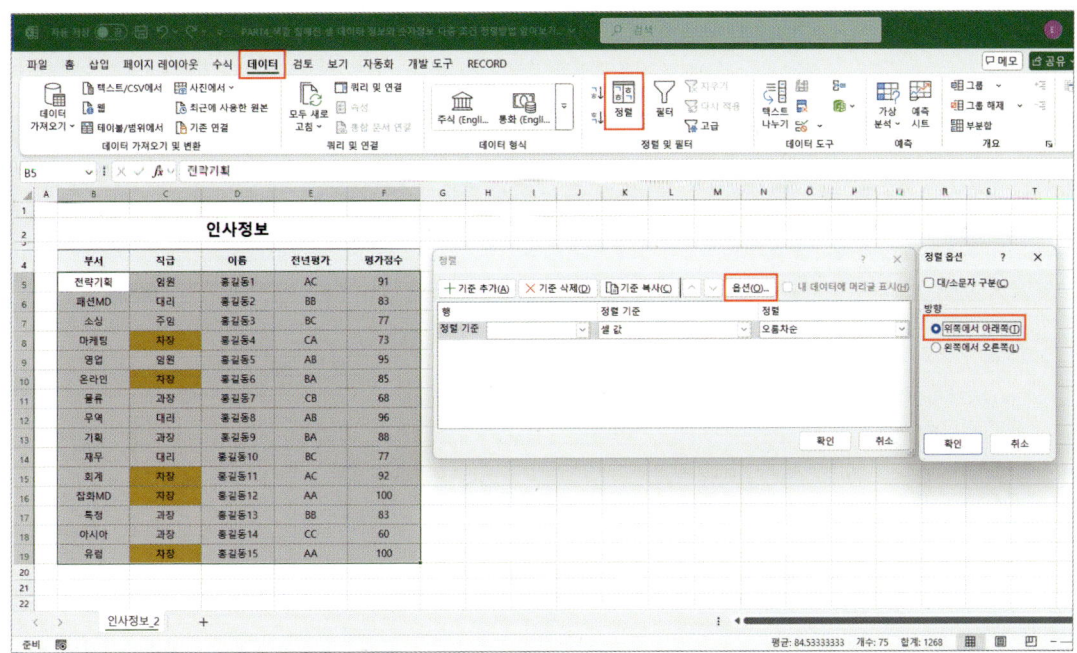

02 세로 막대형– 정렬 기준– '열 C(직급)' 메뉴를 선택합니다.

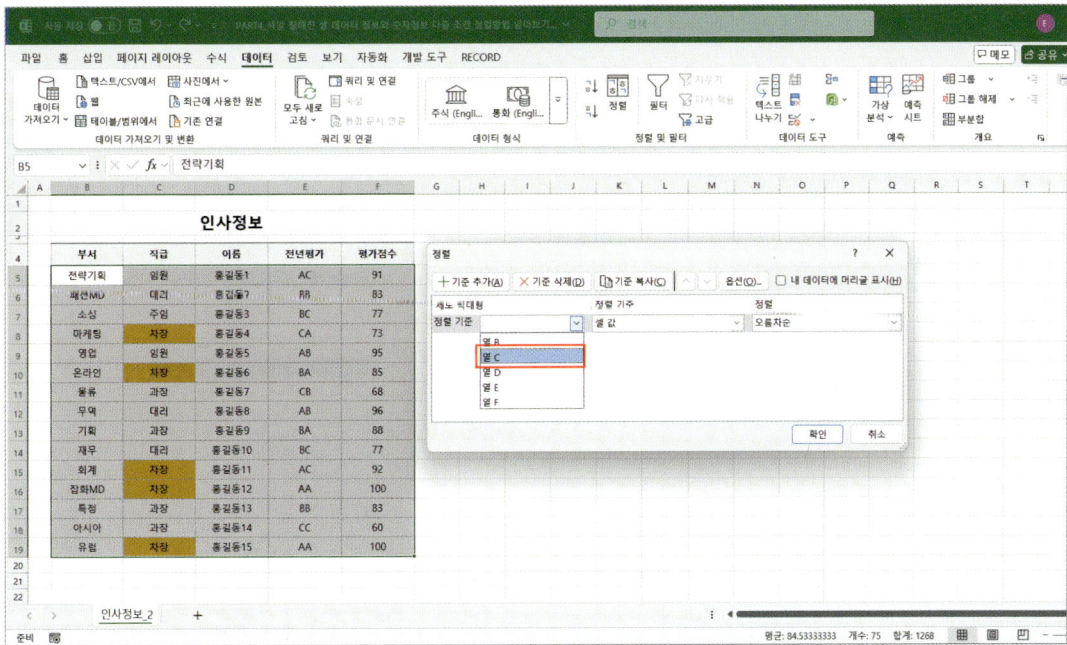

03 정렬 기준– '셀 색' 메뉴를 선택합니다.

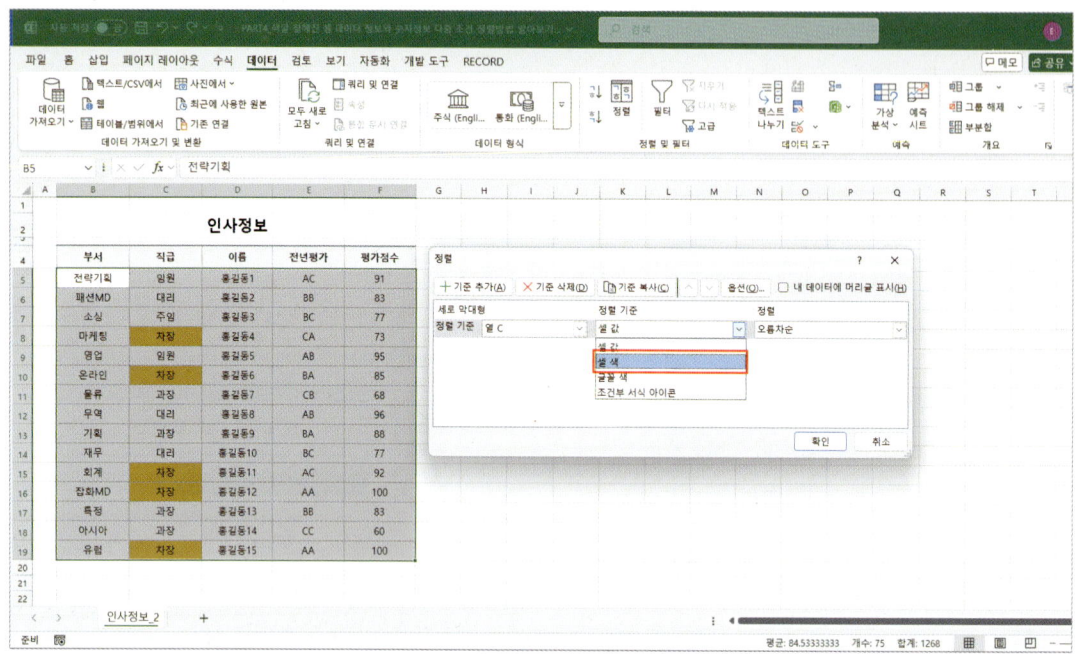

04 정렬– 셀 색 없음, 주황– '위에 표시' 메뉴를 선택합니다.

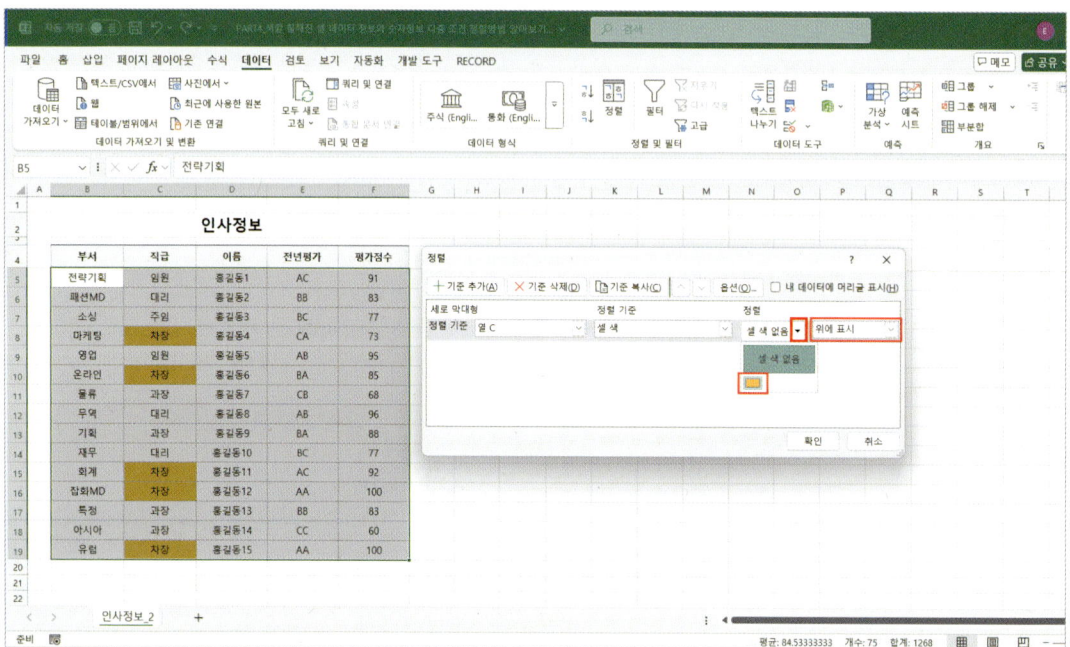

05 + 기준추가– 세로 막대형– 다음 기준– '열 F(평가점수)' 메뉴를 선택합니다.

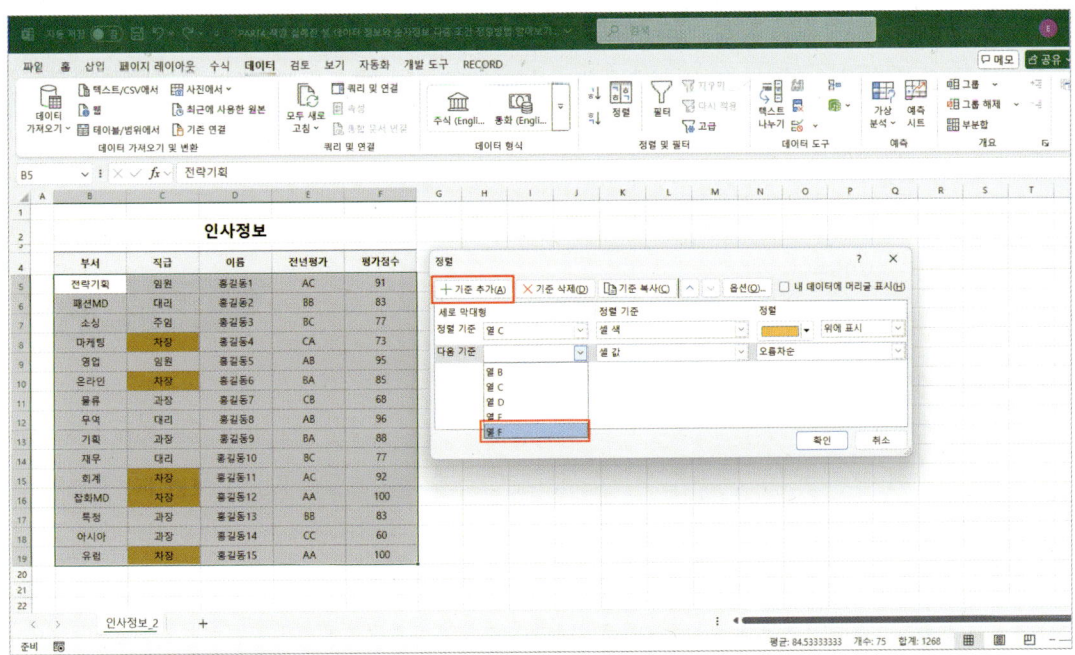

06 정렬 기준– 셀 값– 정렬– '내림차순' 메뉴를 선택 후 확인 버튼을 클릭합니다.

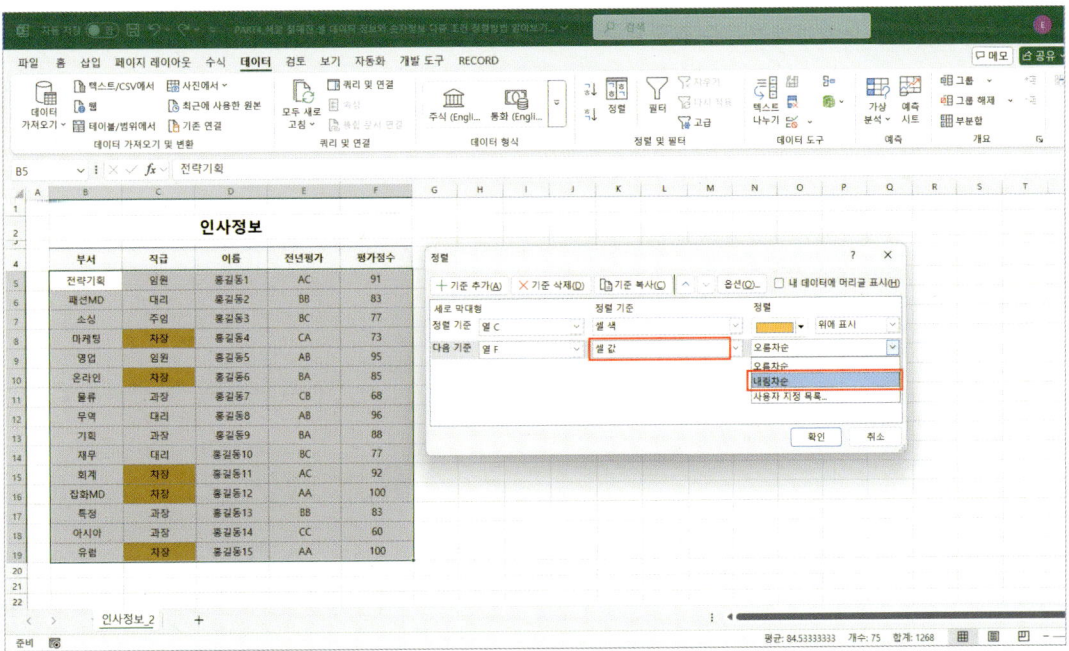

07 '직급' 채우기 색 기준으로 '평가점수'가 내림차순 정렬된 결과를 확인할 수 있고 그 아래 부분 데이터도 내림차순으로 잘 정리된 결과를 확인할 수 있습니다.

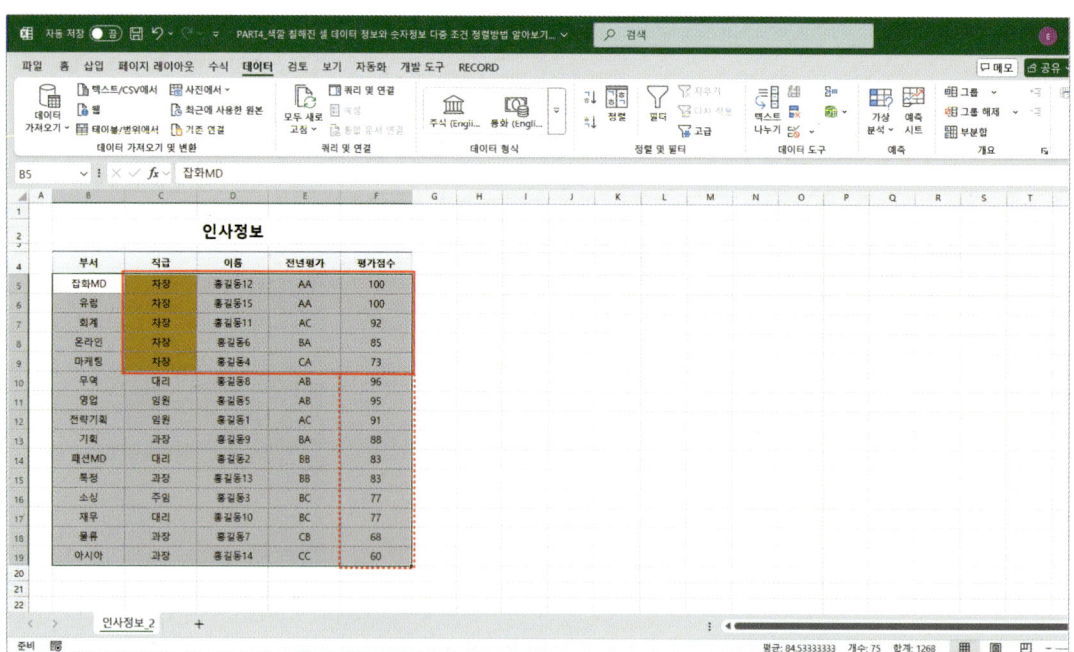

단일, 다중 중복된 정보 제거하고 고유한 값 하나 또는 한 쌍만 남기기

📄 예제 파일) PART3_7 단일, 다중 중복된 정보 제거하고 고유한 값 하나 또는 한 쌍만 남기기

실무 스킬

   데이터를 분석하거나 작업하기 전에 일관된 상태로 정리하는 과정을 전처리 과정이라고 합니다. 엑셀에서 데이터를 직접 다룰 때 전처리는 매우 중요한 단계로, 주로 다음과 같은 작업을 포함합니다. ❶ 데이터 정리- 중복된 데이터 제거나 빈 셀 채우기 또는 삭제, 오타 수정 및 불필요한 특수 문자를 제거하는 작업입니다. ❷ 형식 통일- 날짜 형식, 숫자 형식, 텍스트 형식 등 데이터의 형식을 일관되게 맞추는 작업이 필요합니다. 이외에도 데이터 전처리를 해 놓게 되면 전체 데이터 분석 및 차트 생성 등 작업을 훨씬 효율적으로 수행할 수 있습니다. 이번 파트에서는 중복된 값을 제거하는 과정을 단일, 다중으로 구분해 어떻게 정리할 수 있는지 '중복된 항목 제거' 기능을 통해 알아보겠습니다.

실무 연습 ❶

[업체정보] 시트에 있는 표 안에 있는 1) 고유한 아이템 개수와 2) 아이템과 취급업체가 같은 데이터가 몇 개인지 확인하기 위해 중복값을 제거해 보겠습니다.

01   B4:B25셀 범위 복사- I4셀 클릭- 붙여 넣기를 진행합니다.

02 목록을 제외한 I5:I25셀 범위 지정– [데이터] 탭– 데이터 도구– 중복된 항목 제거– 중복값 제거–
열– '아이템, 체크' 후 확인 버튼을 클릭합니다.

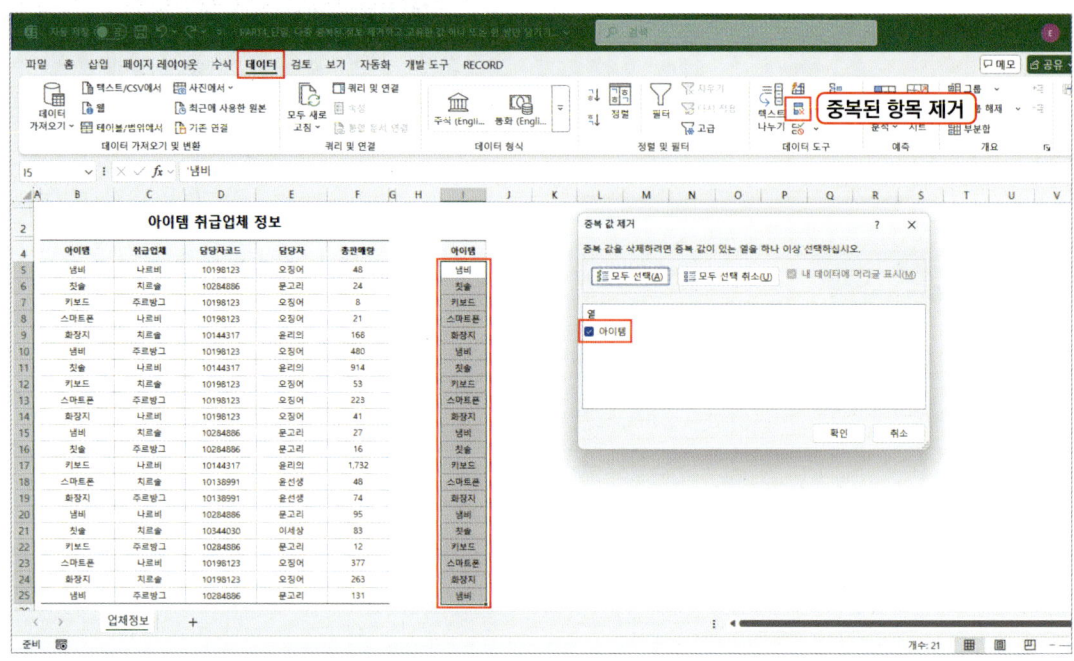

03 중복값 16개가 발견되어 제거되고, 고유 값 5개가 출력된 결과를 확인하고, 확인 버튼을 누릅니다.

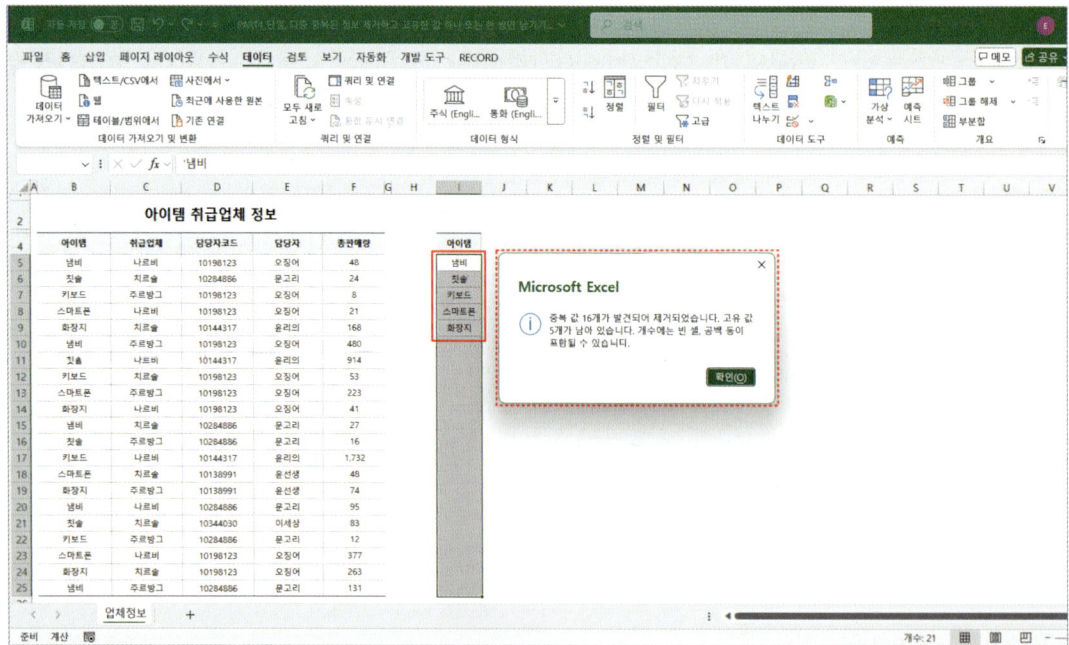

04 B4:C25셀 범위 지정– 복사– K4셀 클릭– 붙여넣기를 진행합니다.

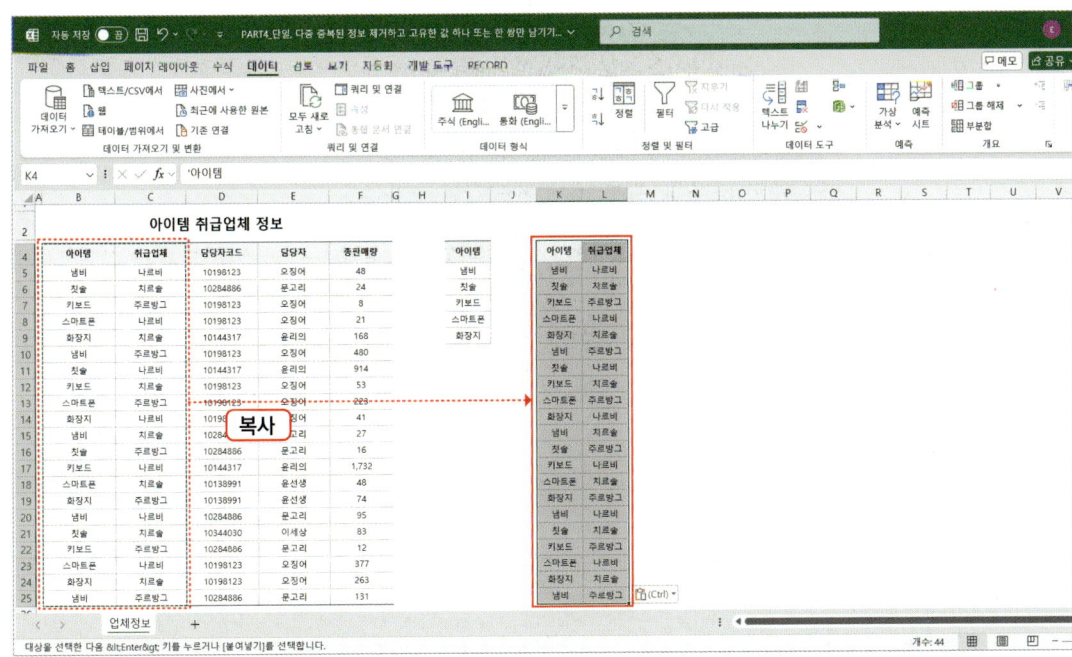

05 K5:L25셀 범위 지정– [데이터] 탭– 데이터 도구– 중복된 항목 제거– 중복값 제거– 열– '아이템, 체크/취급업체, 체크' 후 확인 버튼을 클릭합니다.

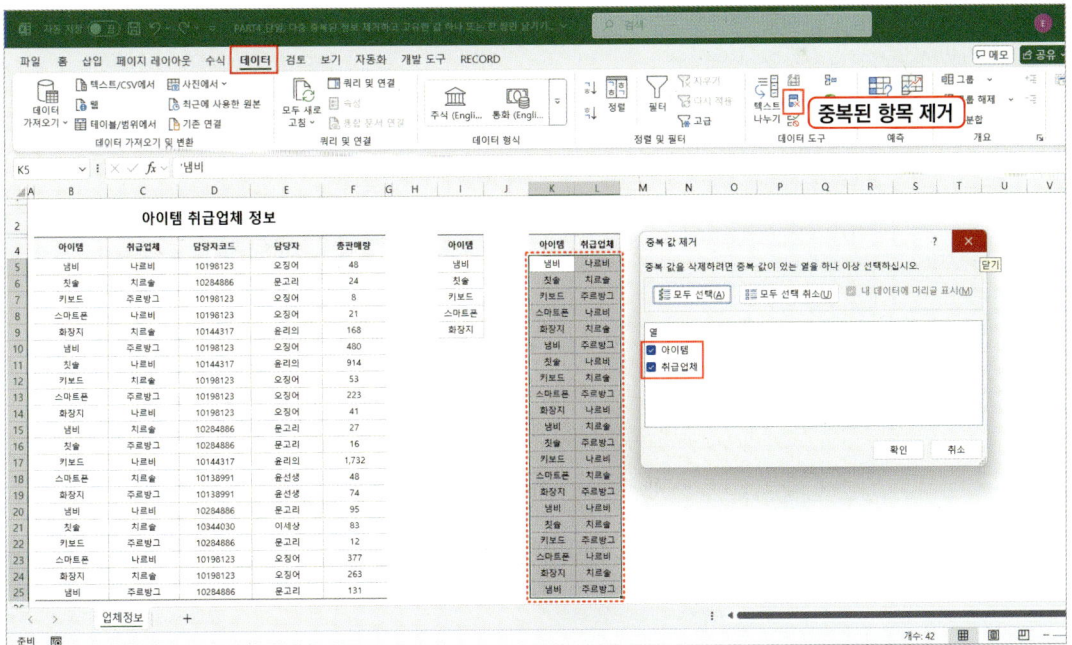

06 중복값 6개가 발견되어 제거되고, 고유 값 15개가 출력된 결과를 확인하고, 확인 버튼을 누릅니다.

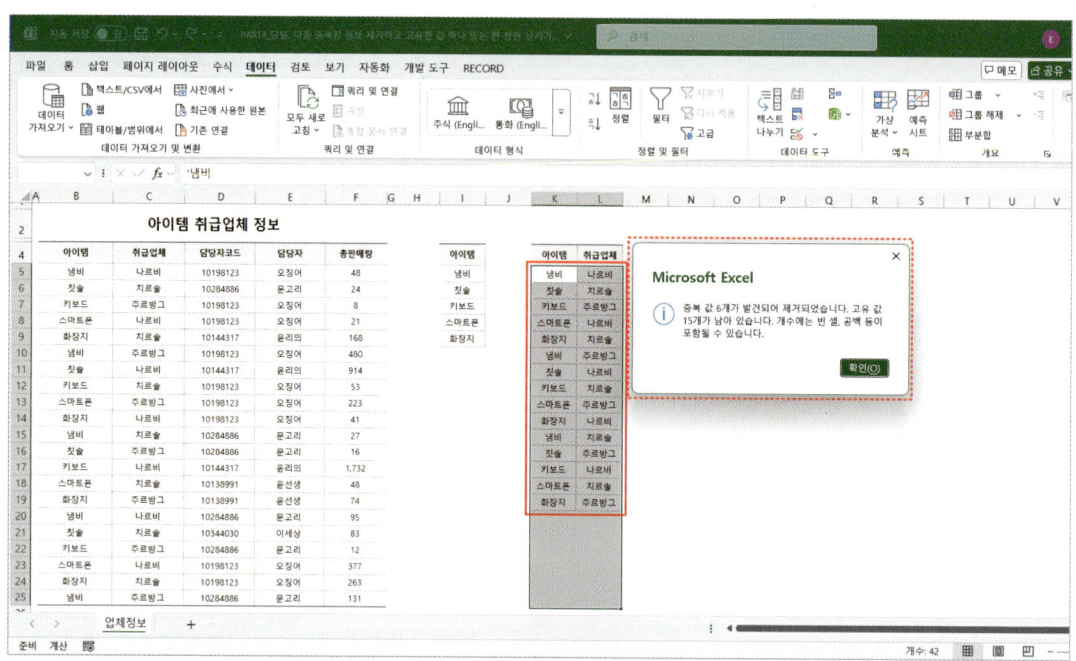

07 출력된 결과를 확인합니다.

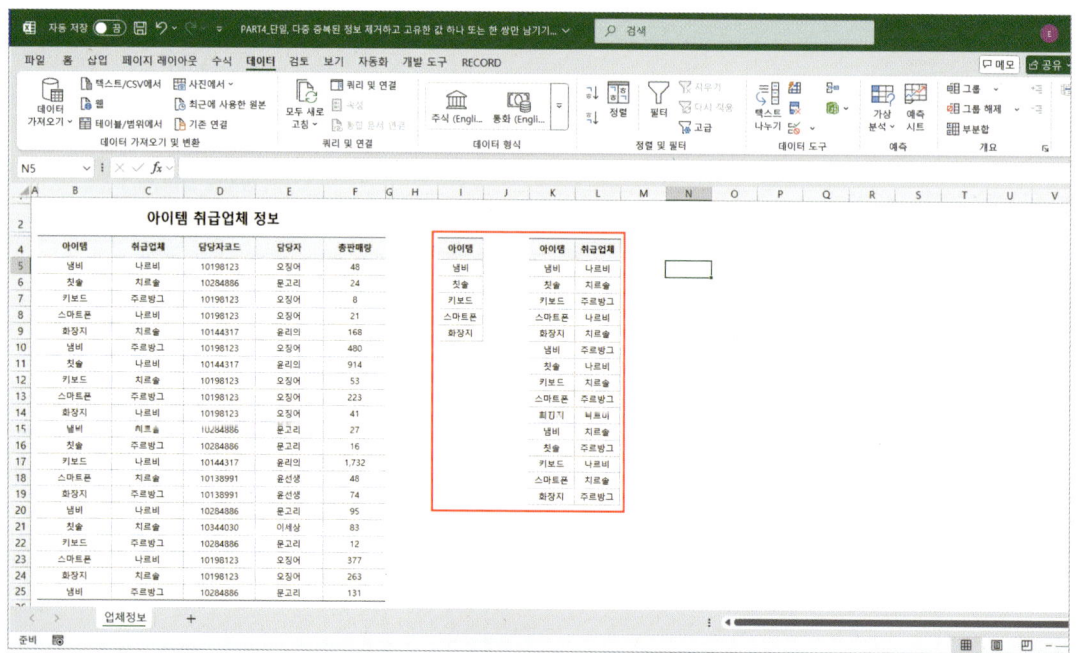

CHAPTER 08

허락된 정보만 입력 가능하게 데이터 입력 제한하고 입력 오류 막고 확인하기

📁 **예제 파일** PART3_8 허락된 정보만 입력 가능하게 데이터 입력 제한하고 입력 오류 막고 확인하기

데이터를 관리할 때 오류를 방지하고 정확성을 유지하기 위해 데이터 유효성 검사 기능을 사용해 지정해 놓은 정보만 입력 가능하게 구조를 만들 수가 있습니다. 데이터 유효성 검사는 엑셀에서 정확하고 신뢰할 수 있는 데이터를 관리하기 위해 필수적인 기능입니다. 이를 통해 사용자 입력 오류를 예방하고, 데이터의 완성도를 높일 수 있습니다. 복잡한 프로젝트나 보고서를 준비할 때, 잘못된 데이터로 인한 혼란을 미리 방지할 수 있다는 점에서 매우 유용합니다. 데이터를 체계적으로 관리하고 정리하는 데 큰 도움을 주며, 효율적인 작업 환경을 제공합니다. 데이터 유효성 검사 기능에는 더 다양한 메뉴들이 숨겨져 있는데 실무 예제를 통해 함께 확인해 보겠습니다.

[능력평가] 시트에서 1. 'NO.' 목록은 1~20까지 정수만 입력 가능하게 하고, 2. '날짜'는 입력가능 범위를 '2077년 3월 1일~5월 31일'로 제한하고 3. '시험과목'은 '엑셀,PPT,워드,포토샵'만 입력 및 선택 가능하게 하고, 4. '시정장소'는 5글자까지로 제한하겠습니다. 5. '시험시간'은 '09:00~17:30'으로 제한하겠습니다. 그리고 6. '점수' 범위는 0.0~10.0'으로 소수점 범위로 제한하겠습니다.

실무 연습 ❶ 정수만 입력 가능하게 하기

01 B4:B24셀 범위 지정- [데이터] 탭- 데이터 도구- 데이터 유효성 검사- 데이터 유효성- 설정- 유효성 조건- 제한 대상: '정수' 메뉴를 클릭합니다.

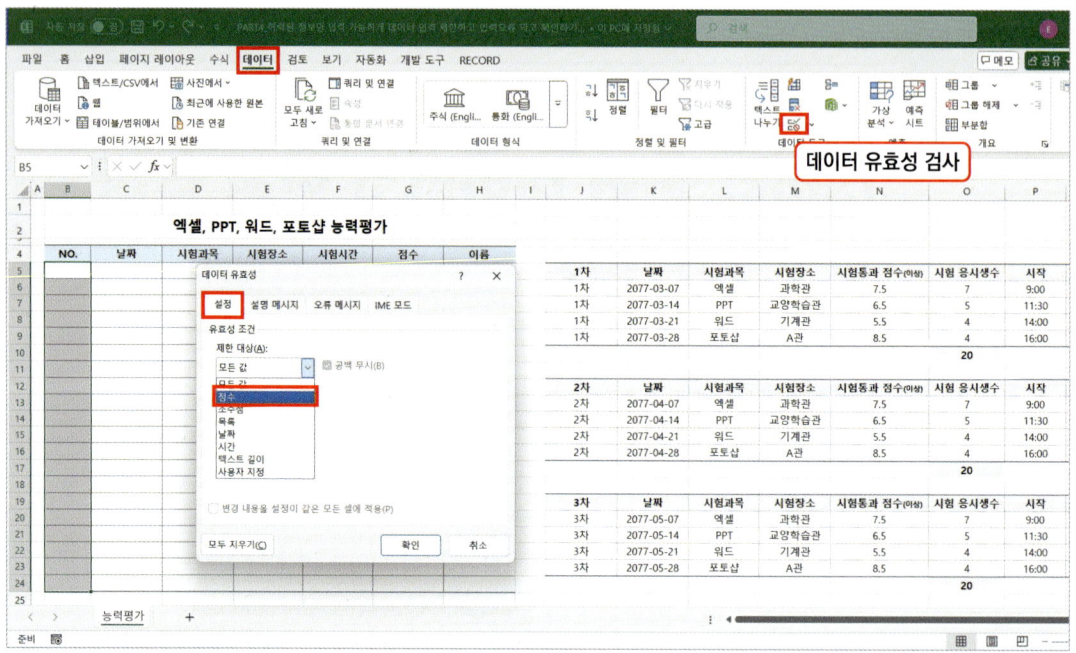

02 데이터 유효성– 설정– 유효성 조건– 제한 대상: 정수– 제한 방법: 해당 범위– '최소값: 1– 최대값–
20'을 입력하고 확인 버튼을 누릅니다.

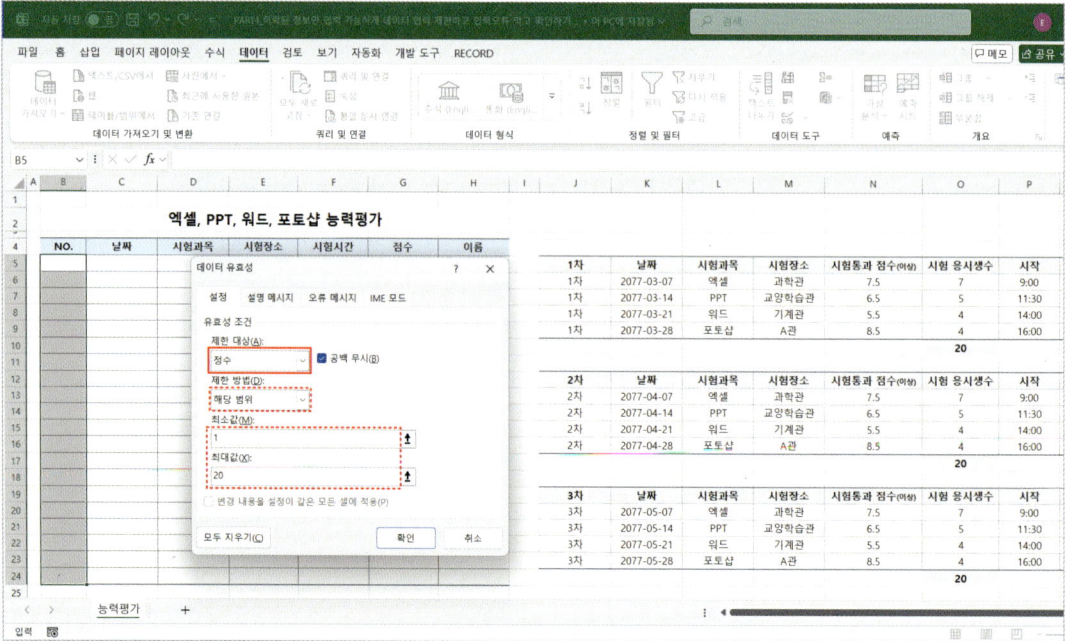

03 데이터 유효성 검사가 잘 작동하는지 확인을 위해 B5셀에 '30' 정수 입력- Enter 키를 누른 뒤 오류 메시지가 팝업된 결과를 확인하고 취소 버튼을 누릅니다.

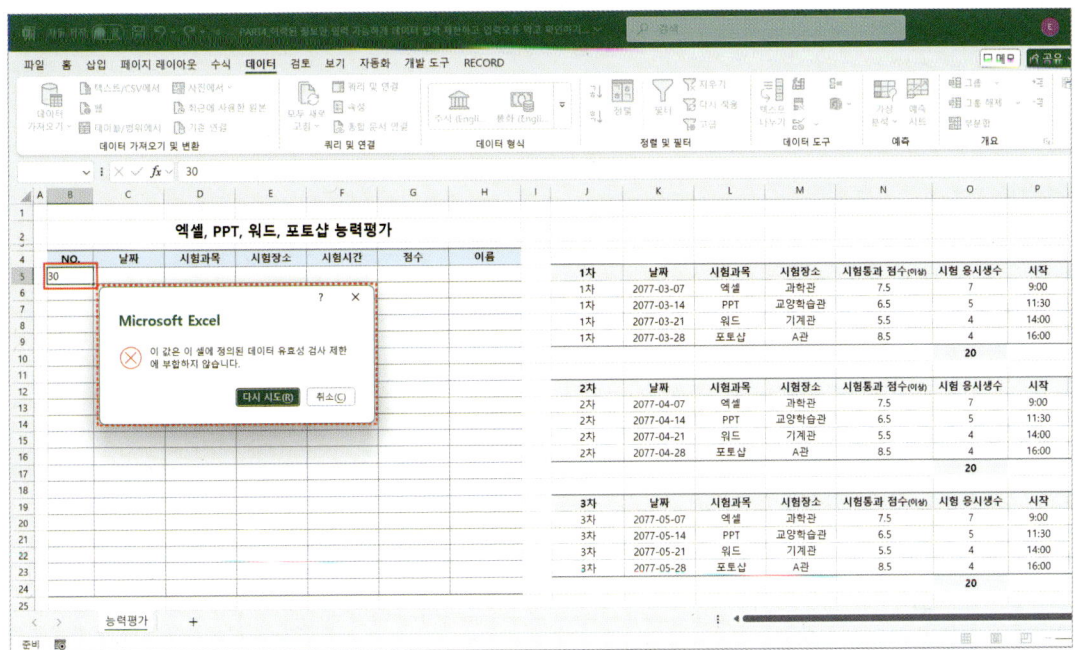

01 C5:C24셀 범위 지정- [데이터] 탭- 데이터 도구- 데이터 유효성 검사- 데이터 유효성- 설정- 유효성 조건- 제한 대상: '날짜' 메뉴를 클릭합니다.

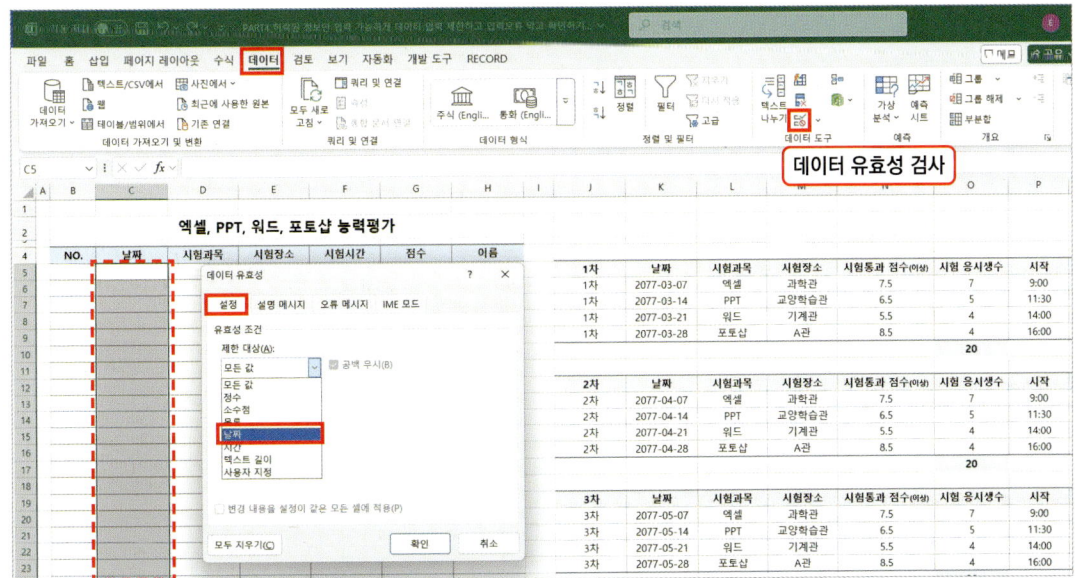

02 데이터 유효성– 설정– 유효성 조건– 제한 대상: 날짜– 제한 방법: 해당 범위– '시작 날짜: 2077-03-01– 끝 날짜: 2077-05-31'를 입력하고 확인 버튼을 누릅니다.

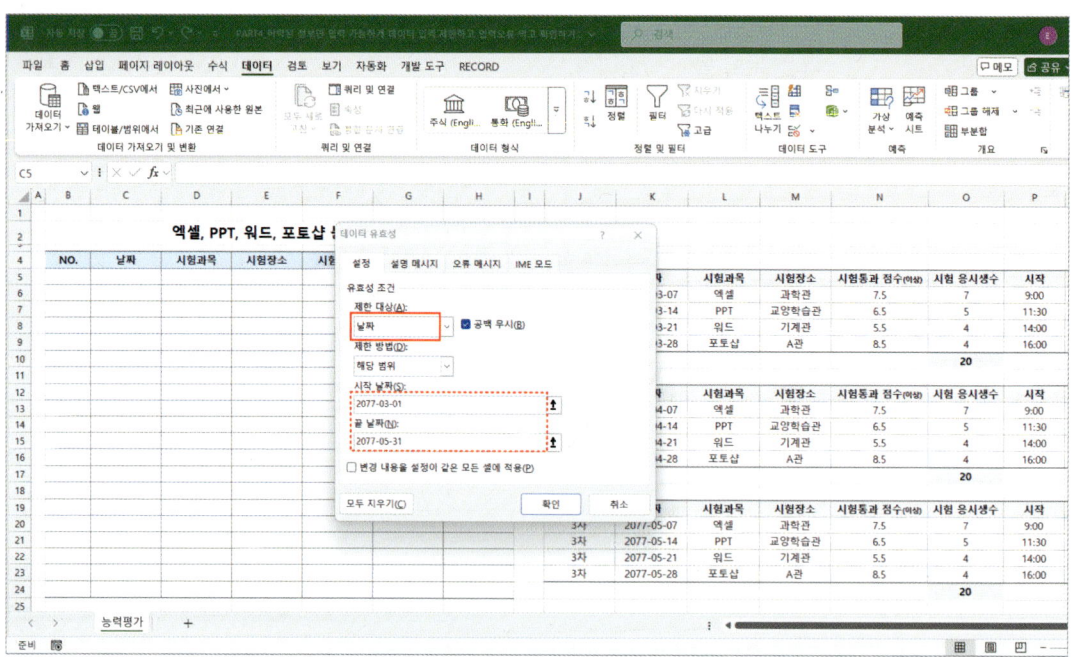

03 데이터 유효성 검사가 잘 작동하는지 확인을 위해 C5셀에 '2077-06-01' 날짜 입력– Enter 키를 누른 뒤 오류 메시지가 팝업된 결과를 확인하고 취소 버튼을 누릅니다.

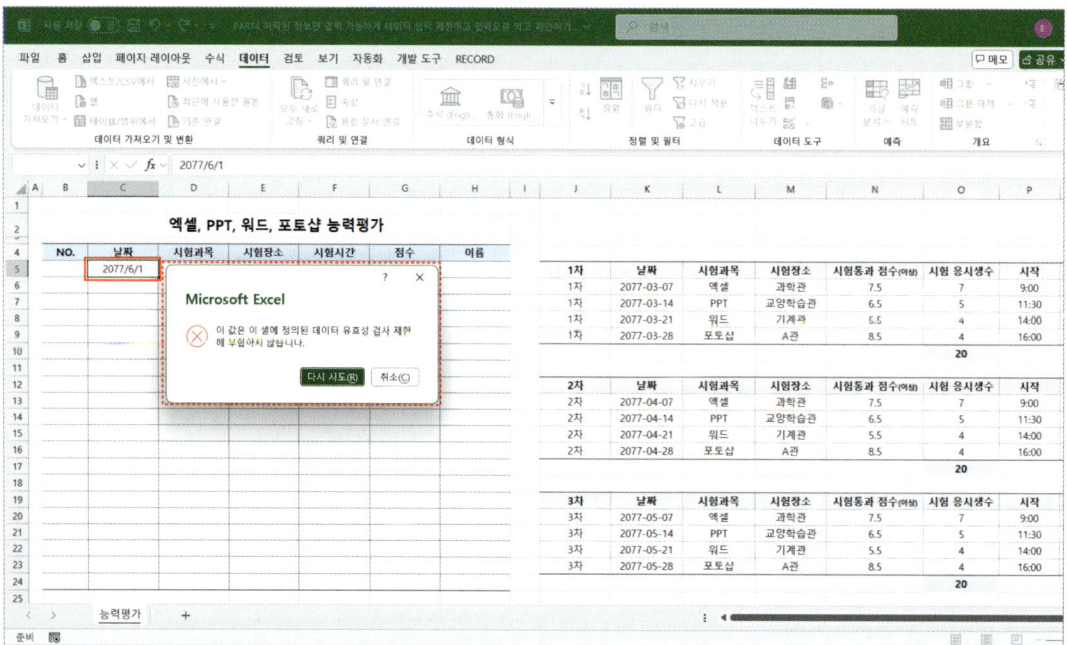

01 D5:D24셀 범위 지정– [데이터] 탭– 데이터 도구– 데이터 유효성 검사– 데이터 유효성– 설정– 유효성 조건– 제한 대상: '목록'을 선택합니다.

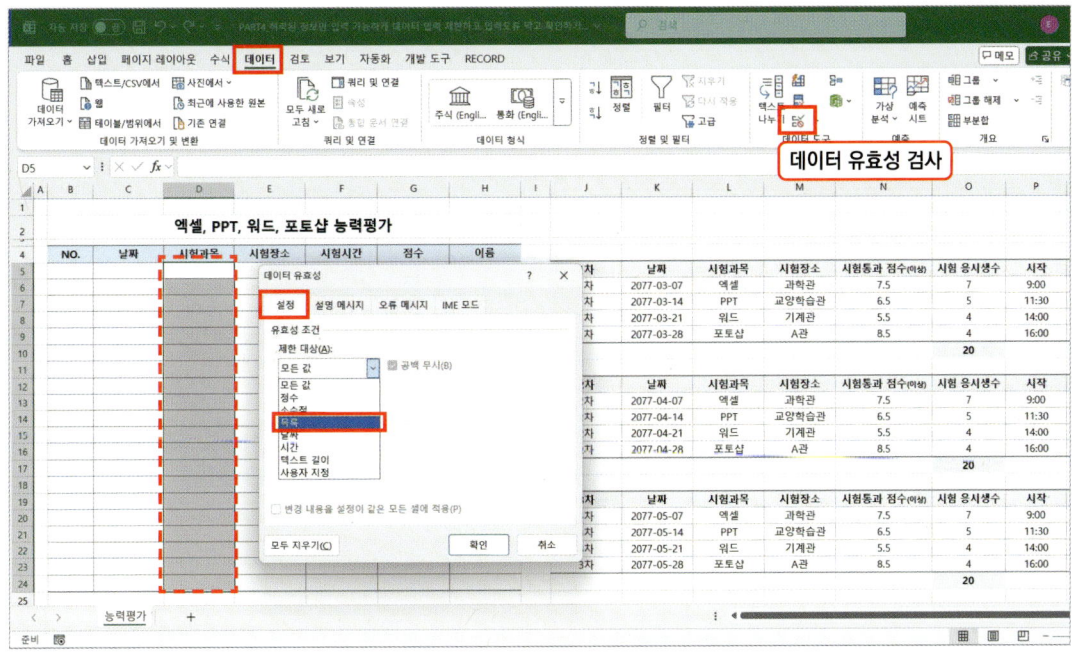

02 데이터 유효성– 설정– 유효성 조건– 제한 대상: 목록– 원본: '엑셀,PPT,워드,포토샵'을 직접 입력하고 확인 버튼을 누릅니다.

※ 단어 사이 쉼표(,) 구분자가 빠뜨리지 않도록 주의해서 입력합니다.

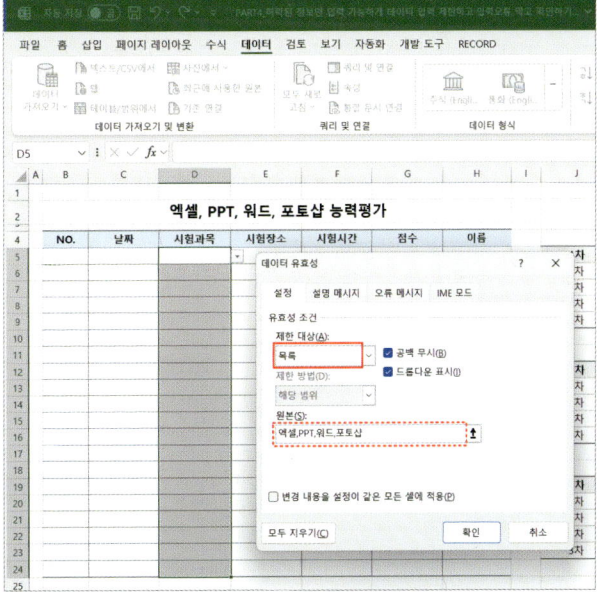

03 데이터 유효성 검사가 잘 운영되는지 확인을 위해 D5셀 클릭- 드롭다운 단추 생성 클릭- '엑셀 / PPT / 워드 / 포토샵' 리스트가 팝업된 결과를 확인합니다.

※ 4개 리스트 중에 사용자가 원하는 텍스트를 선택해서 사용할 수 있습니다.

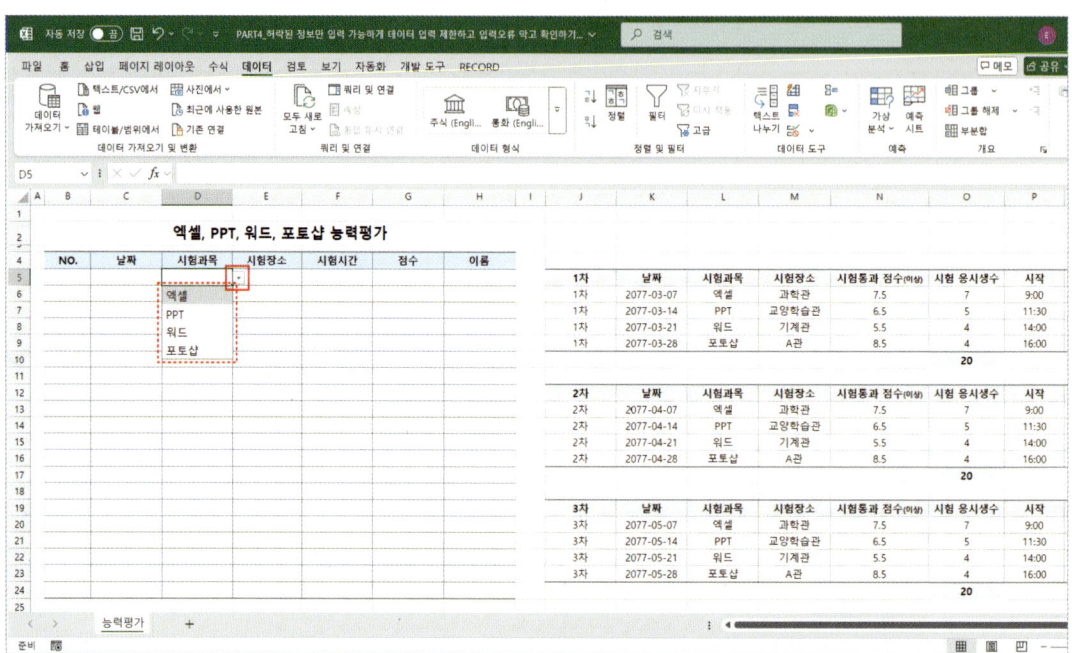

04 D5셀에 리스트에 없는 텍스트인 '캐드'를 입력- Enter 키 입력 후 오류 메시지가 팝업되는 것을 확인하고 취소 버튼을 클릭합니다.

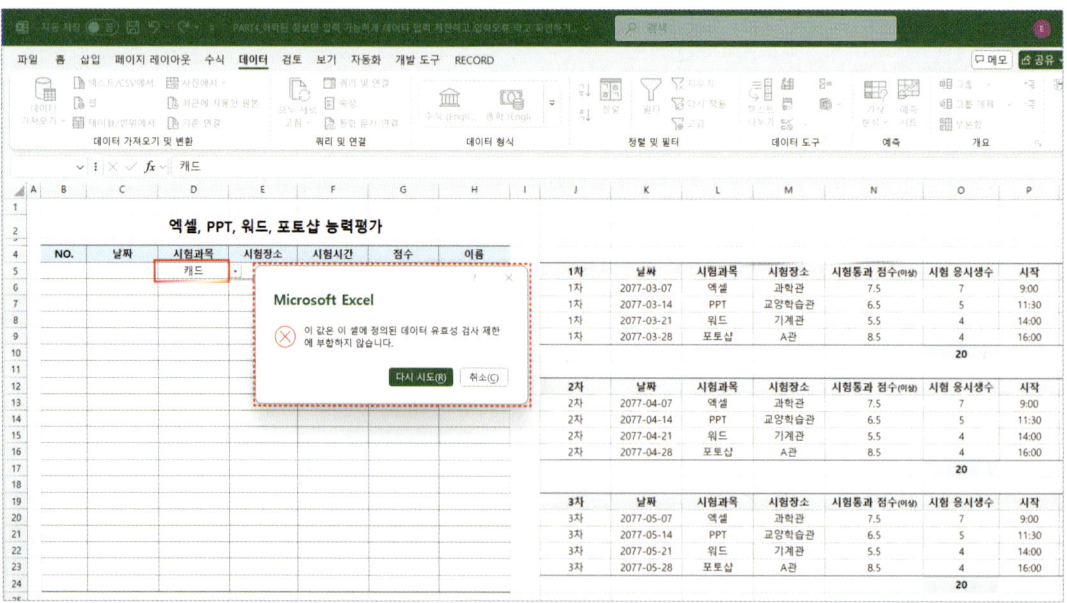

데이터 유효성 검사 메뉴 중 가장 많이 사용되는 것이 '목록' 메뉴입니다. 이 목록 메뉴에 제한되는 텍스트를 범위로도 지정이 가능합니다.

423p의 **실무 연습 ❸**의 **01**번과 동일하게 한 후, **423p 02**번 과정에서 데이터 유효성– 설정– 유효성 조건– 제한 대상: 목록– 원본: '=$L$6:L$9'을 드래그해 범위 지정 후 확인 버튼을 누릅니다.

※ '원본' 부분에 입력되는 부분이 이전과 다른 것은 출력 텍스트 범위를 한정시켜 사용할 수 있다는 것입니다. '='등 호로 범위가 지정됩니다.

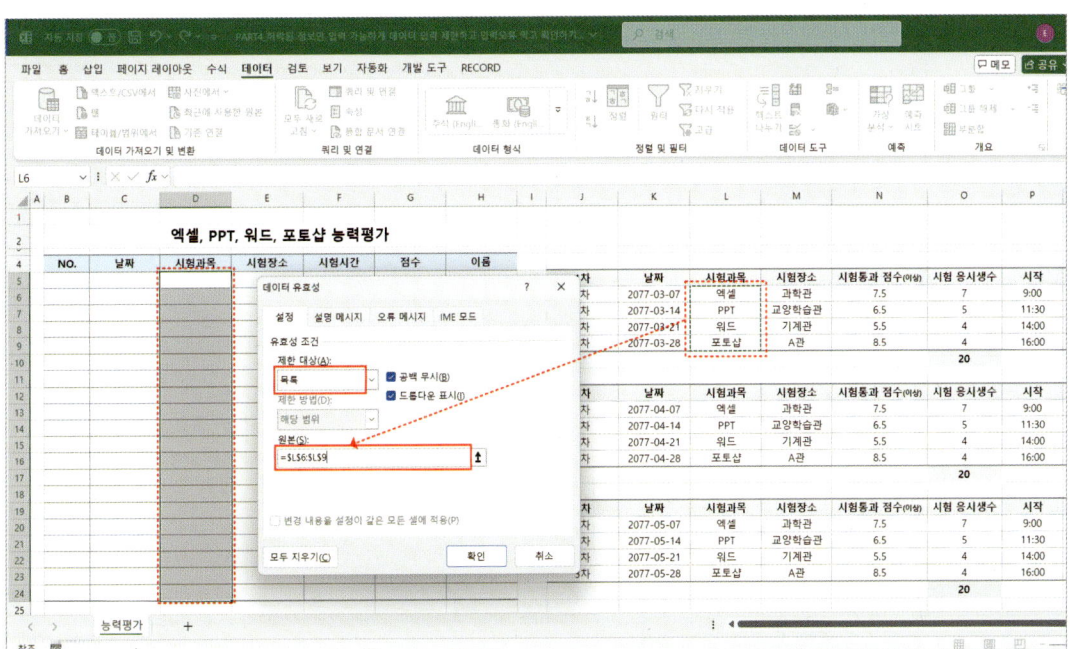

01 E5:E24셀 범위 지정– [데이터] 탭– 데이터 도구– 데이터 유효성 검사– 데이터 유효성– 설정– 유효성 조건– 제한 대상: '텍스트 길이'를 선택합니다.

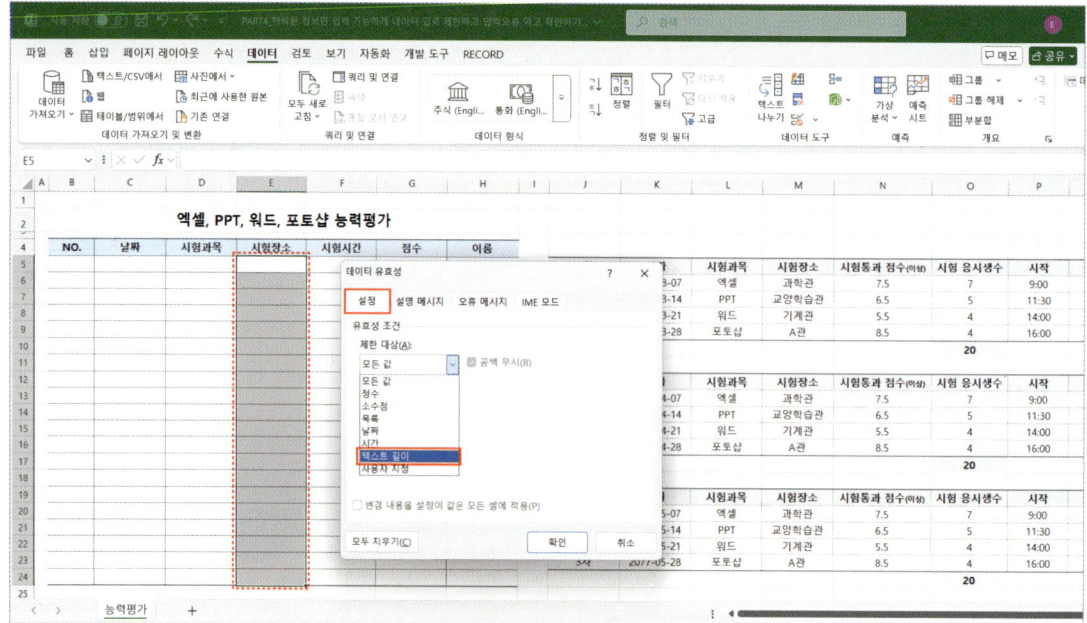

02 데이터 유효성– 설정– 유효성 조건– 제한 대상: 텍스트 길이– 제한 방법: 해당 범위– '최소값: 1– 최대값– 5'를 입력하고 확인 버튼을 누릅니다.

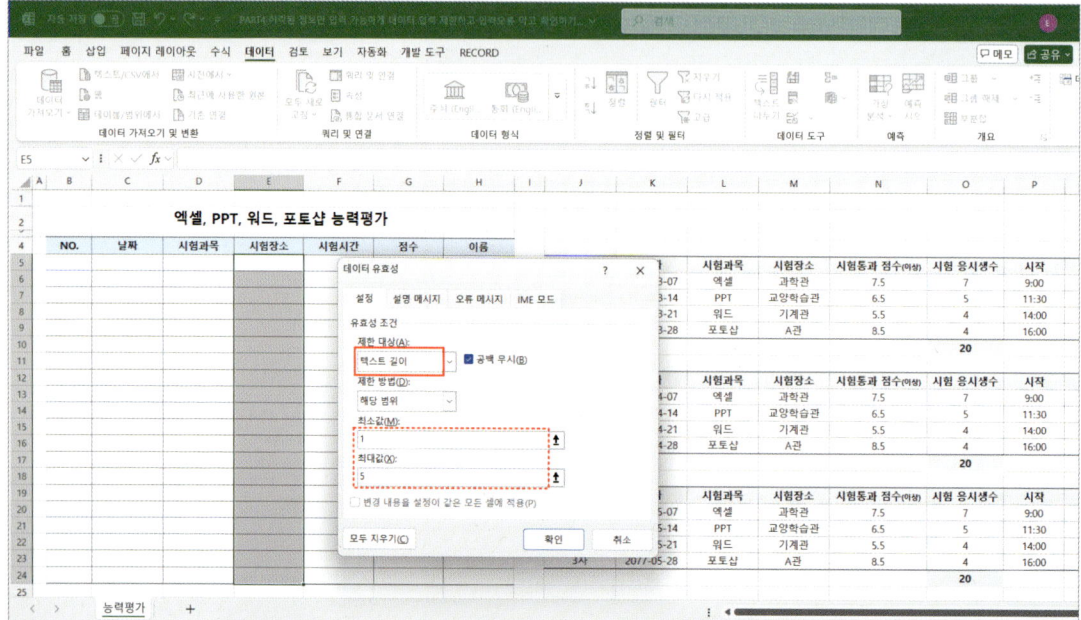

03 데이터 유효성 검사가 잘 운영되는지 확인을 위해 E5셀 클릭– 6음절인 '교양학습관A'를 입력하고 Enter 키를 눌러 오류 메시지 창이 팝업되는 결과를 확인하고 취소 버튼을 누릅니다.

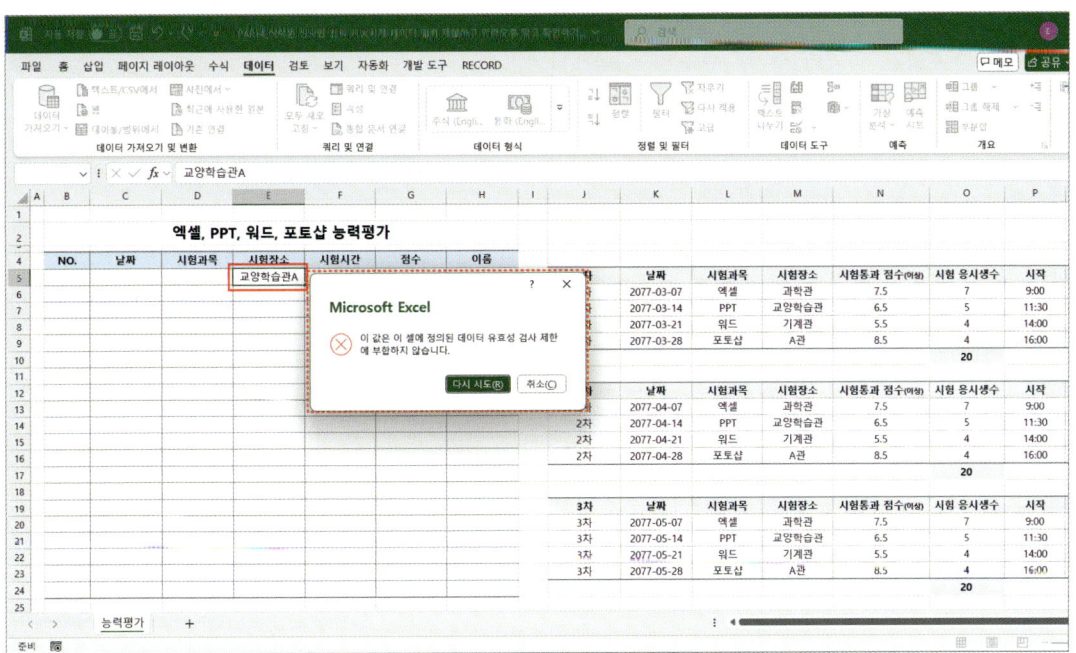

실무 연습 ❻ '점수' 범위를 0.0~10.0', 소수점 범위로 제한하겠습니다.

01 G5:G24셀 범위 지정– [데이터] 탭– 데이터 도구– 데이터 유효성 검사– 데이터 유효성– 설정– 유효성 조건– 제한 대상: '소수점'을 선택합니다.

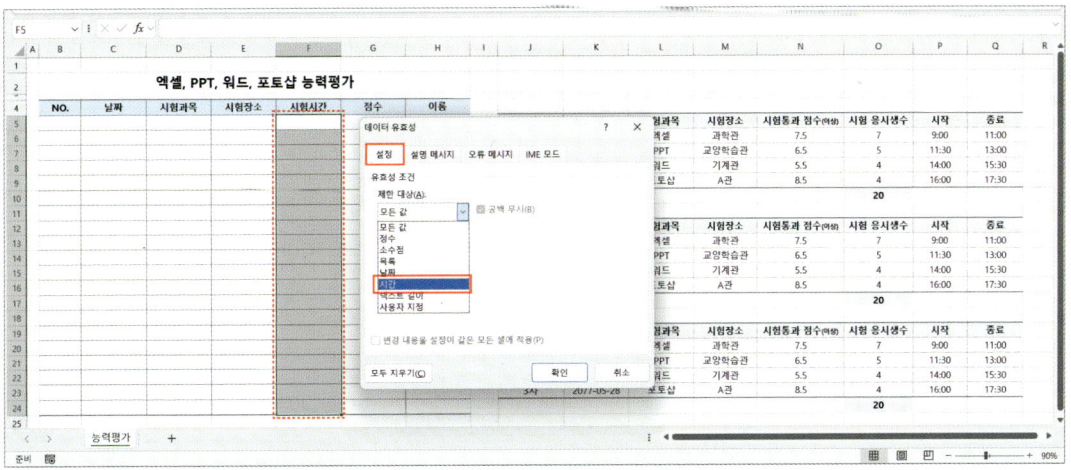

02 데이터 유효성– 설정– 유효성 조건– 제한 대상: 소수점– 제한 방법: 해당 범위– '최소값: 0– 최대값: 10'을 입력하고 확인 버튼을 누릅니다.

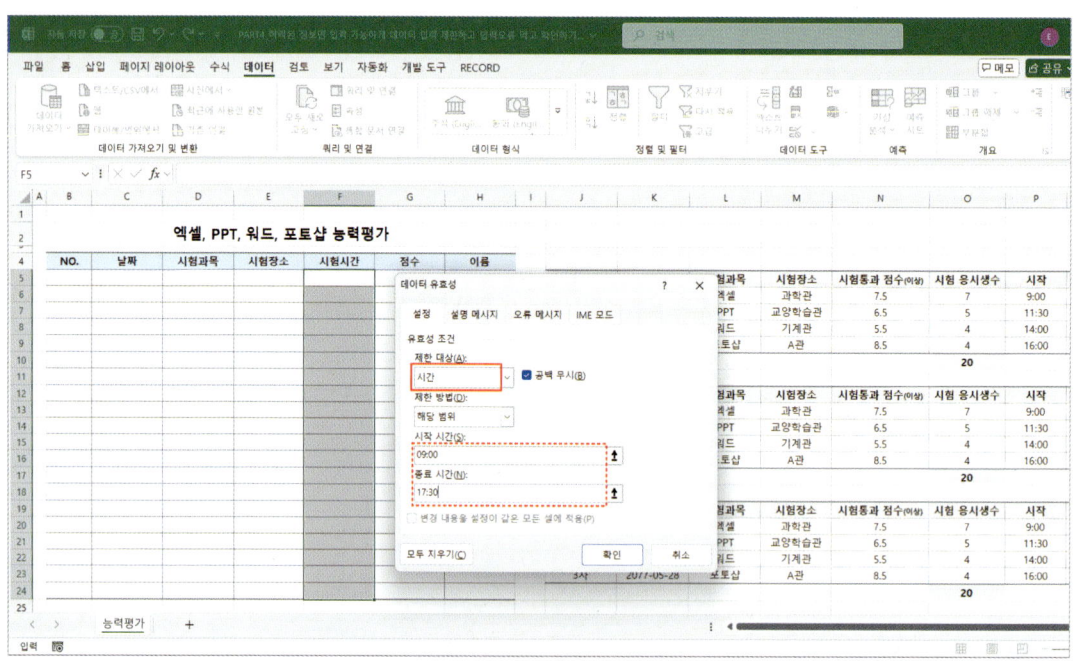

03 데이터 유효성 검사가 잘 운영되는지 확인을 위해 G5셀 클릭– '10.5'를 입력하고 Enter 키를 눌러 오류 메시지 창이 팝업되는 결과를 확인하고 취소 버튼을 누릅니다.

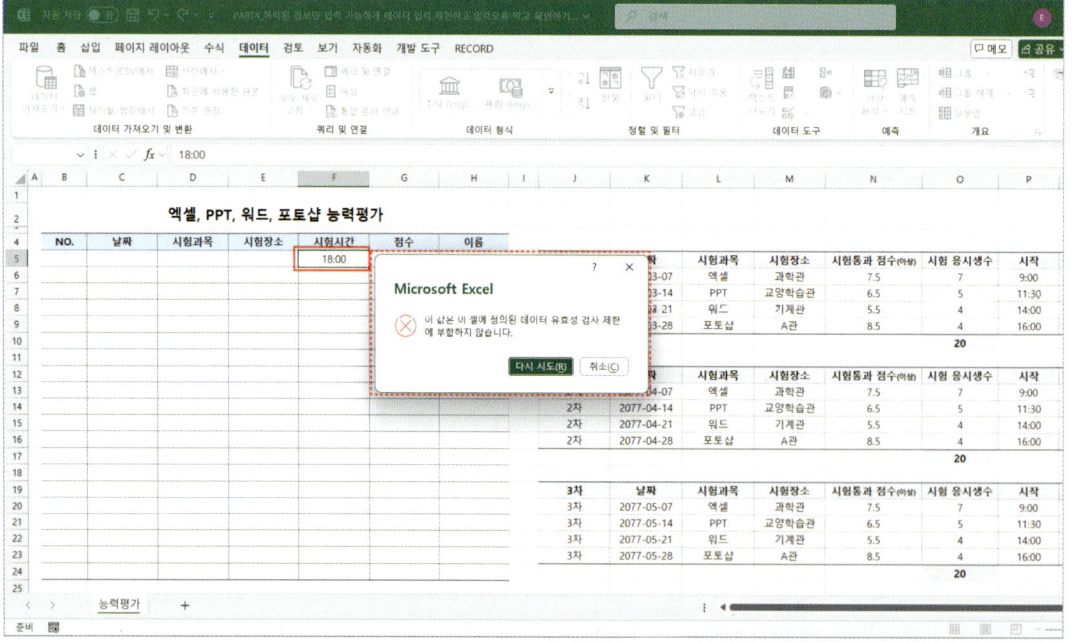

1. 설명 메시지 출력

1. 데이터 유효성 검사로 '메모' 메뉴를 대체할 수 있는 메뉴가 있는데 바로 '설명'이라는 기능입니다. 일반 메모와 차이는 빨간 딱지 표시 없이 깔끔하게 설명 메시지가 적힌 셀에 마우스만 갖다 대면 제목과 설명 메시지를 출력할 수 있습니다. 방법을 알아보겠습니다.

❶ [능력평가] 시트 '이름' 목록을 클릭했을 때 제목은 '동명이인', 설명 메시지는 '동명이인이 있는지 확인 후 이름을 입력바랍니다'라는 메시지를 팝업시키기 위해 H4셀을 클릭- [데이터] 탭- 데이터 도구- 데이터 유효성 검사- 데이터 유효성- 설명 메시지- 셀을 선택하면 설명 메시지 표시, 체크- 셀을 선택하면 나타낼 설명 메시지- 제목: '동명이인'- 설명 메시지- '동명이인이 있는지 확인 후 이름을 입력바랍니다'를 입력 후 확인 버튼을 누릅니다.

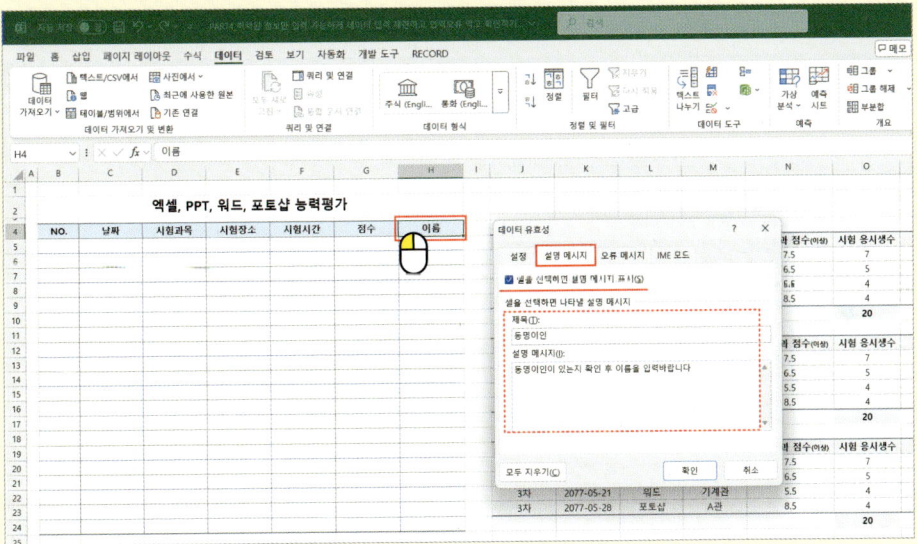

❷ '이름'이 적힌 H4셀 클릭- '설명 메시지' 창이 팝업된 결과를 확인합니다.

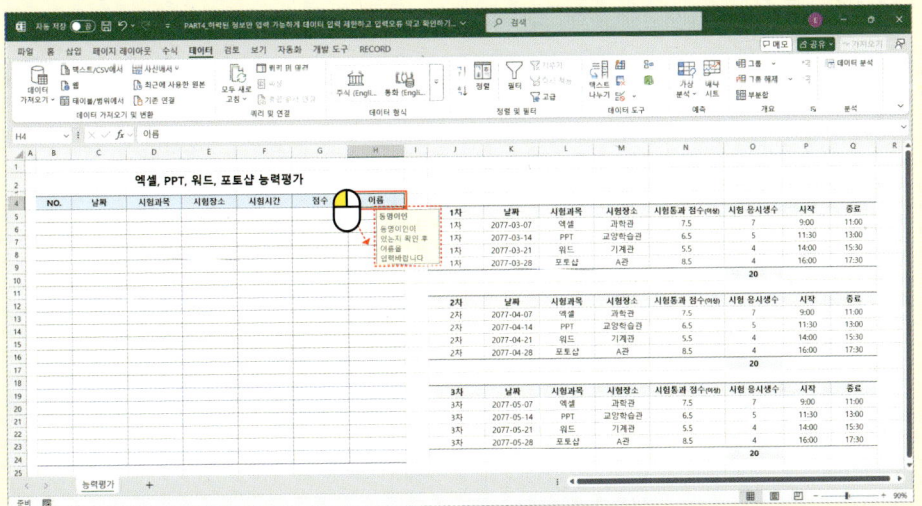

※ 해당 셀, H4셀을 클릭했을 때만 설명 메시지가 팝업되고 다른 셀을 클릭하면 사라집니다.

2. 오류 메시지 바꾸기

1. 오류 메시지는 모든 데이터 유효성 검사에 부합하지 않은 정보를 입력하게 되면 동일하게 적용됩니다. 즉, 운영 프로세스가 모두 같습니다. 사용 방법은 [능력평가] 시트에서 데이터 유효성 검사가 입력된 첫 번째 목록인 'NO.'를 기준으로 알아보겠습니다.

위 예시에서 'NO.' 목록에는 정수 1부터 20까지 정수만 입력 가능하도록 제한을 해둔 상황입니다. 만약 범위에 없는 다른 정수를 입력했을 때 오류 메시지로 제목은 '정수만 입력', 오류 메세지는 '1부터 20까지 정수만 입력하세요'라는 오류 메시지가 출력되도록 해 보겠습니다. 스타일은 '중지'로 설정해 보겠습니다.

❶ B5:B24셀 범위 지정- [데이터] 탭- 데이터 도구- 데이터 유효성 검사- 데이터 유효성- 오류 메시지- 유효하지 않은 데이터를 입력하면 오류 메시지 표시, 체크- 유효하지 않은 데이터를 입력하면 나타낼 오류 메시지- 스타일: 중지- 제목: '정수만 입력'- 오류 메시지: '1부터 20까지 정수만 입력하세요' 이라고 입력하고 확인 버튼을 누릅니다.

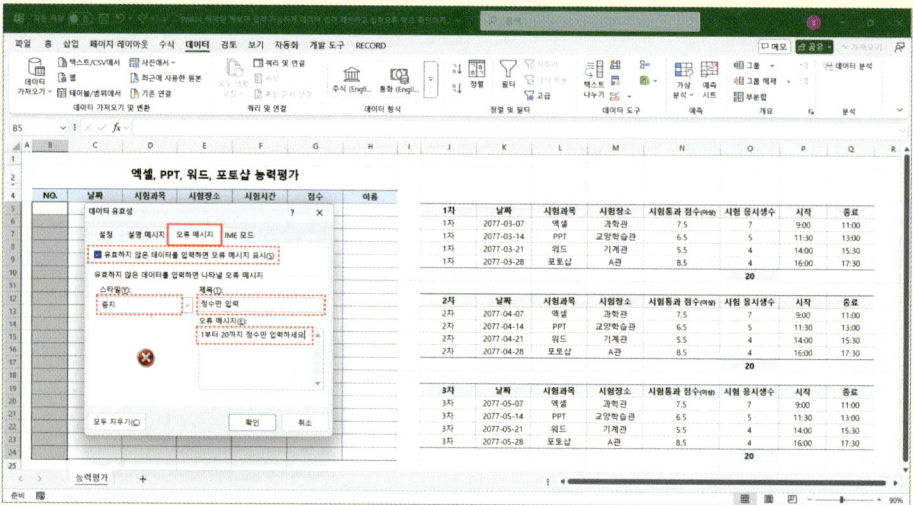

❷ 입력한 오류 메시지 수정한 내용이 잘 반영되었는지 확인하기 위해 B5셀에 정수 '30'을 입력하고 [Enter] 키를 눌러 출력되는 오류 메시지를 확인하고, 취소 버튼을 누릅니다.

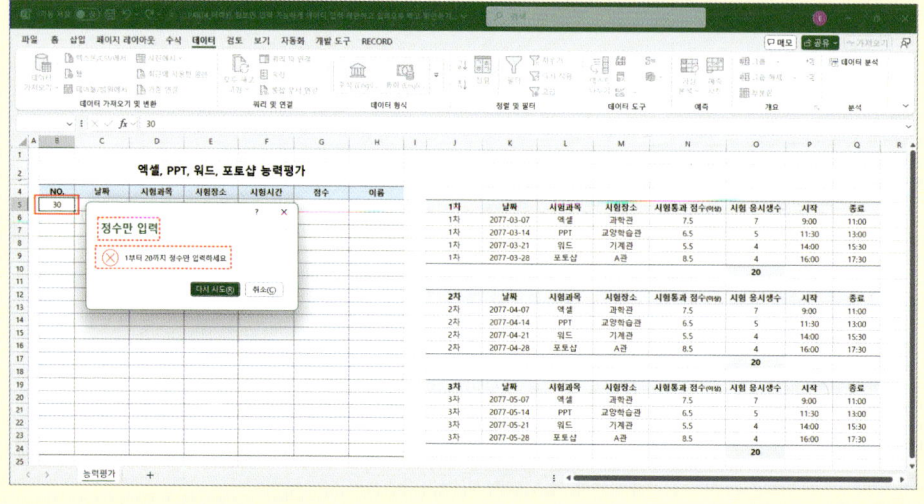

3. IME모드 사용하기(한/영키 자동 전환 기능)

1. IME모드는 데이터 유효성 검사 메뉴에서 사용가능한데 한/영 키를 자동으로 변환해 주는 역할을 하는 기능입니다. [여권정보] 시트에는 '미국 유학 티켓팅 정보' 표가 있습니다. C열에 '영문이름' 목록에는 영어만 입력 가능하게 하고, D열에 '한글이름' 목록에는 한글만 입력 가능하게 사동으로 한/영 키를 변환하게끔 자동해 보겠습니다.

❶ C5:C24셀 범위 지정- [데이터] 탭- 데이터 도구- 데이터 유효성 검사- 데이터 유효성- IME모드- 입력기- 모드- '영문'을 선택하고 확인 버튼을 누릅니다.

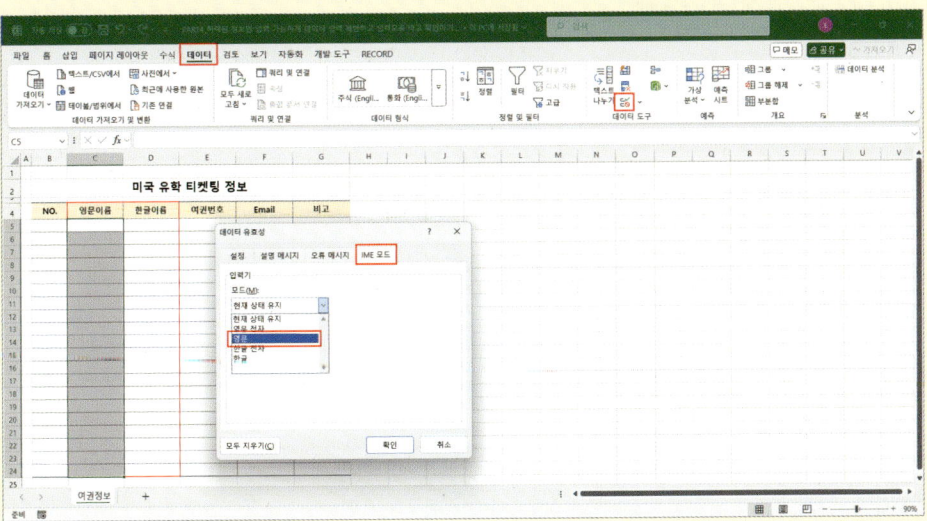

❷ D5:D24셀 범위 지정- [데이터] 탭- 데이터 도구- 데이터 유효성 검사- 데이터 유효성- IME모드- 입력기- 모드- '한글'을 선택하고 확인 버튼을 누릅니다.

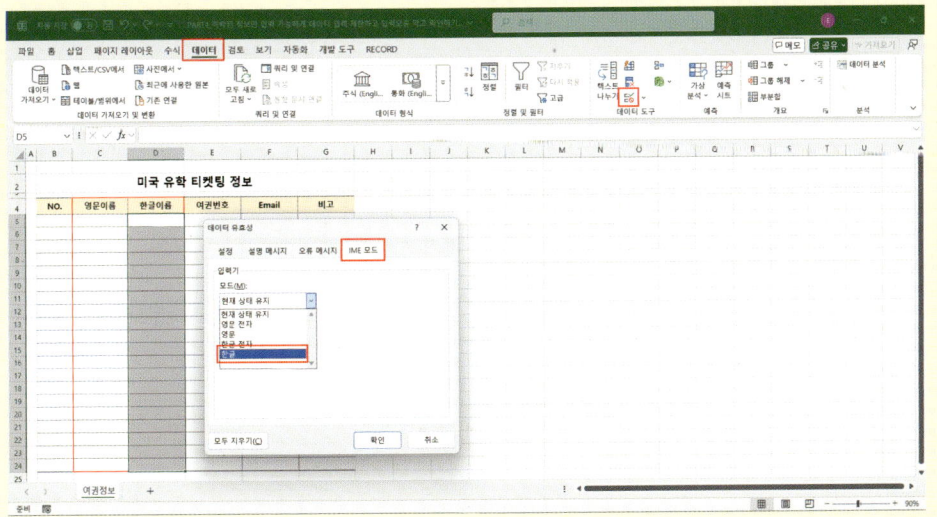

❸ '영문이름' 목록 아래 C5셀을 클릭하면 자동으로 영문으로 변경된 결과를 확인할 수 있습니다.

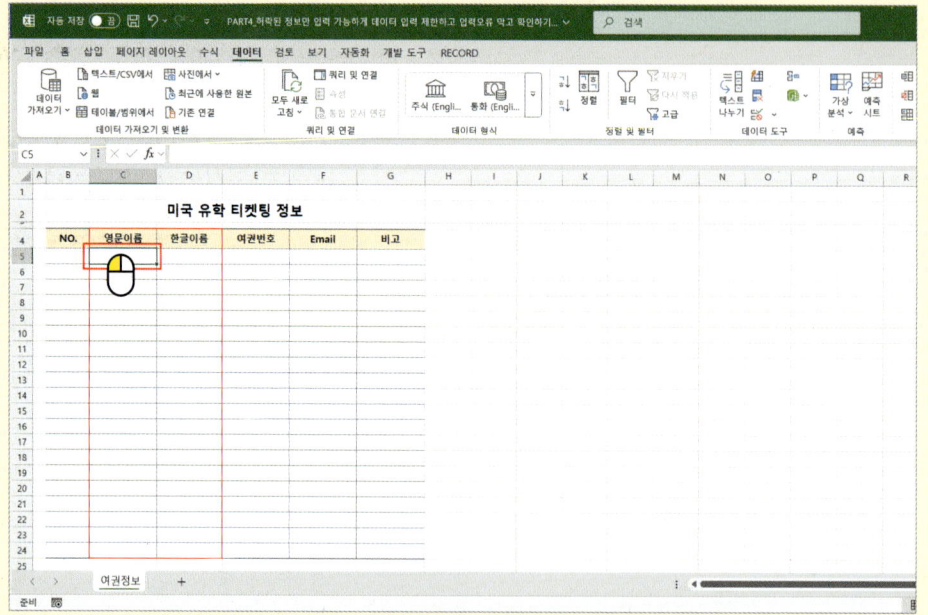

❹ '한글이름' 목록 아래 C5셀을 클릭하면 자동으로 한글로 변경된 결과를 확인할 수 있습니다.

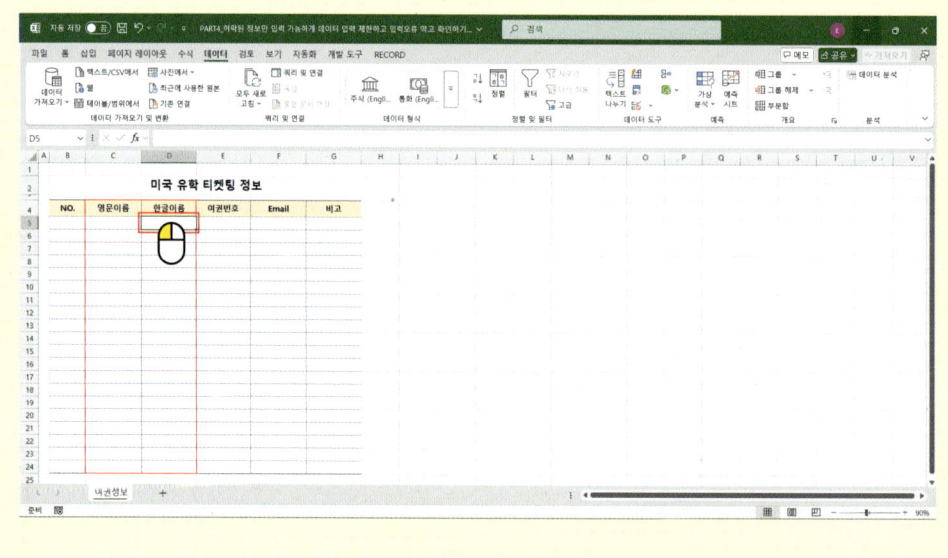

TIP ▶ 윈도우 화면 작업 표시줄 오른쪽에 영문 또는 한글로 자동 전환되는지 확인할 수 있습니다.

4. 잘못된 데이터 표시하기

1. 기준에 맞게 기입된 데이터인지 아닌지 찾아 표시를 할 수 있으면 잘못된 데이터를 찾아 수정하기가 수월해져서 업무 효율을 끌어올릴 수 있습니다. 특히, 많은 양의 데이터라면 더더욱 그렇습니다. 유효성 검사 메뉴 중 '잘못된 데이터' 기능을 활용하면 대량으로 입력된 데이터 중에 잘못 기입된 정보를 빠르게 눈으로 확인할 수 있습니다. [신입사원 ID코드] 시트에서 '사원코드' 목록에 입력된 사원코드는 오른쪽 표에 있는 '부여 가능 사원코드 목록에 있어야지 사용 가능한 코드입니다. 이때 '사원코드' 목록에 잘못 입력된 코드가 없는지 '잘못된 데이터' 표시를 통해 알아보겠습니다.

❶ 잘못된 정보가 있는지 확인이 필요한 '사원코드' 목록 필드값 범위, D5:D17셀 범위 지정- [데이터] 탭- 데이터 도구- 데이터 유효성- 설정- 유효성 조건- 제한 대상: 목록- 원본: '$H$5:$H$24'(부여 가능 사원코드 목록제외 전체 데이터 범위) 드래그로 범위 지정하고 확인 버튼을 클릭합니다.

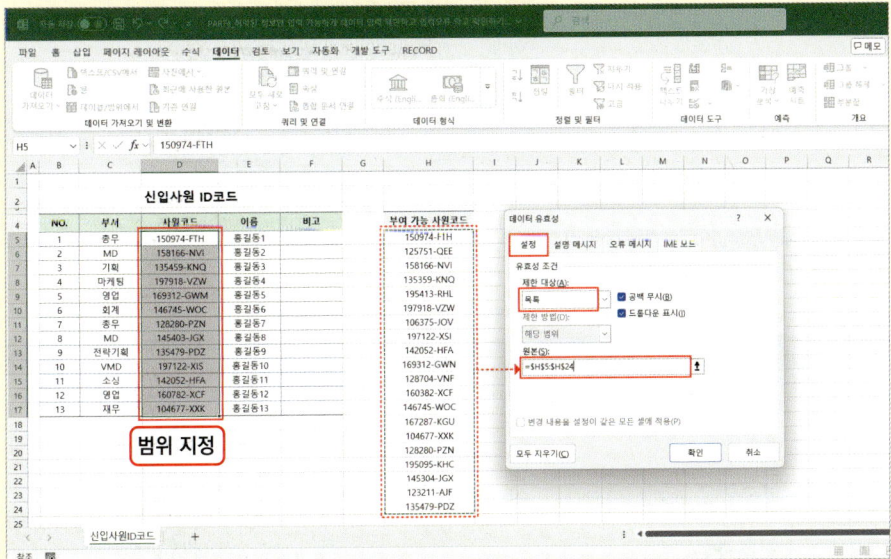

❷ D5:D17셀 범위 지정된 상태에서- [데이터] 탭- 데이터 도구- 데이터 유효성 검사, 오른쪽 아래 방향 부등호 클릭- '잘못된 데이터' 메뉴를 선택합니다.

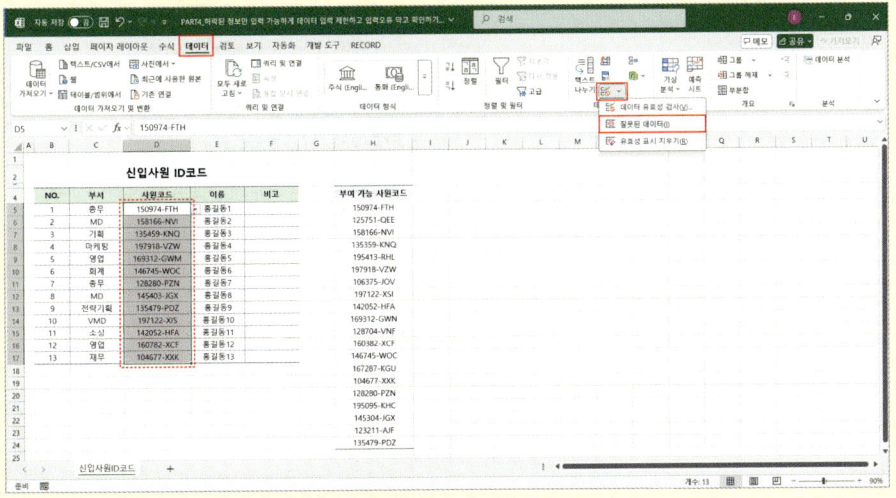

❸ 5개에 빨간색 동그라미를 확인할 수 있는데, 오른쪽 '부여 가능 사원코드'에 없는 '잘못된 데이터'라는 것을 알 수 있습니다.

※ 잘못 입력된 데이터를 수정하고 Enter 키를 누르면 빨간색 동그라미가 사라집니다.

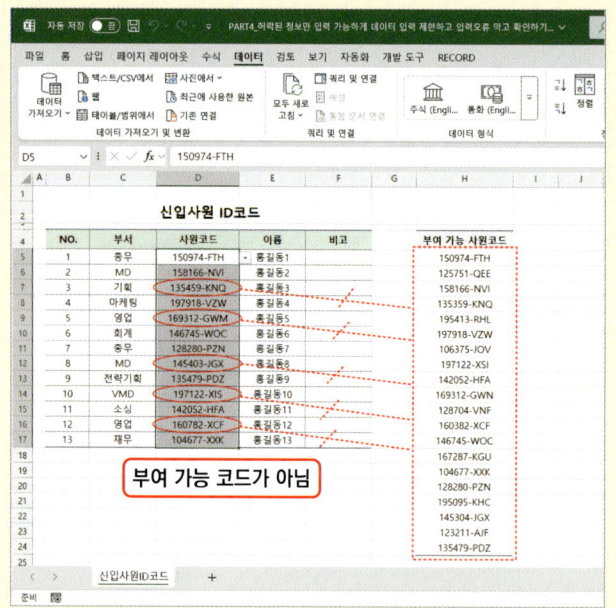

❹ 잘못된 데이터 표시를 없애기 위해서는 [데이터] 탭- 데이터 도구- 데이터 유효성 검사, 오른쪽 아래 방향 부등호 클릭- '유효성 표시 지우기' 메뉴를 선택합니다.

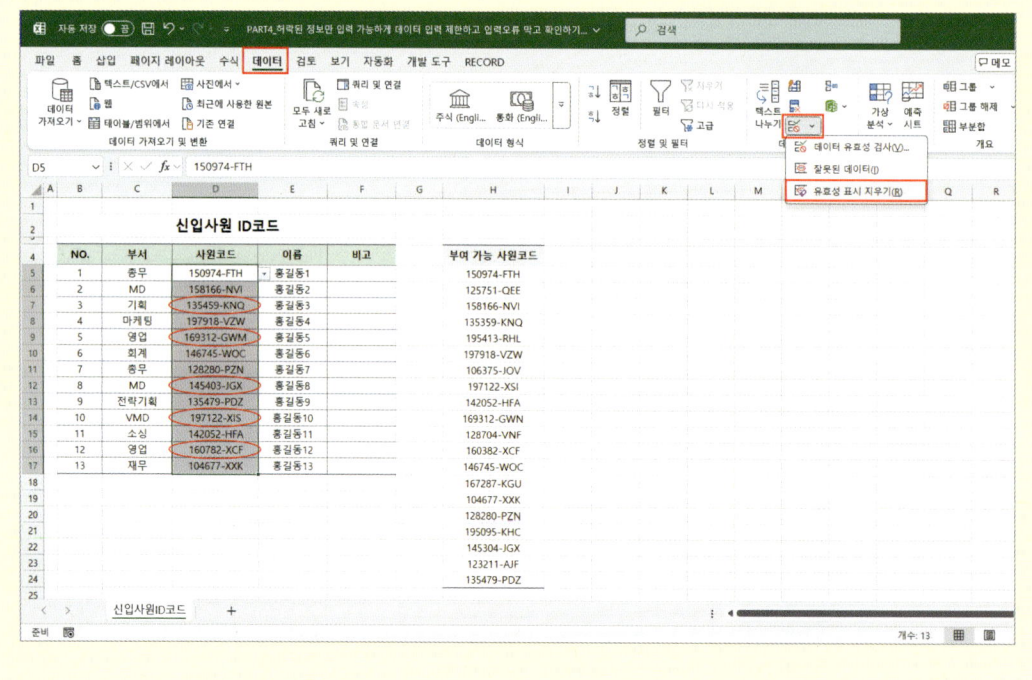

❺ '잘못된 데이터' 빨간색 동그라미가 사라진 결과를 확인할 수 있습니다.

중복된 프로젝트명 입력 금지 데이터 관리 시트 만들기

📋 **예제 파일** PART3_9 중복된 프로젝트명 입력 금지 데이터 관리 시트 만들기

실무 스킬

엑셀에서 민감한 이슈 중 하나는 중복값에 대한 것입니다. 직원 사번(사원 번호)관리나 고객 회원 ID, 주문 번호, 프로젝트 코드 같은 데이터는 중복값 입력이 허용되지 않아야 효율적인 데이터가 관리를 할 수 있습니다. 이렇게 중복 데이터를 피해야 되는 데이터들을 입력할 때는 신경을 많이 써서 입력해야 합니다. 그래야 데이터의 정확성과 신뢰성을 유지할 수 있습니다.

이렇게 많은 양의 정보를 중복 없이 입력하기 위해 자동화할 수 있는 방법이 있다면 데이터의 품질을 향상시키고 관리 효율을 높일 수 있고 무엇보다 시간과 에너지를 아낄 수 있습니다. 데이터 유효성 검사에서 한 가지 다루지 않은 메뉴가 있는데 바로 유효성 조건, 제한 대상에 '사용자 지정' 메뉴입니다. 이 메뉴를 활용해 중복값을 입력 제한하는 자동화 로직을 만들어 보겠습니다.

실무 연습 ❶

[프로젝트] 시트에서 D열 '프로젝트명' 목록, 필드값에 중복되는 프로젝트 제목을 입력하지 못하도록 데이터 유효성 검사 메뉴를 활용해 입력 제한 로직을 만드는 방법에 대해 알아보겠습니다.

01 D5:D24셀 범위 지정–[데이터] 탭– 데이터 도구– 데이터 유효성 검사– 데이터 유효성– 설정– 유효성 조건– 제한 대상: '사용자 지정' 메뉴를 클릭합니다.

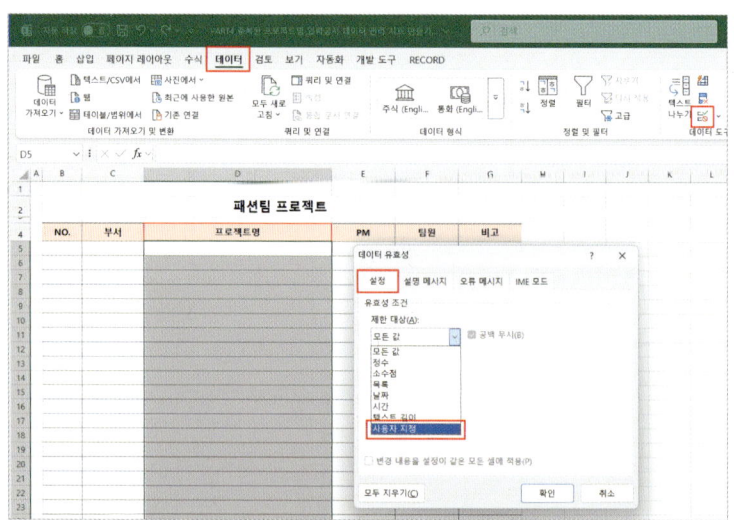

02 데이터 유효성– 설정– 유효성 조건– 제한 대상: 사용자 지정– 수식: '=COUNTIF($D$5:$D$24 ,D5)=1' 이라고 입력하고 확인 버튼을 누릅니다.

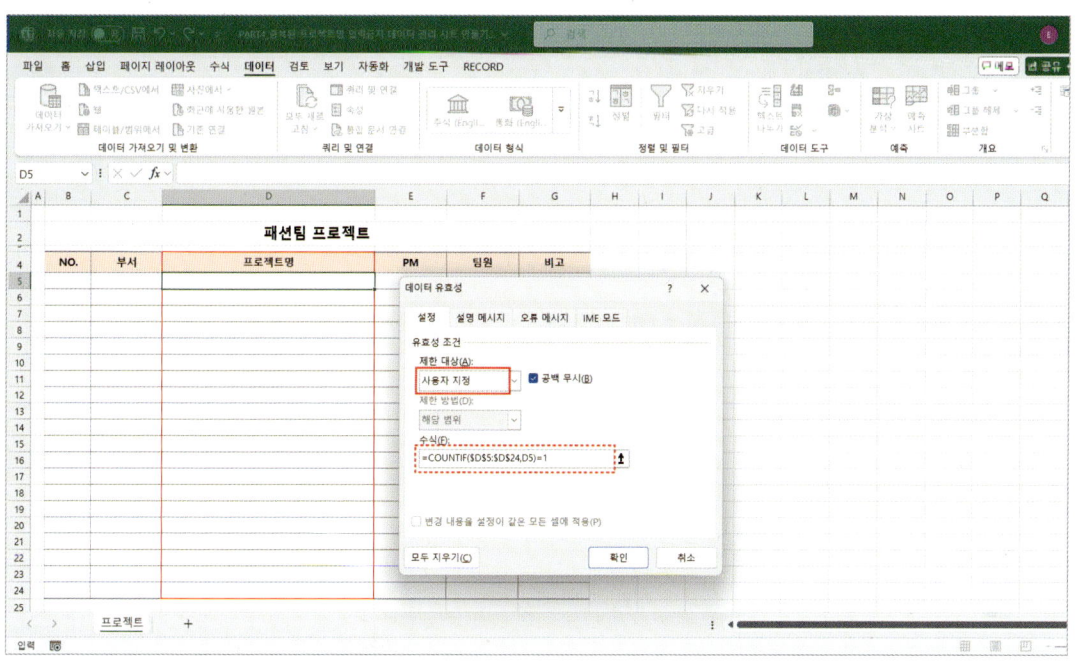

03 데이터 유효성– 오류 메시지– 유효하지 않은 데이터를 입력하면 오류 메시지 표시, 체크– 유효하지 않은 데이터를 입력하면 나타낼 오류 메시지– 스타일: 중지– 제목: '프로젝트명 중복금지'– 오류 메시지: '같은 프로젝트명을 입력할 수 없습니다'를 입력하고 확인 버튼을 클릭합니다.

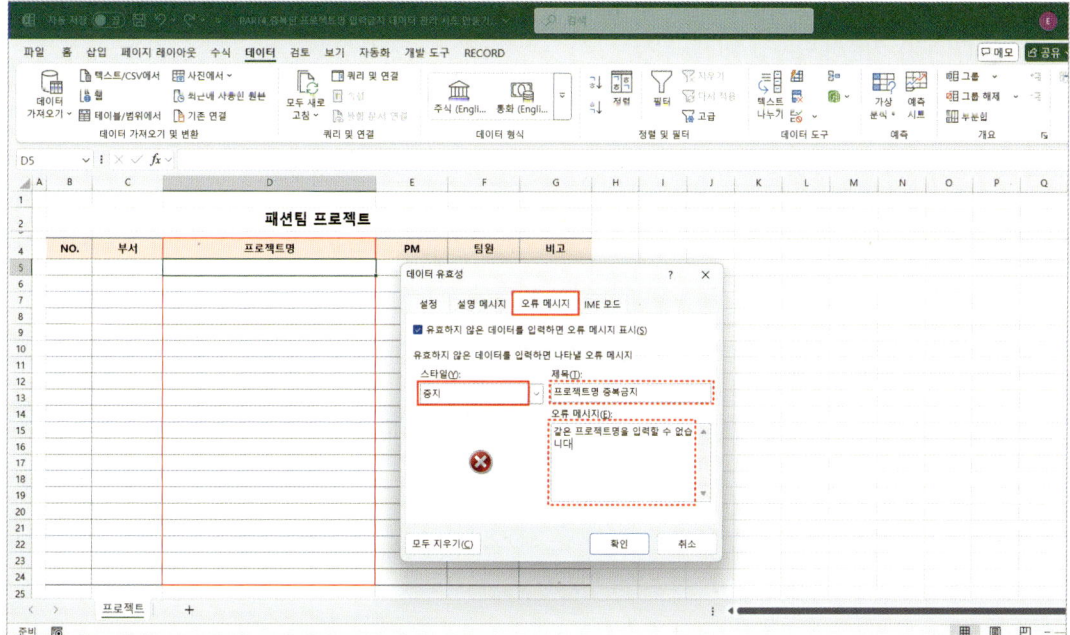

04 D5셀과 D6셀에 'A급 인재찾기'라는 프로젝트명이 입력되었을 때 오류 메시지가 팝업된 결과를 확인하고, 취소 버튼을 클릭합니다.

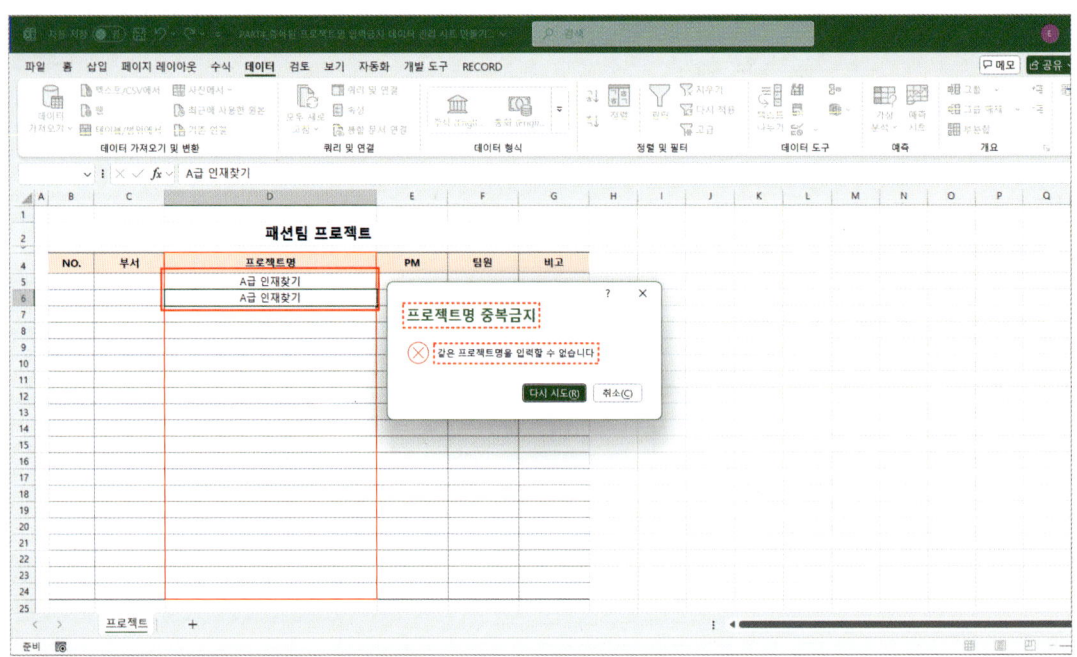

COUNTIF(range,criteria)

1. range(범위): 중복값을 카운팅할 범위를 지정하는 인수 구간

2. criteria(기준값): 기준이 되는 값 하나를 지정

위 파트에서 '=COUNTIF($D$5:$D$24,D5)=1' 수식의 역할은 지정된 범위에서 특정 조건을 만족하는지 참과 거짓으로 논리값을 출력하는 구조입니다.

❶ $D$5:$D$24는 데이터 범위로 $기호는 셀의 위치를 고정한다는 의미이고, 즉 이 수식이 복사되더라도 범위가 변하지 않는다는 의미입니다.

❷ D5는 기준이 되는 기준값입니다. COUNTIF 함수 범위 $D$5:$D$24에서 D5셀이 몇 번 출력되는지 확인합니다.

❸ 마지막 =1이 의미하는 바는, D5셀에 입력된 값이 $D$5:$D$24셀 범위 안에서 한 번만 나타나는 경우에만 조건을 만족한다는 뜻입니다.

그래서 '=COUNTIF($D$5:$D$24,D5)=1' 수식의 의미는 $D$5:$D$24셀 범위 안에서 중복되지 않고 유일한 값인지 확인하는 역할을 합니다. 중복된 값이 있으면 조건을 만족해 경고 메시지를 표시하도록 설정이 된 것입니다.

CHAPTER 10

팀에 종속된 부서만 선택 가능하게 목록상자 만들기

📄 **예제 파일** PART3_10 팀에 종속된 부서만 선택 가능하게 목록상자 만들기

실무 스킬

그룹과 세부 항목 간의 관계를 명확히 해야 할 때, 즉 종속적 관계에 있는 데이터 구조이고 선택지가 상위 정보에 의해 결정되어져야 할 때, 데이터 입력을 체계적으로 관리하고 사용자 실수를 줄이는데 도움을 줄 수 있는 다중 데이터 유효성 검사 구조를 만드는 방법에 대해 알아보도록 하겠습니다.

예를 들어, 다중 데이터 유효성 검사 구조는 상품 관리 시스템을 만드는 경우에 사용할 수 있습니다. 카테고리 상위 정보가 전자제품일 때, 이에 속하는 스마트폰이나 노트북 등을 선택할 수 있는 구조를 만드는 것입니다. 또한 프로젝트 관리에 사용할 수 있습니다. 예를 들어, 디자인팀을 선택하면 각 팀의 담당 업무 목록을 드롭다운으로 선택 가능하게 구조를 만드는 것입니다.

실무 연습 ❶

[사무실이사] 시트에 '팀별 공간이동' B열에 '팀' 목록이 선택되면 C열 '부서' 목록이 오른쪽 표에 있는 팀에 소속된 부서명만을 선택할 수 있는 다중 데이터 유효성 검사 목록을 만들어 보도록 하겠습니다.

01 B5:B22셀 범위 지정-[데이터] 탭- 데이터 구조- 데이터 유효성- 설정- 유효성 조건- 제한대상: '목록' 메뉴를 선택합니다.

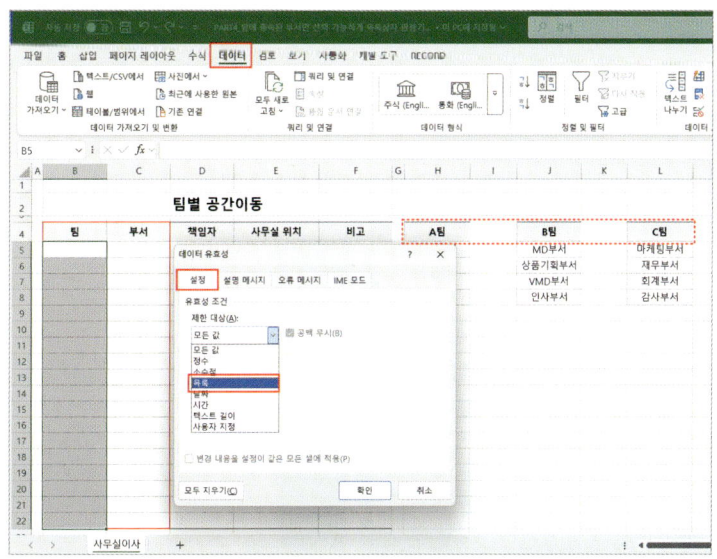

02 데이터 유효성 검사- 설정- 유효성 조건- 제한 대상: 목록- 원본: 'A팀,B팀,C팀'을 입력하고 확인 버튼을 클릭합니다.

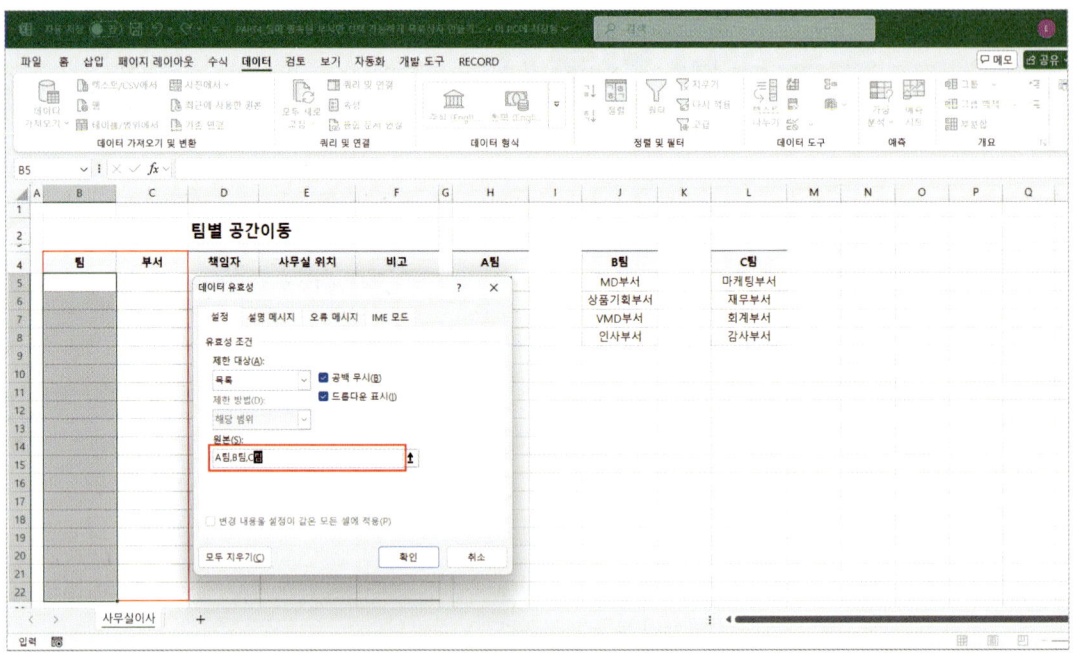

03 B5셀 드롭다운 버튼 클릭- 'A팀'을 선택합니다.

※ 오른쪽 3개 표에 머리글이 반드시 원본 목록에 입력되어야 합니다.

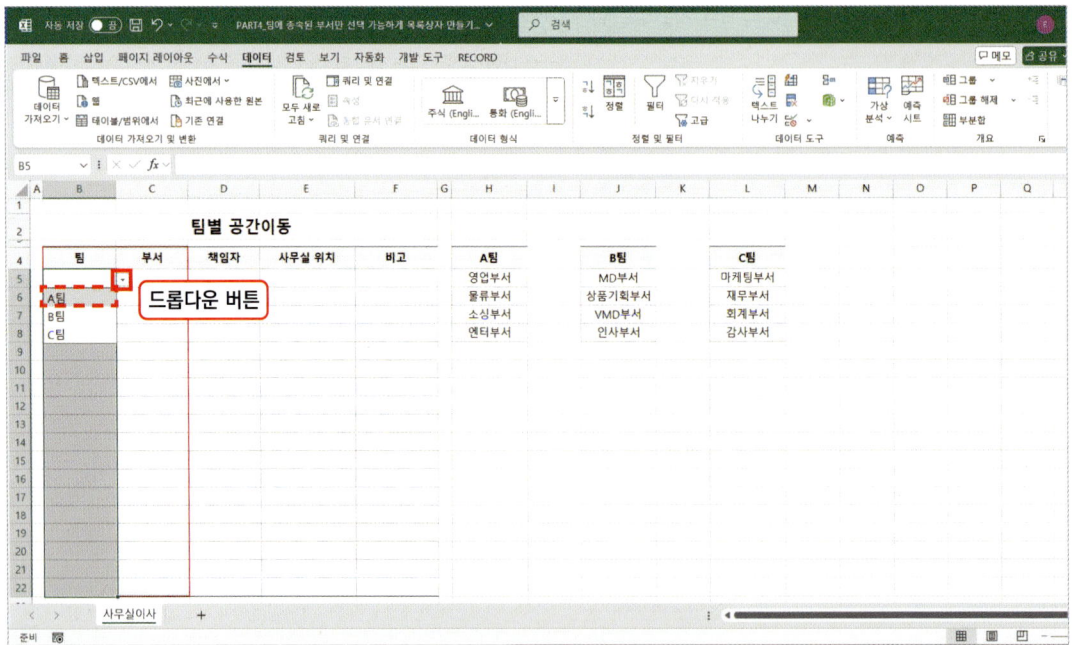

04 H4:H8셀 범위 지정– 이름 상자: 'A팀' 입력 후 (Enter) 키를 누릅니다.

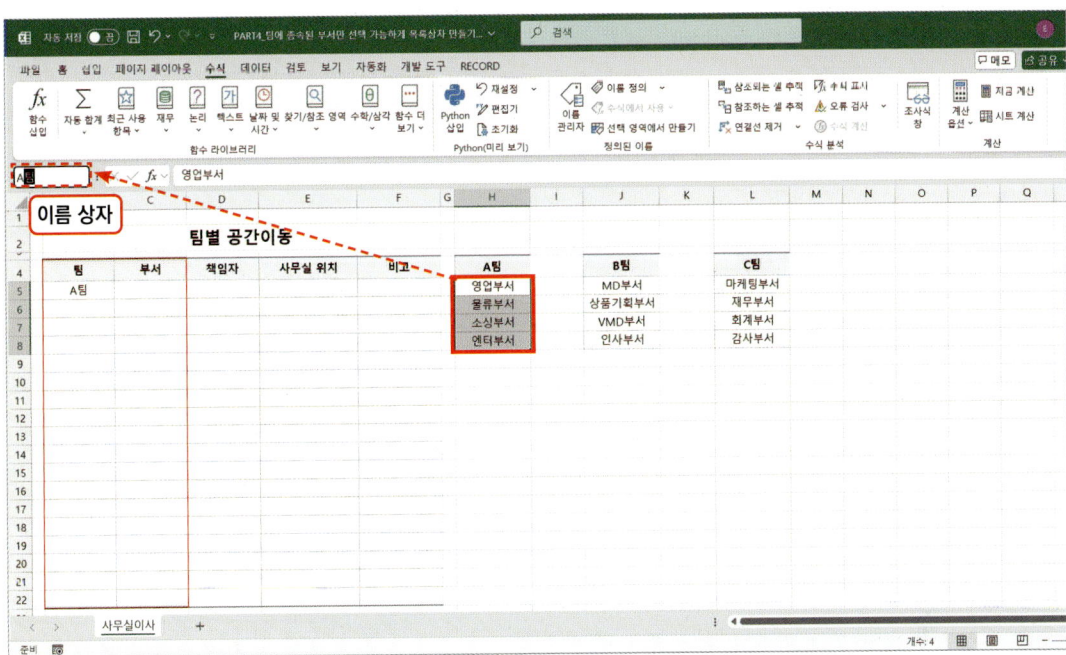

05 J4:J8셀 범위 지정– 이름 상자: 'B팀' 입력 후 (Enter) 키를 누릅니다.

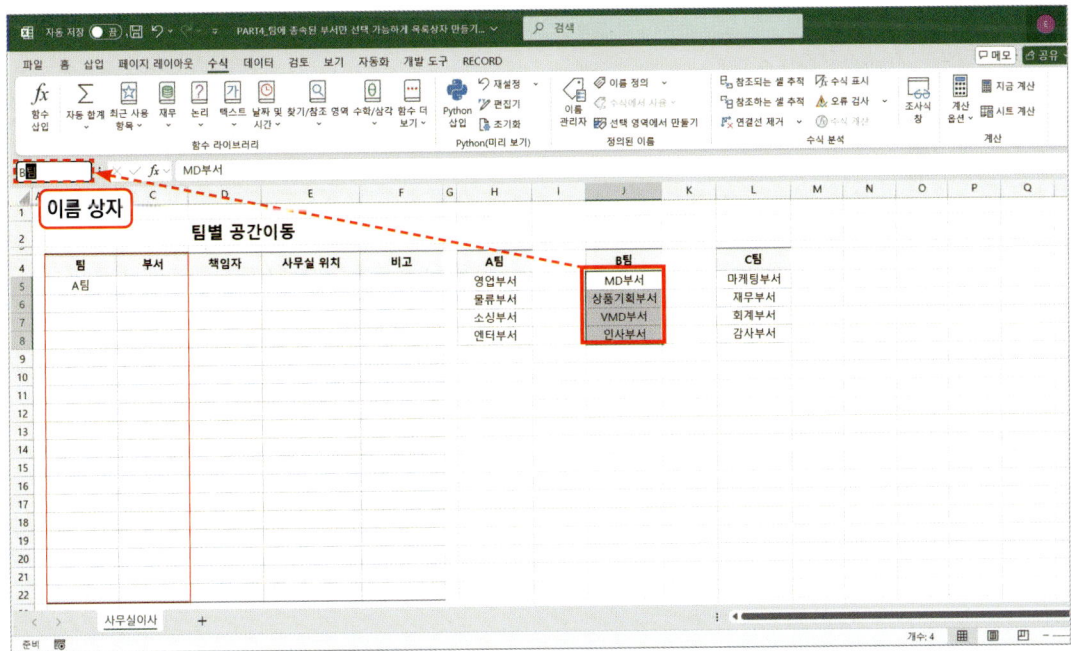

06 L4:L8셀 범위 지정– 이름 상자: 'C팀' 입력 후 [Enter] 키를 누릅니다.

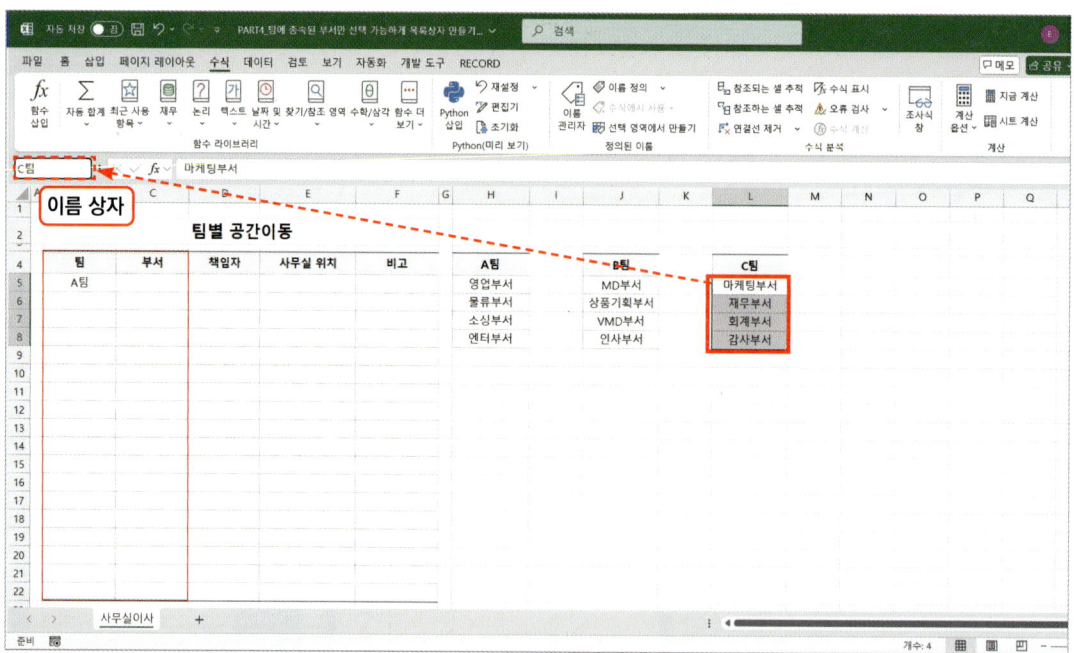

07 C5:C22셀 범위 지정– [데이터] 탭– 데이터 도구– 데이터 유효성– 설정– 유효성 조건– 제한 대상: '목록'을 선택합니다.

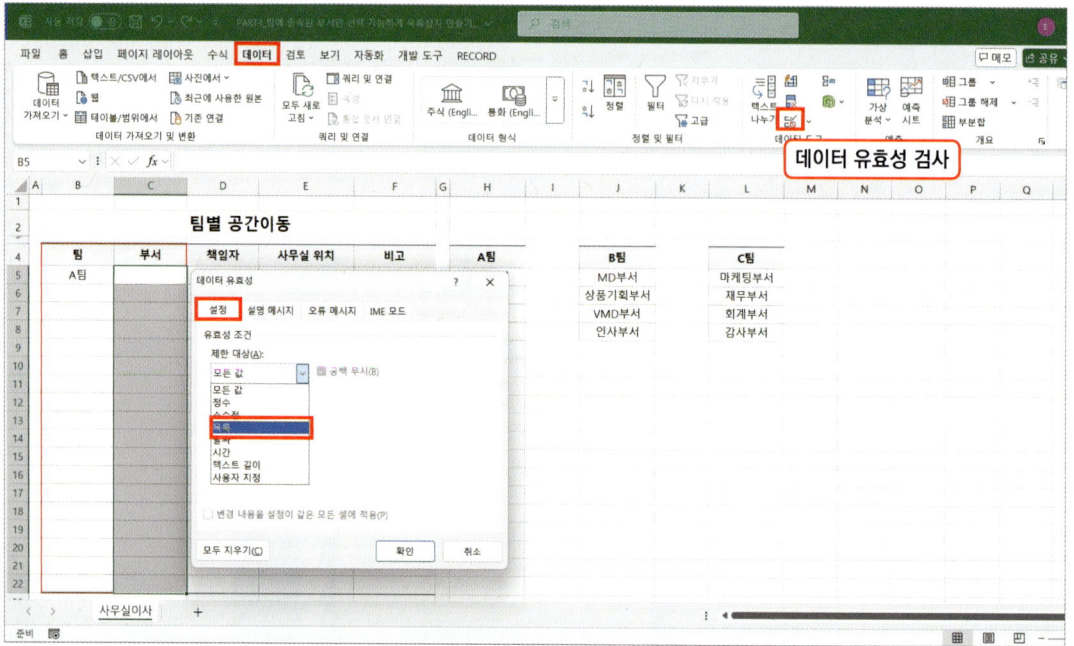

08 데이터 유효성– 설정– 유효성 조건– 제한 대상: 목록– 원본: '=INDIRECT(B5)'를 입력하고 확인 버튼을 클릭합니다.

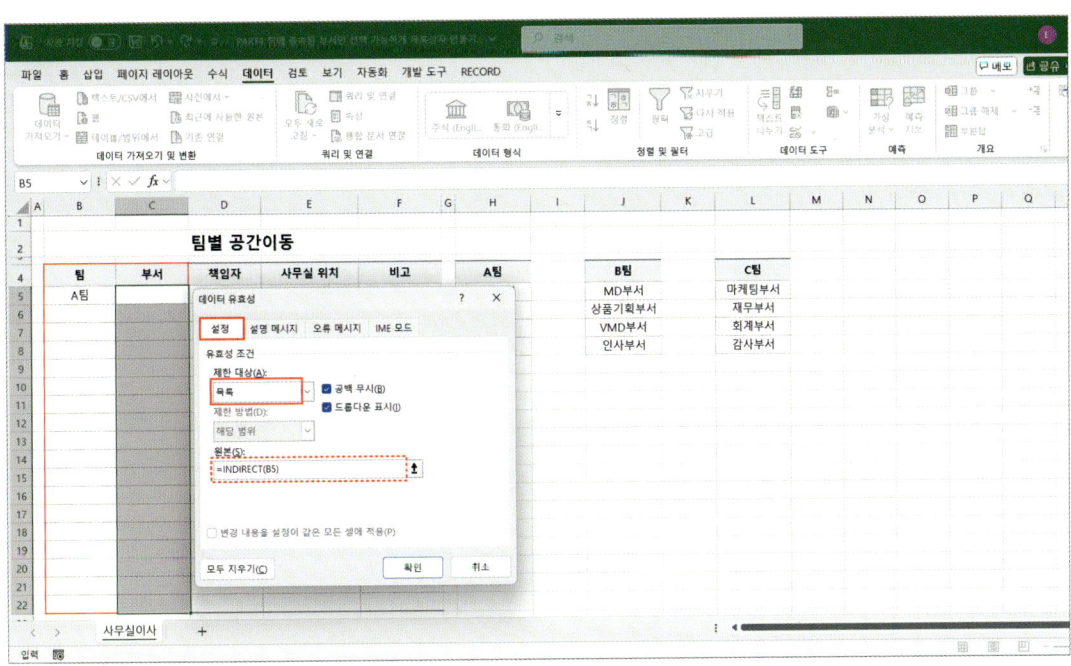

09 C5셀 드롭다운 버튼 클릭– A팀에 종속된 '영업부서/물류부서/소싱부서/엔터부서' 목록이 팝업된 결과를 확인합니다. '영업부서'를 클릭하겠습니다.

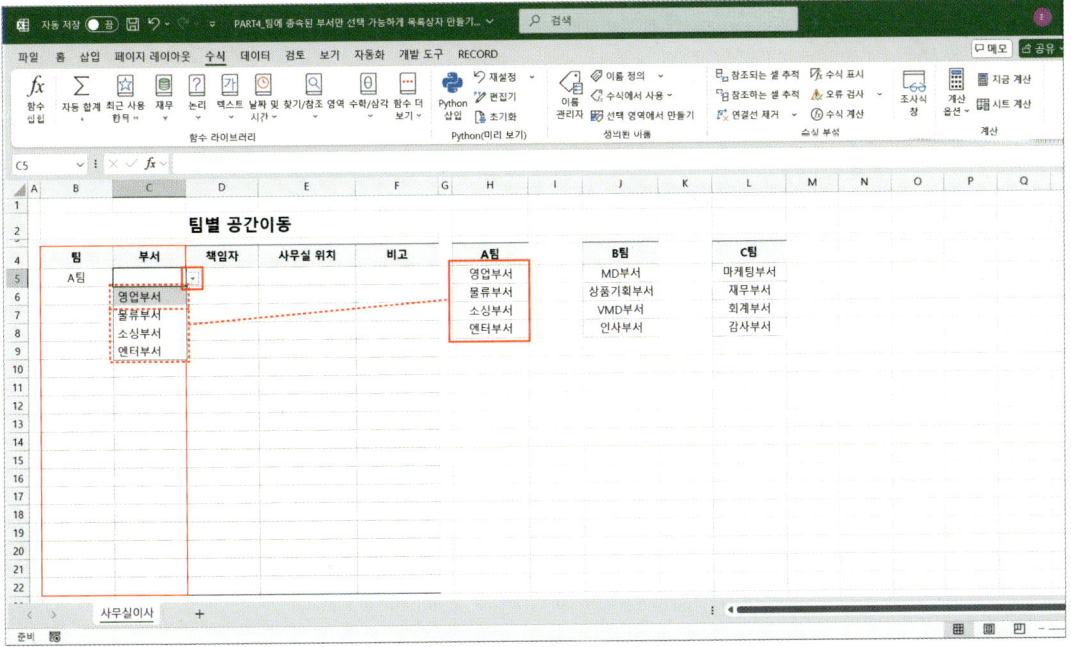

10 B6셀에 'B팀' 입력 후- D6셀 클릭 드롭다운 버튼 클릭- B팀에 종속된 정보 중 'VMD부서'를 선택합니다.

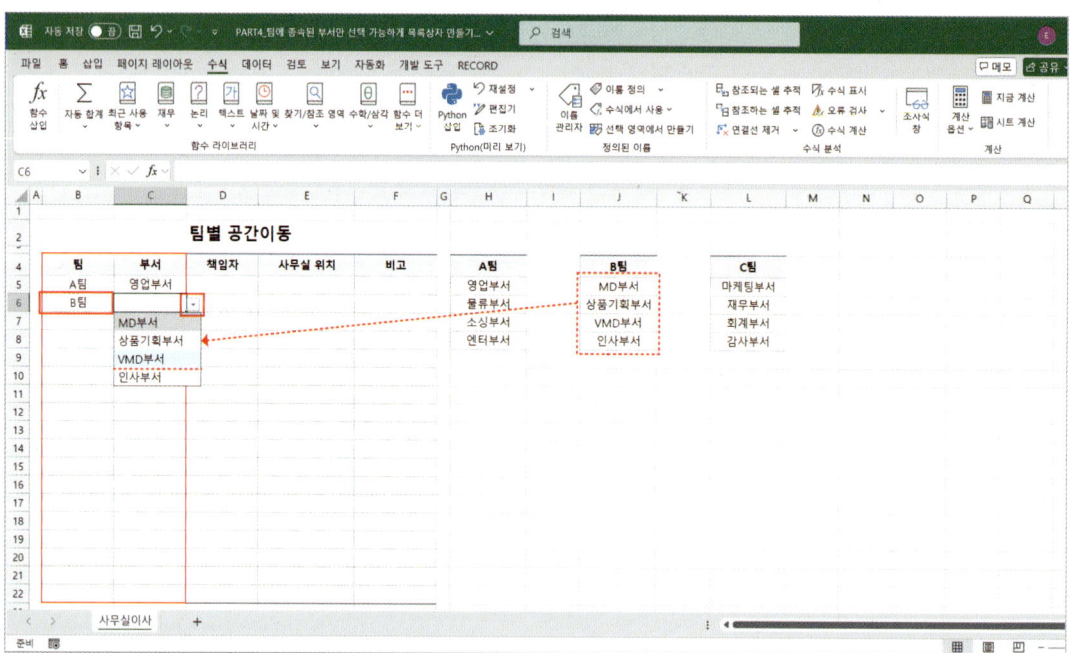

11 B7셀에 'C팀' 입력 후- D7셀 드롭다운 버튼 클릭- C팀에 종속된 정보 중 '감사부서'를 선택합니다.

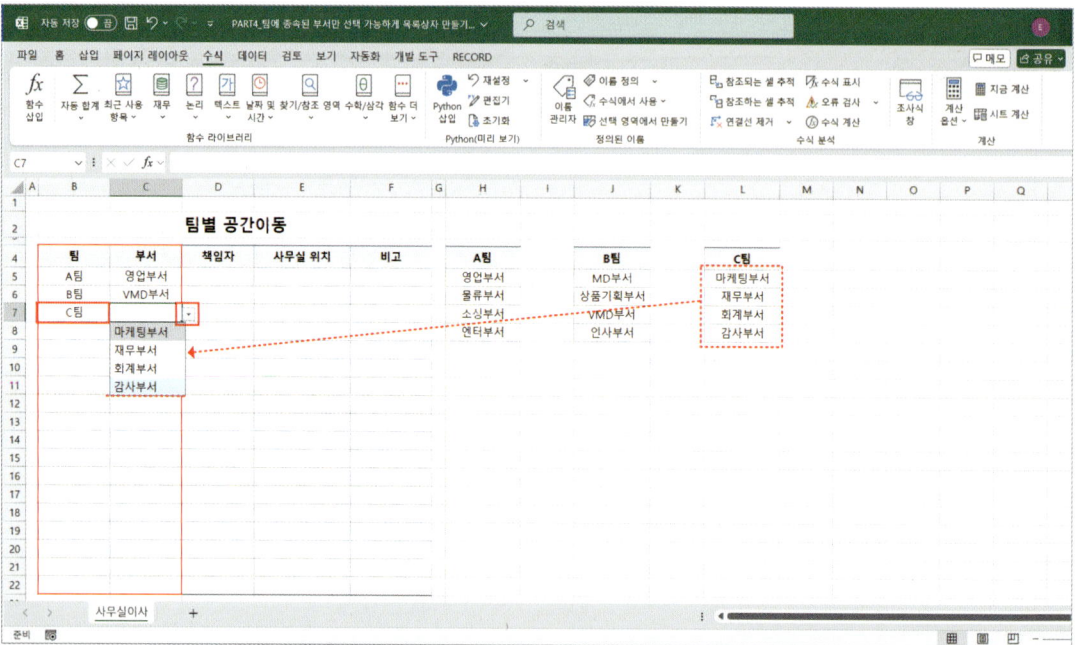

이름 정의할 목록이 많을 경우 일일이 범위를 지정하고 이름 상자에 이름을 기입하는 것보다 한 번에 이름을 정의하는 방법인 '선택 영역에서 만들기'를 사용하면 빠르게 이름을 정의할 수 있습니다. (참고 PART3_04 표 안에서 머리글 같은 목록 이름 범위 지정 한 번으로 이름 정의하기)

01 H4:L8셀 범위 지정– [수식] 탭– 정의된 이름– 선택 영역에서 만들기– 선택 영역에서 이름…– 이름 만들기– '첫 행, 체크 박스 클릭' 후 확인 버튼을 클릭합니다.

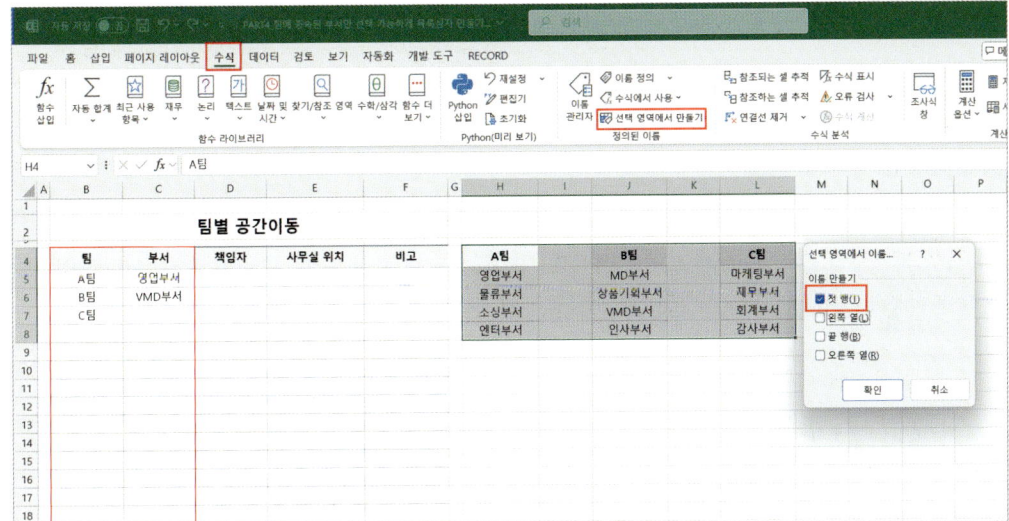

02 이름 정의된 목록을 확인하기 위해, [수식] 탭– 정의된 이름– '이름 관리자' 메뉴를 클릭해 'A팀'부터 'C팀'까지 이름 정의된 내용을 확인합니다.

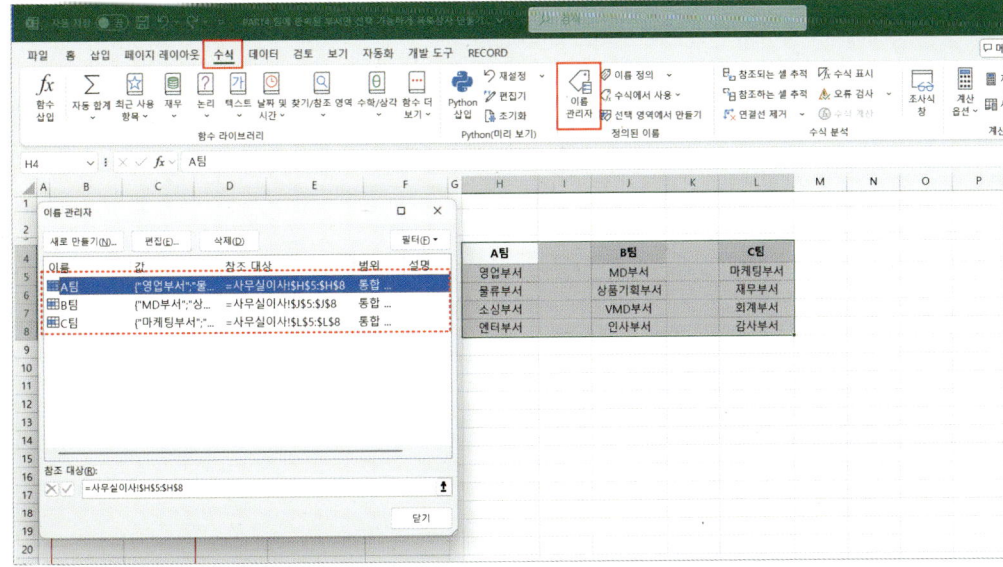

스타일코드 분기별 팀별 행, 열 정보 그룹화하기

📥 **예제 파일** PART3_11 스타일코드 분기별 팀별 행, 열 정보 그룹화하기

데이터가 많아 화면이 복잡할 때 엑셀 메뉴 중 그룹 메뉴를 사용해 관련 있는 행이나 열 범위 정보를 접고 펼침으로써 간결하게 정리할 수 있습니다. 그리고 특정 범위의 데이터를 그룹화하여 보이지 않게 숨기고, 필요한 경우에만 표시할 수 있도록 그룹 메뉴를 사용할 수 있습니다. 이런 식으로 그룹 메뉴를 잘 활용하면 데이터를 체계적으로 관리하고 보기 쉽게 정할 수 있습니다. 이 외에도 단계별로 데이터를 분석하거나 계층구조를 만들어 정보를 세분화할 수도 있습니다. 데이터 관리의 효율성을 높이고 분석 및 보고 작업을 간편하게 해 주는 강력한 도구인 그룹 메뉴 사용법을 함께 알아보도록 하겠습니다.

🔍 실무 연습 ❶

[분기별판매정보] 시트에 있는 분기정보 중에서 1분기와 3분기 데이터를 그룹화해서 2분기와 4분기 정보 비교가 쉽게 구조를 만들려고 합니다. 구조를 만들어 보겠습니다.

01 D:F열을 전체 범위 지정- [데이터] 탭- 개요- '그룹' 메뉴를 클릭합니다.

※ D:F열 전체 범위 지정 할 때 'D'영문이 적힌 열에 마우스를 밀어 넣고 검정색 화살표 모양으로 변경된 상태에서 F열까지 연속으로 드래그합니다.

팀	스타일코드	1분기			2분기			3분기			4분기		
		총판매량	총판매액	입고량	총판매량	총판매액	추가 입고량	총판매량	총판매액	추가 입고량	총판매량	총판매액	추가 입고량
1팀	GGTM28A01	48	2,665,561	2,000	447	3,957,030	-	599	11,912,997	-	25	747,500	-
	GGSM27A01	8	639,221	3,000	1,898	55,977,300	-	648	19,342,674	-	117	3,483,358	-
	AAHJ29S10	168	6,451,765	5,109	10	299,001	-	78	2,329,217	-	167	4,978,385	-
	GGSL29S09	223	13,210,331	1,522	2	20,000	-	81	2,421,914	-	1	29,900	-
2팀	LL8P28831	27	1,347,259	3,000	949	9,473,500	-	109	2,523,154	-	7	139,300	-
	LL8K29821	16	798,343	596	171	1,709,000	-	13	388,700	-	1	29,900	-
	MMSN29S02	74	2,932,660	1,600	67	668,000	-	31	920,926	-	124	1,233,000	-
	CCCX28S11	95	3,782,527	700	120	1,200,000	-	15	558,600	-	197	1,960,984	-
3팀	JJSW29S30	83	3,280,803	2,900	157	1,570,000	-	35	1,396,499	-	226	4,477,494	-
	GGSA29A52	377	14,999,398	3,452	48	480,000	-	30	1,189,029	-	192	3,816,820	-
	GGSA28A53	263	10,474,743	1,593	24	477,600	-	97	2,885,361	-	53	1,054,700	-
	KK8K29S01	131	5,226,889	1,911	145	2,305,503	-	27	1,077,306	-	55	1,094,500	-

02 D:G셀 범위 열 번호 위에 '‒'단추가 끝에 위치한 펼침 모양 표식을 확인합니다. 그리고 J:L열 전체 범위 지정‒ [데이터] 탭‒ 개요‒ '그룹' 메뉴를 클릭합니다.

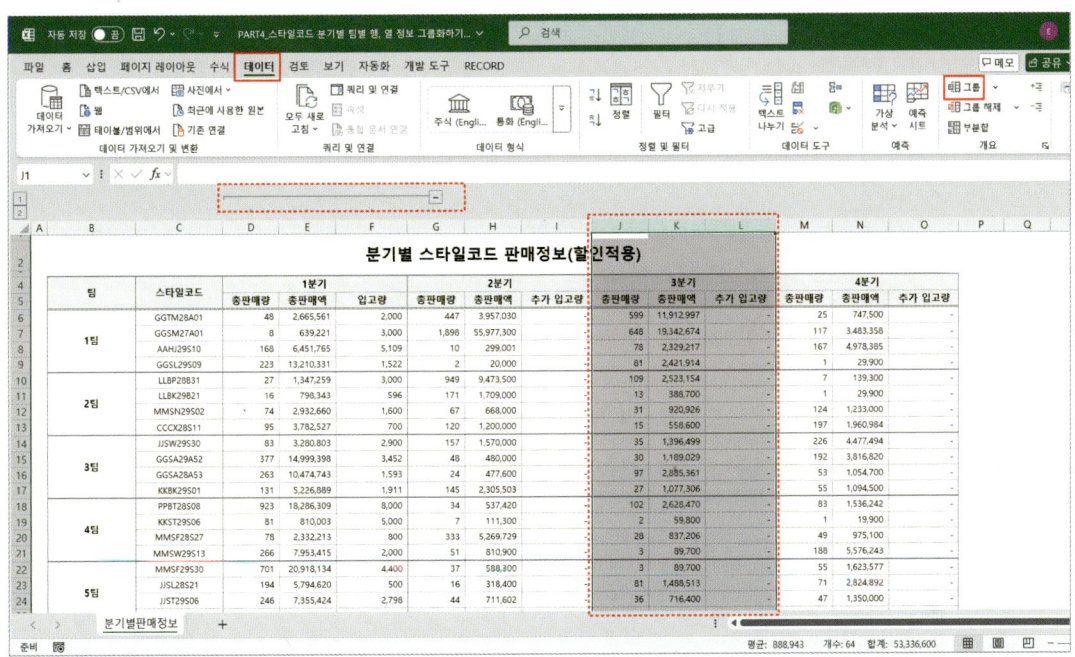

03 J:L셀 범위 열 번호 위에 '‒'단추가 끝에 위치한 펼침 모양 표식을 확인합니다.

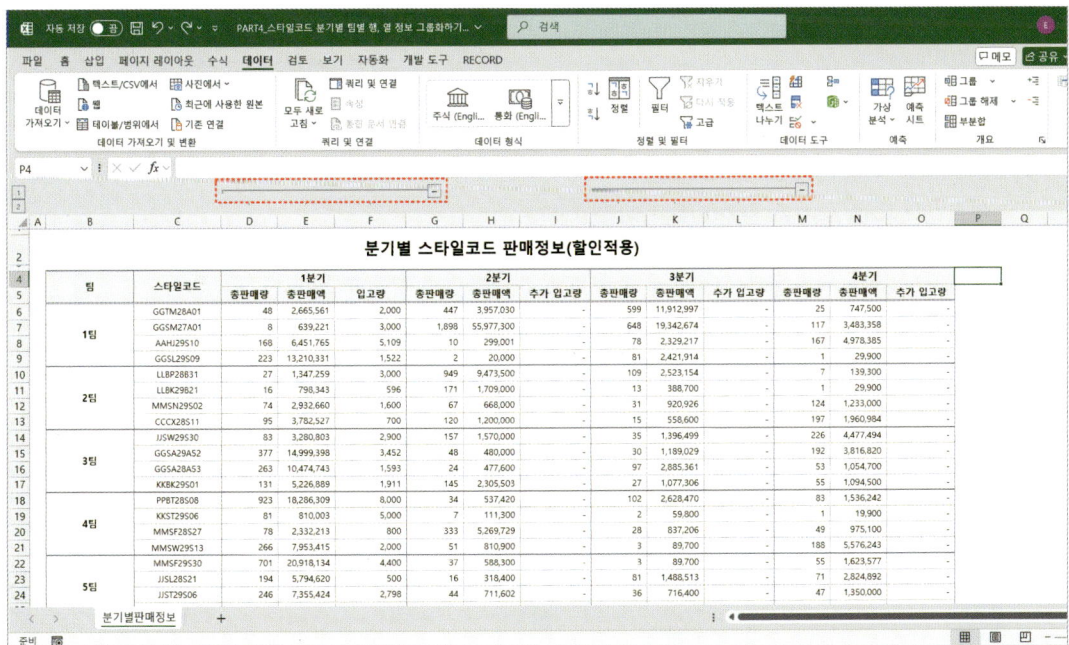

04 G열 위에 있는 '–'단추를 눌러 D:F열 정보가 숨겨지는지 확인합니다.

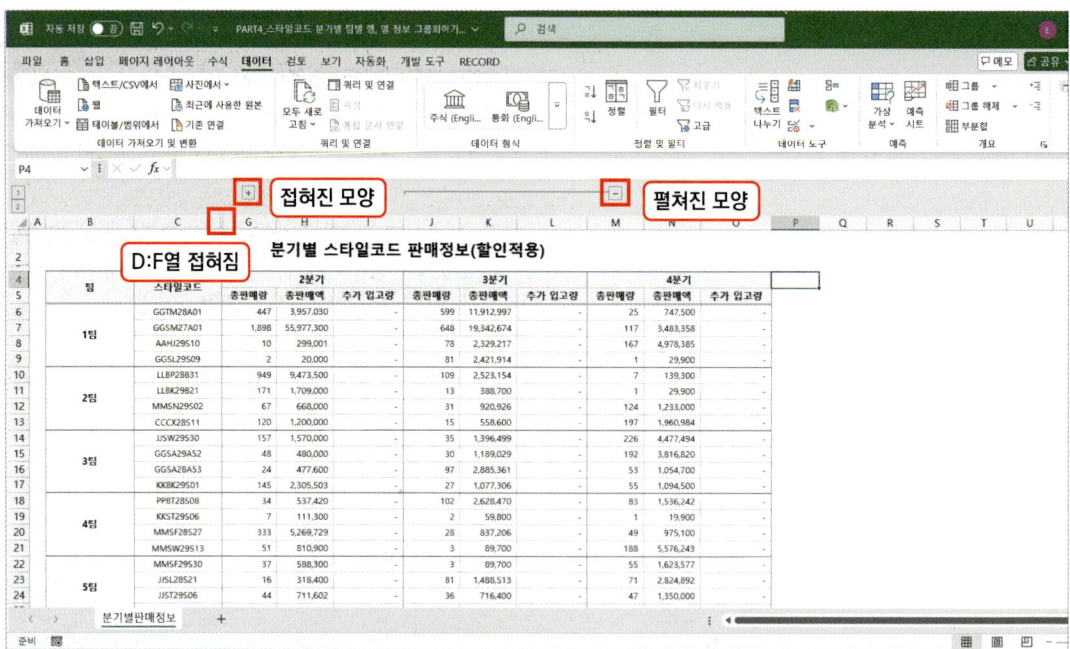

05 확인이 되었으면 M열 위에 있는 '–'단추도 마저 눌러 정보가 숨겨지는지 확인합니다.

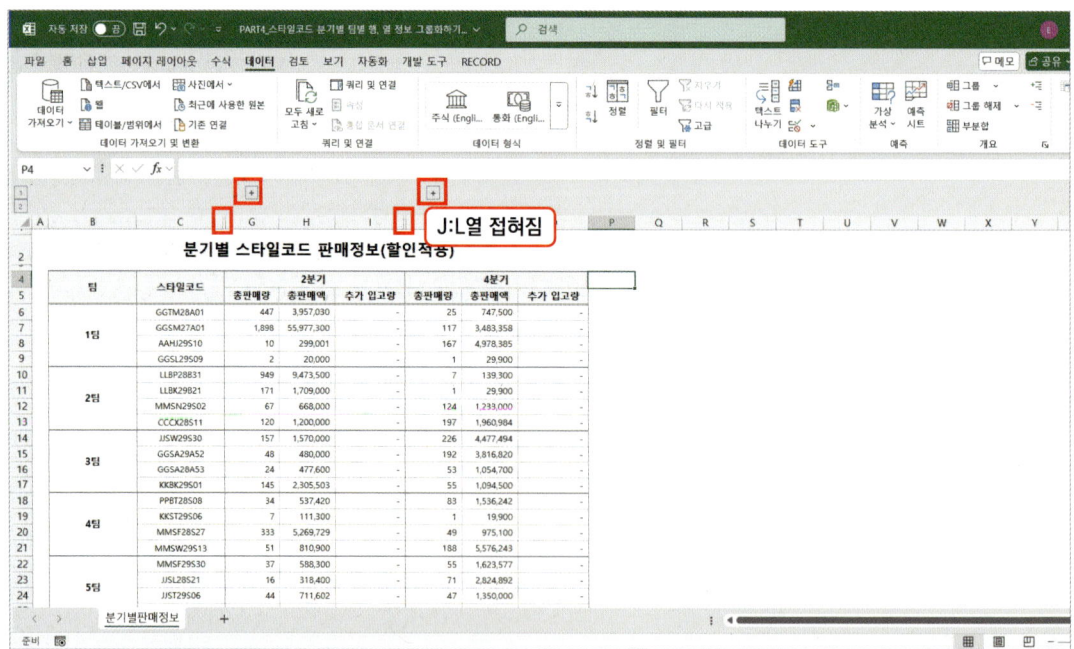

※ 반대로 '+'단추를 누르면 정보가 펼쳐집니다.

06 두 개 범위가 접혀져 있는(숨겨져 있는), 상황에서 한 번에 접혀져 있는 정보를 펼치기 위해서 A열 대각선에 있는 숫자 '2'를 클릭합니다.

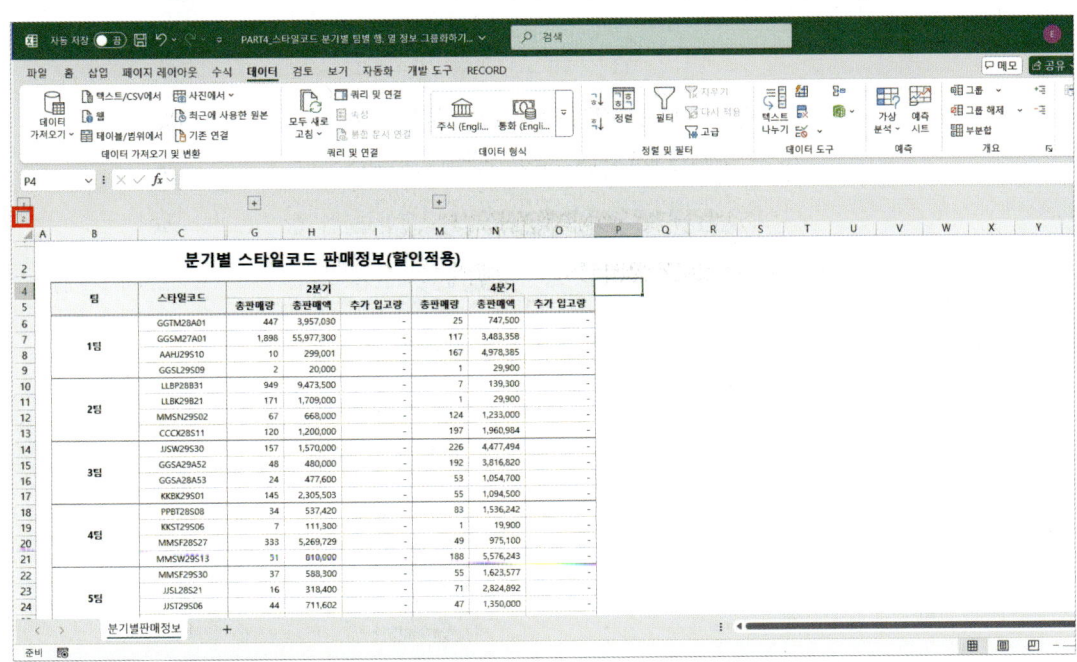

07 모두 펼쳐진 결과를 확인합니다.

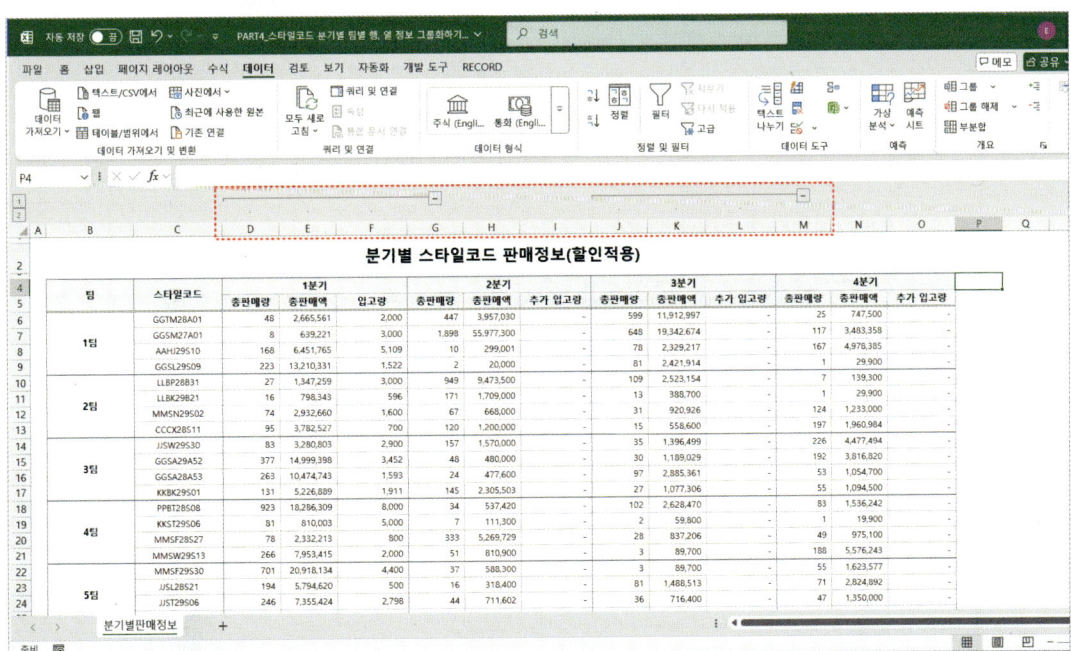

08 다시 한번에 접기 위해서 A열 왼쪽 대각선에 숫자 '1'을 클릭합니다.

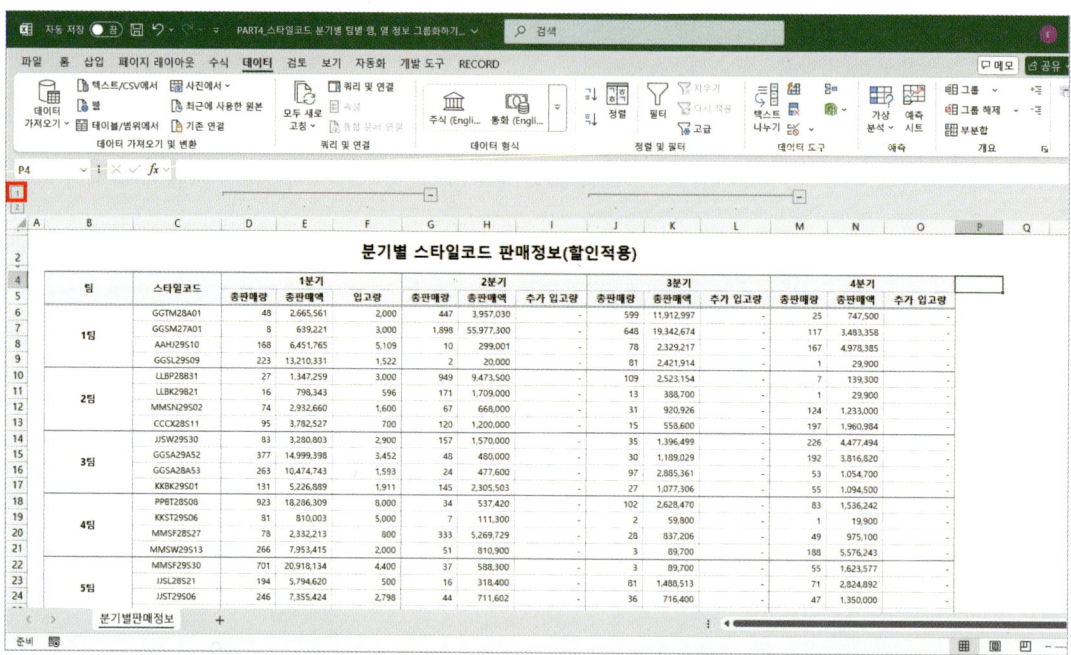

09 모두 접혀진 결과를 확인합니다.

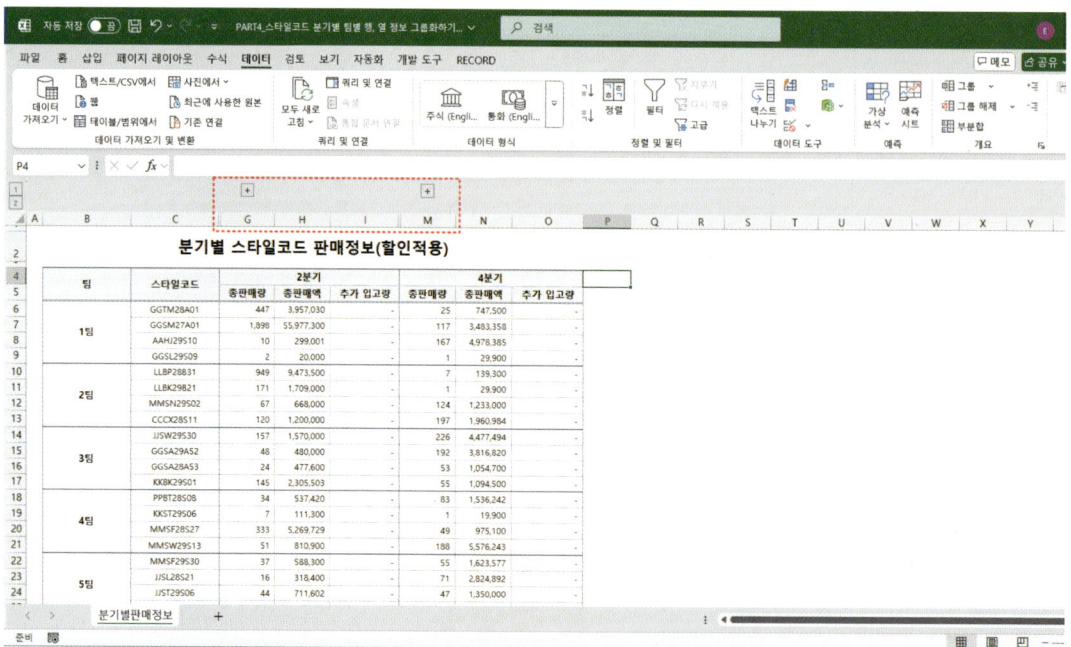

10 그룹 메뉴를 삭제하기 위해서는 모든 정보를 펼치기를 해 놓은 상태에서 D:L열 전체 데이터 범위를 선택– [데이터] 탭– 개요– '그룹 해제' 메뉴를 클릭합니다.

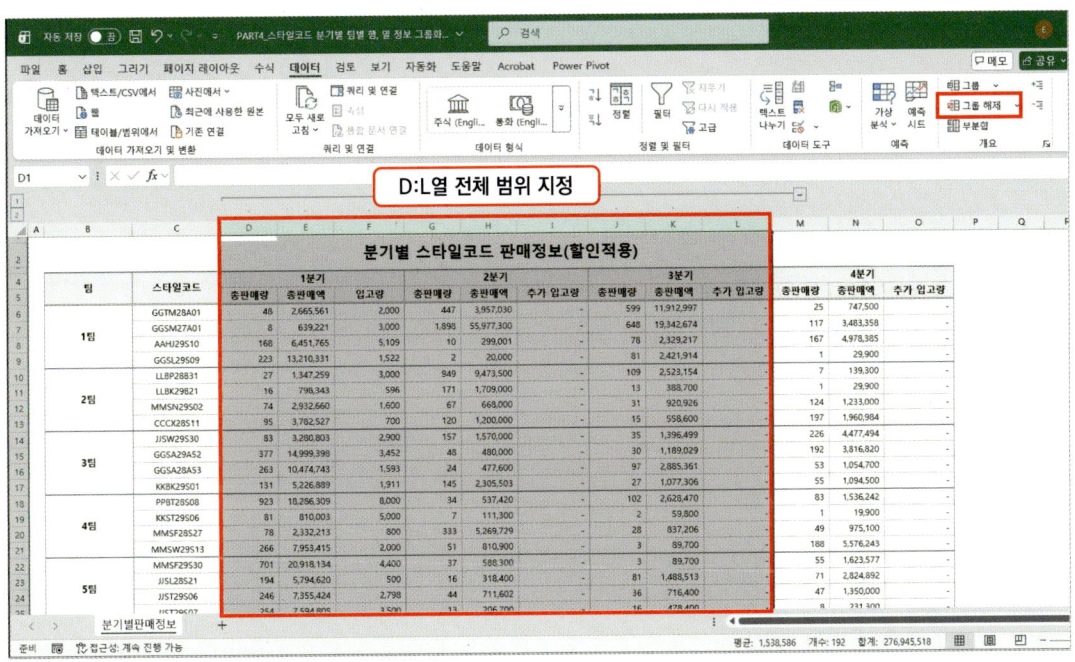

11 그룹 메뉴가 해제된 결과를 확인합니다.

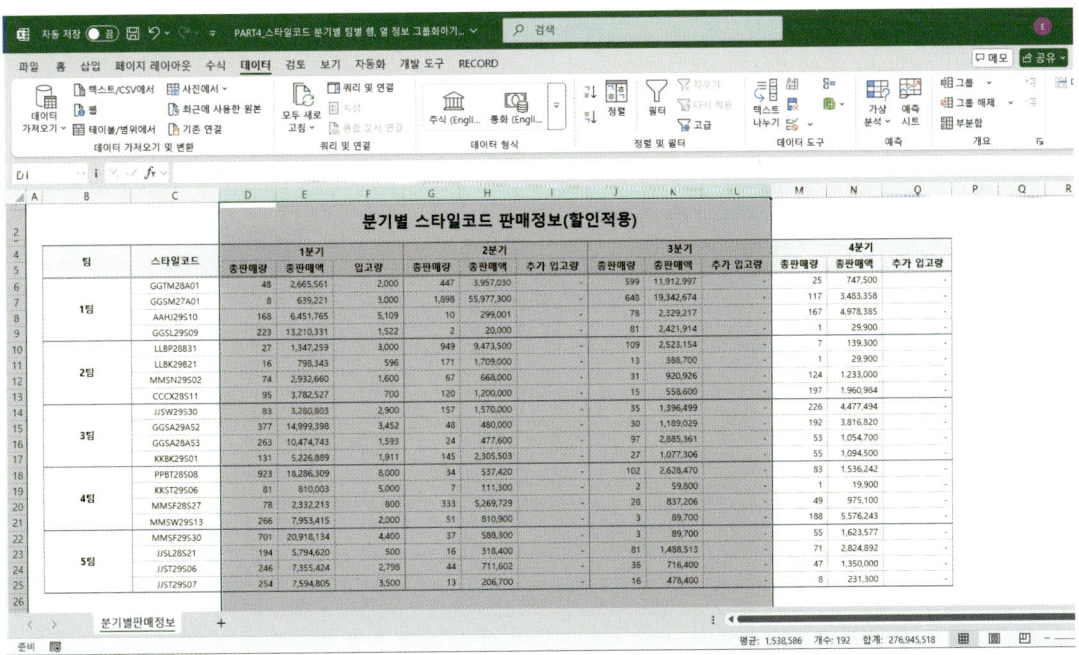

[분기별판매정보] 시트에 있는 팀 정보 중에서 홀수팀만 스타일코드 비교를 위해 구조를 만들어 보겠습니다.

01 10:13행 전체 범위 지정– [데이터] 탭– 개요– '그룹' 메뉴를 클릭합니다.

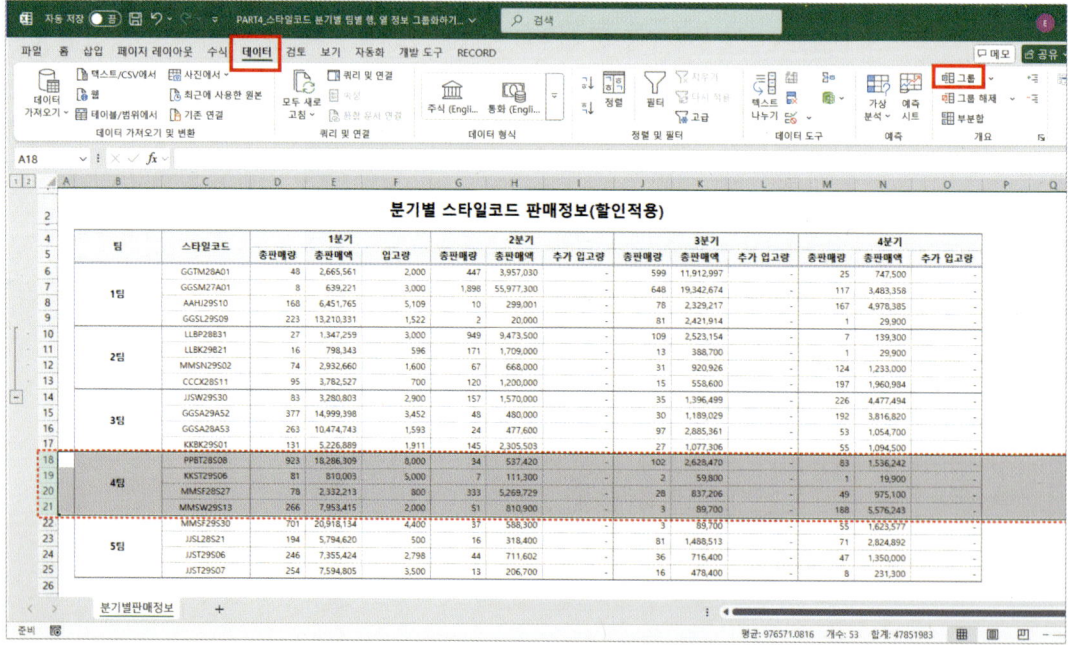

02 10:13행 번호 옆에 '–'단추가 끝에 위치한 펼침 모양 표식을 확인합니다. 그리고 나서 18:21행 전체 범위 지정– [데이터] 탭– 개요– '그룹'을 다시 클릭합니다.

03 18:21행 번호 옆에 '–'단추가 끝에 위치한 펼침 모양 표식을 확인합니다.

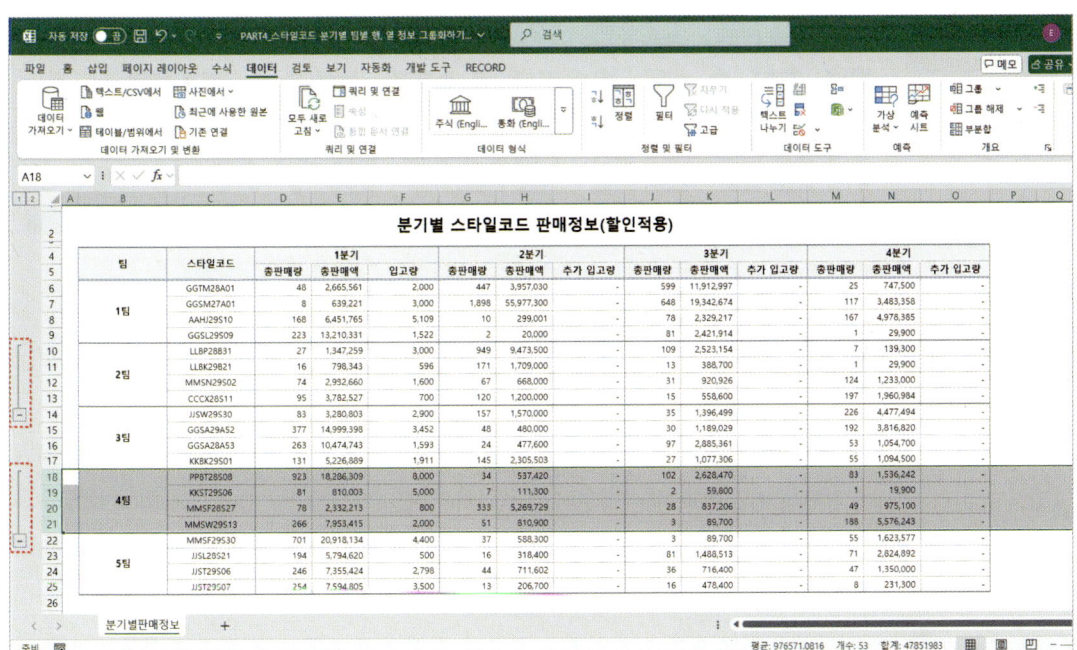

분기별 스타일코드 판매정보(할인적용)

팀	스타일코드	1분기			2분기			3분기			4분기		
		총판매량	총판매액	입고량	총판매량	총판매액	추가 입고량	총판매량	총판매액	추가 입고량	총판매량	총판매액	추가 입고량
1팀	GGTM28A01	48	2,665,561	2,000	447	3,957,030	-	599	11,912,997	-	25	747,500	-
	GGSM27A01	8	639,221	3,000	1,898	55,977,300	-	648	19,342,674	-	117	3,483,358	-
	AAHJ29S10	168	6,451,765	5,109	10	299,001	-	78	2,329,217	-	167	4,978,385	-
	GGSL29S09	223	13,210,331	1,522	2	20,000	-	81	2,421,914	-	1	29,900	-
2팀	LLBP28B31	27	1,347,259	3,000	949	9,473,500	-	109	2,523,154	-	7	139,300	-
	LLBK29B21	16	798,343	596	171	1,709,000	-	13	388,700	-	1	29,900	-
	MMSN29S02	74	2,992,660	1,600	67	668,000	-	31	920,926	-	124	1,233,000	-
	CCCX28S11	95	3,782,527	700	120	1,200,000	-	15	558,600	-	197	1,960,984	-
3팀	JJSW29S30	83	3,280,803	2,900	157	1,570,000	-	35	1,396,499	-	226	4,477,494	-
	GGSA29A52	377	14,999,398	3,452	48	480,000	-	30	1,189,029	-	192	3,816,820	-
	GGSA28A53	263	10,474,743	1,593	24	477,600	-	97	2,885,361	-	53	1,054,700	-
	KKBK29S01	131	5,226,889	1,911	145	2,305,503	-	27	1,077,306	-	55	1,094,500	-
4팀	PPBT28S08	923	18,206,309	8,000	34	537,420	-	102	2,628,470	-	83	1,536,242	-
	KKST29S06	81	810,003	5,000	7	111,300	-	2	59,800	-	1	19,900	-
	MMSF28S27	78	2,332,213	800	333	5,269,729	-	28	837,206	-	49	975,100	-
	MMSW29S13	266	7,953,415	2,000	51	810,900	-	3	89,700	-	188	5,576,243	-
5팀	MMSF29S30	701	20,918,134	4,400	37	588,300	-	3	89,700	-	55	1,623,577	-
	JJSL28S21	194	5,794,620	500	16	318,400	-	81	1,486,513	-	71	2,824,892	-
	JJST29S06	246	7,355,424	2,798	44	711,602	-	36	716,400	-	47	1,350,000	-
	JJST29S07	254	7,594,805	3,500	13	206,700	-	16	478,400	-	8	231,300	-

TIP 행 방향 그룹 메뉴에 '–'단추 및 '+'단추를 활용하는 방법과 숫자 1, 2의 메뉴 사용 방법은 분기 정보를 펼치고 접고하는 방법과 같습니다. 이하 내용은 생략하겠습니다.

규칙성 있는 텍스트 정보 나누기 및 텍스트 형태 날짜 정보 가공 가능한 날짜 정보로 바꾸기

 **예제 파일** PART3_12 규칙성 있는 텍스트 정보 나누기 및 텍스트 형태 날짜 정보 가공 가능한 날짜 정보로 바꾸기

실무 스킬

대부분 정보는 규칙성을 가지고 있습니다. 그것을 발견하는 것이 바로 데이터 분석입니다. 거창하게 말해서 데이터 분석이지만 필요를 발견하는 과정이라 생각하면 쉽습니다. 이런 규칙성을 가진 데이터는 엑셀의 텍스트 나누기 기능을 이용해 데이터를 분리하고 정리할 수 있습니다. 하나의 셀에 포함된 여러 내용을 쉼표(,)라는 규칙을 기준으로 여러 셀로 나눌 수 있습니다. 고정된 너비(간격)를 기준으로 데이터를 나눌 수도 있어 정리되지 않은 정보를 체계적으로 정리할 때 유용합니다.

이 기능은 데이터를 보다 명확하게 볼 수 있도록 돕고, 분석 및 보고 작업을 효율적으로 수행할 수 있게 합니다. 사용 방법도 간단해 누구나 쉽게 적용할 수 있습니다. 특히, 반복적인 데이터를 체계적으로 정리하거나, 텍스트를 체계적으로 분리하는 데 효과적입니다. 또한 텍스트형태 날짜 정보를 클릭 몇 번으로 가공 가능한 날짜 정보로 바꿀 수도 있습니다. 사용 방법을 알아보도록 하겠습니다.

실무 연습 ①

[정보가공] 시트, B열에 있는 스타일코드는 영문 4자리, 숫자 4자리로 이뤄진 데이터 입니다. 이때 영문과 숫자를 분리해 보도록 하겠습니다.

01 B열에 데이터를 영문과 숫자로 분리하기 위해서 공간 확보를 먼저 해 둡니다. B열 오른쪽 2개 열을 확보하기 위해 C:D열 전체 지정– 마우스 우클릭– '삽입' 메뉴를 눌러 2개 빈 열을 확보합니다.

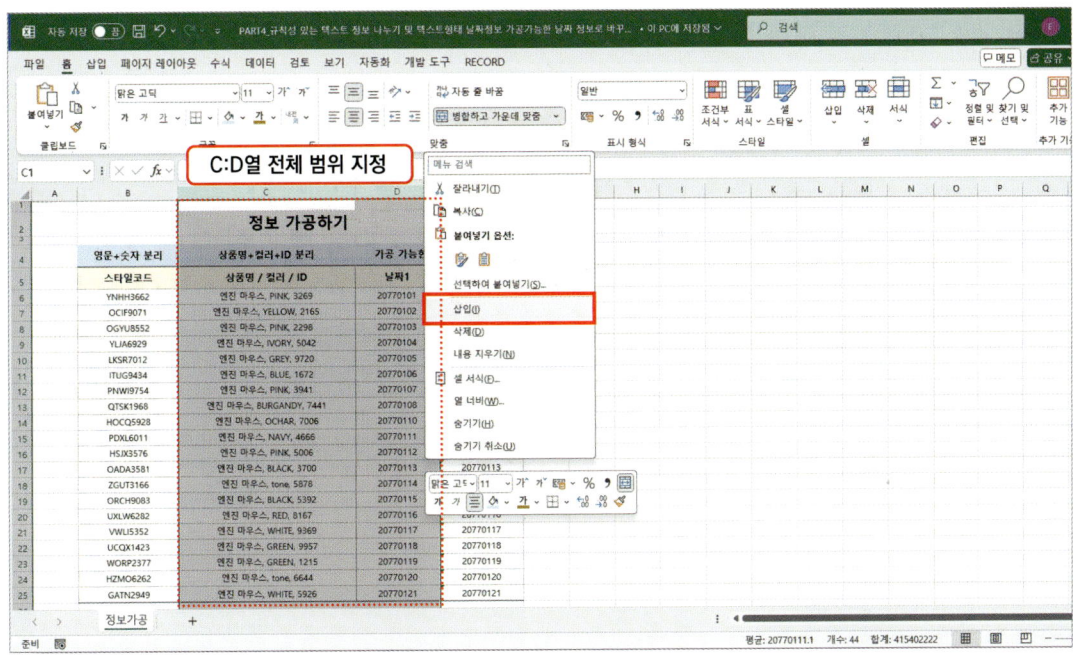

02 B6:B25셀 범위 지정– '복사'– C6셀 클릭– '붙여넣기'합니다.

※ 이렇게 하는 이유는 원본 데이터를 유지해 놓기 위함입니다.

03 C6:C25셀 범위 지정- [데이터] 탭- 데이터 도구- 텍스트 나누기- 텍스트 마법사 – 3단계 중 1단계- 원본 데이터 형식- 너비가 일정함- '다음' 메뉴를 클릭합니다.

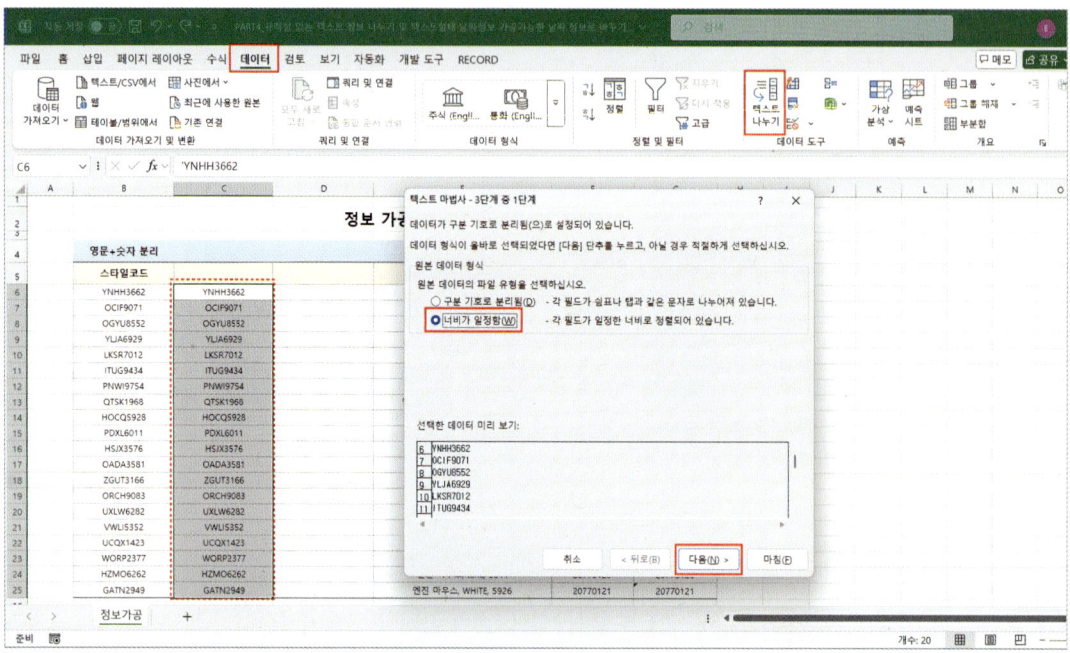

04 텍스트 마법사 – 3단계 중 2단계- 데이터 미리보기- 눈금선 아무 곳 한 번 클릭 후 실선이 생기면 그 실선을 드래그해 영문과 숫자 사이에 위치시켜 놓고, '다음' 메뉴를 클릭합니다.

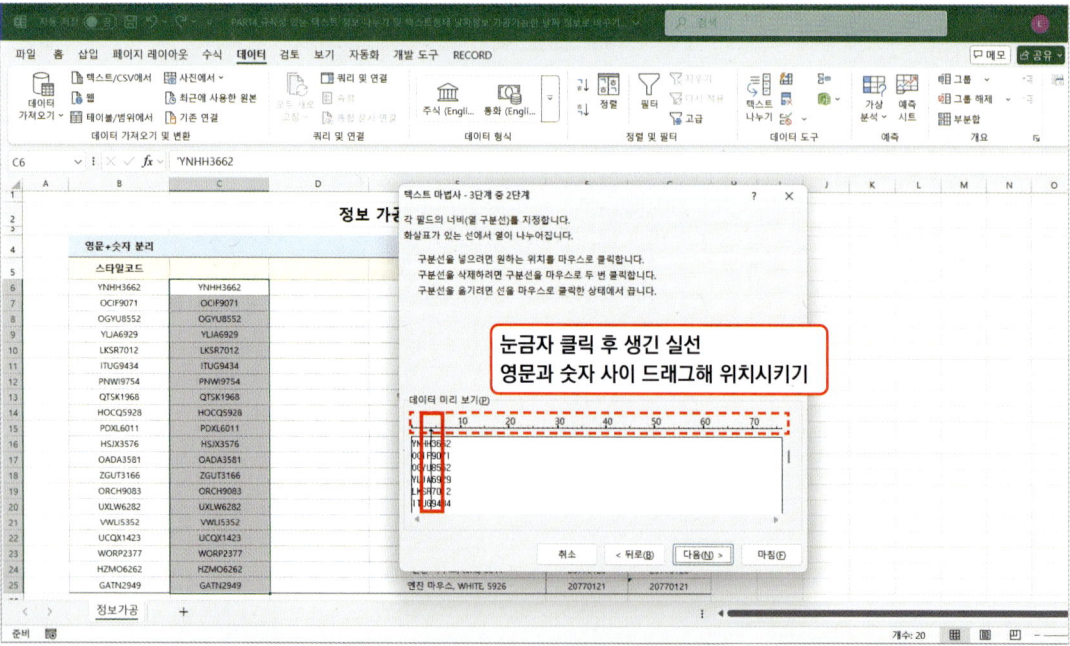

05 텍스트 마법사 – 3단계 중 3단계– 열 데이터 서식– 일반– 대상: $C$6– '마침' 메뉴를 클릭합니다.

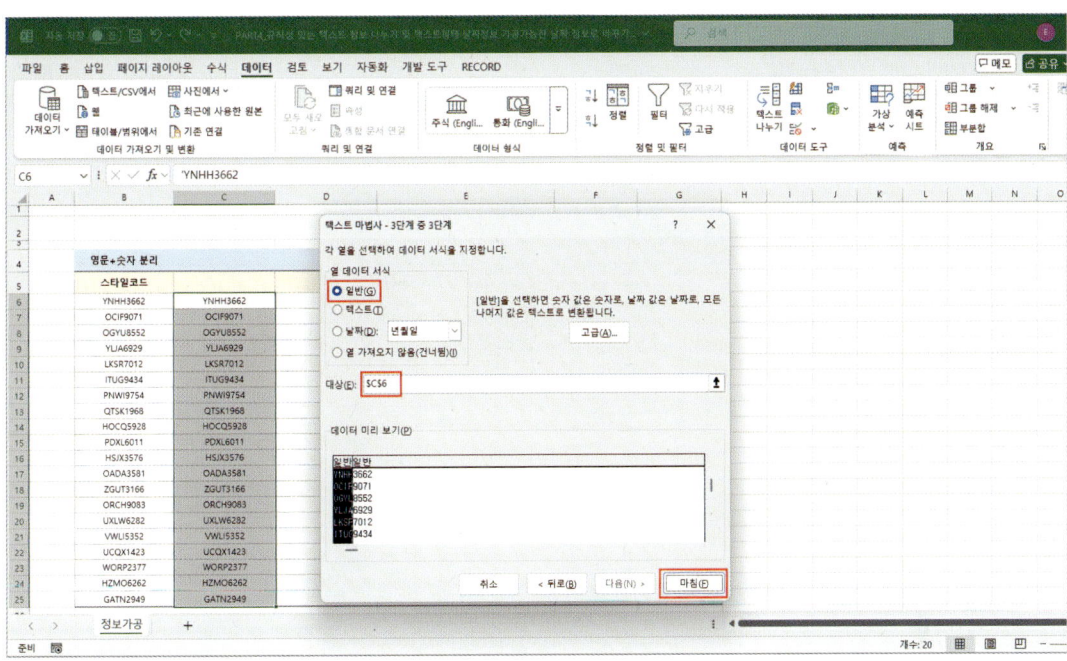

06 '해당 영역에 이미 데이터가 있습니다. 기존 데이터를 바꾸시겠습니까?', 확인 버튼을 누릅니다.

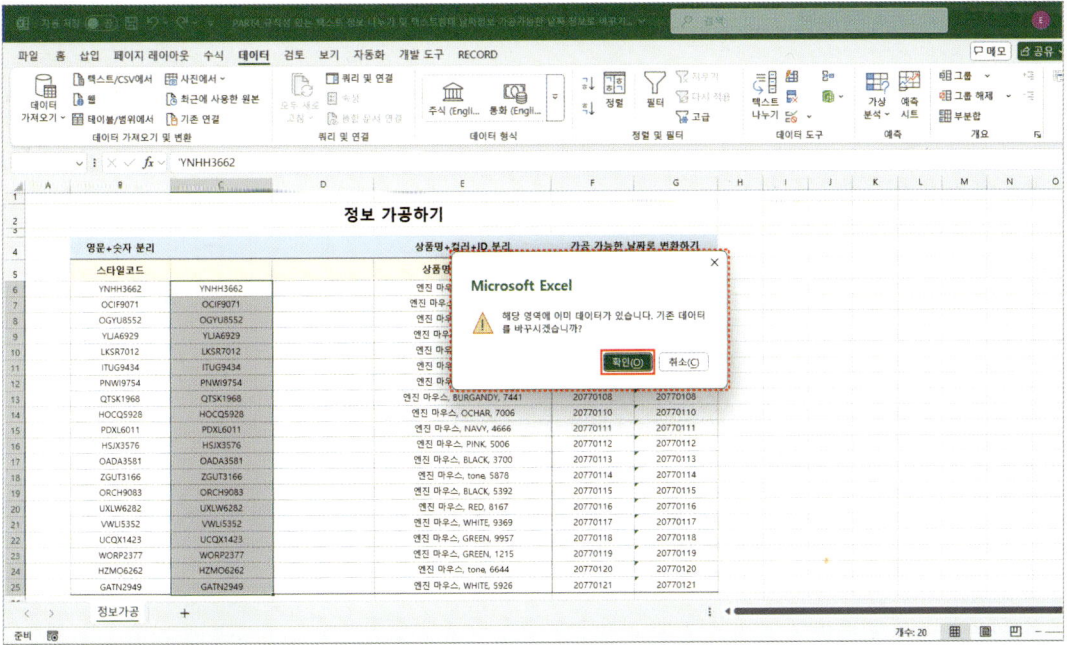

07 C열- 영문, D열- 숫자로 분리된 데이터 정보를 확인합니다.

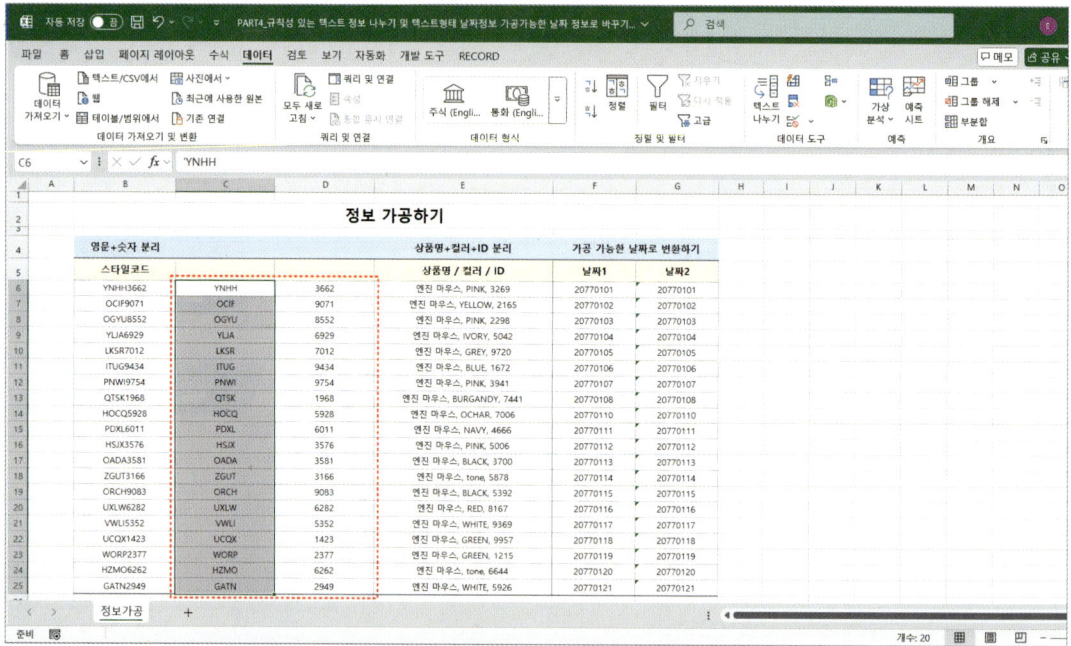

TIP ▶ 여기에서 사용된 '너비가 일정함' 메뉴를 사용해 텍스트를 나누기 할 때 나누기 실선은 여러 개를 생성할 수 있습니다. 눈금자 부분을 클릭하면 실선이 생겨나고 나누고 싶은 위치에 드래그 해 주기만 하면 텍스트가 나눠집니다. 단, 텍스트 나누기 전 열공간 확보를 미리 해 두어야 정보가 덮어쓰기 되지 않으니 주의해야 합니다.

현재 E열에 '상품명+컬러+ID' 필드값은 쉼표(,)를 구분자로 한 셀에 정보가 출력되고 있습니다. 이 쉼표(,)를 기준으로 텍스트를 나누기해 보겠습니다.

01 E열에 데이터를 쉼표(,)구분자로 분리하기 위해서 공간 확보를 먼저 해 둡니다. E열 오른쪽 3개 열을 확보하기 위해 F:H열 전체 지정- 마우스 우클릭- '삽입' 메뉴를 눌러 3개 빈 열을 확보합니다.

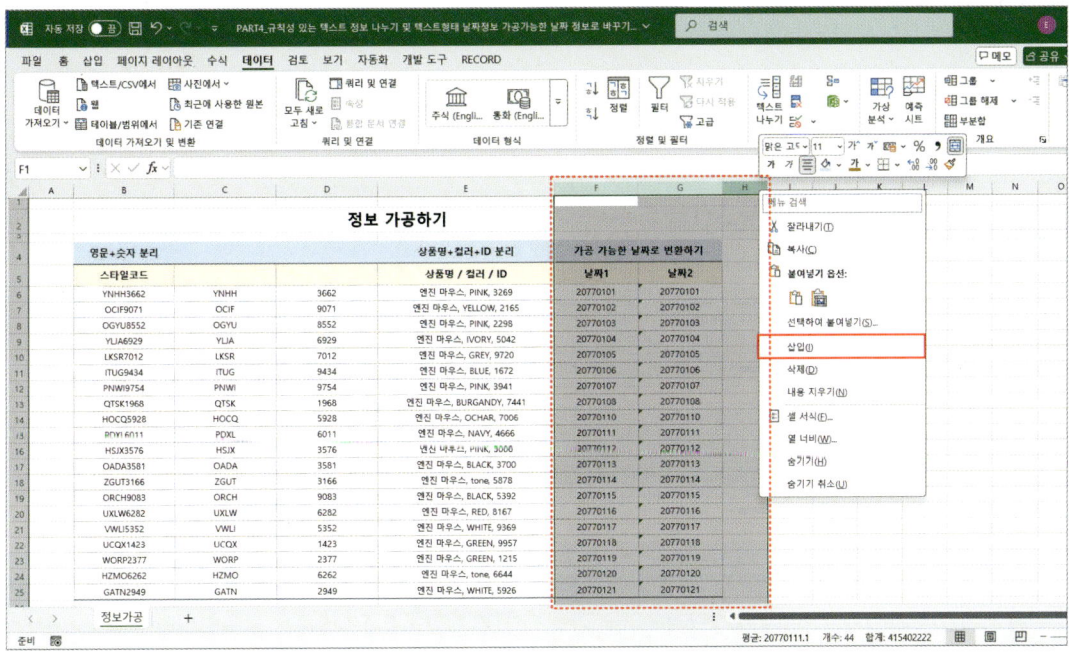

02 E6:E25셀 범위 지정- '복사'- F6셀 클릭- '붙여넣기'합니다.

※ 원본 데이터를 보관하기 위함입니다.

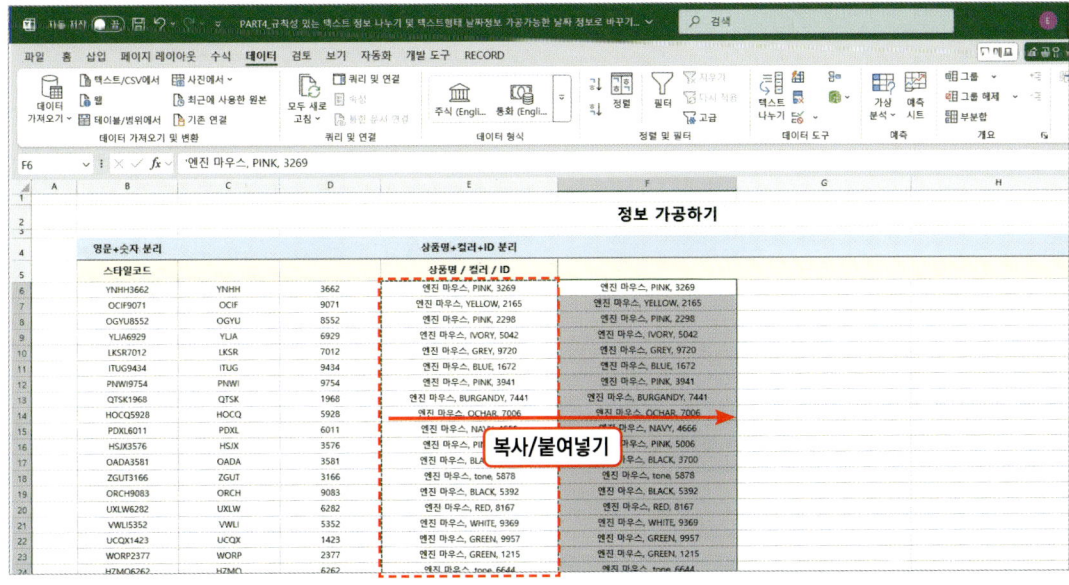

03 F6:F25셀 범위 지정– [데이터] 탭– 데이터 도구– 텍스트 나누기– 텍스트 마법사 – 3단계 중 1단계– 원본 데이터 형식– 구분 기호로 분리됨– '다음' 버튼을 클릭합니다.

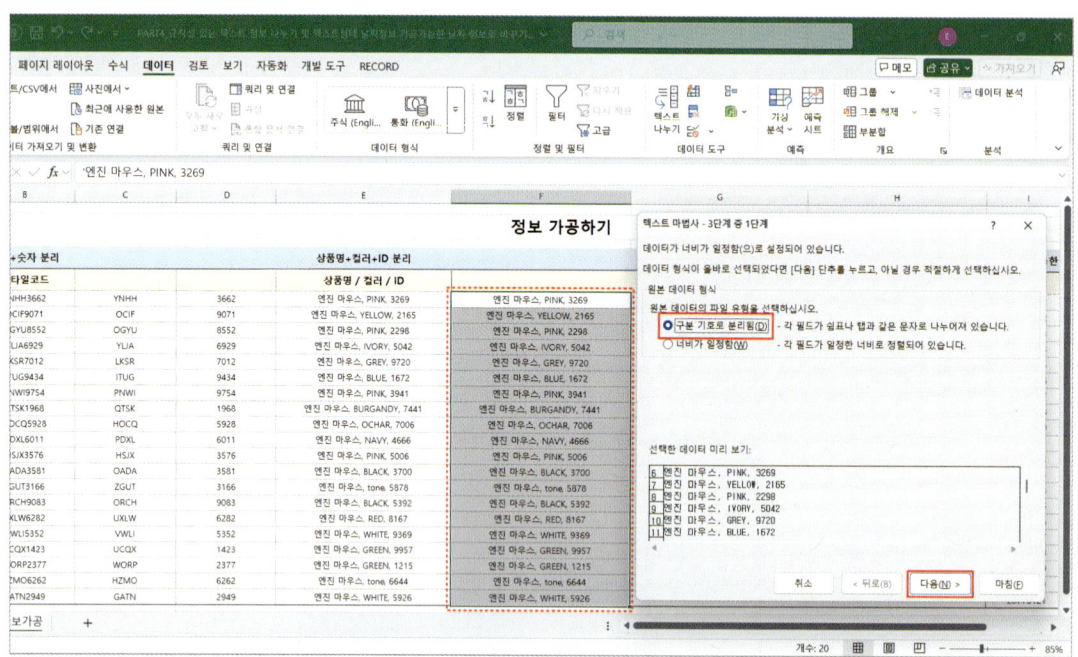

04 텍스트 마법사 – 3단계 중 2단계– 구분 기호– 쉼표, 체크– '다음' 버튼을 클릭합니다.

※ 아래 데이터 미리보기에서 기존 쉼표(,)가 있던 자리에 실선이 그어진 것을 확인할 수 있습니다.

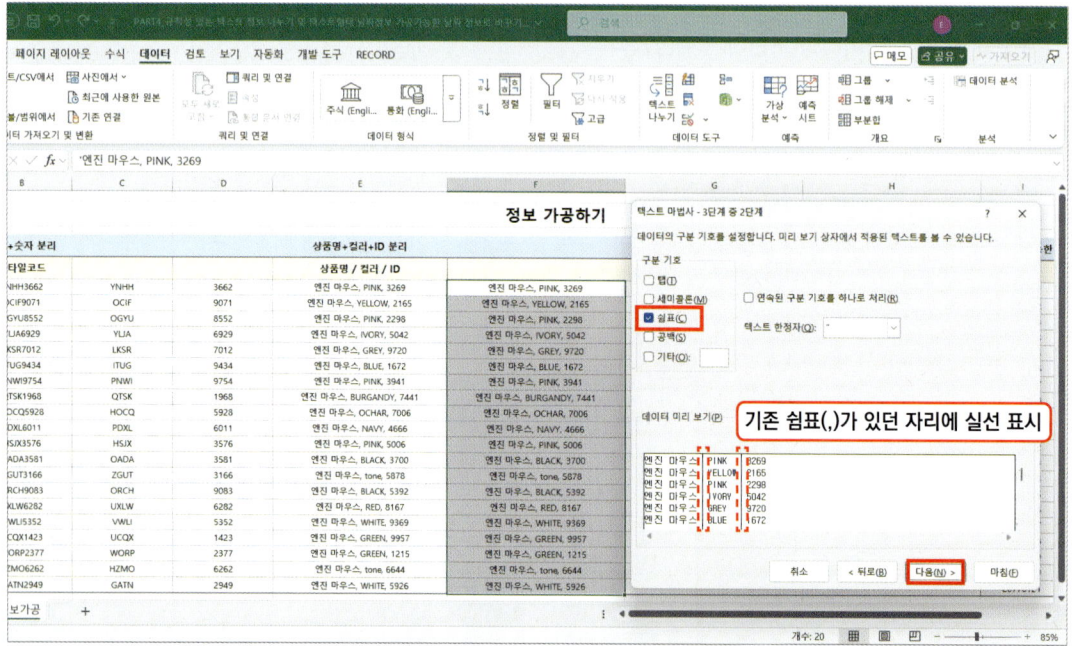

05 텍스트 마법사 – 3단계 중 3단계– 열 데이터 서식– 일반– 대상: $F$6– '마침' 메뉴를 클릭합니다.

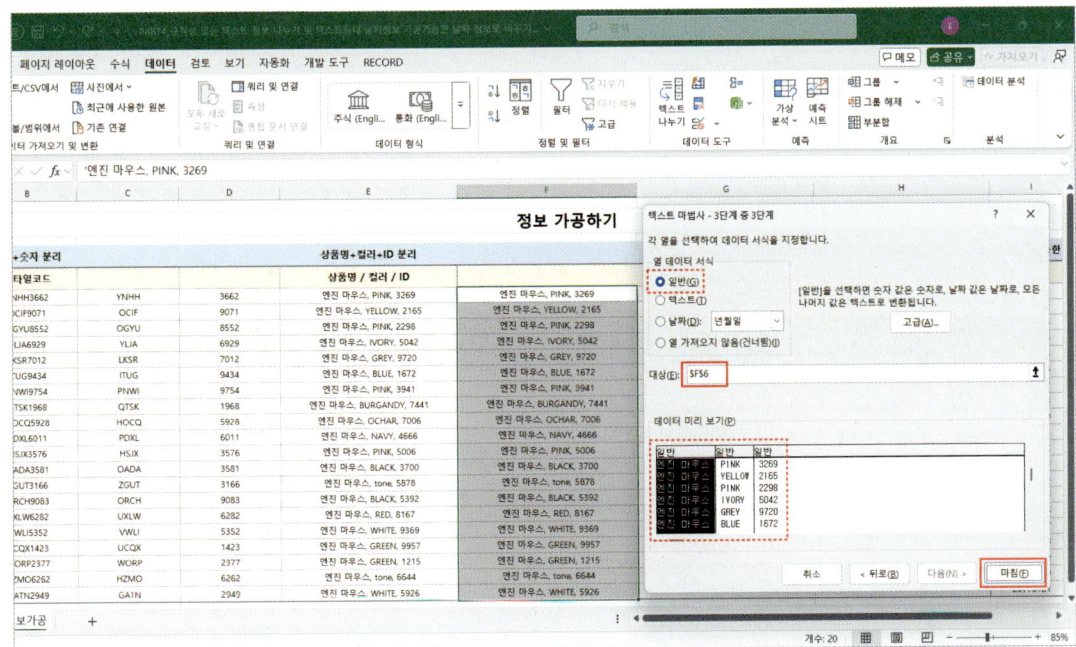

06 '해당 영역에 이미 데이터가 있습니다. 기존 데이터를 바꾸시겠습니까?'– 확인 버튼을 누릅니다.

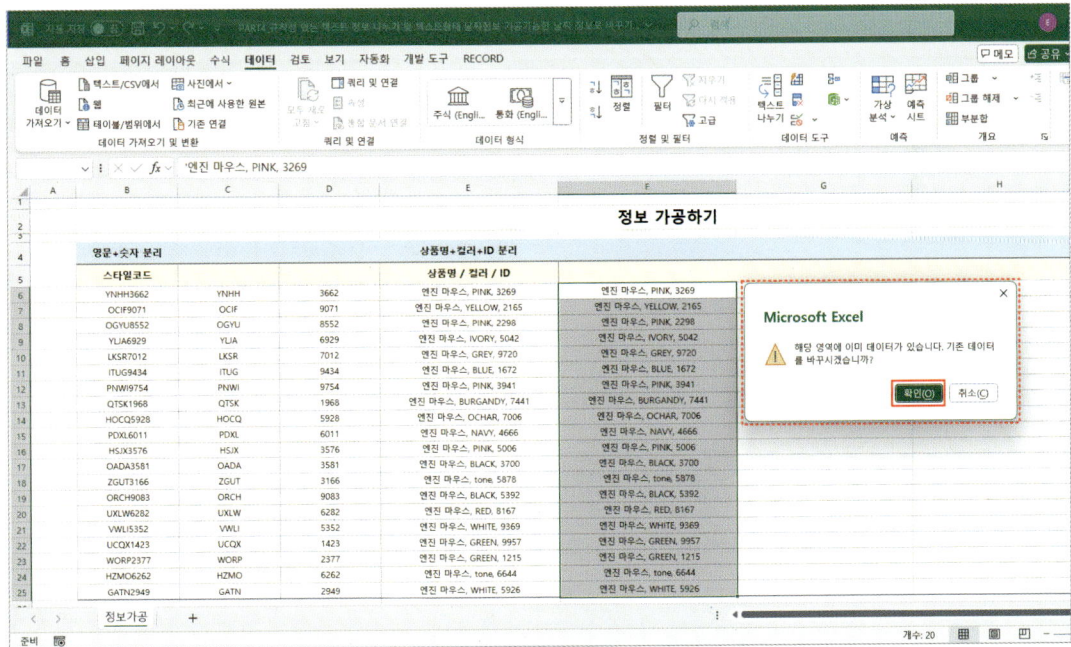

07 'F열– 상품명, G열– 컬러, H열– ID'로 텍스트 나누기된 결과를 확인합니다.

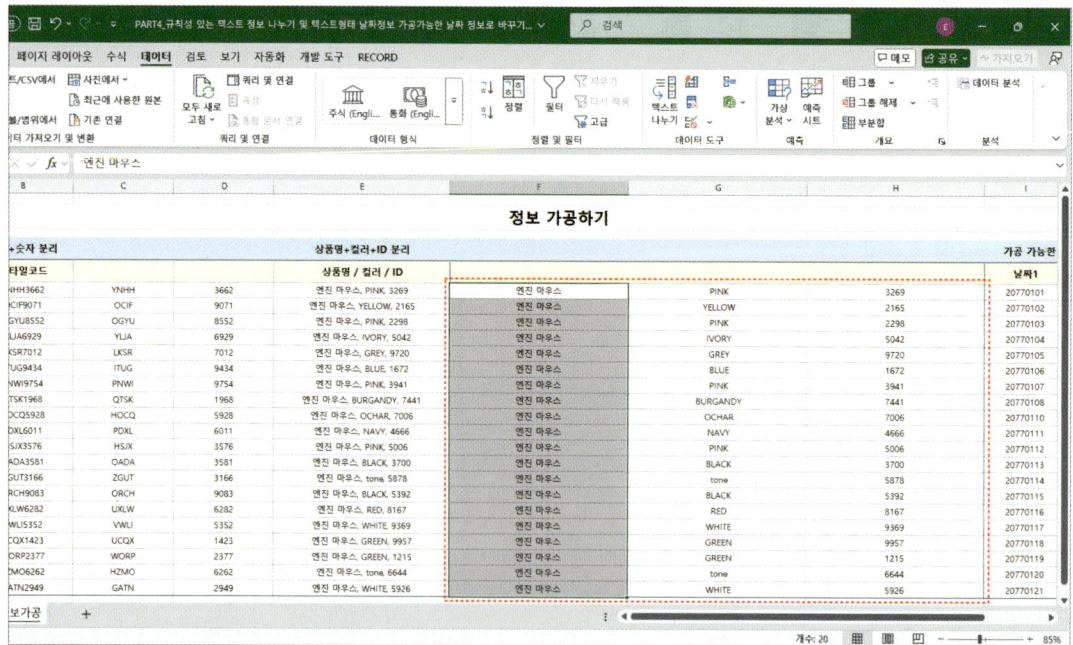

08 열 너비 자동 맞춤을 위해서 F:I열 전체 범위 지정– 범위 지정된 범위 안에 열 영문 사이 실선에 마우스를 갖다 대고 마우스를 더블클릭해 자동 열 맞춤을 진행합니다.

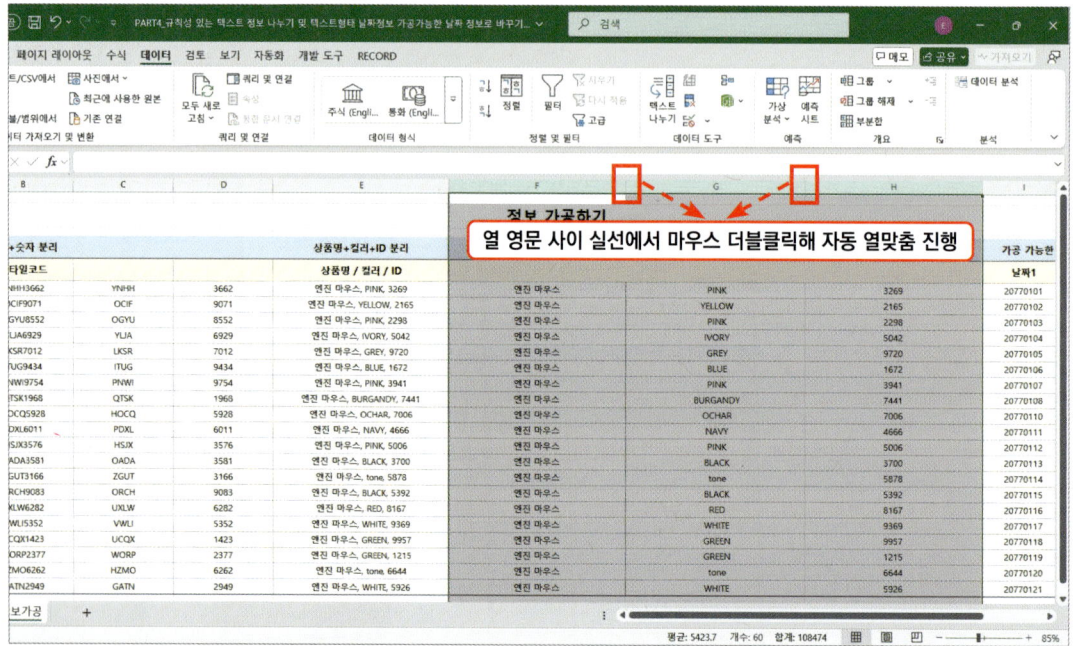

09 F:H셀 범위 자동 열 맞춤된 결과를 확인합니다.

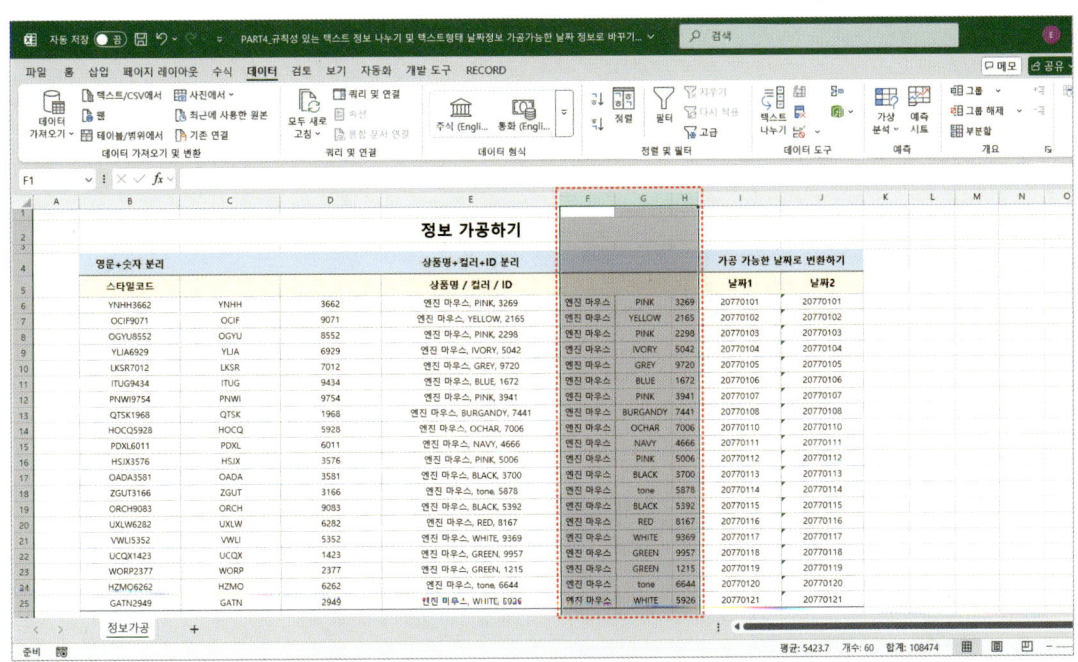

현재 I열과 J열에는 날짜 형식의 정보가 입력되어 있습니다. 그렇지만 I열은 날짜가 아닌 숫자 정보로 입력되어 있고, J열은 텍스트 형식의 숫자 정보입니다. I열과 J열 각각 가공이 가능한 날짜 정보로 바꾸는 방법에 대해 알아보겠습니다. 텍스트 나누기 메뉴를 통해두 가지 정보를 날짜 정보로 바꾸는 프로세스는 동일합니다.

01 I6:I25셀 또는 J6:J25셀 범위 지정- [데이터] 탭- 데이터 도구- 텍스트 나누기- 텍스트 마법사 – 3단계 중 1단계- 원본 데이터 형식- 구분 기호로 분리됨- '다음' 메뉴를 클릭합니다.

※ 아래는 I열 날짜 정보를 기준으로 진행해 보겠습니다. J열에 있는 텍스트 형식의 숫자를 가공하는 방법도 동일한 프로세스로 진행하면 됩니다.

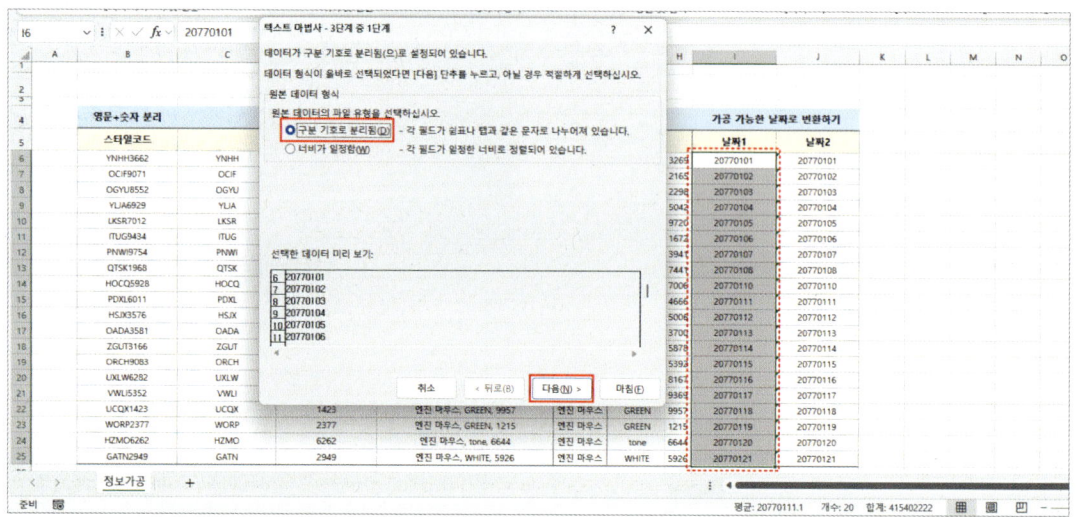

02 텍스트 마법사 – 3단계 중 2단계- '마침' 메뉴를 바로 클릭합니다.

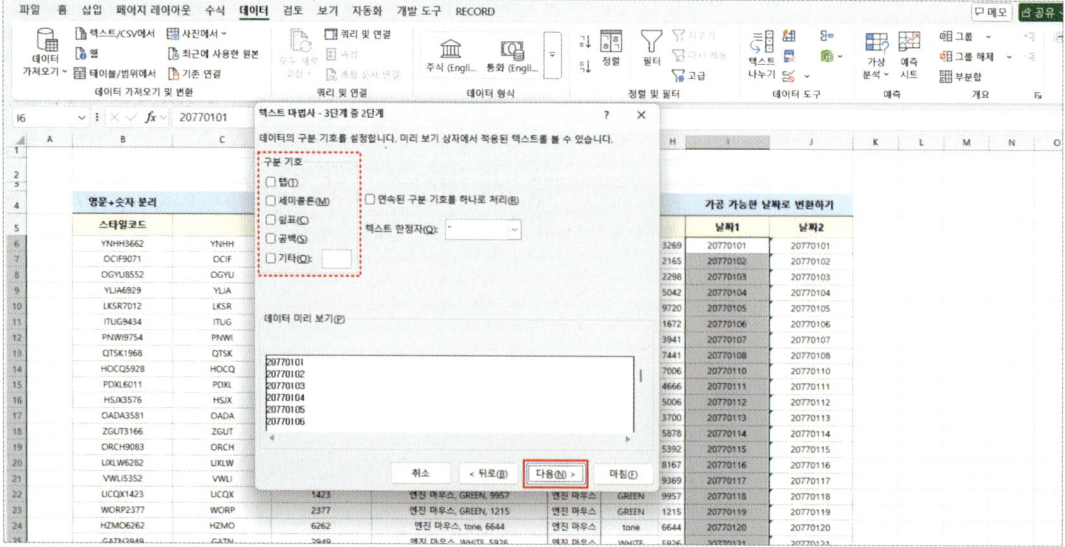

03 텍스트 마법사 – 3단계 중 3단계– 열 데이터 서식– 날짜– 대상: $I$6– '마침' 메뉴를 클릭합니다.

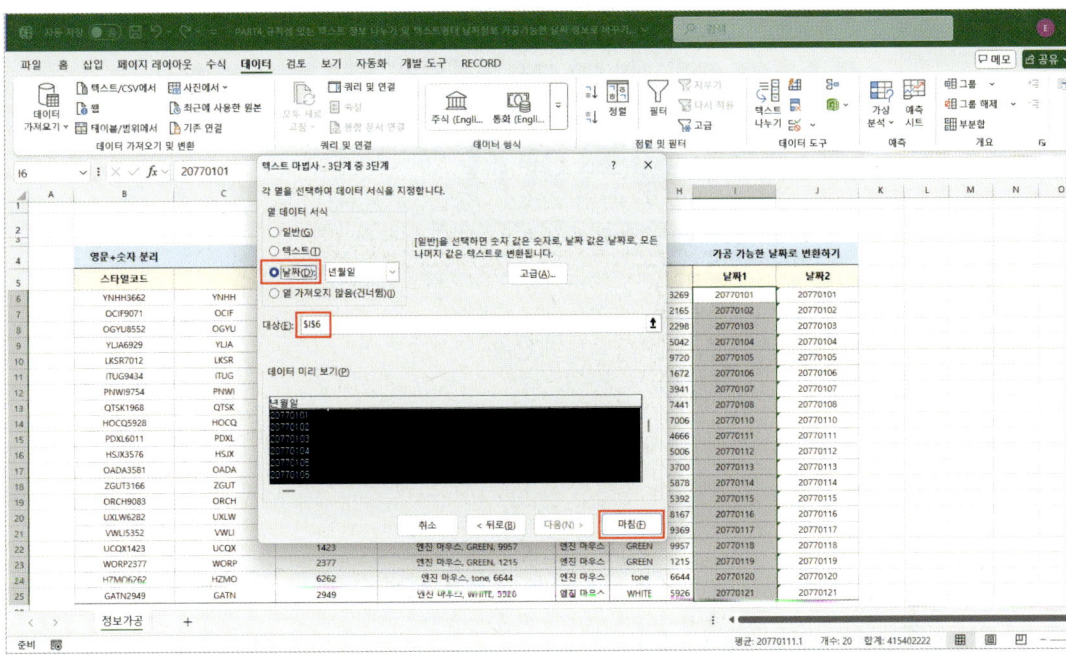

04 I열 숫자 형태 날짜 정보가 가공 가능한 날짜 정보로 출력된 결과를 확인합니다.

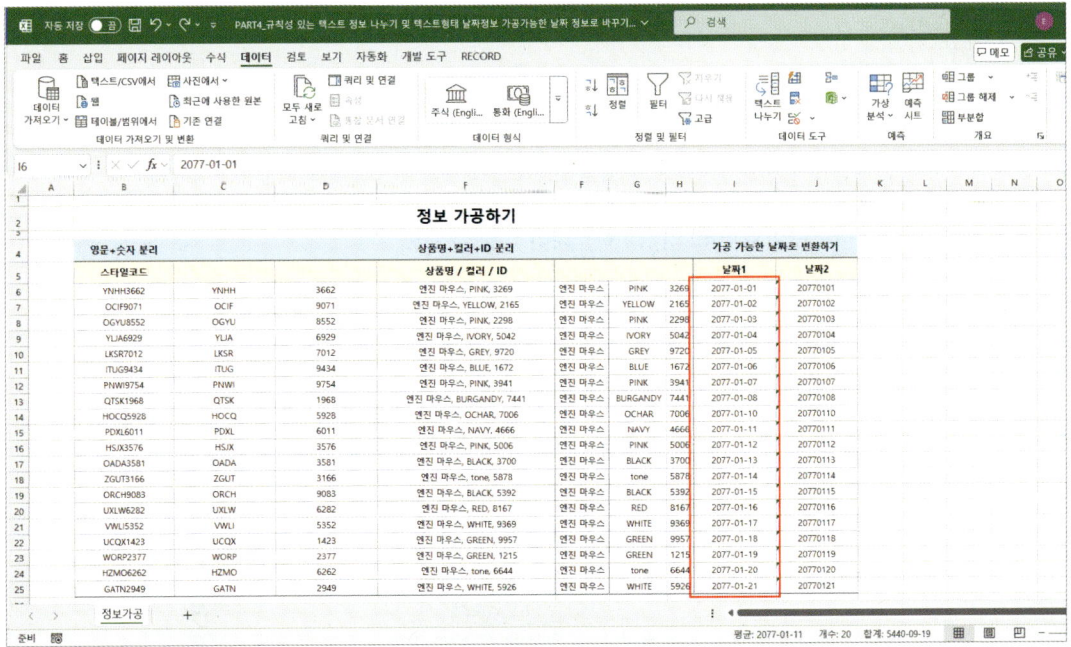

기준 조건을 활용해 중복값 및 AND와 OR조건을 만족하는 데이터 출력하기

예제 파일 PART3_13 기준 조건을 활용해 중복값 및 AND와 OR조건을 만족하는 데이터 출력하기

실무 스킬

 엑셀로 보고서를 작성할 때 특정 기준에 부합하는 중복값을 출력해야 할 때가 있습니다. Microsoft365 같은 엑셀 상위버전에서 제공되는 'FILTER'같은 함수가 아니라면 중복값을 추출하기는 쉽지 않은 작업입니다. 그렇지만 엑셀에서 제공되는 '고급 필터' 기능을 활용하면 기준값에 부합하는 중복 데이터를 손쉽게 출력할 수 있습니다. '고급 필터' 기능은 세밀하게 필터링하거나 조건에 따라 원하는 정보를 추출할 수 있는 강력한 기능입니다. 또한 고급 필터는 다중 조건을 사용해 더욱 정교한 필터링이 가능합니다. 조건 테이블을 만들어 'AND' 또는 'OR' 논리를 적용하면 복잡한 조건도 쉽게 처리할 수 있습니다. 데이터를 더 체계적이고 스마트하게 정리할 수 있는 '고급 필터' 사용법에 대해 알아보도록 하겠습니다.

실무 연습 ❶

[수강신청1] 시트에서 '수강신청 정보' 표에서 D열 '과목' 목록에서 '국어' 필드값을 만족하는 모든 중복 데이터 정보를 추출하려 합니다. '고급 필터' 기능을 이용해 중복값을 출력하는 방법을 알아보도록 하겠습니다.

01 B4:G27셀 범위 지정- [데이터] 탭- 데이터 도구- 정렬 및 필터- 고급- 고급 필터- 결과- 다른 장소에 복사- 목록 범위: $B$4:$G$27- 조건 범위: 수강신청1!$I$4:$I$5- 복사 위치- '수강신청1!$K$4:$P$4' 범위를 지정하고 확인 버튼을 클릭합니다.

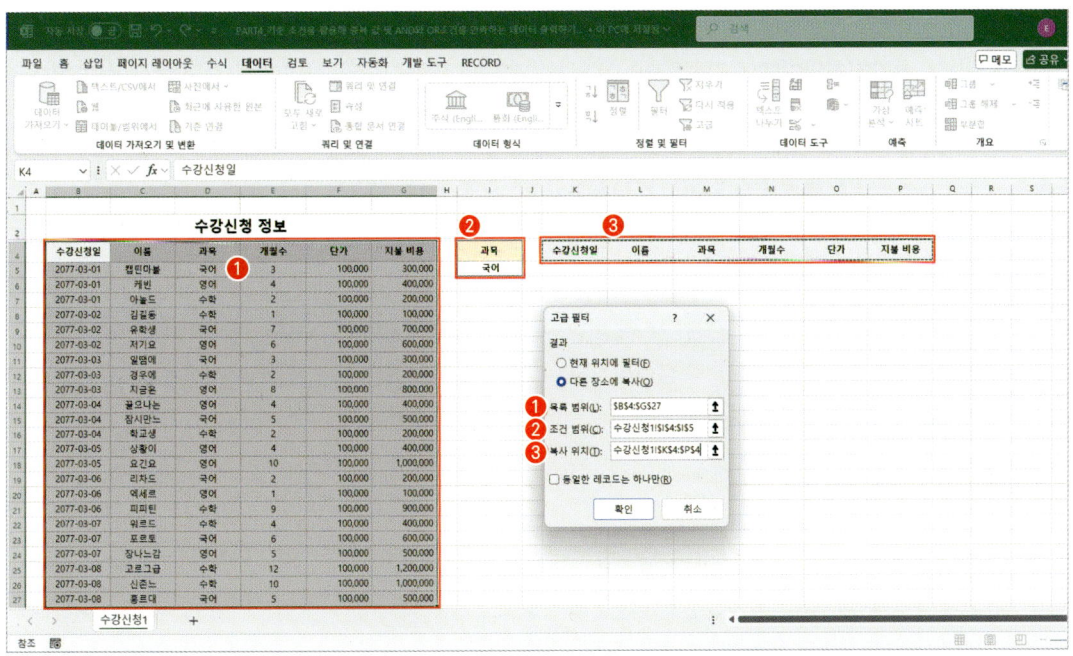

※ 조건 범위와 복사 위치에 입력된 주소 범위 앞에 붙은 '수강신청1!'은 현재 시트 이름을 의미합니다.

02 '과목'이 '국어'인 모든 목록 데이터 정보가 출력된 결과를 확인합니다.

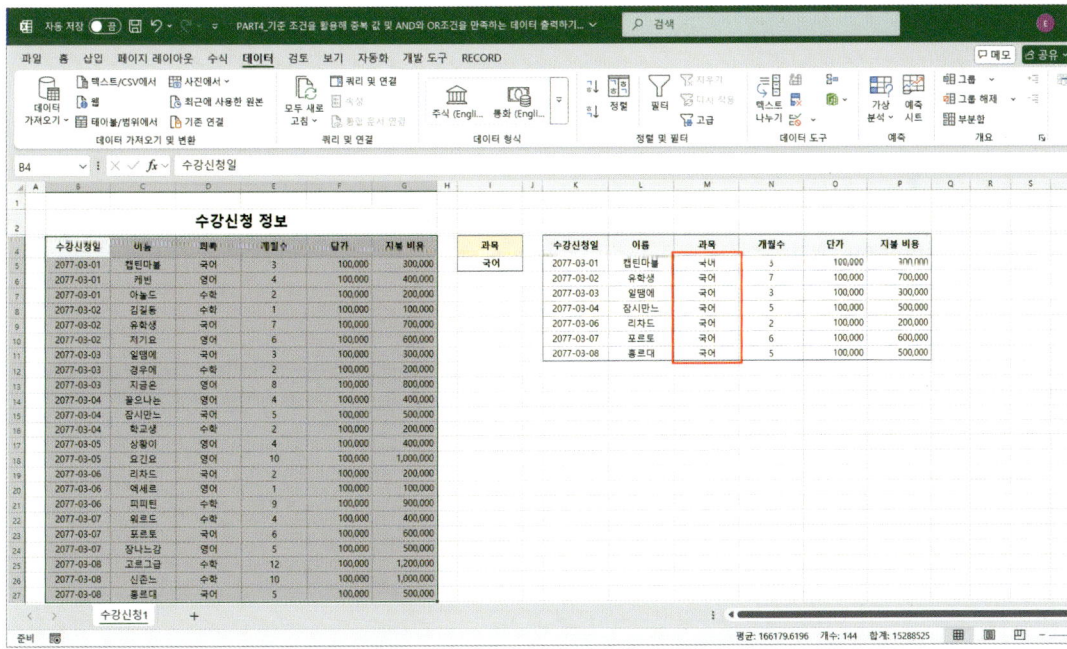

[수강신청2] 시트에서 고급 필터 사용법 AND와 OR조건 사용법에 대해 알아보도록 하겠습니다. 먼저 AND조건으로 수강신청일이 2077년 03월 01일과 2077년 03월 03일 사이에 있으면서 과목이 영어인 정보를 '이름', '개월수', '지불 비용' 목록만 출력해 보겠습니다.

01 I5셀- '>=2077-03-01'- J5셀- '<=2077-03-03', K5셀- '영어' 데이터가 모두 5행에 입력되어 있습니다. 한 행에 조건 범위가 모두 위치해 있다는 것을 확인한 후, B4:G27셀 범위 지정- [데이터] 탭- 데이터 도구- 정렬 및 필터- 고급- 고급 필터- 결과- 다른 장소에 복사- 목록 범위: $B$4:$G$27- 조건 범위: 수강신청2!$I$4:$K$5- 복사 위치: '수강신청2!$M$4:$O$4' 범위를 지정한 후 확인 버튼을 누릅니다.

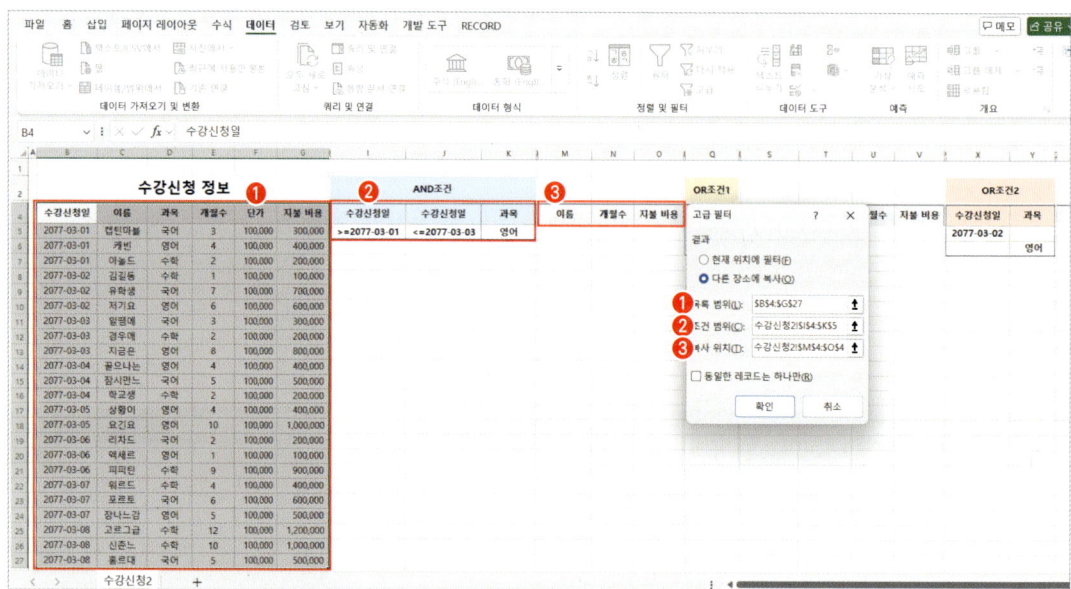

02 M5:O7셀 범위에 '2077년 03월 01일과 2077년 03월 03일 사이에 있으면서 과목이 영어'인 정보가 출력된 결과를 확인합니다.

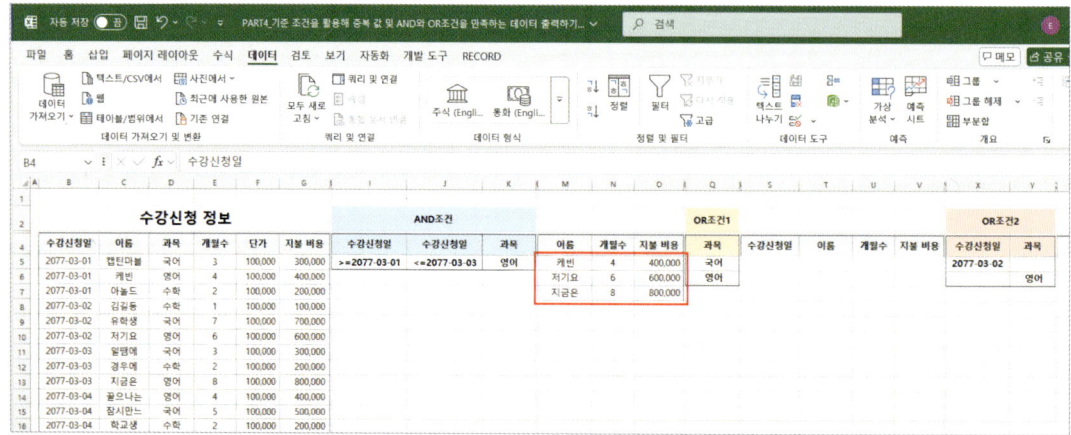

[수강신청2] 시트에서 고급 필터 사용법 AND와 OR조건 사용법에 대해 알아보도록 하겠습니다. 두 번째 OR조건1, OR조건 2로 1) '과목'이 국어 또는 영어인 정보를 '수강신청일', '이름', '개월수', '지불 비용', 4개 목록만 출력해 보겠습니다. 그리고 2) 수강신청일이 2077년 03월 02일 또는 과목이 영어인 정보를 '이름', '지불비용', 2개 목록만 출력해 보겠습니다.

01 조건 범위가 5행과 6행 다른 행에 있다는 것을 확인하고, B4:G27셀 범위 지정- [데이터] 탭- 데이터 도구- 정렬 및 필터- 고급- 고급 필터- 결과- 다른 장소에 복사- 목록 범위: $B$4:$G$27- 조건 범위: 수강신청2!$Q$4:$Q$6- 복사 위치: '수강신청2!$S$4:$V$4' 범위를 지정해 후 확인 버튼을 누릅니다.

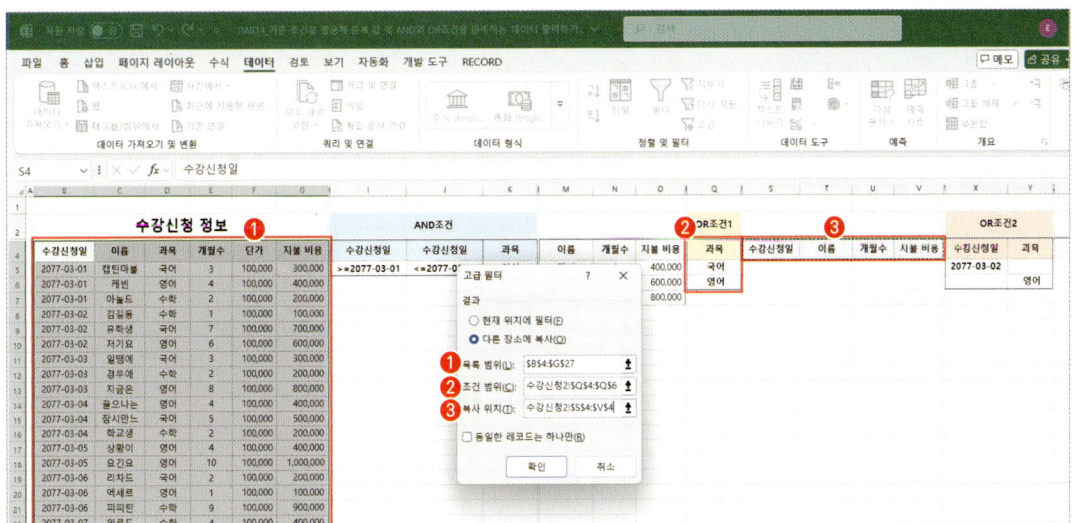

02 S5:V19셀에 '과목'이 국어 또는 영어인 정보가 출력된 결과를 확인합니다.

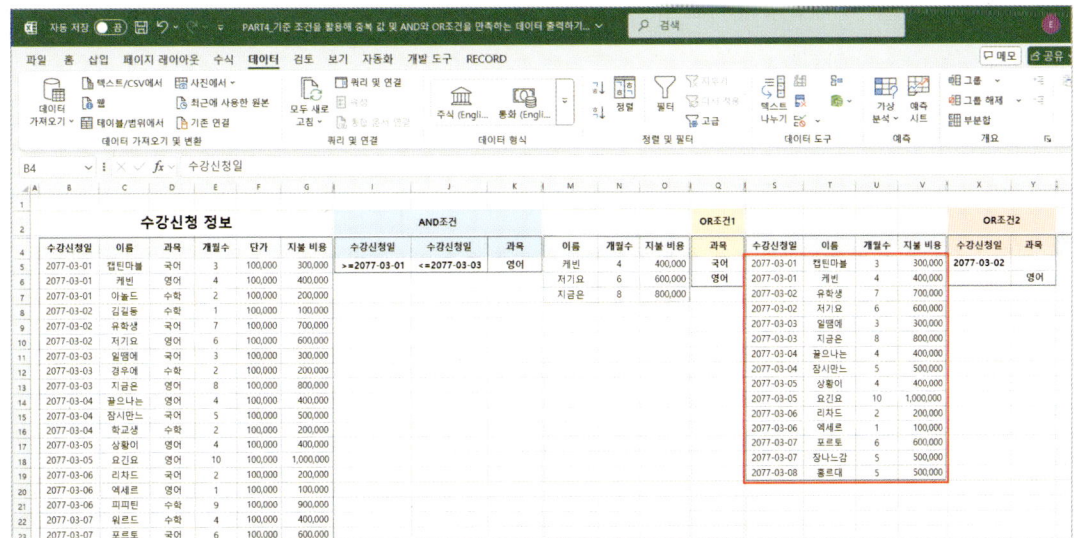

03 조건 범위가 5행과 6행, 다른 행에 있다는 것을 확인하고 B4:G27셀 범위 지정– [데이터] 탭– 데이터 도구– 정렬 및 필터– 고급– 고급 필터– 결과– 다른 장소에 복사– 목록 범위: $B$4:$G$27– 조건 범위: 수강신청2!$X$4:$Y$6– 복사 위치: '수강신청2!$AA$4:$AB$4' 범위를 지정한 후 확인 버튼을 누릅니다.

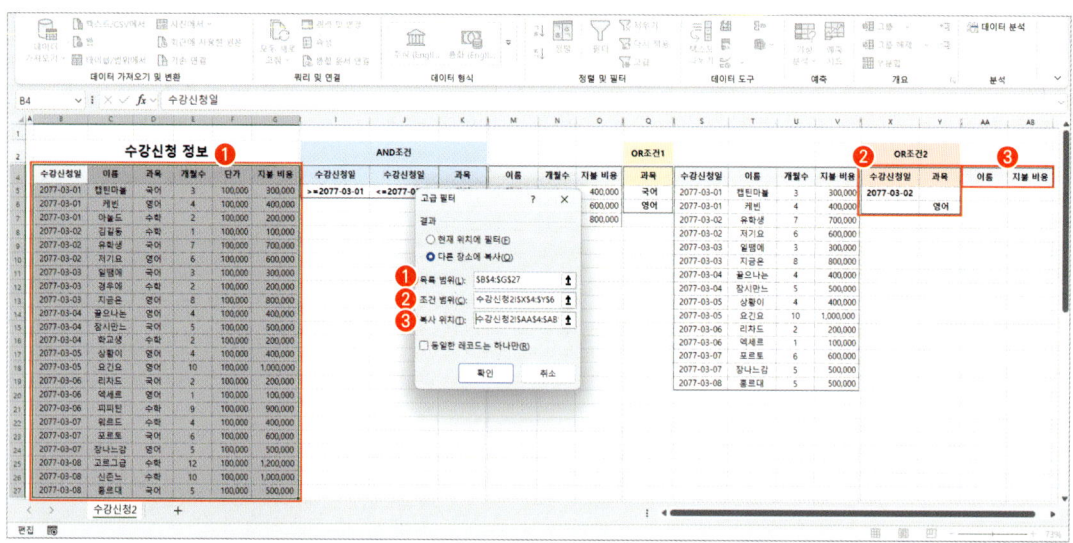

04 AA5:AB14셀 범위에 수강신청일이 2077년 03월 02일 또는 과목이 영어인 정보가 출력된 결과를 확인합니다.

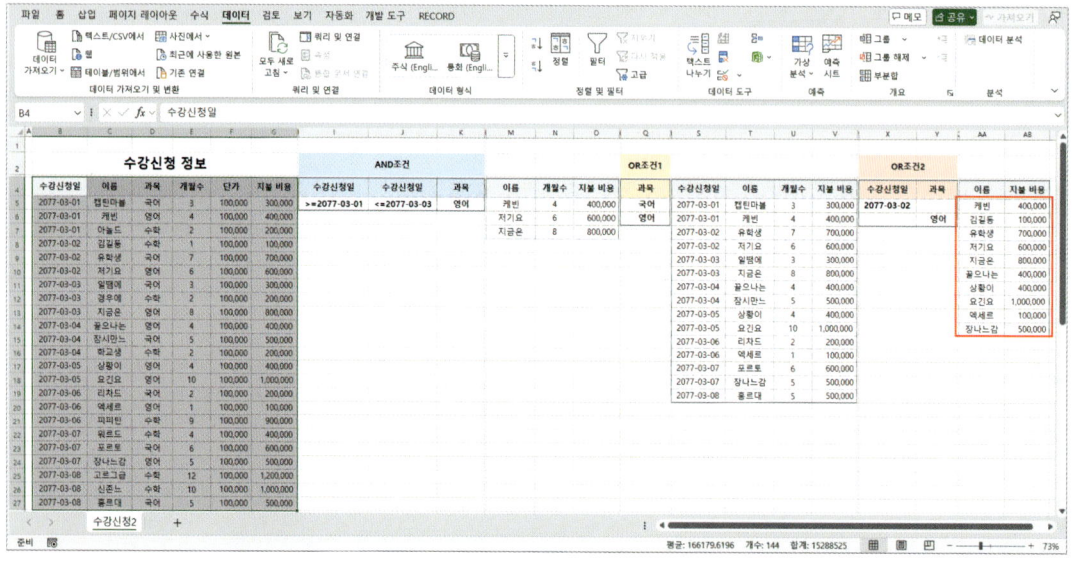

> **TIP** 고급 필터를 운영할 때 '조건 범위' 또는 '복사 위치'에 있는 목록 이름은 일반적으로 같아야 합니다. 그리고 목록 범위를 지정할 때는 반드시 목록, 머리글을 포함한 출력하고자 하는 모든 데이터 범위를 지정합니다. AND조건 을 운영할 때는 조건 범위를 같은 행에 위치시키고, OR조건은 다른 행에 위치시킵니다.

데이터 관리- 결과값을 도출하기 위해 필요한 입력값 자동으로 계산하기

📁 예제 파일 PART3_14 결과값을 도출하기 위해 필요한 입력값 자동으로 계산하기

실무 스킬

　엑셀의 '목표값 찾기' 기능은 결과값을 기준으로 입력값을 계산할 수 있는 강력한 도구입니다. 이를 통해 사용자는 특정 목표에 도달하기 위해 필요한 값을 자동으로 계산할 수 있습니다. 예를 들어, 목표 매출을 달성하기 위해 필요한 판매 수량이나 단가를 계산할 수 있습니다. 간단한 수식과 목표값만 설정하면 엑셀이 자동으로 필요한 입력값을 도출해 줍니다. 반복적인 시도 없이 원하는 결과를 손쉽게 얻을 수 있어, 시간과 노력을 절약할 수 있습니다. 이 기능은 재무 계산, 목표 설정, 또는 시험 점수 분석과 같은 다양한 분야에 응용 가능합니다. 사용 방법도 간단해 초보자도 쉽게 사용할 수 있습니다. 목표값 찾기 기능에 대한 사용 방법에 대해 알아보도록 하겠습니다.

실무 연습 ①

[목표값찾기] 시트에는 3개의 표가 있습니다. 3개 표는 모두 수식이 입력된 셀이 존재합니다. '아이템별 매출' 표는 E10에 매출 합계 '=SUM(E5:E9)', '홍길동 과목점수' 표는 I11셀에 과목 점수평균이 '=AVERAGE(I5:I10)', '대출상환액' 표는 K5셀에 월 상환액'=(L5*M5)/12+L5/N5' 수식이 각각 입력되어 있습니다.

'아이템별 매출' 표에서 목표 매출 80,000,000을 달성하기 위해 '신발' 아이템 '매출'을 얼마로 맞춰야 가능한지 '목표값 찾기'를 통해 구해 보도록 하겠습니다.

01 [데이터] 탭– 예측– 가상 분석– '목표값 찾기' 메뉴를 클릭합니다.

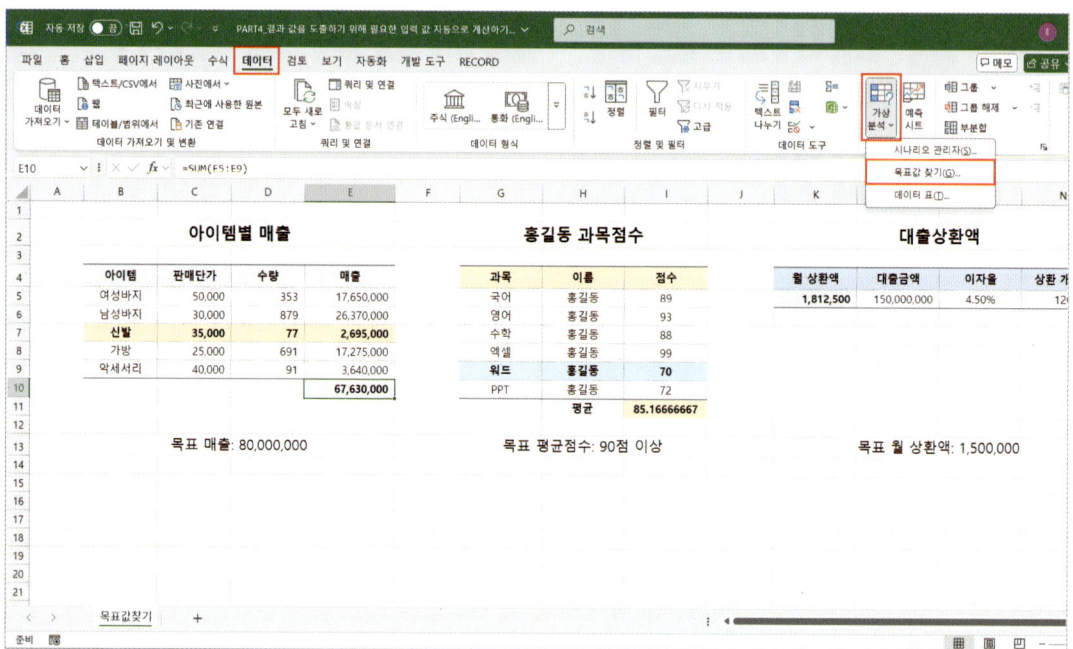

02 목표값 찾기– 수식 셀: $E$10– 찾는 값: 80000000– 값을 바꿀 셀: '$E$7'을 클릭하고 확인 버튼을 누릅니다.

※ 현재 값을 바꿀 셀에 입력된 값은 2,695,000 입니다.

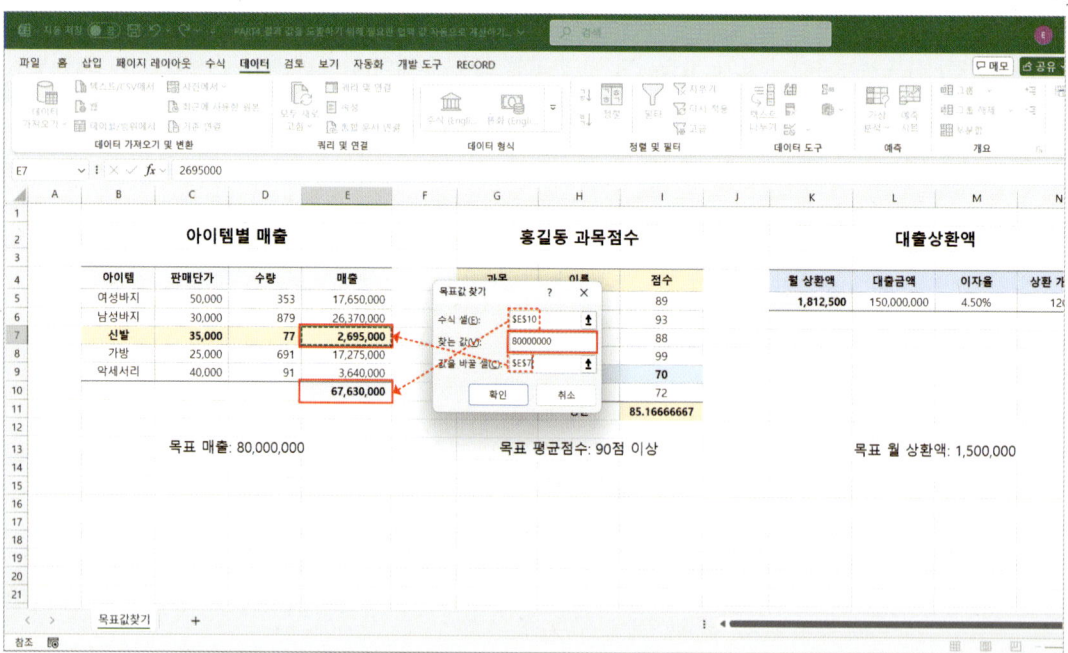

03 '신발', 매출이 2,695,000에서 15,065,000으로 변경된 결과를 확인하고, 확인 버튼을 누릅니다.

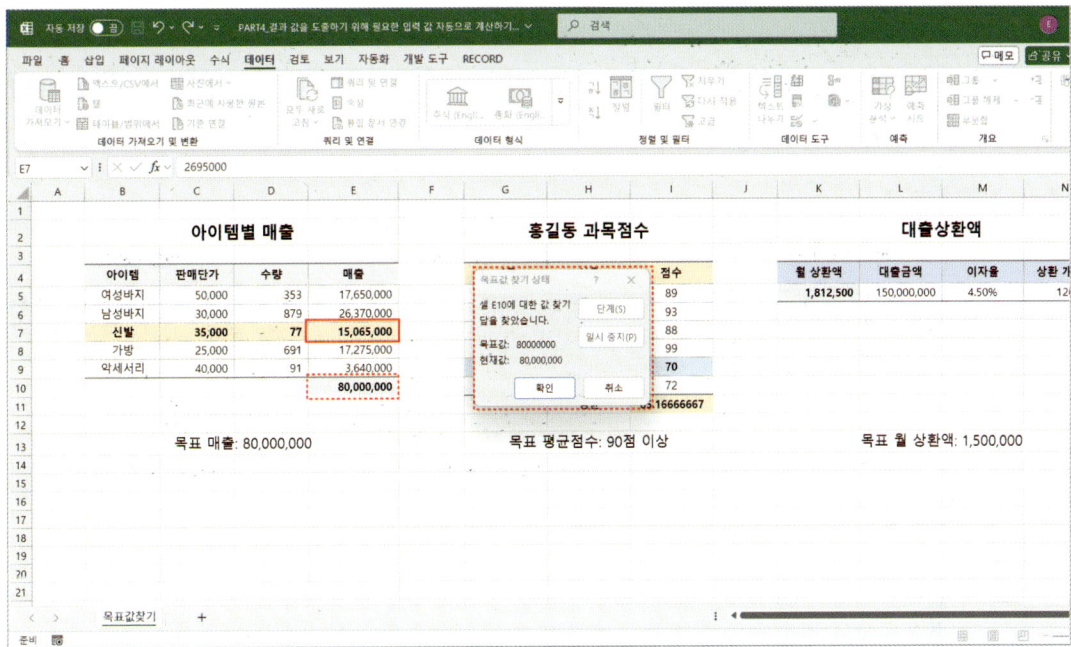

'홍길동 과목점수' 표에서 목표 평균점수 90점 이상을 달성하기 위해 '워드' 과목점수를 몇 점 받아야 가능한지 '목표값 찾기'를 통해 구해 보도록 하겠습니다.

01 [데이터] 탭– 예측– 가상 분석– '목표값 찾기' 메뉴를 클릭합니다.

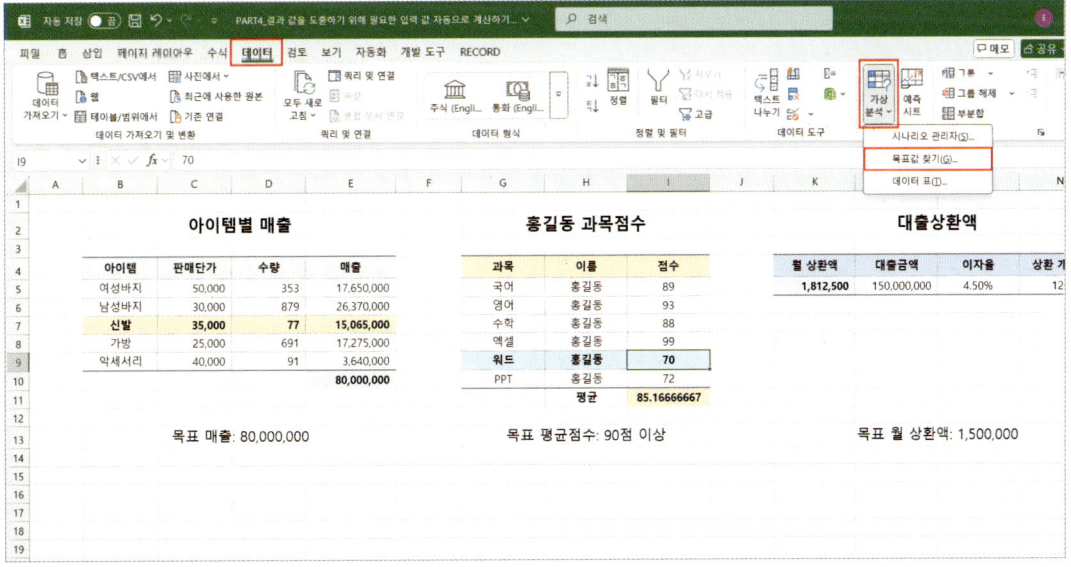

※ 현재 값을 바꿀 셀, '워드' 점수는 70 입니다.

02 목표값 찾기- 수식 셀: $I$11- 찾는 값: 90- 값을 바꿀 셀: '$I$9'을 클릭하고 확인 버튼을 누릅니다.

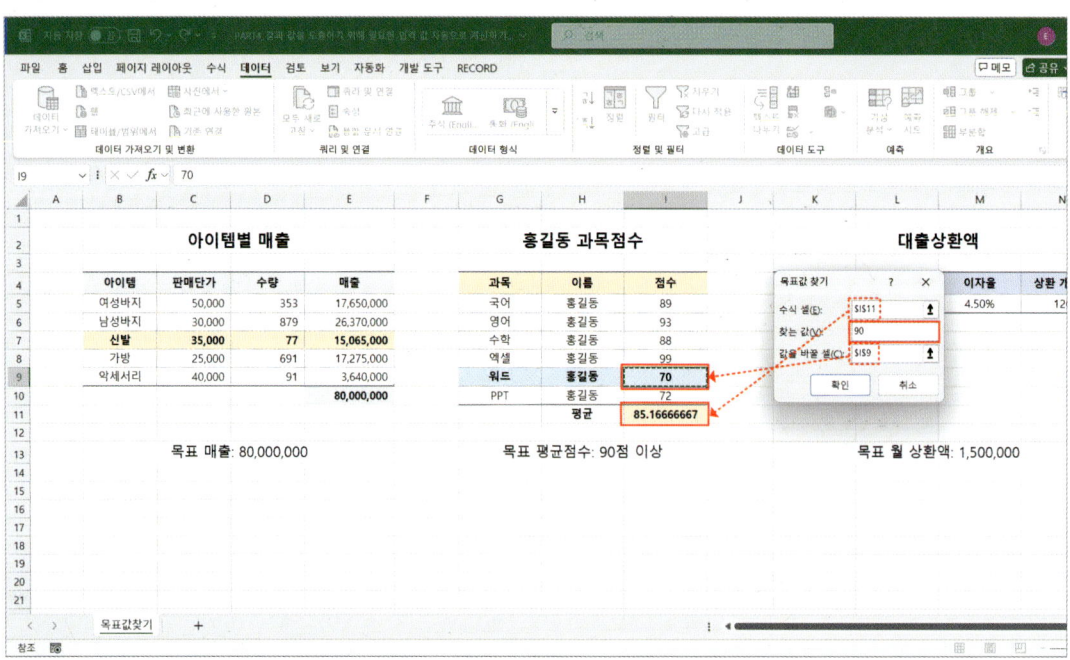

03 '워드', 점수가 70에서 99로 변경된 결과를 확인하고, 확인 버튼을 누릅니다.

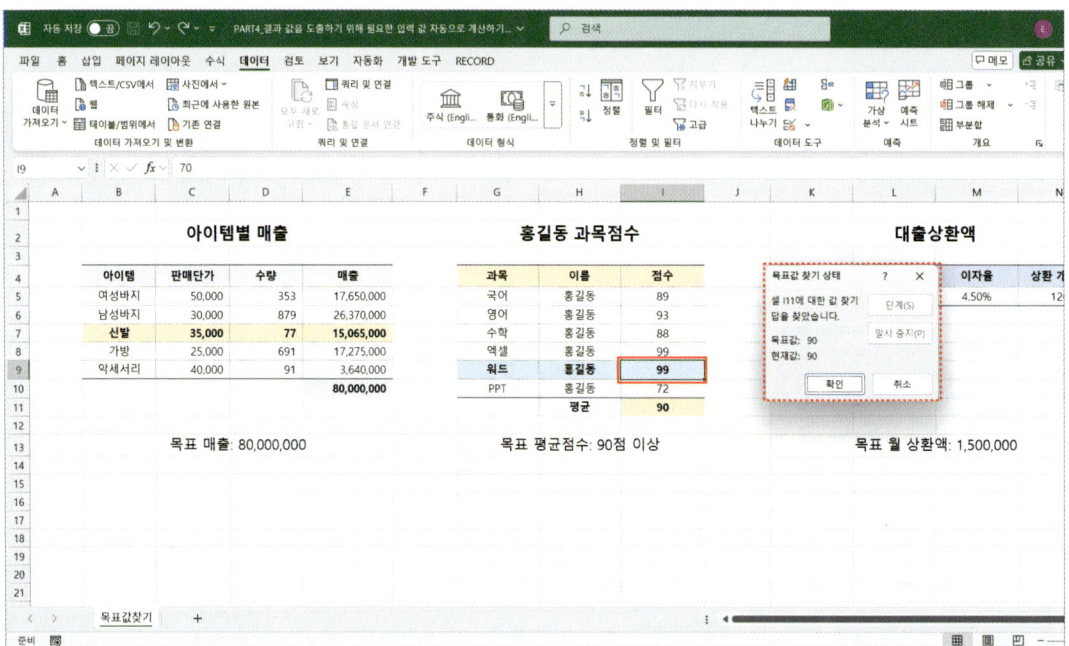

'대출상환액' 표에서 목표 월 상환액: 1,500,000을 달성하기 위해 '상환 개월수'를 몇 개월로 해야 할지 목표값 찾기를 통해 구해 보겠습니다.

01 [데이터] 탭- 예측- 가상 분석- '목표값 찾기' 메뉴를 클릭합니다.

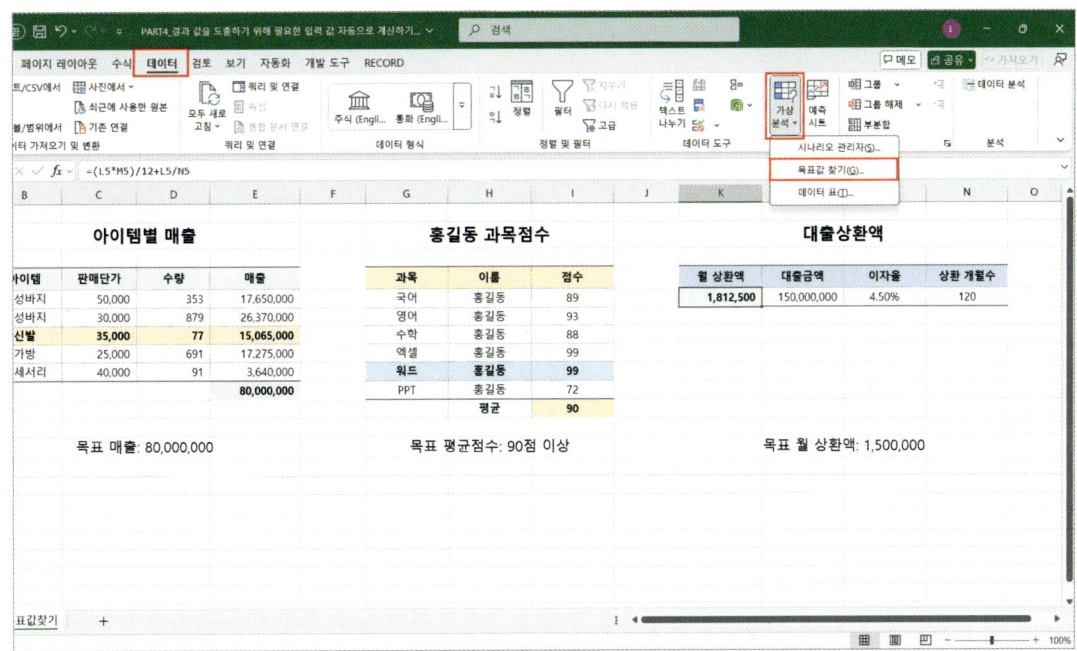

02 목표값 찾기- 수식 셀: $K$5- 찾는 값: 1500000- 값을 바꿀 셀: '$N$5'를 클릭하고 확인 버튼을 누릅니다.

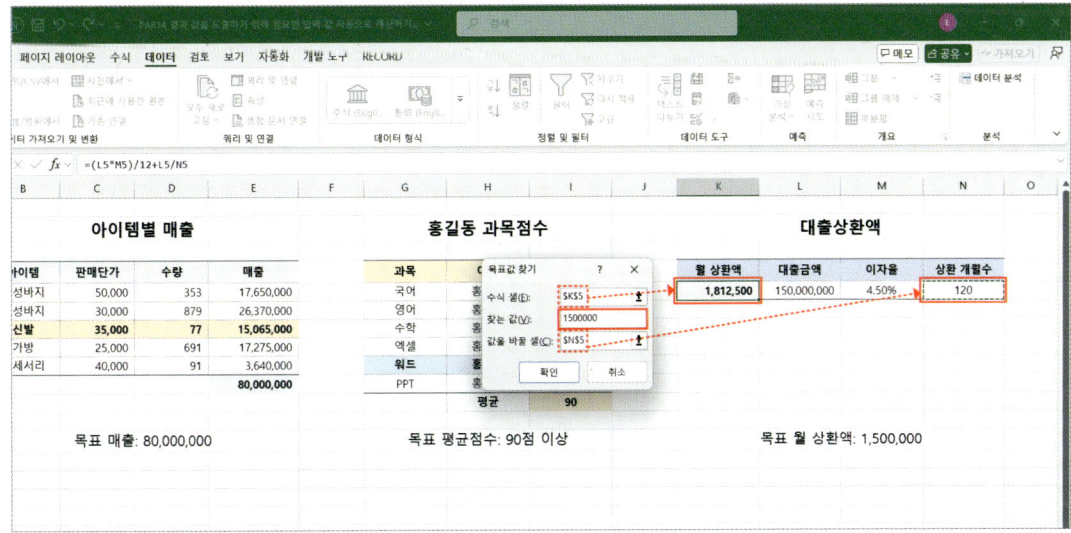

※ 현재 값을 바꿀 셀에 입력된 값은 1,812,500 입니다.

03 '상환 개월수', 120에서 160(159.9999999)로 변경된 결과를 확인하고, 확인 버튼을 누릅니다.

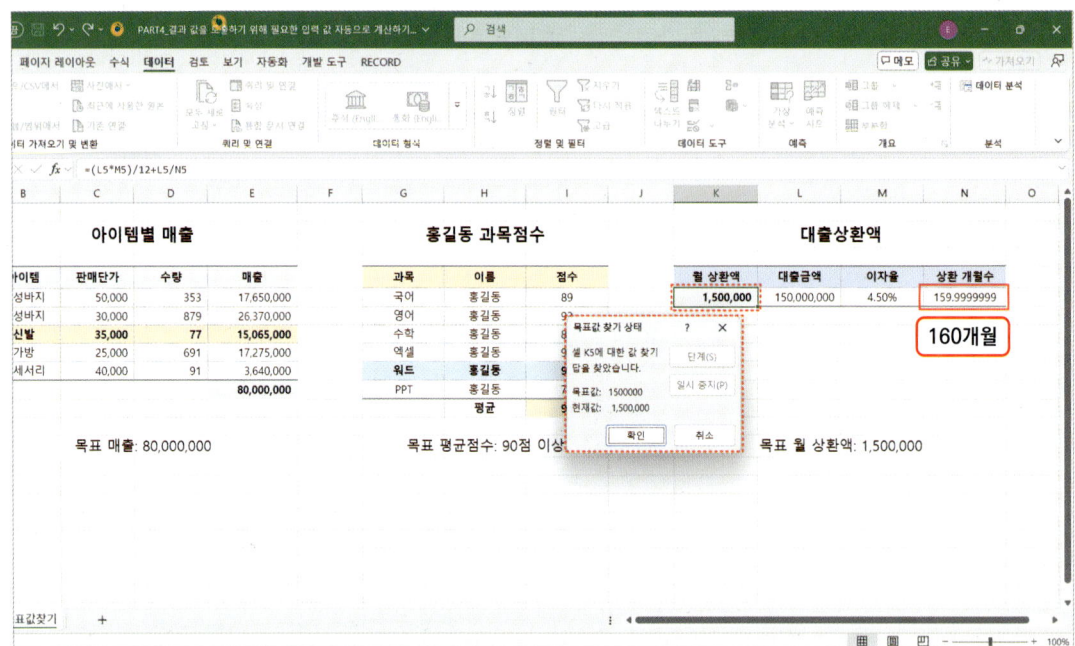

TIP 목표값 찾기 메뉴를 사용할 때 주의해야 할 사항으로 '값을 바꿀 셀'은 수식이 입력되어 있으면 작동이 안됩니다. 수식이 있다면 값으로 복사/붙여넣기해 둔 상태에서 목표값 찾기 메뉴를 실행해야 올바른 입력값을 얻을 수 있습니다.

CHAPTER 15

이자율 및 할인율 단계별 적용에 따른 월 상환액 및 매출 변화 예측하고 한눈에 비교하기

📁 **예제 파일** PART3_15 이자율 및 할인율 단계별 적용에 따른 월 상환액 및 매출 변화 예측하고 한눈에 비교하기

실무 스킬

다양한 조건과 변수를 설정하여 데이터를 시뮬레이션하고 분석해야 하는 경우가 있습니다. 이때 사용할 수 있는 기능이 바로 '시나리오 관리자'라는 예측 도구입니다. 이 도구는 여러 가상 시나리오를 만들어 비교하고, 결과를 한눈에 확인할 수 있도록 도와줍니다. 예를 들어, 판매 단가와 수량 변동에 따른 예상 매출을 계산하거나, 비용 변동이 수익에 미치는 영향을 평가할 수 있습니다. 복잡한 조건과 변수들을 체계적으로 관리하면서도, 여러 결과를 손쉽게 시각적으로 비교할 수 있습니다. 이를 통해 다양한 가능성을 사전에 탐구하고 최적의 대안을 찾아낼 수 있습니다. 비즈니스 전략 수립, 프로젝트 계획, 재정 시뮬레이션 등 여러 상황에서 활용도가 높습니다. 반복 작업 없이 여러 시나리오를 손쉽게 전환하며 데이터를 다룰 수 있어 효율적입니다. 특히, 의사결정 과정에서 데이터 기반의 근거를 제공하여 업무의 신뢰도를 높이는 데 기여합니다. 시나리오 관리자는 데이터 분석을 넘어 예측과 계획 수립까지 지원하는 필수적인 기능입니다. 사용 방법을 알아보겠습니다.

실무 연습 ①

[예측보고서] 시트에서 '대출상환' 표에 있는 이자율이 현재 4.5%에서 3%로 줄었을 때 그리고 6%로 늘었을 때 월 상환액을 비교해 보는 시나리오를 만들어 비교해 보겠습니다.

01 B5셀에 월 상환액 수식 '=(C5*D5)/12+C5/E5'을 입력하고 Enter 키를 누릅니다.

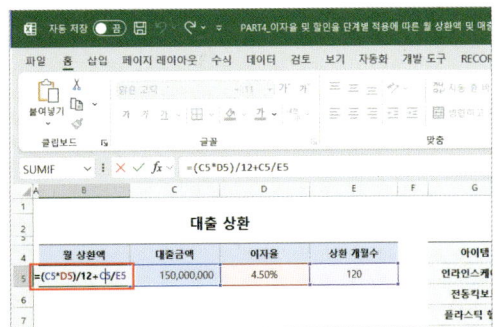

02 [데이터] 탭- 예측- 가상 분석- '시나리오 관리자' 메뉴를 클릭합니다.

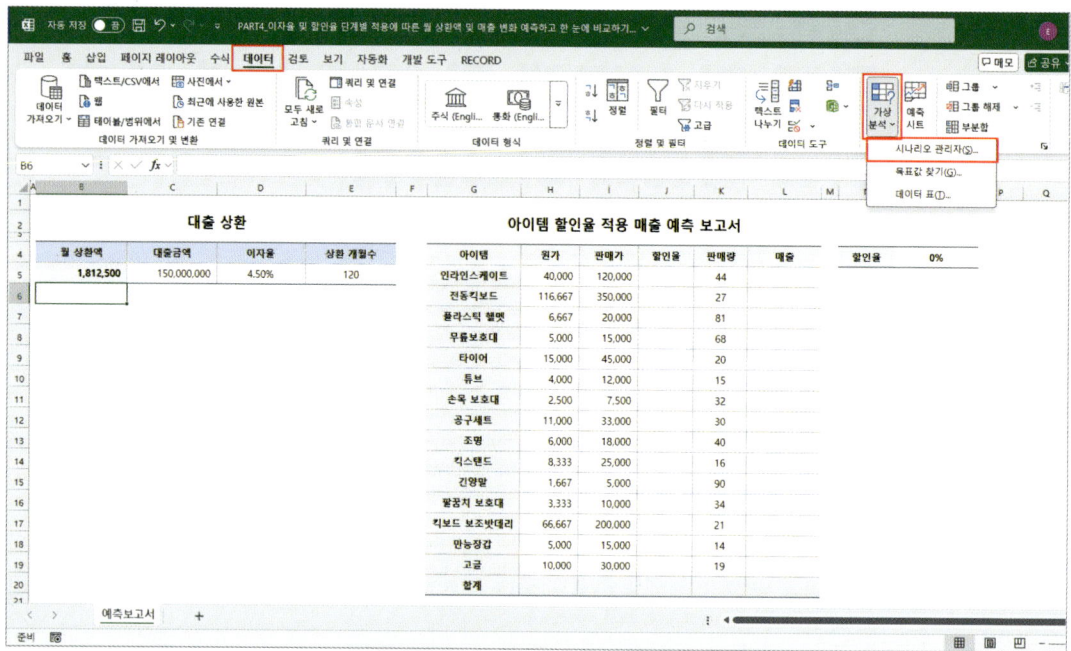

03 시나리오 관리자- '추가' 버튼을 클릭합니다.

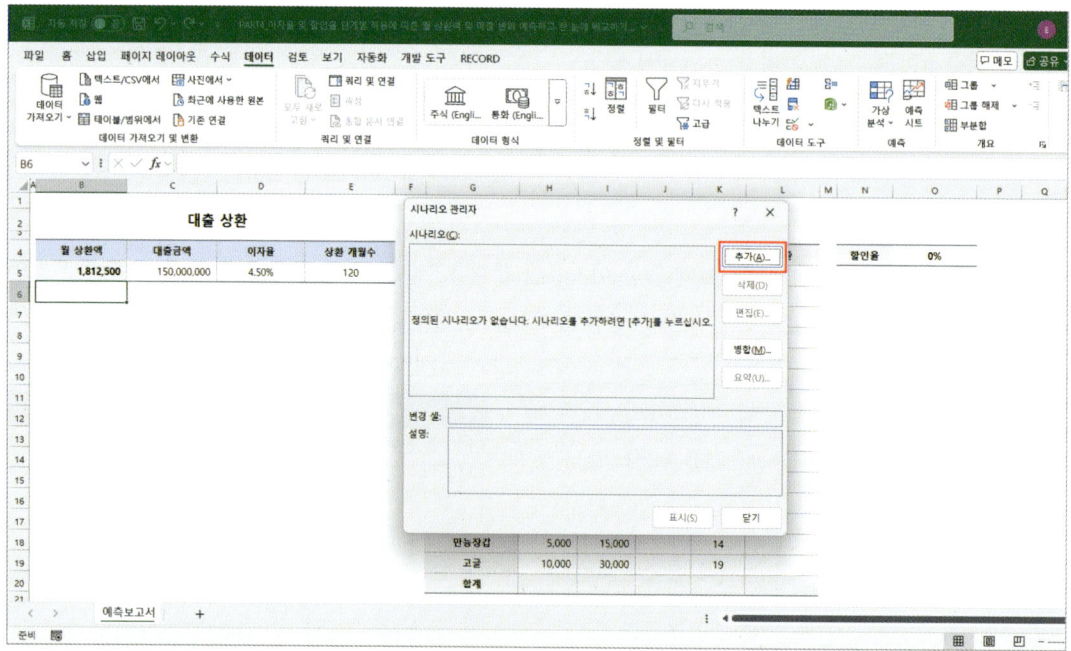

04 시나리오 추가– 시나리오 이름: '이자율_3%(하락)' 입력– 변경 셀– '$D$5'셀 클릭– 확인 버튼을 누릅니다.

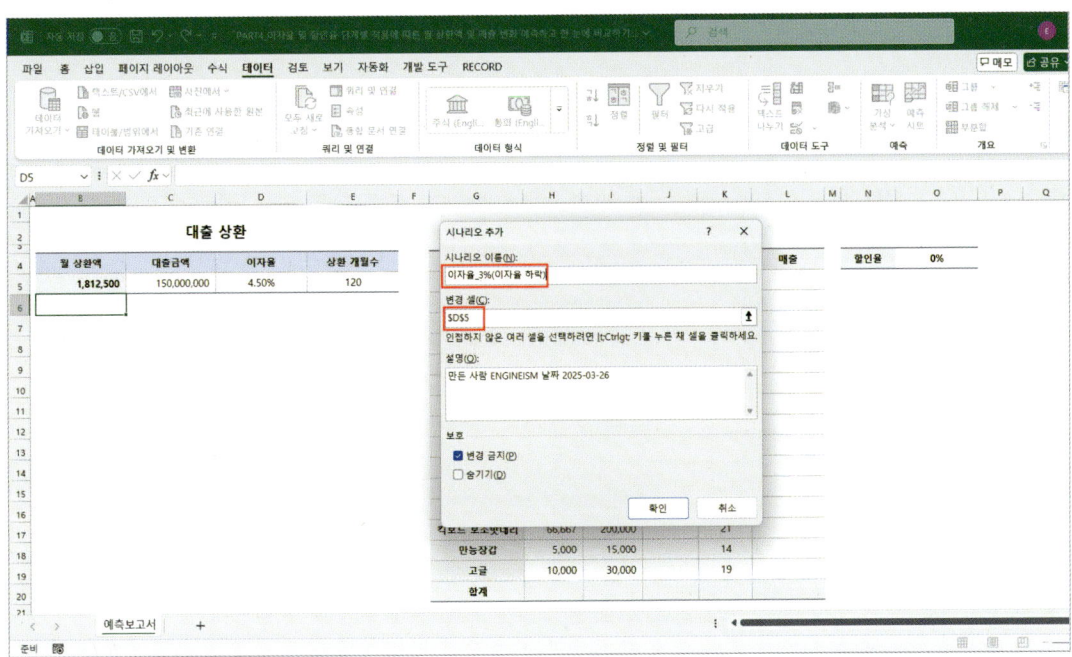

05 시나리오 값– 변경 셀에 해당하는 값을 입력하십시오.– $D$5: '0.03'– '추가' 버튼을 클릭합니다.

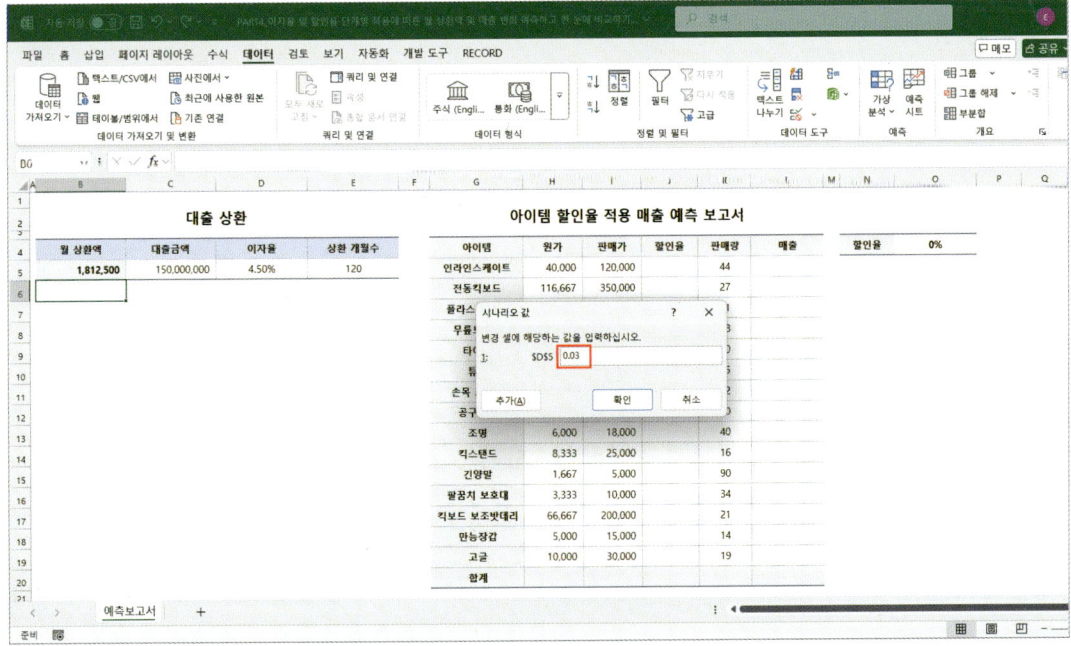

06

시나리오 이름- '이자율_6%(이자율 상승)'- 변경 셀: '$D$5' 클릭 후 확인 버튼을 누릅니다.

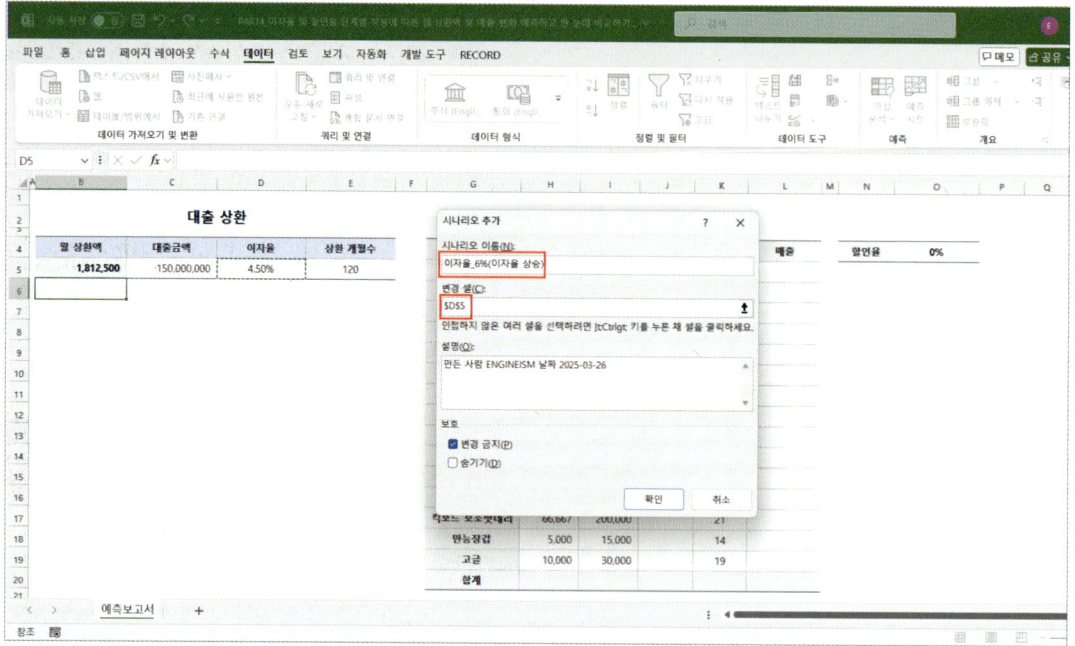

07

시나리오 값- 변경 셀에 해당하는 값을 입력하십시오.- $D$6: '0.06' 입력 후 확인 버튼을 클릭합니다.

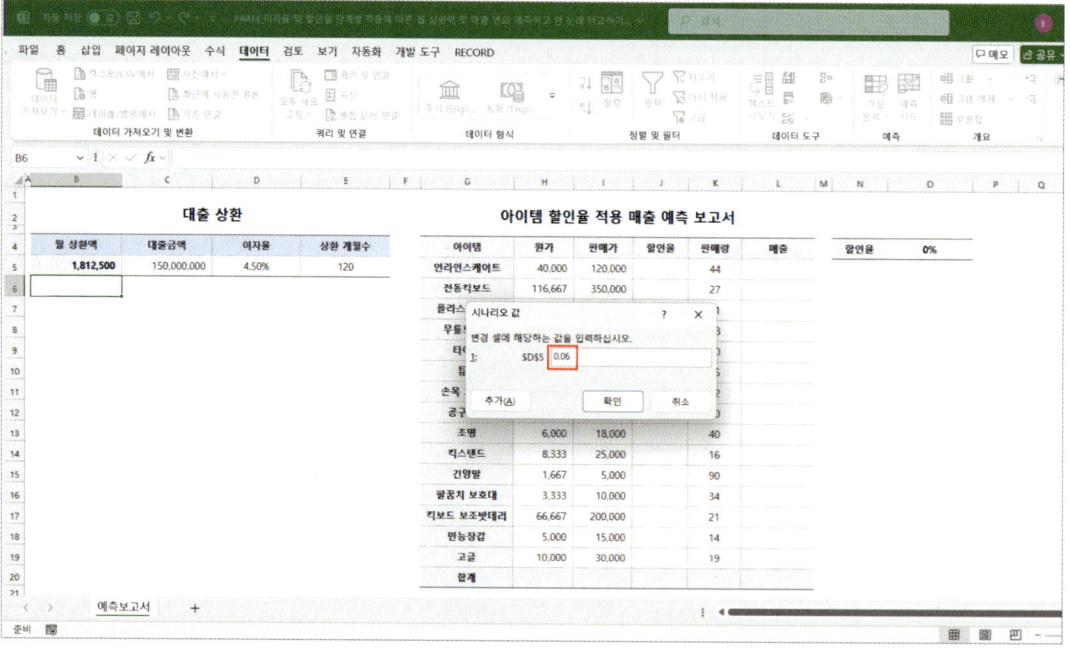

08 시나리오 관리자- 시나리오- '요약' 메뉴를 클릭합니다.

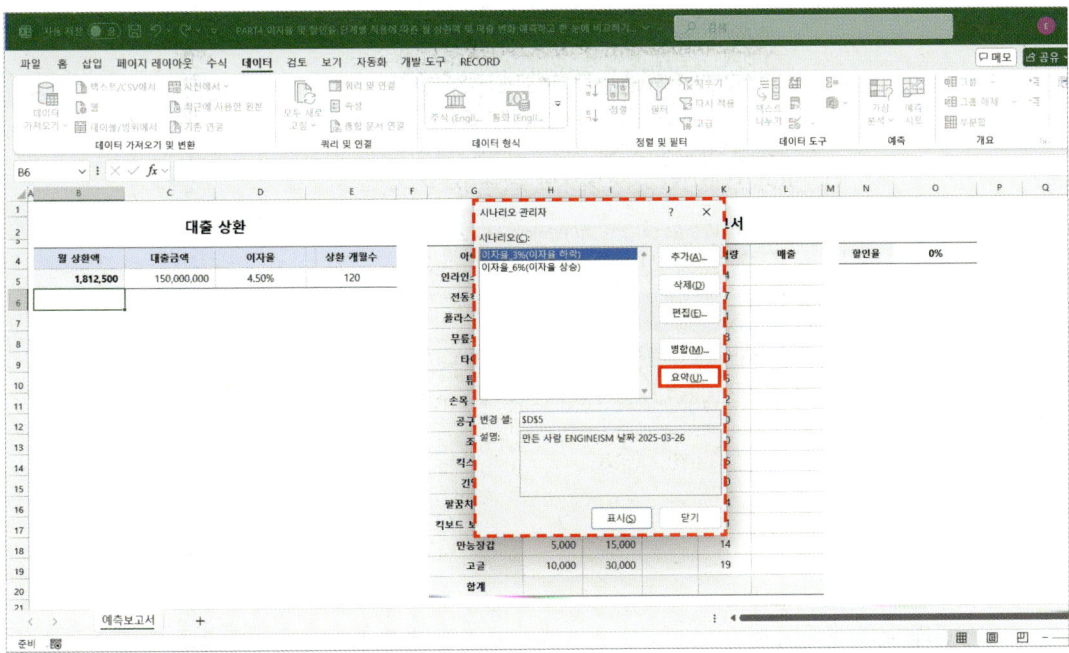

09 시나리오 요약- 보고서 종류- 시나리오 요약- '결과 셀: =$B$5' 클릭 후 확인 버튼을 클릭합니다.

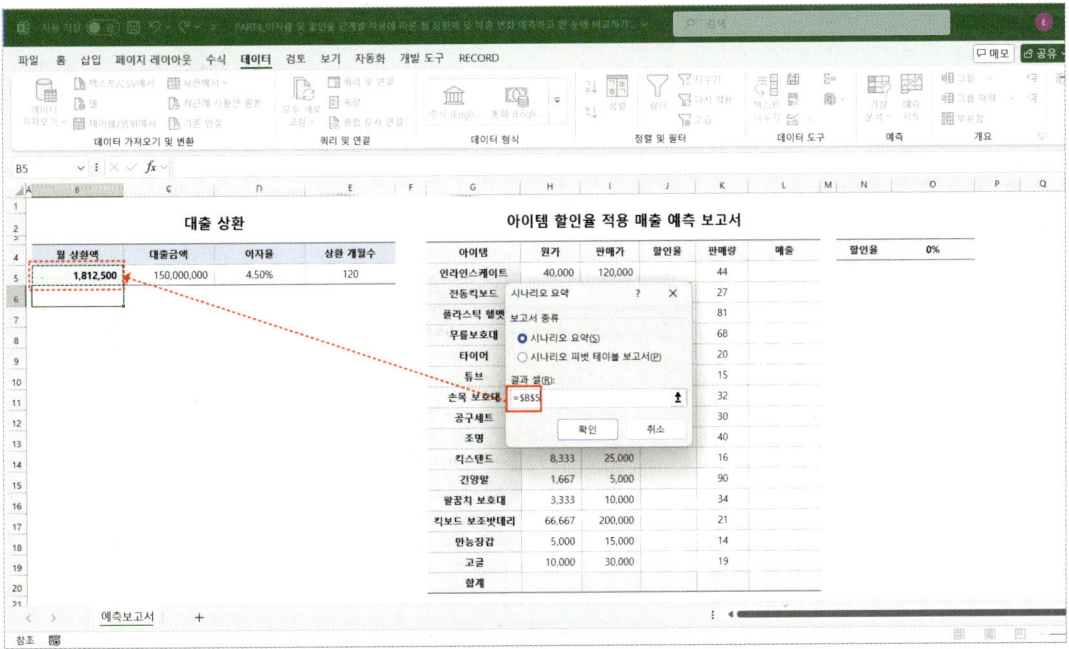

10 [시나리오 요약] 시트가 생성되면서 현재 값, 이자율_3%(이자율 하락), 이자율_6%(이자율 상승)일 때 값을 비교할 수 있는 테이블이 출력된 결과를 확인할 수 있습니다.

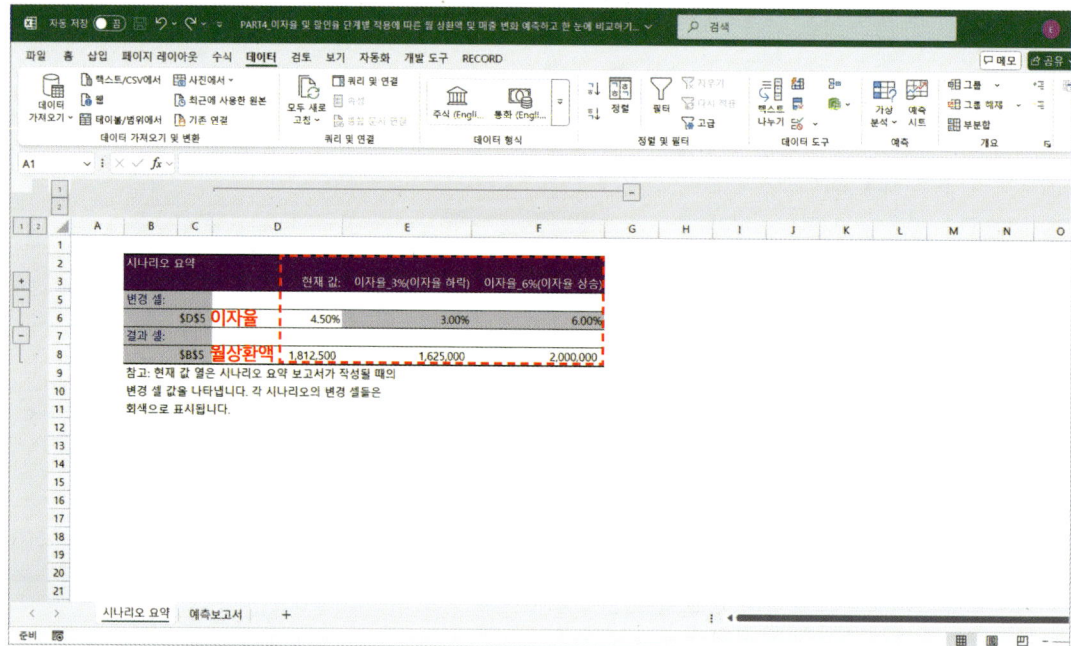

[예측보고서] 시트에서 '아이템 할인율 적용 매출 예측 보고서' 표에 있는 '할인율'을 모든 아이템에 각각 15%, 30%, 45%를 적용했을 총매출 합계를 비교할 수 있는 시나리오 요약표를 출력해 보도록 하겠습니다. 그리고 이번에는 직관성을 높이기 위해 이름 정의 기능을 이용해 '할인율'과 '총매출' 구간을 이름 정의해 출력 하겠습니다.

01 '할인율'이 입력될 O4셀 클릭– 이름 상자: '할인율' 입력 후 ⎡Enter⎤ 키를 눌러 이름 정의합니다.

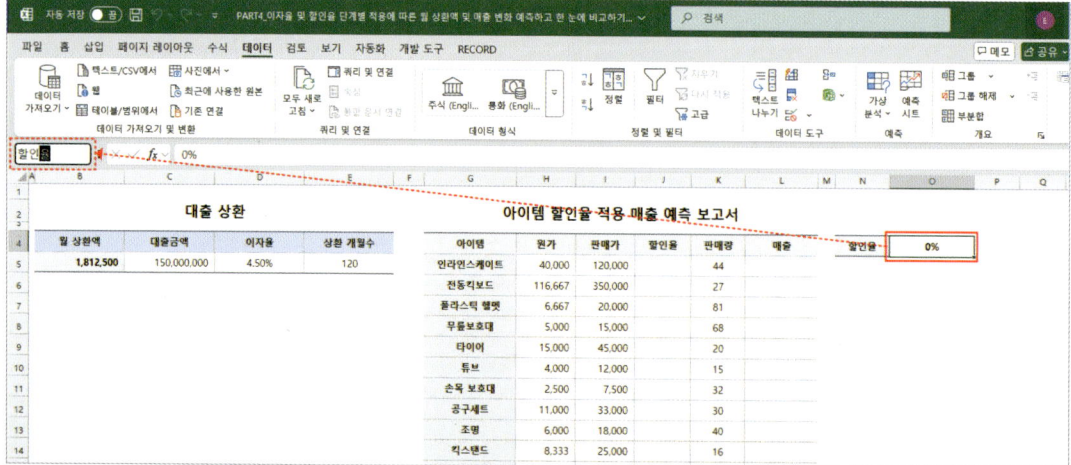

02 총매출액이 입력될 L20셀 클릭– 이름 상자: '총매출' 입력 후 [Enter] 키를 눌러 이름 정의합니다.

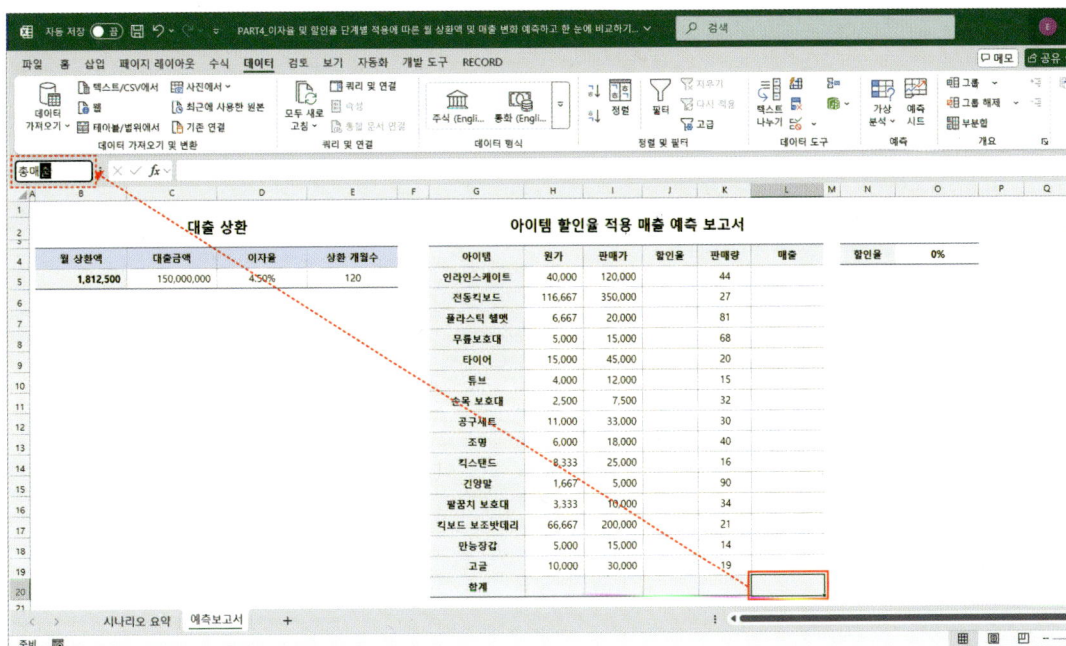

03 J5셀 클릭– '=할인율'을 입력합니다. (O4셀 선택 참조)

※ O4셀이 이름 정의되어 있기 때문에 '할인율'이라는 이름으로 참조되고 있습니다.

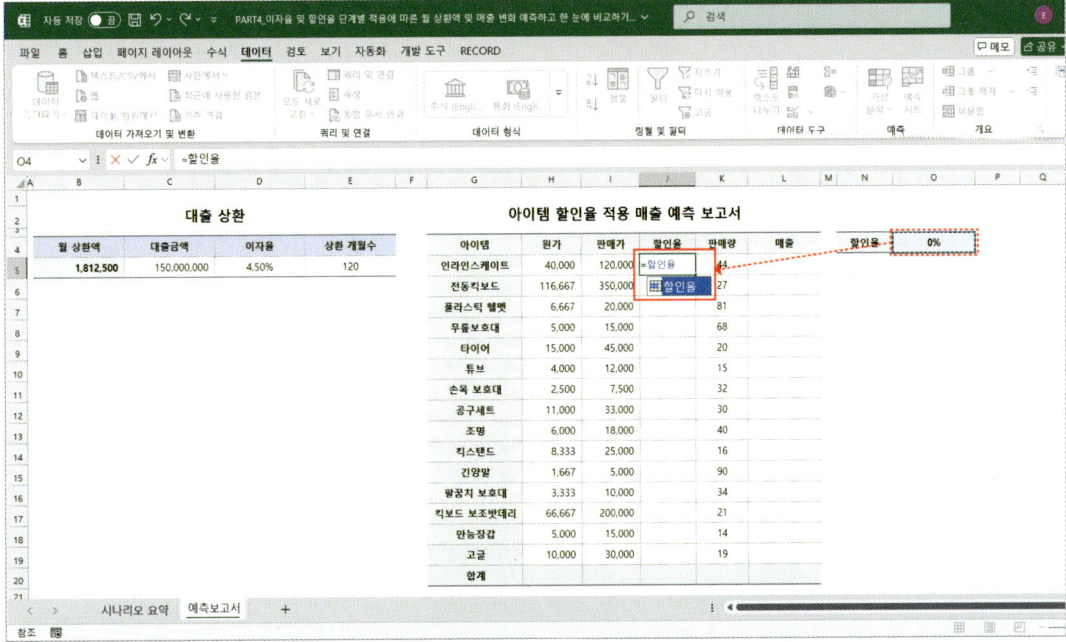

04 J5셀 자동 채우기 핸들을 J19셀까지 드래그해 복사/붙여넣기를 진행합니다.

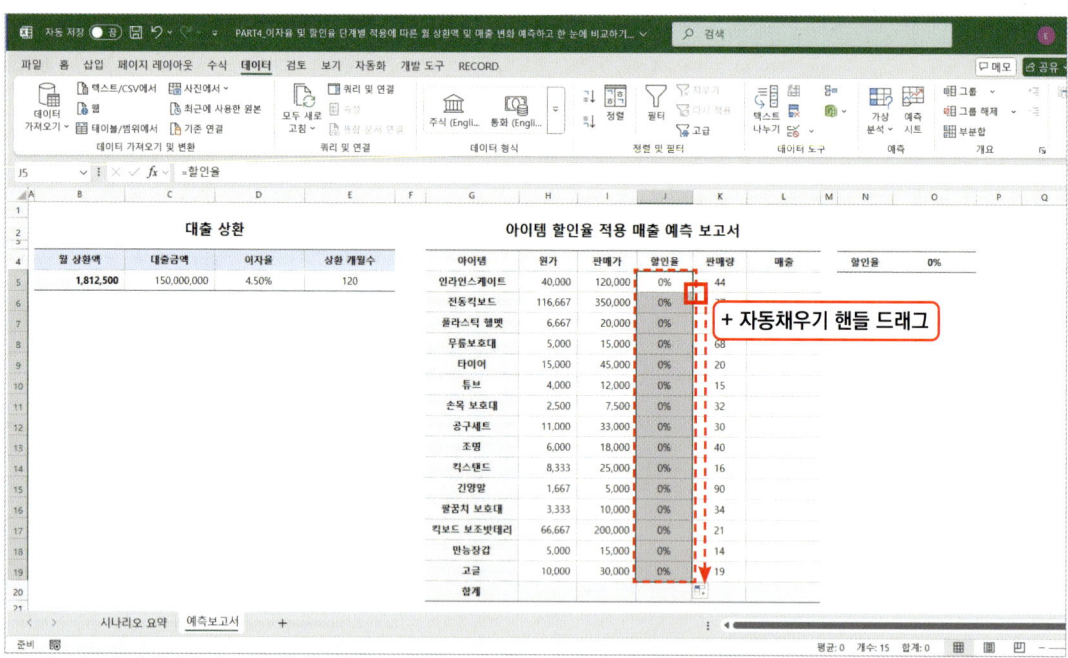

05 L5셀 클릭- '=I5*K5*(1-J5)', 할인율 수식 입력 후 Enter 키를 누릅니다.

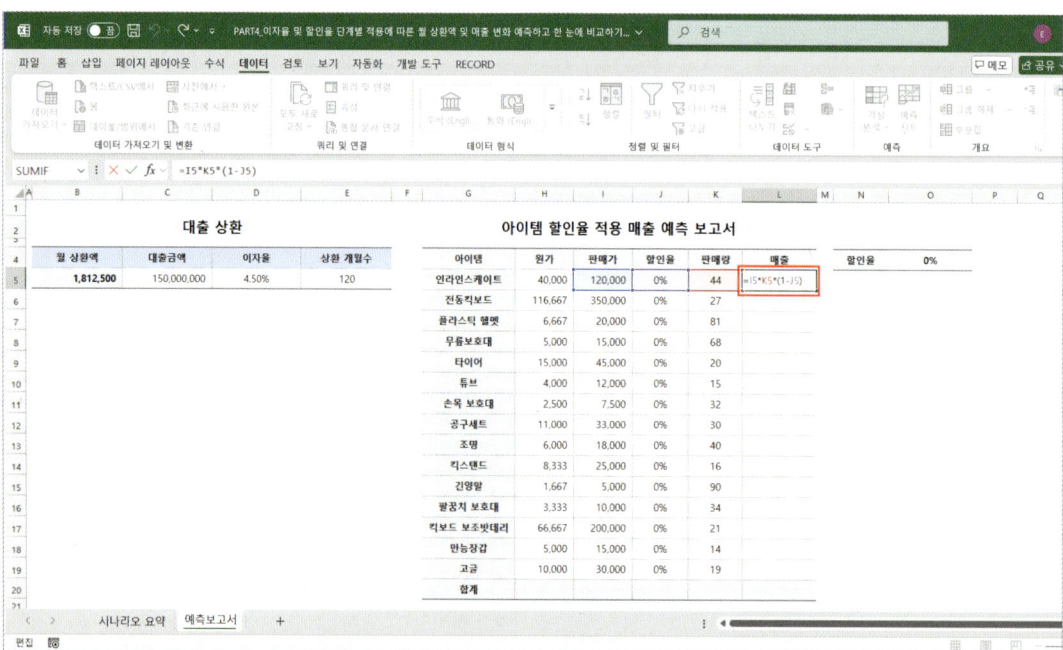

06 L5셀 자동 채우기 핸들을 L19셀까지 드래그해 복사/붙여넣기를 진행합니다.

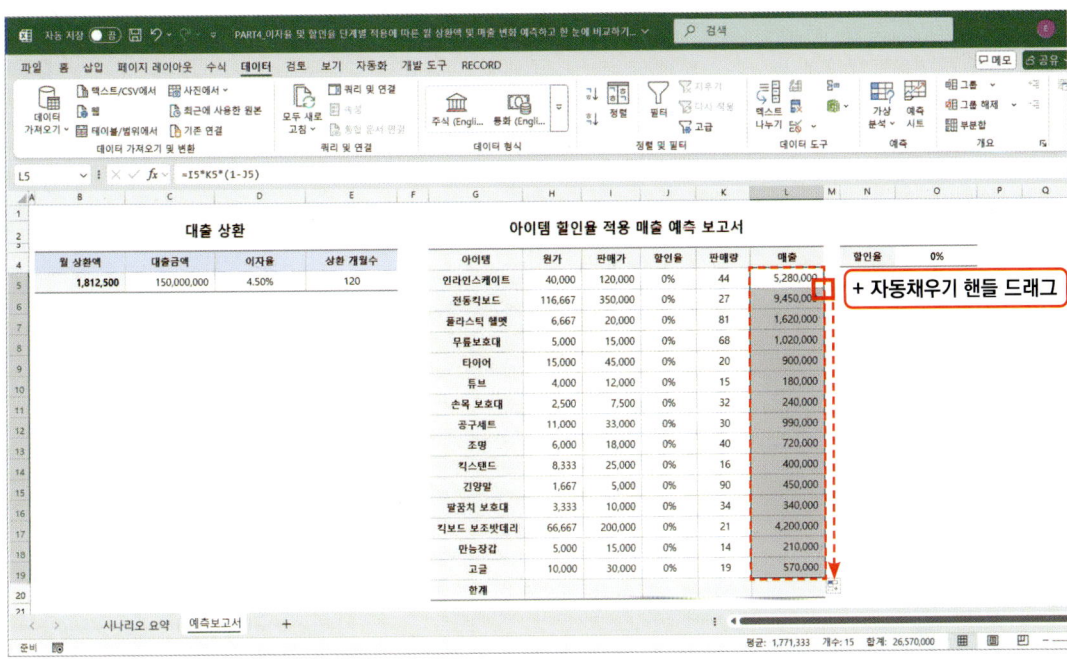

07 L20셀 클릭- '=SUM(L5:L19)' 수식 입력 후 ⏎ Enter 키를 누릅니다.

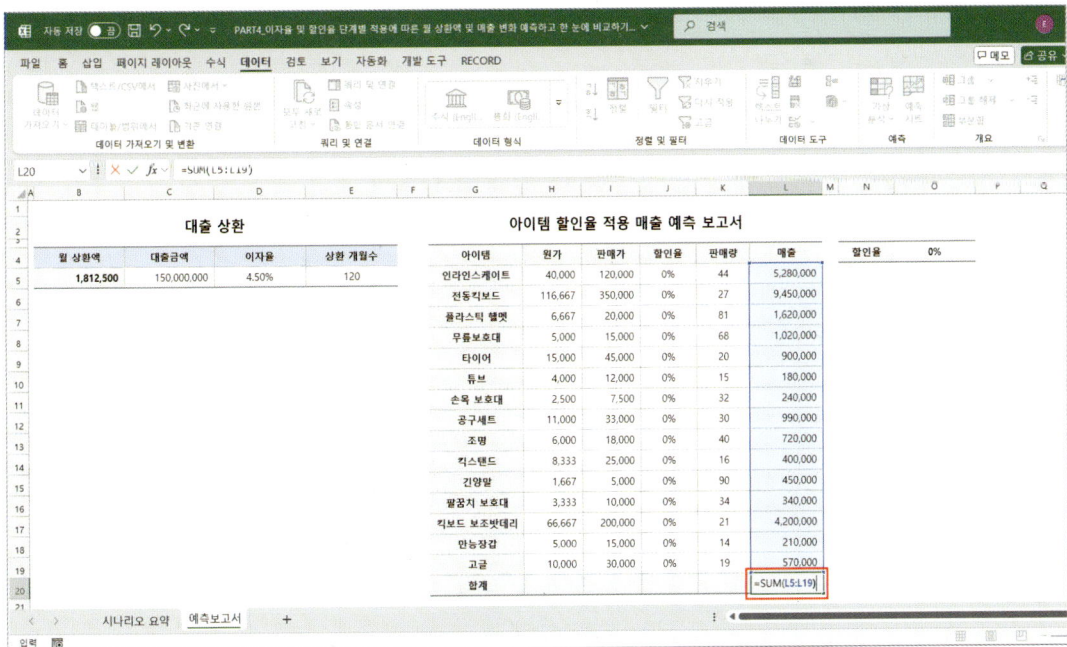

08 [데이터] 탭– 예측– 가상 분석– '시나리오 관리자' 메뉴를 클릭합니다.

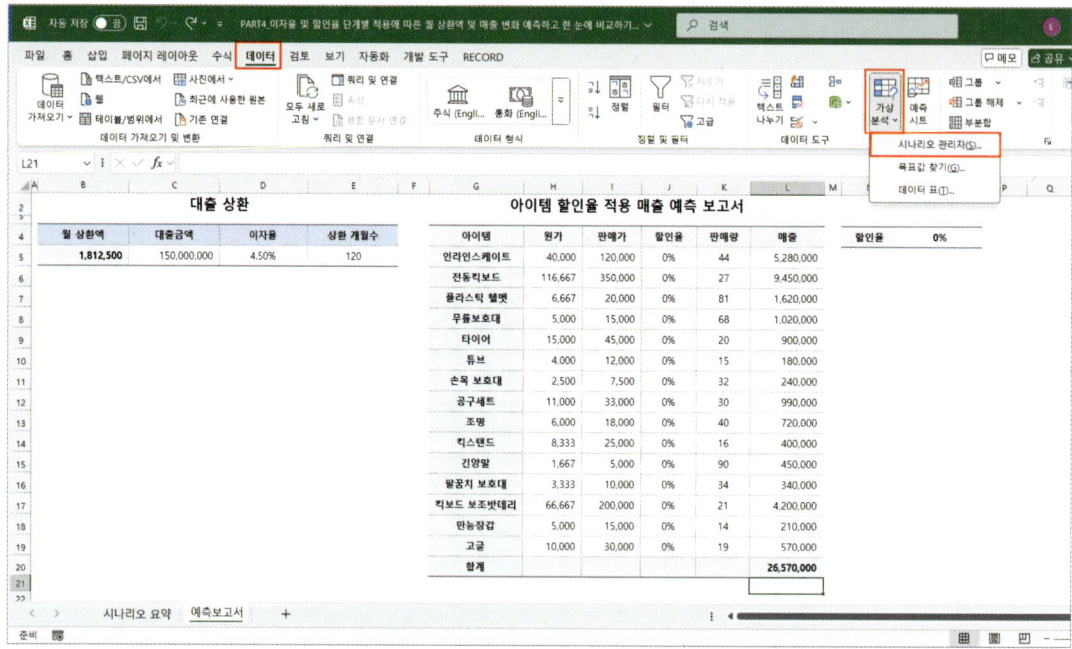

09 기존 입력된 시나리오는 선택– 삭제 메뉴를 눌러 모두 삭제해 줍니다.

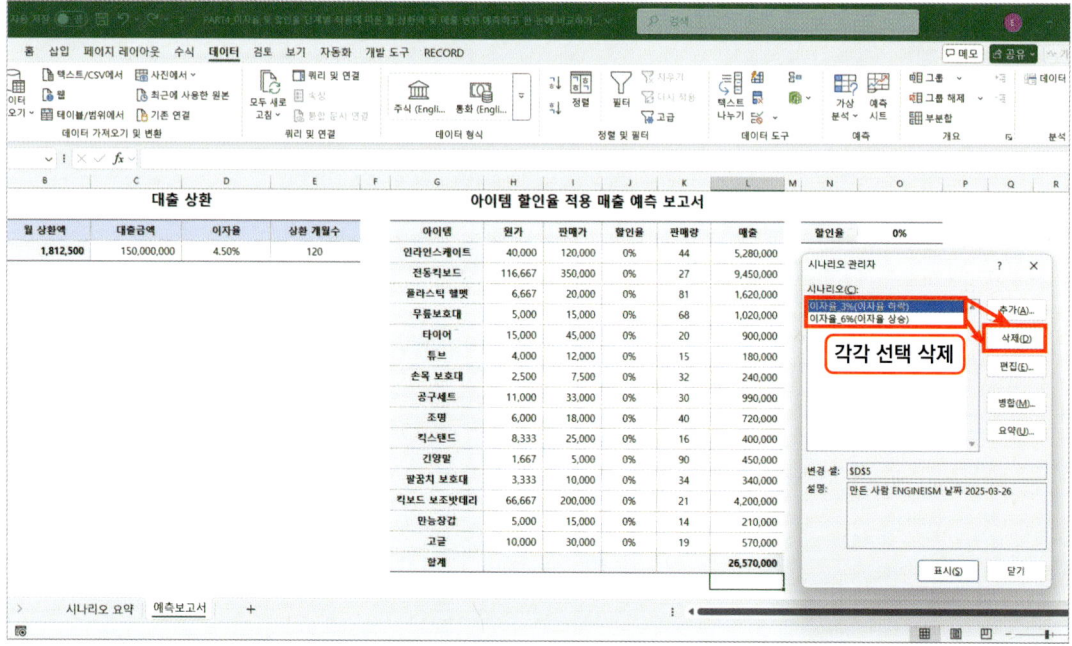

10 시나리오가 모두 삭제되었으면, 시나리오 관리자– '추가' 메뉴를 누릅니다.

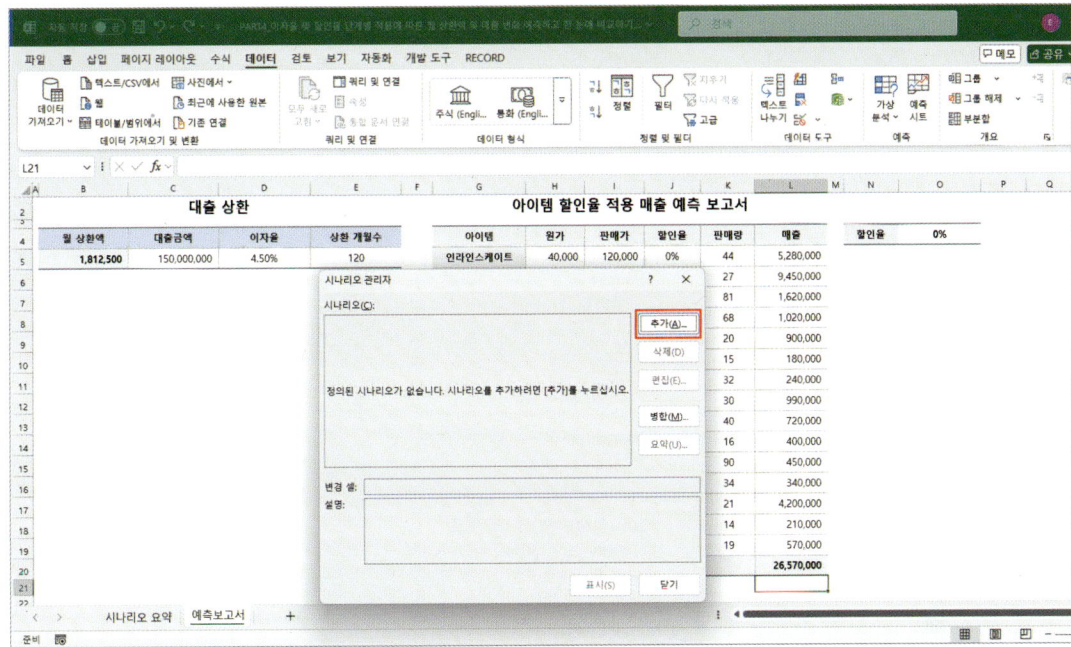

11 시나리오 추가– 시나리오 이름: '할인율_15%_매출'– 변경 셀: '$O$4' 클릭 후 확인 버튼을 누릅니다.

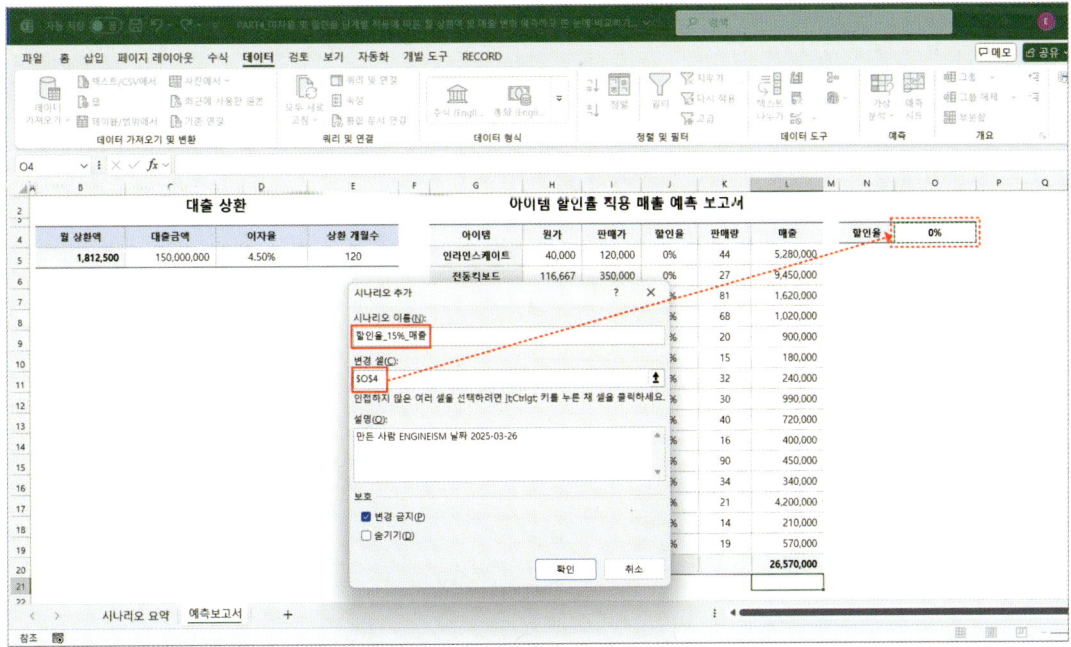

12 시나리오 값– 변경 셀에 해당하는 값을 입력하십시오.– 할인율: '0.15' 입력 후 '추가' 버튼을 클릭합니다.

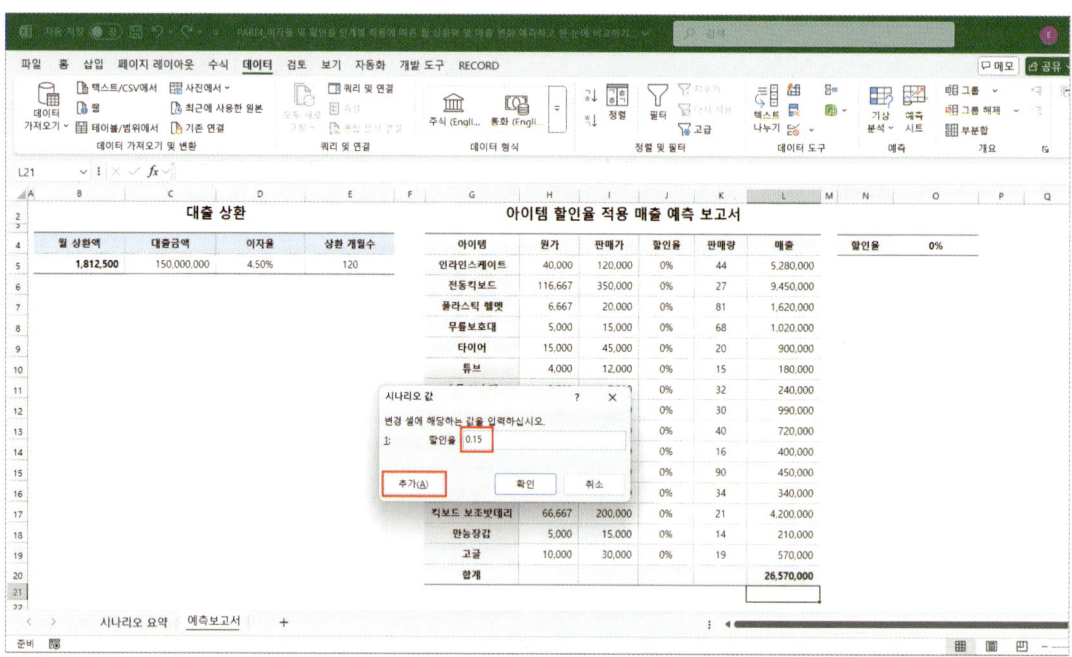

13 시나리오 추가– 시나리오 이름: '할인율_30%_매출'– 변경 셀: '$O$4' 클릭 후 확인 버튼을 누릅니다.

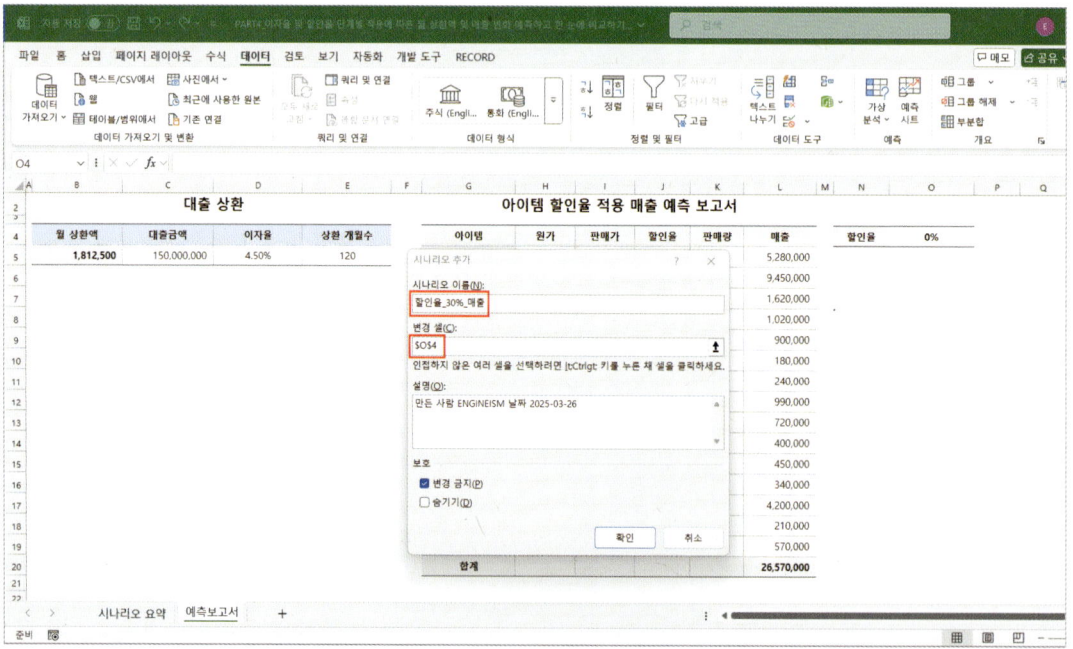

14 시나리오 값- 변경 셀에 해당하는 값을 입력하십시오.- 할인율: '0.3' 입력 후 '추가' 버튼을 클릭합니다.

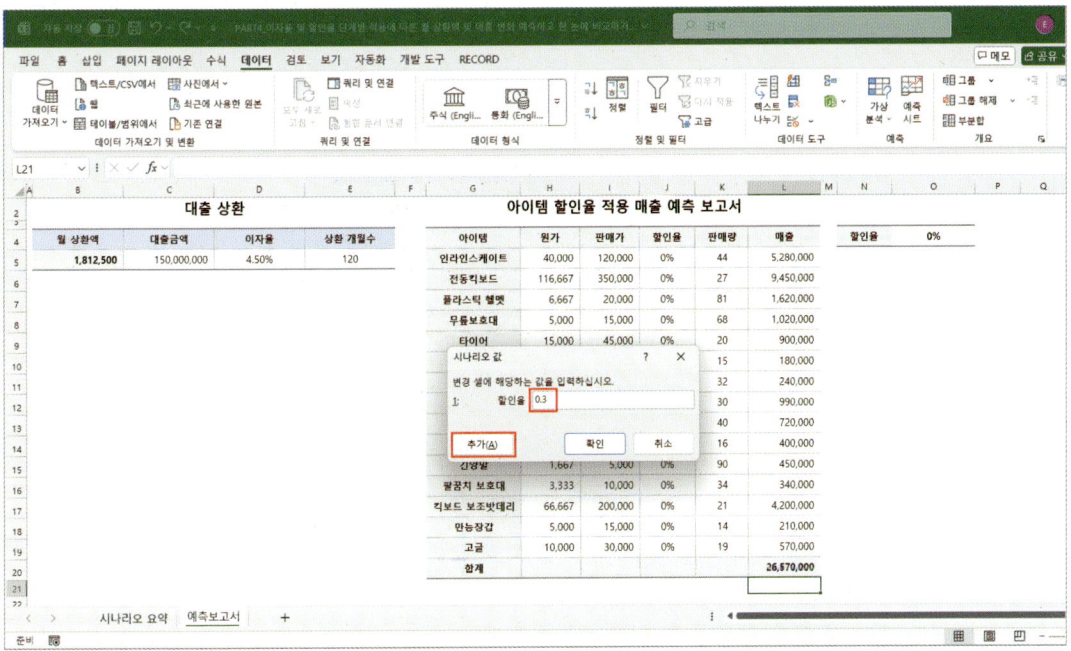

15 시나리오 추가- 시나리오 이름: '할인율_45%_매출'- 변경 셀: '$O$4' 클릭 후 확인 버튼을 누릅니다.

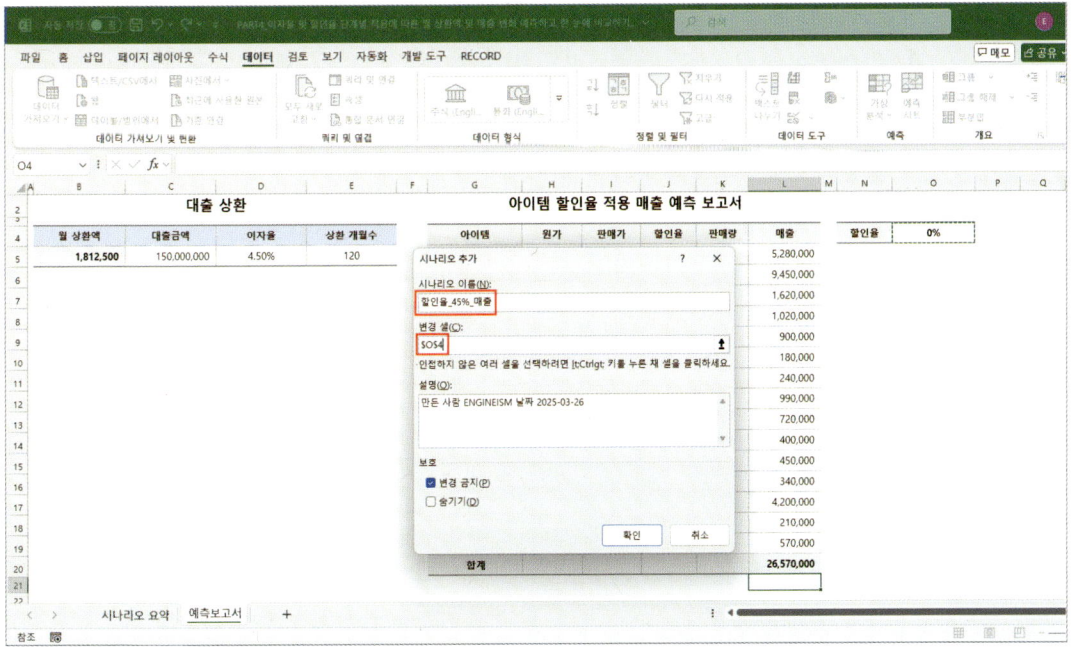

16 시나리오 값– 변경 셀에 해당하는 값을 입력하십시오.– 할인율: '0.45' 입력 후 확인 버튼을 누릅니다.

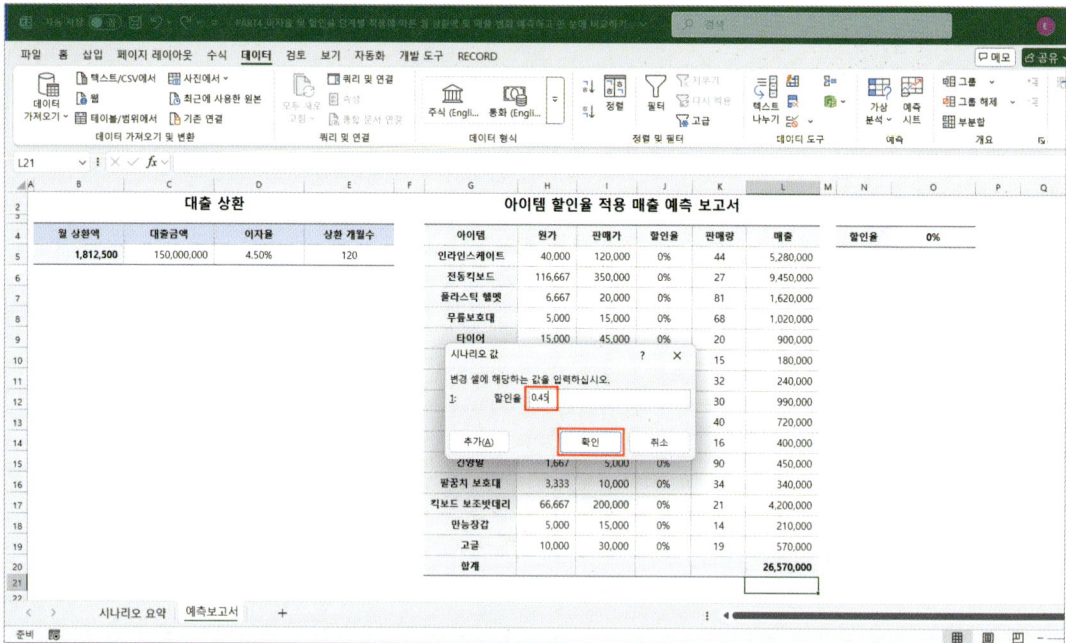

17 3개의 시나리오가 업데이트된 정보를 확인하고, '요약' 메뉴를 누릅니다.

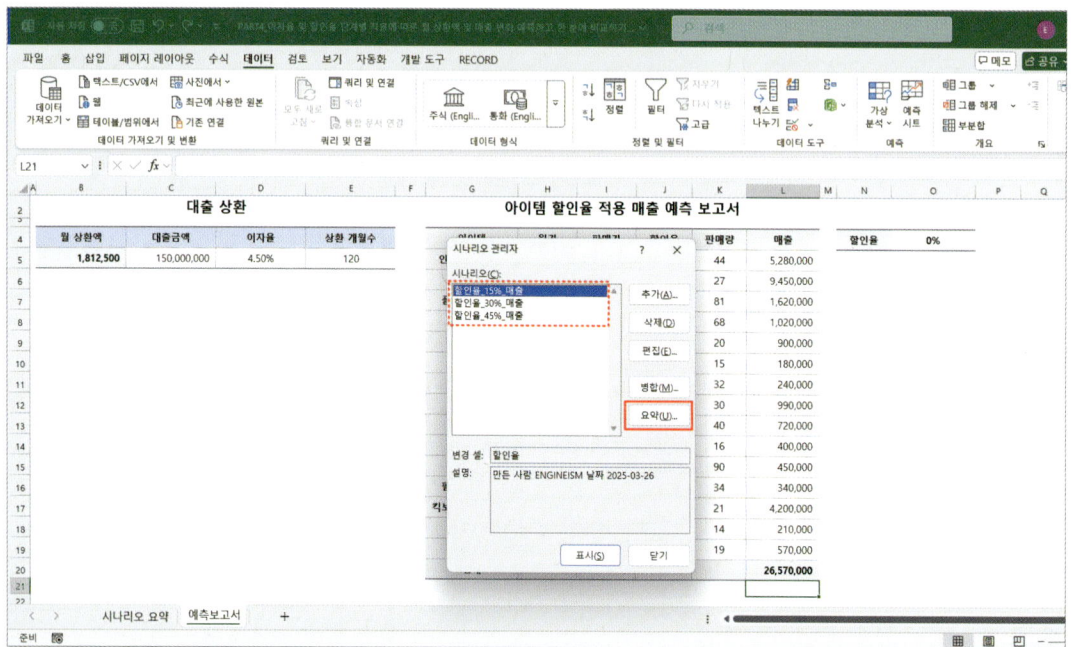

18 시나리오 요약– 보고서 종류– 시나리오 요약– 결과 셀: ='$L$20' 클릭하고 확인 버튼을 누릅니다.

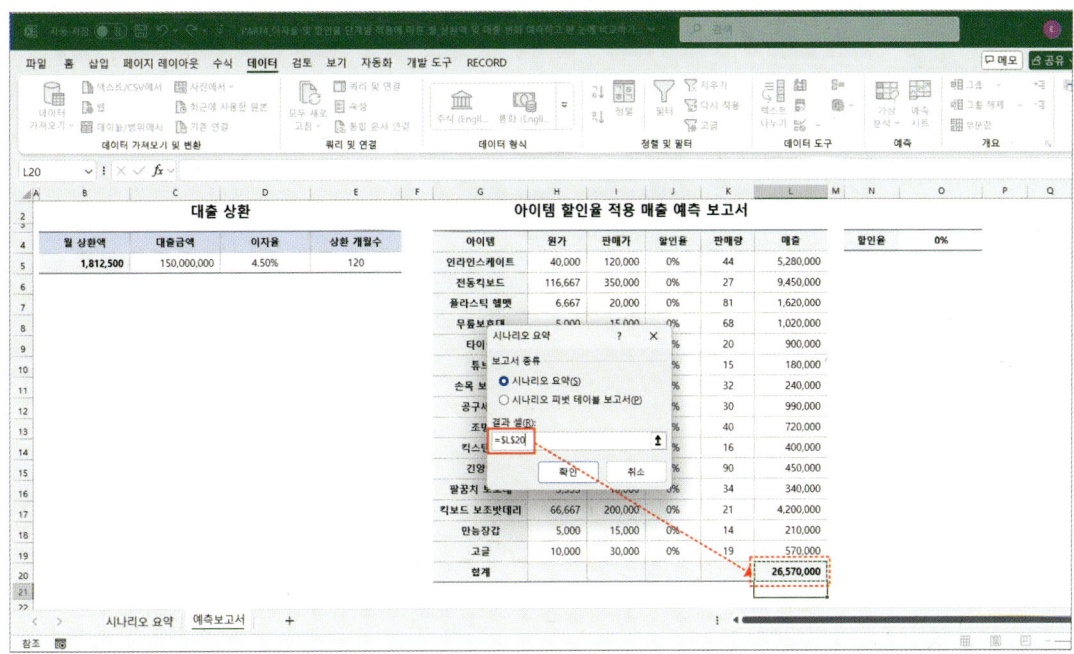

19 이름 정의된, 할인율과 총매출 정보를 확인할 수 있고, 현재값과 할인율 15%, 30%, 45%일 때 총 매출 합계를 확인할 수 있는 [시나리오 요약2] 시트가 생성된 것을 확인합니다.

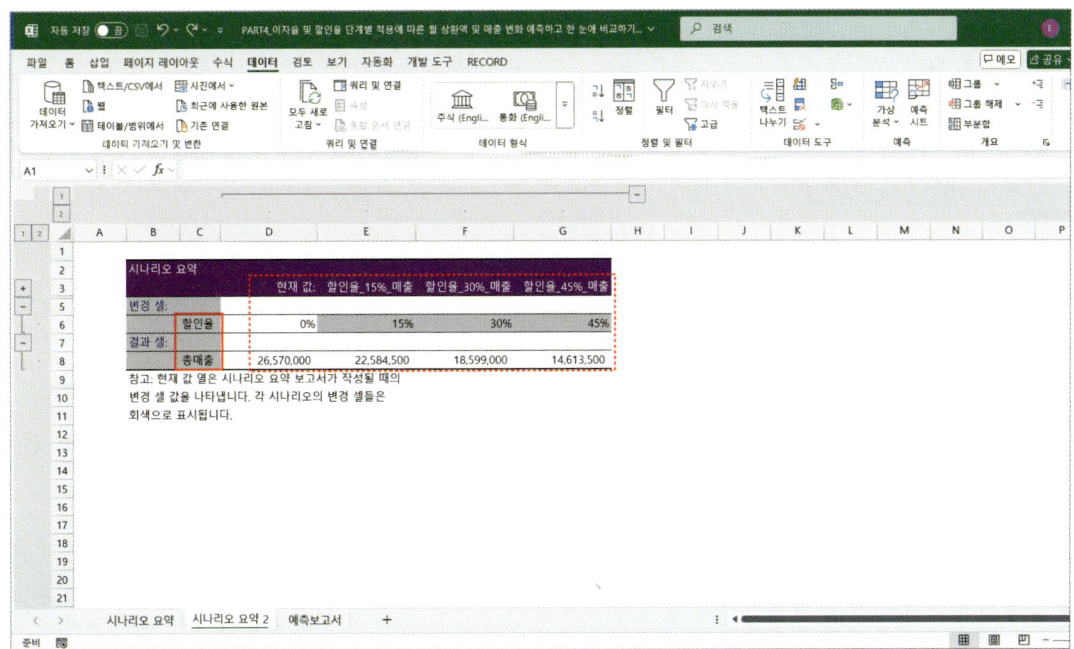

대출기간과 이자율이 변함에 따라 월 상환금액이 어떻게 변하는지 데이터 표로 만들기

📁 예제 파일 PART3_16 대출기간과 이자율이 변함에 따라 월 상환금액이 어떻게 변하는지 데이터 표로 만들기

실무 스킬

　다양한 변수에 따른 결과를 한눈에 시뮬레이션해 결과값을 비교할 수 있도록 도와주는 가상 분석 메뉴 중 '데이터 표' 기능이 있습니다. 이 기능은 여러 입력값에 따라 결과값이 어떻게 달라지는지를 자동으로 계산해 한 개의 표로 비교할 수 있도록 출력해 줍니다. 예를 들어, 대출 금액과 이자율이 변할 때 월 상환 금액이 어떻게 변하는지 분석할 수 있습니다. 데이터를 체계적으로 정리하여 변수별로 결과를 비교하는 데 유용하며, 특히 재무 계산과 계획 수립에 널리 사용됩니다. 단일 변수 또는 다중 변수에 기반한 결과를 빠르게 예측할 수 있어 시간과 노력을 절약할 수 있습니다. '데이터 표' 기능은 재무 모델링, 제품 가격 변화 분석, 원가율 변화구간 시뮬레이션 등 다양한 상황에서 활용이 가능합니다. 이 기능은 간단한 설정으로 데이터를 시각적으로 분석할 수 있도록 도와주며, 초보자도 쉽게 사용할 수 있는 직관적인 인터페이스를 제공합니다. 복잡한 계산 과정을 간단하게 만들어주는 '데이터 표' 기능의 사용 방법을 함께 알아보도록 하겠습니다.

실무 연습 ❶

[월대출상환] 시트에서 '대출기간: 10년, 이자율: 2.10%'이고 '대출 총 금액': 3억 원일 때 매월 총상환액을 산출하고, 이 값을 근거로 0.2%p 전/후 이자율이 변동함에 따라 년 차별 매월 상황해야 할 '원금+이자' 금액을 '데이터 표' 기능을 이용해 구해 보도록 하겠습니다.

01 F5셀 클릭- '=(D5/12)*E5+E5/(C5*12)' 수식을 입력하고 Enter 키를 누릅니다.

　　※ 상기 수식은 매월 이자 + 매월 원금을 산출한 식입니다.

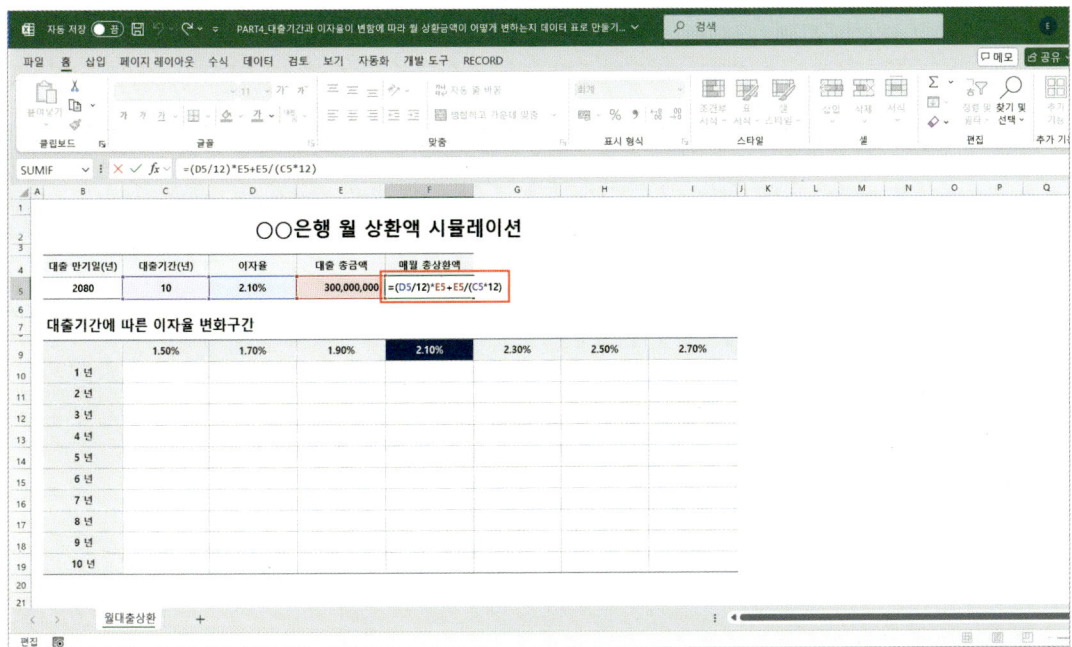

02 B9셀 클릭- '=F5' 참조한 다음 [Enter] 키를 누릅니다.

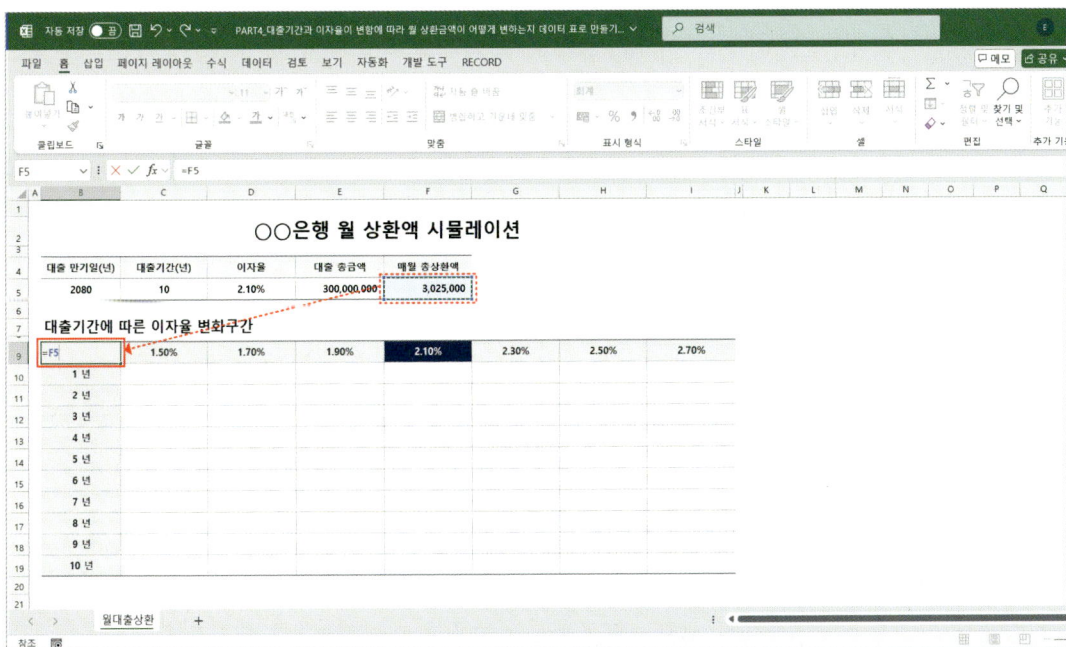

03 B9:I19셀 범위 지정– [데이터] 탭– 예측– 가상 분석– '데이터 표' 메뉴를 클릭합니다.

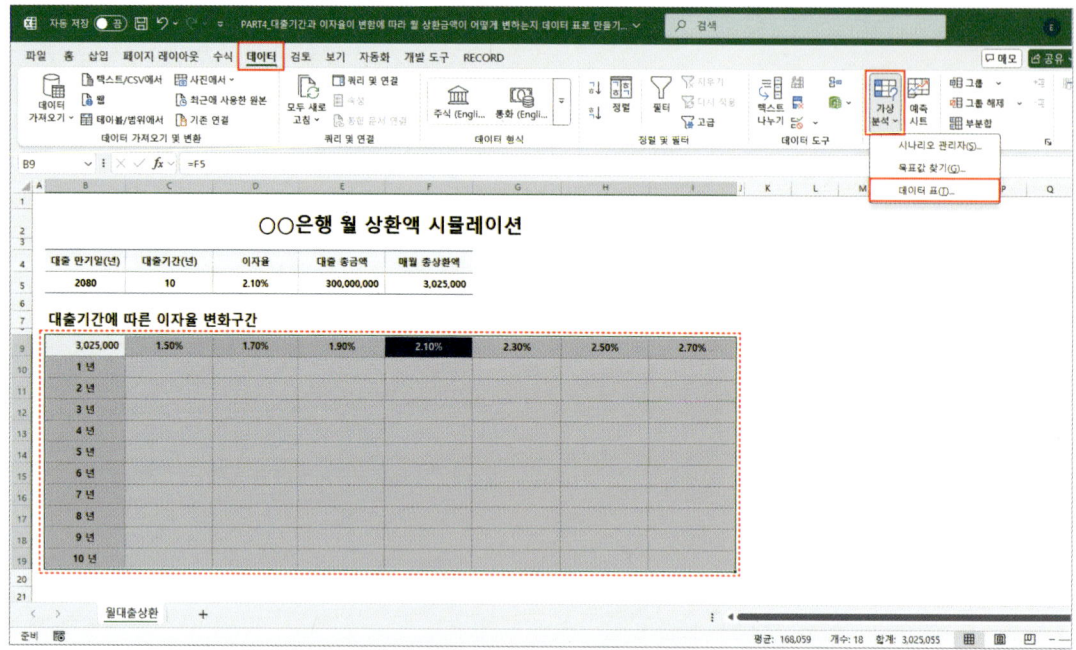

04 데이터 테이블– '행 입력 셀: 이자율, $D$5– 열 입력 셀: 대출기간(년), $C$5' 클릭 선택 후 확인 버튼을 누릅니다.

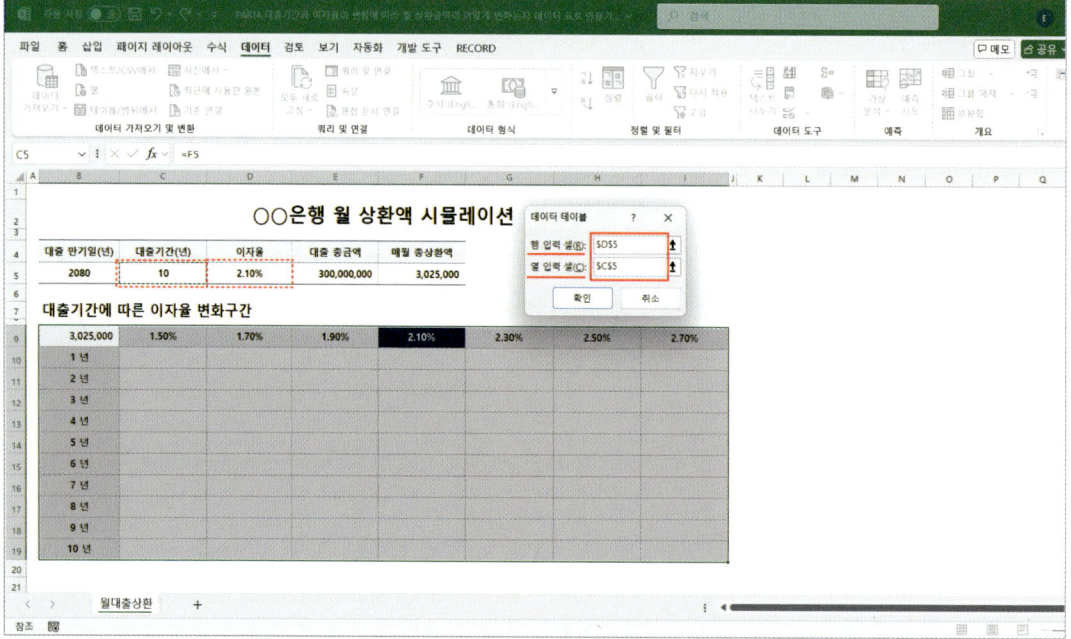

05 대출기간과 이자율이 변함에 따라 월 상환금액이 어떻게 변하는지 데이터 표로 만들어진 결과를 확인합니다.

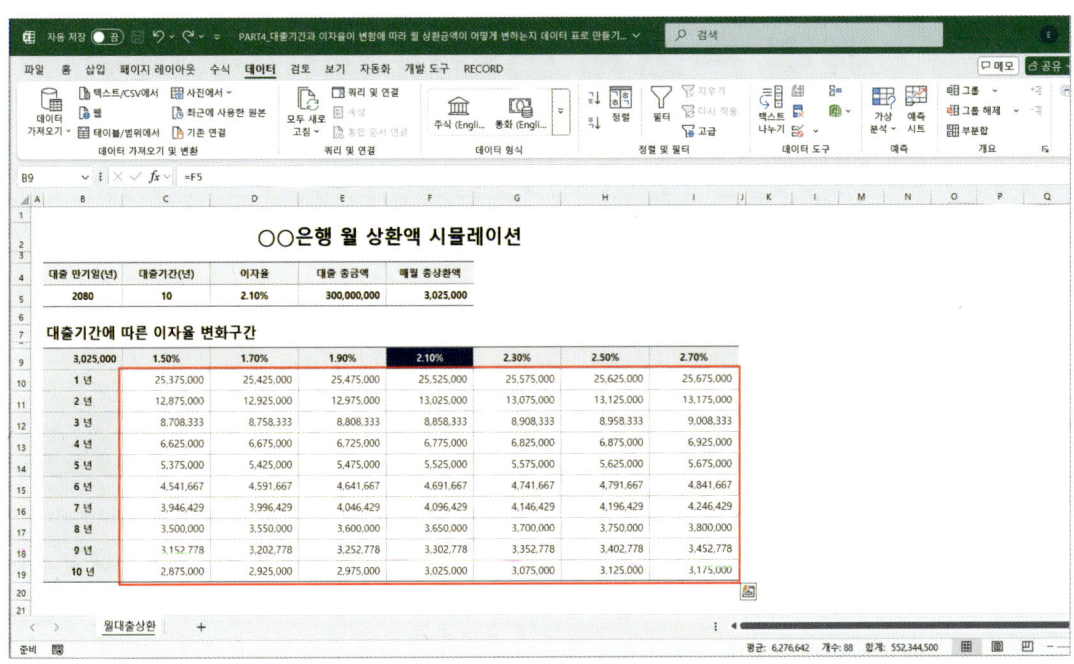

> **TIP** 아래 표에 입력되어 있는 년 차는 반드시 숫자가 입력되어야 합니다. 숫자+텍스트 형식으로 입력되면 '데이터 표' 기능이 작동하지 않습니다. 위 예시에서 '1 년, 2 년, 3 년…' 으로 입력된 정보는 표시 형식만 '~년'이란 단어로 출력하게 만든 예시이니 참고 바랍니다.

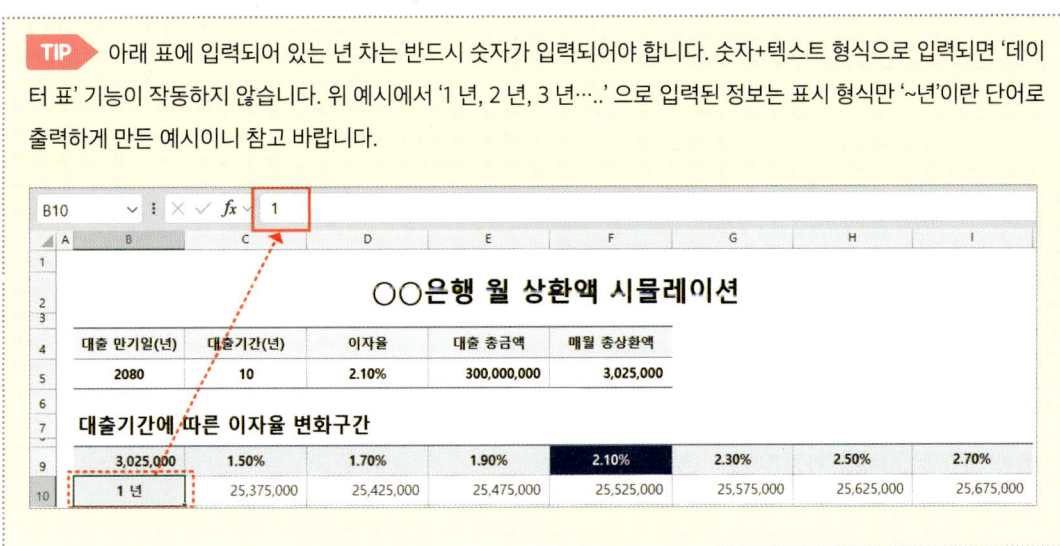

6개 표에 흩어진 데이터, 한 개 표로 손쉽게 취합해 데이터 정보 계산하기

📁 **예제 파일** PART3_17 6개 표에 흩어진 데이터, 한 개 표로 손쉽게 취합해 데이터 정보 계산하기

실무 스킬

　여러 시트 또는 통합 문서에 있는 데이터를 하나로 합쳐 분석할 때 유용한 도구로 엑셀의 통합 기능이 있습니다. 이 기능은 다양한 소스에서 데이터를 가져와 한눈에 파악할 수 있는 형태로 정리해 줍니다. 예를 들어, 월별 판매 데이터를 여러 시트에서 가져와 연간 합계를 계산하거나, 여러 부서의 보고서를 통합해 전체적인 결과를 보여줄 수 있습니다. 데이터 통합은 수식 없이도 간단한 설정으로 클릭 몇 번으로 효율적이고 정확한 데이터 분석을 지원합니다. 다양한 데이터 집합을 정리하고 통계 정보를 산출하는 데 특히 효과적입니다. 합계, 평균, 최대값, 최소값 등의 다양한 계산 방법을 제공하여 여러 데이터 소스를 한 번에 분석할 수 있습니다. 또한, 통합 범위를 유연하게 설정할 수 있어 특정 부분만 선택적으로 통합할 수도 있습니다. 대량의 데이터를 다룰 때 작업 효율성을 높이고 데이터 관리 과정을 간소화할 수 있습니다. 이 기능은 특정 기준값 열과 행 목록 각 한 개의 기준값을 대상으로 기능이 실행됩니다. 실무 예제를 통해 함께 학습해 보겠습니다.

실무 연습 ❶

[아이템합계] 시트에 있는 6개 표는 행별 아이템 순서가 다르게 정리되어 있고 '팀장'과 '지역' 열 목록을 가진 데이터 표입니다. 그리고 마지막 '인천' 목록을 가진 표는 아이템 수가 나머지 표보다 적은 4개를 가지고 있습니다. 이때 통합기능으로 6개 표를 하나로 합쳐 목록을 만들고, 판매량 합계를 한 번에 구해 보도록 하겠습니다.

01 정보가 출력될 B4셀 클릭– [데이터] 탭– 데이터 도구– 통합– 통합– 함수: 합계– 참조: 아이템판매량!$B$12:$D$17– 추가– 사용할 레이블– '첫 행, 체크– 왼쪽 열, 체크' 후 확인 버튼을 클릭합니다.

※ 참조 범위는 '해운대' 머리글이 적힌 표 범위입니다. 같은 작업을 5번 반복해 표 범위를 모두 '추가'해 줍니다.

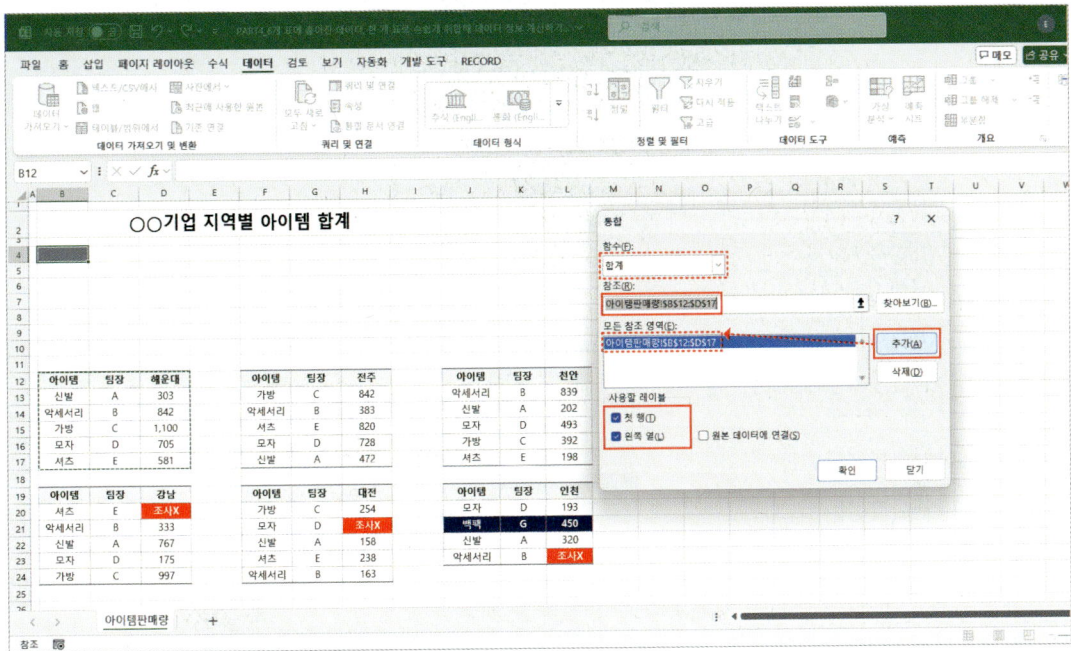

02 나머지 5개 표도 참조 란에 머리글 포함 범위를 드래그 입력 후 '추가' 버튼을 눌러 줍니다.

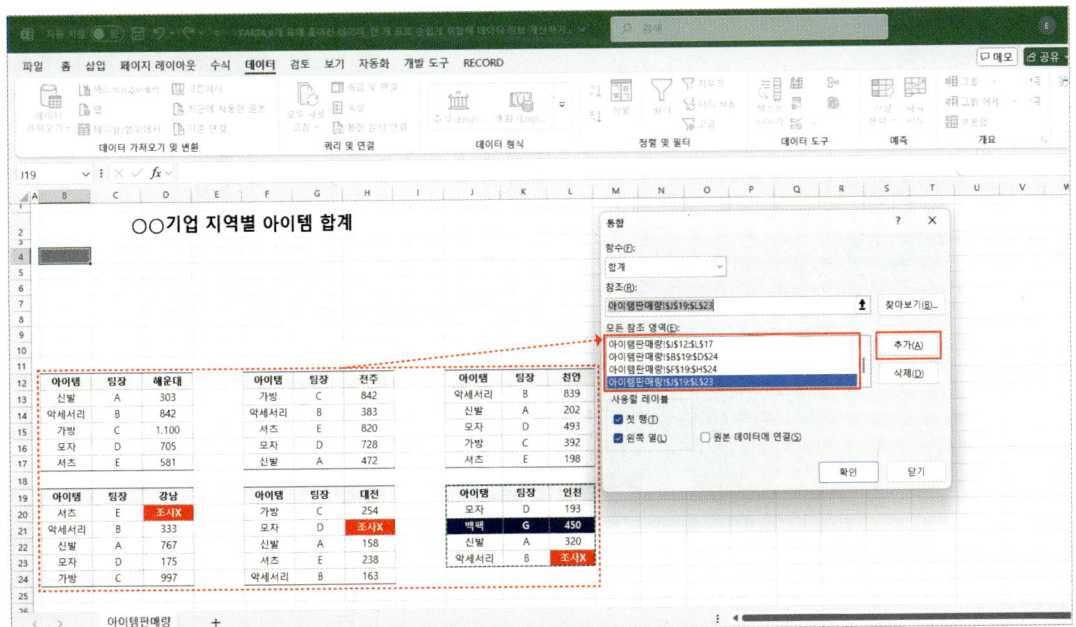

03 행 영역에 아이템이 취합된 목록이 생성이 되었고 열 영역에는 지역 이름이 취합된 목록이 생성된 결과를 확인할 수 있습니다. B4:I10셀 범위 지정된 상태- [홈] 탭- 글꼴- 테두리- '모든 테두리' 메뉴를 선택합니다.

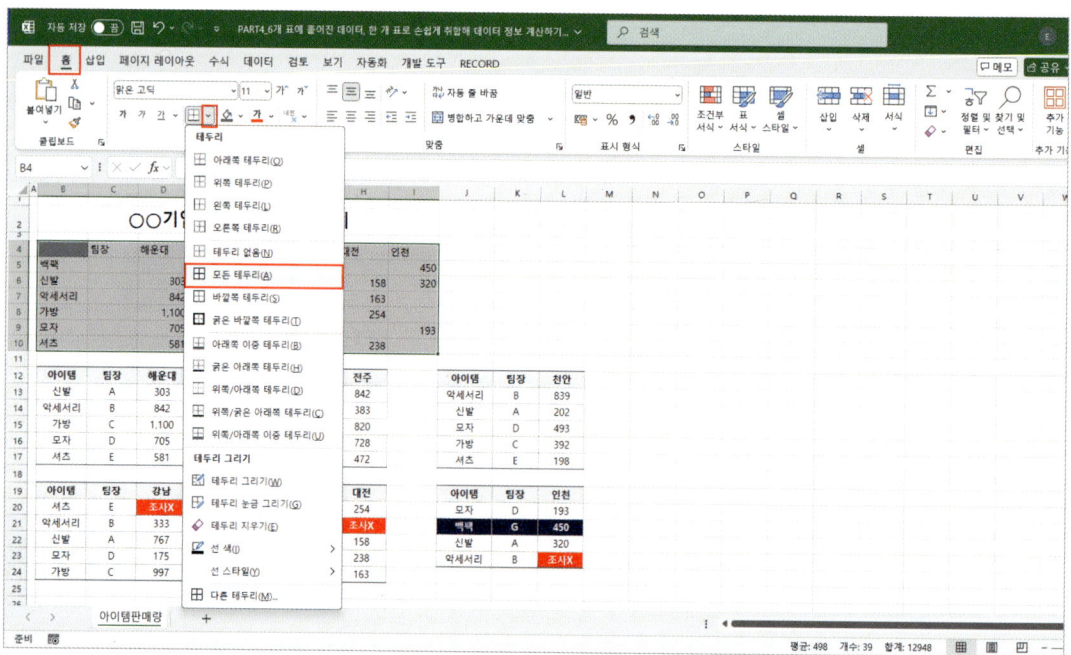

04 [홈] 탭- 맞춤- '가운데 맞춤' 메뉴를 클릭합니다.

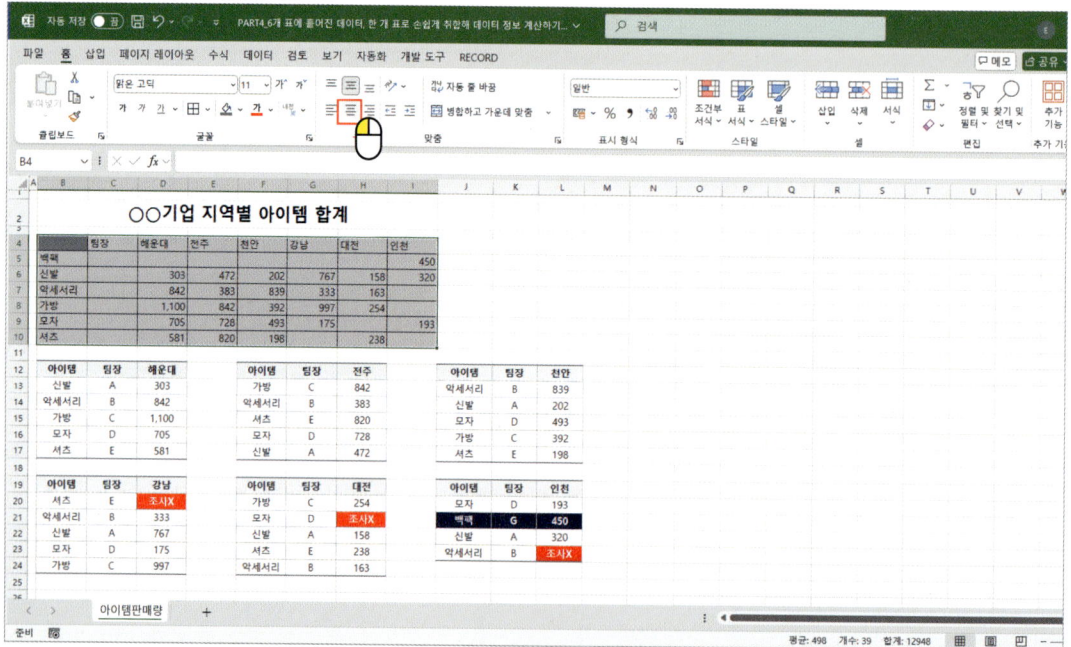

05 '팀장' 머리글을 포함한 전체 범위, C4:C10셀 범위 지정- 마우스 우클릭- '삭제' 버튼을 클릭합니다.

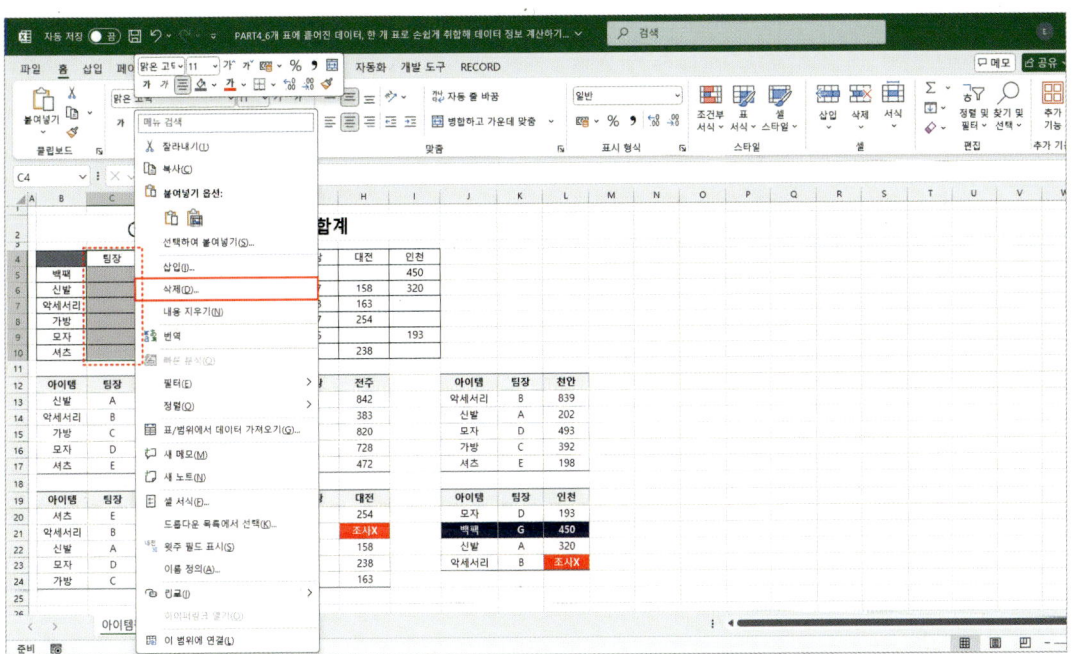

06 삭제- 삭제- '셀을 왼쪽으로 밀기' 메뉴 선택 후 확인 버튼을 누릅니다.

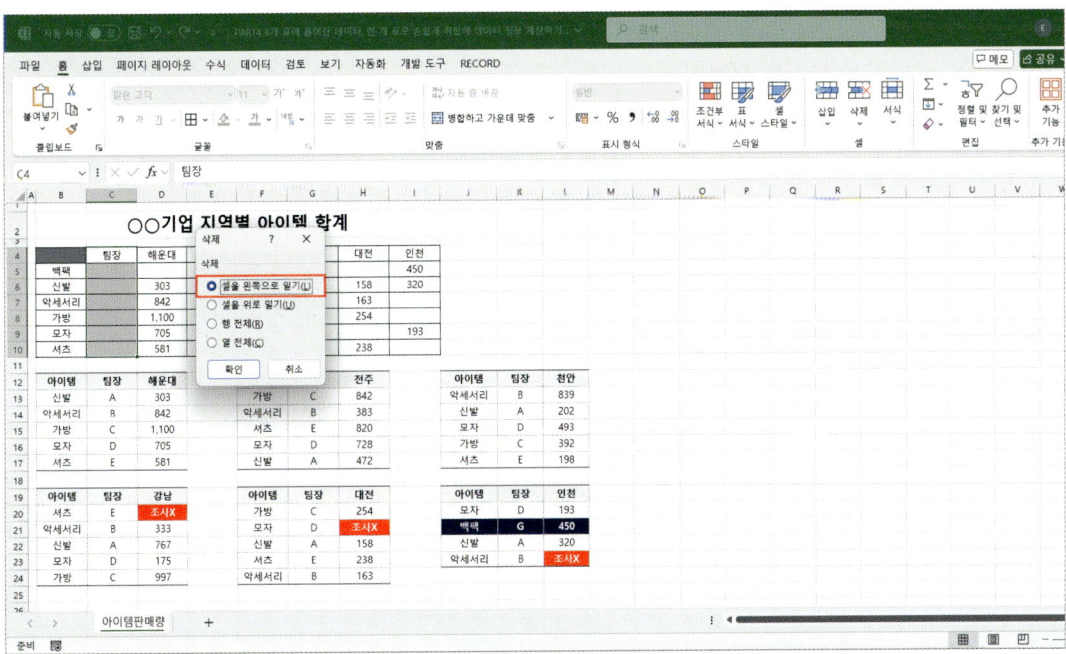

07 아이템과 지역이 취합된 최종 결과를 확인합니다.

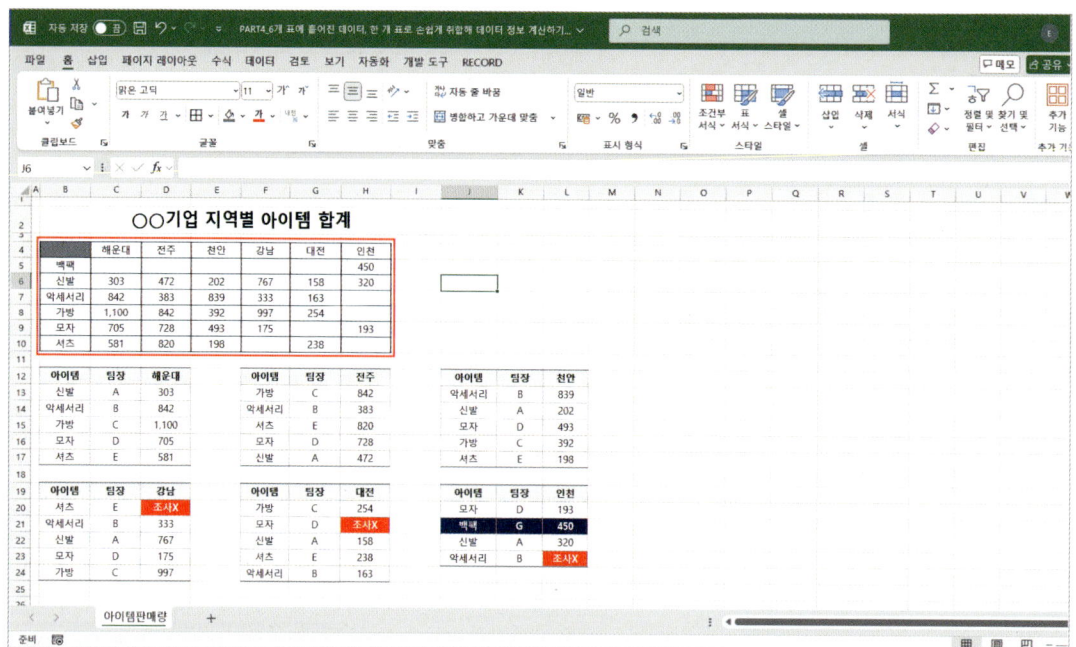

CHAPTER 18

부서별, 직급별 성과미팅 정보 부분합 산출하기

📄 **예제 파일** PART3_18 부서별, 직급별 성과미팅 정보 부분합 산출하기

실무 스킬

대량의 데이터를 그룹별로 정리하고 계산할 수 있도록 도와주는 '부분합' 기능이 있습니다. 이 기능을 사용하면 데이터 세트를 특정 기준에 따라 요약하여 합계, 평균, 최대값, 최소값 등의 결과를 빠르게 도출할 수 있습니다. 예를 들어, 판매 데이터를 지역별로 그룹화하고 각 지역의 매출 합계를 계산할 때 유용합니다. 부분합 기능은 정렬된 데이터를 기준으로 작동하며, 그룹별로 계산된 결과를 표시하여 데이터 분석 과정을 단순화합니다. 데이터 정렬, 그룹화, 요약 계산을 한 번에 수행할 수 있어 대량의 데이터를 다루는 데 적합한 기능입니다. 메뉴 사용에 직관성이 있어 처음 사용하는 초보사분들도 쉽게 사용할 수 있습니다. 사용 방법을 함께 알아보도록 하겠습니다.

실무 연습 ❶

[성과미팅] 시트에 있는 '부서별 아이템 성과 미팅' 표에서 '직급' 별 '전년도 성과급'에 대한 합계 요약 및 총합계에 대한 부분합 정보를 출력하고자 합니다.

01 부분합을 구하기 위해서는 반드시 오름차순 또는 내림차순 정렬이 되어 있어야 하기 때문에 '식급' 기준 C4셀 클릭- [데이터] 탭- 정렬 및 필터- '텍스트 오름차순 정렬' 메뉴를 클릭해 '직급'을 기준으로 오름차순 정렬합니다.

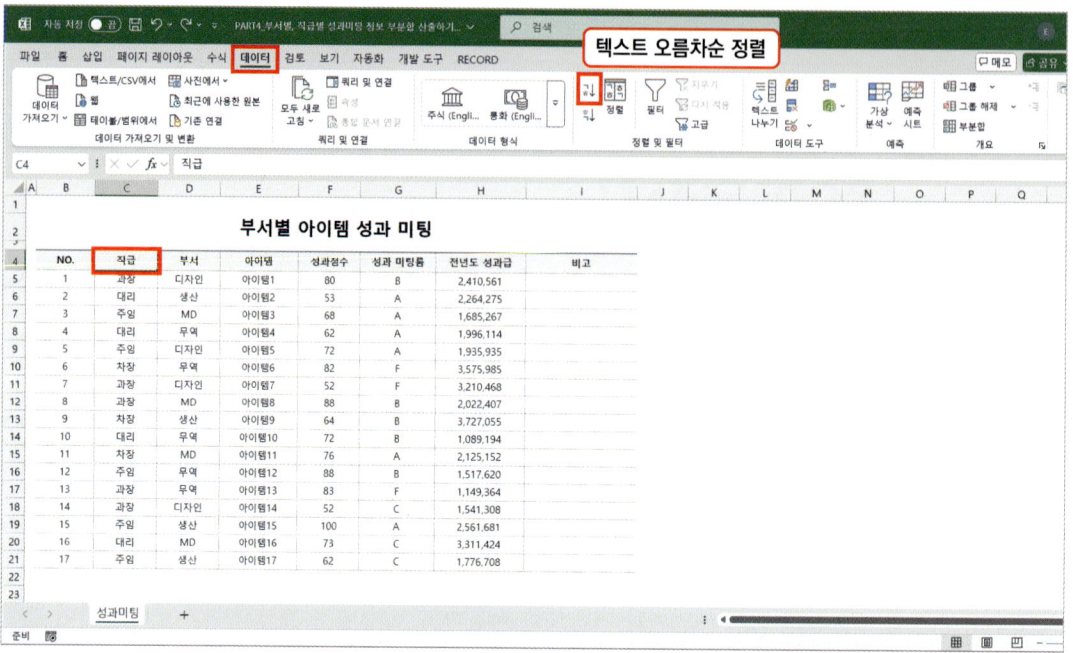

02 [데이터] 탭– 개요– 부분합– 그룹화할 항목: '직급' 선택합니다.

※ 부분합 메뉴를 실행하기 위해서는 데이터 범위를 전체 지정 또는 표안에 셀 포인트가 위치한 상황에서 실행합니다.

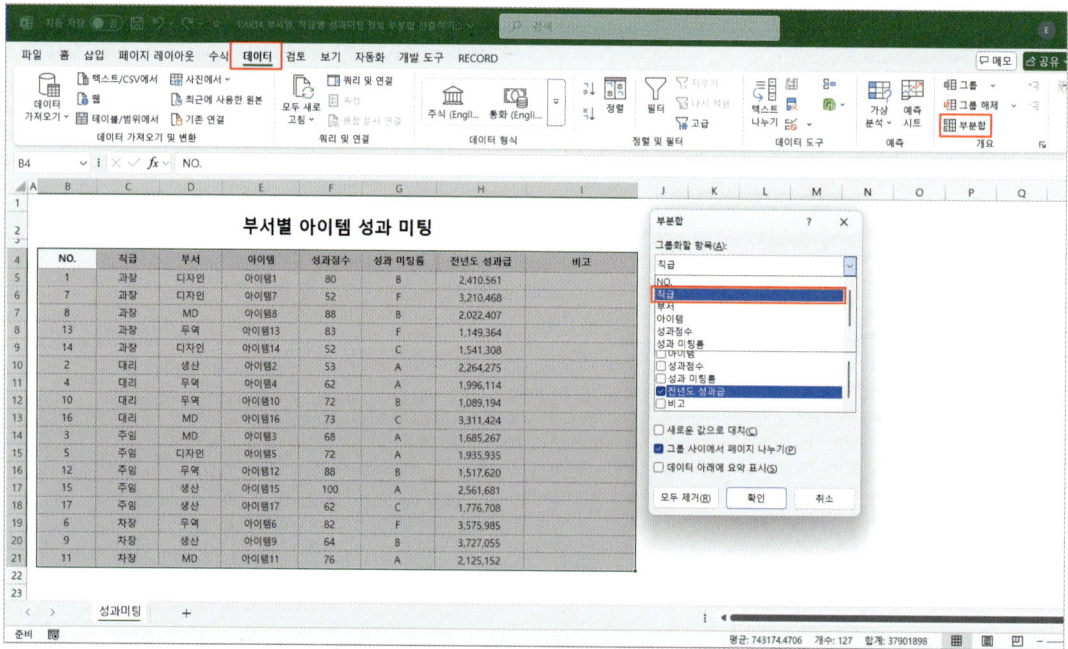

03 부분합– 사용할 함수: 합계– 부분합 계산 항목: 전년도 성과급, 체크– '새로운 값으로 대치, 체크– 그룹 사이에서 페이지 나누기, 체크' 후 확인 버튼을 누릅니다.

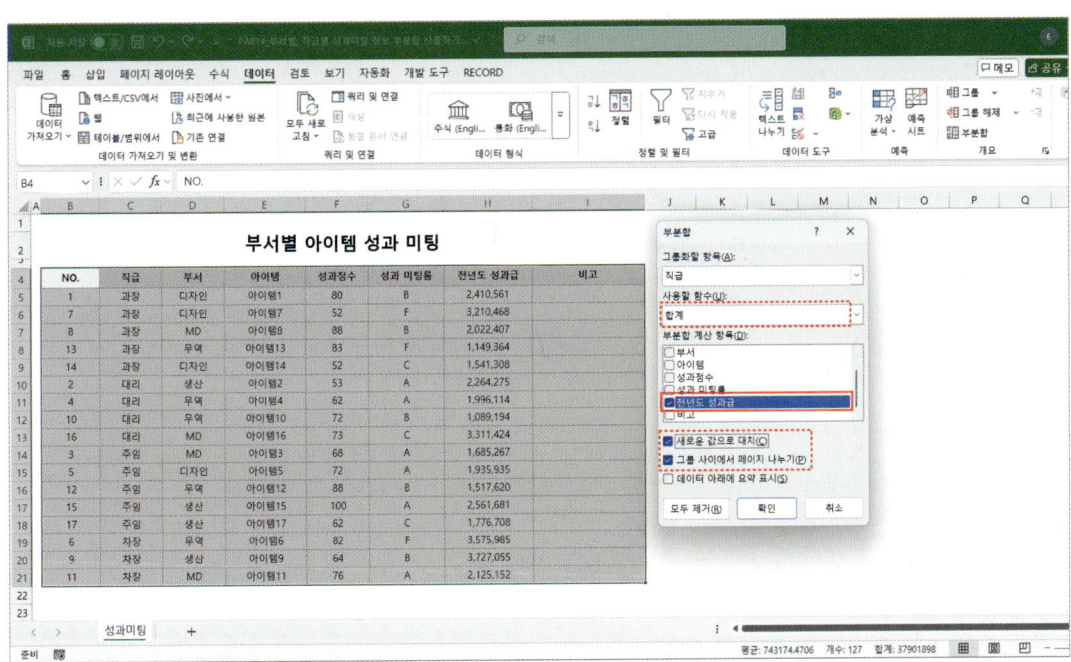

04 왼쪽 '그룹'에서 숫자 1번을 눌러 '전년도 성과급', '총합계'만 출력된 결과를 확인합니다.

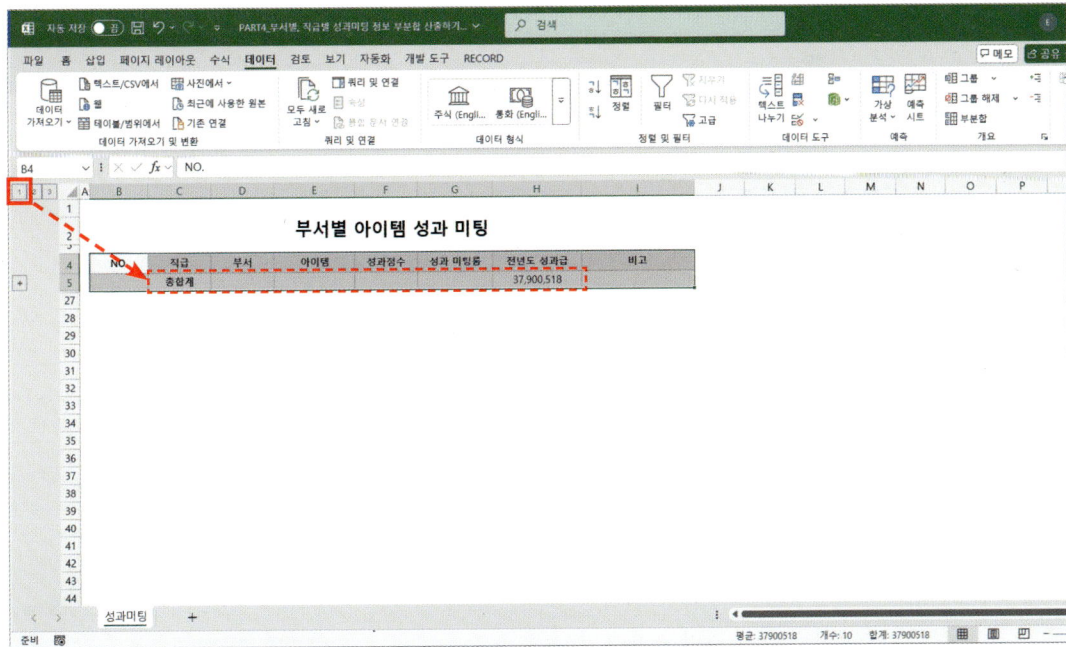

05 왼쪽 '그룹'에서 숫자 2번을 눌러 '전년도 성과급', '총합계'와 각 직급별 합계값이 요약되어 출력된 결과를 확인합니다.

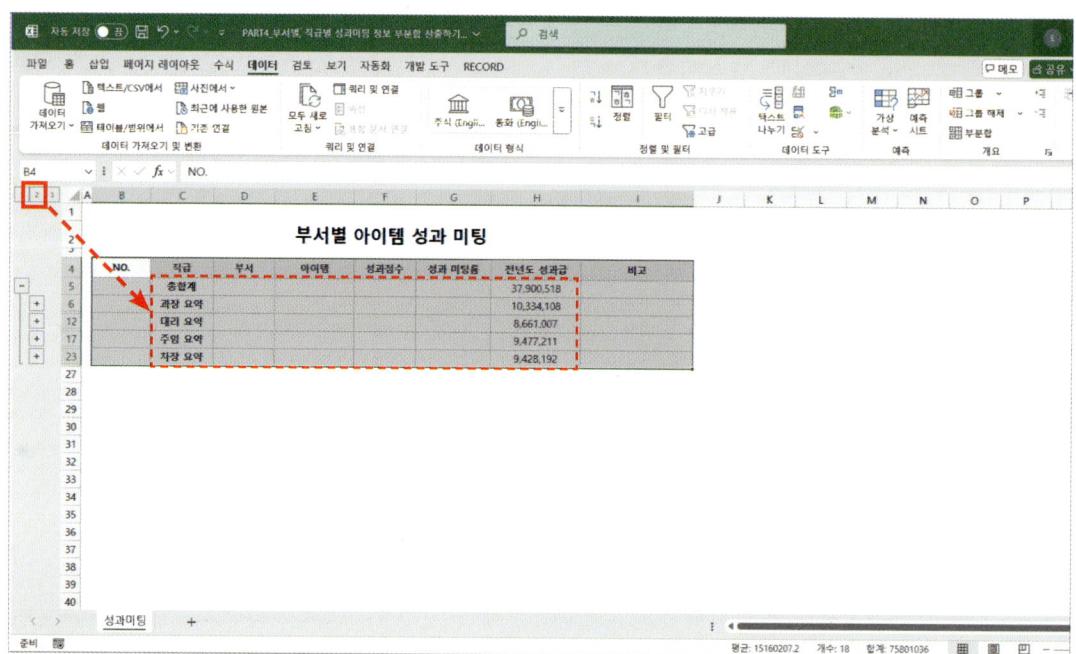

06 왼쪽 '그룹'에서 숫자 3번을 눌러 '직급'별 세부 정보가 모두 출력된 결과를 확인합니다.

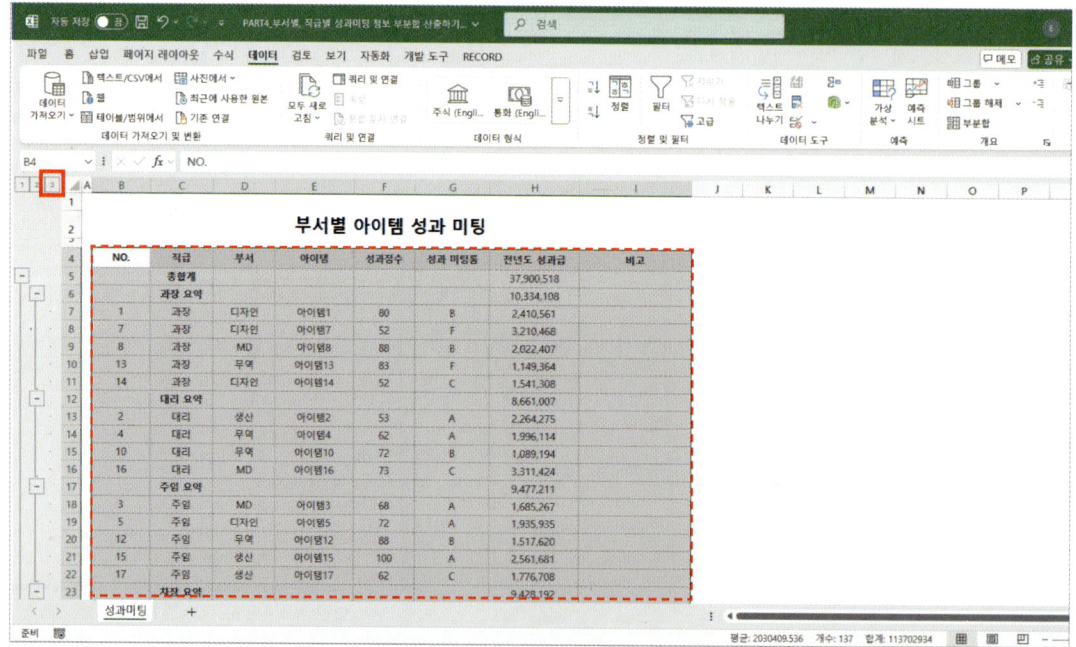

[성과미팅] 시트에 있는 '부서별 아이템 성과 미팅' 표에서 '부서'별 '성과점수' 평균과 '전년도 성과급'에
대한 합계 요약 및 총합계에 대한 부분합 정보를 출력해 보겠습니다.

01 부분합이 출력된 구조를 되돌려 놓기 위해, **486p**의 **06**번 범위 지정 상태에서 [데이터]– 개요– 부분
합– 부분합– '모두 제거' 메뉴를 클릭합니다.

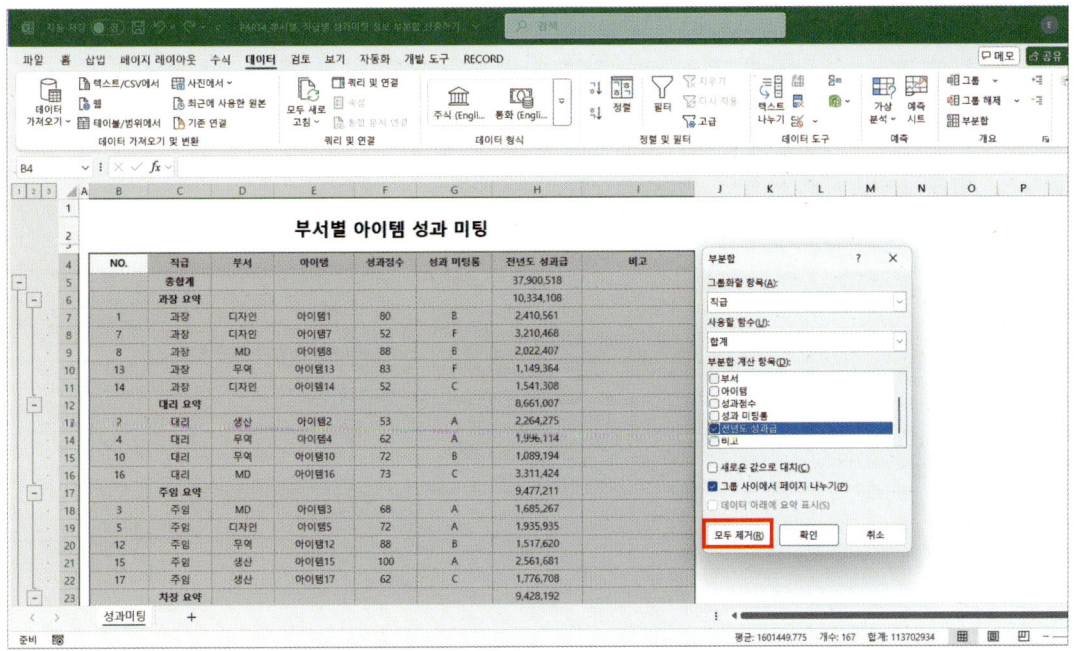

02 부분합을 구하기 위해서는 반드시 오름차순 또는 내림차순 정렬이 되어 있어야 하기 때문에 '부서' 기준
D4셀 클릭– [데이터] 탭– 정렬 및 필터– '텍스트 오름차순 정렬' 메뉴를 클릭해 '부서'를 기준으로 오름
차순 정렬합니다.

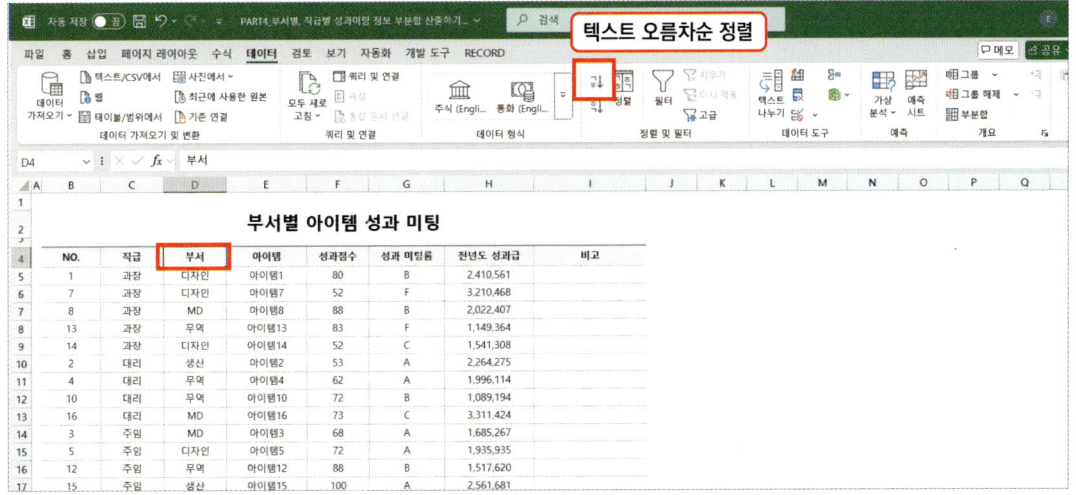

03 [데이터] 탭– 개요– 부분합– 그룹화할 항목: '부서' 선택합니다.

※ 부분합 메뉴를 실행하기 위해서는 데이터 범위를 전체 지정 또는 표안에 셀 포인트가 위치한 상황에서 실행합니다.

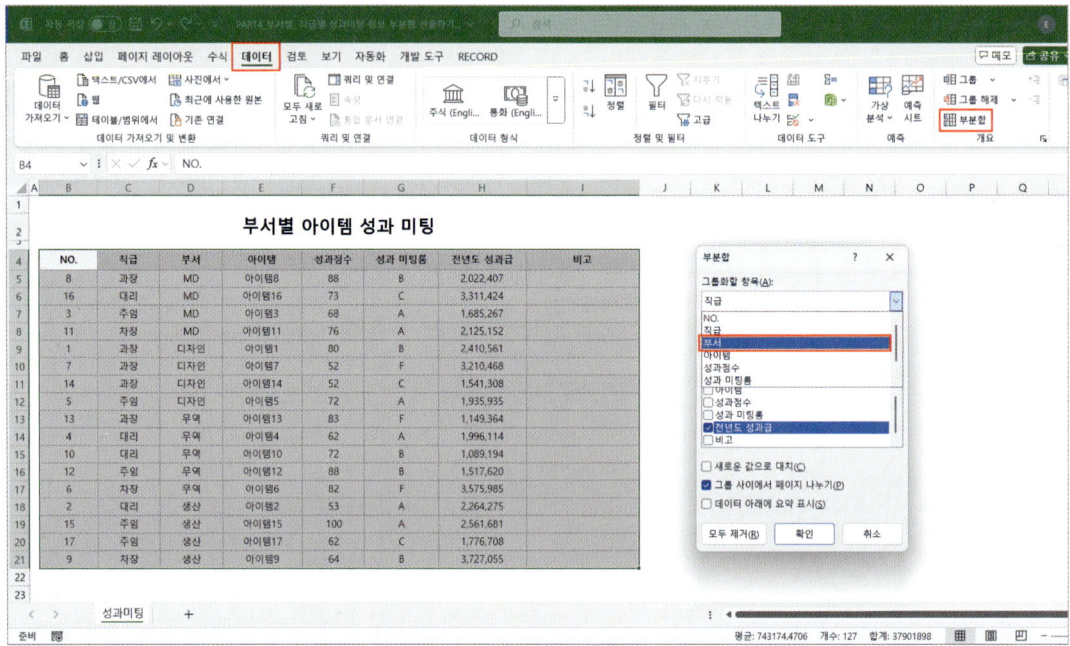

04 [데이터] 탭– 개요– 부분합– 사용할 함수: '평균'을 선택합니다.

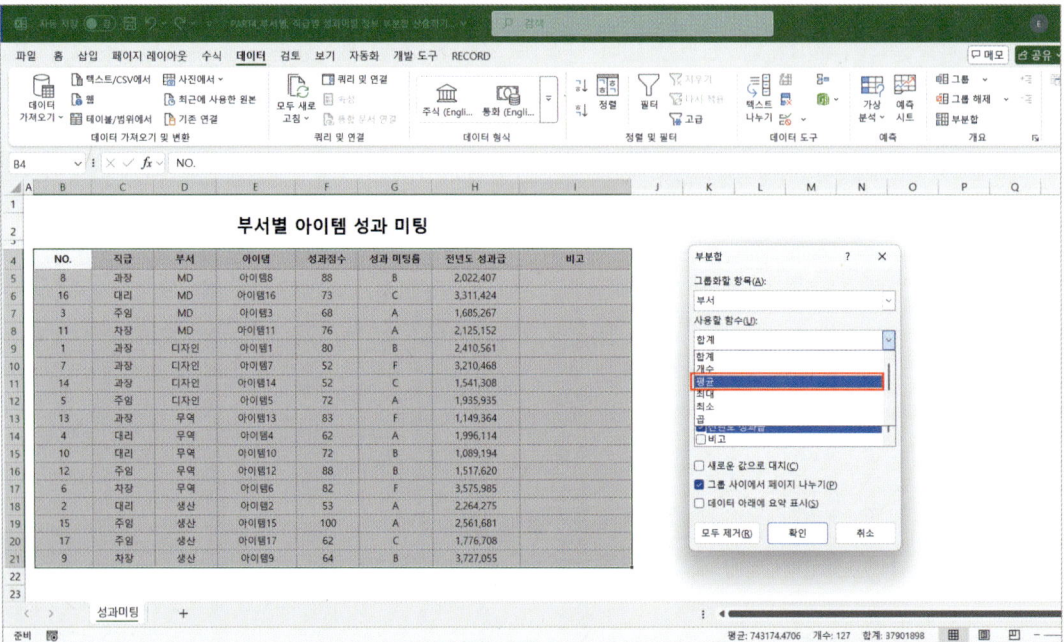

05 부분합 계산 항목: 성과점수, 체크– '그룹 사이에서 페이지 나누기, 체크' 후 확인 버튼을 누릅니다.

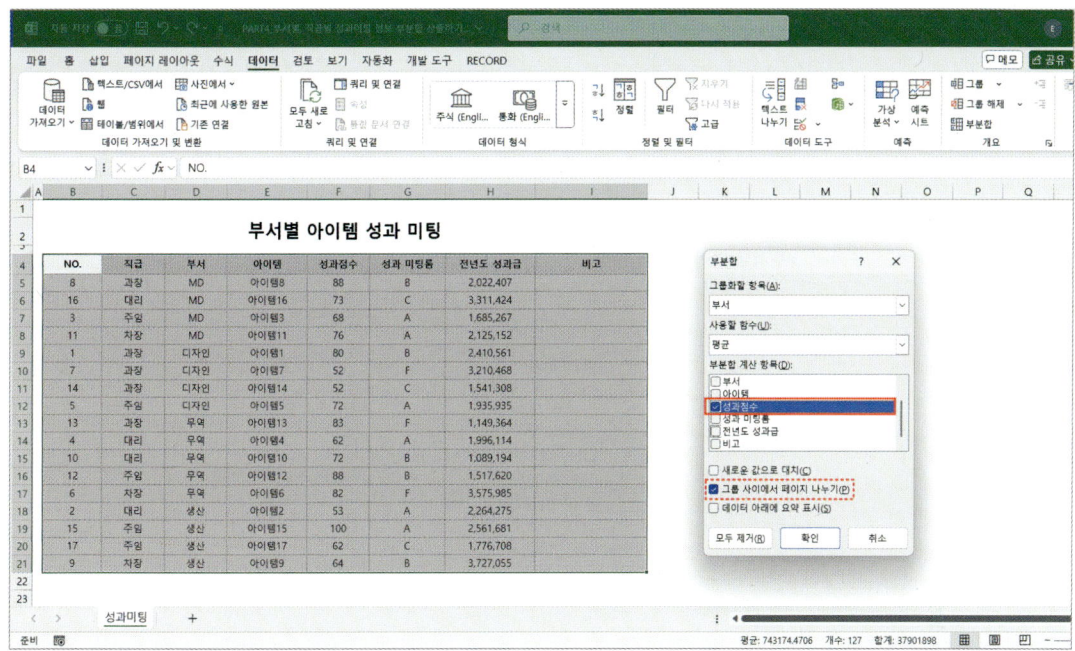

06 부분합– 그룹화할 항목: '부서'– 사용할 함수: '합계' 선택합니다.

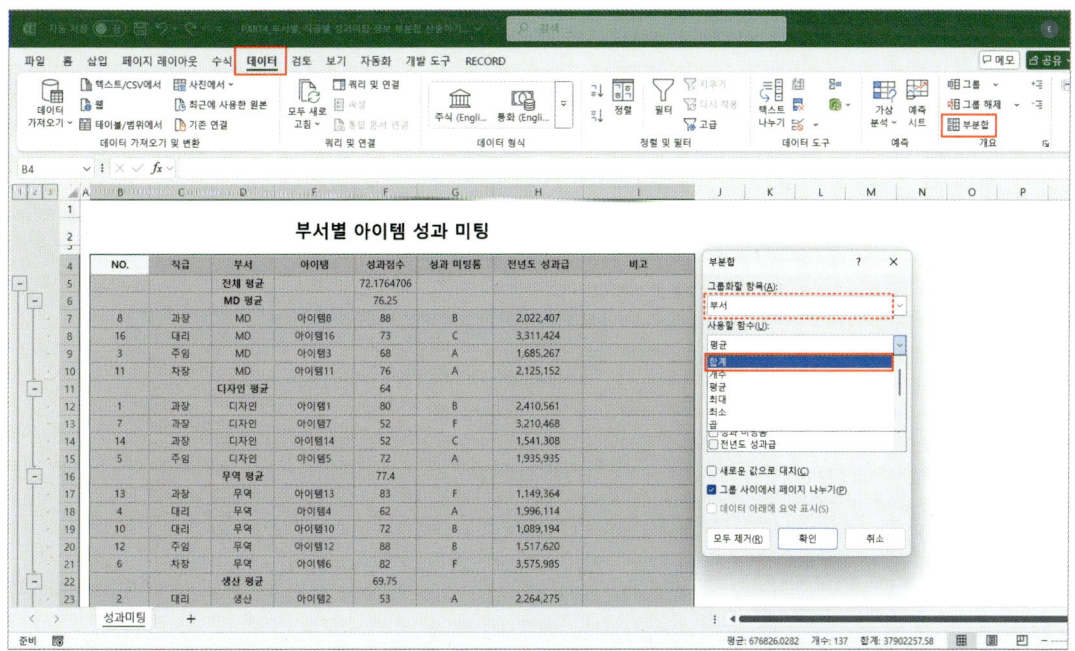

07 부분합- 부분합 계산 항목: '전년도 성과급'- '그룹 사이에서 페이지 나누기, 체크' 후 확인 버튼을 누릅니다.

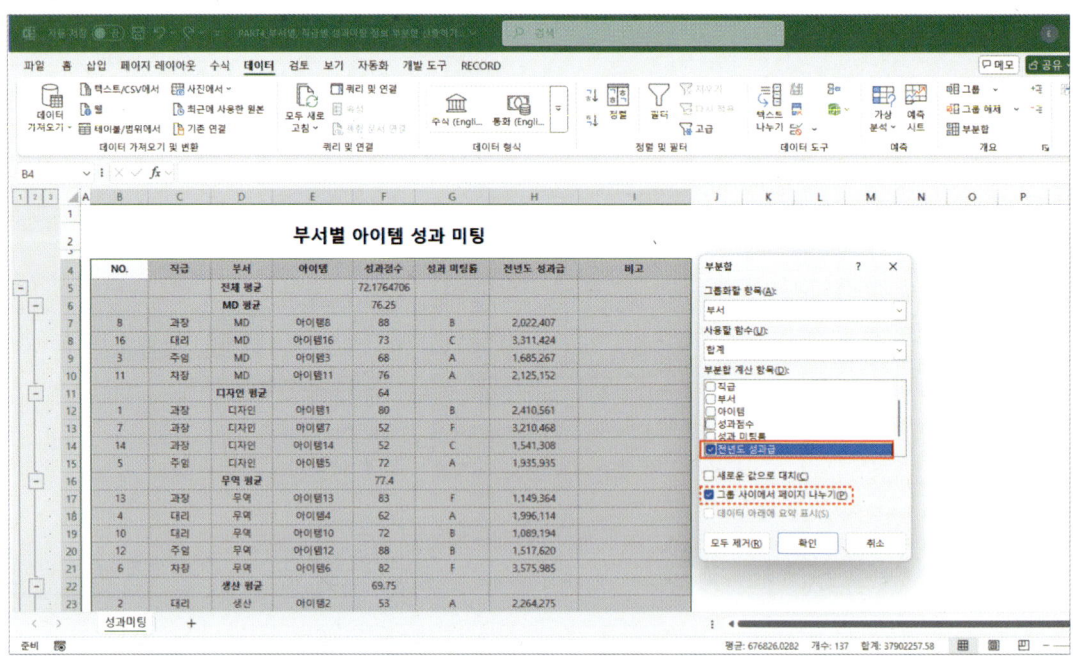

08 '부서'별 '성과점수', 평균과 전체 평균 그리고 '전년도 성과급', 합계 요약 및 총합계가 출력된 결과를 확인합니다.

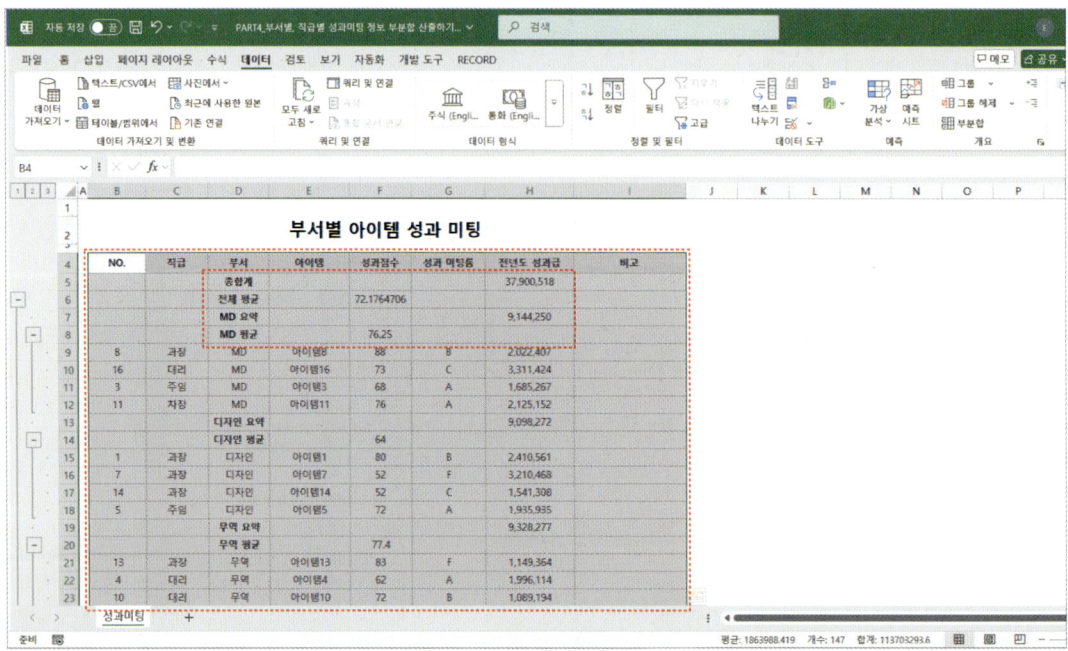

09 왼쪽 '그룹' 메뉴 숫자 1을 눌러 총합계와 전체 평균이 출력된 결과를 확인합니다.

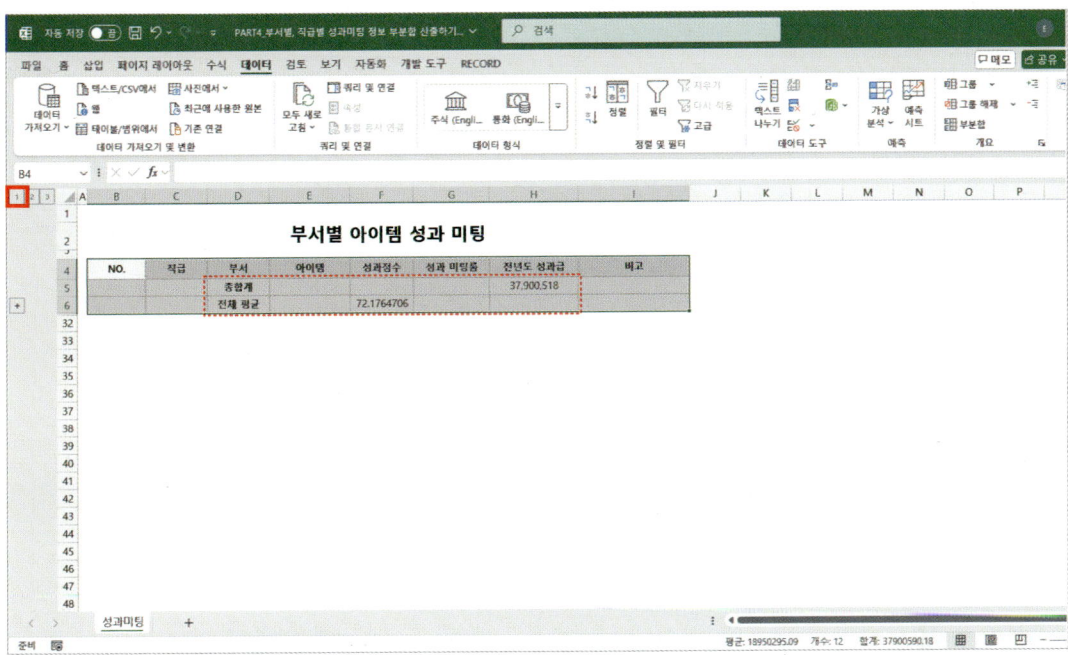

10 왼쪽 '그룹' 메뉴 숫자 2를 눌러 '부서'별 평균과 합계값 출력 결과를 확인합니다.

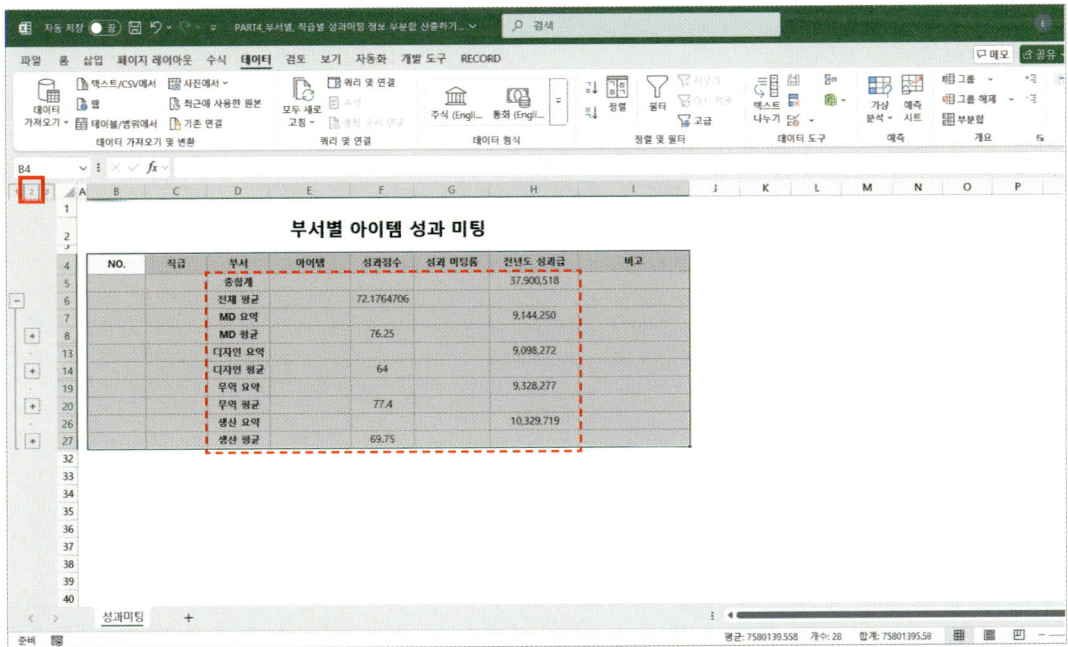

11 왼쪽 '그룹'에서 숫자 3번을 눌러 '부서'별 세부 정보가 모두 출력된 결과를 확인합니다.

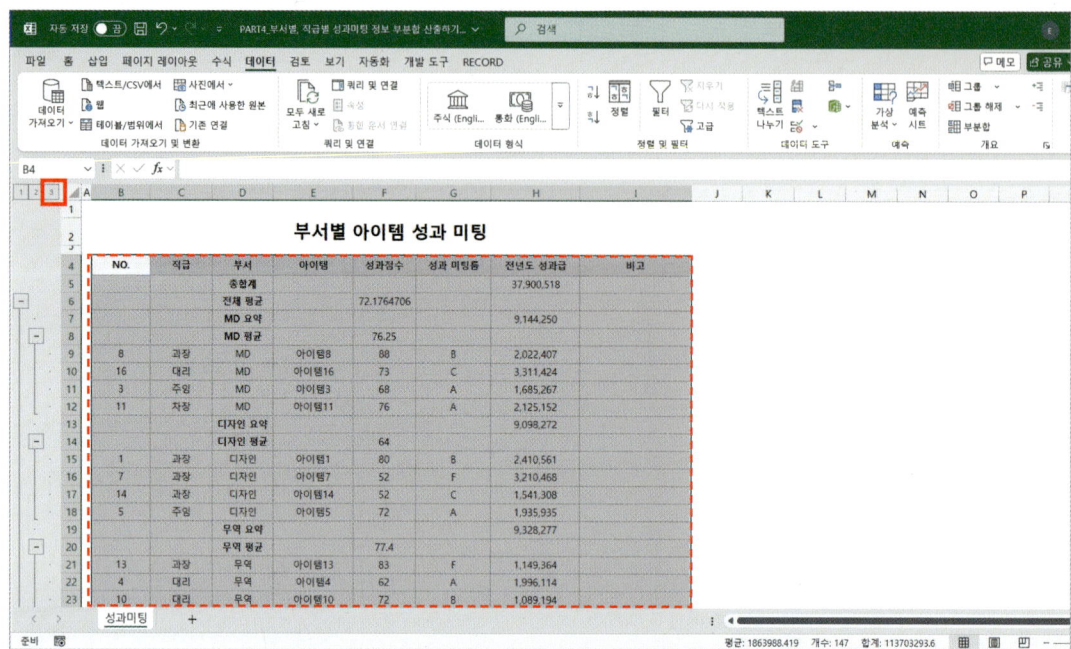

CHAPTER 19

수학 가산점이 추가된 과목별 평균이 입력된 수식만 셀 잠금하기

📄 **예제 파일** PART3_19 수학 가산점이 추가된 과목별 평균이 입력된 수식만 셀 잠금하기

데이터의 무단 변경을 방지하고, 중요한 정보를 보호하기 위한 유용한 도구가 엑셀의 '셀 잠금' 기능입니다. 이 기능을 활용하면 특정 셀을 잠금 상태로 설정하여 다른 사용자가 해당 데이터를 수정하지 못하도록 할 수 있습니다. 예를 들어, 여러 사람이 공유하는 문서에서 중요한 계산식이나 데이터가 실수로 변경되지 않도록 보호할 때 유용합니다. 셀 잠금은 엑셀의 '시트 보호' 기능과 함께 작동하며, 보호하려는 셀과 수정 가능한 셀을 선택적으로 설정할 수 있습니다. 이를 통해 민감한 데이터는 보호하고, 필요한 부분은 편집 가능하게 유지하는 유연한 관리를 지원합니다. 또한, 비밀번호를 설정하여 보안 수준을 더욱 강화할 수 있습니다. 실수를 방지하기 위한 필수 기능으로, 협업 작업과 데이터 보호가 중요한 상황에서 사용하면 좋습니다. 설정 방법에 대해 알아보도록 하겠습니다.

🔍 실무 연습 ❶

[성적표] 시트에 '과목별 성적표' 표에 20번행에 입력된 평균은 '수학' 과목 오류 문제로 인해 가산점이 5점씩 더해져 있고, 소수점 첫째 자리에서 반올림된 수식이 입력되어 있습니다. C20:L20셀 범위 수식을 데이터 관리자 외에는 수정할 수 없도록 '셀 잠금' 해 보겠습니다.

01 표 제목 포함, 수식입력 셀 제외 B2:L19셀 범위 지정– 마우스 우클릭– '셀 서식' 메뉴를 클릭합니다.

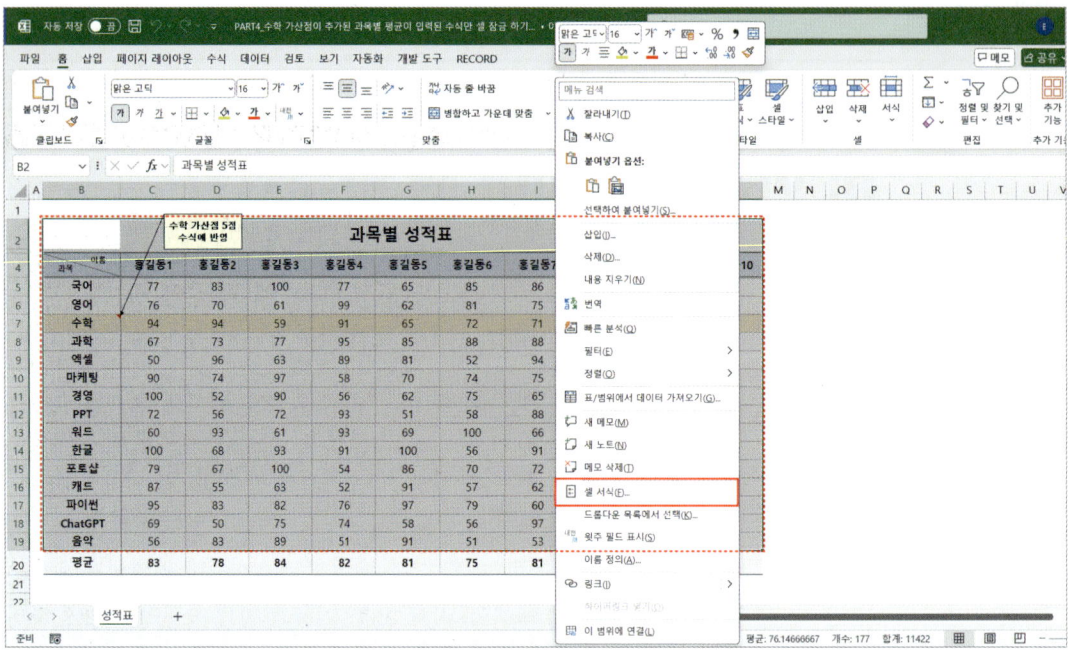

※ 범위 지정 후 Ctrl + 1 단축키로 셀 서식 대화상자를 불러낼 수도 있습니다.

02 셀 서식- 보호- '잠금, 체크 해제' 후 확인 버튼을 누릅니다.

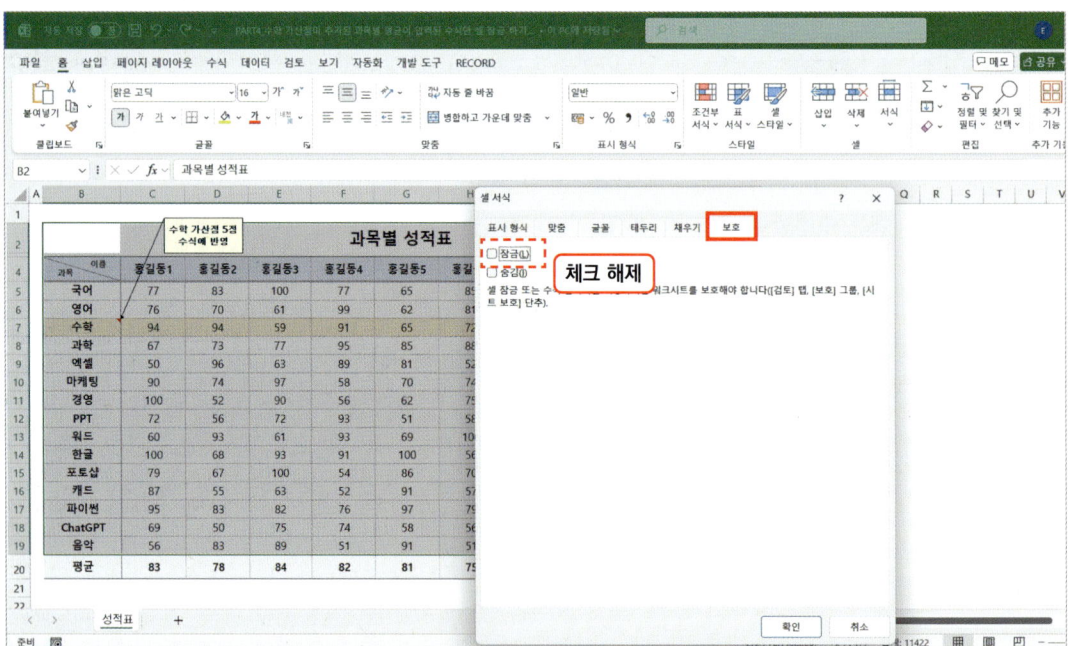

03 [검토] 탭– 보호– 시트 보호– 시트 보호– 시트 보호 해제 암호: 1111– 잠긴 셀의 내용과 워크시트 보호, 체크– 이 워크시트의 모든 사용자에게 다음 사항을 허용: '잠긴 셀 선택, 체크– 잠금 해제된 셀 선택, 체크' 후 확인 버튼을 누릅니다.

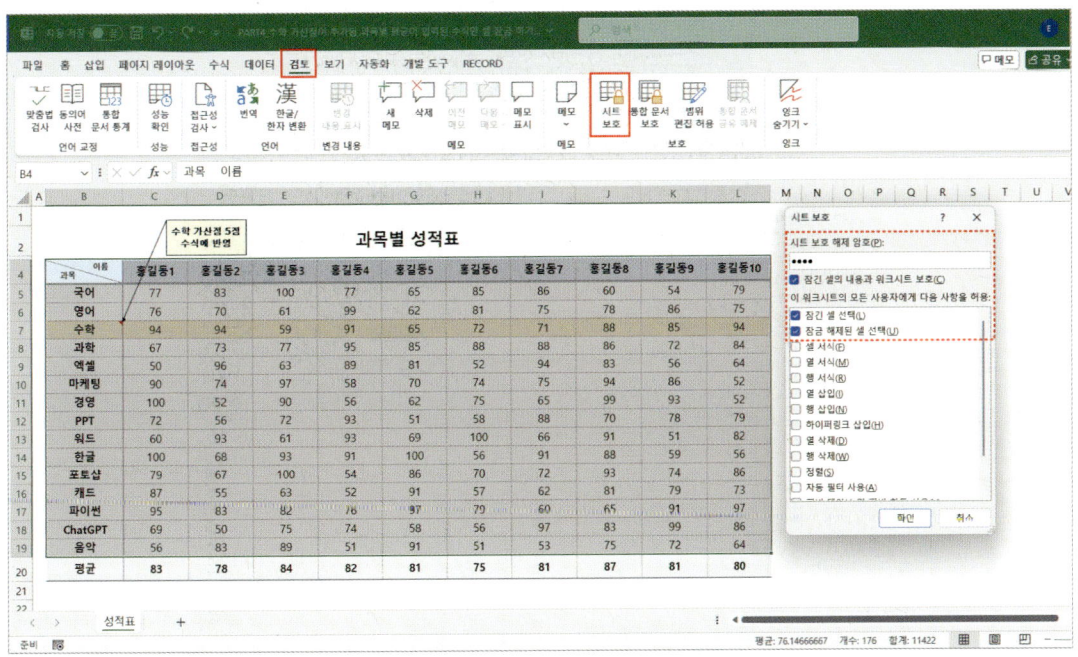

04 암호 확인– 열기 암호를 다시 입력하십시오.: '1111' 입력 후 확인 버튼을 누릅니다.

※ 최초 입력했던 비밀번호와 동일하게 입력합니다. 실무에서는 관리자만이 알 수 있는 복잡한 비밀번호로 설정해서 사용하세요. B2:L19셀 범위에는 데이터를 입력할 수 있는 상태가 되었습니다. 즉, 수정이 가능합니다.

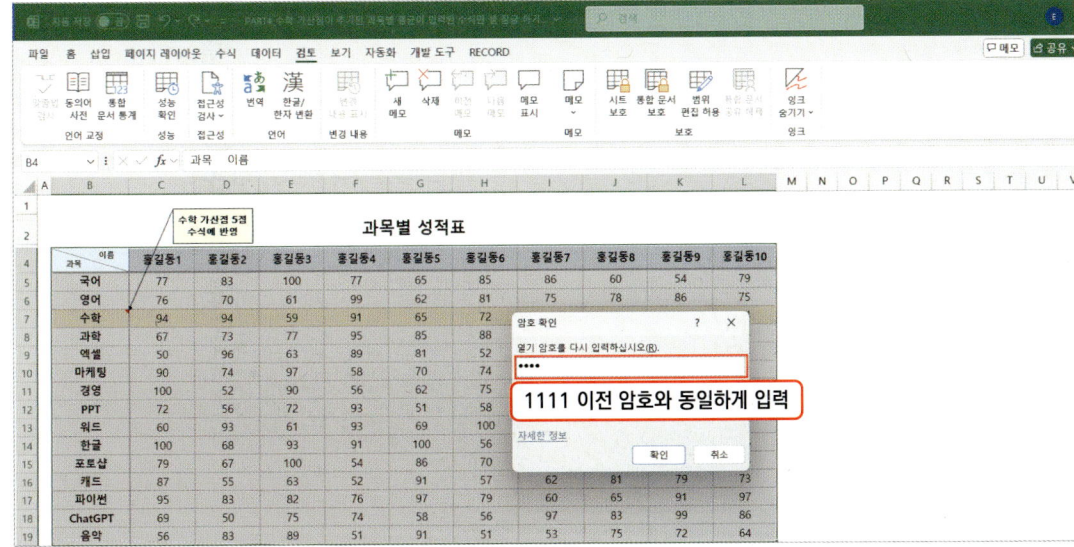

05 셀 잠금 해제하지 않은 수식이 입력된 C20:L20셀 범위에 있는 아무 셀에 내용을 입력하려 했을 때 다음과 같은 오류 메시지 대화창이 팝업되는 결과를 확인할 수 있습니다.

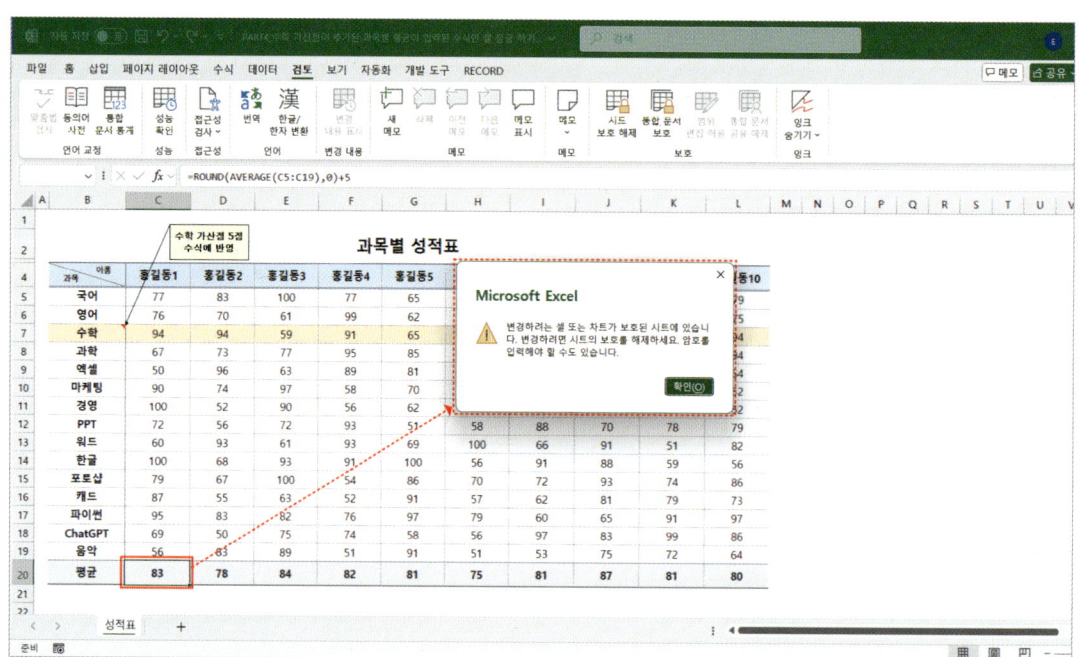

엑셀 엔진 UP! 입력된 수식 보이지 않게 만들기

위 예시에서는 '셀 잠금'된 셀을 클릭하면 입력된 수식을 수식 입력줄을 통해 확인할 수 있어 어떤 셀을 참조하거나 함수를 써서 작성된 수식인지 다른 사람도 확인할 수 있습니다. 입력된 수식은 그대로 운영되게 하면서 수식은 보이지 않게 숨기기 하는 방법에 대해 알아보겠습니다.

01 먼저 시트 보호를 해제합니다. [검토] 탭 – 보호– 시트 보호 해제– 암호: '1111' 입력합니다.

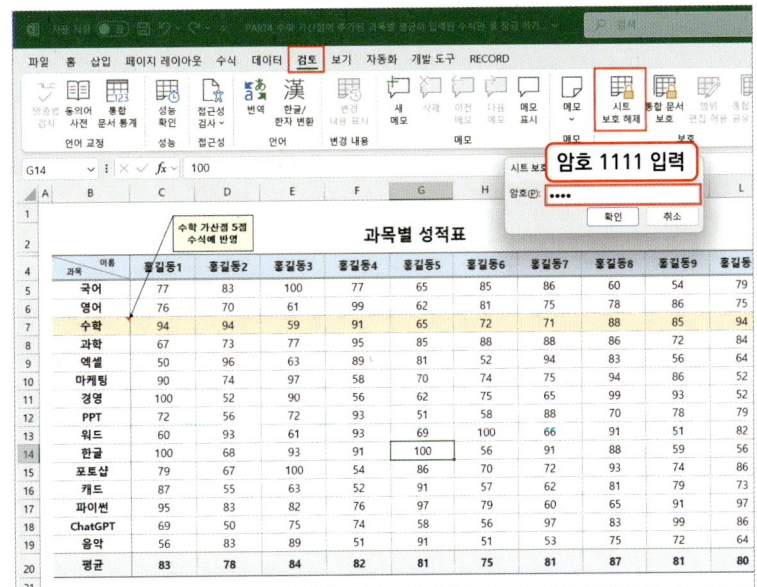

02 수식이 입력된 C20:L20셀 범위 지정– 마우스 우클릭– '셀 서식' 메뉴를 클릭합니다.

※ Ctrl + 1 단축키로 셀 서식 대화상자를 불러낼 수도 있습니다.

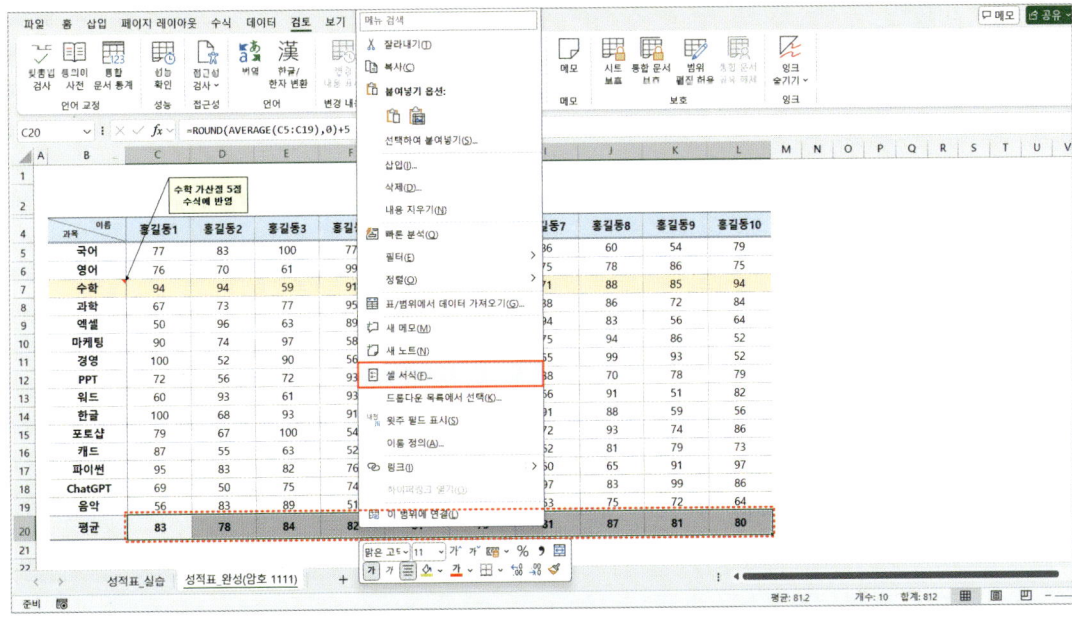

03 서식- 보호- 잠금, 체크- '숨김, 체크' 하고 확인 버튼을 누릅니다.

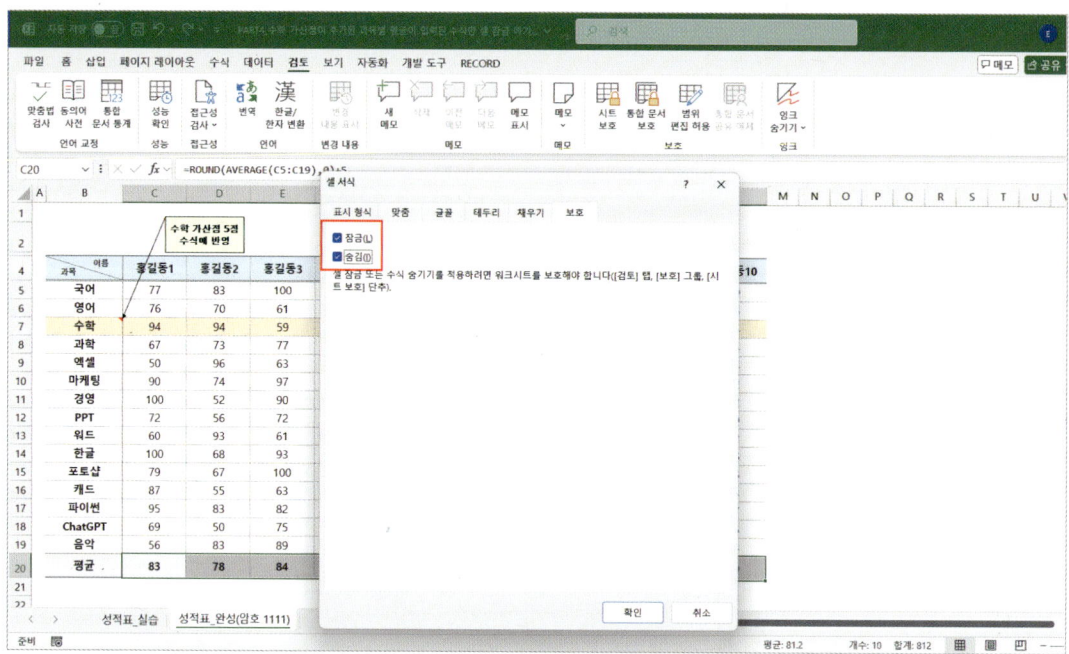

04 [검토] 탭-보호-시트 보호- 시트 보호 해제 암호: 1111- 잠긴 셀의 내용과 워크시트 보호, 체크-
이 워크시트의 모든 사용자에게 다음 사항을 허용: '잠긴 셀 선택, 체크- 잠금 해제된 셀 선택, 체크'
후 확인 버튼을 누릅니다.

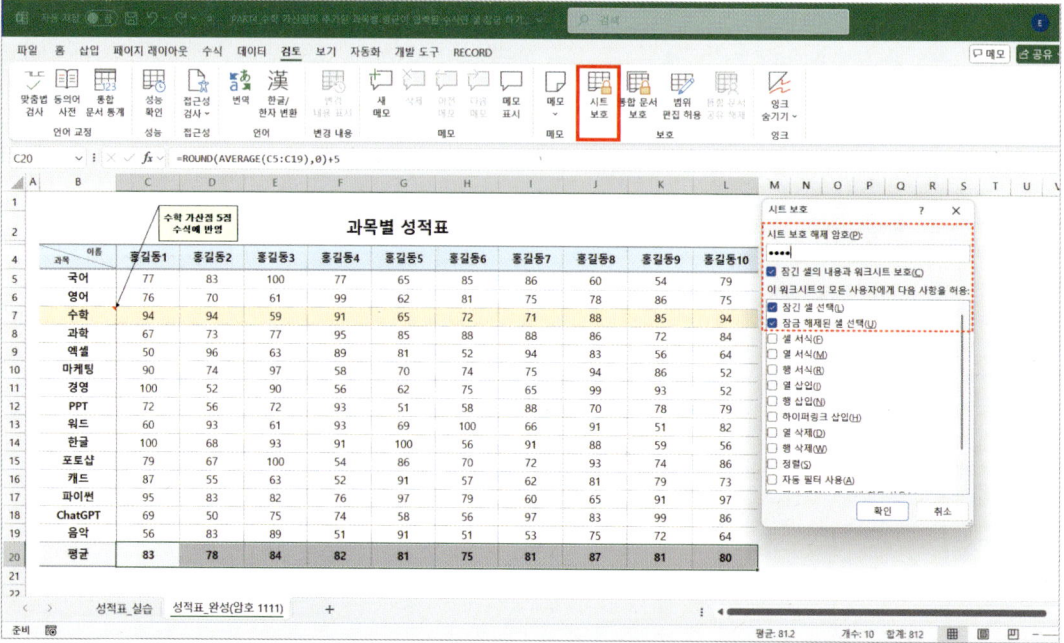

05 암호 확인– 열기 암호를 다시 입력하십시오.– '1111', 최초 암호와 동일하게 입력합니다.

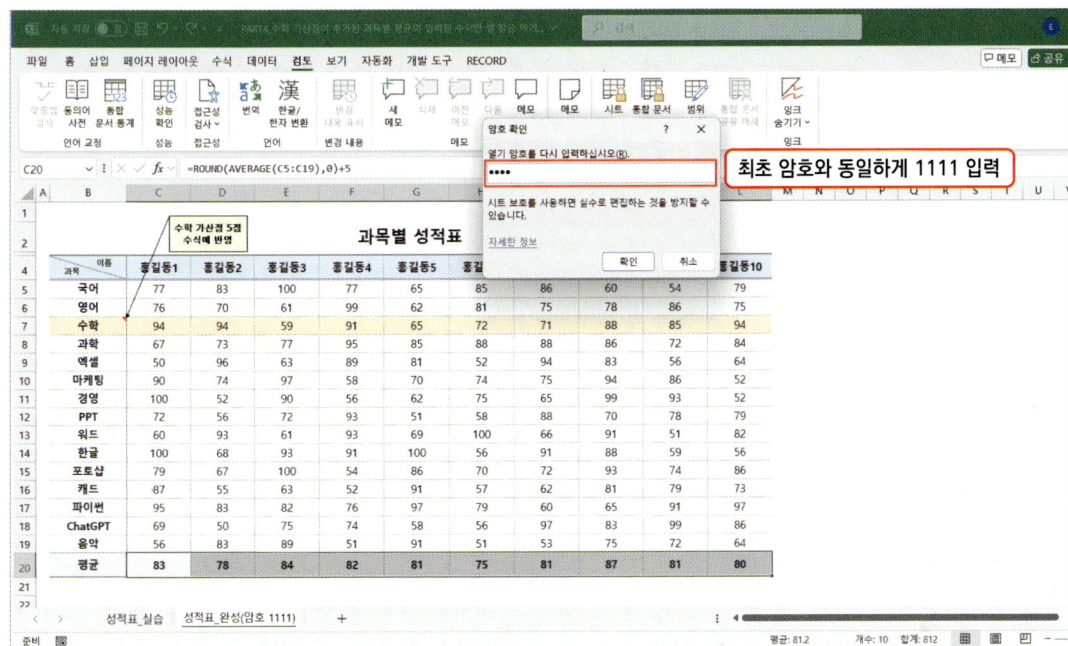

06 C20셀 클릭– 수식 입력줄에 입력된 정보를 확인할 수 없는 숨기기된 결과를 확인합니다.

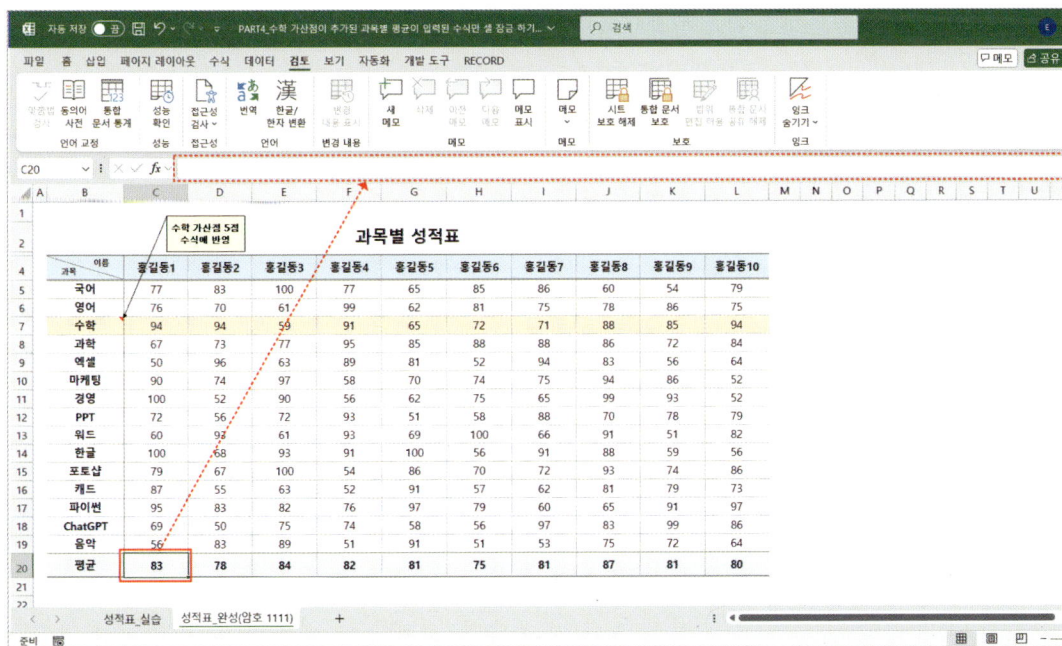

CHAPTER

20

시트 이름, 이동, 숨기기, 숨기기 해제 같은 작업 제한하고, 파일 문서 암호 설정하기

📁 **예제 파일** PART3_20 시트 이름, 이동, 숨기기, 숨기기 해제 같은 작업 제한하고, 파일 문서 암호 설정하기

실무 스킬

중요한 데이터를 보호하고, 무단 편집이나 손상을 방지하기 위해 사용되는 강력한 보안 도구가 있는데 바로 통합 문서 보호 기능입니다. 이 기능을 사용하면 통합 문서 전체에 비밀번호를 설정하여 다른 사용자가 시트를 추가 및 삭제, 이동, 이름 변경 등 구조적인 변경을 제한할 수 있습니다. 또한 시트 관련한 문서를 열거나 편집하려는 사용자에게 인증 절차를 요구할 수 있습니다. 특히, 여러 사람이 접근할 수 있는 파일에서 중요한 정보의 유출이나 무단 변경을 방지하는데 유용합니다. 통합 문서 보호는 시트 보호와 달리 파일 수준에서 작동하며, 편집 권한뿐만 아니라 열람 자체를 제한할 수도 있습니다. 시트 보호 기능과 함께 사용하면 보호된 통합 문서 내에서 특정 시트나 셀에 대한 예외 설정을 통해 보안을 더욱 강화할 수 있습니다. 통합 문서 보호 기능과 다르게 파일 자체를 열고자 할 때 암호를 설정해 보안을 더욱 강화할 수 있는 파일 암호 설정 방법도 통합 문서 보호 기능과 함께 알아보도록 하겠습니다.

실무 연습 ❶

[점포매출] 시트에 있는 '점포별 매출 비교' 표는 [2077년_매출]과 [2078년_매출]시트를 참조해서 값을 출력하고 있습니다. 이때 참조 시트 2개를 모두 숨김 처리해 다른 사용자가 볼 수 없도록 설정해 보겠습니다.

01 [2077년_매출] 시트를 먼저 마우스 클릭- Ctrl 키 누른 채, [2078년_매출]시트 마우스 클릭- 마우스 우클릭- '숨기기' 메뉴를 누릅니다.

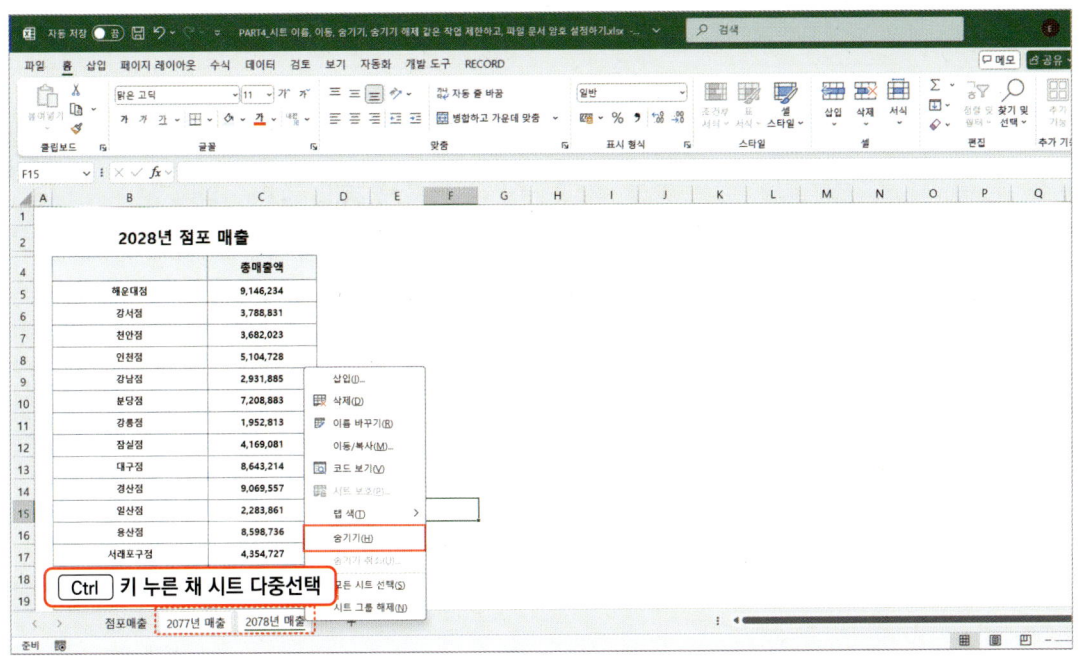

02 2개 시트가 숨김 처리된 결과를 확인하고, [검토] 탭- 보호- 통합 문서 보호- 구조 및 창 보호- 암호(옵션): '1111'- 보호할 대상- '구조, 체크' 후 확인 버튼을 클릭합니다.

※ 암호는 실무에서 조금 더 복잡하게 설정해서 사용하세요. 영문 및 숫자 조합 가능합니다.

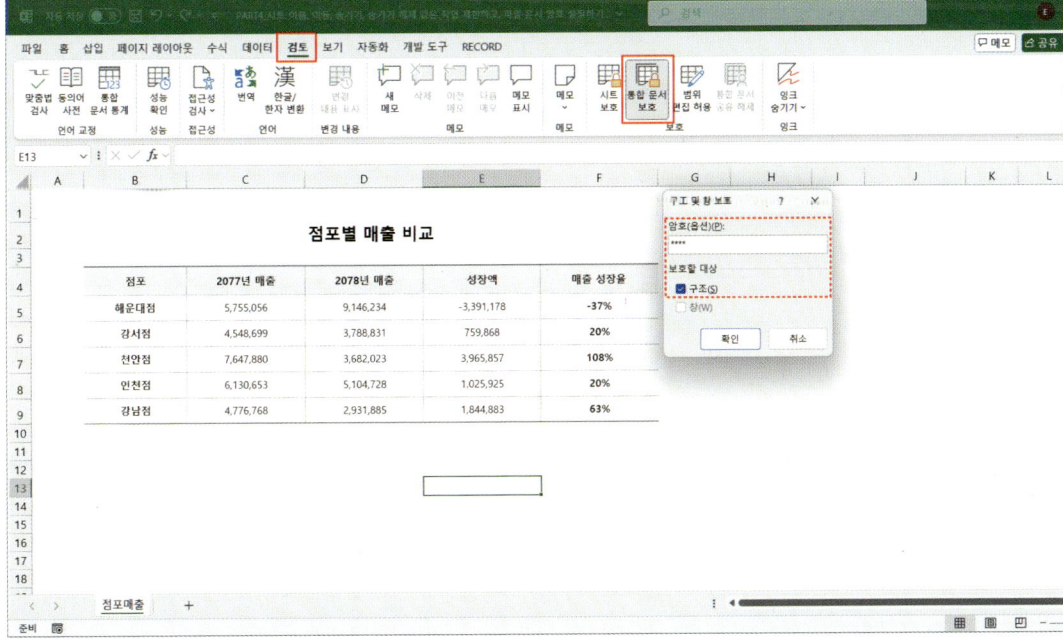

03 암호 확인– 열기 암호를 다시 입력하십시오.: '1111' 입력 후 확인 버튼을 누릅니다.

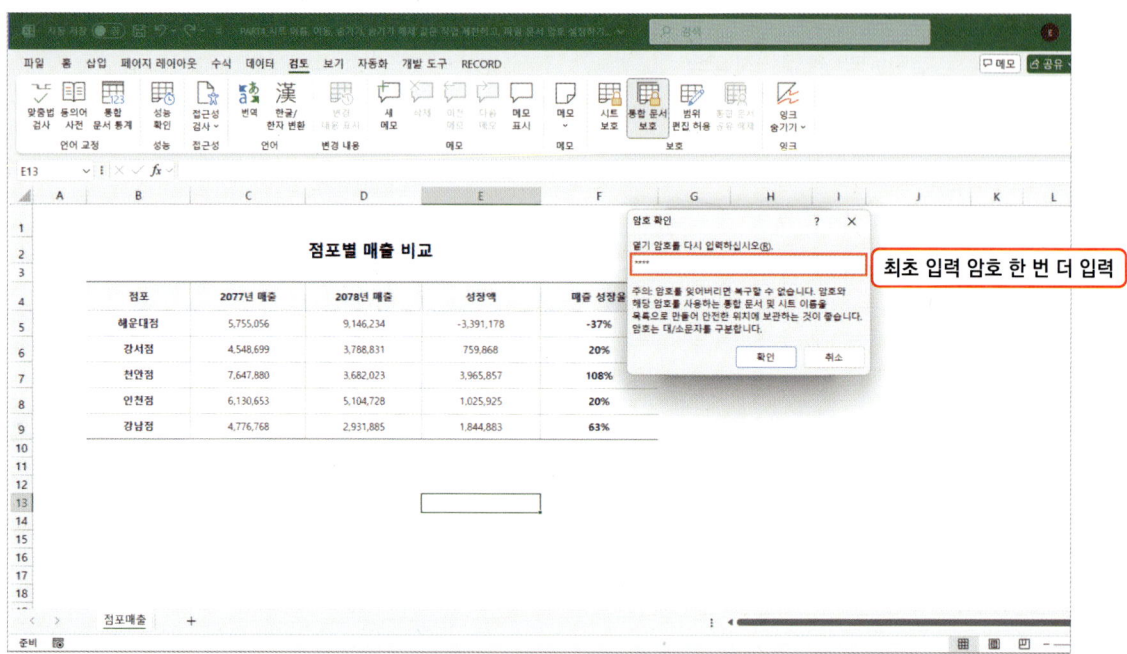

최초 입력 암호 한 번 더 입력

04 [점포매출]시트 선택– 마우스 우클릭 해 시트 관련 메뉴가 비활성화된 결과를 확인합니다.

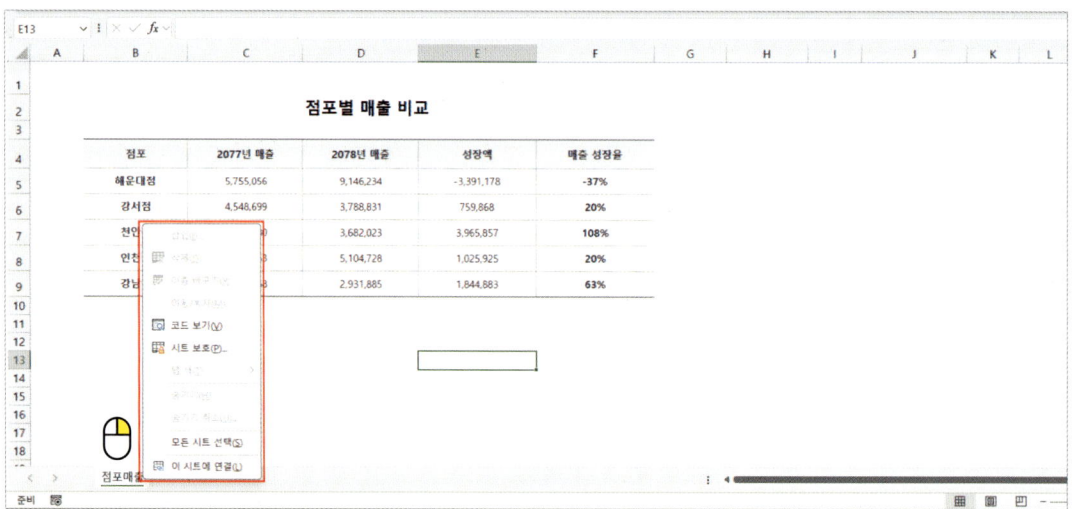

> **TIP** 현재 통합 문서 보호 상태에서는 현재 시트에 정보 입력이 가능합니다. 단, 구조적으로 시트를 추가하거나 삭제, 이동/복사 등이 제한됩니다. 그리고 작업한 내용 저장도 가능합니다. 그리고 통합 문서 보호를 해제하기 위해서는 [검토] 탭– 보호– 통합 문서 보호– 통합 문서 보호 해제– 암호: '1111'을 입력하면 암호가 해제됩니다.
> 이 통합 문서 보호 기능과 시트 보호 기능을 적절히 활용해 보안을 강화할 수 있습니다.

[PART4_시트 이름, 이동, 숨기기, 숨기기 해제 같은 작업 제한하고, 파일 문서 암호 설정하기], 해당 파일을 열 때 암호입력 설정을 해 보도록 하겠습니다.

01 [파일] 탭– 정보– 통합 문서 보호– 암호 설정

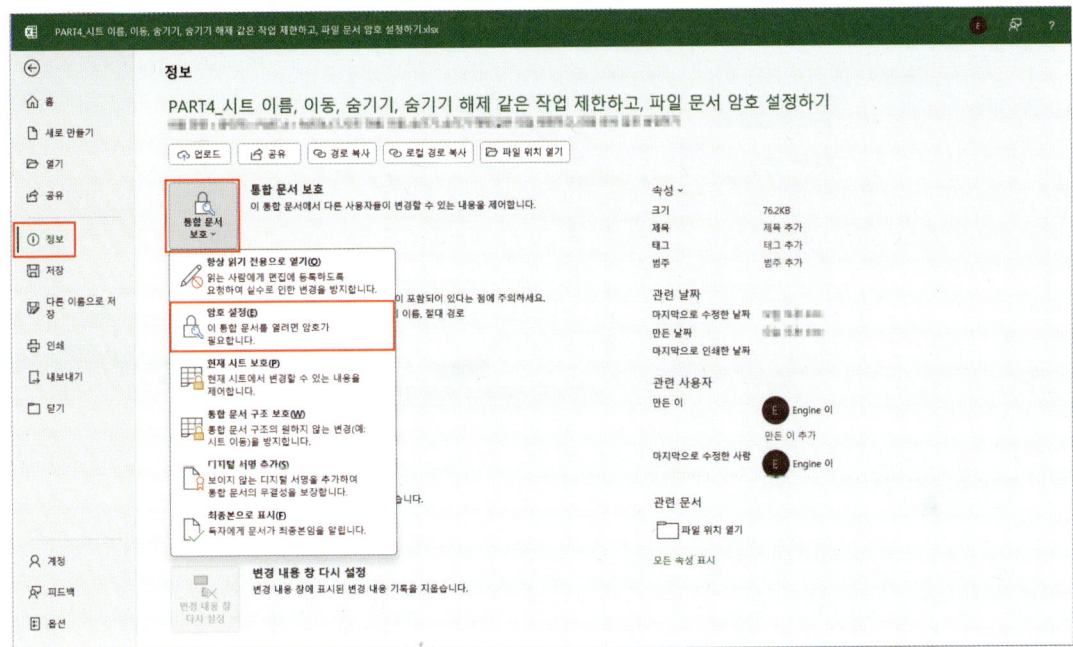

02 문서 암호화– 이 파일의 내용 암호화– 암호: '1111' 입력 후 확인 버튼을 누릅니다.

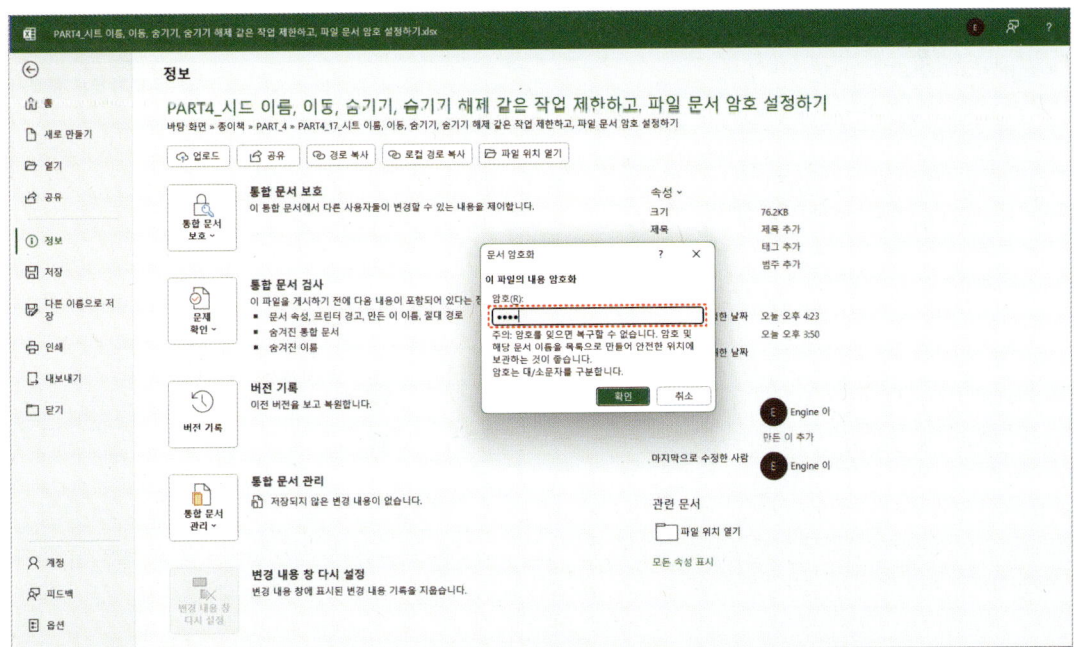

03 암호 확인–이 파일의 내용 암호화–암호 다시 입력: '1111' 입력 후 확인 버튼을 누릅니다.

※ 이전 암호와 동일하게 입력합니다. 주의 문구와 같이 암호를 잊어버리면 복구가 어렵기 때문에 꼭 메모해 두시기 바랍니다.

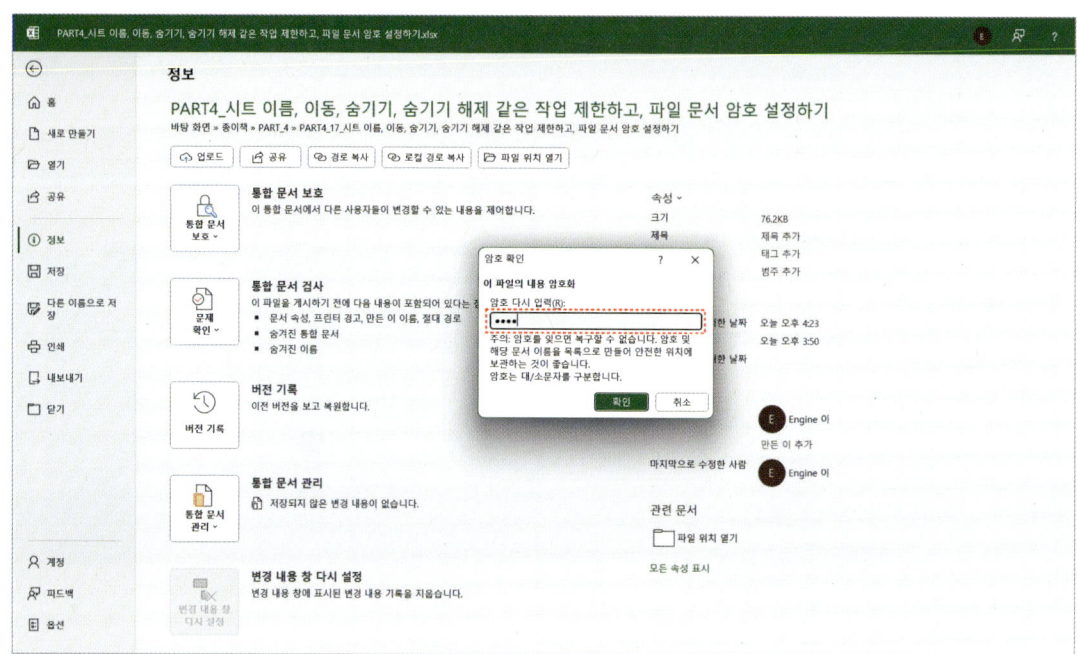

04 통합 문서 보호– '이 통합 문서를 열려면 암호를 알아야 합니다.' 문구를 확인하고 오른쪽 상단 'X'닫기 버튼을 눌러 파일을 닫습니다.

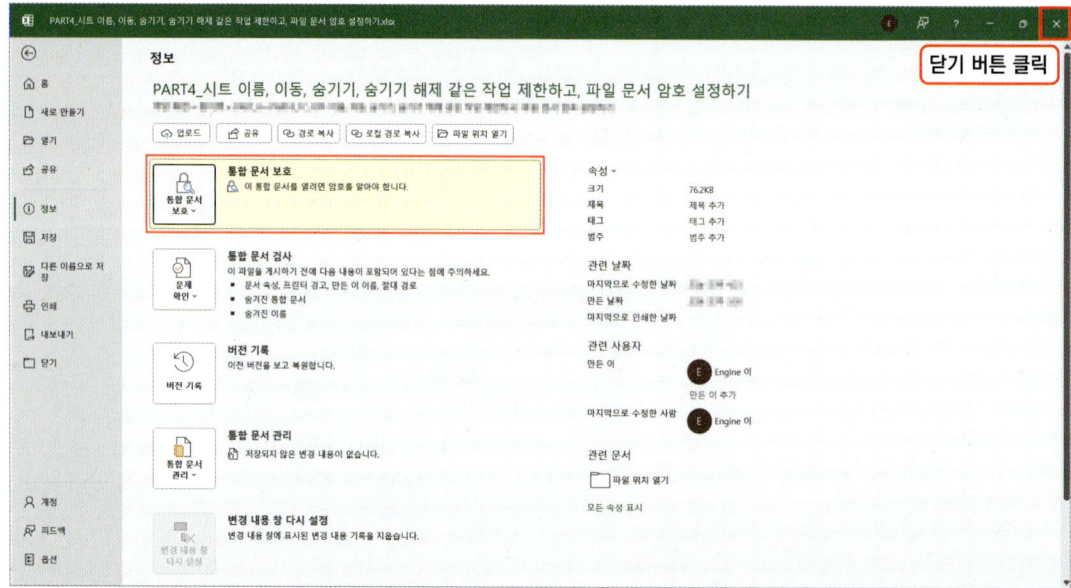

05 Microsoft Excel-'PART4_시트 이름, 이동, 숨기기, 숨기기 해제 같은 작업 제한하고, 파일 문서 암호 설정하기.xlsx'의 변경 내용을 저장하시겠습니까?-'저장' 버튼을 누릅니다.

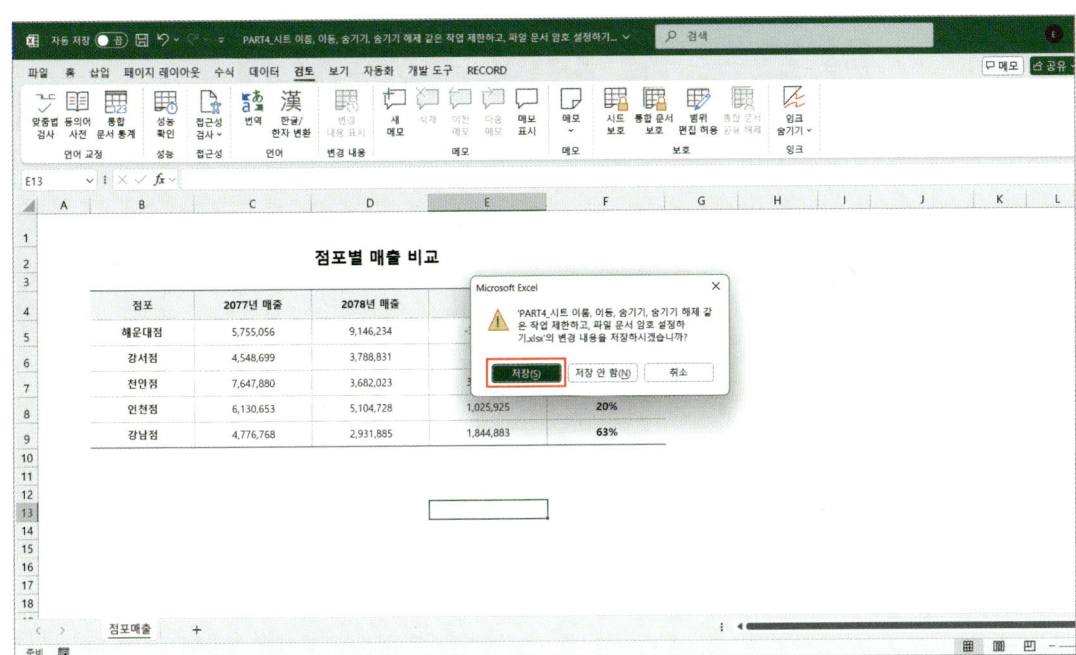

06 다시 해당 파일을 선택해 열면 '암호'를 입력하라는 메시지와 함께 대화창이 팝업됩니다. 이때 설정해 놓은 암호를 입력하면 됩니다.

※ 암호: 1111로 설정

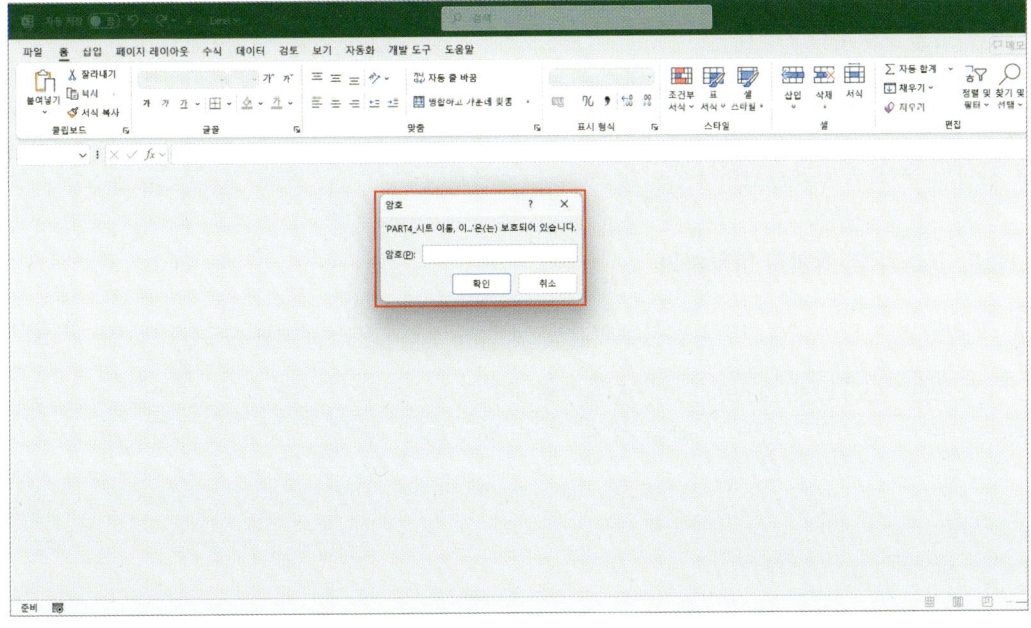

드롭다운 버튼 하나로 (다중)데이터 추출 및 검색, 정렬하기

📁 예제 파일) PART3_21 드롭다운 버튼 하나로 (다중)데이터 추출 및 검색, 정렬하기

실무 스킬

데이터를 정리하고 필요한 정보만 빠르게 추출해 보고서 분석을 해야 할 때가 있습니다. 이때 유용하게 사용할 수 있는 기능이 바로 '필터'라는 기능입니다. 이 기능을 사용하면 특정 조건에 맞는 데이터만 표시하거나, 불필요한 항목을 숨겨 효율적인 데이터 관리를 할 수 있습니다. 예를 들어, 판매 기록에서 특정 날짜, 지역, 혹은 제품명과 관련된 데이터만 선별하여 볼 때 유용합니다. 필터링은 간단한 클릭 몇 번으로 원하는 데이터를 추출할 수 있습니다. 그래서 대량의 데이터를 다룰 때 시간과 노력을 절약할 수 있습니다. 숫자, 텍스트, 날짜 등 다양한 조건을 설정하여 데이터를 세부적으로 필터링할 수 있는 유연성을 제공합니다. 또한, 데이터 분석 및 정리 과정을 더욱 간단하게 만들어 누구나 쉽게 활용할 수 있습니다. 엑셀 필터는 데이터 분석부터 보고서 작성까지 필수적인 기능으로, 누구든 쉽게 사용할 수 있도록 설계되어 있습니다. 셀 서식 다음으로 많이 사용되는 기능인 필터 사용법에 대해 알아보도록 하겠습니다.

실무 연습 ①

[반품데이터] 시트에서 다음 4가지 미션을 완수해 보겠습니다. 1) 브랜드 개수가 몇 개인지 파악하기, 2) 브랜드가 '아두닥스'이고 아이템이 '구두'인 정보 파악하기, 3) 반품일을 '내림차순' 정렬하기, 4) 반품사유 중 '사이즈'와 '오염'이라는 단어가 들어간 브랜드만 추출하기

브랜드 개수가 몇 개인지 파악하기

01 머리글 범위, B4:M4셀 범위 지정- [데이터] 탭- 정렬 및 필터- '필터' 메뉴를 클릭합니다. 또는 ⎡Ctrl⎤ +⎡Shift⎤+⎡L⎤, ⎡Alt⎤+⎡A⎤+⎡T⎤ 단축키를 누릅니다.

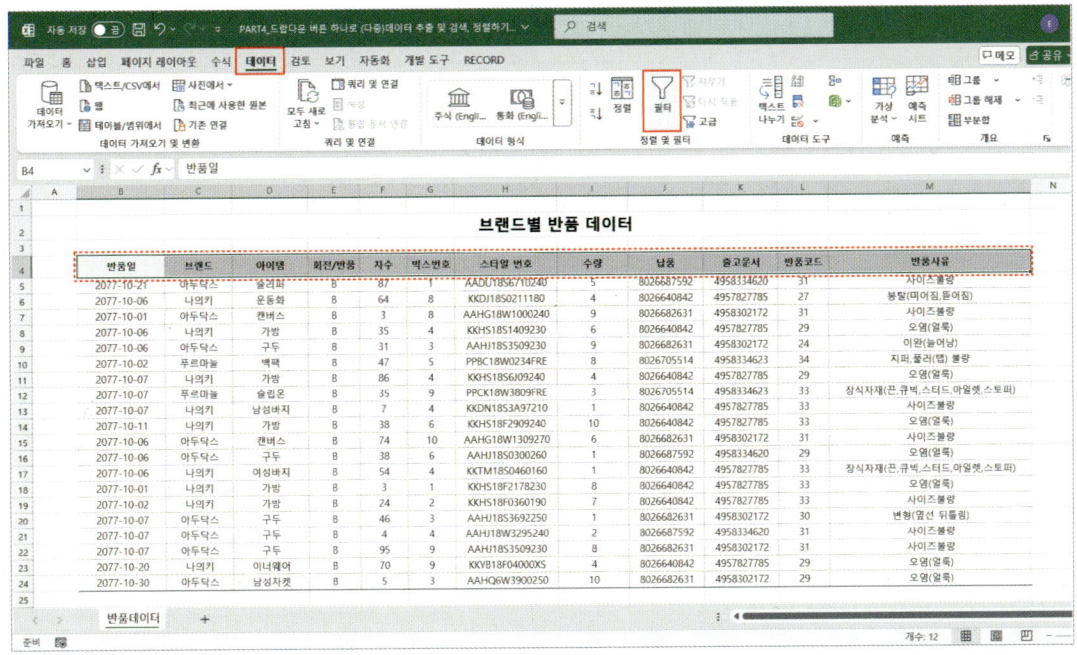

02 '브랜드' 머리글 드롭다운 메뉴 클릭- '브랜드 개수 3개' 결과를 확인합니다.

※ 필터 기능은 중복값을 제거하고 고유한 값만 리스트로 출력해 줍니다.

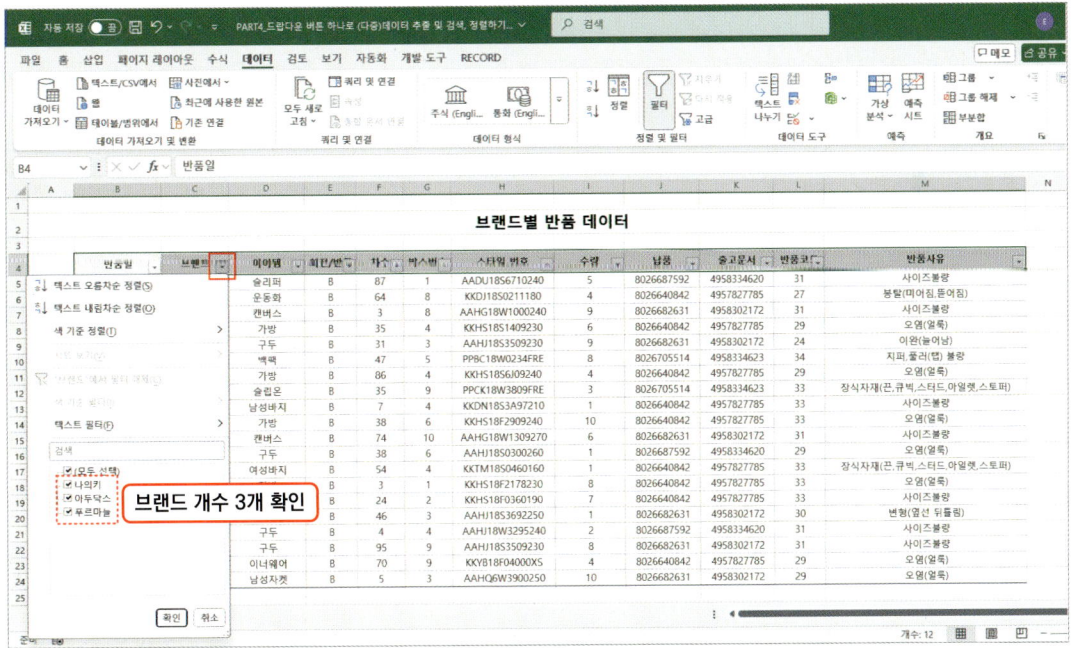

브랜드가 '아두닥스'이고 아이템이 '구두'인 정보 파악하기

01 필터가 운영되고 있고 상황에서 '브랜드' 드롭다운 버튼 클릭– 모두 선택, 체크 해제– ''아두닥스', 체크'
후 확인 버튼을 누릅니다.

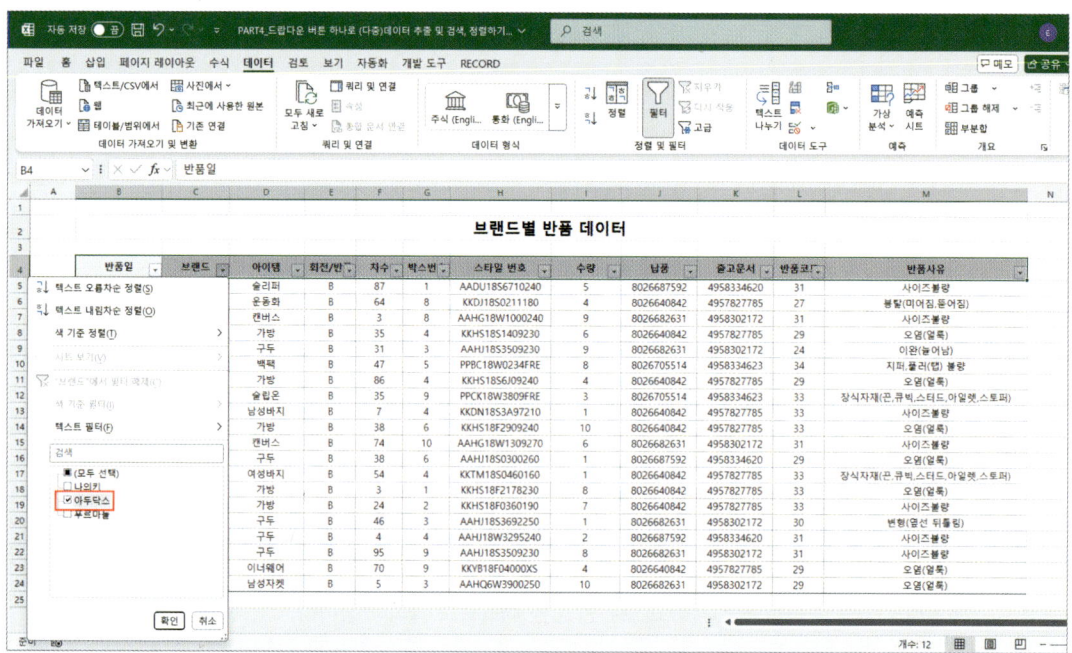

02 '아이템' 드롭다운 버튼 클릭– 모두 선택, 체크 해제– ''구두', 체크' 후 확인 버튼을 누릅니다.

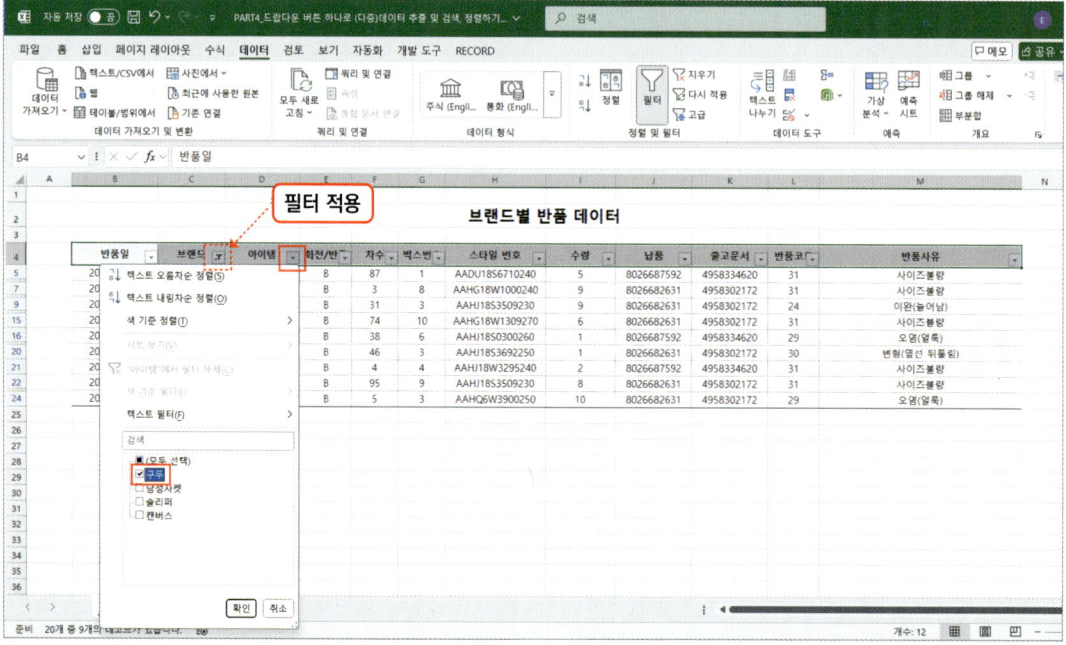

03 '브랜드'가 '아두닥스'이고, '아이템'이 '구두'인 데이터가 필터링된 결과를 확인합니다.

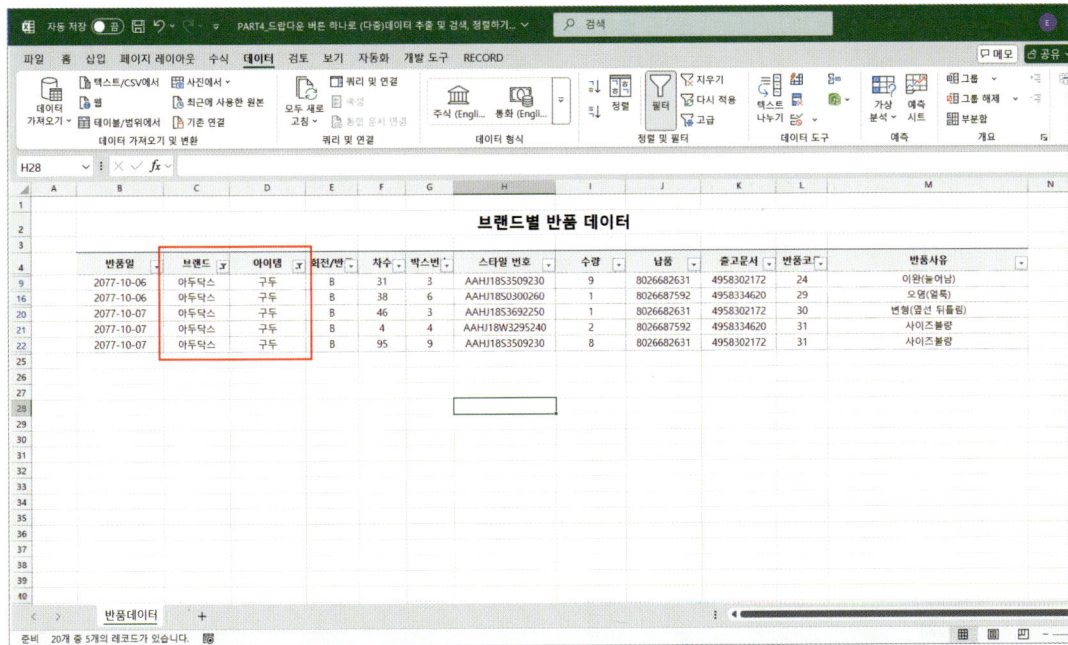

반품일을 '내림차순' 정렬하기

01 현재 적용된 필터를 해제하기 위해, Ctrl + Shift + L 또는 Alt + A + T 단축키를 누릅니다. 또는 [데이터] 탭- 정렬 및 필터- '필터' 메뉴를 클릭해도 됩니다. 그리고 나서 다시 필터를 적용합니다. 그리고 나서 '반품일' 드롭다운 버튼 클릭- '날짜/시간 내림차순 정렬' 메뉴를 클릭합니다.

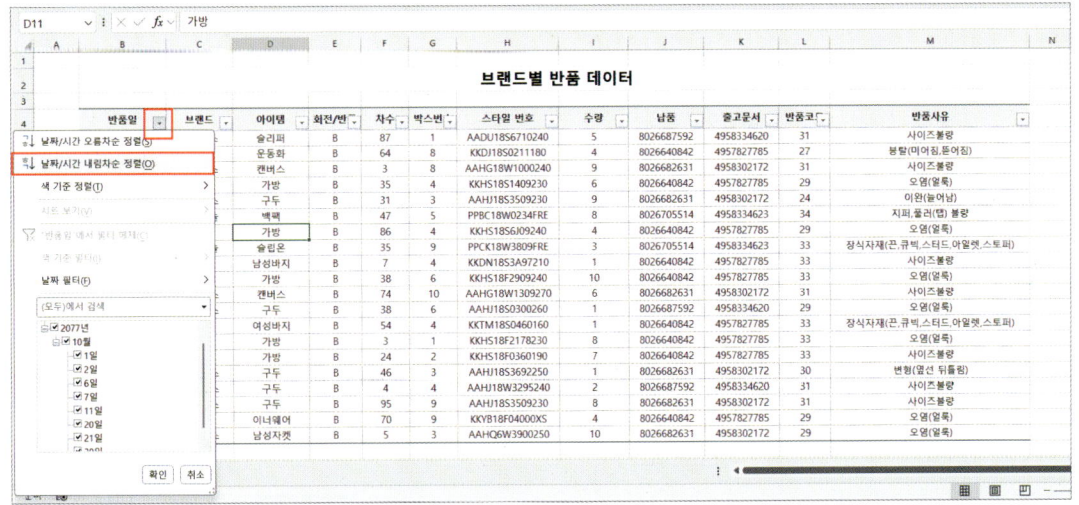

※ 필터 적용과 해제 시 단축키는 동일합니다. 또한 리본 메뉴에서 '필터' 메뉴를 클릭하는 것도 동일합니다.

02 '반품일' 드롭다운 버튼에 아래 방향 화살표가 생성된 결과를 확인할 수 있고, 데이터는 내림차순 정렬로 큰 날짜에서 작은 날짜 순으로 정렬된 결과를 확인할 수 있습니다.

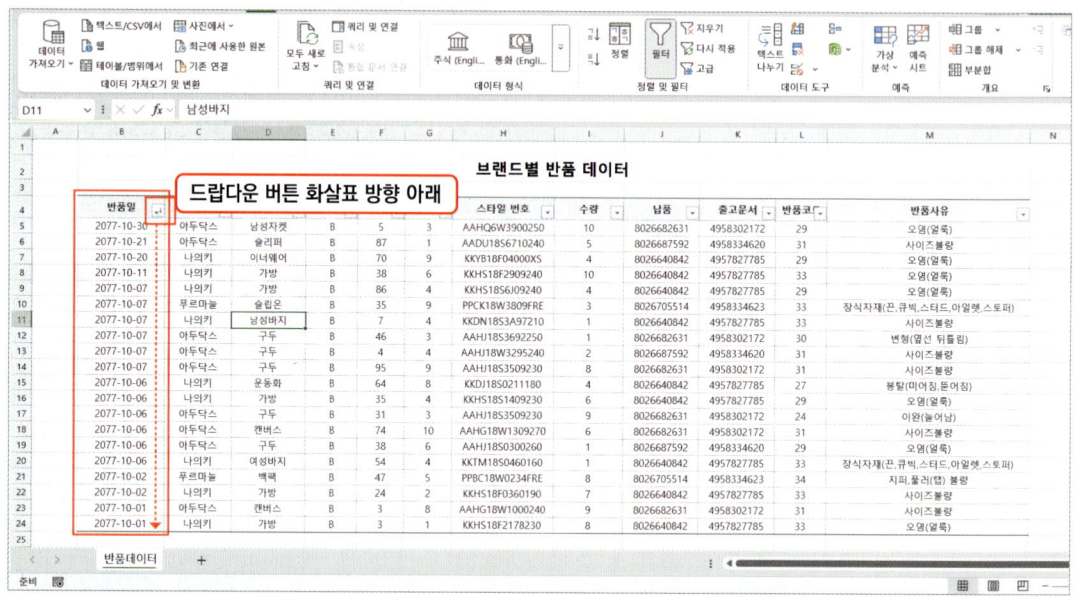

반품사유 중 '사이즈'와 '오염'이라는 단어가 들어간 브랜드만 추출하기

01 필터가 운영 중인 상황에서 '반품사유' 드롭다운 버튼 클릭– 검색 창에 '사이즈' 입력 후 확인 버튼을 클릭합니다.

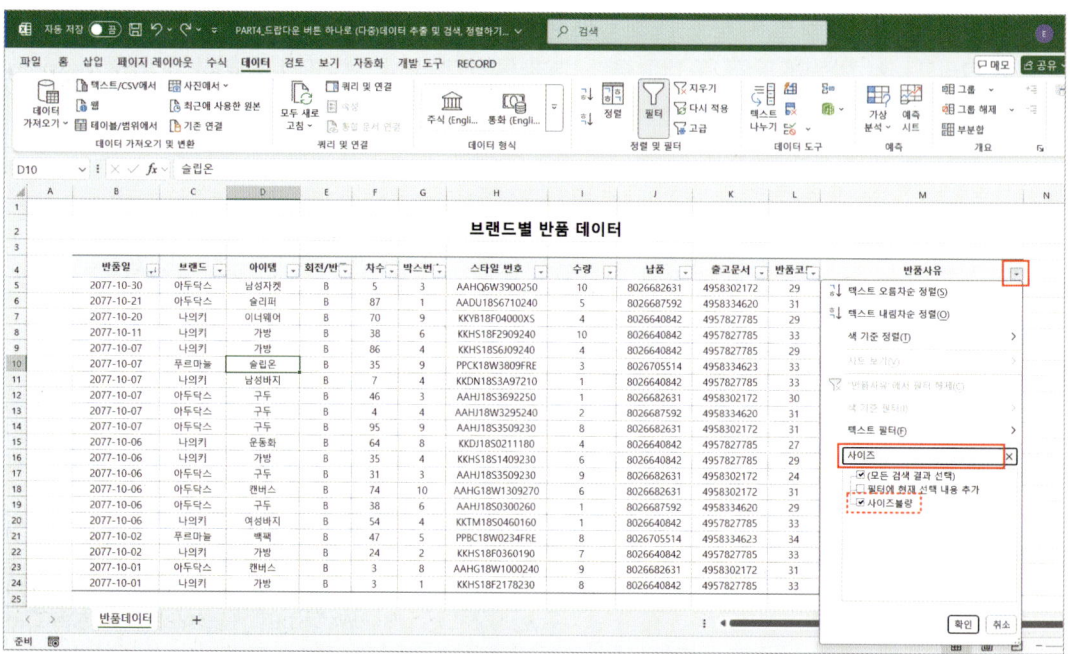

※ 필터 검색 기능은 특정 단어를 입력하면 입력된 단어가 포함된 모든 텍스트를 출력해 줍니다.

02 사이즈 불량 데이터가 추출된 상황에서 다시 '반품 사유' 드랍 다운 버튼 클릭 – 검색란에 '오염' 입력 – '필터에 현재 선택 내용 추가' 체크 후 확인 버튼을 클릭합니다.

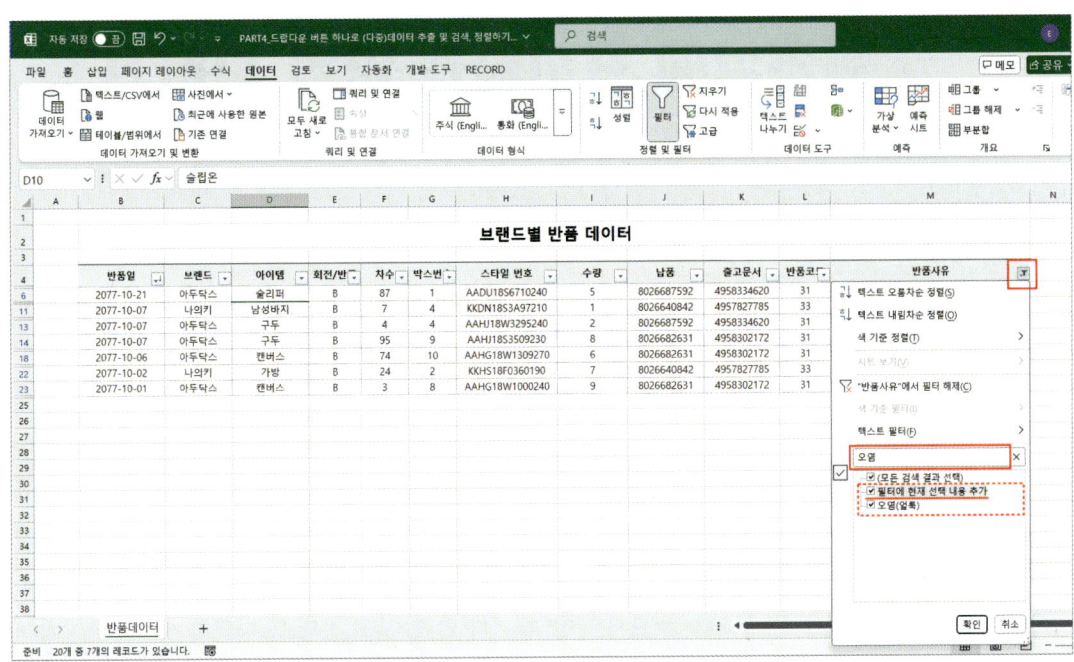

03 '사이즈' 또는 '오염' 단어가 들어간 데이터만 필터링된 결과를 확인합니다.

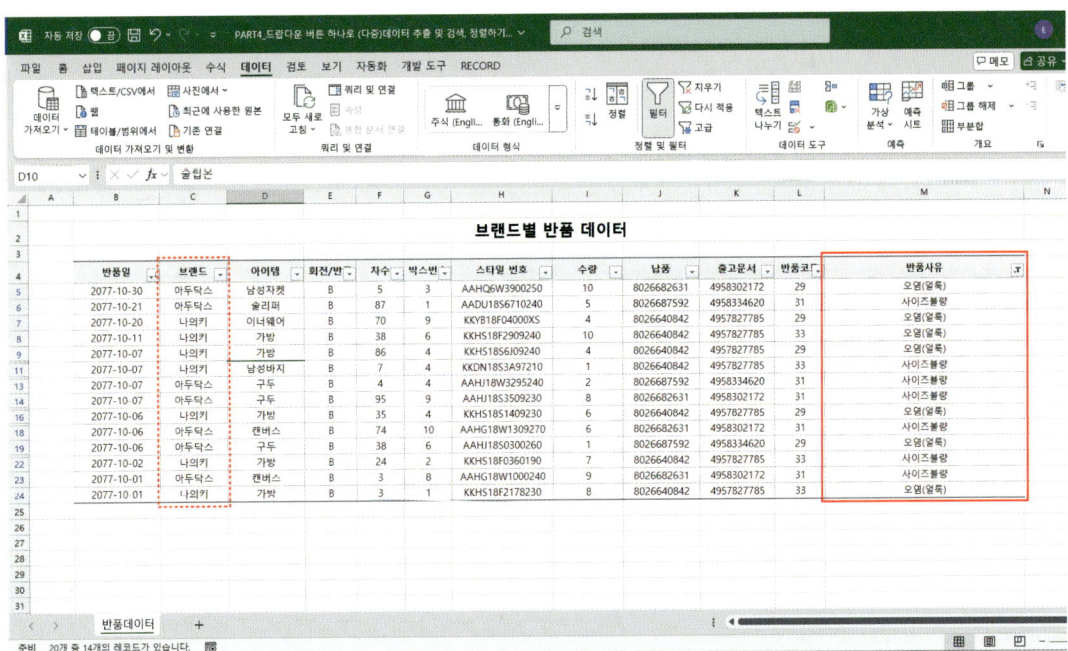

정보량이 많을 때 목록을 항상 화면상에 표시하는 방법 익히기

📁 **예제 파일** PART3_22 정보량이 많을 때 목록을 항상 화면상에 표시하는 방법 익히기

실무 스킬

대량의 데이터를 처리할 때 특정 행과 열을 고정하여 스크롤 시에도 항상 표시되도록 만드는 매우 유용한 도구가 있습니다. 바로 '틀 고정'이란 기능입니다. 이 기능을 활용하면 상단 머리글이나 중요한 기준값이 포함된 데이터를 고정하여 작업 효율성을 높일 수 있습니다. 예를 들어, 고객 정보 목록에서 이름과 번호를 항상 표시하면서 나머지 데이터를 스크롤할 수 있습니다. 틀고정은 여러 행과 열을 동시에 고정하거나, 상단 행 또는 첫 번째 열만 고정하는 방식으로 설정 가능합니다. 셀 포인터 왼쪽 면과 위쪽 면을 기준으로 작동하며 행과 열목록이 고정됩니다. 틀 고정 기능은 데이터 가독성을 향상시키고 작업 중 실수를 방지하는 데 도움을 줍니다. 보고서 작성, 데이터 입력, 분석 작업 등 다양한 상황에서 유용하게 활용됩니다. 작동 방법을 알아보도록 하겠습니다.

실무 연습 ❶

[매장비품율] 시트에서 B열에 있는 목록을 오른쪽 열 방향으로 스크롤하거나, 아래 방향 행방으로 스크롤할 때 항상 화면에 표시될 수 있도록 '틀 고정'을 해 보도록 하겠습니다.

01 틀고정은 셀 포인터 왼쪽 면과 위쪽 면을 기준으로 화면이 고정되기 때문에, C12셀 클릭- [보기] 탭- 틀 고정- '틀 고정' 메뉴를 클릭합니다.

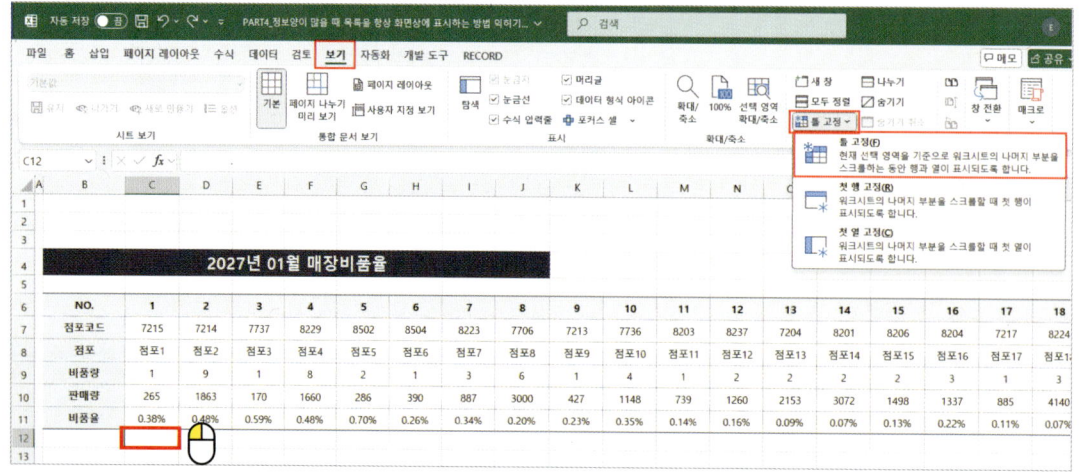

02 아래 방향 스크롤을 오른쪽으로 드래그해 B열 목록이 화면에 고정되어 표시되는 결과를 확인합니다.

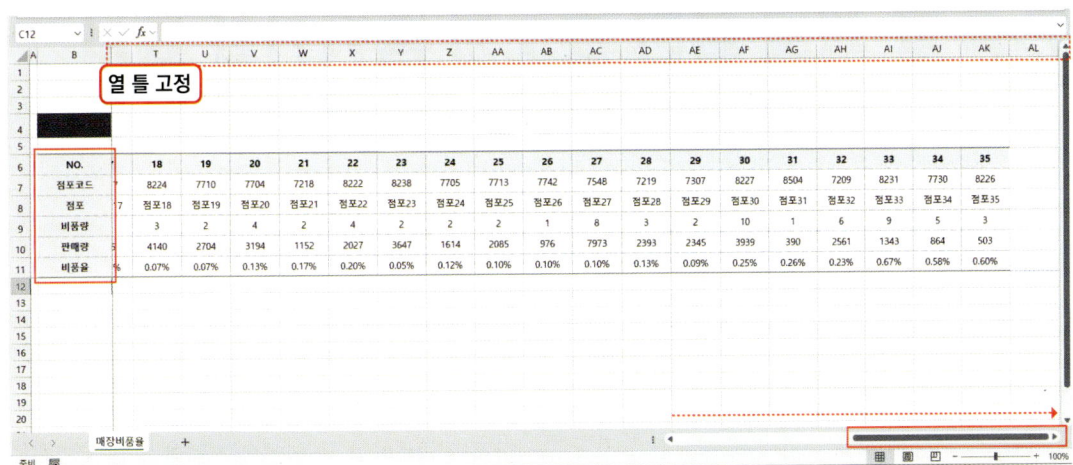

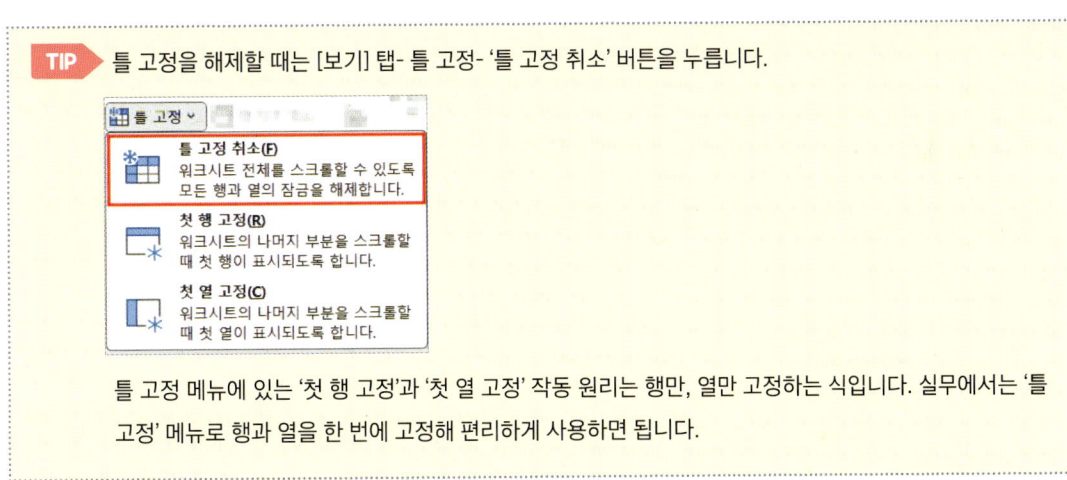

TIP 틀 고정을 해제할 때는 [보기] 탭- 틀 고정- '틀 고정 취소' 버튼을 누릅니다.

틀 고정 메뉴에 있는 '첫 행 고정'과 '첫 열 고정' 작동 원리는 행만, 열만 고정하는 식입니다. 실무에서는 '틀 고정' 메뉴로 행과 열을 한 번에 고정해 편리하게 사용하면 됩니다.

03 오른쪽 방향 스크롤을 아래 방향으로 드래그하거나 오른쪽 아래방향 삼각형 표시를 40번 행이 보일 때까지 클릭합니다. 이때 목록이 고정되어 있는 것을 확인합니다.

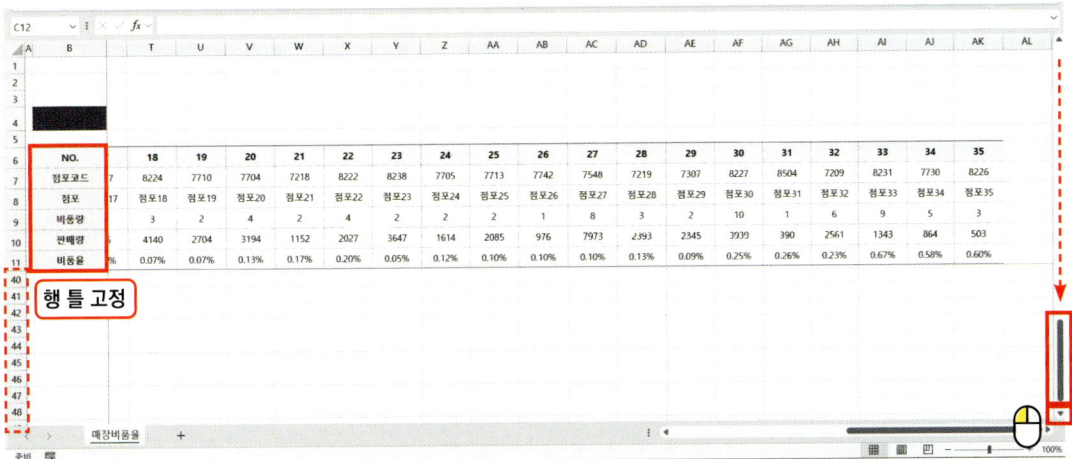

엑셀 화면 요소의 숨기기와 표시하기(수식 입력줄, 머리글, 눈금선 등)

📄 **예제 파일** PART3_23 엑셀 화면 요소의 숨기기와 표시하기(수식 입력줄, 머리글, 눈금선 등)

실무 스킬

엑셀의 화면 요소 숨기기와 표시 기능은 작업 환경을 사용자 맞춤형으로 조정할 수 있는 강력한 도구입니다. 이 기능을 통해 작업에 꼭 필요한 요소만 표시하거나 불필요한 부분을 숨겨 더욱 효율적인 작업 환경을 만들 수 있습니다. 예를 들어, 눈금선을 숨겨 깔끔한 보고서를 작성하거나, 수식 입력줄을 표시하여 계산식과 데이터를 더 편리하게 관리할 수 있습니다. 머리글이나 행 번호를 제어하여 대량 데이터를 처리할 때 가독성을 높이는 데도 유용합니다. 이 기능은 발표 자료 준비 시 화면을 깔끔하게 정리하여 전문성을 강조할 수 있도록 도와줍니다. 표시할 요소를 선택적으로 조정함으로써 중요한 정보만 확인하거나, 작업 흐름을 최적화할 수 있습니다. 설정 방법에 대해 알아보겠습니다.

실무 연습 ❶

[엑셀화면요소] 시트에서 1) 수식 입력줄 숨기기, 2) 머리글 숨기기, 3) 눈금선 숨기기, 4) 리본 탭만 표시, 위 4가지로 화면 구성을 바꾸는 방법을 알아보도록 하겠습니다.

수식 입력줄 숨기기

01 [보기] 탭- 표시- '수식 입력줄, 체크 해제' 후 화면 레이아웃을 확인합니다.

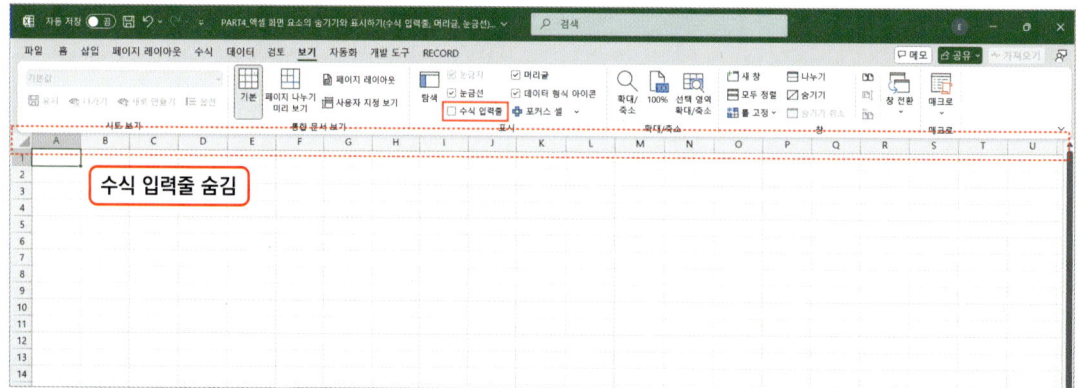

머리글 숨기기

01 [보기] 탭– 표시– '머리글, 체크 해제' 후 행과 열 번호가 숨김 처리된 화면 레이아웃을 확인합니다.

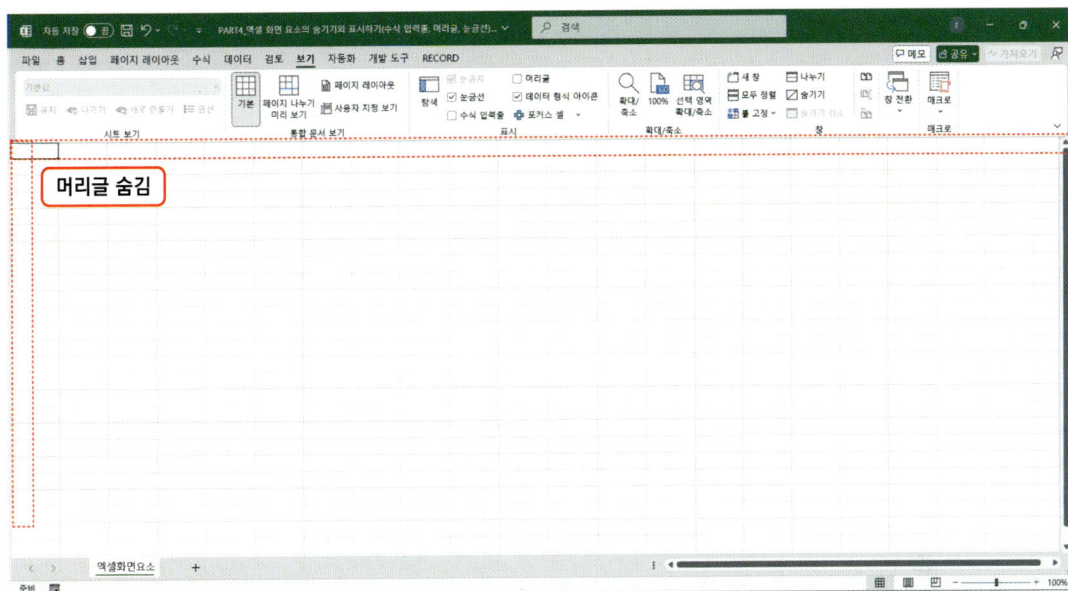

눈금선 숨기기

01 [보기] 탭– 표시– '눈금선, 체크 해제' 후 가상의 눈금선이 숨김 처리된 화면 레이아웃을 확인합니다.

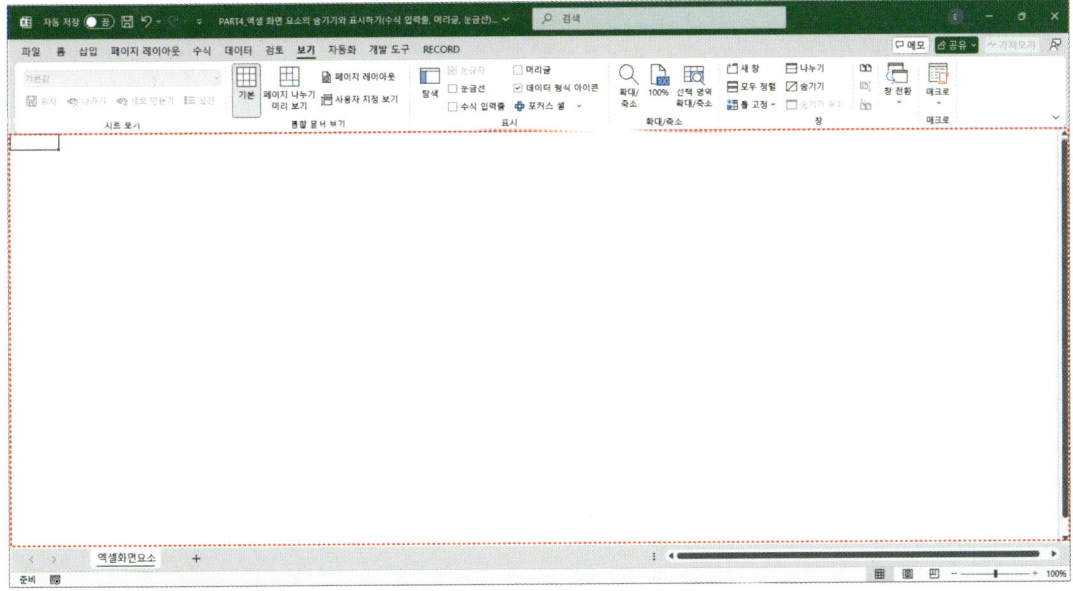

리본 탭만 표시하기

01 리본 탭 마우스 더블클릭 또는 단축키 ⌨Ctrl + ⌨F1 키를 눌러 리본 탭 메뉴만 표시합니다.

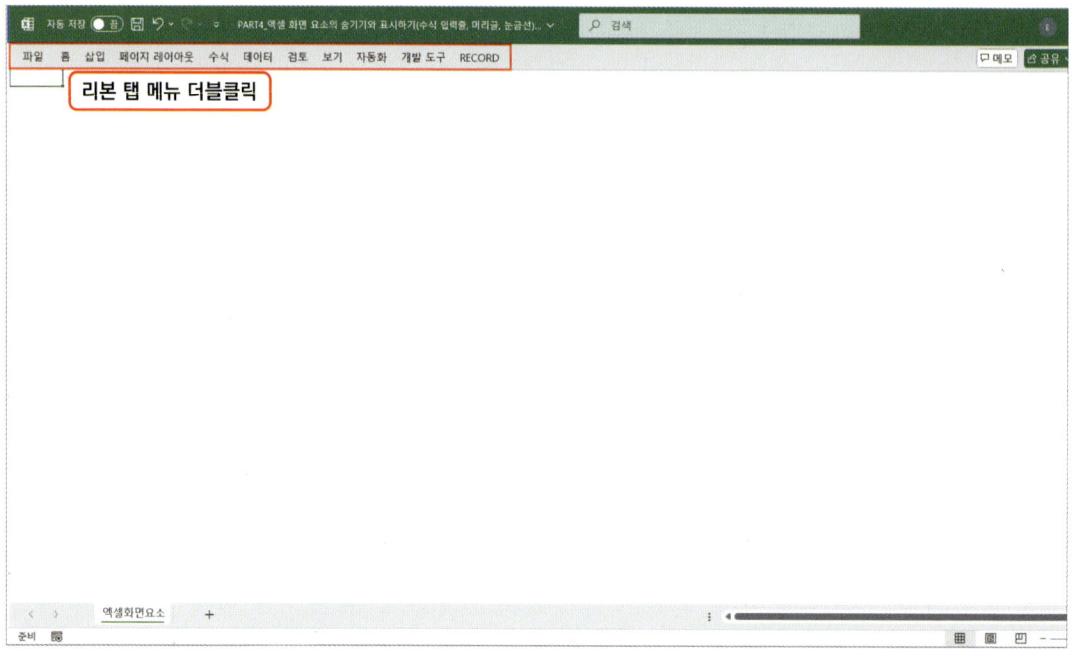

> **TIP** 수식 입력줄, 머리글, 눈금선, 리본 메뉴를 다시 표시하기 위해서는 체크 박스 메뉴에 체크 또는 리본 탭 메뉴 마우스 더블클릭하면 다시 표시됩니다.

『진짜 실무 엑셀 완전 정복』 1에서
엑셀의 기초 원리와 데이터 관리 방법을 다뤘다면,
『진짜 실무 엑셀 완전 정복』 2에서는
더 업그레이드 된 '실무 기술'을 완성하세요.

실무에서
바로 쓸 수 있는
예제 파일
66개 제공

유튜브
구독자 8만
"엑셀 이것만"

이동훈 지음
188X257mm
600p
29,000원

PART 1: 차트 도형 피벗으로 시각화 능력 강화

PART 2: 실무 필수 함수 운영 원리 이해

PART 3: 매크로와 양식 컨트롤 기능으로 자동화 확장

1권으로 기본을 잡았다면, 2권에서 **실무를 장악**하는
'완벽 엑셀 기술'로 바로 도약하라!

MEMO